We have a dog.（私たちは犬を飼っています）　▶現在の状態
I've lived in Kobe for ten years.
（私は10年間神戸に住んでいます）
I've been studying English for two hours.
（私は2時間英語を勉強しています）

4 「…でした，…だった」「…しました」の文

➡ 動詞の過去形を使う．

It was cold last night.（きのうの夜は寒かったです）
I was late for school this morning.（私はけさ，学校に遅刻しました）
There was a tall tree around here.（このあたりに高い木がありました）
I enjoyed the movie.（私はその映画を楽しみました）
We went to Kyoto last year.（私たちは昨年京都に行きました）
I had toast for breakfast today.（私は今日朝食にトーストを食べました）

5 「…していました，…していた」の文

➡（過去に進行中だった動作）過去進行形（was, were + -ing）を使う．
➡（過去の習慣・状態）動詞の過去形を使う．

I was reading a book then.（私はそのとき本を読んでいました）
They were having dinner.（彼らは夕食を食べていました）　▶ haveは「持っている」という意味では進行形にしないが,「食べる」という意味では進行形にできる.
I lived in Nagoya two years ago.（私は2年前名古屋に住んでいました）
She had a box in her hands.（彼女は手に箱を持っていました）

6 「（これまでに）…したことがあります」の文

➡ 現在完了形（have[has]＋過去分詞）を使う．

I've been to Hiroshima once.（私は1度，広島に行ったことがあります）
I've read this book before.（私は以前にこの本を読んだことがあります）
I've watched this movie many times.
（私はこの映画を何度も見たことがあります）

7 「（すでに）…してしまいました」「（ちょうど）…したところです」の文

➡ 現在完了形（have[has]＋過去分詞）を使う．

I've already cleaned my room.
（私はすでに自分の部屋をそうじしてしまいました）
I've just finished my homework.
（私はちょうど宿題を終えたところです）

後ろ見返しの「後編」に続く ▶

THE JUNIOR ANCHOR
JAPANESE-ENGLISH DICTIONARY
EIGHTH EDITION

ジュニア・アンカー 中学 和英辞典
第 8 版

初　版	1987 年	第 4 版	2001 年
第 2 版	1993 年	第 5 版	2011 年
第 3 版	1997 年	第 6 版	2016 年
	第 7 版	2020 年	

ANCHOR は「いかり」「たのみのつな」
ずっしりと重い信頼のマークです．

■ 監修
羽鳥博愛 (東京学芸大学名誉教授)
永田博人 (元日本大学教授)
■ 編集委員
和泉伸一 (CLIL ページ監修), 西村秀之
■ 校閲・執筆
赤瀬川史朗, Nobu Yamada
■ 英文校閲
Edwin L. Carty, Joseph Tabolt, Michael Worman
Nobu Yamada, Colm Smyth
■ 装丁
イモカワユウ (Delotta Inc.)
■ 口絵・本文デザイン
有泉武己, 株式会社エデュデザイン, イモカワユウ (Delotta Inc.)
■ 見返しデザイン
有泉武己
■ イラスト
青山京子, 大管雅晴, カモ, Gurihiru, サトウノリコ*, ニシワキタダシ
ヒビノテツヤ, みやかわさとこ, 有限会社ジェット
■ 写真
© Getty Images, PIXTA, 学研写真資料室
■ 録音制作
株式会社ブレーンズギア (ナレーション：Rumiko Varnes, 制作コーディネイト：Aerial US, Inc.)
一般財団法人 英語教育協議会 (ELEC) (ナレーション：Howard Colefield, Karen Headrich)
■ DTP 協力
株式会社四国写研
■ 編集協力
阿部幸弘, 上保匡代, 小縣宏行, 株式会社エデュデザイン, 小森里美
佐藤美穂, 佐野秀好, 敦賀亜希子, 田中裕子, 永田敬博, 野口光伸, 濵田啓太
宮崎史子, 森田桂子, 山口富美子, 脇田聡, 渡辺泰葉
■ 編集部
小野史子, 堀江朋子, 阿部武志

THE JUNIOR ANCHOR

JAPANESE - ENGLISH DICTIONARY

ジュニア・アンカー
中学 和英辞典

第8版

Gakken

英文手紙, Eメールの書き方

手紙・はがき

英語で手紙が書けるようになれば,外国にもたくさん友だちができるかもしれないな〜!

名前, 住所の正しい書き方

```
Yoshida Ken
2-11-8 Nishi-Gotanda
Shinagawa-ku, Tokyo
141-8510 JAPAN

            Ms. Erica Jackson
            4405 7th Street
            Riverside, CA 92520
AIR MAIL    U.S.A.
```

①**差し出し人の名前**

②**差し出し人の住所**
封筒の左上に書く.「〒141-8510 東京都品川区西五反田 2-11-8」. 丁目→番地→町名→市(区・郡)→都道府県→郵便番号→国名(大文字)の順.

③**受け取り人の名前**
封筒の真ん中あたりに書く. 友だちどうしなら敬称はつけなくてもよいが, 目上の人には, 必ず Mr.(男性), Ms.(既婚未婚に関係なく女性), Mrs.(既婚女性), Miss(未婚女性), Mr. and Mrs.(夫妻)をつける.

④**受け取り人の住所**
国名には目立つように下線などを引く.

⑤**航空便の指示**
書かないと船便になるので注意.

⑥**切手**
封筒の右上に貼る. 2枚以上貼るときは横に並べる. 料金は国内郵便とはちがうので郵便局などで確認する.

手紙・はがきの書き方

Point 1　日付と呼びかけのことば

右上に日付を入れる. 相手の名前が Erica, 名字が Jackson の場合, Dear Erica, または, Dear Ms. Jackson, と書く. Dear Erica Jackson, などとフルネームにはしない.

Point 2　結びのことば

「敬具」などにあたる Sincerely yours, などを一般的には使う. 友人には Your friend, などが, とても親しい相手には, Yours, や Love, などが使える. 最後にコンマをつける.

Point 3　署名・追伸

正式な手紙の場合, 署名の下に姓名を書くが, 右の例のように親しい相手の場合は省略することも可能. P.S. は postscript(追伸)の略. 本文で書き忘れたことなどを書く.

December 2nd

Dear Erica,
　My name is Yoshida Ken. I am Japanese. I am a seventh grader at Sonan Junior High School.
　I have one sister. Her name is Yuka. This is a picture of my family.
Please write and tell me about yourself.

　　　　　　　　　　　　Your friend,
　　　　　　　　　　　　Yoshida Ken
P.S. I sent you a Japanese doll by sea mail.

LETTERS & EMAILS

Eメール

早く伝えたいことは、手紙よりもメールで送るといいよね！

英文メールを書くときの3つの注意点

Point 1 わかりやすい件名にする
Point 2 伝えたいことを簡潔に書く
Point 3 全角文字が入らないようにする

```
To: candy@1234.com
Cc:
From: tomo2020@gnet.jp
Subject: Big news!   ── 件名
```

Hi, Anna, ── 呼びかけのことばと相手の名前

How are you doing these days? ── 本題に入る前のあいさつ

I have big news for you!
I'm going to stay in Hawaii from August 10th to 20th.
── 伝えたいこと

I hope to see you again then.
I'll write again soon!

Your friend, ── 結びのことば
Tomo ── 自分の名前

> 訳
> やあ、アンナ、
> 最近元気にしている？
> きみにビッグニュースがあるんだ！
> 8月10日から20日までハワイに滞在するんだ。
> そのときにまた、きみに会えるといいなあ。
> 近いうちにまた連絡するね！
> きみの友だち、
> ともより

ぼくにも書けそう！

今すぐ使えるメール表現

★出だしのことば

Thanks[Thank you] for your email.
（メール、ありがとう。）

I just wanted to say hi.
（ちょっとメールしてみました。）

★結びのことば

See you. （またね。）

I hope to hear from you soon.
（メール待ってます。）

> 訳　　　　　　　　12月2日
> エリカさま、
> 　ぼくの名前は吉田健です。日本人です。総南中学校の1年生です。
> 　姉[妹]が1人います。彼女の名前は由香です。これは家族の写真です。あなた自身について書いて教えてください。
> 　　　　　　　　あなたの友だち、
> 　　　　　　　　吉田健
> 　追伸　船便で日本人形を送りました。

Waei 02

メールで使える略語

A — **ASAP** as soon as possible / できるだけ早く

略語は親しい人どうしで使われるよ.

B — **bfn** Bye for now. / じゃあね.　**b4** before / …の前に

C — **cu** See you. / じゃあね.　**cul** See you later. / あとでね. / それではまた.　**E** — **ez** easy / 簡単

F — **fyi** for your information / 参考までに　**I** — **ic** I see. / 了解.　**J** — **jk** Just kidding. / 冗談です.

L — **lol** laughing out loud / 大笑い　**P** — **pls** please / どうぞ…してください

T — **ttus** Talk to you soon. / それではまた.　**ttul** Talk to you later. / それではまたね.　**2** — to / …へ

顔文字を覚えて使おう！

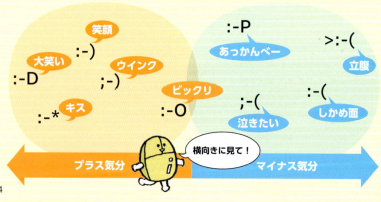

あいさつ状 Greeting Cards

クリスマスカード
Christmas card

メリークリスマス！
楽しいクリスマスに
なりますように！
そして幸せな新年を！
マミより

Point

1. クリスマスカードは 12月25日よりも前に着くように出す。キリスト教以外の宗教を信じる人には、"Happy Holidays!" と書くとよい。

2. クリスマスカードは、英米などでは日本の年賀状にあたる。そのため、クリスマスのあいさつのあとに新年のあいさつを加えることもある。

新年のあいさつは、
Happy New Year!
あけましておめでとう！

バースデーカード
Birthday card

お誕生日おめでとう。
すてきな 1 年になりますように！

こんなフレーズも！
Happy 13th Birthday!
13 歳のお誕生日おめでとう！

招待状
Invitation

アイへ
私の誕生日会に来てね！
7月1日の2時からだよ。
ケイトより

バレンタインカード
Valentine card

いつもあなたのことを
思っています。
ハッピーバレンタインデー！

スピーチ・プレゼンテーション

スピーチやプレゼンテーションでは，口頭で発表したり，資料を見せながら説明したりします．英語でのスピーチは，発音や文法のまちがいを心配したり，自信がなかったりして，つい声が小さくなりがちですが，自信をもってはっきりと大きな声で話しましょう．それが成功のコツの1つです．

スピーチやプレゼンテーションのコツ

- 意味のまとまりを意識して，順序立てて話す
- 熱意をもって伝え，適切なジェスチャーも入れる
- 聞き手の目を見ながら話す

Hello, everyone. I'm Kenta.
こんにちは，みなさん．私はケンタです．

Today, I'd like to tell you about my dreams.
今日は，私の夢についてお話ししたいと思います．

導入でよく使われる表現

Let me introduce myself first.
最初に自己紹介をさせてください．

I'd like to talk about ....
…についてお話ししたいと思います．

My presentation today is about ....
今日の私のプレゼンテーションは…についてです．

SPEECH, PRESENTATION, AND WRITING

発表でよく使われる表現

This graph shows ....
このグラフは…を示しています.

Let me show you some examples.
いくつか例をお見せしましょう.

For example, ...
例えば, ….

First, ... Second, ... In addition, ... Finally, ...
第一に, …. 第二に, …. さらに, …. 最後に, ….

Did you know that ...?
…であることを知っていましたか.

Have you ever heard of ...?
みなさんは今まで…について聞いたことがありますか.

ことばにつまったときは, Well,（そうですね…,）, Let me see,（ええと,）, I mean,（つまり,）などのつなぎのことばをうまく使おう.

最後によく使われる表現

Thank you very much for listening.
お聞きいただいて, どうもありがとうございました.

Do you have any questions?
何か質問はありますか.

ライティング

授業などで，英語で自分の意見や考えを伝えるときによく使う表現を覚えましょう．
ライティングで大切なことは，スピーキングと同様に，内容を順序立てて意見を述べることです．「意見→理由→補足説明」のように，文を展開していくと，相手に伝わりやすい文を書くことができます．

こんなテーマが出るよ！

Which season do you like (the) best?
あなたはどの季節がいちばん好きですか．

What do you want to do in high school?
あなたは高校で何がしたいですか．

What do you want to be in the future?
あなたは将来何になりたいですか．

自分の好きなこと，自分の意見や考えについて書くことが多いです．
解答例といっしょに，ポイントとなる表現を見てみましょう．

例 **I like winter (the) best.**
It is because I'm good at skiing.

私は冬がいちばん好きです．それは，私はスキーが得意だからです．

- I like ... (the) best. は「私は…がいちばん好きです．」の意味．
- It is because .... は「それは…だからです．」の意味．

例 **I'm interested in science.**
So, I want to join the science club.

私は理科に興味があります．なので，私は理科部に入りたいです．

- I'm interested in .... は「私は…に興味があります．」の意味．
- I want to .... は「私は…したいです．」の意味．

例 **I want to be a doctor. I want to help sick people.**

私は医者になりたいです．私は病気の人たちを助けたいのです．

- I want to be .... は「私は…になりたいです．」の意味．

SPEECH, PRESENTATION, AND WRITING

こんなテーマが出るよ！

Do you think we should use smartphones when we study?
あなたは勉強するときにスマートフォンを使うべきだと思いますか．

What do you think about this?
あなたはこれについてどう思いますか．

与えられたテーマに対して自分の意見を述べることが多いです．また，テーマに対して賛成・反対などの立場を伝える場合もあります．ライティングだけでなく，ディスカッションにも使える表現です．

例 **I think we should use smartphones to study English. You can learn pronunciation easily.**

私たちは英語の勉強にスマートフォンを使うべきだと思います．発音を簡単に学ぶことができます．

例 **I don't think we should use smartphones when we study English.**

私たちは英語を勉強するときにスマートフォンを使うべきではないと思います．

例 **I agree with you. / I don't think so.**

私はあなたの意見に賛成です．/ 私はそう思いません．

自分の意見を
しっかり伝えよう！

よく使われる表現

I think (that) .... 私は…と思います．

In my opinion, ... 私の意見では，….

I agree. / I think so, too. 私は賛成です．/ 私もそう思います．

I disagree. / I don't think so. 私は反対です．/ 私はそう思いません．

これが日本だよ！

日本のことをいろいろな角度からまとめてみたよ．外国の友だちにも伝えてね．

場所 Location

Japan is the most eastern country in Asia. Japan has four main islands and many other small islands. The four main islands are Hokkaido, Honshu, Shikoku and Kyushu.

日本はアジアでもっとも東にある国．日本には4つのおもな島とそのほかのたくさんの小さな島がある．4つのおもな島とは，北海道，本州，四国，九州である．

人口 Population

Japan's population is about 125 million. The number of elderly people is increasing. A lot of people live in big cities such as Tokyo, Yokohama, Osaka and Nagoya.

日本の人口は約1億2,500万人だ．高齢者の人口が増えている．多くの人々が東京，横浜，大阪，名古屋などの大都市に住んでいる．

首都 Capital

Tokyo is the capital city of Japan. It has the largest population among Japan's 47 prefectures. About 14 million people live there. You can see both modern buildings and traditional-style buildings in Tokyo.

東京は日本の首都である．人口は日本の47都道府県の中でもっとも多く，約1,400万人が住んでいる．東京では近代的な建物と伝統的な様式の建物の両方を見ることができる．

ABOUT JAPAN

面積 Total Area

The total area of Japan is about 378,000 km². Japan is about the same size as Germany or Finland.
日本の面積は約37万8,000 km². ドイツやフィンランドと同じくらいの広さである.

気候 Climate

Japan has four distinct seasons. Also, since Japan is a long country from north to south, it has several different climates. In the northern parts of Japan, it gets really cold in winter and snows a lot. However, in Okinawa and the southern islands, it's warm throughout the year and doesn't snow at all.
日本は四季のちがいがはっきりしている. また, 日本は南北に長い国なのでいくつかの異なる気候が存在する. 日本北部の地域では冬はとても寒く雪も多く降るが, 沖縄や南方の島々では1年を通じて暖かく雪はまったく降らない.

お金 Money

The Japanese unit of currency is the yen. The number of people who use credit cards and e-money is increasing.
日本の通貨単位は円. クレジットカードや電子マネーを使う人が増えてきている.

日本を読み解くキーワード

いつも時間どおり
Always on Time

For Japanese people, it's very important to be on time. Trains and buses usually run on schedule without any big delays.

日本人にとって時間を守ることはとても重要．電車やバスは大幅なおくれがなく，通常時間どおりに運行している．

ハイテクノロジー High Technology

Japan is famous for its high technology. It exports a lot of electrical products to many countries around the world. Japan's high-tech toilets are really unique, and some foreign tourists even buy one and bring it home.

日本はハイテクノロジーで有名．世界各国に多くの電気製品を輸出している．日本のハイテクトイレはとてもユニークで，外国人観光客の中には買って帰る人もいる．

桜の花
Cherry Blossoms

Japanese people look forward to seeing cherry blossoms in spring. Japanese people have a culture to admire the beauty of flowers and plants.

日本人は春に桜の花を見るのを心待ちにしている．日本人には花や植物の美しさをめでる文化がある．

ABOUT JAPAN

多彩な食文化 / Food Variety

In urban areas such as Tokyo, you can enjoy food from around the world, for example, Italian, Korean and Indian food.

東京などの都市部では，イタリア料理，韓国・朝鮮料理，インド料理など，世界各国の料理を楽しむことができる．

とっても便利 / Very Convenient

You can get food and daily goods anytime at convenience stores or 24-hour supermarkets. Also, it's easy to buy drinks in Japan because there are vending machines everywhere in town.

コンビニや24時間営業のスーパーでいつでも食品や日用品を買うことができる．また，町のいたる場所に自動販売機があるので，日本では手軽に飲み物が買える．

きれいで安全 Clean and Safe

Japan is one of the safest countries in the world. In Japan, there are police boxes called *koban* in every town. The *koban* system is a good way to keep communities safe, and some police in other countries are now also using this system.

The streets, train stations and public toilets in Japan are usually very clean. Foreign tourists are often surprised when they see them.

日本は世界でもっとも安全な国の1つ．日本には交番と呼ばれる警察官のつめ所がどの町にもある．交番制度は地域の安全を守る上で有効な手段で，外国の警察でも現在この制度を採用しているところがある．

日本の街路や駅，公衆トイレはたいがいとても清潔．外国人観光客はしばしばそれを見ておどろく．

13

英語になった日本語

マンガ Manga

Manga has become popular in many foreign countries. Lots of Japanese manga are translated into other languages. In the U.S., Japanese *shojo-manga* is also getting popular among girls because there are no comics like it there.

マンガは多くの外国で人気になっており，たくさんの日本のマンガが外国語に翻訳されている．アメリカでは少女マンガのようなマンガがないため，日本の少女マンガも女の子たちの間で人気が出てきた．

かわいい Kawaii

Japanese girls often use the word "kawaii." It means "cute" or "lovely" in English. Some young women overseas are also beginning to use this word. When they see a cute thing, they say "kawaii."

日本の女の子たちはよく「かわいい」ということばを使う．これは英語では "cute"（かわいらしい）や "lovely"（きれいな）という意味．海外の若い女性もこのことばを使うようになってきていて，かわいらしいものを見ると「かわいい」と言う．

Kawaii！
（かわいい！）

アニメ / オタク Anime/Otaku

Japanese anime is very popular around the world. You can watch Japanese anime programs on TV outside of Japan, too. The word "anime" comes from the English word "animation." But now, many foreign people also say "anime" when they talk about Japanese animation.

An otaku is a person who has a strong interest in a particular thing, for example, anime characters, pop idols, railroads or video games. The word "otaku" is used in some foreign countries, too. It is especially used for people who are great fans of anime or manga.

日本のアニメは世界中でとても人気がある．日本国外でも日本のアニメ番組がテレビで見られる．「アニメ」ということばは英単語の "animation"（アニメーション）に由来する．しかしいまでは，多くの外国人も日本のアニメーションのことを話すときに，「アニメ」を使う．
オタクはアニメのキャラクターやアイドル歌手，鉄道，テレビゲームなど，ある特定のものに強い関心を持つ人のこと．「オタク」ということばは外国でも使われており，とくにアニメやマンガの大ファンの人に使われる．

ABOUT JAPAN

塩じゅく Juku

Some junior high school students in Japan go to juku after their regular classes at school. They take lessons at juku to improve their school grades or to prepare for entrance exams.

日本の中学生の中には放課後に塾に行く人がいる。彼らは学校の成績を上げたり入試の準備をしたりするために塾の授業を受ける。

カラオケ Karaoke

Karaoke was invented in Japan. Karaoke is now enjoyed in many countries around the world, but it is not so popular in the U.K.

カラオケは日本で発明された。カラオケはいまでは世界中の多くの国で楽しまれているが、イギリスではそれほど人気がない。

弁当／すし／すきやき Bento/Sushi/Sukiyaki

A bento is a portable meal. It's usually packed in a plastic box or a wooden box, and includes several items, such as rice, vegetables and meat. Bento are now getting popular in the U.S., the U.K. and France because you can eat a variety of food with one bento.

Japanese food is eaten all over the world now. Some of the most popular Japanese foods, such as "sushi" and "sukiyaki" are used as English words.

弁当は持ち運びのできる食事。たいていプラスチック製の箱や木製の箱につめられていて、ごはんや野菜、肉などの料理が数品入っている。1つの弁当でいろいろな食品が食べられるので、アメリカ、イギリス、フランスではいま、弁当の人気が出てきている。

日本食は、いまでは世界中で食べられている。「すし」や「すきやき」などもっとも人気のある日本食は、英語として使われている。

🎧 Waei 08

都道府県紹介

北海道 Hokkaido

1 Sapporo Snow Festival
さっぽろ雪まつり

This is a festival of snow and ice. People make sculptures out of snow and ice. About two million people come to see them every year.

雪と氷の祭り. 人々は雪と氷から像を作る. 毎年約200万人もの人々が見に訪れる.

2 Shiretoko Peninsula
知床半島

Shiretoko is in eastern Hokkaido. It is a World Heritage Site. You can see floating ice and many rare animals there.

知床は北海道の東部に位置する. 世界遺産の1つで, そこでは流氷やたくさんのめずらしい動物が見られる.

brown bear ヒグマ

北海道は日本でいちばん北にある都道府県だよ.

Ishikari 石狩

lavender [ラヴェンダァ] ラベンダー

Sapporo 札幌

melon メロン

2 Shiretoko 知床

kelp 昆布

3 Ishikari-nabe
石狩なべ

Ishikari-nabe is a hot pot with salmon, cabbage, onions and other vegetables. You cook it with *miso*.

石狩なべはサケとキャベツ, タマネギなどの野菜が入ったなべもので, みそで調理する.

なべは体が温まるよ.

p.16〜27の地図は略図です.

JAPANESE PREFECTURES

東北地方 Tohoku

Aomori 青森県

1. Aomori Nebuta Festival
青森ねぶた祭

You can see many big floats at the Aomori Nebuta Festival. The dancers at the festival are called *haneto*. The streets are filled with floats and *haneto*.

青森ねぶた祭ではたくさんの大きな山車が見られる．祭りの踊り手はハネトと呼ばれ，通りは山車とハネトであふれる．

Akita 秋田県

2. *Namahage* なまはげ

Namahage is a traditional folk event seen in Oga Peninsula in Akita Prefecture. A pair of men with demon masks visit children at their homes on New Year's Eve.

なまはげは秋田県男鹿半島で見られる伝統的な民俗行事．大みそかに鬼の面をかぶった2人組の男が子どもたちの家々を訪れる．

apple リンゴ
rice 米
cherry サクランボ

Iwate 岩手県

3. *Wanko-soba* わんこそば

This is *soba* from Iwate. As you eat, the server keeps adding a small amount of *soba* into your bowl.

岩手のそば．食べるのに合わせ，給仕する人が少量のそばをおわんに足し続ける．

Yamagata 山形県

5. *Koma* 将棋の駒

Koma are wooden pieces used in the game of *shogi*. Over 90% of *koma* in Japan are made in Tendo, Yamagata.

駒は将棋の対局で使用される木片で，日本の駒の90%以上が山形県の天童市で作られている．

Miyagi 宮城県

4. *Gyutan* 牛タン

Sendai is famous for its grilled beef tongue dish. The dish is called *gyutan*. There are many *gyutan* restaurants in Sendai.

仙台は網焼きされた牛の舌の料理で有名で，その料理は牛タンと呼ばれる．仙台にはたくさんの牛タン料理店がある．

Fukushima 福島県

6. *Akabeko* 赤べこ

Akabeko is a traditional toy of Aizu, Fukushima. The word "*beko*" means "cow" in the Tohoku area.

赤べこは福島県会津の伝統的なおもちゃ．「べこ」ということばは東北地方で「牛」を意味する．

関東地方 Kanto

Gunma 群馬県

1 *Takasaki-daruma*
高崎だるま

Daruma are red dolls. They are believed to bring good luck to people. When they are sold, their eyes are not painted. First, you make a wish and paint one eye. When your wish comes true, you paint the other eye.
だるまは赤い人形で、人々に幸運をもたらすと信じられている。売られているときには目はかかれていない。まず願いごとをして片方の目をかき入れる。願いごとがかなうともう片方の目をかき入れる。

Tokyo 東京都

5 National Diet Building
国会議事堂

The National Diet Building is where Japan's politics and policies take shape.
国会議事堂は日本の政治と政策が実施される場所である。

Saitama 埼玉県

2 Chichibu Night Festival
秩父夜祭

This is a festival with a history of over 300 years. At the festival, you can see beautiful fireworks and lanterns on floats.
300年以上の歴史がある祭り。祭りでは、美しい花火と、山車の美しいちょうちんが見られる。

東京スカイツリーは、高さが634mもあるよ。

Tokyo 東京都

6 *Ningyo-yaki* 人形焼き

Ningyo-yaki is a kind of Japanese cake. It's a baked sponge cake with sweet bean paste inside. The name comes from the district of Ningyo-cho because the cake was born there.
人形焼きは和菓子の一種で、カステラの生地の中にあんこを入れて焼いたもの。人形町という町で生まれたので、その名前がつけられた。

JAPANESE PREFECTURES

Tochigi
栃木県

3 Nikko Toshogu Shrine
日光東照宮

Nikko Toshogu is a shrine. It has many beautiful buildings. One proverb says, "Never say 'Wonderful!' until you've seen Nikko."

日光東照宮は美しい社殿などが多くある神社.「日光見ずして結構と言うなかれ」という格言がある.

Ibaraki
茨城県

4 Kairaku-en Garden
偕楽園

Kairaku-en is one of the three most famous landscape gardens in Japan. About 3,000 Japanese apricot trees are planted in the garden.

偕楽園は日本三名園の１つ．園内には約 3,000 本の梅の木が植えられている．

見ざる・言わざる・聞かざる！

Chiba
千葉県

8 Inubosaki Cape
犬吠埼

Inubosaki is a cape in Choshi City. It is on the eastern edge of the Kanto Plain. The Inubosaki Lighthouse is known as one of the top 50 lighthouses in Japan.

犬吠埼は銚子市にある岬で，関東平野の最東端に位置する．犬吠埼灯台は，日本の灯台 50 選の１つとして知られている．

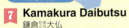

Kanagawa
神奈川県

7 Kamakura Daibutsu
鎌倉大仏

Kamakura Daibutsu, the Great Buddha of Kamakura, is 11.312 meters tall. You can go inside the statue.

鎌倉大仏，鎌倉の偉大な仏像は高さが 11.312 メートル．像の中に入ることもできる．

Waei 10

中部地方 Chubu

Ishikawa 石川県

1 Kenroku-en Garden 兼六園

Kenroku-en is one of the three most famous landscape gardens in Japan. You can enjoy beautiful scenery there throughout the year.

兼六園は日本三名園の1つ．1年を通して美しい景色が楽しめる．

firefly squid ホタルイカ

Niigata

rice 米

Toyama

Nagano

Ishikawa

grape, peach ブドウ，モモ

Fukui

Yamanashi

Gifu

nozawana 野沢菜

Aichi

Shizuoka

Japanese orange ミカン

green tea 茶

Fukui 福井県

2 *Echizen-gani* Crabs 越前ガニ

Echizen-gani crabs are caught in winter in the sea near Fukui Prefecture. Their name comes from the former name of this area.

越前ガニは冬に福井県近海でとれる．その名はこの地域の旧国名に由来する．

Gifu 岐阜県

3 Nagara-gawa *Ukai* 長良川鵜飼

The Nagara River is famous for *ukai*. *Ukai* is a way of fishing that uses birds. The birds are called *U*. Fishing masters called *Usho* train the birds to catch fish.

長良川は鵜飼で有名．鵜飼は鳥を使った漁法の1つで，その鳥は鵜と呼ばれる．鵜匠と呼ばれる漁の師匠がその鳥を飼いならして魚をとる．

Aichi 愛知県

4 *Miso-katsu* みそカツ

Miso-katsu is a specialty of Aichi Prefecture. It is a pork cutlet with *miso*-based sauce. Aichi Prefecture is famous for *miso* called *hatcho-miso*.

みそカツは愛知県の名物の1つ．とんカツにみそダレをかけたもの．愛知県は八丁みそと呼ばれるみそで有名．

JAPANESE PREFECTURES

Niigata
新潟県

8 *Koshihikari* Rice
コシヒカリ

Niigata Prefecture is famous for producing rice. *Koshihikari* rice produced in the Uonuma area is known for its high quality.

新潟県は米どころとして有名。魚沼産のコシヒカリは高品質の米として知られている。

Toyama
富山県

9 Tulips チューリップ

Toyama Prefecture is famous for tulips. At the Tonami Tulip Fair, you can see three million tulips in bloom.

富山県はチューリップが有名。となみチューリップフェアでは300万本ものチューリップの花が見られる。

Nagano
長野県

7 Matsumoto Castle
松本城

Matsumoto Castle is a national treasure of Japan. It was called Fukashi-jo before.

松本城は日本の国宝の1つ。以前は深志城と呼ばれていた。

Yamanashi
山梨県

6 Fuji Five Lakes
富士五湖

名古屋城にあるしゃちほこも有名。

Shizuoka
静岡県

5 Green Tea 茶

"Fuji Five Lakes" are at the foot of Mt. Fuji. The five lakes are Lake Motosu, Lake Shoji, Lake Sai, Lake Kawaguchi and Lake Yamanaka.

「富士五湖」は富士山のふもとにある5つの湖で、本栖湖、精進湖、西湖、河口湖、山中湖のこと。

Shizuoka Prefecture is the largest producer of tea leaves in Japan. About 40% of the tea leaves in Japan are produced in Shizuoka.

静岡県は茶葉の生産で日本一。日本の約4割の茶葉が静岡で生産されている。

Waei 11

近畿きん地方 Kinki

Hyogo 兵庫県

1 Himeji Castle 姫路じょ城

Himeji Castle is one of the most beautiful castles in Japan. People call it Shirasagi-jo. It is a national treasure and is registered as a World Heritage Site.

姫路城は日本でもっとも美しい城の１つで，白鷺じょう城とも呼ばれている。国宝であり，世界遺産として登録されている。

Shiga 滋賀県

2 Lake Biwa 琵琶びわ湖

奈良は歴史的な都市！

Wakayama 和歌山県

4 *Umeboshi* 梅干し

Wakayama Prefecture produces the largest amount of Japanese apricots in Japan. Pickled Japanese apricots are called *umeboshi* and they taste very sour and salty.

和歌山県は梅の実を日本でいちばん多く生産している。塩づけにされた梅の実は梅干しと呼ばれ，とてもすっぱくて塩からい味がする。

Nara 奈良県

5 Horyuji 法隆りゅう寺

Horyuji is a temple built by Prince Shotoku in the early 7th century. It is the oldest wooden building in the world.

法隆寺は聖徳太子によって７世紀初期に建てられた寺である。世界でもっとも古い木造建築である。

JAPANESE PREFECTURES

Kyoto
京都府

3 Gion Festival 祇園祭

The Gion Festival in Kyoto is one of the most famous festivals in Japan. Every year in July, decorated floats called *yama* or *hoko* parade through the streets of Kyoto.

京都の祇園祭は日本でもっとも有名な祭りの1つ。毎年7月に、山や鉾と呼ばれる飾りつけされた山車が京都の街を練り歩く。

祇園祭のある7月の京都はとてもにぎやか！

Lake Biwa is the largest lake in Japan. It covers about one-sixth of the area of Shiga Prefecture. It is larger than Awaji Island in Hyogo Prefecture.

琵琶湖は日本でもっとも面積が広い湖。滋賀県の面積の約6分の1を占めている。兵庫県の淡路島よりも広い。

Mie
三重県

6 Ise Jingu
伊勢神宮

Matsusaka beef
松阪牛

Ise Jingu is a shrine in Ise City, Mie Prefecture. The official name is simply "Jingu." It has a nickname of "Oisesan."

伊勢神宮は三重県の伊勢市にある神社。正式名称は単に「神宮」といい、「お伊勢さん」という愛称がある。

Osaka
大阪府

7 *Takoyaki* たこ焼き

Takoyaki is a very popular food in Osaka. It is mainly made of flour, eggs and water, and a special pan is used to make it into a ball. Each ball has a piece of octopus inside.

たこ焼きは大阪でとても人気のある食べ物。おもに小麦粉と卵と水で作られ、ボール状にするために特別な鉄板が使われる。1つ1つにタコが入っている。

関西人は、たこ焼きやお好み焼きが大好きやでぇ。

🎧 Waei 12
中国地方 Chugoku

Shimane 島根県

1 Iwami Ginzan Silver Mine
石見銀山

Iwami Ginzan is a silver mine that produced a large amount of silver ※ore in the 16th and 17th centuries. Now it is closed.
(※ore [ɔːr オー(ァ)] 图鉱石)
石見銀山は16〜17世紀に大量の銀鉱石を産出した銀山山. いまは閉山している.

Tottori 鳥取県

2 Tottori-sakyu Sand Dunes
鳥取砂丘

The Tottori-sakyu ※Sand Dunes are a famous tourist sight in Tottori Prefecture. You can see beautiful wave-like patterns on the sand there.
(※sand dune [sǽnd djuːn サンド デューン] 图砂丘)
鳥取砂丘は鳥取県の有名な観光地. 砂の上に美しい波状の模様が見られる.

shijimi シジミ

Shimane

Tottori

Hiroshima

Okayama

peach モモ

blowfish フグ

Yamaguchi

oyster カキ

Okayama 岡山県

5 Momotaro
桃太郎

"Momotaro" is a popular fairy tale in Japan. The title comes from the name of the story's hero. They say that the setting of this story is in Okayama.
『桃太郎』は日本で人気のあるおとぎ話. 題名は物語に登場する主人公の名前に由来する. この物語の舞台は岡山だといわれている.

Yamaguchi 山口県

3 Akiyoshido 秋芳洞

Akiyoshido is one of the largest ※limestone caves in the world. You can enjoy mysterious sights there.
(※limestone [láimstoun ライムストウン] 图石灰石)
秋芳洞は世界最大級の石灰洞窟の1つ. 神秘的な景観が楽しめる.

Hiroshima 広島県

4 Genbaku Dome
原爆ドーム

The Genbaku Dome in Hiroshima is a symbol of the realization of world peace. Many people from all over the world visit there and think about the importance of peace.
広島にある原爆ドームは世界平和実現の象徴. 世界中から多くの人がここを訪れ, 平和の重要性について考える.

JAPANESE PREFECTURES

四国地方 Shikoku

Ehime
愛媛県

1 Dogo Onsen Hot Spring
道後温泉

Dogo Onsen is in Matsuyama City, Ehime Prefecture. It is one of the oldest hot springs in Japan. It appears in the famous novel "Botchan" by Natsume Soseki.

道後温泉は愛媛県の松山市にある．日本でもっとも古い温泉の1つ．夏目漱石の有名な小説『坊っちゃん』に登場する．

Kagawa
香川県

2 *Sanuki-udon*
讃岐うどん

There are many *udon* restaurants in the prefecture. The *udon* noodles made in Kagawa are called *Sanuki-udon*. The name comes from the former name of this area.

県内には多くのうどん店がある．香川産のうどんは讃岐うどんと呼ばれる．その名はこの地域の旧国名に由来する．

udon
うどん

Japanese orange
ミカン

Kagawa

Tokushima

Kochi

Ehime

sweet potato
サツマイモ

bonito
カツオ

Tokushima
徳島県

4 *Awa-odori* Dance
阿波おどり

Tokushima is famous for the *Awa-odori* dance festivals. *Awa-odori* is a kind of Bon dance festival. It is usually held in the middle of August. Performers dance in rows and parade through the streets.

徳島は阿波おどり（祭り）で有名．阿波おどりは盆踊りの一種で，例年8月中旬に開かれる．踊り手は列になって踊り，街を練り歩く

Kochi
高知県

3 Sakamoto Ryoma
坂本龍馬

Sakamoto Ryoma is one of the most popular historical figures in Japan. He was born and raised in Kochi.

坂本龍馬は日本の歴史上の人物でもっとも人気のあるうちの1人．彼は高知で生まれ育った．

25

九州・沖縄地方 Kyushu / Okinawa

Fukuoka 福岡県

1 Hakata Dontaku Festival
博多はかたどんたく

Hakata Dontaku is one of the most famous festivals in Japan. It is held in downtown Fukuoka City on May 3rd and 4th. A large number of tourists come to see its parade every year.

博多どんたくは日本でもっとも有名な祭りの1つ。5月3，4日に福岡市の中心街で行われる。毎年たいへん多くの観光客が祭りの行列を見物に来る。

Nagasaki 長崎県

4 *Champon* ちゃんぽん

Champon is a kind of noodle dish. It is said that it was invented by the owner of a Chinese restaurant in Nagasaki. You can eat a lot of vegetables with this dish.

ちゃんぽんは，めん類の一種。長崎にある中国料理店の店主によって考案されたといわれる。この料理でたくさんの野菜が食べられる。

Oita 大分県

2 Beppu Onsen Hot Spring
別府べっぷ温泉

Beppu is a well-known hot spring resort in Japan. Beppu produces more hot spring water than any other resort in Japan.

別府は日本の有名な温泉地。別府は日本のほかのどの温泉地よりも多くの温泉水を産出する。

Saga 佐賀県

3 *Arita-yaki* 有田焼

Arita-yaki is a type of ceramic ※ware made in the Arita region, Saga. It is also called *Imari-yaki* because it was exported from the port of Imari before.

(※ware [wear ウェア] 図製品)
有田焼は佐賀県の有田地方で作られる陶磁器とうじき。かつては伊万里いまり港から輸出されていたため，伊万里焼とも呼ばれている。

Kumamoto 熊本県

5 Kumamoto Castle
熊本城

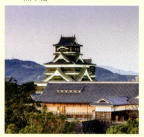

Kumamoto Castle was built by Kato Kiyomasa in the 17th century. It was one of the strongest castles in Japan.

熊本城は加藤清正きよまさによって17世紀に建てられた。日本でもっとも堅固けんごな城の1つだった。

> おいは西郷隆盛．鹿児島(かごっま)の出身じゃっど．

JAPANESE PREFECTURES

Miyazaki
宮崎県

6 Mangoes
マンゴー

Miyazaki Prefecture is located in the southern part of Japan. Thanks to its warm weather, rich and juicy mangoes are produced.

宮崎県は日本の南部に位置する．温暖な気候のため，濃厚でみずみずしいマンゴーが生産されている．

シーサーは魔よけ．建物の門や屋根にいるんだ．

Okinawa
沖縄県

8 Shurijo Castle
首里城

Shurijo Castle is a symbol of Okinawa's history and culture. Shurei Gate is very famous.

首里城は沖縄の歴史と文化の象徴．守礼門はとても有名．

*In 2019, the main hall and other buildings were destroyed by a fire.
2019年に正殿やほかの建造物が火災による被害を受けた．

Kagoshima
鹿児島県

7 Yakushima
屋久島

Yakushima is an island in Kagoshima Prefecture. It is a World Heritage Site. It is rich in nature. Old giant trees called *yaku-sugi* grow in the forest there.

屋久島は鹿児島県にある島．世界遺産の1つで，自然が豊か．島の森の中には屋久杉と呼ばれる巨大な古木が生い茂っている．

日本の文化紹介

日本文化を英語で紹介してみましょう．

茶道 *Sado* (tea ceremony)

The ceremony involves inviting guests and making matcha tea (powdered green tea) and serving it to them. At tea ceremonies, Japanese sweets are served with tea.

客を招き，抹茶（粉末の緑茶）をたててもてなす作法．茶道では，お茶とともに和菓子がふるまわれる．

華道 *Kado* (flower arrangement)

The unique Japanese art of flower arrangement from the Heian period. *Kado* is also called *Ikebana*.

平安時代から続く日本独特のさし花の技術．華道は「いけばな」とも呼ばれる．

歌舞伎 Kabuki

A highly-stylized traditional Japanese play. It was established in the Edo period. Kabuki dramas are performed exclusively by males. Players who take the female roles are called *onnagata*.

高度に様式化された日本の古典演劇．江戸時代に確立された．歌舞伎は男性だけで演じられる．女性役を演じる俳優は女形と呼ばれる．

能 Noh

A classical masked drama. Performers dance and sing to the music of flutes and drums.

古典的仮面劇．笛やつづみにあわせて舞いうたう．

JAPANESE CULTURE

すもう Sumo

The Japanese national sport. A sumo wrestler, called a *rikishi*, loses when he touches the ground with any part of his body or when he steps out of the ring, called *dohyo*.

日本の国技．力士と呼ばれる選手が体の一部を地面についたり，土俵と呼ばれる競技場の外に出たりすると負けとなる．

柔道 Judo

Contestants fight by throwing their opponents to the floor, or by pinning them on the floor.

選手が相手を投げたり，床に押さえこんだりして技を競い合う．

空手 Karate

A martial art of unarmed self-defense. A karateist uses mainly their fists, hands, and legs as a weapon. *Kata* is a demonstration of a series of offensive and defensive movements.

武器を持たない自己防衛の武道．空手家は武器としておもにこぶし，手，足を用いる．「型」は攻撃と防御の一連の動きを表現したもの．

将棋 Shogi

The game is similar to chess. Each player has 20 *koma* (pieces) and tries to check-mate the opponent's king.

チェスに似たゲーム．各自20枚の駒を進めあい，相手の王将を詰ます（動けなくする）ことを競う．

柔道や空手は，いまでは世界中で人気のスポーツになっているよ．

29

着物 Kimono

Nowadays "kimonos" are commonly worn only on special occasions like New Year's Day or at weddings. Most people wear western style clothes.
着物は，いまでは元日や結婚式などの特別な場合のみに着られることが一般的．ほとんどの人が，洋服を着ている．

Furisodes are formal kimonos for unmarried women.
振袖は未婚の女性のための改まった着物だよ．

元日　New Year's Day

The beginning of a new year. Many people pay their first visit of the year to shrines and temples on this day.
1年の始まり．この日多くの人が，神社や寺院に初詣に行く．

浴衣　*Yukata*

"*Yukatas*" are casual kimonos which are worn in summer or after taking a bath. You can see a lot of young people wearing *yukatas* at fireworks displays in summer.
浴衣は夏や入浴後に着られるカジュアルな着物である．夏の花火大会では，浴衣を着た多くの若者が見られる．

浴衣は改まった場面（formal occasions）では着ないよ。

JAPANESE CULTURE

日本語 Japanese

Japanese is written using four types of characters: *kanji*, *hiragana*, *katakana* and *Romaji*.
日本語は，漢字，ひらがな，カタカナそしてローマ字の4種類の文字で書き表す．

漢字 *Kanji* (Chinese characters)

They were made in ancient China. Each of them has its own meaning.
漢字は古代中国でつくられた．それぞれの文字に意味がある．

ひらがなとカタカナ *Hiragana* and *Katakana*

They were created in Japan. Each of them represents sounds only.
ひらがなとカタカナは日本で考案された．それぞれの文字は，音のみを表す．

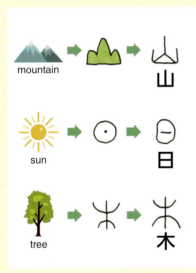

外国の人たちに，名前を漢字で書いてあげると喜ばれるよ．

書道 *Shodo* (Calligraphy)

The art of writing aesthetically using "*fude*" (Japanese brush) and "*sumi*" (Japanese-style black Indian ink). "*Kakizome*" is the first calligraphy of the year. We usually write special words on January 2nd.
筆と墨を使い，文字を美しく書く芸術．「書き初め」はその年の最初に行う書道．たいてい1月2日に特別なことばを書く．

🎧 Waei 16

和食 Japanese food

Traditional Japanese food called *washoku* was registered as a UNESCO Intangible Cultural Heritage in 2013. *Kaiseki* (a simple tea-ceremony dish served before tea) and *shojin* (vegetable dishes without meat) are typical traditional Japanese dishes.

和食と呼ばれる伝統的な日本の食べ物は、2013年にユネスコの無形文化遺産に登録された。日本の伝統的な料理としては、懐石(茶の湯で、茶の前に出す軽い食事)や精進料理(肉類を使わず、植物性食品だけを使った料理)が代表的.

家庭の食事 Meals at home

Rice and *miso* soup are the staples. Such side dishes as fish or shellfish, meat, seaweed, vegetables, and tofu (bean curd) are also served.

ご飯とみそ汁が基本。魚介類や肉、海藻、野菜、豆腐などを使ったおかずも食卓にのぼる.

はしの使い方 How to use chopsticks

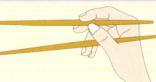

- Hold one of the chopsticks steady between the middle and third fingers.
  一本のはしを、中指と薬指の間にはさんで安定させる.

- Hold the other chopstick with your thumb, index and middle fingers so that it can move to pick up food.
  もう一本のはしを、親指、人差し指、中指で支えて動かして食べ物をつかむ.

Before eating, we say "Itadaki-masu," and after eating, we say "Gochiso-sama."
食べる前に「いただきます。」、食べ終わったら「ごちそうさま。」と言うの.

第6版，第7版はしがき（抜粋）

　国際言語としての英語は，現在ますます重要になってきています．インターネットをはじめとした通信手段の発達によって，いまやおとなだけでなく中学生も日常的に英語を使う機会が出てきました．

　このことは英語で書かれていることが理解できさえすればいいということではなく，自分が相手に伝えたいことを英語で表現することの必要性が出てきたことを意味します．

　このような社会の状況を反映してか，教科書の基本方針が書かれている中学校学習指導要領では，「話す」技能を，［やり取り］と［発表］という2つの領域に分けていっそう重視するようになりました．これからの中学生は英語を使って，みずからの意思を表現することがより大切になってきたというわけです．

　しかし，自分が知っている英単語や英語表現だけで自分の考えていることや伝えたいことを表すのはなかなかむずかしいものです．たとえば自分が陸上競技部に所属していると言いたいとき，soccer（サッカー），tennis（テニス），baseball（野球），basketball（バスケットボール），volleyball（バレーボール）などのスポーツ名は習っているので知っているけれど「陸上競技」は何というのかわからない，というようなことが起こるかもしれません．そのようなときに和英辞典で「りくじょうきょうぎ」を引けば，track and field ということがわかります．このように，和英辞典は自分が相手に伝えたいことを英語でどう表現すればいいのか知りたいときに，強い味方になってくれます．

　"いまの中学生に合った和英辞典"を目ざして作られてきた『ジュニア・アンカー和英辞典』が，ますますみなさんの英語学習の役に立つことを心から願っています．

　　　　　　　　　　　　　　　　　　　　　　羽鳥博愛

使い方解説図

■ 重要語
(約 1,400 語)

■ 表現力

正しい英語表現ができるように基本文型や基本表現をパターン化して示す.

▶は文法・語法などに関する短い解説を示す.

■ 英米文化の理解に役立つ写真・イラスト・図表

■ 参照項目

→は参照すべき他の項目を示す.

ある 在る,有る

使い分け
(存在する・位置する) → is, are
(所有する) → have

1 (存在する・位置する) (不特定の物が)
There is [are] ; (特定の物が) is [are]

表現力
(〜に) …がある
→ (1つのとき) There is … . /
(2つ以上のとき) There are … .

There is … .　　There are … .

あるく 歩く
walk [ウォーク]
▶ 歩いて帰りましょう. Let's *walk* home.
(▶この home は「家へ」という副詞だから
walk ˣto home としない)

ポスト (郵便ポスト) 《米》a mailbox [メイルバクス], 《英》a postbox [ポウス(トゥ)バクス]
(▶post とはいわない)
▶ 手紙をポストに入れる
《米》mail a letter, 《英》post a letter

アメリカのポスト(左)とイギリスのポスト(右).

しばしば
often [オ(ー)フン]

文法 often の位置
ふつう often は一般動詞の前に置く.
be 動詞・助動詞があればそのあとに置く.

ごめん →すみません, もうしわけ

スピーキング
Ⓐ ごめんなさい.
　I'm sorry.
Ⓑ どういたしまして.
　That's all right.

■ 使い分け

表現したい内容による使い分けを示す.

■ カナ発音

太字はそこにアクセントがあることを示す.

×はまちがった使い方を示す.

《米》はアメリカ用法.
《英》はイギリス用法.

■ 文法

文法上・語法上の解説を示す. このほか 用法 背景
参考 などのコラムがある.

■ スピーキング

会話に役立つ表現を示す. このほか プレゼン では発表に役立つ表現, ライティング では作文に役立つ表現を示す.

2　two

この辞典の使い方

1 総項目数

総項目数

　この辞典には約17,600項目を収録する．そのうち，見出し語は約11,300，派生語・慣用句・複合語[合成語]・基本表現などは約6,300．

2 見出し語

重要語

　重要な見出し語は赤い大きな活字で示す．

見出し語の選択基準

1. 中学生にとって必要と思われる単語を精選する．中学校の教科書，高校入試問題など多くの資料から選定する．
2. 日常語を中心に収録する．俗語(ぞくご)的な語彙(ごい)も必要と判断されるものは収録する．
3. インターネット，テレビなどによく出てくる新しいことばをできるだけ多く収録する．

ひらがなとカタカナ

　原則として，ふつうの日本語はひらがなで示す．外来語や動植物名などはカタカナで示す．

配列

1. 国語辞典と同じように五十音順に並べる．同一のかなの中では，
   ① 清音 → 濁音(だくおん) → 半濁音の順．
   　[例] **はは** 母 → **はば** 幅 → **パパ**
   ② 直音 → 促音(そくおん)（つまった音「っ」），拗音(ようおん)（ゃ，ゅ，ょ）の順．
   　[例] **しつけ** → **しっけ** 湿気
   　　　じゆう 自由 → **じゅう**[1] 十 (の)
   ③ 独立語 → 接頭語 → 接尾(せつび)語の順．
   　[例] **こ** 子 → **-こ** …個
   ④ カタカナ→ひらがなの順．
   　[例] **カエル** → **かえる**[1] 帰る
2. カタカナに長音記号「ー」のあるものは，前のカナにふくまれる母音を重ねて書いたものと同じにあつかう．
   　[例] **カード** → カアド；**キーボード** → キイボオド

この辞典の使い方

3．同一の音で意味の異なるものは，原則として別の見出し語とし，右肩に小数字をつけて区別する．

[例] **きゅうこう**¹ 急行； **きゅうこう**² 休校

3 訳語・発音・語形変化

訳語の区分　訳語の区分は太字の数字で大別し，セミコロン（；）で小区分を行う．

配列順序
太字の訳語　訳語の配列は原則として使用度の高いものから順に示す．重要語については，使用度の高い訳語を太字で示す．

[例] **あう**² 合う
1 (形・サイズが) **fit** [フィット]；(適する) be right 《for》；(調和する) match [マッチ]
2 (意見が) **agree** [アグリー] 《with》

カナ発音　カナ発音は訳語のあとに [ ] に入れて示す．スペースの許す範囲でできるだけ多くの語に示す．

アクセント　カナ発音では，アクセント（強勢）のある部分を太字で示す．

[例] **アイスクリーム** (an) ice cream [**アイス**クリーム]

米音と英音　原則として米音のみを示す．米音と英音が著しく異なる場合には，米音・英音の順に示し，間に「‖」を置く．

[例] **どちらか(の)**
either [**イ**ーザァ ‖ **ア**イザァ]；(～か…のどちらか) either ～ or ...（▶「どちらも」は both (～ and ...)）

発音，アクセント上注意を要する語には，(発音注意)(アクセント注意)と示す．

[例] **ようもう** 羊毛 wool [ウル] (発音注意)
ギター a guitar [ギ**ター**] (アクセント注意)

この辞典の使い方

名詞の複数形	名詞の複数形は,

1. 不規則に変化するものは [複数] の記号をつけて示す.

   [例] **しんし** 紳士 a gentleman [ヂェントゥルマン］

   ([複数] gentlemen)

2. 規則的に変化するものは，語末が o, f, fe のとき以外は原則として示さない.

   [例] **は**² 葉 a leaf [リーフ]([複数] leaves)；(稲などの細長い) a blade [ブレイド]

動詞・形容詞・副詞の変化形	動詞・形容詞・副詞の変化形のうち不規則に変化するものは, 巻末の不規則変化表を参照のこと.

4 用法・語法解説

使い分け	重要語については，必要に応じて語の使い分けを示す.

[例] **いくつ** 幾つ

使い分け
(数が) → how many
(年齢が) → how old

いけない

使い分け
(禁止) → mustn't, may not
(必要) → must, have to
(よくない) → bad

表現力	正しい英語表現ができるように，基本文型や基本表現をパターン化して示す.

[例] **あげる**¹ 上げる, 挙げる

表現力
(人) に (物) をあげる
→ give +人+物 /
　 give +物+ to +人

▸ あなたにこのリンゴをあげよう.
I'll *give* you this apple. / I'll *give* this apple *to* you.

five 5

この辞典の使い方

まちがいやすい点を図示

正しい語の使い方を図示する．中学生がまちがいやすい点を指摘とする．

[例]

× go to home
　　　└─ この home は「家に」という副詞. to はつかない.

○ go home
× come to home
○ come home

名詞の前のa, an, the

訳語の名詞には a, an や the がついたものと，何もつかないものがある．

1. a, an がついた名詞は1つ，2つと数えられ，複数形で用いられるときがあることを示す．

   [例] **ほし** 星 a star

2. (a), (an) がついた名詞は数えられるときと数えられないときがあることを示す．

   [例] **しょうり** 勝利 (a) victory

3. the のついた名詞は，ふつう the をつけて用いることを示す．

   [例] **たいよう**[1] 太陽 the sun

4. a, an, the のつかない名詞は数えられない名詞であることを示す．

   [例] **みず** 水 water

連語表示

訳語のあとの（　）の中の前置詞，( ) の中の副詞は訳語としばしば結びつくことを示す．《　》, ( ) のない場合は必ず続けて使うことを示す．

[例] **あくしゅ** 握手する shake hands《with》

　　 あきらめる give up

コラム

語の理解を深めるために，次のようなコラムを設けて解説する．

- 🔖**文法**　文法上・語法上の解説．
- 💬**用法**　ライティング，スピーキング，プレゼンに役立つようなことばの使い方を解説．
- 🗂**背景**　ことばの背景となる英米の文化やものの考え方などを解説．
- ①**参考**　その他の学習上参考になる事がらを解説．
- 🗣**スピーキング**　日常よく使う会話表現を示す．
- 👤**プレゼン**　発表するときに役立つ表現を示す．
- ✏**ライティング**　作文などに役立つ表現を示す．

6　six

この辞典の使い方

5 用例

用例

1. スペースの許す範囲で，できるだけ多くの用例を示す．とくに重要語には多めに用例を収録する．
2. 会話にすぐ使えるよう，口語表現を多くし，必要な場合には対話形式で示す．
3. 用例の中のイタリック体は訳語およびその派生語・慣用句・複合語の該当部分を示す．

[例] **あい** 愛

　　love [ラヴ] →あいする
　▶ 愛は何物よりも強い．
　　Love is stronger than anything else.

6 派生語・慣用句・複合語

派生語

見出し語の派生語（…する，…の，…に，などのついたことば）は，訳語または用例のあとに示す．

[例] **いんさつ** 印刷 printing [プリンティング]
　　印刷する print

慣用句

1. 見出し語をふくむ慣用的な語句は，訳語または用例のあとに示す．

[例] **め¹** 目

　1 an eye [アイ]；（視力）eyesight [アイサイト]
　目がくらむ be dazzled [ダズルド]
　目が覚める wake (up)
　目がない have a weakness (for)
　目がまわる feel dizzy [ディズィ]

2. 簡単なことばに言いかえれば調べられる慣用的な語句は，参照すべき見出し語を示し，*(i)* 日本語NAVI にまとめて示す．

複合語
[合成語]

見出し語をふくむ複合語は最後に示す．

[例] **やきゅう** 野球

　baseball [ベイスボール]（▶スポーツ名には冠詞はつかない）
　野球場（米）a ballpark [ボールパーク], a baseball stadium [スティディアム]；（グラウンド）a baseball field
　野球選手 a baseball player
　野球部 a baseball team [club]

seven 7

この辞典の使い方

7 写真・イラスト・図表

写真・イラスト・図表

1. 視覚的に語を理解できるよう,写真・イラスト・図表を多数収録する.
2. とくに英米の生活がわかるように,家庭生活・学校生活・掲示(けいじ)・標識・看板など特色のある写真をのせる.
3. 文法上・語法上重要な語や使い方をまちがいやすい語については,注意すべき点を必要に応じて図解する.
4. 関連する他の語とのちがいや相関関係を明示するため,できるだけ多くの図表を用いる.

[例]

💬**用法**「青」と green
日本語では「青葉」「青信号」のように緑を青ということがあるが,英語では **blue** と **green** をはっきり区別する.

	青	blue
青い	緑	green
	青白い	pale

8 注意すべき記号

( )と[ ]

1. ( )内の部分は省略可能であることを表す.

    [例] ▶ つかれてるようだね.
    You *look* tired. / You *seem* (to be) tired.

2. [ ]内の部分は置き換え可能であることを表す.

    [例] ▶ 私の彼は私より1つ年上だ.
    My boyfriend is one year *older than* me [I am]. (▶「年下」は younger)

→, ▶, ×

1. →は他の項目を「参照せよ」の意味を表し,▶は「注意」「補足」「解説」などの意味を表す.

    [例] **しがつ** 四月　→いちがつ, つき¹(表)
    April [エイプリル] (▶語頭は必ず大文字;Apr. と略す)

8　eight

[例] **あるいは**

▶ きみ，あるいは弟さんのどちらかがそこに行かなくてはいけない．
Either you *or* your brother has to go there.（▶ either ～ or ... の部分が主語になったときは，動詞は or のあとの語に一致させるのが原則）

2．まちがった使い方には×印をつけて注意を喚起する．

[例] ▶ 弟は病気だ．My brother *is sick*.　（▶ My brother is ×sickness. とはいわない）

9 CLIL（クリル）

Introduction to CLIL

CLIL* の，「みずから実際に考え伝えたいと思う《内容》を，相手に《ことば》として（英語で）発信する」という考え方をもとに，16 トピックについてまとまった情報量の英文を示す．

＊CLIL は Content and Language Integrated Learning の略で，「内容言語統合型学習」と訳される教育法．具体的には《言語》と，教科などの《内容教育》を統合して指導される．

■ CLIL 一覧

音楽	141	地球	500
学校紹介	176	天気・気候	546
環境問題	195	我が家のペット	714
趣味	370	道案内	759
人体	395	メディア・通信手段	777
数学	403	夢	807
世界	432	料理	832
食べ物	485	歴史	837

略 語 一 覧

同	同意語	男	男性形	《米》	アメリカ用法
反	反意語	女	女性形	《英》	イギリス用法
対	対語	複数	複数形		

無料英単語アプリ・無料音声再生アプリについて

◼ 無料英単語アプリ

ジュニア・アンカー 中学英和辞典の重要な英単語を，クイズ形式で確認するアプリです．下記の二次元コードを読み取るか，URLにアクセスしてください．

https://gakken-ep.jp/extra/ja/

※ iPhoneの方は，Apple ID，Androidの方はGoogleアカウントが必要です．
　対応OSや対応機種については，各ストアでご確認ください．
※ お客様のネット環境及び携帯端末によりアプリを利用できない場合や，音声をダウンロード・再生できない場合，当社は責任を負いかねます．ご理解・ご了承をいただきますよう，お願い申し上げます．
※ アプリは無料ですが，通信料はお客様の負担になります．

◼ 無料音声再生アプリ

🎧マークの音声と，ジュニア・アンカー 中学 英和辞典の見出し語の音声（原則として発音記号のあるもの）を，専用アプリで再生することができます．
下記の二次元コードを読み取るか，URLにアクセスしてください．

https://gakken-ep.jp/extra/myotomo/

※ iPhoneの方は，Apple ID，Androidの方はGoogleアカウントが必要です．
　対応OSや対応機種については，各ストアでご確認ください．
※ お客様のネット環境及び携帯端末によりアプリを利用できない場合や，音声をダウンロード・再生できない場合，当社は責任を負いかねます．ご理解・ご了承をいただきますよう，お願い申し上げます．
※ アプリは無料ですが，通信料はお客様の負担になります．

さくいん

文 法

あ行
あさ[1]:「朝に」の言い方 …………………25
あした:tomorrow の使い方 …………………27
あの:that と those …………………………36
ある:不特定の物が主語のとき ………………43
ある:特定の物が主語のとき …………………43
いいえ:否定は No! ……………………………50
いぜん:ago と before …………………………63
いちがつ:in と on ……………………………65
いちばん:「いちばん…」の言い方 ……………67
いつ:when の使い方の注意点 ………………68
いっぱい:2杯以上の表し方 …………………71
いつも:always, usually の位置 ………………72
いる[1]:不特定の物が主語のとき ……………78
いる[1]:特定の物が主語のとき ………………78
-(して)いる:進行形にしない動詞 …………79
うみ[1]:sea の使い方 …………………………93
おおく:many・much と a lot of ……………110
おおく:many of the ... と many ... …………110
おなじ:as ～ as ... の使い方 ………………128
おぼえている:remember -ing と
　　remember to ... ……………………………130

か行
かぐ[2]:furniture の数え方 …………………158
かぞく:family の使い方 ……………………168
かね:money は数えられない ………………181
かみ[1]:paper の数え方 ……………………183
-から:from と since …………………………186
きのう[1]:yesterday の使い方 ………………214
ぎゅうにゅう:milk の数え方 ………………222
きょねん:last は「この前の」 ………………229
くだもの:fruit の使い方 ……………………241
くつ:「くつ」の数え方 ………………………243

ケーキ:cake の数え方 ………………………258
ごご:afternoon と前置詞 ……………………285
-こと:「to +動詞の原形」と -ing ……………291

さ行
-さえ:even の位置 ……………………………313
-しか:only の位置 ……………………………332
しばしば:often の位置 ………………………350
すくない:few と little ………………………407
すこし:few と little と some ………………409
すべて:all と every …………………………416
ぜんぶ:all と every …………………………444

た行
たくさん:many, much と a lot of ……………471
-(し)たら:条件を表すときの時制 …………489
-(し)たら:仮定を表すときの時制 …………489
だれも…ない:none の使い方 ………………491
できる:be able to の使い方 …………………536
どう[1]:what と how …………………………554
ときどき:sometimes の位置 ………………564

な行
-ならない:must と have to …………………602
なんて:how と what の感嘆文 ……………606
-の:-'s と of ... ………………………………628

はまや行
はい[1]:Yes と No の使い方 ………………638
ひとつ:a と an ………………………………678
まい-:every +「時」 …………………………736
-まで:until [till] と by ………………………746
もっとも[1]:形容詞・副詞の最上級と the ……785
やめる:stop -ing と stop to ... ……………798

用 法

あ行
あいだ:during と for …………………………18
あいだ:during と while ………………………18
あお:「青」と green ……………………………21
あそび:「遊びに行く」の言い方 ……………28
あたま:「頭」と head …………………………30
あたる:「人の…に当たる」の言い方 ………31

あつめる:gather と collect …………………33
あなた:「あなた」と you ……………………35
アパート:apartment と apartment house と
　　apart ……………………………………36
あまり[1]:a のない few と little ……………38
ある-:a certain と some ……………………44
いう:say と speak と talk と tell ……………52

eleven 11

さくいん

いえ：house と home ……………………53
-いか：「以下」と less than ……………54
いく：go と come ………………………56
いくつ：how many と how old …………58
いくら：「いくら」のたずね方 ……………59
-いじょう：「以上」と more than ………62
いただきます．いただきます．……………64
いちど：もう一度おっしゃってください．……66
うそ：うっそー！………………………………86
うつくしい：「美しい」のいろいろ ……………89
うまれ：お生まれは？……………………92
え[1]：picture, painting, drawing など ………98
ええと：Let me see, と Well, ……………101
おおきい：big と large ……………………109
おかあさん：呼びかけの「お母さん！」………112
おかえり：お帰り（なさい）．……………112
おかわり：お代わりはいかが．……………113
-おき：「2日おき」の言い方は？……………113
おく[1]：leave と keep …………………114
おこる[1]：with と at と about ……………117
おしえる：teach と tell と show …………119
おじゃま：おじゃまします．／
　おじゃましました．…………………120
おつかれさま：おつかれさま．……………124
おとうさん：呼びかけの「お父さん！」………125
おどろく：「驚く」と be surprised …………127
おはよう：Good morning. ……………129
おめでとう：「おめでとう」と言われたら？……132
おもしろい：「おもしろい」のいろいろ ………135

か行

かいがん：「海岸」のいろいろ ……………146
がいこく：foreigner の使い方 ……………147
かく[1]：さまざまな「かく」………………157
かげ：shade と shadow …………………161
かしこい：wise, clever, bright, smart ……165
かつ：win と beat ……………………172
かぶる：put on と wear …………………182
-から：原料・材料の表し方 ………………187
がんばる：「がんばって」のいろいろな
　言い方 …………………………………201
きがきく：気がきくね．……………………204
きく[1]：hear と listen と ask ……………206
きゅうじつ：holiday と vacation …………221
きょうだい[1]：「きょうだい」の表し方 ………226
きる[2]：put on と wear と have ... on ………231
きをつける：体に気をつけて．……………233
ください：「…してください」「いいですよ」……240
くれる[1]：…（して）くれる．……………252
くれる[1]：…してくれますか．……………252

けつえき：血液型は何型？………………261
-こ：物の数え方 …………………………270
こうちゃ：tea と black tea ………………277
ごご：午後の区分 ………………………285
ごちそう：ごちそうさま．…………………289
-こと：…（する）こと ……………………292
ごはん：ごはんよ！………………………297
ごめん：I'm sorry. と Excuse me. …………299
こんにちは：「こんにちは」と hello …………305
こんばんは：Good evening. を使う時間帯 ……306

さ行

さようなら：「さようなら」のいろいろ ………323
さら：dish, plate, saucer ………………324
-さん：「…さん」の言い方 …………………325
しぬ：die と dead ……………………350
しぬ：die of と die from と be killed in ……350
しゅみ：hobby と pastime ………………369
しる[1]：「知りません」は
　I'm sorry I don't know. ………………389
しんじる：信じられない！………………393
する[1]：「…（を）する」の言い方 …………421
せいれき：A.D. の使い方 …………………430
せまい：「せまい」の言い方 ………………437
せん[1]：4けたの数字の読み方 ……………438
せんしゅう：「先週の」の表し方 ……………440
せんせい[1]：「…先生」の表し方 ……………441
せんぱい：「先輩」の言い方 ………………443

た行

-たい[1]：「…したい」の使い分け …………460
たかい：high と tall ……………………469
たかさ：「高さ」の言い方 …………………470
-だけ：only の位置 ………………………472
ただいま：ただいま．……………………476
たぶん：probably と perhaps と maybe ……483
ちいさい：small と little と tiny …………495
つく[1]：「着く，到着する」を表す言い方 ……518
つくる：be made of と be made from ……520
つまらない：つまらないものですが… ………524
-で：in と at ……………………………530
ていあん：提案するときの言い方 …………531
てんき：天気を表す言い方 ………………545
-と：イントネーションに注意 ……………552
とけい：clock と watch …………………568

な行

なおす：repair と mend と fix ……………590
なぐさめ：なぐさめるときの言い方 …………594
-(し)なさい：命令的な言い方 ………………595

さくいん

ならう：learn と study ……601
にっき：日記の書き方 ……613
にわ：yard と garden ……618

は行
はなす[1]：talk と speak と tell ……655
はは：「お母さん！」の言い方 ……656
ばんごう：番号の読み方 ……664
ピクニック：「ピクニック」と「ハイキング」……671
ひじょうに：very と very much ……673
ふね：ship と boat ……700
ぶんすう：分数の読み方 ……707
ほう[1]：should と had better ……719
ほめる：ほめるときの言い方 ……732
ほんとう：really の発音のしかた ……735

ま行
まなぶ：learn と study ……747
マンション：「マンション」と mansion ……752
みち[1]：road と street と path と way ……760
みる：see と look at と watch ……765
めいわく：ご迷惑をおかけしてすみません．……774
もちろん：さまざまな「もちろん」……783
もったいない：「もったいない」の表し方 ……784

やら行
よろしい：「よろしいですか」「よろしい」……820
よろしく：よろしく（お願いします）．……821
ラッキー：ラッキー！ ……824
りょこう：「旅行」を表すことば ……833

使い分け

あ行
あいだ ……18
あう[1] ……19
あう[2] ……20
あがる ……21
あげる[1] ……24
あたま ……29
あたる ……30
あと[1] ……34
ある ……43
あるいは ……44
いい ……49
いかが ……54
いくつ ……58
いけない ……59
いちばん ……67
いつか[1] ……68
いま[2] ……74
いる[1] ……77
-（して）いる ……78
うえ[1] ……82
うごく ……85
うすい ……86
うつ[1] ……89
うつす[1] ……89
おおい[1] ……108
おおきい ……109
おく[1] ……114
おくる[1] ……115
おこる[1] ……117
おしえる ……119
おそい ……121
おもう ……133
おりる ……138

か行
-か ……143
かかる[1] ……154
かく[1] ……157
かける[1] ……162
-から ……186
かりる ……189
かんがえ ……192
かんがえる ……193
きく[1] ……206
きめる ……217
きる[1] ……231
きる[2] ……231
きれい ……232
きれる ……232
くみ ……245
-くらい ……247
くる ……250
けす ……260
けっこう[1] ……261
こころ ……286
こちら ……290
-こと ……291

さ行

thirteen 13

さくいん

さがる … 314
さき … 315
-させる … 319
-さん … 325
じかん … 333
した² … 341
しばらく … 351
しめる¹ … 354
しらべる … 387
すぎる … 406
すぐ … 406
すくない … 407
すこし … 409
すすめる¹ … 411
ずっと … 412
すみません … 418
する¹ … 420
せまい … 436
そう² … 445
-そう … 445

た行

たかい … 469
たくさん … 471
だす … 474
たつ¹ … 478
だって … 479
たてる¹ … 480
-ため … 487
だれ … 490
ちいさい … 495
ちかい¹ … 496
ちがう … 497
つかう … 515
つき¹ … 516
つく¹ … 518
つくる … 519
つける¹ … 520
つよい … 526
-で … 529
できる … 536
でる … 542
-と … 552
どう¹ … 554
どうぞ … 558
-ところ … 569
とし¹ … 570
どちら … 572
どのくらい … 577
とる … 583

どんな … 586

な行

-ない, (い) ない … 587
なおす … 590
なか¹ … 590
- (に) なる … 603
-に … 608
ねる¹ … 626
-の … 628
のこる … 630
のせる … 630
のぼる … 633
のむ … 633
のる¹ … 634

は行

はいる … 640
-ばかり … 642
はなし … 654
はやい … 657
はやく … 658
ひ¹ … 667
ひく¹ … 670
ひくい … 671
ひらく … 684
ひろい … 686
-へ … 709

まやらわ行

まえ … 737
また¹ … 742
まだ … 742
まったく … 745
-まで … 746
まもる … 749
みえる … 753
みる … 764
もう … 779
もつ … 783
やすみ … 794
やすむ … 795
やぶる … 797
よい¹ … 809
-よう¹ … 810
よく² … 814
よぶ … 817
-れる, -られる … 839
わるい … 851
-を … 852

あ ア あ ア あ ア

あ Oh! [オゥ] →あっ
- あ, そうだ. *Oh*, yes.
- あ, きみか. *Oh*, it's you.

ああ¹ 1 (感動・驚き) Oh! [オゥ], Ah! [アー]
- ああ, おいしい. *Oh*, it's good.
- ああ, びっくりした.
  Oh! What a surprise! / Oh, you surprised me.

2 (返事) Yes. [イェス]
- ああ, わかりました.
  Yes, I understand.
- ああ, そうするよ.
  Sure I will.

🔷スピーキング
- Ⓐ サッカー部のヒロシを知ってる？
  Do you know Hiroshi on the soccer team?
- Ⓑ ああ, 知ってるよ.
  Yes, I know him.

ああ²
- ああしろ, こうしろって言わないで.
  Don't tell me what to do or (what) not to do.
- ぼくもああいう人になりたい！
  I want to be a person like *that*!

アーケード an arcade [アーケイド]
アーチ an arch [アーチ]
アーチェリー archery [アーチ(ェ)リィ]
- アーチェリーを練習する
  practice *archery*

アーティスティックスイミング
  artistic swimming [アーティスティク スウィミング]
アーティスト an artist [アーティスト]
アート art [アート] →びじゅつ, げいじゅつ
アーモンド (植物) an almond [アーモンド]

あい 愛

love [ラヴ] →あいする
- …に愛を告白する
  confess *my love* to ...
- 愛は何物よりも強い.
  Love is stronger than anything else.
- 子どもに対する母の愛はとても深い.
  A mother's *love* for her children is very deep.
- 愛をこめて. With *love*, (▶手紙の結びの言葉で, 単に Love, とも書く)

あいかぎ 合いかぎ a duplicate [デュープリケト] key, a spare [スペア] key
あいかわらず 相変わらず as before, still [スティル], as usual [ユージュアル]
- 麻耶は相変わらず魅力的だ.
  Maya is as charming *as before*. / Maya is *still* charming.
- 相変わらず部活でいそがしいんだ.
  I'm busy with club activities *as usual*.

あいきょう 愛きょうのある charming [チャーミング]；(こっけいでかわいい) humorous [ヒューモラス]
- あの女の子はとても愛きょうがある.
  That girl is very *charming*.
- 彼はどこか愛きょうがあるね.
  There is something *humorous* about him.

あいけん 愛犬 my pet dog
- 愛犬ステラ *my pet dog* Stella

あいこ even [イーヴン]
- じゃんけんぽん. あいこでしょ.
  Rock, scissors, paper! We are *even*. →じゃんけん

あいことば 合い言葉 a password [パスワード] →パスワード；(仲間内の主義などを表す語, スローガン) a slogan [スロウガン]

アイコン (絵文字) an icon [アイカン]
- アイコンをクリックする click on the *icon*

あいさつ

a greeting [グリーティング]
あいさつする greet
- あいさつをかわす exchange *greetings*
- 先生に「おはようございます」とあいさつした.
  We *greeted* our teacher by saying, "Good morning."
あいさつ状 a greeting card

あいしょう¹

スピーキング
あいさつ (Greetings)

①朝のあいさつ
- Ⓐ お母さん，おはよう．
  Good morning, Mom.
- Ⓑ エリ，おはよう．
  Good morning, Eri.
- Ⓐ いただきます．Let's eat.
- Ⓐ ごちそうさま．I'm finished.
- (▶「いただきます」「ごちそうさま」にあたる決まった英語はない．「いただきます」は Let's eat. や It looks delicious.，「ごちそうさま」は I'm finished. などという)
- Ⓐ お母さん，行ってきます．
  Goodbye, Mom.
- Ⓑ 行ってらっしゃい，エリ．
  Have a nice day, Eri.
- (▶「行ってきます」は Goodbye. とか Bye. という．「行ってらっしゃい」も Goodbye. とか Bye. というが，「楽しんでらっしゃい」という感じで Have a nice day. などともいう)
- Ⓐ 寛太くん，おはよう．
  Hello, Kanta.
- Ⓑ おはよう，エリ．
  Hi, Eri.
- (▶友達どうしでは，朝・昼・晩ともに Hello! とか Hi! ということが多い)

②午後のあいさつ
- Ⓐ 後藤さんのおばさん，こんにちは．
  Good afternoon, Mrs. Goto.
- Ⓑ エリちゃん，こんにちは．
  Good afternoon, Eri.
- Ⓐ お母さん，ただいま．
  Hello, Mom. I'm home.
- Ⓑ おかえり，エリ．
  Hello, Eri.
- (▶「ただいま」「おかえり」にあたる決まった英語はない．人に会ったときのあいさつと同じく Hello. や Hi. といえばよい)

③夕方のあいさつ
- Ⓐ こんばんは．
  Good evening.
- Ⓑ こんばんは，エリ．
  Good evening, Eri.

④別れるときのあいさつ
- Ⓐ さようなら．
  Goodbye.
- Ⓑ さようなら．またあしたね．
  Goodbye. See you tomorrow.
- (▶ Bye. や So long. もくだけた言い方で使う．夜，別れるときは Good night. (おやすみなさい) も使われる)

⑤夜のあいさつ
- Ⓐ お父さん，おやすみなさい．
  Good night, Dad.
- Ⓑ おやすみ．
  Good night, dear.

⑥久しぶりに会った人とのあいさつ
- Ⓐ こんにちは．久しぶりだね．元気にしてた？
  Hi. It's been a long time.
  How have you been?
- Ⓑ 元気だよ，ありがとう．あなたは？
  Fine, thank you. And you?
- (▶「久しぶりだね」は I haven't seen you for a long time. ともいう．くだけた言い方では Long time no see. ともいう)

⑦はじめて会った人とのあいさつ
- Ⓐ はじめまして，小川さん．
  Hello. Nice to meet you, Mr. Ogawa.
- Ⓑ どうぞよろしく，スミスさん．
  Hello. Happy to meet you, too, Mr. Smith.
- (▶ How do you do? も初対面のあいさつだが，改まった言い方で若者どうしではあまり使わない)

あいしょう¹ 愛称 a nickname [ニクネイム]
> マイクはマイケルの愛称です．
> Mike is a *nickname* for Michael.

あいしょう² 相性
> 私と彼は相性がいい．
> I *get along with* him.

あいじょう 愛情 love [ラッ], affection [アフェクション] →あい
> 親の子どもに対する愛情
> parents' *love* for their children
> 愛情のこもった手紙
> a *warm-hearted* letter

アイス (氷) ice [アイス]；(アイスクリーム) (an) ice cream；(コーンつきの) an

ice-cream cone
▶ アイスちょうだい.
Give me some *ice cream*, please.
アイスキャンディー《米》a popsicle [パプスィクル]（▶もとは商標名）,《英》an ice lolly [アイス ラリィ]

アイスキャンディー.

アイスコーヒー iced coffee
アイススケート ice skating
アイスダンス ice dancing
アイスティー iced tea
アイスバーン an icy patch [パッチ]
アイスホッケー ice hockey [ハキィ]；《米》hockey

あいず 合図 a sign [サイン], a signal [スィグナル]
合図する make a sign, signal
▶ 警官が止まれって合図してるよ.
The police officer *is giving* us *a sign* to stop.

アイスクリーム (an) ice cream [アイスクリーム]；(コーンつきの) an ice-cream cone

コーンつきの
アイスクリーム.

▶ 私はアイスクリームが大好きなんだ.
I like *ice cream* very much. / I love *ice cream*.
▶ アイスクリームを2つください.
Two *ice creams*, please.
アイスクリーム店 an ice cream parlor

🔊スピーキング
Ⓐ 何味のアイスクリームがいちばん好き？
What flavor of ice cream do you like (the) best?
Ⓑ バニラが大好き.
I love vanilla.

アイスランド Iceland [アイスランド]

あいする 愛する
love [ラヴ]（反 にくむ hate）→あい
🔊表現力
…を愛する，…を愛している
→ love ...

love はふつう
進行形にしない.

▶ 私はリサを愛している.
I *love* Lisa. / I'm *in love with* Lisa.

🔊スピーキング
Ⓐ 洋一くん，愛してる！
Yoichi, I love you!
Ⓑ ぼくも愛してるよ，春香.
I love you, too, Haruka.

▶ 彼らはおたがいに愛し合っていた.
They *loved* each other.
▶ 彼はみんなから愛されています.
He *is loved* by everyone.
▶ 愛する人 / 愛する人たち
a *loved* one / *loved* ones
▶ 平和を愛する人々
peace-*loving* people

あいそ(う) 愛想
▶ リズはみんなに愛想がよい.
Liz *is nice to* everybody. / Liz *tries to please* everybody.

あいた 開いた，空いた（ドアなどが）open [オウプン]；(席などが) vacant [ヴェイカント]；(時間などが) free [フリー]
▶ 窓は開いたままだった.
The windows were left *open*.
▶ 空いた時間に
in *my free* time

あいだ 間

使い分け
(時間) → for, during, between
(場所・関係) → between, among

[期間]

for four days
4日間

[2つの間で]

between Yuri and Emi
ユリとエミの間で

[特定の期間]

during June
6月の間

[3つ以上の間で]

among girls
女の子たちの間で

1 (時間) for [フォー (ア)], during [デュ (ア) リング, ドゥ (ア) リング], between [ビトゥウィーン], while [(フ) ワイル]
- 長い間 *for* a long time
- 3日の間 (ずっと) *for* three days
- 少しの間 *for* a little while
- 冬の間 *during* winter
- 休暇の間に (期間中に) *during* the vacation

用法 during と for
ともに「期間」を表すが、「夏の間」や「休暇の間」のようにある特定の時を表す語の場合は **during** を使う. *during* the summer vacation (夏休みの間に). 一方、「1週間」「2時間」など期間の長さを表す場合は **for** を使う. *for* two weeks (2週間)

表現力
…している間に
→ while ... / during ...

- 留守の間に電話があったよ. There was a call *while* you were out.

用法 during と while
during のあとには *during* the vacation (休暇の間に) のように語句がくるが、**while** のあとには *while* you were out (留守の間に) のように「主語+動詞」がくることが多い.

- 1時から2時の間に
between one o'clock *and* two o'clock

2 (場所・関係) (2つの間) between ; (3つ以上の間) among [アマング]
- 山川先生は生徒の間で人気がある.
Mr. Yamakawa is popular *among* his students.

表現力
～と…の間 → between ～ and ...

- 東京と新大阪の間にいくつ駅がありますか.
How many stations are there *between* Tokyo *and* Shin-Osaka?
- ぼくたち2人の間だけの話だけど、彼女はきみのことが好きだと思うよ. *Between* you *and* me, I think she loves you.

あいつ that guy [ガイ] (▶男性をさす表現. 複数形では女性をふくむこともある)
- あいつはいいやつだ. *He's* a nice guy.
あいつら they [ゼイ] →かれら
あいづち 相づちを打つ nod yes, make sounds of agreement

スピーキング
🔴 なるほど. わかりました. I see.
🔴 へえ、そうですか.
   Is that so? / Is that right?
🔴 そのとおり. That's right.
🔴 ほんと? / うっそー. Really?
(▶軽い相づちは、Uh-huh [アハ] (肯定) とか Uh-uh [アァ] (否定) という. 肯定するときは Yes [イェス] ということも多いが、そのほか、上のような言い方をする)
🅐 きのうディズニーランドに行ったんだ.
   I went to Disneyland yesterday.
🅑 へえ、そう. Oh, did you?
(▶相手の言ったことを疑問文の形にして上のように問いかけることも多い)

◀ **あう¹**

あいて 相手
▶ 遊び相手 a friend to play with
▶ 競争相手 a rival, an opponent
▶ 相手チームを破る
  beat the *opposing* team
▶ 話し相手がほしい.
  I want *someone* to talk to.
▶ 相手の身になってみなさい.
  Put yourself in *his* [*her*] place.

アイデア an idea [アイディ(ー)ア]
▶ ぼくにいいアイデアがある.
  I have a good *idea*.
▶ それはいいアイデアだね.
  That's a good *idea*.
▶ 何かアイデアがありますか.
  Do you have any *ideas*?
▶ いいアイデアが思いうかばない.
  I can't come up with a good *idea*.

アイティー IT (▶ information technology (情報技術) の略)
▶ 私の父はIT関係の会社で働いている.
  My father works for an *IT* business firm.

アイディーカード (身分証明書) an ID card (▶ an *id*entification card の略)

訪問先でアイディーカードを見せる男性.

あいている 開いている, 空いている (ドアなどが) open [オウプン]; (席などが) vacant [ヴェイカント]; (時間などが) free [フリー] → あく¹, あいた

あいどくしょ 愛読書 my favorite book

アイドル an idol [アイドゥル]
▶ アイドル歌手 a pop *idol*
▶ アイドルグループ an *idol* group

あいにく unfortunately [アンフォーチ(ュ)ネトゥリィ]
▶ あいにく雨で試合は中止になった.
  Unfortunately, the game was canceled because of rain.

▶ それはあいにくですね.
  Oh, *that's too bad*. / *I'm sorry about that*.

アイヌ (1人) an Ainu [アイヌー]; (全体) the Ainu(s)
  アイヌの Ainu
  アイヌ語 Ainu

あいま 合間
▶ 授業の合間に *between* classes

あいまいな vague [ヴェイグ]
▶ あいまいな返事をする
  give a *vague* answer

あいよう 愛用の favorite [フェイヴァリト]
▶ 愛用のペン my *favorite* pen

アイルランド Ireland [アイアランド]
  アイルランドの Irish [アイ(ア)リシ]

アイロン an iron [アイアン] (発音注意)
  アイロンをかける iron, press
▶ 私はハンカチにアイロンをかけた.
  I *ironed* my handkerchief.

アインシュタイン, アルベルト
(人名) Albert Einstein [アインスタイン]

あう¹ 会う, 遭う

使い分け
(人に) → meet, see
(事故などに) → have

1 (人に) meet [ミート], see [スィー]
▶ 「何時に会おうか」「きみの好きなときでいいよ」
  "What time shall we *meet*?" "Any time you like."
▶ どこで会おうか. Where will we *meet*?

表現力
…に会う → meet ... / see ...

▶ 今度いつきみに会える?
  When can I *see* you again?
▶ あした会おう. *See* you tomorrow.
▶ またいつか会いましょう.
  See you again. (▶ See you again. はいつまた会うかわからない相手にいう言い方.「じゃあまた」とか「またあした」というような場面では使えない. その場合は単に See you. などという)
▶ 私はバスで佐藤先生に会った.
  I *met* Ms. Sato on the bus.
▶ ぼくはずっとケンに会っていない.

あう²

I haven't seen Ken *for a long time.*
▶ きょう堀さんにばったり会った.
I ran into Mr. Hori today. / *I happened to meet* Mr. Hori today.

🗨 スピーキング

🔴 お会いできてうれしいです.
(I'm) glad to meet you.
(It's) nice to meet you.
(▶初対面のときには meet を使う)
(I'm) glad to see you (again).
(It's) nice to see you (again).
(▶初対面以外の場合（友達どうしなどが久しぶりに会ったときなど）には see を使う)
🅐 お会いできてうれしいです.
I'm glad to meet you.
🅑 私もです.
I'm glad to meet you, too.
(▶答えるときは，初対面の場合も初対面以外の場合も，相手のあいさつに, too をつけた形を使えばよい)
🔴 お会いできてうれしかったです.
Nice to have met you.
(I'm) glad to have met you.
It's (been) nice meeting you.
(▶初対面の人と別れるときの言い方)

2 (事故や不幸なことに) **have** [ハヴ], **meet with**
▶ 弟は帰宅途中で交通事故にあった.
My brother *had* a traffic accident on his way home.

あう² 合う

使い分け
(形・サイズが) → fit
(意見が) → agree
(正確である) → be correct

1 (形・サイズが) **fit** [フィット]; (適する) **be right** (for); (調和する) **match** [マッチ], **go with**
▶ このスニーカーはぼくの足に合わない. 大きすぎるんだ. These sneakers don't *fit*. They are too big.
▶ 自分に合った塾を選びなさいね.
You should choose a *juku* that *is right for* you.
▶ 「このブラウスには何色のスカートが合うかな？」「絶対グリーンよ」
"What color skirt will *go with*[*match*] this blouse?" "A green one, I bet."

2 (意見が) **agree** [アグリー] ((with))
▶ 父とは意見が合わなかった.
I didn't *agree with* my father.
▶ ボブとは気が合うんだ.
I *get along well with* Bob.
▶ 目が合うと, 彼はにっこりしてくれた.
I *caught his eye* and he smiled.

3 (正確である) **be correct** [コレクト]

🗨 スピーキング

🅐 きみの時計，合ってる？
Is your watch correct?
🅑 いや，5 分おくれているよ.
No, it's five minutes slow.

アウェー an away game [match]
▶ インテルはアウェーでチェルシーに勝った.
Inter defeated Chelsea in the *away match*.

アウト アウトの《野球》**out** [アウト] (反 セーフの safe)
▶ 三振！バッター，アウト.
Strike three! You're *out*.

アウトドア アウトドアの **outdoor** [アウトドー(ア)]
▶ アウトドアライフを楽しむ
enjoy my *outdoor* life
アウトドアスポーツ an outdoor sport

アウトプット《コンピューター》**output** [アウトゥプット] (反 インプット input)

アウトレット outlet [アウトゥレット]

あえて あえて…する **dare** [デア]
▶ 私はあえてそれを否定しなかった.
I didn't *dare* (to) deny it.

あえん 亜鉛 **zinc** [ズィンク]《記号 Zn》

あお 青(い)

1 (青色) **blue** [ブルー]
▶ こい青 dark *blue*
▶ うすい青 light *blue*
▶ 青い海 the *blue* ocean
▶ ジェーンは青い目をしている.
Jane has *blue* eyes.

2 (緑色) **green** [グリーン]
▶ ほら, 信号が青だよ.
Look! The traffic light is *green*.

◀ **あがる**

3 (顔色が) pale [ペイル] →あおじろい
▸ 青くなる turn *pale*
▸ 顔が青いよ．どうしたの？
 You look *pale*. What's the matter?
青信号 a green light
青空 the blue sky

> 💬**用法**「青」と green
> 日本語では「青葉」「青信号」のように緑
> を青ということがあるが，英語では
> **blue** と **green** をはっきり区別する．

青い	青	blue
	緑	green
	青白い	pale

あおぐ¹ 仰ぐ (上を見る) look up (at)；(指示などを) ask (for)
あおぐ² (うちわなどで) fan [ファン]
▸ 私はうちわであおいだ．
 I *fanned* myself with an *uchiwa*.
あおざめる 青ざめる turn pale
▸ 母はその知らせに青ざめた．
 My mother *turned pale* at the news.
あおじろい 青白い (顔色が) pale [ペイル]
▸ トムは青白い顔をしている．どうしたんだろう．
 Tom looks *pale*. I wonder what happened (to him).
あおむけ あおむけに on *my* back (反) うつぶせに on *my* face [stomach]
▸ あおむけに寝る
 lie *on my back*

あか¹ 赤(い)

red [レッド]
▸ こい赤 dark *red* / deep *red*
▸ 赤みがかった茶色 *reddish* brown
▸ 信号が赤になった．
 The traffic light changed to *red*.
▸ 重要語に赤えんぴつでアンダーラインを引きなさい．
 Underline the important words with a *red* pencil.
赤くなる (葉などが) turn red；(はずかしくて) blush [ブラッシ]
▸ 久美はすぐ赤くなる．
 Kumi *blushes* easily.
赤信号 a red light

▸ 赤信号を無視する run a *red light*
あか² 垢 dirt [ダ~ト]
▸ あかを落とす wash the *dirt* off
アカウント an account [アカウント]
▸ メールアカウント an email *account*
あかじ 赤字 the red (反 黒字 the black)；(損失) a loss
▸ 赤字である be in *the red*
▸ 赤字になる get into *the red*
あかちゃん 赤ちゃん a baby [ベイビィ]
▸ 男の赤ちゃん a *baby* boy
▸ ライオンの赤ちゃん a *baby* lion
▸ 赤ちゃんみたいなことしないの！
 Don't act like a *baby*! / Grow up!
▸ 私の姉に赤ちゃんが生まれたんだ．
 My sister had a *baby*.
アカデミー アカデミー賞 an Academy Award [アウォード]
あかり 明かり a light [ライト]
明かりをつける light, turn on the light
▸ 明かりをつけてください．
 Turn on the light, please.
▸ 教室の明かりが消えている．
 The *lights* are off in the classroom.

あがる 上がる

> 🔵**使い分け**
> (のぼる) → go up, rise
> (値段・温度が) → go up, rise
> (食べる) → have

1 (のぼる) **go up**, **rise** [ライズ] (反 下がる go down, fall)
▸ 屋上に上がってごらん．すばらしいながめだよ．
 Go up on the roof, and you'll have a wonderful view.
▸ 妹は今年小学校に上がるの．
 My sister will *enter* elementary school this year.

> 🗣️**スピーキング**
> 🅐 おあがりください．
> Come on in.
> 🅑 おじゃまします．
> Thank you.
> (▸訪ねてきた人に「あがって（＝家に入って）」というときは，Come on in. という)

twenty-one 21

あかるい ▶

2 (値段・温度が) **go up, rise**
▶ 来月からバス代が上がります.
The bus fares *are going up* next month.
▶ あすは気温が上がるだろう.
The temperature will *go up* [*rise*] tomorrow.
3 (向上する) **improve** [インプルーヴ]
▶ 今学期はあまり成績が上がらなかった.
My grades did not *improve* much (in) this term.
4 (神経質になる) **get nervous, feel nervous**
▶ 私はとてもあがってしまって, 決勝戦で負けた.
I *got* so *nervous* that I lost the finals.
5 (食べる) **have** [ハヴ] →たべる
▶ このケーキをおあがりください.
Please *have* a piece of this cake. / Please *help yourself to* a piece of this cake.

あかるい 明るい

1 (光がさして) **light** [ライト] ((反)暗い **dark**); (輝くような) **bright** [ブライト]
▶ 外が明るくなってきた.
It is getting *light* outside.
▶ この部屋はとても明るいですね.
This room is very *bright*. / It's (*nice and*) *bright* in this room.
▶ 私は明るい色が好きです.
I like *bright* colors.
▶ 明るいうちに (→暗くなる前に) 帰ってらっしゃい.
Come home *before dark*.
▶ きみには明るい未来がある.
You have a *bright* future.
2 (性格が) **cheerful** [チアフル]
▶ 鈴木先生はいつも明るい.
Mr. Suzuki is always *cheerful* [*happy*].
明るく brightly ; cheerfully
▶ 太陽は明るく輝いている.
The sun is shining *brightly*.
▶ 気持ちが明るくなる feel *happier*
▶ 明るくふるまう behave *cheerfully*
あかんぼう 赤ん坊 a baby [ベイビィ] →あかちゃん

あき 秋 →きせつ(図)

(米) **fall** [フォール], (英) **autumn** [オータム]
(▶月や曜日の名とちがって小文字で書きはじめる)
▶ 秋に in (the) *fall*
▶ 2020年の秋に in the *fall* of 2020
▶ ことしの秋 this *fall*
▶ いま秋です.
It is *fall* now. / *Fall* is with us now.
▶ 読書の秋だ.
It's *fall*, the best season for reading.
▶ 秋晴れの1日
a fine *autumn* day

あき- 空き… **empty** [エン(プ)ティ]
▶ 空きびん an *empty* bottle
▶ 空きかん an *empty* can
▶ 空き地 a *vacant* [ヴェイカント] lot
▶ 空き室あり (掲示)
(ホテルの) Vacancy / (貸し間の) For Rent, (英) To Let
▶ 空き室なし (掲示)
(ホテルの) No Vacancy
空き巣 (人) a burglar [バ~グラァ], a sneak [スニーク] thief
空き家 a vacant house, an empty house

あきらか 明らかな

(はっきりした) **clear** [クリア] ; (わかりやすい) **plain** [プレイン]
▶ 明らかな事実 a *plain* fact
▶ 明らかな証拠 *clear* evidence
▶ 明らかなまちがい
an *obvious* mistake
▶ 真実を明らかにする *reveal* the truth
明らかに clearly ; plainly
▶ 明らかにあなたがまちがっている.
Clearly you are wrong. / It is *clear* that you are wrong.

あきらめる give up
▶ あきらめちゃだめだよ.
Don't *give up*.
▶ 夢をあきらめないで.
Never *give up* your dream.
▶ 彼は留学することをあきらめた.
He *gave up on* studying abroad. (▶ gave up *to study abroad* とはいわない)

◀ **アクセント**

▶ あきらめるのはまだ早いよ．
It's too soon to *give up*.
あきる 飽きる get tired (of)；(あきている) be tired (of)
▶ あきた！ *I'm bored*. (▶現在形で表す)
▶ この曲は聞きあきたよ．
I'm sick of hearing this song.
アキレスけん an Achilles(') tendon
［アキリーズ テンドン］
▶ アキレスけんを切る
tear an *Achilles(') tendon*
あきれる (いやになる)be disgusted［ディスガスティド］(at, with, by)；(あっけにとられる) be amazed［アメイズド］(at)
▶ 私は自分のばかさかげんにあきれている．
I *am disgusted by* my foolishness.

あく¹ 開く，空く
1 (ドアなどが) open［オウプン］(反 閉まる close, shut)
▶ ドアが急に開いた．
The door *opened* suddenly.
▶ あの書店は10時に開きます．
That bookstore *opens* at ten.
▶ びんが開かないの．
The jar won't *open*.
▶ ドアは開いています．お入りください．
The door's *open*. Please come in.
2 (席などが)become empty［エン(プ)ティ］；(ひまである) be free［フリー］
▶「この席は空いていますか」「ええ，空いてます」
"Is this seat taken?" "No, it isn't."

Ⓐ あした，あいてる？
Are you free tomorrow?
Ⓑ うん，あいてるよ．
Yes, I am.
Ⓑ ごめん，あいてない．
I'm sorry, I'm not.

あく² 悪 evil［イーヴル］(反 善 good)；(悪…) bad［バッド］, ill［イル］
▶ 善と悪 good and *evil*
悪意のある，悪質な vicious［ヴィシャス］
▶ 悪質な犯罪 a *vicious* crime
悪意 ill will
▶ 悪意はなかったのです．
I didn't mean any *harm*.

悪影響 a bad effect / a harmful effect

🖊ライティング
プラスチックは環境に**悪影響**を及ぼす．
Plastic is bad for the environment.

あくしゅ 握手する shake hands (with)
▶ ジムはクリスと握手をして別れた．
Jim *shook hands with* Chris and left. (▶ handsと複数形にすることに注意)

❶握手は，右手（素手）で行う．そのときは強くにぎること．
❷握手をするときは，相手の目を見る．
❸このときにおじぎをする必要はない．

あくしゅう 悪臭 a bad smell
▶ 悪臭を放つ
give off a *bad smell* / *smell bad*
アクション an action
アクション映画 an action movie
アクセサリー jewelry［ヂューエルリィ］, accessories［アクセサリズ］
▶ アクセサリーをつける put on *jewelry*
▶ アクセサリーをつけている wear *jewelry*
アクセス (an) access［アクセス］
アクセスする access
▶ インターネットにアクセスする
access the internet
▶ 彼のウェブサイトにアクセスする
access his website
アクセル an accelerator［アクセラレイタァ］, a gas pedal
▶ アクセルをふむ
step on the *accelerator*
アクセント an accent［アクセント］, a stress［ストゥレス］
アクセントをおく accent

あくび

- tomorrowのアクセントは第2音節にある.
  The *accent* of "tomorrow" is on the second syllable.

あくび a yawn [ヨーン]
  あくびをする yawn

あくま 悪魔 a devil [デヴ(ィ)ル], a demon [ディーモン], Satan [セイトゥン]

あくまで(も)
- これはあくまでもぼくの考えだよ.
  This is *just* my opinion.

あくむ 悪夢 a nightmare [ナイトメア], a bad dream
- 悪夢を見る have a *nightmare*

あくめい 悪名 a bad reputation [レピュテイション], a bad name

あくやく 悪役 a villain [ヴィラン], the bad guy

あくゆう 悪友 a bad friend, a bad companion [コンパニオン]；(集合的に) bad company

あぐら あぐらをかく sit cross-legged

あくりょく 握力 a grip [グリップ]
- 握力が強い have a strong *grip*

アクロバット (曲芸) acrobatics [アクロバティクス]；(軽わざ師) acrobat [アクロバット]

あけがた 明け方 daybreak [デイブレイク], dawn [ドーン]
- 明け方に at *daybreak* / at *dawn*

あける¹ 開ける, 空ける

1 (ドアなどを) open [オウプン] (反 閉める close, shut)
- 窓を開けてくれませんか.
  Would you *open* the window?
- 教科書の10ページを開けなさい.
  Open your textbooks to page ten.
- 「はい,プレゼント」「ありがとう.開けてもいい？」
  "Here's a present for you." "Thank you. May I *open* it?"
- その窓は開けっぱなしにしておいてください.
  Please leave the window *open*.
- 武志だけは口を大きく開けて寝ていた.
  Takeshi was sleeping with his mouth wide *open*.

2 (場所を) make room；(中身を) empty [エン(プ)ティ] →から¹
- トムは立ち上がって，そのおじいさんのために席を空けた.

Tom stood up and *made room* for the old man.

3 (穴を) make a hole →あな

あける² 明ける (夜が) break [ブレイク]；(年が) begin [ビギン]
- 夜が明けてきた.
  Day *is breaking*. (▶日本語と異なり, night (夜) を主語にしない)
- 夏休み明けに
  after the summer vacation
- 年が明けた. A new year *has begun*.

> **🗨スピーキング**
> Ⓐ 明けましておめでとう！
>   Happy New Year!
> Ⓑ おめでとう.
>   Same to you.

あげる¹ 上げる, 挙げる

> **使い分け**
> (高くする) → raise, put up
> (与える) → give
> (式などを) → have
> (例などを) → give
> (向上させる) → improve

raise　　　give

1 (高くする) raise [レイズ], put up
- 顔を上げる look up
- 質問があれば手をあげなさい.
  Raise your hand if you have any questions.

2 (与える) give [ギヴ] →あたえる

> **💬表現力**
> (人) に (物) をあげる
>   → give ＋人＋物 /
>   give ＋物＋ to ＋人

- あなたにこのリンゴをあげよう.
  I'll *give* you this apple. / I'll *give* this apple *to* you. / This apple is *for* you.
- 健の誕生日祝いに何をあげたの？
  What did you *give* Ken for his

◀ **あさ**¹

birthday?
私はそれを弟にあげた.
I *gave* it *to* my brother. (▶「物」を表す語が代名詞のときは *I gave my brother it. のようにはいわない)

🗣スピーキング
Ⓐ これ，あなたにあげるわ.
This is for you.
Ⓑ ありがとう.
Thank you.

🗣スピーキング
● そのバッグ，持ってあげよう.
I'll carry that bag for you.
● 私は忙しい友人のために夕食をつくってあげた.
I cooked dinner for my busy friend.
(▶英語には日本語の「…してあげる」にあたる決まった言い方はない. for you や to you などをつけて，「(人) のために…する」のように表せばよいことが多い)
● いいこと教えてあげようか.
I'll tell you some good news.
(▶「教えてあげる」というときは「教える」という意味の tell をそのまま使えばよい)
Ⓐ 手伝ってあげようか？
Can I help you?
Ⓑ お願い！ Yes, please!

3 (式などを) **have** [ハヴ], **hold** [ホウルド]
▸ お兄さんはいつ結婚式をあげるのですか.
When is your brother going to *have* [*hold*] his wedding?

4 (例などを) **give**

📝プレゼン
いくつか例をあげます.
I'll give you some examples.

5 (向上させる) **improve** [インプルーヴ]
▸ 彼は数学の成績を上げた.
He *improved* his grade(s) in math.

あげる² 揚げる **deep-fry** [ディープフライ], **fry**
▸ 夕食に魚を油であげた.
I *deep-fried* some fish for dinner.

あご a **jaw** [ヂョー]；(あご先) a **chin** [チン]
▸ 上あご the upper *jaw*

▸ 下あご the lower *jaw*
あごひげ a **beard** [ビアド]
▸ あごひげをはやす grow a *beard*

chin　　　jaws
(あご先)　(上あごと下あご)

アコーディオン an **accordion** [アコーディオン]
▸ アコーディオンをひく
play the *accordion*

あこがれ あこがれる **admire** [アドゥマイア]
▸ 彼は女の子たちのあこがれの的だ.
He has the *admiration* of the girls.
▸ あこがれの職業 a *longed-for* job

あさ¹ 朝

morning [モーニング] (対 午後 afternoon, 晩 evening, 夜 night)
▸ 私は朝7時に起きる.
I get up at seven in the *morning*.

📖文法 「朝に」の言い方
❶ ふつう「朝に」「朝には」というときは in the morning という.「日曜日の朝に」のように特定の日の朝の場合は on を使う.
❷ morning の前に every, this, yesterday などがつくときは, in, on などはつけない.

○ in the morning
× in Sunday morning
　　↑特定の日がつくときは on.
○ on Sunday morning
× on every morning
　　↑every がつくときは
　　　前置詞は不要.
○ every morning

▸ ケンは日曜日の朝にここをたった.
Ken left here on Sunday *morning*.
▸ 母は毎朝私を起こしてくれます.
Mother wakes me up every *morning*.
▸ あしたの朝 tomorrow *morning*

あさ²

- 朝から晩まで from *morning* till night
- ぼくは朝が弱いんです.
  Mornings are hard for me.

あさ² 麻 hemp [ヘンプ]；(麻製品) linen [リネン]

あざ (生まれつきの) a birthmark [バースマーク]；(打ち身による) a bruise [ブルーズ]
- ころんであざだらけだ.
  I fell down and got *bruised* all over.

あさい 浅い

1 (水深などが) shallow [シャロウ] (反 深い deep)
- 浅い川 a *shallow* river

2 (傷が) slight [スライト]；(眠りが) light [ライト]
- きみの傷は浅いよ.
  You are *slightly* wounded.
- 浅い眠り a *light* sleep

3 (知識が) superficial [スーパフィシャル], shallow
- 私は歴史についての知識が浅かった.
  I had only a *superficial* knowledge of history.

あさいち 朝いち (朝いちばん) で first thing in the morning
- あす朝いちで電話します.
  I'll call you *first thing in the morning*.

アサガオ 朝顔《植物》a morning glory [モーニング グローリィ]

あさごはん 朝ごはん breakfast [ブレクファスト] →ごはん
- 朝ごはんはしっかり食べてます.
  I eat a good *breakfast*.

あさって the day after tomorrow
- あさって英語の試験がある.
  We are going to have an English exam *the day after tomorrow*.

あさひ 朝日 the morning sun, the rising sun (▶後者は「のぼりかけている太陽」という意味)

あさめしまえ 朝めし前 (簡単なこと) an easy job, a piece of cake
- そんなの朝めし前さ.
  It's *a piece of cake*. / That's *very easy*.

あざやか 鮮やかな vivid [ヴィヴィド], bright [ブライト]
- あざやかな赤 *vivid* [*bright*] red
- 色あざやかな衣装 a *colorful* costume

アザラシ《動物》a seal [スィール]

アサリ《貝》a short-necked clam, a littleneck clam

あされん 朝練 morning practice, morning training
- あした朝練がある.
  We'll have (*early*) *morning practice* tomorrow.

あし 足, 脚

(足首から先) a foot [フット]（複数 feet）
(対 手 hand)；(足首から上) a leg [レッグ]
(対 腕 arm)；(いすなどの) a leg；(犬・ネコなどのつめのある) a paw [ポー]
- ぼくたちの先生は足が長い.
  Our teacher has long *legs*.
- 足が太い [細い]
  have thick [slender] *legs*
- 歩くと足が痛いんだ.
  My *legs* hurt when I walk.
- 私はだれかの足をふみました.
  I stepped on someone's *foot*.
- (自分の) 足を組む cross my *legs*
- いすの脚 the *legs* of a chair
- ジェーンは足が速い [おそい] (→速く [おそく] 走る).
  Jane *runs* fast [slowly]. / Jane is a fast [slow] *runner*.
- 自分の足で立つ
  stand on my own (two) *feet* (▶比ゆ的にも使える)

① 脚　② 足　③ (犬やネコの) 足
④ (タコやイカの) 足

足首 an ankle [アンクル]
足の裏 a sole [ソウル]
足の甲 an instep [インステプ]

◀ **あじわう**

足の指 a toe [トウ]

日本語NAVI
足が地に着かない ☞現実的でない
→**げんじつ**
足が棒になる ☞足が疲れる →**つかれる**
足を洗う ☞やめる →**やめる**
足を引っ張る ☞邪魔する →**じゃま**

アジ《魚》a horse mackerel [ホース マケレル]
あじ 味 taste [テイスト]
味がする taste
味がよい tasty
味をみる taste ; (試食する) try
▶ このスープはほとんど味がない.
This soup has little *taste*.
▶ 「それはどんな味なの?」「グレープフルーツみたいだよ」
"What does it *taste* like?" "It *tastes* like a grapefruit."

スピーキング
Ⓐ お味はいかがですか.
How do you like it?
Ⓑ おいしいです.
It tastes good.

参考 いろいろな味
甘い **sweet** / 塩からい **salty** / からい **hot** / すっぱい **sour** / 苦い **bitter** / 濃い **strong** / 薄い **weak** / あっさりした **simple, plain**

アジア

Asia [エイジァ]
▶ 日本はアジアの東にある.
Japan is in the east of *Asia*.
アジア(人)の Asian
アジア人 an Asian
アジア大陸 the Asian Continent
あしあと 足跡 a footprint [フトゥプリント]
あしおと 足音 a footstep [フトゥステプ]
▶ シー, 足音がする. お母さんよ.
Shh, I hear *footsteps*. Mother is coming.
アシカ《動物》a seal [スィール], a sea lion
あしこし 足腰
▶ 足腰を(→体を)きたえる

strengthen my *body*
アジサイ《植物》a hydrangea [ハイドゥレインヂァ]
アシスタント an assistant [アスィスタント]
アシスト(サッカーなどの) an assist [アスィスト]

あした 明日

tomorrow [トゥモーロウ] (▶「きのう」は yesterday,「きょう」は today) →**きょう**
▶ あしたの朝 *tomorrow* morning
▶ あしたのこの時間に
at this time *tomorrow*
▶ あしたは月曜日だ.
Tomorrow is Monday.
▶ あしたは中間テストだ.
We're having a midterm exam *tomorrow*.
▶ あしたは休日だ.
Tomorrow is a holiday. / We'll have a holiday *tomorrow*. (▶「あしたは学校が休みだ」なら School is off tomorrow. という)
▶ 「トムはあしたここに来ますか」「たぶんね」
"Will Tom come here *tomorrow*?" "Probably."
▶ じゃあ, またあした.
See you *tomorrow*.

文法 **tomorrow** の使い方
❶ a や the はつけない. 原則として未来の文に使うが, 近い未来ということで, 現在の文で使うことも多い.
❷「あした…する」など, **tomorrow** を副詞として使う場合は at, in, on などはつけない.

あしなみ 足並み step [ステップ], pace [ペイス]
▶ 足並みをそろえて歩く walk in *step*
あしもと 足元
▶ 足元に気をつけなさい.
Watch your *step*! (▶ ˣsteps としない)
あじわう 味わう taste [テイスト], enjoy [エンヂョイ]
▶ フランス料理を味わう
enjoy [*have*] French food
▶ 満足感[緊張感]を味わう
feel satisfied [nervous]

あす

あす 明日 tomorrow [トゥモーロウ] →あした
あずかる 預かる **1** (保管する) keep [キープ]
- お金は私が預かりましょう．
 I'll *keep* the money for you.
2 (引き受けて世話をする) take care of, take charge of →せわ
- マリが留守の間，彼女のネコを預かった．
 I *took care of* Mari's cat while she was away.
アズキ 小豆 an adzuki [アヅーキ] bean
あずける 預ける leave [リーヴ]；(預金する) deposit [ディパズィト]
- コートをクロークに預けましょう．
 Let's *leave* our coats in the cloakroom.
- 私は銀行に1万円預けた．
 I *deposited* [*put*] 10,000 yen in the bank.
アスパラガス 《植物》asparagus [アスパラガス]
アスファルト asphalt [アスフォールト]
- 道路をアスファルトで舗装する
 pave a road with *asphalt*
あせ 汗 sweat [スウェット]
 あせをかく sweat
- 顔のあせをふく
 wipe *sweat* from my face
- ぼくを見て！あせでびっしょりだよ．
 Look at me. I'm *sweating* all over.
- このTシャツはあせくさい (→あせのにおいがする)．
 This T-shirt smells of *sweat*.
あせる¹ 焦る
- 3時にデートなんで，あせってるんだ．
 I have a date at three. I'm *in a hurry*.
- あせるなよ！
 Take it easy. / Take your time.
- けさ寝ぼうしてしまってあせった．
 I *got upset* when I overslept this morning.
- 受験シーズンが近づいてきてだんだんあせってきた．
 As the entrance exam season approaches, I *am getting nervous*.
あせる² (色が) fade [フェイド]
- カーテンの色があせてしまった．
 The curtain *has faded*.

あそこ there [ゼア], over there →そこ²
- あそこにハンバーガー屋さんがあるよ．
 There is a hamburger shop *over there*.

あそび 遊び

play [プレイ]；(ゲーム) a game [ゲイム]
- 「外に遊びに行こう」「うん，行こう」
 "Let's go out to *play*." "Yes, let's."
- いつでも遊びに来てね．
 Come and see me any time.

スピーキング
Ⓐ あした遊びに行ってもいいですか．
 May I come and see you tomorrow?
Ⓑ ええ，どうぞ．
 Sure thing.
(▶話し相手の方へ「行く」という場合は，˟go ではなく come を使う)

用法「遊びに行く」の言い方
話し相手のところへ「遊びに行く」とか，人が「遊びに来る」というとき，英語では **come and see** とか **come to see** などという．話し相手以外のところへ「遊びに行く」ときは **go to see** などという．

- 先週末，友達のところに遊びに行った．
 I *went to see* a friend last weekend.
 遊び時間 playtime
 遊び道具 a toy, a plaything
 遊び友達 a friend to play with, a playmate
 遊び場 a playground

あそぶ 遊ぶ

1 (遊戯などをする) play [プレイ] (反 勉強する，働く work)
- 公園で遊ぶ *play* in the park
- トランプをして遊ぶ *play* cards
- モバイルゲーム［スマートフォンのゲーム］で遊ぶ *play* a mobile game
- もっと遊びたい．
 I want to *play* some more.
- 遊んでいないで勉強しなさい．
 Stop *playing* and study.
2 (何もしない) be idle [アイドゥル]
- 兄は毎日ぶらぶら遊んでいる．

28 twenty-eight

▶ あたま

My brother *is idle* [*fooling around*] every day.
あたい 値する be worth [ワ~ス] →かち¹
▶ この本は一読に値する.
This book *is worth* reading.

あたえる 与える

give [ギヴ] (反 受け取る take) →あげる¹
▶ 私にもう一度チャンスを与えてください.
Give me another chance.
▶ 優勝チームにカップが与えられた.
The winning team *was given* a cup. / A cup *was given* (to) the winning team.
▶ 動物にえさを与えないでください《掲示》
Don't *Feed* the Animals

▶ ジミーは彼らによい印象を与えた.
Jimmy *made* a good impression on them.

> ✎ライティング
> 地震は私たちの市に大きな被害を与えた.
> The earthquake caused serious damage to our city.

あたたかい 暖かい, 温かい

1 (温度が) warm [ウォーム] (反 涼しい cool) →あつい²
▶ 暖かい部屋 a *warm* room
▶ きょうは暖かい. It is *warm* today. (▶寒暖を表すときは, ふつう It を主語にする)
▶ 暖かいね. It's *warm*, isn't it?
▶ 日ましに暖かくなっていく.
It is getting *warmer* day by day.
▶ 何か温かい飲み物をください.
Can I have something *hot* to drink? (▶飲食物についていう場合は, hot を使うことが多い) →あつい¹
2 (心などが) warm →やさしい²

▶ 私たちは温かい歓迎を受けた.
We received a *warm* welcome.
温かく warmly, kindly
▶ スミス家の人々は私を温かくむかえてくれた.
The Smiths *warmly* welcomed me.
あたたまる 暖まる, 温まる warm [ウォーム] (up) ; (体が) warm *myself*
▶ 部屋はすぐに暖まった.
The room soon *warmed up*.
▶ こたつに入って暖まりなさい.
Warm yourself at the *kotatsu*.
▶ 心温まる話 a *heartwarming* story
あたためる 暖める, 温める warm [ウォーム] (up), heat [ヒート] (up)
▶ 部屋を暖める *warm* (*up*) the room
▶ 私は電子レンジで冷やごはんを温めた.
I *warmed up* some cold rice in the microwave (oven).
▶ おふろに入って体を温めなさい.
You should take a bath and *warm yourself* (*up*).
アタック アタックする (バレーボールで) attack [アタック]
あだな あだ名 a nickname [ニクネイム]
▶ 先生のあだ名は「パンダ」です.
Our teacher's *nickname* is "Panda."
あだ名をつける nickname
▶ 彼女はお菓子が大好きなので, 私たちは彼女に「キャンディー」というあだ名をつけた.
We *nicknamed* her "Candy" because she loves sweets.

あたま 頭

> 使い分け
> (頭部) → head
> (頭髪) → hair
> (頭脳・知力) → brains

1 (頭部) a head [ヘッド] ; (頭髪) hair [ヘア]
▶ 頭が痛い. I have a *headache*.
▶ 立つときには頭に注意しなさい.
Watch your *head* when you stand up.
▶ 頭を洗いなさい. Wash your *hair*.
▶ 父の頭は白くなった.
My father's *hair* turned gray.
▶ 頭がふらふらする. I feel *dizzy*.
▶ はげ頭 a bald *head*
▶ ぼうず頭 close-cropped *hair*

あたらしい ▶

▶ 石頭(かたい頭) a hard *head*；(がんこな) stubborn [スタボン]

💬用法 「頭」とhead
日本語の「頭」はふつう顔をふくまないが、headは首から上全体をさし、顔をふくむ。そこで次のような言い方にはheadを使う。「窓から顔を出すな」Don't put your head out of the window. /「(自分の)首を横にふる」shake my head

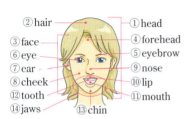

① 頭，頭部 ② 髪 ③ 顔 ④ おでこ ⑤ まゆ
⑥ 目 ⑦ 耳 ⑧ ほお ⑨ 鼻 ⑩ 唇 ⑪ 口
⑫ 歯 ⑬ あご先 ⑭ あご

2 (頭脳・知力) **brains** [ブレインズ], a **head**；(理性) **mind** [マインド]

▶ 頭を使いなさい.
Use your *brains* [*head*].
▶ 彼は頭がいい. He is *smart*.
▶ 彼は頭が悪い. He is *stupid*.
▶ 自分の頭で考える
think with my own *head*
▶ きょうは頭がさえている.
I feel very *clear-headed* today.
▶ いい考えが頭に浮かんだ.
A good idea occurred to me.
▶ 星野さんは頭の回転が速い.
Hoshino has a quick *mind*.
▶ あいつには頭にきたよ.
I got *mad* at him. / He made me *angry* [*sick*].

🔷日本語NAVI
頭が固い ☞ 理解が悪い →りかい
頭が切れる ☞ かしこい →かしこい
頭をひねる ☞ 工夫する →くふう
頭を冷やす ☞ (気持ちを)落ち着かせる
→おちつく

あたらしい 新しい

new [ニュー] (反 古い old)；(新鮮な) **fresh** [フレッシ]
▶ 新しい単語 a *new* word
▶ 新しい (→新鮮な) 卵 a *fresh* egg
▶ 新しいファッション the *latest* fashions
▶ 新しいゲームソフト買って！
Get me a *new* video game software, please!
▶ 新しい友達はできた？
Have you made *new* friends?
▶ 毎日が新しい発見だ.
I discover something *new* every day.

新しく newly；freshly
▶ 新しくオープンした店
a *newly* opened store

あたり¹ あたりに[を] **around** [アラウンド], **about** [アバウト] →まわり
▶ あたりを見回す look *around*
▶ このあたりにバス停はありませんか.
Is there a bus stop *around* [*near*] here?
▶ あたり一面バラが満開だった.
Roses were in full bloom *all around* [*all over*].

あたり² 当たり a **hit** [ヒット]
▶ 当たり! (命中) *Bull's-eye*! / You *hit* it! / (クイズなどで) *Good guess*! / You *guessed right*!
▶ その映画は大当たりだった.
The movie was a big *hit* [*success*].

あたりまえ 当たり前の **natural** [ナチュラル] →とうぜん
▶ 彼がおこったのもあたりまえだ.
It is *natural* that he got angry.
▶ きみがみんなにそう思われるのもあたりまえだ.
No wonder people think about you that way.

あたる 当たる

使い分け
(ぶつかる) → hit
(予想などが) → turn out right
(日光に) → get some sunshine
(火に) → warm *my*self

◀ **あつい**¹

1 (ぶつかる) **hit** [ヒット]

💬表現力
…に当たる → **hit** ...

▶ もう少しでボールが当たるところだったよ.
The ball almost *hit* me.

💬表現力
(人) の…に当たる
→ **hit** +人+ **on** [**in**] **the** ...

▶ ボールが彼の頭に当たった.
The ball *hit* him *on the* head.

💬用法 「人の…に当たる」の言い方
「人の…に当たる」は, ふつう上の例のように「**hit** +人+ **on** [**in** など] + **the** ...」で表す. The ball hit his head. は当たった部分 (ここでは頭) を強調した言い方.

2 (予想などが) **turn out right, come true**
▶ きょうの天気予報は当たったな. 雨が降りだしたよ.
Today's weather forecast *has turned out right*. It's starting to rain.
▶ 星占いっていつも当たるのかなあ.
Does one's horoscope always *come true*?
▶ 宝くじで1億円が当たった.
I *won* a hundred million yen in a lottery.

3 (日光に) **get some sunshine**; (火に) **warm** [ウォーム] *my*self
▶ 私の部屋は日がよく当たる.
My room *gets* a lot of *sunshine*. / My room is *sunny*.
▶ 寒そうだね. 火にあたりなさい.
You look cold. *Warm yourself* by the fire.

4 (休日などが) **fall on**
▶ ことしのクリスマスイブは日曜日にあたる.
Christmas Eve *falls on* Sunday this year.
▶ 「いとこ」にあたる英語は何ですか.
What is the English *for* "itoko"?

5 (指名される) **be called on**
▶ 私は英語の時間によく当たる. I *am* often *called on* in English class(es).

6 (つらいめにあわせる) **be hard on, treat** [トゥリート] **badly**
▶ 彼にそんなにつらくあたるなよ.
Don't *be* too *hard on* him.

7 (担当して) **in charge** [チャージ] **of**
▶ 合唱部は高橋先生が指導に当たっている.
Ms. Takahashi is *in charge of* the chorus.

あちこち here and there
▶ ぼくたちはボールをあちこちさがした.
We looked *here and there* for the ball.
▶ コンビニは街のあちこちにある.
Convenience stores can be found *all over* town.

あちら

1 (場所・方向) **there** [ゼア], **over there** (対 こちら here) →そこ²

🎤スピーキング
🅐 バス停はどこですか.
Where's the bus stop?
🅑 あちらです.
It's over there.

▶ あちらこちら **here and there**
2 (人・物) **that** [ザット] (複数) **those**) (対 こちら this)
▶ 「あちらの女性はどなたですか」「ああ, あちらはブラウンさんです」
"Who's *that* lady?" "Oh, *that*'s Ms. Brown."

あっ Oh! [オゥ], **Ah!** [アー]
▶ あっ, しまった.
Oops. / *Oh* dear.
▶ あっ, かわいそう!
Ah, poor thing!
▶ あっ, 痛い! *Ouch!* It hurts!
▶ あっ, ちょっと待って.
Er. Wait a minute.
▶ あっ, わかった.
Aha! Now I've got it [you].

あつい¹ 熱い

hot [ハット] (反 冷たい cold)
▶ 熱いうちにシチューをどうぞ.
Help yourself to the stew while it's *hot*. (▶ while it's hot の代わりに before it gets cold でもよい)
▶ あちっ, このスープは熱すぎるよ.

thirty-one 31

あつい[2]

Ouch! This soup is too *hot*.
- 鉄は熱いうちに打て.《ことわざ》
  Strike while the iron is *hot*.
- うちのコーチはいつもすぐ熱くなる (→興奮する).
  Our coach always *gets excited* easily.

あつい[2] 暑い

hot [ハット] (反 寒い cold);(やや暑い) warm [ウォーム] →あたたかい, あつさ[1]
- 暑いなあ. I'm *hot*. / It's *hot*.
- きょうは暑い. It is *hot* today. (▶寒暖を表すときは, ふつう It を主語にする)
- シンガポールは1年中暑い.
  Singapore is *hot* all (the) year around. (▶話し言葉では場所や日を主語にして寒暖を表すことがよくある)
- きょうもまた暑いね.
  Another *hot* day, isn't it?
- このところ暑い日が続いている.
  It's been *hot* lately.
- 天気予報ではあすはもっと暑くなるらしい.
  The weather forecast says it will be *hotter* tomorrow.

あつい[3] 厚い

1 thick [スィック] (反 うすい thin) →あつさ[2]
- 大きくて厚い本 a big *thick* book
- 厚いステーキが食べたい.
  I want to eat a *thick* steak.
- 厚い雲 *thick* cloud(s)

2 (心のこもった) warm [ウォーム], kind [カインド]
- 厚いもてなし a *warm* welcome
- ご親切に厚くお礼申しあげます.
  Thank you *very much* for your kindness.

あつかう 扱う

1 (機械・道具などを) handle [ハンドゥル];(使う) use
- 私はこの機械のあつかい方がわからない.
  I don't know how to *use* this machine.

2 (人・動物などを) treat [トゥリート], deal [ディール] with
- 子どもみたいにあつかわないでよ.
  Don't *treat* me like a little child.

- 彼はあつかいにくい.
  He is hard to *deal with*.

3 (売る) deal in, carry [キャリィ]
- 当店では漫画の本はあつかっておりません.
  We don't *carry* comic books.

4 (問題にしている) be concerned [コンサーンド] with [about]
- この映画は環境問題をあつかっている.
  This film *is concerned with* environmental issues.

あつかましい 厚かましい pushy [プシィ]
→ずうずうしい
- 彼はあつかましいやつだ.
  He is the *pushy* type.

あつぎ 厚着する wear [ウェア] thick clothes

あつくるしい 暑苦しい hot and humid [ヒューミド], muggy [マギィ]
- 暑苦しい夜 a *hot and humid* night

あっけない
- 我々のチームはあっけなく負けた.
  Our team was beaten *too easily*.

あつさ[1] 暑さ heat [ヒート]
- この暑さはたまらない (→耐えられない).
  I can't stand this *heat*.

あつさ[2] 厚さ thickness [スィクネス]
- この板は厚さが2センチある.
  This board is two centimeters *thick*.

あっさり
- ケンはその難問をあっさり解いた.
  Ken solved the difficult problem *quite easily*.
- 晩ごはんは何かあっさりしたものが食べたいな.
  I want to eat something *light* for dinner.

あっしゅく 圧縮 compression [コンプレッション]

圧縮する compress [コンプレス]
- ファイルを圧縮する *compress* a file

あっち there [ゼア], over there;that [ザット] →あちら
- あっちへ行け. Go *away*.
- あっちのを見せてください.
  Show me *that one* [*the one over there*], please.

あっちこっち →あちこち
あっというま あっという間に in an instant [インスタント]

▶ それはあっという間の出来事だった．
It all happened *in an instant*.
あっとう 圧倒する overwhelm [オウヴァ(フ)ウェルム]；(完全に負かす) completely defeat
▶ わがチームは相手チームを圧倒した．We *completely defeated* the opponent.
▶ 圧倒的多数 an *overwhelming* majority
アップ up [アップ]
▶ アップの写真 a *close-up* picture
アップする（アップロードする）upload；(物価などが) go up, rise；(向上する) improve [インプルーヴ]
▶ SNSに写真をアップする
upload a picture to my SNS
▶ 今学期は英語の成績がアップした．
My grades in English *have improved* this term.
アップデート an update [アプデイト]
アップデートする update [アプデイト]
アップルパイ (an) apple pie [アップル パイ]
アップロード アップロードする upload [アプロウド] →アップ
あつまり 集まり a meeting [ミーティング]

あつまる 集まる

1（集合する）come [get] together [トゥゲザァ], gather [ギャザァ]
▶ みんな集まって！
Gather around, everybody.
▶ 今晩集まりましょう．
Let's *get together* this evening.
▶ 集まれ！（号令）Fall in! / Line up!
2（群がる）crowd [クラウド]
▶ ファンがその歌手のまわりにどっと集まった．
Fans *crowded* around the singer.

あつめる 集める

gather [ギャザァ], collect [コレクト]
▶ 署名を集める *gather* signatures
▶ ごみを集める *collect* garbage
▶ 地元の高校の情報を集める
collect information about local high schools
▶ 注目を集める *attract* attention
▶ 私の趣味はポケモンカードを集めることです．
My hobby is *collecting* Pokémon cards.

▶**用法 gather と collect**
gather は人・物を「1か所に寄せ集める」という意味で広く使われ，**collect** はおもにお金・物を「計画的に集める」「収集する」という意味で使われる．

あつらえる order [オーダァ]
▶ 父は新しいスーツをあつらえた．
My father *ordered* a new suit.
あつりょく 圧力 pressure [プレシァ]
圧力をかける put pressure ((on))
圧力なべ a pressure cooker
あて 当て (目標) an aim [エイム]
▶ 私は町の中をあてもなく歩いた．
I walked about (in) the city *aimlessly*.
あてにする（たよりにする）rely [リライ] on [upon], depend [ディペンド] on [upon]；(期待する) expect [イクスペクト]
▶ ぼくをあんまりあてにしないで．
Don't *expect* too much of me.
あてになる reliable [リライアブル], dependable [ディペンダブル]
▶ トムの言うことはあてにならない．
We cannot *believe* Tom. / We cannot *depend upon* Tom's word.
▶ そんなのあてにならないよ．
You can't *depend on* that!
-あて for [フォー(ァ)], to [トゥー]
▶ 私あての手紙
a letter *addressed to* me
▶ 私あての伝言はありますか．
Are there any messages *for* me?
あてな あて名 an address [アドゥレス, アドゥレス]
▶ この手紙はあて名がちがう．
This letter *is* wrongly *addressed*.
アテネ (地名) Athens [アセンズ]
あてはまる 当てはまる apply [アプライ] to, be true [トゥルー] of
▶ この規則はあらゆる場合にあてはまる．
This rule *applies to* all cases. / This rule *is true of* all cases.

あてる 当てる

1（命中させる）hit [ヒット]
▶ 彼は的に矢を当てた．
His arrow *hit* the mark.

あと¹ ▶

2 (あてがう) **put** [プット]
▶ レールに耳を当てて聞いてごらん.
Put your ear to the rail and listen.
3 (推測する) **guess** [ゲス]
▶ 何だか当ててごらん. *Guess* what?
▶ 私がだれだか当てられるかな.
Guess who. / Can you *guess* who I am?
4 (指名する) **call on**
▶ きょう国語の時間に当てられた.
I *was called on* during (the) Japanese class today.
5 (使う) **spend** [スペンド]
▶ もっと勉強に時間をあてなさい.
Spend more time studying.

あと¹ 後

使い分け
(位置が) → back, behind
(時間・順序が) → after, later

1 (位置が) **back** [バック], **behind** [ビハインド] →うしろ
▶ あとへ下がる
go *back* [*backward*] / step *back* [*backward*]
▶ 私があとに残った. I stayed *behind*.
2 (時間・順序が) **after** [アフタァ], **later** [レイタァ] →〜ご
▶ 夕食のあと *after* dinner
▶ 私のあとについて言いなさい.
Repeat *after* me.

スピーキング
Ⓐ では,またあとでね.
See you later.
Ⓑ さようなら.
Goodbye.

▶ 「あとで電話するよ」「わかった」
"I'll call you *later*." "All right."
▶ あとでけっこうです. *Later* will be fine.
3 (残り) **the rest** [レスト]
▶ あと (の仕事) は私がします.
I'll do *the rest* of the work.
▶ それがわかればあとは簡単だよ.
Once you understand that, *the rest* is easy.
▶ あとは練習あるのみ！
Now all we have to do is (to) practice!
4 (さらに) **more** [モー(ァ)]
▶ あと3分 three *more* minutes
▶ 「東京まであとどのくらいかかるの？」「30分ぐらいだよ」
"How much *longer* will it take to get to Tokyo?" "About 30 minutes."
▶ もうあとがない. This is the end. / (もうにげ道がない) There is no way out.

あと² 跡 a mark [マーク]; (物が通った跡) a track [トゥラック]
▶ クマの通った跡
tracks of a bear
▶ にきびはあとが残ることが多い.
Acne often leaves *marks*.
▶ 私はその男のあとを追った.
I *followed* him.

あとあじ 後味 an aftertaste [アフタテイスト]
▶ 後味がよい [悪い]
leave a pleasant [bad] *aftertaste*
▶ この映画は後味が悪い.
This movie left me with *a bad taste* in my mouth.

あとかたづけ 後片づけ
▶ テーブルのあとかたづけをしましょう.
Let's *clear* the table.
▶ ちゃんとあとかたづけしなさい！
Put your things *away*!

あとで 後で **later** [レイタァ] →あと¹
▶ またあとで. See you *later*.
▶ あとで (携帯電話から) メールするね.
I'll text you *later*.

アドバイス advice [アドゥヴァイス]
アドバイスする advise [アドゥヴァイズ]
▶ 先生はぼくにその試験を受けるようにアドバイスしてくれた.
My teacher *advised* me to take the exam.

アドバンテージ advantage [アドゥヴァンテヂ]

アトピー atopy [アトピィ]
アトピー性皮膚炎 atopic dermatitis [エイトピック ダ〜マタイタス]

あとまわし 後回し
▶ 宿題を後回しにしてはだめだ.
Don't *put off* doing your homework.

アトラクション an attraction [アトゥラクション]; (ショー) a stage show

アトリエ a studio [ステューディオウ], an

◀ **アニメ(ーション)**

atelier [アトゥリェイ]
アドレス an address [アドゥレス, アドレス]
▸ メールアドレス an email *address*
▸ アドレス帳 an *address* book
あな 穴 a hole [ホウル]
▸ 穴をあける make a *hole*
▸ 道路に大きな穴があいていた.
There was a big *hole* in the road.
▸ くつ下に穴があいてしまった.
I've got a *hole* in my sock.
穴うめ問題 a fill-in-the-blank question
アナウンサー an announcer [アナウンサァ]
アナウンス an announcement [アナウンスメント]
アナウンスする announce [アナウンス]

あなた

1 (あなたは) **you** [ユー] (複数 you)
▸ あなたと私 you and I (▸✕I and you の語順にはしない)

you あなた

you あなたたち

	あなた	あなたたち
…は, …が	you	you
…の	your	your
…を, …に	you	you
…のもの	yours	yours
…自身	yourself	yourselves

💬 表現力
あなたは…ですか → Are you ...?

▸ 「あなたはアメリカ人ですか」「はい, そうです」
"*Are you* American?" "Yes, I am."
▸ この帽子(ぼうし)はあなたには大きすぎる. あなたのではない.
This cap is too big for *you*. It isn't *yours*.
▸ これ, あなたの？ Is this *yours*?
▸ あなた自身でやりなさい.
Do it *yourself*.

💬 スピーキング
🅐 いい日を過ごしてね (行ってらっしゃい).
Have a nice day!
🅑 ありがとう. **あなたもね.**
Thanks. Same to you.

💬 用法 「あなた」と you
日本語では相手の人をさして「あなた」「きみ」「おまえ」「あんた」などといろいろにいうが, 英語ではすべて you で表す.

2 (呼びかけ) (夫婦の間で) dear [ディア], darling [ダーリング]
▸ 「あなた, 用意はできた？」「うん, 出かけよう」
"Are you ready, *dear*?" "Yes, let's go."
アナログ analog(ue) [アナログ]

あに 兄

a **brother** [ブラザァ] ; (とくに強調して) an older [(英) elder] brother →きょうだい¹
▸ (人に紹介して) 兄の健太郎です.
This is my *brother* Kentaro.
▸ 私には兄はいません.
I don't have any *older brothers*.
▸ 私には兄と姉がいます.
I have an *older brother* and sister.
▸ 義理の兄
a *brother*-in-law (複数 brothers-in-law)

💬 プレゼン
ぼくには兄が2人います. 上の兄は大学生で, 下は高校生です.
I have two older brothers. The older (brother) is a college student and the younger (one) is a high school student.

アニメ(ーション) anime [アニメイ] (▸ 英語化している), an animated cartoon [アニメイティド カートゥーン]
アニメ映画 an animated movie
アニメキャラ an anime character, a cartoon character
アニメ作家 an animator, an animation cartoonist

あね ▶

アニメソング an anime song

あね 姉

a **sister** [スィスタァ]；(とくに強調して) an older [(英) elder] sister →**きょうだい**[1]

▶ いちばん上の姉 the *oldest sister*
▶ 2番目の姉 the second *oldest sister*
▶ 義理の姉
a *sister*-in-law (複数 sisters-in-law)
▶ 私には姉がいます. I have an older *sister*.
▶ ぼくには10歳年上の姉がいます. I have a *sister* who is ten years older.
▶ 姉は今年高校を卒業しました.
My *sister* graduated from high school this year.

あの

that [ザット] (複数 those) (対 この this) →**その, あれ**[1]

💬表現力
あの…
→ (1つのとき) that ... /
 (2つ以上のとき) those ...

📖文法 that と those
単数のものをさして「あの」というときは **that** を使い, 複数のものをさして「あの」というときは **those** を使う.

「あの本」
○ that book
× that books
　↑あとが複数形のときは those.
○ those books

▶ あの建物 *that* building
▶ あの人
 (男性) *that* man / he；(女性) *that* woman / she
▶ あの人たち *those* people / they
▶ あのころ in *those* days
▶ きみのあの時計 *that* watch of yours
 (▶×your that watch とはいわない)
▶ あのとき以来ビルから便りがありません.

I haven't heard from Bill since *then*.
▶ あのくつはあなたのですか.
Are *those* shoes yours?

あの(う) Excuse me. [イクスキューズ ミー]
▶「あのう, 田中さん. ちょっと時間をいただけますか」「いいですよ」
"*Excuse me*, Mr. Tanaka. Can you give me a few minutes?" "Sure."

あのね Say [セイ], Well [ウェル]
▶ あのね, 悪いんだけど時間がないんだ.
Well, uh, I'm sorry I really don't have (the) time.

あのような such [サッチ], like that →**あんな**
▶ あのような口のきき方をしてはいけません.
You shouldn't speak *like that*.

あのように like that, (in) that way

アパート 《米》an apartment [アパートゥメント] (house), 《英》a flat [フラット]
▶ 私たちはアパートに住んでいる.
We live in an *apartment*.
▶ このアパートには10世帯が住んでいる.
Ten families live in this *apartment house* [*building*].

💬用法 apartment と apartment house と apart
apartment は1世帯が住む部分をいい, **apartment house** はその部分が集まった1つの建物をいう. **apart** は「はなれて」という意味で, 「アパート」の意味はない.

あばれる 暴れる be violent [ヴァイオレント]；(走りまわる) run about
▶ 教室であばれるな.
Don't *run about* in the classroom.

アパレル apparel [アパレル]
▶ アパレルメーカー an apparel maker

アピールする appeal [アピール]
▶ 自己アピールする
show off my strong points

アヒル (鳥) a duck [ダック] →**とり**(図)
▶ アヒルはガーガー鳴く. *Ducks* quack.
▶ アヒルの子 a *duckling*

あびる 浴びる (水浴・入浴する) take a bath [バス], bathe [ベイズ]；(かぶる) be covered 《with》
▶ シャワーを浴びる *take a shower*

▶ 日の光を十分に浴びる *get* enough sun

あぶく foam [フォウム], a bubble [バブル]
(▶ bubble は一つ一つのあわで，それが集まったものが foam)

あぶない 危ない

(危険な) dangerous [デインヂ(ャ)ラス] (反 安全な safe)；(危険にさらされている) be in danger →きけん¹

▶ いま，地球が危ない．
The earth *is in danger* now.
▶ 父は命が危ない．
My father's life *is in danger*.
▶ 危ない！ 車が来た．
Watch [*Look*] *out*! Here comes a car.

> 表現力
> …するのは危ない
> → It is dangerous to ... .

▶ この川で泳ぐのは危ない．
It is dangerous to swim in this river.
▶ この道は交通量が多いから危ないよ．
There's a lot of traffic on this road, so it's *dangerous*.

危なく nearly [ニアリィ], almost [オールモウスト]

▶ 危なく車にひかれるところだった．
I was *nearly* run over by a car.

あぶら 油（液体の）oil [オイル]；(固形の) fat [ファット]

▶ 油と水は混じらない．
Oil doesn't mix with water. / *Oil* and water do not mix.
▶ 自転車に油をさしなさい．
Oil your bicycle.
▶ ジャガイモを油であげる
fry the potato (in *oil*)

油っこい greasy [グリースィ]
油絵 an oil painting

アブラムシ 油虫（アリマキ）an aphid [エイフィド], a plant louse [ラウス] (複数 lice [ライス])；(ゴキブリ) a cockroach [カクロウチ]

アフリカ Africa [アフリカ]
アフリカ(人)の African
アフリカ人 an African
アフリカ大陸 the African Continent

アプリ(ケーション) an application [アプリケイション], an app [アップ]

▶ アプリケーションソフト
an *application* software

あぶる grill [グリル], roast [ロウスト], broil [ブロイル] →やく¹

あふれる run over, overflow [オウヴァフロウ]

▶ 湯ぶねからお湯があふれている．
The bathtub *is overflowing*.
▶ 新入生はみんな希望にあふれている．
All freshmen *are full of* hope.
▶ 彼女の目にはなみだがあふれていた．
Her eyes *were filled with* tears.

あべこべ →ぎゃく，はんたい

▶ 健太はセーターを前後あべこべに着ていた．
Kenta was wearing his sweater *back to front*.

アボカド〔植物〕an avocado [アヴォカードウ] (複数 avocados)

アポストロフィー an apostrophe [アパストゥロフィ] (') →くとうてん（表）

あまい 甘い

1 (味・香りが) sweet [スウィート] (反 苦い bitter)

▶ 私はあまい物が好きです．
I am fond of *sweet* things. / I have a *sweet* tooth.
▶ はちみつはあまい．Honey tastes *sweet*.

▶ このユリはあまい香りがする．
This lily smells *sweet*.

2 (厳しくない)

▶ 佐藤先生はいつも点があまい（→いい点をくれる）．Mr. Sato always *gives good grades*. / Mr. Sato is an *easy grader*.

3 (考えが) optimistic [アプティミスティク]

▶ 自分の考えがあまかった．
I was too *optimistic*.

あまく sweetly

あまえる

あまえる
- 相手チームをあまく見るな (→軽く見るな).
  Don't *underestimate* your opponent.

あまえる 甘える
- あまえる (→赤んぼうのようにする) のはやめなさい. Stop *acting like a baby*.

あまがさ 雨傘 an umbrella
あまぐつ 雨靴 rain boots
アマゾン アマゾン川 the Amazon [アマゾン]
アマ(チュア) an amateur [アマタ(〜)]
(反) プロ professional)
あまったれる 甘ったれる →あまえる
あまど 雨戸 a (storm) shutter [シャタァ], a storm door; (引き戸) a sliding door
- 雨戸を開ける[閉める]
  open [close] the *shutters*

あまのがわ 天の川 the Milky Way
あまもり 雨漏り a leak [リーク]
- 屋根から雨漏りがする.
  The roof has *a leak*. / There is *a leak* in the roof.

あまやかす 甘やかす spoil [スポイル]
- 須賀さんは子どもをあまやかしてしまった.
  Mr. Suga *spoiled* his children.

あまやどり 雨宿りする take shelter[シェルタァ] from the rain
- 私たちはコンビニにかけこんで雨宿りした.
  We ran into the convenience store to *get out of the rain*. / We ran into the convenience store and *took shelter from the rain*.

あまり¹

(過度に)too[トゥー]; (非常に)very[ヴェリィ]
- この本はあまりにも高すぎる.
  This book is *too* expensive.
- 太郎, あまり食べすぎちゃだめよ.
  Don't eat *too much*, Taro.
- だから, あまり気にしないで.
  So, don't worry *too much*.
- 多田先生, あまりにも厳しすぎない？
  Isn't Ms. Tada *too* strict?

📢 表現力
あまり〜なので…ない
→ so 〜 (that) — not ... /
too 〜 to ...

- この問題はあまりにも難しいので答えられない.
  This question is *so* difficult (*that*) I *cannot* answer it. / This question is *too* difficult for me *to* answer. (▶ so 〜 that ... の that はよく省略される)

📢 表現力
あまり…ない
→ (程度が) not ... very [so] /
not ... much
(数が) few ...
(量が) little ...

- 私は英語があまり好きじゃない.
  I *don't* like English *very much*.
- 今年はあまり雨が降らなかった.
  We *didn't* have *much* rain this year.
- ぼくの父はあまり背が高くない.
  My father is *not very* tall.
- それを知っている生徒はあまりいない.
  Few students know it.
- ぼくはあまりお金がない.
  I *don't* have *much* money. / I have *little* money.
- ぼくにはあまり友達がいない.
  I *don't* have *many* friends. / I have *few* friends.
- 時間がもうあまりないよ.
  We *don't* have *much* time left.

📘 用法 a のない few と little
a のない few と little には「あまり…がない」という否定の意味がふくまれているので, さらに not をつけたりしない.

few は「(数が) あまり…ない」, little は「(量が) あまり…ない」.

あまり² 余り **1** (残り) the rest [レスト] →のこり

2 (少し多い) over [オウヴァ], more than
- 私は 2 時間あまり彼女を待った.
  I waited for her *over* two hours.

あまる 余る be left (over)
- いくつ余っているの？

How many *are left over*?
▶ 時間はたっぷり余っている.
There is plenty of time *left*.

あみ 網 a net [ネット]
▶ 魚をとる網 a fishing *net*
▶ 虫取り網 an insect *net*
▶ 金網の囲い
a wire *fence*
▶ チョウを網でとる
catch butterflies with a *net*
網棚 a (luggage) rack
網戸 a window screen
網の目 (a) mesh

あみばり 編み針 a knitting needle [ニティング ニードゥル]; (かぎ編み針) a crochet hook [クロウシェイ フック]

あみぼう 編み棒 a knitting needle [ニティング ニードゥル]

あみもの 編み物 knitting [ニティング]
編み物をする knit
▶ 母はすわって編み物をしていた.
Mother was sitting *knitting*.

あむ 編む (編み棒で) knit [ニット]; (髪(かみ)を) braid [ブレイド]

▶ 洋介にセーターを編んでるんだ.
I'*m knitting* a sweater for Yosuke.
▶ 母が私に手袋を編んでくれた.
Mother *knitted* me a pair of gloves.

あめ¹ 雨

rain [レイン]
雨の, 雨の多い rainy, wet
雨が降る rain

┌─ 表現力 ─────────────┐
│ 雨が降る. **It rains.** │
└───────────────────────┘

▶ 雨が降ってるわ. *It's raining.* (▶天候を表すときは, ふつう It を主語にする)
▶ あすは雨が降るだろう.

It will *rain* tomorrow. / We will have *rain* tomorrow. / *It* will *be rainy* tomorrow.
▶ 雨が降りそうだ. *It* looks like *rain*.

┌─────────────────────────────┐
「きょうはずっと雨だった」
○ It rained all day today.
○ It was rainy all day today.
× It was rain all day today.
　　　　↑
　　　「雨」という名詞にしない.

○ We had rain
　all day today.

└─────────────────────────────┘

▶ 雨が降りだした.
It began [started] to *rain*. / *It* began *raining*.
▶ 昨夜はひどい雨でした.
It rained hard last night. / We had (a) heavy *rain* last night.
▶ 雨があがった.
It has stopped *raining*. / The *rain* has stopped.
▶ 雨がすぐやむといいなあ.
I hope the *rain* stops soon.
▶ 私は帰る途中(ちゅう)雨にあった.
I was caught in the *rain* on my way home.
▶ 雨の日は何をしますか.
What do you do on *rainy* [*wet*] days?
▶ (天気予報で) くもり, ときどき雨.
Cloudy, with occasional *rain*.
▶ 雨の中を走る run in the *rain*
▶ 雨でびしょびしょになる
be soaked through with *rain*
▶ 雨で試合は中止 [延期] になった.
The game was canceled [postponed] because of *rain*.
▶ 雨降って地固まる. 《ことわざ》
After a *storm* comes a calm.

┌─ ①参考 雨のいろいろ ──────────┐
大雨 **(a) heavy rain** / 小雨 **(a) light rain** / にわか雨 **a shower** / どしゃぶりの雨 **(a) pouring rain, a downpour** [ダウンポー(ア)] / 霧雨(きりさめ) **drizzle** [ドゥリズル]
└───────────────────────────────┘

あめ² 《米》(a) candy [キャンディ], 《英》

アメリカ

sweets [スウィーツ]；(棒についた) lollipop [ラリパップ]
- あめ玉1個 a (piece of) candy
- あめをなめる
  suck (on) a candy / (ペロペロキャンディーを) lick a *lollipop*
- のどあめ a cough *drop*
- 綿あめ《米》cotton *candy*,《英》*candy*floss [キャンディフロ(ー)ス]

アメリカ

America [アメリカ]（▶正式な国名は the United States of America（アメリカ合衆国）. U.S.A. または U.S. と略す. ふつうは the United States あるいは the U.S. とよばれることが多い）
- 北アメリカ North *America*
- 南アメリカ South *America*
- 中央アメリカ Central *America*
- アメリカ大統領
  the U.S. [*American*] President
  アメリカ(人)の American
- ロイはアメリカ人だ. Roy is *American*.
  アメリカ人 an American；(全体) the Americans
  アメリカンフットボール American football（▶アメリカでは単に football ともいう. イギリスでは football はサッカーのことをさす）

あやうく nearly [ニァリィ] →あぶない
あやしい 怪しい (変な) strange [ストゥレインヂ]；(あてにならない) not sure [シュア], doubtful [ダウトゥフル]；(疑わしい) suspicious [サスピシャス]
- あやしい物音 a *strange* sound [noise]
- 彼が来るかどうかあやしいものだ.
  I am *not sure* whether he will come.
- トムがあやしいと思う. Tom looks *suspicious*. / I *suspect* Tom.

あやしむ 怪しむ (〜ではないと) doubt [ダウト]；(〜らしいと) suspect [サスペクト]
あやとり あや取り cat's cradle [クレイドゥル]
- あやとりをしよう.
  Let's play *cat's cradle*.

あやまち 過ち(過失) a fault [フォールト]；(まちがい) an error [エラァ], a mistake [ミステイク]
  過ちをおかす do something wrong, make a mistake

- 人はだれでも過ちをおかす.
  Everybody *makes mistakes*.
- 同じ過ちをくり返さないようにね. Try not to *make* the same *mistake* again.

あやまり 誤り a mistake [ミステイク], an error [エラァ] →まちがい
- 誤りがあれば直しなさい. Correct any *errors*. / Correct *errors*, if any.

あやまる¹ 謝る apologize [アパロヂャイズ]
- すぐに彼に謝りなさい.
  Apologize to him right away.
- 謝れよ. きみが悪いんだ.
  Say you're sorry. You're wrong.

あやまる² 誤る mistake [ミステイク] →まちがえる
  誤って by mistake
- 誤って別の人にメールを送ってしまった.
  I sent an email to the wrong person *by mistake*.
  誤っている be wrong, be in the wrong

あら Oh, my!, Oh, no!
- あら, まあ. *Oh, my!*
- あら, 困ったわ.
  Oh, no! I'm in trouble.

アラーム alarm [アラーム]
  アラーム時計 an alarm clock
あらい¹ 荒い rough [ラフ]
- 今日は波があらい.
  The sea is *rough* today.
- 太郎はことばづかいがあらい.
  Taro uses *rough* language.
- 彼女は金づかいがあらい.
  She *spends money like water*.

あらい² 粗い (きめが) coarse [コース]；(手ざわりが) rough [ラフ]
- この粉はあらくてケーキには向かない.
  This flour is too *coarse* for cake.
- この布は手ざわりがあらい.
  This cloth feels *rough*.

アライグマ《動物》a raccoon [ラクーン]

あらう 洗う

wash [ワッシ]；(髪を) shampoo [シャンプー]
- 「顔を洗いなさい, ケン」「はい, ママ」
  "*Wash* your face, Ken." "Yes, Mom."
- 食事の前に手を洗いなさい.

◀ **あらわす¹**

Wash your hands before dinner.
▸ 石けんで体を洗わなくてはだめよ.
You have to *wash* yourself with soap.
▸ 食器を洗うのは私の役目です.
It's my job to *wash* the dishes.
▸ 父は庭先で車を洗っている.
Father *is washing* the car in the yard.
▸ ケイトは髪を週に4回洗う. Kate *shampoos* her hair four times a week.

あらえる 洗える washable [ワシャブル]
▸ このコートは洗えますか.
Is this coat *washable*?

あらかじめ in advance
▸ あらかじめそれについて話し合いましょう.
Let's have a talk about it *in advance*.

あらし 嵐 a storm [ストーム]
あらしの stormy
▸ 嵐になりそうだ.
It is getting *stormy*. / It looks like a *storm* is coming.
▸ 嵐の夜に on a *stormy* night

あらす 荒らす damage [ダメヂ]
▸ みんなの机の中があらされた.
All of our desks *were broken into*.
▸ カラスが作物をあらした.
Crows *damaged* the crops.

あらすじ あら筋 an outline [アウトゥライン], a plot [プラット]
▸ その話のあら筋
the *outline* of the story
▸ 映画のあら筋
the *plot* of the movie [film]

あらそい 争い (□げんか) a quarrel [クウォ(ー)レル], a fight [ファイト] (▶なぐり合いなどのけんかも fight という); (競争) competition [カンペティション]

あらそう 争う (□げんかする) quarrel [クウォ(ー)レル], fight [ファイト]; (なぐり合ってけんかする) fight; (競う) compete [コンピート]
▸ そんなつまらないことであなたと争うのはいやだ.
I don't like to *quarrel* with you about such little things.
▸ 4チームが優勝を争った.
Four teams *competed* for the championship.

あらたまる 改まる be formal [フォーマル]
改まった formal
改まって formally
▸ そう改まらなくていいですよ.
Make yourself at home. / You don't have to *be* so *formal*.
▸ 改まったことばで話す speak *formally*

あらためて 改めて (ふたたび) again [アゲン]; (あとで) later [レイタァ]
▸ また改めてうかがいます.
I'll come *again* (some other time).
▸ 家族の大切さを改めて感じた.
I felt *again* the importance of family.

🔊 スピーキング
Ⓐ 改めてお電話しましょうか.
Shall I phone you later? / Shall I call you back?
Ⓑ ええ,そうしてください.
Yes, please.

あらためる 改める (変える) change [チェインヂ]; (訂正する) correct [コレクト]
▸ 考えを改める *change* my mind
▸ 計画を改める *change* a plan
▸ 良夫,態度を改めなさい.
Correct your attitude, Yoshio.

アラビア Arabia [アレイビア]
アラビア(人)の Arabian [アレイビアン]
アラビア語 Arabic [アラビク]
アラビア人 an Arab [アラブ]
アラビア数字 Arabic numerals [ニューメラルズ]

アラブ (アラブ人) an Arab [アラブ]; (アラブ諸国) Arab countries

あらゆる

(すべての) all [オール]; (どの…もみな) every [エヴリィ] →すべて, ぜんぶ
▸ あらゆる手段を試みる
try *every* possible means
▸ あらゆる種類の本 *all* kinds of books

あられ hail [ヘイル]
▸ 今朝あられが降った.
It *hailed* this morning.

あらわす¹ 表す

1 (表現する) express [イクスプレス]; (感情・方法などを) show [ショウ]
▸ 感情を表す *express* my emotions

あらわす[2]

> **プレゼン**
> 先生方に感謝の気持ちを表したいと思います．
> I'd like to express my gratitude to the teachers.

2 (意味する) stand for
▶ きみの学校の記章は何を表しているの？
What does your school badge *stand for*?

あらわす[2] 現す appear [アピア], show [ショウ] up
▶ ジェット機が雲の間から姿を現した．A jet *appeared* from between the clouds.

あらわれる 現れる

appear [アピア] (反 見えなくなる disappear), **come out**, **show up**
▶ きのうUFOが現れたよ．
A UFO *appeared* yesterday.
▶ 太陽が雲の陰から現れた．The sun *came out* from behind the clouds.
▶ 武がまだ現れないんだ．どうしたんだろう．
Takeshi hasn't *shown up* yet. I wonder what happened (to him).

アリ (虫) an ant [アント]
ありうる possible [パスィブル]
▶ それはじゅうぶんありうるね．
That's quite *possible*.
ありえない impossible [インパスィブル]
▶ それはありえないことだ．
That's *impossible*. / It *can't be true*.

ありがたい

▶ ありがたい，やっと金曜日だ．
Thank God(,) it's Friday! (▶週末をむかえる喜びを表すことば．各語の頭文字をとってT.G.I.F. [ティーヂーアイエフ] ということも多い)
▶ そう言ってくださるとありがたいです．
It's *very nice* of you to say so.
▶ きみの親切ありがたく思っています．
Thank you very much *for* your kindness. / *Many thanks for* your kindness.
ありがたいことに luckily [ラキリィ]
▶ ありがたいことに，雨がやんだ．
Luckily, it stopped raining.

ありがためいわく ありがた迷惑 an unwelcome favor

▶ 彼のアドバイスはありがた迷惑だった．
His advice was *unwelcome*.

ありがとう

Thank you. [サンキュー] ; (口語) **Thanks.** [サンクス]
▶ どうもありがとう(ございます)．
Thank you very much.

> **表現力**
> …をありがとう
> → Thank you for ... .

▶ お手紙ありがとう．
Thank you for your letter.
▶ お招きくださってありがとうございます．
Thank you very much *for* your kind invitation. / *It's very kind of you to* invite me.

> **表現力**
> …してくれてありがとう
> → Thank you for -ing.

▶ お電話ありがとう．
Thank you for calling.

> **スピーキング**
> Ⓐ ありがとう．
> Thank you.
> Ⓑ どういたしまして．
> You're welcome.

> **スピーキング**
> ● ありがとうございます．
> Thank you (very much).
> Thank you so much. (女性が好む表現)
> (▶もっともふつうの言い方)
> ● どうもありがとう．
> Thanks.
> Many thanks.
> Thanks a lot.
> Thanks a million.
> (▶くだけた言い方)
> ● 〜に感謝しています．
> I'm really grateful to you for ... .
> I really appreciate your ... .
> I'm very much obliged to you for your ... .
> (▶改まった言い方や書きことばとして)

◀ **ある**

ありさま （状態）state [スティト], condition [コンディション] →ようす

ありそうな likely [ライクリィ], possible [パスィブル]

▶ それはありそうな話だ.
That's a *likely* story. （▶反語的に「どうもあやしい」という意味でも使う）

▶ それはじゅうぶんありそうなことだ.
That's quite *possible*.

ありのまま the truth [トゥルース]

▶ ありのままを言いなさい.
Tell me *the truth*.

▶ ありのままの自分を出せたらいいんだけど.
I want to show my *true* self. / I want to show myself *as I really am*.

ありのままに frankly [フランクリィ]

▶ ありのままに言えば
frankly speaking / to tell *the truth*

アリバイ an alibi [アリバイ]

▶ アリバイがある have an *alibi*

ありふれた common [カモン], ordinary [オーディネリィ] →ふつう¹

▶ ありふれた名前 a *common* name

-(では)ありませんか Isn't …?, Aren't …?

▶ あの人は岡先生ではありませんか.
Isn't that Ms. Oka?

▶ あなたはおなかがすいているのではありませんか. *Aren't* you hungry?

ある 在る, 有る

使い分け
（存在する・位置する）→ is, are
（所有する）→ have

1 （存在する・位置する）（不特定の物が）There is [are]；（特定の物が）is [are]

表現力
（〜に）…がある
→ （1つのとき）There is … . /
（2つ以上のとき）There are … .

There is … .

There are … .

▶ テーブルの上にリンゴが1つあります.
There is an apple on the table. （▶この文では an apple（単数）が主語なので, There *is* … . となる）

▶ テーブルの上にリンゴが3つあります.
There are three apples on the table. （▶この文では three apples（複数）が主語なので, There *are* … . となる）

文法 不特定の物が主語のとき
不特定の物が1つあるときは **There is** +物（+場所）. で表す. 複数のときは **There are** +物（+場所）. で表す.

There is +単数名詞.
There are +複数名詞.

▶ この近くにコンビニはありますか.
Is there a convenience store near here?

▶ 中学時代には楽しいことがたくさんあった.
I *have had* many happy times in junior high school.

スピーキング
Ⓐ きみの町に大学はある？
Is there a college in your city?
Ⓑ うん, あるよ.
Yes, there is.
Ⓑ ううん, ない.
No, there isn't.

表現力
〜は…にある
→ （1つのとき）〜 is … . /
（2つ以上のとき）〜 are … .

▶ ぼくらの教室は3階にある.
Our classroom *is* on the third floor.

文法 特定の物が主語のとき
「私たちの教室」のような特定の物について言うときは「物+ is [複数なら are]」で表す. 不特定の物のときには「There is [複数なら are] +物.」で表す.

▶ 「お母さん, ぼくの自転車のかぎどこにあ

ある -

るの？」「テーブルの上にあるわよ」
"Where *is* my bike key, Mom?" "It's on the table."

▶「きみのくつはどこにあるの？」「ベッドの下よ」
"Where *are* your shoes?" "Under the bed."

▶ テーブルの上には何があるの？
What *is* on the table? (▶*What is there on the table? とはふつういわない)

▶ 私たちの学校は山のふもとにある.
Our school *stands* at the foot of the mountain.

▶ 左に曲がるとそのバス停がありますよ.
Turn left, and you'll *find* the bus stop.

2 (所有する) **have** [ハヴ]

💬表現力
…がある
→ have ... / There is [are] ... .

▶ 日本にもディズニーランドがあります. We *have* a Disneyland in Japan, too. / *There is* a Disneyland in Japan, too.

▶ うちに新しいコンピューターがある. We *have* a new personal computer at home.

▶ タコに足は何本あるのだろう？
How many arms does an octopus *have*?

▶ きょうは英語の小テストがある.
We *have* an English quiz today.

3 (起こる) **happen** [ハプン]; (行われる) **be held** [ヘルド]

▶「何があったの？」「特に何も」
"What *happened* to you?" "Nothing in particular."

▶ きのう運動会があった.
Our sports day *was held* yesterday. / We *had* a sports day yesterday.

▶ きのうの夜, 地震があった.
There was an earthquake last night. / We *had* an earthquake last night.

4 (長さなどが) **be** [ビー]

▶ ここから駅までどのくらいありますか.
How far *is* it from here to the station?

5 (経験する)

💬表現力
…したことがある → have ＋過去分詞

🎤スピーキング
Ⓐ 奈良(なら)へ行ったことが**ありますか**.
Have you ever been to Nara?
Ⓑ はい, **あります**.
Yes, I have.
Ⓑ いいえ, **ありません**.
No, I haven't.

▶ 外国へ行ったことがある？
Have you ever *been* abroad?

▶ リエには前に会ったことがある.
I (*have*) *met* Rie before. / I once met Rie.

6 (…である) **be**

▶ あの人は有名な歌手である.
That man *is* a well-known singer.

ある⁻

a [ア], **one** [ワン], **some** [サム], **a certain** [サ~トゥン]

▶ ある日 *one* day
▶ あるとき *once*
▶ ある人 *someone*
▶ ある程度
  to *a certain* degree / to *some* extent
▶ ある意味で
  in *a* sense
▶ ある女性がロビーであなたをさがしていました.
  A certain lady was looking for you in the lobby.

💬用法 **a certain** と **some**
a certain は知っていてもあいまいにしたい場合に使う. **some** はふつう自分でもはっきりしない場合に使うが, 失礼に聞こえることもあるので注意.

あるいは

使い分け
(または) → or
(かもしれない) → maybe

1 (または) **or** [オー(ァ)]

▶ 土曜日, あるいは日曜日におうかがいします.
I'll visit you on Saturday *or* Sunday.

▶ きみ, あるいは弟さんのどちらかがそこに

行かなくてはいけない.
Either you *or* your brother has to go there. (▶ either ～ or ... の部分が主語になったときは，動詞は or のあとの語に一致させるのが原則)

2(かもしれない) **maybe** [メイビィ], **perhaps** [パハップス]
▸ あるいはあなたの言うとおりかもしれない.
Maybe you are right.

アルカリ alkali [アルカライ] (反 酸 acid)
アルカリ(性)の alkaline [アルカライン]
アルカリ電池 an alkaline battery

あるく 歩く

walk [ウォーク]
▸ 私は学校へ歩いて行きます.
I *walk* to school.
▸ 歩いて帰りましょう. Let's *walk* home.
(▶この home は「家へ」という意味の副詞なので walk ×to home としない)
▸ きみは学校へ自転車で行きますか，それとも歩いて行きますか.
Do you go to school by bicycle or on foot? (▶ on foot は ふつう by bicycle (自転車で) など他の方法と対照しているときに使う)
▸ 歩いてすぐです.
It's a short *walk*.
▸ 駅まで歩いて10分かかります.
It is a ten-minute *walk* to the station. / It takes ten minutes to *walk* to the station.
▸ 歩きまわる *walk* around

🗣スピーキング
Ⓐ 学校へはどうやって行きますか.
How do you go to school?
Ⓑ 歩いて行きます.
I walk.

アルコール alcohol [アルコホ(ー)ル]
アルコールの alcoholic [アルコホ(ー)リク]
アルコールランプ a spirit lamp

アルゼンチン Argentina [アーヂェンティーナ]
アルゼンチン(人)の Argentino [アーヂェンタイン]

アルツハイマー(びょう) アルツハイマー(病) Alzheimer's [アールツハイマァズ] disease

アルト(音楽) alto [アルトゥ]
アルバイト →バイト
アルバム an album [アルバム]
▸ 卒業アルバム a graduation *album*, (米) a yearbook
▸ あなたのアルバムを見せてくれませんか.
Will you show me your (photo) *album*?

アルファベット the alphabet [アルファベト]
▸ 単語をアルファベット順にならべる
put the words in *alphabetical* order

アルプス アルプス山脈 the Alps [アルプス]
▸ 日本アルプス the Japan *Alps*
アルプスの(アルプス山脈の) Alpine [アルパイン]

アルミ(ニウム)(化学)(米) aluminum [アルーミナム]，(英) aluminium [アラミニアム]
(記号 Al)
アルミかん an aluminum can
アルミサッシ an aluminum sash
アルミホイル aluminum foil

あれ¹

that [ザット] (複数 those) (対 これ this)

📣表現力
あれは…です
→ (1つのとき) **That is ... .** /
(2つ以上のとき)
Those are ... .

▸ あれは私の本です. *That is* my book. (▶「あれ」が複数の物をさしている場合はThose *are* my books. となる)
▸ あれはきみの本ですか.
Is that your book?
▸ あれは私の本ではありません.
That is not my book.
▸ あれは由紀の両親よ.
Those are Yuki's parents.
▸「あれは何だ」「ウナギだ」
"What's *that*?" "It's an eel."
▸ あれを見てごらん. Look at *that*.

あれ² ▶

あれから（あのあと）after that;（あれ以来）since then
▶ あれから何が起こったの？
What happened *after that*?
▶ あれから彼には会っていない．
I haven't seen him *since then*.

あれ² Oh!; Huh [ハ]?
▶ あれ，ぼくのかさがない．
Oh! My umbrella is gone.

あれら those [ゾウズ]（▶ that の複数形）→あれ¹

あれる 荒れる be rough [ラフ];（天候が）be stormy [ストーミィ]
▶ 台所仕事のため父の手はあれた．
Father's hands *got rough* from working in the kitchen.
▶ 今夜は天気があれそうだ．
It will *be stormy* tonight. / We'll have a *stormy* night tonight.

アレルギー (an) allergy [アラヂィ]
▶ 私は卵アレルギーです．
I have an *allergy* to eggs. / I am *allergic* to eggs.

あわ 泡（1個の）a bubble [バブル];（いくつもまとまった）foam [フォウム]

左が **bubble**，右が **foam**．

▶ 生クリームをあわ立てる
whip fresh cream
あわ立てる beat
あわ立つ beat, foam
あわ立て器 a whisk [(フ)ウィスク]

あわい 淡い light [ライト], pale [ペイル]
▶ 淡い色 a *light* color（▶ a soft color ともいう）

あわせて 合わせて altogether [オールトゥゲザァ], in all
▶ 合わせて8千円になります．
It's 8,000 yen *altogether* [*in all*].

あわせる 合わせる

1（1つにする）**put together** [トゥゲザァ];（協力する）work together
▶ 私たちは試合に勝つために全員で力を合わせた．We *worked together* to win the game.
▶ ぼくたちは顔を合わせるといつもモバイルゲーム［スマートフォンのゲーム］の話だ．
When we *meet*, we always talk about mobile games.
▶ 彼は私と話している間，目を合わせなかった．
He didn't *make eye contact* while talking to me.

2（機械を調整する）**set** [セット];（照合する）check [チェック]
▶ 目覚まし時計を7時に合わせる
set an alarm clock for seven o'clock
▶ さあ，音楽に合わせて踊ろう．
Let's dance *to* the music.
▶ 答えを合わせる *check* the answers

あわただしい busy [ビズィ]
▶ あわただしい年末
a *busy* end-of-the-year
あわただしく in a hurry, in *my* hurry, in a rush

あわてる be confused [コンフューズド] (at, by)
あわてて confusedly, in a hurry, in *my* hurry
▶ そうあわてるな．Don't be so *hasty*.（▶「気を楽にして，落ち着け」という意味合いなら Be calm. / Don't be upset. / Take it easy.）
▶ あわててさいふを忘れてきちゃった．
In my hurry I forgot my purse.

アワビ an abalone [アバロウニ]

あわれ 哀れな poor [プア] →かわいそう
あわれむ pity [ピティ]
▶ 私はその子ネコをあわれに思った．
I felt *sorry* for the kitten.

あん¹ 案

（計画）a **plan** [プラン];（考え）an **idea** [アイディ(ー)ア]（アクセント注意）
▶ 案を立てる make a *plan*
▶ それは名案だ．That's a good *idea*.
▶ 何かいい案はない？
Do you have any good *ideas*?
▶ その案には賛成［反対］だ．
I'm for [against] the *plan*.

あん² →あん（こ）
アンカー（リレー競技の）an anchor [アン

◀ **あんしん**

カァ] (person); (いかり) an anchor

あんがい 案外 unexpectedly [アネクスペクティドゥリィ]
▶ 結果は案外よかった.
The result was *unexpectedly* good.
▶ 試験は案外やさしかった.
The exam was easier *than I expected*.
あんき 暗記する learn ... by heart, memorize [メモライズ]
▶ 私はその文を全部暗記した.
I *learned* all the sentences *by heart*.
▶ 英単語の効果的な暗記法
an effective way to *memorize* English words
暗記力 (a) memory
▶ ぼくの暗記力はあまりよくない.
I don't have a very good *memory*.
アンケート (質問紙) a questionnaire [クウェスチョネア] (▶「アンケート」はフランス語の *enquête*（調査）から); (調査) survey [サヴェイ]
▶ アンケートをとる
conduct a *survey*
▶ アンケートに答える
answer a *questionnaire*
あん(こ) sweet bean jam
あんパン a bun stuffed with sweet bean jam
あんまん a steamed sweet bean jam bun
あんごう 暗号 a code [コウド]
▶ 暗号を解読する decipher [ディサイファ] a *code* / break a *code*
アンコール an encore [アーンコー(ァ)] (▶ フランス語で「さらに, ふたたび」などの意味)
アンコールする encore
▶ 聴衆はアンコールを求めた.
The audience called for an *encore*.
▶ アンコールで 2 回歌う
sing two *encores*
あんさつ 暗殺する assassinate [アサスィネイト]
暗殺者 an assassin
あんざん 暗算 mental arithmetic, calculations in *my* head
暗算する calculate in *my* head
あんじ 暗示 a hint [ヒント], (a) suggestion [サ(グ)チェスチョン]
暗示する give a hint, suggest
▶ 私は暗示にかかりやすい. I am easily influenced by *suggestion*.
あんしつ 暗室 a darkroom [ダークル(ー)ム] (▶ a dark room は「暗い部屋」)
あんしょう 暗唱する (暗記していう) repeat ... from memory; (詩などを) recite [リサイト]
▶ 基本文を暗唱する
repeat basic sentences *from memory*
▶ 英語の詩を暗唱する
recite an English poem
暗唱大会 a recitation contest
あんしょうばんごう 暗証番号 a PIN (number) (▶ PIN は *personal identification number*（個人識別番号）の略); a code number
▶ 暗証番号を入力する enter *my PIN*

あんしん 安心

relief [リリーフ]
安心する (安全だと思う) feel safe, feel secure; (ほっとする) be relieved [リリーヴド], feel relieved
▶ きみがいっしょにいてくれると安心だ.
I *feel safe* with you.
▶ どうぞご安心ください. Don't worry.

▶表現力
…して安心する
→ be [feel] relieved to ...

アンズ

▶ その知らせを聞いて安心しました.
I *was relieved to* hear the news. / I *was relieved at* the news.
アンズ 《植物》an apricot [アプリカト]
あんせい 安静
安静にする rest [lie] quietly
▶ しばらく安静にしていなさい.
Lie quietly in bed for a while.

あんぜん 安全

safety [セイフティ] (反 危険 danger), security [スィキュ(ア)リティ]
安全な safe (反 危険な dangerous)
▶ ここにいれば安全です.
If we stay here, we will be *safe*. / If we stay here, we will be *out of danger*.
▶ お金は安全な場所にしまっておきなさい.
Keep your money in a *safe* place.
▶ 安全運転で気をつけてね.
Be careful and drive *safely*. (▶自転車なら drive の代わりに ride を使う)
安全に safely, in safety
安全第一 《標語》Safety First
安全地帯 a safety zone
安全ピン a safety pin
安全ベルト a safety belt, a seat belt
あんた you [ユー] →あなた
▶ あんた, だれ？
Who are *you*?
あんだ 安打 《野球》a hit [ヒット]
▶ 安打を打つ
make a *hit*

アンダースロー 《野球》an underhand [アンダハンド] throw
アンダーライン an underline [アンダライン]
アンダーラインを引く underline
▶ 重要語にアンダーラインを引きなさい.
Underline the important words.

あんてい 安定した stable [ステイブル]
▶ 安定した職業 a *stable* job
▶ このテーブルは安定していない.
This table is not *stable*.
アンテナ an antenna [アンテナ]
▶ アンテナを立てる set up an *antenna*

あんな

（あのような）such [サッチ], like that, so [ソウ]；（あの）that [ザット]
▶ あんな人
a person *like him* [*her*] / a person *like that*
▶ あんな美しい女性
such a beautiful lady
▶ あんなおいしい食事ははじめてだ.
I've never eaten *such* a good meal.
▶ あんなTシャツがほしい.
I want a T-shirt *like that*.

あんない 案内する

show [ショウ]；（先導して）lead [リード]
▶ あとで町を案内しましょう.
I'll *show* you around the city later.
▶ 東京を案内してくれる？
Can you *show* me around Tokyo?
▶ あなたが先に立って案内してください, 私たちはあとからついて行きます.
You *lead*, and we'll follow.
案内係 a guide；（映画館などの）an usher [アシャ]
案内書 a guide(book)
案内所 an information desk
▶ 案内所はどこですか.
Where is the *information desk*?
案内図 a (guide) map
案内人 a guide
アンパイア an umpire [アンパイア]
アンプ an amplifier [アンプリファイア]
あんまり →あまり¹
▶ あんまりスピードを出さないでくれ.
Don't drive *too* fast.
▶ そいつはあんまりだよ.
That's *too much*.
あんらく 安楽 comfort [カンファト]
安楽な comfortable [カンファタブル]
安楽いす an easy chair
安楽死 mercy killing / euthanasia [ユーサネイジャ]

いイ いイ いイ

い 胃 a stomach [スタマク] →おなか
▸ 胃が痛い. I have a *stomachache*. / My *stomach* hurts.
▸ ぼくは胃がじょうぶだ [弱い].
I have a strong [weak] *stomach*.

-い …位 a place [プレイス]
▸ 1位になる win first *place*

> 🅿 プレゼン
> 私はマラソン大会で50人中3位になりました.
> I won third *place* out of 50 in the marathon.

いい

> 🔷 使い分け
> (好ましい) → good, fine, nice
> (申し分のない) → all right, OK
> (適当な, ふさわしい) → good, right
> (十分な) → enough
> (正しい) → right, good

1 (好ましい) **good** [グッド] (反 悪い bad), **fine** [ファイン] ; (感じがよい) **nice** [ナイス] ; (すばらしい) **wonderful** [ワンダフル] ; (ためになる) **good**
▸ いい考えがある. I have a *good* idea.
▸ 今学期はいい成績だった.
I got *good* grades this term.
▸ なんていいタイミングだ！
What *good* timing!
▸ 彼はとてもいい人だ. He's very *nice*.
▸ いい天気ですね.
Beautiful day, isn't it?

> 💬 表現力
> …にいい → be good for ...

▸ ウォーキングは健康にいい.
Walking *is good for* your health.

> 💬 表現力
> …することはいいことだ
> → It is good to ... .

▸ 新しい友達をつくることはいいことだ.
It is good to make new friends.

2 (申し分のない) **all right** [オール ライト], **OK** [オウケイ]
▸ それでいいよ.
That's *OK*.
▸ 「(あなたは) それでいいですか」「もちろんです」
"Is that *OK* with you?" "Sure."
▸ あすでいいですか.
Will tomorrow be *all right*?

3 (適当な, ふさわしい) **good**, **right** [ライト]
▸ 散歩するのにいい日だね.
It's a *good* day for walking, isn't it?
▸ 動物園へ行くにはこのバスでいいですか.
Is this the *right* bus to the zoo?

4 (十分な) **enough** [イナフ]
▸ (おなかがいっぱいになって) もういいです.
I've had *enough*. (▸「もうたくさんだ」「いいかげんにしろ」という意味もあるので使い方に注意) / I'm *full*.

5 (正しい) **right**, **correct** [コレクト] (反 まちがった wrong) ; (道徳的に正しい) **good** (反 悪い bad)
▸ 答えはこれでいいですか.
Is this answer *right*?

6 (好む) **like** [ライク] ; (…のほうを) **prefer** [プリファ〜]

> 🔊 スピーキング
> 「飲み物は何がいいですか」「コーヒーがいいです」
> "What would you like to drink?" "I'd like some coffee."

7 (親しい) **good**, **close** [クロウス], **friendly** [フレンドゥリィ]
▸ 彼女はいい友達です.
She's a *good* friend.

8 (…してもいい) **can**, **may** (▸話し言葉では can がふつう)

> 💬 表現力
> …してもいい → can ... / may ...

forty-nine 49

いいあらそう ▶

▶ もう帰ってもいいよ.
You *can* go home now.

▶ 「あなたの辞書, 使ってもいいですか」「どうぞ」
"*Can* [*May*] I use your dictionary?"
"Go ahead." (▶ may のほうがていねい)

▶ お名前をうかがってもいいですか.
Could [*May*] I have your name?

🍀スピーキング
🅐 これをもらってもいいかな.
　Can [May] I have this?
🅑 いいよ.
　Sure.

▶ 「窓を開けてもいいですか」「もちろんかまいませんよ」
"Do you mind if I open the window?" "No, I don't (mind). / Of course not." (▶ Yes, I do. と答えると「いや, ひかえてください」というとても強い拒否感を表す)

9 (…したほうがいい) should, had better
(▶ You *had better* は命令的な言い方なので目上の人には使わない)

💬表現力
…したほうがいい
→ should … / had better …

▶ ちょっと熱があるから, 今日は家にいたほうがいいよ.
You have a slight fever. You *should* stay home today.

▶ 彼のスマホにすぐ電話したほうがいいね.
I'*d better* call his smartphone right away.

▶ 今は彼女には話さないほうがいいよ.
You'*d better* not tell her now.

10 (…しなくてもいい) don't have to … , don't need to …

💬表現力
…しなくてもいい
→ don't have to … /
　don't need to …

▶ 明日はお弁当を持ってこなくてもいいですよ.
You *don't have to* bring your lunch tomorrow.

いいあらそう 言い争う (口論する)

quarrel [クウォ(ー)レル]; (議論する) argue [アーギュー]; (…と言い争う) argue with …; (…のことで言い争う) argue about [over] …

いいあらわす 言い表す express [イクスプレス]

▶ その絵の美しさは口では言い表せません.
The beauty of the painting is *beyond words*.

いいえ

1 (質問に対して) no [ノウ] (対) はい yes

🍀スピーキング
🅐 魚は好きですか.
　Do you like fish?
🅑 いいえ, きらいです.
　No, I don't.

▶ 「何かぼくにできることはありますか」「いいえ, ないみたいね」
"Is there anything I can do?" "*No*, I don't think so."

▶ 「彼に会いましたか」「いいえ, 会いませんでした」
"Did you see him?" "*No*, I didn't."

▶ 「彼に会わなかったのですか」「いいえ, 会いました」
"Didn't you see him?" "*Yes*, I did."

> 📖文法 否定は No!
> 英語では, 問いの文がどんな形でも答えの**内容が肯定**のときは **Yes** を, 否定のときは **No** を使う.

2 (感謝・わびに対して)

🍀スピーキング
🅐 あっ, すみません.
　Oh, excuse me.
🅑 いいえ, だいじょうぶです.
　That's OK. / That's all right.

いいかえす 言い返す talk [トーク] back

▶ 私は両親には一度も言い返した (→口答えした) ことがない.
I *have* never *talked back* to my parents.

いいかえる 言い換える say in other words

▶ それをほかのことばで言いかえなさい.

◀ **いう**

Say it *in other words*.
言いかえれば in other words, that is (to say) →すなわち

いいかげん いい加減
▶ もういいかげんにやめなさい(→それでじゅうぶんだ).
That's *enough*. / *Enough* is *enough*.
▶ あいつはいいかげんな(→おおざっぱな)男だ. He is an *easygoing* type.

いいかた 言い方 how to say
▶ 英語で「桜」の言い方がわかりません.
I don't know *how to say* "sakura" in English.

いいき
▶ いい気(→生意気)になるな.
Don't *be stuck-up*. / Don't *be fresh*.

いいすぎる 言い過ぎる say too much, go too far
▶ それはきみの言いすぎだ.
You *said too much*. / You *went too far* (when you said that).

イースター (復活祭) Easter [イースタァ]
▶ イースターおめでとう! Happy *Easter*!

いいつける 言いつける **1** (命令する) order [オーダァ], tell [テル]
2 (告げ口をする) tell on
▶ 先生に言いつけるぞ.
I will *tell on* you to the teacher.

いいつたえ 言い伝え (a) tradition [トゥラディション], a legend [レヂェンド]

いいとも sure [シュア]
▶ 「この漫画借りてもいい?」「いいとも」
"Can I borrow this comic book?" "*Sure. / Go ahead.*"

いいなり 言いなり
▶ エマは父親の言いなりになっている.
Emma is *under* her father's *thumb*.

いいはる 言い張る insist [インスィスト] (on)
▶ 彼は自分が正しいと言い張った.
He *insisted* (that) he was right.

いいぶん 言い分 my say [セイ]
▶ 彼女の言い分も聞こうじゃないか.
Let her have *her say*.

イーメール →メール
いいわけ 言い訳 an excuse [イクスキュース]
▶ うまい言いわけ a good *excuse*
▶ へたな言いわけ a poor *excuse*
言いわけをする make an excuse

▶ ボブは遅刻の言いわけをした.
Bob *made an excuse* for being late.
▶ 言いわけをするな.
Don't *make excuses*.

いいん¹ 委員 a member of a committee [コミティ], (…の委員) a member of ...
▶ クラス委員 a class *representative*

💬プレゼン
私は3年間ずっと生徒会の委員をしていました.
I've been a member of the student council for three years.

委員会 (組織) a committee; (会議) a committee meeting
▶ 委員会は毎週水曜日に開かれる.
The *committee meeting* is held every Wednesday.
委員長 a chair, a chairperson

おもな委員・委員会の言い方
学級委員　　a class representative
書記　　　　a secretary
体育委員会　the athletic committee
図書委員会　the library committee
風紀委員会
　　　　　　the discipline committee
保健委員会
　　　　　　the health care committee
美化委員会
　　　　　　the cleaning committee
広報委員会
　　　　　the public relations committee
放送委員会
　　　　　　the broadcasting committee

いいん² 医院 a doctor's office [ダクタァズオ(ー)フィス], a clinic [クリニック]

いう 言う

1 say [セイ]; (しゃべる) speak [スピーク], talk [トーク]; (告げる) tell [テル] →はなす¹ (図)

▶ もっと大きな声で言ってくれませんか.
Would you *speak* more loudly?

💬表現力
…と言う → say ...

fifty-one　51

いう

- ケン、お願いしますと言いなさい.
  Ken, *say* please.
- 何と言えばいいんだろう.
  What should I *say*?
- きみに何と言われようがかまわないよ.
  Whatever you *say*, I don't care.

> **表現力**
> 「…」と言う → say, "..."

- 「私，歌手になりたい」とユカは言った.
  Yuka *said*, "I want to be a singer." / Yuka *said* (that) she wanted to be a singer.

> **ライティング**
> 日本は安全な国だと言われている.
> It is said (that) Japan is a safe country.

> **表現力**
> …に言う → tell ...

- 言っただろう，ぼくは泳げないって.
  I *told* you. I can't swim.

> **表現力**
> …を言う → say ... / tell ...

- そんなこと言わないで！
  Don't *say* that!
- 彼女に会ったとき私は何も言わなかった.
  I didn't *say* anything when I met her.
- 言いたいことがあったら言いなさいよ.
  Say what you want.
- それはだれにも言うな．ここだけの話だぞ.
  Don't *tell* it to anyone. It's (just) between you and me.
- 本当のことを言えば，今はそのことは話したくない.
  To *tell* the truth, I don't want to talk about it right now.

> **表現力**
> (人) に「…」と言う
> → say to ＋人, "..." /
>   tell ＋人＋ that ...

- 母は私たちに「ごはんですよ」と言った.
  Mother *said to* us, "Dinner is ready." / Mother *told* us (that) dinner was ready.

> **表現力**
> (人) に…するように言う
> → tell ＋人＋ to ...

- 母はいつも私に早くしなさいと言う.
  Mother always *tells* me *to* do things quickly.

> **用法** say と speak と talk と tell
> say は事がらや言葉を「言う」ことを表す.
> speak は口に出すという動作に重点があり，talk はうちとけて「語る，しゃべる」ことを表す. tell は事がらを「告げる」，情報を「伝える」というときに使う.

say (言葉を) 述べる　　tell (情報を) 伝える

- 私の言うことをよく聞きなさい.
  Listen to *me* carefully.
- 言われたとおりにしなさい.
  Do as you *are told*. / Do as I *tell* you.
- はっきり言うと，きみはその仕事に向いていないよ.
  To be honest, you're not the right person for the job.
- もう一度言ってください.
  I beg your pardon? ♪ (▶上げ調子で言う. Pardon? ♪ や Sorry? ♪ もよく使う)
  →いちど
- いったいきみは何が言いたいの？
  What on earth *are* you *getting at*?

2 (呼ぶ) call [コール]

> **表現力**
> …を～と言う → call ... ～

> **ライティング**
> この鳥は日本語で「ツル」と言います.
> We call this bird "tsuru" in Japanese. / This bird is called "tsuru" in Japanese.

- この果物は英語で何と言いますか.

◀ イエス・キリスト

What do you *call* this fruit in English? / What *is* this fruit *called* in English?

> 🗣️スピーキング
> ❹ 英語で「おかしい」を何と言いますか.
> How do you say "okashii" in English?
> ❺ funny と言います.
> We say "funny."

いうまでもない 言うまでもない
needless to say, ; (…だけでなく) to say nothing of ...

▸ 言うまでもないが, しっかり準備しておくこと. *Needless to say*, you have to be well prepared.

▸ あの人は英語は言うまでもなく, ドイツ語やフランス語も話す.
He speaks German and French, *to say nothing of* English.

いえ 家

(建物) a **house** [ハウス] (複数) **houses** [ハウズィズ] ; (家庭) (a) **home** [ホウム] →うち¹

家へ[に] home

▸ 庭のあるあんな大きな家に住みたい.
I want to live in a large *house* with a yard like that one.

▸ 私はふつう５時に家に帰ります.
I usually go *home* at five.

× go to home
　↑ この home は「家に」という副詞. to はつかない.

○ go home
× come to home
○ come home

▸ 私は毎朝８時に家を出る.
I leave *home* at 8:00 every morning.

▸ ３年前に家を新築した.
We built a new *house* three years ago.

▸ きのう, 友達の家に遊びに行った.
I visited a friend's *house* yesterday.

▸ 私はきのうは一日中家にいました.
I stayed at *home* all day yesterday.
(▶〈米〉では at を省略することもある)

▸ 私はおばの家に３日泊まった.
I stayed with my aunt for three days.

> 💬用法 **house** と **home**
> 「家屋」には **house** を, 「家庭」には **home** を使うが, 「家屋」の意味で **home** を使うこともある.

イエス・キリスト Jesus Christ [ヂーザス クライスト] →キリスト

家 ①屋根 ②浴室 ③台所 ④窓 ⑤階段 ⑥げんかん ⑦バルコニー ⑧寝室 ⑨食堂 ⑩居間 ⑪庭 ⑫ガレージ ⑬門 ⑭郵便受け ⑮囲い, さく ⑯通路, ろうか ⑰１階 ⑱２階 ⑲花だん ⑳屋根裏部屋 ㉑えんとつ ㉒だんろ

fifty-three 53

いえで ▶

いえで 家出する run away from home, leave home
家出少年[少女] a runaway boy [girl]

イエローカード a yellow card
▶ 久保選手にイエローカードが出た.
Kubo was given a *yellow card*.

いおう 硫黄 sulfur [サルファ]

イカ (コウイカ類) a cuttlefish [カトゥルフィシ] (複数) cuttlefish [cuttlefishes]; (スルメイカなど) a squid [スクウィッド] (複数) squid [squids])

-いか …以下

1 (数量・程度) less than (反 …以上 more than), under [アンダァ] (反 …以上 over)
▶ 10秒以下で in *less than* ten seconds
▶ 部屋の温度は20度以下に下がった.
The temperature of the room dropped *below* 20°C.
▶ ぼくは数学は平均以下だった.
I was *below* average in math. / My grade in math was *below* average.
▶ 6歳以下の子どもは入場無料です.
Children *under* six years are admitted free of charge.

> 💬用法 「以下」と less than
> 日本語の「6歳以下」は6歳をふくむが、英語の **less than** や **under** は6歳をふくまない。したがって厳密には six or under という(数量などの場合は ... or less という). →-いじょう, -みまん

2 (下記の事がら) the following [ファロウイング]
▶ 以下省略. *The rest* is omitted.
▶ 以下次号. *To be continued*.

いがい 意外な unexpected [アネクスペクティド]
意外に unexpectedly →あんがい
▶ 意外な結果 an *unexpected* result
▶ これは意外に(→思っていたより)おいしいよ.
This tastes better *than I expected*.

-いがい …以外 except [イクセプト] →ほか
▶ ぼく以外は家族全員が犬好きだ.
Everyone in my family, *except* me, likes dogs.

いかが

> 使い分け
> (どんなぐあいで) → How ...?
> (勧めるとき) → How about ...? / Would you like ...?

1 (どんなぐあいで) how [ハゥ] →どう¹

> 🗣スピーキング
> Ⓐ ごきげんいかがですか.
> *How* are you?
> Ⓑ おかげさまで, 元気です.
> (I'm) fine, thank you.

▶ 気分はいかがですか.
How are you feeling?
▶ 「いかがお過ごしですか」「かなりいいです. あなたは?」
"*How* are you getting along?" "Pretty well, and you?"
▶ 「京都へのご旅行はいかがでしたか」「とてもすばらしかったです」
"*How* was your trip to Kyoto?" "(It was) wonderful."

2 (勧めるとき) How about ...? / What about ...? / Would you like (to ...)? →-(し)ませんか

> 🗣スピーキング
> Ⓐ コーラはいかがですか.
> *How about* some cola?
> Ⓑ ええ, いただきます.
> Okay, thanks.
> Ⓑ いや, けっこうです.
> No, thank you.

▶ あすはいかがですか.
How about tomorrow?

いがく 医学 medicine [メディスン]
医学部 the school of medicine, the medical school

いかす 生かす (…を活用する) make use [ユース] of; (経験などを生かす) draw [ドゥロー] on
▶ 過去の経験を生かす
draw on my past experience

> 📊プレゼン
> 私は英語を生かせる仕事に就きたいです.
> I'd like to get a job where I can make good use of my English.

◀ **いきどまり**

いかだ a raft [ラフト]
▶ いかだで川を下る
go down a river on a *raft*

いかに how [ハウ] →どうやって

いかり¹ 怒り anger [アンガァ] →おこる¹
▶ 私は怒りをおさえられなかった．
I couldn't control my *anger*.
▶ 怒りを爆発させる lose my *temper*

いかり² (船の) an anchor [アンカァ]
▶ いかりを上げる weigh *anchor*
▶ いかりを下ろす drop *anchor*

いき¹ 息

(a) **breath** [ブレス]
息をする breathe [ブリーズ] (発音注意)
▶ 息を切らしている be out of *breath*
▶ 息を深く吸って． *Breathe in* deeply. / Take a deep *breath*.
▶ ちょっと息を止めて．
Hold your *breath* for a second. / Stop *breathing* for a second.
▶ 息を吐いて [吸って]．
Exhale [*Inhale*]. / *Breathe out* [*in*].

> 🔎 **日本語NAVI**
> 息が合う ☞仲よくやっていく →**なかよく**
> 息が上がる ☞息が切れる →**いき**¹
> 息がつまる ☞緊張する →**きんちょう**
> 息をこらす ☞息を止める →**いき**¹
> 息をつく ☞安心する →**あんしん**
> 息をぬく ☞休けいする →**やすむ**
> 息をひそめる ☞じっとしている →**じっと**

いき² 行き
▶ 行きはバスで帰りはタクシーでした．
I *went* by bus and came back by taxi.

-いき …行き
▶ 東京行きの列車 a train *for* Tokyo / a train *bound for* Tokyo
▶ このバスはどこ行きですか．
Where does this bus *go*? / Where is this bus *bound for*? (▶ is bound for の主語は乗り物)

いぎ¹ 異議 an objection [オブチェクション]
異議を唱える object
▶ (会議で) 異議あり！ *Objection*!
▶ 異議なし！ No *objection*!

いぎ² 意義 a meaning [ミーニング]
▶ 意義のある人生 a *meaningful* life

いきいき 生き生きした (元気な) lively [ライヴリィ]; (鮮明な) vivid [ヴィヴィド]
▶ 生き生きとした子どもたち *lively* children
▶ 生き生きした表現 a *vivid* expression

いきおい 勢い (力) power [パウア]
▶ 勢いがなくなる lose *power*

いきがい 生きがい
▶ あなたの生きがいは何ですか．
What do you *live for*?

いきかえる 生き返る come to life
▶ 雨のおかげで草木が生き返った．
Thanks to the rain, the plants have *come to life*.

いきかた¹ 生き方 my way of life;(生活スタイル) a lifestyle [ライフスタイル]
▶ 日本人の生き方
the Japanese *way of life*

いきかた² 行き方 the way to … , how to get [go] to …
▶ 郵便局への行き方を教えていただけますか．
Could you tell me *how to get to* the post office?
▶ 駅への一番近い行き方
the shortest *way to* the station

いきごみ 意気込み enthusiasm [エンス(ュ)ーズィアズム]
▶ その教師は教育への意気込みを語った．
The teacher spoke about his *enthusiasm* for education.

いきちがい 行き違いになる
▶ 私たちの手紙は行きちがいになった．
Our letters *have crossed* in the mail.
▶ 兄と私は行きちがいになった．
My brother and I *missed each other*.

いきどまり 行き止まり a dead end
この先行き止まり 〈掲示〉Dead End / 〈英〉No Through Road

fifty-five 55

いきなり

- この道はここで行き止まりだ.
  This road *ends* here.

いきなり suddenly [サドゥンリィ] →とつぜん
いきのこる 生き残る survive [サヴァイヴ]
- その女の子は飛行機事故にあったが, 幸い生き残った. Fortunately, the girl *survived* the airplane accident.

いきもの 生き物 a living thing, a creature [クリーチァ](発音注意)

イギリス

Britain [ブリトゥン], **Great Britain**, **the United Kingdom** [ユーナイティド キングダム]
(▶ England (イングランド) はイギリスの構成国の1つ)

イギリス人 (全 体) British [ブリティシ] people, the British (▶ Englishman (複数) Englishmen), Englishwoman (複数) Englishwomen) は「イングランド人」という意味になる)

イギリス(人)の British
- ジョンはイギリス人です.
  John is *British*.

> **背景** イギリスの正式名称は the United Kingdom of Great Britain and Northern Ireland(グレートブリテンおよび北部アイルランド連合王国)といい, England(イングランド), Wales(ウェールズ), Scotland(スコットランド), Northern Ireland (北アイルランド) の4つの国から成る連合国家である. UK または U.K. とも略す.

いきる 生きる

live [リヴ] (反 死ぬ die); (生きている) be alive [アライヴ]
- 我々は21世紀に生きている.
  We *live* in the twenty-first century.
  (▶日本語は「生きている」だが, 英語ではふつう進行形にはしない)

> **ライティング**
> 私たちは空気なしでは**生きられません**.
> We can't *live* without air.

- 祖父は100歳まで生きた.
  My grandfather *lived* to be one hundred years old.

- 生きた魚 a *live* [ライヴ] fish (▶*alive fish とはいわない)
- この魚は生きている. This fish *is alive*.
  (▶*This fish is live. とはいわない)

いく 行く

1 (出かける) go [ゴウ] (反 来る come); (相手の方へ) come [カム]
- さあ, 行こう.
  Let's *go*. / Here we *go*.
- おそくなった. もう行かなくては.
  It's late. I must *go* now. (▶ I must be going now. ともいう)

> **用法** go と come
> 話し手のいる所からはなれて「…へ行く」というときは go,「相手の方へ行く」ときや「同行する」というときは come を使う.

> **スピーキング**
> **A** ごはんよ.
>   Dinner is ready.
> **B** すぐ行くよ. ちょっと待ってて.
>   I'm coming. Wait a minute.

- 今度の日曜日お宅へ行ってもいいですか.
  May I *come* to see you next Sunday?

> **表現力**
> …へ行く → go to …

a 【場所】 …へ[に] 行く go to … (▶ go のあとに there などの副詞が続く場合は to は入らない); (遊びや楽しみのために行く) visit [ヴィズィト] (▶ to はつけない); (着く) get [ゲット] to …

- 私は月曜から金曜まで学校に行く.
  I *go to* school from Monday to Friday. (▶授業を受けるために「学校に行く」というときは, school に the をつけない)

◀ いく

🎤 スピーキング

Ⓐ どこの中学へ行ってるの？
Which junior high school do you go to?
Ⓑ ABC 中学へ行っています．
I go to ABC Junior High School.

▸ この前の日曜，友達数人と映画に行った．
I *went to* the movies with some friends last Sunday.
▸ すみません．このバスは上野駅へ行きますか．
Excuse me, but does this bus *go to* Ueno Station?
▸ いつかスイスに行ってみたい．
I want to *visit* Switzerland someday.
▸ 青山にはどう行くのですか．
Could you tell me the way to Aoyama? / How can I *get to* Aoyama? →おしえる
▸ 1 時ごろそちらに行きます．
I'll *be* there around one.

b【手段】 …で行く **go by ...** ；(…へ徒歩で行く)**walk**[ウォーク] **to ...** ；(…へ車で行く)**drive**[ドゥライヴ] **to ...** ；(…へ飛行機で行く) **fly**[フライ] **to ...**

「行く」(交通手段)に関する言い方
歩いて行く **walk**
車で行く **drive, go by car**
バスで行く **go by bus**
電車で行く **go by train, take a train**
飛行機で行く **fly, go by plane [air]**
(▶交通手段を表す by のあとにくる名詞の前には the や a はつけない)

▸ 父は車で仕事に行く．My father *drives to* work [the office].
▸ 母はバスで仕事に行っている．My mother *goes to* work [the office] *by* bus.
▸ 私はふつう学校には歩いて行っている．
I usually *walk to* school.
▸ うちの車で行きましょう．We can *go in* my car. (▶go ˣ*by my car* とはしない)
▸ 美術館まで電車で行った．
We *took* the train *to* the art museum.
▸ 今晩，飛行機でニューヨークに行きます．
I'm *flying to* New York tonight. (▶現在進行形は個人的な近い未来の予定を表すのによく使われ，その手配や約束がすでにできているという感じがある)
▸ 私たちは急いで学校へ行った．
We *hurried to* school.

表現力

…に行く → **go for ...**
…しに行く → **go -ing**

c【目的】 …に行く **go for ...** ；…(し)に行く **go -ing**

▸ 今度の日曜，ドライブに行こうか．
Why don't we *go for* a drive this Sunday?
▸ 私の誕生日のお祝いにみんなで食事に行った．
We *went out for* dinner for my birthday.
▸ 私たちはデパートに買い物に行った．
We *went shopping* at the department store.
▸ 「川へつりに行かない？」「いいね」
"How about *going fishing* in the river?" "That's great!" (▶ˣ*to the river* としないこと)

「…しに行く」
大磯へサーフィンをしに行く
go surfing at Oiso

海へ泳ぎに行く
go swimming in the ocean [sea]

スキーをしに蔵王(ざおう)に行く
go skiing at Zao

▶ go より -ing の部分に重点が置かれている．swim in the ocean [sea], ski at Zao と考えればよい．

表現力

[経験] …へ行ったことがある
→ **have been to ...**

▸ 私はロンドンへ 2 度行ったことがある．
I *have been to* London twice.

表現力

[完了] …へ行ってしまった(今はいない)
→ **have gone to ...**

fifty-seven 57

いくじ ▶

▶ おじはブラジルへ行ってしまった.
My uncle *has gone to* Brazil.
▶「どこへ行ってきたの？」「コンビニよ」
"Where *have* you *been*?" "*I've been to* the convenience store."

💬**表現力**
【あいさつ】じゃあ，行ってきます．
→ **See you later. / Bye-bye.**

💬**スピーキング**
行ってきます．／行ってらっしゃい．
❶出かけるときの「行ってきます」や見送るときの「行ってらっしゃい」に当たる英語の決まった表現はなく，**Bye.**/**See you later.** などを使う．他に，**Have a good day!** なども使われる．
🅐 お母さん，行ってきます．
Bye, Mom!
🅑 行ってらっしゃい．
Take care!
❷行楽などに出かける人には，「楽しんできてね」という意味で，**Have fun!**/**Have a good time!** などという．
❸旅に出る人には，**Have a nice trip!**（よい旅を！）というのが決まった言い方．

2 (入学する) **get into, enter** [エンタァ]；(進む) **go on to** →はいる
3 (うまくいく) **go well, be successful** [サクセスフル]
▶ すべてうまくいくものと期待してます．
I expect (that) everything will *go well*.
▶ テストはうまくいきましたか．
Did you *do well* in the exam?

いくじ 育児 **childcare** [チャイルドゥケア], **child raising** [レイズィング]
いくじなし 意気地なし **a coward** [カウアド], **a chicken** [チキン]
▶ 意気地がないなあ！ What a *coward*!

いくつ 幾つ

💡**使い分け**
(数が) → **how many**
(年齢ホネミが) → **how old**

1 (数) **how many** [メニィ]
▶「上野駅はいくつ目ですか」「3つ目です」
"*How many* stations before Ueno?"

"There are two."（▶「…駅はいくつ目？」は英語では「…駅までに駅がいくつありますか」のように表現する．stationsはstopsとしてもよい)
▶ いくつでもほしいだけとっていいですよ．
You may take *as many as* you want．（▶数えられる物の場合に使う．数えられない物には as much as を使う）

💬**スピーキング**
🅐 イチゴをいくつ食べたの？
How many strawberries did you eat?
🅑 8つ．
Eight.

2 (年齢) **how old** [オウルド]
▶「あなたのお父さんはおいくつですか」「40歳です」"*How old* is your father?" "He's forty (years old)."
▶ お姉さんはいくつ年上ですか．
How much older is your sister?

💬**スピーキング**
🅐 きみ，いくつ？
How old are you?
🅑 13です．
I'm thirteen (years old).

💬**用法 how many と how old**
❶「いくつ」と数をたずねるときは **How many ...?** という．あとに名詞がくるときはその名詞を複数形にする．なお，日本語では「いくつ」のほか「何本」「何冊」「何人」のように物の種類によっていろいろな言い方をするが，英語では数をたずねるときはいつも **How many** という．
❷「いくつ」と年齢をたずねるときは **How old ...?** という．

いくつか 幾つかの **several** [セヴラル]；(ばくぜんと) **some** [サム] →いくらか
▶ これにはいくつかの理由がある．
There are *several* reasons for this.
▶ ケンは私よりいくつか年上だ．
Ken is *several* [*a few*] years older than me.

いくら 幾ら

1 (金額が) **how much**

◀ **いけない**

🗣スピーキング
Ⓐ いくら？
How much?
Ⓑ 500円です.
500 yen.

▶ 「お金をいくら持ってるの？」「5000円だよ」
"How much money do you have?" "I have 5,000 yen."
▶ 毎月食費にいくらかかっていますか.
How much do you spend on food every month?
▶ いくらでも好きなだけ持っていっていいよ.
You can take *as much as* you like.
(▶数えられないものの場合はmuchを、数えられるものの場合はmanyを使う)

💬用法「いくら」のたずね方
「いくら」と金額や量をたずねるときにはHow much ...? というのがふつう. price(値段)という語を使って値段をたずねるときは、✗How much is the price? ではなくWhat's the price? という.

💬表現力
…はいくらですか
→ **How much is ...?**

▶ 「このTシャツはいくらですか」「3000円です」
"How much is this T-shirt?" "It's 3,000 yen."
▶ 東京まで(の切符)はいくらですか.
How much is a ticket to Tokyo? / *What's the fare* to Tokyo?
▶ 全部でおいくらですか.
How much is it altogether?

2 (どんなに…しても) **however** [ハウエヴァ], **no matter how**
▶ いくらがんばっても泳げなかった.
No matter how hard I tried, I couldn't swim.

いくらか 幾らか **1** (数量) **some** [サム]; (疑問文で) **any** [エニィ] →すこし
▶ いくらかお金の持ち合わせがある.
I have *some* money with me.
2 (程度) (少し) **a little** [リトゥル]
▶ 今日はいくらか気分がいい.
I feel *a little* better today.

いけ 池 **a pond** [パンド]

いけない

使い分け
(禁止) → mustn't, may not
(必要) → must, have to
(よくない) → bad

1 (禁止) **mustn't** [マスント], **may not**; (命令文で) **Don't** [ドウント] ...; (すべきでない) **shouldn't** [シュドゥント]

💬表現力
…してはいけない
→ **You mustn't ... . /**
You may not ... . / Don't ... .

▶ そんなふうに言ってはいけない.
You mustn't talk like that. / *Don't* talk like that.
▶ そんなに食べちゃいけないよ.病気になるよ.
You shouldn't eat so much. You'll get sick.
▶ しばふに入ってはいけない (掲示)
Keep off the Grass

🗣スピーキング
Ⓐ お母さん，テレビ見ていい？
May I watch TV, Mom?
Ⓑ いけません.
No, you may not.
❶ May I ...? に対して「いけない」と答えるときはふつう **I'm sorry, you can't.** などという. その理由をつけ加えることもある. **No, you may not. / No, you must not.** や, 「いいですよ」と答えるときの **Yes, you may.** といえるのは, 親が子に, または先生が生徒に答えるような場合.
❷ 規則などで「…してはいけない」というときは, **I'm sorry, it's not allowed.** とか, **I'm sorry, it's not permitted.** という.

いけばな

2 (必要) **must** [マスト], **have to** [ハフトゥ]
→ーならない

> 💬 表現力
> …しなければいけない
> → must ... / have to ...

▸ 6時までに帰らなければいけないよ.
You *must* be back by six.
▸ ぼくは歯医者に行かなくちゃいけない.
I *have to* see the dentist.

3 (よくない) **bad** [バッド]

> 🗣 スピーキング
> Ⓐ 母はかぜをひいています.
> My mother has caught a cold.
> Ⓑ まあ, それはいけませんね.
> Oh, that's too bad.

▸ あっ, いけない！どうしよう.
Oh, *no*! What shall I do?

> 💬 表現力
> …(すると)いけないから → in case ...

▸ 雨が降るといけないから, かさを持っていきなさい.
Take your umbrella with you *in case* it rains.

いけばな 生け花 flower arrangement
▸ 生け花を習う
take lessons in *flower arrangement*
生け花部 a flower arrangement club

いける[1] 行ける **1** (行くことができる) can go
▸ そこへは自転車で行けます.
You *can get* there by bicycle.
▸ この電車で原宿へ行けますか.
Does this train *go* to Harajuku? / Is this the right train to Harajuku?

2 (うまい) be good [グッド]
▸ このハンバーガーはけっこういけるよ.
This hamburger *is* very *good*.

いける[2] 生ける arrange [アレインヂ]
▸ 花びんに花を生ける
arrange flowers in a vase

いけん 意見

1 (考え) an opinion [オピニョン]；(ものの見方) a view [ヴュー]
▸ それについてのあなたのご意見は？
What is your *opinion* about that?
▸ 私はこの問題について意見を述べた.
I gave my *opinion* on this subject.
(▶ say, speak は使わない)
▸ 私の意見を言えば, あなたがまちがっている.
In my *opinion*, you are wrong.
▸ ほかの人たちの意見も聞いてみたい.
I'd like to hear what other people *think*.
▸ 意見を述べてよろしいですか.
Could I make a *comment*?
▸ 私は彼と意見が合う[合わない].
I *agree* [*disagree*] with him.

2 (忠告) **advice** [アドゥヴァイス]
▸ 彼の意見に従ったほうがいいですよ.
You should follow his *advice*.

いげん 威厳 dignity [ディグニティ]
威厳のある dignified [ディグニファイド]

いご[1] 囲碁 go, the game of go → ご[3]
囲碁部 a go club

いご[2] 以後 (…以後) after [アフタァ], since [スィンス]；(今後) from now on → こんご
▸ 私は午後4時以後はたいていうちにいます.
I am usually at home *after* four every afternoon.
▸ 以後もっと気をつけなさい.
Be more careful *from now on*.

いこう 以降 → いご[2]
▸ 9月20日以降
(on and) *after* September 20
▸ 私は9時以降はテレビを見せてもらえない.
I'm not allowed to watch TV *after* nine.
▸ ケンにはそれ以降会っていない.
I have not seen Ken *since then*.

イコール (…に等しい) equal [イークウォル]
▸ 3足す7イコール10.
Three plus seven *equals* ten. / Three and seven *make* ten.

いごこち 居心地のよい comfortable [カンフタブル]
▸ この部屋は居心地がよい.
I feel *comfortable* in this room.

いざこざ a trouble [トゥラブル]
いさましい 勇ましい brave [ブレイヴ]
いさん 遺産 an inheritance [インヘリタンス], a legacy [レガスィ], a heritage [ヘリテヂ]
▸ 遺産を残す leave a *legacy*
▸ 遺産をつぐ
come into an *inheritance*

> ✏️ライティング
> 原爆ドームは1996年に世界遺産になった．
> The Atomic Bomb Dome became a World Heritage site in 1996.

いし¹ 石

(a) **stone** [ストウン], 《米》(a) **rock** [ラック]（▶ 1つ1つの石ころは数えられる名詞，材料としての石は数えられない名詞あつかい）

▶ 石の門 a *stone* gate
▶ その橋は石でできている．
 The bridge is built of *stone*.
 石がき a *stone* wall
 石段 *stone* steps
 石橋 a *stone* bridge

いし² 意志 (a) **will** [ウィル]
▶ 武は意志が強い[弱い]．
 Takeshi has a strong [weak] *will*. / Takeshi is strong-*willed* [weak-*willed*].

いし³ 意思 (an) **intention** [インテンション]
▶ 彼には医者になる意思はまったくない．
 He has no *intention* of becoming a doctor.

いし⁴ 医師 a **doctor** [ダクタァ] →いしゃ
▶ 森田医師 *Dr.* Morita

いじ¹ 意地
▶ そんなに意地をはるなよ．
 Don't be so *obstinate*.
 意地が悪い **mean** [ミーン] →いじわる
▶ 彼女ったら意地が悪いのよ．
 She is very *mean*.
 意地っぱりな **obstinate** [アブスティネト], **stubborn** [スタボン]

いじ² 維持する **maintain** [メインテイン], **keep** [キープ]
▶ 世界平和を維持する
 maintain world peace
▶ ランニングは健康を維持するいい方法だ．
 Running is a good way to *keep* fit.

いしき 意識

my **senses** [センスィズ], **consciousness** [カンシャスネス]

▶ その若者には罪の意識というものがなかった．
 The young man had no *sense* of guilt.
 意識する be **conscious of**
▶ きみは自分の責任を意識しすぎだ．
 You *are* too *conscious of* your responsibility.
 意識のある **conscious** [カンシャス]
 意識を失う[回復する] lose [regain] consciousness

いしけり 石けり **hopscotch** [ハプスカチ]
▶ 石けりをする play *hopscotch*

いしつぶつ 遺失物 →おとしもの
 遺失物取扱所 the **lost and found** (office)（▶ lost は lose（…を失う）の, found は find（…を見つける）の過去分詞）

▶ すみません．遺失物取扱所はどこですか．
 Excuse me, but where is *the lost and found*?

空港内の遺失物取扱所．

いじめ **bullying** [ブリイング]

> ✏️ライティング
> 学校でのいじめは深刻な社会問題です．
> Bullying at school is a serious social problem.

いじめる（弱い者を）**bully** [ブリィ];（からかって）**tease** [ティーズ]; **pick on**
▶ 弱い者をいじめるな．
 Don't *bully* weak people.
▶ 久美はきのう学校でいじめられた．
 Kumi *was bullied* at school yesterday.
▶ 健太がいじめる！Kenta *picks on* me.
 いじめっ子 a **bully**
 いじめられっ子 a **bullied child**

いしゃ 医者

a **doctor** [ダクタァ]
▶ かかりつけの医者 my family *doctor*（▶ *home doctor* とはいわない）
▶ 医者にみてもらったほうがいいよ．

いじゅう

You should see a *doctor*.
いじゅう 移住する（外国へ）emigrate［エミグレイト］；（外国から）immigrate［イミグレイト］
▶ 祖父母は沖縄へ移住した（転居した）. My grandparents *moved* to Okinawa.
いしょう 衣装（舞台などの）(a) costume［カステューム］；(一般的な) clothes［クロウズ］（▶集合的に使う）
いじょう[1] 異常な（ふつうでない）unusual［アニュージュアル］；（正常でない）abnormal［アブノーマル］
▶ この暑さは異常だ. This heat is *unusual*.
▶ 東京の地価は異常に高い. Land prices in Tokyo are *extremely* high.
異常気象 abnormal weather, unusual weather
いじょう[2] 異状 something wrong, trouble［トゥラブル］
▶ この車にはどこか異状がある. Something is *wrong* with this car.
▶ すべて異状なし！ Everything is all right!

ーいじょう …以上

1（数量・程度）more than（反 …以下 less than), over［オウヴァ］（反 …以下 under）

💬表現力
…以上の → more than ...

▶ 教室には10人以上の生徒がいた. There were *more than* ten students in the classroom.
▶ もうこれ以上待てないよ. I can't wait *any longer*.
▶ それ以上もう言わないで. Don't say *any more*.
▶ 3歳以上の子ども children aged three and *over*
▶ 以上です. That's all.

💬用法 「以上」と more than
日本語の「10人以上」は10人をふくむが、英語の more than ten や over ten は10人をふくまない. だから厳密には、これらは日本語の「11人以上」にあたる. 正確に「10人以上」といいたければ ten and [or] more という.

2（…するからには）since［スィンス］, once［ワンス］
▶ 約束をした以上は守らなければならない. *Once* you have made a promise, you should keep it.
いしょく 移植 a transplant［トゥランスプラント］
▶ じん臓移植手術を受ける have a kidney *transplant*
いじる play with
▶ 私のスマホ、いじらないでよ. Don't *play with* my smartphone.
いじわる 意地悪な mean［ミーン］, nasty［ナスティ］
▶ 意地悪な子 a *nasty* boy [girl]
▶ 意地悪しないで. Don't be *mean* to me.
いしん 維新 restoration［レストレイション］
明治維新 the Meiji Restoration
いじん 偉人 a great person

いす

a chair［チェア］；（背やひじかけのない）a stool［ストゥール］
▶ どうぞそのいすに腰をかけてください. Please sit on the *chair*. (▶ sit in とすると「ゆったりとかける」という気持ちをふくむ)
▶ 彼はいすから立ち上がった. He got up from his *chair*.
いずみ 泉（自然の）a spring［スプリング］,（人工の）a fountain［ファウンテ(イ)ン］
イスラエル Israel［イズリアル］
イスラムきょう イスラム教 Islam［イスラーム, イズラーム］
イスラム教徒 a Muslim［マズリム］；（集合的に）Islam
いずれ（近いうちに）soon［スーン］；（いつか）someday［サムデイ］；（おそかれ早かれ）sooner or later；（とにかく）anyway［エニウェイ］
▶ いずれまたお会いしましょう. Let's meet again *someday*.
▶ いずれにせよ、彼に会うつもりです. *Anyway*, I'm going to see him.
いせい 異性 the opposite［アポズィト］sex
▶ 太郎には異性の友達がいない. Taro doesn't have any *female* friends.
いせき[1] 遺跡 ruins［ルーインズ］, remains［リ

◀ **いたい**

メインズ]
▶ ローマの遺跡 the *ruins* of Rome
いせき² 移籍する move [ムーヴ], transfer [トゥランスファ～]
▶ ヨーロッパのチームに移籍する *move* to a European team

いぜん 以前

ago [アゴウ], before [ビフォー(ァ)]；(かつて) once [ワンス] →まえ
▶ 祖父はずっと以前に亡くなった．
My grandfather died long *ago*.
▶ 以前あなたにお会いしたことを覚えてます．
I remember meeting you *before*.
▶ 以前どこかでお会いしませんでしたっけ？
Haven't we met somewhere *before*?
▶ 私たちの先生は以前仙台に住んでいた．
Our teacher *once* lived in Sendai.

> 📖 文法 **ago** と **before**
> **ago** は ten years や long など時間を表す語といっしょに使い，動詞は過去形を使う．**before** は「(ばくぜんと)以前に」という意味．動詞は過去形・完了形のどちらも使うことができる．

> 💬 表現力
> 以前は…だった → **used to ...**

▶ 母は以前は医者だった．
My mother *used to* be a doctor. /
My mother *was* a doctor *once*.

いそがしい 忙しい

busy [ビズィ] (反 ひまな free)
▶ あの人は忙しい人だ．
He is a *busy* man.
▶ 忙しい1日だった．It was a *busy* day.
▶ 忙しくてテレビも見られない．
I'm too *busy* to watch TV.

> 💬 表現力
> …で忙しい → **be busy with ...**

▶ 彼は宿題で忙しい．
He *is busy with* his homework.

> 💬 表現力
> …するのに忙しい → **be busy -ing**

▶ 姉は試験勉強をするのに忙しい．
My sister *is busy preparing* for the exam.
いそがしく busily

いそぐ 急ぐ

hurry [ハ～リィ]
急いで in a hurry, in a rush, in haste
▶ 急げ！
Hurry up! / (*Be*) *quick!* / *Rush!*
▶ 急ぎなさい，そうしないと学校におくれますよ．
Hurry up, or you will be late for school.
▶ 急いで学校のしたくをしなさい．
Hurry up and get ready for school.
▶ 急ぐことないよ．
Don't *hurry*. / There's no *hurry*. / Take your time.
▶ トム，何でそんなに急ぐの？
Why are you *in* such *a hurry*, Tom?
▶ 雨が降りそうだ．急いで家に帰ろう．
It looks like rain. Let's *hurry* home.
▶ 急がばまわれ．(ことわざ)
Make haste slowly. (▶「ゆっくり急げ」の意味)

イソップ Aesop [イーサプ]
『イソップ物語』*Aesop's Fables*

いた 板 a board [ボード]；(金属の) a plate [プレイト]

(-)いた (▶ be 動詞の過去形や過去進行形で表せることが多い) →いる¹, -していた
▶ ぼくはエドの家にいた．
I *was* at Ed's house.
▶ ぼくたちは音楽を聞いていた．
We *were listening* to music.

いたい 痛い

painful [ペインフル]；(ひりひりと) sore [ソー(ァ)] →いたむ¹
▶ 痛い！*Ouch!* [アウチ] / It *hurts*!
▶ 痛そう．It looks like it *hurts*.
▶ 「どこが痛いの？」「ここが痛い」
"Where does it *hurt*?" "It *hurts* here."
▶ 歯が痛い．
I *have* a *toothache*. / My tooth *hurts*.
▶ 頭が痛い．

いだい ▶

I *have* a *headache*. / My head *hurts*.
▶ のどが痛い. I have a *sore* throat.
▶ 痛い目にあった.
I had a *terrible* experience.

いだい 偉大な great [グレイト]
▶ 偉大な科学者 a *great* scientist

いだく 抱く (心に持つ) have [ハヴ], hold [ホゥルド]; (かかえる) hold →もつ

いたずら mischief [ミスチフ], (悪ふざけ) a trick [トゥリック]
いたずらな mischievous [ミスチヴァス]; (わんぱくな) naughty [ノーティ]
いたずらをする do mischief, play a trick (on)
▶ いたずら電話 a *prank* call
▶ デニスはいたずらっ子だ.
Dennis is a *naughty* boy.
▶ いたずらばかりするな.
Don't be *mischievous*. / Stop being *mischievous*.

いただきます

💬用法 **いただきます**.
「さあ，食べようよ」と人をうながす場合にはLet's eat. ということもあるが，食事の始めの「いただきます」に当たる英語表現はない. アメリカなどでは料理がテーブルの上に並べられたら何も言わずに食べ始めるのが一般的. 信仰のあついキリスト教徒の中にはお祈りをしてから食べ始める人もいる.
食事に招かれた時は, **It looks delicious!** (おいしそう!) や **It smells good!** (いいにおい!) などと言うとよい.

いただく

1 (もらう) →もらう

🗣スピーキング
🅐 これを**いただいていいですか**.
May I have this?
🅑 ええ, どうぞ.
Certainly.

▶ (買い物で)いいですね!それいただきます.
Good! I'll *take* it.
2 (食べる, 飲む) have [ハヴ], eat [イート]
▶ もう1ぱいお茶をいただきたいです.
I'd like to *have* another cup of tea.
3 (…してもらう) →くれる¹

💬表現力
…していただきたい
→ **I'd like you to ... .**

▶ 手伝っていただきたいのですが.
I'd like you to help me.

💬表現力
…していただけますか
→ **Would you ...?** /
Would you mind -ing?

🗣スピーキング
「写真をとって**いただけますか**」「ええ, いいですよ」
"*Would you* take my picture?" "Sure."

▶ 「電気を消していただけますか」「ええ, いいですよ」
"*Would you mind turning* off the lights?" "No, not at all."

イタチ (動物) a weasel [ウィーズル]
いたまえ 板前 a cook at a Japanese restaurant
いたみ 痛み (a) pain [ペイン]
▶ 軽い痛み a slight *pain*
▶ はげしい痛み a severe *pain*
▶ するどい痛み a sharp *pain*
▶ あまり痛みはない.
I don't feel much *pain*.
痛み止め a painkiller [ペインキラァ]

いたむ¹ 痛む (体・傷などが) hurt [ハ〜ト]
▶ ひどく痛むの？ Does it *hurt* you a lot?
▶ そのニュースを聞いて胸が痛んだ.
My heart *ached* when I heard the news.

いたむ² 傷む go bad [バッド]; (傷んでいる)be bad; (物が)be damaged [ダメヂド]
▶ このバナナは傷んでいる.
This banana *has gone bad*. / This banana *is spoiled*.
▶ 荷物はひどく傷んでいた.
The package *was* badly *damaged*.

いためる¹ 痛める hurt [ハ〜ト]
▶ 母はころんでひじを痛めた.
My mother fell down and *hurt* her elbow.

◀ **いちじ**¹

いためる² 炒める stir-fry [スタ〜フライ] → りょうり（図）
▶ 野菜を油でいためる
  stir-fry vegetables in oil

イタリア Italy [イタリィ]（発音注意）
  イタリア(人・語)の Italian [イタリャン]
▶ 彼はイタリア人です． He is *Italian*.
  イタリア語 Italian
  イタリア人 an Italian

イタリック italics [イタリクス]
  イタリック体の italic

いたるところ いたる所に everywhere [エヴリ(フ)ウェア]

いたわる (親切にする) be kind [カインド] ((to))；(大事にする) take care ((of))
▶ お年寄りをいたわりなさい．
  Be kind to elderly people．

いち¹ 一 →かず（表）

1 (数) one [ワン]
▶ 1から10まで数える
  count from *one* to ten
▶ 1, 2か月 *a* month or two

2 (第1の) the first [ファ〜スト]（▶1st. と略す）
▶ (教科書などの) 第1課 *the first* lesson / Lesson *One*

3 (いちばん)「the ＋形容詞の最上級」で表す．→いちばん
▶ 世界一高い山
  the highest mountain in the world

いち² 市（常設の）a market [マーケト]
▶ ノミの市 a flea *market*

いち³ 位置

a position [ポズィション], a place [プレイス]
▶ この机の位置を変えなさい．
  Change the *position* of this desk. / Move this desk to some other *place*．
▶ 地図で我々の位置を確かめてみた．
  We found our *position* on the map．
▶ 位置について, よーい, どん！
  《米》*Ready*, set, go！ /《英》*Ready*, steady, go！ / On your *mark*, get set, go!
▶ 巾役所は市の中心に位置する．
  The city hall *is located* in the center of the city．

いちい 一位 the first [ファ〜スト] →いちばん

いちいち (1つ1つ) one by one；(ことごとく) every [エヴリィ]
▶ いちいち気にするな．
  Don't worry about *everything*. / Don't worry about *every little thing*.

いちいん 一員 a member [メンバァ]

いちおう 一応
▶ いちおうかさを持っていきなさい．
  Take your umbrella with you, *just in case*.
▶ 私たちはいちおう仲直りした．
  We made up *for the time being*.

いちおし いち押しする highly recommend
▶ この映画は私のいち押しだ．
  I *highly recommend* this movie．

いちがつ 一月 →つき¹（表）

January [チャニュエリィ]（▶語頭は必ず大文字；Jan. と略す）
▶ 1月上旬に early in *January*
▶ 1月下旬に late in *January*
▶ 1月は寒い． It is cold in *January*．
▶ 2020年の1月に in *January* of 2020 / in *January*(,) 2020
▶ 2020年1月20日に on the 20th of *January*, 2020 /《米》on *January* 20, 2020（▶ January 20はふつう January (the) twentieth と読む）

> 📖**文法** **in** と **on**
> 「1月に」というときは前置詞は **in** を使い, 特定の日がつくときは **on** を使う．

いちがっき 一学期 →がっき¹
イチゴ a strawberry [ストゥローベリィ]
▶ イチゴ狩りに行く
  go to pick *strawberries*
  イチゴジャム strawberry jam

いちじ¹ 一時

1 (時刻の) one o'clock [オクラック]
▶ ちょうど1時です． It's just *one o'clock*.
▶ コンサートは1時半に始まる．
  The concert starts at *one* thirty．

2 (かつて) once [ワンス]
▶ ぼくらは一時とても仲がよかった．

いちじ² ▶

We were *once* very good friends. / We *used to* be very good friends.

3(しばらく)**for a time**, for a while [(フ)ワイル]
▶ おじは一時仙台に住んでいた．
My uncle lived in Sendai *for a time*.

いちじ² 一次 (最初の) first [ファ～スト]；(予備の) preliminary [プリラミネリィ]
一次試験 a preliminary examination
一次方程式 a linear equation

イチジク 《植物》a fig [フィッグ]

いちじるしい 著しい remarkable [リマーカブル]
著しく remarkably
▶ 彼の英語は著しく上達した．
He has made *remarkable* progress in English.

いちど 一度

1(1回) **once** [ワンス]
▶ 智恵美は週に一度ピアノのレッスンを受けている．
Chiemi has a piano lesson *once* a week.
▶ それをもう一度やってみなさい．
Try it *once more*. / Try it *once again*.

💬表現力
一度…したことがある
→ **have ＋過去分詞＋ once**

▶ 京都には一度行ったことがある．
I *have been* to Kyoto *once*.

💬表現力
一度も…ない
→ **have never ＋過去分詞**

▶ 東京には一度も行ったことがない．
I *have never been* to Tokyo.

💬用法 **もう一度おっしゃってください．**
「もう一度おっしゃってください」と頼む時は，終わりを上げ調子で **Pardon?** ↗ または **I beg your pardon?** ↗ などと言う．なお，Once more, please. と言うと，先生が生徒に「もう一度」と命令するときのような口調になるので注意．

2(同時に) at a time, at once
▶ 一度に２つのことはできないよ．
You can't do two different things *at a time*.

いちにち 一日

a day [デイ], one day
▶ 一日中 all *day* (*long*)
▶ 我々は１日に３回食事をする．
We eat three meals *a day*.
▶ きのうは１日きみを待っていた．
I waited for you *all day long* yesterday.
▶ (その荷物は) １日か２日で届くらしいよ．
It's going to arrive in *a day* or two.
▶ 私は１日休みをとってドライブにいった．
I took *a day* off and went for a drive.
▶ ローマは１日にして成らず．(ことわざ)
Rome was not built in *a day*.
▶ 彼は１日おきにここへ来る．
He comes here every other *day*.
▶ １日１日暖かくなっていく．
It is getting warmer *day by day*.

いちにんまえ 一人前 (食べ物などの) a portion [ポーション], a serving [サ～ヴィング]
一人前になる (成人する) come of age；(大人になる) grow up
▶ 一人前の俳優
a *full-fledged* [フルフレヂド] actor

いちねん 一年

a year [イア], one year
▶ その会は１年に１回開かれる．
The meeting is held once *a year*.
(▶ ˟one in a year とはいわない)
▶ ハワイは一年中暖かい．
Hawaii is warm *all the year round*.
▶ １年おきに every other *year*

いちねんせい 一年生 a first-year student (▶ふつう student は中学生以上に使い，小学生には pupil を使う)；(小学校の) 《米》a first grader [グレイダァ]；(中学校の) a seventh grader；(高校の) a freshman [フレシマン]；(大学の) a freshman →**がくねん** (表)
▶ 弘子は中学１年生です．
Hiroko is in *the first year* of junior high school. / Hiroko is in *the*

seventh grade. / Hiroko is a seventh grader.

▶プレゼン
ぼくは明治中学の1年生です．
I'm in the first year at Meiji Junior High School. (▶学校名をいうときは，学校名の前に at をおく)

いちば 市場 a market [マーケト] →いち²

いちばん 一番

使い分け
(順番が) → the first
(もっとも) → the ＋形容詞 [副詞] の最上級

1 (順番が) the first [ファ～スト] (place)
▶ 宏ひろしはクラスで1番です．
Hiroshi is at the *top* of the class.
▶「100メートル競走ではだれが1番だった？」「ケンです」
"Who won *first place* in the 100-meter dash?" "Ken did."
▶ ぼくはこの前のテストで1番をとった．
I came *first* in the last exam. / I got the *top grade* in the last exam.

▶プレゼン
それがこの学校を選んだ1番の理由です．
That's the primary reason why I chose this school.

▶ 1番打者《野球》
the *lead-off* man [batter]
2 (もっとも)

▶表現力
いちばん…
→ the ＋形容詞 [副詞] の最上級

▶ 星野くんがクラスでいちばん背が高い．
Hoshino is *the tallest* in the class.
▶ 川崎さんが4人の中でいちばん年上だ．
Kawasaki is *the oldest* of the four.

▶ライティング
これが今まで見た中でいちばんおもしろかった映画です．
This is the most interesting movie that I have ever seen.

▶スピーキング
Ⓐ どんなスポーツがいちばん好きですか．
What sport do you like (the) best?
Ⓑ 野球がいちばん好きです．
I like baseball (the) best.

🔍**文法**「いちばん…」の言い方
3つ以上の物をくらべて「いちばん…」という意味を表すときは，形容詞・副詞の**最上級**を使う．原則として tall のように1音節の語にはあとに -est をつけ，amusing のように2音節以上の語にはその前に (the) most をつける．

いちぶ 一部 **1** (一部分) (a) part [パート] (反) 全部 whole)；(全体ではなく) some [サム]
▶ 一部の人はそれを信じなかった．
Some people did not believe it.
2 (本などの1冊) a copy [カピィ]
▶ その本を1部送ってくれ．
Send me *a copy* of the book.

いちまい 一枚（…1枚）（紙など）a sheet [シート] of ..., a piece [ピース] of ...；(パンなど) a slice [スライス] of ...
▶ 紙1枚 *a piece* [*sheet*] *of* paper
▶ パン1枚 *a slice of* bread

いちめん 一面に all over
▶ 一面の雪景色だった．
Everything was covered with snow.

いちやづけ 一夜漬け
▶ 一夜漬けで英語のテスト勉強をした．
I *crammed all night* for the English test.

イチョウ《植物》a ginkgo [ギンコウ]

いちらんひょう 一覧表 a list [リスト]
▶ …の一覧表をつくる make a *list* of ...

いちりゅう 一流の leading [リーディング], top [タップ], first-class [ファ～ス(トゥ)クラス]
▶ 一流の歌手
a *leading* singer / a *top* singer
▶ 一流ホテル
a *first-class* hotel

いちりんしゃ 一輪車 a unicycle [ユーニサイクル], a monocycle [マノサイクル]

いちるい 一塁《野球》first base [ファ～ス

いつ ▶

▶ 1塁を守る play *first base*
1塁手 a first baseman

いつ

when [(フ)ウェン]；(何時に) what time

🎤スピーキング
- Ⓐ ふだんは，**いつ**テニスをするの？
  When do you usually play tennis?
- Ⓑ 毎週土曜日に(するよ).
  Every Saturday.

▶ 彼女はいつ来るだろうか．
When will she come?
▶ 彼がいつ来るかわからない．
I don't know *when* he will come. (▶ when he will come の語順に注意)
▶ いつ出発したらいいかわからない．
I don't know *when* to start.
▶ 「いつがいい？」「いつでもいいよ」
"*When* is good for you?" "Anytime."
▶ 「あなたはいつ出発するのですか」「8時に出発します」
"*What time* will you leave?" "I'll leave at eight."

📖文法 when の使い方の注意点
when は現在完了形といっしょには使わない．「いつ宿題を終えたの？」は When *did* you *finish* your homework? という．

× When have you finished it?
　　↑ when は現在完了形の文では使えない．
○ When did you finish it?

いつか¹

(未来の) someday [サムデイ]；(過去の) once [ワンス]，before [ビフォー(ァ)]

使い分け
(未来の) → someday
(過去の) → once, before

💬プレゼン
いつか京都に行ってみたいです．
I want to go to Kyoto someday.

▶ 彼女にはいつかパーティーで会いました．
I *once* met her at a party.
▶ いつかどこかでお目にかかりましたね．
I have met you somewhere *before*.

いつか² 五日 (日付) the fifth [フィフス]
いっか 一家 my family [ファミリィ]
▶ 私の一家全員がインフルエンザにかかった．
All *my family* caught the flu.
▶ 吉田さん一家は東京へ越した．
The Yoshidas moved to Tokyo. (▶ the ...s で「…一家」の意味を表す．the Yoshidas は the Yoshida family ともいう)

いっかい¹ 一階 the first floor, 《英》the ground floor →-かい² (図)
▶ 彼の部屋はアパートの1階にある．
His apartment is on *the first floor*. (▶英語の apartment は建物全体ではなく，アパートの1部屋をさす)

いっかい² 一回 once [ワンス] →いちど
▶ 彼らは週1回デートする．
They have a date *once* a week.
▶ (トーナメントの) 1回戦第2試合
the second of the *round-one* games

いつから

(どのくらい長く) how long
▶ 夏休みはいつからなの？
When does the summer vacation start? (▶*from when ... とはいわない)

💬表現力
いつから…ですか
→ How long +現在完了(進行)形

🎤スピーキング
- Ⓐ いつから東京に住んでいるの？
  How long have you lived in Tokyo?
- Ⓑ 5年前から．
  For five years.

▶ 「ジムはいつから病気なの？」「3日前から」
"*How long has* Jim *been* sick?" "He has been sick for three days."

◀ **いっしょうけんめい**

いっきに 一気に（中座せずに）at [in] one sitting [ス**ィ**ティング]；（短期間に）in a short [ショート] time；（ひと飲みで）in one gulp [ガルプ]
▶ 私は宿題を一気に仕上げた．
I finished my homework *at one sitting*.
▶ 彼は水を1杯一気に飲みました．
He emptied a glass of water *in one gulp*.

いっけん 一見
▶ 百聞は一見にしかず．《ことわざ》
Seeing is believing.
一見して at first sight

いっこ 一個 one [ワン] →-こ，ひとつ
▶ ケーキ1個
（まるごと）*a* cake /（ひと切れ）*a piece of* cake
▶ このリンゴは1個200円です．
These apples are 200 yen *each*.
▶ せっけん1個
a bar of soap / *a cake of* soap

いっこう 一行 a party [パーティ], a group [グループ]
▶ 捜索隊の一行 a search *party*
▶ 観光客の一行
a tour *group* / *a group* of tourists

いっこうに 一向に
▶ いっこうにかまいません．
That's *quite* all right. / I don't mind *at all*.

いっさい all [オール] →すっかり，まったく

いっさくじつ 一昨日 the day before yesterday

いっさんかたんそ 一酸化炭素 carbon monoxide [モナクサイド]

いっしき 一式 a set；（道具などの）a kit [キット]

いっしゅ 一種 a kind [カインド]
一種の a kind of, a sort [ソート] of
▶ 俳句は詩歌の一種です．
Haiku is *a kind of* poetry.

いっしゅう 一周する go around
▶ 世界を一周する go around the world
▶ トラックを1周する
run one lap around the track

いっしゅうかん 一週間（for）a week [ウィーク]
▶ 1週間後にまた会いましょう．

I'll see you again *in a week*.（▶今から「…後」というときは in を使う．×a week later とはいえない）→-ご
▶ ここに来て1週間になる．
We've been here for *a week*.
▶ 1週間に30時間授業がある．
We have thirty classes *a week*.

いっしゅん 一瞬 a minute [ミニト], a moment [モウメント]
▶ 一瞬にして in *a minute* / in *a moment*
▶ 一瞬わが目を疑った．
I couldn't believe my eyes for *a moment*.

いっしょ 一緒に

1（みんなで）(all) together [トゥゲザァ]；（…とともに）with [ウィズ]
▶ みんなでいっしょに歌いましょう．
Let's sing *together*.
▶ 彼といっしょにいると楽しい．
It's fun to be *with* him.

🔊 スピーキング
Ⓐ ごいっしょしていいですか．
May I go with you?
Ⓑ ええ，もちろん．
Sure, of course.

▶「ぼくらはハイキングに行くけど，いっしょにどうだい」「ぜひ行きたいね」
"We are going on a hike. Won't you *join* us?" "Yes, I'd like to."

2（同じ）the same [セイム]
▶ ぼくは絵美といっしょのクラスだ．
I am in *the same* class with Emi.

3（同時に）→どうじ

いっしょう 一生 (all) my life [ライフ] →しょうがい¹
▶ その画家は一生この地で暮らした．
The artist lived here *all her life*.
▶ これは一生に一度のことだよ．
This only happens once in *your life*.

いっしょうけんめい 一生けんめい hard [ハード]
▶ 一生けんめい勉強しなさい．
Study *hard*.
▶ 一生けんめいがんばります．
I'll *do my best*.
▶ ぼくは一生けんめい走った．
I ran *as fast as I could*. / I ran *as*

sixty-nine 69

いっせいに ▶

fast as possible.

いっせいに (いっしょに) all together [トゥゲザァ]; (声をそろえて) in unison [ユーニスン, -ズン]

▶ 彼らはいっせいに「おはよう！」と私に言った.
They said to me "Good morning!" *in unison.*

▶ みんないっせいに走りだした.
They started to run *all together.*

いっせきにちょう 一石二鳥
▶ それは一石二鳥のチャンスだ.
It's a chance to *kill two birds with one stone.*

いっそ →むしろ

いっそう (▶形容詞・副詞の比較級を用いて表す) →さらに
▶ エレンは白い服を着るといっそう美しく見える.
Ellen looks *more beautiful* in white.

▶ 雨はいっそうはげしくなっている.
It's raining *even harder.*

いっそく 一足 a pair [ペア]
▶ 1 足のくつ *a pair of* shoes

いったい on earth [ア～ス]
▶ いったい何が言いたいのですか.
What *on earth* do you want to say?

いったん once [ワンス]
▶ 彼女はいったん決めたら決してあきらめない.
Once she makes up her mind, she never gives up. (▶この once は接続詞)

いっち 一致する agree [アグリー] 《with, to》
▶ 私はあなたと意見が一致しています.
I *agree with* you.

▶ 理論と実際はかならずしも一致しない.
Theory and practice do not always *go together.*

いっちょういったん 一長一短
▶ どの計画にも一長一短がある.
Every plan has both its *merits and demerits.*

いつつ 五つ five [ファイヴ] →ご¹

いってい 一定の (決まった) fixed [フィクスト]; (安定した) steady [ステディ]
▶ 一定の収入を得る get a *fixed* income

いってきます 行ってきます. Bye. [バイ], Goodbye. [グ(ドゥ)バイ] →いく

いつでも

(つねに) always [オールウェズ]; (どんなときでも) (at) any time

▶ 京子はいつでも勉強している.
Kyoko is *always* studying.

🗨 スピーキング
🅐 いつ訪ねたらいい？
When shall I visit you?
🅑 いつでもいいよ.
Any time. (▶「いつでもいいよ」は (At) any time you like. などともいう)

いってらっしゃい 行ってらっしゃい.
Bye. [バイ], Goodbye. [グ(ドゥ)バイ] →いく

いっとう 一等 (競走などの) (the) first prize [ファ～スト プライズ]; (乗り物などの) (the) first class [クラス] →いちばん

🗨 プレゼン
私はマラソン大会で1等になった.
I won first prize in the marathon.

いつのまにか いつの間にか
▶ ジェーンはいつのまにか (→私が気がつく前に) いなくなっていた.
Jane was gone *before I knew it.*

いっぱい 一杯

1 (容器1杯の) a cup [カップ] of, a glass [グラス] of

🗨 表現力
1 杯の…
→ a cup of ... / a glass of ...

a cup of

a glass of

▶ コーヒー 1 杯 *a cup of* coffee

▶ 水を 1 杯ください.
Can I have *a glass of* water, please?

▶ もう 1 杯いただけますか.
I'd like another *cup.*

◀ いつも

文法 2杯以上の表し方
2杯以上のときは容器を複数にして，**two glasses of water**のようにいう．ふつう温かい飲み物には**cup**，冷たい飲み物には**glass**を用いる．

2 (人・物が満ちあふれた) **be full** [フル] 《of》, **be filled** [フィルド] 《with》

▶「ごはんをもう1膳いかが？」「もう，けっこうです．おなかがいっぱいです」
"How about another bowl of rice?" "No, thanks. I'm *full*."

表現力
…でいっぱいだ
→ **be full of ... / be filled with ...**

▶ コンサート会場は若者でいっぱいだ．
The concert hall *is full of* young people.

▶ 彼女の目は涙でいっぱいだった．
Her eyes *were filled with* tears.

▶ 街は車や人でいっぱいだった．
The streets *were crowded with* cars and people.

いっぱん 一般の general [ヂェネラル]
▶ 世間一般の意見 the *general* opinion
▶ その宮殿は一般の人に公開されている．
The palace is open to *the public*.
一般(的)に generally, usually [ユージュアリィ]
▶ 一般的にいうと *generally* speaking
▶ 一般に子どもはあまい物が好きだ．
Children *generally* like sweets.

いっぺん once [ワンス], one time → いちど

いっぺんに at a time → いちど

いっぽ 一歩 a step [ステップ]
▶ 1歩前へ進む take *a step* forward
▶ 成功への第一歩
the first step to success
一歩一歩 step by step

いっぽう 一方 **1** (片方) one [ワン]; (もう片方) the other [ズィ アザァ]
▶ 犬を2匹飼っています．一方は白で，もう一方は黒です．
I have two dogs. *One* is white, and *the other* is black.
2 (一方では) while [(フ)ワイル]

▶ 鈴木氏は肉が好きです．一方奥さんは魚が好きです．
Mr. Suzuki likes meat, *while* his wife likes fish.
一方的な one-sided
一方通行 (掲示) One Way

いっぽん 一本 (1本の) a [ア]; (強めるとき) one [ワン]; (チョークなど) a piece [ピース] of; (液体など) a bottle [バトゥル] of
→ーこ, いっこ
▶ 鉛筆1本 *a* pencil
▶ チョーク1本 *a piece of* chalk
▶ コーラ1本 *a bottle of* cola

いつまで

(どのくらい長く) **how long**

表現力
いつまで… → **How long ...?**

▶ いつまでここにご滞在ですか．
How long are you going to stay here?
▶ いつまで起きているつもり？
How late are you going to stay up?
(▶ How much longer ~? とも表せる)

スピーキング
Ⓐ この本は**いつまで**借りられますか．
How long can I keep this book?
Ⓑ 来週の月曜までです．
Until next Monday.

いつまでも forever [フォレヴァ]
▶ いつまでもあなたといたいの．
I'd like to stay with you *forever*.
▶ いつまでも私のこと忘れないでね．
Please don't *ever* forget me.

いつも

(つねに) **always** [オールウェズ]; (通常)

いつわり ▶

usually [ユージュアリィ]
▶ 母はいつも私に「早くしなさい」と言う.
Mom *always* says to me, "Hurry up!"
▶ 私はいつも5時に帰宅する.
I *usually* come home at five.

> 📖**文法** **always, usually の位置**
> be動詞, 助動詞があるときはその後ろに置き, 一般(いっぱん)動詞のときはその前に置く.

▶ 弟はいつもテレビを見ている.
My brother watches television *all the time*.
いつものように as usual
▶ 母はいつものように仕事の帰りにスーパーに立ち寄った.
My mother stopped at the supermarket on her way home from work *as usual*.
いつもより than usual
▶ 私はいつもより早く起きた.
I got up earlier *than usual*.

> 💬**表現力**
> いつも…しない → never ...

▶ 弟はいつも宿題をしない.
My brother *never* does his homework. (▶「いつも…しない」は never で表し, not always は使わない. not always は「いつも…とはかぎらない」という意味) →-(とは)かぎらない

いつわり 偽り a lie [ライ] →うそ
いつわる lie, tell a lie
イディオム an idiom [イディオム]
いてざ いて座 the Archer [アーチァ], Sagittarius [サヂテ(ア)リアス] →せいざ (表)
いでん 遺伝 heredity [ヘレディティ]
遺伝する inherit [インヘリト]
遺伝子 a gene [ヂーン]
▶ 遺伝子組み換え食品
genetically-modified food
いと¹ 糸 (ぬい糸) (a) thread [スレッド], (a) string [ストゥリング] (▶ string のほうが太い); (つり糸) a line [ライン]
▶ たこ糸 (a) kite *string*
▶ 針に糸を通す *thread* a needle
いと² 意図 (an) intention [インテンション] → いし³

いど¹ 井戸 a well [ウェル]
井戸水 well water
いど² 緯度 latitude [ラティテュード] (対 経度 longitude)
▶ 「青森市の緯度は何度ですか」「北緯40度です」
"What's the *latitude* of Aomori City?" "It's forty degrees north *latitude*."
いどう 移動する move [ムーヴ]
移動教室 a field trip class
いとこ a cousin [カズン] (発音注意) (▶ 男性にも女性にも使う)

いない 居ない →いる¹

(不在である) is [am, are] not; (所有しない) don't [doesn't] have [ハヴ]
▶ 母は今家にいない.
Mother *isn't* at home now.
▶ だれかいないの? *Is* anybody *in*?
▶ ぼくにはきょうだいがいません.
I *don't have* any brothers or sisters.
▶ いないいないばあ! Peekaboo!

-いない …以内に[で]

within [ウィズイン]
▶ 1時間以内にもどってきなさい.
Come back *within* an hour. (▶ in an hour ともいう)
▶ 図書館はここから歩いて30分以内のところにある.
The library is *within* thirty minutes' walk from here.
▶ あなたの家族について500語以内で作文を書きなさい.
Write a composition about your family *within* 500 words. (▶ in *less than* 500 words という言い方もある)

いなか 田舎

(都会に対して) (the) **country** [カントゥリィ]; (ふるさと) my **home** [ホウム], my hometown [ホウムタウン]

> ✏️**ライティング**
> 私は都会に住むよりも田舎に住むほうがよいと思います.
> I think it's better to live in the country than in the city.

◀ いはん

- 夏休みには父の田舎へ行きます.
I am going to *my father's hometown* during summer vacation.

イナゴ《虫》a locust [ロウカスト]
いなずま 稲妻 lightning [ライトゥニング]
イニシャル an initial [イニシャル]
- 私のイニシャルは I. H. です.
My *initials* are I. H. (▶複数形を使うことに注意)

イニング《野球》an inning [イニング] →-かい¹

イヌ 犬

a dog [ド(ー)グ]
- 犬はワンワンと鳴く.
Dogs go "Bowwow."
- 私は犬を 2 匹飼っている.
I have two *dogs*.
- 犬のふんはきちんと始末しましょう.
Clean up after your *dogs*.

- 犬にリードをつけて散歩に連れていった.
I put my *dog* on his leash and took him for a walk. (▶動物に親しみをこめて, it の代わりに he や she を使うことがある)

犬小屋 a doghouse, a kennel [ケヌル]

> ⓘ参考 幼児は犬のことを **doggie** とか **doggy**（ワンちゃん）とか **bowwow** という. 子犬は **puppy** [パピィ] という. The puppy yipped [yelped].（子犬がキャンキャン鳴いた）→おや¹(図), なく¹(図)

イヌイット an Inuit [イヌイト] (▶北米・グリーンフンドの先住民)
イネ 稲 rice [ライス]
稲刈り rice harvesting
いねむり 居眠り a nap [ナプ]

居眠りする sleep in [during] ... , nap, doze [ドウズ] off, fall asleep in [during] ...
- 彼はよく授業中に居眠りする.
He often *falls asleep during* class.

いのこり 居残りする
- 居残り勉強しなければならなかった.
I had to *stay after school* to study.

イノシシ《動物》a wild boar [ボー(ァ)]

いのち 命

(a) life [ライフ] (複数 lives)
- あの先生 [医者] は私の命の恩人だ.
That doctor saved my *life*. / I owe my *life* to that doctor. (▶save *my* life で「(私の) 命を救う」の意)
- 飛行機の墜落事故で70名の命が失われた.
Seventy people lost their *lives* in the plane crash. (▶Seventy people died ... または Seventy people were killed ... などとも表せる)

> 🖋ライティング
> あのころはバレーボールに命をかけていた.
> In those days I put my whole life into volleyball.

いのり 祈り (a) prayer [プレア] (発音注意);（食前・食後の）grace [グレイス] →いただきます
- (食前・食後の) お祈りを言う say *grace*

いのる 祈る (神に) pray [プレイ];（希望する, 願う）wish [ウィッシ]
- 神に祈る *pray* to God
- ご成功を祈ります.
I *wish* you success.

> 💬スピーキング
> Ⓐ 幸運を祈るわ.
> Good luck!
> Ⓑ ありがとう.
> Thanks.

いばる (おごり高ぶる) be proud [プラウド] (of);（えらそうにする）put on airs
- あまりいばるなよ.
Don't *be* so *proud*. / Don't *show off*.

いはん 違反 (a) violation [ヴァイオレイション]

いびき

違反する break [ブレイク], violate [ヴァイオレイト] (▶ break のほうが口語的)
▸ 校則に違反する
  break the school rules
▸ 学校にスマートフォンを持ってくるのは校則違反だ.
  It is *against* the school rule to bring a smartphone to school.
▸ 交通違反 a traffic *violation*

いびき a snore [スノー(ァ)]
  いびきをかく snore

イブ Eve [イーヴ]
▸ クリスマスイブに on Christmas *Eve*

いふく 衣服 clothes [クロウズ] (発音注意) (▶つねに複数形で使う) →ふく¹

イベント (行事) an event [イヴェント]

いま¹ 居間 a living room [リヴィンゲル(ー)ム]

いま² 今

使い分け
(現在) → now
(今日にち) → today
(たった今) → just, just now
(今すぐに) → right now

1 (現在) now [ナウ]; (今日) today [トゥデイ]
今の present [プレズント], current [カーレント], (of) today
▸ 今の日本 Japan *today*
▸ 今の首相 the *present* prime minister
▸ 「今, 何時ですか」「6時です」
  "What time is it?" "It's six o'clock."
  (▶ふつう now はつけない)
▸ ぼくは今中学2年です.
  I'm in the eighth grade *now*.
▸ 私は今ニューヨークにいます.
  I am *now* in New York.
▸ 今, 豆腐とうふはアメリカで人気がある.
  Today tofu is popular in the United States.
▸ 今となっては手おくれだ.
  It's too late *now*.
▸ 今からでもおそくないよ.
  It's not too late *now*. / Even *now* it's not too late.

表現力
今…している
→ is [am, are] -ing now

▸ もしもし, 今何しているの?
  Hello, what *are* you *doing now*?

2 (たった今) **just** [ヂャスト], **just now**

表現力
今…したところだ
→ have just +過去分詞 / 過去形+ just now

▸ 私は今もどったところです.
  I *have just come* back. / I *came* back *just now*.

○ I have just come back.
× I have come back just now.

just now は, 現在完了形では使えない.

○ I came back just now.

▸ 絵里は今出かけたところなの.
  Eri *has just gone* out. / Eri *just went* out. / Eri *went* out *just now*.

3 (今すぐに) **right now**, **at once**

スピーキング
Ⓐ ルーシー, チャーリーから電話よ.
  Lucy, Charlie wants you on the phone.
Ⓑ 今行くよ.
  I'm coming. / I'll be right there.

いまいち not quite right
▸ この自転車はデザインがいまいちだ.
  The design of this bike is *not quite right*.

いまから 今から from now (on), after this →こんご
▸ 今から10年前に ten years *ago*
▸ 今から10年後に ten years *from now*

いまごろ 今ごろ about this time, by now
▸ 彼らは今ごろもう家に着いているだろう.
  They must be at home *by now*.
▸ きのうの今ごろ
  about this time yesterday

いまさら 今さら
▸ いまさら謝ってもおそいよ.
  It's too late *now* to apologize.

いまに 今に（すぐに）soon［スーン］;（まもなく）before long;（いつか）someday［サムデイ］→まもなく
- 今にわかるよ． You'll see *someday*.
- 今に見ていろ！ Just you wait and see!

いまにも 今にも
- 妹は今にも泣きだしそうだった．
  My sister *was just about to* cry.
- 今にも雨が降りそうだ．
  It *is going to* rain *at any moment*.

いまのところ 今のところ（当分）for the time being;（現在）at present;（これまでのところ）so far
- 今のところ順調です．
  Everything is going well *so far*.

いままで 今まで till now;（今までに）ever［エヴァ］

💬表現力
今までに…したことがある
→ have ＋過去分詞

🖥プレゼン
私は奈良に今までに2度行ったことがあります．
I have been to Nara twice.

- 今までディズニーランドに行ったことがありますか．
  Have you (*ever*) *been* to Disneyland? (▶ ever があるほうが意味が強まる)
- 「今までどこにいたの？」「(今まで)一郎君の家に行ってたんだ」
  "Where *have* you *been all this while*?" "I've *been* at Ichiro's home *till now*."

💬表現力
今まで一度も…したことがない
→ have never ＋過去分詞

- 今まで一度も外国に行ったことがない．
  I've *never been* abroad. (▶ abroad は副詞なので，✕to abroad としない)

いみ 意味
(a) **meaning**［ミーニング］, a sense［センス］
意味する mean;（表す）stand for
- ある意味では，きみのいうとおりだ．
  In a *sense*, you're right.

💬表現力
…はどういう意味ですか
→ **What does ... mean?**

- この単語はどんな意味ですか．
  What does this word *mean*? / What's the *meaning* of this word?
- (つまり)それはどういう意味ですか．
  What do you *mean* by that? (▶相手の真意をたずねる言い方)
- 「ありがとう」は Thank you. という意味です．"Arigato" *means* "Thank you."
- 「V サイン」は勝利を意味する．
  The "V sign" *stands for* victory.
- おっしゃる意味がわかりません．
  I don't understand you. / I don't understand what you *mean*.

いみん 移民（外国への移住者）emigrant［エミグラント］;（外国からの移住者）immigrant［イミグラント］
移民する（外国へ）emigrate［エミグレイト］;（外国から）immigrate［イミグレイト］

イメージ an image［イメヂ］(発音注意)
イメージチェンジする change *my* image
イメージアップする improve *my* image
イメージダウンする damage *my* image
イメージトレーニング image training

イモ（ジャガイモ）a potato［ポテイトウ］[複数] potatoes);（サツマイモ）a sweet potato
- 焼きいも a baked *sweet potato*

いもうと 妹
a **sister**［スィスタァ］;（とくに強調して）a younger sister, a little sister →きょうだい¹
- 私には妹が1人います．
  I have a *younger sister*.

イモムシ 芋虫 a caterpillar［キャタピラァ］
いや¹ no［ノウ］, uh-uh［アァ］(▶ uh-uh はくだけた言い方)→いいえ
- いやよ！ *No!* / *Never!*

🗣スピーキング
Ⓐ ねえ，お茶でも飲まない？
I low about a cup of tea?
Ⓑ いや，けっこうです．
No, thanks.

いや² 嫌な

bad [バッド], unpleasant [アンプレズント]
いやになる get sick [スィック] (of), be sick (of)

- いやなにおい a *bad* smell
- いやな天気 *unpleasant* weather
- あいつはいやなやつだ.
  He's a *disgusting* guy.
- 学校で何かいやなことがあったの？
  Did something *bad* happen to you at school?
- 勉強がいやでいやでたまらない！
  I'*m* absolutely *fed up with* my studies! (▶ be fed up with ... で「…にあきあきしている，うんざりしている」という意味)

💬表現力
…はいやだ → do not like ...

- こんどの先生はいやだ.
  I *don't like* our new teacher.

💬表現力
…するのがいやだ
→ do not like -ing /
hate -ing / do not want to ...

- 歯医者に行くのはいやだ.
  I *don't like going* to the dentist. / I *hate going* to the dentist. (▶後者のほうが強い言い方)
- 友達と別れるのはいやだ.
  I *don't want to* be separated from my friends.

💬表現力
…がいやになる
→ get tired of ... / be tired of ...

- 学校へ行くのがいやになった.
  I *got tired of* going to school.

いやいや reluctantly [リラクタントゥリィ], unwillingly [アンウィリングリィ], against *my* will

いやがらせ harassment [ハラスメント]

いやがる 嫌がる do not like, hate [ヘイト]

- 子どもは歯医者に行くのをいやがる.
  Children *don't like* going to the dentist.

いやしい 卑しい mean [ミーン], bad [バッド]

いやす heal [ヒール], cure [キュア]
- きずをいやす *heal* a wound

イヤホン an earphone [イアフォウン]

いやみ 嫌味 (皮肉) (an) irony [アイロニィ]; a sarcastic [サーキャスティク] remark
  いやみを言う make sarcastic remarks / say a nasty thing

いやらしい dirty [ダ〜ティ]

イヤリング an earring [イアリング]
- イヤリングをする put on *earrings*

いよいよ 1 (ついに) at last
- いよいよ夏休みです (→夏休みが来た).
  At last summer vacation has come.
- いよいよぼくの番だ.
  Now it's my turn. / My turn has come *at last*.

2 (ますます) ▶「比較級+ and +比較級」で表す.
- いよいよおもしろくなってきた.
  It's getting *more and more* exciting.

いよく 意欲 (a) will, (an) enthusiasm [エンス(ュ)ーズィアズム] →やるき

いらい¹ 以来 since [スィンス] →-から
- それ以来 *since* then
- 中学卒業以来, 高橋くんには会っていない.
  I haven't seen Takahashi *since* we graduated from junior high school.

いらい² 依頼 (a) request [リクウェスト] →きょか
  依頼する request, ask →たのむ

いらいらする be irritated [イリテイティド], get irritated
- そんなにいらいらするな.
  Don't *be* so *irritated*. / Take it easy.
- あいつにはいらいらさせられるよ.
  He *gets on my nerves*. / He *irritates* me. (▶女性なら She を使う)

イラク Iraq [イラーク]

イラスト an illustration [イラストゥレイション]
- 小学生たちがその物語のイラストをかいた.
  The schoolchildren drew *illustrations* for the story.
- 私はイラストをかくのが好きです.
  I like to draw *pictures*. (▶この「イラスト」は単なる「絵」のこと)

イラストレーター an illustrator [イラストゥレイタァ]

いらっしゃい

- どうぞこちらへいらっしゃい.
  (*Come*) this way, please. / *Come* here, please.
- どうぞまたいらっしゃい.
  Please *come* again.
- (訪問客に対して) いらっしゃい.
  Come on in.
- おばあちゃん, いらっしゃい.
  Hello, Grandma.
- ようこそいらっしゃいました.
  Welcome. / I am glad to see you.
- (店員が客に対して) いらっしゃいませ.
  May I help you? / What can I do for you?

いらっしゃる (▶英語ではこの日本語に相当する敬語表現はない)

1 (来る) come ; (行く) go
- 本日はよくいらっしゃいました.
  How nice of you to *come* today!
- あなたのお姉さんはいつパリへいらっしゃった (→行った) のですか.
  When did your sister *go* to Paris?

2 (いる, です)
- 本田さんはいらっしゃいますか.
  Is Mr. Honda at home?
- スミスさんでいらっしゃいますか.
  Excuse me, *are* you Mr. Smith?

いられない cannot

> 表現力
> … (しては) いられない → cannot ...

- 一日中勉強ばかりしてはいられない.
  We *can't* keep studying all day.

> 表現力
> … (せずに) いられない
>   → cannot help -ing

- その話を聞いたとき, 笑わずにはいられなかった.
  We *couldn't help laughing* when we heard the story.
- 弟を見ているといつもこわいと感じずにはいられない. 危険なことばかりしている.
  I *can't help feeling* scared whenever I watch my little brother. He's always doing something dangerous.

イラン Iran [イラーン]

いりぐち 入り口 an entrance [エントゥランス] (反 出口 exit)
- 入り口で待っていてください.
  Please wait for me at the *entrance*.
- チケットは入り口で拝見します.
  We will check your tickets at the *entrance*.

いりょう[1] 医療 medical care [メディカル ケア], medical treatment [メディカル トゥリートゥメント]
医療従事者 a healthcare [ヘルスケア] worker, a medical worker
- 医療従事者たちは自分たちの命をかけて患者の治療にあたった.
  Healthcare workers risked their lives to care for patients.
医療費 medical expenses
医療保険制度 a health insurance system
在宅医療 home health care

いりょう[2] 衣料 (衣料品) clothing [クロウズィング] ; (服) clothes [クロウズ]
- 衣料品店
  a *clothing* store

いりょく 威力 power [パウア]
威力のある powerful [パウアフル]

いる[1] 居る →いない

> 使い分け
> (存在する・位置する) → be
> (所有する) → have
> (留まる) → stay

1 (存在する・位置する) be

> 表現力
> (～に) …がいる
>   → (1人・1匹のとき) There is ... . /
>   (2人・2匹以上のとき)
>   There are ... .

- いすの上にネコが1匹いる.
  There is a cat on the chair.

> プレゼン
> 私のクラスには35人の生徒が**いる**.
> There are thirty-five students in my class.

- 日本語のわかる人はいませんか.

いる[2]

Is there anyone who can understand Japanese?
▶ この動物園にペンギンはいますか.
Are there any penguins at this zoo?

> **文法 不特定の物が主語のとき**
> 不特定の人や動物が「いる」ときは **There is** ＋人［動物］（＋場所）．で，複数のときは **There are** ＋人［動物］（＋場所）．で表す．

> **表現力**
> ～は…にいる
> → （1人・1匹のとき）～ is … . /
> （2人・2匹以上のとき）
> ～ are … .

▶ 私のネコはいすの上にいる.
My cat *is* on the chair.（▶×There is my cat on the chair. とはいわない）
▶ 「ママ，どこにいるの？」「台所よ」
"Where *are* you, Mom?" "(*I'm*) in the kitchen."

> **文法 特定の物が主語のとき**
> 特定の人や動物の場所をいうときは人［動物］＋ is ＋場所．で表す．is は主語がIなら am に，you や複数の人［動物］なら are になる．

2 (所有する) **have** [ハヴ]

> **表現力**
> (～に) …がいる → have

▶ きみにはきょうだいがいるの？
Do you *have* any brothers or sisters?

3 (留まる) **stay** [ステイ]
▶ しばらくここにいてもいいですか.
Can I *stay* here for a while?
▶ 「日本にどのくらいいますか」「2年います」
"How long *have* you *been* in Japan?" "For two years."

いる[2] 要る

(必要とする) **need** [ニード] →ひつよう
▶ 私はちょっとお金がいる.
I *need* some money.
▶ それはいりません.

I don't *need* it.
▶ 何も心配はいらないよ.
There's no *need* to worry.
▶ あしたは朝食いらないよ.
I'll *skip* breakfast tomorrow.（▶ skip breakfast で「朝食をぬく」という意味）/
I don't *need* (any) breakfast tomorrow.
▶ ほかに何かいる物がありますか.
Do you *want* anything else?
▶ 合宿には何がいりますか.
What do I *need* for the training camp?

-(して)いる

> **使い分け**
> (動作が進行中である) → -ing
> (持続した状態である) → 動詞の現在形

1 (動作が進行中である) **-ing**

> **表現力**
> …している～ → -ing ～

▶ 泣いている赤ぼう a *crying* baby
▶ 眠っている生徒 a *sleeping* student
▶ 試合を見ている人々
the people *watching* the game（▶「…している」の部分が watching the game のように 2 語以上のときは名詞（この例では people）の後ろにつける）

> **表現力**
> (今) …している → be 動詞＋ -ing

▶ 彼らは音楽を聞いている.
They *are listening* to music.
▶ 「今何しているの？」「数学の勉強をしているんだ」
"What *are* you *doing* now?" "I'm *studying* math."

> **表現力**
> (ある期間) …している
> → have ＋過去分詞 /
> have been -ing

▶ もう 3 日間雨が降っている.
It *has rained* for three days. / It *has been raining* for three days.（▶後者の言い方のほうが「3日間ずっと」という感じが出る）

2 (持続した状態・現在の状況などである) ▶ 動詞の現在形で表す．
▶ おなかがへっている．I'm hungry.
▶ ぼくは福岡に住んでいます．
I *live* in Fukuoka. (▶これがふつうの言い方．I'm living in Fukuoka. というと「今はたまたま福岡に住んでいる」という意味になる)

文法 進行形にしない動詞
love（愛している），**know**（知っている），**remember**（覚えている），**understand**（わかっている），**belong**（属している）など**状態を表す動詞はふつう進行形にしない．**

× I am loving you.
○ I love you.
× I am knowing him.
○ I know him.
▶状態を表す動詞はふつう進行形にしない．

3 (…の状態である) **be** [ビー]；(…のままでいる) **keep** [キープ]
▶ あの店は毎日開いている．
That store *is* open daily.
▶ 静かにしていなさい．
Keep quiet.

いるい 衣類 clothes [クロウズ]；(全体) clothing [クロウズィング]
▶ 彼女は衣類（→着るもの）にお金をかけている．
She spends a lot of money on *clothes*.

イルカ (動物) a dolphin [ダルフィン]

いれかえる 入れ替える replace [リプレイス] 〜 with ..., change [チェインヂ] 〜 for ...
▶ 古い電池を新しいものに入れ替える
replace an old battery *with* a new one

いれば 入れ歯 false [フォールス] teeth

イレブン (アメリカンフットボールやサッカーなどの11人の1組み) (an) eleven [イレヴン]

いれもの 入れ物 a case [ケイス], a container [コンテイナァ]

いれる 入れる
1 (物を) **put** [プット] ... in
▶ ポケットに手を入れないで．
Don't *put* your hands *in* your pockets.
▶ バケツに水を入れてくれませんか．
Can you *pour* water *into* the bucket?
▶ 「コーヒーには何か入れますか」「ミルクを入れてください」
"How would you like your coffee?" "*With* milk, please."

2 (人などを) **let in**, admit [アドゥミット]
▶ 私を中に入れてください．
Please *let* me *in*.
▶ 「仲間に入れてくれる？」「いいとも」
"Can I *join* you?" "Sure."
▶ 彼は自分の息子を大学に入れた．
He *sent* his son to college.

3 (お茶などを) **make** [メイク]
▶ 「お茶を入れましょうか」「ありがとう」
"Shall I *make* tea for you?" "Thank you." (▶「お茶を注ぐ」動作は pour tea という)

4 (ふくむ) **include** [インクルード]
▶ ぼくを入れて5人が集まった．
Five people got together, *including* me.

いろ 色
1 a color [カラァ]
▶ 明るい色 bright *colors*
▶ 暗い色 dark *colors*
▶ うすい色 light *colors*
▶ こい色 deep *colors*

スピーキング
 あなたは何色がいちばん好きですか．
What's your favorite color?
 ブルーがいちばん好きです．
I like blue the best.

▶ これの色ちがい（→ほかの色）はありますか．
Do you have this in any other *colors*?

2 (皮ふの色)
▶ 慶子さんは色が白い[黒い]．
Keiko has *fair* [*dark*] skin.

いろいろ

色をぬる （ペンキなどで）paint [ペイント]；（色鉛筆などで）color
色鉛筆 a colored pencil
色紙 colored paper

いろいろ
（種々の）many kinds of, various [ヴェ(ア)リアス]；（たくさんの）many [メニィ], a lot of；（ちがった）different [ディフ(ェ)レント]
▶ いろいろな（種類の）花
 many kinds of flowers
▶ あなたにいろいろ話したいことがある.
 I have a lot of things to tell you.
▶ いろいろとありがとうございました.
 Thank you for everything.
▶ 世界にはいろいろな人たちがいる.
 There are different kinds of people in the world.

いろは （仮名文字の）the Japanese alphabet [アルファベット]；（初歩）the ABC(s), the basics

いろんな many [メニィ] →いろいろ
▶ この3年間，いろんなことがありました（→経験しました）.
 I've experienced many things during these last three years.

いわ 岩 (a) rock [ラック]
▶ 岩の多い山 a rocky mountain
岩登り rock climbing

いわい 祝い a celebration [セレブレイション]；（祝いのことば）congratulations [コングラチュレイションズ] →おめでとう
▶ お祝いを申しあげます.
 I offer you my congratulations.

いわう 祝う（事がらを）celebrate [セレブレイト]；（人を）congratulate [コングラチュレイト] (on)
▶ 友達が私の誕生日を祝ってくれました.
 My friends celebrated my birthday.

イワシ 《魚》a sardine [サーディーン]

いわば 言わば so to speak
▶ ラクダはいわば砂漠の船だ.
 The camel is, so to speak, the ship of the desert.

いわゆる so-called, what we call
▶ 彼はいわゆる生き字引きだ.
 He is what is called a walking dictionary.

-(と)いわれている …(と)言われている（…ということだ）They say (that) ... , be said to ... ；（…と呼ばれる）be called [コールド]

> ✎ ライティング
> 日本人はよく働くと**いわれている**.
> They say that Japanese work very hard. / Japanese are said to work very hard.

▶ バッハは近代音楽の父といわれている.
 Bach is called the father of modern music.

いんかん 印鑑 a seal [スィール]

いんき 陰気な dark [ダーク], gloomy [グルーミィ]

インク ink [インク]
▶ インクで書く
 write in ink

イングランド England [イングランド] →イギリス

いんけんな 陰険な mean [ミーン], sly [スライ]

インコ 《鳥》a parakeet [パラキート] (▶「セキセイインコ」は a budgerigar [バヂャリガー], 《口語》a budgie [バヂィ] という)

インコース （野球の）the inside [インサイド]；（陸上競技の）the inside track

いんさつ 印刷 printing [プリンティング]
印刷する print
印刷所 a printing office
印刷物 printed matter
印刷用紙 printing paper

いんしょう 印象
(an) impression [インプレション]
印象的な impressive [インプレスィヴ]
印象を与える impress [インプレス]
▶ …によい [悪い] 印象を与える
 make a good[bad] impression on ...
▶ 日本の印象はいかがでしたか.
 What were your impressions of Japan? / What did you think of Japan?
▶ その映画のラストシーンはとても印象的だった.
 The last scene of that movie was very impressive. / The last scene of that movie impressed me a lot.

◀ **いんりょく**

> 🎤プレゼン
> 彼女の勇気ある行動はとても**印象深かった**.
> I was deeply impressed by her courageous act.

いんしょく 飲食 eating and drinking（▶日本語とは順序が異なる）

インスタント instant［インスタント］
インスタントコーヒー instant coffee
インスタント食品 instant food
インスタントラーメン instant *ramen*

インストール installation［インストレイション］
インストールする install［インストール］
▶ きのう，新しいソフトをインストールした.
I *installed* new software on my computer yesterday.
▶ このソフトをどうやってインストールするのか教えてよ.
Can you tell me how to *install* this software program?

インストラクター an instructor［インストゥラクタァ］
▶ スキーのインストラクター
a ski *instructor*

インスピレーション (an) inspiration［インスピレイション］
▶ 突然インスピレーションがわいた.
I suddenly got an *inspiration*.

いんせい 陰性の negative［ネガティヴ］
▶ 彼女はそのウイルスの検査では陰性だった.
She tested *negative* for the virus.

いんせき いん石 a meteorite［ミーティオライト］

いんそつ 引率する lead［リード］

インターセプト インターセプトする intercept［インタセプト］

インターチェンジ an interchange［インタチェインヂ］

インターネット the Internet［インタネト］, the internet；the Net
▶ インターネットでその情報を得る
get the information on *the Internet*
▶ インターネットでネコのことを調べる
search *the Internet* about cats
▶ インターネットで調べてみれば？
Why don't you do an *Internet* search?

インターホン an intercom［インタカム］

▶ インターホンを鳴らす ring the *doorbell*

いんたい 引退する retire［リタイア］《from》,（口語）quit［クウィット］
▶ ぼくは部活から引退しました.
I *retired* from my club activities.

インタビュー an interview［インタヴュー］
インタビューする interview, have an interview《with》

インチ an inch［インチ］（▶約2.54cm）

インディアン a Native American（▶ an American Indian という言い方は不可. 単に Indian というと「インド人」という意味にもなる）

インテリア (室内装飾) interior design［インティ(ア)リア デザイン］
インテリアデザイナー an interior designer

インド India［インディア］
インド(人)の Indian
インド人 an Indian
インド洋 the Indian Ocean

イントネーション (an) intonation［イントネイション］

インドネシア Indonesia［インドニージァ］

インフォメーション (情報) information［インフォメイション］
インフォメーションカウンター an information counter

インプット (コンピューター) input［インプト］(反 アウトプット output)

インフルエンザ influenza［インフルエンザ］,（口語）(the) flu［フルー］
▶ 姉がインフルエンザにかかった.
My sister caught *the flu*.

インフルエンサー (影響力をもつ人物) an influencer［インフルエンサァ］

インフレ inflation［インフレイション］(反 デフレ deflation)

いんよう 引用する quote［クウォウト］
引用符 quotation marks（▶" " と ' ' の2種類がある）→ **くとうてん**（表）
引用文 a quotation

いんりょう 飲料 a drink［ドゥリンク］, a beverage［ベヴァレヂ］
▶ 清涼飲料 soft *drinks*
飲料水 drinking water, water for drinking

いんりょく 引力 gravitation［グラヴィテイション］, gravity［グラヴィティ］

ウイークエンド ▶

う ウ ぅ ゥ ｳ ｳ

ウイークエンド a weekend [ウィーケンド]
ウイークポイント a weak point
ウィーン (地名) Vienna [ヴィエナ]
ウイスキー whisk(e)y [(フ)ウィスキィ]
ウイルス (生物・コンピューターの) a virus [ヴァイ(ア)ラス]
▶ ウイルス対策ソフト
antivirus software
▶ 私のパソコンがウイルスに感染している.
My computer is infected with a virus.
ウインク a wink [ウィンク]
ウインクする wink (at)
ウインタースポーツ winter sports [ウィンタァ スポーツ]
ウインドー a (show) window [ウィンドゥ]
▶ ウインドーショッピングに行く
go window shopping
ウインドサーフィン windsurfing [ウィンドゥサ〜フィング]
▶ ウインドサーフィンをする windsurf
▶ ウインドサーフィンをしに行く
go windsurfing

ウインドブレーカー (米) a windbreaker [ウィンドゥブレイカァ]
ウインナー →ソーセージ
ウール wool [ウル]
ウールの woolen
▶ ウールのセーター a woolen sweater
ウーロンちゃ ウーロン茶 oolong [ウーロ(-)ンヶ] (tea)
うーん ugh [アグ], mmm [ムー]
▶ うーん, 重たい. *Ugh*! How heavy!

▶ うーん, おいしい.
Mmm! This is delicious!
ううん no [ノウ] →いいえ

うえ¹ 上(に)

使い分け
(表面に) 接して → on
(おおいかぶさって) 上に → over
(はなれて) 上に → above
(動きを表して) 上の方へ → up

1 (上部に) (表面に接して) **on** [アン]; (真上をおおって) **over** [オゥヴァ] (反 下に under); (はなれて上に) **above** [アバヴ] (反 下に below); (上の方へ) **up** [アップ] (反 下の方へ down)

on

above

over

(▶ すべて「…の上に」という意味だが, on はくっついていること, above ははなれて上の方にあること, over ははなれておおいかぶさるような感じを表す)

▶ テーブルの上にコップがある.
There is a glass *on* the table.
▶ ほら, へいの上にネコがいるよ.
Look. There's a cat *on* the wall.
▶ 川の上には橋がかかっている.
There is a bridge *over* the river.
▶ 飛行機が雲の上を飛んでいる.
A plane is flying *above* the clouds.
▶ 次郎の教室はちょうどこの上です.

Jiro's classroom is just *above* (us).

🗣 スピーキング
ⓐ (このエレベーターは)上に行きますか.
Up?
ⓑ いいえ,下です.
No, down.

▶ (エレベーターなどで) 上にまいります.
Going *up*!

2 (頂上・上部) the **top** [タップ] (反 ふもと foot; 底 bottom)
▶ 丘の上に立つ
stand at *the top* of the hill
▶ 上から3行目
the third line from *the top*

3 (年上の) **older** [オウルダァ] (反 年下の younger) →としうえ
▶ 姉は私より2つ上です.
My sister is two years *older* than I (am). (▶話し言葉では than me ともいう)
▶ いちばん上の息子 the *oldest* son

4 (上位の) **upper** [アパァ], **higher** [ハイア] (反 下位の lower); (よりすぐれた) **better** [ベタァ]
▶ 上の地位 a *higher* position
▶ テニス(の腕前)は彼女のほうが私より上だ. She can play tennis *better than* I (can).

5 (前のところに) **above**
▶ 上で書いた[述べた]ように
as (I) mentioned *above*

うえ² 飢え (空腹) **hunger** [ハンガァ]; (飢餓) **starvation** [スターヴェイション]
飢えた hungry [ハングリィ] →すく
飢える get hungry, starve [スターヴ]
▶ 多くの人々が飢えで死んだ.
Many people died of *hunger*.

ウエーター a **waiter** [ウェイタァ] (▶性差のない言い方は server)

ウエート **weight** [ウェイト] (重量;比重)
ウエートトレーニング weight training
ウエートリフティング weight lifting

ウエートレス a **waitress** [ウェイトゥレス] (▶性差のない言い方は server)

ウエーブ a **wave** [ウェイヴ]; (応援の) (米) the wave, (英) a Mexican wave
▶ 智子の髪はウエーブがかかっている.
Tomoko has *wavy* hair. / Tomoko's hair is *wavy*.
▶ スタジアムでウエーブをする
do *the wave* in the stadium

うえき 植木 a garden tree, a garden plant
植木職人 a gardener
植木ばち a flowerpot

ウエスト a **waist** [ウェイスト], a **waistline** [ウェイストゥライン]
▶ 私のウエストは60センチです.
My *waist* is 60 centimeters.

ウエディング a **wedding** [ウェディング]
ウエディングケーキ a wedding cake
ウエディングドレス a wedding dress

ウェブ the **Web** [ウェブ] →インターネット
ウェブサイト a website, a site
ウェブデザイナー a web designer

うえる 植える **plant** [プラント]
▶ 私は庭にチューリップを植えた.
I *planted* tulips in the garden.

うお 魚 a **fish** [フィッシ] →さかな
うお座 the Fishes, **Pisces** [パイスィーズ] →せいざ (表)
魚市場 a fish market

ウォーキング **walking** [ウォーキング]
ウォーミングアップ a **warm-up** [ウォーマプ]
ウォーミングアップする warm up

うがい a **gargle** [ガーグル]
うがいする gargle
▶ 外から帰ったらうがいをしなさい.
Gargle when you get home.

うかがう 伺う **1** (訪問する) **visit** [ヴィズィト]
▶ あすうかがいます.
I'll *visit* you tomorrow.

2 (質問する) **ask** [アスク]
▶ ちょっとうかがいますが,入り口はどこでしょうか.
Excuse me, but could you tell me where the entrance is? / May I *ask* you where the entrance is?

うかぶ 浮かぶ

1 (水などに) **float** [フロウト] (反 沈む sink)
▶ 氷は水に浮かぶ. Ice *floats* on water.
▶ 白い雲が空に浮かんでいる.
White clouds *are floating* in the sky.

2 (心に) **occur** [オカ〜] (to), **come** [カム] (to)

うかべる ▶

▶ ある名案が浮かんだ.
I *hit upon* a good idea. / A good idea *occurred to* me. / A good idea *came to* mind.

うかべる 浮かべる float [フロウト]
▶ とうろうを川に浮かべよう.
Let's *float* the paper lanterns on the stream.
▶ 愛子は目に涙を浮かべてさようならと言った.
Aiko said goodbye *with* tears in her eyes.

うかる 受かる (合格する) pass [パス] (反 落ちる, 落第する fail) →ごうかく
▶ 姉はK大学(の入試)に受かった.
My sister *passed* the entrance exam for K University.

うき¹ 雨季 the rainy season (▶「乾季」は the dry season) →つゆ²

うき² 浮き (つりの) a float [フロウト]; (浮き袋) a swimming ring [リング]; (救命用) a life belt, a buoy [ブーイ‖ボイ]

うきうき
▶ ぼくはうきうきして (→希望をいっぱいだいて) 入学した.
I started the school year *with a lot of hope*.

うく 浮く float [フロウト] →うかぶ

ウグイス (鳥) a bush warbler [ブッシュウォーブラァ]

うけ 受け
▶ 彼はクラスメートの受けがいい.
He is *popular* among his classmates.

うけいれる 受け入れる accept [アクセプト]
▶ うちでは, 毎年アメリカの高校生をホームステイに受け入れている.
We *accept* American high school students for a homestay every year.

うけつぐ 受け継ぐ (仕事などを) take over, succeed [サクスィード] to; (財産・性質などを) inherit [インヘリト]
▶ 家の仕事を受け継ぐ
take over the family business
▶ 伝統を受け継ぐ *follow* tradition

うけつけ 受付 reception [レセプション], a reception desk
▶ 田中様, 受付までお越しください.
Mr. Tanaka, please come to the reception desk.

🗣スピーキング
🅐 すみませんが, 受付はどこか教えてもらえますか.
Excuse me, but could you tell me where the reception desk is?
🅑 いいですよ. そこを右に曲がった左側です.
Sure. Turn right there and you'll see it on your left.

受付係 a receptionist

うけつける 受け付ける accept [アクセプト]
▶ 申しこみはあすまで受け付けます.
Applications will *be accepted* until tomorrow.

うけとめる 受け止める (反応する) react [リーアクト], respond [リスパンド]
▶ 彼女がそれをどう受けとめるかわからない.
I don't know how she will *react* to it.
▶ 両親は私の気持ちをしっかり受けとめてくれた.
My parents completely *understood* my feelings.

うけとり 受け取り (領収書) a receipt [リスィート] (発音注意)

うけとる 受け取る

receive [リスィーヴ], get [ゲット], accept [アクセプト]; take [テイク]
▶ 1月20日付けのメールを受け取りました.
I *received* your email of January 20.
▶ 明子さんはぼくのプレゼントを受け取ってくれた.
Akiko *accepted* my present.

うけみ 受け身 《文法》the passive (voice) (反 能動態 the active (voice));

◀ うしろ

(柔道などの) ukemi, (a) breakfall
うけもち 受け持ち charge [チャーヂ]
受け持つ be in charge (of)
▶ 和田先生はぼくたちの受け持ちです.
Ms. Wada is our *homeroom teacher*. / Ms. Wada *is in charge of* our class.
▶ あなたの受け持ちの先生はどなたですか.
Who is your *homeroom teacher*? / Who *is in charge of* your class?

うける 受ける

1 (得る) receive [リスィーヴ], get [ゲット]
▶ 彼は生まれ故郷で温かい歓迎を受けた.
He *received* a hearty welcome in his hometown.
▶ いい教育を受ける
get a good education
2 (試験・授業などを) take [テイク], have [ハヴ]
▶ 私はK高校(の入学試験)を受ける.
I'm going to *take* an entrance exam for K High School.
▶ 私たちは週4回英語の授業を受けている.
We *have* four English lessons every week.
3 (検査・手術などを) have, take
▶ 私たちは毎年4月に健康診断を受けます.
We *have* a physical checkup every April.
▶ 手術を受ける *have* an operation
4 (被害を) suffer [サファ]; (影響を) be affected [アフェクティド]
▶ 東京はこの暴風雨で大きな被害を受けた.
Tokyo *has suffered* heavy damage from the storm.
5 (人気を得る) be popular [パピュラァ]
▶ このジョークはクラスメートにすごく受けた.
This joke *was* very *popular* among my classmates.
▶ それはきっと受けるよ.
I'm sure that'll *be a hit*.

うごかす 動かす

1 (移動させる) move [ムーヴ]
▶ 教室の後ろに机といすを動かしてください.
Please *move* your desks and chairs to the back of the classroom.
2 (体などを) move

▶ 頭を動かさないでください.
Don't *move* your head, please.
3 (作動させる) work [ワ~ク], run [ラン]
▶ 耕うん機の動かし方を知りません.
I don't know how to *run* a cultivator.
うごき 動き (a) movement [ムーヴメント], (a) motion [モウション]

うごく 動く

使い分け
(移動する) → move
(作動する) → work, run

1 (移動する) move [ムーヴ]
▶ そこを動くな. Don't *move*. / Freeze!
2 (作動する) work [ワ~ク], run [ラン]
▶ このエレベーターは現在動いていません.
This elevator is not *working* now.
▶ この自動車は電気で動く.
This car *runs* on electricity.
ウサギ a rabbit [ラビト]; (野ウサギ) a hare [ヘア]

ウシ 牛

a cow [カウ]
▶ 牛を飼う raise *cows*
▶ 牛はモーと鳴く. *Cows* moo [ムー].
▶ 牛の乳をしぼる milk a *cow*

> **参考** 一般に牛を **cow** という. とくに区別する必要があるとき, 雌牛を **cow**, 去勢した雄牛を **ox** (複数 **oxen**), 去勢していない雄牛を **bull** という. 集合的に見た家畜としての牛を **cattle** という. 子牛は **calf** という.

うしなう 失う lose [ルーズ], miss [ミス]
▶ 彼女は幼いころに両親を失った.
She *lost* her parents at an early age.

うしろ 後ろ

the back [バック] (対 前 front) →あと¹
後ろの back, rear [リア]
後ろに (裏手に) at the back (of) (対 …の前に in front of); (かげに) behind [ビハインド]; (後ろの部分に) in the back (of)
▶ 車の後ろの席 the *back* seat of a car

うすい

- 後ろへ下がりなさい． Move *back*.
- 彼女は後ろをふり向いた．
  She looked *behind*. / She turned *back*.
- 後ろから答案を集めなさい．
  Pass your papers from *the back* of the room.
- ぼくはその木の後ろにかくれた．
  I hid *behind* the tree.

back

behind

後ろ足 a *hind* [ハインド] leg
後ろ前に *back to front*

うすい 薄い

使い分け
(厚さが) → thin
(液体が) → weak, thin
(色が) → light

1 (厚さが) **thin** [スィン] (反 厚い thick)
- うすい問題集 a *thin* drill book
- パンをうすく切る
  cut bread into *thin* slices
- 父の髪がうすくなってきた．
  My father's hair has gotten *thin*.

2 (コーヒー・お茶などが) **weak** [ウィーク] (反 こい strong); (スープ・牛乳などが) **thin** (反 こい thick)
- うすいスープ *thin* soup
- うすいお茶 *weak* tea

3 (色が) **light** [ライト] (反 こい dark), **pale** [ペイル]
- うすい青 *light* blue / *pale* blue

うずうず うずうずする itch to ...
- 子どもたちは外で遊びたくてうずうずしていた．
  The children *were itching to* play outdoors.

うすぎ 薄着する
- 私は冬でも薄着です．
  I *dress lightly* even in winter.

うすぐらい 薄暗い *dim* [ディム]
- うす暗い光 *dim* light

- うす暗い部屋 a *dim* room
- うす暗くなってきた． It is getting *dark*.

うずまき 渦巻き a whirlpool [(フ)ワールプール]

うすめる 薄める thin [スィン]
- スープを水で薄める
  thin soup with water / *water down* soup

うせる 失せる
- 失せろ！ *Get lost!* / *Get out of* here!

うそ

a **lie** [ライ] (反 ほんとう truth)
うそをつく lie, tell a lie
- うそをつかないで． Don't *tell lies*. (▶複数形でいうことが多い)
- 私は母にうそをついた．
  I *lied* to my mother. / I *told* my mother *a lie*.

🗨️スピーキング
Ⓐ きのう，駅でシカを見たよ．
I saw a deer at the station yesterday.
Ⓑ うっそー！
No kidding!

うそつき a liar [ライア]
- ママのうそつき！
  You *lied* to me, Mom.
うそ発見器 a lie detector

💬用法 うっそー！
日本語の「うっそー」は「冗談でしょ」というような軽いことばなので，英語では **No kidding.** とか **You're kidding.**, **Are you serious?** とか **Really?** などという．英語の lie は日本語の「うそ」より強い意味で，人格までも疑われるような悪意のあるうそを表すので，**You're a liar.** (大うそつき)はよほどのことでもないかぎり使わない．

うた 歌

a **song** [ソ(ー)ング]
- リサは日本の歌を数曲歌った．
  Lisa sang some Japanese *songs*.
- 「歌がうまいですね」「ありがとう」
  "You are a good *singer*." "Thank

◀ うち¹

you."
▶ あした歌のテストがある．
I have a *singing* test tomorrow.
▶ 歌番組 a *music* program

⓵参考 歌のいろいろ
わらべ歌 a traditional children's song [トゥラディショナル チルドゥレンズ ソ(ー)ング], a nursery rhyme [ナーサリィ ライム] / 子守歌 a lullaby [ララバイ] / 校歌 a school song / 国歌 a national anthem [ナショナル アンセム] / フォーク(ソング) a folk song

うたう 歌う

sing [スィング]
▶ さあ，いっしょに歌おう．
Let's *sing* together.
▶ 春子はとてもじょうずに歌った．
Haruko *sang* very beautifully.
▶ 大きな声で歌って．*Sing* out loud.
▶ 私たちはピアノに合わせて歌った．
We *sang* to the piano.

プレゼン
私はカラオケで歌うのが好きです．
I like singing *karaoke*. (▶カラオケは英語でも karaoke [キャリオウキ] で通じる)

うたがい 疑い（疑問）(a) doubt [ダウト]
（発音注意）；（疑惑）(a) suspicion [サスピション]
▶ 健の成功は疑いない（→きっと健は成功するだろう）．
I have no *doubt* about Ken's success. / I'm sure Ken will succeed.
▶ 疑い深いね．
You are very *suspicious*. / You have a very *suspicious mind*.

うたがう 疑う

（本当は…ではないと思う）doubt [ダウト]
（発音注意）（⇔ 信じる believe）；（本当は…だと思う）suspect [サスペクト] (▶どちらも進行形にしない)
▶ きみを疑ったりしてごめん．
I'm sorry I *suspected* you.
▶ そんなに人を疑うものじゃないよ．

Don't *be* so *suspicious* of others.

表現力
…かどうかを疑う
→ doubt if [whether] ...
…だと疑う → suspect that ...

▶ 健はきみが来るかどうか疑っているよ．
Ken *doubts if* [*whether*] you will come. (▶「健はきみが来ないのではないかと思っている」の意味．Ken *suspects that* you will come. だと，「健はきみが来るのではないかと思っている」の意味)
▶ ぼくは彼女がぼくにうそをついていると疑っている．
I *suspect* she's lying to me.

うたがわしい 疑わしい questionable
[クウェスチョナブル]；doubtful [ダウトフル]；（あやしい）suspicious [サスピシャス]
▶ トムが本当のことを言うかどうか疑わしい．
It is *questionable* whether Tom will tell the truth. / We *can't expect* Tom to tell the truth.

うち¹

（家庭）*my* home [ホウム]；（建物）a house [ハウス] →いえ；（家族）a family [ファミリィ]
うちへ[に] home
▶ うちに帰る go *home*

× go to home
└ このhomeは「うちへ」という意味の副詞だから to はつけない．

× come to home
○ go home
○ come home

▶ うちに電話をしなくちゃ．
I must call *home*.
▶ あしたうちに遊びに来ない？ Will you come and see *me* tomorrow?
▶ うちじゅう（→家族はみんな）とても元気です．
Everyone in *my family* is very well.
▶ うちは4人家族です．
There are four people in *my family*. / We are *a family* of four.

eighty-seven 87

うち² ▶

- お母さんはおうちにいらっしゃいますか.
  Is your mother *home*?
- うち (→私の家族) は来月引っ越しする.
  We're moving next month.
- うち (→私) の門限は午後8時です.
  My curfew is 8 p.m.

うち² 内

1 (内部) the **inside** [インサイド]; (屋内に) indoors [インドーズ], inside →なか¹
- 私は一日中うちにとじこもっていた.
  I stayed *indoors* all day. / I stayed *home* all day. (→うち¹)

2 (時間内に) in [イン], within [ウィズイン]; (…の間に) while [(フ)ワイル]
- 夏休みのうちに
  during (the) summer vacation
- 「この本貸してもらえる？ 2,3日のうちに (→2, 3日したら) 返すよ」「うん, いいよ」
  "Can I borrow this book? I'll return it *in* a couple of days." "OK, sure."

> 💬表現力
> …しないうちに → before ...

- 雨が降らないうちに (→降る前に) 出かけよう.
  Let's leave *before* it rains. (▶この before のあとは, 未来の内容でも現在形で表す)

3 (…のうちで) of [アヴ], out of
- ジムは3人のうちでいちばん背が高い.
  Jim is the tallest *of* the three. (▶最上級の前には the をつける)
- 2人のうちではどっちが背が高いの？
  Who is the taller *of* the two? (▶2人の間で比較する場合は比較級でも the をつける)
- 10人のうち8人がおくれた.
  Eight *out of* ten people were late.

うちあける 打ち明ける (信頼できる人に話す) confide [コンファイド]; (正直に言う) tell honestly [frankly]
- 私は友人に悩みごとを打ち明けた.
  I *told* my troubles to a friend.

うちあげる 打ち上げる (ロケットなどを) launch [ローンチ, ラーンチ], send up; (花火を) set off
- 最初の人工衛星は1957年に打ち上げられた.
  The first artificial satellite *was launched* in 1957.
- 花火は小舟から打ち上げられた.
  Fireworks *were set off* from small boats.

うちあわせ 打ち合わせ arrangements [アレインヂメンツ] (▶複数形で使う)
打ち合わせをする make arrangements, arrange [アレインヂ]
- 私たちはパーティーの打ち合わせをした.
  We *made arrangements* for the party.

うちかつ 打ち勝つ overcome [オウヴァカム], get over
- 困難に打ち勝つ
  overcome difficulties

うちがわ 内側 the inside [インサイド] (反外側 outside)
- 部屋は内側からかぎがかかっていた.
  The room was locked from *the inside*.

うちき 内気な shy [シャイ]

うちこむ 打ち込む

> 🎤プレゼン
> 私は中学校時代サッカーに打ち込みました.
> I put all my energy into playing soccer in my junior high school days.

うちとける 打ち解ける feel at home; (友達になる) make friends with
打ち解けて frankly [フランクリィ]
- 彼女はだれとでも打ち解けて話す.
  She talks *frankly* to everybody.

うちゅう 宇宙

the **universe** [ユーニヴァ~ス]; (宇宙空間) **space** [スペイス]
- 宇宙はなんと広大なのだろう.
  How vast *the universe* is!

> 🎤プレゼン
> 私の夢は宇宙旅行をすることです.
> My dream is to travel through space.

宇宙時代 the space age
宇宙食 space food
宇宙人 an alien [エイリアン]
宇宙ステーション a space station

◀ **うつす**¹

宇宙船 a spaceship
宇宙飛行士 an astronaut [アストゥロノート]
宇宙服 a spacesuit
宇宙旅行 space travel

うちょうてん 有頂天
▶ 有頂天になる
be *beside* myself with joy / become *ecstatic* / go into *ecstasy*

うちわ¹ an *uchiwa*, a round Japanese fan
▶ うちわであおぐ fan myself with a *fan*

うちわ² 内輪
▶ 内輪でパーティーをする
have a party *within a family*

うつ¹ 打つ

使い分け
(たたく) → hit, beat
(感動させる) → move

1 (たたく) **hit** [ヒット]; (連続して) **beat** [ビート]
▶ 金づちでくぎを打つ
hit a nail with a hammer
▶ その男の子はころんでおでこを打った．
The boy fell down and *hit* his forehead.
▶ 彼はきょうホームランを打った？
Did he *hit* a home run today?
▶ 強い雨が窓を打っている．
The heavy rain *is beating* against the windows.
▶ 鉄は熱いうちに打て．《ことわざ》
Strike while the iron is hot.

2 (感動させる) **move** [ムーヴ], **impress** [インプレス] →かんどう

プレゼン
漫画にも私たちの心を打つものがある．
Some comic book stories can move us deeply.

▶ その歌の歌詞にとても心を打たれました．
I *was* deeply *moved* by the words of the song.

うつ² 撃つ

(発射する) **shoot** [シュート], **fire** [ファイア]
▶ 彼は銃で熊をうった．
He *shot* the bear with a gun.

▶ うて！《号令》 *Fire!*

うっかり
▶ うっかりして (→不注意で) 答案用紙に名前を書かなかった．
I was so *careless* (that) I didn't write my name on the exam paper.
▶ うっかりして (→まちがって) ほかの人のくつをはいてしまった．
I put on someone else's shoes *by mistake*.

うつくしい 美しい

beautiful [ビューティフル]（反）みにくい ugly）, **pretty** [プリティ], **lovely** [ラヴリィ], **handsome** [ハンサム]
▶ 美しい花 a *beautiful* flower
▶ 美しい少女 a *pretty* girl / a *lovely* girl
▶ なんて美しい景色だろう．
What a *beautiful* scenery!
▶ 桜の花は美しい．
Cherry blossoms are *beautiful*.
美しく beautifully, prettily
▶ 新婦はとても美しく見える．
The bride looks very *beautiful*. (▶ looks ×beautifully とはしない)

用法 「美しい」のいろいろ
beautiful は人・物の両方に使われ，完全無欠な美しさを表す．人についていう場合，**pretty** は「かわいらしく美しい」，**lovely** は「愛くるしい」という感じを表す．男性にはふつう **handsome** を使う．

うつくしさ 美しさ beauty [ビューティ]
▶ 自然の美しさ natural *beauty*

うつし 写し a copy [カピィ] →コピー

うつす¹ 写す，映す

使い分け
(文書などを) → copy
(写真を) → take

1 (文書などを) **copy** [カピィ]
▶ 黒板を写す時間がほしいです．
I need time to *copy* what's on the board.
▶ 私はその問題をノートに写した．
I *copied* the questions in my notebook.

うつす[2]

2 (写真を) **take** [テイク] →しゃしん
- すみませんが，私を写してくれませんか．
Excuse me, but could you *take* a picture of me? (▶簡単に Take my picture, please.（私を写して）ともいえる)
- 私は写真を写してもらった．
I had my picture *taken*. (▶「物を…してもらう」は「have ＋物＋過去分詞」で表す)

3 (鏡・水面などが) **reflect** [リフレクト]
- メイは鏡に自分の姿を映して見た．
May looked at herself *in the mirror*.

うつす[2] 移す

1 (場所・位置を) **move** [ムーヴ]
- 「この机をあそこに移してくれませんか」「ええ，いいですよ」
"Could you *move* this desk over there?" "Yes, sure."

2 (病気を) **give** [ギヴ], **pass** [パス]
- きみにかぜをうつしたくない．
I do not want to *give* you my cold.

うったえる 訴える (呼びかける) **appeal** [アピール] (**to**); (不満・痛みなどを) **complain** [コンプレイン] (**of**)
- 世論に訴える *appeal to* the public
- 空腹を訴える *complain of* hunger
- 暴力に訴える *use* violence

うっとうしい (ゆううつな) **gloomy** [グルーミィ]; (どんよりした) **dull** [ダル]
- うっとうしい天気 *gloomy* weather

うっとり うっとりする
- 私たちはその音楽にうっとりした．
We *were fascinated with* the music.

うつぶせ うつぶせに **on** *my* **face**, **on** *my* **stomach** (反) あおむけに **on** *my* **back**
- うつぶせになってください．
Lie down *on your stomach*. / Lie *face down*.

うつむく **hang** *my* **head**, **look down**
- 少女はうつむいてすわっていた．
The girl was sitting *with her head down*.

うつりかわり 移り変わり (a) **change** [チェインヂ]
- 近ごろは流行の移り変わりが激しい（→流行はたいへん早く移り変わる）．
These days fashions *change* very quickly.
- 季節の移り変わり
the *change* of seasons

うつる[1] 写る, 映る

1 (テレビに) **be on TV**; (水面・鏡などに) **be reflected** [リフレクティド]
- きのうきみの学校がテレビに映っていたよ．
Your school *was on TV* yesterday.
- 山が湖に映っていた．
The mountain *was reflected* in the lake.

2 (写真が)
- この写真，あなたがよく写っているわ．
This is a *good picture* of you. / You *look good* in this picture.

うつる[2] 移る

1 (引っ越す) **move** [ムーヴ]; (転校する) **transfer** [トゥランスファ～]
- 最近東京の郊外に移りました．
We *have* recently *moved* to the suburbs of Tokyo.
- リサはほかの学校に移った．
Lisa *transferred* to another school.

2 (変わる) **change** [チェインヂ]
- 話題が次から次へと移った．
Our talk *changed* from one topic to another.

3 (病気が) **catch** [キャッチ]
- 同じクラスの子のかぜがうつった．
I *caught* a cold from a classmate.

うで 腕 →て（図）

1 (肩と手の間の部分) **an arm** [アーム] (対) 脚 **leg**
- 私は腕を折った．I broke my *arm*.
- エレンは両腕に大きな袋をかかえていた．
Ellen had a big bag in her *arms*.
- (仲よく) 腕を組んで *arm in arm*
- 腕組みをする fold my *arms*

2 (腕前) **skill** [スキル]; (能力) **ability** [アビリティ]
- 腕をみがく improve my *skill*
- 腕のいい大工
a *skilled* carpenter / a *skillful* carpenter

腕ずもう arm wrestling
- 腕ずもうをしようよ．
Let's *arm-wrestle*.

▶ うまい

腕立てふせをする do push-ups

日本語NAVI
腕が上がる ☞上達する →じょうたつ
腕が落ちる ☞へたになる →へた
腕が立つ ☞優れた →すぐれる
腕をふるう ☞能力を発揮する
　→のうりょく

うでどけい 腕時計 a wristwatch [リストゥワッチ], a watch →とけい (図)

うてん 雨天 rainy weather
▶ 雨天の場合は，運動会は来週に延期されます．
If it *rains*, our sports day will be put off until next week.

うどん *udon*, *udon* noodles [ヌードゥルズ]

ウナギ 《魚》an eel [イール]
▶ ウナギのかば焼き
broiled *eels*

うなずく nod [ナッド]
▶ 彼女はほほえんでうなずいた．
She *nodded* with a smile.

うなる (低い声で) groan [グロウン]; (犬などが) growl [グラウル]
▶ うちの犬は知らない人によくうなる．
Our dog often *growls* at strangers.

ウニ 《生物》a sea urchin [ア～チン]

うぬぼれ too much pride, conceit [コンスィート]
　うぬぼれる be conceited
▶ うぬぼれるんじゃないよ．
Don't *be* so *conceited*.
▶ うぬぼれが強い be full of *conceit*
▶ あいつはうぬぼれてるよ．
He *thinks too highly of himself*.

うばう 奪う **1** (ぬすむ) rob [ラブ] ...《of》
▶ 兄さんはぼくの両手からボールを奪いとった．
My older brother *took* the ball *from* my hands.

表現力
(人・場所) から (物) を奪う
→ rob +人・場所+ of +物

▶ あの男が私のバッグを奪ったのです．
That man *robbed* me *of* my bag.
▶ 2人組の男が銀行から1000万円を奪った．
Two men *robbed* the bank *of* ten million yen.

▶ 私たちはあり金を残らず奪われた．
We *were robbed of* all our money.
2 (心などを) fascinate [ファスィネイト]
▶ 健はロックに心を奪われている．
Ken *is fascinated* by rock music.

うばぐるま 乳母車 《米》a baby carriage, 《英口語》a pram [プラム]; (折りたたみ式の) a stroller [ストゥロウラァ]

ウマ 馬

a horse [ホース]
▶ 馬はヒヒーンと鳴く．
Horses neigh [ネイ].

プレゼン
私は馬に乗ることが好きです．
I like riding a horse. /
I like horseback riding.

▶ その男は馬から降りた．
The man got off the *horse*.
馬小屋 a stable [ステイブル]

背景 「(おすの) 子馬」は **colt** で，小形の品種の「ポニー」は **pony** である．「競走馬」は **racehorse** で，「サラブレッド」は **thoroughbred** [サ～ロウブレド] という．

代表的なポニーの一種，シェトランドポニー．

うまい

1 (じょうずな) good [グッド]
▶ うまい考え a *good* idea
▶ ダンスがうまい人 a *good* dancer
▶ うまい (→よくやった)．ナイスプレー．
Well done! It was a nice play.

表現力
…がうまい
→ be a good ... / be good at ...
(▶ at の後ろには名詞や -ing 形が続く)

うまく ▶

▶ 父は料理がうまい.
Father *is a good* cook. / Father *is good at* cooking.

▶ 「ミカってテニスうまいんだってね」「どのくらいうまいの?」
"I hear Mika *is a good* tennis player. / I hear Mika *is good at* tennis." "How *good* is she?"

▶ ミラーさんは日本語がうまい.
Ms. Miller *is a good* speaker of Japanese. / Ms. Miller speaks Japanese *well*.

▶ 直美は玉美よりダンスがうまい.
Naomi *is a better* dancer than Tamami. / Naomi can dance *better* than Tamami.

2 (おいしい) **good** [グッド], **nice** [ナイス] → おいしい

▶ うまそう!
It looks *good*! / (においが) It smells *good*!

▶ このパイはうまい.
This pie tastes *good*.

うまく well [ウェル]; (運よく) luckily [ラキリィ]

▶ 人の前ではうまく話せない.
I can't speak *well* in front of people.

⟦表現力⟧
うまくいく → **go well**

▶ すべてうまくいった.
Everything *went well*.

▶ うまくいきますように.
I hope everything *goes well*.

▶ きっとうまくいくよ.
I'm sure you'll *make it*.

▶ テストはうまくいった?
Did you *do well* on the exam?

▶ うまくやれよ.
Good luck!

うまる 埋まる (うめられる) be buried [ベリィド]; (いっぱいになる) be filled [フィルド]

▶ スタジアムはサポーターでうまっていた.
The stadium *was filled* with supporters.

うまれ 生まれ birth [バ~ス]

⟦プレゼン⟧
私は3月3日生まれです.
I was born on March 3.

⟦用法⟧ お生まれは?
「どこのお生まれですか (=どこのご出身ですか)」とたずねるときは **Where are you from?** とか **Where do you come from?** という. 答えるときは **Nagoya.** とか **I'm from Nagoya.** とか **I come from Nagoya.** という. 「出身」をいうときには「現在形」を使うことに注意.

▶ 私は8月生まれのしし座です.
I *was born* in August. I'm a Leo.

うまれつき 生まれつき by nature [ネイチァ]

▶ 和也は生まれつき (性格が) 明るい.
Kazuya is cheerful *by nature*.

▶ 姉は生まれつき音楽の才能がある.
My sister has a *natural* talent for music.

うまれる 生まれる

be born [ボーン]

⟦プレゼン⟧
ぼくは2012年[平成24年]12月16日に生まれました.
I was born on December 16 in 2012 [in the twenty-fourth year of Heisei / in Heisei 24].

⟦スピーキング⟧
Ⓐ あなたはどこで生まれたの?
Where were you born?
Ⓑ 長崎で生まれました.
(I was born) in Nagasaki.

▶ 彼は東京で生まれ育った.
He *was born* and raised in Tokyo.

▶ 山田さんのお宅で男の赤ちゃんが生まれた.
A baby boy *was born* to the Yamadas. / The Yamadas *had a baby* boy.

▶ 私は生まれてはじめて富士山に登った.
I climbed Mt. Fuji for the first time *in my life*.

うみ[1] 海

the **sea** [スィー] (対) 陸 land; (大洋) the

ocean [オウシャン] (▶《米》では sea と同じ意味でも使われる)
▶ おだやかな海
a calm *sea*
▶ あれた海
a rough *sea*
▶ ぼくは海が大好きだ．
I like *the sea* very much. / I'm very fond of *the sea*.
▶ 日本は海に囲まれている．
Japan is surrounded by *the ocean*. (▶ by water ともいう)
▶ 海へ泳ぎに行こう．
Let's go swimming in *the sea*. (▶ ˟to the sea とはいわない)
▶ ことしの夏は海に行きます．
We're going to *the beach* this summer.

> 📖 **文法** sea の使い方
> sea はふつう the をつけて使う．a calm sea のように形容詞がつくときは，a や an がつく．ただし，次のような決まった言い方では冠詞(就)はつけない．**by sea** (船で) / **at sea** (航海中で) / **go to sea** (船乗りになる)

海の家 a beach hut
海の日 Marine Day
うみ[2] (傷などの) pus [パス]
うみべ 海辺 the seaside [スィーサイド], the beach [ビーチ]
▶ 海辺で遊ぶ
play on *the beach*
▶ 海辺で育つ
grow up *by the sea*

うむ 生む, 産む

1 (子を) have [ハヴ] a baby, give birth to; (卵を) lay [レイ]
▶ ママが男の子を産んでくれるといいなあ．
I hope Mom will *have a baby* boy.
▶ うちの犬がゆうべ子を産んだ．
Our dog *had puppies* last night.
▶ カモノハシはほにゅう動物だが，卵を産む．
A duckbill is a mammal, but it *lays* eggs.

2 (産出する) produce [プロデュース]
▶ フランスは多くの偉大な芸術家を生んできた．
France *has produced* many great artists.

ウメ 梅《植物》(実) a Japanese apricot [アプリカット], a plum [プラム], an *ume*; (花) plum blossoms [ブラサムズ]
梅干し a pickled plum, an *umeboshi*

うめあわせる 埋めあわせる make it up《to》
▶ 約束やぶってごめんね．今度うめあわせするから．
I'm sorry that I broke my promise. I'll *make it up to* you soon.

うめたてる 埋め立てる reclaim [リクレイム]
埋め立て地 reclaimed land

うめる 埋める put ... in the ground, bury [ベリィ]
▶ ぼくらはタイムカプセルを地中にうめた．
We *put* a time capsule *in the ground*.
▶ 空所をうめよ．
Fill in the blanks.

うやまう 敬う respect [リスペクト], look up to; (神を) worship [ワ〜シプ]
▶ お年寄りはうやまうべきだ．
We should *show respect* to elderly people.

うやむや
▶ 話し合いはうやむやに (→はっきりした答えが出ないで) 終わった．
Our discussion ended *without a clear answer*.

うら 裏

1 (表に対する) the **back** [バック] (反 表 front), the reverse side; (服の裏地) the lining [ライニング]
▶ 写真の裏
the back of a picture
▶ (野球の) 9回の裏
the bottom of the ninth inning
▶ 裏もごらんください．
《米》*Over*. / 《英》Please turn *over*. (▶ P.T.O. と略す)
▶ リカはセーターを裏表に着ている．
Rika is wearing her sweater *inside out*.
▶ 「(コインを投げて) 表か裏か」「裏！」
"Heads or *tails*?" "*Tails*!"

うらがえし ▶

2 (後ろ) the **back** (反 前 front)
▶ その家の裏にはテニスコートがある．
There is a tennis court *at the back of* the house.
裏口 the back door
裏通り a back street, an alley [アリィ]
裏庭 a backyard
裏技 a trick [トゥリック]

うらがえし 裏返しに inside out
▶ まあ，セーター裏返しよ！
Oh, my! Your sweater is *inside out*. / You're wearing your sweater *inside out*.
▶ カードを裏返しに置く
put the cards *face down*

うらがえす 裏返す（紙などを）turn ... over；（くつ下・ポケットなどを）turn ... inside out
▶ 解答用紙を裏返しなさい．
Turn your papers *over*.

うらぎる 裏切る betray [ビトゥレイ]；(失望させる) disappoint [ディサポイント]
▶ 私は友達を裏切るようなことはしない．
I won't *betray* my friends.
▶ 両親の期待を裏切るわけにはいかない．
I can't *disappoint* my parents.
裏切り者 a betrayer [ビトゥレイア]

うらない 占い fortune-telling [フォーチュンテリング]
占う tell *my* fortune
▶ トランプ占い［星占い］をする
tell fortunes with cards [by the stars]
▶ 私は運勢を占ってもらった．
I *had my fortune told*. (▶「物を…してもらう」は「have ＋物＋過去分詞」で表す)
占い師 a fortuneteller；(とくに手相を見る) a palmist [パーミスト]

うらみ 恨み a grudge [グラッヂ]

うらむ，うらみをいだく have a grudge (against), have ill feelings (against)
▶ きみのことは少しもうらんでない．ぼくのせいだったんだ．
I *have* no *grudge against* you. It was my fault.
▶ これでうらみっこなしだ．
No *hard feelings*. (▶仲直りのことば)

うらやましい envious [エンヴィアス] (of)
▶ うらやましそうな顔つき
an *envious* look
▶ 私は彼女の成功がうらやましかった．
I was *envious of* her success.
▶ いいな．うらやましいな．
Good for you! I *envy* you. (▶ envious, envy は「ねたましい」というしっとの感情をふくむことがあるので，使用するときには注意する)

ウラン《化学》uranium [ユレイニアム]《記号 U》

ウリ《植物》a melon
▶ 私は姉とうりふたつです．
I *look just like* my sister.

うりきれ 売り切れる be sold out
▶ 本日売り切れ（掲示）
Sold out Today

うりだし 売り出し a sale [セイル]
▶ 歳末大売り出し
end of year *sale*（▶英米ではChristmas sale ともいう）

歳末大売り出しの看板．

▶ 本日大売り出し（掲示）
Special Sale Today
売り出し中 be on sale（▶《米》では「特売中」という意味にもなる）
▶ 彼は今売り出し中の作家だ．
He is an *up-and-coming* writer.

うりば 売り場 a counter [カウンタァ], a section [セクション]；(デパートなどの) a department [ディパートゥメント]

▶ うれしがる

- 文房具売り場
  the stationery *counter*
- 切符売り場
  a ticket *office*
- 食品売り場はどこですか.
  Where is the food *department*?

うる 売る

sell [セル] (反 買う buy)

💬表現力
…を売る → sell …

- Tシャツならあの店で売ってるよ.
  That store *sells* T-shirts. / They *sell* T-shirts at that store. / T-shirts *are sold* at that store.
- ぼくはノートパソコンを3万円で売った.
  I *sold* my laptop for thirty thousand yen.

🗣スピーキング
Ⓐ 電池はどこで売っていますか.
  Where can I buy batteries?
Ⓑ あの店で売ってますよ.
  They have batteries at that store. / That store sells batteries.

💬表現力
(人) に (物) を売る
→ sell ＋人＋物 /
  sell ＋物＋ to ＋人

- 私は彼にキーボードを売った.
  I *sold* him my keyboard. / I *sold* my keyboard *to* him.

うるうどし うるう年 a leap year [リープ イア]

うるおう 潤う moisten [モイスン]
- 雨で木々がうるおった.
  The rain *moistened* the trees.
  潤す moisten, moisturize [モイスチャライズ]
  潤い moisture [モイスチャ]

うるさい 1 (騒がしい) noisy [ノイズィ]；
(せんさく好きな) nosy [ノウズィ]
- うちのクラスはとてもうるさい.
  Our class is very *noisy*.
- うるさい, 静かに！
  Be quiet! / Cut it out! (▶ Shut up! だと非常に強い言い方で「だまれ！」という感

じになるので注意)
- うるさい, じゃまするな！
  Stop bothering me. / Leave me alone.
- うちの両親ってうるさいのよ.
  Our parents are *nosy*.

2 (こだわって) particular [パティキュラァ]
- ケンはジーンズにうるさい.
  Ken is *particular* about jeans.

うれしい

glad [グラッド], happy [ハピィ] (反 悲しい sad)

- うれしい知らせだよ.
  There's *good* news.
- うれしい！ I'm *happy*! / I'm *glad*!

💬表現力
…してうれしい → be glad to …

- はじめまして, スミスさん. お会いできてうれしいです.
  How do you do, Ms. Smith? I'*m glad to* meet you. (▶くだけた言い方では Nice to meet you.)
- またお会いできてうれしいです.
  I'*m glad to* see you again. (▶くだけた言い方では Nice to see you again.)
- お会いできてうれしかったです. (別れるときのあいさつ)
  I'*m glad to* have seen you. / It'*s been nice* seeing you. (▶初対面の場合は seeing の代わりに meeting を使う)
- その知らせを聞いてとってもうれしかった.
  I *was* very *happy to* hear the news.

💬表現力
〜が…してうれしい
→ be glad (that) 〜 …

- きみがそばにいてくれてうれしい.
  I'*m glad* you're with me.
- あなたが来てくださってとてもうれしいです.
  I *am* very *glad* you could come.

✏️ライティング
私たちのチームが優勝してとてもうれしかった.
I was very happy our team won the championship.

うれしがる be glad, be happy, be

ninety-five 95

うれる

pleased →よろこぶ

うれる 売れる

1 (物が) **sell** [セル], **be sold** [ソウルド]
- この辞書はよく売れる.
  This dictionary *sells* well.
- その家は2000万円で売れた.
  The house *was sold* for twenty million yen.

空き家にFOR SALE (売ります) の掲示を立てて宣伝したら売れたので, SOLD (売れました) の札が上にはられている.

2 (名前が) **be popular** [パピュラァ]
- だれがいちばん売れている歌手ですか.
  Who *is* the most *popular* singer?

うろこ a scale [スケイル]

うろつく hang around, wander [ワンダァ] (about)

うわぎ 上着 a jacket [ヂャケト], a coat [コウト]
- 上着を着る
  put on a *jacket*
- 上着をぬぐ
  take off a *jacket*

うわさ (a) rumor [ルーマァ]; (他人に関する話) gossip [ガスィプ]
- 単なるうわさですよ.
  It's just *talk*.

> 💬表現力
> …といううわさだ
> → I hear (that) … . /
>   There is a rumor that … .

- 小野先生, 近く結婚するといううわさだよ.
  I hear Ms. Ono will get married soon. / *There is a rumor that* Ms. Ono will get married soon.

> 💬表現力
> …のうわさをする
> → talk about [of] …

- 今あなたのうわさをしていたんだよ.

We *were* just *talking about* you.
- うわさをすれば影がさす. (ことわざ)
  Talk of the devil and he will appear.
  (▶ 「悪魔のうわさをすると姿を現す」という意味)

> 💬表現力
> …のうわさを聞く
> → hear of …

- それ以来, 彼女のうわさを聞いていない.
  I've never *heard of* her since then.

うわっ oh [オゥ], wow [ワゥ]

うわばき 上ばき indoor shoes, slippers [スリパァズ]
- 上ばきにはきかえなさい.
  Change your footwear to *indoor shoes*.

うん¹ 運

luck [ラック], fortune [フォーチュン]
運のよい lucky, fortunate
運の悪い unlucky, unfortunate
- 運がついてるよ. 天気がよくなってきた.
  We're in *luck*. The weather is clearing up.
- あなたは運が悪かった.
  You were *unlucky*. / You had bad *luck*.
- 亜紀子さんの隣にすわれたなんて, きみはとても運がよかった.
  You were very *lucky* to get a seat next to Akiko.

運よく luckily, fortunately
運悪く unluckily, unfortunately

うん² Yes. [イェス], OK. [オウケイ], Sure. [シュア]; (くだけて) Yeah. [イェア], Uh-huh. [アハ]
- 「ケン, キャッチボールやろう」「うん」
  "Let's play catch, Ken." "*Yes*, let's."
- 綾子は「うん」と言わなかった.
  Ayako didn't say *yes*.

> 🔊スピーキング
> Ⓐ 電話貸して.
>   May I use your phone?
> Ⓑ うん, いいよ.
>   Sure. Go ahead.

うんが 運河 a canal [カナル]
- パナマ運河 the Panama *Canal*

◀ **うんめい**

パナマ運河にかかるセンテニアル橋.

うんざり うんざりする be sick [スィック]《of》, be fed [フェド] up《with》, be disgusted [ディスガスティド]《with》
▶ もううんざりだ.
I'm *disgusted*. / I'm really *fed up*. / I've *had enough*.
▶ ぼくらはみんな勉強にうんざりしている.
We *are* all *sick of* studying.

うんちん 運賃 a fare [フェア]
片道運賃 a one-way fare
往復運賃 a round-trip fare

うんてん 運転
(車の) driving [ドゥライヴィング];（機械の）operation [アペレイション]
運転する（車を）drive;（機械を）operate [アペレイト]
▶ あなたのお母さんは車の運転をしますか.
Does your mother *drive* a car?
▶ 父は車の運転がうまい.
My father is a good *driver*.
▶ このエレベーターは運転中です.
This elevator is *in operation*.
運転手（車の）a driver;（電車の）a train driver, a train engineer;（バス[トラック]の）a bus [truck] driver
運転免許証 a driver's license

うんどう 運動
1（身体の）exercise [エクササイズ], (a) sport [スポート]
運動する exercise;（体をきたえる）work out;（スポーツをする）play sports
▶ もっと運動したほうがいいですよ.
You should *exercise* more often.
▶ ぼくは運動不足だ.
I don't *exercise* enough. / I don't get enough *exercise*.
▶ 運動はストレス解消に役立つ.
Exercise helps reduce stress.
▶ 久美子は運動が得意だ.
Kumiko is good at *sports*. / Kumiko is a good athlete.
▶ ふだんから運動していますか.
Do you *work out* regularly?
2（政治的・社会的）a campaign [キャンペイン]
▶ 交通安全運動
a *campaign* for traffic safety / a traffic safety *campaign*
3（物体の）(a) movement [ムーヴメント], (a) motion [モウション]
運動会《米》a field day,《英》a sports day
▶ 今日は運動会があった.
We had a *sports day* today.
運動具 sporting goods
運動ぐつ sneakers, sports shoes
運動場 a playground;（グラウンド）an athletic field;（コース）a track

イギリスの小学校の運動場.

運動神経 reflexes [リフレクスィズ]
▶ リカは運動神経が発達している.
Rika has quick *reflexes*.
運動選手 an athlete [アスリート]
運動部（総合的に）sports teams; an athletic club

うんめい 運命 fate [フェイト], (a) destiny [デスティニィ]
▶ 運命ってあると思う？
Do you believe in *fate*?（▶ここでのbelieve in ... は「…があると信じる」という意味）
▶ ぼくはこうなる運命なんだ.
This is my *fate*.
▶ だれも自分の運命からのがれられない.
No one can escape his [her] *destiny*.

ninety-seven 97

えエ えエ えエ

え¹ 絵
a picture [ピクチァ]；(絵の具でかいた) a painting [ペインティング]；(線画) a drawing [ドゥローイング] →かく¹
- 絵をかく
paint a *picture* / draw a *picture* (▶ paint はふつう絵の具で色をぬるとき，draw は鉛筆，クレヨン，チョークなどで形をえがくときに使う)
- 私は絵を見るのが好きだ．
I like looking at *paintings*.
- マイクは絵がうまい．Mike is good at *drawing*. / Mike is a good *painter*.
- これは浅間山の絵です．
This is a *picture* of Mt. Asama.
- 絵入りの本 an *illustrated* book
絵日記 a picture diary
絵筆 a paintbrush

💬**用法** picture, painting, drawing など
一般的に「絵」は **picture** というが，とくに油絵・水彩画のように絵の具類を使った色のある絵を **painting**，ペンや鉛筆などでかいた線画を **drawing** という．また，さし絵やイラストは **illustration** という．

drawing

painting

ℹ️**参考** 絵のいろいろ
水彩画 a watercolor ／ 写生画 a sketch ／ 肖像画 a portrait ／ 静物画 a still life ／ 風景画 a landscape

え² 柄 a handle [ハンドゥル]
- 包丁の柄
the *handle* of a knife

エアコン (装置) an air conditioner [エア コンディショナァ]；(空調) air conditioning
- エアコンをつけていい？
Can I turn on the *air conditioner*?
- エアコンが故障しているんです．
The *air conditioner* doesn't work.
- 私の部屋にはエアコンがある．
My room is *air-conditioned*.

エアロビクス aerobics [エ(ア)ロウビクス]

えいえん 永遠の eternal [イタ～ヌル]
永遠に forever [フォレヴァ]
- 永遠の愛
eternal love
- 永遠の平和
everlasting peace
- 私たちの友情は永遠に続くだろう．
Our friendship will last *forever*.

えいが 映画
(1本の) a movie [ムーヴィ], a film [フィルム]；(集合的に) the movies
- スピルバーグ監督の映画
a *movie* directed by Spielberg
- ABC シネマでいい映画をやってるよ．
A good *movie* is on at the ABC Cinema. / There's a good *movie* playing at the ABC Cinema. (▶映画館の名前には the をつける)
- その映画はどんな映画なの？
What's the *movie* about?
映画を見に行く go to a movie, go to see a movie, go to the movies (▶ ˟go to see the movies とはいわないので注意)
- 映画を見に行かない？
Why don't we *go to a movie*?
- 「映画をいっしょに見に行きませんか」「ええ，ぜひ」
"Would you like to *go to the movies* with me?" "Yes, I'd love to."

映画の種類

アニメ映画 an animated cartoon [movie, film]
SF映画 an SF movie [film], a sci-fi [サイファイ] movie
外国映画 a foreign movie [film]
日本映画, 邦画
　　　　a Japanese movie [film]
ドキュメンタリー [記録] 映画
　　　　a documentary film
ミュージカル映画
　　　　a musical (movie [film])
ホラー映画 a horror movie [film]

映画音楽 screen music
映画館 a movie theater
映画監督 a movie director
映画祭 a film festival
映画スター a movie star
映画俳優 a movie actor
映画ファン a movie fan

えいかいわ 英会話 English conversation [カンヴァセイション]
▶ 英会話の練習をしよう.
Let's practice *English conversation*.
英会話学校 an English conversation school
英会話クラブ the English Speaking Society(▶ ESSと略す；日本での言い方)

えいきゅう 永久に forever [フォレヴァ] → えいえん

えいきょう 影響

(an) influence [インフル(ー)エンス]
影響する influence, have an effect [イフェクト] (on)
影響を受ける be influenced
▶ 友達から悪い影響を受けることだってある.
Friends can be a bad *influence on* you. (▶この can は可能性を表す)
▶ 彼らの音楽は若い人々に大きな影響を与えた.
Their music greatly *influenced* young people. / Their music *had a great effect on* young people.
▶ 台風の影響で (→ために) 今日は電車がおくれている.
Trains run behind the schedule today *because of* the typhoon.

えいぎょう 営業 business [ビズネス]
営業する (店など) be open；(会社など) do business
▶ 営業中 (掲示) *Open*

ドアにかけられた「営業中」の掲示.

▶ 営業時間午前9時〜午後5時 (掲示)
Business Hours 9 a.m. – 5 p.m. / *Open* from 9 a.m. to 5 p.m.
▶ 営業時間は何時から何時までですか.
What are your *business* hours?
▶ そのコンビニは深夜12時まで営業している.
The convenience store *is open* until midnight.
営業所 an office [オ(ー)フィス]

えいけん 英検 (商標) the EIKEN test
▶ 今年英検3級に挑戦するつもりだ.
I plan to take the EIKEN Grade 3 *test* this year.

えいご 英語

English [イングリシ], the English language [ラングウィヂ]
▶ 英語の先生 an *English* teacher / a teacher of *English* (▶「英語の先生」という意味では, English teacher は English を強く言う. teacher を強く言うと「イングランド人の先生」という意味になる)
▶ 英語の手紙 an *English* letter

【プレゼン】
いちばん好きな科目は英語です.
My favorite subject is English.

【スピーキング】
Ⓐ 英語を話せますか.
　Do you speak English?
Ⓑ ええ, でも少しだけです.
　Yes, but only a little.

▶ 英語ができるようになりたい.

ninety-nine 99

えいこう

I want to become good at *English*.
▶ 学校で英語を勉強しています.
I'm studying *English* at school.
▶ あした英語の試験がある.
I have an *English* exam tomorrow.
▶ 次の文を英語にしなさい.
Put the following sentences into *English*. (▶ put ~ into ... で「~を…に訳す」という意味)

🗨️スピーキング
🅐 「電話」は英語で何といいますか.
What's the English for "denwa"?
🅑 telephone です.
It's "telephone."

🗨️表現力
英語で → in English

▶ 太郎は英語で日記を書いた.
Taro wrote in his diary *in English*.
▶ これ，英語で何というの？
How do you say this *in English*? / What's the *English* for this? / What's this *in English*?

えいこう 栄光 glory [グローリィ]
えいこく 英国 →イギリス
えいさくぶん 英作文 English composition [カンポズィション]
えいじゅう 永住する settle down [セットルダウン]
エイズ 《医学》AIDS [エイヅ] (▶ acquired *immune deficiency syndrome* (後天性免疫不全症候群) の略)
えいせい¹ 衛生 health [ヘルス], sanitation [サニテイション]
衛生的な sanitary [サニテリィ]
▶ この台所は衛生的ではない.
This kitchen is not *clean*.
▶ 公衆衛生 public *health*
▶ 食品衛生 food *sanitation*
えいせい² 衛星 a satellite [サテライト]
▶ 月は地球の衛星です.
The moon is a *satellite* of the earth.
▶ 気象衛星 a weather *satellite*
▶ 人工衛星 an artificial *satellite* / a man-made *satellite*
▶ 通信衛星 a communications *satellite*
衛星中継 satellite relay

▶ 衛星中継でオリンピックを見た.
I watched the Olympics broadcast by *satellite*.
衛星都市 a satellite city
衛星放送 broadcast via satellite, satellite broadcasting
えいぞう 映像 a picture [ピクチァ], an image [イメヂ]
えいぶん 英文 English [イングリシ], an English sentence [センテンス] →えいご
▶ 英文の手紙 an *English* letter / a letter (written) in *English*
えいべい 英米 Britain and America, the U.K. and (the) U.S.
英米の British and American
英米人 the British and (the) Americans
えいやく 英訳 (an) English translation [トゥランスレイション] (▶訳された具体的なものをさすときは数えられる名詞)
英訳する translate ... into English, put ... into English
▶ 私は『羅生門』の英訳を読んだ.
I read the *English translation* of *Rashomon*.
えいゆう 英雄 a hero [ヒーロウ] [複数] heroes) (▶一般的には男性を指すことが多いが, 最近は女性に対しても使われる); (女性の) heroine [ヘロウィン]
▶ 国民的英雄 a national *hero*
えいよう 栄養 nourishment [ナ~リシメント], nutrition [ニュートゥリション]
▶ チーズは栄養がある.
Cheese is *nourishing*. / Cheese is a *nutritious* food.
▶ 栄養のバランスのとれた食事をとる
eat a balanced diet / eat balanced meals
栄養士 a dietician [ダイエティシャン]
えいわじてん 英和辞典 an English-Japanese dictionary
ええ yes [イェス] →はい¹
エーエルティー an ALT [エイエルティー] (▶ *Assistant Language Teacher* (外国語指導助手) の略)
エース an ace [エイス]
▶ 彼はジャイアンツのエースだ.
He is the Giants' *ace* pitcher.
ええと Let me [Let's] see；Well [ウェル]

▶ えこひいき

🗣スピーキング
Ⓐ ポール，今日は何月何日だい？
What's the date today, Paul?
Ⓑ ええと，12月2日だよ．
Let's see, it's December 2.

▶ ええと，きみの用は何だっけ？
Well, what can I do for you?

💬用法 **Let me see,** と **Well,**
Let me see, や **Let's see,** は相手の問いに対してちょっと考えるときなどに，**Well,** は答えに迷ったり，答えの語調をやわらげたり，会話を次に続けたりするときなどに使うのがふつう．

エープリルフール April Fools' Day, All Fools' Day

ⓘ参考 日本語の「エープリルフール」は4月1日の日をさすが，英語の **April fool** はこの日に「まんまとだまされた人」または「その日のうそ[いたずら]」をさす．

えがお 笑顔 a smile [スマイル], a smiling face
▶ 笑顔で with a *smile*
▶ その女の子は笑顔がすばらしい．
The girl has a beautiful *smile*.
えがく 描く（ペン・鉛筆などで）draw [ドゥロー]；（絵の具で）paint [ペイント]；（ことばで）describe [ディスクライブ] →かく¹
▶ かべには2頭のトラがえがかれていた．
Two tigers *were painted* on the wall.

えき 駅
a (train) station [ステイション], a railroad [レイルロウド] station, a stop [スタップ]

ニューヨークのペンシルベニア駅．

▶ 次の駅で降ります．
I'm getting off at the next *station*.
▶ さあ駅へ着いたぞ！
Here we are at the *station*!
▶ この列車は各駅停車です．
This train stops at every *station*.
▶ 東京駅へおばさんを出むかえに行った．
I went to Tokyo *Station* to meet my aunt.（▶駅名には冠詞をつけない）
▶ 渋谷は3つ目の駅です．
Shibuya is three *stops* from here.
駅員 a station employee
駅長 a stationmaster
駅長室 a stationmaster's office
駅ビル a railroad station building (which includes a shopping complex)（▶カッコ内は「商業施設のある」という意味．駅舎のことではないと伝えるための説明）
駅弁 a box lunch sold at a train station（▶日本のものなので説明的に訳す）

エキサイト エキサイトする get excited [イクサイティド]
えきしょう 液晶 liquid crystal [リクウィド クリスタル]
液晶テレビ an LCD TV（▶LCDは *l*iquid *c*rystal *d*isplay の略）
エキスパート an expert [エクスパート]
えきたい 液体 (a) liquid [リクウィド]（▶「固体」は solid，「気体」は gas という）
えきでん 駅伝（競走）an ekiden（▶説明するときは a long-distance relay race のようにいう）
えくぼ a dimple [ディンプル]
▶ その赤ちゃんのほおにはえくぼがある．
The baby has *dimples* in her cheeks. / The baby has *dimpled* cheeks.
エクレア an éclair [エイクレア]
エゴイスト an egotist [イーゴウティスト], an egoist [イーゴウイスト]
エコカー an eco car [イーコウ カー], an eco-friendly car
エコシステム （生態系）an ecosystem [イー コウスィステム，エコウ]
エコバッグ an eco bag [イーコウ バッグ]
えこひいき えこひいきする favor [フェイヴァ], be partial [パーシャル] to

エコロジー

エコロジー
- なかにはよくできる生徒をえこひいきする先生もいる.
Some teachers unfairly *favor* students who have good grades.

エコロジー (生態学) ecology [イカロヂィ]
えさ food [フード]；(つりなどの) bait [ベイト]
えさをやる feed [フィード]
- ポチにえさをやるのを忘れないでね.
Be sure to *feed* Pochi. / Don't forget to *feed* Pochi.

エジプト Egypt [イーヂプト]
エジプトの Egyptian [イヂプシャン]
エス (Sサイズ) a small size
エスエフ SF [エスエフ], sci-fi [saifái サイファイ] (▶ *science fiction* の略)
SF映画 an SF movie
SF小説 an SF novel
エスエフエックス SFX [エスエフエクス] (▶ special *effects* の略)
エスオーエス an SOS [エスオウエス]
- エスオーエスを発信する
send out an *SOS*
エスカレーター an escalator [エスカレイタァ] (アクセント注意)
- エスカレーターに乗る
get on the *escalator*
- 上り[下り]のエスカレーター
an up [a down] *escalator*
エステ beauty treatment [トゥリートゥメント]
エステサロン a beauty treatment salon
エスニック ethnic [エスニック]
エスニック料理 ethnic food
エスプレッソ espresso [エスプレソウ]
えだ 枝 a branch [ブランチ]；(大枝) a bough [バウ]；(小枝) a twig [トゥウィッグ]
- 枝が折れてサルは地面に落ちた.
The *branch* broke and the monkey fell to the ground.
- 私は木の枝を切り落とした.
I cut some *branches* off a tree.

えたい 得体
- 得体の知れない人
a *suspicious-looking* stranger
- 得体の知れない病気
a *mysterious* illness
エチケット etiquette [エティケト]
- そんな行為はエチケットに反する. Such behavior is not good *etiquette*.

えっ Excuse [イクスキューズ] me, What [(フ)ワット]？；Say what?；Huh [ハ]？
- 「えっ,アメリカに行くの？」「ええ,来月にね」
"*What?* Are you going to the United States?" "Yes, next month."
- えっ,ジョンが亡くなったって？
Huh? John's passed away?
- えっ, まさか. *Oh*, no! / *Oh*, no way.

エックスせん X線 X-rays [エクスレイズ]
エッセー an essay [エセイ]
エッチ 1 (鉛筆のしんのかたさ)
- HBの鉛筆 a *hard* black pencil
2 (ものがいやらしい) dirty [ダ～ティ]；(人がいやらしい) dirty-minded [ダ～ティマインディド] (▶「エッチ」は変態 (hentai) の頭文字から)
えと 干支 →じゅうにし
- 今年の干支はさるだ.
This is the year of the Monkey according to *the Oriental Zodiac*.
エヌジー N.G. [エンヂー] (▶ *no good* の略)
エヌジーオー an NGO [エンヂーオウ] (▶ *nongovernmental organization* (非政府組織) の略)
エヌピーオー an NPO [エンピーオウ] (▶ *nonprofit organization* (民間非営利団体) の略)
エネルギー energy [エナヂィ]

> ✏️ライティング
> 再生可能**エネルギー**の発展を促すことが大切です.
> It is important for us to promote the development of renewable energy.

エネルギー危機 an energy crisis
えのぐ 絵の具 paints [ペインツ], colors [カラァズ] (▶ふつう複数形で使う)
- 油絵の具 oil *colors* / oil *paints*
- 水彩の絵の具 water*colors*
えはがき 絵はがき a postcard [ポウス(トゥ)カード]
- 沖縄から絵はがき送るね. I'll send you a *postcard* from Okinawa.
エビ (動物)(イセエビのような大エビ) a lobster [ラブスタァ]；(クルマエビ) a prawn [プローン]；(小エビ) a shrimp [シリンプ]
エビフライ a deep-fried prawn

◀ **えりごのみ**

エピソード an episode [エピソゥド]
エフエム FM 放送 an FM broadcast [ブロードゥキャスト]
▶ FM で on *FM*
   FM放送局 an FM station
エプロン an apron [エイプロン]
▶ エプロンをかけている wear an *apron*
エフワン F1 [エフワン] (▶ Formula One の略)
   F1グランプリ F1 Grand Prix [グラーンプリー]
   F1ドライバー an F1 driver
エベレスト Mt. Everest [エヴェレスト]
▶ エベレストに登る climb *Mt. Everest*
えほん 絵本 a picture book
えま 絵馬 a votive picture tablet [ヴォゥティヴ ピクチャ タブレット]
▶ 絵馬に願い事を書く
   write my wish on the *votive picture tablet*
エム (M サイズ) a medium size
エメラルド an emerald [エメラルド]
えもの 獲物 game [ゲイム]
▶ 獲物をとらえる
   catch *game* / capture wild *game*
えら (魚の) gills [ギルズ]
▶ えら呼吸をする
   breathe through *gills*
エラー an error [エラァ]
▶ エラーをする make an *error*

えらい 偉い

(偉大な) great [グレイト]; (重要な) important [インポートゥント]
▶ えらい人 a very *important* person (▶ VIP と略し, 「重要人物・大物」をさす)
▶ 太郎の父はえらい学者だった.
   Taro's father was a *great* scholar.
▶ えらい! Well done! / That's *great*!

スピーキング
ⓐ これ全部一人でやったんだよ.
   I finished this all by myself.
ⓑ えらいぞ.
   Good job!

▶ えらそうなことを言うな.
   Don't talk so *big*.
▶ えらそうにする
   put on airs / act *big*

えらぶ 選ぶ

(選択する) choose [チューズ], pick [ピック], select [セレクト] (▶ choose がもっとも一般的, pick は口語的, select はややかたい語); (投票で選ぶ) elect [イレクト]

表現力
…を選ぶ → choose ...

▶ 次の 3 つのうちから正しいものを 1 つ選びなさい.
   Choose the correct answer from the three choices below.
▶ いちばん好きなのを 1 つ選んで.
   Pick the one you like best.
▶ この学校を選んで正解だった.
   I was right to *choose* this school.
▶ どの問題集を選べばよいかわからなかった.
   I didn't know which drill book to *choose*.
▶ 私はいちばん大きいパイを選んだ.
   I *selected* the biggest piece of pie.
   (▶ select は「多くの中から厳選する」こと)

表現力
(人) を…に選ぶ
→ choose ＋人＋ (as) ... /
   choose ＋人＋ (to be) ... /
   (選挙で) elect ＋人＋ (as) ...

▶ 私たちは吉田さんを新しいキャプテンに選んだ.
   We *chose* Yoshida *to be* our new captain.
▶ 吉田さんが新しいキャプテンに選ばれた.
   Yoshida *was chosen* (*as*) our new captain.
▶ 田村君が学級委員長に選ばれた.
   Tamura *was elected* (*as*) class representative. (▶ 1 名しかいない役職名には a や the はつけない)

えり (服の) a collar [カラァ]; (えりもと) a neck [ネック]
▶ 学生服のえりがきつい.
   The *collar* of my school uniform is tight.
エリート (集合的に) the elite [エイリート]
   エリートの elite
えりごのみ えり好みする

one hundred and three 103

えりまき

- 彼は食べ物をえり好みする.
 He *is picky about* his food.
えりまき えり巻き a scarf [スカーフ]
- えり巻きをしている
 wear a *scarf*
エル (Lサイズ) a large size
える 得る gain [ゲイン], get [ゲット]; (勝ちとる) win [ウィン]
- 努力しなければ何も得られない.
 Nothing can *be gained* without effort.
- ぼくらは合唱コンクールで特別賞を得た.
 We *got* a special prize at the chorus contest.
エルエル (語学実習室) a language laboratory [ラングウィヂ ラボラトーリィ] (▶×LLは和製英語);(サイズ) an extra-large size
エレキ(ギター) an electric guitar
エレクトーン an electronic organ (▶Electoneは商標名)
エレベーター (米) an elevator [エレヴェイタァ], (英) a lift [リフト]
- エレベーターで5階まで行く
 take the *elevator* to the fifth floor
- エレベーターで上がる[降りる]
 go up [down] in an *elevator*
- 3階でエレベーターを降りた.
 I got off the *elevator* at the third floor.
えん[1] 円 **1** (円形) a circle [サ〜クル] →かたち(図), わ[1]
- 直径5cmの円をかきなさい.
 Draw a *circle* 5cm in diameter. (▶5cmはfive centimetersと読む)
- だ円 an oval / an ellipse [イリプス]
2 (お金の単位) yen [イェン] (複数 yen) (▶記号は¥または¥)
- 千円札 a thousand-*yen* bill
- 「これいくらですか」「1万3千円です」
 "How much is this?" "It's 13,000 *yen*." (▶13,000 yenはthirteen thousand yenと読む. なお×yensとはしない)
円グラフ a pie chart
円周 a circumference [サカムフェレンス]
円周率 pi [パイ] (記号π)
円すい a cone [コウン]
円高 a strong yen
円柱 a cylinder [スィリンダァ]
円安 a weak yen
えん[2] 縁 (親せきなど) relation [リレイシュン]; (結びつき) (a) connection [コネクシュン]; (機会) a chance [チャンス]
えんがん 沿岸 the coast [コウスト]

> 🎁 プレゼン
> 私の町は日本海沿岸にあります.
> My town is located on the coast of the Japan Sea.

えんき 延期する put off, postpone [ポウス(トゥ)ポウン] (▶後者はかたい言い方)
- 体育祭は雨のため1週間延期になった.
 Because of the rain, the sports day *was put off* for a week.
- 東京オリンピックは2021年に延期された.
 The Tokyo Olympics *were postponed* until 2021.
えんぎ[1] 演技 (a) performance [パフォーマンス]
- 彼女の演技は実にみごとだった.
 Her *performance* was very impressive.
えんぎ[2] 縁起 (運) luck [ラック]; (きざし) (an) omen [オウメン]
- 縁起がいい[悪い] be *lucky* [*unlucky*]
えんきょり 遠距離
- 遠距離通学はつかれる.
 Commuting a *long distance* is tiring.
えんげい[1] 園芸 gardening [ガードゥニング]
 園芸家 a gardener
 園芸部 a gardening club
えんげい[2] 演芸 (an) entertainment [エンタテインメント]
えんげき 演劇 drama [ドゥラーマ]; (個々の劇) a play [プレイ], a drama
 演劇部 a drama club
えんし 遠視の farsighted [ファーサイティド] (反 近視の nearsighted)
エンジニア an engineer [エンヂニア]
えんしゅつ 演出する direct [ディレクト]
- 野田秀樹演出の『マクベス』
 Macbeth directed by Noda Hideki
 演出家 a director
えんじょ 援助 help [ヘルプ], support [サポート]
 援助する help →たすける

▶ 私たちは彼らの援助を求めた.
We asked for their *help*.

えんじる 演じる play [プレイ]
▶ 「だれがロミオの役を演じるの？」「ぼくだよ」
"Who *plays* the part of Romeo?" "I do." / "Who will *play* the part of Romeo?" "I will."

エンジン an engine [エンヂン]
▶ エンジンをかける
start the *engine*
▶ エンジンを止める
stop the *engine*

えんせい 遠征 an expedition [エクスペディション]
遠征試合 an away game
遠征チーム a visiting team

えんぜつ 演説 a speech [スピーチ]；(正式な) an address [アドゥレス, アドレス]；
演説する make a speech, speak；(正式な) make an address
▶ 大勢の人たちの前で演説した.
I *made a speech* in front of many people.
▶ 大口さんは演説がうまい.
Mr. Ohguchi is a good *speaker*.
演説会 a speech (meeting)

えんせん 沿線
▶ 私は井の頭線の沿線に住んでいる.
I live *along* the Inokashira Line.

えんそう 演奏する play [プレイ], perform [パフォーム]
▶ バイオリンを演奏する
play the violin
演奏会 a concert [カンサ(〜)ト]；(独奏会・リサイタル) a recital [リサイトゥル]
演奏者 a player

えんそく 遠足 an outing；(校外学習) a field trip；an excursion [イクスカージョン]
▶ 私たちはきのう，学校の遠足で鎌倉に行った.
We went on a *field trip* to Kamakura yesterday.

えんちょう[1] 園長 the head [ヘッド], the director [ディレクタァ]
▶ 幼稚園の園長
the *director* of a kindergarten
▶ 動物園の園長
the *director* of a zoo

◀ **えんりょ**

えんちょう[2] 延長する extend [イクステンド]
→のばす
延長戦 (野球の) extra innings
▶ 試合は延長戦に入った.
The game went into *extra innings*.

エンドウ (植物) a pea [ピー]
えんとつ 煙突 a chimney [チムニィ]
えんにち 縁日 (祭り) a temple festival [フェスティヴァル], a shrine festival

えんばん 円盤 a disk, a disc [ディスク]；(競技用の) a discus [ディスカス]
▶ 空飛ぶ円盤
a flying *saucer*(▶ saucer は「(コーヒーカップなどの) 受け皿」という意味) / a UFO (▶ an *u*nidentified *f*lying *o*bject (未確認飛行物体) の略)
円盤投げ the discus throw
円盤投げ選手 a discus thrower

えんぴつ 鉛筆

a pencil [ペンスル]
▶ 色鉛筆 a colored *pencil*
▶ HBの鉛筆 an HB *pencil* (▶ HB [エイチビー] の発音が母音の [エ] で始まるので, a ではなく an をつける)
▶ 鉛筆のしん the lead [レッド] of a *pencil*
▶ 鉛筆をけずる sharpen a *pencil*
▶ 鉛筆で書きなさい.
Write with a *pencil*. / Write in *pencil*.
▶ 「鉛筆貸して」「はい，どうぞ」
"Can you lend me a *pencil*?" "Here you are."
鉛筆けずり a pencil sharpener

えんぶん 塩分 salt [ソールト]
▶ 塩分のとり過ぎに注意しなさい.
Take care not to eat too much *salt*.

えんまん 円満な happy [ハピィ]；peaceful [ピースフル]
▶ 円満な家庭 a *happy* home

えんりょ 遠慮
▶ 遠慮しないでね (→気楽にして).
Please *make yourself at home*.
▶ 遠慮なくフライドチキンを食べてください.
Help yourself to some fried chicken.
▶ 「入ってよろしいですか」「ご遠慮なく」
"May I como in?" "*Certainly*"
▶ 携帯電話の使用はご遠慮ください (掲示)
Please *Refrain from* Using Your Cellphone

おオ おオ おオ

お 尾 a tail [テイル]
▸ キツネの尾 a fox's *tail*
▸ 犬が尾をふっている.
The dog is wagging its *tail*.

オアシス an oasis [オウエイスィス] (複数 oases [オウエイスィーズ])

おあずけ お預け
▸ (犬などに向かって) おすわり, おあずけ, よし! Sit, *stay*, OK!

おい¹ a nephew [ネフュー] (対 めい niece)

おい² Hey! [ヘイ], Hi! [ハイ], Look! [ルック]

おいかける 追いかける run after, chase [チェイス]
▸ ネコがネズミを追いかけた.
The cat *ran after* a mouse.

おいこす 追い越す pass [パス]
▸ 追い越し禁止《掲示》No *Passing*

「追い越し禁止区間」を表す標識.

おいしい

good [グッド], tasty [テイスティ], nice [ナイス]; (とてもおいしい) delicious [デリシャス]
▸ おいしい! *Delicious*! / *Tastes good*!
▸ これ, おいしい?
Is this *good*? / Is this *tasty*?

🗨スピーキング
🅐 私のつくったクッキーはどう?
How do you like my cookies?
🅑 とてもおいしいよ.
They are very *good*.

▸ とてもおいしい夕食でした.
That was a *delicious* dinner.

▸ おいしそう.
(見た目が) It looks *delicious*. / (においが) That smells *good*.

おいだす 追い出す get out, drive out
▸ あいつを部屋から追い出せ.
Get him *out* of the room!

おいたち 生いたち (経歴) *my* personal history [パ~ソナル ヒスト(ゥ)リィ]; (子ども時代) *my* childhood [チャイルドゥフド]

おいつく 追いつく catch up 《with》
▸ 私は駅で彼女に追いついた.
I *caught up with* her at the station.
▸ クラスのみんなに追いつくように私は熱心に勉強した. I worked hard to *catch up with* my classmates.

おいで お出で (来る, 行く) come [カム]; (いる) be
▸ こっちへおいでよ.
Come this way, please. / *Come* over here.
▸ ぼくについておいで.
Come with me. / *Follow* me.

「こっちへおいで」のジェスチャー.

おいはらう 追い払う drive away

オイル oil [オイル] →あぶら

おう¹ 王 a king [キング] (対 女王 queen)
▸ 百獣の王 the *king* of beasts
▸ ホームラン王 a home-run *king*
王冠 a crown [クラウン]
王国 a kingdom

おう² 追う **1** (追いかける) run after, go after →おいかける
▸ 赤ちゃんはどこでも母親のあとを追いたがる. Babies like to *follow* their

mothers everywhere.
2 (追い求める)
▶ 流行を追う *follow* fashion
▶ 自分の夢を追う *follow my* dream
3 (追われる)
▶ ぼくはいつも宿題に追われている.
I'm always too *busy with* my homework.

おう³ 負う **1** (責任を) take [テイク], accept [アクセプト]
▶ 自分のしたことは自分で責任を負うべきだ.
You should *take* responsibility for what you have done.
2 (背負う) carry ... on *my* back →おんぶ

おうえん 応援する (チームなどを)《米》root [ルート] for; (競技場で声援する) cheer [チア] for; (力になる) support [サポート], help [ヘルプ]

> 🗨スピーキング
> Ⓐ どのチームを応援しているの.
>   Which team do you root for?
> Ⓑ タイガースだよ.
>   The Tigers.
> (▶進行形で Which team are you rooting for? といってもよい)

▶ ぼくたちのチームの応援に行きました.
I went and *cheered for* our team.
応援演説 a campaign speech
応援団 a cheerleading squad, cheerleaders
応援団員 a cheerleader

おうぎ 扇 a fan [ファン], a folding fan
扇であおぐ fan
おうきゅう 応急 first-aid [ファーストゥエイド]
▶ 応急処置をする［受ける］
give [receive] *first-aid* treatment
おうごん 黄金 gold [ゴウルド] →きん
黄金の golden
黄金時代 the golden age
オウシ 雄牛 (去勢した) an ox [アックス] (複数) oxen [アクスン]; (去勢していない) a bull [ブル] (対) 雌牛^{めうし} cow →ウシ
おうし座 the Bull, Taurus [トーラス] →せいざ(表)

おうじ 王子 a prince [プリンス]
▶『星の王子さま』*The Little Prince*
おうじょ 王女 a princess [プリンセス]
おうじる 応じる **1** (答える) answer [アンサァ]
▶ 質問に応じる *answer* a question
2 (受ける) accept [アクセプト]
▶ ご親切なご招待に応じられなくて残念です.
I'm sorry, but I can't *accept* your kind invitation.

> 📝表現力
> …に応じて → according to ...

▶ この塾^{じゅく}では生徒の能力に応じてクラス分けされる.
This *juku* groups students *according to* their ability.

おうしん 往診 a doctor's visit
▶ かかりつけの医師に往診してもらった.
I had my regular doctor *come to the house to see me*.

おうせつま 応接間 (大きい家の) a drawing room [ドゥローイングル(ー)ム] (▶英米の一般の家庭ではふつう居間 (a living room) が応接間を兼^かねている)

おうだん 横断 crossing [クロ(ー)スィング]
横断する cross, go across
▶ 道路を横断する *cross* a street
▶ ここを横断してはいけません.
Don't *cross* here.
横断禁止《掲示》No Crossing
横断歩道 a pedestrian crossing;《米》a crosswalk,《英》a zebra crossing

おうどいろ 黄土色 ocher [オウカァ]
おうひ 王妃 a queen [クウィーン]
おうふく 往復する go and (come)

おうべい ▶

back, go and return
▶ 母は車で職場を往復している.
My mother *drives to and from* work.
▶ 湖まで往復するとどのくらい時間がかかりますか.
How long does it take to *go* to the lake *and back*?
▶ このバスは上野と銀座の間を往復している.
This bus *runs between* Ueno *and* Ginza.
往復切符《米》a round-trip ticket,《英》a return (ticket)(反 片道切符《米》a one-way ticket,《英》a single (ticket))
往復はがき a postcard with an attached reply card (▶英米には日本のような往復はがきはない)

おうべい 欧米 Europe [ユ(ア)ロプ] and America [アメリカ];(西洋) the West [ウェスト]
欧米の European and American;(西洋の) Western
欧米諸国 European and American countries
欧米人 Europeans and Americans, Westerners

おうぼ 応募する(求人に) apply [アプライ]《for》;(クイズなどに) reply [リプライ];(懸賞などに) enter [エンタァ]
▶ 姉はマンガコンテストに応募した.
My sister *entered* a comic competition.
応募者 an applicant [アプリカント]

オウム(鳥) a parrot [パロト] →**とり**(図)

おうよう 応用 application [アプリケイション]
応用する apply [アプライ]《to》
▶ 科学を日常生活に応用する
apply science *to* daily life
応用問題 an application problem

おうらい 往来(行き来) traffic [トゥラフィク];(道路) a road

オウンゴール an own goal

おえる 終える

finish [フィニシ], end [エンド];(完成する) complete [コンプリート] →**おわる**

> 💬 表現力
> …を終える → finish ...

「太郎, 宿題は終えたの?」「いや, まだだよ」
"*Have* you *finished* your homework, Taro?" "No, not yet."
▶ 兄は今年高校を終えた. My brother *finished* high school this year.

> 💬 表現力
> …し終える → finish -ing
> (▶「…し終える」は×「finish to +動詞の原形」とはしない)

▶ その本を読み終えたばかりです. I *have just finished reading* the book.

おお Oh! [オウ]
▶ おお, 寒い. *Oh*, it's cold!
▶ おお, 気味が悪い. *Oh*, how scary!
おおあめ 大雨 a heavy rain →**あめ**[1]

おおい[1] 多い

> 使い分け
> (数が) → many
> (量が) → much
> (数・量ともに) → a lot of

many　　　much

▶ **many** は数えられる名詞, **much** は数えられない名詞の前につく.

1 (数が) **many** [メニィ](反 少ない few);(量が) **much** [マッチ](反 少ない little);(数・量ともに) **a lot** [ラット] **of**, **plenty** [プレンティ] **of** →**おおく**, **たくさん**
▶ 次郎は友達が多い.
Jiro has *a lot of* friends.
▶ 6月は雨が多い.
We have *a lot of* rain in June.
▶ うちのクラスは女子が男子より多い.
There are *more* girls than boys in my class.

> ✍ ライティング
> アフリカでは飢えに苦しんでいる人が**多い**.
> In Africa many people are suffering from hunger.

▶ おおきい

- あいつはいつも一言多いんだ.
  He always says one word too *many*.
- 多ければ多いほどよい.
  The *more*, the better.

2 (ひん度・回数が) **often** [オ(—)フン] →しばしば

- 直樹は学校に遅刻することが多い.
  Naoki is *often* late for school.

多かれ少なかれ more or less

おおい² 覆い a cover [カヴァ];(光をさえぎるもの) a shade [シェイド]

おおいをかける put a cover (on)

おおい³ Hello! [ヘロゥ], Hey! [ヘイ] (▶ Hey you! は非常に乱暴な言い方)

おおいそぎ 大急ぎで in a great hurry →いそぐ

おおいに very [ヴェリィ], much [マッチ] → ひじょうに

- おおいにけっこう.
  That's *very* fine.

おおう 覆う

cover [カヴァ]

- 私は両手で顔をおおった.
  I *covered* my face with both hands.
- 山頂は雪でおおわれていた.
  The mountaintop *was covered* with snow.

オーエス (コンピューターの) OS (▶ operating system の略)

オーエル a (female) office worker [オ(—)フィス ワーカァ] (▶ ×office lady も, その略語の ×OL もともに和製英語. 英語では office worker を男女の区別なく使う)

おおがた 大型の large [ラージ], big [ビッグ], large-sized [ラージサイズド]

オーガニック オーガニックの organic [オーギャニク] (アクセント注意)

オーガニック野菜 organic vegetables

オオカミ 《動物》a wolf [ウルフ] (複数 wolves)

- オオカミの群れ a pack of *wolves*

おおきい 大きい

使い分け
(形が) → big, large
(背が) → tall
(音が) → loud

big, large   tall   loud

1 (形が) **big** [ビッグ] (反 小さい little), **large** [ラージ] (反 小さい small);(背が) **tall** [トール]

- 彼は, 大きい家に住んでいるんだよ.
  He lives in a *big* house.
- 日本とイギリスではどちらが大きいですか.
  Which is *larger*, Japan or Britain?
- これは大きすぎます. もう少し小さいのはありませんか.
  This is too *big* for me. Do you have any smaller ones?
- 東京は世界でもっとも大きい都市の1つです.
  Tokyo is one of the *biggest* cities in the world.
- 私は大きな会社で働いています.
  I work for a *large* company.
- ジムは父親より大きい(背が高い).
  Jim is *taller* than his father.

🗨用法 big と large
big は口語的な語でたいていの場合に使える. **large** は広がりの大きさをいう. なお, **big** には「重要な」という意味があるが, **large** にはない. a big [×large] mistake (大きなまちがい)

2 (音量・声が) **loud** [ラウド]

- 音楽が大きすぎます.
  The music is too *loud*.
- あまり大きい声で話さないでください.
  Please don't be so *loud*.
- もう少し大きい声で話してくれますか.
  Would you speak a little *louder*, please?

3 (程度が) big, great [グレイト];(深刻な) serious [スィ(ア)リアス];(ひどい) terrible [テリブル];(重大な) major [メイヂァ]

- 大きな成功
  a *great* success / a *big* success
- きのう, 近くで大きな車の事故があった.
  There was a *terrible* car accident in

one hundred and nine 109

おおきく ▶

my neighborhood yesterday.
▶ 祖母は最近大きな手術を受けた.
My grandmother had *major* surgery recently.
▶ 大きな地震
a *big* earthquake
▶ そんなことは大きなお世話だ.
That's none of your business.

おおきく 大きく

1 (形が) **big** [ビッグ], **large** [ラージ]
大きくする enlarge [エンラーヂ]
大きくなる (成長する) grow up
▶ 文字のサイズを大きくしてください.
Please *enlarge* the text size.

> 🎤 プレゼン
> 大きくなったら先生になりたいです.
> I want to be a teacher when I *grow up*.

▶ さきちゃん, 大きくなったね.
You've *grown* so *much*, Saki.

2 (広く) **wide** [ワイド]
▶ もう少し口を大きく開けてください.
Open your mouth a little *wider*, please.

おおきさ 大きさ **size** [サイズ]
▶「あの公園の大きさはどれくらいですか」「東京ドーム5つ分ぐらいの大きさです」
"How *large* is that park?" "It's about five times the *size* of Tokyo Dome."
▶ それは大人の手のひらぐらいの大きさだ.
It's about the *size* of an adult's palm.

> 💬 表現力
> ~の…倍の大きさだ
> → ... times as big [large] as ~

> ✏️ ライティング
> オーストラリアは日本の約20倍の大きさだ.
> Australia is about twenty times as large as Japan.

おおきな 大きな big [ビッグ] →おおきい
おおきめ 大きめ
▶ もう少し大きめの(もの)を見せてください.
Please show me a little *larger* one.

おおく 多く(の)

1 (数が) **many** [メニィ]; (量が) **much** [マッチ]; (数・量ともに) **a lot of** [ラット] →おおい¹
▶ 多くの人がその曲を知っている.
A lot of [*Many*] people know the song.
▶ 先生はぼくに多くの質問をした.
The teacher asked me *a lot of* questions.

> ✏️ ライティング
> その計画には多くのお金が使われた.
> A lot of [Much] money has been spent on the project.

▶ 一郎はそれについて多くを語らなかった.
Ichiro didn't talk *much* about it.

> 📖 文法 **many・much と a lot of**
> 話し言葉では **many** や **much** はおもに否定文や疑問文で使われ, 肯定文では **a lot of, lots of, plenty of** などが好まれる.

> 💬 表現力
> …の多くは
> → many of (the) ... /
> most of (the) ...

▶ 生徒の多くは自転車で通学しています.
Many of the students come to school by bike. / *A lot of* students come to school by bike. / *Most of the* students come to school by bike. (▶前の2つの用例はばく然と数が多いことを表し, 最後の用例は「たいていの生徒」という意味になる)

> 📖 文法 **many of the ... と many ...**
> **many of the ...** は特定のものに使い, **many ...** は不特定のものに使う. 次の **most** の用法も同じ.

2 (大部分) **most** [モウスト]; (おもに) **mostly** [モウストゥリィ]
▶ クラスの生徒の多く(→大部分)がインフルエンザにかかった.
Most of the students in the class caught the flu.

おおぐい 大食いの人 a big eater

オークション（an) auction [オークション]
▶ オークションで買う［売る］
buy [sell] at *auction*

オーケー

OK, O.K., Okay [オウケイ]（▶ All right. よりくだけた言い方）
▶ 万事オーケーだ．Everything is *O.K.*
▶ ぼくはそれでオーケーだ．
It's *OK* with me.

> 🗨️スピーキング
> Ⓐ サッカーやろう．
> Let's play soccer.
> Ⓑ オーケー．いいね．
> O.K. Sounds great.

▶ 父はぼくの計画をオーケーした．
Dad *okayed* my plan. / I got Dad's *O.K.* for my plan. / Dad *approved* my plan.

おおげさ 大げさな exaggerated [イグザヂェレイティド]
おおげさに言う exaggerate
▶ その話は大げさだよ．That story *is exaggerated.* / You're *exaggerating.*

オーケストラ an orchestra [オーケストゥラ]

おおごえ 大声 a loud [ラウド] voice [ヴォイス] →こえ
▶ 大声で話す
speak *loudly* / speak in a *loud voice*

おおざっぱ 大ざっぱな
▶ 大ざっぱに言って *roughly* speaking

おおさわぎ 大騒ぎ a fuss [ファス]
▶ 大騒ぎをする make a *fuss*

オーストラリア Australia [オ(ー)ストゥレイリャ]
オーストラリアの Australian
オーストラリア人 an Australian

オーストリア Austria [オ(ー)ストゥリア]
オーストリアの Austrian
オーストリア人 an Austrian

おおぜい 大勢の a lot [ラット] of, many [メニィ], a large [great] number of →おおく

> ✏️ライティング
> その戦争では大勢の人がなくなった．
> A lot of [Many] people lost their lives in the war.

▶ 駅は大勢の人で混雑していた．
The station was crowded with *a large number of* people.

おおそうじ 大掃除 (a) general cleaning [ヂェネラル クリーニング]
▶ 今日は学校で大そうじをした．
We *cleaned* the *whole* school today.

オーダー（注文) an order [オーダァ]
オーダーする order

オーディオ audio [オーディオウ]（▶「ビデオ」は video)

オーディション an audition [オーディション]
オーディションを受ける audition [(for]), go to an audition
▶ 彼女はそのミュージカルのオーディションを受けた．
She *auditioned for* the musical. / She had an *audition* for the musical.
▶ オーディションに合格する
pass an *audition*

おおどおり 大通り a main street →とおり

オートバイ a motorcycle [モウタサイクル]（▶「オートバイ」は和製英語）→バイク

オードブル an hors d'oeuvre [オーダ〜ヴ]（▶フランス語で「前菜」のこと)

オートミール oatmeal [オウトゥミール]

オーナー an owner [オウナァ]

オーバー¹（衣服の) a coat [コウト], an overcoat [オウヴァコウト]
▶ オーバーを着る［ぬぐ］
put on [take off] an *overcoat*

オーバー²（誇張ちょうされた) exaggerated [イグザヂェレイティド]
▶ きみはオーバーだな．
You're *exaggerating*!

オーバー³（超過する) exceed [イクスィード]
▶ 予算をオーバーする
exceed the estimate / *go beyond* the estimate

オーバーワーク overwork [オウヴァワ〜ク]

オービー OB (卒業生) a graduate [グラヂュエット]；(クラブなどの) a former member

オーブン an oven [アヴン]
▶ オーブンでケーキを焼く
bake a cake in an *oven*

オープン

オーブントースター a toaster oven
オーブンレンジ an electric and microwave oven
オープン open [オウプン]
▶ 本日オープン〔掲示〕*Opening* Today
オープン戦〔野球〕an exhibition [エクスィビション] game [match] (▶*open game* とはいわない)

オーボエ〔楽器〕an oboe [オウボウ]
おおみそか 大みそか the last day of the year, New Year's Eve
オオムギ 大麦 barley [バーリィ]
おおめ¹ 多め
▶ ごはん, いつもより多めにしてください.
Give me *a little more* rice than usual.

おおめ² 大目
▶ 大目に見てよ.
Please give me a break. / Be nice to me. / Don't be too hard on me.

おおもじ 大文字 a capital letter (対 小文字 small letter)
おおもり 大盛り a large serving
▶ ラーメンの大盛り
a large serving of ramen
おおやけ 公の public [パブリク]
おおゆき 大雪 a heavy snowfall →ゆき
おおらか 大らか (心の広い) broad-minded [ブロードゥマインディド]; (寛大な) generous [ヂェネラス]
オール (ボートの) an oar [オー(ァ)]
オールスター(の) all-star [オールスター]
オールスターゲーム an all-star game
オーロラ an aurora [オローラ], (北極の) the northern [ノーザン] lights
おか 丘 a hill [ヒル]
▶ 丘に登る go up a *hill*
▶ 丘の上の教会 the church on the *hill*

おかあさん お母さん

my **mother** [マザァ] (対 お父さん father) (▶自分の母親をいうときは my をつけずに, Mother ということもある)
▶ お母さんはお元気ですか.
How is your *mother*?
▶「お母さん, ただいま」「お帰りなさい, メアリー」"Hi, *Mom*!" "Hello, Mary." (▶「ただいま」は Hi! や Hello. のほかに, I'm home. / I'm back. ということもある)

🗨用法 呼びかけの「お母さん!」
「お母さん!」と呼びかけるときには, **Mother, Mom** [マム], **Mommy** [マミィ] などを使う. どれを使うかは家庭や年齢によって異なる. 厳格な家では **Mother** をよく使う. また, **Mommy** は小さな子どもがよく使う.

おかえし お返し in return [リターン] (for)
▶ 手伝ってもらったお返しに彼女にお昼をごちそうした.
I treated her to lunch *in return for* her help.

おかえり お帰り →ただいま

🗨用法 お帰り(なさい).
英語には, 帰宅した人に対して言う「お帰り(なさい)」に当たるあいさつはない. 通学や通勤などの短い外出から帰った人を出むかえるときは, **Hi.** や **Hello.** などと言うのが一般的.
「お母さん, ただいま」「お帰りなさい, 今日はどうだった?」" *Hi*, Mom. I'm back." "*Hi*, how was your day?"
「ナンシー, 久しぶり!」「お帰り, マーク!」"Long time no see, Nancy!" "*Welcome back*, Mark!" (▶長い旅行などから帰ってきた人に対してはこのように言うと, 待ちわびていたという感情が表現できる)

▶「お母さん, ただいま」「お帰りなさい, ジュディー」
"Hi, Mom!" "*Hello*, Judy."
▶ お帰りなさい. アメリカ旅行はどうでしたか.
Welcome home! How was your trip to the United States?

おかげで thanks to ... , thank you for ...
▶ あなたが手伝ってくれたおかげで私はそれを仕上げることができました.
Thanks to your help, I was able to finish it.
▶ 大雨のおかげで電車が遅れたよ.
The train was delayed *because of* the heavy rain. (▶原因・理由を表すときは because (of) を使う)

◀ おきて

おかしい →おもしろい

1 (こっけいな) funny [ファニィ］；(おもしろい) amusing [アミューズィング]
▶ おかしな話 an *amusing* story
▶ 何がそんなにおかしいの？
What's so *funny*?

2 (変な) strange [ストゥレインヂ］；(調子が悪い) wrong [ロ(ー)ング]
▶ おかしいな．この辺にさいふを置いたはずだけどな．
That's *strange*. I think I left my wallet around here.
▶ ノートパソコンの調子がおかしい．
Something is *wrong* with my laptop.
▶ なんかおかしな空模様になってきた．
The weather looks a little *threatening*.
▶ 近ごろ，彼のようすがおかしいよ．
Lately he has been acting *strange*.

3 (正しくない) bad [バッド], unfair [アンフェア]
▶ そういうのっておかしい（→よくないことだ）と思わない？
Don't you think that's *bad* [*unfair*]?

おかす 犯す,冒す (規則を)break[ブレイク］；(罪を) commit [コミット］；(危険を) run (a risk)
▶ 罪を犯す *commit* a crime
▶ 生命の危険をおかして
at the *risk* of my life
▶ 彼はがんにおかされている．
He *is suffering* from cancer.
▶ 彼のプライバシーをおかす
invade his privacy

おかず (料理) a dish [ディッシ] (▶英米には「主食」と「おかず」という区別はない．a side dish はメインの料理に添える料理のこと)
▶ お母さん，今晩のおかずなあに？
What's for *dinner* tonight, Mom?
▶ どんなおかずがいちばん好きですか．
What's your favorite *dish* [*food*]?

おかまい お構い
▶ どうぞおかまいなく．Don't mind me. / Please don't trouble yourself. / Please don't go to any trouble.
▶ 彼らは病人がいるのにおかまいなしに大声でしゃべっている．
They are talking loud *with no regard for* the fact that there are sick people here.

おがむ 拝む (祈る) pray [プレイ］；(崇拝する) worship [ワ～シプ]

おがわ 小川 a stream [ストゥリーム]

おかわり お代わり seconds [セカンヅ], another helping [ヘルピング] →かわり²
▶ お代わりをください．
Can I have *seconds*? / Please give me *another helping*.

💬用法 お代わりはいかが．
「ケーキのお代わりはいかがですか」ときくときは Would you like some more cake? / Would you like another helping of cake? などと言う．これに対して「もうけっこうです．十分いただきました」と答えるときは No, thank you. I've had enough. と言う．

▶ お飲み物はお代わり自由です（→無料です）．
Refills are free.

おき 沖
▶ その島は海岸から5キロ沖にある．
The island is five kilometers *offshore*.

-おき every [エヴリィ]
▶ 1日おきに
every other day / *every* second day

🗣スピーキング
Ⓐ このバスはどのくらいの間隔で運行していますか．
How often does this bus run?
Ⓑ 15分おきです．
It runs *every fifteen minutes*.

💬用法 「2日おき」の言い方は？
every は「…につき1度」を表すので，「2日おき」つまり3日に1度なら every three days, every third day のようにいう．ただし「10分おき」のように10分に1度を表すときは every ten minutes でよい．

おきあがる 起き上がる get up；(上半身を起こす) sit up

おきて 掟 (規則，約束事) a rule [ルール],

one hundred and thirteen 113

おきどけい

(法律, 自然界などの法則) a law [ロー]

おきどけい 置き時計 a clock [クラック]
→とけい (図)

おぎなう 補う (不足分を) make up for, compensate [カンペンセイト] for;(記入する) fill in, complete [コンプリート]
- 損失を補う *make up for* a loss
- 空所に適当な語を補え.
  Fill in the blanks with suitable words.

おきにいり お気に入り (人・物) a favorite [フェイヴ(ァ)リト];(人) a pet [ペット] (▶しばしば軽べつ的な意味で使う)
お気に入りの favorite →きにいる
- 私のお気に入りのブレスレット
  my *favorite* bracelet
- 紗枝さんは先生のお気に入りなの.
  Sae is our teacher's *favorite*. (▶ pet を使うとしばしば軽べつ的な意味になる)

おきる 起きる

1 (起床する) get up (反 寝る go to bed);(目を覚ます) wake [ウェイク] up

get up

wake up

▶ get up は「起き上がる」という動作, wake up は「目を覚ます」ことを表す.

- 「ふつう朝何時に起きますか」「いつも7時に起きます」
  "What time do you usually *get up* in the morning?" "I always *get up* at seven."
- 「敬介, 起きなさい」「眠いよう」
  "*Wake up*, Keisuke." "I'm sleepy." (▶ Wake up. は「目を覚ませ」の意味. 「床から出ろ」は Get up.)
- 早く起きなさい. *Get up* right now.
- もう起きる時間よ. It's time to *get up*.
- 一晩中起きてサッカーワールドカップを見ていた.
  I *stayed up* all night watching World Cup soccer games.

2 (事件などが) happen [ハプン] →おこる²

おきわすれる 置き忘れる leave [リーヴ], forget [フォゲット]
- しまった. バスにスマホを置き忘れたぞ.
  Oh no! I've *left* my smartphone on the bus. (▶「バスに」など場所を表す語句があるときは, ふつう leave を使う)
- 父はよくかさを置き忘れる.
  Dad often *forgets* his umbrella.

おく¹ 置く

使い分け
(物を) → put, set
(残していく) → leave
(そのままにする) → leave, keep

1 (物を) put [プット], set [セット]

表現力
〜を…に置く → put 〜 on など ...

- 腕時計をテーブルの上に置くな.
  Don't *put* your watch *on* the table.
- 母はテーブルに花びんを置いた.
  Mother *set* a flower vase *on* the table. (▶ set は「特定の場所にきちんと置く」こと)

2 (残していく) leave [リーヴ]
- 学校に教科書を置いておいちゃだめよ.
  Don't *leave* your textbooks at school.

3 (そのままにする) leave, keep [キープ]

表現力
〜を…にしておく
→ leave 〜 ... / keep 〜 ...

- ドアを開けたままにしておいてね.
  Please *leave* the door open.
- 電気をつけたままにしておいたのはだれかな. Who *has left* the light on?
- いつも体は清潔にしておきなさい.
  Always *keep* yourself clean.

用法 leave と keep
leave はある状態をそのままにほうっておくこと, keep は意識的にある状態を保つこと.

おく² 奥
- 引き出しの奥に
  in *the back* of a drawer
- 森の奥に *deep* in the forest

▶ おくる¹

▶ 奥につめてください．
Please move all the way over.

おく³ 億 a hundred million →かず（表）
▶ 1億2000万人 a *hundred* and twenty *million* people
▶ 10億 a billion

おくがい 屋外の outdoor [アウトドー(ァ)], open-air [オウプネア] (反 屋内の indoor)
屋外で outdoors [アウトドーズ], in the open air
▶ 天気のいい日には屋外で運動しなさい．
Exercise *in the open air* on fine days. / Exercise *outdoors* on fine days.
屋外スポーツ outdoor sports

おくさん 奥さん my wife [ワイフ]
▶ 山田さんの奥さん
Mrs. Yamada / Mr. Yamada's *wife*

おくじょう 屋上 a roof [ルーフ] (複数 roofs), a rooftop [ルーフタプ]

オクターブ an octave [アクティヴ]

おくない 屋内の indoor [インドー(ァ)] (反 屋外の outdoor) →しつない
屋内で indoors [インドーズ]
▶ 今日は雨が降っていたので，体育の授業は屋内であった．
We had P.E. class *indoors* today because it was raining outside.
屋内スポーツ indoor sports
屋内プール an indoor swimming pool

おくびょう おく病な cowardly [カウアドゥリ], timid [ティミド]
おくびょう者 a coward, 《口語》a chicken [チキン]

おくやみ お悔やみ condolence [コンドウレンス]；(お悔やみのことば) condolences (▶「お悔やみのことば」の意味のときは複数形で使われることが多い)
▶ 心からお悔やみ申し上げます．
Please accept my sincere *condolences*.

おくらせる 遅らせる delay [ディレイ]
▶ 大雨のため出発を遅らせることにした．
We have decided to *delay* our departure because of the heavy rain.

おくりもの 贈り物
a present [プレズント], a gift [ギフト] (▶ gift は present より改まった言い方)
▶ 誕生日のおくり物 a birthday *present*
▶ 結婚のおくり物 a wedding *gift*
▶ おくり物ありがとう．
Thank you for the *present*.
▶ こんなにすてきなおくり物を送ってくださってどうもありがとう．
Thank you very much for sending me such a nice *present*.

🗨 スピーキング
Ⓐ これはあなたへのおくり物です．
 Here's a present for you.
Ⓑ まあ，どうもありがとうございます．
 Oh, thank you very much.

▶ それをおくり物用に包んでください．
Please wrap it as a *gift*. / Please *gift-wrap* it.

📖 背景 ❶おくり物をするとき，I hope you like it. (気に入ってくれるといいのですが) などと言う．日本のように，「つまらないものですが」とか「粗末なものですが」などとけんそんした言い方はしない．
❷おくり物は，その場で開いて，お礼を言うのがふつう．
❸英米では日本ほどおくり物をしない．お歳暮やお中元などの習慣もない．

おくる¹ 送る

🔍 使い分け
(物を) → send
(見送る) → see off
(送って行く) → take

1 (物を) send [センド] (反 受け取る receive)；(手紙・メールなどを) mail [メイル]

💬 表現力
…を送る → send ...

▶ 私はその小包を航空便で送った．
I *sent* the package by airmail.

💬 表現力
(人) に (物) を送る
 → send ＋人＋物 /
  send ＋物＋ to ＋人

おくる[2]

- 私は彼女に誕生日のカードを送った.
  I *sent* her a birthday card. / I *sent* a birthday card *to* her.
- あとでメール送るからね.
  I'll *email* you later. / I'll *send* you an email later.
- この絵はがきを日本へ送りたいのですが.
  I'd like to *send* this postcard *to* Japan.
- すてきな切手を送っていただいてありがとう.
  Thank you for *sending* me these lovely stamps. / Thanks for the lovely stamps you *sent* me.

2 (人を見送る) **see ... off**;(送っていく) **take** [テイク]

- 父は友達を送りに空港へ行った.
  My father went to the airport to *see* his friend *off*.

> 💬 表現力
> (人)を…まで送る
> → take [drive]＋人＋場所を表す語(句)

- 家までお送りしましょう.
  I'll *take* you home. (▶歩いて「送る」は walk you home, 車で「送る」は drive you home)
- ママ，駅まで車で送ってくれる？
  Can you *drive* me *to* the station, Mom?

3 (時を)

- おばは息子たちに囲まれて幸福な人生を送った.
  My aunt *lived* happily with her sons.

> ✏️ ライティング
> 楽しい学校生活を<u>送って</u>ください.
> I hope you enjoy your school life.

おくる[2] 贈る **give** [ギヴ], **present** [プリゼント] (アクセント注意) (▶ present は give より改まった言い方)

- あなたに日本人形をおくります.
  I'll *give* you a Japanese doll.

おくれる 遅れる, 後れる

1 (予定時刻に) **be late** [レイト] (for); (乗り遅れる) **miss** [ミス]

- 遅れちゃだめだよ.
  Don't *be late*.

> 💬 スピーキング
> ⓐ 遅れてごめんね.
>   I'm sorry I'm late.
> ⓑ どうかしたの？
>   What happened？
> ⓐ 遅れてはいないよ. ぼくも今ここに来たばかりなんだ.
>   You're not late. I just got here myself.

- 私は飛行機に乗り遅れた.
  I *missed* my flight.
- 私たちの乗った飛行機は１時間遅れた.
  Our plane arrived an hour *late*. / Our plane *was delayed* one hour.
- ノートパソコンで動画を見るとき音が遅れて聞こえることがあります. When I watch a video on my laptop, sometimes there is a sound *delay*.

> 💬 表現力
> …に遅れる → be late for ...

- 急がないとバスに遅れるよ. Hurry up, or you will *be late for* the bus. / If you don't hurry, you will *miss* the bus.

2 (進歩などに・他に比べて) **be behind** [ビハインド]

- 彼は仕事が遅れている.
  He's *behind* in his work.
- ぼくは勉強がだいぶ遅れているんだ.
  I'm far *behind* in my studies.
- ぼくはクラスのほかの人より数学が遅れてるんだ.
  I'm *behind* the others in math class.

3 (時計が) **lose** [ルーズ] (反) 進む gain)

- うちの時計は１日に３分遅れる. Our clock *loses* three minutes a day.
- 私の時計, 遅れてるにちがいないわ. いま何時？ My watch must *be slow*. What time is it？ (▶「遅れている」状態は be slow,「進んでいる」は be fast)

おこす[1] 起こす

1 (目を覚まさせる) **wake** [ウェイク] ((up)) → おきる

> 💬 表現力
> …を起こす
> → wake ... up / wake up ...

▶ お母さん，あしたの朝は6時に起こしてね．
Please *wake* me *up* at six tomorrow morning, Mom.

2（立ち上がらせる）
▶ 私は女の子を起こして(→立たせて)あげた．
I helped the girl *up*.

3（引き起こす）**cause**［コーズ］→おこる²
▶ 不注意な運転が事故を起こす．
Careless driving *causes* accidents.
▶ それでは問題を起こすだけだ．
It will only *cause* trouble.

おこす²（火を）**make a fire**

おこたる 怠る **neglect**［ネグレクト］→なまける
▶ ピアノの練習をおこたる
neglect piano practice
▶ 注意をおこたる be careless

おこない 行い（個々の）**an action**［アクション］；（ふるまい）**behavior**［ビヘイヴャ］, **conduct**［カンダクト］（▶後者は改まった語）
▶ 行いには十分気をつけなさいよ．
You have to be very careful about your *behavior*.
▶ 彼女は日頃の行いがよい．
She always *behaves* well. / Her *behavior* is always good.

おこなう 行う

1（する）**do**［ドゥー］, **act**［アクト］→する¹
▶ あすの授業では実験を行います．
We're going to *do* an experiment in tomorrow's class.

2（会・選挙などを）［人が主語で］**have**［ハヴ］, **hold**［ホウルド］；［物が主語で］**be held**, **take place**；（試験などを）**give**［ギヴ］
▶ 会議は3時から行います．
The meeting will *be held* at three. / The meeting will start at three.

ライティング
卒業式は3月20日に**行われる**．
The graduation ceremony will be held on March 20.

▶ 来週数学のテストを行います．I'm going to *give* you a math test next week.

おこり 起こり（起源）**the origin**［オ(ー)リヂン］；（原因）**the cause**［コーズ］

おごり **a treat**［トゥリート］→おごる
▶ これはぼくのおごりだよ．
This is *on* me. / This is my *treat*.

おこりっぽい 怒りっぽい **short-tempered**［ショートゥテンパァド］→たんき

おこる¹ 怒る

1（腹を立てる）**get angry**［アングリィ］《at, with》, **get mad**［マッド］《at, with》（▶後者のほうがくだけた言い方）；（おこっている）**be angry**《at, with》, **be mad**《at, with》→ひょうじょう（図）

使い分け
（人に）→ **get angry at [with]**＋人
（物事・行為に）
→ **get angry at [about]**＋物事・行為

▶ お父さんはすぐにおこる．
My father *gets angry* easily. / My father is *quick-tempered*.
▶ まだ私のことおこっているの？
Are you still *angry with* me?
▶ 彼はぼくのことをおこっていた．He *was angry with* me. / He *was mad at* me.
▶ 何をそんなにおこっているの？
What *are* you so *angry about*?
▶ 彼はその話を聞いてすごくおこった．
He *got* very *angry* when he heard the story.
▶ 私は母をおこらせた．
I *made* my mother *angry*.
▶ きみがおこるのも無理ないよ．
You have a right to *be angry*.
▶ 妹はおこって部屋から出て行ってしまった．
My sister walked *angrily* out of the room.

用法 with と at と about
「人」に対しておこる場合は **with** や **at**,
「物事や行為など」に対しておこる場合は **at** や **about** を使うことが多い．

2（しかる）（おもに子どもなどを）**scold**［スコウルド］；**tell**［テル］**off** →しかる
▶ 遅刻が多いのでおこられた．I *was scolded* because I was often late.

おこる² 起こる

（事件などが）**happen**［ハプン］, **occur**［オカ〜］（アクセント注意）；（問題などが）**arise**［アライズ］；（戦争・災害などが）**break out**

おごる

- 何が起こったの. What *happened*?

> **プレゼン**
> クラスで問題が**起きています**.
> Some problems have arisen in my class.

- 雨の日には自動車事故がよく起こる. Car accidents *occur* on rainy days.

おごる (ごちそうする) treat [トゥリート]
- 私が昼食をおごるよ.
I will *treat* you to lunch.
- これはぼくがおごるよ.
This is my *treat*. / This is *on* me.
- 先輩, 何かおごってください. *Sempai*, please *buy* something *for* me.

おさえる 押さえる, 抑える hold [ホウルド]; (感情などを) control [コントゥロウル]
- いすをしっかりおさえていてね.
Please *hold* the chair steady.
- 私は自分の気持ちをおさえられなかった.
I couldn't *control* my feelings.

おさない 幼い young [ヤング]
- 幼い子どもたち *young* children
- 幼いころ, 母はよくお話をしてくれた.
My mother used to tell me stories when I was *small*.

> **プレゼン**
> 漫画家になるのが**幼い**ころからの私の夢です.
> I've dreamed of becoming a cartoonist since my childhood.

幼なじみ a childhood friend
- 私たちは幼なじみだった.
We were *childhood friends*.

おさまる 治まる, 収まる (静まる) go down, calm [カーム] down; (やむ) stop [スタップ]; (解決する) be settled [セトゥルド]
- 風がおさまった.
The wind *has calmed down*.
- 夕方になって雨はおさまった.
The rain *stopped* in the evening.
- 痛みはもう治まった.
The pain *has stopped*.
- ごたごたがようやく収まった.
The troubles *were* finally *settled*.

おさめる[1] 治める rule [ルール] (over), govern [ガヴァン]

おさめる[2] 納める pay [ペイ]

- 私はまだ授業料を納めていません.
I *haven't paid* my tuition yet.

おじ →かぞく(図)

an **uncle** [アンクル] (対 おば aunt)
- ぼくにはおじが3人います.
I have three *uncles*.
- 青森のおじさんが宅配便でリンゴを送ってくれた. My *uncle* in Aomori sent us apples by home delivery.

おしい 惜しい **1** (残念な) too bad
- おしい!
What a pity! / *What a shame*!
- きみがいっしょに来られないのはおしい.
It's *too bad* you can't come with me.

2 (だいじな) dear [ディア], precious [プレシャス]
- だれだって命はおしい.
Life is *precious* to everybody.
- ぼくは時間がおしい (→むだにできない).
I *can't waste* my time.
- この本を捨てるのはおしい. This book is *too good* to be thrown away.

おじいさん

(祖父) a **grandfather** [グラン(ドゥ)ファーザァ] (対 おばあさん grandmother), a grandpa [グラン(ドゥ)パー]; (老人) an old man
- あなたのおじいさんは今年おいくつですか.
How old is your *grandfather* this year?
- ひいおじいさん a great-*grandfather*

おじいちゃん a grandpa [グラン(ドゥ)パー]
- おじいちゃん, また遊びにきてね. Please come to see me again, *Grandpa*.

おしいれ 押し入れ *oshiire*, a closet (▶説明するときは, a Japanese-style closet with sliding doors (引き戸のついた日本式のクローゼット) のように言えばよい)

おしえ 教え teachings [ティーチングズ]; (教訓) a lesson [レスン]
- キリストの教え Christ's *teachings*
教え子 (今の) *my* student(s), *my* pupil(s); (かつての) *my* former student(s), *my* former pupil(s)

おしえかた 教え方 how to teach

◀ **おしえる**

▶ 私の数学の先生は教え方がうまい［よくない］．
My math teacher is [isn't] good at *teaching*.

おしえる 教える

使い分け
(学科・技術を) → teach
(ことばで道などを) → tell
(図や実演で) → show

1 (学科・技術を) **teach** [ティーチ]（反 学ぶ learn）→ **せんせい**[1]

▶ 教えることは学ぶことです．
Teaching is learning.

表現力
…を教える → teach ...

▶ おじは朝日中学で理科を教えている．
My uncle *teaches* science at Asahi Junior High School. / My uncle is a science *teacher* at Asahi Junior High School.

表現力
(人) に…を教える
→ teach +人+ ... /
teach ... to +人

▶ 土井先生が私たちに数学を教えてくれます．
Ms. Doi *teaches* us math. / Ms. Doi *teaches* math *to* us.

▶ 彼女は近所の子どもたちにピアノを教えている．
She *is giving* piano *lessons to* neighborhood children. (▶give lessons は音楽などを個人的に教えること)

表現力
(人) に…のしかたを教える
→ teach +人+ how to ...

▶ 将棋のやり方を教えてあげましょう．
I'll *teach* you *how to* play *shogi*.

2 (ことばで道などを) **tell** [テル]
▶ どうやったらいいか教えて．*Tell* me how.
▶ 「だれが好きなの？」「教えない！」 "Who do you love?" "I'm not *telling*!"
▶ あなたのお国のことを教えてください．
Please *tell* me about your country.
▶ 彼にほんとうのこと教えてあげたら？
Why don't you *tell* him the truth?

表現力
(人) に… (道など) を教える
→ tell [show] +人+ ...

スピーキング
Ⓐ すみませんが，駅へ行く道を教えてくださいませんか．
Excuse me, but could you tell me the way to the station?
Ⓑ いいですよ．
Certainly.

▶ 電話番号を教えてください．
Please *give* me your phone number. / (よりていねいに) May I *have* your phone number?
▶ その店がどこにあるか教えてください．
Please *tell* me where the store is.

3 (図や実演で) **show** [ショウ]

表現力
(人) に…のしかたを (見せて) 教える
→ show +人+ how to ...

▶ パソコンの使い方を教えてあげるよ．
I'll *show* you *how to* use a computer.

用法 teach と tell と show
teach は「学問や技術など努力のいることを指導する」こと．tell は「ことばで説明する」こと．show は「実際にやったり，図で示したりする」こと．すなわち，道を教えるときに show を使うと，地図を使ったり，同行したりすることを表す．

teach

tell　　show

おじぎ

おじぎ a bow [バゥ]；(軽い) a nod [ナッド]
おじぎをする bow, take a bow

🔲プレゼン
日本では生徒は授業の前後に先生におじぎをする.
In Japan, students bow to the teacher before and after class.

おじさん (親せき) an uncle [アンクル] (▶呼びかけるときは Uncle! という)；(よその男性) a gentleman [ヂェントゥルマン] (▶呼びかけるときは sir (非常にていねいな言い方)とか mister(くだけた言い方)という)

おしたおす 押し倒す push down
おしだす 押し出す push out 《of》
おしつける 押しつける push against；(強制する) force [フォース] 《on》
▶ 私は壁に頭を押しつけた.
I *pushed* my head *against* the wall.
▶ こんな難しい仕事を私に押しつけないでよ.
Don't *force* this difficult job *on* me.

おしっこ (a) pee[ピー], number one(▶後者は子どもが使う言い方)
おしっこする pee, go number one (▶遠回しには pass water という)

おしつぶす 押しつぶす crush [クラッシ]
おしまい (終わり) an end [エンド] →おわり
▶ これで私の話はおしまいです.
That's the *end* of my story.
▶ (授業などで)今日はこれでおしまいにします.
That's all for today.
▶ おしまい (→これですべて終わった)！
All done!

おしむ 惜しむ (けちけちする) spare [スペア]；(残念に思う) be sorry 《for》, feel sorry 《for》
▶ 努力をおしむな. *Spare* no effort.
▶ だれもが彼の死をおしんだ.
Everybody *regretted* his death.

おしめ →おむつ

おしゃべり a chat [チャット]
おしゃべりする talk, have a chat, chat
おしゃべりな talkative [トーカティヴ]
▶ 母と姉はおしゃべりが好きだ.
My mother and sister like *chatting*.
▶ サマーキャンプではぼくたちは夜遅くまでおしゃべりした.
At summer camp we stayed up late *talking*.

🔲表現力
… (人) とおしゃべりをする
→ **talk with [to] +人**

▶ 私は放課後友達とおしゃべりした.
I *talked with* my friends after school.

おじゃま お邪魔 →じゃま
▶ おじゃまします. Hello. May I come in?
▶ おじゃましました.
(時間をとらせたとき) Thank you for your time. / I'm sorry I *interrupted* you for so long. / (帰りぎわ) I must be going now.

🔲用法 おじゃまします．／おじゃましました．
英語では，招待してくれた人の家を訪問したときに「おじゃまします」というあいさつはしない. **Thank you for inviting me.** (ご招待ありがとう) などとお礼を伝えるのがふつう. 帰宅する際に「おじゃましました」と言いたいときにも使える. 他には, **Thank you. I had a great time.** (ありがとう.とっても楽しかったよ) というように，楽しい時間を過ごしたお礼を伝えて「おじゃましました」の代わりにするのもよい.

おしゃれ おしゃれな (流行の)fashionable [ファッ(ョ)ナブル], stylish [スタイリシ]
▶ おしゃれな服
fashionable clothes
▶ 彩はおしゃれだ. Aya is *stylish*.
▶ 芳子おばさんはおしゃれだ.
Aunt Yoshiko is *a good dresser*. / (センスがいい) Aunt Yoshiko has *good fashion sense*.
▶ わあ！ずいぶんおしゃれしてるね！
Boy! You're *dressed up*!

おじょうさん お嬢さん *my* daughter [ドータァ]；(呼びかけ) young lady, miss [ミス]

おしんこ(う) お新香 →つけもの

おす¹ 押す

1 (物・人を) push [プッシ] (反) 引く pull, draw)；(しっかりと押しつける) press [プレス]

▶ ボタンを押す
push a button / *press* a button
▶ 私はドアを押し開けた．
I *pushed* the door open.
▶ キーボードのエンターキーを押してください．
Press the enter key on the keyboard.
▶ 押さないでください．
Don't *push* me, please.
2 (印を) **stamp** [スタンプ]
▶ 封筒に住所を印で押す
stamp my address on an envelope

おす² 雄 a **male** [メイル] (対 めす female), (口語) a **he** [ヒー]
おすの male
▶ あなたの犬はおすですか，めすですか．
Is your dog a *he* or a *she*? / Is your dog *male* or *female*?

おすすめ お勧め，お薦め
▶ おすすめのデザートはどれですか．
Which dessert do you *recommend*?

おせじ お世辞（ほめことば）a **compliment** [カンプリメント]；(へつらい) **flattery** [フラタリィ]
おせじを言う compliment；flatter
▶ 「きみとってもきれいだよ」「おせじでしょ」
"You're very beautiful." "You *flatter* me! / You're *flattering* me! / You *flatterer*!"

おせち おせち料理 **special dishes for the New Year**

おせっかい おせっかいな (口語)**nosy**[ノウズィ] →うるさい
おせっかいな人 a **busybody** [ビズィバディ]
おせっかいを焼く **meddle** [メドゥル]
▶ そんなことよけいなおせっかいだ．
That's none of your business. / Mind your own business.

おせん 汚染 **pollution** [ポルーション]
汚染する **pollute** [ポルート]
▶ 大気汚染 air *pollution*

> ✏️ライティング
> 環境汚染は人類にとって深刻な問題である．
> Environmental pollution is a serious problem for humanity. (▶自然環境を汚染する場合には pollution を使うことが多い)

▶ 放射能汚染
radioactive contamination [レイディオウアクティヴ コンタミネイション] (▶毒物や放射能などの汚染物質で不純にする場合は contamination を使うことが多い)

おそい 遅い

使い分け
(時間が) → late
(速度が) → slow

late　　　　　slow

1 (時間が) **late** [レイト] (反 早い **early**)
▶ リエは遅いなあ．どうしたんだろう．
Rie is *late*. I wonder what happened to her.
▶ 父は昨晩帰りがとても遅かった．Dad came home very *late* last night.
▶ もう遅いから帰ります．
I must be going. It's getting *late*.
▶ うちでは日曜日は朝食が遅い．
We have a *late* breakfast on Sundays.

2 (速度が) **slow** [スロウ] (反 速い **fast, quick**)

> 💬表現力
> …が遅い → be slow in [at] ...

▶ 道子は計算が遅い．
Michiko *is slow in* calculating.
▶ 私は走るのが遅い．
I *can't* run *fast*. / I run *slowly*. / I'm a *slow* runner.

おそう 襲う **attack** [アタック]
▶ 彼らはハチに襲われた．
They were *attacked* by bees.

おそかれはやかれ 遅かれ早かれ **sooner or later**
▶ 遅かれ早かれ本当のことはわかるものだ．
Sooner or later the truth comes out.

おそく 遅く

おそらく

1 (時間が) **late** [レイト] (反) 早く **early**
- 遅くなってすみません.
  I'm sorry I'm *late*.
- 母はいつもより遅く帰宅した.
  Mother came home *later* than usual.
- 「ずいぶん眠そうだねえ」「ゆうべ遅くまで起きてたんだ」
  "You look very sleepy." "I stayed up *late* last night."

2 (速度が) **slowly** [スロウリィ] (反) 速く **fast**, **quickly**) →ゆっくり, おそい
遅くても at (the) latest
- 遅くても６時までには帰ってきなさい.
  Be back by six *at the latest*.

おそらく (十中八九) **probably** [プラバブリィ]; (おそらく…だろう) **be likely to** ... ; (たぶん) **maybe** [メイビィ] →たぶん
- あすはおそらく雨だろう.
  It'll *probably* rain tomorrow. / It's *likely to* rain tomorrow.

おそれ 恐れ (a) **fear** [フィア]
- 今日は大雪になるおそれがある.
  There is a *fear* that there will be a lot of snow today.

おそれいりますが 恐れ入りますが
Excuse me, but ...
- おそれいりますが, 駅へ行く道を教えていただけませんか.
  Excuse me, but could you tell me the way to the station?

おそれる 恐れる

be afraid [アフレイド] 《of》, **fear** [フィア] →こわがる
- おそれなくてもだいじょうぶよ.
  You don't have to *be afraid*.

> 表現力
> …をおそれる
> → be afraid of ... / fear ...

- 英語を話すときはまちがいをおそれるな.
  Don't *be afraid of* making mistakes when you speak English.
- 失敗をおそれちゃだめ.
  Don't *be afraid* to fail. / Don't *be afraid of* a failure.

おそろい
- あの姉妹はいつもおそろいの服を着ている.
  Those sisters always wear *matching* dresses.

おそろしい 恐ろしい

(ひどい) **terrible** [テリブル] ; **frightening** [フライトゥニング], 《口語》**scary** [スケアリィ] →こわい
- ゆうべおそろしい夢を見た.
  I had a *terrible* dream last night.
- 今まででいちばんおそろしい経験は何ですか.
  What has been your most *frightening* experience?

おそろしく (非常に) **very** [ヴェリィ], **terribly**
- その部屋はおそろしく寒かった.
  The room was *terribly* cold.

おそわる 教わる **learn** [ラ~ン] →ならう
- ぼくらは英語を堀先生に教わっている.
  We're *learning* English from Ms. Hori. / Ms. Hori *teaches* us English. / Ms. Hori is our English *teacher*.

オゾン **ozone** [オウゾウン]
オゾン層 the ozone layer [レイア]
オゾンホール an ozone hole

おたがい お互い **each other** [イーチ アザァ] →たがい
- 「ありがとう」「お互いさまだよ」
  "Thank you." "*Don't mention it*." (▶「お礼なんか気にしないで」と表現する)

オタク a **nerd** [ナ~ド], a **geek** [ギ~ク]
- コンピューターオタク a computer *nerd*
- アニメオタク an animation *geek*

おたく お宅 (家) your house, your home ; (人) you
- お宅にうかがってもよろしいですか.
  May I come over to *your house*?
- お宅のお嬢さんは今年中学生になるんでしたっけ？
  Is *your* daughter going to be a junior high school student this year?

> スピーキング
> Ⓐ もしもし, 田中さんのお宅ですか.
>   Hello! Is this Mr. Tanaka's residence?
> Ⓑ はい, そうです.
>   Yes, it is.
> Ⓑ いいえ, ちがいます.
>   No, it isn't.

おだちん お駄賃 a **reward** [リウォード]

◀ **おつかい**

▶ 母の手伝いをしてお駄賃をもらった.
I got *a reward* for helping my mother.

おだてる flatter [フラタァ]
▶ おだてないでくれよ.
Don't *flatter* me. / You're *flattering* me! / Stop *flattering* me!

オタマジャクシ（動物）a tadpole [タドゥポウル] →おや¹（図）

おだやか 穏やか

（海などが）calm [カーム]；（人・性質が）gentle [ヂェントゥル]；（気候が）mild [マイルド]
▶ 今夜は海がおだやかだ.
The sea is *calm* tonight.
▶ おだやかな風が吹いていた.
A *gentle* wind was blowing.
▶ 藤田先生はおだやかなかたです.
Mr. Fujita is a *gentle* teacher.
▶ こちらの気候はおだやかです.
The climate here is *mild*.
おだやかに gently, quietly [クワイエトゥリィ]
▶ 父は私におだやかに話した.
Father spoke to me *quietly*.

おちこぼれ 落ちこぼれ（中途退学者）a dropout [ドゥラパウト]

おちこむ 落ち込む feel blue, feel low
▶ 落ちこんでいるみたいだけど，どうしたの？
You look *blue*. What's the matter?
▶ ジョンは彼女にふられて落ち込んでいる.
John *is feeling down* because he was dumped by his girlfriend.

おちつき 落ち着きのない restless [レストゥレス]
▶ あの男の子はいつも落ち着きがない.
That boy is always *restless*.

おちつく 落ち着く **1**（気持ちが）calm [カーム] down, settle down
▶ 落ち着きなさい.
Calm down. / Don't be upset. / Take it easy.
▶ 落ち着いて勉強できない.
I can't *settle down* to study.
2（場所に）settle down
▶ 私たち家族はこの町に落ち着いた.
Our family *has settled* (*down*) in this town.
3（色・服装などが）quiet [クワイエト]；（様子が）relaxed [リラクスト]

▶ 落ち着いた服装を心がけなさい.
You should try to wear *quiet* colors and styles.
▶ 落ち着いた雰囲気のレストラン
a restaurant with a *relaxed* atmosphere

おちば 落ち葉 a fallen leaf
おちゃ お茶 tea [ティー] →ちゃ
おちゃめ お茶目な mischievous [ミスチヴァス], playful [プレイフル]

おちる 落ちる

1 fall [フォール]；（急に落ちる）drop [ドゥラップ]
▶ 階段から落ちる *fall* down the stairs（▶×*fall from ...* とはいわない）
▶ 川に落ちる *fall* into the river
▶ 落ちないように気をつけなさい.
Be careful and don't *fall*.
▶ 秋には木の葉が落ちる. Leaves *fall* from the trees in autumn.
▶ コップがテーブルから落ちた.
A glass *dropped* from the table.
2（成績が）go down；（試験に）fail [フェイル]（反 受かる pass）
▶ 去年は学校の成績が落ちた.
My grades *went down* last year.
▶ 一生けんめい勉強しないと試験に落ちますよ. If you don't work hard, you'll *fail* (*in*) the examination.（▶ fail in the examination より fail the examination というのがふつう）
▶ 兄さんは志望する高校（の入試）に落ちてしまった.
My older brother *failed* the entrance exam to the high school of his choice.
3（日が）set [セット]
▶ 日が落ちるのが早くなってきた.
The sun *is setting* faster these days. / The days are getting shorter.
4（よごれ・色などが）fade [フェイド]
▶ 洗濯したら，ジーンズの色が落ちちゃったよ.
My jeans *faded* in the wash.

おつかい お使い an errand [エランド] →つかい
お使いに行く go on an errand, run an errand
▶ お使いに行ってきてくれる？

one hundred and twenty-three 123

おっかけ ▶

Will you *go on an errand* for me? / Will you do some shopping for me? (▶後者は買い物を頼む場合のみ)

おっかけ 追っかけ a groupie [グルーピイ]
▶ 姉はあのアイドルグループの追っかけをしている。
My sister is *a groupie* of that idol group.

おつかれさま お疲れ様
▶ (1日の終わりに) おつかれさま、またあしたね。
Take care and see you tomorrow.

> 💬 用法 **おつかれさま**
> 帰宅した家族などに「おつかれさま」と言いたいときは、**How was your day?** (今日はどうだった？) とか **You must be tired.** (疲れたでしょう) のような表現を使う。

おっくうな 億劫な troublesome [トゥラブルサム]

おっしゃる say [セイ], tell [テル] →言う
▶ 何とおっしゃいましたか。
I beg your pardon? (▶文の終わりを上昇調で言う。単に Pardon? ともいう)
▶ あなたのおっしゃることがよくわからないのですが。
I'm sorry, but I don't understand what you're *saying*.
▶ あなたのおっしゃるとおりにいたします。
I will do as you *tell* me.

おっと¹ 夫 a husband [ハズバンド] (対 妻 wife)

おっと² oops [ウ(ー)プス]
▶ おっとっと！*Oops!*
▶ おっと、危ないよ！*Oh*, watch out!

オットセイ 《動物》a seal [スィール], a fur [ファ〜] seal

おっとり おっとりした gentle [ヂェントゥル]; easygoing [イーズィゴウイング]

おっぱい (乳) milk [ミルク]; (乳ぶさ) a breast [ブレスト]
▶ 赤ちゃんにおっぱいを飲ませる
breast-feed a baby / give a baby the *breast*

おつり change [チェインヂ] →つり²

おてあげ お手上げ
▶ お手上げだ。

I give up. / I can't help it. / It's too much for me. / I'm done for.

おてあらい お手洗い →トイレ (ット)
おでこ a forehead [フォ(ー)レド]
おてだま お手玉 a beanbag [ビーンバグ]
▶ お手玉をする play with *beanbags*

> ⓘ 参考 欧米のお手玉は日本のものよりも大きく、豆がつまっていて、主としてボールのように投げて遊ぶのに使う。

おてつだいさん お手伝いさん a helper [ヘルパァ], a housekeeper [ハウスキーパァ]

おでん oden, (a) Japanese hodgepodge [ハヂパヂ]

おてんば お転婆 a tomboy [タンボイ]
▶ 妹はおてんばだ。My little sister is *a tomboy*. / My little sister is *boyish*.

おと 音

(a) sound [サウンド]; (騒音・雑音) (a) noise [ノイズ]

sound

noise

▶ 大きな音 a loud *sound* / a loud *noise*
▶ 小さな音 a low *sound*
▶ 高い [低い] 音 a high [low] *tone*
▶ 変な音 a strange *sound*
▶ 車の音 traffic *noise*
▶ 食べるとき音を立ててはいけない。
You mustn't make *noise* when you eat.
▶ このバイオリンはいい音がするね。
This violin *sounds* nice, doesn't it?
▶ テレビの音を小さく [大きく] してください。
Please *turn down* [*up*] the TV.

▶ おとうさん

音を表すことば
① [ディングド(ー)ング] ゴーンゴーン
② [バンク] ボコン
③ [スマッシ] パリン
④ [ズィップ] ヒュー
⑤ [クラック] カーン
⑥ [パップ パップ] ポンポン
⑦ [スクウィール] キーッ
⑧ [ティクタク] チクタク
⑨ [スプラッシ] バシャ
⑩ [ティンガリング] チリンチリン
⑪ [スナップ] プツン
⑫ [サッド] ドサッ
⑬ [ビープ] ビーッ
⑭ [クラップ クラップ] パチパチ
⑮ [クラッシ] ガチャン
⑯ [キック] バシッ
⑰ [ラップ ラップ] コツコツ

❶参考 日本語では「ガチャンと」「ポタリと」など副詞で表現するが, 英語では動詞や名詞で表すことが多い.「皿がガチャンと床に落ちて割れた」The dishes *crashed* to the floor. / The dishes fell to the floor with a *crash*.

おとうさん お父さん

my father [ファーザァ] (対 お母さん mother) (▶自分の父親をいうときは my をつけず, 文中でも大文字で Father ということもある)

▶ 「お父さんのお仕事は何ですか」「父は大工です」 "What does your *father* do (for a living)?" "He's a carpenter."
▶ お父さん, カメラ買ってよ.
Please buy me a camera, *Dad*.

❷用法 呼びかけの「お父さん!」
「お父さん!」と呼びかけるときには, **Father**, **Dad** [ダッド], **Daddy** [ダディ] などを使う. どれを使うかは各家庭や年齢によって異なる. 厳格な家では **Father** をよく使う. また, **Daddy** は小さい子どもがよく使う.

おとうと ▶

おとうと 弟

a brother [ブラザァ], a younger brother, a little brother →きょうだい¹
▶ 弟は9歳です.
My *brother* is nine years old.
― 一番下の弟 my *youngest brother*
― 下から2番目の弟
my second *youngest brother*
▶ 弟は私より3歳年下です.
My *brother* is three years younger than me.

🗨スピーキング
Ⓐ 兄弟はいますか.
Do you have any brothers?
Ⓑ はい, 弟が1人います.
Yes, I have a younger brother.

おどおど おどおどした timid [ティミド], nervous [ナ~ヴァス], restless [レストゥレス]
▶ その男の子はいつもおどおどしている.
The boy always looks *timid*.
おどかす scare [スケァ] →おどす
▶ おどかさないでよ.
You *scared* me. / Don't *scare* me. (▶前者はおどかされたあとの言い方. 後者はおどかされる前でもあとでも使う)
おとぎのくに おとぎの国 a fairyland [フェ(ア)リィランド]
おとぎばなし おとぎ話 a fairy tale [フェ(ア)リィ テイル], a nursery [ナ~サリィ] tale

おとこ 男

a man [マン] (複数 men) (対 女 woman); (男性) a male [メイル] (対 女性 female)
男の male
男らしい manly [マンリィ]
男の先生 a *male* teacher
▶ あそこに立っている男の人はだれだい？
Who is that *man* standing over there?
▶ 男も家事をしなくちゃ.
Men should also do housework.
▶ これは男物ですか, それとも女物ですか.
Is this *men's* or women's wear?
男友達 (男から見て) a friend; (女から見て) a male friend (▶英語の boyfriend

は「恋人」という意味になるので注意)
男の子 a boy; (赤んぼう) a baby boy
おとしだま お年玉 a New Year's gift (of money)
▶ おじさんはお年玉を5000円くれた.
My uncle gave me 5,000 yen as a *New Year's gift*.
おとしもの 落とし物 《米》a lost article, 《英》lost property [プラパティ]
▶ 落とし物をしたみたい.
I'm afraid I *lost* something.
落とし物取扱所 the lost and found (office)
▶ 落とし物取扱所はどこですか.
Where's *the lost and found*? / Where's *the lost property office*?
おとしより お年寄り →としより

おとす 落とす

drop [ドゥラップ]; (なくす) lose [ルーズ]
▶ 何か落としましたよ.
You *dropped* something.
▶ しまった. どこかに財布を落としたよ.
Oh, no! I *lost* my wallet somewhere.
― スピード落とせ 《掲示》Slow *Down*

▶ the を落としました (→書き落とした).
I *left* "the" *out*.
おどす threaten [スレトゥン]
▶ その男はナイフで私をおどした.
The man *threatened* me with a knife.

おとずれる 訪れる

(訪問する) visit [ヴィズィト]; (人を) call [コール] on; (来る) come [カム]
▶ 秋には多くの観光客が日光を訪れる.
Many tourists *visit* Nikko in the fall.
▶ 北海道にもやっと春が訪れた.
Spring *has* finally *come* to

◀ おどろく

Hokkaido.
おととい the day before yesterday
▶ おとといの夜に
(on) the night *before last*
おととし the year before last

おとな 大人

(男の) a **man** [マン] (複数 men); (女の) a **woman** [ウマン] (複数 women); (男女の区別なく) a **grown-up** [グロウナプ], an **adult** [アダルト]
大人になる grow up
大人の grown-up, adult

🗨 プレゼン

大人になったら野球の選手になりたいです.
I want to be a baseball player when I grow up.

▶ 少しは大人になったら.
Act your age. / *Grow up!* / Don't be a baby!
▶ (切符売り場などで) 大人 2 枚, 子ども 4 枚ください.
Two *adults* and four children, please.
▶ 彼女は年より大人っぽく見える.
She looks *mature* for her age.

おとなしい (もの静かな) quiet [クワイエト], (おだやかな) gentle [チェントゥル], mild [マイルド]
おとなしく quietly, gently
▶ おとなしくするんですよ.
Be *quiet*! / Be *good*! / Be a *good boy* [*girl*]! / Behave yourself! (▶最後の文は「お行儀よくしなさい」という意味)
▶ おとなしくここで待っていなさい.
Wait here *quietly*.

おとめざ おとめ座 the Virgin [ヴァ～ヂン], Virgo [ヴァ～ゴウ] →せいざ (表)

おどり 踊り (踊ること) dancing [ダンスィング]; (1 回の) a dance
▶ 彼女は踊りがうまい.
She is good at *dancing*. / She is a good *dancer*.
▶ 盆踊り a *Bon* dance
踊り場 (階段の) a landing

おとる 劣る (より悪い) be worse [ワ～ス] (than)

▶ このスマホはあれよりも品質が劣る.
The quality of this smartphone *is worse than* that one.

おどる 踊る

dance [ダンス]
▶ 踊りましょうか. Shall we *dance*?
▶ 音楽に合わせて踊る
dance to music

🗨 スピーキング

Ⓐ 踊っていただけますか.
Would you dance with me?
Ⓑ 喜んで.
I'd love to.

おとろえる 衰える become weak
おどろかす 驚かす surprise [サプライズ]
▶ 驚かすなよ.
You *surprised* me. / You *scared* me! / Don't *scare* me.
▶ 驚かすことがあるんだ.
I've got a big *surprise* for you.
おどろき 驚き (a) surprise [サプライズ]; (驚嘆) wonder [ワンダァ]
▶ そいつは驚きだ.
That's *surprising*. / What a *surprise*!

おどろく 驚く

be surprised [サプライズド] (at, to ...)
→ひょうじょう (図)
▶ ああ, 驚いた.
Oh, I'*m surprised*. / Oh, you *surprised* me. / What a *surprise*!
▶ 別に驚くことじゃないよ.
That's not *surprising*.

🗨 表現力

…に驚く → **be surprised at ...**

▶ そのニュースにとても驚いた.
I *was* very *surprised at* the news. / I *was* very *surprised* to hear the news.

🗨 用法 「驚く」と **be surprised**

surprise は「(物事が人を) 驚かす」という意味なので, 「(人が) 驚く」というときはふつう受け身の **be surprised** で表す.

one hundred and twenty-seven 127

おないどし

> 表現力
> …して驚く → be surprised to ...

- コーチが結婚したって聞いて驚いたわ.
  I *was surprised to* hear that our coach got married.

> 表現力
> …ということに驚く
> → be surprised that ...

- 真子が入試に落ちたのにはとても驚いた.
  I *was* very *surprised that* Mariko failed the entrance exam.

驚いたことに to my surprise
- 驚いたことに，エドがマイクとけんかしたんだ.
  To my surprise, Ed had a quarrel with Mike.

驚いて in surprise, with surprise
- 先生は驚いて私を見た.
  The teacher looked at me *in surprise*.

驚くべき surprising

> プレゼン
> ここに**驚くべき**事実があります.
> Here's a surprising fact.

おないどし 同い年
- あの歌手は私と同い年よ.
  That singer is *the same age as* I am. / That singer is *as old as* I am.
  (▶くだけた言い方では I am の代わりに me を使う)

おなか a stomach [スタマク] →い, はら¹
- おなかがいっぱいで，もう食べられません.
  I'm *full*. I can't eat any more.
- 「おなかがすいたよ」「さっき食べたばかりじゃないの」"I'm *hungry*." "You just ate a little while ago."
- おなかがぺこぺこだ.
  I'm *starving*. / I'm *very hungry*.
- おなかがいたい. I have a *stomachache*. / My *stomach* hurts.

おなじ 同じ

1 (同一の・同じ種類の) the **same** [セイム]
- 俊樹とぼくは同じクラスです.
  Toshiki and I are in *the same* class. / Toshiki is in *the same* class with me.
- この2本の万年筆はほとんど同じものだ.
  These two fountain pens are almost *the same*.
- これらは両方ともだいたい同じ値段です.
  These are both about *the same* price.

> スピーキング
> Ⓐ チーズバーガーをください.
>   I'll have a cheeseburger.
> Ⓑ 私にも**同じもの**を.
>   I'll have the same.

- 同じものを2つください.
  Please give me two of *the same*.

> 表現力
> …と同じ〜
> → the same 〜 as [that] ...

- ぼくは兄と同じ学校に通っている.
  I go to *the same* school *as* my brother.
- 横田先生はきのうと同じスーツを着ているね. Mr. Yokota is wearing *the same* suit (*that* [*as*]) he wore yesterday.
  (▶話し言葉ではこの that や as は省略することが多い)
- 私の誕生日は母と同じです.
  My birthday is *the same as* my mother's. (▶ mother's のあとには birthday が省略されている)
- (店で)これと同じものがありますか.
  Do you have *the same* one *as* this?

> 表現力
> …と同じくらい〜
> → as ＋形容詞・副詞＋ as ...

- この犬はあの犬と同じくらいの大きさだ.
  This dog is *as* big *as* that one.
- ぼくは健と同じくらいじょうずに泳げる.
  I can swim *as* well *as* Ken.

> 文法 as 〜 as ... の使い方
> as と as の間にはふつう形容詞・副詞の原級がくる. また「同じほどには〜ない」と否定するときは not as 〜 as ... とする. This dog is *not as* big *as* that one. (この犬はあの犬ほど大きくない)

◀ **おはよう**

2 (似ている) similar [スィミラァ], alike [アライク]
▸ あそこにいるネコは，私にはみんな同じに見える．
All those cats look *alike* to me.
▸ 私にも同じような経験がある．
I have had a *similar* experience.

おなら 《米》gas [ギャス], 《英》wind [ウィンド]
おならをする 《米》pass gas, 《英》break wind

おに 鬼 (おとぎ話の) an ogre [オウガァ]; (悪魔) a demon [ディーモン]; (鬼ごっこの) it [イット]
▸ 鬼は外，福は内．Out with *bad luck*, and in with good.
▸ あなたが鬼よ．You're *it*!
鬼ごっこ tag [タッグ]
▸ 鬼ごっこをしよう．Let's play *tag*.

おにいさん お兄さん a brother [ブラザァ] →にいさん，あに

おにぎり an onigiri, a rice ball [ライスボール]

おねえさん お姉さん a sister [スィスタァ] →ねえさん，あね

おねがい お願い a wish [ウィッシ], a favor [フェイヴァ] →ねがい

> 🗨 スピーキング
> Ⓐ お願いがあるんですけど．
> Can you do me a favor?
> Ⓑ ええ，何でしょうか．
> Sure. What is it?

▸ お願いがあるのですが．
Would you do me a *favor*? / (さらにていねいに) May I ask you a *favor*?
▸ (電話で) リエさんをお願いします．
May I speak to Rie-*san*, *please*?
▸ お願い，新しいブラウス買って．
Please buy me a new blouse.

おねしょ bed-wetting [ベッドウェティング]
おねしょをする wet *my* bed

おの an ax [アックス]; (手おの) a hatchet [ハチェト]

おのおの(の) 各々の each
▸ 生徒はおのおの自分のかばんを持っている．
Each student has their own bag.

おば →かぞく (図)

an aunt [アント] (対 おじ uncle)
▸ 私には明子おばさんと麗子おばさんとい

う2人のおばがいます．I have two *aunts*, *Aunt* Akiko and *Aunt* Reiko.

おばあさん

(祖母) a **grandmother** [グラン(ドゥ)マザァ] (対 おじいさん grandfather), a grandma [グラン(ドゥ)マー]; (老人) an **old woman**
▸ おばあさんは少し耳が遠い．
My *grandmother* is a little hard of hearing.
▸ ひいおばあさん a great-*grandmother*

おばあちゃん a grandma [グラン(ドゥ)マー]

おばけ お化け (幽霊) a ghost [ゴウスト]; (怪物) a monster [マンスタァ]
お化け屋敷 a haunted [ホーンティド] house

おばさん (親せき) an aunt [アント] (▶呼びかけるときは Auntie! [アンティ]という); (よその女性) a lady [レイディ], a woman [ウマン] (▶呼びかけるときは ma'am という).
▸ 恵子おばさん *Aunt* Keiko
▸ おばさん，これはおばさんのですか．
Is this yours, *ma'am*?

おはよう

Good morning.

> 🗨 スピーキング
> Ⓐ おはようございます，スミス先生．
> Good morning, Ms. Smith.
> Ⓑ おはよう，ケン．
> Good morning, Ken.

▸ 「カナ，おはよう！」「おはよう，サム！」
"*Hi*, Kana!" "*Hi*, Sam!"

> 📖 **用法 Good morning.**
> ❶ 相手の名前をあとにつけることが多い．**Good morning, Ken.**(おはよう，ケン)
> ❷ **Good morning.** は午前中のあいさつ．午前中ならば昼近くでも使われるので，「こんにちは」に相当することがある．
> ❸ Good を略して，単に **Morning, Ken.** などと言うこともある．
> ❹ **Good morning** はやや改まった言い方なので，若い人どうしでは **Hello!** とか **Hi!** と言うことが多い．

おび ▶

おび 帯 a sash [サッシ]；(日本の) an *obi*
▶ 帯を結ぶ tie an *obi*

おびえる be frightened [フライトゥンド]《at》, be scared [スケアド]《of》
▶ 何もおびえることはない.
There is nothing to *be scared of*.

おひつじざ おひつじ座 the Ram [ラム], Aries [エ(ア)リーズ] →せいざ (表)

おひとよし お人よしの good-natured [グドゥネイチァド]；(だまされやすい) gullible [ガラブル]

おひなさま おひな様 a Dolls' Festival doll [ダルズ フェスティヴァル ダル], a *Hina* doll
▶ おひなさまをかざる
display *Hina dolls* (of the Dolls' Festival)

おひる お昼 (正午) noon [ヌーン]；(午後) afternoon [アフタヌーン]；(昼食) lunch [ランチ]

オフィス an office [オ(ー)フィス]
オフィスビル an office building

オフェンス offense [オフェンス] (反) ディフェンス defense)

おふくろ お袋 《米》my mom [マム], 《英》my mum [マム]

オフサイド offside [オ(ー)フサイド]
オフサイドトラップ an offside trap
オフサイドライン an offside line

オペラ an opera [アペラ]
▶ オペラを上演する perform an *opera*

オペレーター an operator [アペレイタァ]

おぼえ 覚え memory [メモリィ]
▶ 君にそんなことを言った覚えはない.
I don't *remember* telling you that.
▶ 一度そこへ行った覚えがある.
I think I've been there once.

おぼえている 覚えている

remember [リメンバァ] (反 忘れる forget)
(▶進行形にしない) →おもいだす

🔵表現力
…を覚えている → remember ...

🟠スピーキング
🅐 ぼくのこと覚えてる？
Do you remember me?
🅑 ええ，もちろん．ジョンでしょ．
Yes, of course. You're John, aren't you?

▶ メロディーは覚えているんだけど，歌詞が思い出せない．
I *remember* the melody but can't remember the words.

🔵表現力
…したことを覚えている
→ remember -ing

▶ ここで泳いだことを覚えていますか．
Do you *remember swimming* here?

📘文法 remember -ingとremember to ...
過去にしたことを「覚えている」というときは remember -ing を使う．remember to ... とすると，これから先にすることを「覚えておく」，つまり「忘れずに…する」という意味になる．

🔵表現力
…ということを覚えている
→ remember (that) ...

▶ いつも私がそばにいることを覚えていてね (→忘れないでね).
Remember I'm always with you.

おぼえる 覚える

(習い覚える) learn [ラ〜ン] →ならう；(記憶する) memorize [メモライズ], learn ... by heart →あんき
▶ 1日に単語を5つずつ覚えなさい．
You should *learn* five words a day.
▶ どうやって中国語を覚えたのですか．
How did you *learn* Chinese?
▶ 英語の歌の歌詞を覚えるのは難しい．
It's hard to *memorize* the words of English songs.
▶ いっぺんに覚えようとしたらだめだよ．
Don't try to *memorize* everything all at once.

おぼれる drown [ドゥラウン], be drowned
▶ かわいそうにネコが池でおぼれた．
The poor cat *drowned* in the pond.
(▶ drown は「おぼれて死ぬ」という意味)
▶ きのうプールでおぼれそうになったんだ．
I almost *drowned* in the pool yesterday.

◀ **おめでとう**

おぼん お盆 the Bon Festival
おまいり お参りする visit [ヴィズィト]
▶ 私たちは合格祈願のために神社にお参りした.
We *visited* the shrine to pray that we would pass our entrance examinations.
おまえ you [ユー] →あなた, きみ¹
▶ おまえってやつは,本当にしようがないなあ！
You are just impossible!
おまけ a giveaway [ギヴァウェイ]
▶ このシールはおまけです.
This sticker is a *free gift*.
おまけに
▶ おまけに（→さらに悪いことに）雨まで降りだした.
What is worse, it started raining. / *To make matters worse*, it began to rain.
おまじない （幸運をもたらす）a charm [チャーム], （魔力をもつ）a spell [スペル]
おまちどおさま お待ち遠さま
▶ お待ちどおさま.
I'm sorry to have kept you waiting so long. / I hope I didn't keep you waiting too long. / （レストランなどで）Here is your order. （▶英米のレストランなどでは「お待たせしました」と言う文化はなく,「ご注文の品です」のように言うのが一般的）
おまもり お守り a charm [チャーム], a good luck charm
▶ 交通安全のお守り
a *lucky charm* for safe driving

西洋ではよくお守りにされる, てんとう虫, 四つ葉のクローバー, ホースシュー（蹄鉄ているつ）.

おまわりさん お巡りさん a police officer [ポリース オ(ー)フィサァ]（▶呼びかけるときは Officer! [オ(ー)フィサァ] という）

おみくじ *omikuji*, a fortune-telling [フォーチュンテリング] paper strip, a fortune slip
▶ 私はおみくじを引いた. 吉だった.
I drew a *fortune slip*. It predicted good fortune for me.
おみこし an *omikoshi*, a portable shrine [ポータブル シライン]
▶ おみこしをかつぐのが好きだ.
I like to carry a *portable shrine* on my shoulder.
おみや お宮 a shrine [シライン]
おみやげ お土産 →みやげ
おむつ （米）a diaper [ダイ(ア)パァ],（英）a nappy [ナピィ]
▶ 赤ちゃんのおむつをかえる
change the baby's *diaper*
オムレツ an omelet [アムレト]

おめでとう

congratulations [コングラチュレイションズ]（▶複数形で使う）

🅐 おめでとう.
 Congratulations!
🅑 ありがとう.
 Thank you.

▶「ご卒業おめでとう」「ありがとう」
"*Congratulations* on your graduation!" "Thank you very much."
▶ ご結婚おめでとう.
Congratulations on your wedding! / I wish you every happiness.
▶「お誕生日おめでとう」「ありがとうございます」
"*Happy* birthday!" "Thank you very much." （▶誕生日を祝う手紙では Many Happy returns (of the day)! （今日のよき日が何度もめぐってきますように！）と書くことも多い）
▶ 新年おめでとう. *Happy* New Year!

背景 カードなどには, **A Merry Christmas and a Happy New Year!** とか **A Morry Christmas and a Happy 2025!** あるいは **Season's Greetings!** などと書く. →クリスマス

one hundred and thirty-one 131

おめにかかる

> 💬用法 「おめでとう」と言われたら？
> Merry Christmas! (クリスマスおめでとう), Happy New Year! (新年おめでとう)と言われたら，(**The**) **same to you.** / **Thank you. And the same to you!** / **Thank you. You, too!** などと答える.

おめにかかる お目にかかる meet [ミート], see [スィー] →あう¹
▸ お目にかかれてうれしいです.
I'm glad to *meet* you. (▶初対面のあいさつでは meet を使う. 前に会ったことのある人の場合は see を使って I'm glad to see you. という)
▸ お目にかかれてうれしかったです.
It was nice *meeting* you. / It was nice to *have met* you. (▶初対面の人と別れるときのあいさつ)
▸ またお目にかかれればと思います.
I'd like to *see* you again.

おもい¹ 重い

1 (重さが) heavy [ヘヴィ] (反 軽い light)
▸ 重い石
a *heavy* stone
▸ 去年より体重が重くなった.
I've *become heavier* since last year. / I've *gained weight* since last year.

2 (病気が) serious [スィ(ア)リアス]
▸ ぼくは今まで重い病気にかかったことがない.
I have never been *seriously* ill.

3 (気分が)
▸ 今日は気分が重い.
I feel *depressed* today.

4 (データ・画像ファイルなどが) heavy [ヘヴィ], large [ラーヂ]
▸ この画像データは重い.
This image is *heavy*.

おもい² 思い (考え) (a) thought [ソート]; (愛情) love [ラヴ]; (気持ち) feelings [フィーリングズ]; (願望) a wish [ウィッシ]
▸ 思いにふける
be lost in *thought*
▸ うちのチームが負けるなんて，思いもしなかった.
I never *thought* our team would lose the game.
▸ こんないやな思いをするのは初めてだ.
I've never *felt* so unhappy.

おもいあたる 思い当たる
▸ 何か思い当たることはないですか.
Doesn't it *remind* you *of* something?

おもいがけない 思いがけない unexpected [アネクスペクティド] →いがい
▸ 思いがけないできごと
something *unexpected*
思いがけなく unexpectedly

おもいきって 思いきって
▸ 思いきってやってみなさい.
Go for it.
▸ さあ，思いきって言ってごらんよ.
Come on. Speak up.
▸ 彼は思いきって彼女をデートにさそった.
He *dared to* ask her out for a date.

おもいきり 思いきり as ... as one can
▸ 思いきりバットをふりなさい.
Swing the bat *as hard as you can*.

おもいだす 思い出す

remember [リメンバァ]; (思い出させる) remind [リマインド] ...(of) (▶主語には思い出すきっかけとなる物や人がくる)
▸ どうしても彼の名前が思い出せない.
I just can't *remember* his name.
▸ あっ，それで思い出した！
Oh, that *reminds* me! / Now I *remember*! (▶過去形にはしない)
▸ この写真を見ると学生時代を思い出す.
This picture *reminds* me *of* my school days.

> 📣プレゼン
> この3年間，思い出せば楽しいことがたくさんありました．
> I have many pleasant memories of the past three years.

▸ それをきのうのことのように思い出す.
I *remember* it as if it were yesterday. (▶話し言葉では were の代わりに was もよく使われる)

おもいちがい 思いちがい (a) misunderstanding [ミサンダスタンディング]
▸ それはきみの思いちがいにすぎない.
It's just your *misunderstanding*.

◀ **おもう**

おもいつき 思いつき an idea [アイディ(-)ア] →かんがえ
▶ 彼は思いつきで行動する.
He acts *without much thinking*. / He does things *on a whim*. (▶ whim [(フ)ウィム] は「気まぐれな思いつき」という意味)

おもいつく 思いつく think of

> 🎤プレゼン
> 適当なことばを思いつきません.
> I can't *think of* the right word.

▶ いいことを思いついた.
I've got a good idea. / A good idea *occurred* to me.
▶ 思いつくことはこれぐらいだ.
This is all I can *think of*.

おもいで 思い出

a memory [メモリィ]
▶ 多田先生, すばらしい思い出をありがとうございました.
Ms. Tada, thank you for all the wonderful *memories*.
▶ 楽しかった思い出が胸にこみ上げてきます.
Pleasant *memories* flow into my mind. / My heart is filled with pleasant *memories*.

> 🎤プレゼン
> 中学時代の楽しい思い出がいっぱいあります.
> I have a lot of happy *memories* from my junior high school days.

▶ この旅行はたいせつな思い出になるだろう.
This trip will remain my treasured *memory*.

おもいどおり 思いどおり
▶ (私の) 思いどおりにする
go my own way / have my own way
▶ すべて思いどおりにいった.
Everything went *as I expected*.
▶ 人生はいつも思いどおりにいくわけではない.
Life doesn't always go *the way you want* (it to).

おもいやり 思いやり thoughtfulness [ソートゥフルネス], consideration [コンスィダレイション]

思いやりがある be thoughtful [ソートゥフル] (of), be considerate [コンスィダレト] (of), be kind [カインド] (to)

思いやりがない be thoughtless (of), be inconsiderate (of), be unkind (to)

▶ 彼女はいつも思いやりがある.
She's always *kind and caring*. / She's always *thoughtful*.
▶ もっと思いやりの心をもちなさい.
You should *be* more *considerate of* others. / You should *care* more *about* others.

おもう 思う

> 使い分け
> (考える) → think
> (確信する) → believe, be sure
> (推測する) → guess, be afraid
> (予期する) → expect
> (望む) → want, hope
> (意図する) → be going to

1 (考える) think [スィンク]; (感じる) feel [フィール]; (想像する) dream [ドリーム]

> 💬表現力
> …だと思う → think (that) ...

▶ 「この T シャツは高すぎると思う」「ぼくもそう思うな」
"I *think* this T-shirt is too expensive." "I *think* so, too."
▶ ね, ね, それって変だと思わない？
Say, don't you *think* that's strange?

> 🗣スピーキング
> Ⓐ あすは晴れると思う？
> Do you think the weather will clear up tomorrow?
> Ⓑ うん, そう思う.
> Yes, I think so.
> Ⓑ いや, 晴れないと思うな.
> No, I don't think so.

▶ お母さんに話してみたらいいと思うよ.
I *think* you should tell your mother.
▶ ケンは来ないと思います.
I don't *think* Ken will come. (▶英語では, ふつう think のほうを打ち消した言い方をする)

おもう

× I think Ken will not come.

動詞 think のほうを打ち消す.

○ I don't think Ken will come.
(▶英語では「ケンが来るとは思わない」という発想になる)

▶ 私はいつもあなたのことを思っている.
I'm always *thinking* of you.
▶ あの人をだれだと思いますか.
Who do you *think* he is?
▶ それはいい考えだと思った.
I *thought* that was a good idea. (▶過去形の thought になると, 後ろの「主語+動詞」の動詞も過去形にする)

💬表現力
…をどう思う
→ (どう考えているか)
　 What do you think of ...?
→ (どう感じているか)
　 How do you feel about ...?

▶ 新しい制服をどう思いますか.
What do you think of our new uniforms? / *How do you feel about* our new uniforms?
▶ まさか彼が高校受験に失敗するとは思わなかった.
I never *dreamed* (that) he would fail the high school's entrance exam.

2 (確信する) **believe** [ビリーヴ], **be sure** [シュア]

▶ 私はマミが正しいと思う.
I *believe* (that) Mami is right. (▶確信がある場合には believe を使う)

💬表現力
きっと…だと思う
→ be sure (that) ...

▶ きっと彼女は成功すると思います.
I'm *sure* she will succeed.

3 (推測する) **guess** [ゲス], **suppose** [サポウズ]; (心配する) **be afraid** [アフレイド]; (予期する) **expect** [イクスペクト]

▶ あのテレビタレントは30すぎだと思うわ.
I *guess* that TV star is over thirty years old.
▶ 試験は思ったよりやさしかった.
The exam was easier than I *expected*.
▶ 電車が遅れるなんて思っていなかった.
I didn't *expect* the train would be late.

💬表現力
…ではないかと思う
→ **be afraid (that) ...**
(▶望ましくないことを推測するときに使う)

▶ あした雨が降るんじゃないかと思う.
I'm *afraid* it will rain tomorrow.
▶ コンサートは中止されると思う.
I'm *afraid* the concert will be canceled.

4 (…したい) **want** [ワント], **would like**; (希望する) **hope** [ホウプ]

💬表現力
…したいと思う
→ want to ... , would like to ...
(▶ would like のほうがひかえめ)

▶ 私はおいしいパイの作り方を習いたいと思う. I *would like to* learn how to make a good pie.
▶ 彼はジャーナリストになりたいと思っている.
He *wants to* be a journalist. / He *hopes to* be a journalist. (▶ want は意志, hope は希望を表す)

💬表現力
…だといいと思う → hope (that) ...

▶ あしたは晴れればいいと思う.
I *hope* it will clear up tomorrow.

望ましいことを思う
→ hope (that) ...
望ましくないことを思う
→ be afraid (that) ...

5 (意図する) **be going to** ...

💬表現力
…しようと思う → be going to ...

◀ **おもちゃ**

- ゴールデンウィークは北海道に行こうと思っている. We're *going to* go to Hokkaido for our Golden Week holidays.
- 今度の週末に健をたずねようと思ってるんだ.
I'm *going to* visit Ken this weekend.

6 (…かしらと思う) **wonder** [ワンダァ]
- 彼女はぼくのことを覚えているだろうかと思った. I *wondered* if she would remember me.

おもさ 重さ **weight** [ウェイト]
(…の)重さがある **weigh** [ウェイ]
- 「この小包の重さはどのくらいあるの？」「10キロだよ」
"What is the *weight* of this package?" "10kg." (▶ How much does this package *weigh*? ともいう)

おもしろい

(興味・関心をひく) **interesting** [インタレスティング］;（おかしい) **funny** [ファニィ], **amusing** [アミューズィング］;（わくわくさせる) **exciting** [イクサイティング]
- おもしろい！
It's *interesting*! / I'm *interested*!
- おもしろそう！
(見るからに) It looks *interesting*! / (聞いていて) It sounds *interesting*!
- おもしろい質問だね.
That's an *interesting* question.
- その本はとてもおもしろかった.
The book was very *interesting*.
- 数学は私にはおもしろい.
Math is *interesting* to me. / I *am interested in* math.

「数学は私にとっておもしろい」
× I am interesting in math.
↳ interesting はあるもの[こと]が人に「興味を起こさせる」ということ.
○ I am interested in math.
○ Math is interesting to me.

- 加藤先生の授業, とてもおもしろいよ.
(内容が) Mr. Kato's class is very *interesting*. / (楽しい) Mr. Kato's class is a lot of *fun*. (▶このfunは名詞)
- この本はあの本よりおもしろい. This book is more *interesting* than that one.
- 高木君はおもしろいやつだ.
(おもしろいことをする) Takagi is *funny*. / (楽しい) Takagi is *fun*.
- なんかおもしろいジョークない？
Do you have any *funny* jokes?
- その本の話はどれもとてもおもしろいよ.
All the stories in the book are very *amusing*.

💡**表現力**
…するのはおもしろい
→ (興味をひく) It is interesting to ... .
→ (楽しい) It is fun to ... .

✏**ライティング**
他文化について学ぶことはおもしろい.
It's interesting to learn about other cultures.

- 新しいことに挑戦するのはおもしろい.
It is fun to try new things.
- このゲーム, ほんとにおもしろいね.
This game is really *exciting*, isn't it?

💡**用法**「おもしろい」のいろいろ
interesting は「知的な興味をそそっておもしろい」, **funny** は「こっけいでおかしい」という意味. a *funny* joke（おかしな冗談）. **exciting** は「わくわくしておもしろい」. an *exciting* game（おもしろい試合）. **fun** は名詞で「おもしろいこと, おもしろさ」という意味.

interesting

funny

おもしろがる **be amused** [アミューズド] 《at, by, with》
- みんなは私の冗談をおもしろがった.
Everyone *was amused at* my joke.

おもちゃ **a toy** [トイ]

おもて ▶

- おもちゃの自動車 a *toy* car
- 子どもはおもちゃで遊ぶのが好きです．
  Children like playing with *toys*.
  おもちゃ店 a toy store, a toyshop
  おもちゃ箱 a toy box

おもて 表

1 (裏に対して) the **front** [フラント] (反 裏 the back) , the **face** [フェイス]
- 封筒の表 the *front* of an envelope
- (硬貨を投げて)「表か裏か？」「表！」
  "*Heads* or tails?" "*Heads*! " (▶かけをしたり，何かを決めたりするときのことば) →じゃんけん

2 (戸外に) **outside** [アウトゥサイド], out of doors →そと
- 表へ行って遊びなさい．
  Go and play *outside*.

3 (野球の) the **top** [タップ] (反 裏 the bottom)
- 3回の表 the *top* of the third inning

おもな 主な

main [メイン], **principal** [プリンスィパル]；**major** [メイヂャ], **chief** [チーフ]
- 日本のおもな都市
  the *major* cities of Japan
- 何がおもな理由だと思いますか．
  What do you think the *main* reason is?
- 宮部みゆきのおもな作品は全部読んだ．
  I've read all of Miyabe Miyuki's *major* works.

おもなが 面長 an oval face [オウヴァルフェイス]

おもに¹ 主に **mainly** [メインリィ], **chiefly** [チーフリィ]
- この問題集はおもに復習用に使っている．
  I'm using this drill book *mainly* for reviewing.

おもに² 重荷 a heavy load [ロウド]；(心の) a burden [バ~ドゥン]

おもり¹ お守り **babysitting** [ベイビィスィティング] →こもり

おもり² 重り a weight [ウェイト]；(釣りの) a sinker [スィンカァ]

おもわず 思わず in spite of *my*self
- 私は思わず笑ってしまった．
  I laughed *in spite of myself*.

- 私はうれしくて思わず涙がこぼれた．
  I was so happy that tears fell *in spite of myself*.

おもんじる 重んじる value [ヴァリュー]

おや¹ 親

(父または母) my **parent** [ペ(ア)レント]；(両親) *my* **parents**
- 親の愛情 *parental* love
- 親孝行しなさい．
  Be good to your *parents*.
- 私は親不孝でした (→悪い娘だった)．
  I was a bad daughter.
- 親に感謝する気持ちを忘れないで．
  Don't forget to thank your *parents*.
- 親には心配をかけたくない．
  I don't want my *parents* to worry about me.
- この親にしてこの子あり．《ことわざ》
  Like *father*, like son. (▶この like は「…のような」「…に似た」の意味)

おや² Oh [オウ]!, Oh dear [ディア]!, Boy [ボイ]!, Well [ウェル]!
- おや，まあ．*Oh dear!*
- おや，変だぞ．*Well*, this is strange.

おやこ 親子 parents and children [ペアレンツ アン チルドゥレン]
- パンダの親子 a panda and its baby

おやじ 親父 *my* dad [ダッド]

おやすみ お休みなさい

Good night. [グ(ドゥ)ナイト]

> 🗨 スピーキング
>
> Ⓐ お父さん，おやすみなさい．
>   Good night, Dad.
> Ⓑ はい，おやすみ．
>   Good night, son.

- おやすみ．またあした．
  Good night. See you tomorrow. (▶夜，人と別れるときのあいさつ)

おやつ a snack [スナック], refreshments [リフレシュメンツ]
- お母さん，おやつちょうだい．
  Mom, can I have a *snack*? (▶ Can I have *something to eat*? などともいう)
- おやつよ！ *Snack* time!
- 今日のおやつは何？
  What can I have for a *snack* today?

親と子

おやゆび 親指（手の）a thumb [サム]；(足の) a big toe [トゥ] →ゆび（図）

おゆ お湯 →ゆ

およぐ 泳ぐ

swim [スウィム]
泳ぎ swimming
泳ぐ人 a swimmer

▶ 私は泳げない．I can't *swim*.
▶ 兄[弟]は泳ぐのがうまい．
 My brother *swims* well. / My brother is a good *swimmer*.
▶ クロール[平泳ぎ，背泳ぎ]で泳ぐ
 swim the crawl [breaststroke, backstroke]
▶ この夏は海に泳ぎに行く予定だ．We're going to go *swimming* in the sea this summer.（▶*to the sea とはいわない）
▶ 何メートル泳げるの？
 How many meters can you *swim*?
▶ きのう500m泳いだ．
 I *swam* 500 meters yesterday.

およそ about [アバウト] →くらい
および 及ぶ **1**（続く）last [ラスト]

▶ その試合は5時間におよんだ．
 The game *lasted* five hours.

2（匹敵する）match [マッチ]
▶ 水泳ではだれもきみにおよばない．No one can *match* you in swimming.

> 🗨 表現力
> …するにはおよばない
> → **do not have to** ...

▶ あしたここに来るにはおよびません．
 You *don't have to* come here tomorrow. / *It isn't necessary* for you to come here tomorrow.

オランウータン《動物》an orangutan [オラングウタン]

オランダ Holland [ハランド]；(公式名) the Netherlands [ネザランヅ]
オランダ（人・語）の Dutch [ダッチ]
オランダ語 Dutch
オランダ人（1人）(男) a Dutchman (複数 Dutchmen), (女) a Dutchwoman (複数 Dutchwomen)；(全体) the Dutch

おり a cage [ケイヂ]；(家畜などの) a pen [ペン]

オリーブ ▶

オリーブ 《植物》an olive [アリヴ]
オリーブ油 olive oil

オリエンテーション an orientation [オーリエンテイション]
▶ 学校で新入生のオリエンテーションがあった．
Our school gave an *orientation* to the new students.

オリエンテーリング orienteering [オーリエンティ(ア)リング]

おりかえし 折り返し（マラソンなどの）the turn [ターン]
▶ すぐに折り返しお電話いたします．
I will call you *back* soon.

おりがみ 折り紙 origami [オーリガーミ]；（折り紙をすること）paper folding [フォウルディング]；（色紙の）origami [colored] paper
▶ 折り紙でツルを折る
fold *colored paper* into a crane

オリジナル the original [オリヂナル]
オリジナルの original

おりたたみ 折り畳みの folding [フォウルディング]
▶ 折りたたみがさ a *folding* umbrella

おりまげる 折り曲げる bend [ベンド]
▶ 針金を折り曲げる *bend* a wire

おりる 下りる, 降りる

使い分け
(バス・電車などを) → get off
(車・タクシーなどを) → get out of
(高い所から) → come down

get off　　come down

1（バス・電車・自転車などを）get off（反 乗る get on）；（車・タクシー・エレベーターなどを）get out of
▶ 次の駅で電車を降りよう．
Let's *get off* the train at the next station.
▶ 私はその病院でタクシーを降りた．
I *got out of* the taxi at the hospital.
▶ 自転車から降りて駐輪場まで押していった．
I *got off* the bike and walked it to the parking lot. (▶ walk a bike で「自転車を押して歩く」，walk a dog なら「犬を散歩させる」という意味になる)

2（高い所から）come down, go down
▶ 階段を降りてきなさい．
Come down the stairs.
▶ 私ははしごを降りた．
I *went down* the ladder.
▶ サルが木から降りてきた．
A monkey *came down* the tree.
▶ 彼らは山を降りてきた．
They *came down* the mountain.

3（途中でやめる）give up, quit [クウィット]
▶（ゲームなどを）降りた！
I'll *quit* this game!

オリンピック（大会）the Olympic Games, the Olympics [オリンピクス]
▶ オリンピックは4年ごとに開かれる．
The Olympic Games are held every four years.
▶ オリンピック開催地
venue [ヴェニュー] for *the Olympic Games*
▶ 夏季オリンピック
the Summer *Olympics* / the *Olympic* Summer *Games*
オリンピック記録 an Olympic record
オリンピック選手 an Olympic athlete
オリンピック村 an Olympic village

おる¹ 折る

（骨などを）break [ブレイク]；（折りたたむ）fold [フォウルド]
▶ 私は転んで右腕を折った．
I fell down and *broke* my right arm.
▶ 紙を半分に折ってください．
Fold the paper in half.
▶ 花を折らないでください．
Do not *pick* the flowers.

おる² 織る weave [ウィーヴ]

オルガン（パイプオルガン）an organ [オーガン]；（足ぶみ式の）a reed organ, a harmonium [ハーモウニアム]；（電子オルガン）an electric [イレクトゥリク] organ
▶ オルガンをひく
play the *organ*
オルガン奏者 an organist

オルゴール a music box (▶「オルゴール」はオランダ語から)

おれ 俺 Ⅰ[アイ] (▶英語では「おれ」も「わたくし」も「ぼく」も, 1人称単数はすべてⅠで表す) →わたし

おれい お礼 thanks [サンクス] →れい¹
▶ お礼状
a letter of *thanks* / a *thank-you* letter
▶ お礼のことばもありません.
I can't *thank* you enough.

おれる 折れる break [ブレイク], be broken [ブロウクン] →おる¹
▶ この鉛筆(のしん)はすぐ折れる.
This pencil *breaks* easily.
▶ 強風で庭の木の1本が2つに折れた.
One of the trees in the yard *was broken* in two by the strong wind.

オレンジ (木・実)an orange[オ(ー)レンヂ]; (色) orange
オレンジジュース orange juice

おろか 愚かな foolish [フーリシ] →ばか

おろす 下ろす, 降ろす

1 (高い所から) take down, get down;(幕などを) pull down
▶ 生徒たちは網だなからバッグを下ろした.
The students *got* their bags *down* from the rack.
▶ ブラインドを下ろしてくれる?
Can you *pull down* the shade?

2 (乗り物から) drop [ドゥラップ] off, let off
▶ このあたりで降ろしてくれますか.
Can you *drop* me *off* around here?

3 (お金を) get ~ out of ... , take ~ out of ...
▶ 銀行から3万円を下ろした.
I *got* 30,000 yen *out of* the bank.

おろそか おろそかにする neglect [ネグレクト]
▶ 勉強をおろそかにする
neglect my studies

おわかれかい お別れ会 a going-away party, a farewell party [フェアウェル パーティ]

おわらいげいにん お笑い芸人 a comedian [コミーディアン]

おわらいばんぐみ お笑い番組 a comedy program [カメディ プロウグラム]

おわり 終わり

an end [エンド] (反 初め beginning)
終わりの last, final
▶ (映画などで) 終わり
The *End*
▶ 初めから終わりまで
from beginning to *end*
▶ 私は6月の終わりに順子に会った.
I met Junko at the *end* of June.
▶ この本を終わりまで読みましたか.
Did you read this book through to the *end*?
▶ 長かった夏休みも終わりになった.
The long summer vacation has come to an *end*.
▶ (授業などで) 今日はこれで終わりです.
That's all for today. / *It's time to stop*. / *Let's call it a day*.
▶ ぼくたちの仲はもう終わりだ.
It's all *over* between us.
▶ 終わりまで聞きなさい.
Hear me *out*.
▶ 終わりまで言わせてください.
Let me *finish*.
▶ 終わりよければすべてよし. 《ことわざ》
All's well that *ends* well. (▶シェークスピアの同名の作品から)

おわる 終わる

(おしまいになる) be over [オウヴァ], end [エンド] (反 始まる begin);(完了する) finish [フィニシ], be through [スルー] →おえる

🔊 スピーキング
Ⓐ その映画は何時に終わるの?
What time does the movie finish?
Ⓑ 9時20分よ.
It finishes at 9:20.

▶ 塾の授業は9時までには終わる.
Juku classes *are over* by nine.
▶ 「試験が終わるまで漫画はだめよ」と母が言った.
Mother said, "No more comic books till the exam *is over*."
▶ これで今日の放送を終わります.
This is the *end* of today's program.
▶ 部活の練習が終わって帰宅すると7時ごろになる.

おん

After practice for club activities, I get home around seven.
- 中学校での３年間はあっという間に終わる。
The three years of junior high school *goes by* in a flash.

> 💬表現力
> …に終わる → end in ...

- 文化祭は失敗に終わった。
The school festival *ended in* failure.

> 💬表現力
> …を終わる → finish ...

- 「宿題, もう終わったの？」「うん, もう終わったよ」
"*Have* you *finished* your homework yet?" "Yes, I've already *finished* it."

> 💬表現力
> …し終わる → finish -ing

- この本を読み終わったばかりです。
I *have* just *finished* (*reading*) this book. (▶ finish のあとには名詞か -ing 形がくる。*finish to read とはしない)

おん 恩 kindness [カインドゥネス], a favor [フェイヴァ]
- ご恩はけっして忘れません。
I'll never forget your *kindness*.

おんがく 音楽

music [ミューズィク]
- 音楽の先生 a *music* teacher
- 音楽の授業
a *music* class
- 音楽を聞く
listen to *music*
- 音楽をかける
play *music*
- 私は音楽が大好きです。
I love *music*. / I like *music* very much.

> 🗣スピーキング
> Ⓐ どんな音楽が好きなの？
> What kind of music do you like?
> Ⓑ ロックが大好きです。
> I love rock music.

音楽家 a musician [ミューズィシャン]
音楽会 a concert [カンサ(〜)ト]
音楽学校 a music school, a music academy
音楽室 a music room
音楽部 a music club

> **音楽のジャンルいろいろ**
> クラシック音楽 classical music
> 現代音楽 modern music
> ポピュラー音楽 popular music, pop music
> ジャズ jazz
> ロック rock (music), rock'n'roll
> ソウル soul
> フュージョン fusion
> ディスコ disco (music)
> ラップ rap (music)
> ヒップホップ hip-hop (music)
> 軽音楽 light music
> フォーク(ソング) a folk song
> 歌謡曲
>   a Japanese popular song
> 演歌
>   (an) *enka*, a Japanese ballad

おんけい 恩恵 (a) benefit [ベネフィット]
おんし 恩師 my former teacher
おんしつ 温室 a greenhouse [グリーンハウス]
温室効果 the greenhouse effect
温室効果ガス greenhouse gas

> ✏ライティング
> 私たちは気候変動の原因となる温室効果ガスの排出を削減しなければなりません。
> We must reduce the greenhouse gas emissions that is responsible for climate change.

おんじん 恩人
- 彼は私の命の恩人です。
I owe my life to him.

おんせい 音声 audio [オーディオウ]
- 映像は見えますが音声が聞こえません。
I can see the video, but I can't hear the *audio*.
音声認識 voice recognition [ヴォイス レコグニション]

おんせつ 音節 a syllable [スィラブル]
おんせん 温泉 a hot spring

音楽　Music

Introduction to **CLIL**

イラスト：大管雅晴

ベートーベンの交響曲第9番を聞いたことがありますか？
Have you ever listened to Beethoven's Symphony No. 9?

ベートーベンの**交響曲**第9番は、**クラシック音楽**でもっとも人気の高い曲の一つです。日本ではよく「だいく（第九）」と呼ばれます。日本語で「第9番」という意味です。この交響曲の中にある合唱はとても有名です。

Beethoven's Symphony No. 9 is one of the most popular pieces of classical music. It is often called "Dai-ku" in Japan. That means "No. 9" in Japanese. The *choral sections of this symphony is very famous.

*choral [kɔ́ːrəl コーラル] 合唱の

Beethoven
[béit(h)ouvən ベイト(ホ)ウヴェン]

第九の呪(のろ)い
*Curse of the ninth

*curse [kəːrs カ～ス] 呪い

ベートーベンは10番めの交響曲を完成する前に亡くなりました。つまり交響曲第9番が彼の最後の交響曲となったのです。ベートーベンの死後、著名な**作曲家たち**の中にも交響曲第9番を**作曲する**と亡くなる人がいました。

オーストリアの作曲家のマーラーは、これは「第九の呪い」のせいだと信じていました。彼は呪いをさけるために、9番めに作った交響曲に「交響曲第9番」という名前をつけず、「大地の歌」という**名前をつけました**。

Mahler
[máːlər マーラァ]

Beethoven died before he completed his tenth symphony. So his Symphony No. 9 was his last symphony. After his death, some other famous composers also died after composing their ninth symphony. Mahler, an Austrian composer, believed this was because of the "curse of the ninth." To *avoid the curse, he didn't name his ninth symphony "Symphony No. 9," but he named it "The Song of the Earth."

*avoid [əvɔ́id アヴォイド] …をさける

第9交響曲を
作曲後に
亡くなった
作曲家

Schubert
[ʃúːbərt シューバァト]
シューベルト

Bruckner
[brúknər ブルックナァ]
ブルックナー

Dvořák
[d(ə)vɔ́ːrʒɑːk ドゥヴォージャーク]
ドボルザーク

one hundred and forty-one　141

おんたい ▶

イタリアの温泉．人々は水着を着用して入る．

おんたい 温帯 the Temperate Zone [テンペレット ゾウン]
おんだん 温暖な warm [ウォーム] →あたたかい
地球温暖化 global warming
おんち 音痴の tone-deaf [トゥンデフ]
▶ 音楽を聞くのは好きだけど，音痴だから歌うのはきらいなんだ．
I like listening to music, but I don't like singing because I'm *tone-deaf*.
▶ ぼくが方向音痴って知ってるでしょ．
You know I have no sense of direction.
おんてい 音程 an interval [インタヴ(ァ)ル]；(調子) tune [テューン]
▶ 正しい音程で歌う sing in *tune*

おんど 温度

temperature [テンペラチァ]
▶ 温度を計る take the *temperature*
▶ 温度が少し上がった［下がった］．
The *temperature* rose [fell] a little.
▶ 油の温度が高すぎる［低すぎる］．
The oil *temperature* is too high[low].

> 🗣 スピーキング
> Ⓐ 温度は今何度ですか．
> What's the temperature now?
> Ⓑ 30℃です．
> It's 30 degrees Celsius.

温度計 a thermometer [サマメタァ]
おんどく 音読する read ... aloud [アラウド]
おんどり 雄鶏 (米) a rooster [ルースタァ]，a cock [カック] (対) めんどり hen) →とり (図)

おんな 女

a woman [ウマン] (複数) women [ウィメン])

(対) 男 man)；(女性) a female [フィーメイル] (対) 男性 male)
女の female
女らしい feminine [フェミニン], womanly
▶ 女の先生 a *female* teacher
▶ 女の赤ちゃん
a baby *girl*
女友達 (女から見て) a friend；(男から見て) a female friend (▶英語の girlfriend は「恋人」という意味になるので注意) →ガールフレンド
女の子 a girl；(赤んぼう) a baby girl
おんぱ 音波 sound wave
超音波 supersonic wave
おんぶ おんぶする carry ... on *my* back (▶「だっこする」は carry ... in *my* arms)
▶ そのお母さんは赤んぼうをおんぶしていた．
The mother *was carrying* a baby *on her back*.
▶ パパ，おんぶ．
Carry me, Daddy!
おんぷ 音符 a (musical) note [ノゥト]
▶ 私は音符 (→楽ふ) が読めない．
I can't read *music*. / I can't read a *music score*.
オンライン オンラインの online, on-line [アンライン]
▶ 私はよくオンラインでチケットを買う．
I often buy tickets *online*.
オンライン英会話 online English classes [lessons]
▶ 週に1回，オンライン英会話の授業があります．
We have *online English classes* once a week.
▶ 私は家で毎日オンライン英会話を受講しています．
I take *online English lessons* at home every day.
オンラインゲーム an online game
オンライン授業 online classes[course]
オンラインショッピング online shopping
おんわ 温和な (天気・気候が) mild [マイルド]；(人がらが) gentle [チェントゥル] →おだやか
▶ 温和な天気／温和な気候
mild weather / a *mild* climate
▶ ジョージおじさんは温和な人です．
Uncle George is a *gentle* person.

◀ **カーテン**

か カ か カ か カ

カ 蚊《虫》a mosquito [モスキートゥ]《複数》mosquito(e)s
▶ キャンプ中に蚊にさされた．
I was bitten by *mosquitoes* while camping.

か¹ 課 (教科書の) a lesson [レスン]；(会社などの) a section [セクション], a division [ディヴィジョン], a department [ディパートゥメント]
▶ (教科書の) 第1課
Lesson One / the First *Lesson*
▶ 経理課 the accounting *department*
課長 the chief of a section

か² 科 (動植物の) a family [ファミリィ]；(病院の) a department [ディパートゥメント]；(学校・大学の) a course [コース] →きょうか¹
▶ トラはネコ科に属する．
Tigers belong to the cat *family*.
▶ 普通 [商業] 科
the general [commercial] *course*

か³ 可
▶ 可もなく不可もなく．
Neither *good* nor bad.

-か

1《疑問を示して》動詞の種類によって次のような語順になる．

> 使い分け
> be 動詞をふくむ疑問文
> →**be 動詞+主語 …?**
> 一般動詞をふくむ疑問文
> →**Do など+主語+動詞の原形 …?**
> 助動詞 (can, will など) をふくむ疑問文
> →**助動詞+主語+動詞の原形 …?**
> 疑問詞 (what, when など) をふくむ疑問文
> →**疑問詞+ be 動詞[do など / 助動詞]+主語 …?**

▶ あなたは今，忙しいですか．
Are you busy now?
▶ 飛行機は時間どおりに到着しましたか．
Did the plane arrive on time?
▶ あなたのお姉さんはギターをひけますか．
Can your sister play the guitar?
▶ どこに住んでいますか．
Where do you live?

2《申し出・誘い》→-(し) ませんか
▶ 「テニスをしようか」「うん，そうしよう / いや，よそう」
"*Let's* play tennis." "Yes, let's. / No, let's not."

3 (～か…か) ～ **or** …；(～か…かどちらか) **either** [イーザァ] ～ **or** … →あるいは
▶ 「イエス」か「ノー」か答えなさい．
Answer "Yes" *or* "No."
▶ きみかぼくか，どちらかがまちがっている．
Either you're wrong *or* I am.

ガ《虫》a moth [モ(ー)ス]

-が

1《主語を示して》
▶ おまえが悪い．*You* are wrong.
▶ テーブルに1通の手紙があった．
There was *a* letter on the table.

2《目的語を示して》
▶ 私は犬が好きだ．I like *dogs*.

3 (しかし) **but** [バット] →しかし
▶ 寒かったが，泳ぎに行った．
It was cold, *but* I went swimming.

4 (そして) **and** [アンド] →そして
▶ 川田先生にはお嬢さんが3人いるが，みんな教師だ．
Mr. Kawada has three daughters *and* they are all teachers.

カー a car [カー]
カーステレオ a car stereo (set)

があがあ があがあ鳴く (アヒルが) quack [クワック]

かあさん 母さん my mother [マザァ] →おかあさん

ガーゼ gauze [ゴーズ]

カーソル《コンピューター》a cursor [カ～サァ]

カーディガン a cardigan [カーディガン]

ガーデニング gardening [ガードゥニング]

カーテン a curtain [カ～トゥン]

one hundred and forty-three 143

カード ▶

▶ カーテンを開けて[閉めて]ください.
 Open [Close] the *curtains*, please.
▶ カーテンを引く draw the *curtains*(▶開ける場合にも, 閉める場合にも使う)

カード a card [カード]
▶ クレジットカードで支払う
 pay by credit *card*
▶ IDカード(身分証明書)
 an ID *card* / an identity *card* / an identification *card*
▶ キャッシュカード
 《米》an ATM *card* / a bank *card*,《英》a cash *card*
▶ クリスマスカード a Christmas *card*
▶ バースデーカード a birthday *card*
▶ ポイントカード
 a reward(s) *card*, a point *card*,《英》a loyalty *card*

ガード¹ (陸橋) an overpass [オウヴァパス]
ガード² (警備) guard [ガード]
 ガードする protect [プロテクト], guard
 ガードマン a guard, a security guard
 (▶ˣguardmanとはいわない)
 ガードレール a guardrail
カートリッジ a cartridge [カートゥリヂ]
カーナビ a car navigation [ナヴィゲイション] system
カーニバル a carnival [カーニヴァル]
カーネーション 《植物》a carnation [カーネイション]
カーブ (道路の) a curve [カ~ヴ], a bend [ベンド];(野球の) a curve, a curve ball
 カーブする curve
▶ カーブを投げる throw a *curve*
▶ 急にカーブを切る
 turn sharply / make a sharp *turn*
カーペット a carpet [カーペト]
ガーリック garlic [ガーリク]
カーリング 《スポーツ》curling [カ~リング]
カール a curl [カ~ル]
▶ 髪をカールする *curl* my hair
▶ カールした髪 *curly* hair
ガールスカウト (組織) the Girl Scouts [ガール スカウツ];(個人) a girl scout
ガールフレンド a girlfriend [ガ~ルフレンド] (対 ボーイフレンド boyfriend)(▶girlfriendは「恋人」といった親密な女友だ ちをさすことがあるので,ふつうの友だちの場合は単に friend でよい)

かい¹ 会

1 (会合)a meeting [ミーティング];(社交的な) a party [パーティ]
▶ 会に出席する attend a *meeting*
▶ 誕生日会 a birthday *party*
▶ お別れ会
 a going-away *party* / a farewell *party*
▶ 生徒会 a student council
▶ 保護者会 a parents' *meeting*
2 (団体)(同好会)a club [クラブ];(協会など) a society [ソサイエティ]
▶ 会に入る join a *club*
かい² 貝 a shellfish [シェルフィシ];(貝がら) a shell
▶ 貝を拾う gather *shells*
かい³ 甲斐 worth [ワ~ス];(…するかいがある) worth -ing
▶ 努力のかいがあった.
 My hard work *has paid off*. / My efforts *have been rewarded*.
▶ やりがいのある仕事
 the work *worth doing*

-かい¹ …回

1 (回数) a time [タイム]
▶ 1回 once
▶ 2回 twice(▶two *times* ということもある)
▶ 1回か2回 once or twice
▶ もう1回
 once more / again / one more *time*
▶ 数回,何回か several *times*
▶ 何回も many *times* →なんかい
▶ 2回目 the second *time*
▶ 週に5回 five *times* a week
▶ 私は3回京都に行ったことがある.
 I have been to Kyoto three *times*.
2 (野球の) an inning [イニング];(ボクシングの) a round [ラウンド]
▶ 9回の表 the top of the ninth *inning*(▶「…の裏」の場合は the bottom of ...)
▶ (ボクシングで) 12回戦
 a twelve-*round* fight

-かい² …階

a floor [フロー(ァ)], a story [ストーリィ](▶floor はそれぞれの階をいい, story は「…

◀ **かいがん**

階建て」のように高さをいう)

> 🗣 スピーキング
>
> Ⓐ おもちゃ売り場は何階ですか.
> What floor is the toy department on?
> Ⓑ 5階です.
> It's on the fifth floor. /《英》It's on the fourth floor.
> (▶アメリカとイギリスでは「階」の数え方が異なる)

(米)	(英)
the third floor	the second floor
the second floor	the first floor
the first floor	the ground floor
basement	basement

《米》と《英》では図のように階の数え方が1階ずつずれる.

▶ お住まいのマンションは何階建てですか.
How many *floors* [*stories*] does your condo have?
▶ 女子トイレは1つ上[下]の階にあります.
The ladies' room is one *floor* up [down].
▶ 私たちの家は2階建てです.
Our house has two *stories*.
▶ うちは3階建ての家に住んでいます.
We live in a three-*story* house. (▶ three-*storied* としてもよい)

がい 害

harm [ハーム], damage [ダメヂ]
害する hurt [ハート], injure [インヂァ]
▶ 父は過労で健康を害した.
My father *injured* his health by overwork.
▶ 台風は作物に大きな害を与えた.
The typhoon did a lot of *damage* to the crops.
かいいん 会員 a member [メンバァ]
▶ 私はスヌーピー・ファンクラブの会員です.

I'm a *member* of the Snoopy Fan Club. / I *belong to* the Snoopy Fan Club.
会員証 a membership card
かいえん 開演
▶ 開演は午後7時です.
The *curtain rises* at 7 p.m.
かいおうせい 海王星 Neptune [ネプテューン] →わくせい(表)
かいが 絵画 a picture, (絵の具でかいた) a painting, (鉛筆やクレヨンなどでかいた) a drawing
かいかい 開会 the opening [オウプニング] of a meeting, the opening of an event
開会する open [オウプン] a meeting, open an event
▶ 加藤氏が開会のあいさつをした.
Mr. Kato gave an *opening* address.
開会式 an opening ceremony
かいがい 海外の overseas [オウヴァスィーズ] →がいこく
海外へ[に] abroad [アブロード], overseas
▶ 海外に留学する study *abroad*
▶ 海外からの留学生
a *foreign* student / an *overseas* student / a student from *overseas*
▶ 布施さん一家は海外で暮らしたことがある.
The Fuse family has lived *abroad*.
海外旅行 an overseas trip, traveling abroad

> 🎤 プレゼン
>
> 私はいつか海外旅行がしたいです.
> I want to travel abroad someday.

かいかく 改革 (a) reform [リフォーム]
改革する reform
かいかつ 快活な cheerful [チアフル]
かいかん 会館 a hall [ホール]

かいがん 海岸

the shore [ショー(ア)], the seashore [スィーショー(ア)]; (浜辺) a beach [ビーチ]; (海辺) the seaside [スィーサイド]; (沿岸) a coast [コウスト]
▶ 海岸沿いを車で走った.
We drove along *the shore*.
▶ 私は毎年, 夏を海岸で過ごす. I spend every summer at *the seaside*.

one hundred and forty-five 145

がいかん ▶

> **用法「海岸」のいろいろ**
> shore と seashore は水に接する陸地をいい、もっとも一般的に海岸をさす。beach は砂などがある浜辺を、seaside は町をふくめた海岸地帯（とくに行楽地）をいう。coast は広い範囲の海岸・沿岸で、地図などで使われる。

海岸線 a coastline
がいかん 外観 (an) appearance [アピ(ア)ランス], (a) look
かいぎ 会議 a meeting [ミーティング], a conference [カンフ(ェ)レンス] (▶後者は専門的で大きなものに使うことが多い)
▶ 会議を開く
have a *meeting* / hold a *meeting*
▶ 彼は今、会議中です．
He's in a *meeting* at the moment.
▶ 会議中（入室禁止）《掲示》
Now in *Session*. Don't Disturb
会議室 a meeting room, a conference room
かいきゅう 階級 a class [クラス]
▶ 上流階級 the upper *class(es)* (▶「中流」なら middle,「下層」なら lower)
かいきょう 海峡 a strait [ストゥレイト], a channel [チャヌル]
▶ 津軽海峡 the Tsugaru *Straits*
▶ イギリス海峡 the English *Channel*
かいきん 皆勤 perfect attendance [パ～フェクト アテンダンス]
かいぐい 買い食いする
▶ 帰りに買い食いをしてはいけない．
We are not allowed to *buy and eat snacks* on our way home.
かいぐん 海軍 the navy [ネイヴィ] (▶「陸軍」は army,「空軍」は air force)
海軍の naval
かいけい 会計 (勘定)《米》a check [チェック],《英》a bill [ビル]; (経理) accounting [アカウンティング]
▶ (飲食店などで) 会計お願いします．
Check, please. /《英》*Bill*, please.
会計係 (経理の) an accountant; (レジの) a cashier [キャシア]
会計士 an accountant
かいけつ 解決する solve [サルヴ]

▶ 問題を解決する *solve* a problem
解決策[法] a solution, an answer
かいけん 会見 an interview [インタヴュー]
▶ 記者会見 a press *conference*
がいけん 外見 (an) appearance [アピ(ア)ランス]
▶ 外見で人を判断してはいけない．
You should not judge people by their *appearances*.
カイコ 蚕《虫》a silkworm [スィルクワーム]
かいこ 解雇する dismiss [ディスミス],《口語》fire [ファイア] →くび
かいご 介護 nursing [ナ～スィング], care [ケア]
介護する care for, nurse
▶ 彼女が私の祖母の介護をしている．
She *cares for* my grandmother.
介護福祉士 a care worker
介護施設 nursing facilities
介護保険 nursing care insurance
かいこう 開校する open a school
▶ 私たちの学校は1964年に開校した．
Our school *was opened* in 1964.
開校記念日 the anniversary of the foundation of the school
かいごう 会合 a meeting [ミーティング] →かい¹
がいこう 外交 diplomacy [ディプロウマスィ]
外交の diplomatic [ディプロマティク]
外交官 a diplomat [ディプロマット]
外交政策 a foreign policy
外交問題 foreign affairs

がいこく 外国

a **foreign country** [フォ(ー)リン カントゥリィ] →かいがい
外国の foreign
外国へ[で] abroad [アブロード]
▶ この夏は外国へ行きたい．
I want to go *abroad* this summer.
(▶ ×go to abroad とはいわない)
▶ 外国へ行ったことがありますか．
Have you ever been *abroad*? / Have you ever been to *foreign countries*?
▶ きのう外国にいる兄にEメールを送った．
I emailed my brother *abroad* yesterday.
外国語 a foreign language
外国人 a foreigner [フォ(ー)リナァ]

◀ **かいすいよく**

> 💬 **用法** foreigner の使い方
> 外国人に対して **foreigner** ということばを使うと, 相手の気分を害することが多いので注意. Are you a foreigner? (あなたは外国人ですか) のような質問はさけて, **Where are you from?** (どこのご出身ですか) のように聞くとよい.

▶ 外国人の先生 a *foreign* teacher / (日本で) a *non-Japanese* teacher
外国製品 foreign goods, foreign products
かいさい 開催する hold [ホウルド]
▶ 第31回オリンピック競技大会は2016年にリオデジャネイロで開催された.
The 31st Olympic Games *were held* in Rio de Janeiro in 2016.
かいさつ 改札口 a ticket gate, a (station) turnstile [タ〜ンスタイル] (▶後者は回転式入口のこと)

1人ずつ通すための回転式入口.

▶ 駅の改札口で待ち合わせしよう.
Let's meet at the *ticket gate*.
自動改札口 an automatic ticket gate
かいさん 解散する (会・グループなどが) break up, (国会が) dissolve [ディザルヴ]
▶ そのバンドは2010年に解散した.
The band *broke up* in 2010.
かいし 開始する start [スタート], begin [ビギン] →はじめる

かいしゃ 会社

(組織) a **company** [カンパニィ] (▶会社名につけるときは Co. と略す); (仕事をする場所) an **office** [オ(ー)フィス]
▶ 会社に行く
go to *work* / go to the *office* (▶ go to the ˣ*company* とはいわない)
▶ お父さんは電車で会社に通勤している. My

father goes to the *office* by train.
▶ きみのお父さんはどこの会社で働いてるの? Who does your father work for? (▶ who は会社などの組織にも使える. 会社名の前に at ではなく for がくるのも company を「場所」ではなく「組織」としてとらえているためである)
会社員 a company employee, an office worker (▶ salaried employee, salaried worker ということもある.「サラリーマン」は和製英語)
株式会社 a corporation, (英) a limited company
がいしゃ 外車 an imported car [インポーティド カー], a foreign [フォ(ー)リン] car
かいしゃく 解釈 (an) interpretation [インタープリテイション]
解釈する interpret [インタ〜プリト]
かいしゅう (集める) 回収する collect [コレクト]; (取り戻す) recover [リカヴァ]
▶ 解答用紙を回収する
collect answer sheets
かいじゅう 怪獣 a monster [マンスタァ]
がいしゅつ 外出する go out [アウト]
外出して(いる) (be) out
▶「外出してもいい?」「いいわよ」
"Can I *go out*?" "Sure."
▶ すみません, 母は今, 外出しています.
I'm sorry, but Mother *is out* now.
かいじょ 介助 help [ヘルプ], assistance [アスィスタンス]
介助犬 a service dog
かいじょう¹ 会場 a hall [ホール]
▶ コンサート会場 a concert *hall*
かいじょう² 海上に[で] on the sea, at sea
海上保安庁 the Japan Coast Guard
がいしょく 外食する eat out
▶ 今夜は外食にしようか.
Shall we *eat out* this evening?
かいすい 海水 seawater [スィーウォータァ] (対 淡水 fresh water)
海水パンツ swimming trunks →みずぎ
かいすいよく 海水浴 swimming in the sea
▶ 私たちは伊豆へ海水浴に行った.
We went to Izu to *swim in the sea*. / We went *swimming* at Izu.
海水浴場 a beach, a seaside resort

one hundred and forty-seven 147

かいすう ▶

かいすう 回数 the number of times
かいすうけん 回数券 a coupon [クーポン] ticket
かいせい¹ 快晴の very fine, very clear
▶ 今日は快晴です. It is *very fine* today.
かいせい² 改正 revision [リヴィジョン], amendment [アメンドゥメント]
改正する revise [リヴァイズ], amend [アメンド]
▶ 憲法を改正する
amend the constitution
かいせつ 解説 (an) explanation [エクスプラネイション]; (a) commentary [カメンタリ]
解説する explain; comment (on)
▶ ニュース解説 a news *commentary*
解説者 a commentator
かいぜん 改善 (an) improvement [インプルーヴメント]
改善する make ... better, improve
かいそう 海藻 seaweed [スィーウィード]; sea vegetable
かいぞう 改造する remodel [リーマドゥル], convert [コンヴァート]
▶ 屋根裏を改造して子ども部屋にする
remodel an attic into a child's room
かいそく 快速の rapid [ラピド], high-speed [ハイスピード]
快速電車 a rapid(-service) train
かいぞく 海賊 a pirate [パイ(ア)レト]
海賊船 a pirate ship
かいたく 開拓する develop [ディヴェロプ]
開拓者 a pioneer [パイオニア]

かいだん¹ 階段

(屋内の) stairs [ステアズ]; (特に屋外の) steps [ステップス]; (1段) a stair, a step; (手すりもふくめた階段全体) a staircase [ステアケイス]
▶ 階段を上がる go up the *stairs* / (1階上に) go *upstairs*
▶ 階段を降りる go down the *stairs* / (1階下に) go *downstairs*
▶ 階段から落ちる fall down the *stairs*
かいだん² 会談 talks [トークス]
会談する talk (together), have a talk (with)
首脳会談 a summit meeting, summit talks
かいだん³ 怪談 a ghost [ゴウスト] story
ガイダンス guidance [ガイダンス]

▶ 音声ガイダンス audio *guidance*
かいちく 改築する rebuild [リービルド]
▶ 私たちの校舎は改築中だ.
Our school building *is being rebuilt*.
がいちゅう 害虫 a harmful insect [インセクト]; (全体) vermin [ヴァ~ミン]
かいちゅうでんとう 懐中電灯 《米》a flashlight [フラシライト], 《英》a torch [トーチ]
かいちょう 会長 (組織の) the president [プレズ(ィ)デント]
▶ 生徒会の会長
the president of the student council
かいつう 開通する open [オウプン], be opened
▶ このトンネルは10年前に開通した. This tunnel *was opened* ten years ago.
かいてい¹ 海底 the bottom of the sea
海底ケーブル a submarine cable
海底トンネル an undersea tunnel
かいてい² 改訂する revise [リヴァイズ]
改訂版 a revised edition
かいてき 快適な comfortable [カンファタブル], pleasant [プレズント]
▶ 快適な空の旅 a *pleasant* flight
かいてん¹ 回転する turn [タ~ン]; (ぐるぐる) spin [スピン] → まわる
回転ずし(店) a conveyor-belt sushi restaurant
回転木馬 a merry-go-round
回転ドア a revolving door

かいてん² 開店する open [オウプン]
▶ この店は昨年開店しました.
This store *opened* last year.
▶ 最近開店したレストラン
a newly-*opened* restaurant
▶ 本日開店 《掲示》*Opening* Today
ガイド (案内人・案内書) a guide [ガイド]; (教科書の) a guide
ガイドブック a guidebook

かいとう¹ 解答 an answer [アンサァ]；(数学などの) a solution [ソルーション]
▶ このパズルの解答 the *solution* to this puzzle / the *answer* to this puzzle
解答する answer
解答者 (クイズ番組の) a panelist [パネリスト]
解答用紙 an answer sheet
解答欄 an answer column

かいとう² 回答 an answer, a reply [リプライ]
回答する answer, reply

かいどく 買い得
▶ これはお買い得です． This is a *bargain*. / This is a *good buy*.

かいぬし 飼い主 a keeper, an owner [オウナァ]

かいはつ 開発 development [ディヴェロプメント]
開発する develop
▶ 新製品を開発する
develop new products
開発途上国 a developing country

かいばつ 海抜 above sea level
▶ 富士山は海抜3776mだ． Mt. Fuji is 3,776 meters *above sea level*.

かいひ 会費 membership fees [フィーズ]

がいぶ 外部 the outside [アウトゥサイド, アウトゥサイド] ((反) 内部 inside)

かいふく 回復 recovery [リカヴァリィ]
回復する get well, get better, get over, recover
▶ 父は病気から回復した． My father *has recovered* from his illness.
▶ 午後になって天気は回復した． The weather *got better* in the afternoon.

かいぶつ 怪物 a monster [マンスタァ]

かいほう¹ 開放する open [オウプン]
▶ 校庭を一般に開放する
open the playground to the public
▶ 開放厳禁 (掲示)
Don't *Leave* the Door *Open*

かいほう² 解放する set ... free
▶ リンカーンは奴隷を解放した．
Lincoln *set* the slaves *free*.

かいぼう 解剖する dissect [ディセクト]
▶ カエルを解剖する *dissect* a frog

かいもの 買い物

買い物
①売り場を聞く
Ⓐ すみません，婦人用品売り場はどこでしょう．
Excuse me. Where is the women's department?
Ⓑ 2階です．
It's on the second floor.

②品物を選ぶ
Ⓐ いらっしゃいませ．
May I help you?
(▶店員が言う決まった言い方)
Ⓑ スカーフをさがしているんです．
Yes, I'm looking for a scarf.
Ⓐ スカーフはこちらにございます．こちらはいかがですか．
The scarves are over here. How about this one?
Ⓑ スカーフは母のなんです．少しはですぎるみたい．
This is for my mother. I'm afraid it's too loud for her.
あの花柄のを見せてください．
May I see that one with the flowers?
Ⓐ はい，どうぞ． Here you are.
Ⓑ これが気に入りました．きっと母の新しいスーツに合います．
This is nice. I'm sure it'll match her new suit.

③買う
Ⓐ これをください．いくらですか．
I'll take this. How much is it?
Ⓑ 消費税込みで3300円です．おくり物ですか（→ギフト用に包みますか）．
It's 3,300 yen, including consumption tax. Would you like it gift-wrapped?
Ⓐ ええ，はい，5000円です．
Yes. Here's 5,000 yen.
Ⓑ 1700円のおつりです．
Here's your change, 1,700 yen.
ありがとうございました．またお越しください．
Thank you very much. Please come again.

がいや

shopping [シャピング]
買い物をする do the shopping, do *my* shopping, (英) go to the shops
買い物に行く go shopping

▶ 母はいつもスーパーで買い物をする．
My mother always *does her shopping* at the supermarket.

> 表現力
> …へ買い物に行く
> → go shopping in [at] ...

▶ デパートへ買い物に行こう．
Let's *go shopping at* a department store.（▶×to a department storeとはいわない）

▶ 渋谷へ買い物に行った．
I *went shopping in* Shibuya.

> 「渋谷へ買い物に行った」
> × I went to shopping to Shibuya.
> × I went shopping to Shibuya.
>
> goよりshoppingに重点が置かれているのでinを使う.
>
> ○ I went shopping in Shibuya.
> ○ I went to Shibuya to shop.

買い物かご（かご）a shopping basket；（カート）a shopping cart
買い物客 a shopper
買い物袋 a shopping bag

がいや 外野（野球）the outfield [アウトゥフィールド]（対 内野 infield）
外野手 an outfielder
外野席 the outfield bleachers

がいらいご 外来語 a loanword [ロウンワード], a borrowed [バロウド] word

かいりゅう 海流 a current [カ〜レント], an ocean current
▶ 日本海流 the Japan *Current*（▶海流名にはtheをつける）

かいりょう 改良する make ... better, improve [インプルーヴ]
▶ この車はエンジンが改良されている．
This car's engine *has been improved*.

カイロ（地名）Cairo [カイ(ア)ロウ]
かいろ 懐炉 a portable body [hand] warmer
がいろ 街路 a street
街路樹 roadside trees

かいわ 会話

(a) **conversation** [カンヴァセイション], a **talk** [トーク]

▶ 英会話 English *conversation*
▶ 日常会話
everyday *conversation* / daily *conversation*
▶ 親子の会話 *conversation* between parents and children
▶ ぼくは最近，あまり親と会話をしない．
I don't *talk* much to my parents these days.

かう¹ 買う

buy [バイ]（反 売る sell）；（食料・日用品を）**get** [ゲット]；**purchase** [パ〜チェス]

▶ 今が買いどきだよ．
Now is the time to *buy*.

> 表現力
> …を買う → buy ...

▶ ノートを1冊買った．
I *bought* a notebook. / I *got* a notebook.
▶ 母はデパートでこのコートを買った．
Mother *bought* this coat at a department store.

> 表現力
> …を〜から買う → buy ... from 〜

▶ このDVD，ケンから買ったんだ．
I *bought* these DVDs *from* Ken.

> 表現力
> （金額）で（物）を買う
> → buy [get] +物+ for +金額 /
>   pay [spend] +金額+ for +物

▶ 太郎はその本を1000円で買った．
Taro *bought* the book *for* 1,000 yen.
▶ その本，いくらで買ったの？
How much did you *pay for* the book?

◀ カエル

> 表現力
> (人) に (物) を買ってやる
> → buy ＋人＋物 /
> 　buy ＋物＋ for ＋人

▶ 両親は私の誕生日に新しい自転車を買ってくれた．
My parents *bought* me a new bike for my birthday. (▶ *bought* a new bike *for* me としてもよい)

> 表現力
> 買える
> → (人が) can buy /
> 　(物が) available
> (▶ available は「手に入る，利用できる」という意味)

▶ この雑誌はたいていの本屋で買えます．
This magazine is *available* at most bookstores. / You *can buy* this magazine at most bookstores.

かう² 飼う

(ペットを)**have** [ハヴ]；(飼育する)**raise** [レイズ], **keep** [キープ]
▶ うちでは犬を飼っています．
We *have* a dog at home.

> スピーキング
> Ⓐ ペットを飼ってますか．
> Do you have any pets?
> Ⓑ ええ，金魚を20匹ほど．
> Yes, we have about twenty goldfish.

ガウン a gown [ガウン], a dressing gown；a robe [ロウブ]
カウンセラー a counselor [カウンスラァ]
カウンセリング counseling [カウンセリング]
▶ カウンセリングを受ける
receive *counseling* / see a counselor / talk to a counselor
カウンター a counter [カウンタァ]
カウント (野球などで) a count [カウント]
カウントする count
カウントダウン a countdown [カウントゥダウン]

かえす 返す

return [リターン], give back；(お金を) pay back；(もとの位置に) put back

> 表現力
> …を～に返す
> → return ... to ～ /
> 　give ... back to ～

▶ 返してよ．それ私のよ．
Give it *back to* me. That's mine.
▶ あの本，図書館に返したの？
Did you *return* the book *to* the library?
▶ この前貸した3000円，いつ返してくれるの？
When will you *pay* me *back* the 3,000 yen I lent you the other day?
▶ 本は本だなに返してください．
Put the book *back* on the shelf, please.

> 表現力
> …を～から返してもらう
> → get ... back from ～

▶ きのう，マイクからその本を返してもらった．
I *got* the book *back from* Mike yesterday.

かえって all the more；(反対に) on the contrary
▶ さゆりは欠点があるからかえって好きだ．
I like Sayuri *all the more* for her faults.
カエデ (植物) a maple [メイプル] (tree)

かえり 帰り →おかえり

return [リターン]
▶ 帰りを急ぐ
hurry *home* / hurry *back*
▶ 今夜は帰りが遅くなるよ．
I'll *come home* late tonight.
▶ ディズニーランドへの行きはバス，帰りはタクシーだった．
We went to Disneyland by bus and *returned* by taxi.
帰り道に on *my* way home, on *my* way back
▶ 帰り道でマリに会った．
I met Mari *on my way home*.
カエル a frog [フロ(ー)グ], (ヒキガエル) a

かえる¹ ▶

toad [トウド]
▶ カエルの子はカエル.《ことわざ》
Like father, like son.

かえる¹ 帰る

come back, **go back**, **return** [リターン] (▶話し言葉では come back, go back のほうが使われる)
▶ 学校から帰る
come home from school
▶ 帰る途中
on my way *home* / on my way *back*
▶ もう帰ろう. Let's *go home*. (▶×go to home とはいわない)
▶ 急いで帰っていらっしゃい.
Hurry *back*. / Hurry *home*.

> 💬スピーキング
> Ⓐ 次郎はいつ**帰ってきますか**.
> When will Jiro come back?
> Ⓑ もうすぐ**帰ってきます**.
> He'll be back soon.

▶ すぐ家に帰ったほうがいいよ.
You'd better *go home* at once.
▶ ええっ, もう8時だ. 帰らなくちゃ.
Gee, it's already eight. I have to *go back*. (▶話し相手から「はなれて帰っていく」という意味では go back を使う.「年末年始は実家に帰ります」は We're *going back home* during our New Year's vacation.)

> 💬スピーキング
> Ⓐ 暗くならないうちに**帰ってきなさい**.
> Come back before dark, dear.
> Ⓑ うん, 6時までには**帰るよ**.
> Okay, I'll be back by six.

▶ 加藤先生は先月奈良から帰ってきた.
Mr. Kato *returned home* from Nara last month.
▶ もうそろそろ帰らなければなりません.
I must *say goodbye* now. / I must *leave* now. / I must *go* now.

かえる² 変える, 替える, 換える

change [チェインヂ], **turn** [ターン]
> 💡表現力
> …を変える → change ...

▶ 計画を変える
change my plan
▶ 決心を変える
change my mind
▶ 話題を変えましょう.
Let's *change* the subject.
▶ チャンネルかえてもいい？
Can I *change* channels? (▶「6チャンネルにかえてもいい？」なら, Can I *change* to Channel 6? といえばよい)
▶ あなたと私の席をかえましょうか.
Shall I *change* seats with you?

> 💡表現力
> …を〜に変える
> → change [turn] ... into 〜

▶ この千円札を百円硬貨10枚にかえてください.
Please *change* this one-thousand-yen bill *into* ten one-hundred-yen coins.
▶ 熱は氷を水に変える.
Heat *turns* ice *into* water.
▶ 古いタイヤを新品にかえる
replace a worn tire with a new one

かえる³ (卵・ひなが) be hatched
▶ ひながかえった.
Chicks *came out of the eggs*. / The chicks *were hatched*.

かお 顔 →からだ(図)

1 (顔面) a **face** [フェイス]; (首から上) a **head** [ヘッド]
▶ 丸い[四角い]顔
a round [square] *face*
▶ きれいな[ふつうの]顔
(男) a handsome [plain] *face* / (女) a beautiful [plain] *face*
▶ 顔を洗う wash my *face*
▶ 顔を見合わせる look at each other
▶ 窓から顔を出さないでください.
Don't put your *head* out of the window. (▶英語では face ではなく head を使う)

2 (表情) a **look** [ルック] →かおいろ
顔を赤らめる blush [ブラッシ]
顔をしかめる frown [フラウン]
▶ 母は驚いた顔で私のほうをふり向いた.
My mother turned to me with a *look*

◀ **かかげる**

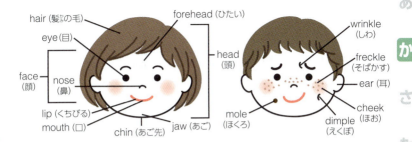

of surprise.
▶ マキはうれしそうな［悲しそうな］顔をしていた．
　Maki *looked* happy [sad].
▶ 彼はおこって顔が真っ赤になった．
　His *face* turned red with anger.
3（比ゆ的に）
▶ 顔がつぶれる lose *face*
▶ …に顔がきく have influence on ...
▶ 田中さんは顔が広い．
　Mr. Tanaka knows a lot of people.

> **日本語NAVI**
> **顔が合わせられない** ☞会えない →**あう**¹
> **顔が広い** ☞知っている人が多い →**しる**¹
> **顔を合わせる** ☞会う →**あう**¹
> **顔を出す** ☞①現れる ②出席する
> 　→①**あらわれる** ②**しゅっせき**
> **顔を見せる** ☞①現れる ②出席する
> 　→①**あらわれる** ②**しゅっせき**

かおいろ 顔色
▶ トムはそのことばを聞くと顔色を変えた．
　Tom changed *color* when he heard those words.

> **スピーキング**
> Ⓐ ちょっと**顔色**が悪いですね．
> 　You look a little pale.
> Ⓑ 今日はあまり気分がよくないのです．
> 　I don't feel so good today.

▶ 今日はとても顔色がいいですね．
　You *look* very well today.

かおり 香り (a) smell [スメル]
かおる smell
▶ よい［甘い］かおり a sweet *smell*
▶ このバラは香りがよい．
　This rose *smells* good.

がか 画家 an artist [アーティスト], a painter [ペインタァ]（▶ artist は広い意味では「芸術家」であるが，とくに「画家」をさすことが多い）

かがい 課外の extracurricular [エクストゥラカリキュラァ]
課外活動 extracurricular activities
課外授業 an extracurricular lesson；a supplementary lesson

かかえる 抱える hold [ホウルド]
▶ 若い女性が赤ちゃんをかかえてすわっていた．
　A young woman sat *holding* her baby in her arms.

かかく 価格 a price [プライス] →**ねだん**
かがく¹ 科学 science [サイエンス]
科学の，科学的な scientific [サイエンティフィク]
科学的に scientifically
▶ 空想科学小説 *science* fiction（▶ sci-fi [サイファイ] または SF と略す）
科学技術 technology
科学者 a scientist [サイエンティスト]
科学博物館 a science museum
科学部 a science club

> **プレゼン**
> 私は**科学部**です．
> I'm in the science club.

かがく² 化学 chemistry [ケミストゥリィ]
化学の，化学的な chemical [ケミカル]
化学式 a chemical formula
化学実験室 a chemical laboratory
化学者 a chemist
化学反応 a chemical reaction
かかげる 掲げる (旗を) fly [フライ]；(掲示・

one hundred and fifty-three 153

かかさない ▶

看板などを) put up
▶ 校旗をかかげる *fly* the school flag

かかさない 欠かさない
▶ 私は毎朝ヨーグルトを欠かさない（→いつも食べる）．
I eat yogurt every morning.

> プレゼン
> ぼくはサッカーの練習を欠かしたことがありません．
> I've never missed soccer practice.

かかし a scarecrow [スケアクロウ]
かかと a heel [ヒール]
▶ かかとの高いくつ high-*heeled* shoes
▶ かかとの低いくつ low-*heeled* shoes
かがみ 鏡 a mirror [ミラァ]
▶ 鏡を見る look in the *mirror*（▶ look ×at the mirror とはあまりいわない）
▶ 鏡で自分の姿を見てごらん．
Look at yourself in the *mirror*.
かがむ bend [ベンド] (down)
かがやかしい 輝かしい bright [ブライト]
▶ 輝かしい未来 a *bright* future

かがやく 輝く

shine [シャイン]；(星などが) twinkle [トゥウィンクル]；(宝石などが) glitter [グリタァ]
▶ 太陽は昼輝き，月は夜輝く．
The sun *shines* by day and the moon *shines* by night.
▶ 星が夜空に輝いていた．
The stars *were twinkling* in the night sky.
▶ ダイヤが彼女の指に輝いていた．
A diamond *was glittering* on her finger.
かかり 係

> プレゼン
> 私は花に水をやる係です．
> I'm in charge of watering flowers.

かかる¹ 掛かる，懸かる

> 使い分け
> (時間・手間が) → take
> (お金が) → cost
> (とりかかる) → start
> (ぶら下がる) → hang

take　　　cost

1 (時間・手間が) take [テイク]

> 表現力
> (時間・手間) がかかる → take ...

▶ この課題はたぶん2時間ぐらいかかるだろう．
This assignment will probably *take* about two hours.

> 表現力
> …するのに (時間・手間) がかかる
> → It takes ～ to ... .

▶ 学校まで自転車で行くと10分かかる．
It takes (me) ten minutes *to* go to school by bike.
▶「駅までどのくらいかかるの？」「ここから歩いて20分くらいだね」
"How long does *it take to* get to the station?" "It's about a twenty-minute walk from here."

2 (お金が) cost [コ(ー)スト]

> 表現力
> (お金) がかかる → cost ...

▶ お金はどれくらいかかりますか．
How much does it *cost*?

> 表現力
> …するのに (金額) がかかる
> → It costs ～ to ... .

▶ ロンドンへ行くにはいくらかかるの？
How much does *it cost to* go to London?
▶ 車を修理してもらうのにだいぶお金がかかった．
It cost a lot of money *to* have the car repaired.

3 (とりかかる) start [スタート]
▶ そろそろ仕事にかからないと．
It's about time to *start* working.

4 (ぶら下がる) hang [ハング]
▶ 大きな絵が壁にかかっていた．
A large picture *hung* on the wall. /

◀ **かきかえる**

There was a large picture (*hanging*) on the wall.
5 (電話が) have a call
▶ 由美ちゃんから電話がかかってきた.
  I *had* a phone *call* from Yumi.
6 (かぎが) be locked [ラックト]
▶ ここのドアはいつもかぎがかかっている.
  This door *is* always *locked*.
7 (成否が) depend on
▶ ぼくらの優勝は今日の試合にかかっている.
  Our victory *depends on* today's game.
8 (医者に) see [スィー]
▶ 医者にかかったほうがいい.
  You'd better *see* a doctor.
9 (相手になる)
▶ さあ，かかってこい． Now come on!

表現力
- (し)かかる → **be about to ...**

▶ 家を出かかったとき，電話が鳴った.
  I *was about to* leave when the phone rang.
かかる² (病気に) have [ハヴ], suffer [サファ] (from)
▶ 先月インフルエンザにかかった.
  I *had* the flu last month.
▶ 弟ははしかにかかっている.
  My brother *is suffering from* the measles.

-(にも)かかわらず though [ゾウ], in spite [スパイト] of
▶ 大雨にもかかわらず全員が出席した.
  Everyone was present *though* it was raining heavily. / Everyone was present *in spite of* the heavy rain.

かかわる 関わる →かんけい
▶ 私はその件に何もかかわっていない.
  I have nothing to *do with* that.

カキ¹ 柿 《植物》a persimmon [パスィモン]
▶ 干し柿
  a dried *persimmon*

カキ² (貝) an oyster [オイスタァ]
  カキフライ fried oysters
  生ガキ raw oysters

かき¹ 夏期，夏季 summer [サマァ], summertime [サマタイム]
  夏期休暇 the summer vacation
  夏期講習 a summer (school) course

かき² 下記
▶ 詳細は下記のとおり.
  The details are as *follows*.
▶ 下記の文を英語にしなさい.
  Put the *following* sentences into English.

かき³ 垣 a fence [フェンス] →かきね
▶ 石がき
  a stone *wall*

かぎ
a **key** [キー]; (錠じょう) a **lock** [ラック]

key
lock

かぎをかける lock
かぎをあける unlock
▶ 金庫のかぎ a *key* to a safe (▶*of a safe* とはいわない)
▶ 合いかぎ
  a spare *key* / a duplicate *key*
▶ 私は自転車のかぎをなくした.
  I lost my bike *key*.
▶ 入って．かぎはかかっていないよ.
  Come in. It's not *locked*.
▶ (ホテルなどで) 部屋にかぎを置いたままドアを閉めてしまったんです.
  I *locked* myself out.
▶ これが問題解決のかぎだ.
  This is the *key* to the problem.
  かぎ穴 a keyhole

かきいれる 書き入れる fill in
▶ 空所に書き入れて文を完成せよ.
  Fill in the blanks to complete the sentences.

かきうつす 書き写す copy [カピィ], copy down
▶ これらの英文をノートに書き写してください.
  Copy these English sentences into your notebook, please.

かきかえる 書き換える（書き直す）rewrite [リーライト]; (更新する) renew [リ

one hundred and fifty-five 155

かきかた ▶

かきかた 書き方 how to write [ニュー]
▶ マイクは漢字の書き方を覚えたがっている.
Mike wants to learn *how to write kanji*.

かきごおり かき氷 shaved ice

かきこみ 書き込み
▶ 彼は教科書にたくさんの書きこみをしている.
He writes a lot of *notes* in his textbooks.
書きこむ write in, fill in, (投稿する) post
▶ そのサイトにコメントを書きこんだ.
I *wrote* a comment on the website.

かきぞめ 書き初め *kakizome*

> ✏️ライティング
> 書き初めは新年の最初に筆で字を書く伝統的な行事です.
> *Kakizome* is a traditional event of doing calligraphy with a brush for the first time in the New Year.

かきとめ 書留 registered mail
▶ この手紙は書留でお送りください.
Please send this letter by *registered mail*.

かきとり 書き取り (a) dictation [ディクティション]
▶ (先生の指示で) あす書き取りのテストをします.
I will give you a *dictation* test tomorrow.
▶ 漢字の書き取り
a *kanji writing* exercise (▶「漢字」はChinese character としてもよい)

かきなおす 書き直す rewrite [リーライト]
▶ 私は作文を何度も書き直した.
I *rewrote* the essay many times.

かきね 垣根 a fence [フェンス]; (生けがき) a hedge [ヘッヂ]

かきまぜる かき混ぜる mix [ミックス], stir [スタ〜]; (卵を) beat [ビート]

かきまわす かき回す stir [スタ〜]
▶ 紅茶に砂糖を入れ, スプーンでかき回した.
I put some sugar in the tea and *stirred* it with a spoon.

かきゅう 下級の lower [ロウア] (反) 上級の senior)
下級生 a younger student, a lower-class student, a lower-grade student

-(とは)かぎらない not always, not all, not every (▶部分的に否定する)
▶ 親がいつも正しいとはかぎらない.
Parents are *not always* right.
▶ だれもがきみのように運がいいとはかぎらないんだ.
Not all people are lucky like you.
▶ 光るものすべてが金とはかぎらない. 《ことわざ》
All that glitters is *not* gold.

かぎり 限り

1 (限度) a limit [リミト]

> ✏️ライティング
> 地球上の資源には限りがあります.
> There's a limit to natural resources on earth.

限りない limitless

2 (…だけ) only [オウンリィ], just [ヂャスト]
→-だけ
▶ 今回にかぎり許してやるが, もう二度とこんなことをするんじゃないぞ.
I'll forgive you *just* this once, but don't ever do it again.

3 (…するかぎり) (程度) as far as; (できるかぎり) as ... as possible
▶ ぼくの知るかぎりすべて順調です.
As far as I know, everything is OK.
▶ できるかぎり早く寝なさいね.
Go to bed *as* early *as possible*. / Go to bed *as* early *as* you *can*.

4 (…でないかぎり) unless [アンレス] ..., if ... not (▶どちらも後ろには文がくる)
▶ 雨が降らないかぎり, 私はそこへ行くつもりだ.
I'm going to go there *unless* it rains.

かぎる 限る

(制限する) limit [リミト]
▶ 修学旅行のこづかいは5000円に限られている.
My spending money during the school trip *is limited* to 5,000 yen.
▶ 寒い日はラーメンに限る.
Nothing is better than ramen on a cold day.

◀ かく⁵

かく¹ 書く, 描く

【使い分け】
(文字・文を) → write
(絵などを鉛筆・ペンで) → draw
(絵などを絵の具で) → paint

1 (文字・文を) write [ライト]

💬表現力
…を書く → write ...

▶ 鉛筆で書く
write with a pencil / *write* in pencil
▶ 漢字で書く
write in *kanji* / *write* in Chinese characters
▶ ここにご住所とお名前を書いていただけますか.
Would you please *write* your name and address here? (▶英米では住所より名前を先に書く)
▶ 何か書くものはありませんか.
(紙・ノートなど) Do you have anything to *write* on? /
(ペン・鉛筆など) Do you have anything to *write* with?
▶ 英語で手紙を書けるようになりたい.
I want to be able to *write* a letter in English.
▶ この詩はフランス語で書いてある.
This poem *is written* in French. (▶「書かれている」という受け身の文にする)
▶ この用紙に書いてください.
Please *fill out* this form. (▶ fill in でもよい)
▶ 彼の手紙に何て書いてあるの？
What does his letter *say*?
▶「アンカー」は英語でどう書くの？
How do you *spell* "Ankā" in English?

💬表現力
…に手紙を書く → write (to) ...

▶ すぐに私に手紙を書いてね.
Please *write* (*to*) me soon.
▶ 彼にお礼の手紙を書いた.
I *wrote* him a thank-you letter. / I *wrote* a thank-you letter *to* him.

2 (絵などを) (鉛筆・ペンで) draw [ドゥロー];
(絵の具などで) paint [ペイント]
▶ 地図をかく *draw* a map
▶ 円をかく *draw* a circle
▶ 油絵 [水彩画] をかく
paint with oils [watercolors]
▶ 駅からうちまでの略図をかきましょう.
I'll *draw* a rough map from the station to my house.

💬用法 さまざまな「かく」
write は文字や文を書くこと. draw は鉛筆・ペンなどで線, 絵, 図をかくこと. paint は絵の具・ペンキなどで絵をかくこと.

draw　paint
write

かく² scratch [スクラッチ]
▶「かゆい, かゆい」「でも, かいちゃだめ」
"Itchy, itchy!" "But don't *scratch*."
▶ 蚊にさされたところをかいちゃだめよ.
Don't *scratch* the mosquito bite.

かく³ 欠く lack [ラック] →かける²

✏️ライティング
水は私たちの生活に**欠く**ことができない.
We can't do without water. (▶ do without は「…なしで済ます」の意味)

かく⁴ 角 an angle [アングル]
▶ 鋭角 an acute *angle*
▶ 直角 a right *angle*
▶ 鈍角 an obtuse [オブテュース] *angle*

かく⁵ 核 a nucleus [ニュークリアス] (複数 nuclei [ニュークリアイ])
核の nuclear [ニュークリア]
核エネルギー nuclear energy
核家族 a nuclear family
核実験 a nuclear test

one hundred and fifty-seven　157

かく- ▶

核戦争 a nuclear war
核燃料 nuclear fuel
核兵器 nuclear weapons

かく- 各…（それぞれの）each [イーチ]；（どの）every [エヴリィ]（▶あとに続く名詞は単数形にする）
▶ 各階に on *each* floor
▶ 各教室にクーラーがついている.
Each classroom has air conditioning.

かぐ¹（においを）smell [スメル]；（鼻をならして）sniff [スニフ]（at）
▶ 私はユリの花のにおいをかいだ.
I *smelled* lilies.
▶ その犬は見知らぬ人のにおいをクンクンとかいだ.
The dog *sniffed at* the stranger.

かぐ² 家具 furniture [ファ～ニチァ]
家具を備える furnish
▶ 家具一式 a set of *furniture*
▶ 家具つきの部屋
a *furnished* room
▶ わが家には家具がたくさんある.
We have a lot of *furniture*.

> 📖**文法** furniture の数え方
> **furniture** は数えられない名詞で，a をつけたり複数形にしたりしない．数えるときは **a piece of furniture**（家具1点）/ **two pieces of furniture**（家具2点）のようにいう．

家具店 a furniture store

がく 額 **1**（金額）an amount [アマウント], a sum [サム]
▶ 多額の金
a large *amount* of money / a large *sum* of money
▶ 少額の金
a small *amount* of money / a small *sum* of money
2（額縁ੰੰ）a frame [フレイム], a picture frame

かくう 架空の imaginary [イマヂナリィ], fictitious [フィクティシャス]
▶ 架空の人物
an *imaginary* character

かくえきていしゃ 各駅停車 →かくてい
▶ 各駅停車の列車

a *local* train / a train which *stops at every station*

がくえん 学園 a school [スクール]
学園祭 a school festival

がくげいかい 学芸会 the students' musical and theatrical performances / a drama festival（▶英米には日本の学芸会と同じ形式のものはない）

かくげん 格言 a proverb [プラヴァ～ブ] → ことわざ（表）

かくご 覚悟する be ready [レディ]（for), be prepared [プリペアド]（for）
▶ 何事があろうと覚悟はできています.
I'*m ready for* anything. / I'*m prepared for* anything.

> 🗨️スピーキング
> **A** 覚悟はいい？
> Are you ready (for it)?
> **B** ああ，覚悟はできてるよ.
> Yes, I'm ready.

かくさ 格差 a gap [ギャップ]
格差社会 an unequal society

かくじつ 確実な certain [サ～トゥン], sure [シュア] →きっと，たしか
▶ 健が試験に合格するのは確実だ.
Ken *is sure to* pass the exam. / I'm *sure* Ken will pass the exam.

がくしゃ 学者 a scholar [スカラァ]

がくしゅう 学習 learning [ラ～ニング] →べんきょう
学習する learn, study →ならう，まなぶ
学習参考書 a study aid
学習者 a learner
学習塾 a *juku*, a cram school →じゅく
学習障害 a learning disability
学習机 a study desk
学習発表会 a student exhibition

かくしん¹ 確信する be sure [シュア]（of), really believe
▶ 彼女は正直だと確信している.
I *am sure* that she is honest.
▶ それについて確信がありますか.
Are you *sure* about that?

かくしん² 革新 innovation [イノヴェイション]
革新的な innovative [イノヴェイティヴ]

かくす 隠す

hide [ハイド]

◀ **かくり**

🔵表現力
…をかくす → hide ...

▶ この日記は引き出しにかくしておこう.
I'll *hide* this diary in the drawer.

🔵表現力
(人)に…をかくす
→ hide ... from ＋人

▶ 彼は私に何かかくしている.
He *is hiding* something *from* me.

がくせい 学生 →せいと
a **student** [ステューデント] (対 先生 teacher)
▶ 中学生
a junior high school *student*
▶ 男子[女子]学生
(年少) a boy [girl] *student* / (年長) a male [female] *student*
▶ 中央大学の学生
a *student* at Chuo University (▶ at を×of としない)
学生時代 my school days
学生証 my student ID card
学生生活 my student life
学生服 a school uniform
学生割引 →がくわり

かくだい 拡大する magnify [マグニファイ]
拡大鏡 a magnifying glass

かくちょう 拡張する widen [ワイドゥン] → ひろげる

かくてい 各停 a local [ロウカル] (train) (対 急行 express) →かくえきていしゃ
▶ その駅には各停しかとまらない.
Only *local* trains stop at the station.

かくど 角度 an angle [アングル] →かく⁴
▶ 角度を測る measure an *angle*

かくとう 格闘 a fight
格闘家 a professional fighter, (武道家) a martial [マーシャル] artist
格闘技 a combative [コンバティヴ] sport, (武道) martial arts

かくとく 獲得する get [ゲット], win [ウィン] →える
▶ 賞を獲得する *win* a prize

かくにん 確認する check [チェック], make sure (of), confirm [コンファ～ム]
▶ 確認させてください.

I'd like to *confirm* it. / I'd like to *check* it *over*.
▶ 会合の日を確認してください.
Make sure of the meeting day.
確認テスト a comprehensive test

がくねん 学年
(学校の1年) a **school year**; (学年) a **grade** [グレイド] → p.160 (表), ねん¹
▶ 健と私は同学年です.
Ken and I are in the same *grade*.
▶ 私の姉は私より2学年上だ.
My sister is two *years* ahead of me.
▶ 日本では学年は4月に始まり, 3月に終わります.
In Japan the *school year* begins in April and ends in March.
学年末試験 an annual exam, 《米》a final exam

がくひ 学費 school expenses [スクール イクスペンスィズ]; (授業料) tuition fees [テューイション フィーズ]

がくふ 楽譜 a score [スコー(ァ)]; (集合的に) music [ミューズィク]
▶ 楽譜が読めますか.
Can you read *music*?
▶ 彼女は楽譜を見ないで『月光』をひいた.
She played the *Moonlight Sonata* without looking at the *score*.

がくぶ 学部 a department [ディパートゥメント]; (専門学部) a school [スクール]

かくめい 革命 a revolution [レヴォルーション]
▶ 産業革命 the Industrial *Revolution*
▶ フランス革命は1789年に起こった.
The French *Revolution* occurred in 1789.

がくもん 学問 (学習) learning [ラ～ニング]; (研究・学業) study [スタディ]
▶ 学問のある人
a *learned* person (▶ learned [ラ～ニド] の発音に注意) / (高等教育を受けた) an *educated* person
▶ 学問に王道なし. 《ことわざ》
There is no royal road to *learning*.

がくようひん 学用品 school supplies [サプライズ]; (文房具) stationery [スティショネリィ]

かくり 隔離 isolation [アイソレイション], quarantine [クウォ(ー)ランティーン]

one hundred and fifty-nine 159

学年の言い方

① grade を使った言い方

be in the ... grade という形で表す。小学生から高校生までに使い，1年から12年（高校3年）まで通算して数える。ただし，英米では，日本のように小学校6年，中学校3年，高校3年と決まっていないので注意。

- ◆小学1年 the first *grade*
- ◆小学2年 the second *grade*
- ◆小学3年 the third *grade*
- ◆小学4年 the fourth *grade*
- ◆小学5年 the fifth *grade*
- ◆小学6年 the sixth *grade*
- ◆中学1年 the seventh *grade*
- ◆中学2年 the eighth *grade*
- ◆中学3年 the ninth *grade*
- ◆高校1年 the tenth *grade*
- ◆高校2年 the eleventh *grade*
- ◆高校3年 the twelfth *grade*

▶妹は小学3年です。
  My sister is in the third *grade*.
▶ぼくは中学3年です。
  I'm in the ninth *grade*.

② grader を使った言い方

be a ... grader という形で表す。grader は「…年生」にあたる言い方。小学生から高校生まで使え，数え方は grade と同じ。

- ◆小学1年生 a first *grader*
- ◆小学2年生 a second *grader*
- ◆小学3年生 a third *grader*
- ◆小学4年生 a fourth *grader*
- ◆小学5年生 a fifth *grader*
- ◆小学6年生 a sixth *grader*
- ◆中学1年生 a seventh *grader*
- ◆中学2年生 an eighth *grader*
- ◆中学3年生 a ninth *grader*
- ◆高校1年生 a tenth *grader*
- ◆高校2年生 an eleventh *grader*
- ◆高校3年生 a twelfth *grader*

▶私は中学2年です。
  I'm an eighth *grader*.
▶兄は高校2年です。
  My brother is an eleventh *grader*.

③ year を使った言い方

be in the ~ year of ... (…学校の~年生である) という言い方で，日本語の表現にもっとも近い。小学生から大学生まで使える。

- ◆小学2年
  the second *year* of elementary school
- ◆中学1年
  the first *year* of junior high (school)
- ◆中学2年
  the second *year* of junior high (school)
- ◆中学3年
  the third *year* of junior high (school)
- ◆高校2年
  the second *year* of high school
- ◆大学2年
  the second *year* of college

▶弟は小学6年です。
  My brother is in the sixth *year* of elementary school.
▶姉は大学1年です。
  My sister is in the first *year* of college.

④ freshman, sophomore, junior, senior を使った言い方

高校生と大学生にのみ使える表現。日本の高校は3年，大学は4年なので下の表のように junior の指す学年がずれてくる。アメリカでは高校が4年のところもあり，その場合は大学と同じ。

学年	高校	大学
1年	a freshman	a freshman
2年	a junior	a sophomore
3年	a senior	a junior
4年	—	a senior

▶姉は高校1年です。
  My sister is a *freshman* in high school.
▶兄は大学4年です。
  My brother is a *senior* in college.

◀ **かけざん**

▶ 彼は14日間の自己隔離を行わなければならなかった. He had to be in self-*isolation* for 14 days.

かくりつ 確率 probability [プロバビリティ]

がくりょく 学力 scholastic [スカラスティク] ability

▶ ぼくは英語の学力があまりない (→英語があまりできない).
I'm *poor* in English.
学力テスト an achievement test

がくれき 学歴 my educational background, my academic background

▶ 鈴木さんは高学歴だ.
Mr. Suzuki is highly *educated*. / Mr. Suzuki has had a good *education*.
学歴社会 an education-oriented society, an education-conscious society

かくれる 隠れる

hide [ハイド]

▶ かくれた才能 a *hidden* talent
▶ ネコはベッドの下にかくれた.
The cat *hid* under the bed.
▶ 次郎は親にかくれてバイトしているそうだ.
I hear Jiro works part-time *without* his parents *knowing* it.

かくれんぼ(う) hide-and-seek [ハイドゥンスィーク]

▶ かくれんぼをしよう.
Let's play *hide-and-seek*.

> **背景**「もういいかい」にあたる言い方は **Ready or not? Here I come.** かくれたほうはふつう何も返事しない.

がくわり 学割 a student discount [ディスカウント]

▶ 学割はありますか.
Can I get a *student discount*? / Do you offer a *student discount*?

かけ 賭け a bet [ベット]；(かけ事) gambling [ギャンブリング]
かけをする bet《on》

▶ かけてもいいよ. きっと気に入るよ.
I *bet* you will like it.

かげ 陰, 影

1 (日陰・物陰) (the) shade [シェイド]

▶ 日陰にすわろう.
Let's sit in *the shade*.
2 (影法師) a shadow [シャドウ]；(水などにうつる影) a reflection [リフレクション]
▶ 夕方は影が長くなる.
Shadows become longer in the evening.

> **用法** shade と shadow
> shade は光が当たらない所や光がさえぎられてできる暗い所をいう.
> shadow は光が物に当たってできるくっきりした影をいう.

3 (かげで[に]) behind [ビハインド]
▶ かげで人の悪口を言っちゃだめだよ.
You shouldn't talk about others *behind* their backs.

がけ 崖 a cliff [クリフ]
かけあし 駆け足 a run [ラン]
▶ タカシはかけ足でやってきた.
Takashi came *running*.

かけい 家計 (家庭の予算) a family budget; (生活費) living expenses
家計簿 a household account book

かげえ 影絵 a shadow picture [シャドウピクチャ]

かげき¹ 歌劇 an opera [アペラ]
かげき² 過激な radical [ラディカル]
かげぐち 陰口 →かげ
かけごえ 掛け声 a call, a shout
かけ声をかける call
▶ さやかに「がんばれ」とかけ声をかけた.
We *called* to Sayaka, "Do your best."

かけざん 掛け算 multiplication [マルティプリケイション]；(仮) 割り算 division)
かけ算をする multiply [マルティプライ], do multiplication →かける¹
かけ算九九表 a multiplication table

かけつ ▶

かけつ 可決する pass, carry
▶ 議案は賛成多数で可決された.
The bill *was passed* by a majority vote.

かけっこ 駆けっこ a race [レイス]
かけっこをする have a race, run a race
▶ 門の所までかけっこしよう.
Let's *have a race* to the gate.

-(に)かけて
▶ 私は火曜日から金曜日にかけて留守にします. I will not be at home *from* Tuesday *to* Friday.
▶ 九州, 四国, 近畿にかけて大雨が降った.
It rained heavily *across* Kyushu, Shikoku, and the Kinki region.

かけぶとん 掛け布団 a quilt [クウィルト], 《米》a comforter [カンファタァ]

かけまわる 駆け回る run around

かけら a broken piece [ピース]

かける¹ 掛ける

使い分け
(つるす) → hang
(電話を) → call, phone
(眼鏡を) → put on, wear
(かぶせる) → put ... on, cover
(音楽, CD などを) → put on, play

1 (つるす) **hang** [ハング]; (ひもなどで) **sling** [スリング]
▶ コートをハンガーにかけなさい.
Hang your coat on a hanger.
▶ この絵, どこにかけたらいい？
Where should we *hang* this picture?
▶ 彼女はバッグを肩にかけていた.
She *was slinging* her bag over her shoulder.

2 (電話を) **call** [コール], **phone** [フォウン]
▶ あとでまた電話をかけます.
I'll *call* you again later.

スピーキング
Ⓐ 何時に電話をおかけすればよろしいでしょうか.
What time would you like me to call?
Ⓑ 5 時にかけてください.
Please call me at five.

3 (眼鏡を) **put on**, **wear** [ウェア] (▶ put on は「かける」という動作, wear は「かけている」という状態を表す)
▶ ミキは眼鏡をかけている. Miki *wears* glasses. / Miki *has* glasses *on*.

4 (かぶせる) **put ... on**, **cover** [カヴァ]; (毛布などを) **pull up**
▶ テーブルにそのテーブルクロスをかけてください. *Put* that tablecloth *on* the table, please. / *Cover* the table with that tablecloth, please.
▶ 私は寒いので毛布をかけた.
I felt cold and *pulled up* the blanket.
▶ やかんを火にかける
put a kettle *on* the fire

5 (音楽, CD などを) **put on**, **play** [プレイ]
▶ 音楽でもかけよう.
Let's *put on* some music.

6 (水などを) **pour** [ポー(ァ)]; (調味料などを) **put ... on**, **sprinkle** [スプリンクル] ... **on** [**over**]
▶ 花火のあとは, 火に水をかけてね.
Pour water on the fire after playing with the fireworks.
▶ サラダにドレッシングをかける
put dressing *on* the salad

7 (エンジンを) **start** [スタート]; (ラジオを) **turn** [**switch**] **on**
▶ エンジンがかからない.
I can't *start* the engine.

8 (かぎを) **lock** [ラック]
▶ ドアにはかならずかぎをかけてね.
Make sure you *lock* the door.

9 (時間・費用を) **spend** [スペンド] 《**on**》
▶ 私は着る物にあまりお金をかけない.
I don't *spend* much money *on* clothes.

10 (迷惑・心配などを) **give** [ギヴ]
▶ 彼女にはたいへん迷惑をかけた.
I *gave* her a lot of trouble.

11 (すわる) **sit** [スィット] **down**

スピーキング
Ⓐ どうぞおかけください.
Please have a seat.
Ⓑ どうも.
Thank you.
(▶ Please have a seat. は Please sit down. よりもていねいな表現)

◀ かさなる

12 (掛け算で) multiply [マルティプライ]
▶ 3かける4は12 (3 × 4 =12).
3 *times* 4 is 12. →ばい
13 (ことばを) speak to
▶ あいつは女の子ならだれにでも (→会う女の子みんなに) 声をかける.
He *speaks to* every girl he sees.
かける² 欠ける lack [ラック] →かく³; (一部がこわれる) break off
▶ 私は音楽的才能に欠けている.
I *lack* musical talent.
▶ コーヒーカップのふちが欠けている.
The rim of the coffee cup *is broken off*.
かける³ 駆ける run [ラン] →はしる
▶ ぼくたちは階段をかけおりた.
We *ran* down the stairs.
かける⁴ 賭ける bet [ベット]
▶ かけてもいい. ぼくが勝つよ.
I *bet* I will win.
かげん 加減 →いいかげん
▶ お父さん, 湯かげんはどう？
How's the bath, Dad?

かこ 過去

the **past**[パスト](▶「現在」は present,「未来」は future)
▶ 過去に(おいて) in *the past*
▶ 過去5年間 for *the past* five years
▶ 過去をふり返るな.
Don't look back on *the past*.
過去形《文法》the past tense form
▶ go の過去形は went です.
The past tense form of "go" is "went."
過去時制《文法》the past tense
過去分詞《文法》a past participle (▶ pp. と略す)
かご a basket [バスケット]; (鳥かご) a cage [ケイジ]
▶ かごにはオレンジがいっぱい入っている.
The *basket* is full of oranges.
かこい 囲い a fence [フェンス]
▶ 古い井戸のまわりに囲いをしなさい.
Make a *fence* around the old well.
かこう¹ 加工する process [プロセス]
加工食品 processed food
かこう² 河口 the mouth of a river
▶ 利根川の河口

the mouth of the Tone River
かこう³ 火口 a crater [クレイタァ]
かこむ 囲む surround [サラウンド]
▶ 城は堀で囲まれている.
The castle *is surrounded* by a moat.
▶ 正しい答えを○で囲みなさい.
Circle the correct answer.

かさ 傘

(雨がさ) an **umbrella** [アンブレラ]; (日がさ) a parasol [パラソ(ー)ル]
▶ 折りたたみがさ a folding *umbrella*
▶ かさをさす
open an *umbrella* / put up an *umbrella*
▶ かさをたたむ close an *umbrella*
▶ 雨が降るかもしれないから, かさを持っていきなさい.
Take an *umbrella* with you in case it rains.
▶ 私のかさに入りませんか.
How about coming under my *umbrella*?
かさ立て an umbrella stand
かさい 火災 a fire [ファイア] →かじ¹
火災報知機 a fire alarm

壁に取りつけられた火災報知機. レバーをおろすと消火システムが作動する.

火災保険 fire insurance
かさかさ (乾燥?した) dry [ドゥライ]
▶ 冬は手がかさかさになる.
My hands get *dry* in winter.
がさがさ (ざらざらした) rough [ラフ]
かざぐるま 風車 a pinwheel [ピン(フ)ウィール], a whirligig [(フ)ワ〜リギグ]
かさなる 重なる (かち合う) fall on; (物の上に物がのる) be piled [パイルド] (up)
▶ 今年はこどもの日が日曜日と重なる.
Children's Day *falls on* Sunday this year.

かさねる ▶

かさねる 重ねる (物を) pile [パイル] (up); (きちんと) stack [スタック]; (…の上に重ねる) put ~ on top of ...
▶ 彼の机の上には本が重ねてあった.
The books were *piled up* on his desk.

かさばる be bulky [バルキィ], be very big

かざむき 風向き the direction of the wind

かざり 飾り a decoration [デコレイション]
▶ クリスマスのかざり
Christmas *decorations*

かざる 飾る decorate [デコレイト]; (展示する) display [ディスプレイ], set up
▶ みんなでクリスマスツリーをかざった.
We all *decorated* our Christmas tree.
▶ 桃の節句にはひな人形をかざる.
We *display Hina* dolls for the Dolls' Festival.
▶ 彼は本当にかざらない (→ひかえめな) 人です.
He is a very *modest* man.

かざん 火山 a volcano [ヴァルケイノウ] (複数 volcano(e)s)
▶ 日本は火山が多い. There are a lot of *volcanos* in Japan. / Japan has a lot of *volcanos*.
▶ 海底火山 a submarine *volcano*
▶ 活火山 an active *volcano*
火山帯 a volcanic zone
火山灰 volcanic ash

カシ 《植物》an oak [オウク]

カし カ氏(の) Fahrenheit [ファレンハイト] (▶ F または F. と略す. 英米などで使われている温度の単位) →セし
▶ カ氏32度 32°*F*
(▶thirty-two degrees Fahrenheit と読む. 0 ℃に相当する)

カ氏とセ氏の目盛りがついた温度計.

かし¹ 菓子 (ケーキ類) (a) cake [ケイク]; (キャンディー類) 《米》(a) candy [キャンディ], 《英》sweets [スウィーツ]; (クッキー類) a cookie [クキィ]; (ケーキ・キャンディー・クッキーなど全体) confectionery [コンフェクショネリィ]

① cake
② candies / sweets
③ cookies

▶ ママ, お菓子ちょうだい.
Give me some *candy*, please, Mom.
菓子店 《米》a candy store, 《英》a sweet shop

かし² 貸し a loan [ロウン] →かす
▶ ビルに1000円貸しがある.
Bill *owes* me 1,000 yen.
貸し自転車 a rental bicycle
貸しボート a rental boat

かし³ 歌詞 the words [ワーヅ] (of a song), the lyrics [リリクス]
▶ この歌の歌詞, 知ってる？
Do you know *the words of* this *song*?
歌詞カード a lyrics sheet

かじ¹ 火事 a fire [ファイア]
▶ 山火事
a forest *fire*
▶ 昨夜, 近所で火事があった.
A *fire* broke out in my neighborhood last night.
▶ 冬場は火事が多い.
There are many *fires* in winter.
▶ 火事だ！ 火事だ！
Fire! Fire!

かじ² 家事 housework [ハウスワ~ク], household chores [ハウスホウルド チョー(ァ)ズ]
家事をする do housework, do household chores, keep house
▶ あなたは家事を手伝っていますか.
Do you help with the *housework*? / Do you help around the house?
▶ 両親は共働きなので家事を分担している.
My parents both work so they share the *housework*.

かじ³ 舵 (船・飛行機の) a rudder [ラダァ]
かじをとる steer [スティア]

◀ **かす**

がし 餓死 starvation [スターヴェイション]
餓死する starve to death
かしきり 貸し切りの（乗り物など）chartered [チャータァド]；（店など）reserved [リザ～ヴド]
▶ 貸し切りバス
a *chartered* bus
▶ レストランを貸し切る
reserve the *whole* restaurant

かしこい 賢い

wise [ワイズ], clever [クレヴァ], bright [ブライト], smart [スマート]
▶（きみは）なんてかしこい男なんだろう．
What a *wise* man (you are)!
▶ あの女の子はかしこそうな顔をしている．
That girl looks *bright*.

💬用法 **wise, clever, bright, smart**
wise は知識・判断力があり賢明なこと．**clever** は頭がよく器用だが，悪がしこさもあること．**bright** は頭がよくきれて学校の成績もいいこと．とくに子どもに使われる．**smart** は頭がよくぬけ目がないこと．

かしこまりました Certainly. [サ～トゥンリィ], Of course. [オヴコース, オフコース]

💬スピーキング
🅐 おくり物用に包んでいただけますか．
Would you please gift-wrap it?
🅑 かしこまりました．
（男性客に）Certainly, sir. /（女性客に）Certainly, ma'am.

かしつ 過失 a mistake [ミステイク] →あやまち
かしや 貸し家《米》a house for rent,《英》a house to let；（掲示）《米》For Rent,《英》To Let
かしゅ 歌手 a singer [スィンガァ]
▶ ロック歌手 a rock *singer*
▶ 人気歌手 a popular *singer*
かじゅ 果樹 a fruit tree
果樹園 an orchard [オーチャト]
カジュアル casual [キャジュアル]
▶ カジュアルウエア
casual wear / *casual* clothes
かしょ 箇所（場所）a place [プレイス]；（点）a point [ポイント]
▶ 行ってみたいところが数か所ある．
There are several *places* I'd like to visit.
▶ きみの作文には5か所誤りがある．
There are five mistakes in your composition.
かじょう 箇条（項目など）an item [アイテム]；（法律など）an article [アーティクル]
箇条書きにする itemize [アイテマイズ]
かしょくしょう 過食症 bulimia [ブリミア]（対 拒食症 anorexia）
▶ 過食症になっている
suffer from *bulimia*
-かしら I wonder [ワンダァ] …

💬表現力
…かしら
→ **I wonder who** [**where, if** など] … .

▶ あの背の高い人はだれかしら．
I wonder who that tall man is.

💬スピーキング
🅐 あすは晴れるかしら．
I wonder if it'll be fine tomorrow.
🅑 そうだといいね．
I hope so.

かしらもじ 頭文字（名前の）an initial [イニシャル]；（大文字）a capital (letter) [キャピトゥル (レタァ)]
かじる bite [バイト]；（ネズミなどが）gnaw [ノー]（発音注意）
▶ リンゴをかじる
bite an apple

かす 貸す

1（物・金を）lend [レンド]（反 借りる borrow）

💬表現力
（人）に（物）を貸す
→（物に重点があるとき）lend ＋人 ＋物 /
（人に重点があるとき）lend ＋物 ＋ to ＋人

▶ 1000円，貸してくれない？
Can you *lend* me 1,000 yen? / Can you *lend* 1,000 yen *to* me?

かず ▶

🗣スピーキング
- Ⓐ ペンを貸していただけませんか.
 Would you please lend me your pen?
- Ⓑ ええ, どうぞ.
 Sure. Here you are.

▶ 手を貸して, お願い.
Give me a hand, please.
▶ トイレを貸してもらえますか.
May I *use* the bathroom?
▶ 電話, 貸してくれる？
Can I *use* [*borrow*] your phone? (▶固定電話の場合にはふつう use を使い, 携帯電話の場合には use と borrow のどちらも使える)

2 (有料で) **rent** (out)
▶ あの店は自転車を貸している.
They *rent out* bicycles at that shop.
▶ 車貸します《掲示》*Rent* a Car

かず 数

(a) **number** [ナンバァ]; (…の数) the number of ... →かぞえる
▶ 数を数える count the *number*
▶ 各クラスの生徒の数は何人ですか.
How many students are there in each class?
▶ 日本では子どもの数が減り続けている.
The number of children has been decreasing in Japan.

数多くの a lot of, lots of, a large number of, a great number of →おおく, たくさん

ガス 1 (都市ガス) **gas** [ギャス] (▶英語では「ガソリン」のことも gas というので注意)
▶ ガスをつける [消す]
turn on [off] the *gas*
▶ 天然ガス natural *gas*
▶ 排気ガス
exhaust [イグゾースト] (gas)

2 (腸内の) gas

ガスストーブ a gas heater (▶ a gas stove は料理用の「ガスコンロ」のこと)
ガス代 the gas charge
ガス中毒 gas poisoning
ガス湯わかし器 a gas water heater
ガスレンジ《米》a gas range,《英》a gas cooker

かすかな (光・音・力などが) **faint** [フェイント]; (ぼんやりした) **dim** [ディム]
▶ かすかな音

数 (かっこの中は序数とその略語. *はつづりに注意)

1 one (first, 1st)
2 two (second, 2nd)
3 three (third, 3rd)
4 four (fourth, 4th)
5 five (fifth*, 5th)
6 six (sixth, 6th)
7 seven (seventh, 7th)
8 eight (eighth*, 8th)
9 nine (ninth*, 9th)
10 ten (tenth, 10th)
11 eleven
12 twelve
13 thirteen
14 fourteen
15 fifteen
16 sixteen
17 seventeen
18 eighteen
19 nineteen
20 twenty
21 twenty-one
22 twenty-two
30 thirty
40 forty*
50 fifty
60 sixty
70 seventy
80 eighty
90 ninety
100 one hundred
101 one hundred (and) one
200 two hundred
1,000 one thousand
1万 ten thousand
10万 one hundred thousand
100万 one million
1000万 ten million
1億 one hundred million
10億 one billion
0 zero

◀ **かそう**

a *faint* sound / a *very low* sound
▶ かすかな記憶
a *dim* memory / a *vague* memory
かすかに *vaguely*;*dimly*
▶ 子どものころにそこへ行ったのをかすかに覚えている．
I *vaguely* remember I went there when I was a child.
カスタネット (楽器) *castanets* [キャスタネッツ] (▶ふつう複数形で使う)
▶ カスタネットを鳴らす click *castanets*
カステラ (a) *sponge cake* [スパンヂ ケイク] (▶「カステラ」はポルトガル語から)
かすみ (a) *haze* [ヘイズ], (a) *mist* [ミスト]
かすむ *be hazy*;(目が) *be dim* [ディム]
▶ 涙で目がかすんだ．
My eyes *were dim* with tears.

かぜ[1] 風

(the) **wind** [ウィンド] (▶ *wind* に形容詞がつくときは a をつけることが多い);(そよ風) a *breeze* [ブリーズ]
▶ 強い風が吹いている．
The wind is blowing hard. / It's blowing hard.
▶ 暖かい風が吹いていた．
A warm *wind* was blowing.
▶ 冬になると，冷たい北風が吹く．
In winter cold *winds* blow from the north. (▶くり返し吹く風は複数形にする)
▶ 今日は風がまったくない．
There is no *wind* at all today.
▶ 風が出てきた．It's getting *windy*.
▶ 風がおさまってきた．
The wind is dropping. / *The wind* is dying down.
▶ 今日は風が強いですね．
It's *windy* today, isn't it?
▶ いい風が入ってきます．
A nice *breeze* is blowing in.

かぜ[2]

(病気の) (a) **cold** [コウルド];(インフルエンザ) *influenza* [インフルエンザ], (the) *flu* [フルー]
▶ かぜをひく catch (a) *cold*
▶ かぜをひいている have a *cold*
▶ ぼくはかぜをひいている．
I have a *cold*. (▶×I'm having a cold.

とはいわない)
▶ 姉は鼻かぜをひいている．
My sister has a head *cold*. (▶×nose cold とはいわない)
▶ 家族全員かぜをひいた．
The whole family had *colds*. (▶複数形の colds を使う)
▶ ぼくはかぜ気味なんだ．
I have a slight *cold*.
▶ 母はひどいかぜをひいている．
My mother has a bad *cold*.
▶ かぜをひかないようにね．
Be careful. Don't catch (a) *cold*. / Take care not to catch (a) *cold*.
▶ 友だちのかぜがうつった．
I caught (a) *cold* from a friend. / I got (a) *cold* from a friend.
▶ かぜで3日間寝ていました．I've been in bed for three days with a *cold*.
▶ 佐藤先生は今日はかぜでお休みです．
Mr. Sato is absent today because he has a *cold*. / Mr. Sato is absent with a *cold* today.
▶ かぜがはやっています．
The flu is going around.
▶ やっとかぜがなおった．
I finally got over my *cold*.
かぜ薬 cold medicine
▶ かぜ薬を飲む take *cold medicine*
かせい 火星 *Mars* [マーズ] →**わくせい**(表)
火星人 a *Martian* [マーシャン]
かせき 化石 a *fossil* [ファス(ィ)ル]
化石燃料 fossil fuel
かせぐ 稼ぐ *earn* [ア~ン]
▶ 最新型のコンピューターを買うお金は自分でかせぎなさい．
Earn money to buy the latest computer by yourself.
かせつ 仮設の *temporary* [テンポレリィ]
仮設住宅 temporary housing
カセット a *cassette* [カセット]
かせん 下線 an *underline* [アンダライン]
下線を引く *underline*
▶ 重要語に下線を引きなさい．
Underline the important words.
かそう 仮装
▶ 子どもたちはハロウィーンの仮装をしていた．
The children *were wearing* Halloween *costumes*.

かぞえる ▶

仮装行列 a costume parade, a fancy dress parade

かぞえる 数える

count [カウント]
- 指で1から10まで数えなさい． *Count* from one to ten on your fingers.
- 2，4，6，8，…と数える *count* by twos (▶「3，6，9，12，…と数える」なら count by threes という)

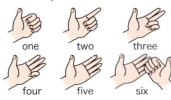

かぞく 家族

(全体) a **family** [ファミリィ]；(1人1人) a family member

> 🗣スピーキング
> Ⓐ 家族は何人ですか．
> How many people are there in your family?
> Ⓑ 3人です．
> Three.

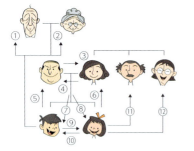

- 山田さんの家族 the Yamadas / the Yamada *family* →いっか
- うちは4人家族です．
  We are a *family* of four. / There are four people in my *family*.
- うちの家族はみんな仲がいい．
  My *family* is very close.
- うちの家族はみんなネコが好きだ．
  All my *family members* like cats.
- 私の家族の写真を何枚かお送りします．
  I am sending you some pictures of my *family*.
- 京子のうちは家族が多い[少ない]．
  Kyoko's *family* is large [small]. / Kyoko has a large [small] *family*. (▶×Kyoko has many families. とはいわない)
- 「ご家族のみなさんはいかがですか」「みんな元気です．ありがとう」
  "How is your *family*?" "They're all fine, thank you."
- 2つの家族が同じ家に住んでいます．
  Two *families* live in the same house.

> 📖文法 **family** の使い方
> ❶家族全体を1つのまとまりとみて表すときは単数あつかい．家族の1人1人を表す場合は複数あつかいにする．ただし，(米)では単数あつかいのことも多い．
> ❷ **families** は，いくつかの「家族・世帯」があることを表す．

ガソリン (米) gas [ギャス], gasoline [ギャソリーン], (英) petrol [ペトゥロル]

ガソリンスタンド (米) a gas station, (英) a petrol station, a filling station (▶×gasoline stand とはいわない)

家族 ① grandfather(おじいさん)▶「孫むすこ」は grandson，「孫むすめ」は granddaughter という． ② grandmother (おばあさん) ③ wife (妻) ④ husband (夫) ⑤ father (お父さん) ⑥ mother (お母さん) ⑦ son (むすこ) ⑧ daughter (むすめ) ⑨ sister (女のきょうだい) ⑩ brother (男のきょうだい) ⑪ uncle (おじさん) ▶「おい」は nephew，「めい」は niece という．「いとこ」は cousin という． ⑫ aunt (おばさん)

◀ **かたがわ**

かた¹ 肩 →からだ（図）

a **shoulder** [ショウルダァ]（▶日本語の「肩」よりも広く上背部をさす）

▶ 肩をすくめる shrug my *shoulders*（▶困ったときやあきらめたときのジェスチャー）
▶ 肩の力を抜いて．
  Relax your *shoulders*.
▶ 先生がぼくの肩をポンとたたいた．
  Our teacher tapped me on the *shoulder*.
▶ 肩がこってるんだ．
  I have stiff *shoulders*.
▶ 発表が終わって，肩の荷が下りた．
  The presentation is over, and a big load has been lifted from my *shoulders*.

> 🔵 **日本語NAVI**
> 肩入れする ☞ひいきする →**ひいき**
> 肩を落とす ☞がっかりする →**がっかり**
> 肩を並べる ☞同じくらいすごい
>   →**おなじ**，**すぐれる**
> 肩を持つ ☞味方になる →**みかた**¹

かた² 型（共通の特性）a type [タイプ]；（様式）a style [スタイル]；（自動車などの型）a model [マドゥル]；（形）a form [フォーム]

▶ 2020年型の車
  a 2020 *model* car
▶ 「血液型は何型？」「A 型だよ」
  "What's your blood *type*?" "*Type* A."
▶ 最新型のスマホ
  the latest *models* of smartphones

かた³ 方

▶ あそこにいらっしゃるかたはどなたですか．
  （男性の場合）Who is that *gentleman* over there？ ／（女性の場合）Who is that *lady* over there？

-かた …方（気付け）c/o, c.o.（▶ in care of [ケ(ァ)ロヴ]と読む）

▶ ジョン・スミス様方，キャシー・ミラー様
  Ms. Cathy Miller *c/o* Mr. John Smith

-(し)かた …(し)方 a way [ウェイ] of -ing, how to ... →**しかた**

▶ この本が私の考え方を変えました．
  This book changed my *way of thinking*.

かたい 堅い，硬い，固い

1（物が）**hard** [ハード]（反 やわらかい soft）；（固形の）**solid** [サリド]（反 液状の liquid）；（肉などが）**tough** [タフ]（反 やわらかい tender）

▶ 鉄はかたい．Iron is *hard*.
▶ このステーキ，かたすぎてかめないよ．
  This steak is too *tough* to chew.
▶ シャーベットは凍ってかたくなった．
  The sherbet has frozen *solid*.

2（強固な）**firm** [ファ〜ム]，**strong** [ストゥロ(ー)ング]

▶ かたい約束 a *firm* promise
▶ ぼくたちはかたい友情で結ばれている．
  We have a *strong* friendship.

3（比ゆ的に）

▶ 私は口がかたいのよ（→私のくちびるは封印をされている），だから話して．
  My lips *are sealed*, so tell me about it.
▶ きみが考えているほど彼は頭がかたくないよ（→がんこじゃないよ）．
  He's not as *stubborn* as you think.

かだい 課題 （問題）a problem [プラブレム]；（宿題）an assignment [アサインメント], homework

かたおもい 片思い unrequited [アンリクワイティド] love, one-sided love

▶ 私の片思いだった．
  My love *was not returned*.
▶ 私，彼に片思いしてるの．
  I *have a crush on* him.（▶「彼に夢中だ」という意味）

ガタガタ

▶ 風で窓ガラスがガタガタ鳴った．
  The windows *rattled* in the wind. ／The windows *made a lot of noises* in the wind. ／The wind *rattled* the windows.
▶ 彼は恐怖でガタガタふるえていた．
  He *was shaking* with fear.

かたかな 片仮名 （全体）*katakana*；（1文字）a *katakana* character

▶ 外来語はカタカナで書く．
  Loanwords are written in *katakana*. ／We use *katakana* for loanwords.

かたがわ 片側 one side
片側通行《掲示》One Side Only

かたく ▶

かたく 堅く, 硬く, 固く

1（固まって）**hard** [ハード]；（しっかりと）**tightly** [タイトゥリィ]
▶ かたくゆでた卵
a *hard*-boiled egg
▶ くつひもをかたく結ぶ
tie my shoelaces *tightly*
2（強固に）**firmly** [ファ〜ムリィ]
▶ 彼女は彼の無罪をかたく信じている.
She *firmly* believes in his innocence.
かたくなる
▶ そうかたくならないで.
Take it easy. / Don't be so *nervous*.
▶ だれでも試合の前はかたくなるものです.
Everybody *becomes nervous* before a game.

かたくるしい 堅苦しい **formal**[フォーマル]
▶ かたくるしいあいさつ
(very) *formal* greetings

かたぐるま 肩車 a **piggyback ride** [ピギィバック ライド]
▶ 彼は娘を肩車した.
He gave his daughter a *piggyback ride*. / He *carried* his daughter *on his shoulders*.

かたち 形

(a) **shape** [シェイプ], (a) **form** [フォーム]

🗨️ スピーキング
Ⓐ そのおもちゃはどんな*形*なの？
What *shape* is the toy? / What does the toy look like?
Ⓑ 卵みたいな*形*だよ.
It looks like an egg.

▶ 葉っぱの形のお皿
a plate in the *shape* of a leaf
▶ その花だんは形が丸い.
The flower bed is round in *shape*.
▶ イタリアは長ぐつのような形をしている.
Italy *is shaped* like a boot.
形づくる shape, form

かたづく 片づく **1**（整とんされている）**neat** [ニート], **tidy** [タイディ]（反）散らかった untidy), in order
▶ 兄さんの部屋はいつもかたづいている.
My brother's room is always *neat*.
▶ 家の中はきちんとかたづいている.
Everything in our home *is in order*.
2（仕上がる）be finished
▶ 宿題は夕食前にかたづいた.
My homework *was finished* before supper.

かたづける 片づける

1（整とんする）**put ... in order**；（散らかっている物をとり除く）**clear up**；（きれいにそうじする）**clean up**；（物をほかの場所へしまう）**put ... away**
▶ 部屋をきちんとかたづけなさい.
Put your room *in order*. / *Clear up* your room.
▶（食事が終わって）テーブルをかたづけてくれる？
Can you *clear* the table?
2（仕上げる）**finish** [フィニシ]；（解決する）**clear up**, **settle** [セトゥル]
▶ もう数学の宿題はかたづいた.
I've already *finished* the math homework.

カタツムリ a **snail** [スネイル]

triangle
（三角）

square
（正方形）

circle
（円）

oval
（だ円）

rectangle
（長方形）

heart
（ハート形）

crescent
[クレスント]
（三日月形）

cylinder
（円柱形）

cube
（立方体）

cone
（円すい）

sphere
（球）

diamond
（ひし形）

star
（星形）

parallelogram
（平行四辺形）

かたな 刀 a sword [ソード]
かたほう 片方 (片側) one side；(2つのうちの) (片方) one [ワン], (もう片方) the other [ズィ アザァ] →いっぽう
▶ 手袋を片方なくした.
I lost *one* of my gloves.
かたまり 塊 (比較的小さい) a lump [ランプ]；(大きい) a mass [マス]
▶ ねん土のかたまり
a *lump* of clay
かたまる 固まる (固くなる) harden [ハードゥン]；(液体などが) set [セット]
かたみち 片道 one way
▶ 横浜駅まで片道350円です.
The *one-way* fare to Yokohama is 350 yen.
片道切符 《米》a one-way ticket, 《英》a single, a single ticket
かたむく 傾く (ななめになる) lean [リーン]；(日が) set [セット]
▶ 日が傾いた.
The sun *is setting*.
▶ この塔は左に傾いている.
This tower *leans* to the left.
かたむける 傾ける (ななめにする) tilt [ティルト], lean [リーン]；(耳を) listen [リスン] (to)
▶ 首をゆっくり左に傾けて.
Slowly *tilt* your head to the left side.
▶ 町田先生は生徒の声によく耳を傾けてくれる.
Mr. Machida *listens* carefully *to* his students.
かためる 固める (固くする) harden [ハードゥン]；(液体などを) set [セット]
かためん 片面 one side [サイド]
かたよる 偏る (不公平である) be partial [パーシャル]；(偏見がある) be prejudiced [プレヂュディスト], be biased [バイアスト]
▶ 栄養のかたよった食事
unbalanced meals
▶ 彼の意見は少しかたよっている.
His opinion *is* a little *partial*.
かたる 語る talk [トーク], tell [テル]
▶ 私は自分の人生観を語った.
I *talked* about my view of life.
語り手 a narrator
カタログ a catalog [キャタロ(ー)グ], a catalogue

かだん 花壇 a flower bed

かち¹ 価値
value [ヴァリュー], worth [ワ〜ス]
価値のある valuable [ヴァリュアブル]（反 価値のない valueless, worthless）；(役立つ) useful（反 役に立たない useless）
▶ 価値のある本
a *valuable* book
▶ 価値のない指輪
a *valueless* ring / a *worthless* ring
▶ この絵の価値はどのくらいですか.
What is the *value* of this picture? / How much is this picture *worth*?
▶ この切手は大変な価値がある.
This stamp is really *valuable*. / This stamp is of great *value*.

> 表現力
> …(の)価値がある → be worth ...
> …する価値がある → be worth -ing

▶ この皿は10万円の価値がある.
This plate *is worth* 100,000 yen.
▶ それはやってみるだけの価値がある.
It's *worth trying*. / It's *worth* a try.
かち² 勝ち (a) victory [ヴィクト(ゥ)リィ]（反 負け defeat）
▶ きみの勝ちだ.
You *win*. / The game is yours.
▶ 早い者勝ち.
First come, first served.
-(し)がち tend to ... , be apt to ...
▶ 若者は夜ふかししがちだ.
Young people *tend to* stay up late.
▶ 母は病気がちだ.
Mother gets sick *easily*.
かちかち (音を立てる) tick [ティック]；(固い) hard
▶ 時計がかちかちと動いている.
The clock *is ticking*.
▶ 水がかちかちにこおった.
The water has frozen *hard*.
かちく 家畜 farm animals, domestic [ドメスティク] animals；(集合的に) livestock [ライヴスタク]
▶ 家畜を飼う
raise *livestock*

ガチャン
▶ ガチャンと皿の割れる音がした.

かちょう ▶

There was a *crash* of breaking dishes. →おと（図）

かちょう 課長 the section chief [セクション チーフ]

ガチョウ 《鳥》a goose [グース]（複 geese [ギース]）

カツ 《料理》a cutlet [カトゥレット]
▶ とんカツ
a fried pork *cutlet*

かつ 勝つ

（試合・レースなどに）win [ウィン]（反 負ける lose）；（相手に）beat [ビート]
▶ 勝った！
I *won*! （▶「負けた」はI lost.）
▶ うちのチームが7対5で試合に勝った.
Our team *won* the game by 7 to 5.

💬表現力
…に勝つ → beat …

▶ テニスで森くんに勝った.
I *beat* Mori at tennis. （▶ ✕I won Mori … とはいわない）

💬用法 **win** と **beat**
win は試合などに「勝つ」ことで, game, match, raceなどを目的語とする. **beat** は相手（人・チーム）に「勝つ」「相手を負かす」こと.

カツオ 《魚》a bonito [ボニートゥ]（複 bonito）

がっか 学科 a subject [サブヂェクト], a school subject →きょうか¹

がっかつ 学活（学級活動）homeroom activities [アクティヴィティズ]

がつがつ がつがつ（と）greedily [グリーディリィ]
▶ がつがつ食べる
eat *greedily*

がっかり がっかりする be disappointed [ディサポインティド]《at, with, in, by》, be discouraged [ディスカーレヂド]
▶ がっかりだよ.
I'm *disappointed*. / How *disappointing*!
▶ がっかりするなよ.
Don't *be discouraged*! / Don't *lose heart*!

💬表現力
…にがっかりする → be disappointed at [with, in, by] …
（▶ 前置詞 at は原因・理由, with は物や人, in は人やその行為や物など, by は出来事などに使う）

▶ 私はそのニュースにがっかりした.
I *was disappointed at* the news.
▶ 私はその映画にがっかりした.
I *was disappointed with* the movie.
▶ 小林さんが来なかったのでがっかりした.
I *was disappointed* (that) Mr. Kobayashi didn't come.

かっき 活気のある lively [ライヴリィ]
活気のない dull [ダル]
▶ 朝の市場は活気に満ちている. The market is full of *life* in the morning.

がっき¹ 学期（3学期制の）《米》a trimester [トライメスタァ],《英》a term [ターム]；（2学期制の）《米》a semester [セメスタァ]
▶ 1学期 the first *term*
▶ 2学期 the second *term*
▶ 3年の3学期
the third *term* of the third year
▶ 1学期は4月8日から始まり, 7月19日で終わる. The first *term* starts on April 8 and ends on July 19.
▶ 日本の中学は3学期制です.
Japanese junior high schools use a *trimester* system. / In Japanese junior high schools, there are three *terms*.
▶ アメリカでは新学期（→新学年）は9月に始まる.
In the United States the new *school year* starts in September.
学期末試験 a term exam →しけん

がっき² 楽器 a musical instrument

💬スピーキング
🅐 楽器は何をひきますか.
What musical instruments do you play?
🅑 ピアノをひきます.
I play the piano.
（▶「楽器の演奏をする」というときには楽器名の前にふつう the をつける）

楽器店 a musical instrument store

楽器 (musical instruments)

①管楽器 (wind instruments)
- フルート　flute
- ピッコロ　piccolo
- クラリネット　clarinet
- オーボエ　oboe
- バスーン　bassoon
- リコーダー　recorder
- サキソホン　saxophone
- トランペット　trumpet
- トロンボーン　trombone
- フレンチホルン　French horn
- チューバ　tuba
- スーザホン　sousaphone

②弦楽器 (stringed instruments)
- バイオリン　violin
- ビオラ　viola
- チェロ　cello
- コントラバス　double bass
- ギター　guitar
- ウクレレ　ukulele
- マンドリン　mandolin
- バンジョー　banjo
- ハープ　harp

③打楽器 (percussion instruments)
- ドラム　drums
- ティンパニ　timpani
- シンバル　cymbals
- トライアングル　triangle
- タンバリン　tambourine
- 木琴　xylophone

④鍵盤楽器 (keyboard instruments)
- ピアノ　piano
- パイプオルガン　(pipe) organ
- リードオルガン　reed organ
- 電子オルガン　electronic organ

かっきてき 画期的な epoch-making [エポクメイキング]
▶ 画期的な発明
an epoch-making invention

がっきゅう 学級 a class [クラス] →クラス
学級委員長 a class representative, 《口語》a class rep
学級会 a class meeting, a homeroom meeting (▶ homeroom は１語)
学級活動 class activities
学級新聞 a class newspaper
学級担任 a homeroom teacher
学級日誌 a class diary

かつぐ 1 (背負う) carry ... on my shoulder(s)
▶ ケンはスキーを肩にかついだ．
Ken carried a pair of skis on his shoulder.
2 (だます) play a trick (on), fool [フール], take in
▶ ヤダー．まんまとかつがれちゃった．
Oh, no! I was really taken in. / Oh, no! He fooled me.

かっこ¹ (丸かっこ) a parenthesis [パレンセィス] [複数] parentheses [パレンセィーズ]；(大かっこ { }) a brace [ブレイス]；(角かっこ [ ]) a bracket [ブラケット] (▶ どれもふつう一対で使われるので複数形で使うことが多い)
▶ かっこの中の単語は省略可能です．
A word or words in parentheses can be omitted.

かっこ² →かっこう

かっこいい cool
▶ うわっ，かっこいい！
Wow, (that's / it's / you're) cool!
▶ かっこいい自転車だね！
Cool bike!
▶ 太郎くんってかっこいいね．
Taro looks cool, doesn't he?
▶ いじめってかっこ悪い．
Bullying is not cool.
▶ かっこつけんなよ．
Don't show off.

カッコウ (鳥) a cuckoo [ク(ー)クー]

かっこう 格好
▶ 彼女の前でかっこうよく見せたい．
I want to look good in front of her.
▶ 全然知らない人に声かけちゃってかっこう悪かったよ (→はずかしかった)．
I felt embarrassed when I called out to a total stranger.

がっこう 学校

(a) school [スクール] (▶ 建物を表すときは a や the をつけるが，「授業」などの意味のときは a も the もつけない)
▶ 学校に行く
go to school / (学校に来る) come to school

がっこう ▶

「学校へ授業を受けに行く」
× go to the school
　　　　授業を受けに行くときは
　　　　a や the をつけない．

○ go to school
▶先生が「学校へ授業を
しに行く」ときも go
to school という．

学校の種類
小学校　an elementary school
中学校　a junior high school,
　a middle school
高校　a high school
中高一貫校　a combined junior
　and senior high school
公立学校　a public school（▶《英》
　では public school は上流子弟のた
　めの全寮制私立中高一貫校をさす）
私立学校　a private school

▶ 学校に遅刻する be late for school
▶ 学校から帰る（学校から見て）go home from school ／（家から見て）come home from school
▶ 学校を早退する leave school early

▶ 学校を休む
be absent from school ／《口語》stay away from school
▶ 学校を卒業する graduate from school ／《英》leave school
▶ 学校をサボる cut school ／ skip school
（▶授業をサボるときは cut class ／ skip class）
▶ 学校をやめる（→退学する）drop out of school ／《口語》quit school
▶ 学校は8時40分に始まる．
School starts at 8:40.
▶ 学校は3時20分に終わる．
School is over at 3:20.
▶ あしたは学校は休みだ．
There's no school tomorrow. ／ We have no school tomorrow.

🎤 スピーキング
Ⓐ どこの学校に通ってるの？
Where do you go to school? ／
What school do you go to?
Ⓑ 東中学です．I go to Higashi Junior High School.

▶「学校にはどうやって行ってるの？」「バスで」"How do you go to school?" "By bus." →いく
▶ 子どもたちは今，学校に行っています．
The children are at school.

学校行事
入学式　entrance ceremony
始業式　opening ceremony
健康診断　physical exam, physical checkup
授業参観　a school [class] open house
短縮授業　shortened school periods
中間試験　midterm exam
遠足　outing
期末試験　term exam
水泳大会　swim [swimming] meet
大掃除　general cleaning [cleanup]
終業式　closing ceremony
夏休み　summer vacation
キャンプ　camping
移動教室　field trip class
合唱コンクール
　choral [chorus] competition
生徒会選挙
　student council election
球技大会　ball game tournament
修学旅行　school trip, school excursion
体育祭　field day, sports day
陸上競技大会　track and field meet
マラソン大会　long-distance race
文化祭　school festival
開校記念日　school anniversary
弁論大会　speech contest
火災訓練　fire drill
冬休み　winter vacation
学年末試験　final exam
実力テスト　achievement test
お別れ会　farewell party
卒業式　graduation, graduation ceremony
春休み　spring vacation

◀ **がっしゅく**

- うちから学校まで歩いて20分です.
  It's a 20-minute walk from my house to *school*. / My *school* is 20 minutes' walk from my house.
- 学校まで自転車で10分です.
  It takes me ten minutes to go to *school* by bike.
- 学校まで2キロある.
  My *school* is two kilometers away.

✏️ ライティング
うちの学校の生徒数は約400人です.
My school has about four hundred students. / There are about four hundred students in my school.

学校給食 (a) school lunch →きゅうしょく

🗣 スピーキング
学校生活
①**一般的なこと**
Ⓐ 学校はどこに行っているの？
What school do you go to?
Ⓑ 鎌倉市立西浜中学校です.
I go to Kamakura Municipal Nishihama Junior High School.
Ⓐ 何年何組ですか.
What grade and class are you in?
Ⓑ 2年5組です.
I'm in Class 5 of the 2nd grade.
②**クラスや先生のこと**
Ⓐ クラスは気に入ってる？
Do you like your class?
Ⓑ うん，ほとんどの男子と女子は仲がよくて，クラスがまとまっているんだ.
Yes. Most of the boys and girls are good friends, so the whole class is friendly with each other.
Ⓐ 担任は何先生？
Who's your homeroom teacher?
Ⓑ 小川先生.
Ms. Ogawa.
Ⓐ 何の先生なの？
What does she teach?
Ⓑ 社会だよ.
She teaches social studies.
Ⓐ どんな先生？
What's she like?

学校行事 a school event
学校時代 *my* school days (▶「中学時代」なら，*my* junior high school days)
学校新聞 a school paper
学校生活 *my* school life
学校だより a school newsletter
学校図書館 a school library
学校友だち a schoolmate, a school friend (▶「同級生」は a classmate)

がっしゅく 合宿 a training camp
合宿する hold a training camp
- テニス部は山中湖で5日間合宿をする.
  Our tennis club is going to *hold a five-day training camp* at Lake Yamanaka.

Ⓑ よくおもしろいことを教えてくれるし，やさしいから，みんなに人気があるよ.
She often teaches us about interesting things and she is kind, so she is liked by everyone.
③**学校の1日**
Ⓐ 学校は8時半始まり？
Do your classes begin at eight thirty?
Ⓑ そう．終わるのが3時半．6時間授業だよ.
Yes, and they finish at three thirty. We have six classes a day.
Ⓐ どの科目が好きなの？
What subjects do you like?
Ⓑ 国語と体育がいちばん好き．数学がだめなんだ．それでお母さんに塾へ行けって言われているんだ.
I like Japanese and P.E. the best. I'm not very good at math, so Mom says I'd better go to a *juku*.
Ⓐ 放課後は何をするの？
What do you do after school?
Ⓑ 教室をそうじしてから，部活をするよ.
We clean our classrooms. After that, we go to some club activities.

one hundred and seventy-five 175

学校紹介(しょうかい) Information about Our School

イラスト：大管雅晴

スカイプで自分たちの学校のことを紹介しよう。
Let's tell students in other countries about your school on Skype.

サウススター・ミドルスクールのみなさん、こんにちは。
私たちは青山中学校の**3年生**です。私たちの学校は**創立69年**です。生徒数は476人で、先生は21人**います**。

Hello, everyone at South Star Middle School! We are *ninth graders at Aoyama Junior High School. Our school is **69 years old**. **There are 476 students and 21 teachers**.

* ninth grader 9年生(ninth-year student ともいう。日本の制度に合わせて、We are third-year students of Aoyama Junior High School. ともいえる。ページ下の表を参照。)

私たちの学校には制服があります。
このリボン、かわいいでしょ。
私はこのリボンを気に入っています。

We have school uniforms.
This ribbon is very cute, isn't it?
I like this ribbon.

これがぼくらの学校の校章です。
3本のペン先は「勉強」を表しています。

This is the *emblem of our school.
These three **nibs represent "study."

*emblem [émbləm エンブレム] 校章
**nib [nib ニブ] ペン先

日本・韓国(かんこく)・イギリス・アメリカの学校制度

(標準的な例。アメリカでは州により異なり、また飛び級制度もある)

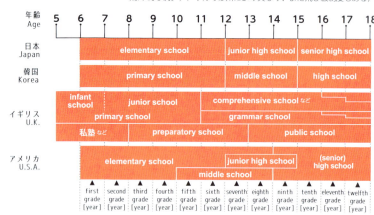

がっしょう 合唱 a chorus [コーラス]
合唱する sing in chorus
▶ ぼくたちは校歌を合唱した.
We *sang* our school song *in chorus*.

> 🔲プレゼン
> 私たちのクラスが**合唱**コンクールで1位になりました.
> Our class won first place in the school chorus competition. (▶「コンクール」はフランス語からきた語)

合唱曲 a choral music
合唱祭 a chorus festival
合唱団 a chorus

がっそう 合奏 an ensemble [アーンサーンブル] (▶フランス語より)
合奏する play in concert
合奏団 an ensemble
▶ 弦楽合奏
a string *ensemble*

かっそうろ 滑走路 a runway [ランウェイ]
カッター a cutter [カタァ]
がっちり がっちりしている（からだが）
muscular [マスキュラァ], strong [ストゥロ（ー）ング]；（けちな）stingy [スティンヂィ]
▶ 柔道部の山田ってがっちりしているな.
Yamada of the judo team is very *strong and muscular*.
がっちりと（固く）firmly [ファ〜ムリィ]
▶ がっちりと握手する
shake hands *firmly*

ガッツ guts [ガッツ] →こんじょう
▶ そのボクサーはガッツがある.
That boxer has a lot of *guts*.
▶ ガッツポーズをする
raise my fist(s) over my head in triumph

かつて
once [ワンス], before [ビフォー(ァ)], former [フォーマァ], formerly；《否定文で》never [ネヴァ]；《疑問文・最上級のあとで》ever [エヴァ]
▶ スミス先生のかつての教え子
Mr. Smith's *former* student
▶ 父はかつて東京に住んでいた.
My father *once* lived in Tokyo. / My father has lived in Tokyo *before*.

> 🔲プレゼン
> 私はいまだ**かつて**外国へ行ったことはありません.
> I've never been abroad.

▶ パブロ・ピカソはかつてない偉大な芸術家であった.
Pablo Picasso was the greatest artist that *ever* lived.

かって 勝手
▶ 勝手にやって（→きみの好きなようにして）かまわないよ.
You can do *as you like*. / You can do *as you please*.
▶ 勝手にしなさい！
Have it *your own way*! / *See if I care*. / *Who cares*? (▶最後の2例は「私の知ったことではない」という意味)
▶ 私のペンを勝手に使わないで.
Don't use my pen *without my permission*.
▶ 大学へ行くか行かないかはあなたの勝手です.
It's *up to you* whether or not you go to college.

カット （切ること）a cut [カット]；（さし絵）an illustration [イラストゥレイション], a picture [ピクチァ]
▶ 彼の給料は半分にカットされた.
His salary *was cut* in half.
カットモデル a haircut model

かつどう 活動 (an) activity [アクティヴィティ] (▶グループで行う活動は複数形で使う)
活動的な active [アクティヴ]
活動する be active
▶ フクロウは夜になると活動する.
Owls *are active* at night.
▶ 部活動
club *activities* →ぶかつ(どう)（表）

> 🔲プレゼン
> 私は中学校時代はボランティア**活動**に取りくみました.
> I have worked on volunteer activities in my junior high school days.

かっとなる get mad [マッド] →おこる¹
かっぱつ 活発な active [アクティヴ]

カップ ▶

活発に actively

カップ (賞杯) a cup [カップ], a trophy [トゥロウフィ]; (茶わん) a cup →コップ

カップケーキ a cupcake [カプケイク]

カップラーメン instant noodles, noodles in a cup

カップル a couple [カプル]
▶ あの人たちは魅力的なカップルです．
They are an attractive *couple*.

がっぺい 合併する combine [コンバイン]; (会社などが) merge [マ～ヂ]

かつやく 活躍 activity [アクティヴィティ]
活躍する be active [アクティヴ], play an active part
▶ 綾子さんは生徒会長として活躍した．
As president of the student council, Ayako *played an active part*.

かつよう 活用する make use of
▶ もっとうまく時間を活用するようにしなさいね．
You need to *make* better *use of* your time.

かつら a wig [ウィッグ]; (部分的な) a hairpiece [ヘアピース]
▶ かつらをつける

put on a *wig* / wear a *wig*

かつりょく 活力 vitality [ヴァイタリティ], energy [エナヂィ]
活力にあふれた energetic [エナヂェティク], full of vitality

かてい¹ 家庭 →いえ

a home [ホウム], a family [ファミリィ]
家庭の，家庭内の，家庭的な home, domestic [ドメスティク]
▶ 家庭で
at *home*
▶ 温かい家庭
a warm *home*
▶ 家庭のしつけ
home training
▶ リンカーンは貧しい家庭に育った．
Lincoln grew up in a poor *family*.
▶ 父は家庭的な人です．
My father is a *family* man. / My father is a *home*-loving person.
▶ 彼女は家庭の事情で高校に行けなかった．
She couldn't go to high school because of *family* circumstances.
家庭科 home economics, home-

🗨 スピーキング

家庭生活

①おつかい

🅐 まい子，ちょっとおつかいに行ってくれない？ Maiko, will you run an errand for me?

🅑 いいよ．何を買うの？ Sure, what do you want me to buy?

🅐 今晩すきやきにしたいから，牛肉・シイタケ・白菜・ネギ・焼き豆腐ね． I want to make *sukiyaki* tonight. So pick up some beef, *shiitake*, Chinese cabbage, long green onion, and *yakidofu* (broiled soybean curd).

🅑 牛肉はどんなところ？ What kind of beef do you want?

🅐 サーロイン，1パック3000円のを買ってきて． Get a 3,000-yen package of sirloin.

🅑 オーケー，じゃあ，ママ，行ってきま～す． OK, I'm off! See you later, Mom.

②ごみ捨て

🅐 ママ，行ってきます．
I'm going, Mom.

🅑 ちょっと待って．今日は，燃えないごみの日だから，これを出してね．
Just a minute. The garbage collectors are picking up nonflammable items today. Will you take this out?

🅐 できないよ．急いでるのに…．
I can't. I'm in a hurry.

🅑 さあ，若くて力があるんでしょ．たまには力仕事をしなさい．公園の前に置いてきて！
Come on. You're young and strong. You can do some heavy work once in a while. Put it in front of the park.

🅐 まいったな！ 学校とは反対方向じゃないか．
Gee, it's in the opposite direction from school.

◀ **かなしむ**

making, domestic science
家庭教師 a tutor [テュータァ], a private teacher
家庭菜園 a vegetable garden, a kitchen garden
家庭生活 home life, family life
家庭内暴力 domestic violence [ドメスティク ヴァイオレンス]
家庭訪問 (先生の) a home visit by a teacher
家庭用品 household articles, household goods
家庭料理 home cooking

かてい² 仮定する suppose [サポウズ]
▶ 彼の報告が本当だと仮定しよう.
Suppose that his report is true.

かてい³ 過程 a process [プラセス]

かど 角 a corner [コーナァ]
▶ 角に交番がある.
There is a police box at the *corner*.
▶ 3番目の角を左へ曲がりなさい.
Take the third *turn* to the left. / Turn left at the third *corner*.

かとう 下等な low [ロウ]
下等動物 a lower animal

かどう 華道 flower arrangement [フラウア アレインヂメント], flower arranging

-かどうか

if [イフ], whether [(フ)ウェザァ] (▶話し言葉では if のほうがよく使われる)
▶ 真子が来るかどうか知らない.
I don't know *if* Mako will come.
▶ 本当かどうかためしてごらん.
Try *if* it is true.

カトリック カトリック教 Catholicism [カサリスィズム]
カトリックの Catholic [キャソリク]
カトリック教徒 a Catholic

かな 仮名 (全体) kana; (1文字) a *kana* character [キャラクタァ], the Japanese syllabary [スィラベリィ] →かたかな, ひらがな
▶ かなで書く write in *kana*

-かな I wonder ... ; (依頼) Will you please ...?
▶ エミは来るかな.
I wonder if Emi will come.
▶ あとで電話をくれないかな？
Will you please call me later?

かなう 1 (望みが) come true
▶ ついにきみの願いがかなったね.
At last, your wish *has come true*.
2 (匹敵する)
▶ 英語であいつにかなうものはいない.
No one can *match* him in English. / He has no *equal* in English.
▶ 数学ではトムにかなわない.
I am no *match* for Tom in math. / I can't *beat* Tom in math.
3 (かなわない)
▶ こう暑くてはかなわない (→がまんできない) よ. I *can't stand* this heat.

かなえる (願いを) grant [グラント]; (実現する) realize [リ(ー)アライズ]
▶ 私の願いをかなえてください.
Please *grant* my request.

かなしい 悲しい

sad [サッド], unhappy [アンハピィ] (反) うれしい glad, happy)
▶ 悲しい気持ち a *sad* feeling
▶ 悲しい結末の物語
a story with a *sad* ending
▶ なんて悲しいことだ (→悲しいニュースだ).
What *sad* news!
▶ 悲しいの.
I'm *sad*. / I feel *sad*.
▶ そんなに悲しい顔しないで.
Don't look so *sad*.

> 表現力
>
> …して悲しい → I'm sad that ... .

▶ ロンが死んでしまってとっても悲しい.
I'm very *sad that* Ron died. / *I'm* very *sad because* Ron died.
悲しそうに sadly

かなしみ 悲しみ sadness [サドゥネス], sorrow [サロウ]
▶ アンの胸は悲しみでいっぱいだった. Anne's heart was full of *sorrow*. / Anne's heart was filled with *sadness*.
▶ ハムレットは悲しみに沈んでいた.
Hamlet was in a state of *grief*.

かなしむ 悲しむ

be [feel] sad (at), feel sorry (for); (深く) grieve [グリーヴ]
▶ 母はその知らせを聞いて悲しんだ.

one hundred and seventy-nine 179

カナダ ▶

My mother *felt sad* when she heard the news.
カナダ Canada [キャナダ]
カナダ(人)の Canadian [カネイディアン]
カナダ人 a Canadian
かなづち a hammer [ハマァ]
▶ ぼくはかなづちです(→全然泳げない).
I *can't swim at all*.
かなもの 金物 hardware [ハードゥウェア]
金物店 a hardware store

かならず 必ず

1 (きっと) surely [シュアリィ], certainly [サ〜トゥンリィ], definitely [デフ(ィ)ニトゥリィ], I'm sure (that) ...
▶ きみは必ず成功するさ.
You'll *surely* [*certainly*, *definitely*] succeed. / *I'm sure* you'll succeed.

🗨️スピーキング
Ⓐ 必ず電話ちょうだいね.
Be sure to call me.
Ⓑ ええ，必ず．
I sure will.

▶ 次郎は必ずここへ来る.
I'm sure (that) Jiro will come here. / Jiro will *surely* come here.
▶ 必ず戸じまりを確かめてね. *Make sure* you lock the door. / *Be sure to* lock the door. / *Don't fail to* lock the door.
2 (つねに) always [オールウェズ]
▶ 土曜日には必ず散歩します.
I *always* take a walk on Saturdays.

💬表現力
必ずしも…ない → not always ...

▶ 名選手が必ずしも名監督になれるわけではない. A good player *can't always* be a good manager.

かなり

pretty [プリティ], rather [ラザァ], fairly [フェアリィ]
▶ きょうはかなり寒い.
It is *rather* cold today.
▶ 数学のテストはかなりやさしかった.
The math exam was *pretty* easy. (▶ fairly, rather としてもよい)
▶ あの政治家はかなりじょうずに英語をしゃべる. That statesman speaks English *fairly* well.
かなりの considerable [コンスィダラブル], quite a few
▶ かなりの大金
a *considerable* amount of money
▶ 花火大会はかなりの人出だった.
Quite a few people turned out to see the fireworks display.
カナリア (鳥) a canary [カネ(ア)リィ]
かなわない → かなう
カニ (動物) a crab [クラブ]
かに座 the Crab, Cancer [キャンサァ]
かにゅう 加入する join [ヂョイン], enter [エンタァ], become a member
カヌー a canoe [カヌー]

かね¹ 金

money [マニィ]

┌─────────────────────────┐
│ 「お金」を使った言い方 │
│ お金をもうける make money, earn money │
│ お金をためる save money, set aside money │
│ お金を使う spend money (on) │
│ お金を払う pay money (for) │
│ お金を借りる borrow money (from) │
│ お金を貸す lend money (to) │
│ お金がかかる cost money │
│ お金を預ける deposit money │
│ お金を引き出す withdraw money │
│ お金をなくす lose money │
│ お金を浪費する waste money │
└─────────────────────────┘

▶ 私，お金がないの. I have no *money*.
▶ お母さん，お金ちょうだい！
Mom, please give me some *money*!
▶ 「今いくらお金を持っていますか」「全然持っていません」
"How much *money* do you have with you?" "I don't have any *money*."

💬表現力
金がかかる → cost ...

▶ 船旅はお金がかかる. Traveling by ship *costs* a lot of money. / *It costs* a lot to travel by ship.

◀ カバ

📖文法 money は数えられない

money は数えられない名詞なので，a をつけたり，複数形にしたりしない．「たくさんのお金」は **a lot of money** や **much money**，「少しのお金」は **(a) little money** で表す．しかし，**coin** (硬貨) や **bill** (紙幣) は数えられる名詞なので，a をつけたり複数形にしたりする．

× many money
○ much money
○ a lot of money
○ many coins
○ a lot of coins

かね² 鐘 a bell [ベル]
▶ 鐘を鳴らす
ring a *bell*
▶ 教会の鐘が鳴っている．
The church *bells* are ringing.

かねがね
▶ おうわさは，かねがねうかがっております．
I've heard *a lot* about you. / I've heard *so much* about you.

かねもち 金持ちの rich [リッチ] (反) 貧しい poor)
▶ 金持ちが必ずしも幸福だとは限らない．
The *rich* aren't always happy. (▶ the rich は「金持ちの人々」という意味)
▶ 正直じいさんは大金持ちになりました．
The honest old man became very *rich*.

かねる 兼ねる
▶ この部屋は食堂と居間を兼ねている．
This room *serves both as* a dining room *and* a living room.

かねんぶつ 可燃物 combustibles [コンバスティブルズ]
可燃ごみ burnable trash [バ〜ナブル トゥラッシ]

かのう¹ 可能な possible [パスィブル] (反) 不可能な impossible) →できる
可能である can；(許される) may
▶ 配達は可能ですか．
Is it *possible* to deliver it? / *Can* you deliver it?
▶ 可能なら，週末までに届けてください．
I'd like you to deliver it by this weekend, if *possible*.
可能性 (a) possibility, (a) chance (▶ 可能性の大小をいうときは chance を使う)
▶ 何かまちがえた可能性がある．
There is a *possibility* of a mistake.
▶ 合格の可能性は70%だ．
I have a 70% *chance* of getting in.

かのう² かのうする become infected [インフェクティド]
▶ 傷がかのうした．
My wound *became infected*.

かのじょ 彼女

1 (あの女性) she [シー] (複数) they) (対) 彼 he)

	彼女	彼女ら
…は，…が	she	they
…の	her	their
…を，…に	her	them
…のもの	hers	theirs
…自身	herself	themselves

▶表現力
彼女は…です → **She is ... .**

▶ あそこに小さい女の子が見えるでしょう．彼女が私の妹です．
You see that little girl over there. *She is* my sister.
▶ 彼女の名はアンです．
Her name is Ann.
▶ 私は彼女を愛しています．
I love *her*.
▶ この帽子は彼女のものです．
This cap is *hers*.
▶ 彼女が自分でそれを編みました．
She knitted it *herself*.

2 (恋人) a girlfriend [ガールフレンド] (▶男性から見た女友だちは a female friend, a woman friend という)
▶ 彼女を紹介しろよ．
Why don't you introduce your *girlfriend* to me?

カバ (動物) a hippopotamus [ヒポパタマ

カバー ▶

ス]，《口語》a hippo [ヒポウ]

カバー a cover [カヴァ]；(ベッドの) a bedspread [ベドゥスプレド]；(本の) a jacket [ヂャケト] (▶ cover は本の「表紙」のこと)

カバーする (補う) cover, make up for

かばう (弁護する) speak up for；(守る) stick up for, protect [プロテクト]

▶ だれも私をかばってくれなかった．
No one *spoke up for* me.

▶ 本当の友だちなら，彼女のことをかばってあげないと．
If you are a true friend, you should *stick up for* her.

かばん

a bag [バッグ]

▶ あなたはかばんに何を入れているの？
What do you have in your *bag*?

かはんすう 過半数 a [the] majority [マヂョ(ー)リティ]

▶ 過半数を獲得する
gain a *majority* / get a *majority*

かび (チーズやパンの) mold [モウルド]
かびが生える get moldy

▶ このパン，カビが生えたよ．
This bread *got moldy*.
かびの生えた，かびくさい moldy

がびょう 画びょう a thumbtack [サムタク]
▶ 画びょうでとめる tack [タク]

かびん 花瓶 a vase [ヴェイス]

カブ 《植物》a turnip [タ〜ニプ]

かぶ 株 (株式) (a) stock [スタック]；(木の切り株) a stump [スタンプ]
株式会社 a corporation [コーポレイション]
株主 a stockholder

カフェ a café [キャフェイ]
カフェオレ café au lait [キャフェイ オウ レイ] (▶フランス語から)
カフェテラス a sidewalk café

カフェテリア a cafeteria [キャフィティ(ア)リア]

がぶがぶ がぶがぶ飲む guzzle [ガズル]，gulp [ガルプ] (down)

かぶき 歌舞伎 kabuki, a kabuki drama
▶ 歌舞伎を見る
watch *kabuki*
歌舞伎役者 a kabuki actor

かぶせる (上に置く) put ... on；(おおう)

cover [カヴァ]
▶ 弟に帽子をかぶせてやった．
I *put* a hat *on* my brother's head.
▶ 種に土をかぶせてください．
Cover the seeds with soil.

カプセル a capsule [キャプスル]

カプチーノ (a) cappuccino [カプチーノウ]

カブトムシ 《虫》a beetle [ビートゥル]

かぶる

1 (動作) **put on**；(状態) **wear** [ウェア] (反 ぬぐ take off)

▶ マイクは帽子をかぶった．
Mike *put on* his cap. / Mike *put* his cap *on*.

▶ 彼女は帽子をかぶっていた．
She *was wearing* a hat.

> **用法 put on と wear**
> **put on** は「着用する」という動作を，**wear** は「着用している」という状態を表す．帽子に限らず身につけるもの全般に使われる．→きる²

2 (おおわれている) be covered 《with》
▶ 机はほこりをかぶっていた．
The desk *was covered with* dust.

かぶれる (発疹ができる) get a rash [ラッシ]

かふん 花粉 pollen [パルン]
花粉症 a pollen allergy [パルン アラヂィ]，hay fever

▶ 私は花粉症です．
I have *hay fever*. / I have a *pollen allergy*. / I'm *allergic to pollen*. / I have an *allergy to pollen*.

かべ 壁 a wall [ウォール]；(障壁) a barrier [バリア]

▶ 壁に世界地図が掛かっている．
There is a world map on the *wall*.

▶ 壁に耳あり．《ことわざ》
Walls have ears.

▶ 言葉の壁を越える
overcome a language *barrier*
壁紙 wallpaper

かへい 貨幣 money [マニィ] →かね¹

カボチャ a pumpkin [パン(プ)キン]
カボチャちょうちん a jack-o'-lantern [ヂャコランタン]

ハロウィーンに玄関などにかざるカボチャちょうちん.

かま¹ 釜 an iron pot [アイアン パット]
かま² 鎌 a sickle [スィクル]

かまう 構う

(気にかける) mind [マインド], care [ケア] (about) (▶ care は否定文・疑問文で使うことが多い)

▶ 私にかまわないで (→ほっといて).
Leave me alone.
▶ 「お茶を1ぱいいかがですか」「どうぞ, おかまいなく」
"Would you like a cup of tea?"
"Please don't *bother*. / Oh, please don't *go to any trouble*."

> 💬表現力
> …であろうとかまわない
> → do not care ... /
>   do not mind ...

▶ 他人が何と思おうとかまわない.
I *don't care* what other people think.

> 💬表現力
> …してかまいませんか
> → Do [Would] you mind if ...?
> (▶許可を得るときのていねいな言い方)

▶ ここにすわってかまいませんか.
Do you mind if I sit here?

> 🗣スピーキング
> A 窓を閉めてもかまいませんか.
> Do you mind if I close the window?
> B ええ, かまいません.
> No, it's okay.
> B できればご遠慮いただきたいです.
> I'd rather you didn't.
> (▶ mind は「気にする, 気にかける」という意味なので,「ええ, どうぞ」と答えるときは no となることに注意)

> 💬表現力
> …していただいてかまいませんか
> → Would you mind -ing ...?
> (▶ものを頼むときのていねいな言い方)

▶ ここでちょっと待っていただいてかまいませんか.
Would you mind waiting here for a minute?

カマキリ (虫) a (praying) mantis [(プレイイング) マンティス]

がまん 我慢

がまんする stand [スタンド], put up with (▶ stand はふつう否定文・疑問文で can や can't といっしょに使われることが多い)
がまん強い patient [ペイシェント]
▶ がまんしなさい. Be *patient*.
▶ がまんできない. I can't *stand* it.
▶ この暑さにはがまんできない.
I cannot *stand* this heat. / I cannot *put up with* this heat.

かみ¹ 紙

paper [ペイパァ]
▶ 色紙 colored *paper*
▶ 1枚の紙
a piece of *paper* / a sheet of *paper*
▶ 厚い [うすい] 紙 thick [thin] *paper*
▶ これを紙に包んでください.
Please wrap this up in *paper*.

> 📘文法 paper の数え方
> paper はふつう数えられない名詞なので, 前に直接 a をつけたり, 複数形にしたりしない. 枚数をいうときは a piece of ... , a sheet of ... を使う.

紙切れ (細長い) a slip of paper
紙コップ a paper cup
紙芝居 a picture card show
紙テープ a streamer
紙粘土 paper clay
紙飛行機 a paper airplane
紙風船 a paper balloon
紙袋 a paper bag
紙ふぶき confetti [コンフェティ]
紙やすり sandpaper

かみ² 髪 →け

(全体) **hair** [ヘァ]；(1本) a **hair**
- アリスの髪は長い．
Alice has long *hair*.
- あの黒い髪の女の子はだれですか．
Who is that girl with black *hair*?
- 髪をとかしたの？
Did you comb your *hair*?
- 髪が伸びてきたなあ．
My *hair* is getting very long.
- 髪を茶色に染める dye my *hair* brown
- 髪をカットしてもらった．
I had my *hair* cut. (▶「物を…してもらう」というときは「have＋物＋過去分詞」の形で表す)
- 母の髪が白くなってきた．
My mother's *hair* is turning gray.

髪型 a **hairstyle** [ヘアスタイル]；(女性の) a **hairdo** [ヘアドゥー]
- きみの新しい髪型なかなかいいよ．
Your new *hairstyle* looks pretty good.

かみ³ 神

a **god** [ガッド]；(▶「女神」は **goddess**)；(キリスト教の) **God**
- ああ，神さま助けてください．
Oh, *God*. Please help me.
- 私は神を信じます．
(キリスト教の) I believe in *God*. / (神道の) I believe in the Shinto *gods*.
- 神に祈りましょう．Let's pray to *God*.

かみくず 紙くず **wastepaper** [ウェイストゥペイパァ]

かみそり a **razor** [レイザァ]
- かみそりの刃 a *razor* blade
- 電気かみそり an electric *razor*

かみつ 過密な (場所・都市などが) **overcrowded** [オウヴァクラウディド]；(人口の) **overpopulated** [オウヴァパピュレイティド]
- 過密スケジュール a *tight* schedule

かみなり 雷 **thunder** [サンダァ]；(いなずま) **lightning** [ライトゥニング]
- 雷が鳴りだした．It began to *thunder*.
- その大木に雷が落ちた．
The big tree was struck by *lightning*. / *Lightning* struck the big tree.

かむ¹

(歯で) **bite** [バイト]；(食べ物を) **chew** [チュー]
- つめをかむのはよしなさい．
Stop *biting* your nails.
- あの犬に足をかまれた．
That dog *bit* me on the leg. / That dog *bit* my leg.
- よくかんで食べなさい．
Chew your food well.

かむ² (鼻を) blow *my* nose
- 鼻をかみなさい．*Blow your nose*.

ガム **gum** [ガム], chewing gum
- 風船ガム bubble *gum*
- ガムをかむ chew *gum*

ガムテープ packing tape, adhesive tape

カメ 《動物》(陸ガメ) a **tortoise** [トータス]；(海ガメ) a **turtle** [タートゥル]

かめ (容器) a **jar** [ヂャー]

がめつい (欲深い) **greedy** [グリーディ]；(けちな) **stingy** [スティンヂィ]

カメラ a **camera** [キャメラ]
- デジタルカメラ a digital *camera*

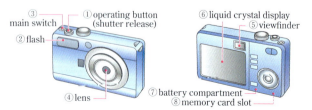

カメラ ①シャッターボタン ②フラッシュ ③メーンスイッチ ④レンズ ⑤ファインダー ⑥液晶画面 ⑦電池入れ ⑧メモリーカードスロット

◀ **から**¹

- 水中カメラ an underwater *camera*
- スマートフォンのカメラで写真をとる take a picture with a smartphone *camera*

カメラ店 a camera shop
カメラマン a photographer [フォ**タ**グラファ]
(▶ cameraman はふつう映画・テレビのカメラマンをいう)

カメレオン《動物》a chameleon [カミーレオン]

かめん 仮面 a mask [マスク]
- 仮面をかぶる (動作) put on a *mask* / (状態) wear a *mask*
- 仮面をとる take off a *mask*

がめん 画面 (パソコンなどの) a screen [スク**リ**ーン]；(映像の) a picture [**ピ**クチァ]
- パソコンの画面に何も出ないぞ. Nothing is showing on the computer *screen*.

カモ《鳥》a wild duck [**ダ**ック]
かもく 科目 a subject [**サ**ブデェクト] →きょうか¹
- 選択科目 an elective *subject*
- 必修科目 a compulsory *subject* / a required *subject*
- 得意科目 my strong *subject*
- 不得意科目 my weak *subject*
- 主要5科目 five core *subjects*
- 好きな科目は国語です. My favorite *subject* is Japanese.

カモシカ《動物》an antelope [**ア**ンテロウプ] (▶「ニホンカモシカ」は Japanese serow [**セ**ロウ] という)

-かもしれない →たぶん

may [メイ], (たぶん) maybe [**メ**イビィ]

💬**表現力**
…かもしれない → may ...

- それは本当かもしれない. It *may* be true. / *Maybe* it's true.
- 明子はあした来ないかもしれない. Akiko *may* not come tomorrow. / *Maybe* Akiko won't come tomorrow.
- この本は役に立つかもしれない. This book *may perhaps* help you.

- あすは雨かもしれない. I *am afraid* it will rain tomorrow.

💬**スピーキング**
🅐 彼は来るかな？
Do you think he will come?
🅑 来るかもしれないね.
Maybe he will.
🅑 来ないかもしれない.
Maybe he won't.

かもつ 貨物 freight [フレイト], 《英》goods [**グ**ッヅ]
貨物船 a freighter, a cargo boat
貨物列車 a freight train, 《英》a goods train

カモノハシ《動物》a platypus [プ**ラ**ティパス]
カモメ《鳥》a seagull [ス**ィ**ーガル]

がやがや
- となりの教室の男の子たちががやがやさわいでいた. The boys in the next classroom were very *noisy*.

かやく 火薬 gunpowder [**ガ**ンパウダァ]
かゆ rice porridge [**ポ**(ー)リヂ]
かゆい feel itchy [**イ**チィ], itch [**イ**ッチ]
- 背中がかゆいよ. My back *itches*.
- 「かゆいよ，かゆいよ」「でもかいちゃだめ」 "*Itchy, itchy*." "But don't scratch."

かよう 通う →いく

go to, come to；(学校・教会などに) attend [ア**テ**ンド] (▶かたい言い方)；(長距離の通勤) commute [コ**ミュ**ート]
- 学校へ通う *go to* school
- 「学校へはいつもどうやって通ってくるの？」「電車でだよ」 "How do you usually *come to* school?" "By train."
- 父は歩いて会社へ通っています. My father *walks to* his office.

かようきょく 歌謡曲 a popular song
がようし 画用紙 drawing paper

かようび 火曜日 →ようび (表)

Tuesday [**テュ**ーズディ] (▶語頭は必ず大文字；Tue, または Tues. と略す)
- 火曜日はピアノのレッスンの日だ. I have a piano lesson on *Tuesdays*.

から¹ 空の empty [**エ**ン(プ)ティ] (反) いっぱ

one hundred and eighty-five 185

から²

いの full)
▶ 空の箱 an *empty* box
▶ そのバケツはほとんど空だ.
The bucket is almost *empty*.
空にする empty

から² 殻 (穀物の) a husk [ハスク]; (貝・実の) a shell [シェル]
▶ 卵のから an *eggshell*

-から

使い分け
(場所) → from /
  (…から外へ) → out of
(時間) → from /
  (…以来) → since
(原因・理由) → because

1 (場所) **from** [フラム]; (…から外へ) **out of**; (はなれて) **off** [オ(ー)フ]

スピーキング
Ⓐ どこから来たの？
  Where are you from?
Ⓑ 日本から来ました.
  I'm from Japan.

▶ ここから駅まではどのくらい距離がありますか. How far is it *from* here to the station?
▶ その女の子はブランコから落ちた.
The girl fell *off* a swing.
▶ ぼくたちは車から降りて,レストランに入った.
We got *out of* the car and went into the restaurant.
▶ 15ページから始めましょう.
Let's begin *at* page 15. / Let's start *from* page 15.
▶ ぼくは勝手口から入ったんだ.
I entered *through* the kitchen door.
▶ 太陽は東からのぼる.
The sun rises *in* the east. (▶×*from* the east とはいわない)

2 (時間) **from**; (…以来) **since** [スィンス]; (…のあと) **after** [アフタァ]

▶ これからは本当のことを話すよ.
I'll tell you the truth *from* now on.
▶ ぼくは今朝から何も食べていない.
I haven't eaten anything *since* this morning.
▶ 父がなくなってから10年になる.

It's been ten years *since* my father died. / Ten years have passed *since* my father died. / My father has been dead for ten years.
▶ 授業は8時40分から (→ 8時40分に) 始まる.
Classes begin *at* 8:40.
▶ 夏休みは7月21日から (→ 7月21日に) 始まる. My summer vacation begins *on* July 21. (▶話し言葉では on を省略することがある)
▶ 2学期は9月から (→ 9月に) 始まる.
The second term begins *in* September.

× It begins from July 21.
  begin from とはいわない. いつも「から」= from とはかぎらない.

○ It begins on July 21.

スピーキング
Ⓐ (店などで) あすは何時からやっていますか.
What time do you open tomorrow?
Ⓑ 朝10時からです.
Ten in the morning.

表現力
〜から…まで → **from 〜 to ...**

▶ 朝から晩まで
from morning *till* night / *from* morning *to* night
▶ 父は月曜から金曜まで働いている.
My father goes to work *from* Monday *to* Friday.
▶ 私たちは東京から京都へ行った.
We went *from* Tokyo *to* Kyoto.

文法 from と since
from は始まりの時点を示すだけだが, **since** は, 現在完了形といっしょに使い, 過去のある時に始まったことが現在までずっと続いていることを示す.

◀ からだ

3 (原因・理由) **because** [ビコ(ー)ズ], **since**
▶ 「どうしてきのう欠席したの？」「かぜをひいていたからです」
"Why were you absent from school yesterday?" "*Because* I had a cold."

4 (原料・材料) **from**, **of** [アヴ]
▶ ワインはブドウからつくられる.
Wine is made *from* grapes.
▶ それは何からできているの？
What is it made *of*?

> **用法** 原料・材料の表し方
> 素材の質や成分が変化する場合はfrom, 変化しない場合はofを使うことが多い. a bench made *of* wood (木製のベンチ)

5 (対人関係) **from**
▶ これはジョンから来た手紙です.
This is a letter *from* John.
▶ 私はその知らせをケンから聞いた.
I heard the news *from* Ken.

がら 柄 a pattern [パタン]
▶ 花柄のドレス
a dress with a flower *pattern*

カラー[1] (色) (a) color [カラァ]
▶ この映画はカラーではない.
This movie is not in *color*.
▶ スクールカラー
(校風) *characteristics* of my school, my school *culture* / (学校の色) school *colors*
  カラーコピー a color copy
  カラー写真 a color photo
  カラーペン a colored (ballpoint) pen

カラー[2] (えり) a collar [カラァ]

からあげ 唐揚げ
  から揚げの deep-fried
▶ 鶏のから揚げ *deep-fried* chicken

からい 辛い (塩からい) salty [ソールティ]; (ひりひりと) hot [ハット]
▶ (塩) からいつけ物 *salty* pickles
▶ このカレーはとてもからい.
This curry is very *hot*.
▶ 佐藤先生は点がからい (→評価が厳しい).
Mr. Sato is *strict* in grading.

カラオケ (a) karaoke [キャリオウキ]
▶ テストが終わったら, みんなでカラオケに行こうよ.
Let's go (and) sing *karaoke* after our tests are finished.

からかう tease [ティーズ], make fun of
▶ 女の子をからかうんじゃありません.
Don't *tease* girls. / Don't *make fun of* girls.

からくち 辛口の hot [ハット]
▶ 辛口のカレーライス *hot* curry and rice

からし mustard [マスタド]
▶ からしは少なめ [多め] にしてください.
Easy [Heavy] on the *mustard*, please.

カラス a crow [クロウ] →とり (図)
▶ カラスが鳴いている.
A *crow* is cawing.

ガラス
  glass [グラス]; (窓ガラス) a windowpane [ウィンドウペイン]
▶ ガラスの破片 a broken piece of *glass*
▶ シンデレラのくつはガラスでできていた.
Cinderella's slippers were made of *glass*.
▶ 窓ガラスを割ったのはだれですか.
Who broke the *windowpane*?

からだ 体
1 (身体・肉体) a body [バディ]; (体格) (a) build [ビルド]
▶ 人間の体 a human *body*
▶ 体を洗う wash myself (▶×wash my body とはいわない)
▶ 体をきたえる build myself up
▶ 彼はレスラーのような体つきをしている.
He has a wrestler's *build*.

2 (健康) health [ヘルス]
▶ 最近体の調子がよい.

からて ▶

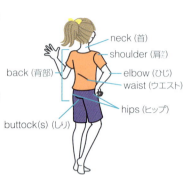

Recently I have been in good *health*.
▶ 海藻は体にいい．
Seaweed is good for your *health*.
▶ (病人などに) お体をおだいじに．
Please take care of *yourself*.
▶ 体に気をつけて！ Take care!
▶ あの子は体が弱い．
That little boy is weak. (▶女の子の場合は girl にする)

からて 空手 *karate* [カラーティ]
▶ 空手をする practice *karate* / do *karate*

カラフル カラフルな *colorful* [カラフル]

からまる 絡まる get entangled [エンタングルド]
▶ 糸がからまった．
The threads *got entangled*.

カリ 《鳥》a wild goose [ワイルド グース] (【複数】wild geese [ギース])

かり¹ 仮に (もしも) *if* [イフ]
▶ かりにきみがぼくの立場だったらどうする？
If you were in my place, what would you do?
かりの (一時的な) *temporary* [テンポレリィ]
仮免許 a *temporary* license / a learner's permit

かり² 借り (a) *debt* [デット] (発音注意)
▶ ケンに1000円の借りがある．
I *owe* Ken 1,000 yen. / I am in *debt* to Ken for 1,000 yen.

かり³ 狩り hunting, a hunt [ハント]
狩りをする hunt
▶ 彼らは山へ狩りに行った．
They went *hunting* in the mountains. (▶*to the mountains とはしない)
▶ きのこ狩り mushroom *gathering*
▶ いちご狩り strawberry *picking*

カリウム 《化学》potassium [ポタスィアム] (記号 K)

かりかり かりかりした crisp [クリスプ]
▶ かりかりに焼いたベーコン
crispy grilled bacon

がりがり (やせた) skinny [スキニィ]
▶ 彼はがりがりにやせている．
He is *terribly skinny*.
がりがりかじる gnaw [ノー] (発音注意)

カリキュラム a curriculum [カリキュラム]

カリスマ charisma [カリズマ] (発音注意)

カリフラワー (a) cauliflower [コ(ー)リフラウア]

がりべん がり勉 《米口語》a grind [グラインド]

かりゅう 下流に down the river, downstream (対 上流に up the river, upstream)
▶ 200メートル下流に橋がある．
There is a bridge 200 meters *down*

the river.

かりょく 火力 heating power [ヒーティングパウァ]
火力発電 thermal power generation
火力発電所 a thermal power plant

かりる 借りる

使い分け
(物・金を) → borrow
(トイレなど移動できないもの) → use
(家などを有料で) → rent

1 (物・金を) **borrow** [バロウ] (反 貸す lend); (借りている) **owe** [オウ]; (その場で使う) **use** [ユーズ]

スピーキング
Ⓐ きみのノート借りていい？
Can I borrow your notebook?
Ⓑ いいよ，どうぞどうぞ．
Sure, why not?

▶ トイレ，お借りできますか．
May I *use* the bathroom? (▶移動できないものを借りるときはふつうuseを使う)
▶ 電話，借りてもいい？
Can I *use* the phone? (▶ふつう固定電話の場合はuseを使い，携帯電話の場合はuseとborrowのどちらも使える)
▶ この本，いつまで (→どのくらい) 借りてていい？
How long can I *borrow* this book?
▶ あなたにいくら借りてたかしら．
How much do I *owe* you? (▶買い物で「いくらになりますか」という意味も表す)

表現力
(人など) から (物) を借りる
→ borrow ＋物＋ from ＋人など

▶ 私はよく学校の図書室で本を借りる．
I often *borrow* books *from* the school library.

2 (有料で) **rent** [レント]
▶ 私たちはボートを1時間借りた．
We *rented* a boat for an hour.
▶ 兄はアパートを借りている．
My brother *is renting* an apartment.

かる 刈る (しばふを) **mow** [モウ]; (穀物を) **reap** [リープ]; (髪を) **cut** [カット]
▶ しばふを刈る *mow* the lawn

▶ 稲を刈る *reap* the rice
▶ 髪を短く刈ってください．
I want my hair *cut* short.

-がる …したがる want to ...
▶ 由紀子があなたに会いたがっています．
Yukiko *wants to* see you.

かるい 軽い

1 (重さが) **light** [ライト] (反 重い heavy)
軽く lightly
▶ 軽いバッグ a *light* bag
▶ ガソリンは水よりも軽い．
Gasoline is *lighter* than water.
▶ 私の体重は洋子より軽い．
I am *lighter* than Yoko.

2 (程度が) **slight** [スライト]
▶ 軽いけが a *slight* injury
▶ 軽いかぜ a *slight* cold
▶ 軽い食事 a *light* meal
▶ 軽い運動 *light* exercise
▶ 何か軽いものが食べたいのですが．
I'd like to eat something *light*.

かるがる 軽々と (やすやすと) easily [イーズィリィ]

カルシウム (化学) calcium [キャルスィアム] (記号 Ca)

カルタ cards [カーヅ] (▶「カルタ」はポルトガル語から)
▶ いろはカルタをする
play *Iroha cards*

カルチャー (a) culture [カルチァ]
カルチャーショック (a) culture shock
▶ カルチャーショックを受ける
experience *culture shock*

カルテ (病院の中で) my chart, my medical record(s) (▶「カルテ」はドイツ語から)

カルト a cult [カルト]

かれ 彼

1 (あの男性) **he** [ヒー] (複数 they) (対 彼女 she)

he   she

カレイ ▶

	彼	彼ら
…は，…が	he	they
…の	his	their
…を，…に	him	them
…のもの	his	theirs
…自身	himself	themselves

💬**表現力**
彼は…です → He is ... .

▶「あの男の子はだれ？」「彼は私のいとこです」"Who is that boy?" "*He is* my cousin."
▶ 私は彼に（彼の）新しい住所をたずねた．I asked *him his* new address.
▶ この筆跡は彼のものです．This handwriting is *his*.
▶ 彼は自分でそれを書いたのです．He wrote it *himself*.

2（恋人）a boyfriend [ボイフレンド]（▶女性から見た男友だちは a male friend という）
▶ 美香にはすてきな彼がいます．Mika has a nice *boyfriend*.

カレイ《魚》a flatfish [フラトゥフィシ]（複数 flatfish）

カレー（a）curry [カ〜リィ]；(カレーライス）curry and rice, curry with rice（▶ ˣcurry rice とはいわない）
▶ わーい，今日はカレーだ！Wow, we're having *curry and rice* today!
カレー味 curry flavor
カレー粉 curry powder
カレー料理 curried food

ガレージ a garage [ガラージ]

かれら 彼ら → かれ（表）

（3人称複数）they [ゼイ]

💬**表現力**
彼らは…です → They are ... .

▶「ブラウン夫妻をご存じですか」「ええ．彼らはいい人たちです」"Do you know Mr. and Mrs. Brown?" "Yes. *They are* nice people."
▶ 私は彼らに（彼らの）子どもたちのことを知らせてあげました．

I told *them* about *their* children.
▶ 彼らは自分たちでジャムをつくった．They made the jam *themselves*.

かれる¹ 枯れる die [ダイ], be dead [デッド]；(しおれる) wither [ウィザァ]
▶ 枯れ葉 *dead* leaves
▶ この木は枯れている．This tree *is dead*.
▶ 切り花は夏にはすぐ枯れる．Cut flowers will *wither* soon in summer.

かれる²（声が）get hoarse [ホース]
▶ 五郎は大声を出したので声がかれた．Goro shouted himself *hoarse*.

カレンダー a calendar [キャレンダァ]（アクセント注意）

かろう 過労 overwork [オウヴァワ〜ク]
▶ 母は過労で病気になった．Mother got sick from *overwork*.
過労死 death from overwork

かろうじて barely [ベアリィ] →やっと

カロリー a calorie [キャロリィ]（▶ cal. と略す）
▶ 1日に2500キロカロリーとる take in 2,500 kilo*calories* a day
▶ 低カロリー食品 (a) low-*calorie* food

かわ¹ 川

a **river** [リヴァ]；(流れ) a **stream** [ストゥリーム]；(小川) a **brook** [ブルック]
▶ 利根川 the Tone *River*（▶川の名前には the をつける．また River は省略することもある）
▶ 川をさかのぼる go up a *river*
▶ 川を下る go down a *river*
▶ 川をわたる cross a *river*
▶ 川を泳いでわたる swim across a *river*
▶ 川で泳ぐ swim in the *river*
▶ 川へつりに行こう．Let's go fishing in the *river*.（▶この場合 ˣto the river とはいわない）
川岸 a riverside
川原 the shores of a river

かわ² 皮,革 (なめし革) leather [レザァ]；(皮ふ) (a) skin [スキン]；(果物の) (a) skin, (a) peel [ピール]；(木の) bark [バーク]
▶ このかばんは革でできている．This bag is made of *leather*.
▶ バナナの皮 a banana *peel*

◀ **かわる**¹

- オレンジの皮をむく *peel* an orange
  革ぐつ leather shoes
  革製品 leather products
  皮むき器 a peeler

がわ 側 a side [サイド]
- 右側 the right *side*
- 道路の両側に桜の木がある.
  There are cherry trees on both *sides* of the road.
- 川のこちら側に小さな小屋が見えた.
  We found a small hut on this *side* of the river. (▶「向こう側」は the other side)
- 窓の外側をふきなさい.
  Wipe the *outside* of the window. (▶「内側」なら inside)
- 「窓側か通路側,どちらの席になさいますか」「窓側をお願いします」
  "Which would you prefer, a window or an aisle seat?" "A window seat, please."

かわいい

(きれいな) **pretty** [プリティ];(愛らしい) **lovely** [ラヴリィ], **cute** [キュート];(いとしい) **dear** [ディア]
- かわいい！ How *cute*!
- エミってほんとかわいいね.
  Emi is really *pretty*.
- かわいい子には旅をさせよ.《ことわざ》
  Spare the rod and spoil the child. (▶「むちをおしめば子どもはだめになる」という意味)

かわいがる love [ラヴ] →あいする
- 彼女はその子ネコをとてもかわいがっている.
  She *loves* the kitten very much.

かわいそう

poor [プァ];(みじめな) **miserable** [ミゼラブル]
- かわいそうな話 a *sad* story
- かわいそー！ Oh, it's a *pity*!
- かわいそうなやつだ！ *Poor* fellow!
- かわいそうにマイクは寒さでこごえていた.
  Poor Mike was freezing.
- 彼にふられちゃったの？ かわいそうに.
  Did he dump you? That's too *bad*.

かわいらしい lovely [ラヴリィ] →かわいい

かわかす 乾かす dry [ドゥライ]
- 私は洗たく物を日なたでかわかした.
  I *dried* the laundry in the sun.
- ドライヤーで髪をかわかす
  blow-dry my hair

かわく¹ 乾く dry [ドゥライ]
- かわいたタオル a *dry* towel
- この生地はかわくのが速い.
  This cloth *dries* fast.
- あなたのシャツはまだかわいてないよ.
  Your shirt is not *dry* yet.

かわく² 渇く (のどが) be thirsty [サ~スティ], feel thirsty
- ジョギングをしたらのどがかわいた.
  I *felt thirsty* after jogging.

かわった 変わった (めずらしい) new [ニュー], strange [ストゥレインヂ];(異常な) unusual [アニュージュアル]
- 何か変わったことがありますか.
  Is there any *news*? / Is there anything *new*? / What's *new*?

かわら a tile [タイル]
- かわら屋根の家 a *tile*-roofed house

かわり¹ 変わり change [チェインヂ]
- 「最近お変わりありませんか（→最近いかがお過ごしですか）」「ええ、元気です」
  "How are you getting along these days?" "(I'm) OK, thank you."

かわり² 代わり **1** (…の代わりに) instead [インステッド] of →そのかわり
- うちではバターの代わりにオリーブ油を使っている.
  We use olive oil *instead of* butter.

2 (お代わり) another helping →おかわり
- お代わりしていい？
  Can I have *seconds*? / Can I have *another helping*?

かわりやすい 変わりやすい changeable [チェインヂャブル]
- 春山の天気はとても変わりやすい.
  The weather in the mountains is very *changeable* in the spring.

かわる¹ 変わる

change [チェインヂ], **turn** [タ~ン];(位置・方向・方針などが) **shift** [シフト]
- すべてのことばは時代とともに変わる.
  All languages *change* with the times.

かわる[2]

🗨スピーキング
🅐 何か変わったことある？
What's new?
🅑 別に．
Nothing much.

- 「やあクラーク，ひさしぶり．むかしと全然変わっていないね」「きみのほうこそ」
"Long time no see, Clark. You *haven't changed* a bit." "Neither have you."

💬表現力
…に変わる
→ change into [to] ... /
turn into [to] ...

- 午後遅くなって雨は雪に変わった．
Late in the afternoon, the rain *changed into* snow.
- 風向きが南に変わった．
The wind *has changed to* the south.

💬表現力
〜から…に変わる
→ change from 〜 to ... /
turn from 〜 to ...

- ちょうど信号が赤から青に変わった．
The traffic light *has* just *changed from* red *to* green.

かわる[2] 代わる，替わる（とって代わる）take the place of；（席などを）change [チェインヂ]
- 席をかわろうよ．
Let's *change* seats.
- （電話で）少々お待ちください．今，テッドと代わります．
Hold the line, please. I'll *put* Ted *on*.

かわるがわる 代わる代わる（交互に）by turns；（順々に）in turn

かん[1] 缶 a can [キャン]，《おもに英》a tin [ティン] →かんづめ
- 空き缶 an empty *can*
- アルミ缶 an aluminum *can*
缶切り a can opener
缶ジュース a can of juice

かん[2] 巻 a volume [ヴァリュム]（▶ vol. と略す）
- 第7巻 the seventh *volume* / *Vol*. 7

かん[3] 勘 a hunch [ハンチ]
- あいつはかんがいい．
He is *intuitive*.
- 私のかんが当たった．
My *hunch* was right.（▶「かんが外れた」なら wrong を使う）

かん[4] 管 a pipe [パイプ]，a tube [テューブ]
- ガス管 a gas *pipe*
- 水道管 a water *pipe*
- 試験管 a test *tube*

-かん …間（時間）（ずっと）for [フォー(ァ)]，(…間で) in [イン]；（場所）（2地点の）between [ビトウィーン]，（3地点以上の）among [アマング] →あいだ
- 3日間雪が降りつづいた．
It snowed *for* three days.
- そのフェリーは仙台 - 名古屋間を運行している．
The ferry runs *between* Sendai and Nagoya.

ガン[1]（鳥）a wild goose [ワイルド グース]（複数 wild geese [ギース]）

ガン[2] →じゅう[2]
- マシンガン a machine *gun*
ガンマン a gunman

がん（病気）(a) cancer [キャンサァ]
- がんにかかっている have *cancer*
- がんで死ぬ die of *cancer*

かんいっぱつ 間一髪で by a hair's breadth
- 間一髪でのがれる
escape ... *by a hair's breadth* / have a *narrow* escape

かんか 感化する influence [インフルエンス]
- 彼女は友だちに感化されやすい．
She is easily *influenced* by her friends.

がんかい 眼科医 an eye doctor

かんがえ 考え →かんがえる

使い分け
（意見）→ opinion, thoughts
（思いつき）→ idea

1（意見）an opinion [オピニョン]，thoughts [ソーツ]
- 私の考えでは in my *opinion*
- この計画について，きみの考えはどうなの？
What's your *opinion* about this

◀ **かんかく**²

plan?
2 (思いつき) an **idea** [アイディ(ー)ア]
▶ いい考えがある！
I have a good *idea*!

🗣スピーキング
Ⓐ つりに行くのはどう？
How about going fishing?
Ⓑ それはいい**考え**だ．行こう．
That's a good idea. Let's go.

3 (思考) **thought** [ソート]
▶ ぼくは考えごとをしていたんだ．
I *was thinking*. / I was deep in *thought*.
4 (意図) (an) **intention** [インテンション], a **mind** [マインド]
▶ あなたに留学する考えはありますか．
Do you have any *intention* of studying abroad? / Do you have a *mind* to study abroad?
▶ きみは考えがころころ変わるね．
You're constantly changing your *mind*.
考え方 my *way of thinking*
▶ きみの考え方にはついていけないよ．
I can't follow your *way of thinking*.
かんがえこむ 考えこむ be deep in thought, think seriously
かんがえなおす 考え直す think over
▶ もう一度考え直してみなさい．
Think it *over* again.

かんがえる 考える

使い分け
(思考する) → think, consider
(意図する) → think of
(想像する) → imagine

1 (思考する) **think** [スィンク] (of, about)；
(よく考える) **consider** [コンスィダァ]；(意図する) **think of**
▶ よく考えてからしゃべりなさい．
Think well before you speak.
▶ 今，考えてるところなの．
I'm *thinking* now.

💬表現力
…について考える
→ **think about … / think of …**

▶ きみは今，何を考えているの？
What *are* you *thinking about*?
▶ 一晩考えさせてください．
Let me *think about* it overnight. / Let me *sleep on* it.
▶ その意見についてどう考えますか．
What do you *think of* the opinion? (▶×How do you think …? とはいわない)
▶ 「ぼくらのクラブに入れよ」「考えさせてくれ」
"Why don't you join our club?" "Give me time to *think* it *over*." (▶ think over は「よく考える」こと)

💬表現力
…しようと考えている
→ **be thinking of -ing /
be considering -ing**

▶ サッカー部をやめようかと考えているんだ．
I'm *thinking of quitting* the soccer team.
2 (想像する) **imagine** [イマヂン]；(予期する) **expect** [イクスペクト]
▶ テレビのない生活を考えてもごらん！
Just *imagine* life without television!
▶ だれも彼が試合に勝つなんて考えなかった．
Nobody *expected* him to win the game.
3 (見なす) **think of [regard] … as**
▶ 私をあなたの親友と考えてね．
Think of me *as* your best friend.
かんかく¹ 間隔 (物と物との) (a) **space** [スペイス]；(時間・距離の) an **interval** [インタヴァル]
▶ ここからバスが10分間隔で(→10分おきに)出ている．
Buses leave here *every* ten minutes.
かんかく² 感覚 (a) **sense** [センス]
▶ 方向感覚 a *sense* of direction
▶ 彼は金銭感覚がない．
He has no *sense* of the value of money.
▶ 寒さで手の感覚がなくなった．
My hands are *numb* with cold.
▶ 親とは友だち感覚で話をする．
I talk to my parents *just like* I talk to my friends.

one hundred and ninety-three 193

カンガルー ▶

「感覚」のいろいろ
視覚 the sense of sight
聴覚 the sense of hearing
味覚 the sense of taste
きゅう覚 the sense of smell
触覚 the sense of touch
五感 five senses
第六感 the sixth sense

カンガルー《動物》a kangaroo [キャンガルー]（[複数] kangaroos）

かんかん
▶ かんかん照りの日
a *blazing* [ブレイズィング] hot day
▶ 彼はかんかんに怒った.
He hit the ceiling.（▶直訳は「彼は天井にぶつかった」で，比喩的に怒りが頂点に達したことを意味する）

がんがん
▶ 頭ががんがんする.
I have a *splitting* headache.
▶ 音楽をがんがんかける
play music *loudly*

かんき 換気 ventilation [ヴェンティレイション]
換気する ventilate [ヴェンティレイト]
▶ 部屋の換気をする
ventilate a room / *air* a room

かんきゃく 観客（映画・演劇などの）an audience [オーディエンス]；（スポーツなどの）a spectator [スペクテイタァ]
▶ 劇場には観客が大勢いた. There was a large *audience* in the theater.
▶ そのサッカーの試合にたくさんの観客が集まった. There were a lot of *spectators* at the soccer game.
観客席 a seat；（スタンド）the stands

かんきょう 環境 (an) environment [エンヴァイ(ア)ロンメント]；（周囲）surroundings [サラウンディングズ]
▶ 家庭環境 my home *environment*
▶ 生活環境 my living *environment*
▶ 自然環境 the natural *environment*
▶ 地球環境 Earth's *environment*
環境の environmental；(周囲の) surrounding
▶ 環境意識を高める
promote *environmental* awareness
▶ 環境にやさしい

eco-friendly / *environmentally* friendly

✏️ライティング
私たちは環境を保護しなければなりません.
We have to protect the environment.

環境汚染 environmental pollution
環境破壊 environmental destruction
環境保護 environmental protection
環境ホルモン environmental hormone
環境問題 an environmental problem

かんけい 関係

(a) relation [リレイション], (a) relationship [リレイションシプ]
関係する concern [コンサ～ン]
▶ 人間関係 human *relations*
▶ 国際関係 international *relations*
▶「その人とはどういう関係ですか」「ぼくのおじです」
"What's your *relationship* to him?" "He's my uncle."
▶ 友だち関係で(→友だちのことで)悩んでいる.
I have a problem with friends.

💬表現力
…と関係がある
→ have ～ to do with ...
（▶「～」には something, nothing, anything, little などがくる）

▶ その政治家はその事件と関係がある.
The politician *has* something *to do with* the case.
▶ そんなこと私には関係ないよ.
I *have* nothing *to do with* such things. / They don't *concern* me.
▶ きみには関係ないよ.
It's none of your business. / Mind your own business. / It *has* nothing *to do with* you.
関係者以外立ち入り禁止《掲示》Off Limits to Unauthorized Persons / Staff Only
関係代名詞《文法》a relative pronoun
関係副詞《文法》a relative adverb

かんげい 歓迎 (a) welcome [ウェルカム]
歓迎する welcome

環境問題 Environmental Problems

イラスト：大管雅晴

桜の開花日が早くなってる？
Have cherry blossoms started to bloom earlier in spring?

The cherry blossom front on April 1
桜前線（4月1日）
2001 - 2010
1961 - 1970

日本の桜が55年前よりも春に早く開花しているって知ってましたか。
Did you know that cherry blossoms in Japan bloom earlier in spring than they did fifty-five years ago?

この地図を見てください。4月1日時点での桜前線が北上しているのがわかります。
Look at this map. You can see that the cherry blossom front on April 1 has moved north.

このことは日本の多くの場所で桜の開花日が早くなっていることを意味しています。科学者たちは、これは気温が上昇したからだと言っています。
This means that cherry blossoms are blooming earlier in most parts of Japan. Scientists say that it is because the temperatures have risen.

地球温暖化を英語で説明してみよう！
Explain global warming to the class.

地球の気候はだんだん暖かくなっています。この気候の変化を「地球温暖化」といいます。地球温暖化の影響で、北極海の氷の量が減少したり、干ばつが増えたりしています。

地球温暖化の原因のひとつに温室効果ガスがあります。このガスは太陽からの熱を大気に閉じこめます。

温室効果ガスは主に化石燃料を燃やすことで生じるので、このガスを減らすためにも私たちはふだんからエネルギーを節約するようにしなければなりません。

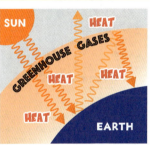

The earth's climate is getting warmer. This climate change is called "global warming." Because of global warming, the amount of ice in the Arctic Ocean is getting smaller and the number of *droughts is increasing.

One of the causes of global warming is greenhouse gases. These gases **trap the heat from the sun in the atmosphere.

They are mainly produced by burning fossil fuels. So we must try to save energy in everyday life to reduce them.

*drought [draut ドゥラウト] 干ばつ　**trap [træp トゥラップ] …を閉じこめる

かんげき ▶

- 私たちは彼らから温かい歓迎を受けた.
  We received a warm *welcome* from them.
- きみなら大歓迎だ.
  We would *welcome* you heartily. / You will *be* heartily *welcomed*.

歓迎会 a welcome party, a reception [リセプション]

かんげき 感激する be deeply moved
- 観客は感激して涙を流した.
  The audience *was moved* to tears.

かんけつ 簡潔な brief [ブリーフ]
簡潔に briefly
- 簡潔に説明してください.
  Please explain it *briefly*.

かんげんがく 管弦楽 orchestral [オーケストゥラル] music
管弦楽団 an orchestra [オーケストゥラ]

かんご 看護 nursing [ナースィング]
看護する nurse;（世話をする）look after, care for

がんこ がんこな stubborn [スタボン]

かんこう 観光 sightseeing [サイトゥスィーイング] →けんぶつ
観光する see the sights (of ...), do some sightseeing
観光に行く go sightseeing

> 🗣 スピーキング
> Ⓐ 滞在の目的は？
> What's the purpose of your visit?
> Ⓑ 観光です.
> Sightseeing.

- 彼は観光でロンドンに行った.
  He went *sightseeing* in London. / He went to London to *see the sights*.

観光案内所 a tourist [トゥ(ア)リスト] information center
観光客 a tourist, a sightseer
観光地 a sightseeing spot
- 私たちの町は観光地です.
  Our town is a *tourist resort*.

観光バス a sightseeing bus
観光旅行 a sightseeing tour

かんこく 韓国 South Korea [サウス コリ(ー)ア]（▶正式には the Republic of Korea（大韓民国）という）

韓国(人・語)の Korean
韓国人 a Korean

かんごく 監獄 a prison [プリズン]
かんごし 看護師 a nurse [ナース]
かんさい 関西(地方) the Kansai district, the Kansai area
かんさつ 観察する observe [オブザーヴ];（見守る）watch [ワッチ]
- 昆虫を観察するのはおもしろい.
  It is interesting to *observe* insects.

かんし¹ 冠詞《文法》an article [アーティクル]（▶定冠詞 the と不定冠詞 a, an がある）

かんし² 監視する watch [ワッチ], keep an eye on ...

かんじ¹ 感じ（心持ち）(a) feeling [フィーリング];（印象）(an) impression [インプレション]
感じがする feel →かんじる
- そのときどんな感じがしたの？
  How did you *feel* then?
- かぜをひいた感じがする.
  I *feel like* I have a cold.
- あのレストランは落ち着いた感じだ.
  That restaurant has a relaxed *atmosphere*.
- 絵美は感じのいい女の子だ.
  Emi is a *pleasant* girl.（▶「感じが悪い」なら an unpleasant とする）
- 何かいい事が起こりそうな感じがする.
  I have a *feeling* that something good is going to happen.

> 🗣 スピーキング
> Ⓐ 新しい先生はどんな感じ？
> What's your new teacher like?
> Ⓑ やさしくってすてきなの.
> He seems nice and gentle.

かんじ² 漢字 (a) kanji, a Chinese character（▶ *kanji* は単複同形）
- 漢字の読み書き
  reading and writing *kanji*
- あした漢字のテストがある.
  I have a *kanji* quiz tomorrow.（▶ quiz は「小テスト」のこと）
- 真央は自分の名前を漢字で書いた
  Mao wrote her name in *Chinese characters*.

がんじつ 元日 New Year's Day
-(に)かんして …(に)関して →-(に)ついて

◀ かんじる

かんしゃ 感謝

thanks [サンクス]（▶複数形で使う）
感謝する thank

▶ ご親切を心から感謝いたします．
I *thank* you very much for your kindness. / I really *appreciate* your kindness.

▶ 何と言って感謝してよいかわかりません．
I don't know how to *thank* you. / I have no words to *thank* you.

感謝祭 Thanksgiving Day（▶アメリカの祝日で11月の第4木曜日）

家族そろって感謝祭のお祝いの食卓を囲む．

かんじゃ 患者 a patient [ペイシェント]
かんしゅう 観衆 spectators [スペクテイタァズ] →かんきゃく
かんじゅせい 感受性 sensibility [センスィビリティ], a feeling [フィーリング]
がんしょ 願書 an application [アプリケイション], an application form

▶ 入学願書
an *application* for admission

▶ この願書に記入してください．
Please fill out this *application form*.

▶ 北高校に願書を出すことにしている．
I'm *applying for* Kita High School.

かんしょう¹ 干渉する interfere [インタフィア]《in, with》

▶ この問題に干渉するな．Don't *interfere in* this matter. / Don't *stick your nose into* this matter.

かんしょう² 鑑賞する appreciate [アプリーシエイト]

▶ 絵を鑑賞する *appreciate* pictures

🗨 プレゼン
私の趣味は音楽鑑賞です．
My pastime is listening to music.

かんしょう³ 感傷的な sentimental [センティメントゥル]

▶ 感傷的な小説
a *sentimental* novel

かんじょう¹ 感情

feelings [フィーリングズ]；（強い感情）(an) emotion [イモウション]

▶ 父はめったに感情を外に出さない．
My father seldom shows his *feelings*.

▶ 私は友だちの感情を害してしまった．
I hurt my friend's *feelings*.

▶ 彼は感情が激しい人だった．
He was a man of strong *emotions*.

感情的な emotional
感情的に emotionally

▶ そんなに感情的にならないでよ．
Don't get so *emotional*.

かんじょう² 勘定 counting [カウンティング]；（勘定書き）《米》a check [チェック], 《英》a bill [ビル]

▶ 私が勘定を払います．
I'll pay the *check*. / I'll pay for it. / （私のおごりです）It's on me.

▶ （店員に）勘定をお願いします．
Check, please. / I'd like to pay the *check*, please.

がんじょう 頑丈な strong [ストゥロ（ー）ング]
かんしょく 間食する eat between meals

かんじる 感じる

feel [フィール]

🗨 表現力
…と感じる，…を感じる → feel …

▶ 私は足にするどい痛みを感じた．
I *felt* a sharp pain in my leg.

▶ 私は急に空腹を感じた．
I suddenly *felt* hungry. (▶ ˣ*felt* hunger とはいわない)

🗨 表現力
…だと感じる → feel (that) …

▶ 外はまだ寒いけど，春がきているなあと感じます．
It's still cold outside, but I *feel (that)* spring is coming.

one hundred and ninety-seven 197

かんしん[1]

> 表現力
> ～が…するのを感じる
> → feel ～+動詞の原形

▶ 家がゆれるのを感じなかった？
Didn't you *feel* the house *shake*?

> 表現力
> ～が…しているのを感じる
> → feel ～ -ing

▶ その女の子がぼくをじっと見ているのを感じた．
I *felt* the girl *staring* at me.

かんしん[1] 感心する admire [アドゥマイア]
▶ きみの勇気に感心しています．
I *admire* your courage. / I *am* deeply *impressed* by your courage.
感心な admirable [アドゥミラブル]

かんしん[2] 関心 (an) interest [インタレスト]
▶ 子どもたちはその実験にとても関心を示した．
The children showed great *interest* in the experiment.

> 表現力
> …に関心がある
> → be interested in ... /
>   have an interest in ...

> ライティング
> 私は環境問題に関心があります．
> I am interested in environmental problems.

▶ 彼はスポーツにまったく関心がないみたいだ．He seems to *have* no *interest in* sports.

かんじん 肝心な important [インポートゥント], essential [エセンシャル]

かんすう 関数 a function [ファンクション]

-(に)かんする …(に)関する about [アバウト], on → -(に)ついて
▶ 日本に関する本
books *about* Japan / books *on* Japan

かんせい[1] 完成する

complete [コンプリート], finish [フィニシ]
▶ 展覧会用にこの作品を完成させるつもりです．

I am going to *finish* this work for the exhibition.

かんせい[2] 歓声 a cheer [チア], a shout of joy
▶ 歓声をあげる give *a shout of joy*

かんぜい 関税 customs [カスタムズ], duties [デューティズ]
▶ 関税のかからない *duty*-free

かんせつ[1] 間接の，間接的な indirect [インディレクト] (反 直接の direct)
間接(的)に indirectly
▶ 彼女を間接的に知っている．
I know her *indirectly*. / I've heard of her.
間接目的語 《文法》an indirect object
間接話法 《文法》indirect narration

かんせつ[2] 関節 a joint [ヂョイント]

かんせん[1] 感染する (病気が人に) infect [インフェクト]
▶ 彼はウイルスに感染したらしい．
I hear he *was infected* with the virus.
感染者 an infected person
▶ 数か月で世界の感染者は数百万人にのぼった．
In a few months, millions of people *were infected* globally.
感染症 an infectious disease

かんせん[2] 観戦する watch [ワッチ]
▶ テレビでオリンピックを観戦した．
I *watched* the Olympic Games on TV.

かんぜん 完全な

(欠点のない) perfect [パ～フェクト]；(全部そろった) complete [コンプリート]
▶ 完全な勝利 a *complete* victory
完全に perfectly；completely
▶ 仕事がまだ完全には終わっていないんだ．
I haven't finished my work *completely*.
完全試合 (野球の) a perfect game
完全犯罪 a perfect crime

かんそう[1] 乾燥した dry [ドゥライ]
▶ 冬は空気が乾燥している．
In winter the air is *dry*.
乾燥機 a dryer

かんそう[2] 感想 an impression [インプレション]

◀ **かんでん**

🗣 **スピーキング**
🅐 日本についてのご感想は？
What's your impression of Japan? / How do you like Japan?
🅑 すばらしいです．とても気に入りました．
Great! I love it.

▶ 読書感想文 a book report
▶ 記事の感想を聞かせてください．
Please let me know *what you think of* the article.

かんぞう 肝臓 a liver [リヴァ]
かんそく 観測 (an) observation [オブザヴェイション]
観測する observe [オブザ～ヴ]
▶ 土星を望遠鏡で観測した．
We *observed* Saturn with a telescope.
▶ 気象観測 weather *observation*
観測所 an observatory

かんたい 寒帯 the frigid zone [フリヂドゾウン]
かんだい 寛大な generous [ヂェネラス], broad-minded [ブロードゥマインデイド]
かんだかい かん高い high-pitched [ハイピッチド] (反) 低音の low-pitched；(金切り声の) shrill [シリル]
▶ 健太はかん高い声で話す．
Kenta speaks in a *high-pitched* voice.

かんたん¹ 簡単な

1 (容易な) **easy** [イーズィ]；(単純な) **simple** [スィンプル] (反) 複雑な complicated；(手軽な) **light** [ライト]
▶ 英語のテストはとても簡単だった．
The English exam was very *easy*. / (口語) The English exam was a *cinch*.
▶ そんなの簡単だよ．
It's a *breeze*. / It's a *cinch*. (▶ a breeze, a cinch はいずれも話し言葉で「楽にできること，朝めし前」という意味)
▶ このパソコンは簡単に使えるね．
This computer is *easy* to use.
▶ 簡単な英語で話してもらえませんか．
Could you speak *simple* English?

▶ 朝食は簡単にすませた．
I had a *light* breakfast.

💬 **表現力**
…するのは簡単だ
→ It is easy to … .

▶ 私にはこの問題を解くのは簡単だ．
It is easy for me *to* solve this problem.
▶ どんな外国語でも習得するのは簡単ではない．
It's not *easy to* master any foreign language.

2 (手短な) brief [ブリーフ]
▶ 簡単なメモ a *brief* note
簡単に easily；simply；briefly
▶ 簡単に言えば
in short / in a word

かんたん² 感嘆する admire [アドゥマイア]
感嘆符《文法》an exclamation mark (!)
→くとうてん (表)
感嘆文《文法》an exclamatory sentence

がんたん 元旦 (the morning of) New Year's Day
▶ 元旦に on *New Year's Day*

かんだんけい 寒暖計 a thermometer [サマメタァ]

かんちがい 勘違い (a) misunderstanding [ミサンダスタンディング]
かんちがいする misunderstand；mistake
▶ きみはかんちがいしているよ．
You're *mistaken*.
▶ それは私のかんちがいでした．
It was my *misunderstanding*.
▶ 私はあの人をきみのお兄さんだとかんちがいした．
I *mistook* him for your brother.

かんづめ 缶詰 a can [キャン]，《おもに英》a tin [ティン]；(かんづめの食品) canned food
▶ ツナのかんづめ
a *can* of tuna / *canned* tuna

かんてん 観点 a point of view, a viewpoint
▶ きみとは観点がちがう．
You and I have different *points of view*.

かんでん 感電する get an electric

あかさたなはまやらわ

one hundred and ninety-nine 199

かんでんち ▶

shock [イレクトゥリク シャック]
かんでんち 乾電池 →でんち
かんとう 関東（地方）the Kanto district, the Kanto area

かんどう 感動する

be moved [ムーヴド], be impressed [インプレスト]
▶ 私たちは感動して泣いた.
We *were moved* to tears.
▶ 私はその映画に深く感動した.
I *was* deeply *moved* by the film. / The film *moved* me deeply. (▶ moved は impressed としてもよい)
▶ この感動（→今，この時のこと）は一生忘れません.
I'll never forget *this moment*.
感動的な moving, impressive
▶ 感動的な場面 an *impressive* scene
かんとうし 間投詞（文法）an interjection [インタヂェクション]
かんとく 監督（仕事の）a supervisor [スーパヴァイザァ]；（映画の）a director [ディレクタァ]；（野球・サッカーなどの）a manager [マネヂァ]；（サッカー・バスケットボールなどの）coach [コウチ]
監督する supervise；direct
▶ 彼は3作目の映画を監督した.
He *directed* his third film.
▶ 木村先生はぼくらのサッカーチームの監督です. Mr. Kimura is the *coach* of our soccer team.
カントリー（ミュージック） country music (▶単に country ともいう)

カンナ《植物》a canna [キャナ]
かんな《道具》a plane [プレイン]
かんなをかける plane
カンニング カンニングする cheat [チート]
(▶英語の cunning（ずるい，ずるさ）にはカンニングの意味はない)
▶ 彼は数学の試験でカンニングした.
He *cheated* on the math exam.
▶ カンニングペーパー
a *crib* sheet / a *cheat* sheet (▶ ×cunning paper とはいわない)
かんねん 観念(意識) a sense [センス]；（考え）an idea [アイディ(ー)ア]
▶ きみは時間の観念がない.
You have no *sense* of time.
▶ 固定観念 a stereotype / a fixed *idea*
カンパ a fund-raising campaign, chipping in (▶「カンパ」はロシア語から)
カンパする contribute [コントゥリビュ(ー)ト], chip in
かんぱ 寒波 a cold wave
かんぱい¹ 乾杯 a toast [トウスト]
乾杯する toast
▶ 乾杯！ Here's to you! / To your health! / Cheers! / Bottoms up! (▶最後の2つはくだけた言い方)
▶ 佐藤さんの成功を祝って，乾杯！
Let's *drink* (*a toast*) *to* Mr. Sato's success. / Let's *toast* Mr. Sato's success.
かんぱい² 完敗 a complete defeat [コンプリート ディフィート]
完敗する be completely defeated
かんばつ 干ばつ a drought [ドゥラウト]
がんばりや a hard worker

がんばる

（努力する）try hard；（全力をつくす）do *my* best；（もちこたえる）hold out；（言いはる）insist [インスィスト]《on》
▶ 兄は入学試験に合格できるようにがんばっている.
My brother *is studying hard* to pass the entrance exam.
▶ 姉はやせようとがんばっている.
My sister *is trying to* lose weight.
▶ がんばらなくっちゃ.
I'll *try* my *best*. / I'll *do* my *best*.

> 🎤 プレゼン
> 高校では勉強，スポーツに**がんばる**つもりです.
> I'll *do my best* at my studies and my sports activities in high school.

200 two hundred

◀ **かんわ**

▶ もう少しだ！がんばれ！
You're almost there! *Don't quit now!*

🗣スピーキング
🅐 試験がんばってね！
Good luck on your test!
🅑 ありがとう．
Thank you.

💬用法「がんばって」のいろいろな言い方
Do your best.「ベストをつくして」
Keep trying.「そのまま努力し続けて」
Keep it up.「今の調子を続けて」
That's the spirit.「その調子」
Stick to it.「食らいついていけ」
Come on.「どうしたんだ，しっかりしろ」
Never give up.「あきらめるな」
Hang in there.「そこにふみとどまれ」
That's the way.「そのとおり．その調子」

▶ よくがんばったね．
Well done! / *Good* for you!
▶ 太郎は相手が降参するまでがんばった．
Taro *held out* till his opponent gave in.

かんばん 看板（標識）a sign [サイン]；（標識板）a signboard [サインボード]
かんぱん 甲板 a deck [デック]
かんびょう 看病する nurse [ナ〜ス], take care of；（介護する）care for
▶ 私は病気の母を看病した．
I *nursed* my sick mother. / I *took care of* my sick mother.
かんぶ 幹部（企業の）an executive [イグゼキュティヴ]；（経営陣）management [マネヂメント]；（部活の）a leader [リーダァ]
かんぶん 漢文 Chinese classics（▶複数形で表す．「中国の古典」という意味）
▶ 漢文を読む read *Chinese classics*
かんぺき 完ぺきな perfect [パ〜フェクト], complete [コンプリート]
▶ これで完ぺき．
This should be *perfect*. / This is *perfect*.
▶ 完ぺきな人間なんていないよ．
Nobody is *perfect*.
かんべん 勘弁する forgive [フォギヴ] →ゆるす
▶ （謝って）どうぞかんべんしてください．
Please *forgive* me.
▶ これ以上はかんべんして（→もうやめて）．
Please no more.

カンボジア Cambodia [キャンボウディア]
カンボジア（人）の Cambodian [キャンボウディアン]
カンボジア人 a Cambodian
カンマ （記号）a comma [カマ] →コンマ
かんまつ 巻末 the end of a book
かんむり 冠 a crown [クラウン]
かんゆう 勧誘 (an) invitation [インヴィテイション] →さそう
勧誘する invite
▶ 新入生をサッカー部に勧誘する
invite new students to the soccer team
かんようく 慣用句 an idiom [イディオム]
かんらんしゃ 観覧車 a Ferris wheel [フェリス (フ)ウィール]
▶ 観覧車に乗る ride on a *Ferris wheel*
かんり 管理する manage [マネヂ]
管理人（管理責任者）a manager [マネヂァ]；（ビルなどの）《米》a janitor [ヂャニタァ], 《米》a superintendent [スーパリンテンデント], 《英》a caretaker [ケアテイカァ]
▶ 鈴木さんがこのアパートの管理人です．
Mr. Suzuki is the *superintendent* of this apartment.
かんりゅう 寒流 a cold current [カ〜レント]
かんりょう 完了する complete [コンプリート], finish [フィニシ]
▶ 卒業式の準備は完了した．
The preparations for the graduation ceremony are *complete*.
▶ アプリのアップデートが完了した．
The app's update is *complete*.
かんれん 関連 (a) relation [リレイション] → かんけい
かんろく 貫禄 dignity [ディグニティ], presence [プレズンス]
▶ あなたのお父さんは貫禄があるね．
Your father is a man of *dignity*.
かんわ 緩和する relieve [リリーヴ], ease [イーズ]
▶ 交通渋滞を緩和する
relieve traffic congestion / *ease* a traffic jam

two hundred and one 201

き キ き キ き キ

き¹ 木

1 (樹木) a **tree** [トゥリー］; (低木) a **bush** [ブッシ], a **shrub** [シラブ]
▸ 高い木 a tall *tree* (▶「低い木」は a short tree)
▸ 桜の木 a cherry *tree*
▸ 木を植える plant a *tree*
▸ 木に登る climb up a *tree*

✏️ライティング
毎年たくさんの木が切り倒されている.
A lot of trees are cut down every year.

▸ ほら. あの木に白いネコがいるよ.
Look. There's a white cat in that *tree*.

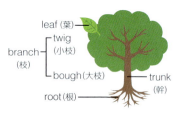

leaf (葉) / twig (小枝) / branch (枝) / bough (大枝) / trunk (幹) / root (根)

2 (木材) **wood** [ウッド] (▶ a をつけず, 複数形にしない)
▸ この箱は木でできている.
This box is made of *wood*.
木の wooden
▸ 木の人形 a *wooden* doll
木登り climbing trees, tree climbing
木の実 a nut

ℹ️参考 木のいろいろ
いちょう **ginkgo** [ギンコウ] / 梅 **ume tree** / カシ **oak** [オウク] / ケヤキ **zelkova** [ゼルコヴァ] / 桜 **cherry tree** / 杉 **Japanese cedar** [スィーダァ] / 椿 **camellia** [カミーリャ] / 松 **pine (tree)** / 桃 **peach (tree)**

き² 気

1 (気持ち・気分) (a) **mind** [マインド], (a) **heart** [ハート], (an) **intention** [インテンション]
▸ 私は気が変わった.
I've changed my *mind*.
▸ 彼は気がやさしい.
He has a kind *heart*.
▸ 気を落とさないで.
Don't *be discouraged*. / Don't *be depressed*.
▸ 成績のことを考えると気が重くなる.
I *feel depressed* when I think about my grades.
▸ 次回のテストが心配で気が気でない.
I'm very *anxious* about the upcoming exams.
▸ 私はそこへ行く気はない.
I have no *intention* of going there.

2 (気質) **temper** [テンパァ]
▸ あいつは気が小さい.
He is *timid*. / He doesn't have the *guts*. / He's a *chicken*.
▸ メグは気が強い.
Meg is *assertive*. / Meg has a lot of *guts*.
▸ 後藤先生は気が長い (→がまん強い) けど, 斎藤先生はとても気が短い.
Mr. Goto is very *patient*, but Mr. Saito is very *short-tempered*.

3 (意識・正気) **mind**, **senses** [センスィズ]
▸ リカは自動車事故を見て気を失った.
Rika *fainted* at the sight of the car accident.
▸ あなたの気のせいですよ.
It's just your *imagination*. / It's all in your *mind*.
▸ 暑さで気が遠くなった.
The heat made me *feel faint*.
(▶ feel faint で「気が遠くなる」)
▸ 気が変になりそうだ.
I'm almost out of *mind*. / I'm going to lose my *mind*.

◀ **きおく**

気が合う →きがあう
気がある →きがある
気がきく →きがきく
気がする →きがする
気がつく →きがつく
気に入る →きにいる
気にする →きにする
気になる →きになる
気をつかう →きをつかう
気をつける →きをつける

日本語NAVI

気が済む ☞満足する →まんぞく
気が散る ☞集中できない →しゅうちゅう
気が遠くなる ☞ぼうっとする →いしき
気が抜ける ☞緊張がゆるむ →ほっとする
気が早い ☞せっかちである →せっかち
気が引ける ☞相手に悪いと思う
　　　　　　　　　→-(し)にくい
気が向く ☞その気になる
　　　　　　→-たい¹, きになる
気に食わない ☞いやだと思う
　　　　　　→いや², ふゆかいな
気を配る ☞こまかな点にも注意する
　　　　　→きをつける, ちゅうい
気を抜く ☞油断する →ゆだん
気を引き締める ☞緊張させる
　　　　　　　　　→きんちょう

ギア a gear [ギア]
きあい 気合い spirit [スピリット]
▶ 気合いを入れて練習しよう.
　Let's put *spirit* into our practice.
きあつ 気圧 atmospheric pressure [アトゥモスフェリク プレシャァ], air pressure
▶ 低気圧 low *atmospheric pressure*
▶ 高気圧
　high *atmospheric pressure*
　気圧計 a barometer [バロミタァ]
キー a key [キー] →かぎ
▶ ピアノのキー (鍵盤ばん) the *keys* of a piano
▶ 自転車のキー a bike *key*
　キーポイント (手がかり) a key point ; (要点) the point
　キーホルダー a key ring
　キーワード a key word
キーパー (サッカーなどの) a goalkeeper [ゴウルキーパァ], (口語) a goalie [ゴウリィ]
キーボード (鍵盤ばん・パソコンの) a keyboard [キーボード] ; (鍵盤楽器) a keyboard (▶ 複数形でもよく使う)
▶ キーボードを演奏する
　play the *keyboard* / play *keyboards*
　キーボード奏者 a keyboardist, a keyboard player

きいろ 黄色(の)

yellow [イェロウ]
▶ 信号が黄色に変わった.
　The traffic light turned *yellow*.

ぎいん 議員 (日本の国会の) a member of the Diet [ダイエト] ; (アメリカ議会の) a member of Congress [カングレス] ; (イギリス議会の) a member of Parliament [パーラメント] (▶ MP と略す)
▶ 衆議院議員 a *member* of the House of Representatives
▶ 参議院議員 a *member* of the House of Councilors
▶ 県会議員
　a *member* of the prefectural assembly (▶「市会議員」は prefectural を city に,「町会議員」は town,「村会議員」は village にする)
キウイ (鳥) a kiwi [キーウィー] ; (果物) a kiwi fruit

きえる 消える

1 (火・明かりなどが) go out ; (消火される) be put out
▶ とつぜん電気が消えた.
　Suddenly the lights *went out*.
▶ 火事はすぐに消えた.
　The fire *was* soon *put out*.
2 (姿・形が) disappear [ディサピア] (反 現れる appear), go away
▶ その男は人ごみの中に消えた.
　The man *disappeared* in the crowd.
▶ 痛みはまもなく消えるでしょう.
　The pain will *go away* soon.

きおく 記憶 →おぼえる

(a) **memory** [メモリィ]
記憶する memorize [メモライズ], keep ... in mind ; (覚えている) remember [リメンバァ]
▶ あなたは記憶力がよい.
　You have a good *memory*. (▶「記憶

キオスク ▶

力が悪い」なら have a bad memory)
▶ その日のできごとは今も私たちの記憶に新しい．
The events of that day are still fresh in our *memories*.
▶ ぼくはそんなこと言った記憶はない．
I don't *remember* saying any such thing. (▶「過去に…したことを記憶している」は remember -ing を使う．この場合，×remember to say とはしない)

キオスク a kiosk [キ(ー)アスク]
きおん 気温 temperature [テンペラチァ] → おんど，カし，セし
▶ 今日は気温が30度まで上がった．
The *temperature* rose to 30°C today. (▶ 30°C は thirty degrees Celsius [セルスィアス] [centigrade] と読む)

きか¹ 幾何 geometry [ヂアメトゥリィ]
きか² 帰化する become a citizen of, be naturalized [ナチ(ュ)ララィズド]
▶ 彼女は日本に帰化した．
She *became a citizen of* Japan.

きが 飢餓 hunger [ハンガァ]
きがあう 気が合う get along well
▶ 私は美奈子と気が合う．
I *get along well* with Minako.

きがある 気がある（興味がある）be interested [インタレスティド]（in）
▶ 彼はリンダに気があるようだ．
He seems to *be interested in* Linda.

きかい¹ 機会 →チャンス

an opportunity [アパテューニティ], a chance [チャンス] (▶ chance は偶然性を強調することが多い)
▶ 自分の力をためす絶好の機会だと思うよ．
I think this is your golden *opportunity* to test your ability.
▶ この機会をのがすな！
Don't miss this *chance*!
▶ 奈良に行ったときに法隆(ほう)(りゅう)寺を訪れる機会があった．
While I was in Nara, I had a *chance* to visit Horyuji Temple.
▶ 教育の機会均等
equal *opportunities* for education

きかい² 機械

a machine [マシーン]

機械の，機械的な mechanical [メキャニカル]
機械的に mechanically
▶ この機械は動かない．
This *machine* won't work.
▶ この機械はどこか故障している．
There is something wrong with this *machine*.
▶ 機械的に覚える learn *by rote*
機械科（学校の）a mechanics course
機械工 a mechanic [メキャニク]

ぎかい 議会 an assembly [アセンブリィ]；（日本の国会）the Diet [ダィエト]；（アメリカの）Congress [カングレス]；（イギリス・カナダなどの）Parliament [パーラメント] →ぎいん
▶ 市議会 a city *assembly*
議会政治 parliamentary government

きがえ 着替え spare clothes [クロゥズ]
着がえる change *my* clothes
▶ 早く着がえなさい．
Change your *clothes* quickly.

きがかり 気がかりである be worried《about》
きがきく
▶ あいつはまったく気がきかない（→おそろしく鈍感(どんかん)な）やつだ．
He is terribly *insensitive*.

> 💬用法 **気がきくね．**
> 日本語で「気がきく」とは「気持ちが行き届いていて適切な行動がとれること」を意味するが，英語にはぴったりの訳語がない．代わりに「思いやりのある，親切な」という意味の nice や kind, attentive を使って，**It is kind of you./How nice of you. / You're attentive.**（やさしいね）のように言うのが一般的．また，思慮深いというニュアンスを表現したいときは **thoughtful** を使うとよい．

きかく 企画（企画すること）planning [プラニング]；（個々の）a plan [プラン]
▶ 企画する plan / make a *plan*
きがざる 着飾る dress [ドゥレス] up
きがする 気がする（感じる）feel [フィール]；（…したい気がする）feel like -ing
▶ 彼がここに来るような気がする．
I *have a feeling* he'll come here.

◀ **きぎょう**²

🗨表現力
…したい気がする → **feel like -ing**

▶ 今日は勉強する気がしない．
I don't *feel like studying* today. / I don't *want to* study today.

きかせる 聞かせる（話して）tell［テル］；（読んで）read［リード］；（歌って）sing［スィング］
▶ おばけの話を聞かせてあげる．
I'll *tell* you a ghost story.

きがつく 気がつく **1**（知る）become aware［アウェア］(of), notice［ノウティス］；（見いだす）find［ファインド］(out)
▶ 彼はやっと自分の誤りに気がついた．
He finally *became aware of* his own faults.
▶ 私は彼女がそこにいないことに気がついた．
I *noticed* that she wasn't there.
2（意識をとりもどす）come around
▶ アリスはやっと気がついた．
Alice finally *came around*.

きがる 気軽に（喜んで）readily［レディリィ］；（遠慮しないで）freely［フリーリィ］
▶ 健はだれにでも気軽に話しかける．
Ken *readily* speaks to anyone.
▶ いつでもお気軽に（→ご遠慮なく）お立ち寄りください．
Please *feel free to* drop in anytime.

きかん¹ 期間 a period［ピ（ア）リオド］
▶ この切符の有効期間は1週間です．
This ticket is valid *for* a week.
▶ テスト期間中は学校が早く終わる．
School ends earlier *during* exams.

🗨スピーキング
🅐 どのくらいの**期間**ロンドンにいらっしゃるのですか．
How long will you be staying in London?
🅑 約1か月です．
About a month.

きかん² 機関（エンジン）an engine［エンヂン］；（組織）an institution［インスティテューション］；（手段）a means［ミーンズ］（▶単複同形）
▶ 医療機関 a medical *institution*
▶ 交通機関 a *means* of transportation
▶ 報道機関 the news *media*
機関士 an engineer

機関車 an engine, a locomotive［ロウコモウティヴ］
機関銃 a machine gun

きかん³ 器官 an organ［オーガン］
▶ 消化器官 digestive *organs*

きき 危機 a crisis［クライスィス］（複数 crises［クライスィーズ］）
▶ エネルギー危機 an energy *crisis*
▶ 食糧危機 a food *crisis*

✏️ライティング
トラは絶滅の**危機**にひんしています．
Tigers are in danger of extinction.

▶ 彼らは危機一髪のところで助かった．
They escaped *by a hair's breadth*.

ききいれる 聞き入れる take［テイク］, follow［ファロウ］, accept［アクセプト］
▶ どうして私の忠告を聞き入れないのですか．
Why won't you *take* my advice?
▶ 彼の願いを聞き入れる
accept his request / *agree to* his request

ききかえす 聞き返す ask again
ききとり 聞き取り hearing［ヒ(ア)リング］
聞き取りテスト a listening comprehension test（▶ hearing testは「聴力検査」のこと）

ききとる 聞き取る hear［ヒア］ →きく¹
▶ 電話が遠いみたい．よく聞き取れないんだ．
I think we have a bad connection. I can't *hear* you well.

ききめ 効き目 (an) effect［イフェクト］
ききめのある effective →きく²
▶ この薬はききめが早い．
This medicine *works* quickly.

ききゅう 気球 a balloon［バルーン］
▶ 気球を上げる fly a *balloon*

キキョウ（植物）a balloon flower

きぎょう¹ 企業 a business［ビズネス］, a company［カンパニィ］, an enterprise［エンタプライズ］
▶ 大企業
a big *business* / a big *company*

きぎょう² 起業する start a business

🗨プレゼン
私は将来**起業**したいです．
I want to start a business in the future.

two hundred and five 205

きkん[1] ▶

きkん[1] 飢きん famine [ファミン]
きkん[2] 基金 a fund [ファンド]
きkんぞく 貴金属 a precious metal
キク 菊(植物) a chrysanthemum [クリサンセマム], (口語) a mum [マム]

きく[1] 聞く, 聴く →きこえる

使い分け
(耳に入る) → hear
(注意して) → listen
(たずねる) → ask
(聞き入れる) → obey, follow

1 (耳に入る) hear [ヒア]; (注意して) listen [リスン] (to); (伝え聞く) hear of

●表現力
…を聞く → hear ... / listen to ...

▸ 物音を聞く hear a noise
▸ 音楽を聞く listen to music
▸ そんな話, 聞いたことがない.
I've never heard of such a thing.
▸ 私の言うことをよく聞きなさい.
Listen to me carefully.
▸ ぼくらはラジオでニュースを聞いていた.
We were listening to the news on the radio.

●用法 hear と listen と ask
ふつう hear は「音や声が自然に耳に入る」ことを表し, listen は「意識的に聞き取ろうとして耳をかたむける」場合に使う. また「人に何かをたずねる」という意味では ask を使う.

hear

listen

ask

▸ 池田さんですって？そんな人のことは聞いたことありませんね.
Mr. Ikeda? I've never heard of him.
▸ 林先生が結婚するって話, 聞いた？
Did you hear about Mr. Hayashi's marriage?
▸ 私はよくラジオを聞きながら勉強する.
I often study with the radio on.

●表現力
…だと聞いている
→ I hear (that) ... .

▸ 岡さんは今アメリカにいると聞いています.
I hear (that) Ms. Oka is now in America.

●表現力
(人・物) が…するのを聞く
→ hear ＋人・物＋動詞の原形

▸ あの先生が英語をしゃべるのを聞いたことある？
Have you ever heard the teacher speak English? (▶「…するのを」には動詞の原形を使う)

●表現力
(人・物) が…しているのを聞く
→ hear ＋人・物＋ -ing

▸ だれかがやってくる音を聞いて, 子どもたちはかくれた.
The children hid when they heard someone coming. (▶「…しているのを」には -ing 形を使う)

2 (たずねる) ask [アスク] →たずねる[1]
▸ 聞かないで.
(知らないとき) Don't ask me. / (言いたくないとき) Don't ask.

●表現力
(人に) …を聞く → ask (＋人) ...

▸ 男の人がぼくに学校へ行く道を聞いた.
A man asked me the way to the school.

●表現力
(人に) …について聞く
→ ask (＋人＋) about ...

▸ それについてお聞きしてもよろしいですか.
May I ask you about it?

◀ **きげん**⁴

💬表現力
(人に)「…か」と聞く
→ ask (+人), "...?"

▶ 私は由貴に「あしたはひま？」と聞いた.
I *asked* Yuki, "Are you free tomorrow?"
▶ ケンはぼくに「何がほしい？」と聞いた.
Ken *asked* me, "What do you want?" / Ken *asked* me what I wanted.

3 (聞き入れる)(人・命令などに従う) **obey** [オベイ]; (助言などを) **follow** [ファロウ], **take** [テイク]
▶ 親の言うことは聞きなさい.
You should *obey* your parents.
▶ 医者の言うことを聞くべきだ.
You should *follow* your doctor's advice.

きく² 効く, 利く (薬などが) be effective [イフェクティヴ], be good；(作用する)work [ワ〜ク]
▶ この薬は頭痛によくきく.
This medicine *is effective* for headaches. / This medicine *works* well for headaches.
▶ たいへんだ！ブレーキがきかないぞ！
Oh, no! The brakes don't *work*!

きぐ 器具 an instrument [インストゥルメント]；(家庭用電気器具など) an appliance [アプライアンス]
▶ 実験器具
a laboratory *instrument*
▶ 電気器具
an electrical *appliance*

きげき 喜劇 a comedy [カメディ] (対 悲劇 tragedy)
喜劇的な comic [カミク], comical [カミカル]
喜劇俳優 a comedian [コミーディアン]

きけん¹ 危険

(a) **danger** [デインヂァ]
危険な dangerous [デインヂ(ャ)ラス]
▶ 危険. 立ち入り禁止《掲示》
Danger. Keep off
▶ 彼の命は危険にさらされている
His life is in *danger*.
▶ 彼らは危険な状態を脱した.
They got out of *danger*.

💬表現力
…するのは危険だ
→ It is dangerous to ... .

▶ 夜遅く１人で歩くのは危険だ.
It's dangerous to walk alone late at night.
危険物 a dangerous object

きけん² 棄権する (投票を) abstain [アブスティン] (from voting)；(競技を) withdraw [ウィズドゥロー] (from a race)；(途中で) drop out ((of))
▶ マラソンを途中で棄権する
drop out of the marathon

きげん¹ 機嫌 a mood [ムード], (a) humor [ヒューマァ] →ごきげん
▶ 父は今はきげんがいい［悪い］.
My father is in a good [bad] *mood* now. (▶ mood は humor でもよい)
きげんよく cheerfully [チアフリィ]

🎤スピーキング
Ⓐ ごきげんいかがですか.
How are you?
Ⓑ ありがとう, 元気です. あなたは？
Fine, thanks. And you?
(▶くだけた言い方では, How are you doing? とか How are you getting along? とか How are things with you? などともいう. 久しぶりに会って「ごきげんいかがでしたか」ときときは How have you been? という)

きげん² 期限 a time limit, a deadline [デドゥライン]
▶ 期限に間に合う make the *deadline* (▶「遅れる」なら miss にする)
▶ レポートは必ず期限までに提出しなさい.
Be sure to hand in your paper before the *time limit*.
▶ 宿題の提出期限は明日です.
The *deadline* for the homework is tomorrow. / The homework *is due* tomorrow.

きげん³ 起源 an origin [オ(ー)リヂン], a beginning [ビギニング]
▶ 文明の起源 the *origin* of civilization
▶ 地球の起源
the *beginning* of the earth

きげん⁴ 紀元 →せいれき

two hundred and seven 207

きこう ▶

▶ 紀元前245年に
in 245 B.C. (▶ B.C. は before Christ (キリスト生誕前)の略で，年を表す数字のあとにつけて使う．そのまま [ビースィー] と発音する)

きこう 気候 →てんき

(a) climate [クライメト]
▶ 日本は気候がおだやかである．
The climate in Japan is mild. / We have a mild climate in Japan.

ライティング
気候の変わりめですのでお体にご注意ください．
The seasons are changing. Please take care of yourself.

気候変動 climate change

きごう 記号 a sign[サイン], a symbol[スィンボル]；(しるし) mark [マーク]
▶ 発音記号
a phonetic sign / a phonetic symbol
▶ 化学記号 a chemical symbol

きこえる 聞こえる →きく¹

1 (耳に入る) hear [ヒア]
▶ もしもし…．もしもし…．聞こえますか．
Hello …. Hello …. Can you hear me?
▶ 大久保さん，聞こえません．もう少し大きい声でお願いします．
Mr. Okubo, I can't hear you. Speak louder, please.

表現力
(人・物) が…するのが聞こえる
→ hear ＋人・物＋動詞の原形

▶ 2階でだれかがくしゃみをするのが聞こえた．
I heard someone sneeze upstairs. (▶「…するのが」には動詞の原形を使う)

表現力
(人・物) が…しているのが聞こえる
→ hear ＋人・物＋ -ing

▶ 今，電話が鳴っていたけど聞こえた？
Did you hear the phone ringing right now? (▶「…しているのが」には -ing 形を使う)

2 (…に聞こえる) sound [サウンド]
▶ それは本当のように聞こえる．

That sounds true.

きこく 帰国する go home, come home；return from abroad
▶ おじが5年ぶりにフランスから帰国した．
My uncle came home from France after five years' absence.
帰国子女 a returnee [リターニー] student

ぎこちない awkward [オークワド], clumsy [クラムズィ]
▶ ぎこちない態度
an awkward manner

きざ きざな
▶ あいつはきざなやつだ．
He is a show-off.

きさく 気さくな (友好的な) friendly [フレンドゥリィ]；(率直な) frank [フランク]
▶ 彼はとても気さくな人だ．
He is very friendly.

きざし 兆し a sign [サイン]
▶ 春のきざし signs of spring

きざむ 刻む **1** (切り刻む) cut [カット]；(細かく) chop [チャップ] (up)
▶ ニンジンを細かく刻んでくれる？
Will you chop the carrot into small pieces? (▶ chop は cut でもよい)

2 (彫りつける) cut, carve [カーヴ]
▶ ぼくは彼女のイニシャルを木に刻みこんだ．
I carved her initials on the bark of the tree. (▶ carved は cut でもよい)

きし¹ 岸 (海・湖・大河などの) a shore [ショー(ア)]；(沿岸) a coast [コウスト]；(川・湖の土手) a bank [バンク] →かいがん
▶ その川岸に古い城がある．
There is an old castle on the bank of the river.

きし² 騎士 a knight [ナイト]

キジ 《鳥》 a pheasant [フェザント]

きじ¹ 記事 an article [アーティクル], news [ニューズ], a story [ストーリィ]
▶ 新聞記事 a newspaper article
▶ 第一面の記事 front page news

きじ² 生地 (布) cloth [クロ(ー)ス], fabric [ファブリク]；(服地) material [マティ(ア)リアル]；(パンなどの) dough [ドゥ]

ぎし 技師 an engineer [エンヂニア]
▶ 電気技師
an electrician / an electrical engineer

ぎしき 儀式 a ceremony [セレモウニィ]

◀ **ぎせい**

- おごそかな儀式 a solemn *ceremony*
- 儀式を行う hold a *ceremony*

きじつ 期日 a date [デイト], a fixed date, a due [デュー] date →きげん²

- 期日までにレポートを提出してください.
 You must hand in your paper by the *due date*.

きしゃ¹ 記者 a reporter [リポータァ], a newspaper reporter
記者会見 a press conference

きしゃ² 汽車 a train [トゥレイン] →れっしゃ

きしゅ 機種 a model [マドゥル]
- スマホの機種変更をした（→新しい機種にした）.
 I got a new *model* of smartphone.

きじゅつ 奇術 magic [マヂク]
奇術師 a magician [マヂシャン]

ぎじゅつ 技術（専門的な）(a) technique [テクニーク]; (技能) (a) skill [スキル]
技術的な technical [テクニカル]
技術・家庭《学科》technology and home economics, industrial arts and homemaking
技術者 an engineering technician, a technician, an engineer

きじゅん 基準 a standard [スタンダド]
- 基準に達する meet the *standard*

きしょう¹ 気象 weather [ウェザァ]
- 異常気象 unusual [extreme] *weather*
気象衛星 a weather satellite
気象台 a weather station
気象庁 the Meteorological Agency
気象予報士 a certified weather forecaster

きしょう² 起床する get up →おきる

きしょう³ 気性 a temper [テンパァ]
- 気性の激しい人
 a person with a violent *temper*

キシリトール xylitol [ザイリト(ー)ル]（発音注意）

キス a kiss [キス]
キスをする kiss
- ロイはジェーンに別れのキスをした.
 Roy *kissed* Jane goodbye.
- 母親は彼女のほおにキスをした.
 Her mother *kissed* her on the cheek.

きず 傷 →けが

(事故・不注意による) (an) **injury** [インヂュリィ]; (ナイフ・銃弾などによる) a **wound** [ウーンド]; (切り傷) a cut [カット]; (ひっかき傷) a scratch [スクラッチ]
傷を負った injured, wounded
- 重い傷
 a serious *injury* / a serious *wound*（▶「軽い傷」の場合は serious を slight にする）
- 彼はその事故でひどい傷を負った.
 He *was* terribly *injured* in the accident.
- 傷はまだ痛みますか.
 Does your *cut* still hurt?
傷あと a scar [スカー]

きすう 奇数 an odd number（対）偶数 even number）

きずく 築く build [ビルド]
- この城は中世に築かれた.
 This castle *was built* in the Middle Ages.
- 幸せな家庭を築けるようがんばります.
 We'll do our best to *make* a happy home.

きずつく 傷つく get hurt, get injured, get wounded（▶心が傷つくことを表すには hurt が一般的）; (家具などが) get scratched →きず
- ぼくのプライドが傷ついた.
 My pride *got hurt*.

きずつける 傷つける wound [ウーンド]; (体・心を) injure [インヂァ], hurt [ハート]
- あなたの気持ちを傷つける気はなかったのです.
 I didn't mean to *hurt* your feelings.

きずな 絆 a bond [バンド]
- 友情のきずな *bonds* of friendship

きせい¹ 既製の ready-made [レディメイド]
既製服 ready-made clothes

きせい² 帰省 homecoming [ホウムカミング]
帰省する go home, come home, return home

ぎせい 犠牲 a sacrifice [サクリファイス]; (犠牲者) a victim [ヴィクティム]
犠牲にする sacrifice
- 多くの人々がその災害の犠牲になった.
 Many people fell *victim* to the disaster.
- 彼は自分の時間を犠牲にしてその事業を成しとげた.

きせき ▶

He completed the project *at the cost of* his own private time.
犠牲バント《野球》a sacrifice bunt
▶ 犠牲バントを打つ hit a *sacrifice bunt*
きせき 奇跡 a miracle [ミラクル]
▶ 奇跡を行う
 work a *miracle* / perform a *miracle*
▶ 奇跡的にだれ1人としてけがをしなかった．
 It's a *miracle* no one was hurt.
奇跡的な miraculous [ミラキュラス]

きせつ 季節

a **season** [スィーズン]

> 🗣 スピーキング
> Ⓐ どの**季節**がいちばん好きですか．
> Which season do you like the best?
> Ⓑ 春がいちばん好きです．
> I like spring the best.

▶ 秋は勉強にいちばんよい季節だ．
 Fall is the best *season* for studying.

> ✏ ライティング
> 日本には春夏秋冬の4つの**季節**がある．
> In Japan there are four seasons: spring, summer, fall, and winter.

▶ カキは今が季節だ．
 Oysters are in *season* now. (▶「季節はずれ」の場合は in を out of にする)
▶ 季節の果物 *seasonal* fruit
▶ 季節の変わり目に
 at the change of the *seasons*
季節風 a seasonal wind
きぜつ 気絶する faint [フェイント]
きせる 着せる dress [ドゥレス], get ... dressed →きる²
▶ お人形さんに服を着せようっと．
 I'll *dress* my doll.

▶ 赤ちゃんに服を着せてね．
 Please *get* the baby *dressed*.
ぎぜん 偽善 hypocrisy [ヒパクリスィ]
偽善者 a hypocrite [ヒポクリト]

きそ 基礎 →きほん

a basis [ベイスィス] (《複数》bases [ベイスィーズ]), the foundation [ファウンデイション], the basics [ベイスィクス]
▶ 基礎を築く lay *the foundation*(s)
▶ 基礎を固める
 master *the basics* / go through *the basics*
▶ 英語を基礎からやり直しなさい．
 Start English again from *the basics*.
基礎的な basic, fundamental

きそく 規則

a **rule** [ルール]；(公的の) a regulation [レギュレイション]
規則的な regular [レギュラァ]
規則的に regularly
▶ 学校の規則を守る
 follow the school *rules*
▶ 学校の規則を破る
 break the school *rules*
▶ 例外のない規則はない．
 There are no *rules* without exceptions.
▶ 夏休み中は，規則正しい生活を送るのが難しい．
 It is difficult to keep *regular* hours during the summer vacation.
規則動詞《文法》a regular verb
きぞく 貴族 an aristocrat [アリストクラト]
貴族的な aristocratic [アリストクラティク], noble [ノウブル]

きた 北 →ほうがく (図)

the **north** [ノース] (反 南 south) (▶ N. と略す)
北の north, northern [ノーザン]
北へ[に] north, northward [ノースワド]
▶ 青森県は本州の北にある．
 Aomori Prefecture is in *the north* of Honshu. / Aomori Prefecture is in the *northern part* of Honshu. (▶ in the north of ... は「…の北部に」という意味．「…の北(の方)に」なら *to* the north

◀ きたない

of ...,「接して…の北に」なら on the north (side) of ... を使う)
▶ さいたま市は東京の北にある．
Saitama City is to *the* north of Tokyo.
▶ この部屋は北向きです．
This room faces *north*.
▶ 車は北に向かって進んでいる．
Our car is going *north*.
北アメリカ North America
北風 a north wind
北国(地方) a northern district；(国) a northern country
北半球 the Northern Hemisphere

ギター a guitar [ギター] (アクセント注意)
▶ ギターをひく play *the guitar*
▶ エレキギター an electric *guitar*
ギタリスト a guitarist [ギターリスト]

きたい¹ 期待

expectation(s) [エクスペクテイション(ズ)], (a) hope [ホウプ]
期待する expect [イクスペクト], hope
▶ ご期待にそえなくてすみません．
I'm sorry I couldn't meet your *expectations*.
▶ コンサートは期待はずれだった．
The concert wasn't as good as I *expected*.

💬表現力
(人)に…を期待する
→ expect ... of [from] ＋人

▶ 母親がぼくに期待しすぎるんだ．
My mother *expects* too much *of* me.
▶ 妹はおじさんからプレゼントが来るのを期待していた．
My sister *was expecting* a present *from* our uncle.

💬表現力
(人)が…するよう期待する
→ expect ＋人＋ to ... /
expect (that) ＋人＋ ...

▶ コーチはきみがそのレースに勝つことを期待しているよ．
The coach *expects* you *to* win the race. / The coach *expects* (*that*) you will win the race.

きたい² 気体 gas [ギャス] (▶「液体」は liquid,「固体」is solid)

ぎだい 議題 a subject [サブヂェクト], a topic [タピク]；(協議する項目) an agenda [アヂェンダ]
▶ 次の議題に移りましょう．
Let's move on to the next *subject*.

きたえる 鍛える train [トゥレイン]；(体を) build up
▶ 間近にせまった試合に向けて体をきたえている．
I'm *training* for the upcoming game.
▶ 野球部でコーチにびしびしきたえられた．
Our coach put us through very hard *training* on the baseball team.

きたく 帰宅する go home, come home (▶この home は「家に」という意味の副詞なので go [come] ˣto home とはしない) →かえる¹
▶ 父が帰宅するのはいつも7時ごろだ．
My father usually *comes home* about seven.

きたちょうせん 北朝鮮 North Korea [ノース コリ(ー)ア] (▶正式な国名は the Democratic People's Republic of Korea (朝鮮民主主義人民共和国))

きだて 気立て
▶ 道子さんは気だてのよい人ですね．
Michiko is a *good-natured* person, isn't she?

きたない 汚い

1 (よごれた) dirty [ダ〜ティ] (反 きれいな clean)；(散らかった) messy [メスィ], untidy [アンタイディ] (反 かたづいた tidy)

dirty

messy

▶ そのきたないハンカチを洗ったら．
You should wash the *dirty* handkerchief.
▶ きみの部屋，きたないなぁ．
Your room is so *messy*.

2 (ずるい) dirty；(いやしい) mean [ミーン]

two hundred and eleven 211

きたる ▶

- そんなきたない手を使うなよ．
  Don't play such *dirty* tricks.
- あいつは金にきたないね．
  He is *unfair* about money, isn't he?

きたる 来る coming, next
- 来たる土曜日にコンサートがあります．
  The concert will be held this *coming* Saturday.

きち 基地 a base [ベイス]
- 空軍基地 an air *base*

きちょう 貴重な precious [プレシャス], valuable [ヴァリュアブル]
- 貴重な時間 *precious* time
- 貴重な経験 a *valuable* experience
- 生命ほど貴重なものはない．
  Nothing is more *precious* than life.
  貴重品 valuables

ぎちょう 議長 the chair [チェア], the chairperson [チェアパースン]
- 議長！
  (男性に) Mr. *Chairman*! ／（女性に）Madam *Chair*!
- 高志が議長に選ばれた．
  Takashi was elected *chairperson*.

きちょうめん 几帳面な（厳密な）precise [プリサイス]；（時間に) punctual [パン(ク)チュアル]
- 高橋君ってすごくきちょうめんだよね．
  Takahashi is very *precise*, isn't he?
- うちの担任は時間にきちょうめんだ．
  Our homeroom teacher is *punctual*.

きちんと 1（服装・部屋が) neatly [ニートゥリィ]
- 部屋はいつもきちんとしておきなさい．
  Always keep your room *neat and tidy*.

2（規則的に) regularly [レギュラリィ]；（時間どおりに) punctually [パン(ク)チュアリィ]
- 毎日きちんと勉強しなさいよ．
  You must study *regularly* every day.
- 時間はきちんと守りなさい．
  You should be *punctual*.

きつい 1（仕事などが) hard [ハード]；（ことばが) harsh [ハーシ]
- 剣道部の練習はかなりきつかった．
  Practices in the *kendo* team were very *hard*.
- 加藤先生はどうしていつもあんなきつい言い方をするのだろう．Why does Ms. Kato always speak so *harshly*?

2（きゅうくつな) tight [タイト]
- このシャツは少しきつい．
  This shirt is a little too *tight* for me.
  きつく tightly

きづかう 気遣う be anxious [アン(ク)シャス]《about》, be worried《about》
- 友人の安否を気づかう
  be anxious about my friend's safety

きっかけ a chance [チャンス]
- 勇くんと話すきっかけがないの．
  I can't get a *chance* to talk to Isamu.

きっかり exactly [イグザクトゥリィ], just [ヂャスト], sharp [シャープ] →ぴったり
- 10時きっかりにここへ来なさい．
  Come here *exactly* at ten o'clock. ／Come here at ten o'clock *sharp*.

キック a kick [キック]
  キックする kick
- ボールをキックする *kick* a ball
  キックオフ a kickoff

きづく 気づく →きがつく

きっさてん 喫茶店 a café [キャフェイ], a tearoom [ティール(ー)ム], 《米》a coffee [コ(ー)フィ] shop, 《英》a coffee bar

ぎっしり
- スケジュールはぎっしりつまっていた．
  I had a very *tight* schedule.
- 箱にはクッキーがぎっしりつまっていた．
  The box was *tightly* packed with cookies.

キッチン a kitchen [キチン]

キツツキ《鳥》a woodpecker [ウドゥペカァ]

きって 切手

a stamp [スタンプ]（▶ postage [ポウステヂ] stamp (郵便切手) ともいう）
- 切手を集めています．
  I am collecting *stamps*.

> 🗨 スピーキング
> **A** この手紙にはいくらの**切手**をはればいいんですか．
> How much is the postage for this letter?
> **B** 110円です．
> It's one hundred and ten yen.

◀ きにいる

- はがきに切手をはりましたか．
Have you put a *stamp* on the postcard?

💬スピーキング
Ⓐ 85円切手を5枚ください．
Can I have five 85-yen stamps?
Ⓑ はい，どうぞ．
Here you are.

きっと →かならず

sure [シュア]，**certainly** [サ〜トゥンリィ]，**definitely** [デフ(ィ)ニトゥリィ]，**surely** [シュアリィ]，**without fail**

- きっとよ．約束ね．
OK? Do you promise? / OK, it's a promise!

💬表現力
きっと…する
→ will certainly … / will surely … / will definitely … / I'm sure (that) … . / be sure to …

- あしたはきっと晴れね．
I'm sure it'll be fine tomorrow. / *It'll certainly* be fine tomorrow.
- 今夜きっと電話してね．
Be sure to call me tonight. / Call me tonight *without fail*.

キツネ （動物）a fox [ファックス]
きつね色 light brown

きっぱり
- 彼のことはきっぱりあきらめたわ．
I gave up on him *completely*.
- きっぱり断る refuse *flatly*

きっぷ 切符

a ticket [ティケト]
- コンサートの切符
a *ticket* for the concert
- 片道切符
《米》a one-way *ticket* / 《英》a single, a single *ticket*
- 往復切符
《米》a round-trip *ticket* / 《英》a return, a return *ticket*
- 名古屋までの切符を2枚ください．
Two *tickets* to Nagoya, please.

切符売り場 （駅の）a ticket office；（劇場の）a box office

ロンドンのメリルボーン駅の切符売り場．

切符自動販売機 a ticket vending machine

きている 着ている be wearing [ウェアリング]，have … on，be dressed [ドゥレスト] in →きる²

きてん 機転 wit [ウィット]
- 彼は機転がきく．He is *quick-witted*.

きどう¹ 軌道（天体・電子などの）an orbit [オービト]

きどう² 起動する start [スタート]；（コンピューター）boot [ブート] up
- コンピューターを起動させた．
I *booted up* my computer.

きとく 危篤の critical [クリティカル] →じゅうたい¹
- 祖母は危篤です．
My grandmother is in *critical* condition.

きどる 気取る put on airs [エアズ]
気どった affected
- 彼女は気どった話し方をする．
She speaks in an *affected* way.

きない 機内
- このバッグは機内に持ち込めますか．
Can I carry this bag *onto the plane*?
機内食 an in-flight meal
機内持ち込み手荷物（総称）carry-on baggage；（1個）a carry-on

きにいる 気に入る

like [ライク]

💬表現力
…が気に入る → like …

- このセーターとっても気に入っているの．
I *like* this sweater very much.

きにする ▶

🔊スピーキング
🅐 京都はいかがでしたか.
How did you like Kyoto?
🅑 すばらしくて, とても**気に入りました**.
It was great. I liked it a lot.

お気に入りの favorite [フェイヴ(ァ)リト]
▶ これはブラウンさんのお気に入りの車だ.
This is Mr. Brown's *favorite* car.

きにする 気にする worry [ワ～リィ] (about); (否定文で) care [ケァ], mind [マインド]
▶ 気にするな！ Never *mind*.
▶ あいつらがぼくのことを何と言おうと気にしないさ.
I don't *care* what they say about me.
▶ 健は服装のことはあまり気にしない.
Ken doesn't *care* much *about* his clothes.

きになる 気になる (気にかかる) be anxious [アン(ク)シャス] (about); (…する気持ちになる) feel like -ing →きがする
▶ 来週の試験のことがとても気になるんだ.
I'm very *anxious about* the exams next week.
▶ 今は出かける気になれない.
I don't *feel like going* out right now.

きにゅう 記入する fill out, fill in
▶ この用紙に記入してください.
Fill out this form, please.

きぬ 絹(の) silk [スィルク]
▶ 絹のブラウス a *silk* blouse

きねん 記念 commemoration [コメモレイション]; (思い出) (a) memory [メモリィ]
記念する commemorate [コメモレイト]
▶ 私たちは卒業記念に桜の木を植えた.
We planted cherry trees in *memory* of our graduation.
記念切手 a commemorative stamp
記念写真 a souvenir picture
▶ 記念写真をとる
take a *souvenir picture*
記念碑 a monument [マニュメント]
記念日 an anniversary [アニヴァ～サリィ]
記念品 a memento [ミメントゥ]

きのう¹ 昨日 →きょう
yesterday [イェスタディ] (▶「今日」は today, 「あした」は tomorrow, 「おととい」は the day before yesterday)
▶ きのうの朝 *yesterday* morning
▶ きのうの午後 *yesterday* afternoon
▶ きのうの晩 *yesterday* evening
▶ きのうの夜 *last* night (▶*yesterday* night とはいわない)
▶ きのうの新聞 *yesterday*'s paper
▶ きのうは日曜日だった.
Yesterday was Sunday. / It was Sunday *yesterday*.
▶ きのう図書館でスーに会った.
I met Sue in the library *yesterday*.

📖文法 **yesterday の使い方**
❶ a や the はつけない. 「きのう…した」など, **yesterday** を副詞として使う場合は at, in, on などはつけない.
❷ ふつう時を表す語句 (上の例文では **yesterday**) は, 場所を表す語句 (in the library) よりあとにくる.

きのう² 機能 a function [ファンクション]
機能する work, function
キノコ a mushroom [マシル(ー)ム]
▶ 毒キノコ a poisonous *mushroom*

きのどく 気の毒な
sorry [サリィ]
気の毒に思う feel sorry, be sorry, feel pity [ピティ]
▶ お気の毒です. I'm very *sorry*.
▶ それはお気の毒です.
I'm *sorry* to hear that. / What a *pity*!

🔊スピーキング
🅐 母はかぜで寝ているんです.
My mother is in bed with a cold.
🅑 それはお気の毒に.
Oh, that's too bad.

💬表現力
…を気の毒に思う
→ feel sorry for … /
  be sorry for …

▶ あの人たちは気の毒だと思います.
We *feel sorry for* them.

きば (象などの) a tusk [タスク]; (オオカミ・ヘビなどの) a fang [ファング]

きばをむく snarl [スナール]
きばつ 奇抜な (新しい) novel [ナヴ(ェ)ル]; (変わった) unusual [アニュージュアル], eccentric [エクセントゥリク]
きばらし 気晴らし a pastime [パスタイム], (a) recreation [レクリエイション]

> 🗨 プレゼン
> ぼくのいちばんの気晴らしはテニスです．
> My favorite pastime is tennis.

▶ 気晴らしに買い物にでも行こうか．
Why don't we go shopping *for a change*? (▶ for a change は「気分転換に」という意味)

きびしい 厳しい

(厳格な) strict [ストゥリクト], tough [タフ], severe [スィヴィア]; (程度がはげしい) hard [ハード]; (深刻な) serious [スィ(ア)リアス], severe

▶ 野球部のコーチはとても厳しい．
The baseball coach is very *strict*.
▶ うちの学校は校則がとても厳しい．
Our school rules are very *severe*.
▶ 父はぼくにとても厳しい．
My father is very *tough* on me.
▶ この夏はとりわけ暑さが厳しい．
It's *very, very* hot this summer.
▶ ぼくはサッカー部に入ったが，練習はとても厳しかった．
I joined the soccer team and the practices were very *hard*.
厳しく strictly, severely; hard
▶ 京子は母親に厳しくしかられた．
Kyoko was scolded *severely* by her mother.
きふ 寄付 (a) donation [ドウネイション], (a) contribution [カントゥリビューション]
寄付する donate [ドウネイト], contribute [コントゥリビュ(ー)ト]
▶ その年配の男性は母校に100万円を寄付した．The old man *donated* a million yen to his old school.
寄付金 a contribution, a donation
ぎふ 義父 (夫または妻の父) a father-in-law [ファーザリンロー]; (継父) a stepfather [ステプファーザァ]
ギブアップ ギブアップする give up

ギプス a cast, a plaster [プラスタァ] cast (▶「ギプス」はドイツ語の *Gips* から)
▶ 腕を骨折してひと月ギプスをしていた．
I broke my arm and wore a *cast* for a month.
ギフト a gift [ギフト]
ギフト券 a gift certificate
ギフトショップ a gift shop

きぶん 気分 →きもち

(a) feeling [フィーリング], a mood [ムード]
(…の)気分がする feel [フィール]
▶ ぼくは彼女の気分を害してしまった．
I hurt her *feelings*.
▶ いまは冗談を言う気分じゃない．
I'm not in the *mood* to tell jokes now.
▶ 「今日の気分はどうですか」「ずいぶんよくなりました」
"How *are* you *feeling* today?" "I *feel* much better."
▶ 今日は気分がいい．I *feel* fine today.
▶ 気分が悪いんです．
I'*m* not *feeling* well.
▶ 気分がめいっています．I'*m down*.
▶ ゆううつな気分だ．
I *feel* blue. / I *feel* low.

> 🗨 表現力
> …したい気分だ → feel like ＋ -ing

▶ 彼女は泣きたい気分だった．
She *felt like crying*.
▶ 気分が悪くて，吐き気がする．
I *feel* sick. I *feel like throwing* up.
きぼ 規模 a scale [スケイル]
▶ 小規模に on a small *scale*
▶ 大規模な計画 a large-*scale* plan
ぎぼ 義母 (夫または妻の母) a mother-in-law [マザリンロー]; (継母) a stepmother [ステプマザァ]

きぼう 希望

(a) hope [ホウプ]; (願い) a wish [ウィッシ]; (夢) a dream [ドゥリーム]
希望する hope; wish →のぞむ，ねがう
▶ 希望を捨てるな．Don't give up *hope*.
▶ 私たちの将来は希望に満ちている．
Our future is full of *hope*.
▶ ローマへ行きたいという希望がかなった．

きほん ▶

My *dream* to visit Rome came true.
▶ Y高校に入るのがぼくの希望だ．
It is my *wish* to get into Y High School.
▶ 彼は希望どおり医者になった．
He became a doctor just as he *wished*.

💬 表現力
…することを希望する
→ hope to … / hope that …

▶ 久美は留学することを希望している．
Kumi *hopes to* go abroad to study. / Kumi *hopes that* she can go abroad to study.

きほん 基本 →きそ

the basics [ベイスィクス], a basis [ベイスィス]（複数）bases [ベイスィーズ]
基本的な basic, fundamental [ファンダメントゥル]
基本的に basically, fundamentally
▶ 英語の基本 *the basics* of English
▶ 勉強もスポーツも基本が大切だ．
The basics are important in both studies and sports.
▶ トムの言っていることは基本的には正しい．
Tom is *basically* correct.
基本的人権 fundamental human rights

きまえ 気前がいい be generous [ヂェネラス]《with, to》
▶ おじは気前よく金を出した．
My uncle *was generous with* his money.

きまぐれ 気まぐれな（変わりやすい）changeable [チェインヂャブル]
▶ 気まぐれな天気 *changeable* weather

きまずい 気まずい embarrassed [エンバラスト], awkward [オークワド]
▶ 気まずい沈黙 an *awkward* silence

きまつ 期末 the end of a term [タ〜ム]
期末試験 a term exam, 《米》(学年末の) a final exam →しけん

きまま 気ままに
▶ 彼はいつも気ままにふるまっている．
He always behaves *as he likes*.

きまり[1] 決まり a rule [ルール] →きそく
▶ 学校の決まりを守らない生徒がいる．

Some students break school *rules*.
▶ よし，それで話は決まりだ．
OK. That *settles* it. / All right. It's a *deal*.
決まり文句 a set phrase [フレイズ]

きまり[2] きまり悪い be embarrassed [エンバラスト]
▶ 大勢の人の前で転んでひどくきまりが悪かった．
I *was* very *embarrassed* when I fell down in front of many people.

きまる 決まる

1 (決定される) be decided [ディサイデド]《on, upon》, be set [セット], be fixed [フィクスト]
▶ それはもうこの前のミーティングで決まったことだ．
It *was* already *decided upon* at the last meeting.
▶ 遠足は5月10日に決まった．
Our school excursion date *was set* for May 10.

2 (確実である) be sure [シュア]
▶ スージーは来るに決まっている．
Susie *is sure* to come. / *I am sure* Susie will come.

3 (さまになっている)
▶ そのドレス，きまってるね．
You *look* very *sharp* in that dress. / You *look good* in that dress.

きみ[1] 君 you [ユー] →あなた
▶ きみきみ！ここに自転車を置いちゃいかん．
Hey *you*! Don't leave your bike here.

きみ[2] 黄身 (a) yolk [ヨウク], yellow [イェロウ] (▶「白身」は white)

きみ[3] 気味の悪い weird [ウィアド]

-ぎみ …気味 a touch [タッチ] of, a slight [スライト] … →すこし
▶ ぼくはかぜぎみだ．
I have *a slight* cold. / I have *a little* cold.

きみじか 気短な short-tempered, quick-tempered, easy to get angry →たんき

きみどり 黄緑 yellow-green [イェロウグリーン], yellowish [イェロウイシ] green

きみょう 奇妙な strange [ストゥレインヂ]

◀ **きもち**

- 奇妙な風習 *strange* customs
- 奇妙なことに彼は真夜中に外出した.
  Strangely, he went out in the middle of the night.

ぎむ 義務

(a) **duty** [デューティ]
- 権利と義務 rights and *duties*
- 義務を果たす fulfill my *duty*

> 💬 表現力
> …するのは〜の義務だ
> → It is 〜 's duty to ... . /
> 〜 should ...

- しっかり勉強するのは生徒の義務だ.
  It is a student's *duty to* study hard. / Students *should* study hard.
  義務教育 compulsory education

きむずかしい 気難しい hard to please (▶「喜ばせるのが難しい」の意味)
- あいつは気難しい.
  He is *hard to please*.

きめる 決める →けっしん

> 使い分け
> (決定する) → decide, fix
> (決心する) → decide, make up *my* mind
> (選ぶ) → choose

1 (決定する) **decide** [ディサイド], **fix** [フィックス] ; (決心する) **decide**, **make up** *my* **mind**, **determine** [ディタ〜ミン]

> 💬 表現力
> …を決める → decide ...

- 彼のホームランが試合を決めた.
  His home run *decided* the game. / It was his home run that *decided* the game.
- 次の集まりの日取りを決めなくては.
  We have to *fix* a date for the next meeting.

> 💬 表現力
> …することに決める
> → decide to ... / decide that ...

- ぼくはサッカー部に入ることに決めた.
  I *decided to* join the soccer team.

- 私はインテリアデザイナーになろうと決めた.
  I *decided to* be an interior designer. / I *decided that* I would be an interior designer.

> 🗣 スピーキング
> Ⓐ このドレスに決めたわ.
> I've decided to buy this dress.
> Ⓑ いいんじゃない. すてきよ.
> Good choice. It looks nice.

- ぼくらのクラスは来月ハイキングに行くことに決めた.
  Our class *decided that* we (should) go hiking next month. (▶《米》ではふつう should を使わない)
- 私は11時前に寝ることに決めている (→習慣にしている).
  I have the habit of going to bed before eleven.

> 🗣 プレゼン
> 毎朝ランニングすることに決めています.
> I run every morning. / I make it a point to run every morning. (▶後者はかたい言い方)

2 (選ぶ) **choose** [チューズ]
- どっちの服に決めたの？
  Which dress *have* you *chosen*?

きもち 気持ち →かんじ¹

feelings [フィーリングズ]
気持ちがする feel

> 🗣 スピーキング
> Ⓐ いまのお気持ちは？
> How do you feel now?
> Ⓑ 最高です.
> I feel great.

- お気持ちはよくわかります.
  I know how you *feel*.
  気持ちのよい nice [ナイス], pleasant [プレズント]
- いい気持ち！
  I *feel* good! / It's *comfortable*!
- 気持ちのよい部屋
  a *nice* room / a *comfortable* room
- 気持ちのよいそよ風
  a *nice* breeze / a *pleasant* breeze

きもの ▶

> 📝 表現力
> …するのは気持ちいい
> → It is pleasant to ... .

▶ 朝早く散歩するのは気持ちいい．
It is pleasant to take a walk early in the morning. (▶×I am pleasant ... とはいわない)

気持ちの悪い unpleasant, uncomfortable

▶ 食べすぎて気持ちが悪い．
I ate too much, so I *feel sick*.

▶ 吉田先生，気持ちが悪いんです．保健室へ行っていいですか．
Mr. Yoshida, I *feel sick*. Can I go to the nurse's room?

気持ちよく pleasantly

きもの 着物 (和服) a kimono [キモウノウ]; (衣服) clothes [クロウズ] (▶集合的に使う) →ふく¹

▶ 着物を着る put on a *kimono*
▶ 着物を脱ぐ take off a *kimono*
▶ エミは着物がよく似合う．
Emi looks nice in a *kimono*.

ぎもん 疑問 →うたがい，しつもん

(質問) a question [クウェスチョン]; (疑い) (a) doubt [ダウト] (発音注意)

疑問に思う doubt →うたがう
疑問のある doubtful

▶ そのことは疑問の余地がない．
There's no *doubt* about it.

▶ このことについて疑問があれば，私に聞きなさい．
Please ask me if you have any *questions* about this.

> 📝 表現力
> …かどうか疑問だ
> → I doubt if ... . /
> 　It is doubtful if ... .

▶ これをロイ自身が書いたかどうか疑問だ．
I doubt if Roy wrote this himself. / *It is doubtful if* Roy wrote this himself. (▶ふつう肯定文では doubt, doubtful のあとに if を，否定文・疑問文では that を使う)

疑問符《文法》a question mark (?) →くとうてん (表)

疑問文《文法》a question, an interrogative sentence

きゃあ ee(e)k [イーク] →キャッ

きゃく 客

(招待した客・宿泊客) a guest [ゲスト]; (訪問客) a visitor [ヴィズィタァ]; (店のお客) a customer [カスタマァ]; (乗客) a passenger [パセンヂァ]; (弁護士などの顧客) a client [クライアント]; (観客) audience [オーディエンス]

▶ あしたアメリカからお客さんがみえます．
We'll have a *guest* from the United States tomorrow.

▶ あの店はいつも客でいっぱいだ．
That store is always crowded with *customers*.

▶ お母さん，お客様よ．
There's *someone* to see you, Mom.

guest

customer

passenger

ぎゃく 逆 the reverse [リヴァ〜ス], the opposite [アポズィト], the contrary [カントゥレリィ]

逆にする reverse; (上下を) turn upside down; (裏表を) turn inside out
逆の contrary, opposite

▶ 逆は必ずしも真ならず．(ことわざ)
The reverse is not always true.

▶ 逆効果
an *opposite* effect / a *contrary* effect

▶ トムはポロシャツを裏表逆に着ている．
Tom is wearing his polo shirt *inside out*.

ギャグ a gag [ギャッグ]
ギャグを言う gag, tell a gag

きゃくしつじょうむいん 客室乗務員

a flight attendant [アテンダント], a cabin attendant

ぎゃくたい 虐待 abuse [アビュース]
虐待する abuse [アビュース], treat cruelly
▶ 動物を虐待してはいけない．
Don't *be cruel to* animals. / Don't *treat* animals *cruelly*.
▶ 児童虐待 child *abuse*

ぎゃくてん 逆転する
▶ タイガースが逆転して勝った．
The Tigers *came from behind* and won the game.

きゃくほん 脚本（劇・映画・テレビドラマの）a play [プレイ], a scenario [スィネ(ァ)リオウ], a script [スクリプト]（▶映画の脚本は screenplay ともいう）
脚本家（劇作家）a dramatist [ドゥラマティスト], a playwright [プレイライト];（映画の）a screenwriter [スクリーンライタァ];（映画やテレビなどの）a scriptwriter [スクリプトゥライタァ]

きゃくま 客間 a drawing room（▶欧米では大邸宅のほかにはとくに客間はなく，居間 (living room) に入ってもらうのがふつう）

きゃしゃな slender [スレンダァ], slim [スリム], thin [スィン]

キャスター（ニュースキャスター）an anchor [アンカァ],《米》a newscaster [ニューズキャスタァ],《英》a newsreader [ニューズリーダァ];（小さな車輪）a caster

キャッ eek [イーク], eeek
▶ キャッとさけぶ
scream [スクリーム], shriek [シリーク]

ギャッ eek [イーク], eeek
▶ ギャッとさけぶ yell [イェル]

きゃっかんてき 客観的な objective [オブヂェクティヴ]（反）主観的な subjective）
客観的に objectively

キャッシュカード《米》an ATM card [エイティーエム カード], a bank card,《英》a cash [キャッシ] card

キャッシュレス cashless [キャッシレス]
キャッシュレス決済 cashless payment

キャッチ a catch [キャッチ]
キャッチする catch

キャッチフレーズ a catchphrase [キャチフレイズ]

キャッチボール catch [キャッチ]
▶ キャッチボールをしよう．
Let's play *catch*.（▶×play catchball とはいわない）

キャッチホン call waiting（▶×catchphone とはいわない）

キャッチャー《野球》a catcher [キャチァ]
キャッチャーミット a catcher's mitt

キャップ（ふた）a cap [キャップ], a top [タップ];（帽子）a cap
▶ びんのキャップが取れない．
I can't take the *cap* off the bottle.

ギャップ a gap [ギャップ]
▶ 理想と現実の間には大きなギャップがある．
There is a big *gap* between the ideal and reality.

キャプテン a captain [キャプテン]
▶ 鈴木はバスケットボールチームのキャプテンだ．
Suzuki is (the) *captain* of the basketball team.（▶captain には the をつけないこともある）

キャベツ (a) cabbage [キャベヂ]
キャミソール a camisole [キャミソウル]
ギャラ（出演料）a performance fee [フィー]; pay [ペイ], a fee（▶「ギャラ」は guarantee (保証するもの) から）

キャラクター (a) character [キャラクタァ]
キャラクターグッズ character goods

キャラメル a caramel [キャラメル]
ギャラリー a gallery [ギャラリィ]
キャリア a career [カリァ]（アクセント注意）
▶ 彼は教師としての長いキャリアがある（→多くの経験がある）．He has *a lot of experience* as a teacher.
▶ キャリア教育
career education / *career* training

ギャング（１人）a gangster [ギャングスタァ];（一団）a gang [ギャング]
ギャング映画 a gangster movie

キャンセル (a) cancellation [キャンセレイション]
キャンセルする cancel [キャンスル]
▶ 予約をキャンセルしたいんです．
I'd like to *cancel* my reservation.

キャンディー《米》(a) candy [キャンディ],《英》sweets [スウィーツ]（▶candy は日本語の「キャンディー」より意味が広く，キャラメル・ドロップ・チョコレートなど砂糖を主とした菓子をさす）→かし¹（図）
▶ キャンディー１個

キャンバス ▶

a *candy*, a piece of *candy*
▶ 棒つきキャンディー a lollipop [ラリパプ]

キャンバス (画布) a canvas [キャンヴァス]；(生地) canvas

キャンパス a campus [キャンパス]
▶ キャンパスで on *campus*

キャンピングカー (米) RV [アーヴィー] (▶ recreational vehicle の略), a camper [キャンパァ], (英) a camper van [ヴァン] (▶ ×camping car とはいわない)

キャンプ a camp [キャンプ], camping
キャンプする camp
▶ キャンプに行こう！
Let's go *camping*!
キャンプ場 a campground, a campsite, a camping site

アメリカのチャタフーチー国有林のクーパークリークキャンプ場の看板.

キャンプファイア a campfire
ギャンブル a gamble [ギャンブル]
ギャンブルをする gamble
キャンペーン a campaign [キャンペイン]
きゅう¹ 九(の) nine [ナイン] →く¹
きゅう² 級 (学級) a class [クラス]；(学年) a grade [グレイド]；(等級・順位) a rank [ランク]
▶ ぼくは春菜と同級でした.
I was in the same *class* as Haruna.
▶ ジョンはメアリーの1級上だった.
John was one *grade* higher than Mary. (▶「下」なら higher を lower にする)
▶ 私は英検3級に合格しました.
I passed the EIKEN *Grade* 3 Test.

きゅう³ 急な

1 (とつぜんの) sudden [サドゥン]；(急ぎの) urgent [ア～ヂェント]
急に suddenly
▶ 彼女は急に話すのをやめた.
All of a sudden she stopped talking.

▶ バスが急停車した.
The bus made a *sudden* stop.
▶ 天気が急に変わった.
The weather changed *suddenly*.
▶ 母は急な用事で出かけています.
My mother is away on *urgent* business.

2 (流れが) rapid [ラピド]；(坂が) steep [スティープ] (反) ゆるやかな gentle)
▶ 足元に気をつけて. 階段が急だよ.
Watch your step. The stairs are *steep*.
急カーブ a sharp curve
急流 a rapid stream, a rapid current

きゅうえん 救援 relief [リリーフ], rescue [レスキュー]
救援物資 relief supplies

きゅうか 休暇 →きゅうじつ, やす

(長期の) (米) a vacation [ヴェイケイション], (英) a holiday, holidays [ハリデイ(ズ)]；(休日) a holiday, (仕事を休む) a day off
休暇をとる (長期の) take a vacation, take holidays；(1日の) take a day off
▶ 夏期休暇 the summer *vacation*
▶ 冬期休暇 the winter *vacation*
▶ 1週間の休暇をとる *take* a week *off*
▶ 夏の休暇のご予定は？
What is your plan for the summer *vacation*?
▶ 休暇はどこで過ごすの？
Where are you going to spend your *vacation*?
▶ よい休暇をお過ごしください.
Have a nice *holiday*!

> 📝 ライティング
> 日本の学校では春, 夏, 冬と1年に3回**休暇**がある.
> Japanese schools have vacations three times a year: spring, summer, and winter.

> 🔍 背景 英米の学校のおもな休暇は the Christmas vacation (クリスマス休暇), the Easter vacation (イースター休暇), the summer vacation (夏期休暇).

◀ きゅうじょ

きゅうかく 嗅覚 the sense of smell
きゅうがく 休学する be absent from school, stay away from school
▶ 妹は病気で休学している.
My younger sister *has been staying away from school* because of illness.
きゅうぎ 球技 a ball game
球技大会 a ball game tournament
きゅうきゅう 救急の first-aid [ファ〜ストゥエイド]
救急救命士 a paramedic [パラメディク]
救急車 an ambulance [アンビュランス]
▶ 救急車を呼んでください.
Call an *ambulance*, please.
救急処置 first aid
救急箱 a first-aid kit
救急病院 an emergency hospital
きゅうぎょう 休業する (店などを閉める) close [クロウズ]
▶ 本日休業《掲示》 *Closed* Today
きゅうくつ 窮屈な (小さい) small [スモール]; (きつい) tight [タイト]
▶ きゅうくつな上着 a *tight* jacket

きゅうけい 休憩 →やすみ

(休息) (a) rest [レスト]; (仕事などの合間の) a break [ブレイク]
休憩する (休息) take a rest, rest; (仕事などの合間に) take a break
▶ お昼の休憩時間 (→昼食時間)
a lunch *break* / lunchtime
▶ 10分間休憩しよう.
Let's *take a* ten-minute *break*.
休憩時間 a recess [リーセス]; (幕間の) intermission [インタミション]
▶ 私たちは昼に50分の休憩時間がある.
We have a 50-minute *recess* at lunchtime.
休憩室 (ホテルの) a lounge [ラウンヂ]
きゅうげき 急激な sudden [サドゥン] → きゅう³
▶ 急激な変化 a *sudden* change
きゅうこう¹ 急行(列車) an express [イクスプレス], an express train
▶ この列車は急行ですか, 各駅停車ですか.
Is this train an *express* or a local?
急行券 an express ticket
急行料金 express charges

きゅうこう² 休校 school closure [クロウジャ]; no school
▶ 休校がもう1か月延長された.
The *school closures* were extended for another month.
▶ きょうは休校だ.
The school is *closed* today. / There is *no school* today.
休校する close (a) school
きゅうこん 球根 a bulb [バルブ]
きゅうし 急死 (a) sudden death
きゅうしき 旧式の out-of-date, old-fashioned
▶ 旧式の携帯電話
an *old-fashioned* cellphone

きゅうじつ 休日 →きゅうか, やすみ

a holiday [ハリデイ]; (仕事が休み) my day off
▶ 今日は休日だ.
Today is a *holiday*. / (仕事が休み)
Today is my *day off*.
▶ お父さんは休日にたいがい釣りに出かける.
My father usually goes fishing on his *day(s) off*.
▶ 今度の休日に北海道へスキーに行かない？
How about going skiing in Hokkaido on our next *holidays*?

> 用法 holiday と vacation
> (米)では「祝祭日」という意味のときは holiday を使い, 何日かの長い休みには vacation を使う.(英)では長い休みに holidays を使い, vacation は大学の休暇や法廷の休廷期をいう.

きゅうしゅう¹ 吸収する absorb [アブソーブ]; (内容を) take in
▶ 子どもは新しい知識をすぐに吸収する.
Children easily *take in* new knowledge.
きゅうしゅう² 九州(地方) the Kyushu district, the Kyushu area

きゅうじゅう 九十(の) →かず(表)

ninety [ナインティ]
第90(の) the ninetieth (▶90thと略す)
91 ninety-one
きゅうじょ 救助 rescue [レスキュー],

two hundred and twenty-one 221

きゅうじょう ▶

saving [セイヴィング]
救助する rescue, save →たすける
救助隊 a rescue party

きゅうじょう 球場（観客席のある）《米》a ballpark [ボールパーク], a baseball stadium [ステイディアム]；（グラウンド）a baseball field
▶ 甲子園球場
Koshien *Stadium*

きゅうしょく 給食（学校の）(a) school lunch
▶ 今日はぼくが給食当番だ．
It's my turn to serve *lunch at school* today.
給食費 school lunch expenses

きゅうしん 球審《野球》a plate umpire [アンパイア]（対）塁審 base umpire）

きゅうじん 求人 a job offer [オ(ー)ファ]

きゅうすい 給水 a water supply [サプライ]

きゅうそく¹ 急速な rapid [ラピド]；(すばやい) quick [クウィック]
▶ 急速冷凍
quick freezing
▶ 急速に進歩する
make *rapid* progress
急速に rapidly；quickly

きゅうそく² 休息 (a) rest [レスト]
休息する rest, take a rest →やすむ

きゅうでん 宮殿 a palace [パレス]
▶ バッキンガム宮殿 Buckingham *Palace*

きゅうどう 弓道 *kyudo* (▶説明的にいうと Japanese archery)

ぎゅうにく 牛肉 beef [ビーフ] →にく(表)

ぎゅうにゅう 牛乳

milk [ミルク]
▶ 牛乳を飲む drink *milk*
▶ 牛乳びん a *milk* bottle
▶ 牛乳コップ1ぱい a glass of *milk*
▶ 牛乳2パック two cartons of *milk*

> **文法 milk の数え方**
> milk は数えられない名詞なので，数えるときはそれを入れる容器を単位として a glass of milk, two cartons of milk のように数える．

牛乳店 a milk shop, a dairy
牛乳配達人 a milk deliverer

キューバ Cuba [キューバ]
キューバ(人)の Cuban
キューバ人 a Cuban

きゅうびょう 急病 a sudden illness, a sudden sickness
▶ 旅行中に急病になったらどうしよう．
What should I do if I *suddenly get sick* during my trip?
急病人 an emergency case

きゅうめい 救命 lifesaving [ライフセイヴィング]
救命胴衣 a life jacket
救命ボート a lifeboat

きゅうゆう¹ 級友 a classmate [クラスメイト]
きゅうゆう² 旧友 an old friend
きゅうよう¹ 休養 (a) rest [レスト]
休養する take a rest
▶ 彼らには休養が必要だ．
They need some *rest*.

きゅうよう² 急用 urgent business [ア～ヂ(ェ)ント ビズネス]
▶ 急用なんです．あすまで待てません．
It's *urgent*. I can't wait till tomorrow.

キュウリ a cucumber [キューカンバァ]

きゅうりょう 給料 pay [ペイ]；（会社・役所などの）a salary [サラリィ]；（時給・日給などで支払われる）wages [ウェイヂィズ]
▶ よい給料をもらう
get good *pay* / get a good *salary*
給料日 a payday [ペイデイ]

ぎゅっと tightly [タイトゥリィ]；（強く）strongly
▶ 彼女は子どもをぎゅっとだきしめた．
She hugged her child *tightly*.

きよう 器用な skillful [スキルフル], handy [ハンディ]
▶「ぼくがこの箱をつくったんだよ」「まあ，手先が器用なのね」
"I made this box." "Oh, you're really *skillful* with your fingers."
▶ その男の子はとても器用にはさみを使う．
The boy is very *handy* with scissors.

きょう 今日

today [トゥデイ], this day (▶「きのう」は yesterday, 「あした」は tomorrow)
▶ 今日の朝（今朝）*this* morning
▶ 今日の午後
this afternoon

◀ **きょういん**

	きのう (yesterday) の	今日 (today) の	あした (tomorrow) の
朝	yesterday morning	this morning	tomorrow morning
午後	yesterday afternoon	this afternoon	tomorrow afternoon
夕方	yesterday evening	this evening	tomorrow evening
夜	last night	tonight	tomorrow night

▶ 今日の夜 (今夜) tonight
▶ 今日の新聞
today's paper
▶ 先週の今日
a week ago *today*
▶ 来週の今日
a week from *today*
▶ 今日は数学の小テストがある.
We have a math quiz *today*.

💬 表現力
今日は…です.
→ Today is … . /
It is … today.

▶ 今日は金曜日です.
Today is Friday. / *It's* Friday *today*.
▶ 今日は5月9日です.
Today is May 9. (▶May 9 は May (the) ninth と読む)
▶ 「今日は何曜日ですか」「火曜日です」
"What day *is* (*it*) *today*?" "*Today is* Tuesday. / *It's* Tuesday (*today*)."
▶ 「今日は(何月)何日ですか」「9月10日です」
"What's the date *today*? / What's *today*'s date?" "It's September 10."
(▶September 10 は September (the) tenth と読む)
▶ 今日は私の13歳の誕生日です.
Today is my 13th birthday. (▶13th は thirteenth と読む)
▶ 今日はついてるなあ.
Today is my day. (▶「今日はついてないなあ」は, It's not my day. などという)
▶ 今日はよい天気ですね.
It's a beautiful day, isn't it?

ぎょう 行 a line [ライン]
▶ 20ページの5行目を見なさい.
Look at page 20, *line* 5.
▶ 孝さん, 10行目から読んでください.
Start reading from *line* 10, Takashi.
▶ 上から3行目

the third *line* from the top (▶「下から」なら top を bottom にする)
▶ 1行おき
every other *line*

きょうい[1] 驚異 wonder [ワンダァ]
驚異的な wonderful, surprising [サプライズィング]
▶ 次郎は2学期に驚異的に英語がのびた.
Jiro made *surprising* progress in English during the second term.

きょうい[2] 脅威 a threat [スレット], a menace [メナス]

きょうい[3] 胸囲 chest measurement [メジャメント]
▶ そのレスラーは胸囲が120センチある.
The wrestler *measures* 120cm *around his chest*. / The wrestler has a *chest measurement* of 120cm.

きょういく 教育

education [エデュケイション]
教育の, 教育的な educational
教育する educate [エデュケイト]
▶ 学校教育 school *education*
▶ 義務教育 compulsory *education*
▶ 家庭教育 home *training*
▶ 彼女は外国で教育を受けた.
She *was educated* abroad.
教育委員会 the Board of Education
教育実習 teaching practicum [プラクティカム], student teaching
教育実習生 a student teacher
教育者 an educator
教育制度 an educational system
教育番組 an educational program
教育費 educational expenses

きょういん 教員 a teacher [ティーチァ]
教員室 a teachers' room, a staff room, a faculty room
教員免許 a teaching certificate, a

きょうか¹ ▶

teaching license

きょうか¹ 教科

a **subject** [サブヂェクト]

> 🗣スピーキング
>
> Ⓐ どの教科がいちばん好きですか.
>   What subject do you like the best?
> Ⓑ 音楽がいちばん好きです.
>   I like music the best.

いろいろな教科
英語 English
音楽 music
技術・家庭 technology and home economics
国語 Japanese
社会 social studies
数学 mathematics, math
道徳 moral education
美術 fine arts
保健体育 health and physical education, P.E.
理科 science

きょうか² 強化する strengthen [ストレング(ク)スン]
強化合宿 a training camp, camp training
きょうかい¹ 教会 (a) church [チャ～チ]
▶ 私たちは毎週日曜日に教会へ(礼拝に)行く.
We go to church every Sunday. (▶礼拝に行くときは church に the をつけない)
きょうかい² 境界 a boundary [バウンドゥリ], a border [ボーダァ]
境界線 a borderline
きょうかい³ 協会 an association [アソウスィエイション], a society [ソサイエティ]
▶ 日本サッカー協会
Japan Football Association
きょうがく 共学 coeducation [コウエデュケイション]
共学の 《米》coed [コウエド], coeducational, 《英》mixed [ミクスト]
▶ 私は男女共学の高校に通っています.
I go to a coed high school.
▶ あなたの学校は男女共学ですか.
Is your school coed?

きょうかしょ 教科書

a **textbook** [テクス(トゥ)ブク], a schoolbook [スクールブク], 《米口語》a text [テクスト], 《英》a coursebook [コースブク]
▶ 数学の教科書
a math textbook
▶ ふだんから教科書の内容を復習しておくことが大切だ.
It is important to review your textbooks regularly.

きょうぎ 競技 →しゅもく, スポーツ

(運動競技) athletics [アスレティクス]; (試合) a **game** [ゲイム], a **match** [マッチ], a **contest** [カンテスト]
▶ 陸上競技
track and field events
▶ 水上競技
water sports
競技大会 《米》a meet, a competition
▶ 陸上競技大会
a track and field meet
競技者 (陸上の) an athlete [アスリート]; (球技などの) a player
競技種目 an event [イヴェント]
競技場 a field [フィールド], 《英》a pitch [ピッチ]; (観客席のある) a stadium [ステイディアム]

ぎょうぎ 行儀 manners [マナァズ], behavior [ビヘイヴャ]
▶ 直子はお行儀がいい.
Naoko has good manners. / Naoko is well-mannered.
▶ 健太は行儀が悪い.
Kenta has bad manners.
▶ ルーシーちゃん, お行儀はどうしたの？
Where are your manners, Lucy? (▶子どもをしかるときのきまった言い方)
▶ お行儀よくしなさい.
Behave yourself! / Be good. / (男の子に) Be a good boy! / (女の子に) Be a good girl!!

きょうきゅう 供給 supply [サプライ] (反 需要じゅよう demand)
供給する supply
▶ 需要と供給
supply and demand (▶ふつう日本語

◀ きょうしつ

と語順が逆になる)

きょうぐう 境遇 circumstances [サ～カムスタンスィズ], condition [コンディション]

きょうくん 教訓 a lesson [レスン]
▶ これを教訓にしなさい.
You should learn a *lesson* from this.

きょうけん 狂犬 a mad dog
狂犬病 hydrophobia [ハイドゥロフォウビア]

きょうげん 狂言 (能) *kyogen*, a Noh comedy
▶ 狂言は伝統的な日本の喜劇です.
Kyogen is a traditional Japanese comical play.

ぎょうざ 餃子 *gyoza*, a Chinese dumpling [ダンプリング], Chinese ravioli [ラヴィオウリィ]

きょうざい 教材 teaching materials [マティ(ア)リアルズ]

きょうさん 共産
共産主義 communism [カミュニズム]
共産主義者 a communist
共産党 the Communist Party

きょうし 教師 a teacher [ティーチァ] → せんせい¹

ぎょうじ 行事

an event [イヴェント]
▶ 学校行事
a school *event* → がっこう (表)
▶ 年中行事 an annual *event*

日本のおもな年中行事
正月 New Year's Day
節分 *Setsubun*, the eve of the first day of spring (▶「節分の豆まき」は bean-throwing ceremony)
バレンタインデー St. Valentine's Day
ひなまつり Dolls' Festival
春分の日 Vernal Equinox Day, Spring Equinox Day
こどもの日 Children's Day
母の日 Mother's Day
父の日 Father's Day
七夕祭 Star Festival
夏休み summer vacation
全国高校野球大会 National High School Baseball Tournament
お盆 *Bon* Festival
秋分の日 Autumnal Equinox Day
七五三 *Shichi-Go-San*, the celebration for boys of three and five, and girls of three and seven
クリスマス Christmas
大晦日 New Year's Eve

きょうしつ 教室

a classroom [クラスル(ー)ム]
▶ 教室を移動する change *classrooms*

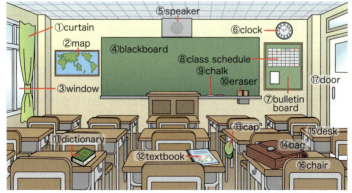

教室 ①カーテン ②地図 ③窓 ④黒板 ⑤スピーカー ⑥時計 ⑦掲示板 ⑧時間割
⑨チョーク ⑩黒板消し ⑪辞書 ⑫教科書 ⑬帽子 ⑭かばん ⑮机 ⑯いす ⑰ドア

two hundred and twenty-five 225

きょうじゅ ▶

- 教室では帽子をぬぎなさい. Take off your caps in the *classroom*.
- 私は水泳教室に通っています. I take swimming *classes*.

> **参考 教室のいろいろ**
> 視聴覚室 an audio-visual room / 理科室 a science room / 音楽室 a music room / 美術室 an art room / コンピューター教室 a computer room / 図書室 a library / 放送室 a broadcasting room / 職員室 a teachers' room, a staff room / 校長室 a principal's office

きょうじゅ 教授 a professor [プロフェサァ] (▶「准教授」は associate professor)
- 渡辺教授 *Professor* Watanabe

きょうせい 強制する force [フォース], compel [コンペル]
- 彼は私にその会合に出席するよう強制した. He *forced* me to attend the meeting.

強制的な compulsory [コンパルソリィ]

きょうそう¹ 競争

competition [カンペティション], a contest [カンテスト]

競争する compete [コンピート]《with》
- 生存競争 a *struggle* for existence
- だれが競争に勝つだろうか. Who will win the *competition*?

競争相手 a competitor, a rival
競争率 the competitive rate

きょうそう² 競走 a race [レイス]
競走する run a race, race
- 競走に勝つ win a *race*
- 競走に負ける lose a *race*
- 100メートル競走 the 100-meter *dash*

きょうそうきょく 協奏曲 a concerto [コンチェァトゥ]

きょうそん 共存 coexistence [コウイグズィステンス]
共存する coexist [コウイグズィスト]
- 自然と共存する *live together* with nature / *coexist* with nature

きょうだい¹ 兄弟

(男の) a brother [ブラザァ]；(女の) a sister [スィスタァ]

- 「何人きょうだいですか」「私には1人もきょうだいがいません」
"How many *brothers and sisters* do you have?" "I have no *brothers* or *sisters*. / I don't have any *brothers* or *sisters*."
- 私は3人兄弟です (→兄弟が2人います). I have two *brothers*.
- 太郎と花子はきょうだいです. Taro and Hanako are *brother and sister*. (▶この場合 brother や sister の前に a をつけない)

> **スピーキング**
> Ⓐ あなたにはきょうだいがいますか.
> Do you have any brothers or [and] sisters?
> Ⓑ はい, 弟が2人います.
> Yes, I have two younger brothers.

- ぼくはよく弟ときょうだいげんかをする. I often argue with my *brother*.

> **用法 「きょうだい」の表し方**
> 日本語では兄弟・姉妹をまとめて「きょうだい」というが, 英語では男のきょうだい (**brother**) と女のきょうだい (**sister**) を区別する.

きょうだい	男	兄	brother
		弟	
	女	姉	sister
		妹	

きょうだい² 鏡台《米》a dresser [ドゥレサァ],《英》a dressing table

きょうだしゃ 強打者《野球》《米口語》a slugger [スラガァ]

きょうだん 教壇 a platform [プラトゥフォーム]

きょうちょう 強調する emphasize [エンファサイズ], stress [ストゥレス]
- 先生は復習の重要性を強調した. The teacher *emphasized* the importance of reviewing.

きょうつう 共通の common [カモン],

◀ **きょうりょく**¹

mutual [ミューチュアル]
▶ 姉と私には共通点が多い.
My older sister and I have a lot *in common*.
▶ エミは私たちの共通の友人です.
Emi is our *mutual* friend.
共通語 a common language
きょうど 郷土 *my* hometown
▶ 彼は郷土の誇りです.
He is the pride of our *hometown*.
郷土料理 local dishes
きょうとう 教頭 an assistant principal, a vice-principal
きょうどう 共同 cooperation [コウアペレイション] →きょうりょく¹
共同の common [カモン]
▶ この部屋は妹と共同で使っている.
I *share* this room *with* my younger sister.
共同声明 a joint statement
共同募金 a community chest
きょうはく 脅迫する threaten [スレトゥン]
脅迫状 a threatening letter
きょうふ 恐怖 (a) fear [フィア], terror [テラァ], horror [ホ(ー)ラァ]
▶ 私は恐怖で青ざめた.
I turned pale with *fear*.
きょうふう 強風 a strong wind, a gale [ゲイル] →かぜ¹
きょうほ 競歩 a walking race
▶ 20km 競歩
20-kilometer *walk*

きょうみ 興味

(an) interest [インタレスト]
興味がある, 興味をもつ be interested (in), take an interest (in), have an interest (in)
興味深い interesting [インタレスティング]
▶ その科学番組を興味深く見た.
I watched the science program with great *interest*.

🗨 表現力
…に興味がある
→ be interested in ... /
  have an interest in ...

▶ 私は歴史に興味があります.
I *am interested in* history. / I have

an *interest in* history. (▶ ×I am interesting in ... とはいわない)
▶ 私は漫画にはまったく興味がない.
I'm not *interested in* comics at all. / I *have* no *interest in* comics at all.
▶ ボブ, きみは何に興味があるの？
What *are* you *interested in*, Bob?

🗨 スピーキング
Ⓐ 野球には興味がありますか.
Are you interested in baseball?
Ⓑ うん, すごく.
Yes, very much.
Ⓑ いいえ, たいくつだもん.
No, it's boring.

🗨 表現力
…することに興味がある
→ be interested in -ing

▶ あなたは俳句をつくることに興味がありますか.
Are you *interested in* writing haiku poems?
きょうむ 教務
教務主任 the head of the registrar's office
きょうゆう 共有する share, have ... in common
▶ みんなと情報を共有する
share information with everyone
きょうよう 教養 culture [カルチャ]; (学校で得た知識) education [エデュケイション]
教養のある cultured; (十分な教育を受けた) well-educated
▶ 鈴木さんは教養がある.
Ms. Suzuki is *cultured*. / (高い教育を受けた) Ms. Suzuki had a *good education*. / Ms. Suzuki is *well-educated*.
きょうり 郷里 *my* hometown [ホウムタウン], *my* home [ホウム] →こきょう
▶ 郷里に帰る go *home*, go back *home*
きょうりゅう 恐竜 a dinosaur [ダイナソー(ァ)]

きょうりょく¹ 協力

cooperation [コウアペレイション]
協力する help each other, work with ... , cooperate [コウアペレイト]

two hundred and twenty-seven 227

きょうりょく²

協力的な cooperative [コウアペラティヴ]
- ご協力に感謝します．
  Thank you for your *cooperation*.
- いつでも喜んであなたたちに協力します．
  I'm ready to *help* you.

プレゼン
みんなで**協力して**このビデオをつくりました．
We all worked together to make this video.

きょうりょく² 強力な strong [ストロ(ー)ング], powerful [パウアフル]

きょうれつ 強烈な strong [ストロ(ー)ング]
- 強烈な印象 a *strong* impression
- 強烈な一撃 a *hard* blow

ぎょうれつ 行列 《順番を待つ列》a line [ライン]，《英》a queue [キュー]；《行進の列》a parade [パレイド]
- 店の前には長い行列ができていた．
  There was a long *line* outside the store.
- 私たちは切符を手に入れるために行列して待った．
  We waited *in line* to get the tickets.

きょか 許可 permission [パミション], leave [リーヴ]
許可する permit [パミット]《反》禁止する

スピーキング
①**許可を求める**
Ⓐ 辞書を見てもいいですか．
May I look at my dictionary?
Ⓑ いいですよ． Certainly.
(▶不許可の場合は No, you can't. と答えるのがふつう)
Ⓐ この本借りていい？
Can I borrow this book?
Ⓑ いいわよ． Sure.
(▶ Can I ...? は May I ...? よりくだけた言い方)
Ⓐ テレビをつけてもかまいませんか．
Would you mind if I turned on the TV?
Ⓑ ええ，どうぞ． Not at all.
(▶ mind は「…を気にする」という意味なので，Yes と答えると「だめです」と断りの返事になる．ていねいに断る場合は I'd rather you didn't. (ご遠慮ください) のように答える)

prohibit) →ゆるす
- 写真撮影は許可されなかった．
  We *were* not *permitted* to take pictures.
- 許可なく入室することを禁ず《掲示》
  Don't Enter Without *Permission*
- 「外出の許可をいただけますか」「よろしい」
  "May I have your *permission* to go out?" "Sure."

ぎょぎょう 漁業 fishery [フィシ(ャ)リィ], the fishing industry
- 遠洋漁業
  deep-sea *fishery*
- 近海漁業
  coastal *fishery*

きょく 曲 《短い旋律》a tune [テューン]；《歌》a song [ソ(ー)ング]；《楽曲》music [ミューズィック]
- これは私のお気に入りの曲です．
  This is my favorite *tune*. (▶ tune は song ともいう)

きょくげい 曲芸 acrobatics [アクロバティクス]

きょくせん 曲線 a curve [カ〜ヴ], a curved line →せん²
- 曲線をかく draw a *curve*

きょくたん 極端な extreme [イクストリーム]

②**依頼をする**
Ⓐ アイスクリームを買ってきてよ．
Please go and get some ice cream.
Ⓑ ああ，いいよ．
All right.
Ⓐ それをすぐやっていただけませんか．
Will you please do it right away?
Ⓑ すみませんが，いまとってもいそがしくて．
I'm sorry, but I'm very busy now.
Ⓐ 頼みがあるんですが．
Can you do me a favor? / Can I ask you a favor?
Ⓑ はい．どんなこと？
Sure. What is it?

◀ きらい

極端に extremely
▶ これは極端な例だ．
This is an *extreme* case.
▶ 極端なことをする go to *extremes*
きょくとう 極東 the Far East
きょくめん 局面 a phase [フェイズ], a stage [ステイヂ]
▶ 新しい局面に入る
enter a new *phase*
ぎょこう 漁港 a fishing port
きょじゅうしゃ 居住者 an inhabitant [インハビタント]
きょしょくしょう 拒食症 anorexia [アナレクスィア]（対 過食症 bulimia)
きょじん 巨人 a giant [ヂャイアント]
きょぜつ 拒絶 (a) refusal [リフューザル]
拒絶する refuse, turn down →ことわる
ぎょせん 漁船 a fishing boat
ぎょそん 漁村 a fishing village
きょだい 巨大な huge [ヒューヂ], enormous [イノーマス]
ぎょっと ぎょっとする be startled [スタートゥルド]《by》
▶ 電話の音にぎょっとした．
I *was startled by* the phone ringing.

きょねん 去年

last year（▶「今年」は this year，「来年」は next year）
▶ 去年の秋に *last* fall
▶ 去年の今ごろ
about this time *last* year
▶ ぼくは去年野球部に入っていた．
I was on the baseball team *last year*. (▶ ×in last year とはいわない)
▶ 姉は去年の９月に結婚した．
My sister got married *last* September.

> **文法** last は「この前の」
> last September を「去年の９月」の意味で使えるのは今年の９月より前に発言するとき．10月以後に言うと「今年の９月」をさす．「去年の９月に」とはっきり言いたいときには in September last year のようにする．→こんしゅう

きょひ 拒否 refuse [リフューズ] →ことわる

きょり 距離

(a) distance [ディスタンス]
▶ 短距離 a short *distance*
▶ 中距離 a middle *distance*
▶ 長距離 a long *distance*
▶ 東京−京都間の距離は約500キロです．
The *distance* between Tokyo and Kyoto is about 500 kilometers.
▶ 駅まではここから歩いていける距離ですか．
Is the station within easy walking *distance* from here?

> **表現力**
> 距離はどのくらいですか
> → How far is it ...?

▶「ここから駅までどのくらいの距離がありますか」「約800メートルです」
"*How far is it* from here to the station?" "It's about 800 meters."

きらい 嫌い

(好きではない) do not like, dislike [ディスライク]（反 好き like）；（ひどくきらう）hate [ヘイト]（反 愛する love）

> **表現力**
> …が[は]きらいだ → do not like ...

▶ 魚はきらいなんだ．
I *don't like* fish. / I *dislike* fish. (▶ 後者のほうが強い気持ちを表す)
▶ 絵理はニンジンがきらいです．Eri *doesn't like* carrots. (▶「…が」にあたる語が数えられる名詞のときは複数形にする．I don't like ×a carrot. とはいわない)

> **スピーキング**
> Ⓐ 数学は好きですか．
> Do you like math?
> Ⓑ いいえ，きらいです．
> No, I don't. / No, I don't like it.

▶ 私は食べ物の好ききらいが激しい．
I have strong likes and *dislikes* about food.

> **表現力**
> …することがきらいだ
> → do not like -ing /
> do not like to ...

two hundred and twenty-nine 229

きらう ▶

- 私は部屋のそうじをすることがきらいです．
  I *don't like cleaning* my room. / I *don't like to* clean my room.
- ぼくは人に負けるのはきらいだ．
  I *don't want to* lose.

きらう 嫌う（好きではない）do not like, dislike [ディスライク]；(ひどくきらう) hate [ヘイト] →きらい

きらきら きらきらする（星・光・目などが）twinkle [トゥウィンクル]；(宝石などが光を反射して) glitter [グリタァ] →かがやく
- 空には星がきらきら輝いていた．
  Stars *were twinkling* in the sky.

きらく 気楽な easy [イーズィ]；(のんきな) easygoing [イーズィゴウイング]
気楽に easily, at home
- 気楽にしてください．
  Make yourself *at home*. (▶来客などに対して言う)
- 試験のまったくない気楽な学校生活を送りたいなあ．
  I want an *easy* time at school without any tests.
- そんなに緊張しないで，気楽にいけよ．
  Don't be so nervous. *Take it easy*.

きり¹ 霧（こい）(a) fog [フォ(ー)グ]；(うすい) (a) mist [ミスト]
霧のかかった foggy；misty
- 今朝は霧が深い．
  It's *foggy* this morning.
- 霧が晴れた．
  The *fog* cleared up.
霧雨 a misty rain, drizzle [ドゥリズル]

きり² (終わり) an end [エンド]；(限度) limits [リミッ]
- 人の欲望にはきりがない．
  There is no *end* to human desire. (▶end は limits ともいう)
- ピーナッツは食べはじめるときりがない．
  Once you start eating peanuts, you *can't stop*.

きり³ (道具) (ねじぎり) a gimlet [ギムレト]；(ドリル) a drill [ドゥリル]

ぎり 義理
- あいつは義理がたいやつだ．
  I le has a sense of *duty*.
- 義理の兄 [弟] my brother-*in-law*

きりかえる 切り替える change [チェインヂ], switch [スウィッチ]

- 頭 (→考え方) を切りかえた．
  I *changed* my way of thinking.
きりきず 切り傷 a cut [カット]；(深い) a gash [ギャッシ] →きず

ぎりぎり
- ぎりぎり終電に間に合った．
  I *just* made it on the last train. (▶ make it は「間に合う」という意味)

キリギリス (虫) a grasshopper [グラスハパァ] (▶バッタ・イナゴなどの総称)

ギリシャ Greece [グリース]
ギリシャ(人・語)の Greek [グリーク]
ギリシャ語 Greek
ギリシャ人 a Greek

キリスト Jesus Christ [ヂーザス クライスト]
キリスト教 Christianity [クリスチアニティ]
キリスト教徒 a Christian [クリスチャン]

きりたおす 切り倒す cut down, chop down
- ジョージはその桜の木を切り倒した．
  George *cut down* the cherry tree.

きりつ¹ 規律 discipline [ディスィプリン]；(規則) a rule [ルール] (▶複数形で使うことが多い)
- この学校は規律が厳しい．
  The *discipline* in this school is strict.
- 規律は守らなければいけない．
  You must follow the *rules*.

きりつ² 起立
- 起立！《号令》*Stand up!* / *All rise!* (▶後者はより形式ばった言い方)

きりつめる 切り詰める reduce [リデュース], cut down 《on》
- これ以上生活費を切りつめられない．
  We can no longer *cut down on* our living expenses.

きりぬき 切り抜き《米》a clipping [クリピング], 《英》a cutting [カティング]
- 新聞の切りぬき a newspaper *clipping*

きりぬく 切り抜く cut out, clip [クリップ]
- 新聞からこの連載マンガをずっと切りぬいている．
  I've been *clipping* this comic strip from the paper.

きりゅう 気流 an air current [エア カ〜レント]

きりょく 気力 (元気) energy [エナヂィ]；(精神力) willpower [ウィルパウア]
- 気力じゅうぶんだ．I'm full of *energy*.

▶ とても疲れていたので，宿題をする気力がなかった．
I was so tired that I didn't have the *energy* to do my homework.

キリン（動物）a giraffe [ヂラフ]

きる¹ 切る

使い分け
(刃物もので) → cut
(スイッチを) → turn off, switch off
(電話を) → hang up

cut

turn off

hang up

1 (はさみ・刃物ものなどで) **cut** [カット]；(うすく) slice [スライス]；(刻む) chop [チャップ]
▶ パイを6つに切ってくれませんか．
Will you *cut* the pie into six pieces?
▶ ナイフで指を切った．
I *cut* my finger with a knife.
▶ つめを切りなさい．
Trim your nails. / *Cut* your nails.
▶ マミちゃん，タマネギをうすく切って．
Please *slice* the onion, Mami.
▶ 先週，髪を切った．
I had my hair *cut* last week.

2 (スイッチを) **turn off**, switch off
▶ 五郎，テレビを切って宿題をやりなさい．
Goro, *turn off* the TV and do your homework.

3 (電話を) **hang** [ハング] **up**
▶ じゃあ，もう切るわね．
I've got to *hang up* now. (▶電話を切るときのきまった言い方)

4 (トランプなどを混ぜる) **shuffle** [シャフル]
▶ 手品師はトランプをよく切った．
The magician *shuffled* the cards well.

きる² 着る → みにつける

使い分け
(動作) → put on
(状態) → wear, have ... on

1 (動作) **put** [プット] **on** (反 ぬぐ take off)
▶ 上着を着なさい． *Put* your jacket *on*. / *Put on* your jacket.
▶ 服を着なさい． Get dressed.

2 (状態) **wear** [ウェア], have ... on
▶ 夏にはときどきゆかたを着ます． I sometimes *wear* a *yukata* in summer.
▶ 誕生日会に何を着て行けばいいかな？
What shall I *wear* to the birthday party?

表現力
…を着ている → be wearing ...

▶ すてきなブラウスを着ていますね．
You're *wearing* a pretty blouse.
▶ 彼女は赤いドレスを着ていた．
She *had* a red dress *on*. / She *was dressed in* a red dress.

スピーキング
Ⓐ これを着てみてもいいですか．
May I try this on?
Ⓑ はい，どうぞ．
Sure, go ahead.

▶ 次郎ったら服を着たまま寝てしまったわ．
Jiro fell asleep *with* his clothes *on*.

用法 put onとwearとhave ... on
❶ put on は「着る」という動作を，wear と have ... on は「着ている」という状態をいう．また，wear は進行形でもよく使われる．
❷ put on, wear, have ... on は「着る」だけでなく，帽子，眼鏡，くつなどを「身につける」の意味でも使う．

put on

wear

-(し)きる

-(し)きる finish [フィニシ] →おえる
- 1時間でその本を読みきった.
  I *finished* reading the book in an hour.
- 一日中練習したので疲れきっていた.
  I was worn *out* after practicing all day.

キルティング quilting [クウィルティング]

きれ 切れ **1** (布) cloth [クロ(ー)ス]
- 白い木綿のきれ
  white cotton *cloth*

2 (小片) a piece [ピース]; (うすい物) a slice [スライス]
- 紙切れ a *piece* of paper
- 肉3切れ
  three *pieces* of meat / three *slices* of meat
- パン1切れ a *slice* of bread

きれい きれいな

使い分け
(美しい) → beautiful
(かわいらしい) → pretty
(清潔な) → clean
(かたづいた) → tidy, neat

beautiful

clean

1 (美しい) **beautiful** [ビューティフル] (反 みにくい ugly); (かわいらしい) **pretty** [プリティ], **lovely** [ラヴリィ] →うつくしい
- きれいな花 a *beautiful* flower
- きれいな少女 a *pretty* girl
- あなたはとてもきれいよ.
  You're very *beautiful*.

2 (清潔な) **clean** [クリーン] (反 きたない dirty); (かたづいた) **tidy** [タイディ], **neat** [ニート]
- この川の水はきれいだ.
  The water in this river is *clear*. (▶ clear は [すこし下まで見えるようす] をいう. 汚染されていないようすをいうときは clean を使う)
- きれいなタオルをとってください.
  Please hand me a *clean* towel.
- 部屋はいつもきれいにしておきなさい.
  Keep your room *neat and tidy*.
- 小野先生はきれいな字を書く.
  Mr. Ono writes *neatly*.
- きれいな選挙 a *clean* election
- 久美子はきれい好きだ.
  Kumiko is *neat and tidy*. / Kumiko likes everything *just so*.

3 (すっかり) **completely** [コンプリートゥリィ]
- そのことはきれいさっぱり忘れた.
  I've forgotten *all* about it.

きれる 切れる

使い分け
(刃物が) → cut well, be sharp
(ひもなどが) → break, snap
(なくなる) → run out
(期限が) → be up, run out, expire

1 (刃物などが) **cut well**, **be sharp** [シャープ] (反 切れない be dull)
- ぼくのナイフはよく切れる.
  My knife *cuts well*. / My knife *is sharp*.
- 切れないはさみ
  dull scissors / *blunt* scissors

2 (ひもなどが) **break** [ブレイク]; (プツンと) **snap** [スナップ]
- 魚が大きくて, つり糸が切れてしまった.
  The fish was so big that the fishing line *broke*.

3 (なくなる) **run out** (of); (電池が) **go dead**
- しまった! ガソリンが切れかかっている.
  Oh, no! We're almost *out of* gas. / We're *running out of* gas.
- 懐中電灯の電池が切れてるよ.
  The batteries in the flashlight *are dead*.

4 (時間・期限が) **be up**, run out, expire [イクスパイア]
- 時間切れです.
  Time's *up*! (*Time up とはいわない)
- バスの定期券が来週切れる.
  My bus pass will *expire* next week.

5 (電話が) be cut off, be disconnected
- 話の途中で電話が切れた.
  We *were cut off* in the middle of the

conversation.
6 (頭が)
▶ あいつは切れる男だ.
He is an *able* man. / He's *sharp*.
7 (比喩的に) snap [スナップ]
▶ 最近の若者はすぐキレると言う人もいる.
Some people say that today's young people *snap* easily.
キロ (キログラム) a kilogram [キログラム] (▶ kg と略す), a kilo [キーロウ]；(キロメートル) a kilometer [キラメタァ] (▶ km と略す)；(キロバイト) a kilobyte [キロバイト] (▶ KB と略す)
▶ ぼくの体重は約50キロだ.
I weigh about 50 *kilograms*. (▶50 *kilos* ともいう)
▶ 駅まで約10キロある.
It's about 10 *kilometers* to the station. (▶キロメートルの場合は10 ˟*kilos* とはいわない)

きろく 記録
a record [レカド]
記録する record [リコード] (▶名詞とは発音, アクセントがちがうので注意)
▶ 新記録を出す set a new *record* / make a new *record*
▶ 世界記録を破る
break the world *record*
▶ この夏は記録的な暑さだ. This summer has been the hottest on *record*.
▶ 読んだ本を記録する
keep a *record* of the books I read
記録映画 a documentary film
記録係 (競技の) a scorer [スコアラァ]；(書き留める人) a recorder
記録保持者 a record holder
ぎろん 議論 (a) discussion [ディスカション], (an) argument [アーギュメント]
議論する discuss, argue about, talk [トーク] about；(細部まで) talk over
▶ 私たちは一晩中そのことを議論した.
We *discussed* the matter all night. (▶˟*discussed* about とはしない)
▶ 私は母とそれについて議論した.
I *argued* with my mother *about* it.
きわどい (接戦の) close [クロウス]
▶ きわどいところで助かった.
I was *close* to dying. / I *narrowly*

survived.
きわめて very [ヴェリィ] →ひじょうに
きわめる 極める master [マスタァ]
▶ 英語をきわめる *master* English
きをつかう 気をつかう be kind [カインド], be thoughtful [ソートゥフル]
▶ 気をつかわなくてもいいよ (→そんなに心配しないで).
Don't *worry* so much.
きをつけ 気をつけ！《号令》Attention! [アテンシャン]

きをつける 気をつける
be careful [ケアフル] 《of, about》, take care 《of》, watch [ワッチ]
▶ 車に気をつけなさい.
Be careful of cars. / *Watch out for* cars.
▶ おじいちゃんは食事には気をつけている.
My grandfather *is careful about* what he eats.
▶ お体に気をつけてください.
Please *take care of* yourself.
▶ じゃあ気をつけてね. バイバイ.
Take care. Bye-bye.
▶ 足元に気をつけて.
Watch your step. / *Mind* your step.
▶ ことばづかいに気をつけなさい.
Watch your language.
▶ 気をつけろ (あぶない)！
Watch out! / Look out! / Be careful!

> **用法** 体に気をつけて.
> 別れるときの「体に気をつけて」は **Take (good) care of yourself.** あるいは **Take care.** などという. これに対しては **Thanks, you too.** とか **Thanks, I will.** と答える.

きん¹ 金, 金(製)の gold [ゴウルド]
金色の, 金のような golden (▶ gold (金でできた) に対し, golden は比ゆ的に使われる)
▶ 金の指輪 a *gold* ring
▶ 純金 pure *gold*
▶ この指輪は金でできている.
This ring is made of *gold*.
金貨 a gold coin
金髪 golden hair, blond(e) hair

きん[2] ▶

金メダル a gold medal, (口語) a gold

きん[2] 菌 a germ [ヂャ～ム]; bacteria [バクティ(ァ)リア]

ぎん 銀, 銀(製)の silver [スィルヴァ]
▶ 銀のさじ a *silver* spoon (▶比ゆ的に「富, 財産」という意味もある)
銀貨 a silver coin
銀髪 silver hair
銀メダル a silver medal, (口語) a silver

きんえん 禁煙する give up smoking, (口語) quit smoking
▶ ここは禁煙です.
Smoking is prohibited here. / *Smoking is not allowed* here.
禁煙 (掲示) No Smoking
禁煙車 a nonsmoking car

ぎんが 銀河 (天文) the Milky Way, the Galaxy [ギャラクスィ]
銀河系 the Galaxy

きんがく 金額 an amount of money
▶ 少しの金額 a small *amount of money*
▶ 多くの金額 a large *amount of money*

きんがしんねん 謹賀新年 Happy New Year! →しんねん[1]

きんがん 近眼の (米) nearsighted [ニアサイティド], (英) shortsighted [ショートゥサイティド]
▶ 私は近眼だ. I am *nearsighted*.

きんき 近畿 (地方) the Kinki district, the Kinki area

きんきゅう 緊急の urgent [ア～ヂェント]
▶ 緊急の用事で
on *urgent* business
▶ 緊急の場合は警察に電話しなさい.
In an *emergency*, call the police. / In case of *emergency*, call the police.
▶ 緊急事態が発生した.

There's an *emergency*. / We have an *emergency*.
緊急事態宣言 the declaration [デクラレイション] of the state of emergency

きんぎょ 金魚 (魚) a goldfish [ゴウルドゥフィシ] ((複数) goldfish)
金魚すくい goldfish scooping
金魚ばち a goldfish bowl

きんく 禁句 a taboo [タブー]
▶ それは禁句だ.
That's *taboo*. / That's *off limits*.

キング (王様) a king [キング]
▶ スペードのキング
the *king* of spades

きんこ 金庫 a safe [セイフ] ((複数) safes)

きんこう 近郊 the suburbs [サバ～ブズ]

> 🔵プレゼン
> 私は京都近郊に住んでいます.
> I live in the suburbs of Kyoto.

ぎんこう 銀行

a bank [バンク]
▶ 銀行に100万円預けた.
I put one million yen in the *bank*.
▶ 銀行から2万円おろした.
I withdrew twenty thousand yen from the *bank*.
▶ 私は銀行にいくらか預金がある.
I have some money in the *bank*.
銀行員 a bank clerk, a bank employee
銀行口座 a bank account

きんし[1] 禁止 prohibition [プロウビション], a ban [バン]
禁止する forbid [フォビッド]; (公的に) prohibit [プロウヒビト]; (法律などで) ban
▶ 飲酒運転は法律で禁止されている.
Drunken driving *is prohibited* by law.
▶「でも…」と言うのを禁止します.
I *forbid* you to say "But."
▶ 駐車禁止 (掲示)
No Parking
▶ 遊泳禁止 (掲示)
No Swimming Here
▶ 立入禁止 (掲示)
(しばふなど) *Keep Off*; (関係者以外)
Private / *Off* Limits / Staff Only

「しばふに立入禁止」という掲示.

きんし² 近視の nearsighted [ニアサイティド]
(反)遠視の farsighted) →きんがん

きんじょ 近所 →ちかく

the neighborhood [ネイバフド]
近所の nearby, neighboring
近所に (住まいの)in the neighborhood;(…の)near

🔵スピーキング
Ⓐ この近所にコンビニはありませんか.
Isn't there a convenience store near here?
Ⓑ 学校の向かい側にありますよ.
It's across from the school.

▶ 近所の店
a *nearby* store / a *neighborhood* store
▶ 近所の人 a *neighbor*
▶ 野田先生は私の家の近所に住んでいます.
Mr. Noda lives *in my neighborhood*.

きんじる 禁じる →きんし¹
きんせい 金星(天文)Venus [ヴィーナス]
→わくせい(表)
きんぞく 金属(a) metal [メトゥル]
金属の, 金属製の metal
▶ このフレームは金属でできている.
This frame is made of *metal*.
▶ 金属バット a *metal* bat
きんだい 近代 modern [マダン] ages, modern times
近代の, 近代的な modern
近代化 modernization
きんちょう 緊張 tension [テンション]
緊張する (人が)get nervous [ナ〜ヴァス], feel nervous;(事態・状況などが)become tense [テンス], grow tense, get tense
緊張した(人が)nervous;(人・状況などが)tense
▶ 試験を受けるときはいつも緊張する.
I always *get nervous* when I take an exam.
▶ 緊張した雰囲気
a *tense* atmosphere(▶ a ˣ*nervous* atmosphere とはいわない)
ギンナン 銀杏(植物)a ginkgo nut [ギンコウ ナット](▶ gingko ともつづる. 中国語から)
きんにく 筋肉(a) muscle [マスル]
筋肉の, 筋肉のついた muscular [マスキュラァ]
▶ 筋肉をきたえる
strengthen my *muscles*
▶ 筋肉をつける build up my *muscles*
筋肉痛 a muscle ache [エイク], a muscle pain [ペイン]
筋トレ a muscle-building workout, muscle training
きんねん 近年 in recent years, lately
きんべん 勤勉な diligent [ディリジェント]
▶ ハックは勤勉ではない.
Huck is not *diligent*.
きんむ 勤務(仕事)work [ワ〜ク], service [サ〜ヴィス];(職務)duty [デューティ](▶ふつう複数形で使う)
勤務する work [ワ〜ク]
勤務時間 working hours, hours of work
▶ 母は勤務中です.
My mother is *at work*.
▶ 今夜は夜間勤務だ.
I'm on the night *duty* tonight.(▶看護師のような交替勤務の仕事について使う)
▶ お母さんの勤務先はどちらですか.
Where does your mother *work*?

きんようび 金曜日 →ようび(表)

Friday [フライディ](▶語頭は必ず大文字;Fri. と略す)
▶ 金曜日に on *Friday*
▶ やった, 今日は金曜日だ!
Thank God. It's *Friday*!(▶学校や会社は土日が休みのため, 生まれた言い方. T.G.I.F. と略す)
きんろうかんしゃのひ 勤労感謝の日 Labor Thanksgiving Day [レイバァ サンクスギヴィング デイ]

く ク く ク く ク

く¹ 九(の) →かず(表)

nine [ナイン]
第9(の) the ninth (つづり注意) (▶9thと略す)
第9番 No. 9, no. 9 (▶ number nineと読む)
▶ 私は昨夜は9時に寝た.
I went to bed at *nine* last night.
▶ ベートーベンの交響曲第9番
Beethoven's Symphony *No. 9*

く² 区 (都市の) a ward [ウォード]; (区域) a district [ディストゥリクト]

▶ 大阪市には24区ある.
Osaka City has twenty-four *wards*.
▶ 学区 a school *district*
区役所 a ward office

> **❶参考** 手紙のあて名などで日本の「区」を表記するときは, ward を使わずに -ku と書くのが一般的. たとえば, 「中央区」なら Chuo-ku のように書く.

く³ 句 《文法》 a phrase [フレイズ]

ぐあい 具合 (方法) a way [ウェイ]; (状態) a condition [コンディション]

▶ こういう具合にやりなさい.
Do it this *way*.

> **スピーキング**
> ❹ どこか具合が悪いの？
> Is anything the matter?
> ❺ ええ, 頭が痛いのです.
> Yes, I have a headache.

▶ 祖父は最近体の具合が悪い.
My grandfather *hasn't been feeling well* lately.
▶ 「メグ, 今日は体の具合はどうだい？」「とってもよくなりました」"How're you *feeling today*, Meg?" "I *feel* much better."

くい¹ a stake [ステイク]

▶ くいを打ち込む drive in a *stake*

くい² 悔い (a) regret [リグレット] →こうかい¹

悔いる regret
▶ 全力をつくしたので, 悔いはない.
I did my best, so I have no *regrets*.

クイーン a queen [クウィーン]

▶ ハートのクイーン
the *queen* of hearts

くいき 区域 a zone [ゾウン], a district [ディストゥリクト], an area [エ(ア)リア]

▶ 危険区域 a danger *zone*
▶ 立入禁止区域 an off-limits *area*
▶ 住宅区域 a residential *district*

くいしんぼう 食いしん坊 (大食家) a big eater, (軽べつして) a glutton [グラトゥン]; (美食家) a gourmet [グアメイ, グアメイ] (▶ フランス語から)

クイズ a quiz [クウィズ] (複数 quizzes)

▶ クイズに答える answer a *quiz*
▶ テレビのクイズ番組
a TV *quiz* show / a TV *quiz* program
▶ 雑学クイズ a general knowledge *quiz*

くいちがう 食い違う

▶ 私と彼の意見は食いちがっている.
He and I *disagree* with each other.

くいとめる 食い止める check [チェック], stop [スタップ]

> **ライティング**
> 私たちは地球温暖化を食い止めるよう努力すべきです.
> We should try to *stop* global warming.

くう 食う eat [イート], have [ハヴ] →たべる

▶ 私は蚊に食われた.
I *was bitten* by mosquitoes.
▶ 道草を食わないで, まっすぐ家に帰りなさい.
Don't *wander off*. Just come straight home.

ぐう (じゃんけんで) rock [ラック] →じゃんけん

くうかん 空間 (a) space [スペイス]; (余地) room [ル(ー)ム]

くうき 空気

1 air [エア] (▶ふつう a をつけず, 複数形に

◀ くがつ

しない)
▶ 窓を開けて新鮮な空気を入れよう.
Let's open the windows to let fresh *air* in.
▶ この部屋は空気がよごれている.
The *air* in this room is dirty.
2 (雰囲気) (an) atmosphere [アトゥモスフィア]
▶ 私はこのクラスの空気になじめない.
I can't get used to the *atmosphere* of this class.
▶ 彼は空気が読めない(→雰囲気から状況を理解することが下手な)人だ.
He's not good at reading a situation from the *atmosphere*.
空気入れ(自転車の) a bicycle pump
空気清浄器 an air cleaner [クリーナァ]

グーグー
▶ おなかがグーグーいっている.
My stomach *is rumbling*.
▶ オオカミはグーグーいびきをかいていた.
The wolf *was snoring* loudly.

くうぐん 空軍 the air force [エア フォース] (▶「海軍」は navy,「陸軍」は army)
空軍基地 an air base

くうこう 空港 an airport [エアポート]

▶ 空港ビル an *airport* terminal
▶ 成田国際空港 Narita International Airport (▶空港名には the をつけない)
▶ 国際空港 an international *airport*
▶ 空港まで車でむかえに行くよ.
I'll pick you up at the *airport*.

くうしゅう 空襲 an air raid [レイド]
くうしょ 空所 a blank [ブランク]
▶ 空所に記入せよ. Fill in the *blanks*.

ぐうすう 偶数 an even [イーヴン] number
(対 奇数 odd number)

ぐうぜん 偶然
(a) chance [チャンス]; (偶然のできごと)

(an) accident [アクスィデント]; (偶然の一致) coincidence [コウインスィデンス]
偶然に by chance, accidentally [アクスィデンタリィ]

💬表現力
偶然…する → happen to ...

▶ 通りで偶然祐介に会った.
I *happened to* meet Yusuke on the street. / I met Yusuke on the street *by chance*.

くうそう 空想 (a) fantasy [ファンタスィ,-ズィ]; (楽しい) a daydream [デイドゥリーム]; (想像) (an) imagination [イマヂネイション]
空想する daydream, fancy [ファンスィ]
▶ アリスったらまた空想にふけっている.
Alice *is daydreaming* again.
空想上の imaginary [イマヂナリィ]

くうちゅう 空中に in the air
空中ブランコ a trapeze [トゥラピーズ]

くうふく 空腹 hunger [ハンガァ]
空腹な hungry
▶ 私は空腹です. I'm *hungry*.
▶ 空腹にまずいものなし.(ことわざ)
Hunger is the best sauce. (▶「空腹は最高のソースである」という意味)

クーポン a coupon [クーポン]

クーラー ((1台の)空気調節装置)an air conditioner;(システム全体)air conditioning [エア コンディショニング] (▶ cooler は飲み物などを冷やす冷却器をさす)
▶ この部屋はクーラーがよくきいている.
The *air conditioner* in this room works well.

クール クールな(かっこいい)cool [クール]; (冷静な) cool-headed [クールヘディド]

クエスチョンマーク a question mark (疑問符) →くとうてん(表)

クォーテーションマーク quotation marks (引用符) →くとうてん(表)

くがつ 九月 →いちがつ,つき¹(表)

September [セプテンバァ] (▶語頭は必ず大文字; Sep. または Sept. と略す)
▶ 9月に in *September*
▶ 9月9日に on *September* 9
(▶ September (the) ninth と読む)
▶ アメリカでは9月に学校が始まる.

two hundred and thirty-seven 237

くき ▶

The school year starts in *September* in America.
くき 茎 a stem [ステム], a stalk [ストーク]
くぎ a nail [ネイル]
▶ くぎを打つ
hammer a *nail* / drive a *nail*
▶ このくぎをぬいて. Pull out this *nail*.
くぎぬき pincers [ピンサァズ]
くぎり 区切り (終わり) an end [エンド]; (間) a pause [ポーズ]; (文章の) punctuation [パン(ク)チュエイション]
くぎる 区切る divide [ディヴァイド]; (句読点を打つ) punctuate [パン(ク)チュエイト]
▶ その部屋はカーテンで区切られていた.
The room *was divided* by a curtain.
くぐる (通りぬける) go through, pass through; (下を) go under, pass under
▶ トンネルをくぐる *go through* a tunnel
▶ 橋の下をくぐる *go under* a bridge

くさ 草

grass [グラス]; (雑草) a weed [ウィード]
▶ 草を刈る
cut the *grass* / (草刈り機などで) mow the *grass*
▶ 庭は草ぼうぼうだ.
The garden is full of *weeds*.
▶ 庭の草むしりをする *weed* the garden
草刈り機 a mower [モウァ]
草花 a flowering plant, a flower
くさい 臭い smell (bad)
▶ ガスくさいぞ. I *smell* gas.
▶ わっ, くさい!
What a *terrible smell*! / Oh, it really *stinks*!
▶ この生ごみはくさい.
This garbage *smells bad*.
くさり 鎖 a chain [チェイン]
▶ 犬をくさりでつないだ.
I *chained* my dog.
くさる 腐る **1** (腐敗する) go bad, rot [ラット], spoil [スポイル]
くさった rotten
▶ くさった魚 *rotten* fish
▶ くさったタマネギ a *bad* onion
▶ 夏は食物がくさりやすい (→すぐにくさる).
Food *goes bad* quickly in summer.
2 (ふさぎこむ)

▶ そうくさるなよ.
Don't *be* so *discouraged*. / Cheer up!
くし¹ (髪をとかす) a comb [コウム]
くしでとかす comb
▶ くしで髪をとかした.
I *combed* my hair.
くし² (焼き鳥などの) a skewer [スキューア], a spit [スピット]
くしでさす skewer
くじ a lot [ラット]; (景品があたる) a raffle [ラフル]; (宝くじ) a lottery [ラテリィ]
▶ 宝くじ a public *lottery*
▶ ぼくはくじ運がいい.
I'm always lucky in the *lottery*. (▶「くじ運が悪い」は be unlucky in the lottery)
▶ くじに当たった. I won the *lottery*. (▶「外れた」なら won を lost にする)
くじ引きをする draw lots
▶ くじ引きで決めよう.
Let's decide by *drawing lots*.
くじく (手足を) sprain [スプレイン]; (勇気などを) discourage [ディスカ～レヂ]
▶ 転んで右の足首をくじいた.
I fell down and *sprained* my right ankle.
くじける (気が) be discouraged [ディスカ～レヂド]
▶ たった1回の失敗でくじけるな.
Don't *be discouraged* at a single failure.
クジャク (鳥)(おす) a peacock [ピーカク]; (めす) a peahen [ピーヘン]
くしゃくしゃ くしゃくしゃの rumpled [ランブルド]
くしゃくしゃにする crumple [クランプル]
▶ 紙をくしゃくしゃに丸める
crumple paper into a ball
くしゃみ a sneeze [スニーズ]
くしゃみをする sneeze

> **①参考** くしゃみの音は **a(h)choo** [アーチュー]とか **atishoo** [アティシュー]で表す. くしゃみをした人には **(God) bless you!** (神様がお守りくださいますように / お大事に) と言う. これに対しては **Thank you.** と答える.

238　two hundred and thirty-eight

◀ くせ

くじょう 苦情 a complaint [コンプレイント]
苦情を言う complain (about, of), make a complaint (about, of)

クジラ (動物) a whale [(フ)ウェイル]

くしん 苦心 efforts [エフォツ], pains [ペインズ]
苦心する take pains, work hard
▶ 彼は苦心して作品を完成した.
He completed the work by *hard work*.

くず waste [ウェイスト], (米) trash [トゥラッシ] →ごみ
▶ 紙くず *wastepaper*
くずかご a wastebasket

ぐず ぐずな slow [スロウ]
▶ ぐずねえ. 急いで.
You're too *slow*. Hurry up!

くすくす くすくす笑う chuckle [チャクル]; (とくに女の子や若い女性が) giggle [ギグル]
▶ 何をくすくす笑ってるの？
What *are* you *chuckling* about?

ぐずぐず
▶ ぐずぐずしていないで早く朝ごはんを食べなさい. 学校に遅れますよ.
Hurry up and eat breakfast, or you'll be late for school.
▶ 何をぐずぐずしているの？
What's *taking so much time*? / What's *taking* you *so long*?
▶ ぐずぐずしてはいられない.
I have *no time to lose*. / There is *no time to lose*.

くすぐったい
▶ くすぐったい.
I'*m ticklish*. / It *tickles*.
▶ 背中がくすぐったい.
My back *tickles*.

くすぐる tickle [ティクル]
▶ くすぐったい. くすぐるのやめて.
How ticklish! Stop *tickling* me.

くずす break [ブレイク]; (両替する) change [チェインヂ]
▶ この１万円札をくずしてくれますか.
Can you *change* this 10,000-yen bill? (▶ change の代わりに break ともいう)

くすり 薬
(a) medicine [メデ(ィ)スン], a drug [ドゥラッグ] (▶ drug は「麻薬」という意味もあるので注意)
▶ 毎食後にこの薬を飲んでください.
Take this *medicine* after each meal.
▶ この薬は頭痛にきく.
This *medicine* is good for headaches.
▶ 車酔いの薬をください.
I'd like some *medicine* for carsickness, please. (▶「飛行機酔い」なら airsickness,「船酔い」なら seasickness という)

🛈 参考 薬のいろいろ
錠剤 a tablet, a pill ／ 粉薬 a powder ／ カプセル a capsule ／ 丸薬 a pill ／ ぬり薬 ointment

くすりゆび 薬指 the third finger (▶結婚指輪をはめる左手の薬指は ring finger ともいう) →ゆび (図)

くずれる (崩壊する) fall down, collapse [コラプス]; (形を失う) lose *its* shape
▶ そのビルは地震でくずれた.
The building *fell down* in the earthquake.

くせ 癖
(習慣) a habit [ハビト]; (やり方) a way [ウェイ]
▶ 悪いくせがつく
fall into a bad *habit* / get a bad *habit*
▶ 悪いくせを直すには時間がかかる.
It takes time to break a bad *habit*.
▶ それがばくのいつものくせさ.
That's my usual *way* (of doing things).

-(の)くせに

表現力
…するくせがある
→ have a habit of -ing

▶ 父は寝言を言うくせがある.
Father *has a habit of talking* in his sleep.
くせ毛 (まとまりにくい髪) unruly hair；(ちぢれた髪) curly hair
▶ くせ毛を直す tame *my unruly hair*

-(の)くせに though [ゾウ], although [オールゾウ]
▶ へたなくせに，千賀子はテニスをするのが好きだ.
Chikako likes playing tennis, *though* she is a poor player.

くだ 管 (チューブ) a tube [テューブ]；(パイプ) a pipe [パイプ] → かん⁴

ぐたいてき 具体的な concrete [カンクリート] (反 抽象的な abstract)
▶ そのことをもっと具体的に話してくれますか.
Can you be more *specific* about it?

くだく 砕く break [ブレイク]
▶ 氷をくだく *break* the ice

くたくた be dead tired, be exhausted [イグゾースティド]
▶ 部活でくたくただよ.
I'm *dead tired* from club activities.

くだける 砕ける break [ブレイク]
▶ コップは落ちてこなごなにくだけた.
The glass fell and *broke* into pieces.

ください

▶ チーズバーガーを2つください.
Two cheeseburgers, *please*.

スピーキング
🅐 これください.
I'll take this.
🅑 かしこまりました.
Certainly.

▶ ステーキをください.　I'll *have* a steak.
▶ 何か冷たい飲み物をください.
Give me something cold to drink, *please*.

表現力
…してください
→ Please ... . / Will you ...?

▶ 手伝ってください.
Please help me. / *Will you* help me?

表現力
…しないでください
→ Please don't ... .

▶ 戸は開けっぱなしにしないでください.
Please don't leave the door open.

用法 「…してください」「いいですよ」
「…(して)ください」のいろいろ
人に「…してください」とたのむときには，
Please ..., Will you ...?, Could you ...?, Would you mind -ing?
などという．
お名前を教えてください．
Your name, *please*. / May I have your name, *please*?
こちらにおいでください．
Will you come over here?
エスカレーターはどこか教えてください．
Could you tell me where the escalator is?
ちょっとつめてください．
Would you mind moving over a little?
「ええ，いいですよ」のいろいろ
「ええ，いいですよ」と答えるときは **All right.** とか **Sure.** という．よりていねいに答えるには **Surely., Certainly.** とか **I'd be happy to., It would be my pleasure.** という．「残念ですが，できません」と断るときは，**I'm sorry I can't.** といって理由を述べる．

「…してください」
　Please ... .
　Will you ...?
　Could you ...?
　Would you mind -ing?
「いいですよ」
　OK.
　Sure.
　All right.
　Certainly.
　I'd be happy to.
　It would be my pleasure.

下にいくほど，ていねいな言い方になるよ．

◀ くち

くだす
▶ おなかをくだしているの.
I have stomach trouble. →げり

くたびれる be tired [タイアド] (of, from)
→あきる, つかれる

くだもの 果物
(a) fruit [フルート]
▶ 果物が大好きです. I love fruit.

🔊スピーキング
Ⓐ どんな果物が好きですか.
What kind of fruit do you like?
Ⓑ リンゴとスイカです.
I like apples and watermelons.

おもな果物
アボカド avocado
イチゴ strawberry
イチジク fig
オレンジ orange
カキ persimmon
キウイ kiwi fruit
グレープフルーツ grapefruit
サクランボ cherry
スイカ watermelon
ナシ Japanese pear (▶西洋ナシは pear という)
パイナップル pineapple
バナナ banana
パパイヤ papaya
ブドウ grapes
プラム plum
マンゴー mango
ミカン mikan, tangerine, Japanese orange
メロン melon
モモ peach
リンゴ apple
レモン lemon

▶ マンゴーは熱帯の果物だ.
A mango is a tropical fruit. (▶特定の種類を表すのでaをつける)
▶ 果物や野菜はビタミンをふくんでいる.
Fruit(s) and vegetables contain vitamins.
▶ トマトは野菜ですか, 果物ですか.
Is a tomato a vegetable or a fruit?

📝文法 fruit の使い方
ふつう「果物」とまとめていう場合はaをつけず, 複数形にしない. ただし, 個々の果物や種類をいうときはaをつけたり複数形にしたりすることもある.

果物店 a fruit store, a fruit shop
果物ナイフ a fruit knife, a paring knife

くだらない (取るに足りない) trashy [トゥラシィ], trifling [トゥライフリング]; (ばかげた) silly [スィリィ] →つまらない

くだり 下りの down [ダウン] (反 上りの up)
▶ 道はここから下りになる.
The road goes down from here.
▶ 下りのエスカレーター
a down escalator
下り坂 a downward slope, a downhill road
▶ 天気は下り坂だ (→悪くなる).
The weather is changing for the worse.
下り列車 a down train (▶ (米) では上りや下りではなく, a train for Boston のように行き先をいうのがふつう)

くだる 下る
go down (反 上る go up); (山を) climb down (反 登る climb up)
▶ 私たちは午後早めに山を下りはじめた.
We started to go down the mountain in the early afternoon.
▶ 私たちはライン川を船で下った.
We went down the Rhine River in a boat.
…(を)下らない
▶ 爆発で死んだ人は1000人を下らなかった.
No less than 1,000 people died in the explosion.

くち 口 →あたま (図)
1 a mouth [マウス]; (味覚) the taste [ティスト]
▶ 口を大きく開けて. あーん.
Open your mouth wide. Say ahh.
▶ 口をいっぱいにしたまま話してはいけない.
Don't speak with your mouth full.

two hundred and forty-one 241

ぐち ▶

▶ こっちのほうが口に合うと思うよ.
I think you'll find this more to your *taste*.
▶ 良薬は口に苦し.《ことわざ》
Good medicine *tastes* bitter.
2《ことば》**words**［ワ~ツ］, a tongue［タング］
▶ 彼は口が重い.
He is a man of few *words*.
▶ 口を出す
cut in；（おせっかいをやく）stick my nose into ...
▶ 口をつつしみなさい.
Watch your *tongue*.
▶ あいつとは口をききたくない.
I don't want to *talk* to him.
▶ マイクは口がかたい.
Mike can keep a secret.
▶ あいつは口がうまい.
He is a smooth *talker*.
3《びんなどの》a **mouth**
▶ びんの口 the *mouth* of a bottle

> ⓘ 日本語 NAVI
> 口うるさい ☞こまかいことをいろいろ言う
>   →うるさい
> 口が重い ☞①口数が少ない ②言いにくい
>   →①むくち ② -(し)にくい
> 口がかたい ☞おしゃべりではない
>   →おしゃべり，かたい
> 口が軽い ☞おしゃべり →おしゃべり
> 口がすべる ☞うっかり言う →うっかり
> 口が悪い ☞けなす →わるくち
> 口をすっぱくする ☞何度も注意する
>   →ちゅうい
> 口を出す ☞割り込んで意見を言う
>   →でしゃばる，わりこむ

ぐち《a》complaint［コンプレイント］→ふへい
ぐちをこぼす complain［コンプレイン］
▶ 彼はいつもぶつぶつぐちをこぼしている.
He *is* always *complaining*.
くちうるさい 口うるさい nagging［ナギング］
くちうるさく言う nag［ナッグ］
▶ お母さんは勉強のことでいつも口うるさい.
My mother *is* always *nagging* me about my studies.
くちごたえ 口答えする talk back
▶ ジェフ, お父さんに口答えしてはいけません.
Don't *talk back* to your father, Jeff.

くちコミ 口コミ word of mouth
▶ そのカフェは口コミで人気が出た.
The café became popular by *word of mouth*.
くちさき 口先
▶ あいつは口先だけだよ.
He is *all talk*. / He *talks big*.
くちばし（ハト・アヒルなどの）a bill［ビル］；（ワシなどのかぎ状の）a beak［ビーク］
くちびる 唇 a lip［リップ］（▶上下あるので, 複数形で使うことが多い）
▶ 上くちびる the upper *lip*
▶ 下くちびる the lower *lip*
くちぶえ 口笛 a whistle［(フ)ウィスル］
口笛を吹く whistle
▶ 彼は口笛で好きな歌を吹いている.
He's *whistling* his favorite song.
くちべた 口下手 a poor speaker
くちべに 口紅 (a) lipstick［リプスティク］
▶ 口紅をつける put on *lipstick*
▶ ルミは口紅をつけている.
Rumi is wearing *lipstick*. / Rumi has *lipstick* on.
くちょう 口調 a tone［トウン］
▶ 興奮した口調で言う
say something in an excited *tone*

くつ 靴

（短ぐつ）a **shoe**［シュー］；（ブーツ）a **boot**［ブート］；（スニーカー）a sneaker［スニーカァ］（▶左右合わせて複数形で使う）

shoes　　　　　boots

▶ くつ1足
a pair of *shoes*
▶ くつをみがく
polish my *shoes* / shine my *shoes*
▶ 美香ちゃん, くつをはきなさい.
Put your *shoes* on, Mika. / Put on your *shoes*, Mika.
▶ トム, ここでくつをぬいでください.
Will you take off your *shoes* here, Tom?
▶ このくつはきつい.

◀ くとうてん

These *shoes* are too tight.

🗣スピーキング
Ⓐ くつのサイズはいくつですか.
What size shoes do you wear?
Ⓑ 9サイズです.
I wear size 9.

📖文法「くつ」の数え方
両足にはくのでふつう複数形で使う.「1足」「2足」と数えるときは **a pair of shoes**, **two pairs of shoes** という. なお,「片方のくつ」は **a shoe** のように単数形で表す.

くつ職人 a shoemaker (▶「くつ店の店主」もさす)
くつずみ shoe polish
くつ店 a shoe store
くつひも (米)a shoelace, a shoestring
くつべら a shoehorn
くつみがき (人) (米) a bootblack, (英) a shoeblack; (店) a shoeshine stand
くつう 苦痛 (a) pain [ペイン]
クッキー (米) a cookie [クキィ], (英) a biscuit [ビスケト]
▶ クッキーを焼く
bake *cookies*

くっきり clearly [クリアリィ] →はっきり

くつした 靴下
(短い) a **sock** [サック]; (長い) a **stocking** [スタキング] (▶ともにふつう複数形で使う.「1足」「2足」と数えるときは a pair of socks, two pairs of stockings のようにいう)
▶ くつ下をはく
put on my *socks*
▶ くつ下をぬぐ

take off my *socks*
クッション a cushion [クション]
ぐっすり fast [ファスト], sound [サウンド], well [ウェル]
▶ 赤んぼうはぐっすり眠っている.
The baby is *fast* asleep. (▶ fast の代わりに sound ともいう)
▶「ゆうべはぐっすり眠れましたか」「はい,よく眠れました」
"Did you sleep *well* last night?" "Yes, I slept *fine*."
▶「お休み」「ぐっすり眠ってね」
"Night(y) night!" "Sleep *tight*!" (▶親子でよく使うあいさつ表現)
ぐったり
▶ そのマラソンランナーは疲れてぐったりしていた.
The marathon runner was *dead tired*.
くっつく stick [スティック] (to) →つく²
▶ ぬれたシャツがはだにくっついた.
The wet shirt *stuck to* my skin.
▶ チューインガムがくつにくっついた.
Chewing gum *stuck to* my shoe.
くっつける →つける¹
ぐっと
▶ 私は彼の手をぐっとにぎった.
I held his hand *firmly*.

🎤プレゼン
私はこの小説のラストシーンにぐっときました.
The last scene of this novel touched my heart.

くつろぐ make *my*self at home, feel relaxed
▶ どうぞおくつろぎください.
Make yourself at home, please.
▶ 夕食を終えてくつろいだ気分になった.
We *relaxed* after supper.
くどい
▶ くどいぞ. Don't be so *wordy*.
▶ 同じことを何度も何度もくどいよ.
Cut it out! You're saying the same thing over and over again. (▶ Cut it out! は「いいかげんにして」という意味)
くとうてん 句読点 a punctuation [パン(ク)チュエイション] mark
句読点をつける punctuate

two hundred and forty-three 243

くに ▶

英文で使われるおもな句読点

記号	呼び名	おもな使い方
.	period (ピリオド)	ふつうの文の終わりや略語のあとに
?	question mark (疑問符)	疑問文の終わりにつける
!	exclamation mark (感嘆符)	感嘆文の終わりにつける
,	comma (コンマ)	文中の軽い区切りにつける
:	colon (コロン)	会話の話し手の名前のあとなどに
;	semicolon (セミコロン)	コンマとピリオドの間の区切り
'	apostrophe (アポストロフィー)	短縮形や所有を表すとき
" "	quotation marks (引用符)	日本語のかぎかっこと同じ働き
-	hyphen (ハイフン)	2つの語を結んで1つにするとき
―	dash (ダッシュ)	言い換えや挿入語句を置くとき

くに 国

1 a **country**[カントゥリィ], a **nation**[ネイション]
▶ 日本は長い歴史をもつ国です.
Japan is a *country* with a long history.

✏️ライティング
世界には多くの国がある.
There are many countries in the world.

▶ いつかあなたの国に行ってみたいと思います. I would like to visit your *country* someday.
▶ 私は国中を旅行したい.
I want to travel all over the *country*.

2 (故郷) *my* **home** [ホウム], *my* **hometown** [ホウムタウン]

🗣️スピーキング
🅐 おくにはどちらですか.
 Where are you from?
🅑 青森です.
 I'm from Aomori.

▶ 夏休みにはくにへ帰ります.
I'm going *home* during the summer vacation.

くばる 配る hand out, pass out ; (配達する) deliver [ディリヴァ]
▶ 早く配って!
(手わたしで) *Hand* them *out* quickly, please.
▶ 先生は問題用紙をクラスに配った.
The teacher *handed* question sheets *out* to the class.

くび 首 →あたま(図)

1 a **neck** [ネック] ; (頭部) a **head** [ヘッド]
▶ 太い首 a thick *neck*
▶ キリンは首が長い.
A giraffe has a long *neck*.
▶ 彼は首にマフラーを巻いていた.
He was wearing a scarf around his *neck*.
▶ 首を横にふるのは「いいえ」を意味する.
Shaking your *head* means "no." (▶ 承知する場合は nod (首を縦にふる)を使う)

2 (比ゆ的に)
▶ 私たちは父の帰りを首を長くして待った.
We *looked forward to* our father's coming home.
▶ (おまえは)首だ!《口語》You're *fired*.
(▶ fire は「首にする, 解雇する」という意味)

首飾り a necklace [ネクレス] →ネックレス
首輪 (犬の) a collar [カラァ]

ℹ️日本語NAVI
首をかしげる ☞ 疑問に思う
　→ぎもん, うたがう
首をつっこむ ☞ 自分からすすんで関わる
　→かんけい
首を長くする ☞ 楽しみに待つ →まつ
首をひねる ☞ 疑問に思って考え込む
　→かんがえる, ぎもん

くふう 工夫 (しかけ) a **device**[ディヴァイス] ; (アイデア) an **idea** [アイディ(ー)ア]
工夫する **devise** [ディヴァイズ]
▶ 何かうまい工夫はないですか.
Do you have any good *ideas*?
▶ 問題の解き方を工夫する
think of ways to solve a problem

くべつ 区別する tell ... from, distinguish

244　two hundred and forty-four

◀ **クモ**

[ディスティングウィシ]
▶ 湖と池の区別ができますか.
Can you *tell* a lake *from* a pond?
▶ ヒキガエルはほかのカエルと簡単に区別がつく.
Toads are easy to *distinguish* from frogs.

くぼみ (木などの) a hollow [ハロウ]；(道路などの) a pothole [パトゥホウル]
▶ 道路のくぼみ a *pothole* in the road

くぼむ become hollow [ハロウ]
▶ くぼんだ目 *hollow* eyes

クマ 熊《動物》a bear [ベア]
▶ 北極グマ, シロクマ a polar *bear*
▶ ヒグマ a brown *bear*

くみ 組

使い分け

(学級) → class
(集団) → group, team
(ひとそろい) → set

1 (学級) a **class** [クラス]
▶ 1 年 2 組
1st Grade, *Class* 2 / 2nd *Class* of the 1st Grade
▶ 1 年 D 組 20 番
1st Grade, *Class* D, No. 20

スピーキング
Ⓐ きみは何組ですか.
What class are you in?
Ⓑ B 組です.
I am in Class B.

プレゼン
うちの学校は各学年とも 4 組まであります.
There are four classes for each grade in our school.

2 (集団) a **group** [グループ]；(競技のチーム) a **team** [ティーム]
▶ 各学年は紅白の 2 組に分けられた.
Each grade was divided into two *teams*, Red and White.
▶ 3 人ずつ組になりなさい.
Make *groups* of three.

3 (ひとそろい) a **set** [セット]；(一対) a **pair** [ペア]

▶ 1 組の茶器 a tea *set*

グミ (菓子) gummy [ガミ]

くみあい 組合 a union [ユーニョン]
▶ 労働組合
《米》a labor *union*, 《英》a trade *union* (▶単に union ともいう)

くみあわせ 組み合わせ a combination [カンビネイション]；(試合などの) pairing [ペ(ア)リング]

組み合わせる combine [コンバイン]；(つり合わせる) match [マッチ]
▶ 色の組み合わせ a color *combination*
▶ 洋服の組み合わせを考える
think about how to *coordinate* my outfit (▶服の場合, combination, combine はふつう使わない)
▶ サッカーの試合の組み合わせ
the *pairings* for the soccer tournament

くみたてる 組み立てる put together
▶ 機械を組み立てる
put a machine *together*
▶ パソコンを自分で組み立てた.
I *put together* my computer myself.

くむ¹ 組む

1 (人が) join forces 《with》；(競技などで) pair [ペア] (up) 《with》
▶ われわれが組めばきっと成功する.
If we *join forces*, we'll surely succeed.
▶ 私はダブルスで和子とペアを組んだ.
I *paired up with* Kazuko in doubles.

2 (足を) cross [クロ(ー)ス]；(腕を) fold [フォウルド]
▶ 彼は腰をかけるとよく足を組む.
He often *crosses* his legs when he sits.
▶ コーチは腕を組んでチームの練習を見ていた.
The coach *folded* his arms as he watched our team practice.
▶ アンはボーイフレンドと腕を組んで歩いた.
Ann walked *arm in arm* with her boyfriend.

くむ² (水などを) draw [ドゥロー]
▶ 井戸の水をくむ
draw water from a well

クモ (虫) a spider [スパイダァ]

two hundred and forty-five 245

くも ▶

- クモの糸 a *spider*'s thread
  クモの巣 a spider's web

くも 雲

(a) **cloud** [クラウド]
- 雨雲 rain *clouds*
- 入道雲 thunderheads
- 黒い雲が出てきたよ.
  Black *clouds* are gathering.
- 空は厚い雲におおわれている.
  The sky is covered with thick *clouds*.
- 空には雲ひとつなかった.
  There was not a *cloud* in the sky.

くもり 曇り

cloudy [クラウディ]
くもりの cloudy
- 天気予報ではあすはくもりだよ.
  The weather forecast says it'll be *cloudy* tomorrow. (▶天候を表すときは it を主語にすることが多い)
- 晴れのちときどきくもり.
  Fair, later occasionally *cloudy*.
  くもりガラス frosted glass
  くもり空 a cloudy sky

くもる 曇る

1 (空が) get cloudy [クラウディ], become cloudy
- 外はくもってるよ. It's *cloudy* outside.
- 夕方にかけてくもってきた.
  It *got cloudy* toward evening.

2 (ガラスなどが) fog [フォ(ー)グ] (up), cloud [クラウド] (up);(顔が) cloud (over)
- 湯気で眼鏡がくもった.
  The steam *fogged up* my glasses.

- 母の顔は悲しみでくもった.
  Mother's face *was clouded* with sorrow.

くやしい 悔しい (ものごとが) disappointing [ディサポインティング]
- 結果が出せず,くやしかった(→がっかりした).
  I *was disappointed* that I couldn't perform well.
- すごくくやしいよ. 優勝したかった.
  I'm so *disappointed*. I wanted to win the championship.
- くやし泣きする cry with *frustration*

くやみ 悔やみ condolences [コンドウレンスィズ]
- 心からおくやみ申しあげます.
  I'd like to offer my deepest *condolences*. / Please accept my deepest *sympathy*.

くやむ 悔やむ be sorry (for), regret [リグレット]
- あとになってくやむぞ.
  You'll *be sorry for* it someday. / You'll *regret* it later.

くよくよ くよくよする worry [ワ～リィ] (about)
- くよくよするなよ.
  Take it easy. / Cheer up!
- そんなつまらないことにくよくよするな.
  Don't *worry about* such little things.

くら 倉, 蔵 a warehouse [ウェアハウス]

くらい¹ 暗い

(光・色などが) **dark** [ダーク] (反 明るい light); (気分が) **gloomy** [グルーミィ]
暗くなる get dark, become dark
- 地下室の中はいつも暗い.
  It is always *dark* in the basement. (▶明暗を表すときはふつう it を主語にする)
- 暗くならないうちに帰ってきなさい.
  Come back before it *gets dark*.
- 堀さんは性格がとても暗い.
  Mr. Hori has a very *gloomy* personality.
- 一日中雨が降っていると気分が暗くならない? Don't you feel *gloomy* when it's raining all day?

くらい² 位 **1** (階級) a rank [ランク], a grade [グレイド]
- 位が高い be high in *rank* (▶「低い」なら low という)

2 (数字の)(小数点以上) the ... digit [ディヂ

ト], (小数点以下) the ... place [プレイス]
- 10の位 the ten's *digit*
- 10分の1の位 the tenth *place*

-くらい

使い分け
(およそ) → about, around
(同じ程度) → as ... as ～
(少なくとも) → at least

1 (およそ) **about** [アバウト], **around** [アラウンド], ... or so
- 私たちは電話で2時間くらいしゃべった. We talked on the phone for *about* two hours. (▶ for は省略することもある)
- 「ここから駅までどのくらいかかりますか」「歩いて30分くらいです」 "How long does it take from here to the station?" "It takes *about* 30 minutes on foot." →どのくらい

2 (同じ程度) **as ... as ～** →おなじ

表現力
～と同じくらい… → as ... as ～

- このゲームは前回のと同じくらいおもしろい. This game is *as* exciting *as* the last one.
- 私の弟はきみと同じくらい背が高い. My brother is *as* tall *as* you.

3 (少なくとも…くらい) **at least**
- 少なくとも1日1時間くらいは英語の勉強をしなさい. Study English *at least* one hour a day.

グライダー a glider [グライダァ]
クライマックス a climax [クライマクス]
クラウドファンディング crowd funding [クラウド ファンディング]
グラウンド a field [フィールド], a ground [グラウンド]; (コース) a track [トゥラック]; (運動場) a playground [プレイグラウンド], schoolyard [スクールヤード]
- 大介は毎日グラウンドを5周走ります. Daisuke runs five laps around the *schoolyard* every day.

クラゲ (動物) a jellyfish [チェリフィシュ] (複数 jellyfish)

くらし 暮らし

(a) **life** [ライフ], (a) **living** [リヴィング]

- 豊かな暮らしがしたい. I want to have a good *life*.
- 千代はデザイナーとして暮らしを立てている. Chiyo makes her *living* as a designer.

クラシック (音楽) classical music (▶ ×classic music とはいわない)

クラス

(授業・クラスの生徒全体) a **class** [クラス]
- 英語のクラス an English *class*

ライティング
私たちのクラスには30人の生徒がいます.
There are 30 students in our class.

- 優子はクラスでいちばんよくできる. Yuko is the brightest in the *class*.

プレゼン
英語のテストで私はクラスで1番になりました.
I got the highest score in the class on the English exam.

クラス委員 a class representative [レプリゼンタティヴ]
クラス会 a class meeting; (卒業後の) a class reunion [リーユーニョン]
クラス対抗リレー an interclass relay
クラスメート a classmate [クラスメイト]

くらす 暮らす

live [リヴ]
- 幸せに暮らす *live* happily / *live* a happy life
- 父は今は札幌で1人で暮らしている. My father *is living* alone in Sapporo. (▶「たまたま今は」という一時的な状態は現在進行形で表す)

グラス (コップ) a glass [グラス] →コップ
- グラス1ぱいのワイン a *glass* of wine

グラタン gratin [グラトゥン] (▶フランス語から)
- マカロニグラタン macaroni au *gratin*

クラッカー a cracker [クラカァ]

クラブ

1 a **club** [クラブ] (▶団体競技の運動部のときは team も使える)

two hundred and forty-seven 247

グラフ ▶

🗣スピーキング
Ⓐ 何の**クラブ**に入ってるの？
What club are you in?
Ⓑ テニス**クラブ**です．
I'm in the tennis club.

▶ あなたの学校にはどんなクラブがありますか．
What kind of *clubs* do you have at your school?
▶ うちのクラブは（部員が）10人しかいない．
Our *club* has only ten members.
▶ 私たちのクラブは週3回あります．
Our *club* meets three times a week.
クラブ活動 club activities →ぶかつ(どう)
2 (トランプの) clubs
▶ クラブのジャック the jack of *clubs*
3 (ゴルフの) a (golf) club
グラフ a graph [グラフ], a chart [チャート]
▶ 棒グラフ a bar *graph*
▶ 円グラフ a circle *graph*
▶ 折れ線グラフ a line *graph*
▶ グラフをかく
draw a *graph* / make a *graph*
グラフ用紙 graph paper
グラブ a glove [グラヴ]
くらべる 比べる compare [コンペア] (with, to)
▶ この絵とあの絵を比べてみよう．
Let's *compare* this painting *with* that one.
▶ 小学校のころに比べたら，ほとんど自由な時間がない．
Compared to my elementary school days, I have little free time.
くらむ (目が) be blinded [ブラインディド], be dazzled [ダズルド]
▶ フラッシュで目がくらんだ．
I *was blinded* by the flash.
グラム a gram [グラム] (▶ g と略す)
くらやみ 暗闇 darkness [ダークネス], the dark [ダーク]
▶ 真っ暗やみ total *darkness*
▶ 私は暗やみがこわいの．
I'm afraid of *the dark*.
クラリネット (楽器) a clarinet [クラリネット]
▶ クラリネットを吹く play the *clarinet*
グランド →グラウンド
グランドピアノ (楽器) a grand piano

グランプリ a grand prix [グラーン プリー] (▶ フランス語から)
クリ (植物) a chestnut [チェスナト]
くりあげる 繰り上げる move up, advance [アドヴァンス]
▶ 予定を1週間くり上げる
move up the schedule by a week
クリーニング cleaning [クリーニング]; (クリーニング店) a laundry [ローンドゥリィ], the cleaners [クリーナァズ]
▶ ドライクリーニング dry *cleaning*
▶ このコート，クリーニングに出してくれる？
Will you send this coat to *the cleaners*? (▶「クリーニングに出す」というときは店に出すことなので，the cleaners にする)

> ⓘ参考 「コインランドリー」は **coin-operated laundry** とか **laundromat** (商標名)という．

クリーム cream [クリーム]
▶ シュークリーム a *cream* puff
▶ 生クリーム fresh *cream*
▶ リップクリーム (a) lip balm
▶「コーヒーに何か入れる？」「クリームをお願い」
"How do you like your coffee?" "With *cream*, please." (▶ コーヒーに入れるものをたのむときに，With ×milk, please. とはふつういわない)
▶ 手にクリームを塗る
apply *cream* to *my* hands
クリームソーダ an ice-cream float
グリーン (緑) green [グリーン]
グリーンピース green peas
クリエイター a creator [クリエイタァ]
くりかえし 繰り返し (a) repetition [レペティション]; (曲の) a refrain [リフレイン]
▶ 単語を覚えるにはくり返しがよい方法です．
Repetition is a good way to learn words.

くりかえす 繰り返す

repeat [リピート]
▶ 歴史はくり返す．(ことわざ)
History *repeats* itself.
▶ 同じまちがいをくり返すな．
Don't make the same mistake

again.
▶ 聞こえません.もう一度くり返してください.
I can't hear you. Will you *say* it *again*, please?

クリケット〔競技〕cricket [クリケト]

くりさげる 繰り下げる move back, put off
▶ 運動会は1週間くり下げて行われた.
The sports day was *put off* for a week.

クリスチャン a Christian [クリスチャン]

クリスマス

Christmas [クリスマス]（つづり注意）

🔊スピーキング
Ⓐ クリスマスおめでとう.
Merry Christmas!
Ⓑ おめでとう.
(Thank you. And) the same to you. / You, too.

▶ クリスマス,おめでとうございます.
I wish you a merry *Christmas*.
▶ クリスマスおめでとう.新年もすばらしい年でありますように！
A Merry *Christmas* and a Happy New Year! (▶クリスマス期間には元日もふくまれるので,新年を祝う文もいっしょに書くことが多い.書くときにはaをつけ,会話のときにはつけないのがふつう)
クリスマスイブ Christmas Eve
クリスマス会 a Christmas party
クリスマスカード a Christmas card
クリスマスキャロル a Christmas carol
クリスマス休暇 the Christmas vacation, the Christmas holidays (▶日本の冬休みにあたるが,もっと早く始まり早く終わる)
クリスマスケーキ a Christmas cake
クリスマスツリー a Christmas tree
クリスマスプレゼント a Christmas present, a Christmas gift

ⓘ参考 ポスターなどでは,**Christmas** を Xmas と書くこともあるが,略して書くのをきらう人もいるので注意.なお ˣX'mas と書くのは誤り.

クリック〔コンピューター〕a click [クリック]
クリックする click
▶ アイコンをクリックする *click* on the icon
▶ ダブルクリックする double *click*

アメリカの家庭のクリスマスの飾りつけ.
① wreath　リース
② candle　ろうそく
③ star　星
④ Christmas tree　クリスマスツリー
⑤ stocking　くつ下
⑥ fireplace　暖炉
⑦ Christmas present　クリスマスプレゼント

クリップ ▶

クリップ a clip [クリップ]
　クリップでとめる clip
クリニック a clinic [クリニック]
グリル a grill [グリル]

くる 来る

使い分け
(やってくる) → come
(…になる) → get
(由来する) → come from

1 (やってくる) come [カム] (反) 行く go) (▶ 日本語では「行く」というときでも英語では come を使う場合がある. →いく); (着く) arrive [アライヴ]

come 来る
go 行く

▶ 早く来て. *Come* quick.
▶ こっちに来なさい. *Come* here.
▶ 日本に来るのはいつですか.
When are you going to *come* to Japan? / When are you *coming* to Japan? (▶後者のほうが日本に来るのが確実なとき)
▶ 昼休みにここに来てくれる？
Can you be here at lunchtime?
▶ やっと夏休みが来た.
Summer vacation *has come* at last!
▶ バスが来たよ. Here *comes* the bus.
▶ さあ，かかって来い！
Come on and try me!

ライティング
毎年多くの観光客が京都に来ます.
A lot of tourists come to Kyoto every year.

表現力
…しに来る
→ come and ... / come to ...

▶ あした遊びに来ないか？
Won't you *come* to see me tomorrow? (▶「遊びに来る」は ×come to play とはいわない. come to see とか come and see で表す)
▶ 電車はまもなく来るだろう.
The train will *arrive* before long.
▶ チャーリー, ルーシーが来てるよ.
Charlie, Lucy *is here*.
▶ さっき友だちからメールが来たんだ.
I *got* an email from a friend some time ago.

2 (…になる) get [ゲット]; (始まる) begin [ビギン]

表現力
… (になって) くる
→ get ... / come to ...

▶ 日ましに寒くなってきた.
It *is getting* colder day by day.
▶ 私は原先輩が好きになってきた.
I've *come to* like Hara-*sempai*. (▶「…するようになる」は come to ... で表し, become は使わない)
▶ 雪が降ってきた.
It *has begun to* snow.
▶ ああ，歯が痛くなってきた.
Oh, my tooth *is beginning to* hurt.

3 (由来する) come from
▶ opera という語はイタリア語からきている.
The word "opera" *comes from* Italian.

くるう 狂う (気が) go crazy [クレイズィ], go mad; (機械・予定などが) go wrong [ロ(ー)ング], get out of order
▶ この時計はくるっている.
This watch *isn't working* correctly.
▶ 私たちの計画がくるった.
Our plans *went wrong*.

グループ a group [グループ]
▶ グループに分かれて学習する
study in *groups*
　グループ学習 group study, group work
　グループ活動 group activities

くるくる (くるくる回る) spin [スピン]
▶ 風車がくるくる回りはじめた.
The windmill began to *spin*.

ぐるぐる (ぐるぐる回る) circle [サ～クル], roll [ロウル]
▶ 腕をぐるぐる回す

◀ **くるま**

swing my arm *in circles*

くるしい 苦しい

(困難な)**hard**[ハード]；(苦痛な)**painful**[ペインフル]

▶ 苦しい仕事 *hard* work / a *hard* job
▶ 胸が苦しい．
I *have a pain* in my chest.
▶ うちは生活が苦しい．
We *are badly off*.
▶ 苦しいのはみんな同じなんだ（→自分だけではない）． I'm not the only one who's *having trouble*.

くるしみ 苦しみ (苦難) hardship(s) [ハードゥシプ(ス)]；(苦痛) (a) pain [ペイン]
▶ おばはさまざまな苦しみを経験してきた．
My aunt has lived through all kinds of *hardships*.

くるしむ 苦しむ

suffer [サファ] (from)
▶ 昨夜はひどい頭痛に苦しんだ．
I *suffered from* a bad headache last night.

🖉 ライティング

アフリカは水不足に苦しんでいる．
Africa suffers from water shortages.

くるしめる 苦しめる hurt [ハ~ト]
くるぶし an ankle [アンクル]

くるま 車

1（乗用車）a **car** [カー]
▶ 車に乗る get in a *car* / get into a *car*
▶ 車を降りる get out of a *car*
▶ 車に気をつけて．Watch out for *cars*.
▶ 車で行こう．Let's go by *car*.
▶ ぼくの車で行かない？
Why don't we go in my *car*? (▶ go *by my car とし ない)
▶ 駅まで車でむかえに来てくれる？ Can you please *pick* me *up* at the station?
▶ 球場まで車で10分ほどです．It's about a ten-minute *ride* to the ballpark.
▶ 家まで車で送りましょう．
I'll *drive* you home.
▶ きみのお母さんは車の運転ができますか．

⑤ rearview mirror
⑮ windshield wiper
⑯ sideview [(英) wing] mirror
⑱ trunk / boot
⑩ taillight
⑨ wheel
⑧ tire
⑦ door
④ steering wheel
⑥ windshield / windscreen
③ hood / bonnet
① headlight
⑰ bumper
② license plate / number plate

⑫ (front) passenger seat
⑪ driver's seat
④ steering wheel
⑬ child safety seat
⑭ airbag

車　①ヘッドライト　②ナンバープレート　③ボンネット　④ハンドル　⑤バックミラー　⑥フロントガラス　⑦ドア　⑧タイヤ　⑨車輪　⑩尾灯　⑪運転席　⑫助手席　⑬チャイルドシート　⑭エアバッグ　⑮ワイパー　⑯サイドミラー　⑰バンパー　⑱トランク

two hundred and fifty-one　251

クルミ ▶

Can your mother drive a *car*?

車	vehicle	乗用車	car
		バス	bus
		トラック	truck
		ダンプカー	dump truck

2 (車輪) a **wheel** [(フ)ウィール]
車いす a wheelchair

クルミ 《植物》a **walnut** [ウォールナット]

グルメ a **gourmet** [グァメイ, グアメイ] (▶フランス語から)

くれ 暮れ (年の) the end of the year, the year-end

グレー 《色》**gray** [グレイ]

クレープ a **crepe** [クレイプ] (▶フランス語から. crêpe ともつづる)

グレープ 《植物》(ブドウ) (1粒) a **grape** [グレイプ] (▶ふつう複数形 grapes で使う);(1房) a bunch of grapes
グレープジュース grape juice

グレープフルーツ 《植物》(a) **grapefruit** [グレイプフルート]

クレーム (苦情・不平) a **complaint** [コンプレイント] (▶ claim は「主張」「要求」という意味で,「苦情」「不平」の意味では使わない)
▶ 値段についてクレームをつける
make a *complaint* about the price

クレーン a **crane** [クレイン]
クレーン車 a crane truck

くれぐれも
▶ くれぐれもお大事に. *Be sure to* take good care of yourself.
▶ ご家族にくれぐれもよろしく.
Please give my best regards to your family.

クレジット **credit** [クレディト]
▶ クレジットで…を買う buy ... on *credit*
クレジットカード a credit card

クレヨン (a) **crayon** [クレイアン]

くれる¹ →あげる¹, あたえる

give [ギヴ]
▶ おじがこの辞書をくれた.
My uncle *gave* me this dictionary. /
My uncle *gave* this dictionary *to* me.
▶ 明夫が電話をくれた. Akio *called* me.

▶ メアリーが手紙をくれた.
Mary *wrote* me a letter.

💬**用法** …(して)くれる.
「…してくれる」にあたる決まった英語はない.「…する」を表す動詞を使い,「動詞+人」で表すことができる.
父がタブレットを買ってくれた.
My father bought me a tablet.
マミがいつも宿題の答えを教えてくれる.
Mami always gives me the answers to our homework.
真理は親切にも手伝ってくれた.
Mari was kind enough to help me.

💬**表現力**
…してくれますか
→ Will you ...? / Would you ...?

▶ 電話に出てくれますか.
Will you answer the phone?
▶ あした来てくれますか.
Can you come tomorrow?

💬**用法** …してくれますか.
「…してくれますか」という依頼表現は,
Will you ...? より
Would you ...? が,
Can you ...? より
Could you ...? がていねいな言い方.

Would you ...? と Could you ...? は改まった表現.

答えには,
Sure. / OK. / All right. / Yes. / Of course. / Certainly. / I'd be glad to. / (It would be) my pleasure.
などがある.

くれる² 暮れる

1 (日が)**get dark** [ダーク], **grow dark**;(年が) **end** [エンド]
▶ 冬は日が早く暮れる.
It *gets dark* early in winter.
▶ 日が暮れかかっている.
It*'s getting dark*.

◀ **くわえる**¹

- 日が暮れないうちに家へ帰ろうよ.
  Let's go home before it *gets dark*.
- 今年も暮れた.
  The year *has come to an end*.

2 (思案などに)
- 彼女は娘に何と言えばよいのか途方に暮れた. She *was at a loss* what to say to her daughter.

くろ 黒(の)

black [ブラック]; (皮ふ・髪などが) dark [ダーク]
- 黒いネコ a *black* cat
- 黒い目 *dark* eyes
- 黒っぽいスーツ a *dark* suit
- 次郎は色が黒い. Jiro is *dark*-skinned.
  (▶日に焼けて「黒い」なら Jiro has a good tan. のようにいう)
- あいつはクロだ (→有罪だ).
  He is *guilty*.

くろう 苦労

(めんどう) (a) trouble [トゥラブル]; (困難) (a) difficulty [ディフィカルティ]; (苦難・苦痛) (a) hardship [ハードシップ]; (骨折り) pains [ペインズ]
苦労する have trouble, have difficulty

🅰 いろいろとご苦労さまでした.
Thank you very much for your trouble.
🅱 どういたしまして.
You're welcome.

- 私はさまざまな苦労を重ねてきた.
  I went through a series of *hardships*.
- 彼女は何の苦労もなく (→苦もなく) その問題を解いた. She solved the problem *with no difficulty*.

表現力
…に苦労する
→ have trouble (in) -ing /
  have difficulty (in) -ing

- 明美の家をさがすのにとても苦労した.
  I *had* great *difficulty* (*in*) *finding* Akemi's house.
- 姉さんは何の苦労もなくその大学に入った.

My sister *had* no *trouble getting* into the university.

くろうと 玄人 (本職の人) a professional [プロフェショナル], (口語) a pro [プロウ] 複数 pros) (反 しろうと amateur); (熟練者) an expert [エクスパート]

クローク a cloakroom [クロウクル(ー)ム]

クローバー (植物) a clover [クロウヴァ]
- 四つ葉のクローバー a four-leaf *clover*

グローバル グローバルな global [グロウバル]
- グローバルな視点で物事を考える
  think about things from a *global* viewpoint

グローブ a glove [グラヴ]

クロール 《水泳》the crawl [クロール] → およぐ
- クロールで泳ぐ swim *the crawl*

クローン a clone [クロウン]
- クローン羊 a *cloned* sheep

くろじ 黒字 the black, (a) profit [プラフィト]

グロス¹ (リップグロス) (a) lip gloss [リップ グロ(ー)ス]

グロス² (12ダース) a gross [グロウス]

クロスカントリースキー cross-country skiing

クロスワード(パズル) a crossword (puzzle)
- クロスワード (パズル) をとく
  do [solve] a *crossword* (*puzzle*)

グロテスク グロテスクな weird [ウィアド]
  (▶ grotesque は話し言葉ではあまり使わない)

クロワッサン a croissant [クルワーサーント]
  (▶フランス語から)

クワ 桑 《植物》a mulberry [マルベリィ]

くわ (農具) a hoe [ホウ]

くわえる¹ 加える

253
two hundred and fifty-three

くわえる²▶

1（足す）**add**［アッド］(to)
- 10に2を加えなさい． Add 2 to 10.
- 10に2を加えると12になる．
  Ten *and* two are twelve. (▶ are は is とすることもある) / Ten *and* two make(s) twelve. / If you *add* 2 to 10, you have 12.
- 水を少々加えて． *Add* a little water.

2（仲間に入れる）**join**［ヂョイン］
- 私も仲間に加えてちょうだい．
  Please let me *join* you.

くわえる²
- 犬はその骨をくわえた．
  The dog *held* the bone *in its mouth*.

クワガタムシ（虫）a stag beetle ［スタグ ビートゥル］

くわしい 詳しい

1（詳細な）**detailed**［ディテイルド］
  くわしく in detail
- その高校についてもっとくわしい情報がほしいのですが．
  I need more *detailed* information about the high school.
- そのできごとについてくわしく説明してくれますか．
  Can you tell me about the incident *in detail*?

2（精通している）**know ... very well, be familiar with**
- 大井さんはサッカーにくわしい．
  Mr. Oi *knows* quite *a lot* about soccer.
- パソコンにくわしい？
  Are you *familiar with* computers?

くわわる 加わる

join［ヂョイン］(in)
- 私はその話し合いに加わった．
  I *joined in* the discussion.
- 「みなさんの仲間に加わっていいですか」「いいとも」
  "May I *join* you?" "Sure."

-くん …君 →-さん
- 清志くんが最後にやってきた．
  Kiyoshi was the last to come.
- 伊藤くん，最初の節を読んでください．
  Will you read the first paragraph, *Ito*?

背景 英米では友人や年下の人にはもちろん，ときには親しい年上の人に対してもファーストネームで呼び合う習慣があるので，「…くん」というときには名前の前には何もつけないのがふつう．

ぐん 郡 a county ［カウンティ］

参考 手紙のあて名などで日本の「郡」を表記するときには，county を使わずに，「中郡」なら Naka-gun のように **-gun** と書くのが一般的．

ぐんぐん（急速に）**rapidly**［ラピドゥリィ］；（大いに）**remarkably**［リマーカブリィ］
- 私の英語力はこの1年でぐんぐん伸びました．
  My English has improved *rapidly* over the past year.

ぐんしゅう 群衆，群集 **a crowd**［クラウド］
- 広場には大勢の群衆がいた．
  There was a large *crowd* in the square.

くんしょう 勲章 a decoration ［デコレイション］；(コイン形の) a medal［メドゥル］；(勲位を示す) an order［オーダァ］

ぐんじん 軍人 (陸軍の) a soldier［ソウルヂァ］；(海軍の) a sailor［セイラァ］；(空軍の) an airman［エアマン］(複数 airmen)，(女性の) an airwoman (複数 airwomen)；(海兵隊の) a marine［マリーン］；(将校，士官) an officer［オ(ー)フィサァ］

くんせい くん製の smoked ［スモウクト］
- くん製のサケ *smoked* salmon

ぐんたい 軍隊 armed forces, an army ［アーミィ］
- 軍隊に入る join the *army*

ぐんび 軍備 armaments ［アーマメンツ］

くんれん 訓練 training ［トゥレイニング］, a drill ［ドゥリル］
  訓練する train, drill
- 火災訓練 a fire *drill*
- 防災訓練
  a disaster *drill* / an emergency *drill*
- 英語の上達には耳の訓練が欠かせない．
  It is essential to *train* your ears to improve your English.
  訓練士 a trainer
  訓練所 a training school

◀ けいぐ

け ケ け ケ け ケ

け 毛

(人の髪の毛・動物の毛) (a) **hair** [ヘア] (▶全体をさすときはaをつけず，複数形にもしない．1本ずつ数えるときはa hair, two hairsとする); (動物のやわらかい毛) fur [ファ〜]; (羊毛) wool [ウル] (発音注意); (羽毛) a feather [フェザァ]
▶ かたい毛 stiff *hair*
▶ やわらかい毛 soft *hair*
▶ 縮れ毛 curly *hair*
▶ 毛深い hairy
▶ 毛のない
*hair*less; (頭のはげた) bald [ボールド]
▶ セーターにネコの毛がいっぱいついてるよ．
Your sweater is covered with cat *hairs*.

-け 家 →いっか
▶ 野田家 the Nodas / the Noda *family*

ケア care [ケア]
▶ スキンケア skin *care*
ケアワーカー a caretaker

げい 芸 (演技) a performance [パフォーマンス]; (動物の曲芸) a trick [トゥリック]
▶ 犬に芸をしこむ teach a dog *tricks*

けいい 敬意 respect [リスペクト]
▶ 目上の人に敬意をはらう
show *respect* to *my* superiors

けいえい 経営 management [マネヂメント]
経営する manage, run [ラン]
▶ 会社を経営する *manage* a company
▶ スーパーを経営する *run* a supermarket
経営者 a manager

けいえん 敬遠する keep away from ...
▶ 彼は私のことを敬遠している．
He *keeps away from* me.
▶ ピッチャーはそのバッターを敬遠した．
The pitcher *walked* the batter *intentionally*.

けいおんがく 軽音楽 light music
けいか 経過する pass [パス] →たつ³
けいかい¹ 警戒 (注意) watch [ワッチ]; (警備) guard [ガード]; (用心) caution [コーション]
警戒する watch out (for), look out (for); (警備する) guard
▶ 台風を警戒する
watch out for the typhoon
けいかい² 軽快な light [ライト]
▶ 軽快な足どりで with *light* steps
▶ 軽快なリズム a *swinging* rhythm

けいかく 計画

a **plan** [プラン], a program [プログラム]; (大規模な) a project [プラヂェクト]
計画する plan, make a plan
▶ 学習計画を立てる
make *my* study *plan*
▶ 夏休みの計画は？
What are your *plans* for the summer vacation?
▶ 計画はうまくいった．
The *plan* worked well.
▶ すべては計画どおり進んでいる．
Everything is going as *planned*.
▶ 計画を立てるのはやさしいが，実行するのは難しい．
It is easy to make *plans*, but difficult to carry them out.

> 表現力
> …する計画である → plan to ...

▶ 北海道へ旅行する計画です．
I *plan to* take a trip to Hokkaido.

けいかん 警官 a police officer [ポリースオ(ー)フィサァ] (▶性差のない言い方); (警官全体) (the) police (▶ふつう複数あつかい) →けいさつ
けいき 景気 (商売の) business [ビズネス]; (生活一般の) things [スィングズ]
▶ 景気がいい．
Business is good. (▶「悪い」なら bad という)
▶ 景気はどう？ How's *business*?
▶ 不景気 a recession / a slump
けいぐ 敬具 Sincerely yours, [スィンスィァリィ ユアズ]

two hundred and fifty-five 255

けいけん 経験

(an) **experience** [イクス**ピ**(ア)リエンス]
- 貴重な経験 a valuable *experience*
- 私の経験では in my *experience*
- 経験がものをいう. *Experience* talks.
- ボランティア活動の経験はありますか.
  Do you have any *experience* in volunteer work?
- 彼女は人生経験が豊富だ.
  She's rich in life *experience*.

> 📢 プレゼン
> 海外旅行は私にとってすばらしい経験になりました.
> Traveling abroad was a great experience for me.

経験する experience
- こんな暑さは経験したことがない.
  I *have* never *experienced* such hot weather.

けいこ (a) practice [プ**ラ**クティス] →れんしゅう

けいこをする practice
- 私は毎晩ピアノのけいこをする.
  I *practice* the piano every evening.

けいご 敬語 an honorific [ア**ノ**リフィク], (ていねいな言葉づかい) a polite expression [ポ**ラ**イト イクスプ**レ**ション]
- 敬語を使う use *honorifics*

けいこう¹ 傾向 a tendency [**テ**ンデンスィ]; (一般的な) a trend [トゥ**レ**ンド]
- 最近の音楽の傾向を教えてください.
  Tell me about recent *trends* in music.

けいこう² 蛍光
蛍光灯 a fluorescent [フル(**オ**)レセント] light
蛍光ペン a highlighter [**ハ**イライタァ]
- 蛍光ペンで重要語をマークする
  mark important words with a *highlighter*

けいこく 警告 (a) warning [**ウォ**ーニング]
警告する warn
- 警告しておきますよ. I'*m warning* you.

けいざい 経済 (an) economy [イ**カ**ノミィ]
経済の economic [イーコ**ナ**ミク]
経済的な economical [イーコ**ナ**ミカル]
- 日本経済 the Japanese *economy*

経済学 economics [イーコ**ナ**ミクス]
経済学者 an economist [イ**カ**ノミスト]
経済問題 an economic problem

けいさつ 警察 (the) police [ポ**リ**ース] (▶ふつう複数あつかい)
- 警察を呼んで！ Call *the police*!
- 警察はその事故を調べている.
  The police are looking into that accident.
警察官 a police officer →けいかん
警察犬 a police dog
警察署 a police station

けいさん 計算 (a) calculation [キャル**キュ**レイション]
計算する calculate [**キャ**ルキュレイト], make a calculation, do a calculation
- 計算が速い be quick at *calculations*
計算器 a calculator

けいじ¹ 掲示 (紙に書かれた一時的な) a notice [**ノ**ウティス]; (公示, 広報) a bulletin [**ブ**レトゥン]; (紙・板などに書かれた) a sign [**サ**イン]
掲示する put up a notice
掲示板 《米》a bulletin board, 《英》a noticeboard
- 掲示板には何て書いてあるの？
  What's on the *bulletin board*?

けいじ² 刑事 a detective [ディ**テ**クティヴ], a police investigator [インヴェスティ**ゲ**イタァ]

けいしき 形式 (a) form [**フォ**ーム] (▶「内容」は content)
形式的な formal
- きみは形式にこだわりすぎるよ.
  You stick too much to *form*(s).

けいしゃ 傾斜 a slope [ス**ロ**ウプ]
- 急な傾斜 a steep *slope*

げいじゅつ 芸術

(an) **art** [**アー**ト]; (芸術全般) the arts
芸術的な artistic [アー**ティ**スティク]
- 彼には芸術的センスがある.
  He has (an) *artistic* sense.
芸術家 an artist
芸術作品 a work of art

けいしょく 軽食 a light meal [**ミー**ル]; (間食・おやつ) a snack [ス**ナ**ック] →スナック

けいせい 形勢 the situation [スィチュ**エ**イション]
- 形勢は私たちに有利だった.

▸ けいれき

The situation was in our favor.

けいぞく 継続する continue [コンティニュー] →つづける
継続的に continuously

けいそつ 軽率な careless [ケアレス]
▶ また軽率なミスをやったな.
You made a *careless* mistake again.
軽率に carelessly

けいたい 携帯する carry [キャリィ] 《with》, bring [ブリング] 《with》
▶ 外国へ行ったら，パスポートは常時携帯していなければならない.
You must always *carry* your passport *with* you in a foreign country.
携帯用の portable [ポータブル]
▶ 携帯用の充電器
a *portable* charger

けいたいでんわ 携帯電話 《米》a cellphone [セルフォウン] (▶ cell phone ともつづる)，《英》a mobile [モウバイル] phone(▶スマートフォンは a smartphone [スマートフォウン] という)
▶ 携帯電話に電話していい？
Can I call your *cellphone*?

けいと 毛糸 wool [ウル], woolen yarn [ウレン ヤーン]
毛糸の woolen
▶ 毛糸の手袋 *woolen* gloves
▶ 毛糸でベストを編む
knit a vest out of *wool*

けいど 経度 longitude [ランヂテュード] (対 緯度と latitude)
▶「明石(あかし)市の経度は何度ですか」「東経135度です」
"What's the *longitude* of Akashi City?" "It's 135 degrees east *longitude*."

げいとう 芸当 a trick [トゥリック] →げい
げいにん 芸人 an entertainer [エンタテイナァ], a comedian [コミーディアン]
げいのう 芸能 entertainment [エンタテインメント]
芸能界 show business, 《口語》showbiz [ショウビズ]
芸能人 an entertainer [エンタテイナァ]; (テレビタレント) a TV personality

けいば 競馬 horse racing [ホース レイシング]
競馬場 《米》a racetrack, 《英》a racecourse

けいひ 経費 expense(s) [イクスペンス(イズ)] →ひよう

けいび 警備する guard [ガード]
警備員 a guard, a security guard (▶ ×guardman とはいわない)

けいひん 景品 (商品のおまけ) a giveaway [ギヴァウェイ]; (くじなどの) a prize [プライズ]

けいべつ 軽べつする look down on (反 尊敬する look up to), despise [ディスパイズ]
▶ あなたを軽べつするわ！I *despise* you!
▶ 人から軽べつされたくない.
I don't want others to *look down on* me.

けいほう 警報 a warning [ウォーニング], an alarm [アラーム]
警報を出す issue a warning, give an alarm
▶ 暴風警報 a storm *warning*
▶ 火災警報 a fire *alarm*
警報器 an alarm

けいむしょ 刑務所 (a) prison [プリズン], (a) jail [ヂェイル]
▶ 刑務所に入る go to *prison*
▶ 彼は刑務所に入っている.
He's in *prison*.

けいやく 契約 an agreement [アグリーメント]; (書面による) a contract [カントゥラクト]; (賃貸(ちんたい)の) a lease [リース]
契約する contract
契約書 a contract

けいゆ 経由で via [ヴァイア], by way of ...
▶ この飛行機はサンフランシスコ経由ニューヨーク行きです.
This plane flies to New York *via* San Francisco.

けいようし 形容詞《文法》an adjective [アヂェクティヴ] (▶ a. または adj. と略す)

けいりゃく 計略 a trick [トゥリック], a trap [トゥラップ]
▶ 彼の計略にはまってしまった.
I fell into his *trap*.

けいりん 競輪 keirin
けいれい 敬礼 a salute [サルート]
けいれき 経歴 (家庭・学歴・職歴など)

two hundred and fifty-seven 257

けいれん ▶

my background [バクグラウンド]；(職歴) *my* career [カリア] (発音注意)
▶ その人はどんな経歴のかたですか．
What is his *background*?

けいれん (a) cramp [クランプ]
▶ 筋肉のけいれん muscle *cramps*

けいろうのひ 敬老の日 Senior Citizens' Day [スィーニャ スィティズンズ デイ]，Respect-for-the-Aged Day

ケーオー a KO [ケイオウ] (▶ knockout の略)

ケーキ

(a) cake [ケイク]
▶ クリスマスケーキ a Christmas *cake*
▶ バースデーケーキ a birthday *cake*
▶ おやつにケーキを2切れ食べた．
I ate two pieces of *cake* for a snack.

> 🗨 プレゼン
> 私は**ケーキ**を焼くのが得意です．
> I'm good at baking cakes.

> ⓘ参考 ケーキのいろいろ
> ショートケーキ (a) shortcake / チーズケーキ (a) cheesecake / チョコレートケーキ a chocolate cake / デコレーションケーキ a decorated cake (▶decoration cake とはいわない．小型のものは fancy cake という) / パウンドケーキ a pound cake / パンケーキ a pancake / フルーツケーキ (a) fruitcake / ホットケーキ a pancake

ケーキ店 a pastry [ペイストゥリィ] shop

> 📖文法 cake の数え方
> 大きな丸い台型のケーキは **a cake, two cakes** と数えるが，ナイフを入れていくつかに切りわけたケーキの1切れ，2切れは **a piece of cake, two pieces of cake** と数える．

ケース¹ (入れ物) a case [ケイス]；(食品包装用の) a package [パケジ]
ケース² (場合) a case [ケイス]
▶ 彼のケースは大変めずらしい．

His *case* is unique. (▶×very unique としない)
▶ それはケースバイケースです (→それは場合による).
That depends. / It depends. (▶ case by case は「1件ずつ」という意味なので，この場合には使えない)

ケースワーカー a caseworker [ケイスワ~カァ]

ゲート a gate [ゲイト]
▶ 成田行き156便をご利用のお客様は3番ゲートよりご搭乗_{とうじょう}願います．
Flight 156 to Narita is now boarding at *Gate* 3.

ゲートボール gateball, Japanese croquet [クロウケイ]

ケーブル a cable [ケイブル]
ケーブルカー a cable car
ケーブルテレビ cable TV, cable television (▶ CATV と略す)

ゲーム a game [ゲイム] →しあい
▶ このゲームはどうやってやるの？
How do we play this *game*?
▶ ゲームに勝つ win a *game*
▶ ゲームに負ける lose a *game*
▶ テレビゲーム a video *game*

> ⓘ参考 ゲームのいろいろ
> アクションゲーム an action game / アドベンチャーゲーム an adventure game / オンラインゲーム an online game / シミュレーションゲーム a simulation game / ロールプレイングゲーム a role-playing game

ゲームセンター 《米》a video arcade [アーケイド]，《英》an amusement arcade (▶ 話し言葉では単に arcade という)
ゲームソフト game software

けが →きず

(事故・不注意による) (an) injury [インデュリィ]，(a) hurt [ハート]；(ナイフ・銃弾_{じゅうだん}などによる) a wound [ウーンド]；(切り傷) a cut [カット]；(すり傷) a scrape [スクレイプ]；(ひっかき傷) a scratch [スクラッチ]
けがをした hurt
けがをする be hurt, get hurt, be injured, get injured, hurt *my*self；(体

◀ げじゅん

のある部分に) hurt ... , injure ...
- けがしちゃった. I *got hurt*.
- 手をけがしちゃった. I *hurt* my hand.
- 木村さんは柔道の練習中に足をけがした.
Kimura *injured* her leg during judo practice.
- そのお年寄りは戦争でひどいけがをした.
The old man *was* seriously *wounded* in the war.
- その事故で10人がけがをした.
Ten people *were injured* in the accident.

🗣スピーキング
Ⓐ おけがはありませんか.
Did I hurt you?
Ⓑ ええ, だいじょうぶです.
No, I'm OK.
(▶「私がけがをさせてしまったのではないですか」という場合の言い方)

けが人 an injured person, a wounded person; (全体) the injured, the wounded

げか 外科 surgery [サ~ヂェリィ]
外科医 a surgeon [サ~ヂョン]

けがわ 毛皮 (a) fur [ファ~]
- 毛皮のコート a *fur* coat

げき 劇

a **drama** [ドゥラーマ], a **play** [プレイ]
- 劇を上演する
put on a *play* / perform a *play*
- 劇を見に行こうよ. Let's go to a *play*.
- シェークスピアの劇を見たことがありますか.
Have you ever seen a Shakespeare *play*?

劇的な dramatic [ドゥラマティク]
- 劇的な変化が起こった.
There was a *dramatic* change.
劇作家 a dramatist, a playwright [プレイライト]
劇団 a theatrical company

げきが 劇画 a comic strip (with a plot)
げきから 激辛の extremely hot
げきじょう 劇場 a theater [スィアタァ]
- 劇場へ行く go to the *theater*
- 野外劇場 an open-air *theater*
げきれい 激励する encourage [エンカ~

レヂ] →はげます

げこう 下校する leave school, go home from school
- 登下校する *go* to and *from school*
- 下校時間ですよ.
It's time for you to *go home*.

けさ 今朝

this morning
- 今朝は寒い. It's cold *this morning*.
(▶ ✕in this morning とはいわない)
- 今朝早く early *this morning*

ケシ (植物) a poppy [パピィ]
げし 夏至 the summer solstice [サマァサルスティス]; (対) 冬至 the winter solstice)
けしいん 消印 a postmark [ポウス(トゥ)マーク]
けしき 景色 (全体の)scenery [スィーナリィ]; (一場面) a scene [スィーン]; (ながめ) a view [ヴュー]
- いい景色だ! What a nice *view*!
- ここからの景色はすばらしい.
The *view* from here is great.

✏ライティング
ナイアガラの滝は美しい景色で有名です.
Niagara Falls is famous for its fine scenery.

けしゴム 消しゴム an eraser [イレイサァ], (英) a rubber [ラバァ]
- まちがいを消しゴムで消す
erase my mistakes with an *eraser*

けじめ
- 公私のけじめをつける
make a *distinction* between public and private matters

げしゃ 下車する get off ((反)乗車する get on)
- 次の駅で下車する
get off at the next station

げしゅく 下宿する board [ボード], lodge [ラッヂ], room [ル(ー)ム]
- 兄はおじのところに下宿しています.
My brother *is boarding* at our uncle's.

げじゅん 下旬
- 桜は3月下旬に開花するでしょう.
Cherry blossoms will bloom toward

けしょう ▶

the end of March. (▶「3月下旬に」は in late March ともいう)

けしょう 化粧 makeup [メイカプ], make-up

化粧する put on (*my*) makeup, make *my*self up

化粧している wear makeup, have makeup on

化粧をとる remove (*my*) makeup, take off (*my*) makeup

▶ 母はお化粧するのに30分かかる.
It takes my mother half an hour to *put on* her *makeup*.

化粧室 a bathroom, a restroom
化粧水 (a) lotion [ロウション]
化粧品 cosmetics [カズメティクス]
化粧品店 a cosmetics store

けす 消す

使い分け
(火を) → put out
(電灯・テレビ・ガスなどを) → turn off, switch off
(文字などを) → erase

turn off

erase

1 (火を) **put out** (反) つける light)
▶ 水をかけて火を消せ.
Put out the fire with water.
▶ 女の子はバースデーケーキのろうそくを吹き消した. The girl *blew out* the candles on her birthday cake. (▶ blow out で「吹き消す」という意味)

2 (電灯・テレビ・ガスなどを) **turn off**, switch off (反) つける turn on, switch on)
▶ もうテレビを消したら.
Turn off the TV now.
▶ 寝る前に電気を消してね.
Turn off the light before you go to bed.
▶ パソコンを消し忘れているよ.
You forgot to *switch off* the computer.

3 (文字などを) **erase** [イレイス]
▶ 黒板を消しておいてちょうだい.
Please *erase* the blackboard.

げすい 下水 sewage [スーエヂ]; (排水管・みぞ) a drain [ドゥレイン]; (地下の下水道) a sewer [スーア]

ゲスト a guest [ゲスト]

けずる 削る sharpen [シャープン]
▶ 鉛筆をナイフでけずる
sharpen pencils with a knife
▶ 鉛筆けずり a pencil *sharpener*

けた 桁 a digit [ディヂト], a figure [フィギュア]
▶ 1けたの数
a single-*digit* number / a number of one *figure*
▶ 2けたの数
a two-*digit* number / a number of double *figures*

げた 下駄 geta (▶ 説明的にいうと Japanese clogs. clogs は木ぐつのこと)
▶ げた1足 a pair of *geta*
▶ げたをはく put on *geta*
げた箱 a shoe cabinet, a shoe cupboard [カバド]

けだかい 気高い noble [ノウブル]

けち (人) (けちんぼう) a miser [マイザァ], a stingy [スティンヂィ] person
けちな stingy, 《口語》tight-fisted [タイトゥフィスティド]
▶ あいつはけちだ.
He is *stingy*. / He is a *miser*.
▶ 人にけちをつけるな.
Don't *find fault with* others.

ケチャップ ketchup [ケチャプ]
▶ オムレツにケチャップをかけた.
I put *ketchup* on my omelet.

けつあつ 血圧 blood pressure [ブラドプレシァ]

◀ **けっこう**¹

- 血圧を測る check my *blood pressure*
- 父は血圧が高い．
  My father has high *blood pressure*.
  (▶「低い」なら low という)

けつい 決意する make a decision → けっしん

けつえき 血液 blood [ブラッド]
血液型 《米》a blood type, 《英》a blood group
血液検査 a blood test

> **用法** 血液型は何型？
> 「血液型は何ですか」とたずねるときは
> **What's your blood type?** という．
> 「A型です」と答えるときには **It's A.** という．

けっか 結果

(a) result [リザルト], (an) effect [イフェクト]
(反) 原因 cause)

- 原因と結果 cause and *effect*
- 試験の結果 the *results* of the exam
- 成功したのはきみが努力した結果だ．
  This success is a *result* of your efforts.
- 戦争の結果，多くの人々が家族を失った．
  As a *result* of the war, a large number of people lost their families.
- 「試験の結果はどうでしたか」「かなりよかったです」
  "How did the exam *turn out*?" "It *turned out* pretty good." (▶ turn out は「…という結果になる」という意味)

> **表現力**
> …という結果に終わる → result in ...

- 試合は引き分けという結果に終わった．
  The game *resulted in* a draw.

けっかく 結核 tuberculosis [テュバ～キュロウスィス], 《口語》TB [ティービー]

けっかん¹ 欠陥 a defect [ディフェクト]
欠陥のある defective [ディフェクティヴ]
欠陥車 a defective car
欠陥商品 a defective product

けっかん² 血管 a blood vessel [ヴェッスル]

げっかん 月刊の monthly [マンスリィ] (▶「週刊の」は weekly,「日刊の」は daily)
月刊雑誌 a monthly (magazine)

げっきゅう 月給 monthly pay, a monthly salary [サラリィ] →きゅうりょう
月給日 (a) payday [ペイデイ]

けっきょく 結局 after all, in the end → ついに

- 2時間待ったが，結局彼女は来なかった．
  I waited for her for two hours, but she didn't come *after all*.
- 結局，ホテルの予約はキャンセルした．
  In the end, we canceled our hotel reservations.

げっけいじゅ 月桂樹 《植物》a laurel [ロ(ー)レル]

けっこう¹

> **使い分け**
> (よい) → good
> (承知して) → OK., All right.
> (かなり) → pretty
> (まあまあ) → fairly

1 (よい) **good** [グッド], **fine** [ファイン], **nice** [ナイス]

- けっこうなおくり物をありがとうございました．
  Thank you for such a *nice* gift.
- これでけっこうです (→じゅうぶんです)．
  This is *good enough*. / This will *do*.

2 (承知して) **OK.** [オウケイ], **All right.**, **Sure.** [シュア], **Certainly.** [サ～トゥンリィ]; (断って) **No, thank you.**

> **スピーキング**
> Ⓐ もう少しコーヒーをいかがですか．
>   Would you like some more coffee?
> Ⓑ いいえ，もうけっこうです．
>   No, thank you. I've had enough.

- それでけっこうです． That's *all right*.
- 私はそれでけっこうです．
  That's *OK* with me. / That suits me *fine*.
- 「いらっしゃいませ（お手伝いしましょうか）」「けっこうです．ちょっと見ているだけですから」"May I help you?" "*No, thank you*. I'm just looking."

3 (かなり) **pretty** [プリティ]

- その本はけっこうおもしろかった．
  The book was *pretty* interesting.

4 (まあまあ) **fairly** [フェアリィ]

けっこう²

プレゼン
ぼくは野球部で補欠でしたが，**けっこう**楽しかったです．
I was a bench warmer on the baseball team, but I had a fairly good time.

けっこう² 欠航する be canceled [キャンスルド]

けっこう³ 決行する carry out, hold
▶ 試合は雨天にもかかわらず決行された．
The game *was held* in spite of the rain.

げっこう 月光 moonlight [ムーンライト]
▶ 『月光の曲』 *The Moonlight Sonata*

けっこん 結婚

(a) marriage [マリヂ]
結婚する marry [マリィ], get married (to)
▶ 恋愛結婚 a love *marriage*
▶ 見合い結婚 an arranged *marriage*
▶ 小野先生は昨年結婚した．
Mr. Ono *got married* last year.

表現力
…と結婚する
→ marry … / get married to …

▶ ウィリアムはマーガレットと結婚した．
William *married* Margaret. / William *got married to* Margaret. (▶ married *with とはいわない)
▶ 結婚してくれるかい．
Will you *marry* me?

表現力
…と結婚している
→ be married to …

▶ 姉はアメリカ人と結婚している．
My sister *is married to* an American.
▶ うちの両親は結婚して15年になる．
My parents *have been married* for fifteen years.
結婚記念日 a wedding anniversary
結婚式 a wedding, a wedding ceremony
▶ 結婚式をあげる
have a *wedding ceremony*
結婚披露宴 a wedding reception
結婚指輪 a wedding ring

けっさく 傑作 a masterpiece [マスタピース]

けっして 決して…ない

never [ネヴァ]；(まったく…ない) not … at all
▶ あなたのことは決して忘れません．
I'll *never* forget you.
▶ ご親切は決して忘れません．
I'll *never* forget your kindness.
▶ 心配いりません．彼女は決しておこってはいません．
Don't worry. She is *not* angry *at all*.

げっしゃ 月謝 a monthly fee
▶ 月謝を払う pay my *monthly fee*

けっしょう¹ 決勝 the final [ファイナル], the final match, the final game；(準々決勝・準決勝などもふくめて) the finals
▶ われわれのチームはトーナメント戦で決勝に進んだ．
Our team made it to *the final* of the tournament.
▶ 準決勝 semi*finals*
▶ 準々決勝 quarter*finals*

けっしょう² 結晶 a crystal [クリストゥル]
▶ 雪の結晶 a snow *crystal*

げっしょく 月食 a lunar eclipse [ルーナァイクリプス], an eclipse of the moon
▶ 皆既月食
a total *eclipse of the moon*

けっしん 決心

(a) decision [ディスィジョン]；(決意) (a) determination [ディタ～ミネイション]
決心する decide [ディサイド], make up my mind, determine [ディタ～ミン], make a decision
▶ もう決心はついた．
I've already *decided*. / I've already *made up my mind*.

表現力
…する決心をする
→ decide to … /
  make up *my* mind to …

▶ 私はバスケットボール部に入る決心をした．
I *decided to* join the basketball team. / I *made up my mind to* join the basketball team.

▶ 妹は宇宙飛行士になる決心をしている．
My sister *is determined to* become an astronaut.

けっせき 欠席

(an) **absence** [アブセンス]（反 出席 presence)
欠席する be absent (from), miss, stay away (from) →やすむ

▶スピーキング
Ⓐ 欠席しているのはだれですか．
Who is absent?
Ⓑ ジャックとベスです．
Jack and Beth.

▶ 裕美は今日学校を欠席した．
Yumi *wasn't at* school today. / Yumi *missed* school today.
▶ ジャックは先週からずっと学校を欠席している．
Jack *has been absent from* school since last week. / Jack *has been staying away from* school since last week.
▶ ベスはかぜで学校を欠席している．
Beth *is absent from* school because of a cold.
欠席者 an absentee [アブセンティー]
欠席届 a report of absence, a notice of absence
欠席日数 the number of days absent

けつだん 決断 (a) decision [ディスィジョン]
決断する decide [ディサイド]
▶ 私たちはすばやく決断した．
We *decided* quickly.
▶ 決断力のある人 a *decisive* person

けってい 決定 (a) decision [ディスィジョン]
決定する decide [ディサイド] →きめる

けってん 欠点 a fault [フォールト], a weak point
▶ だれにでも欠点はある．
Everyone has some *faults*.
▶ 彼のいちばんの欠点はそそっかしいところだ．
His worst *fault* is his carelessness.

ゲット ゲットする（手に入れる）get；(得点する) score (a goal)
▶ レアアイテムをゲットした．
I *got* a rare item.

けっぱく 潔白な innocent [イノセント]（反 有罪の guilty)

げっぷ a belch [ベルチ]，(口語) a burp [バ〜プ]
げっぷをする belch, (口語) burp
▶ 人前でげっぷをしてはいけません．
Don't *belch* in the presence of others.

⚞背景 欧米熱では，人前でげっぷをするのは日本以上にマナー違反熱と考えられている．

けっぺき 潔癖な（きれい好きな）be particular about cleanliness [クレンリネス]

けつまつ 結末 an end [エンド]；(物語などの) an ending [エンディング] →おわり
▶ 予想外の結末 an unexpected *ending*

げつまつ 月末 the end of the month

げつようび 月曜日 →ようび(表)

Monday [マンデイ]（▶語頭は必ず大文字； Mon. と略す)
▶ 月曜日に on *Monday*
▶「今日は何曜日？」「月曜日です」
"What day is it today?" "It's *Monday*."

けつろん 結論 a conclusion [コンクルージョン]
▶ 結論として in *conclusion*
結論を下す conclude [コンクルード]
▶ さんざん話し合ったが，結論に達しなかった．
We talked and talked, but couldn't arrive at a *conclusion*.

けとばす け飛ばす kick [キック] →ける

けなす say bad things about, speak badly of, speak ill of →わるくち

ケニア Kenya [ケニャ]

けはい 気配 a sign [サイン]
▶ 春の気配
a *sign* of spring

けばけばしい showy [ショウイ], gaudy [ゴーディ], loud [ラウド]
▶ けばけばしい色 a *gaudy* color

げひん 下品な vulgar [ヴァルガァ]（反 上品な elegant)；(ことばなどが) foul [ファウル]；(人・行いなどが) rude [ルード]
▶ 下品なジョーク *vulgar* jokes
▶ 彼は下品なことばを使う．

けむい ▶

He uses *bad* language.
けむい 煙い smoky [スモウキィ]
▶ なんてけむいんだろう． How *smoky*!
けむし 毛虫 a caterpillar [キャタピラァ]
けむり 煙 smoke [スモック]
▶ その部屋は煙でいっぱいだった．
The room was filled with *smoke*.
▶ 火のないところに煙は立たない．《ことわざ》
There is no *smoke* without fire.
けむる 煙る smoke [スモウク]
▶ コンロがけむっている．
The stove *is smoking*.
けもの 獣 a beast [ビースト]
げり 下痢 diarrhea [ダイアリーア]
▶ 下痢をする
have *diarrhea* / (口語) have the *runs*
▶ 下痢がひどいのです．
I have a bad case of *diarrhea*.
ゲリラ a guerrilla [ゲリラ]
ける kick [キック]
▶ そのボールをけって！ *Kick* the ball!

けれども →だが，しかし

but [バット], though [ゾウ], although [オールゾウ]
▶ 音楽は大好きだけれども歌うのは上手ではない．
I love music *but* can't sing well.
▶ 由美は疲れていたけれども，踊りつづけた．
Although Yumi was tired, she kept on dancing.
ゲレンデ a ski slope [スロウプ] (▶「ゲレンデ」はドイツ語から)
げろ (口語) barf [バーフ], vomit [ヴァミト]
げろをはく throw up, barf →はく²
けわしい 険しい steep [スティープ]
▶ 険しい坂道 a *steep* slope
けん¹ 県 a prefecture [プリーフェクチァ]
県(立)の prefectural →けんりつ

プレゼン
私は秋田県の出身です．
I come from Akita *Prefecture*. / I'm from Akita *Prefecture*.

県大会 a prefectural contest, a prefectural tournament, a prefectural competition
県知事 a prefectural governor
県庁 a prefectural office

(i)参考 手紙のあて先などで日本の「県」を表記するときは，**prefecture** とか **-ken** をつけずに表記することが多い．

けん² 剣 a sword [ソード] (発音注意)
けん³ 券 (切符きっぷ) a ticket [ティケト]
▶ 商品券 a gift *certificate*
▶ 定期券 a commuter *pass*
▶ 入場券 an admission *ticket*
券売機 a ticket machine, a ticket vending machine
けん⁴ 件 a matter [マタァ]
▶ その件については何も知りません．
I don't know anything about the *matter*.
げん 弦 a string [ストゥリング]
弦楽器 a stringed instrument; (オーケストラの) the strings, the string section
けんい 権威 authority [オサリティ]; (人) an authority; (専門家) an expert [エクスパート], a specialist [スペシャリスト]
▶ 山本教授は天文学の権威だ．
Professor Yamamoto is an *authority* on astronomy.

げんいん 原因

a **cause** [コーズ] ((反)結果 effect)
原因となる cause
▶ 原因と結果 *cause* and effect
▶ その事故の原因は何ですか． What was the *cause* of the accident? / What *caused* the accident?
▶ ストレスは病気の原因になる．
Stress *causes* illness.
けんえき 検疫 quarantine [クウォ(—)ランティーン]
げんえき 現役の active [アクティヴ]
▶ 現役選手 a player on the *active* list

けんか

(口 げんか) a **fight** [ファイト], an argument [アーギュメント], a quarrel [クウォ(—)レル]; (なぐり合いの) a fight
けんかする (口 げんか) fight, argue, quarrel; (なぐり合いの) fight
▶ 友だちと，ちょっとした誤解がもとでけんかをした． I had a *fight* with a friend over a minor misunderstanding.

◀ **げんきん**

▶ 部活のことで，親とよくけんかした．
I often *quarreled* with my parents over my club activities.

けんがい 圏外
▶ 携帯電話は圏外だった．
My cellphone *was out of range*.

げんかい 限界 a limit [リミト] →げんど
▶ 私は自分の体力の限界はわかっています．
I know the *limit*(s) of my strength.
▶ もうがまんの限界だ．
I can't stand it anymore.

けんがく 見学する visit ... on a field trip, make a study trip 《to》 (▶ field trip は「校外学習」のこと)
▶ うちのクラスはテレビ局の見学に行った．
Our class *visited* a TV station *on a field trip*.

げんかん 玄関 (ドア) the front door; (入り口) the entrance [エントゥランス]; (ポーチ) the porch [ポーチ]
▶ 玄関にだれかが来ている．
There's someone at *the door*.
▶ 成田空港は日本の玄関だ．
Narita Airport is the *gateway* to Japan.

げんき 元気な

(健康上) fine [ファイン], well [ウェル]; (活気のある) lively [ライヴリィ]
▶ 元気な男の子
an *energetic* boy / a *lively* boy
▶ 真也は元気いっぱいだ．
Shinya is very much *alive*. / Shinya is full of *energy*.

> 🗨 スピーキング
> Ⓐ お元気ですか．
> How are you?
> Ⓑ 元気です．ありがとう．
> Fine, thank you.

▶ 「スミスさん，こんにちは，お元気ですか」「おかげさまで，元気です．あなたは？」
"Hello, Mr. Smith. *How are you*?" "(I'm) *fine*, thank you. And you?" (▶ 友だちどうしなどでは "*How are things with you?*" "*Fine*, thanks. / *Not so bad*, thanks." などという)
▶ 元気にしてた？ *How've you been*? (▶ 「お久しぶり」という意味のあいさつ)

▶ ぼくの祖母は今年で88歳ですが，とても元気です．
My grandmother will turn 88 this year and she is *in* very *good health*.
▶ 進一，元気を出せよ．来年があるじゃないか．
Cheer up, Shinichi! You can try again next year.

元気づける encourage [エンカーレヂ]
▶ われわれのチームは応援団に大いに元気づけられた．
Our team *was* greatly *encouraged* by the cheerleaders.

元気になる (病気などから) get well, get better
▶ 早く元気になってくださいね．
I hope you'll *get better* soon.

けんきゅう 研究

(a) study [スタディ], research [リサーチ]
研究する study, research
▶ アメリカ文学の研究
the *study* of American literature
▶ 私は電子工学を研究するつもりだ．
I intend to *study* electronics.
研究室 a lab, a study, an office
研究者 a researcher
研究所 a research institute [インスティテュート], a research center [センタァ]; (自然科学の) a (research) laboratory [ラボラトーリィ]

けんきょ 謙虚な modest [マデスト]

けんきん 献金 a donation [ドウネイション], a contribution [カントゥリビューション]
献金する donate [ドウネイト], contribute [コントゥリビュート]
▶ 政治献金 a political *donation*

げんきん 現金 **1** cash [キャッシ]
現金にする cash

> 🗨 スピーキング
> Ⓐ (お支払いは)現金ですか，カードですか．
> Cash or charge?
> Ⓑ 現金でお願いします．
> Cash, please.

▶ 現金で払います．I'll pay in *cash*.
▶ 現金の持ち合わせがない．
I'm out of *cash*. / I don't have any *cash* on me.

two hundred and sixty-five 265

けんけつ ▶

▶ 父は自動車を現金で買った．
Father paid for the car in *cash*.
2 (打算的) calculating [キャルキュレイティング]；(金のことしか頭にない) mercenary [マ〜スィネリィ]
▶ 彼は現金なやつだ．He's *calculating*.
現金自動支払機 an ATM (▶ *automated teller machine* の略), a cash machine, a cash dispenser

けんけつ 献血 blood donation [ブラッドドゥネイション]
献血する give blood, donate blood

げんご 言語 (a) language [ラングウィヂ] → ことば
言語学 linguistics [リングウィスティクス]

けんこう 健康

health [ヘルス]
健康な well [ウェル], healthy [ヘルスィ]
▶ 私はとても健康です．
I am in very good *health*. / I am very *well*. / I am very *healthy*.

× I am health.
health は名詞．この場合は形容詞がくる．
○ I am healthy.

▶ 彼女は健康がすぐれない．
She isn't *healthy*. / She isn't in good *health*.

🔊スピーキング
Ⓐ 健康に気をつけてください．
Take care of yourself.
Ⓑ ありがとう．あなたも．
Thanks, you too!
(▶人と別れるときなどのあいさつとして使う)

▶ あなたの健康を心配しています．
I worry about your *health*.

💬表現力
…は健康によい [悪い]
→ **be good [bad] for you** / **be good [bad] for your health**
(▶この you, your は人間一般を表す)

▶ 運動は健康によい．
Exercise *is good for your health*.
▶ 食べすぎも食べなさすぎも健康によくない．
It's *bad for your health* to eat too much or too little.
健康食品 health food
健康診断 a physical [フィズィカル] (examination), a physical checkup → けんしん
健康保険 health insurance
健康保険証 a health insurance card

げんこう 原稿 a manuscript [マニュスクリプト]
原稿用紙 manuscript paper

げんこうはん 現行犯で in the act 《(of)》
▶ その男は現行犯でつかまった．
The man was caught *in the act*.

けんこくきねんのひ 建国記念の日
National Foundation Day [ナショナルファウンデイション デイ]

げんこつ a (clenched) fist [フィスト]
▶ 兄は私をげんこつでなぐった．
My brother hit me with his *fist*.

けんさ 検査 (an) examination [イグザミネイション], a check [チェック], a test [テスト]
検査する examine [イグザミン], check, test
▶ 学力検査 an achievement *test*
▶ 血液検査 a blood *test*
▶ 視力検査 an eye *test*
▶ あす身体検査がある．
We have a physical *examination* tomorrow.
▶ 空港で手荷物の検査を受けた．
I had my baggage *checked* at the airport.

げんざい 現在 →いま²

the **present** [プレズント] (▶「過去」は the past, 「未来」は the future)
現在の present；(現時点での) current
現在は now, at present
▶ 現在の住所 the *present* address
▶ 現在のところ部員は25名いる．
There are twenty-five members in this club *now*.
▶ 現在，ジャイアンツが３点リードしている．
The Giants are leading by three runs *at the moment*.

◀ **けんせつ**

けんさく 検索 a search [サ〜チ]
　検索する search, do a search, run a search
▶ インターネットで情報を検索する
　search the internet for information
　検索エンジン (コンピューター) a search engine

げんさく 原作 the original [オリヂナル] (work)
　原作者 (著者) the author [オーサァ], (作家) the writer [ライタァ]

げんさん …原産の native [ネイティヴ] to
▶ 中国原産の野菜
　vegetables native to China

けんじ 検事 a prosecutor [プラスィキュータァ]

げんし[1] 原子 an atom [アトム]
　原子(力)の atomic [アタミク]
▶ 原子は太陽系に似ている.
　The atom is like the solar system.
　原子爆弾 an atomic bomb [バム]
　原子力 atomic energy, nuclear energy
　原子力時代 the atomic age
　原子力発電所 a nuclear power plant
　原子炉 a nuclear reactor

げんし[2] 原始的な primitive [プリミティヴ]
　原始時代 the primitive age
　原始人 a primitive man
　原始林 a virgin forest

けんじつ 堅実な steady [ステディ]
▶ 堅実な人 a steady person

げんじつ 現実 (a) reality [リアリティ] →じっさい
　現実の actual [アクチュアル]
　現実的な realistic [リーアリスティク]
▶ 現実に向き合う face reality
▶ 私の長年の夢が現実のものとなった.
　My long-cherished dream has become a reality.

けんじゅう けん銃 a pistol [ピストゥル], a handgun [ハン(ドゥ)ガン] →じゅう[2]

げんじゅう 厳重な strict [ストゥリクト]
▶ 厳重な警戒 strict precautions
　厳重に strictly

げんじゅうしょ 現住所 my present address

げんしゅく 厳粛な solemn [サレム] (発音注意)

けんしょう 懸賞(品) a prize [プライズ]
▶ 懸賞に応募する
　enter a prize contest
▶ 懸賞に当たる win a prize
　懸賞金 a prize, a reward [リウォード]

げんしょう[1] 減少 (a) decrease [ディクリース] (反) 増加 increase
　減少する decrease [ディクリース] →へる

> ✎ ライティング
> 私たちの町の人口は減少している.
> The population of our town is decreasing.

げんしょう[2] 現象 a phenomenon [フィナメナン] (複数 phenomena)
▶ 自然現象 a natural phenomenon

げんじょう 現状
▶ 日本経済の現状
　the current situation of Japanese economy
▶ 現状では
　under (the) present conditions

けんしん 検診 (定期的な) a checkup [チェカプ]; (よりくわしい) a physical [フィズィカル] (examination); (人間ドック) a complete physical exam [イグザム]
▶ 歯科検診 a dental checkup
▶ 定期検診 a regular checkup

けんしんてき 献身的な devoted [ディヴォウティド]
▶ 献身的な看護に感謝します.
　Thank you for your devoted care.

けんすい 懸垂 (米) a chin-up [チナプ], (英) a pull-up [プラプ]
▶ けんすいを50回する do 50 chin-ups

けんせつ 建設 construction [コンストゥラクション]
　建設する construct, build [ビルド]
▶ そのホテルは今建設中だ.

けんぜん ▶

The hotel is now under *construction*.
建設的な constructive
▶ **建設的な意見** a *constructive* opinion
建設会社 a construction company
建設現場 a construction site

けんぜん 健全な healthy [ヘルスィ], sound [サウンド]
▶ **子どもの健全な育成**
the *healthy* development of children
▶ **健全な肉体に健全な精神が宿らんことを.** (ことわざ)
A *sound* mind in a *sound* body.

げんそ 元素 an element [エレメント]
元素記号 the (chemical) symbol of an element

げんぞう 現像 (photo) developing [ディヴェロピング], (photo) development [ディヴェロプメント]
現像する develop
▶ **フィルムを現像する** *develop* a film

げんそく 原則 a principle [プリンスィプル]
▶ **自転車通学は原則禁止だ.**
In principle, riding a bike to school is prohibited.

けんそん 謙そんな modest [マデスト]
▶ **そんなにご謙そんなさらないで！**
Please don't be so *modest*.

げんそん 現存の existing [イグズィスティング]; living [リヴィング]
▶ **現存する最古の寺**
the oldest *existing* temple

げんだい 現代

the present day, the present age, **today** [トゥデイ]
現代の modern [マダン], contemporary [コンテンポレリィ], current [カ〜レント], present-day
現代的な modern; (最新の) up-to-date [アプトゥデイト]
▶ **現代の科学** *modern* science
▶ **現代の日本**
modern Japan / Japan *today* / *present-day* Japan
▶ **現代的なデザイン**
an *up-to-date* design
▶ **現代ではスマホはなくてはならないものだ.**
A smartphone is absolutely necessary *today*.

けんだま 剣玉 a cup and ball [カップ アン(ド) ボール], *kendama*
▶ **けんだまをする** play *cup and ball*

げんち 現地 the spot [スパット]
現地の local [ロウカル]
▶ **現地の人たち** the *local* people
現地時間 local time

けんちく 建築

(建造) construction [コンストラクション], building [ビルディング]; (建築物) a building (▶広く建物をさす語で,「ビル」のほか「家」などもすべてふくまれることに注意)
建築する build; (高い建物を) put up; construct
▶ **家を建築する** *build* a house

🖉 **ライティング**
法隆<small>りゅう</small>寺は世界最古の木造建築だ.
Horyuji Temple is the world's oldest wooden building.

建築家 an architect [アーキテクト]
建築学 architecture [アーキテクチャ]

けんちょう 県庁 →けん¹

けんていしけん 検定試験 a certification [サ〜ティフィケイション] examination, a license examination
▶ **漢字検定試験**
the Kanji *Proficiency* [プロフィシェンスィ] *Test*

げんてん 減点する subtract [サブトゥラクト]
▶ **ああ, 10点減点されちゃった.**
Oh, ten points *was subtracted* from my score.

げんど 限度 a limit [リミト]
▶ **ものには限度というものがある.**
There is a *limit* to everything.

けんとう¹ 見当 a guess [ゲス]
見当をつける guess
▶ **あなたは見当ちがいをしている.**
Your *guess* is wrong. / You are making a wrong *guess*.
▶ **見当がつきません.** I have no *idea*.
▶ **ここがどこだか見当がつかない.**
I can't *guess* where we are now.

けんとう² 検討する examine [イグザミン], consider [コンスィダァ]

けんとう³ 健闘する put up a good

◀ げんろん

fight
▶ 健闘を祈ります. Good luck!

けんどう 剣道 kendo, Japanese fencing
▶ 剣道のけいこをする practice kendo
▶ 剣道をする do kendo (▶武道には play は使わない)
▶ 父は剣道 3 段です.
My father has a third degree in kendo.

げんば 現場 the scene, the site
▶ 事故現場 the scene of the accident

けんばいき 券売機 a ticket machine, a ticket vending machine
▶ 券売機で切符を買う
buy a ticket from a ticket machine

げんばく 原爆 an atomic bomb, A-bomb [エイバム]
原爆記念日 an anniversary of the atomic bombing of Hiroshima [Nagasaki]
原爆ドーム the Atomic Bomb Dome

けんびきょう 顕微鏡 a microscope [マイクロスコウプ]

けんぶつ 見物 sightseeing [サイトゥスィーイング] →かんこう
見物する visit [ヴィズィト], see, do some sightseeing (in, at), see the sights (of) (▶簡単に visit や see で表現することが多い)
▶ 私たちは京都を見物した.
We visited Kyoto. / We went sightseeing in Kyoto.
見物人 (観光客) a visitor, a sightseer; (観客) a spectator

けんぽう 憲法 a constitution [カンスティテューション]
▶ 日本国憲法 the Constitution of Japan
憲法記念日 Constitution Day

げんまい 玄米 brown rice

げんみつ 厳密な strict [ストゥリクト]
厳密に strictly
▶ 厳密に言えば, それは正しくはない.
Strictly speaking, it is not correct.

けんめい¹ 賢明な wise [ワイズ]
▶ きみがあのグローブを買ったのは賢明だったよ. 今じゃ 2 万円もするよ.
It was wise of you to buy that glove. It costs twenty thousand yen now.

けんめい² 懸命に very hard; (できるだけ…に) as ... as possible →いっしょうけんめい

げんめつ 幻滅する be disillusioned [ディスィルージョンド]
▶ 私はその結果に幻滅した.
I was disillusioned with the result.

けんやく 倹約 thrift [スリフト]
倹約する save [セイヴ]
▶ 彼はおこづかいを倹約している.
He is saving his allowance.

けんり 権利

a right [ライト] (▶「義務」は duty)
▶ 他人の権利は尊重しなければなりません.
We should respect the rights of others.
▶ ぼくにはそのお金をもらう権利がある.
I have a right to receive that money.

げんり 原理 a principle [プリンスィプル]
▶ 多数決の原理 majority rule
▶ アルキメデスの原理
Archimedes' principle
▶ 言論の自由は民主主義の根本原理の 1 つです.
Freedom of speech is one of the fundamental principles of democracy.

けんりつ 県立の prefectural [プリフェクチュラル]
▶ ぼくは県立高校を受験するつもりだ.
I'm going to take an entrance exam for a prefectural high school.

げんりょう 原料 (raw) materials [(ロー)マティ(ア)リアルズ]
▶ 日本はほかの国から多くの原料を輸入している.
Japan imports a lot of raw materials from other countries.
▶ 豆腐の原料は何ですか (→豆腐は何からできていますか).
What (ingredients) is tofu made from?

けんりょく 権力 power [パウア]
権力者 a person in power ([複数] people in power)

げんろん 言論 speech [スピーチ]
▶ 言論の自由 freedom of speech

こ ▶

ココ こコ こコ

こ 子

(人間の) a **child** [チャイルド] (複数 children [チルドゥレン]), (口語) a kid [キッド]; (男の) a **boy** [ボイ]; (女の) a **girl** [ガール]; (動物の) the young ... →おや¹ (図)

▶ うちの子
(娘) my *daughter* / (息子) my *son*
▶ 私は一人っ子だ. I'm an only *child*.
▶ 「お子さんは何人いらっしゃいますか」「2人います. 男の子と女の子です」
"How many *children* do you have?"
"I have two (*children*), a *boy* and a *girl*."

-こ …個

▶ オレンジ5個 five oranges
▶ 石けん2個
two *bars* of soap / two *cakes* of soap
▶ 角砂糖1個
a *lump* of sugar / a *cube* of sugar
▶ ケーキ1個 (1切れ) a *piece* of cake
▶ リンゴは1個150円です.
Apples are 150 yen *each*.

> **用法 物の数え方**
> 日本語では…個, …本, …冊などの単位をつけるが, 英語ではとくにこれらに相当する語はない. ふつうは **one [a, an], two, three** ... を名詞の前に置き, 2個以上なら名詞を複数形にする. soap (石けん), sugar (砂糖) などの数えられない名詞の場合は, 上の例のように **bar, lump** などを使う.

ご¹ 五(の) →かず (表)

five [ファイヴ]
第5(の) the **fifth** [フィフス] (▶5th と略す)
▶ 5回 *five* times
▶ 五感 the *five* senses
▶ 5分の1 one *fifth* / a *fifth* (▶5分の2以上は two fifths のように複数形にする)

五角形 a pentagon [ペンタガン]
五大湖 the Great Lakes

ご² 語

(単語) a **word** [ワード]; (言語) a **language** [ラングウィヂ]

▶ 英単語を1日1語覚えましょう.
Let's memorize one English *word* a day.
▶ 「あなたの国では何語が話されていますか」「英語です」
"What *language* is spoken in your country?" "English."

ご³ 碁 go
▶ トムは碁が打てる. Tom can play *go*.
碁石 a *go* stone
碁盤 a *go* board

-ご …後

after [アフタァ] (反 …前 before); (…時間後など) **in** [イン] ... , ... **later** [レイタァ]; (…後ずっと) **since** [スィンス] →あと¹

▶ 夕食後にテレビを見ます.
I watch TV *after* dinner.
▶ 帰宅後に少し仮眠した.
I took a quick nap *after* I came home.
▶ 1時間後に出発します.
We're leaving *in* an hour. (▶今から「…後」という場合, after ではなくふつう in を使う)
▶ それから1週間後私はまた彼女に会った.
A week *later* I met her again.

コアラ (動物) a koala [コウアーラ] (bear)
コイ (魚) a carp [カープ] (複数 carp)
こいのぼり a carp streamer

こい¹ 恋

love [ラヴ]
恋する love, fall in love 《with》; (恋している) love, be in love 《with》
▶ 初恋 my first *love*
▶ ポリーはバートに恋している.

◀ **こういしつ**

Polly *loves* Bert. / Polly *is in love with* Bert.
▶ 2人は一目で恋に落ちた.
The two *fell in love* at first sight.
恋占い love fortune-telling
恋人 a love, a sweetheart；(男) *my* boyfriend；(女) *my* girlfriend (▶ lover は「愛人」という意味)
▶ 前の恋人
(男性) my ex-*boyfriend* / (女性) my ex-*girlfriend*
▶ 私の恋人になって. Be my *valentine*. (▶ バレンタインカードに書くことが多い)
恋わずらい lovesickness

こい² 濃い

1 (色が) **deep** [ディープ]；(暗めの) **dark** [ダーク] (反) うすい pale, light)
▶ 濃い青 *deep* blue / *dark* blue
2 (スープなど濃度ºや・密度ºなど) **thick** [スィック] (反) うすい thin)；(コーヒーなどが) **strong** [ストゥロ(ー)ング] (反) うすい weak)
▶ 濃いスープ *thick* soup
▶ 濃いコーヒーのほうが好きだ.
I prefer *strong* coffee.
▶ 濃い霧 a *thick* fog

ごい 語い (a) vocabulary [ヴォウキャビュレリィ]
▶ 彼は語いが豊富だ.
He has a large *vocabulary*. (▶ ×many vocabulary とはいわない)
▶ 語いを増やす build up *my vocabulary*

こいし 小石 a small stone；(川底や川岸などにある丸い) a pebble [ペブル]

こいしい 恋しい miss, long (for)
▶ 故郷が恋しい. I *miss* my hometown.

コイヌ 子犬 a puppy [パピィ], a pup [パップ] →おや¹ (図)

コイン a coin [コイン]

▶ コインを投げて決めよう. 表か裏か？
Let's toss a *coin*. Heads or tails?
コインランドリー a coin-operated laundry, (米) a laundromat [ローンドゥロマット], (英) a launderette [ローンダレット]
コインロッカー a coin-operated locker, a locker

こう

(このように) like this, (in) this way；(次のように) as follows
▶「こうするのよ」と言って直美は扇子を使った.
"Use it *this way* [Use it *like this*]," said Naomi as she used a fan.
▶ 新聞にはこう書いてある.
The newspaper says *as follows*.

ごう 号 (番号) a number [ナンバァ]；(雑誌などの) an issue [イシュー]
▶ (…の) 4月号 the April *issue* (of ...)
▶ 台風18号 typhoon *number* 18

こうい¹ 行為 (1回の) an act [アクト]；(一連の行動) (an) action [アクション]；(ふるまい) behavior [ビヘイヴャ]；conduct [カンダクト] →おこない
▶ 親切な行為 an *act* of kindness

こうい² 好意 goodwill [グドゥウィル], kindness [カイン(ドゥ)ネス]
▶ 私は好意からそう言ったのです.
I said that out of *goodwill*.
好意的な kind, friendly [フレンドゥリィ]
▶ 彼女は私に好意的でした.
She was *friendly* to me.

こうい³ 厚意 hospitality [ハスピタリティ], kindness [カイン(ドゥ)ネス]
▶ ご厚意に感謝いたします.
Thank you for your *hospitality*.

こうい⁴ 校医 a school doctor [スクール ダクタァ]

ごうい 合意 an agreement [アグリーメント]
合意する agree [アグリー]
▶ 両国は合意に達した.
The two nations reached an *agreement*.

こういう such ... as this, like this
▶ こういうシャツがほしい.
I want a shirt *like this*. / I want a shirt *of this kind*.

こういしつ 更衣室 (体育館などの) a

こういしょう ▶

locker room [ラカァル(ー)ム], a changing room；(劇場などの) a dressing room
こういしょう 後遺症 an aftereffect [アフタレフェクト]
こういち 高1 →がくねん (表)
こういん 光陰
▶ 光陰矢のごとし.《ことわざ》*Time* flies.
ごうう 豪雨 heavy rain, a downpour [ダウンポー(ァ)]

こううん 幸運

(good) fortune [フォーチュン]（反 不運 misfortune）, (good) luck [ラック]
幸運な fortunate, lucky
幸運にも fortunately, luckily
▶ 幸運にも宝くじに当たった.
I had the *good fortune* to win the lottery. / *Fortunately* I won the lottery.
▶ 幸運を祈る！*Good luck* (to you)！
こうえい¹ 光栄 (an) honor [アナァ]
▶ あなたにお会いできてほんとうに光栄です.
It's a great *honor* to meet you.
こうえい² 後衛 a back [バック]

こうえん¹ 公園

a park [パーク]
▶ 国立公園 a national *park*
▶ 上野公園に行ったことがありますか.
Have you ever been to Ueno *Park*?
（▶公園名には the をつけない）
▶ 私たちは先週の日曜は公園に散歩に行った.
We went for a walk in the *park* last Sunday.
こうえん² 後援する sponsor [スパンサァ], support [サポート]
▶ オリンピックの後援企業
a *sponsor* of the Olympics / a *sponsoring* company of the Olympics
後援会 a supporters' association, a fan club
こうえん³ 講演 a lecture [レクチァ]；(演説) an address [アドゥレス]
講演する give a lecture
▶ 山田博士は「原子力と平和」について講演した.
Dr. Yamada *gave a lecture* on "atomic energy and peace."
講演会 a lecture meeting
講演者 a lecturer, a speaker
こうえん⁴ 公演 a performance [パフォーマンス]
公演する perform [パフォーム]
こうか¹ 効果 (an) effect [イフェクト]
▶ この薬は効果がほとんどない.
This medicine has little *effect*.
▶ 音響効果 sound *effects*
効果的な effective
▶ 英語を学ぶ効果的な方法
an *effective* way to learn English
こうか² 高価な expensive [イクスペンスィヴ]（反 安価な inexpensive）→たかい
こうか³ 校歌 a school song
こうか⁴ 硬貨 a coin [コイン]（対 紙幣 bill）→コイン
▶ 豪華な luxurious [ラグジュ(ア)リアス], gorgeous [ゴージャス]
▶ 豪華な食事 a *luxurious* dinner
▶ 豪華なドレス a *gorgeous* dress

こうかい¹ 後悔

(a) regret [リグレット]
後悔する regret, be sorry [サリィ]《for》
（▶会話では後者のほうがよく使われる）
▶ そう言ったことを後悔しています.
I'm sorry I said that.
▶ あとで後悔するぞ.
You'll *regret* it later.
▶ いまさら後悔してもおそいよ.
It's too late to *be sorry*.
▶ 後悔先に立たず.《ことわざ》
It's no use crying over spilt milk.（▶「こぼしたミルクを嘆いてもしかたがない」という意味）
こうかい² 公開の public [パブリク], open [オウプン]
▶ 公開の席で in *public*
公開する open ... to the public
▶ ロンドン塔は一般に公開されている.
The Tower of London *is open to the public*.
公開授業 an open class
公開討論会 an open forum
こうかい³ 航海 a voyage [ヴォイエヂ]
航海する sail [セイル], go by sea
▶ 航海の無事を祈ります.
I wish you a safe *voyage*. / Have a

272 two hundred and seventy-two

◀ **こうきゅう**¹

nice *trip*!

こうがい¹ 郊外 the suburbs [サバーブズ]
郊外の suburban [サバーバン]
▶ 私は東京の郊外に住んでいます.
I live in *the suburbs* of Tokyo. / I live just *outside* Tokyo.

こうがい² 公害 (environmental) pollution [ポルーション] →おせん
公害問題 a pollution problem

こうがい³ 校外
校外学習 a field trip
校外活動 out-of-school activities

ごうがい 号外 an extra [エクストゥラ]

こうかいどう 公会堂 a public hall →かいかん

こうかがくスモッグ 光化学スモッグ photochemical smog [フォウトケミカル スマッグ]

こうがく 工学 engineering [エンヂニ(ア)リング]
▶ 遺伝子工学 genetic *engineering*

ごうかく 合格
(試験) a pass [パス]; (成功) a success [サクセス] (反 不合格 failure)
合格する pass, succeed [サクスィード] (in) (反 落ちる fail)

💬スピーキング
Ⓐ 合格おめでとう.
Congratulations on passing the exam!
Ⓑ ありがとう.
Thank you.

💬表現力
…に合格する
→ pass … / succeed in …

▶ オーディションに合格した.
I *passed* the audition.
▶ ぼくは試験に1回で合格した.
I *passed* the exam on the first try.
▶ 兄は第一志望の高校に合格した.
My brother *passed* the entrance exam for his first-choice high school
合格者 a successful candidate
合格点 a passing score, a passing grade

合格率 the passing rate

こうかん¹ 交換 (an) exchange [イクスチェインヂ] →かえる²
交換する exchange, change
▶ 意見を交換する *exchange* ideas
▶ 電池を交換する *change* the battery

💬表現力
〜と…を交換する
→ exchange 〜 for …

▶ 私の赤いセーターとあなたの青いセーターを交換しない？
Won't you *exchange* my red sweater *for* your blue one?
▶ この上着をもっと大きいものと交換してもらえますか.
Could you *exchange* this jacket *for* a bigger one?
交換学生 an exchange student

こうかん² 好感 a good impression [インプレション]
▶ 好感のもてる人 a *pleasant* person
▶ 新任の先生は生徒たちに好感を与えた.
The new teacher made *a good impression* on the students.

こうき¹ 校旗 a school flag

こうき² 後期 the latter period; (学期の) the second semester [セメスタァ]

こうき³ 好機 a good chance [チャンス]
▶ 好機をつかむ take a *chance*

こうぎ¹ 抗議 (a) protest [プロウテスト]
抗議する protest [プロテスト] 《against》, make a protest 《against》
▶ バッターは審判の判定に抗議した.
The batter *protested against* the umpire's decision.

こうぎ² 講義 a lecture [レクチァ]
講義する give a lecture 《on》

こうきあつ 高気圧 high (atmospheric) pressure [(アトゥモスフェリク) プレシァ] (反 低気圧 low (atmospheric) pressure)

こうきしん 好奇心 curiosity [キュ(ア)リアスィティ]
好奇心の強い curious [キュ(ア)リアス]
▶ 子どもというのは好奇心が強いものだ.
Children are naturally *curious*.

こうきゅう¹ 高級な high-class [ハイクラス]; (ぜいたくな) luxurious [ラグジュ(ア)リアス]
▶ 高級レストラン a *high-class* restaurant

273

こうきゅう² ▶

高級車 a luxury car
高級品 high-quality goods
こうきゅう² **硬球** a hard ball [ハードゥ ボール]
こうきょ **皇居** the Imperial Palace [インピ(ア)リアル パレス]
こうきょう **公共の** public [パブリク]
公共交通機関 public transportation
公共事業 a public enterprise
公共施設 public facilities
公共料金 public utility charges
こうぎょう¹ **工業** (an) industry [インダストゥリィ]
工業の industrial
▶ 工業国 an *industrial* nation
▶ 重工業 heavy *industry*
▶ 自動車工業 the automobile *industry*
工業高校 a technical high school
工業地帯 an industrial district, an industrial area
▶ 京浜工業地帯
the Keihin *Industrial District*
こうぎょう² **鉱業** mining [マイニング], the mining industry
こうきょうがく **交響楽** a symphony [スィンフォニィ]
交響楽団 a symphony orchestra
こうきょうきょく **交響曲** a symphony [スィンフォニィ]
▶『田園交響曲』
The Pastoral Symphony
こうきん **抗菌(の)** antibacterial [アンティバクティ(ア)リアル]
▶ 抗菌グッズ *antibacterial* products
こうくう **航空**
▶ 日本航空 Japan *Airlines*（▶航空会社の名称では複数形を使うのがふつう）
航空会社 an airline
航空機 an aircraft
航空券 an airline ticket
航空写真 an aerial photograph
航空便 airmail（対 地上便 surface mail)
航空路 an airway
こうけい **光景** a scene [スィーン], a sight [サイト] →けしき

ごうけい **合計**

a sum [サム], a total [トウトゥル]

合計する add up, total
合計で altogether, in all
▶ 3と9と8の合計は20です.
The *sum* of 3, 9, and 8 is 20.
▶ かかった費用を合計してくれる？
Will you *add up* all the expenses?
▶ 合計で2万円の募金が集まった.
We raised funds of twenty thousand yen *in total*.

> 📘表現力
> 合計で…になる
> → be ... altogether /
> amount to ...

> 🗣スピーキング
> Ⓐ 合計でいくらですか.
> How much is it altogether?
> Ⓑ 50ドルです.
> 50 dollars.

▶ 学園祭の経費は合計50万円だった.
The cost of the school festival *amounted to* 500,000 yen.
こうげき **攻撃** (an) attack [アタック], (an) offense [オフェンス] (反 防御 defense)
攻撃する attack, make an attack (on); (野球で) be at bat
攻撃的な offensive
▶ 攻撃は最善の防御である. (ことわざ)
Offense is the best defense.
▶ (野球で) 今マリナーズが攻撃中です.
The Mariners *are at bat* now.
こうけん **貢献** (a) contribution [カントゥリビューション]
貢献する contribute (to)

> ✏ライティング
> コンピューターは私たちの生活に大きな貢献をしてきた.
> Computers have made a great contribution to our lives.

こうげん **高原** highlands [ハイランヅ], heights [ハイツ]
▶ 志賀高原 the Shiga *Highlands* (▶高原の名称には the をつける)
こうご¹ **交互に** by turns, alternately [オールタネトゥリィ]
▶ 女子と男子が交互に並んだ.
Girls and boys stood in line

alternately.

こうご² 口語 (the) spoken language (対) 文語 written language)
口語英語 spoken English

こうこう¹ 高校

(米) (a) (senior) **high school**
▶ 兄は高校へ通っています。
My brother goes to *high school*.
▶ 高校1年生 a freshman / a first-year student at *high school*
高校生 a high school student
高校入試 a high school entrance exam

こうこう² 孝行する
▶ 親孝行をしよう。
Take care of your parents. / *Be good to* your parents.

こうごう 皇后 the empress [エンプレス] (男) 天皇 emperor)
皇后陛下 Her Majesty the Empress

こうこがく 考古学 archaeology [アーキアロヂィ]
考古学者 an archaeologist

こうこく 広告 an advertisement [アドヴァタイズメント],《口語》an ad [アッド]
広告する advertise [アドヴァタイズ]
広告を出す put an advertisement, place an advertisement
▶ 新聞広告
a newspaper *advertisement*
▶ テレビ広告 a TV *commercial*
▶ 求人広告
a job *advertisement* /《米》a want ad
広告代理店 an advertising agency

こうさ 交差する cross [クロ(ー)ス]
交差点 a crossing, an intersection
▶ 次の交差点を左に曲がりなさい。
Turn left at the next *crossing*.

こうざ¹ 講座 a course [コース]
▶ 毎朝, ラジオの英語講座を聞いている。
I listen to a radio English *course* every morning.

こうざ² 口座 an account [アカウント]
▶ 私はABC銀行に口座がある。
I have an *account* with ABC Bank.

こうさい 交際 association [アソウスィエイション]
交際する be friends 《with》, make friends 《with》, keep company 《with》; (男女の) go out 《with》;《米》date 《with》

> 🗨 表現力
> …と交際する
> → make friends with ... /
>   keep company with ...

▶ (友人として) 彼と交際してもう長い。
I've *been keeping company with* him for a long time.
▶ ぼくと交際してください。
Will you *go out with* me?
▶ 次郎は交際範囲(はんい)が広い。
Jiro *has* a lot of *friends*. / Jiro *has* a large circle of *friends*.

こうさく 工作 handicraft [ハンディクラフト]
▶ 工作の授業 a *handicraft* class

こうさん¹ 降参する give in 《to》, yield [イールド] 《to》; (あきらめる) give up

こうさん² 高3 →がくねん (表)

こうざん¹ 高山 a high mountain
高山の alpine [アルパイン]
高山植物 an alpine plant
高山病 mountain sickness

こうざん² 鉱山 a mine [マイン]

コウシ 子牛 a calf [キャフ] (複数 calves) →おや¹ (図)

こうし¹ 講師 (米) an instructor [インストゥラクタァ],《英》a lecturer [レクチ(ァ)ラァ]

こうし² 公私 public and private matters
▶ 公私混同する
mix *public and private matters*

こうじ 工事 construction [コンストゥラクション]
▶ その道路は工事中だ。
The road is under *construction*.
工事中 (掲示) Under Construction / Men At Work / Men Working

「工事中」の標識.

こうしき ▶

こうしき 公式 (数学などの) a formula [フォーミュラ]
公式の (正式な) formal [フォーマル] (反 非公式の informal); (公務の) official [オフィシャル]
▶ 公式発表 an *official* statement
公式に formally; officially
公式試合 a regular game, a regular match
公式戦 《野球》a pennant race

こうじつ 口実 (言いわけ) an excuse [イクスキュース] →いいわけ
▶ それは口実にすぎない.
That's just an *excuse*.

こうして (in) this way

こうしゃ[1] 校舎 a school building, (とくにいなかの小さな学校の) a schoolhouse

こうしゃ[2] 後者 the latter [ラタァ] (対 前者 former)

こうしゅう[1] 公衆 the public [パブリク]
公衆の public
公衆電話 a pay phone, a public telephone
公衆便所 a public lavatory
公衆浴場 a public bath (▶アメリカにはない)

こうしゅう[2] 講習 a course [コース], a class [クラス]
▶ ぼくは夏期講習を受けるつもりだ.
I'm going to take a summer *course*.

こうしょう[1] 交渉 negotiations [ニゴウシエイションズ]
交渉する negotiate [ニゴウシエイト]

こうしょう[2] 校章 a school emblem [エンブレム]; a school badge [バッヂ]

こうじょう[1] 工場

a **factory** [ファクトゥリィ]; (製材・製粉などの) a mill [ミル]; (製鉄などの) works [ワ〜クス]; (大規模な) a plant [プラント]
▶ 製紙工場 a paper *mill*
▶ 自動車工場
an automobile *plant* / a car *plant* (▶ plant は factory でもよい)
▶ 修理工場で働く work at a repair *shop*

こうじょう[2] 向上 (改善) improvement [インプルーヴメント]; (進歩) progress [プラグレス]
向上する improve; make progress
▶ 私の英語は向上している.

My English *is improving*. / I'm *making progress* in English.

ごうじょう 強情な hard to treat; (生まれつきがんこな) stubborn [スタボン]

こうしょきょうふしょう 高所恐怖症 《医学》acrophobia [アクロフォウビア]
▶ 私は高所恐怖症なの.
I'm scared of heights. / I have *acrophobia*.

こうしん 行進 a march [マーチ]; (パレード) a parade [パレイド]
行進する march, parade
▶ デモ隊が町中を行進した.
The demonstrators *marched* through the town.
行進曲 a march

こうすい 香水 (a) perfume [パ〜フューム] (アクセント注意)
▶ 堀先生は香水をつけている.
Ms. Hori is wearing *perfume*.

こうずい 洪水 a flood [フラッド]
▶ その橋は洪水で流された.
The bridge was washed away by the *flood*.

こうせい[1] 公正な fair [フェア]
▶ 裁判は公正でなければならない.
Trials must be *fair*.

こうせい[2] 構成する make up
▶ その委員会は 8 人のメンバーで構成されている.
The committee *is made up* of eight members.

こうせい[3] 恒星 a fixed star, a star (▶「惑星」は planet, 「衛星」は satellite)

こうせい[4] 厚生 public welfare [パブリク ウェルフェア]
厚生労働省 the Ministry of Health, Labour and Welfare

ごうせい 合成 composition [カンポズィション]; (化学) synthesis [スィンセスィス]
合成写真 a montage photograph
合成保存料 artificial preservatives

こうせき 功績 (貢献) contribution [カントゥリビューション]; (業績) an achievement [アチーヴメント]
▶ 彼らの功績をたたえる
praise their *achievement*

こうせん 光線 (光の筋) a ray [レイ], a beam [ビーム]; (光) light [ライト]

◀ **こうつう**

- 太陽光線 the sun's *rays*
- レーザー光線 a laser *beam*

こうぜん 公然の open [オゥプン], public [パブリック]
- 公然の秘密 an *open* secret
  公然と openly, in public

こうそう 高層の high-rise [ハイライズ]
- 高層ビル
  a high-rise building, (超高層の) a skyscraper

こうぞう 構造 (a) structure [ストゥラクチァ]
- 人体の構造
  the *structure* of the human body
- 文の構造
  sentence *structure* / the *structure* of a sentence

こうそく¹ 高速 (a) high speed
高速道路 〔米〕an expressway, a freeway, 〔英〕a motorway

こうそく² 校則 school regulations, school rules

🗨️ プレゼン
学校の校則は厳しいと思いますか.
Do you think our school regulations are strict?

- 茶髪(ちゃぱつ)は校則違反(いはん)だよ.
  Dyeing your hair brown is against the *school rules*.
- 校則を破る break *school rules*

こうたい¹ 交代する, 交替する take turns, take ...'s place
- 正午にきみと交代しよう.
  I'll *take your place* at noon.
  交代で in turn, by turns
- トムとジムは交代で運転した.
  Tom and Jim *took turns* driving. / Tom and Jim drove *in turn*.

こうたい² 抗体 antibody [アンティバディ]
抗体検査 an antibody test

こうだい 広大な vast [ヴァスト]
- 広大な砂漠 a *vast* desert

こうたいし 皇太子 the Crown Prince
皇太子妃 the Crown Princess

こうちゃ 紅茶 tea [ティー], black tea → ちゃ
- 紅茶を入れる make *tea*
- 紅茶をもう1杯いかがですか.
  How about another cup of *tea*?

💬用法 **tea** と **black tea**
ふつうは **tea** だけで紅茶を表す. 日本の緑茶 (**green tea**) などと区別するときには **black tea** という.

こうちょう¹ 校長 a principal [プリンスィパル]
- 副校長 an assistant *principal* / a vice *principal*
  校長室 the principal's office

こうちょう² 好調で in good condition, all right
- すべて好調にいっている.
  Everything is going *all right*.
- 彼は今絶好調だ.
  He *is doing great* right now.

🗨️ スピーキング
Ⓐ どう, 調子は.
　How are you?
Ⓑ 絶好調さ.
　I'm in my best condition.

こうつう 交通

(人・車の往来) traffic [トゥラフィク]; (輸送) transportation [トゥランスポテイション]
- この通りは交通が激しい.
  There is heavy *traffic* on this street. / *Traffic* is heavy on this street.
- 私の家は交通の便がよい (→公共の乗り物を利用するのに便利です). My house is convenient for public *transportation*.
- 交通違反(いはん)をする break *traffic* rules
  交通事故 a car accident, a traffic accident
- 交通事故にあう have a *traffic accident*
  交通渋滞 a traffic jam
  交通手段 a means of transportation
  交通信号 a traffic light, a traffic signal

アメリカの交通信号機. 色は red (赤), yellow (黄色), green (緑) の3種類.

こうつごう ▶

交通整理 traffic control
交通費 travel expenses
交通標識 a traffic sign
交通ルール traffic rules
▶ 交通ルールを守る obey *traffic rules*

こうつごう 好都合な convenient [コンヴィーニェント]《(for)》→つごう

こうてい¹ 校庭 a schoolyard；(遊具などが設置されている場所) a school playground

こうてい² 肯定する affirm [アファ～ム]，(口語) say yes
肯定文《文法》an affirmative sentence

こうてい³ 皇帝 an emperor [エンペラァ]

こうてつ 鋼鉄 steel [スティール]
▶ この橋は鋼鉄でできている.
This bridge is made of *steel*.

こうど 高度 (高さ) (a) height [ハイト]；(海抜，標高) an altitude [アルティテュード]
高度な (程度が)high[ハイ], advanced[アドゥヴァンスト]
▶ 高度 1 万メートルで
at an *altitude* of 10,000 meters

こうとう¹ 高等の high [ハイ], higher, advanced [アドゥヴァンスト]
高等学校 a (senior) high school
高等教育 higher education
高等専門学校 a technical college

こうとう² 口頭の oral [オーラル]
口頭試験 an oral examination

こうどう¹ 行動

(an) action [アクション]；(ふるまい) behavior [ビヘイヴャ]；conduct [カンダクト]
行動する act, take action →おこなう
▶ 今こそ行動に移すときだ.
Now is the time to *take action*.
▶ 彼は行動力がある.
He's a man of *action*.
▶ 私たちは午後は自由行動だ.
We will have free time in the afternoon.

こうどう² 講堂《米》an auditorium [オーディトーリアム], an assembly hall

ごうとう 強盗 (人) a robber [ラバァ]；(行為) robbery [ラバリィ]→うばう, ぬすむ
▶ 昨夜銀行に強盗が入った.
The bank *was robbed* last night. / There was a *robbery* at the bank last night.

ごうどう 合同の combined [コンバインド], joint [ヂョイント]
▶ 音楽の授業は 2 クラス合同で行われた.
Music class was given to two classes *together*.
合同演奏会 a joint concert

こうない 校内で in school, on the school grounds；(大学の) on campus
▶ 校内バレーボール大会
a *school* volleyball meet
校内放送 the school PA system (▶ PA system は public-address system (拡声装置) の略)
校内暴力 school violence

こうに 高2 →がくねん (表)

こうにゅう 購入する buy [バイ] →かう¹

コウノトリ《鳥》a stork [ストーク]

こうば 工場 a factory [ファクトゥリィ] →こうじょう¹

こうはい 後輩 my junior [ヂューニャ]《対 先輩 senior), a lower-grade member (▶英米では「先輩・後輩」という考え方が日本ほど強くないので文脈に合わせて訳し分ける必要がある)
▶ 麻美はクラブの後輩です.
Mami is a *lower-grade member* of our club.
▶ 直美は私の 2 年後輩です.
Naomi is two years *behind* me. / Naomi is two years *my junior*.

こうばいぶ 購買部 (学校の) a school store

こうはん 後半 the latter half, the second half (対 前半 the first half)
▶ 試合は後半にますますおもしろくなった.
The game got more exciting in *the latter half*.
後半戦 the second half of the game

こうばん 交番 a police box, a Koban

こうひょう¹ 好評な popular [パピュラァ], well-received
好評である go over well, go over big
▶ 私たちの劇は大好評だったよ.
Our play *went over* very well. / Our play *was well-received*.

こうひょう² 公表する publish [パブリシ], make public [パブリク]
▶ 私は真実を公表した.

◀ こうよう

I *made* the truth *public*.
こうふう 校風 (a) school culture, (a) school tradition (▶×school color とはいわない. school colors は，その学校を特徴づける旗や衣服などの色のこと)

こうふく¹ 幸福

happiness [ハピネス] (反) 不幸 unhappiness) →しあわせ
幸福な happy [ハピィ] (反) 不幸な unhappy)
▶ 私たちは幸福な結婚生活を送っている.
We have a *happy* marriage.
▶ 私は今とても幸福です.
I am very *happy* now.

> × I am happiness.
>   ┗ happiness は名詞.
>   この場合，形容詞がくる.
> ○ I am happy.

幸福に happily
▶ 彼らは幸福に暮らした.
They lived *happily*.
こうふく² 降伏 surrender [サレンダァ]
降伏する surrender
▶ 敵に降伏する *surrender* to the enemy
こうぶつ¹ 鉱物 a mineral [ミネラル] (▶「動物」は animal,「植物」は plant という)
こうぶつ² 好物 my favorite [フェイヴ(ァ)リト] food；(料理) my favorite dish (▶前後関係からわかるときは単に my favorite でよい)
▶ ラーメンはぼくの大好物だ.
Ramen is my *favorite*.

こうふん 興奮

excitement [イクサイトゥメント]
興奮させる excite [イクサイト]
興奮する get excited
▶ あんまり興奮するな.
Don't *get* so *excited*. / Take it easy.
▶ 次郎は興奮のあまり口がきけなかった.
Jiro *was* too *excited* for words.

> 💬表現力
> …で興奮する
> → be excited by … /
>   be excited at …

▶ その知らせを聞いてとても興奮した.
I *was* very *excited by* the news. / I *was* very *excited to* hear the news.
▶ 私はその映画を見て興奮した.
I *got excited by* the film. / The film *excited* me.
こうへい 公平な fair [フェア] (反) 不公平な unfair)
▶ 公平な判断 a *fair* decision
公平に fairly
▶ 人を公平にあつかう treat people *fairly*
▶ みんなで公平に分けなさい.
Divide them *fairly* among you.
こうほ 候補
▶ 大統領候補者
a *candidate* for president →りっこうほ
▶ 彼はノーベル賞候補の1人だ.
He is among the *nominees* for the Nobel Prize.
ごうほう 合法的な legal [リーガル]
コウマ 小馬, 子馬 (小型の馬) a pony [ポウニィ]；(おす) a colt [コゥルト]；(めす) a filly [フィリィ]
ごうまん 傲慢な arrogant [アロガント]
こうみょう 巧妙な skillful [スキルフル], clever [クレヴァ], cunning [カニング]
▶ 巧妙な手口
a *clever* trick / a *cunning* trick
こうみん 公民 (教科) civics [スィヴィクス]
こうみんかん 公民館 a public hall
こうむいん 公務員 a civil servant [サ～ヴ(ァ)ント], a public servant, (地位の高い) an official [オフィシャル]
▶ 父は公務員です.
My father is a *civil servant*.
▶ 国家公務員 a *government employee*
▶ 地方公務員
a local *government employee*
こうむる 被る suffer [サファ]
▶ その台風で大きな被害をこうむった.
We *suffered* a lot of damage from the typhoon.
こうもく 項目 an item [アイテム]
コウモリ 《動物》a bat [バット]
こうもん 校門 a school gate
こうよう 紅葉 red leaves, colored leaves
紅葉する turn red, turn colors
▶ 木の葉は紅葉し始めている. The leaves

two hundred and seventy-nine 279

こうようご

are beginning to *turn red*.
こうようご 公用語 an official language
こうらく 行楽
▶ 行楽に出かける
visit / (観光) go *sightseeing* (in)
行楽客 《米》a vacationer [ヴェイケイショナァ], 《英》a holidaymaker [ハリデイメイカァ]; a visitor [ヴィズィタァ]
行楽地 a holiday resort
こうり 小売り retail [リーテイル] (対 おろし売り wholesale)
小売りする retail
小売価格 a retail price
小売店 a retail store, a retail shop
ごうり 合理的な reasonable [リーズナブル] (反 不合理な unreasonable); (理性的な) rational [ラショナル] (反 理性のない irrational)
合理的に reasonably, rationally
こうりつ 公立の public [パブリク] (反 私立の private)
▶ 公立高校 a *public* high school
こうりゅう 交流 exchange [イクスチェインヂ]
▶ 文化交流 cultural *exchange*
交流試合 a friendly match
ごうりゅう 合流する join [ヂョイン]
▶ 駅で友だちと合流した.
I *joined* my friends at the station.
こうりょ 考慮 consideration [コンスィダレイション]
考慮する consider, take ... into consideration
▶ 私たちは彼らの意見を考慮すべきだ.
We should *take* their opinions *into consideration*.

こうりょく 効力 effect [イフェクト]
▶ その薬は効力を発揮した.
The medicine had an *effect*.
効力のある effective
効力のない ineffective
こうれい 高齢の aged [エイヂィド]
高齢化社会 an aging society
高齢者 (個人) a person of advanced age; (一般) elderly people, older people, senior citizens
ごうれい 号令 a command [コマンド], an order [オーダァ]
▶ 号令をかける
give a *command* / give an *order*
こうろん 口論 an argument [アーギュメント], a quarrel [クウォ(ー)レル] →けんか
口論する argue 《with》, quarrel 《with》
▶ こづかいのことで母と口論になった.
I *argued with* my mother over my allowance.

こえ 声

(人の) a voice [ヴォイス]; (鳥の) a song [ソ(ー)ング]; (鳥や虫の) a chirp [チャ〜プ]
▶ 彼はいい声をしている.
He has a sweet *voice*.
▶ 彼女は声が小さい.
She has a small *voice*.
▶ 大きい声で話しなさい.
Speak in a loud *voice*. (▶ 「小さい声」なら loud を low にする)
▶ もう少し小さな声で話してくださいませんか. Would you speak a little more *softly*? (▶ 「大きな声」なら more softly を louder にする)

人間の発声を表すことば
① [ムー] ウーン, おいしい！
② [パフ] フー (▶息を吹く)
③ [ワッ] ワーッ (▶驚嘆, 喜び)
④ [ヤムヤム] ムシャムシャ
　(▶おいしい物を食べる)
⑤ [ウ(ー)プス] オッと, いけない.
⑥ [コ( )フ] ゴホン (▶せき)
⑦ [アウチ] 痛い！
⑧ [ブーフー] ワーン, ワーン (▶泣き声)
⑨ [フュー] ヒェーッ, やれやれ
　(▶おどろき, 不満, 疲労)

▶ 声を出して本文を読みなさい．
Read the text *aloud*.
▶ ひどいかぜをひいて声が出ない．
I've lost my *voice* from a bad cold.
声変わり a change of voice
ごえい 護衛する guard［ガード］；escort［エスコート］
こえだ 小枝 a twig［トゥウィッグ］→えだ

こえる 越える，超える →こす

1 (こえていく) **go over, get over, cross** ［クロ(ー)ス］
▶ 山を越える *go over* a mountain
▶ 国境を越える *cross* a border
▶ 男の子たちは塀を乗り越えた．
The boys *got over* the fence.
2 (上回る) be over, be more than →-いじょう
▶ 彼は40を超えている．He *is over* forty. / He *is more than* forty.
▶ 気温は30度を超えた．
The temperature has risen *above* 30 degrees.

ゴーグル goggles［ガグルズ］（▶複数あつかい．数えるときは a pair of goggles, two pairs of goggles などとする）

ゴージャス ゴージャスな（はなやかな）gorgeous［ゴーヂャス］；（ぜいたくな）luxurious［ラグジュ(ア)リアス］
▶ ゴージャスなホテル a *luxurious* hotel

コース (マラソンなどの) a course［コース］；(競走・競泳の) a lane［レイン］；(課程) a course；(料理の) a course
▶ 私は4コースを泳いだ．
I swam in the fourth *lane*.
▶ ハイキングコース
a hiking trail / a hiking course
▶ 初級コース an elementary *course* / beginners' *course*
▶ フルコースの食事 a full-*course* dinner

コーチ a coach［コウチ］
コーチする coach
▶ 彼がうちのサッカー部のコーチをしている．
He *coaches* our soccer team.

コーディネーター a coordinator［コウオーディネイタァ］
▶ インテリアコーディネーター
an interior *coordinator*

コーディネート コーディネートする coordinate［コウオーディネイト］
▶ 彼女はコーディネートが上手だ．
She is good at *coordinating* an outfit.

コーデュロイ corduroy［コードゥロイ］
コート¹ (テニスなどの) a court［コート］
▶ テニスコート a tennis *court*
コート² (オーバーコート) a coat［コウト］, an overcoat［オウヴァコウト］
▶ コートを着る put on a *coat*
コード¹ (電気の) a cord［コード］
コード² (和音) a chord［コード］
コード³ (きまり・符号など) a code［コウド］
コーナー (曲がり角) a corner［コーナァ］；(売り場) a department［ディパートゥメント］, a section［セクション］
▶ デパートの文房具コーナー
the stationery *section* of a department store
コーナーキック a corner kick

コーヒー

coffee［コ(ー)フィ］
▶ こいコーヒー strong *coffee*
▶ うすいコーヒー weak *coffee*
▶ アイスコーヒー
iced *coffee*
▶ インスタントコーヒー instant *coffee*
▶ コーヒーを入れる
make some *coffee* / fix some *coffee*
▶「何になさいますか」「コーヒー2つお願いします」
"What would you like?" "Two *coffees*, please."（▶ coffee はふつう数えられない名詞なので「コーヒー2杯」は two cups of coffee という．しかし店で注文するときなどは Two *coffees*, please. ともいう）

🔊スピーキング
Ⓐ コーヒーに何か入れますか．
How would you like your coffee?
Ⓑ ミルクとお砂糖を入れてください．
With cream and sugar, please.

コーヒーカップ a coffee cup
コーヒーショップ a coffee shop
コーヒー豆 coffee beans

コーラ ▶

コーヒーメーカー a coffee maker
コーラ (a) cola [コウラ]；(コカコーラ) (a) Coke [コウク] (▶後者は商標)
コーラス a chorus [コーラス] →がっしょう
コーラス部 a choral club, a chorus

こおり 氷

ice [アイス]
▶ 氷のかたまり a block of *ice*
▶ (冷蔵庫で作る) 四角い氷
an *ice* cube / a cube of *ice*
▶ 池に氷が張っている．
The pond is covered with *ice*.
氷砂糖 《米》rock candy, 《英》sugar candy
氷まくら an ice bag
氷水 (冷水) ice water, iced water；(かき氷) shaved ice

こおる 凍る

freeze [フリーズ]；(凍っている) be frozen
▶ 水はセ氏零度で凍る．
Water *freezes* at zero degrees Celsius. (▶温度が０度 (zero) のときでも zero degrees と複数形で表す)
▶ きのうは水道管が凍った．
The water pipe *froze* yesterday.
▶ 気をつけて．道路が凍ってすべりやすくなっているから．
Take care. The road *is frozen* and slippery.

ゴール (球技の) a goal [ゴウル]；(レースの) a finish [フィニシ] (line)
▶ (レースで) ゴールインする
cross the *finish line*
▶ ぼくはその試合でゴールを決めた．
I made a *goal* in the game.
ゴールキーパー a goalkeeper, 《口語》a goalie, 《米》a goaltender
ゴールキック a goal kick
ゴールポスト a goalpost
ゴールライン a goal line
ゴールデンウイーク *Golden Week*, the *Golden Week* holidays (▶「ゴールデンウイーク」は和製語)
ゴールデンタイム prime time (▶ ˣgolden time とはいわない)
コールドゲーム a called game
▶ その試合はコールドゲームになった．

The game *was called off*.
コオロギ 《虫》a cricket [クリケト]
▶ コオロギが鳴いていた．
Crickets were chirping.
コーン¹ 《米》corn [コーン]
コーンフレーク cornflakes
コーン² (アイスクリームの) a cone [コウン]
ごかい 誤解 (a) misunderstanding [ミサンダスタンディング]
誤解する misunderstand, take ... wrong, get ... wrong
▶ 誤解しないで．Don't *get* me *wrong*.
▶ きみはぼくを誤解している．
You *misunderstand* me.
▶ この説明は誤解を招きやすい．
This explanation is *misleading*.
▶ 誤解を解く
clear up a *misunderstanding*
ごがく 語学 language study
▶ 美代子は語学ができる．
Miyoko is good at *languages*.

> 🎤 プレゼン
> 私は語学力を伸ばしたいのです．
> I'd like to improve my language skills.

ごかくけい 五角形 a pentagon [ペンタゴン]
こかげ 木陰 the shade of a tree →かげ
こがす 焦がす (食べ物を) burn [バ～ン]；(表面を) scorch [スコーチ] →こげる
▶ トーストをこがさないようにね．
Don't *burn* the toast.
▶ 私はアイロンで衣服をこがしたことがある．
I *have scorched* my clothes with the iron.
こがた 小型の small [スモール]
小型車 a small car, a compact car

ごがつ 5月 →いちがつ, つき¹ (表)

May [メイ] (▶語頭は必ず大文字；May は略さない)
▶ 5月に in *May*
▶ 5月5日はこどもの日だ．
May 5 is Children's Day. (▶ May 5 は May (the) fifth と読む)
こがらし 木枯らし a cold winter wind
ごきげん →きげん¹
▶ ごきげんいかがですか．

◀ **こくどう**

How are you? /（久しぶりの人に）How have you been?
▶ ごきげんよう．Goodbye.

こぎって 小切手 a check [チェック],《英》a cheque [チェック]
▶ 小切手で支払(はら)う pay by *check*

ゴキブリ（虫）a cockroach [カクロウチ]

こきゅう 呼吸 breathing [ブリーズィング]；（一呼吸）a breath [ブレス]
呼吸する breathe [ブリーズ]
▶ 深呼吸する
breathe deeply / take a deep *breath*
▶ 人工呼吸 artificial *respiration*
呼吸困難 difficulty in breathing

こきょう 故郷

my home [ホウム]；*my* hometown [ホウムタウン]
▶ 年に1度は故郷に帰っています．
We go back *home* once a year.
▶ 故郷をはなれる leave *home*

🎤 プレゼン
奈良(なら)が私の故郷です．
Nara is my hometown. / I come from Nara.

🎤 スピーキング
🅐 あなたの故郷はどこですか．
Where are you from?
🅑 三重です．
I'm from Mie.

こぐ row [ロウ]
▶ 湖でボートをこいだ．
I *rowed* a boat on the lake.

ごく¹ very [ヴェリィ] →たいへん

ごく² 語句 words [ワ〜ヅ] and phrases [フレイズィズ]

こくおう 国王 a king [キング]

こくがい 国外の foreign [フォ(ー)リン]（反 国内の domestic）→がいこく

こくぎ 国技 a national sport

✏️ ライティング
すもうは日本の国技です．
Sumo is the national sport of Japan.

こくご 国語

（日本語）Japanese [ヂャパニーズ], the Japanese language；（言語）a language [ラングウィヂ]
▶ 国語の授業 a *Japanese* class
▶ 彼は5か国語を話す．
He speaks five *languages*.
国語辞典 a Japanese dictionary

こくさい 国際的な

international [インタナショ(ョ)ナル]
▶ 英語は国際的な言語です．
English is an *international* language.
国際化する internationalize
国際会議 an international conference
国際空港 an international airport
▶ 成田国際空港
Narita *International* Airport
国際結婚 an intercultural [インタカルチ(ュ)ラル] marriage, an international marriage
国際交流 international exchange
国際電話 an international (phone) call
国際都市 a cosmopolitan city
国際連合 the United Nations →こくれん

こくさん 国産の domestic [ドメスティク]
▶ これは国産車です．This is a *domestic* car. /（日本車）This is a *Japanese* car. / This car *was made in Japan*.
国産品 domestic products

こくじん 黒人 a black [ブラック] person, black people；（アメリカの）an African-American [アフリカンアメリカン]

こくせき 国籍 nationality [ナショナリティ]

🎤 スピーキング
🅐 あなたの国籍はどこですか．
What is your nationality?
🅑 アメリカです．
I'm American.

こくたい 国体（国民体育大会）the National Athletic Meet

こくてい 国定
国定公園 a quasi [クウェイザイ]-national park（▶ quasi- は「準…」という意味）

こくど 国土 a country [カントゥリィ]
▶ 日本は国土がせまい．
Japan is a small *country*.

こくどう 国道 a national highway
▶ 国道1号線

two hundred and eighty-three 283

こくない ▶

National Highway 1 / *Route* 1
こくない 国内の domestic [ドメスティク], home [ホウム] (反) 国外の foreign)
▶ 国内のニュース *domestic* news
国内総生産 gross domestic product (▶ GDP と略す)
こくはく 告白 (a) confession [コンフェション] 告白する confess [コンフェス]
▶ 勇気を出して彼女に告白した.
I took my courage to *confess* my love to her.
こくばん 黒板 a blackboard [ブラクボード], 《米》 a chalkboard [チョークボード]
▶ 黒板に名前を書いてください.
Write your name on the *blackboard*, please.
▶ 黒板をふいてください.
Erase the *blackboard*, please. (▶ erase の代わりに clean ともいう)
▶ 電子黒板 an electronic *blackboard*
黒板ふき an eraser [イレイサァ]

⓵参考 緑色の黒板も **blackboard** と呼んでもよい. **green blackboard** とか **greenboard** ともいう.

こくふく 克服する get over, overcome [オウヴァカム]
▶ 自分の弱点を克服する
get over my weak points / *overcome* my weak points
こくほう 国宝 a national treasure
▶ 人間国宝
a living *national treasure*

こくみん 国民

(全体) a **nation** [ネイション], a **people** [ピープル] ; (1人) a **citizen** [スィティズン]
国民の national [ナショナル]
▶ 日本国民
(全体) the Japanese *people* / the Japanese *nation* / (1人) a Japanese (*citizen*)

✎ライティング
日本人は勤勉な国民だと言われている.
The Japanese are said to be a diligent people.

▶ 世界の諸国民

the *peoples* of the world
▶ 国民の祝日 a *national* holiday
国民栄誉賞 the People's Honor Award
国民性 the national character
国民総生産 gross national product (▶ GNP と略す)
国民体育大会 the National Athletic Meet
国民投票 a referendum [レフェレンダム]
こくもつ 穀物 grain [グレイン], cereals [スィ(ア)リアルズ]
ごくらく 極楽 (a) paradise [パラダイス]
こくりつ 国立の national [ナショナル]
国立競技場 the National Stadium
国立公園 a national park
国立大学 a national university
こくれん 国連 (国際連合) the United Nations (▶ UN と略す)
国連本部 the United Nations Headquarters
ごくろうさま ご苦労様. Thank you for your trouble. →くろう
コケ 《植物》 moss [モ(ー)ス]
▶ その古い壁はコケでおおわれていた.
The old wall was covered with *moss*.
コケコッコー (おんどりの鳴き声) cock-a-doodle-doo [カカドゥードゥルドゥー] →とり(図)
こけし a *kokeshi* (doll [ダル])
▶ こけしは伝統的な木製の人形です.
A *kokeshi* is a wooden folk doll.
こける fall [フォール]
▶ 女の子はつまずいて地面にこけた.
The girl tripped and *fell* to the ground. (▶ trip は「つまずく」という意味)
こげる 焦げる (食べ物が) burn [バーン]; (表面が) scorch [スコーチ] →こがす

ここ ここ(に)

1 (場所) **here** [ヒア] (反) そこ there), this place

here

there

▶ ここへおいで. Come *here*.
▶ ここには10年間住んでいます.
I have lived *here* for ten years.
▶ (ファストフード店で) ここでお召し上がりになりますか, それともお持ち帰りですか.
For *here*, or to go?
▶ ここはどこですか. Where am I? (▶自分のいる所をたずねるときの決まった言い方. *Where is here? とはいわない. 2人以上のときは Where are we? という)

🗨スピーキング
Ⓐ ぼくの帽子はどこだろう.
Where is my cap?
Ⓑ ここにあるよ.
Here it is. / Here you are.
(▶「はい, どうぞ」と相手に物を差し出しながらいう言い方. 物をさしていうときは It's here. という)

▶「ここから最寄りの地下鉄の駅までどのくらいの距離がありますか」「約500mです」
"How far is it from *here* to the nearest subway station?" "It's about 500 meters."

🗨表現力
ここに…がある
→ (1つのとき) **Here is ... .** /
(2つ以上のとき) **Here are ... .**

▶ ここにリンゴの木があります.
Here is an apple tree. / *Here are* some apple trees.

🗨表現力
ここが…だ → **This is ... .**

▶ ここが私たちの学校です.
This is our school. (▶建物や場所をさして「ここが」というときには Here is ... . は使わない)

2 (期間)
▶ ここしばらく健二に会ってない.
I haven't seen Kenji *for a while*.
▶ ここ2, 3日は暑い天気が続くでしょう.
We will have hot weather *for a few days*.

ごご 午後

afternoon [アフタヌーン] (対) 午前 morning); (時刻のあとにつけて) p.m.

[ピーエム] (対) 午前 a.m.)

🗨用法 午後の区分:
昼どき(正午〜1時): **lunchtime**
昼過ぎ(1〜2時): **early afternoon**
2〜4時ごろ: **midafternoon**
4〜6時ごろ: **late afternoon**
6時以降: **evening**

▶ 午後に in the *afternoon*
▶ 午後2時に
at two in the *afternoon* / at 2 *p.m.*
▶ 午後遅く late in the *afternoon* / in the late *afternoon*
▶ 日曜日の午後に on Sunday *afternoon*
▶ 4月1日の午後に
on the *afternoon* of April 1 (▶ April 1は April (the) first と読む)
▶ 9月1日の午後早くに
in the early *afternoon* of September 1 (▶ early や late を使うときはふつう in にする)
▶ 今日の午後(に) this *afternoon*
▶ あすの午後(に) tomorrow *afternoon*

🗨文法 **afternoon** と前置詞
単に「午後に」というときは **in** を使い, 特定の日の「午後に」という場合は **on** を使う. this や every, yesterday などがつくときは in や on をつけない.

ココア cocoa [コウコウ] (▶「飲み物」としてのココアは hot chocolate ともいう)
こごえる 凍える be frozen [フロウズン]
▶ 凍えそうです. *It's freezing*.
▶ 凍え死ぬ *be frozen* to death
ここだけ
▶ これはここだけの話よ.
This is *just between you and me*.
ここち 心地よい comfortable [カンファタブル], pleasant [プレズント]
▶ このベッドは寝心地がよい.
This bed is *comfortable* to sleep in.
▶ 心地よい風 a *pleasant* breeze
こごと 小言を言う (ぶつぶついう) grumble [グランブル]; (不平を言う) complain [コンプレイン]; (しかる) scold [スコウルド], tell off →しかる
▶ 彼はいつも食べ物のことで小言を言ってい

ココナッツ ▶

る. He's always *grumbling* about his food.
ココナッツ《植物》a coconut [コウカナット]
ここのつ 九つ nine [ナイン] →く¹

こころ 心

使い分け
(知・考え) → mind
(気持ち・感情) → heart
(意志) → will

1 (知・考え) **mind** [マインド]
▶ 弘は心も体も健康だ.
Hiroshi is sound in *mind* and body.
▶ 私たちの先生は心の広い人だ.
Our teacher is a broad-*minded* person. (▶「心のせまい人」は a narrow-minded person という)

2 (気持ち・感情) **heart** [ハート]
▶ 心温まる映画 a *heart*warming movie
▶ 彼女はとても心の優しい人です.
She has a very kind *heart*.
▶ あなたには心(の底)から感謝しております.
I appreciate you from the bottom of my *heart*.
▶ 心からおわびします.
I apologize with all my *heart*.
▶ 大統領は日本で心からの歓迎を受けた.
The president received a *hearty* welcome in Japan.

3 (意志) (a) **will** [ウィル]
▶ リサは心ならずもその提案を受け入れた.
Lisa accepted the proposal against her *will*.

日本語NAVI
心が通う ☞理解しあう →**わかる, りかい**
心がせまい ☞ほかの考えを受け入れない
　→**うけいれる, かんがえ**
心がはずむ ☞うれしくなる
　→**うれしい, -(に)なる**
心が広い ☞寛大な →**かんだい**
心に刻む ☞しっかりと記憶する
　→**きおく, おぼえる**
心に残る ☞忘れられない,印象的な
　→**わすれる, おぼえている, いんしょう**
心を打つ ☞感動させる →**かんどう**
心をこめる ☞愛情をこめる →**あいじょう**

こころあたり 心当たり
▶ 真也がどこへ行ったか心当たりがない.
I have no *idea* where Shinya went.
こころがけ 心がけ
▶ 心がけがよい
always try to do the right thing(s)
こころがける 心がける try [トゥライ]
▶ 私はいつも正直でいるように心がけている.
I always *try to* be honest.
こころがまえ 心構え
▶ 私は試験を受ける心構えができている.
I *am prepared for* the exam.
こころがわり 心変わり a change of mind
▶ 突然, マイケルは心変わりした.
Suddenly Michael *changed his mind*.
こころづかい 心づかい (思いやり) thoughtfulness [ソートゥフルネス], kindness [カイン(ドゥ)ネス]; (配慮) consideration [コンスィダレイション]
▶ お心づかいありがとう.
That was very *thoughtful* of you. / Thank you for your *consideration*.
こころぼそい 心細い (さびしい) lonely [ロウンリィ]; (たよるものがない) helpless [ヘルプレス]
▶ あなたがいないと心細い.
I feel *lonely* without you. / I *miss* you.
こころみ 試み a trial [トゥライアル], an attempt [アテンプト], (口語) a try [トゥライ]
試みる try 《to ...》, attempt 《to ...》
▶ 初めての試み the new *trial*
こころよい 快い pleasant [プレザント]
▶ 小鳥のさえずりは耳に快かった.
The singing of the little birds was *pleasant* to the ear.
こころよく 快く (喜んで) gladly [グラドゥリィ], willingly [ウィリングリィ]
▶ 彼は快く私たちに手を貸してくれた.
He *willingly* lent us a hand.
ござ a rush mat [ラッシ マット], a mat
コサージュ a corsage [コーサージ]
ございます be, have →**-です**
▶ こちらが私の兄でございます.
This *is* my brother.
こさめ 小雨 (少量の雨) (a) light rain; (こぬか雨) (a) fine drizzle [ドゥリズル]

▶ 午後は小雨がぱらつくでしょう．
There will be a *light rain* in the afternoon.

こし 腰

(背中の下部)a (lower) **back**[バック］; (左右に張り出した部分) hips [ヒップス］; (ウエスト) a **waist** [ウェイスト］(発音注意) (▶日本語の「腰」にあたる1語の英語はない．場所によって言い方を変える必要があるので注意)

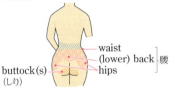

▶ 腰を下ろす sit down
▶ 腰を伸ばす stretch *my*self
▶ 腰が痛いよ．
I have a pain in my *lower back*.
▶ エレンの髪の毛は腰まで伸びている．
Ellen's hair comes down to her *waist*.

> **日本語NAVI**
> 腰が抜ける ☞ 立てない → **たつ**¹
> 腰が低い ☞ 態度がひかえめである，礼儀正しい
> → **ひかえめ，れいぎ**
> 腰が引ける ☞ びくびくする → **びくびく**
> 腰を上げる ☞ ①立ちあがる ②とりかかる
> → **①たちあがる ②とりかかる**
> 腰を下ろす ☞ 座る → **すわる**

こじ 孤児 an orphan [オーファン]
こしかける 腰かける sit [スィット] → **すわる**
こじき a beggar [ベガァ]
ゴシップ (話・記事) (a) gossip [ガスィプ]

ごじゅう 五十(の) → **かず**(表)

fifty [フィフティ]
第50(の) the fiftieth (▶50thと略す)
▶ おじは50代です．
My uncle is in his *fifties*.
51 fifty-one
52 fifty-two
五十音 the Japanese syllabary[スィラベリィ]

ごじゅうのとう 五重の塔 a five-storied pagoda [パゴウダ]
ごじゅん 語順 word order [ワード オーダァ]
コショウ pepper [ペパァ]

こしょう 故障

trouble [トゥラブル]
▶ エンジンの故障 engine *trouble*
故障する do not work, (調子がよくない) have trouble; (時計などが) be broken; (機械などが) break down; (エレベーターなどが) be out of order
▶ 目覚まし時計が故障しちゃった．
The alarm clock *is broken*.
▶ 旅行中に車が故障した．
The car *broke down* during the trip.
▶ パソコンがまた故障だよ．
My computer *is having trouble* again.

> **表現力**
> …が故障している
> → **Something is wrong with ... . /
> ... doesn't work.**

▶ このテレビは故障している．
This TV set *is not working*. / *Something is wrong with* this TV set.
▶ そのエレベーターは故障していた．
The elevator *was out of order*.
故障中《掲示》Out of Order
こしらえる make [メイク] → **つくる**
こじれる get complicated [カンプリケイティド], get worse [ワ～ス］; (関係が) go sour [サウア]
▶ それではよけいにこじれるだけだ．
That'll *make* things *worse*.
▶ 2人の関係はこじれてしまった．
Their relationship *has gone sour*.

こじん 個人

an **individual** [インディヴィデュアル]
個人の，個人的な personal [パ～ソナル], **private** [プライヴェト]
▶ 個人個人はみな自由に生きる権利がある．
Every *individual* has a right to live freely.
▶ 個人的なことをおっかがいしてもよろしいですか．
Do you mind if I ask you a *personal*

こす

question?
個人的に personally
▶ 個人的にお話ししたいのですが.
I'd like to talk with you *personally*.
個人教授 a private lesson
個人主義 individualism
個人情報 personal information
個人面談 private consulting, private guidance
個人練習 individual practice

こす 越す, 超す

1 (越える) go over, get over
▶ 山を越す *go over* a mountain
2 (上回る) be more than, be over
▶ きみは度を越してるんじゃないか.
I think you've *gone too far*.
3 (時期を過ごす) spend [スペンド], get through
▶ 彼らは厳しい南極大陸の冬を越した.
They *got through* the severe Antarctic winter.
4 (引っ越す) move [ムーヴ] →ひっこす
▶ クラスメートが佐賀に越していった.
One of my classmates *moved* to Saga.
5 (来る) come [カム]
▶ どうかまたお越しください.
Please *come* again.

こずえ the top of a tree, treetops [トゥリータプス]
コスト (a) cost [コ(ー)スト]
コスプレ cosplay [カスプレイ], playing dress-up as an anime character (▶「アニメ」のキャラクターの場合.「マンガ」なら an anime を a manga,「ゲーム」なら a video game にする)
コスモス 《植物》a cosmos [カズモス]
こする rub [ラブ]
▶ その女の子は眠たくて目をこすった.
The girl felt sleepy and *rubbed* her eyes.
▶ タオルで体をこする
scrub my body with a towel
こせい 個性 individuality [インディヴィヂュアリティ], (a) personality [パーソナリティ]
▶ 個性を伸ばす
develop my *personality*
▶ 個性を発揮する show my *originality*

▶ 彼は個性的な人だ.
He has a unique *personality*.
▶ 生徒はみなそれぞれ個性をもっている.
Every student has their own *personality*.

こぜに 小銭 small change [チェインヂ], change
▶「1000円札をくずしてくれない？」「ごめん,小銭の持ち合わせがないんだ」
"Can you change a 1,000-yen bill?"
"I'm sorry I don't have any *change*."
小銭入れ 《米》a change purse, a coin purse,《英》a purse

ごぜん 午前

morning [モーニング] (対) 午後 afternoon); (時刻のあとにつけて) a.m. [エイエム] (対 午後 p.m.)
▶ 午前に in the *morning*
▶ 午前7時に
at seven in the *morning* / at 7 *a.m.*
▶ 月曜日の午前に on Monday *morning*
▶ 5月5日の午前に
on the *morning* of May 5 (▶ May 5 は May (the) fifth と読む)
▶ 今日の午前 (に) this *morning*
▶ きのうの午前に yesterday *morning*
▶ 午前中ずっと眠ってしまった.
I have slept all *morning*.
▶ 遊園地は午前10時から午後6時までやっています. The amusement park is open from 10 *a.m.* to 6 p.m.
▶ 午前6時半発博多行きの列車に乗ります.
I'll take the 6:30 *a.m.* train for Hakata.

○ in the morning
× in the morning of May 5
　└特定の日がつくときは on を使う.

○ on the morning of May 5

× in this morning
　└this や tomorrow がつくときは in や on は使わない.

○ this morning

-こそ
▶ これこそぼくのほしかったものだ.

◀ ごちそう

This is the *very* thing (that) I wanted. / This is *just* the thing I wanted.
▶ 今度こそ勝ってみせる.
I'll win this time *for sure*.

こそこそ secretly [スィークレトゥリィ] →こっそり
▶ こそこそ話す talk *secretly*

こそだて 子育て parenting [ペ(ア)レンティング], child rearing, child care

ごぞんじ ご存じ →しる¹
▶ ご存じのとおり As you *know*, ...

こたい 固体 a solid [サリッド] (▶「液体」は liquid,「気体」は gas)

こだい 古代 ancient [エインシェント] times
古代の ancient
▶ 古代ローマ *ancient* Rome
古代文明 an ancient civilization

こたえ 答え

an **answer** [アンサァ] (反 問い question)
▶ 解答用紙に答えを書きなさい.
Write your *answers* on the answer sheet.
▶ 正しい答えを○で囲みなさい.
Circle the correct *answer*.
▶ きみの答えは全部合っている.
Your *answers* are all correct.

こたえる¹ 答える

answer [アンサァ] (反 たずねる ask)

ask   answer

▶ 私の質問に答えなさい.
Answer my question. / *Reply to* my question. (▶後者はかたい言い方)
▶ 私は「わかりません」と答えた.
I *answered*, "I don't know." / I *answered* that I didn't know.

こたえる² 応える（期待・要求などに）meet [ミート], fulfill [フルフィル]；(悪影響を与える) be hard [ハード] (on)
▶ みなさんのご期待にぜひおこたえしたいと思います.
I'd really like to *meet* your expectations.
▶ この寒さは私にはとてもこたえる.
This cold *is* very *hard on* me.

ごたごた (混乱) a mess [メス]；(問題) trouble(s) [トゥラブル(ズ)]
▶ うちのクラスはごたごたが絶えない.
Our class is never free from *troubles*.
▶ ごたごた言うなよ.
Don't *grumble*.

こたつ a *kotatsu* (▶説明的にいうと, a table with an electric heater attached to the underside)
▶ こたつで暖まる get warm at a *kotatsu*

こだま an echo [エコウ] (複数 echoes)
こだまする echo

こだわる (好みなどに) be particular [パティキュラァ] ⦅about⦆, stick [スティック] to
▶ 私ってシャンプーにはこだわってるの.
I *am particular about* my shampoo.

ごちそう (豪華な食事) a lavish [ラヴィシ] meal；(すばらしい食べ物) wonderful food, wonderful dishes
ごちそうする treat [トゥリート]
▶ おばはよくぼくらにごちそうしてくれた.
My aunt often *treated* us to dinner.
▶ わぁ, ごちそうだ！Oh, what a *treat*!

🔊スピーキング
Ⓐ ケーキをもう1切れいかがですか.
Would you like another piece of cake?
Ⓑ いや, けっこうです. じゅうぶんごちそうになりました.
No, thanks. I'm full.

💬用法 **ごちそうさま.**
英語には「ごちそうさま」に当たるあいさつはない. 食事が済んだことを伝えるときは **I'm full.**(おなかいっぱい)や **I'm finished.** (食べ終わったよ) のように言う. 食事をごちそうになったときは **That was delicious.** (とてもおいしかったです) や **That was a wonderful dinner.** (すばらしい夕食でした) などのように積極的にほめて感謝の気持ちを表す.

ごちゃごちゃした ▶

ごちゃごちゃした (散らかった) messy [メスィ]；(混乱した) confused [コンフューズド]
▶ ぼくの部屋はいつもごちゃごちゃしている。
My room is always *messy*.

こちょう 誇張 (an) exaggeration [イグザヂェレイション]
誇張する exaggerate [イグザヂェレイト]
▶ 誇張しているんじゃないよ。
I'm not *exaggerating*.

こちら

使い分け
(場所) → here
(物・人) → this

1 (場所) **here** [ヒァ] (対 あちら there)；(こちらの方へ) this way

スピーキング
🅐 こちらへどうぞ。
This way, please.
🅑 ありがとう。
Thank you.

▶ こちらへいらっしゃって何年になりますか。
How long have you been *here*?
▶ 入り口はこちらです。
This is the way in.

2 (物・人) **this** [ズィス] (対 あちら that)

表現力
(紹介するとき) こちらは…です
→ This is ... .

▶「真理子，こちらはアメリカから来たケンです」「ケン，こちらは私の友人の真理子です」
"Mariko, *this is* Ken from the United States." "Ken, *this is* my friend Mariko." (▶ふつう先に男性を女性に，また年下の人を年上の人に紹介する)

表現力
(電話で) こちらは…です
→ This is ... speaking.

▶ (電話で) もしもし，こちらは鈴木ですが。
Hello, *this is* Suzuki *speaking*.
こちらこそ
▶「けいでいただいてどうも」「こちらこそ」
"Thank you for coming." "*It's my pleasure. / The pleasure is mine.*" (▶くだけた言い方では My pleasure. という)

こぢんまり こぢんまりした cozy [コウズィ]
▶ こぢんまりした家
a *cozy little* house

こつ (要領) a knack [ナック]；(秘訣) the secret [スィークレト]《to》
こつをつかむ get the knack 《of》, get the hang 《of》
▶ そのうちこつがつかめるよ。
You'll *get the knack of* it before long.
▶ おいしいカレーを作るこつ
the secret to making good curry
▶「このはさみ切れないよ」「こつがあるんだよ」
"These scissors don't cut well." "There is a *knack* to it."

こっか¹ 国家 a nation [ネイション], a country [カントゥリィ], a state [ステイト]
国家の national
国家公務員 a government employee
国家試験 a national examination, a state examination

こっか² 国歌 a national anthem [アンセム]
▶ 国歌を斉唱する
sing the *national anthem* in unison

こっか³ 国花 a national flower
▶ 日本の国花は桜です。
The *national flower* of Japan is the cherry blossom.

こっかい 国会 (日本の) the Diet [ダイエト]
→ ぎかい
▶ 国会は今開会中です。
The Diet is now in session.
▶ 国会を解散する dissolve *the Diet*
国会議員 → ぎいん
国会議事堂 (日本の) the Diet [ダイエト] Building

こづかい 小づかい (定期的な)《米》an allowance [アラウアンス],《英》pocket money；spending money
▶ 私は月に3000円のおこづかいをもらっています。I get an *allowance* of 3,000 yen a month.

こっき 国旗 a national flag [フラッグ]
▶ 国旗を掲揚する
(動作) hoist the *national flag* / (状態) fly the *national flag*

こっきょう 国境 a border [ボーダァ]

▶ 国境を越える
cross the *border*
▶ カナダはアメリカと国境を接している.
Canada *is bordered* by the U.S.
国境線 a borderline [ボーダーライン]

コック (料理人) a cook [クック] (発音注意)
コック長 a chef [シェフ] [複数] chefs

こっけい こっけいな funny [ファニィ], comical [カミカル]
▶ こっけいな話 a *funny* story

こつこつ (着実に) steadily [ステディリィ]; (たたく音) a tap [タップ]
▶ 私はこつこつ英語の勉強を続けている.
I keep studying English *steadily*.

こっせつ 骨折 (a) fracture [フラクチァ]
骨折する break a bone
▶ サッカーの試合中に右足を骨折した.
I *broke* my right leg during a soccer game.

こっそり secretly [スィークレトリィ], in secret
▶ 父はこっそりとおこづかいをくれた.
My father *secretly* gave me some money.

こっち here [ヒァ], over here →こちら

💬 スピーキング
Ⓐ どこにいるの？
Where are you?
Ⓑ こっちだよ.
Over here.

▶ こっちへ来て！ Come *over here*.

こづつみ 小包 a parcel [パーセル], a package [パケヂ]; (小包便) parcel post
▶ その本, 小包で送るね.
I'll send the book by *parcel post*.

コップ →カップ
(ガラスの) a glass [グラス] (▶「コップ」はオランダ語の *kop* から)

glass

cup

▶ **glass** はガラス製で冷たい飲み物用. **cup** はおもに取っ手のある温かい飲み物用.

▶ コップに水を1杯ください.
Can I have a *glass* of water?
▶ コップが割れた. A *glass* was broken.
▶ 紙コップ a paper *cup* (▶ paper ˣglass とはいわない)

こてい 固定する fix [フィックス]
固定観念 a fixed idea

こてん 古典 (全体) the classics [クラスィクス]; (1編の作品) a classic
古典の classic, classical
▶ われわれはもっと古典を読まなければならない.
We must read more *classics*.
古典文学 classical literature, the classics

こと¹ 事
a thing [スィング]; (事がら) a matter [マタァ]
▶ そんなことをしちゃいけない.
Don't do such *things*.
▶ 今日はやることがいっぱいある.
I have lots of *things* to do today.
▶ 何か困ったことでもおありですか.
Is anything the *matter* with you?
▶ ことはうまく運んだ.
Things worked out fine.
▶ これは笑いごとではない.
This is no laughing *matter*.

こと² 琴 a *koto*, a Japanese harp
▶ 琴をひく play the *koto*

-こと

使い分け
…すること → to ... , -ing
…したことがある → have +過去分詞
…ということ → that ...

1 (…すること) to ... , -ing

📖 文法 「to +動詞の原形」と -ing
「to +動詞の原形」は**不定詞**, -ing は**動名詞**と呼ばれる. 不定詞は「その行為に気持ちが向かうこと」に重点があるので, 未来のことを述べるときによく使われる. 一方の動名詞は「実際にその行為を思い浮かべること」に重点があるので, 過去のことを述べるときによく使われる.

こどう ▶

- 歩くことが好きだ.
  I like *to walk*. / I like *walking*.
- 私の趣味は映画を鑑賞することです.
  My pastime is *watching* movies.

💬表現力
…することは~だ
→ -ing is ~ . / It is ~ to ... .

- 英語を学ぶことは楽しい.
  Learning English *is* fun. / *It's* fun *to learn* English.
- その問題を解くことは私には難しかった.
  It was hard for me *to solve* the problem. (▶「…には」は for ... で表す)
- 英語を話すことは私には簡単ではない.
  It is not easy for me *to speak* English.

💬表現力
…(する)ことになっている
→ be 動詞+ to ...

- 私たちは7時に会うことになっている.
  We *are to meet* at seven. (▶「be 動詞+ to +動詞の原形」で未来の予定を表す)

2 (…したことがある) have +過去分詞

💬表現力
…したことがある → have +過去分詞

- この本は何度も読んだことがある.
  I *have read* this book many times.
- 今まで奈良へ行ったことがありますか.
  Have you ever *been* to Nara?

💬表現力
…したことがない
→ have not +過去分詞 /
have never +過去分詞

✏ライティング
私は京都へ行ったことがありません.
I have never been to Kyoto.

- 私はそんなに美しい花を見たことがない.
  I *have never seen* such beautiful flowers.

3 (…ということ) that ...
- 亜矢子がぼくに気があるってことは知ってるよ.
  I know (*that*) Ayako is interested in me.

💬用法 …(する)こと
「…(する)こと」のように忠告や勧告をするときは命令文で表せる.
「野菜をもっと食べること」
Eat more vegetables.
「ごみを散らかさないこと」
《米》No litter. / Don't litter.

こどう 鼓動 (a) heartbeat [ハートゥビート]
鼓動する beat [ビート]
- 胸の鼓動が高まった.
  My heart *beat* fast.

ごとうちキャラ ご当地キャラ (a) local mascot character [ロウカル マスカト キャラクタァ]

ごとうちグルメ ご当地グルメ a local delicacy [ロウカル デリカスィ]

ことがら 事柄 →こと¹

こどく 孤独 loneliness [ロウンリィネス], solitude [サリテュード]
孤独な lonely, solitary [サリテリィ]
- どんなときに孤独を感じますか.
  When do you feel *lonely*?

ことごとく every [エヴリィ] →すべて

ことし 今年

this year
- 今年は雨が多かった.
  We have had a lot of rain *this year*.
- 今年の夏はどこへ行きましょうか.
  Where shall we go *this* summer? (▶ this year や this summer の前には in や at などをつけない)
- (年賀状で) ご家族のみなさまにとって今年が幸せな一年でありますように.
  We wish you and your family every happiness throughout *this year*.

ことづけ 言づけ a message [メセヂ]
ことづける leave a message
- ここに先生からきみへのことづけがあります.
  Here is a *message* for you from your teacher. / I have a *message* for you from your teacher.
- (電話で)「おことづけがあればうかがっておきましょうか」「けっこうです. あとでかけ直しますから」
  "Can I *take a message*? / Would you like to *leave a message*?" "No,

◀ **ことわざ**

thanks. I'll call back later."
ことなる 異なる be different [ディフ(ェ)レント]《from》→ちがう
ことに especially [エスペシャリィ], particularly [パティキュラリィ] →とくに

-ごとに …毎に

every [エヴリィ]
▶ 2日ごとに every two days / every second day / every other day
▶ オリンピックは4年ごとに開かれる.
The Olympic Games take place *every* four years.
▶ 電車は10分ごとに来ます.
The train comes *every* ten minutes.
ことによると maybe [メイビィ], possibly [パスィブリィ] →もしかしたら

ことば 言葉

1 (言語) (a) language [ラングウィヂ]
▶ 話しことば spoken *language*
▶ 書きことば written *language*
▶ 人はことばを使ってお互いの考えを伝え合う.
People use *language* to communicate with each other.

各国のことば

日本語	Japanese	こんにちは
英語	English	Hello!
スペイン語	Spanish	Buenas tardes!
フランス語	French	Bonjour!
ドイツ語	German	Guten Tag!
ロシア語	Russian	Здравствуйте!
中国語	Chinese	你好！
韓国・朝鮮語	Korean	안녕하십니까？
スワヒリ語	Swahili	Jambo!

▶「こんにちは」の読み方は, 上から [ヘロゥ] / [ブエナス タルデス] / [ボンジュール] / [グーテン ターク] / [ズドラーストヴィチェ] / [ニーハオ] / [アンニョン ハシムニカ] / [ジャンボ]

2 (単語) a word [ワード]；(話すこと・ことばづかい) language, speech [スピーチ]
▶ 別のことばで言えば in other *words*
▶ うまいことばが見つからない.
I can't find the right *words*.
▶ ことばづかいが悪いよ. ことばに気をつけなさい.
You use bad *words*. Watch your *language*. (▶ language のかわりに

tongue, mouth も使う)
▶ 合いことば
(敵味方を分ける) the pass*word*；(標語) a slogan, a motto
▶ 花ことば the *language* of flowers
ことば遊び a word game

> 📘 **日本語NAVI**
> **言葉をにごす** ☞はっきり言わない
> →はっきり, いう, あいまいな
> **言葉をはさむ** ☞話に割り込む
> →わりこむ

こども 子供

a child [チャイルド] (複数) children [チルドゥレン]；《口語》a kid [キッド]

child

children

▶ **children** は **child** の複数形.
▶ 私が子どものころ
when I was a *child* / in my *childhood*
▶ 私には子どもが2人います.
I have two *children*.
▶ これが私の子どもです.
(息子) This is my *son*. / (娘) This is my *daughter*. (▶ This is my ˣchild. とはふつういわない)
▶ 子どもあつかいしないでよ!
Don't treat me like a *child*.
▶ 7歳以下の子どもは無料です.
Children aged seven or under are free.
子どもっぽい childish [チャイルディシ]
▶ 彼は子どもっぽい人だ. He is *childish*.
(▶ childish は悪い意味で使われる)
こどもの日 Children's Day
ことり 小鳥 a little bird [バード], a bird
ことわざ a proverb [プラヴァ〜ブ]
▶「時は金なり」ということわざがある.
There is a *proverb*："Time is money."
▶ ことわざにいうとおり「光陰矢のごとし」だ.
As the *proverb* says, time flies.

two hundred and ninety-three 293

ことわり ▶

ことわざ (proverbs)

All that glitters is not gold.
光るものかならずしも金ならず. =見かけだけではわからない.

All work and no play makes Jack a dull boy.
勉強ばかりして遊ばないと, 子どもはばかになる. =よく学びよく遊べ.

Birds of a feather flock together.
同じ羽の鳥は群れ集う. =類は友を呼ぶ.

The early bird catches the worm. 早起きの鳥は虫をつかまえる. =早起きは三文の得[徳].

Everybody's business is nobody's business.
みんなの仕事はだれの仕事でもなくなる. =共同責任は無責任.

A friend in need is a friend indeed. 困ったときの友こそ真の友.

The pen is mightier than the sword.
ペンは剣よりも強し.

Practice makes perfect.
練習すれば完全になる. =習うより慣れろ.

Rome was not built in a day.
ローマは一日にして成らず. =大事業は一朝一夕にはできない.

Seeing is believing.
見ることは信じることである. =百聞は一見にしかず.

Strike while the iron is hot. 鉄は熱いうちに打て. =よい機会をのがすな.

ことわり 断り (拒絶) (a) refusal [リフューザル]; (許可) permission [パミション]
▶ 入場お断り《掲示》
No Admittance / *Off* Limits
▶ 断りなしに人の手紙を読むものではない.
You shouldn't read others' letters without *permission*.

ことわる 断る (拒絶する) refuse [リフューズ]; (ていねいに) decline [ディクライン]; (きっぱりと) reject [リチェクト]
▶ 彼女にデートを申しこんだんだけど, あっさり断られちゃったよ.
I asked her out, but she flatly *refused*.
▶ どう断ったらいいんだろう.

I don't know how to *say no*.

🔊スピーキング

①軽い失礼を断るとき
Ⓐ ちょっと失礼します.
Excuse me.
Ⓑ どうぞ.
Sure.
(▶ Excuse me. は, 人の前を通ったり, 話し中にせきやくしゃみが出たり, 見知らぬ人に話しかけたりするときに使う)
💬 すみませんが, ちょっと失礼します.
Excuse me for a minute.
💬 すみませんが, このバスは渋谷へ行きますか.
Excuse me, but does this bus go to Shibuya?

②自分の落ち度をわびるとき
Ⓐ ごめんなさい.
I'm sorry.
Ⓑ いいんですよ.
That's all right.
(▶ I'm sorry. は, 足をふんだり, ぶつかったり, 物をこわしたりなど, 不注意で人に迷惑をかけたときに使う)

③遅れたとき
Ⓐ 遅くなってほんとうにすみません.
I'm very sorry I'm so late.
Ⓑ いいんですよ.
That's quite all right.
Ⓐ 待たせちゃってごめんね.
I'm sorry to have kept you waiting.
Ⓑ なあに, いいとも.
That's OK.

④思いがけなく迷惑をかけたとき
Ⓐ ご迷惑をおかけしてすみません. そんなつもりではなかったのです.
I'm sorry I troubled you so much. I didn't mean to.
Ⓑ 何でもありませんよ, 気にしないで.
It's OK [all right]. Don't worry about it.

⑤失敗を打ち明けて, わびるとき
Ⓐ ごめん, きみの消しゴム, なくしちゃった.
I'm sorry, I've lost your eraser.
Ⓑ 気にするなって. だいじょうぶだよ.
Never mind. That's OK.

◀ **このさき**

こな 粉 powder [パウダァ]
　粉薬 a powder, powdered medicine
　粉チーズ grated cheese (▶grated は「すりおろした」という意味)
　粉ミルク powdered milk
　粉雪 powder snow, powdery snow (▶単に powder ともいう)

こなごな
▶ コップがこなごなに割れた.
　The glass broke *into pieces*.

こにもつ 小荷物 a parcel [パースル], a package [パケジ]

コネ connections [コネクションズ], contacts [カンタクツ], 《口語》an in
　コネがある have connections (with, in, at), have contacts (with, in, at)
▶ 父はその会社にコネがある.
　My father *has connections with* the company.

こネコ 子猫 a kitten [キトゥン] →**おや**¹(図)

こねる (粉などを) knead [ニード]
▶ パン生地をこねる
　knead dough [ドゥ]

この

1 (近くの人・物をさして) **this** [ズィス] (複数these) (対 あの that)

　┌─ 表現力 ─────────────┐
　│ この… → (1つのとき) **this** ... │
　│　　　→ (2つ以上のとき) **these** ... │
　└──────────────────┘

▶ このかさ
　this umbrella
▶ きみのこのかさ
　this umbrella of yours (▶語順に注意. ˣyour this umbrella とはいわない)
▶ この本はぼくのです.
　This book is mine. (▶「この」が複数(これら)を表しているときは *These* books are mine. となる)

2 (時間) (季節) **this** ... ; (この1週間[1か月など]) **the last** ... , **the past** ...
▶ この冬は雪が多い.
　There's been a lot of snow *this* winter. (▶ˣin this winter とはしない)
▶ この数か月, 彼に会っていない.
　I haven't seen him for *the past* few months.

このあいだ この間 (先日) the other day ; (最近) recently [リーセントゥリィ]

　┌─ スピーキング ────────────┐
　│ Ⓐ このあいだはどこへ行ったの？ │
　│　 Where did you go the other day? │
　│ Ⓑ ちょっと新宿まで. │
　│　 Just to Shinjuku. │
　└──────────────────┘

▶ このあいだ, 新しいパソコンを買ったんだ.
　I *recently* bought a new computer.

このあたり near here, around here →**このへん**
▶ おれ, このあたりはくわしいんだ.
　I'm familiar with *this area*.

このうえ この上 (これ以上) anymore [エニモー(ア)] ; (ほかに) else [エルス]
▶ このうえご迷惑はかけません.
　I won't trouble you *anymore*.

このかた この方 (この人) (男性) this gentleman, (女性) this lady
▶ このかたはオルソン夫人です.
　This is Mrs. Olson.

このくらい this [ズィス] ; (このように) like this →**こんな**
▶ (手で大きさを示して) その魚, このくらいあったよ.
　The fish was about *this* big.
▶ このくらいの失敗でがっかりするな.
　Don't feel bad about a failure *like this*.

このごろ この頃 these days [ズィーズデイズ] ; (今日的では)nowadays [ナウアデイズ] ; (最近)recently [リーセントゥリィ], lately [レイトゥリィ] →**さいきん**¹
▶ このごろ太ってきたんだ.
　I'm putting on weight *these days*.
▶ このごろ, 篠田くんには会ってない.
　I haven't seen Shinoda *lately*.

このさき この先 (前方) ahead [アヘッド] ;

two hundred and ninety-five 295

このつぎ ▶

(今後) from now (on)
- この先右折禁止《掲示》
  No Right Turn *Ahead*
- 銀行はこの先にあります．
  There is a bank just *ahead*.
- この先どうするつもり？
  What will you do *from now on*?

このつぎ この次 (次の) next [ネクスト]；(いつか) some other time, some other day
- この次の土曜日につりに行かない？
  How about going fishing *next* Saturday? (▶×on next Saturday とはいわない)
- またこの次にしましょう．
  Let's make it *some other time*. (▶ make it は「都合をつける」という意味)

このとおり この通り like this [ライク ズィス] →-とおり
- このとおりに書いてごらん．
  Try to write it *like this*.

このところ →このごろ，さいきん¹
このは 木の葉 →は²
このへん この辺 **1** (近所に) near here, around here, in this neighborhood [ネイバフド]
- この辺にバス停はありますか．
  Is there a bus stop *near here*?

2 (この程度で)
- 今日はこのへんにしましょう．
  Let's call it a day. / (授業などで) *That's all for* today.

このまえ この前

1 (この間) →このあいだ
- この前会ったとき，彼は元気そうだったよ．
  The last time I saw him, he looked fine.

2 (この前の) **last** [ラスト]；(以前の) former [フォーマァ]
- この前のEメールで
  in my *last* email
- この前の生徒会長
  the *former* student council president
- この前の月曜日に公園でお昼を食べた．
  We had lunch in the park *last* Monday. (▶×on last Monday とはいわない)

✏️スピーキング

🅐 この前会ったのはいつだったっけ．
　 When did I see you last?
🅑 ええと，３か月前だったと思う．
　 Well, I think it was three months ago.

このましい 好ましい good [グッド], nice [ナイス]；(望ましい) desirable [ディザイ(ア)ラブル]
- 両親に隠しごとをするのは好ましくない．
  I don't think it's *good* to hide things from your parents.

このまま as it is, as they are
- 書類はこのままにしておきなさい．
  Leave the papers *as they are*.

このみ 好み (a) taste [テイスト]
- この色は私の好みにピッタリです．
  This color is exactly to my *taste*.
- 雄作(ゆうさく)は私の好みのタイプなの．
  Yusaku is my *type*.
- それも好みの問題だ．
  It's a matter of personal *taste*.

このむ 好む like [ライク] →すき¹
このよ この世 this world [ワールド]
このような like this →こんな
このように like this, (in) this way
- このようにまず円をかきます．
  Draw a circle first *like this*.

こばむ 拒む refuse [リフューズ] →ことわる
こはるびより 小春日和 an Indian summer, warm autumn day
こはん 湖畔 a lakeside [レイクサイド]
- 湖畔のホテル a *lakeside* hotel

ごはん ご飯

rice [ライス], boiled rice, cooked rice；(食事) a meal [ミール]

ご飯	米飯	boiled rice	
	食事	meal	朝食 breakfast 昼食 lunch 夕食 dinner, supper

- ごはんを食べる have a *meal*
- ごはんをたく cook *rice* / boil *rice*
- たきたてのごはん freshly cooked *rice*
- お昼ごはんまだ (→昼ごはんの準備はまだできていないの)？ おなかすいちゃった．

◀ **こまかい**

Isn't *lunch* ready? I'm hungry.
▶ 今日の晩ごはんなあに？
What are we going to have for *dinner* tonight?
▶ ごはんよそって．
Could I have some *rice*?

💬用法 ごはんよ！
「ごはんよ！」"*Breakfast* is ready."
「いま行く！」"I'm coming!"
(▶朝なら **breakfast**，昼なら **lunch**，晩なら **dinner** または **supper** と具体的にいう)

コピー a copy [カピィ]
　コピーする copy, make a copy
▶ このページのコピーを10枚とってください．
Please *make* ten *copies* of this page.
　コピー機 a copy machine, a copier
　コピーライター a copywriter
こヒツジ 子羊 a lamb [ラム] →おや¹(図)

こびと 小人 a dwarf [ドゥウォーフ] (複数 dwarfs または dwarves)
▶ 『白雪姫と7人のこびと』
Snow White and the Seven Dwarfs
こぶ (打ぼくによる) a bump [バンプ], a lump [ランプ]; (ラクダの) a hump [ハンプ]
▶ おでこにこぶができた．
I got a *bump* on my forehead.
ごぶさた
▶ ごぶさたしています．
(手紙などで) I'm sorry for my *long absence*. / (人に会ったとき) I haven't seen you for a long time.
こぶし a fist [フィスト] →げんこつ
▶ こぶしをにぎる clench *my fist*
こぶり 小降りになる let up
▶ 雨が小降りになってきた．

The rain *is letting up*.
こふん 古墳 an ancient tomb [エインシェントトゥーム]
こぶん 古文 《教科》the Japanese classics
ゴボウ 《植物》a burdock [バ～ダク] (▶欧米では食用としない人が多い)
こぼす 1 (液体・粉などを)spill [スピル]; (食べ物などを) drop [ドゥラップ]; (涙を) shed [シェッド]
▶ 砂糖をこぼす *spill* sugar
▶ (子どもに) 食べ物をこぼさないようにね．
Be careful not to *drop* your food.
2 (ぐちを) complain [コンプレイン] 《about, of》, grumble [グランブル] 《about》
▶ 彼は日本の蒸し暑い夏にぐちをこぼしている．
He *complains about* the hot and humid summers in Japan.
こぼれる (液体・粉などが) spill [スピル]; (こぼれ落ちる)fall [フォール], drop [ドゥラップ]
▶ 水がグラスからテーブルにこぼれた．
Water *spilled* from the glass onto the table.
▶ 彼の目から涙がこぼれた．
Tears *fell* from his eyes.
ゴホン cough [コ(ー)フ]
こま¹ a top [タップ]
▶ こまを回す spin a *top*
こま² 駒 (チェス・将棋の)a piece[ピース]
　チェスの駒 a chess piece
ゴマ 《植物》sesame [セサミィ]
(比ゆ的に)ごまをする flatter [フラタァ], 《口語》apple-polish [アプルパリシ]
▶ 彼はごますりだ．
He's a *flatterer*. / 《口語》He's an *apple-polisher*.
コマーシャル a commercial [コマ～シャル]

こまかい 細かい

1 (小さい) small [スモール], fine [ファイン]
▶ その海岸は砂が細かい．
The beach is covered with *fine* sand.
▶ タマネギを細かく切る
cut an onion *into pieces*
▶ ルミ，キャベツを細かく切って．
Cut the cabbage *into small pieces*,

two hundred and ninety-seven　297

ごまかす ▶

Rumi.
▶ この500円玉を細かくしてください．
Please *change* this 500-yen coin.
2 (ささいな) small, little [リトゥル]；(神経が) sensitive [センスィティヴ]
▶ 細かいことは気にするな．
Don't worry about *small* things.
▶ 彼女は神経が細かい． She is *sensitive*.

ごまかす cheat [チート], deceive [ディスィーヴ]
▶ トムはうそをついて私をごまかそうとした．
Tom tried lying to *deceive* me.
▶ 店員は1000円ごまかした．
The clerk *pocketed* 1,000 yen.
▶ 自分をごまかしちゃだめ．
Don't *cheat* yourself.

こまらせる 困らせる trouble [トラブル]
▶ 親を困らせるな．
Don't *trouble* your parents.

こまる 困る

have trouble [トラブル], have a problem [プラブレム]；(苦労する) have a hard time；(途方にくれる) be at a loss [ロ(ー)ス]
▶ 困ったな．I've got a *problem*.
▶ 何か困ったことでも？
Are you *having* any *trouble*? / *Is* there *anything wrong*?
▶ アメリカでインフルエンザになったときは困りました．
I *had a hard time* when I had the flu in America.
▶ どうすればよいのか困ってしまった．
I *was at a loss* what to do.

ごみ (紙・びん・ぼろなどの)《米》trash [トゥラッシ], 《英》rubbish [ラビシ]；(台所から出る生ごみ)《米》garbage [ガーベヂ]；(紙くず) wastepaper [ウェイストゥペイパァ]；(道路上の紙くずなど) litter [リタァ]；(ほこり) dust [ダスト]；(廃棄物) waste
▶ 燃やすごみ burnable *trash*
▶ 燃やさないごみ unburnable *trash*
▶ 資源ごみ recyclable *waste*
▶ ごみを捨てる throw out the *garbage*
▶ ごみを出してきて．
Please take out the *garbage*.
▶ (外で)ごみを捨てちゃだめ． Don't *litter*.
▶ ごみ捨て禁止《掲示》No *Littering*

▶ ごみは持ち帰りましょう《掲示》
Please Do Not Leave *Trash* Behind
ごみ収集車《米》a garbage truck, 《英》a dustcart
ごみ箱《米》a trash can, a garbage can, 《英》a dustbin
ごみ袋 a plastic garbage bag

こみあう 込み合う be crowded [クラウディド]《with》→こむ

こみいる 込み入る be complicated [カンプリケイティド]
▶ その映画の筋はとてもこみ入っていた．
The plot of the movie *was* very *complicated*.

こみち 小道 a lane [レイン]；(山の) a path [パス], a trail [トゥレイル]

コミック (漫画本) a comic [カミク] (book), comics
▶ 少女コミック
a *comic book* for young girls / a young girls' *comic book*

コミュニケーション communication [コミューニケイション]

🟧 プレゼン
ぼくは部活を通じて**コミュニケーション**の大切さを学びました．
I've learned the importance of communication through club activities.

こむ 込む, 混む

be crowded [クラウディド]《with》；be jammed [ヂャムド]
▶ 電車はとてもこんでいて，ずっと立ちどおしでした．
The train *was* so *crowded* that I had to stand all the way.
▶ 道路がこんでいて，遅れました．
I was late because of a traffic *jam*.
▶ この道路はこんでいる（→交通量が多い）．
Traffic is *heavy* on this road.
▶ こんだバス a *crowded* bus

ゴム rubber [ラバァ]
▶ 輪ゴム
a *rubber* band /《英》an elastic band
▶ ゴム底のくつ *rubber*-soled shoes
ゴム印 a rubber stamp
ゴムボート a rubber boat

◀ こや

コムギ 小麦 wheat [(フ)ウィート]
▶ 小麦畑 a *wheat* field
　小麦粉 flour [フラウア]
　小麦色 light brown；(肌が) tan

コメ 米

rice [ライス]
▶ 米をつくる grow *rice*
▶ 米をたく boil *rice* / cook *rice*
▶ お米をとぐ wash *rice* / rinse *rice*
▶ 米は日本人の主食だ. *Rice* is the staple food of the Japanese.

　🌏背景　欧米では米を主食とはせず，料理や菓子類の材料として使う.

こめかみ a temple [テンプル]
コメディアン a comedian [コミーディアン]
コメディー (a) comedy [カメディ]
こめる
▶ 心をこめて彼らにお礼を言った.
I thanked them with all my heart.

ごめん →すみません，もうしわけ

1 (過失の謝罪に) **I'm sorry**. [サリィ]；(軽くわびるときに) **Excuse me**. [イクスキューズ ミィ], **Pardon me**. [パードゥン ミィ]
▶ ごめんなさい，お母さん.
I'm sorry, Mom.

　💬スピーキング
　Ⓐ ごめんなさい.
　　I'm sorry.
　Ⓑ どういたしまして.
　　That's all right.

▶ ごめんなさい．ちょっと通してください.
Excuse me, could I get past?
▶ 横から口を出してごめんなさい.
Pardon me for jumping in.

　📖用法 **I'm sorry.** と **Excuse me.**
　(米)では **I'm sorry.** は自動車をぶつけるとか，皿を割るとか，人に大きな迷惑をかけたときの謝罪のことば. **Excuse me.** は，人にちょっとした迷惑をかけたときや，かけそうなとき (話の途中にせきをしたとか，げっぷが出たとかの場合など) に使う.

　💭表現力
　…してごめんなさい
　→ I'm sorry (that) .... /
　　I'm sorry to ... .

▶ 遅れてごめんなさい.
I'm sorry I'm late.
▶ もっと早く返事が書けなくてごめんなさい.
I'm sorry I haven't answered you sooner.
▶ いろいろご迷惑をおかけしてごめんなさい.
I'm sorry to have caused you so much trouble.

2 (訪問したとき) May I come in?

　💬スピーキング
　Ⓐ ごめんください.
　　May I come in?
　Ⓑ どちらさまでしょうか.
　　Who is it, please?

3 (拒否)
▶ あいつに会うのはごめんだ.
I absolutely *refuse* to see him. / *No, thanks*. I don't want to see him.

コメンテーター a commentator [カメンテイタァ]
コメント a comment [カメント]
　コメントする comment
▶ その件について何かコメントがありますか.
Do you have any *comment* on that issue?

こもじ 小文字 a small letter (反 大文字 capital letter)；(印刷) a lowercase letter
こもり 子守 babysitting [ベイビィスィティング]；(人) a babysitter
　子守をする babysit
　子守歌 a lullaby [ララバイ], a cradle-song
こもる (充満する) be full of (→いっぱい)；(人が) shut *my*self up (in) →とじこもる
こもん 顧問 an adviser [アドゥヴァイザァ], a consultant [コンサルタント]
こや 小屋 a hut [ハット]；a cottage [カテヂ], a cabin [キャビン]；(物置) a shed [シェッド]
▶ 山小屋 a mountain *cabin*
▶ 丸太小屋 a log *cabin*
▶ 犬小屋 (米) a doghouse, a kennel

two hundred and ninety-nine　299

こヤギ

こヤギ 子ヤギ a kid [キッド]

ごやく 誤訳 mistranslation [ミストゥランスレイション]
誤訳する mistranslate [ミストゥランスレイト]
こやま 小山 a hill [ヒル]
こゆう 固有の peculiar [ピキューリャ]《to》
▶ どの国にも固有の習慣がある．
Every country has its own *peculiar* customs.
固有名詞《文法》a proper noun
こゆび 小指 (手の) a little finger [フィンガァ] ; (足の) a little toe [トゥ] →ゆび (図)
こよみ 暦 a calendar [キャレンダァ]
こら Hey! [ヘイ]
▶ こら，待ちなさい！*Hey! Stop!*
こらえる stand [スタンド], bear [ベア] ; (涙・怒りなどを) hold back
▶ 悲しみをこらえる *bear my* sorrow
▶ 彼らは涙をこらえて校歌を歌った．
They sang their school song, *holding back* their tears.
ごらく 娯楽 (a) recreation [レクリエイション] ; a pastime [パスタイム] ; (an) entertainment [エンタテインメント], (an) amusement [アミューズメント] →しゅみ
▶ 彼の唯一の娯楽は魚つりだ．
His only *recreation* is fishing.
娯楽映画 an entertaining movie
娯楽番組 an entertainment program
こらしめる teach ... a lesson, give ... a lesson, punish [パニシ]
▶ 二度とあんなことをしないようにこらしめてやる．I'll *teach* you *a lesson* so you won't do that again.
コラム a column [カラム]
ごらん ご覧 (見る) look 《at》 ; (試みる) try [トゥライ]
▶ これをごらんください．
Please take a *look at* this.

▶ もう一度やってごらん．*Try* it again.
こりごり
▶ もうこりごりだ．I'm *sick and tired of it.* / I'm *sick to death of it.*
こりつ 孤立 isolation [アイソレイション]
孤立する be isolated [アイソレイティド]
ゴリラ《動物》a gorilla [ゴリラ]
こりる 懲りる (教訓を学ぶ) learn a lesson
▶ あいつもこれでこりるだろう．
He'll *learn a lesson* from this.
▶ あいつはこりないやつだ．
He is never going to *learn*.
こる 凝る **1** (熱中する) be into ; (すごく) be crazy《about》

> プレゼン
> 私は鉄道模型にとてもこっています．
> I am really into model railroading. /
> I am crazy about model railroading.

2 (肩などが) be stiff
▶ 肩がこった．
I *have stiff* shoulders. / My shoulders *are stiff*.
コルク (栓) a cork [コーク]
コルク抜き a corkscrew
ゴルフ golf [ガルフ]
▶ ゴルフをする play *golf*
▶ ゴルフに行く go *golfing*
ゴルフクラブ a golf club
ゴルフ場 a golf course
ゴルファー a golfer [ガルファ]

これ

1 (近くのものをさして) this [ズィス]《複数 these》《対 あれ that》

this　　　that

> 表現力
> これは…です
> → (1つのとき) This is ... . /
> (2つ以上のとき)
> These are ... .

▶ これは私の机です．
This is my desk.
▶ これはぼくの眼鏡です．
These are my glasses．（▶ glasses は複数形の名詞なので，˟this ではなく these を使う）

> 💭表現力
> これは…ではない
> → （1つのとき）**This isn't ... .** /
> 　（2つ以上のとき）
> 　**These aren't ... .**

▶ これはぼくの消しゴムじゃない．
This isn't my eraser.
▶ これ，私のくつじゃない．
These aren't my shoes．（▶ shoes は複数形の名詞なので，˟this ではなく these を使う）

> 💭表現力
> これは…ですか
> → （1つのとき）**Is this ...?** /
> 　（2つ以上のとき）**Are these ...?**

▶ これはあなたのですか． *Is this* yours?
▶ （たくさんのマンガ本をさして）これみんな，きみのマンガ本？
Are these all your comic books? /
Are all *these* your comic books?

> 🔖スピーキング
> 🅐 これは何？
> 　What is this?
> 🅑 キウイフルーツです．
> 　It's a kiwi fruit.

▶ （店で）これください．
I'll take *this*. / I'll take *these*.
▶ これは英語で何と言うのですか．
What do you call *this* in English?
2 （人を紹介して）**this** →こちら
▶ これは弟の直紀です．
This is my younger brother, Naoki.
▶ （写真を見せて）これがぼくです．
This is me.
3 （相手に差し出して）**Here ... .**
▶ 「ぼくのボールペン，見なかった？」「はい，これでしょ」
"Have you seen my ballpoint pen?"
"*Here* it is."
これから （これ以降）after this；（今後ずっと) from now on
▶ これからはもっと気をつけます．
I'll be more careful *from now on*.
コレクション (a) collection [コレクション]
▶ 私のテディーベアのコレクション
my teddy bear *collection*
コレクトコール a collect call [コレクトコール]
▶ コレクトコールでかけてもいい？
Can I *call* you *collect*?
これほど so [ソウ], such [サッチ] →こんな
▶ 彼がこれほど人気があるとは知らなかった．
I didn't know (that) he was *so* popular.
これまで 1 （今まで）so far, till now, until now →いままで
▶ これまでのように as *usual* / as *before*
▶ これまでのところ順調． *So far*, so good.
2 （最後）
▶ 今日はこれまで． That's *all* for today. / *So much* for today.
コレラ （病気）cholera [カレラ]
これら these [ズィーズ] →これ

ころ 頃

1 （時期）time [タイム]；（およそ）about [アバウト], around [アラウンド]
▶ お昼ごろ *about* noon
▶ あのころ（は）in those *days*
▶ そのころ
then / at that *time* / in those *days*
▶ このごろ these *days*
▶ 毎年このころに at this *time* every year
▶ 去年の今ごろ at this *time* last year
▶ 私は毎朝6時ごろ目が覚めます．
I wake up *about* six every morning.

> 🔖スピーキング
> 🅐 いつごろがいちばん都合がいいですか．
> 　What time is most convenient for you?
> 🅑 午後3時ごろです．
> 　Around three in the afternoon.

> 💭表現力
> もうそろそろ…してもいいころだ
> → **It is about time to ... .** /
> 　**It's (high) time ... .**

ゴロ ▶

- そろそろ山下君が来るころだけど.
  Yamashita should be here *by now*.
  (▶ should は「…するはずだ」という意味)

2(…のとき) **when** [(ア)ウェン] →-(する)とき
- 中学生のころ
  when one was a junior high student / *in* junior high (school) →じだい

> 📝ライティング
> 子どもの**ころ**私は一流の野球選手になりたかった.
> I wanted to be a baseball star *when* I was a child.

ゴロ〘野球〙a grounder [グラウンダァ]
ころがす 転がす roll [ロウル]
- ネコは,まりを転がしてあとを追いかけた.
  The cat *rolled* the ball and ran after it.

ころがる 転がる roll [ロウル];(倒れる) fall [フォール]
- クマはごろりと転がった.
  The bear *rolled* over on his side.

ごろごろ
- 雷がごろごろ鳴っている.
  Thunder is *rumbling*.
- きのうは一日中家でごろごろしていた.
  I spent *doing nothing* all day at home yesterday.

ころす 殺す

kill [キル];(意図的に) murder [マ~ダァ]
- 彼はだれに殺されたのですか.
  Who *was* he *killed* by?

コロッケ a croquette [クロウケット]
コロナウイルス coronavirus [コロウナヴァイ(ェ)ラス]
- 新型コロナウイルス
  a novel [ナヴ(ェ)ル] *coronavirus*
- 新型コロナウイルス感染症
  novel *coronavirus* disease [ディズィーズ]; COVID-19 [コウヴィド ナインティーン] (▶ COVID は *coronavirus disease* の略. 19は発生年の2019から)

ころぶ 転ぶ fall [フォール] (down)
- 近所のお年寄りが凍った道ですべって転んだ.
  An old neighbor slipped and *fell down* on the icy road.
- 転ばぬ先のつえ.(ことわざ)
  Look before you leap. (▶「とぶ前によく見なさい」つまり「よく考えてから行動しなさい」という意味)

ころもがえ 衣がえ a seasonal changing of clothing
コロン a colon [コウロン] (:) →くとうてん(表)

こわい 怖い

(物事がおそろしい) **terrible** [テリブル], terrifying [テリファイイング], frightening [フライトゥニング], scary [スケアリィ];(人がこわがって) scared [スケアド];(厳しい) strict [ストゥリクト] →おそろしい

- ああ,こわい!
  (It's) *scary*! / I'm *scared*.
- こわかった.
  That was *scary*. / I was *scared*. / It was *terrible*.
- こわい経験だった.
  It was a *frightening* experience.
- こわい? Are you *scared*?
- 数学の山田先生はすごくこわい.
  I'm really *scared* of my math teacher Mr. Yamada.
- 「きみの担任の先生はこわいですか」「ええ,とっても」
  "Is your homeroom teacher *strict*?" "Yes. Very."
- ゆうべこわい夢をみた.
  I had a *terrible* dream last night.

> 💬表現力
> …がこわい → **be afraid of ...**

- ぼくは犬がこわい.
  I *am afraid of* dogs.

こわがる 怖がる be afraid [アフレイド] (of), be scared [スケアド] (of)
- こわがらなくていいよ.この犬はかみつかないから.
  Don't *be afraid of* the dog. It won't bite you.

こわす 壊す

1 break [ブレイク]; **destroy** [ディストゥロイ];(こなごなにする) smash [スマッシ]
- だいじなクラリネットをこわしちゃった.
  I *broke* my treasured clarinet.
- 純は花びんをこなごなにこわしてしまった.

Jun *smashed* the vase to pieces.
▶ 多くの家が台風でこわされた.
Lots of houses *were destroyed* by the typhoon.
2 (体を) damage [ダメヂ]
▶ おじは働きすぎて体をこわした.
My uncle *damaged* his health by working too hard.
3 (おなかを) have an upset stomach
▶ 食べすぎておなかをこわした.
I *had an upset stomach* from eating too much.

こわれる 壊れる

break [ブレイク], be broken; be destroyed; (こなごなに) be smashed; (故障する) be out of order
▶ カップはこなごなにこわれた.
The cup *broke* into pieces.
▶ 自転車がこわれた.
The bike *is broken*.
▶ エアコンがこわれていた.
The air conditioner *was out of order*.
▶ こわれ物, 取扱い注意(掲示)
Fragile — Handle With Care

荷物にはられた「こわれ物, 取扱注意」のステッカー.

こん 紺 dark blue, navy blue
こんかい 今回 this time →こんど
こんき 根気 patience [ペイシェンス]
根気のよい patient
▶ 阿部くんは根気が足りないよね.
Abe doesn't have enough *patience*, does he?
こんきょ 根拠
▶ どういう根拠があってそんなことを言うのですか.
On what *grounds* do you say that?
コンクール a contest [カンテスト] (▶「コンクール」はフランス語から)

▶ 合唱コンクール a chorus *contest*
コンクリート concrete [カンクリート]
▶ 鉄筋コンクリートの建物
a reinforced *concrete* building

こんげつ 今月

this month
▶ 今月の初めに
at the beginning of *this month* / early *this month* (▶後者のほうが日にちの幅が広い)
▶ 今月の中ごろに
in the middle of *this month*
▶ 今月の終わりに
at the end of *this month* / late *this month* (▶後者のほうが日にちの幅が広い)
▶ 今月の10日に
on the 10th of *this month*
▶ 今月は忙しい.
I've been busy *this month*. (▶×in this monthとはしない)
今月号 the current issue
こんご 今後 after this, from now on, in the future
▶ 今後, 二度とうそはつきません.
I will never tell a lie *after this*. / I will never tell a lie *from now on*.
▶ 今後の予定 a *future* plan
こんごう 混合 mixture [ミクスチァ]
混合する mix →まぜる
混合ダブルス the mixed doubles
コンサート a concert [カンサ(〜)ト]
▶ コンサートに行く go to a *concert*
コンサートホール a concert hall
こんざつ 混雑する be crowded [クラウディド] (with) →こむ
コンサルタント a consultant [コンサルタント]
▶ 経営コンサルタント
a management *consultant*

こんしゅう 今週

this week
▶ 今週は雨が多い.
It's been raining a lot *this week*. (▶×in this weekとはしない)
▶ レポートは今週中に (→今週の終わりまでに) 提出のこと.

こんじょう ▶

You must hand in your paper by the end of *this week*.
▶ 今週の金曜日に英語のテストがある.
I have an English test *this* (*coming*) Friday. (▶ next Friday というと，今週の金曜日か，来週の金曜日かわからない場合があるので，明確にするには今週ならば this (coming) Friday, 来週ならば on Friday next week という)

こんじょう 根性 (意志・やる気) will [ウィル], willpower [ウィルパウア], spirit [スピリト]；(勇気) (口語) guts [ガッツ]
根性がある have guts, be strong-willed
▶ きみはほんとうに根性があるな.
You *are* really *strong-willed*. / You really *have guts*.
▶ 根性が悪い be *ill-natured*

コンセンサス (a) consensus [コンセンサス]

コンセント a socket [ソケト],《米》 an outlet [アウトゥレト] (▶ *consent* とはいわない)
▶ プラグをコンセントに差しこむ
put a plug into the *outlet*

コンソメ《料理》consommé [カンソメイ] (▶ フランス語から. clear soup ともいう)

コンダクター a conductor [コンダクタァ]
コンタクトレンズ a contact lens [カンタクト レンズ]
▶ コンタクトレンズをはずす
take out *my contact lenses* (▶「入れる」なら put in とする)
▶ 私はコンタクトレンズをしている.
I wear *contact lenses*.

こんだて 献立 (メニュー) a menu [メニュー]
▶ 今日の献立
today's *menu* / the *menu* for today
▶ 夕食の献立は何？
What're we having for dinner?

こんちゅう 昆虫 an insect [インセクト],《おもに米》a bug [バッグ]
昆虫採集 insect-collecting

コンディショナー conditioner [コンディショナァ]

コンディション condition [コンディション]
▶ コンディションがいい
be in (a) good *condition*
▶ コンディションが悪い
be in (a) bad *condition*

コンテスト a contest [カンテスト], a competition [カンペティション]
▶ 写真コンテスト a photo *contest*

> 🎤 プレゼン
> 私はスピーチ**コンテスト**で1位になりました.
> I won first prize in a speech contest.

▶ コンテストに出る take part in a *contest*
コント (芸人の) a comic skit；(軽妙で風刺のきいた寸劇) a (comic) short play

こんど 今度

1 (今回) **now** [ナウ], this time；(新しい) new [ニュー]
▶ 清，今度はきみの番だよ.
Now it's your turn, Kiyoshi.
▶ 今度はうまくいったぞ.
I made it *this time*.
▶ 今度の英語の先生はとても厳しい.
The *new* English teacher is very strict.

2 (次回) **next** [ネクスト], next time
▶ 今度はガールフレンドを連れてこいよ.
Bring your girlfriend with you *next time*.
▶ 今度の日曜日はデートなんだ.
I have a date *next* Sunday.
▶ 今度また会いたいですね.
I'd like to see you again *some day*.

こんどう 混同 confusion [コンフュージョン]
混同する confuse [コンフューズ]《with》, mix [ミックス]
▶ 公私混同してはいけない.
Don't *confuse* work and private

matters.
コントロール control [コントゥロウル]
コントロールする control
▶ ぼくらのチームのピッチャーはコントロールが悪い. The pitcher on our team has poor *control*.

こんな
so [ソウ], (like) this, such [サッチ］; this；(この種の) this kind of, this sort of

> 🗣スピーキング
> 🅐 こんなに遅くまで何してたの？
> What made you so late?
> 🅑 部活だってば.
> Ah, you know, club activities.

▶ こんなふうにやってごらん.
Do it *this* way.
▶ こんなやさしい問題がどうしてできないの？
Why can't you answer *this* easy question?
▶ こんな映画は見る価値がない. *This sort of* movie is not worth seeing.

> 💬表現力
> こんな…は〜したことがない
> → have never ＋過去分詞 ... like this /
> have never ＋過去分詞＋ such ... /
> This is the ＋最上級 ... (that) ー have ever ＋過去分詞.

▶ こんなおいしいパイは食べたことないよ.
I've never eaten delicious pie *like this*. / I've never eaten *such* delicious pie. / *This is the most* delicious pie (that) I *have ever eaten*.

こんなん 困難 (a) difficulty [ディフィカルティ]；(やっかいなこと) (a) trouble [トゥラブル]
困難な difficult, hard →むずかしい
▶ 困難な仕事 a *difficult* job / a *hard* job
▶ 困難にぶつかる face a *difficulty* / face some *difficulties*
▶ その問題を今月中に解決するのは困難だ.
It is *difficult* to solve the problem by the end of this month.

こんにち 今日 today [トゥデイ], nowa-days [ナウアデイズ]
▶ 今日の世界
today's world / the world (of) *today*
▶ 私が今日あるのはすべて両親のおかげだ.
I owe what I am entirely to my parents.

こんにちは
(時間に関係なく) Hello. [ヘロウ], (親しい人に) Hi. [ハイ]；(午前中) Good morning.；(午後) Good afternoon.

> 🗣スピーキング
> 🅐 グリーン先生, こんにちは.
> Hello, Mr. Green.
> 🅑 こんにちは, 健.
> Hello, Ken.

▶「ジェンキンズさん,こんにちは」「やあ,ボブ.今日も元気でな」"*Hello*, Mr. Jenkins!" "*Hi*, Bob! Have a nice day."

> 💡用法 「こんにちは」と hello
> ❶ hello は朝でも午後でも時間に関係なく使える. Good morning., Good afternoon. は改まった言い方なので, 親しい人どうしでは朝でも午後でも Hello. とか Hi. をよく使う.
> ❷ hello のあとには相手の名前をつけるのがふつう.

コンパ a (students') party [パーティ] (▶ 英語には「コンパ」に相当する表現がない)
▶ 新入生歓迎コンパをしようよ.
Let's have a welcome *party* for the freshmen, shall we?

コンパクト 1 (化粧道具) a compact [カンパクト]
2 (小さくまとまった, 小型の) compact [コンパクト]
コンパクトカー a compact car
コンパクトディスク a compact disc (▶ CD と略す)

コンパス (製図用) (a pair of) compasses [カンパスィズ], (口語) a compass；(方位磁石) a compass
▶ コンパスで円をかく
draw a circle with a *compass*

こんばん 今晩 →こんや

こんばんは ▶

this evening, tonight [トゥナイト]
▶「今晩ひま？」「うん，どうして？」
"Are you free *this evening*?" "Yes, why?" (▶ ✕in this evening とはいわない)

こんばんは 今晩は

Good evening., Hello. [ヘロウ]

🔊スピーキング

Ⓐ こんばんは，ブラウンさん.
Good evening, Ms. Brown.
Ⓑ こんばんは，ケン.
Good evening, Ken.

▶「佐藤先生，こんばんは」「アキラ，こんばんは」 "*Good evening*, Mr. Sato." "Hi, Akira."

💬用法 **Good evening.** を使う時間帯
Good evening. は夕方だけでなく，夜遅くなっても使われる．**Good night.** は「お休みなさい」という意味で，寝るときや別れるときのあいさつ．

コンビ (2人組) a pair [ペア] (▶「コンビ」は combination (組み合わせ) から)
コンビを組む pair up
コンビーフ corned beef
コンビニ(エンスストア) a convenience store [コンヴィーニェンス ストー(ァ)]
コンピューター a computer [コンピュータァ] →パソコン

コンピューター ①プリンター ②モニター
③画像表示装置 ④ディスク駆動装置 ⑤中央処理装置 ⑥USBメモリー ⑦マウス (▶本来は「ハツカネズミ」の意味) ⑧キーボード

コンピューターウイルス a computer virus [ヴァイ(ァ)ラス]

▶ コンピューターウイルスに感染する
get infected with a *computer virus*
コンピューターグラフィックス computer graphics (▶ CG と略す)
コンピューターゲーム a computer game
コンピューター室 a computer room
コンピューター部 a computer club
コンブ 昆布 kelp [ケルプ]
コンプレックス an inferiority [インフィ(ア)リオーリティ] complex →れっとうかん

▶ 彼女は自分の外見にコンプレックスを持っていた．
She had an *inferiority complex* about her appearance.

こんぽん 根本的な fundamental [ファンダメントゥル], basic [ベイスィク]
根本的に fundamentally, basically
コンマ a comma [カマ] (,) →くとうてん(表)

▶ コンマを打つ put a *comma*

こんや 今夜

tonight [トゥナイト], this evening
▶ 今夜電話します．
I'll call you *tonight*. / I'll call you *this evening*. (▶この場合 tonight や this evening には in や on はつけない)
こんやく 婚約 an engagement [エンゲイヂメント]
婚約する be engaged (to), get engaged (to)

▶ 姉は会社の同僚と婚約している．
My sister *is engaged to* a coworker.
(▶ engaged ✕with とはいわない)
婚約者 (女) *my* fiancée [フィーアーンセイ]; (男) *my* fiancé [フィーアーンセイ]
婚約指輪 an engagement ring (▶ ✕engage ring とはいわない)
こんらん 混乱 (a) confusion [コンフュージョン]
混乱する be confused [コンフューズド]

▶ 頭が混乱してるんじゃないか．
Aren't you *confused*?
▶ 混乱してます．I'm *mixed up*.
こんろ 《米》a stove [ストウヴ], 《英》a cooker [クカァ]

▶ ガスこんろ a gas *stove*
▶ 電気こんろ an electric cooking *stove*

さ サ さ サ さ サ

さ 差 (a) difference [ディフ(ェ)レンス]
▶ 両者には大きな差がある.
There is a big *difference* between them.
▶ 彼のチームは 2 点差で負けた.
His team lost *by* two points.

さあ

1 (うながして) **Now** [ナウ], Come on. [カモン]
▶ さあ, もう一度やってみよう.
Now, let's try it again.
▶ さあ, こい. *Come on!*
▶ (物を手わたすとき) さあ, どうぞ.
Here you are.
2 (ためらって) **Well** [ウェル], Let me see. →ええと
▶ さあ, 確か今度の火曜日は祭日だと思うけど.
Well, I think next Tuesday is a holiday.
▶ さあ, それでいいと思うけど.
Let me see, I think it'll be all right.

> 💬 表現力
> さあ…しよう → Let's ... .

▶ さあサッカーをやろう.
Let's play soccer.

> 🗣 スピーキング
> Ⓐ さあ行こう.
> Let's go.
> Ⓑ うん, 行こう.
> Yes, let's.
> ❶「さあ…しよう」と誘ったり提案したりするときは Let's ... . という.
> ❷これに対して,「うん, しよう」と答えるときは Yes, let's. とか OK., All right. などという.「いや, よそう」と答えるときは No, let's not. という.

サーカス a circus [サ～カス]
サーキット (自動車レース場) a racing circuit
サークル a club [クラブ] →かい¹, クラブ

ざあざあ (降る) pour [ポー(ア)]
▶ 雨がざあざあ降っている.
It is *pouring*. / It is *raining heavily*.
サード (野球) (3塁の) third base ; (3塁手) a third baseman
サーバー (バレーボールなどの) a server [サ～ヴァ] ; (コンピューターの) a server
サービス service [サ～ヴィス] (▶日本語の「サービス」には「無料」という意味があるが, 英語の service にはそうした意味はなく「客に対する仕事全般」を表す)
▶ そのレストランはサービスがよい.
The *service* at the restaurant is good. (▶「サービスが悪い」なら good のかわりに poor を使う)
▶ (お店で) これサービスしておきますね. (→これは無料です)
You can have this *for free*. / You can have this *free of charge*.
サービスエース a service ace, an ace
サービスエリア (高速道路の) (米) a rest area, (英) a service area
サービスステーション a service station
サービス料 the service charge
サーブ (バレーボールなどの) a serve [サ～ヴ], a service [サ～ヴィス]
サーブする serve, serve a ball
▶ サーブを受ける receive a *serve*
サーファー a surfer [サ～ファ]

サーフィン surfing [サ～フィング]
サーフィンをする surf
▶ サーフィンに行く go *surfing*

サーフボード ▶

サーフボード a surfboard [サ〜フボード]
サーモン (魚)(サケ) salmon [サモン]
サイ (動物)a rhinoceros[ライナスラス],(口語)a rhino [ライノウ]

-さい …歳

... year(s) old
▶ 7歳の少女 a seven-*year*-old girl
▶ 武は私よりも2歳年上です.
Takeshi is two *years* older than I am. (▶会話では than me も使われる. また「年下」なら older のかわりに younger を使う)
▶ 私の母は50歳で亡くなりました.
My mother died at the *age* of fifty.

💬表現力
(私は)…歳です
→ I am ... (years old).

▶ 私は14歳です.
I am fourteen *years old*.
▶「ジムは何歳ですか」「15歳です」
"How *old* is Jim?" "He *is* fifteen (*years old*)."

さいあい 最愛の dearest [ディアレスト], beloved [ビラヴィド]
▶ 最愛の家族 my *beloved* family

さいあく 最悪(の) the worst [ワ〜スト]
▶ せっかくの遠足の日にかぜをひいて最悪だった.
I caught cold on the day of the school excursion of all days! It was *awful*.
▶ 最悪の場合には in *the worst* case

ざいあく 罪悪(道徳・宗教上の)a sin [スィン];(法律上の)a crime [クライム]

さいかい¹ 再会する meet again
さいかい² 再開する restart [リースタート], reopen [リーオウプン]
▶ その店は来週営業を再開する.
The store will *reopen* next week.

さいかい³ 最下位 the last place, the bottom [バタム]
▶ 私は英語ではクラスの最下位だった.
I was at *the bottom* of my class in English.

さいがい 災害 a disaster [ディザスタァ]
▶ 自然災害 a natural *disaster*

ざいがく 在学する be in school, be at school;(学校に登録されている)be enrolled [エンロウルド] at school, be enrolled in school
▶ 兄は北高校に在学しています.
My brother *is* currently *enrolled at* Kita High *School*.
在学証明書 a certificate of student registration

さいかくにん 再確認 reconfirmation [リーコンファメイション]
再確認する reconfirm [リーコンファ〜ム]
▶ 予約を再確認したいのですが.
I would like to *reconfirm* my reservation.

さいきょう 最強の the strongest [ストロ(ー)ンゲスト]
▶ 最強のチーム the *strongest* team

さいきん¹ 最近

lately [レイトゥリィ], recently [リースントゥリィ], these days, nowadays [ナウアデイズ];(最後に) last [ラスト] →このごろ
最近の the latest, recent
▶ 最近の流行 *the latest* fashion
▶ 最近, どうしてる?
How're you doing *these days*?
▶ 私は最近ツトムに会ってない.
I haven't seen Tsutomu *lately*.

さいきん² 細菌 a germ [チャ〜ム], bacteria [バクティ(ア)リア]

さいく 細工(製品)(a piece of) work [ワ〜ク]
▶ 竹細工 (a piece of) bamboo *work*

サイクリング cycling [サイクリング]
▶ サイクリングに行く go *cycling*

サイクル a cycle [サイクル]
サイクルヒット (野球) the cycle

さいけつ 採決する take a vote [ヴォウト]
▶ 提案を採決する
take a vote on the proposal

さいげつ 歳月 time, years
▶ 彼に最後に会ってから10年の歳月が流れた.
Ten *years* have passed since I saw him last.

さいご 最後

the last [ラスト] ((反) 最初 first), the end [エンド] ((反) 最初 beginning)
最後の the last, final [ファイヌル]

◀ **さいしょうげん**

最後に last, lastly, finally
▶ それは私にとって最後の試合だった．
That was *the last* match for me.
▶ おばさんに最後に会ったのは2年前だ．
It is two years ago when I saw my aunt *last*.
▶ 最後に来たのはだれ？
Who came *last*?
▶ 列の最後に並んだ．
I joined *the end* of the line.

さいこう 最高(の)

(程度・質が) the **greatest** [グレイテスト], the **highest** [ハイエスト] (反 最低の lowest); (最良の) the **best** [ベスト] (反 最悪の the worst); (理想的な) **ideal** [アイディ(ー)アル]
▶ 最高！ *Great! / Super!*
▶ 気分は最高！ I feel *great*. / Couldn't be better. (▶後者は「これ以上よいことはないだろう」という意味)
▶ 運動会は最高だった．
The field day was *great*.
▶ だれが英語の最高点をとったの？
Who got *the highest* score in English? (▶「最高点」は the highest mark, the highest points ともいう)

🍎スピーキング
Ⓐ むこうはお天気はどうだった？
How was the weather there?
Ⓑ ハイキングには最高だったよ．
It was ideal for hiking.

最高気温 the highest temperature; (天気予報で) high
▶ 今日の最高気温は32℃でした．Today's *high* was 32 degrees Celsius.
最高記録 the best record
最高裁判所 the Supreme Court [ス(ー)プリーム コート]

ざいこう 在校
▶ この学校の在校生は何名ですか．
How many students *are there in this school*?

さいころ a die [ダイ] (複数 dice [ダイス])
▶ さいころをふる
cast the *dice* / throw the *dice*

さいこん 再婚する get married again [マリド アゲン], remarry [リーマリィ]

ざいさん 財産 a fortune [フォーチュン]
▶ 財産を築く make a *fortune*

さいじつ 祭日 a national holiday [ハリデイ], a holiday →しゅくじつ(表)

さいしゅう¹ 最終(の) the last [ラスト]
最終回 (野球の) the last inning [イニング]; (連続ドラマの) the last episode [エピソウド], the final episode
最終電車 the last train
▶ もう少しで電終電車に乗り遅れるところだった．
I almost missed *the last train*.

さいしゅう² 採集する collect [コレクト], gather [ギャザァ] →あつめる
▶ 昆虫採集に行く
go *collecting* insects

さいしょ 最初

the **first** [ファースト] (反 最後 last), the **beginning** [ビギニング] (反 最後 end)
最初の the first
最初のうちは at first
最初に (まず) first; (いちばん先に) first of all
▶ 最初から最後まで from *first* to last / from *beginning* to end
▶ Aはアルファベットの最初の文字です．
A is *the first* letter of the alphabet.
▶ 最初に到着したのは健だった．
Ken was *the first* to arrive.
▶ 最初に鹿児島に行き，それから熊本に行った．
We *first* went to Kagoshima and then to Kumamoto.
▶ 最初のうち私は麻衣のことがあまり好きじゃなかった．
At first I didn't like Mai so much.

さいしょう 最小(の) (大きさが) the smallest [スモーレスト]; (量・程度が) the least [リースト]
▶ 世界最小のサル
the smallest monkey in the world
最小公倍数 the least common multiple / the lowest common multiple (▶ LCMと略す)

さいじょう 最上(の) the best [ベスト]
最上級 《文法》the superlative [スパ～ラティヴ] degree

さいしょうげん 最小限 a minimum [ミニマム]

three hundred and nine 309

さいしん ▶

最小限の minimum
さいしん 最新(の) the latest [レイティスト], the newest [ニューエスト]
▶ 最新の流行 *the latest* fashion
▶ 最新のニュース *the latest* news
最新型 the latest model, the newest model

サイズ
(a) size [サイズ]
サイズが合う fit [フィット]
▶ サイズを測る take my *size*;(体の) take my *measurements*

🗣スピーキング
🅐 あなたの服のサイズはいくつですか．
What size dress do you wear?
🅑 9号よ．
I wear size 9.

▶ このくつはサイズが合わない．
These shoes are not my *size*.
▶ 京子は M サイズの新しいセーターを買った．
Kyoko bought a new medium-*size* sweater.
▶ この帽子はフリーサイズです．
This cap is one-*size*-fits-all. (▶ ×free size とはいわない)
▶ ウエストのサイズはいくつですか．
What's your waist *size*? / What *size* is your waist?
▶ サイズは合ってますか．
How do they *fit*? (▶ ズボン (pants) やくつ (shoes) など1対で1組みのものは複数形で使うので代名詞は they)

さいせい 再生（録音・録画の）a playback [プレイバク];（廃物の）recycling [リーサイクリング]
再生する（録音・録画を）play back;（廃物を）recycle
再生可能エネルギー renewable energy
再生工場 a recycling plant
再生紙 recycled paper
再生品 a recycled product
ざいせい 財政 finance [ファイナンス]
さいせん¹ 再選する（選ぶ）reelect [リーイレクト];（選ばれる）be reelected
さいせん² さい銭 an offertory [オ(ー)ファトリィ]
さい銭箱 an offertory box

さいぜん 最善(の) the best [ベスト]
▶（結果はどうあれ）最善はつくした．I did my *best*. / I did everything I could.
さいせんたん 最先端 the frontiers [フランティアズ], the leading edge, the cutting edge, the state of the art
最先端の state-of-the-art, on the leading-edge, the most advanced
▶ 科学技術の最先端
the leading edge of technology
さいそく 催促する press, urge [ア〜ヂ]
▶ 彼にマンガを返してくれるよう催促した．
I *pressed* him to return my comic book.
サイダー pop [パップ], soda pop, soda (▶ 英語の cider は《米》では「リンゴジュース」,《英》では「リンゴ酒」のこと)
さいだい 最大(の) the largest [ラーヂェスト], the greatest [グレイテスト]

✏ライティング
東京は世界最大の都市の1つです．
Tokyo is one of the largest cities in the world.

最大公約数 the greatest common divisor (▶ GCD と略す)
さいだいげん 最大限 the maximum [マクスィマム]
最大限の maximum
▶ 時間を最大限に活用する
make the most of my time
ざいたく 在宅
在宅介護 home nursing care, in-home care
在宅勤務 telecommuting [テレコミューティング], teleworking [テレワ〜キング], remote [リモット] working
▶ 私は在宅勤務です．
I'm a *telecommuter*.

◀ さいふ

さいちゅう 最中(に) during [デュ(ア)リング], in the middle of ; while [(フ)ワイル]
▶ 試合の最中に during the game / in the middle of the game
▶ きのう授業の最中に眠ってしまった.
Yesterday I fell asleep during class.
▶ うちは食事の最中はテレビを見ない.
We don't watch TV while (we're) eating.

さいてい 最低(の) the lowest [ロウエスト] ; (最悪の) the worst [ワースト]
▶ ぼくは数学で最低点をとった.
I got the lowest mark in math.
▶ 最低! That's disgusting!
▶ 今日は最低の日だった.
Today was the worst day ever.
最低気温 the lowest temperature ; (天気予報で) low

さいてきの 最適の the best [ベスト], the most suitable [スータブル]
▶ ここはこの植物には最適の環境です.
This is the best environment for these plants.

さいてん 採点する (答案などを) (米) grade [グレイド], (英) mark [マーク]
▶ 篠田先生は採点が厳しい.
Ms. Shinoda is strict in grading.

サイト (インターネットの) a website [ウェブサイト], a site [サイト], a Web site
▶ そのサイトにアクセスする
access the website

サイド a side [サイド]
サイドスロー a sidearm throw
サイドミラー a sideview mirror
サイドライン a sideline

さいなん 災難 a misfortune [ミスフォーチュン]
▶ 災難にあう have a misfortune / meet with a misfortune
▶ とんだ災難だったね.
What a nightmare! (▶ nightmare は「悪夢」という意味)

ざいにん 罪人 (法律上の) a criminal [クリミヌル]

さいのう 才能

(生まれつきの) (a) talent [タレント], a gift [ギフト] ; (能力) (an) ability [アビリティ]
才能のある talented ; gifted

▶ 慎太郎には絵の才能がある.
Shintaro has a talent for painting.
▶ きみには音楽の才能を伸ばしてほしい.
I want you to develop your talent for music.

さいばい 栽培する grow [グロウ]
▶ おじは温室でトマトを栽培している.
My uncle grows tomatoes in a greenhouse.

さいはっこう 再発行する reissue [リーイシュー]
▶ クレジットカードを再発行していただきたいのですが.
I'd like to have my credit card reissued.

さいばん 裁判 (a) trial [トゥライアル] ; (訴訟) a case [ケイス], a lawsuit [ロースート], a suit [スート]
▶ 裁判に勝つ
win a case / win a (law)suit (▶「負ける」なら win を lose にする)
裁判官 a judge
裁判所 a court (of law), a law court
▶ 最高裁判所 the Supreme Court
▶ 高等裁判所 a high court
▶ 地方裁判所 a district court
▶ 家庭裁判所 a family court
裁判員制度 (日本の) the lay judge system

さいふ 財布 (札入れ) a wallet [ワレット], (米) a billfold [ビルフォウルド] ; (小銭入れ) (米) a change purse [パース], a coin purse, (英) a purse

purse　　　wallet

▶ 私はきのうさいふを落とした.
I lost my wallet yesterday.

日本語NAVI
さいふのひもをしめる ☞お金を節約する
→せつやく
さいふのひもをにぎる ☞家のお金を管理する
→かんり
さいふのひもをゆるめる ☞お金をたくさん使う →たくさん, つかう

さいほう ▶

さいほう 裁縫 sewing [ソウイング], needlework [ニードゥルワーク]
裁縫する sew
さいぼう 細胞 a cell [セル]
さいほうそう 再放送 a rerun [リーラン], a repeat [リピート]
再放送する rerun [リーラン], repeat
▶ あのドラマの再放送が見たい．
I want to watch the *rerun* of that drama.
さいまつ 歳末 the end of the year
歳末 year-end
さいみんじゅつ 催眠術 hypnotism [ヒプノティズム]
ざいむしょう 財務省 the Ministry of Finance, 《米》the Treasury
ざいもく 材木 (一般に) wood [ウッド]; (角材など) 《米》lumber [ランバァ], 《英》timber [ティンバァ]
さいよう 採用する (案などを) adopt [アダプト]; (人を) employ [エンプロイ]
▶ 私のプランが採用された．
My plan *was adopted*.
▶ その会社は今年 5 人採用した．
The company *employed* five people this year.
さいりよう 再利用 recycling [リーサイクリング]
再利用する recycle, reuse [リーユーズ]
▶ 資源を再利用する
recycle resources
さいりょう 最良(の) the best [ベスト]
▶ 今年が人生の最良の年でありますように．
I hope this will be *the best* year of my life.
ざいりょう 材料 (木材・金属などの) material(s) [マティ(ア)リアル(ズ)]; (料理の) ingredients [イングリーディエンツ]
▶ 建築材料
building *materials*
▶ すきやきの材料は何ですか．
What are the *ingredients* for sukiyaki?
サイレン a siren [サイ(ア)レン]
▶ 真夜中に救急車のサイレンが聞こえた．
I heard ambulance *sirens* in the middle of the night.
さいわい 幸い happiness [ハピネス]; (幸運) good luck [ラック]

幸いな (幸せな) happy; (幸運な) lucky, fortunate
▶ あなたにお会いできて幸いです．
I'm *happy* to meet you.
幸いに (幸せにも) happily; (幸運にも) luckily, fortunately
▶ 車にぶつけられたが，幸いにもけがはなかった．
I was hit by a car, but *fortunately* I wasn't injured.
サイン (書類や手紙などの) a signature [スィグナチュア]; (有名人の) an autograph [オートグラフ]; (合図) a sign [サイン]; (野球などの) a signal [スィグナル]

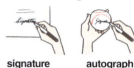

signature   autograph

サインする (署名する) sign; (有名人が) sign *my* autograph, give ... *my* autograph
▶ 手紙にサインする
sign a letter / *sign my* name on a letter
▶ (宅配便の人などが) ここにサインしてください．
Can I have your *signature* here? / Please *sign* here.
▶ (有名人に) サインしてくれませんか．
Can I have your *autograph*?
▶ サイン入りのポスター
an *autographed* poster
サイン会 an autograph session
サイン帳 an autograph album
サインペン a felt-tip pen, a felt pen (▶×sign pen とはいわない)
サウジアラビア Saudi Arabia [サウディアレイビア]
サウジアラビア人 a Saudi Arabian, a Saudi
サウナ a sauna [ソーナ], a sauna bath
サウンド sound [サウンド]
サウンド・トラック a soundtrack

-さえ

1 (…ですら) even [イーヴン]
▶ そんなことは子どもでさえできる．

◀ **さがす**

Even a child can do things like that.
▸ ハワイでは真冬でさえ暖かい．
In Hawaii it's warm *even* in the middle of winter.
▸ 良太は犬がこわいのでさわることさえできない．
Ryota is afraid of dogs, so he can't *even* touch them.

> 📘**文法** even の位置
> even は主語（上の最初の例）や副詞句（2番目の例）などを修飾するときはその直前に置き，動詞を修飾するときは，一般動詞であればその前に置く（最後の例）のがふつう．

2（ただ…だけ）**only** [オウンリィ]
▸ もっと時間さえあればなあ．
If *only* I had more time.（▶「実現しない願望」を表すときに使う言い方．If only のあとは過去形にする）

> 💬**表現力**
> …しさえすればよい
> → All ～ have to do is (to) ... /
> only have to ...

▸ この申込書に記入しさえすればよい．
All you *have to do is to* fill in the form.（▶ is のあとの to は省略することもある）/ You *only have to* fill in the form.

さえぎる 遮る interrupt [インタラプト]
▸ 人の話をさえぎってはいけない．
Don't *interrupt* when someone is talking.

さえずる sing [スィング]；（高い声で）chirp [チャ〜プ]
▸ 夜明けとともに，小鳥がさえずりはじめた．
Birds began to *chirp* at dawn.

さえる（澄んでいる）be clear [クリア]；（頭の働きが）be sharp [シャープ]；（目が）be wide awake [アウェイク]
▸ さえた音色
a *clear* sound
▸ 今日はなかなか（頭が）さえてるね．
You're *really sharp* today.
▸ ゆうべは目がさえて眠れなかった．
I *was wide awake* last night.

さお a pole [ポウル], a rod [ラッド]

▸ つりざお
a fishing *rod* /（米）a fishing *pole*

さか 坂 a slope [スロウプ]
▸ 急な坂 a steep *slope*
▸ ゆるやかな坂 a gentle *slope*
▸ 上り坂
an upward *slope* / an up *slope*
▸ 下り坂
a downward *slope* / a down *slope*
▸ 坂を上る go up a *slope*
▸ 坂を下る go down a *slope*
▸ 道はわずかに上り坂になっている．
The road *goes up* slightly.

さかあがり 逆上がり a reverse somersault [サマソールト] on the (horizontal) bar [(ホ(ー)リザントゥル) バー], backward somersault on the (horizontal) bar
▸ 逆上がりをする
do a *reverse somersault on the horizontal bar*

さかい 境 a border [ボーダァ]

さかえる 栄える prosper [プラスパァ], flourish [フラ〜リシ]
▸ 角館はかつて城下町として栄えた．
Kakunodate once *prospered* as a castle town.

さかさま 逆さまに upside down [アプサイド ダウン]
▸ ケーキの箱をさかさまにしないで！
Don't turn the box of cakes *upside down*.
▸ 彼は海にまっさかさまに落ちた．
He fell *headlong* into the sea.

さがす 捜す，探す

1 look for, search [サ〜チ] for；（ある場所を）search

> 💬**表現力**
> …をさがす
> → look for ... / search for ...

▸「何をさがしているの？」「かさをさがしているんだ」
"What *are* you *looking for*?" "I'm *looking for* my umbrella."
▸ 救助隊は行方不明者をさがした．
The rescuers *searched for* missing persons.

さかだち ▶

表現力
…がないかと〜 (の中) をさがす
→ search 〜 for ...

▶ 私はいなくなった犬を見つけようと町中をさがした.
I *searched* all over town *for* our missing dog.

2 (地図・辞典などで) look up
▶ 辞書でこの単語をさがしなさい.
Look up this word in the dictionary.

さかだち 逆立ちする stand on *my* hands, do a handstand
▶ どのくらい長く逆立ちできる？
How long can you *stand on your hands*?

さかな 魚

a **fish** [フィッシ] [複数] fish) (▶種類についていうときは複数形を fishes にすることがある); (魚肉) fish

---

おもな魚介だ類
アジ horse mackerel
アユ sweetfish / イワシ sardine
ウナギ eel / カツオ bonito
カレイ flatfish / コイ carp
サケ salmon / サバ mackerel
サメ shark / サンマ (Pacific) saury
タイ sea bream, porgy / タラ cod
ナマズ catfish / ニシン herring
フグ globefish / フナ crucian carp
ブリ yellowtail / マグロ tuna
マス trout / イカ cuttlefish
エビ lobster, prawn, shrimp
カニ oyster / カニ crab
ザリガニ crayfish / タコ octopus

魚をつる fish
▶ 父は魚を20匹もつってきた.
My father caught as many as twenty *fish*. (▶ twenty *fishes* としない)
▶ 魚と肉, どちらが好きですか.
Which do you like, *fish* or meat?
▶ 魚は (→魚を食べると) 健康によい.
Eating *fish* is good for your health.
▶ 魚のフライ deep-fried *fish*
魚つり fishing
鮮魚店 a fish store, a fishmonger [フィ

シマンガァ] (▶鮮魚店の人をさしていう場合は a fish dealer, a fishmonger)

さかのぼる (川を) go up；(時代を) trace back (to)
▶ この祭りの始まりは中世までさかのぼることができる.
The origin of this festival can *be traced back to* the Middle Ages.

さかみち 坂道 a slope [スロウプ] →さか

さからう 逆らう disobey [ディソベイ] (反 したがう obey), go against
▶ 彼女は親に逆らったことがない.
She *has* never *disobeyed* her parents.
▶ ヘリは風に逆らって飛んだ.
The helicopter flew *against* the wind.

さかり 盛り the height [ハイト], the peak [ピーク]
▶ 夏のさかりに
in *the height* of summer / at *the peak* of summer
▶ 桜は今がさかりだ.
The cherry blossoms are now *at their best*. / The cherry blossoms are now *in full bloom*.

さがる 下がる

使い分け
(低くなる) → go down, fall
(ぶら下がる) → hang
(後ろへ) → move back

1 (低くなる) **go down, fall** [フォール] (反 上がる go up, rise)
▶ 熱が下がった.
My fever *has gone down*. / My fever *has fallen*.
▶ 物価は下がるだろうか.

▶ さぎょう

Will prices *go down*? / Will prices *fall*?
▶ 数学の成績が下がってしまった．
My math grade *has gone down*.
2 (ぶら下がる) **hang** [ハング]
▶ 窓からロープが1本下がっている．
A rope *is hanging* from the window.
3 (後ろへ) **move back**
▶ 1歩下がってください．
Please *take* a step *back*. / Please *move back* a step.

さかん 盛んな (人気のある) **popular** [パピュラァ]；(心からの) **warm** [ウォーム]
▶ この町ではサッカーがさかんだ．
Soccer is a *popular* game in this city.
▶ ぼくらはさかんな歓迎を受けた．
We received a *warm* welcome.
さかんに
▶ 火がさかんに燃えている．
The fire is burning *briskly*.

さき 先

使い分け
(先端) → **the end, point**
(将来) → **future**
(前方に) → **ahead**
(順番が) → **before**

1 (先端) **the end** [エンド]；(とがったものの) **a point** [ポイント]

the end　　　point

▶ 棒の先 *the end* of a stick
▶ 鉛筆の先 *the point* of a pencil
2 (将来) **the future** [フューチァ]
▶ 先のことを考えなさい．
Think of your *future*.
▶ これから先 *after* this / *in the future*
3 (前方に，先行して) **ahead** [アヘッド], **before** [ビフォ (ァ)] (反 after)
▶ 100メートル先に 100 meters *ahead*
▶ 先に行ってて．あとから追いつくから．
You go *ahead*. I'll catch up with you.
▶ ぼくは弟より先に帰宅した．
I got home *before* my brother did.

スピーキング
Ⓐ お先にどうぞ．
After you.
Ⓑ どうも．
Thank you.
(▶ After you. は順番などをゆずるときに使う)

▶ (会社などで帰るとき) お先に失礼します．
Good night. / Goodbye.
▶ 先を続けて． Please *go on*.
▶ 先に行くよ． I'll go *first*.

日本語NAVI
先がある ☞ 未来が明るい，将来が有望な
→ みらい，しょうらい
先が見える ☞ ①将来の見通しがよくない ②するどい知能があり，将来を見通せる ③終わりに近づく
→ ①みとおし ②ちのう，するどい ③おわり，おわる
先を読む ☞ 将来を予想する → よそう¹

サギ (鳥) **a heron** [ヘロン]
さぎ 詐欺 **a swindle** [スウィンドゥル], **(a) fraud** [フロード]
詐欺師 a swindler, 《口語》 **a conman**
《複数》 **conmen**)
サキソホン (楽器) **a saxophone** [サクソフォン],《口語》**a sax** [サックス]
さきどり 先取り
▶ 彼女はいつも流行を先取りしている．
She *is* always *ahead of* fashion trends.
さきほど 先ほど **a little while ago, some time ago**
▶ 彼は先ほど学校を出ました．
He left school *a little while ago*.
さきゅう 砂丘 **a sand dune** [デューン], **a dune**
▶ 鳥取砂丘
the Tottori *sand dunes*
さぎょう 作業 **work** [ワ~ク]
▶ 彼らは作業中だ．
They're now *working*. / They're now *at work*.
作業員 a worker
作業時間 working hours

three hundred and fifteen　315

さく¹

作業中 《掲示》 Men Working / Men At Work

「作業中」の標識.

作業服 working clothes, work clothes

さく¹ 咲く

(草花が) bloom [ブルーム]; (果樹の花が) blossom [ブラサム]; come out, be out, open [オウプン]

▶ チューリップは来週咲くだろう.
The tulips will *come out* next week.
(▶ come out は bloom ともいう)

▶ リンゴの花が咲きだした.
The apple trees are beginning to *blossom*.

▶ 庭のバラが咲いている.
The roses in the garden *are in bloom*.

さく² 裂く, 割く (破る) tear [テア]; (時間・金銭を) spare [スペア]

▶ ほんの少し時間をさいてくださいますか.
Could you *spare* me a few minutes?

さく³ (木や金網の) a fence [フェンス]

さくいん 索引 an index [インデクス] (《複数》 indexes, indices [インディイース])

さくさく さくさくした (食べ物が) crisp [クリスプ], crispy [クリスピィ]

▶ さくさくしたリンゴ a *crisp* apple

さくし 作詞する write the words (for the song)

▶ きみたちの校歌はだれの作詞作曲ですか.
Who composed your school song and (who) *wrote the words*?
作詞家 a songwriter

さくじつ 昨日 yesterday [イェスタデイ] → きのう¹

さくしゃ 作者 an author [オーサァ], a writer [ライタァ]

▶ この小説の作者はだれですか.
Who is the *author* of this novel? / Who *wrote* this story?

さくじょ 削除する delete [ディリート]
削除キー a delete key

さくせん 作戦 (戦略) (a) strategy [ストラテヂィ], (個々の戦術) tactics [タクティクス]; (軍事行動) operations [アペレイションズ]

▶ 作戦を立てる
plan a *strategy* / work out a *strategy*

さくねん 昨年 last year →きょねん

さくばん 昨晩 last night →さくや

さくひん 作品 a work [ワ~ク]

▶ 文学作品 a literary *work*
▶ 芸術作品 a *work* of art

さくぶん 作文 (小論・感想文) an essay [エセイ], a composition [カンポズィション]

▶ …について作文を書く
write an *essay* about ... / write a *composition* about ...

▶ きみの作文はよく書けていると思います.
I think your *essay* is well written.

▶ きみは英作文がうまいね.
You are good at writing English *compositions*.

さくもつ 作物 a crop [クラップ]

▶ 作物を収穫する harvest *crops*
▶ 台風で作物がだめになった.
The typhoon damaged the *crops*.

さくや 昨夜 last night, yesterday evening

▶ 昨夜大きな地震があった.
We had a big earthquake *last night*.

サクラ 桜 (木) a cherry tree [チェリィトゥリー]; (花) cherry blossoms [ブラサムズ]

▶ 今年は桜がいつごろ咲くんだろう.
I wonder when the *cherry blossoms* will come out this year.

▶ 桜は今が満開だ.
The *cherry trees* are now in full bloom.

🖊ライティング
吉野山は桜の花で有名です.
Mt. Yoshino is famous for its cherry blossoms.

サクラソウ 桜草《植物》a primrose [プリムロウズ]

サクランボ 《植物》a cherry [チェリィ]

さぐる 探る search [サ~チ] →さがす；(手足などで) feel
▶ かぎがないかとポケットをさぐった.
I *felt* in my pocket for the key.

ザクロ 《植物》a pomegranate [パムグラニト]

サケ 鮭《魚》a salmon [サモン]（複数 salmon)
▶ 塩ザケ salted *salmon*

さけ 酒 alcohol [アルコホ(ー)ル], liquor [リカァ]；(日本酒) sake [サーキィ]
▶ 強い酒 strong *liquor*
▶ 酒に酔う get *drunk*
酒を飲む drink [ドゥリンク]
▶ 父は酒も飲まないしタバコもすわない.
My father doesn't *drink* or smoke.
酒店 a liquor store, a liquor shop

さけびごえ 叫び声 a cry [クライ]；(大声) a shout [シャウト]；(高い声) a scream [スクリーム]
▶ 助けを求めるさけび声が聞こえた.
I heard *cries* for help.

さけぶ 叫ぶ

cry [クライ] (out)；shout [シャウト]
▶ その少年は「助けて」とさけんだ.
The boy *cried out*, "Help."
▶ 私たちは声をかぎりにさけんだ.
We *shouted* at the top of our voices.

さける¹ 避ける

avoid [アヴォイド]；(近づかない) stay away (from), keep away (from)
▶ ラッシュアワーをさける
avoid the rush hour
▶ 地球温暖化はさけられない問題だ.
Global warming is a problem that we can't *avoid*.
▶ 最近直子は私のことをさけているみたい.
I think Naoko *has been staying away from* me lately.

💬表現力
…（すること）をさける → avoid -ing

▶ そのことについて話すのをさけたかった.
I wanted to *avoid talking* about that. (▶ avoid ˣto talk としない)

さける² 裂ける tear [テア]
▶ この紙はすぐさける.
This paper *tears* easily.

さげる 下げる

1 (低くする) lower [ロウア]；(頭を) bow [バウ]
▶ 値段を下げる *lower* the price
▶ ぼくは太郎に頭を下げて部屋を出た.
I *bowed* to Taro and left the room.

2 (ぶら下げる) hang [ハング]
▶ 看板を下げる *hang* a signboard

ササ 笹《植物》bamboo grass [バンブー グラス]；(ササの葉) a bamboo leaf [リーフ]

ささいな small [スモール], trifling [トゥライフリング], trivial [トゥリヴィアル]
ささいなこと a trivial matter, a trifle [トゥライフル]
▶ そんなささいなことでけんかするな.
Don't fight over such *small things*.

ささえ 支え (a) support [サポート]
▶ チームの仲間がいつも支えになってくれる.
My team members *have* always *been supporting* me.

サザエ 《貝》a top shell [シェル], a turban shell

ささえる 支える support [サポート]
▶ 母は一家の暮らしを支えている.
My mother *supports* our family.
▶ 人は支え合って生きている.
People live by *supporting* each other.

ささげる (献身する) devote [ディヴォウト]；(神仏に) offer [オ(ー)ファ]
▶ 野口博士は医学に一生をささげた.
Dr. Noguchi *devoted* his life to medicine.

ささやく whisper [(フ)ウィスパァ]
▶ ささやき合う *whisper* to each other

ささる ▶

ささる stick [スティック]
▶ 魚の骨がのどにささった.
I've got a fishbone *stuck* in my throat.

さじ a spoon [スプーン] →スプーン
▶ 小さじ a tea*spoon*
▶ 大さじ2杯の砂糖
two table*spoon*fuls of sugar

さしあげる 差し上げる give [ギヴ] →あげる¹

さしえ 挿絵 an illustration [イラストゥレイション]
▶ この辞書はさし絵が豊富だ.
This dictionary is full of *illustrations*.

さしこむ 差し込む put ... in, insert ... into; (プラグを) plug ... in
▶ プラグをコンセントに差しこんで.
Please *put* the plug *in* the outlet.

▶ 月の光が窓から差しこんでいる.
The moonlight *is shining in* through the window.

さしず 指図 directions [ディレクションズ]; (命令) orders [オーダァズ]
指図する direct, order
▶ きみの指図は受けないよ.
I won't take *orders* from you.

さしだす 差し出す hand [ハンド]; hold out
▶ スーザンは私に右手を差し出した.
Susan *held out* her right hand to me.
差し出し人 a sender

さしつかえ 差し支え
▶ さしつかえなければ, お名前をうかがえますか.
If you don't mind, may I have your name, please?

さしみ 刺身 sashimi, sliced raw fish
さす¹ 刺す (針・とげなどで) prick [プリック]; (刃物などで) stab [スタッブ]; (蚊が) bite [バイト]; (ハチが) sting [スティング]
▶ 指に針をさしちゃった.
I *pricked* my finger on the needle.
▶ おでこをハチにさされた. I *got stung* on the forehead by a bee.
▶ 蚊にたくさんさされちゃったよ.
I *was* badly *bitten* by mosquitoes.

さす² 差す
▶ 花びんに花をさす
put some flowers *in* the vase
▶ かさをさす *put up* an umbrella
▶ この目薬をさしてください.
Please *put in* the eye drops.
▶ ぼくの部屋は西日がさす.
The late afternoon sun *comes* into my room.

さす³ 指す (指さす) point (to, at); (指名する) call on →あてる
▶ 先生は黒板を指さした.
The teacher *pointed to* the blackboard.
▶ ミラー先生はよくジェニーをさす.
Ms. Miller often *calls on* Jenny.

さすが really [リー(ア)リィ]; (さすがの) even [イーヴン]
▶ 17キロも歩いたので, さすがのぼくもつかれました.
Even I got tired after walking for 17 kilometers.
▶ さすがだね.
(すごいね) That's *great*. / (いかにもきみらしい) That's you *all over*!

> 🔊 スピーキング
> Ⓐ 伊藤さん, 優勝したんだって.
> Ito has won the championship.
> Ⓑ **さすがだね.**
> Good for her!

◀ ざつ

サステナビリティ sustainability [サステイナビリティ]
サスペンス suspense [サスペンス]
ざせき 座席 a seat [スィート] →せき¹
　座席指定券 a reserved-seat ticket
ざせつ 挫折 (a) failure [フェイリャ]
　ざせつする fail halfway through, give up halfway through
▸ 洋平はざせつして落ちこんでいる.
　Yohei feels depressed because he *failed halfway through*.

-させる

使い分け

(強制的に)(人)に…させる
　→ make ＋人＋動詞の原形
(本人の希望どおりに)(人)に…させる
　→ let ＋人＋動詞の原形
(頼んで)(人)に…させる
　→ have ＋人＋動詞の原形
(説得して)(人)に…させる
　→ get ＋人＋to ＋動詞の原形

1 (強制的に) **make** [メイク] (▶「make ＋人＋動詞の原形」の形で使う)
▸ コーチは私に運動場を3周させた.
　The coach *made* me *run* around the track three times.
▸ ぼくはふろそうじをさせられた.
　I *was made to clean* the bathroom.
(▶受け身になると動詞の原形に to をつける)

2 (本人の希望どおりに) **let** [レット] (▶「let ＋人＋動詞の原形」の形で使う) →ゆるす
▸ もう一度私にトライさせてください.
　Let me *try* it again.
▸ 両親が私にスマホをもたせてくれた.
　My parents *let* me *get* a smartphone. / My parents *allowed* me *to get* a smartphone.
▸ どうしても行きたいのなら行かせてあげよう.
　I'll *let* you *go* if you really want to.

3 (頼んで) **have** [ハヴ] (▶「have ＋人＋動詞の原形」の形で使う) →もらう
▸ あとで彼に電話させます.
　I'll *have* him *call* you later.

4 (相手を説得して) **get** [ゲット] (▶「get ＋人 ＋ to ＋動詞の原形」の形で使う)
▸ どうやって彼女の考えを変えさせたの？

How did you *get* her *to change* her mind?
ざぜん 座禅 Zen meditation [メディテイション] (▶ Zen は英語化している)
▸ 座禅を組む practice *Zen meditation* / sit in *Zen meditation*

さそう 誘う

ask [アスク], **invite** [インヴァイト] (▶会話では前者のほうが使われる)

表現力
…をさそう → ask ... / invite ...

▸ …を昼食に誘う
　ask ... for lunch / *invite* ... for lunch
▸ 誘ってくれてどうもありがとう.
　Thank you so much for *inviting* me.
▸ だれかをデートに誘ったことある？
　Have you ever *asked* anyone *out*?
(▶ ask ... out は「…をデートに誘う」という意味)

表現力
(人)を…するように誘う
→ ask ＋人＋ to ＋動詞の原形

▸ ぼくは絵美をコンサートに誘った.
　I *asked* Emi *to go* to the concert with me.
サソリ (動物) a scorpion [スコーピオン]
　さそり座 the Scorpion, Scorpio [スコーピオウ] →せいざ(表)
さだめる 定める →きめる
ざだんかい 座談会 a discussion [ディスカション], a discussion meeting, a round-table talk
さつ 札 《米》 a bill [ビル], 《英》 a note [ノウト], a bank note
▸ 千円札 a thousand-yen *bill*
-さつ …冊 (同じ本のとき) a copy [カピィ]
▸ 先生は生徒用にその教科書を10冊注文した. The teacher ordered ten *copies* of the textbook for his students.
▸ 私は毎月, 本を10冊読む.
　I read ten *books* every month.
ざつ 雑な (いいかげんな) sloppy [スラピィ]; (大ざっぱな) careless [ケアレス]
▸ 雑な仕事 a *sloppy* job
▸ 彼はすることが雑だ.
　He does things *carelessly*.

three hundred and nineteen　319

さつえい ▶

さつえい 撮影する（写真を）take a picture《of》;（映画・テレビ用に）film [フィルム], shoot [シュート] →とる
撮影禁止（掲示）No Pictures / No Photographs / No Cameras
撮影所 a film studio [ステューディオゥ],《米》a movie studio
ざつおん 雑音 noise [ノイズ]
さっか 作家（文章を書く人）a writer [ライタァ]; an author [オーサァ];（小説家）a novelist [ナヴェリスト]
▶ あなたの好きな作家はだれですか.
Who is your favorite *writer*?
ざっか 雑貨 general goods [チェネラル グッヅ], sundries [サンドゥリィズ]
雑貨店 a variety store, a general store
サッカー soccer [サカァ],《英》football [フットゥボール]（▶《米》では football は「アメリカンフットボール」のこと）
▶ サッカーをする play *soccer*
▶ ロイはサッカーが得意だ.
Roy is good at playing *soccer*.
サッカー競技場 a soccer stadium

サッカー選手 a soccer player
サッカー部 a soccer team
さっかく 錯覚 an illusion [イルージョン]
▶ 目の錯覚 an optical *illusion*
さっき a little while ago →さきほど
▶ さっき山本君から電話があったよ.
There was a call from Yamamoto *a little while ago*.
さっきょく 作曲 composition [カンポズィション]
作曲する compose [コンポゥズ]
▶ だれがこの曲を作曲しましたか.
Who *composed* this music?
作曲家 a composer
ざっくばらんな frank [フランク]

ざっくばらんに frankly; freely
▶ 多田先生はざっくばらんな先生だ.
Mr. Tada speaks *frankly*.
さっきん 殺菌する sterilize [ステリライズ];（低温で）pasteurize [パスチャライズ]
さっさと（速く）quick [クウィック], quickly;（急いで）hurriedly, in a hurry
▶ さっさと仕事をかたづけなさい.
Finish your work *quickly*.
▶ 授業が終わるとみんなさっさと帰ってしまった.
As soon as classes were over, everybody went home *hurriedly*.
サッシ a sash [サッシ]
▶ アルミサッシの窓
an aluminum *framed* window

ざっし 雑誌

a **magazine** [マガズィーン];（専門的な）a journal [チャ～ヌル]
▶ 月刊の雑誌［月刊誌］
a monthly *magazine* / a monthly
▶ 週刊の雑誌［週刊誌］
a weekly *magazine* / a weekly
▶ 漫画の雑誌
a comic *magazine* / a comic
▶ 少女雑誌 a girls' *magazine*
ざっしゅ 雑種 a cross [クロ(ー)ス], a crossbreed [クロ(ー)スブリード];（特に犬や猫）a mixed breed;（雑種犬）a mongrel [マングレル]
▶ うちの犬は雑種だ.
Our dog is a *mixed breed*.
さつじん 殺人 (a) murder [マ～ダァ]
▶ 殺人を犯す commit (a) *murder*
殺人事件 a murder case
殺人者 a murderer
殺人未遂 an attempted murder
ざつぜん 雑然として messy [メスィ], in a mess →きたない
▶ ボブの部屋は雑然としていた.
Bob's room was *messy*. / Bob's room was *a mess*.
ざっそう 雑草 a weed [ウィード] →くさ
雑草をとる weed
▶ 庭の雑草をとる *weed* a garden
さっそく 早速 right away →すぐ
▶ わかりました．さっそく仕事にかかります.
OK. I'll get to work *right away*.

320　three hundred and twenty

◀ さびしい

ざつだん 雑談 a chat [チャット]
　雑談する chat, have a chat
さっちゅうざい 殺虫剤 an insecticide [インセクティサイド]
さっと (急に) suddenly [サドゥンリィ]; quickly [クウィクリィ]
▶ さっと通りすぎる pass *quickly*
ざっと 1 (およそ) about [アバウト], roughly [ラフリィ]
▶ ざっと500人が公園に集まった.
About five hundred people gathered in the park.
2 (簡単に) briefly [ブリーフリィ]; (ざっと見る) look over, skim [スキム] through
▶ 朝刊にざっと目を通した.
I *looked over* the morning paper.
さっとう 殺到する (押し寄せる) rush [ラッシ] (to); (苦情などが) be flooded [フラディド] (with)
▶ 人々は出口へ殺到した.
People *rushed to* the exit.
▶ テレビ局には視聴者からの苦情が殺到した.
The TV station *was flooded with* viewer complaints.
さっぱり 1 (服装が) neat [ニート]; (性格が) frank [フランク]; (味が) light [ライト], plain [プレイン], simple [スィンプル]; (気分が) refreshed [リフレシト]
▶ 少年たちはみなさっぱりとした身なりをしていた.
The boys were all *neatly* dressed.
▶ 夏はさっぱりした食べ物がいい.
I prefer *lighter* food in summer.
▶ 冷たいシャワーを浴びてさっぱりした.
I felt *refreshed* after a cold shower.
2 (まったく…ない) not ... at all →ぜんぜん
▶ 彼の話, さっぱりわからないよ.
I *don't* understand him *at all*.
サツマイモ 《植物》a sweet potato
ざつよう 雑用 (家庭の) a chore [チョー(ァ)]
▶ 雑用をする do *chores*
さて Now [ナウ], Well [ウェル]; (ところで) By the way, So [ソウ]
▶ さて, お昼は何を食べようかな.
Well, what shall I have for lunch?
サトイモ 《植物》a taro [ターロウ]
さとう 砂糖 sugar [シュガァ]
▶ 砂糖1さじ a spoonful of *sugar* (▶「2さじ」なら two spoonfuls of ... という)
▶ 角砂糖1つ
a cube of *sugar* / a lump of *sugar*
▶ 氷砂糖
《米》rock candy /《英》*sugar* candy
▶「コーヒーに砂糖を入れますか」「ええ, 2さじお願いします」"Would you like some *sugar* in your coffee?" "Yes, two spoonfuls of *sugar*, please."
　砂糖入れ a sugar bowl
　砂糖キビ sugarcane
さどう 茶道 (the) tea ceremony [ティーセレモウニィ]
　茶道部 a tea ceremony club
サドル a saddle [サドゥル]
さなぎ 《虫》a pupa [ピューパ] (複数 pupae [ピュービー], pupas)
サバ 《魚》a mackerel [マケレル] (複数 mackerel)
サバイバル survival [サヴァイヴァル]
さばく¹ 砂漠 (a) desert [デザト]
▶ サハラ砂漠 the Sahara *Desert*
　砂漠化 desertification [ディザ～ティフィケイション]
▶ この地域では砂漠化が進んでいる.
Desertification is progressing in this area.
さばく² 裁く judge [ヂャッヂ]
▶ 事件を裁く *judge* a case
さび (鉄などの) rust [ラスト]
　さびる rust, gather rust
　さびた rusty
▶ さびたナイフ a *rusty* knife

さびしい 寂しい →こどく

lonely [ロウンリィ], 《米》lonesome [ロウンサム]; (…がいなくて) miss [ミス]

lonely　　　miss

さびしがる feel lonely
▶ さびしい場所 a *lonely* place
▶ 健, きみがいなくてさびしかったよ.
I *missed* you, Ken.
▶ あなたがいなくなるとさびしくなります.

サブ ▶

We'll *miss* you.
サブ (補欠選手) a substitute [サブスティテュート]
　サブキャプテン a subcaptain
　サブリーダー a subleader
サファイア (a) sapphire [サファイア] (アクセント注意)
サファリパーク 《米》an animal park, 《英》a safari [サファーリ] park
サブスク(リプション) (定額制サービス) subscription [サブスクリプション]
ざぶとん 座布団 a zabuton, a (Japanese) floor cushion [クション]
サプリメント a supplement [サプリメント], a dietary supplement
さべつ 差別 discrimination [ディスクリミネイション]
　差別する discriminate [ディスクリミネイト]
▶ 人種差別 racial *discrimination*
▶ 性差別
　gender *discrimination* / sexual *discrimination*
▶ 先生はぼくらを差別しない (→平等にあつかう).
　Our teacher *treats* us *equally*.
さほう 作法 manners [マナァズ]; etiquette [エティケト] →ぎょうぎ
▶ よい作法 good *manners*
▶ 悪い作法 bad *manners*
▶ ぼくの両親は礼儀作法にうるさい.
　My parents are strict about *manners*.
サポーター (ファン) a supporter [サポータァ]; (手足の関節などを保護する) an athletic [アスレティク] supporter
▶ 彼はレアル・マドリードの熱狂的なサポーターだ.
　He's an enthusiastic *supporter* of Real Madrid.
サボテン (植物)a cactus[キャクタス]([複数] cacti [キャクタイ], cactuses)
サボる (授業・学校などを)《米口語》cut[カット], skip [スキップ]; (ずる休みする)《米》play hooky [フキィ], 《英》play truant [トゥルーアント] (▶「サボる」はフランス語の *sabotage* から)
▶ ぼくは数学の授業をサボった.
　I *cut* my math class.
-さま …様 (男性) Mr. [ミスタァ]; (未婚さん・既婚さんに関係なく女性) Ms. [ミズ]; (未婚の女性)Miss[ミス]; (既婚の女性)Mrs. [ミスィズ] →ーさん
▶ 鈴木弘(ひろし)様 *Mr.* Suzuki Hiroshi
▶ 川田美紀様, おいででしたらフロントまでおこしください.
　Paging *Ms.* Kawada Miki, please come to the front desk. (▶呼び出しのときの決まった言い方)
▶ トマス・ウィリアムズ様方
　c/o *Mr.* Thomas Williams (▶ c/o [スィーオウ] は (in) care of の略)
サマー summer [サマァ]
　サマーキャンプ (a) summer camp
　サマースクール (a) summer school
　サマータイム 《米》daylight saving time (▶ DST と略す), 《英》summer time
さまざま さまざまな various [ヴェ(ア)リアス]; many different [ディフ(ェ)レント] →いろいろ
▶ 日本にはさまざまな方言がある.
　There are *various* dialects in Japan.

> 🔖 プレゼン
> 私は中学時代**さまざまな**経験をしました.
> I had *many different* experiences in junior high school.

さます¹ 覚ます wake [ウェイク] up
▶ 携帯(けいたい)の音で目を覚ました.
　I *was woken up* by the ring of the cellphone.
さます² 冷ます cool [クール]
▶ ココアが熱くて飲めないよ. ちょっと冷ましてくれない？
　This cocoa is too hot to drink. Will you *cool* it a bit?
さまたげる 妨げる disturb [ディスタ〜ブ]
▶ いやな夢を見て眠(ねむ)りがさまたげられた.
　Bad dreams *disturbed* my sleep.
さまになる 様になる
▶ それじゃ様にならないよ.
　That won't do. / That won't make it.
さまよう wander [ワンダァ] (about)
▶ 私たちは森の中をさまよい歩いた.
　We *wandered about* in the woods.
さみしい 寂しい lonely [ロウンリィ] →さびしい

サミット ((先進国)首脳会談) a summit [サミット], a summit meeting
▶ 2023年5月に広島でG7サミットが開かれた.
The G7 *summit* was held in Hiroshima in May 2023.

さむい 寒い

cold [コウルド] (反 暑い hot); (肌に寒い) **chilly** [チリィ]; (とても寒い) **freezing** [フリーズィング]

cold

hot

▶ 寒いね. It's *cold*, isn't it?
▶ 少し肌寒いね.
It's a little *chilly*, isn't it?
▶ 外はすごく寒いね！
It's *freezing* outside! / It's *freezing cold* outside! / It's really *cold* outside!
▶ 最近, 寒くなってきた.
It's getting *cold* these days.

さむけ 寒け a chill [チル]
▶ 寒けがするの. I have the *chills*.

さむさ 寒さ (the) cold [コウルド]
▶ 少女は寒さでふるえていた.
The little girl was shivering from *the cold*.
▶ 今朝はこの冬でいちばんの寒さだった.
This morning was *the coldest* this winter.

さむらい 侍 a *samurai*, a warrior [ウォーリア]

サメ 《魚》 a shark [シャーク]

さめる¹ 覚める (目が) wake [ウェイク] up →おきる
(目が)覚めている be awake
▶ ときどき真夜中に目が覚める.
I sometimes *wake up* in the middle of the night.
▶ 大きな物音で目が覚めた.
A loud noise *woke* me *up*.

さめる² 冷める (熱いものが) get cold
▶ さあ, 早く来ないとスープが冷めるよ.

Hurry up. The soup will *get cold*.
▶ そのバンドへの熱は冷めてしまった.
My passion for the band *has cooled down*.

さめる³ (色が) fade [フェイド]
▶ 色のさめたセーター
a sweater with *faded* colors

さもないと (命令文のあとで) or [オー(ァ)] →そうしないと

さや (豆の) a pod [パッド]; (刀の) a sheath [シース]

さゆう 左右 right and left
▶ (子どもに)道をわたるときは左右を見なさいよ.
You must look *right and left* before you cross the road.
▶ しっぽを左右にふっている犬
a dog wagging its tail *right and left*
▶ 飛行機が左右に(→両側)にゆれた.
The airplane tilted to *both sides*.

さよう 作用 (an) effect [イフェクト]
副作用 a side effect

さようなら

Goodbye. [グ(ドゥ)バイ], **So long.**, **Bye.** [バイ]

🗨 スピーキング
Ⓐ リサ, さようなら.
Goodbye, Lisa.
Ⓑ スー, さようなら.
Goodbye, Sue.

▶「さようなら, ジェフ, 気をつけて」「うん, またね, さようなら」
"*Goodbye*, Jeff. Take care." "OK. I'll be seeing you. *Bye*."

💡 用法 「さようなら」のいろいろ
ふつうの言い方: Goodbye. / Good night. (▶ Good night. は夜別れるとき)
くだけた言い方: So long! / Bye! / Bye-bye! / See you!

さよなら →さようなら
▶ さよなら, ジミー, またあした.
Bye, Jimmy. See you tomorrow.
さよならホームラン 《野球》 a game-ending home run

three hundred and twenty-three 323

さら

さら 皿 (料理皿・盛り皿) a dish [ディッシ]; (平皿・とり皿) a plate [プレイト]; (深皿・はち) a bowl [ボウル]; (受け皿) a saucer [ソーサァ]; (食器全体) the dishes

▶ ぼくがお皿を洗うよ．
I'll wash *the dishes*. / I'll do *the dishes*.

▶ お皿をかたづけてくれる？
Will you clear away *the dishes*?

💬用法 **dish, plate, saucer**
ふつう料理を入れて運ぶ皿が **dish** で，それから個々の **plate** に取り分ける．cup ((コーヒーや紅茶の) カップ) の受け皿は **saucer** という．皿類，食器類をまとめていうときは the dishes という．

さらいげつ 再来月 the month after next

さらいしゅう 再来週 the week after next

さらいねん 再来年 the year after next

さらさら
▶ さらさらした雪 *dry* snow
▶ さらさらと書く
write *smoothly* / write *easily*
▶ 小川のさらさら流れる音
the *murmur* of a stream

ざらざら ざらざらの (表面が) rough [ラフ] (反) なめらかな smooth; (砂・ほこりで) sandy [サンディ], dusty [ダスティ]
▶ ざらざらした手 *my rough* hands
▶ 床は砂でざらざらだ．
The floor is *sandy*.

さらす expose [イクスポウズ]
▶ 肌を直射日光にさらす
expose my skin to direct sunlight

サラダ (a) salad [サラド]
▶ 野菜サラダ (a) vegetable *salad*
▶ サラダをもういかがですか．
Would you like some more *salad*?
▶ 今晩はポテトサラダをつくるね．
I'm making (a) potato *salad* tonight.

サラダオイル salad oil, cooking oil
サラダドレッシング salad dressing
サラダボウル a salad bowl

さらに (ますます) even [イーヴン] (▶比較級を使って表すことが多い); (数とともに) another [アナザァ], more [モーァ]
▶ 事態はさらに悪くなった．The situation has become *even worse*.
▶ さらに 2 週間かかりそうだ．It'll probably take *another* two weeks. / It'll probably take two *more* weeks.

サラブレッド a thoroughbred [サ〜ロウブレド]

サラリー (a) salary [サラリィ]
サラリーマン a company employee, an office worker, a white-collar worker (▶サラリーマンは日本語だと主に男性を指すが，上に示した表現は男女どちらにも使える)
▶ 父はサラリーマンです．
My father is a *company employee*. / My father is an *office worker*.

ザリガニ (動物) a crayfish [クレイフィシ] (複数) crayfish, a crawfish [クローフィシ] (複数) crawfish

サル 猿 (動物) a monkey [マンキィ]; (ゴリラ・チンパンジーなどの類人猿) an ape [エイプ]
▶ サルも木から落ちる．(ことわざ)
Even Homer sometimes nods. (▶「ホメロス (のような大詩人) でもときには居眠りをする」の意味)

さる 去る

1 (立ち去る) leave [リーヴ], go away
▶ 彼は東京を去った．He *left* Tokyo.

◀ -さん

2 (過ぎる) **be over** [オウヴァ], **pass** [パス]
▶ 嵐は去った. The storm *is over*. (▶ ×was over とはしない)
▶ 去る1月(に) *last* January

ざる a bamboo colander [カランダァ]

-された →-れる

-されている →-れる

-される

1 (受け身) (▶「be ＋過去分詞」で表す) → -れる

> 💬 表現力
> …される → be ＋過去分詞

▶ ぼくの財布がぬすまれた.
My wallet *was stolen*. / I *had* my wallet *stolen*. (▶「have ＋物＋過去分詞」で「～を…される」という意味)
▶ 私は自転車をこわされた.
I *had* my bike *broken*.

2 (敬語) (▶英語には決まった表現はない)
▶ 小田先生も出席されました.
Mr. Oda also *attended*.

さわがしい 騒がしい noisy [ノイズィ] ((反) 静かな quiet)

さわぎ 騒ぎ (騒音) (a) noise [ノイズ]; (もめごと) (a) trouble [トゥラブル]
▶ あのさわぎは何？What's that *noise*?

さわぐ 騒ぐ make (a) noise [ノイズ]
▶ そんなにさわいではいけません.
Don't *be* so *noisy*. / Don't *make* so much *noise*.

さわやか さわやかな refreshing [リフレシング]; (新鮮な) fresh [フレッシ]
▶ さわやかな風
a *refreshing* breeze / a *fresh* breeze
▶ さわやかな味 a *refreshing* taste

さわる 触る

touch [タッチ], **feel** [フィール]
▶ お母さんは眠っている赤ちゃんのほおにさわった.
The mother *touched* her sleeping baby on the cheek.
▶ さわらぬ神にたたりなし.《ことわざ》
Let *sleeping* dogs *lie* (▶「眠っている犬は寝かしておけ」という意味)
▶ さわらないでください.
Don't *touch* this. / Keep your hands off. /《掲示》Hands Off!

さん¹ 三(の) →かず (表)

three [スリー]
第3(の) the **third** [サ～ド] (▶3rd と略す)
▶ 3冊の本 *three* books
▶ 3学期 the *third* term
▶ 5月の第3日曜日に
on *the third* Sunday in May
▶ 3分の1 a *third* / one *third*
三冠王 (野球・競馬の) the Triple Crown
三重奏, 三重唱, 3人組 a trio
3乗 a cube [キューブ]
▶ 3の3乗は27だ. The *cube* of 3 is 27.
3人称 《文法》the third person

さん² 酸 《化学》(an) acid [アスィド]
酸性の acid
酸性雨 acid rain

-さん

> 使い分け
> (男性) → **Mr.**
> (未婚・既婚に関係なく女性) → **Ms.**
> (既婚の女性) → **Mrs.**
> (未婚の女性) → **Miss**

(男性) **Mr.** [ミスタァ]；(未婚・既婚に関係なく女性) **Ms.** [ミズ]；(既婚の女性) **Mrs.** [ミスィズ]；(未婚の女性) **Miss** [ミス] (▶女性の場合, 未婚・既婚を区別せず Ms. を使うことが多い. また,《英》ではいずれもピリオドはつけないことが多い)

> 💬 用法「…さん」の言い方
> **Mr., Ms., Mrs., Miss** は日本語の「…さん」や「…様」にあたり, いずれもファミリー・ネーム (姓, たとえば鈴木やSmith など) の前につける. ファースト・ネーム (名) につけることはない.
> ○ Mr. Suzuki / Ms. Smith
> × Mr. Daisuke / Ms. Nancy
> (▶書きことばでは, Ms. Nancy Smith のように姓名にも敬称はつける)

▶ 佐藤さん, お電話がかかっております.
Mr. Sato, you are wanted on the phone. (▶佐藤さんが女性なら, Mr. を

さんいん ▶

Ms. にかえる)
さんいん 山陰（地方）the San'in region, the San'in area
さんか 参加する（加わる）join [チョイン], take part in；（競技・コンテストに）enter [エンタァ]
▶ ピクニックの計画を立てているんだけど，参加しない？
We are planning to go on a picnic. Will you *join* us?
▶ マラソン大会に参加した．
I *took part in* the marathon.
参加者 a participant [パーティスィパント]
参加賞 a prize for participation
さんかく 三角形 a triangle [トゥライアングル] →かたち（図）
三角(形)の triangular [トゥライアンギュラァ]
三角定規 a triangle
三角州 a delta

さんがつ 三月 →いちがつ，つき¹（表）

March [マーチ]（▶語頭は必ず大文字；Mar. と略す）
▶ 3月に in *March*
▶ 3月3日はひなまつりです．
March 3 is the Dolls' Festival.（▶ March 3 は March (the) third と読む）
さんかん 参観する visit [ヴィズィト]
▶ 今日，授業参観があった．
Our parents *visited* our classroom today.
参観日 《米》an open house /《英》an open day
さんぎいん 参議院 the House of Councilors [カウンスィラァズ]
参議院議員 a member of the House of Councilors
さんきゃく 三脚（カメラの）a tripod [トゥライパド]
さんぎょう 産業 (an) industry [インダストゥリィ]
産業の industrial [インダストゥリアル]
▶ 主要産業 the chief *industries*
産業革命 the Industrial Revolution
産業廃棄物 industrial waste
ざんぎょう 残業 overtime work [オウヴァタイム ワーク]
サングラス sunglasses [サングラスィズ], dark glasses,《口語》shades [シェイヅ]

（▶どれも複数形で使う．数えるときは a pair of sunglasses, two pairs of sunglasses のようにする）
▶ サングラスをかけている
wear *sunglasses*
サンゴ coral [コ(ー)ラル]
サンゴ礁 a coral reef [リーフ]

さんこう 参考 (a) reference [レフ(ェ)レンス]
参考にする refer [リファ～] to
▶ 最初は注を参考にしないで英文を読んでください．
First, read the English text without *referring to* the notes.
▶ 彼の意見はとても参考になった．
His advice was very *helpful*.
参考書 a reference book（▶英語の reference book は日本の学習参考書とちがって，事典・地図類をさす．学習参考書は a study aid とか a handbook for students などという）
ざんこく 残酷な cruel [クルーエル]
▶ 残酷なことをするな．Don't be *cruel*.
▶ 子どもはときに残酷だ．
Children are sometimes *cruel*.
さんざん 散々
▶「どうだった？」「さんざんだったよ」
"How did it go? / How did you get along?" "*Terrible*."
▶ さんざんな目にあったよ．
We had a *hard* time.

さんじゅう¹ 三十(の) →かず（表）

thirty [サ～ティ]
第30(の) the thirtieth（▶30th と略す）
▶ 30分 *thirty* minutes
▶ 12月30日に
on December 30（▶ December (the) thirtieth と読む）

◀ **さんど**

▶ (各世紀の) 30年代に in *the thirties*
31 thirty-one
32 thirty-two

さんじゅう[2] 三重の triple [トゥリプル]

さんしゅつ 産出する produce [プロデュース]

▶ イラクは世界有数の石油産出国である.
Iraq is one of the largest oil-*producing* countries in the world.

ざんしょ 残暑 the late summer heat
▶ 今年は残暑が厳しい.
The late summer heat is severe this year.

さんしょう 参照する refer [リファ〜] to
▶ 26ページを参照せよ.
See page 26. / cf. p.26 (▶ cf. は [スィーエフ] または [コンペア] と読む)

さんしん 三振〔野球〕a strikeout [ストゥライクアウト]
三振する be struck out, strike out
三振をとる strike out

さんすう 算数 arithmetic [アリスメティク]

さんせい[1] 賛成する

agree [アグリー] (with, on, about, to)
(▶ with のあとには「人やその意見」, on, about のあとには「事」, to のあとには「提案」などがくる) (反 反対する disagree);
be for (反 反対する be against)

▶ 「ちょっと休もうよ」「賛成」
"Let's have a rest, shall we?" "*Yes, let's*. / *OK*. / *All right*."

▶ 大賛成!
I definitely *agree*!

💬スピーキング
Ⓐ サッカーやろう.
Let's play soccer.
Ⓑ 賛成.
OK.

💬表現力
…に賛成する → agree with ...

▶ 本田さんの新しい提案には賛成できません.
I can't *agree with* Mr. Honda's new proposal.
▶ きみの意見に賛成だ.
I *agree with* you.
▶ 「あなたはこの計画に賛成なのですか, 反対なのですか」「賛成です」
"*Are* you *for* or against this plan?"
"I'*m for* it."

💬表現力
…することに賛成する → agree to ...

▶ みんなはパーティーを開くことに賛成した.
Everybody *agreed to* have a party.

親指を立てるのは「賛成」「うまくいった」のジェスチャー.

さんせい[2] 酸性の acid [アスィド] (対 アルカリ性の alkaline)
酸性雨 acid rain

さんそ 酸素〔化学〕oxygen [アクスィヂェン]〔記号 O〕

サンタクロース Santa Claus [サンタクローズ]〔発音注意〕(▶守護聖人, 聖ニコラス (Saint Nicholas) の名から. 《英》では Father Christmas ともいう)

サンダル sandals [サンドゥルズ] (▶複数形で使う. 数えるときは a pair of sandals, two pairs of sandals のようにする)
▶ サンダルをはく
(動作) put on *sandals* / (状態) wear *sandals*

さんだんとび 三段跳び the triple jump;the hop, step and jump

さんち 産地

✏ライティング
青森はリンゴの産地として有名だ.
Aomori is famous for its production of apples.

さんちょう 山頂 the top of a mountain, a mountaintop [マウンテンタプ]

サンデー (アイスクリーム) a sundae [サンディ]
▶ チョコレートサンデー
a chocolate *sundae*

さんど 三度 three times → -かい[1]
▶ 私は東京へ 3 度行ったことがある.

three hundred and twenty-seven 327

サンドイッチ ▶

I have been to Tokyo *three times*.
サンドイッチ a sandwich [サン(ドゥ)ウィッチ]
▶ サンドイッチをつくる make a *sandwich*

ざんねん 残念だ

be sorry [サリィ]
▶ それを聞いて残念だ.
I'm sorry to hear that.
▶ 残念! バスに間に合わなかったよ.
Shoot! I missed the bus.
▶ 残念だけど, もう行かなくちゃ.
It's a shame, but I must be going.

🗨スピーキング
Ⓐ 英語の試験で悪い点をとっちゃった.
I got a poor mark on the English exam.
Ⓑ それは残念だね.
That's too bad.

📝表現力
… (ということ) を残念に思う
→ be sorry (that) ...

▶ あなたがいっしょに来られないなんて残念です.
I'm sorry you can't come with me. / *It's too bad* you can't come with me.

🗨スピーキング
Ⓐ パーティーに来られますか.
Can you come to the party?
Ⓑ 残念ながら, 行けません.
I'm sorry I can't.

▶ 試合に負けたのは残念だ.
I'm sorry we lost the game.
さんねんせい 三年生 (小学) a third-year pupil, 《米》a third grader; (中学) a third-year student, 《米》a ninth grader →がくねん(表)

👤プレゼン
私は中学3年生です.
I'm in the ninth grade. / I'm a ninth grader. / I'm a third-year student in junior high school.

サンバ a samba [サンバ]
▶ サンバを踊る
dance the *samba*

さんばい 三倍 three times →ばい
3倍の triple [トゥリプル]
さんぱい 参拝する visit [ヴィズィト]
さんぱつ 散髪 a haircut [ヘアカト]
散髪する have a haircut, have *my* hair cut, get a haircut, get *my* hair cut
さんびか 賛美歌 a hymn [ヒム]
さんぷく 山腹 a mountainside [マウンテンサイド], a hillside [ヒルサイド]
さんふじんか 産婦人科 obstetrics and gynecology [オブステトゥリクス アンド ガイネカロヂィ]
さんぶつ 産物 a product [プラダクト]
▶ 農産物 agricultural *products*
▶ 海産物 marine *products*
サンフランシスコ (地名) San Francisco [サン フランスィスコウ]
サンプル (見本) a sample [サンプル]

さんぽ 散歩

a **walk** [ウォーク]
散歩する take a walk, have a walk
▶ 散歩に出かける go (out) for a *walk*
▶ ぼくは散歩が好きだ.
I like *walking*.
▶ 彼は毎朝公園を散歩します.
He *takes a walk* in the park every morning.
▶ パパ, 街へ散歩に連れてってよ.
Take us *for a walk* in town, Dad.
▶ ポチを散歩させてくれる?
Would you *walk* Pochi? / Would you *take* Pochi *for a walk*?
散歩道 a walk, a walkway
サンマ (魚) a Pacific saury [ソーリィ], a saury
さんみゃく 山脈 a mountain range
▶ 奥羽山脈 the Ohu *Mountains*
さんりんしゃ 三輪車 a tricycle [トゥライスィクル]
▶ 三輪車に乗る
ride a *tricycle*
さんるい 三塁 《野球》third base
3塁手 a third baseman
3塁打 a three-base hit, a triple [トゥリプル]
▶ 3塁打を打つ
hit a *triple*

◀ しあい

しシ しシ しシ

し¹ 四 (の) four →よん

し² 市
a city [スィティ]
- 小田原市
 the *City* of Odawara / Odawara *City*
- ニューヨーク市 New York *City*
- 私たちの学校は市の中心部にある.
 Our school is in the center of the *city*.

> **参考** 手紙などで住所を示すには，たとえば和歌山市は Wakayama-shi のようにしたほうがわかりやすい.

し³ 死
(a) **death** [デス] →しぬ
- 病死 *death* by disease
- 事故死 an accidental *death*

し⁴ 詩 (集合的に) poetry [ポウエトゥリィ]；(1編の) a poem [ポウエム]
- 詩を書く write a *poem*
- 「詩は好きですか」「ええ，とくに相田みつをが好きです」
 "Do you like *poetry*?" "Yes, I'm especially fond of *poems* written by Aida Mitsuo."

-し …氏 →-さん
Mr. [ミスタァ] (複数 **Messrs.** [メサズ]) (▶ 女性には Ms., Mrs., Miss を使う.（英）ではピリオドを打たないことが多い)
- 中村氏 *Mr.* Nakamura

じ 字
(アルファベット・かななど) a **letter** [レタァ]；(漢字) a **character** [キャラクタァ]；(筆跡) **handwriting** [ハンドゥライティング]
- 英語のアルファベットは26字です.
 The English alphabet has 26 *letters*.
- 漢字 (a) *kanji*, Chinese *characters*
- この字，読める？

（漢字）Can you read this *character*? / （アルファベット・かななど）Can you read this *letter*?
- この字，何て読むの？
 How do you read this *character*?
- きみは字がうまいね.
 You have good *handwriting*.
- 弟は字がへただ.
 My brother has poor *handwriting*.

-じ …時 →じかん
o'clock [オクラック] (▶ ちょうど「…時」というときにだけ使うが，省略することも多い)

> **表現力**
> （今）…時です → It's ... (o'clock).

- 2時だ. *It's* two (*o'clock*).
- もうすぐ8時だ. *It's* almost eight.
- もう5時だよ. *It's* already five.

> **表現力**
> （今）…時〜分です → It's ... 〜.

- 今4時10分です. *It's* four ten.

> **スピーキング**
> Ⓐ お母さん，今何時？
> What time is it, Mom?
> Ⓑ 8時10分だよ.
> It's eight ten.

- 私たちは12時半に昼食を食べます.
 We have lunch at twelve thirty. (▶「…時 (〜分) に」というときは at を使う)
- 飛行機は午前11時ちょうどに離陸した.
 The plane took off at exactly eleven in the morning. / The plane took off at exactly 11 a.m.

しあい 試合
a **game** [ゲイム], a **match** [マッチ] (▶ (米) では baseball (野球) など -ball のつくスポーツには game を，それ以外のスポーツには match を使うことが多い. (英) ではふつうどちらにも match を使う)

しあがる ▶

- 試合に勝つ win a *game* / win a *match*
- 試合に負ける
  lose a *game* / lose a *match*
- きのう瑞希とテニスの試合をした．
  I played a *game* of tennis [a tennis *match*] with Mizuki yesterday.
- きのうの試合どうだった？
  How was the *game* yesterday?
- あす西中学校とのサッカーの試合があるんだ．
  We're going to have a soccer *game* against Nishi Junior High School tomorrow.
- 試合相手 an opponent
- 練習試合
  a practice *game* / a practice *match*
- 対校試合 an interschool *game*

しあがる 仕上がる be finished [フィニシト]
- ついに作品が仕上がった．
  At last the work *is finished*.

しあげ 仕上げ (a) finish [フィニシ]

しあげる 仕上げる finish [フィニシ]
- 金曜日までにレポートを仕上げないといけないんだ．
  I have to *finish* my paper by Friday.

しあさって （3日後に）in three days, three days from now；（3日のうちに）within three days

しあわせ 幸せ

happiness [ハピネス] →こうふく¹
幸せな happy [ハピィ]
幸せに happily
- とっても幸せです．I'm very *happy*.
- どんなときに幸せだと感じますか．
  When do you feel *happy*?
- いい友だちに恵まれて幸せです．
  I'm *happy* to have good friends.
- お幸せに．
  Good luck. / Best wishes. / I hope you'll be very *happy*. (▶最後の例は結婚式で花よめや花むこに言うことば)
- それから2人は幸せに暮らしましたとさ．
  The two lived *happily* ever after. (▶ever after はおとぎ話の最後で使われる決まった表現)

シーエム a commercial [コマ～シャル] (▶英語では✕CM とはいわない)
- CM の時間 a *commercial* break

しいく 飼育する（家畜を）breed [ブリード], raise [レイズ]
飼育員（動物園の）a zookeeper

シージー CG, computer graphics

シーズン a season [スィーズン] →きせつ
- 水泳のシーズンがやってきた．
  The swimming *season* has just started.
- 今はサクランボのシーズンだ．
  Cherries are now *in season*.

シーソー a seesaw [スィーソー]
- シーソーで遊ぶ play on a *seesaw*
  シーソーゲーム（接戦）a *seesaw* game

シイタケ 《植物》a *shiitake*, a *shiitake* mushroom

シーツ a sheet [シート]
- ベッドにシーツを敷く
  put *sheets* on the bed (▶英米では上下2枚敷くので複数形にする)

しーっ （静かに）Sh!, Shh! [シ], Hush! [ハッシ]；（追いはらうとき）shoo [シュー]
- しーっ，静かに．図書館ではおしゃべりしないように．
  Shh! Be quiet. No talking in the library.

シーディー a CD (▶ compact *d*isc の略)
CDプレーヤー a *CD* player

シーディーロム a CD-ROM (▶ ROM は read-only *m*emory（読み出し専用メモリー）の略)

シート¹ (座席) a seat [スィート] →せき¹
- チャイルドシート a child (safety) *seat*
  シートベルト a *seat* belt, a safety belt

シート² （おおう物）a cover [カヴァ]；（切手の）a sheet [シート]

シード シードする《競技》seed [スィード]
- 第1シードの選手 a top-*seeded* player
  シード選手 a *seed*, a *seeded* player

ジーパン jeans [ヂーンズ] →ジーンズ

ジープ a jeep [ヂープ]

シーフード seafood [スィーフード]

シール a sticker [スティッカァ], a seal [スィール]
- かおるはノートにシールをはった．
  Kaoru put a *sticker* on the notebook.

シーン （映画・ドラマなどの）a scene [スィーン]；（光景）a sight [サイト]

▶ 感動的なシーン a moving *scene*

しいん¹ 子音 a consonant [カンソナント]（対 母音 vowel）

しいん² 死因 the cause of death

じいん 寺院 a temple [テンプル] →てら

ジーンズ jeans [ヂーンズ]
▶ ジーンズ１本
a pair of *jeans*（▶「２本」なら two pairs of jeans となる）
▶ ジェームズはジーンズをはいている.
James is wearing *jeans*.

シェア シェアする share [シェア]
▶ SNS で写真をシェアするのが好きだ.
I like to *share* my pictures on SNS.

しえい 市営の city [スィティ], municipal [ミュ(ー)ニスィパル]
市営バス a city bus

じえい 自衛 self-defense [セルフディフェンス]
自衛する defend *my*self
自衛隊 the Self-Defense Forces

ジェーリーグ Ｊリーグ〔サッカー〕the J-League（▶ Japan Professional Football *League* の略）

ジェスチャー a gesture [ヂェスチァ]
ジェスチャーをする gesture
▶ 彼は「こっちへ来て」というジェスチャーをした.
He *gestured* to me to come here.

ジェット ジェット機 a jet, a jet plane
ジェットエンジン a jet engine
ジェットコースター a roller coaster（▶ ˣjet coaster とはいわない）

シェパード〔犬〕〔米〕a German shepherd [シェパド],〔英〕an Alsatian [アルセイシャン]（▶単に shepherd というと「羊飼い」のこと）

シェフ a chef [シェフ]

ジェル gel [ヂェル]
▶ 彼はジェルで髪をスタイリングしている.
He styles his hair with *gel*.

シェルター〔避難所〕a shelter [シェルタァ];〔核戦争用の〕a nuclear shelter

しえん 支援する support [サポート]
▶ 復興を支援する
support recovery / *support* reconstruction（▶ reconstruction「リーコンストゥラクション」は「再建」という意味）

しお¹ 塩 salt [ソールト]
塩の, 塩からい salty

▶スピーキング
Ⓐ 塩を取っていただけますか.
Will you pass me the salt, please?
Ⓑ はい. さあどうぞ.
Sure. Here you are.

▶ 塩ひとつまみ
a pinch of *salt*
▶ このスープはいやに塩からい.
This soup is too *salty*.
塩水 salt water

しお² 潮〔干満の〕(a) tide [タイド];〔潮流〕a current [カ～レント]
▶ 引き潮 ebb / ebb *tide* / low *tide*
▶ 満ち潮 flood / flood *tide* / high *tide*
▶ 潮風 a *sea* breeze
▶ 潮が引いた. The *tide* is out.（▶「満ちた」なら out を in にする）
▶ このあたりは潮の流れが速い.
The *current* is strong around here.
潮干狩り
▶ 潮干狩りに行こうよ.
Let's go *clam digging*. / Let's go *clam gathering*.

しおり〔本にはさむ〕a bookmark [ブクマーク];〔案内書〕a guide [ガイド]
▶ 本の間にしおりをはさむ
put a *bookmark* between the pages
▶ 旅行のしおり a travel *guide*

しおれる〔植物が〕wither [ウィザァ]
▶ 暑い日照りで草がしおれた.
The grass *withered* in the hot sun.

シカ 鹿〔動物〕a deer [ディア]（複数 deer）
シカの角 an antler

しか 歯科 dentistry [デンティストゥリィ]→はいしゃ¹
歯科医 a dentist [デンティスト]

-しか

only [オゥンリィ]（▶ only だけで「～しか…ない」と否定の意味を表すので, not はつけない）
▶ 100円しか持っていない.
I have *only* 100 yen.
▶ １度しか京都へ行ったことがない.
I have been to Kyoto *only* once.
▶ 持っているお金はこれしかない.
This is *all* the money I have.

しかい¹

文法 only の位置
only はふつう修飾する語句のすぐ前に置く．

しかい¹ 司会をする（テレビ・催し物などの）host [ホウスト], act as (a) master of ceremonies；(会議の) chair [チェア]
▶ ぼくが学級会の司会をした．
I *chaired* the class meeting.
司会者（テレビなどの）a host；(催し物の) an MC（▶ master of ceremonies の略）；(会議の) a chair, a chairperson →ぎちょう

しかい² 視界 sight [サイト]；(見通し) visibility [ヴィズィビリティ]
▶ 霧で視界が悪い．
Visibility is poor because of the fog.

しがい¹ 市街 city streets [ストゥリーツ]
市街地 (a) downtown, a downtown area, a city area

しがい² 市外 (郊外) a suburb [サバ～ブ]；(郊外全体) the suburbs
市外局番 an area code

しがいせん 紫外線 ultraviolet rays [アルトゥラヴァイオレト レイズ]（▶ ultraviolet は UV と略す）

しかえし 仕返しする get even (with), get back (at), get *my* revenge [リヴェンヂ] (on)
▶ いつかあいつに仕返しをしてやる．
I will *get even with* him someday.

しかく¹ 資格 qualification(s) [クワリフィケイション(ズ)]
資格がある be qualified [クワリファイド]
▶ 母は看護師の資格がある．
My mother *is qualified* as a nurse.
▶ あなたはどんな資格をもっていますか．
What are your *qualifications*?
▶ きみには文句を言う資格(→権利)はないよ．
You have no *right* to complain.

しかく² 四角 (正方形) a square [スクウェア]；(長方形) a rectangle [レクタングル]
▶ 四角い箱 a *square* box

しかく³ 視覚 sight [サイト]

じかく 自覚する be aware [アウェア] (of), be conscious [カンシャス] (of)
▶ ぼくは自分の弱点をよく自覚している．
I'm well *aware of* my weak points.

しかけ 仕掛け (装置) a device [ディヴァイス]；(からくり) a trick [トゥリック]
▶ これには種もしかけもありません．
There is no *trick* to this.

しかし

but [バット], however [ハウエヴァ]
▶ 買い物に行きたかった．しかし行けなかった．
I wanted to go shopping, *but* I couldn't.

じかせい 自家製の homemade [ホウムメイド]
▶ 自家製のクッキー *homemade* cookies

しかた 仕方

(やり方) a way [ウェイ]；(…のやり方) how to ..., the way of -ing

表現力
…のしかた → how to ...

▶ 英語の勉強のしかたがよくわからない．
I don't know *how to* study English very well.
▶ 人によって練習のしかたはさまざまだ．
Different people exercise in different *ways*.

表現力
しかたがない
→ (…してもむだだ)
There's no use -ing. /
It's no use -ing. /
(さけられない) can't help ...

▶ 心配してみたってしかたがない．
There's no use worrying about it.
▶ しかたがない．
I *can't help* it. / It *can't be helped*. / (だれにでも起こることだ) Things happen. / (ほかにはどうしようもない) I have no choice.

-しがち tend [テンド] to ... , be apt [アプト] to ... →-(し)がち

しがつ 四月 →いちがつ, つき¹ (表)

April [エイプリル]（▶ 語頭は必ず大文字；Apr. と略す）
▶ 日本では1学期は4月に始まる．In Japan, the first term begins in *April*.
4月ばかの日 April Fools' Day, April

◀ じかん

Fool's Day (▶ April fool は「4月1日にだまされた人」)

じかに (直接に) directly [ディレクトゥリィ]；(本人自身で) personally [パ～ソナリィ]
▶ 彼にじかに話したほうがいいと思うよ.
I think you should talk to him *personally*.

しがみつく cling [クリング] to
▶ その男の子は母親にしがみついた.
The boy *clung to* his mother.

しかめっつら しかめっ面 a grimace [グリミス, グリメイス]
しかめっ面をする make a face, grimace

しかも (そのうえ) besides [ビサイヅ]；(それなのに) and yet
▶ 彼はスポーツ万能で, しかも頭がいい.
He's good at all kinds of sports. *Besides*, he's smart.
▶ あのレストランはおいしくて, しかも安い.
The food at that restaurant is delicious *and yet* inexpensive.

しかる (口語) tell off；scold [スコウルド]
▶ 母は姉がうそをついたので厳しくしかった.
Mother *scolded* my sister severely for lying.
▶ 今日, 学校でしかられちゃった.
I *was told off* at school today.

しがん 志願する apply [アプライ]
▶ 多くの学生が毎年この学校を志願します.
Many students *apply* to this school every year.
志願者 an applicant [アプリカント]

じかん 時間 →とき

使い分け
(時・時刻) → (a) time
(1時間) → an hour
(学校の時限) → a period

1 (時・時刻) (a) time [タイム]
▶ お昼の時間だ！It's *time* for lunch!
▶ ちょっと時間ある？ Do you have *a minute*? /(くだけて) Got *a minute*?

ライティング
私たちは奈良ではほんとうに楽しい時間を過ごしました.
We had *a* great time in Nara.

▶ 時間があったら行きます.
If I have *time*, I'll come.
▶ 時間がなくなってきた.
Time is running out. / We're running out of *time*.
▶ (試験のときに) 時間です．書くのをやめなさい．
Time is up. Put down your pencils.
▶ 列車は時間どおりに到着した.
The train arrived on *time*.
▶ 彼は終電の時間に間に合った.
He was in *time* to catch the last train.

表現力
…する時間だ
→ It's time (that) ... . /
　 It's time to ... .

▶ もう寝る時間よ.
It's time you went to bed. / *It's time* for you *to* go to bed.
▶ そろそろ出かける時間だ.
It's about time to go.
▶ もう時間がない．急いで．
We don't have much *time* left. Hurry up!

表現力
…する時間がない
→ have no time to ...

▶ 宿題を済ませる時間がなかった．
I *had no time to* finish my homework.
▶ 部活が忙しくて, テレビを見る時間もない．
I'm so busy with club activities that I *have no time to* watch TV.

表現力
…する時間が少しある
→ have some time to ...

▶ お話をする時間が少しありますか．
Do you *have some time to* talk with me?

2 (1時間) an hour [アウア]
▶「毎晩何時間寝てますか」「たいてい8時間寝ます」
"How many *hours* do you sleep every night?" "I usually sleep for eight *hours*."

three hundred and thirty-three 333

じかんわり ▶

> **表現力**
> …するのに〜時間かかる
> → It takes 〜 hours to ... .

▶ 神戸まで車で約2時間かかる．
It takes about two *hours to* drive to Kobe. / It's about a two-*hour* drive to Kobe.

▶ 営業時間
(会社) business *hours* / (店) opening *hours* / store *hours*

3 (学校の時限) a **period** [ピ(ア)リオド]；(授業) (a) **class** [クラス], a lesson [レスン]

▶ 1時間目は国語だ．
We have Japanese in the first *period*.

▶ 今日は何時間授業があるの？
How many *classes* do you have today?

▶ 自習時間
(米) study hall / a study *hour*

じかんわり 時間割 (米) a schedule [スケヂュール], a class schedule, (英) a timetable [タイムテイブル]

▶ これが月曜から金曜までの私の時間割です．
This is my Monday-through-Friday *class schedule*.

しき¹ 式 **1** (儀式しき) a ceremony [セレモウニィ]

▶ 式を行う
hold a *ceremony* / have a *ceremony*

▶ 卒業式は体育館で行われる．
The graduation *ceremony* will be held in the gym.

2 (数学・化学などの) an expression [イクスプレション]；(公式) a formula [フォーミュラ]

▶ 方程式
an equation [イクウェイジョン, -ション]

▶ 化学式
a chemical *formula*

> **スピーキング**
>
> ① 「…時です」というとき
> Ⓐ 今何時ですか？
> What time is it? / (何時かわかりますか) Do you have the time?
> Ⓑ 5時です．
> It's five. / It's five o'clock.
> Ⓒ 7時15分です．
> It's seven fifteen. / (7時15分過ぎ) It's a quarter past seven. (▶ quarterは1時間の4分の1で「15分」のこと)
> Ⓓ 8時半です．
> It's eight thirty. / (8時30分過ぎ) It's half past eight. (▶ halfは1時間の2分の1で「30分」のこと)
> Ⓔ 9時40分です．
> It's nine forty. / (10時20分前) It's twenty to ten.
>
> ② 「…時に」というとき
> Ⓐ 午後の授業は何時に始まるの？
> What time does the afternoon class start?
> Ⓑ 1時20分に始まるよ．
> It starts at one twenty.
>
> ③ 「…時まで (継続)」と「…時までに (期限)」
> Ⓐ 私，あしたは10時までうちにいます．
> I'll be home till ten tomorrow.
> Ⓑ わかりました．9時半までにお電話します．
> Good. Then I'll call you by nine thirty.
>
> ④ 「…時発の」というとき
> Ⓐ いつ神戸に行くんですか？
> When are you leaving for Kobe?
> Ⓑ あすの朝6時発の急行に乗ります．
> I'm taking the 6:00 express tomorrow morning.
>
> ⑤ 「…時間」というとき
> Ⓐ ゆうべは3時間も宿題をやったよ．8時から11時まで．
> I did my homework for three hours last night — from eight till eleven.
> Ⓑ じゃ，終わったんだね．
> Then, you've finished it, haven't you?
> Ⓐ いや，あと2時間はかかりそう．
> No, not yet. It'll take two more hours. / It'll take another two hours.

◀ しく

式のいろいろ
入学式 an entrance ceremony
始業式 an opening ceremony
 (▶英米の学校にはない)
終業式 a closing ceremony
 (▶英米の学校にはない)
卒業式 a graduation ceremony
開会式 an opening ceremony
表彰式 an awards ceremony
成人式 a coming-of-age ceremony, a ceremony for new adults (▶英米にはない)

しき² 四季 four seasons
▶ 日本は四季がはっきりしている. There are *four* distinct *seasons* in Japan.
▶ その庭園は四季を通じて花でいっぱいです. The garden is full of flowers *all the year round*.
▶ 四季の中で春がいちばん好きだ. I like spring the best of the *four seasons*.

しき³ 指揮する (楽団などを) conduct [コンダクト] ; (軍隊などを) command [コマンド]
指揮者 a conductor

-しき …式 way [ウェイ], style [スタイル]
▶ イギリス式の生活 the British *way* of life
▶ 洋式トイレ a Western-*style* toilet

じき¹ 時期 time [タイム] ; (ある特定の) the season [スィーズン]
▶ 今がピクニックにいい時期だ. Now is the *time* for picnics. / Now is the good *season* for picnics.

じき² 磁気 magnetism [マグネティズム]
磁気の magnetic [マグネティク]

じき³ 磁器 china [チャイナ], porcelain [ポーセリン]

じき⁴ (まもなく) soon [スーン] →すぐ, まもなく

しきさい 色彩 a color [カラァ] →いろ
色彩豊かな colorful

しきし 色紙 a *shikishi*, a square paperboard used for calligraphy or autographs

しきち 敷地 (用地) a site [サイト]
▶ ホテル建築用の敷地 the *site* for a hotel

しきゅう¹ 至急 immediately [イミーディエトゥリィ], 《口語》at once, right away, as soon as possible →すぐ

▶ 至急もどりなさい. Come back *right away*. / Come back *at once*.
▶ 至急ご連絡ください. Please reply *immediately*.

しきゅう² 死球 →デッドボール
しきゅう³ 四球 →フォアボール
じきゅう 時給 hourly pay
▶ 時給はいくらですか. What is the *hourly pay*? / How much do you *pay an hour*?

じきゅうじそく 自給自足の self-sufficient [セルフサフィシェント]
▶ 食糧を自給自足している国もある. Some countries are *self-sufficient* in food.

じきゅうそう 持久走 a long-distance run

じきゅうりょく 持久力 stamina [スタミナ]

じぎょう 事業 (a) business [ビズネス], an enterprise [エンタプライズ]
▶ おじは事業に成功した. My uncle succeeded in *business*.

しぎょうしき 始業式 an opening ceremony (▶英米の学校にはない)
▶ 始業式は4月8日に行われる. The *opening ceremony* will be held on April 8.

しきり 仕切り a partition [パーティション]

しきりに (何度も) frequently ; (熱心に) eagerly [イーガリィ]
▶ 薫は弘美にしきりにメールを送った. Kaoru emailed Hiromi *frequently*.
▶ 子どもたちはしきりにパンダを見たがっている. The children *are eager to* see pandas.

しきる 仕切る (分ける) divide [ディヴァイド] ; (取り仕切る) manage [マネヂ]
▶ パーティーは私が1人でしきった. I *managed* the party by myself.

しきん 資金 funds [ファンツ] ; (資本金) (a) capital [キャピトゥル]
▶ 資金を集める raise *funds* / collect *funds*

しく 敷く lay [レイ], spread [スプレッド]
▶ リビングの床に新しいカーペットを敷いた. We *laid* a new carpet on the living room floor.

three hundred and thirty-five 335

しぐさ ▶

- ふとんを敷く
  lay out my *futon* / *lay out* my bedding

しぐさ（身ぶり）a gesture [チェスチァ]

ジグザグ a zigzag [ズィグザグ] →せん²
ジグザグの zigzag
- ジグザグに走る run in a *zigzag*

しくじる（失敗する）fail [フェイル];（まちがいをする）make a mistake [ミステイク]

ジグソーパズル a jigsaw puzzle [ヂグソー パズル]

シグナル a signal [スィグナル]
シグナルを送る signal, send a signal

しくみ 仕組み a mechanism [メカニズム], (a) structure [ストラクチァ]
- コンピューターのしくみ
  the *mechanism* of a computer

シクラメン《植物》a cyclamen [スィクラメン]

しけい 死刑 the death penalty
- …に死刑を宣告する
  sentence ... to death

しげき 刺激する stimulate [スティミュレイト]
刺激的な exciting, sensational
- 彼の講義は生徒たちの好奇心を刺激した.
  His lecture *stimulated* the students' curiosity.

しげみ 茂み a thicket [スィケト], a[the] bush [ブッシ]

しげる 茂る（草木が）grow thick

しけん 試験 →テスト

1 an examination [イグザミネイション],《口語》an exam [イグザム], a test [テスト];（小テスト）《米》a quiz [クウィズ]
- 数学の試験
  a math *exam* / an *exam* in math
- 試験を受ける take an *exam*
- A高校の入学試験を受ける
  take the entrance *exam* for A High School
- 入学試験に合格する
  pass an entrance *exam*
- あした数学の試験があるんだ.
  We have a math *exam* tomorrow.
- 「試験はどうだった？」「うん, 英語以外はまあうまくいったと思うよ」
  "How were the *exams*?" "I think I did pretty well except English."
- (先生が) ここは試験に出ますよ.
  This will be on the *exam*.
- 国語の試験でつまらないミスをした.
  I made a stupid mistake on the Japanese *exam*.
- 英語の試験で90点をとった.
  I got 90 points on the English *exam*. / My score on the English *exam* was 90.
- 中間試験は来週の月曜から始まる.
  Midterm *exams* start on Monday next week.
- きのうは徹夜で期末試験の勉強をした.
  I stayed up all night yesterday studying for my final *exams*.

試験・テストの種類
中間試験 a midterm exam
期末試験 a term exam,
（学年末の）a final exam
追試験 a makeup (exam)
実力テスト a proficiency test,
 an achievement test
模擬試験 a trial exam, a mock exam, a practice exam
入学試験 an entrance exam
筆記試験 a written exam
面接試験 an interview
○×式のテスト a true-false test
ぬき打ちテスト a surprise test,
 a pop quiz

試験科目 exam subjects
試験監督官《米》a proctor,《英》an invigilator
試験期間 the exam period
試験場 an exam room
試験日 an exam day
試験問題 an exam question

2（実験）an experiment [イクスペリメント], a test
試験管 a test tube

しげん 資源 resources [リーソースィズ]
- 地下資源 underground *resources*
- その国は天然資源が豊かだ.
  That country is rich in natural *resources*.

じけん 事件（重要な）an event [イヴェント];（小さな）an incident [インスィデント];（法的

◀ しさつ

な) a case [ケイス]
▶ 殺人事件 a murder *case*

じげん[1] 時限 a time limit；(授業時間) a period [ピ(ア)リアド], a class [クラス]
▶ 月曜から金曜までは1日に6時限あります．
We have six *classes* each day, Monday to Friday.
時限爆弾 a time bomb

じげん[2] 次元 (数学の) a dimension [ディメンション]；(レベル) a level [レヴェル]
▶ 二次元 two *dimensions*

じこ[1] 事故

an **accident** [アクスィデント]
▶ 交通事故 a traffic *accident*
▶ このふみきりではよく事故が起こる．
Accidents often happen at this railroad crossing.
▶ 健は帰宅途中で自動車事故にあった．
Ken had a car *accident* on his way home.
▶ 事故を起こす cause an *accident*

じこ[2] 自己 self [セルフ] (複数 selves), *my*self [マイセルフ] →じぶん (表)
▶ 自己を知ることは難しい．
It is difficult to know *yourself*．(▶ この yourself は人間一般を表す)
▶ 私のピアノは自己流です．
I play the piano in *my own* way.
自己紹介 self-introduction
▶ 自己紹介させてください．山田太郎といいます．
Let me *introduce myself*. I'm Yamada Taro.
自己中心的な selfish, self-centered

しこう 思考 thought [ソート], thinking [スィンキング] →かんがえ

じごうじとく 自業自得
▶ そりゃ，自業自得だよ！
You asked for it! / That serves you right! (▶ That は It でもよい)

しこく 四国 (地方) the Shikoku district, the Shikoku area

しごく
▶ コーチは彼をしごいた (→厳しくきたえた)．
The coach *gave* him *a good workout*. / The coach *worked* him *hard*.

じこく 時刻 time [タイム] →じかん

時刻表 a time schedule,《おもに英》a timetable

じごく 地獄 hell [ヘル] (対 天国 heaven)

しごと 仕事

work [ワ〜ク]；(職) a job [ヂャブ]；(商売) business [ビズネス]；(家事) housework [ハウスワ〜ク]；(果たすべき) task [タスク]
仕事をする work, do *my* job, do *my* work
▶ 姉は仕事を探している．
My older sister is looking for a *job*.

🎤 プレゼン
私は将来，映画関係の仕事がしたいです．
I want to work in a movie-related field in the future.

▶ 兄は出版社に仕事が決まった．
My brother got a *job* with a publishing company.
▶ 彼女は先月仕事をやめた．
She quit her *job* last month.

🎤 スピーキング
Ⓐ お父さんのお仕事は？
What does your father do?
Ⓑ 商社に勤めています．
He works for a trading company.
(▶「どこにお勤めですか」と聞くときは Who does your father work for? などという)

▶ 何時から仕事を始めるのですか．
What time do you start *work*?
▶ 今日は仕事がたくさんある．
I have a lot of *work* to do today.
▶ 犬の世話はぼくの仕事です．
It's my *task* to take care of our dog. / Taking care of our dog is my *task*.

じさ 時差 (a) time difference
▶「東京・シドニー間の時差はどれくらいですか」「1時間あります」
"What's the *time difference* between Tokyo and Sydney?" "There is a one-hour *difference*."
時差ぼけ jet lag
▶ 時差ぼけに悩む suffer from *jet lag*

しさつ 視察 (an) inspection [インスペクション]
視察する inspect

じさつ ▶

じさつ 自殺 (a) suicide [スーイサイド]
自殺する kill *myself*, commit suicide

じさん 持参する (持ってくる) bring [ブリング]《with》;(持っていく) take [テイク]《with》

▶ 弁当は各自持参のこと.
Each student should *bring* their lunch.

しじ[1] 支持 support [サポート]
支持する support, back up

▶ 私はあなたの計画を支持します.
I'll *support* your plan.
支持者 a supporter

しじ[2] 指示 directions [ディレクションズ], instructions [インストゥラクションズ]
指示する direct [ディレクト, ダイ-];indicate [インディケイト];instruct [インストゥラクト]

▶ 指示を与える give *directions*
▶ みんな先生の指示に従った.
We all followed the teacher's *directions*.

じじ 時事的な current [カ～レント]
時事英語 English for current topics, media English, news English
時事問題 current topics

ししざ しし座 the Lion [ライオン], Leo [リーオウ] →せいざ (表)

じじつ 事実

(a) fact [ファクト];(真実) the truth [トゥルース]
事実の true [トゥルー]

▶ 事実に基づいた話
a story based on *fact*
▶ それは事実に反する.
It is contrary to the *facts*.
▶ それが事実だよ. That's a *fact*.
▶ 事実は小説よりも奇なり. 《ことわざ》
Fact is stranger than fiction.

💬 表現力
…というのは事実だ
→ It is true that … . /
　It is a fact that … .

▶ 小野先生が学校をやめるというのは事実ですか.
Is it true that Mr. Ono will leave school?

ししゃ[1] 死者 (1人) a dead person;(全体) the dead [デッド]

▶ その事故で多くの死者が出た.
A lot of *people were killed* in the accident.

ししゃ[2] 支社 a branch [ブランチ], a branch office (対 本社 head office)

ししゃ[3] 使者 a messenger [メセンヂァ]

ししゃかい 試写会 a preview [プリーヴュー]

じしゃく 磁石 a magnet [マグネト];(羅針盤ばん) a compass [カンパス]

ししゃごにゅう 四捨五入する round [ラウンド]《off》

▶ 4.8を四捨五入すると5になる.
4.8 can *be rounded off* to 5.

じしゅ 自主的な independent [インディペンデント];(自発的な) voluntary [ヴァランテリィ]
自主的に independently;voluntarily

▶ 彼は自主的にマラソン大会に参加しました.
He took part in the marathon *voluntarily*.
自主トレ voluntary training, independent training

ししゅう[1] 詩集 collected poems
ししゅう[2] 刺しゅう embroidery [エンブロイダリィ]
ししゅうをする embroider [エンブロイダァ]

▶ タオルに鳥を刺しゅうする
embroider a towel with a bird

しじゅう 四十(の) forty [フォーティ] →よんじゅう

じしゅう 自習する study … on *my* own, do … on *my* own, 《米》 have study hall

▶ 先生がお休みだったので,私たちは自習した.
Our teacher was absent, so we *studied on our own*.
自習時間 《米》 study hall, a study hour

しじゅうそう 四重奏 《音楽》a quartet [クウォーテット]

◀ しずか

じしゅく 自粛する refrain (from)
▶ 私たちは外出を自粛した．
We *refrained from* going out.

ししゅつ 支出 (an) outgo [アウトゥゴウ], expenses [イクスペンスィズ], spending [スペンディング]（反 収入 income)
支出する spend, pay

ししゅんき 思春期 adolescence [アドゥレスンス]

ししょ 司書 a librarian [ライブレ(ア)リアン]

じしょ 辞書

a dictionary [ディクショネリィ]
▶ 英和辞書
an English-Japanese *dictionary*
▶ 和英辞書
a Japanese-English *dictionary*
▶ 辞書を引く
consult a *dictionary* / check a *dictionary*
▶ この単語を辞書で調べてごらんなさい．
Look up this word in your *dictionary*.

じじょ 次女 the second daughter [ドータァ]

しじょう 市場 a market [マーケト]
▶ 国内市場
a home *market* / a domestic *market*
▶ 海外市場 an overseas *market*

じじょう 事情 (状況(じょうきょう)) circumstances [サ〜カムスタンスィズ], a situation [スィチュエイション]；(理由) (a) reason [リーズン]
▶ 谷くんは家の事情で学校をやめた．
Tani left school for family *reasons*.

ししょうしゃ 死傷者 casualties [キャジュアルティズ]
▶ 幸い死傷者はいなかった．
Fortunately there were no *casualties*.

じしょく 辞職する resign [リザイン], 《口語》 quit [クウィット]
▶ 大臣は辞職した．
The minister *resigned* from his job.

しじん 詩人 a poet [ポウエト]

じしん¹ 地震

an earthquake [ア〜スクウェイク]
▶ 日本は地震が多い．
We often have *earthquakes* in Japan.
▶ 昨夜強い地震があった．
There was a strong *earthquake* last night. / We had a strong *earthquake* last night.
▶ 地震だ！ 机の下にかくれろ！
Earthquake! Get under your desk!

じしん² 自信

confidence [カンフィデンス], self-confidence [セルフカンフィデンス]
自信のある confident
▶ ぼくは数学にあまり自信がない．
I don't have much *confidence* in my math ability.
▶ 今度の試合に勝つ自信がある．
We're *sure* to win the next game. / We're *confident* of winning the next game.
▶ もっと自信をもちなさい．
Have more *confidence* in yourself.
▶ 自分に自信をなくしちゃだめ．
Don't lose *confidence* in yourself.
▶ 自信がついたよ．
I've gained *confidence* in myself.
▶ 彼は自信満々だった．
He was full of *confidence*.

じしん³ 自身 myself [マイセルフ] →じぶん(表)
自身の own
▶ 自分自身でやりなさい．
Do it *yourself*.
▶ それはきみ自身の問題だよ．
That's your *own* problem.

しずか 静かな

quiet [クワイエト]；silent [サイレント]（反 さわがしい noisy)；(おだやかな) calm [カーム]

quiet

noisy

▶ 静かな夜
a *quiet* night / a *silent* night
▶ 静かな湖

しずく ▶

  a *calm* lake
▶ 静かな口調で
  in a *soft* voice / in a *gentle* voice
▶ 物静かな人 a *quiet* person
  静かに quietly, silently;calmly
▶ 静かにしなさい！
  Be *quiet*! / Be *silent*! / *Silence!*
▶ 赤ちゃんは静かに眠っている.
  The baby is sleeping *peacefully*.

しずく a drop [ドゥラップ]
▶ 雨の1しずく
  a *drop* of rain / a rain*drop*

しずけさ 静けさ silence [サイレンス];
  quiet [クワイエト], calm [カーム]
▶ 嵐の前の静けさ
  the *calm* before the storm

システム a system [スィステム]
  システムエンジニア a systems engineer

しずまる 静まる become quiet；calm
  [カーム] down, die down
▶ ようやく嵐が静まった.
  The storm *has* finally *calmed down*.

しずむ 沈む

1 (没する) sink [スィンク] (反) うかぶ float);
  (太陽が) set
▶ 船はゆっくり海に沈んでいった.
  The ship *sank* slowly in the sea.
▶ 日が西に沈もうとしている.
  The sun *is setting* in the west.
2 (気分が) be in low spirits, feel
  depressed [ディプレスト]
▶ 由紀は物思いに沈んでいる.
  Yuki *is lost in* thought.

しずめる¹ 沈める (物を)sink [スィンク]
しずめる² 静める (気分を) calm down

しせい 姿勢 (a) posture[パスチャ]；(態度)
  an attitude [アティテュード]
▶ きみは姿勢がよい.
  Your *posture* is good. / You have
  good *posture*. (▶「悪い」なら good を
  poor にする)
▶ 姿勢をよくしなさい.
  (立っているとき) Stand up *straight*. /
  (すわっているとき) Sit up *straight*.

じせい 自制 self-control [セルフコントゥロウル]

しせき 史跡 a historic site, a historic
  spot

しせつ 施設 an institution [インスティテューション]；(設備) facilities [ファスィリティズ]；(児童・高齢者などの) a home [ホウム]
▶ 公共施設 a public *institution*
▶ 高齢者介護施設
  a nursing *home*

しせん 視線 my eyes [アイズ]
▶ 彼女と視線が合った.
  My eyes met with hers.
▶ 彼は私から視線をそらした.
  He turned *his eyes* from me.

しぜん 自然

1 nature [ネイチァ]
  自然の natural [ナチ(ュ)ラル]
▶ 母なる自然 Mother *Nature*
▶ 私たちの町は美しい自然に囲まれている.
  Our town is surrounded by the
  beauties of *nature*. / Our town is
  surrounded by beautiful *scenery*.
2 (当然・ありのまま)
  自然な，自然の natural
▶ 彼女の日本語は自然だ.
  Her Japanese is *natural*. / She
  speaks Japanese *naturally*.

> **表現力**
> …するのは自然だ
> → It is natural to ... . /
>   It is natural that ～ (should)
>   ... .

▶ そう感じるのはごく自然なことだ.
  It's only *natural to* feel that way.
▶ 子どもが親のまねをするのはごく自然だ.
  It's quite *natural that* children
  (*should*) imitate their parents. / *It's*
  quite *natural for* children *to* imitate
  their parents.
  自然に naturally；(ひとりでに) by itself,
  of itself
▶ ドアが自然に開いた.
  The door opened *by itself*.
  自然科学 natural science
  自然食品 natural foods；(有機の)
  organic foods
  自然破壊 environmental destruction,
  the destruction of nature
  自然保護 *nature* conservation

じぜん 慈善 charity [チャリティ]

慈善コンサート a charity concert
慈善事業 charitable work, charities
慈善団体 a charitable organization

しそう 思想 thought [ソート]
▶ 思想の自由
freedom of *thought*
思想家 a thinker

-しそう be likely to ... →-そう

-しそうもない be unlikely to ... →-そう

じそく 時速 speed per hour
▶ この車は時速50キロで走っている.
This car is going at a *speed* of 50 kilometers *per hour*. (▶ kilometers per hour は kph と略す)

じぞく 持続する last [ラスト], continue [コンティニュー]
▶ 持続可能な社会 sustainable society
(▶ sustainable [サステイナブル] は「持続できる」という意味)

-しそこなう fail [フェイル] to ... →-(し)そこなう

しそん 子孫 a descendant [ディセンダント]
(対 先祖 ancestor)

じそんしん 自尊心 pride [プライド], self-respect [セルフリスペクト]
自尊心のある proud [プラウド]
▶ ぼくは自尊心を傷つけられた.
My *pride* was hurt.

した¹ 舌 a tongue [タング]
▶ 舌の先 the tip of my *tongue*
▶ その男の子は舌を突き出した.
The boy stuck his *tongue* out. (▶ 相手を軽べつするしぐさ)

📖 日本語NAVI
舌が回る ☞ よくしゃべる →しゃべる
舌を出す ☞ ①かげでばかにする ②失敗したきまり悪さをまぎらす
→①ばか(にする) ②きまり²
舌を巻く ☞ 非常に驚いて感心する
→おどろく, かんしん¹

した² 下

使い分け
下に,真下に → under
はなれて下に → below
(動きを伴い)下の方へ → down

under

below

down

1 (下に, 真下に) **under** [アンダァ] (反 上に over); (はなれて下に) **below** [ビロウ] (反 上方に above); (下の方へ) **down** [ダウン] (反 上の方へ up)
▶ 下へ降りる go *down* / come *down*
▶ このエレベーターは下へ行きますか.
Is this elevator going *down*?
▶ 太陽が地平線の下に沈んでいく.
The sun is sinking *below* the horizon.
▶ リサは木の下にすわっている.
Lisa is sitting *under* the tree.

2 (下部) the **bottom** [バトム] (反 上部 top)
▶ 地図ではたいてい南が下になる.
Maps usually have south at *the bottom*.
▶ いちばん下の引き出し
the *bottom* drawer

3 (年下の) **younger** [ヤンガァ] (反 年上の older)
▶ 弟は私より2つ下です.
My brother is two years *younger* than I am.

4 (下位の) **lower** [ロウァ] (反 上位の upper)
▶ ぼくの成績はきみより下だった.
My grades were *lower* than yours.

ⓘ参考「下」の反意語
under ↔ over / below ↔ above / down ↔ up / bottom ↔ top / younger ↔ older / lower ↔ upper

-した (▶ ふつう動詞の過去形で表す)
→-(し)た

したい ▶

したい 死体 a body, a dead body
-したい want to … , would like to …
→-たい¹
-しだい 1 (…するとすぐ) as soon as
▶ 東京に着きしだい電話します.
I'll call you *as soon as* I arrive in Tokyo.
2 (…による) depend [ディペンド] on
▶ 勝つかどうかはきみの努力しだいだ.
Victory *depends on* your efforts.
じたい¹ 事態 a situation [スィチュエイション]
▶ 手のつけようのない事態だった.
The *situation* was out of control.
じたい² 辞退する decline [ディクライン]

じだい 時代

1 (時期) a period [ピ(ア)リオド], an era [イ(ア)ラ, エラ], an age [エイジ] ; (人生の一時期) days [デイズ]
▶ 江戸時代
the Edo *period* / the Edo *era*
▶ 石器時代 the Stone *Age*
▶ インターネット時代
the internet *age*
▶ 私の中学時代に
in junior high / in my junior high *days* / when I was a junior high school student
▶ 父は高校時代柔道をしていた.
My father practiced judo in high school.
2 (時の流れ) (the) times [タイムズ]
時代遅れの out-of-date, behind the times
▶ 時代の移り変わり
the change of *the times*
▶ 時代に遅れないようにしないとね.
We have to keep up with *the times*.
▶ こんな音楽，もう時代遅れだよ.
This kind of music is *out of date*.

> 💬表現力
> 今は…の時代だ
> → This is a time when … . /
> Ours is a time when … .

▶ 今はみんなが簡単に海外旅行に行ける時代だ.
This is a time when everybody can easily go overseas.

時代劇 a *samurai* drama
しだいに 次第に gradually [グラデュアリィ]
したう 慕う respect very much, adore [アドー(ァ)]
▶ 早川先生は生徒からしたわれている.
Mr. Hayakawa *is respected very much* by his students.

したがう 従う

1 (人・命令などに) obey [オベイ] ; (助言などに) follow [ファロウ], take [テイク]
▶ 校則には従いなさい.
You must *obey* the school rules.
▶ お医者さんの言うことに従わないとだめだよ.
You'd better *follow* your doctor's advice.
2 (あとについていく) follow
▶ ガイドに従って美術館を見学した.
Following our guide, we visited the museum.
したがき 下書き (原稿などの) a draft [ドゥラフト], a rough draft ; (下絵) a sketch [スケッチ], a rough sketch
したがって 従って **1** (それゆえ) therefore [ゼアフォー(ァ)] ; (だから) so [ソウ]
▶ 私たちはみんなあなたの計画に反対です. したがって，あなたを支持することはできません.
We are all against your plan. *Therefore* we can't support you.
2 (…につれて) as [アズ]
▶ 人は年をとるにしたがって記憶がおとろえていく.
As you get older, your memory fades.
3 (…どおりに) according [アコーディング] to, just as … tell
▶ 医師の指示に従ってこの薬を飲んでください.
Take this medicine *according to* your doctor's instructions.
-したがる want to … →-(し)たがる
したぎ 下着 underwear [アンダウェア]

したく 仕度 →じゅんび，ようい¹

preparation(s) [プレパレイション(ズ)]
したくする get ready [レディ] (for), prepare [プリペア] (for)

▶ 朝ごはんのしたくできたよ.
Breakfast *is ready*. / It's time to eat breakfast.
▶ さあさあ, したくしなさい！
Come on, *get ready*!

💬表現力
…のしたくをする
→ get ready for ... /
prepare for ...

▶ もう8時だよ. 早く学校のしたくをしなさい.
It's already eight. *Get ready for* school quickly.
▶ 旅行のしたくをする
make preparations for a trip / *prepare for* a trip

💬表現力
…のしたくができている
→ be ready for ... /
be ready to ...

▶「出かけるしたくはできた？」「まだだよ. もう少し待ってくれない？」
"*Are* you *ready to* go?" "Not yet. Can you wait for a few more minutes?"

じたく 自宅 *my* house, *my* home
-したくてたまらない be dying [ダイイング] to ... →たまらない
▶ そのコンサートに行きたくてたまらないんだ.
I'*m dying to* go to the concert.
-したことがある have + 過去分詞→ある, -こと

したしい 親しい

(密接な) close [クロウス]; (仲のよい) friendly [フレンドゥリィ]
▶ 親しい友人
a *close* friend / a *good* friend
▶ 真央とは小学校のころとても親しかった.
Mao and I were very *close* in elementary school.

💬表現力
…と親しくなる
→ make friends with ... /
become friendly with ...

▶ ぼくはジョーと親しくなった.
I *made friends with* Joe. / I *became friendly with* Joe.
したじき 下敷き a plastic sheet (for writing) (▶英米にはノートなどに書くときに使う「下じき」はない)
下敷きになる be buried 《under》
したしみ 親しみ
▶ なぜか私は美帆に親しみを感じない.
Somehow I don't *feel close to* Miho.
▶ 健は親しみやすい. Ken is *friendly*.
したしむ 親しむ →したしい
▶ もっと読書に親しむようにしなさい.
You should *get* more *familiar with* reading.
▶ この本は世界じゅうの人たちに親しまれている.
This book *is familiar to* people all over the world.
したたる drip [ドゥリップ]
-したところだ have + 過去分詞→-ところ
じたばたする (あわてる) panic [パニック], get panicky [パニッキィ]; (おおげさにさわぐ) make a fuss [ファス]
▶ じたばたするな.
(あわてるな) Don't *panic*. / (落ち着け) Calm down.
▶ 今さらじたばたしてもむだだよ.
There's no use *panicking* now.
-したほうがよい should [シュッド] →ほう¹
したまち 下町 the old part (of), the old town
-したら¹ if [イフ], when [(フ)ウェン] →-(し)たら
-したら² How about ...?, What about ...?
▶ もっと運動したら？
How about getting more exercise?

しち 七(の) →なな, かず(表)

seven [セヴン]
第7(の) the seventh (▶7thと略す)
▶ 7匹の子やぎ *seven* kids

しちがつ 七月 →いちがつ, つき¹(表)

July [ヂュライ] (▶語頭は必ず大文字; Jul. と略す)
▶ 7月に in *July*

three hundred and forty-three 343

しちごさん ▶

▶ 7月4日はアメリカの独立記念日だ.
July 4 is Independence Day in the United States.

しちごさん 七五三 *Shichi-go-san*（▶説明的にいうと, the celebration for boys aged three and five, and girls aged three and seven）

しちじゅう 七十(の) →かず(表)

seventy [セヴンティ]
第70(の) the seventieth（▶70thと略す）
▶ 祖母は70歳です.
My grandmother is *seventy* years old.
71 seventy-one

じちたい 自治体
▶ 地方自治体 a local *government*

シチメンチョウ 七面鳥〔鳥〕a turkey [タ~キィ]；(肉) turkey →とり(図)

しちゃく 試着する try on
▶ このコート, 試着していいですか.
Can I *try* this coat *on*?
試着室 a fitting room

シチュー (a) stew [ステュー]
▶ ビーフシチュー beef *stew*

しちょう 市長 a mayor [メイァ]
▶ 京都市長 the *Mayor* of Kyoto

しちょうかく 視聴覚の audio-visual [オーディオウヴィジュアル]
視聴覚教材 audio-visual material(s), audio-visual aids
視聴覚教室 an audio-visual room, an AV room

しちょうしゃ 視聴者（テレビの）a viewer [ヴューァ]；(視聴者全体) an audience [オーディエンス]

しちょうりつ 視聴率 a rating [レイティング]（▶ふつう複数形で使われる）
▶ この番組は視聴率が高い.
This program has high *ratings*.

しつ¹ 質 quality [クワリティ]（対 量 quantity）
▶ 質のよいウール good *quality* wool
▶ 量より質.
Quality is more important than quantity.

しつ² 室 a room [ル(ー)ム]
▶ こちらは310号室です.
This is *Room* 310.

しっ Sh!, Shh! [シ], Hush! [ハッシ] → しーっ

じつ 実の

true [トゥルー], real [リー(ァ)ル, リアル]
実に truly [トゥルーリィ], really [リー(ァ)リィ]
▶ あの人が彼女の実の父親だ.
He's her *real* father.

> 🟠表現力
> 実は…なんだ
> → In fact, … . /
>   As a matter of fact, … . /
>   To tell the truth, … . /
>   The fact is that … .

▶ 実はまだその雑誌を読んでないんだよ.
In fact, I haven't read that magazine yet.
▶ 「プールへ行こうよ」「実を言うと, あまり泳げないんだ」
"Let's go to the swimming pool." "*To tell the truth*, I can't swim very well."

しっかく 失格する be disqualified [ディスクワリファイド]（from）

しっかり

（けんめいに）hard [ハード]；(かたく) tight [タイト], tightly, firm [ファ~ム], firmly
▶ しっかり勉強しなさい.
Study *hard*. / Work *hard*.
▶ 私にしっかりつかまりなさい.
Hold on to me *tightly*.
▶ その少年はコインをしっかりにぎりしめた.
The boy grasped the coin *firmly*.
▶ しっかりしろ.
Cheer up! / Pull yourself together! / Come on! / Don't give up! / Keep it up!
▶ 今井さんはしっかりした（→信頼できる）青年です.
Mr. Imai is a *reliable* young man.

しっき 漆器 lacquerware [ラカァウェア]
じつぎ 実技 practical skills
実技試験 a practical skills test
しつぎょう 失業 unemployment [アニンプロイメント]
▶ 彼は失業中だ. He is *out of work*.

◀ しつど

失業する lose *my* job
失業者 an unemployed person ; (全体) the unemployed
失業率 an unemployment rate

じっきょうほうそう 実況放送 a live [ライヴ] broadcast ; (スポーツの) a play-by-play broadcast

じっくり
▶ 私はその新しい計画をじっくり考えてみた.
I thought *over* the new plan.
▶ 教科書をもっとじっくり読みなさい.
You should read your textbook more *carefully*.

しつけ discipline [ディスィプリン] ; (行儀作法) manners [マナァズ]
しつける train, teach manners
▶ うちの両親はしつけには厳しい.
My parents are strict about *manners*.
▶ その男の子はしつけがよい.
The boy has good *manners*.

しつけ 湿気 (じめじめした) humidity [ヒュ(ー)ミディティ] ; (不快な) damp [ダンプ], dampness ; (適度の) moisture [モイスチァ]
湿気のある humid [ヒューミド] ; damp ; moist [モイスト]

じっけん 実験 an experiment [イクスペリメント], a test [テスト]
実験する do an experiment
▶ 理科の実験 a scientific *experiment*
▶ 今日理科で実験をした.
We *did an experiment* in science class today.
▶ 実験は成功した.
The *experiment* was successful.
▶ 核実験 a nuclear *test*
実験室 a laboratory [ラボラトーリィ]

じつげん 実現させる realize [リ(ー)アライズ] ; (ほんとうになる) come true
▶ 夢を実現させる
make my dream *come true* / *realize* my dream
▶ ついに私の夢が実現した.
At last my dream *has come true*.

しつこい persistent [パスィステント] ; (料理などが) heavy [ヘヴィ]
▶ しつこい人
a *persistent* person

じっこう 実行 practice [プラクティス]
実行する carry out
▶ 命令を実行する
carry out an order
▶ それはすぐに実行に移そう.
Let's *put* it *into practice* at once.
実行委員会 an executive committee

じっさい 実際の true [トゥルー], real [リー(ア)ル, リアル]
実際に really, actually
▶ これは実際に起こった話です. つくり話ではありません.
This is a *true* story, not fiction.
▶ 辻先生は実際よりも若く見える.
Ms. Tsuji looks younger than she *really* is.

じっざい 実在の real [リー(ア)ル, リアル]
▶ 実在の人物 a *real* person
実在する exist [イグズィスト]

じっし 実施する carry out, put into effect
▶ その法律は来年 4 月から実施される.
The law will *take effect* next April.

じっしゅう 実習 practical training
実習する have practical training
▶ 教育実習 *practice* teaching

しっしん 失神 a faint [フェイント]
失神する faint
▶ 可奈は血を見て失神した.
Kana *fainted* at the sight of blood.

しっそ 質素な simple [スィンプル], plain [プレイン], modest [マデスト]
▶ 祖父は質素な生活をしていた.
My grandfather lived a *simple* life.
▶ 彼は質素な身なりをしていた.
He was *plainly* dressed.

しったかぶり 知ったかぶり
▶ 彼は何でも知ったかぶりをする.
He *pretends to know* everything. / He is a *know-it-all*.

-しつづける keep on -ing →つづける
しっている 知っている →しる¹
しっと jealousy [ヂェラスィ]
しっとする envy [エンヴィ], be jealous [ヂェラス]
しっと深い jealous
▶ 私は彼の才能にしっとしていた.
I *was jealous* of his talent.

しつど 湿度 humidity [ヒュ(ー)ミディティ]

three hundred and forty-five 345

じっと ▶

▶ 今日は湿度が高い.
The *humidity* is high today.

じっと (動かずに) still [スティル]；(しんぼう強く) patiently [ペイシェントゥリィ]

▶ じっとしていなさい.
Keep *still*.

▶ 私は痛いのをじっとがまんしなければならなかった.
I had to bear the pain *patiently*.

▶ 少女は少年をじっと見つめた.
The girl *stared at* the boy.

しっとり しっとりした moist [モイスト]

▶ このクッキーはしっとりしておいしい.
This cookie is *moist* and tasty.

しつない 室内の indoor [インドー(ァ)]（反 屋外の outdoor）
室内で indoors

▶ ぼくは室内のスポーツより屋外スポーツが好きだ.
I like outdoor sports better than *indoor* sports.

室内プール an indoor swimming pool

ジッパー a zipper [ズィパァ]

しっぱい 失敗

(a) failure [フェイリャ]（反 成功 success）
失敗する fail（反 成功する succeed）

▶ その計画は失敗した.
The plan *failed*. / The plan ended in *failure*.

▶ 失敗は成功のもと.（ことわざ）
Failure teaches success.

┌─ 表現力 ─────────────┐
…に失敗する
 → **fail in ...** /（試験に）**fail ...**
└─────────────────────┘

▶ 彼女は事業に失敗した.
She *failed in* business.

▶ 兄は高校入試に失敗した.
My brother *failed* the high school entrance exam.

じつぶつ 実物（人）the real person；（物）the real thing

▶ この肖像画は実物そっくりだ.
This portrait looks just like *the real person*.

▶ 実物大の写真
a *life-size* photo

しっぽ a tail [テイル] →お

┌─ 日本語NAVI ─────────────┐
しっぽを出す ごまかしがばれる
 →ばれる
しっぽをつかむ ごまかしやかくし事の証拠を見つける
 →みつける，しょうこ
しっぽを巻く かなわないと思って負けを認める
 →こうさん¹
└─────────────────────┘

しつぼう 失望する be disappointed [ディサポインティド]《at, in, with》→がっかり
失望させる disappoint

▶ その知らせを聞いて失望した.
I *was disappointed at* the news.

しつめい 失明する go blind [ブラインド], become blind, lose *my* sight [サイト]

しつもん 質問

a question [クウェスチョン]（反 答え answer）
質問する ask [アスク], ask a question

▶ 質問があります. I have a *question*.

▶ 何か質問はありますか.
Do you have any *questions*? / Are there any *questions*? / Any *questions*?

▶ 彼は私の質問に答えてくれた.
He answered my *question*.

┌─ 表現力 ─────────────┐
（人）に…を質問する → **ask ＋人 ...**
└─────────────────────┘

▶ 両親は私にいろいろ質問した.
My parents *asked* me a lot of questions.

┌─ スピーキング ─────────────┐
Ⓐ 質問してもよろしいですか.
 May I ask you some questions?
Ⓑ ええ，どうぞ.
 Sure. Go ahead.
└─────────────────────┘

じつよう 実用的な practical [プラクティカル]

▶ …を実用化する put ... to *practical* use

▶ この発明品は実用的な価値はあまりない.
This invention has little *practical* use.

じつりょく 実力 ability [アビリティ], real ability, capability [ケイパビリティ]
実力のある good [グッド]；（能力がある）capable [ケイパブル]；competent [カンペテ

◀ -してもいいですか, -してもよいですか

ント]; able [エイブル]
▶ 謙二くんは英語の実力がある.
Kenji has *real ability* in English. / Kenji has a *good command* of English. (▶あとの文は「英語が自由に使える」という意味)
▶ 私は試験で実力を発揮した.
I showed my *real ability* in the exam.
実力テスト a proficiency test, an achievement test

しつれい 失礼

1 (過失の謝罪に) **I'm sorry.** [サリィ]; (軽いわびや人にたずねるとき) **Excuse me.** [イクスキューズ ミィ] →ごめん

🗨️スピーキング
Ⓐ どうも失礼しました.
I'm sorry.
Ⓑ いえ，いいんですよ.
That's all right.

▶ 失礼ですが，今何とおっしゃいましたか.
I beg your pardon? (▶最後を上げ調子で言う)

🗨️スピーキング
Ⓐ ちょっと失礼.
Excuse me.
Ⓑ どうぞ.
Sure. / OK.

💬表現力
失礼ですが…
→ Excuse me, but ... .

▶ 失礼ですが,お名前をうかがいたいのですが.
Excuse me, but may I have your name?
▶ (電話で) 失礼ですが，どちらさまですか.
May I ask who's calling?
2 (別れのあいさつ)
▶ そろそろ失礼します.
I must *be going* now.
失礼な rude [ルード], impolite [インポライト]
▶ 口いっぱいに食べ物を入れたままで話すのは失礼です.
It's *rude* to talk with your mouth full.

じつれい 実例 an example [イグザンプル]

→れい²
しつれん 失恋
▶ ケンはまた失恋した.
Ken *is broken-hearted* again.
してい 指定する（日時・場所などを）appoint [アポイント]
▶ 場所を指定する *appoint* the place
▶ 指定の時間 the *appointed* time
指定席 a reserved seat
-していい →いい
-していいですか →いい
-していた was -ing, were -ing →-(して)いる
▶ そのときぼくはテレビを見ていた.
I *was watching* TV then.
-している am -ing, are -ing, is -ing →-(して)いる
-しておく →おく¹
してき¹ 指摘する point out
▶ この文の誤りを指摘しなさい. *Point out* the mistakes in this sentence.
してき² 私的な private [プライヴェト], personal [パ～ソナル]
▶ 私的な事がら *personal* matters
-してください →ください
-してくれませんか →くれる¹
-してしまう →しまう
-してしまった →しまう
してつ 私鉄《米》a private railroad, 《英》a private railway
-(に)しては for [フォー(ァ)]
▶ 今日は4月にしては寒すぎる.
It's too cold *for* April today.
-してはいけない →いけない
-してはどうですか →-(し)ませんか
-してほしい →ほしい
-してみませんか →-(し)ませんか
-してみる try [トゥライ] ... →みる
-(に)しても (たとえ…としても) even [イーヴン] if (→たとえ(…でも)); (どんなに…でも) however [ハウエヴァ] ... →どんなに
▶ 行くにしても私はあまり長くはいられません. *Even if* I go, I can't stay very long.
▶ どんなに忙しくても約束は守るよ.
However busy I am, I will keep my promise.
-してもいい,-してもよい → いい, よい¹
-してもいいですか,-してもよい

あ か し た な は ま や ら わ

three hundred and forty-seven 347

-してもらいたい ▶

ですか →いい, よい¹
-してもらいたい →-たい¹
-してもらう →もらう
してん 支店（会社の）a branch, a branch office（対 本店 head office, headquarters）;（店の）a branch, a branch store（対 本店 main store）
支店長 a branch manager
しでん 市電（米）a streetcar [ストゥリートゥカー],（英）a tram [トゥラム]
じてん¹ 事典（百科事典）an encyclopedia [エンサイクロピーディア]
じてん² 辞典 a dictionary [ディクショネリィ] →じしょ
▶ 英和辞典
an English-Japanese *dictionary*
▶ 和英辞典
a Japanese-English *dictionary*
じでん 自伝 an autobiography [オートバイアグラフィ]

じてんしゃ 自転車

a **bicycle** [バイスィクル],（口語）a **bike** [バイク]
▶ 自転車に乗る ride a *bike*
▶ ぼくは自転車通学している.
I go to school by *bike*.
▶ 弟の自転車で買い物に行った.
I went shopping on my brother's *bike*.

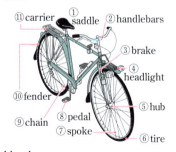

bicycle
① [サドゥル] サドル（▶ seat ともいう）　② [ハンドゥルバーズ] ハンドル（▶単に "handle とはいわない）　③ブレーキ　④ [ヘドゥライト] ヘッドランプ　⑤ [ハブ] ハブ　⑥タイヤ　⑦ [スポウク] スポーク　⑧ペダル　⑨チェーン　⑩ [フェンダァ] どろよけ　⑪ [キャリア] キャリア, 荷台

自転車旅行 a bicycle trip, a cycling tour
自転車専用道路 a bicycle path, a bicycle lane

自転車専用道路の標識.

しどう 指導 guidance [ガイダンス];（教育）teaching [ティーチング]
指導する guide, lead [リード];（学科を）teach;（スポーツを）coach [コウチ]
▶ 進路指導の先生
a career *guidance* counselor
▶ 彼はうちのテニス部を指導しています.
He *coaches* our tennis team.
指導員 an instructor [インストゥラクタァ]
指導者 a leader
指導力 leadership
じどう¹ 自動（式）の automatic [オートマティク]
自動的に automatically
自動改札 an automatic ticket gate
自動ドア an automatic door
自動販売機 a vending machine
じどう² 児童 a child [チャイルド]（複数 children [チルドゥレン]）;（学童）a schoolchild（複数 schoolchildren）
▶ 児童向けの本 a *children*'s book / a book for *children*
児童虐待 child abuse [アビュース]
児童文学 children's literature, juvenile [ジューヴェナイル] literature
じどうし 自動詞（文法）an intransitive verb（▶ vi. または v.i. と略す）

じどうしゃ 自動車 →くるま

a **car** [カー],（米）an **automobile** [オートモビール],（英）a **motorcar** [モウタカー]
▶ 自動車に乗る
get in a *car* / get into a *car*
▶ 自動車を降りる get out of a *car*
▶ 電気自動車 an electric *car*

◀ **しぬ**

自動車教習所 a driving school
自動車産業 the automobile industry
自動車事故 a car accident [アクスィデント]

> ① 参考 **自動車のいろいろ**
> 日本語の「自動車」には乗用車・バス・トラックなどがふくまれるが，英語の car は乗用車のことで，トラックやバスはふくまれない．
> 乗用車 **a car** / バス **a bus** / トラック **a truck** / ダンプカー **a dump truck** / キャンピングカー **a camper** / バン **a van**

自動車メーカー a car manufacturer, a carmaker

しとしと しとしと降る drizzle [ドゥリズル]
▶ 1日中雨がしとしと降っていた．
It *drizzled* all day long.

しとやか しとやかな graceful [グレイスフル]
▶ 恵美子はしとやかな女の子です．
Emiko is a *graceful* girl.

じどり 自撮り a selfie [セルフィ]
▶ 自撮りする take a *selfie*
自撮り棒 a *selfie* stick

しな 品(品物) an article [アーティクル], an item [アイテム]；(商品) goods [グッヅ] (▶集合的に使う)；(品質) quality [クワリティ]
▶ この品はよく売れている．
This *article* is selling well.
品切れ
▶ その本は品切れです．
The book is *out of stock*.

しない¹ 市内に，市内の in the city
▶ 健二は新潟市内に住んでいます．
Kenji lives *in the city* of Niigata.
市内電話 a local call

しない² 竹刀 a *shinai*, a bamboo sword
-しない →-ない
-しないうちに →うち²
-しないで →-(し)ないで
-しないでください →ください
-しなくていい，-しなくてよい →いい，よい¹
-しなくてはいけない →-ならない
-しなくてもよい →いい，よい¹
-しなければならない →-ならない
-しなさい →-(し)なさい
しなもの 品物 →しな

シナモン cinnamon [スィナモン]
しなやか しなやかな supple [サプル]；(よく曲がる) flexible [フレクスィブル]；(やわらかな) soft [ソ(ー)フト]
▶ 彼女は身体がしなやかだ．She is *supple*.
▶ しなやかな枝 a *flexible* branch

シナリオ a scenario [スィネ(ア)リオウ]
シナリオライター a scenario writer

じなん 次男 the second son [サン]
-しに →-ため
-しにくい →-(し)にくい

しにものぐるい 死に物狂いの desperate [デスパレト]
死に物狂いで desperately；(命がけで) for *my* life
▶ 彼は死に物狂いで泳いだ．
He swam *for his life*.

しぬ 死ぬ →なくなる

die [ダイ] (反 生きる live)；(事故・災害・戦争などで) be killed [キルド]；pass [パス] away (▶ die の遠まわしな言い方)

▶ その作曲家は2000年に35歳で死んだ．
The composer *died* in 2000 at the age of 35.
▶ おばが死んでから4年たつ．My aunt *has been dead* for four years. / It is four years since my aunt *died*.
▶ その作家は若くして死んだ．
The writer *died* young.

> 💬 表現力
> …で死ぬ
> → (病気・飢えなどで) **die of ...** /
> (けがなどで) **die from ... ,**
>   **die of ... /**
> (事故・戦争などで) **be killed in ...**

▶ その男はがんで死んだ．
The man *died of* cancer.
▶ 彼女の息子は交通事故で死んだ．
Her son *was killed in* a traffic accident.
▶ ぼくは死んだ兄のことをよく思い出す．
I often think of my brother who *passed away*.
▶ 死にそう！
I'm *dying*. (▶ dying は die の -ing 形)
▶ 退屈で死にそう！I'm bored to *death*!
▶ あなたに死ぬほど会いたい．

three hundred and forty-nine 349

しのびこむ ▶

I'm dying to see you.

💬用法 die と dead
die は動詞で「死ぬ」、dead は形容詞で「死んだ」という意味。混同しやすいので注意。

- ○ a dead dog (死んだ犬)
- × The dog was died.
  - 動詞 was と動詞 died はいっしょに使わない。
- ○ The dog was dead. (その犬は死んでいた)
- ○ The dog died. (その犬は死んだ)

💬用法 die of と die from と be killed in
病気・飢え・老齢などで死ぬときは die of を使う。けがや不注意などで死ぬときは die from を使うが、die of も使われる。die *of* hunger (飢えで死ぬ) / die *from* a wound (けがで死ぬ) なお、事故・災害・戦争などで死ぬときは be killed in を使う。

しのびこむ 忍び込む steal into, sneak into; (どろぼうが) break into

しば 芝 (the) grass [グラス], a lawn [ローン] →しばふ
▶ 芝を刈る
  mow the *lawn* / cut *the grass*
  芝刈り機 a lawn mower [モウア]

しはい 支配 rule [ルール]
  支配する rule
  支配者 a ruler
  支配人 a manager [マネヂァ]

しばい 芝居 a play [プレイ], (a) drama [ドゥラーマ]
▶ その芝居は大当たりだった.
  The *play* was a great success.

じはく 自白する confess [コンフェス], make a confession

しばしば
often [オ(—)フン]

always
いつも

usually
ふつう

often
しばしば、よく

sometimes
ときどき

▶ 夏休みにはしばしば友だちと泳ぎに行った.
  I *often* went swimming with my friends during (the) summer vacation.
▶ 私はしばしば学校に遅れた.
  I was *often* late for school.

📖文法 often の位置
ふつう often は一般動詞の前に置く。be 動詞・助動詞があればそのあとに置く。

-しはじめる →はじめる

しはつ 始発 (始発列車) the first train
▶ 東京行きの始発は何時ですか.
  What time does *the first train* to Tokyo leave?
  始発駅 the starting station

じはつ 自発的な voluntary [ヴァランテリィ]
  自発的に of my own will, voluntarily

しばふ 芝生 (the) grass [グラス], a lawn [ローン] →しば
▶ 芝生に入らないでください (掲示)
  Keep Off The Grass

◀ しへい

しはらい 支払い (a) payment [ペイメント]
支払う pay →はらう
▶ (支払いは) 現金ですか，カードですか．
Cash or charge?

しばらく

使い分け
(少しの間) → for a while
(長い間) → for a long time

1 (少しの間) **for a while**; (ほんのちょっとの間) (for) a minute, (for) a moment
▶ 私はしばらくこの町にいます．
I will stay in this town *for a while*.
▶ しばらくお待ちください．
Please wait *a minute*. / Just *a minute*, please.
2 (長い間) **for a long time**

🎤 スピーキング
Ⓐ やあ，元気だった？
Hi! How've you been?
Ⓑ しばらくぶりだね．
Long time no see.

▶ お会いするのはしばらくぶりですね．
I haven't seen you *for ages*. / We haven't seen each other *for a long time*.

しばる 縛る tie [タイ], bind [バインド]
▶ エレンはいつも髪を黄色いリボンでしばっている．
Ellen always *ties* her hair with a yellow ribbon.
▶ 新聞紙をひもでしばってちょうだい．
Bind up newspapers with the string.

じはんき 自販機 a vending machine [ヴェンディング マシーン]
じひ¹ 慈悲 mercy [マ～スィ]
慈悲深い merciful
じひ² 自費で at *my* own expense
▶ 彼女は自費で留学した．
She studied abroad *at her own expense*.
じびき 字引き a dictionary [ディクショネリィ]
→じしょ
▶ 生き字引き a walking *dictionary*
じひょう 辞表 a resignation [レズィグネイション]

じびょう 持病 a chronic disease
しびれる (感覚が)become numb[ナム], go numb；(足が)(口語)go to sleep
▶ ああ，足がしびれた．
Oh, my legs *have gone to sleep*.
しぶい 渋い **1** (味が) bitter [ビタァ]
▶ しぶいお茶 *bitter* tea / *strong* tea
2 (色などが) quiet [クワイエト]
▶ しぶい色 a *quiet* color
▶ 野田先生のネクタイ，なかなかしぶい (→趣味がいい) ね．
Mr. Noda's tie is *in good taste*.
しぶき a splash [スプラッシ], (霧状の) spray [スプレイ]
しふく 私服
▶ うちの学校は私服です．
We wear *our own clothes* at our school.
しぶしぶ unwillingly [アンウィリングリィ], reluctantly [リラクタントゥリィ]
しぶとい tough [タフ], persistent [パスィステント]

じぶん 自分

1 (…自身) *my*self [マイセルフ] (▶人称に応じて表のように変化させて使う)

	単数	複数
1人称	myself	ourselves
2人称	yourself	yourselves
3人称	himself herself itself	themselves

自分で (おもに強調) *my*self；(助けなしに) by *my*self；(本人が) for *my*self
▶ 自分でやりなさい．Do it *yourself*.
▶ 自分のことは自分でやりなさい．
Do your work *by yourself*.
自分の *my* own
▶ あなたは自分の部屋をもっていますか．
Do you have *your own* room？
2 (私) **I** [アイ], **me** [ミー]
▶ 自分が悪いんです．*I* am to blame.
じぶんかって 自分勝手な selfish[セルフィシ]
▶ 彼は自分勝手すぎる．He is too *selfish*.
しへい 紙幣 paper money；(1枚の) (米) a bill [ビル], (英) a note [ノウト], a

three hundred and fifty-one 351

しほう ▶

bank note（対 硬貨 coin）
しほう 四方（場所）all sides；（方角）all directions

> ✎ライティング
> 日本は四方を海に囲まれた国です。
> Japan is a country surrounded by the sea on all sides.

しぼう¹ 志望する hope［ホウプ］, wish［ウィシ］
▶ 五郎は政治家志望だ。
Goro *hopes* to be a politician.（▶ hope を wish にすると改まった言い方になる）
▶ 第一志望の高校
my *first-choice* high school
志望校 a school of *my choice*
▶ 志望校はどこですか。
What's *the school of your choice*?
しぼう² 死亡 death［デス］
死亡する die［ダイ］, be killed →しぬ
死亡率 the death rate
しぼう³ 脂肪 fat［ファット］
▶ 脂肪の多い食べ物 *fatty* food
しぼむ wither［ウィザァ］
▶ 花がしぼんでしまった。
The flowers *have withered*.
しぼる（タオルなどを）wring［リング］(out)；（果汁などを）squeeze［スクウィーズ］
▶ タオルをしぼる *wring out* a washcloth
▶ レモンをしぼる *squeeze* a lemon
▶ 歯みがきをチューブからしぼり出す
squeeze toothpaste out of the tube
▶ もっと知恵をしぼってごらん。
Use your head. / *Use* your brains.
しほん 資本 (a) capital［キャピトゥル］
資本主義 capitalism

しま¹ 島

an island［アイランド］（つづり注意）
▶ 淡路島 Awaji *Island*
▶ 日本は4つの大きな島から成り立っている。
Japan is made up of four main *islands*.
▶ 島の人たちはとても親切にしてくれました。
People on the *island* were very kind to us.（▶「島の人たち」は the islanders ともいう）
しま² 縞 a stripe［ストゥライプ］→もよう（図）

しま模様の striped
▶ （買い物で）この青いしまのシャツをもらいます。
I'll take this blue *striped* shirt.
しまい 姉妹 a sister［スィスタァ］（対 兄弟 brother）→きょうだい¹
姉妹校 a sister school
姉妹都市 a sister city
▶ 千葉市はテキサス州ヒューストンの姉妹都市です。
Chiba is a *sister city* of Houston, Texas.

しまう

1（ものをかたづける）put away；（しまっておく）keep［キープ］
▶ マンガ本をしまいなさい。
Put those comic books *away*.
▶ このぼうしは箱にしまっておきましょう。
Let's *keep* this hat in the box.
2（店を）close［クロウズ］→しめる¹

> 💬表現力
> …してしまう → finish ...

▶ 早く宿題をやってしまいなさい。
Finish your homework quickly.
▶ それ, すぐにやってしまうよ。
I'll *finish* it soon.

> 💬表現力
> …してしまった → have ＋過去分詞

▶ 宿題はやってしまったの？
Have you *finished* your homework?
▶ めがねを忘れてきてしまった。
I've forgotten my glasses.
シマウマ（動物）a zebra［ズィーブラ］
じまく 字幕 subtitles［サブタイトゥルズ］
しまぐに 島国 an island［アイランド］ country
-しましょう → -(し)ましょう
-しましょうか → -(し)ましょう

-します

1（現在）（▶ 動詞の現在形で表す）→する¹
2（予定）will ... , be going to ...
▶ この夏休みはオーストラリアを旅行します。
We're going to go on a trip to Australia this summer vacation.
▶ 帰ったら電話します。

I'll call you when I get home.
3 (意志・申し出など) will ...
▶ (買い物で) これにします. I'll take this.
▶ これからはもっと注意します.
I'll be more careful from now on.
-しませんか →-(し)ませんか
しまった Oh, no!, Gee! [ヂー]; Oops! [ウ(ー)プス]
▶ しまった. もう12時過ぎだ.
Oh, no! It's already past noon.
▶ しまった. またやっちゃった.
Oops, I did it again.

しまる¹ 閉まる

close [クロウズ], **shut** [シャット] (反 開く open)
▶ とびらはひとりでに閉まった.
The door *closed* by itself.

🎤スピーキング
Ⓐ 何時に閉まりますか.
What time do you close?
Ⓑ 約10分後です.
In about ten minutes.

▶ このドア, どうしても閉まらないよ.
This door won't *shut*.
しまる²
▶ (野球などで監督 などが) しまっていこう! (しまっていけ!)
Hang in there! / Get tough [タフ]!

じまん 自慢する

be proud [プラウド] (of); **boast** [ボウスト] (of)
▶ 矢田先生は娘さんのことが自慢だ.
Mr. Yada *is proud of* his daughter.
▶ 翔太は頭がいいのを自慢している.
Shota *boasts* that he is bright.
▶ そんなの, 自慢にならないよ.
That's nothing to *be proud of*.
しみ a stain [ステイン], a spot [スパット]
しみをつける blot [ブラット], stain
▶ スカートにしみがついているよ.
Your skirt has a *stain*. / There is a *stain* on your skirt.
じみ 地味な quiet [クワイエット], plain [プレイン] (反 はでな bright, loud)
▶ このドレス, 地味すぎるかな？
Do you think this dress is too *plain*?

しみこむ 染み込む (液体が) soak [ソウク] (through, into)
▶ 雨がくつにしみこんだ.
The rain *soaked through* my shoes.
シミュレーション (a) simulation [スィミュレイション]
シミュレーションゲーム a simulation game
しみる (液体が) soak [ソウク]
▶ 煙が目にしみる.
My eyes *smart* from the smoke.
▶ 彼女のやさしいことばが身にしみた.
Her kind words really *got to* me. (▶ get to で「…の心を打つ」という意味)
しみん 市民 a citizen [スィティズン]; (住民) a resident [レズィデント]
▶ 京都市民は自分たちの町を誇りに思っている.
The *residents* of Kyoto are proud of their city.
市民権 citizenship
ジム (体育館) (口語) a gym [ヂム] (▶ gymnasium の略)
じむ 事務 office work
事務員 a clerk [クラ〜ク]
事務室 an office
事務所 an office
事務用品 office supplies
しめい¹ 氏名 a name [ネイム], a full name →なまえ
▶ ここに氏名を書いてください.
Please write down your *full name* here.
しめい² 使命 a mission [ミション]
▶ 使命を果たす
carry out my *mission*
しめい³ 指名する name [ネイム], designate [デズィグネイト]
▶ 谷さんが議長に指名された. Mr. Tani *was named* as chairperson.
指名打者 (野球) a designated hitter [デズィグネイティド ヒタァ] (▶ DH と略す)
しめきり 締め切り a deadline [デドゥライン]
▶ 締め切りに間に合う
meet the *deadline*
締め切り日 the deadline, the due date
▶ このレポートの締め切り日, いつだった？
When's *the deadline* for this paper?

しめきる ▶

しめきる 締め切る, 閉め切る **1** (申しこみなどを) be due [デュー], close [クロウズ]
▶ コンテストの応募はあすで締め切られる.
The application for the contest *is due* tomorrow.
2 (戸などを) keep ... closed
▶ 妹は部屋のドアを閉め切ったまま一日中出てこなかった.
My sister *kept* her room door *closed*, and didn't come out all day.

じめじめした damp [ダンプ]
▶ じめじめした部屋 a *damp* room

しめす 示す

1 (見せる) show [ショウ]
▶ 実力を示す *show* my ability
▶ 実例を示す *give* an example
▶ 赤ちゃんはパンダに興味を示した.
The baby *showed* interest in the pandas.
2 (さし示す) point [ポイント]
▶ 磁石の針はつねに北を示す. The needle of a compass always *points* north.
▶ 温度計は30度を示している.
The thermometer *says* thirty degrees. (▶ says は shows, reads ともいう)

しめた (よかった) Great!, Good!; (やった) I've done it!, I made it!
▶ しめた！これですべてうまくいきそうだ.
Good! Everything will probably go well now.

しめる¹ 閉める, 締める

使い分け
(ドアなどを) → close, shut
(しっかり留める) → fasten

1 (ドアなどを) close [クロウズ], shut [シャット] (反 開ける open)

open   close / shut

▶ 入ってきたらドアを閉めなさい.
Please *close* the door behind you.

▶ 店は何時に閉めますか.
What time do you *close* the store?
2 (しっかり留める) **fasten** [ファスン]; (ネクタイなどを) put on; wear [ウェア]
▶ シートベルトをお締めください.
Fasten your seat belts, please.

「ご着席中はシートベルトをお締めください」という表示.

▶ 1人でネクタイが締められるの？
Can you *put on* a tie by yourself?

しめる² 占める occupy [アキュパイ]
▶ バスの席の大半は観光客で占められていた.
Most of the seats on the bus *were occupied* by sightseers.

しめる³ 湿る become damp [ダンプ], get damp; (適度に) become moist [モイスト], get moist
しめった moist; (不快な) damp
▶ しめった空気は体に悪い.
Damp air is bad for your health.

じめん 地面 the ground [グラウンド]
▶ 地面をはう crawl on *the ground*

しも 霜 (a) frost [フロ(ー)スト]
▶ 昨晩は霜が降りた.
There was *frost* last night.

じもと 地元の local [ロウカル], home [ホウム] →ちほう
▶ 地元住民 *local* residents
▶ 地元のチームを応援する
support the *home* team

しもやけ 霜焼け frostbite [フロ(ー)ストバイト], chilblains [チルブレインズ]

しもん 指紋 a fingerprint [フィンガプリント]
▶ 指紋を残す leave a *fingerprint*

しや 視野 (a) view [ヴュー], vision [ヴィジョン]
▶ 視野を広げる expand my *horizons* / broaden my *horizons*

ジャー (魔法びん) 《米》 a Thermos [サ〜マス], 《英》 a vacuum flask [フラスク] (▶

Thermos は商標. 英語の jar はガラス・陶磁器製などの広口びんのこと)

じゃあ well [ウェル], then [ゼン] →では
▶ じゃあね. See you later.

ジャージ (運動着)(米)a warm-up [ウォーマプ] (suit), (英)a tracksuit [トゥラックスート] ; (運動用上下) a sweat suit ; (生地) jersey [チャ〜ズィ] ; (サッカー選手などが着るシャツ) a jersey

ジャーナリスト a journalist [チャ〜ナリスト]
ジャーナリズム journalism [チャ〜ナリズム]
シャープ (音楽)a sharp [シャープ] (記号♯) (反) フラット flat)

シャープペンシル (米)a mechanical [メキャニカル] pencil, (英)a propelling [プロペリング] pencil (▶英語で sharp pencil というと「とがった鉛筆」という意味)

シャーベット (米)(a) sherbet [シャ〜ベト], (英)(a) sorbet [ソーベト]

しゃいん 社員 an employee [エンプロイィ−], a staff member ;(集合的に) the staff →スタッフ

しゃおんかい 謝恩会 a thank-you party for the teachers

しゃかい 社会

(a) **society** [ソサイエティ] ; the world [ワールド]
社会の social
▶ 高齢化社会
an aging *society* / a graying *society*
▶ 社会人になる go out into *the world*

> プレゼン
> 私は将来、社会のために何かしたいです.
> I want to do something for society in the future.

社会科 social studies
社会科見学 a field trip / a study trip
社会主義 socialism
社会人 (社会の一員)a working member of society, a member of society
社会生活 social life
社会福祉 social welfare
社会保障 social security
社会問題 a social problem

ジャガイモ a potato [ポテイトゥ] (複数 potatoes)

しゃがむ crouch [クラウチ], squat [スクワット]

しゃく しゃくにさわる be irritated [イリティティド] (with, at, about), be offended [オフェンディド] (by, at)
▶ ああ, しゃくにさわる.
It's *irritating*. / It *gets on my nerves*.
▶ 彼のことばを聞いてぼくはしゃくにさわった.
His words *offended* me. / I was *offended by* his words.

-じゃく …弱 a little less than
▶ 私たちは 1 時間弱でそこに着いた.
We got there in *a little less than* an hour.

しゃくしょ 市役所 a city hall
じゃぐち 蛇口 (米)a faucet [フォーセト], (英)a tap [タップ]

じゃくてん 弱点 a weak point →たんしょ
▶ 弱点を克服する
overcome my *weak points*
▶ だれでも弱点はある.
Everyone has *weak points*.

しゃくほう 釈放する release [リリース], set ... free

しゃくや 借家 a rented house
しゃげき 射撃 shooting [シューティング]
ジャケット (上着)a jacket [チャケト] ;(CD などの) a jacket

しゃこ 車庫 (車の) a garage [ガラージ], a carport [カーポート] (▶後者は柱と屋根だけのもの)

しゃこう 社交的な outgoing [アウトゥゴウイング], sociable [ソウシャブル] (反) 社交的でない unsociable)
▶ 亜季子は社交的だ.
Akiko is an *outgoing* person.
社交ダンス social dancing

しゃざい 謝罪 (an) apology [アパロヂィ]
▶ 謝罪を求める ask for an *apology*
謝罪する apologize [アパロヂャイズ] →あやまる¹

しゃしょう 車掌 a conductor [コンダクタァ]

しゃしん 写真

a **picture** [ピクチァ], a photograph [フォウトグラフ], (□語)a photo [フォウトウ]
写真をとる take a picture, take a photo
▶ 写真をとってもらえませんか.

ジャズ

Would you *take* my *picture*?
▶ ここで写真をとってもいいですか.
　Is it OK to *take photos* here?
▶ 私は写真をとってもらった.
　I had my *picture* taken.
▶ 写真をとります. 笑って！
　I'll *take* your *photo*. Say cheese.
▶ キャンプで写真をたくさんとったよ.
　I *took* lots of *snapshots* at camp.
▶ あなたの写真を送ってくださいませんか.
　Would you send me a *photo* of yourself?
▶ これは家族の写真です.
　This is a *picture* of my family.
▶ その写真はよくとれていた.
　That *picture* came out well.
▶ この写真はピンボケだ.
　This *picture* is out of focus.
▶ 絵美は写真うつりがいい.
　Emi is *photogenic*. / Emi looks good in *photos*.
▶ 写真を現像する develop a *film*
▶ 写真を引き伸ばす enlarge a *photo*
▶ 写真撮影禁止《掲示》
　No *Photographs*
　写真家 a photographer ［フォ**タ**グラファ］

ⓘ参考 写真に関することばいろいろ
スナップ写真 **a snapshot, a snap** / カラー写真 **a color photo** / 白黒写真 **a black-and-white photo** / 記念写真 **a souvenir photo** / 航空写真 **an aerial photo**

ジャズ jazz ［**チャ**ズ］, jazz music
▶ ジャズを演奏する play *jazz*
　ジャズダンス jazz dancing
-しやすい easy ［**イー**ズィ］ →-(し)やすい
ジャスミン（植物）jasmine ［**チャ**スミン］
▶ ジャスミン茶 *jasmine* tea
しゃせい 写生する sketch ［ス**ケ**ッチ］
▶ 多くの学生たちが公園で写生をしていた.
　Many students *were sketching* in the park.
しゃせつ 社説 an editorial ［エディ**トー**リアル］,《英》a leading article
しゃたく 社宅 a company house
しゃちょう 社長 a president ［プレズィ(イ)デント］

▶ 副社長 a vice-*president*

シャツ
（ワイシャツ・スポーツシャツ）a shirt ［シャ〜ト］;（下着の）《米》an undershirt ［**ア**ンダシャ〜ト］,《英》a vest ［**ヴェ**スト］

　　shirt　　　undershirt

▶ シャツを着る put on my *shirt*
▶ シャツをぬぐ take off my *shirt*
▶ Tシャツ a T-*shirt*
▶ 半そでのシャツ a short-sleeved *shirt*

ⓘ参考 英語で **shirt** といえば「ワイシャツ」をさすことが多い.「ワイシャツ」は white ［(ァ)**ワ**イト］ shirt がなまったもの.

しゃっきん 借金 (a) debt ［**デ**ット］
　借金する borrow money →かりる
▶ 私は借金を返した. I paid my *debt*.
▶ 太郎に2000円の借金がある.
　I *owe* Taro two thousand yen.
ジャック（トランプの）a jack ［**チャ**ック］
しゃっくり a hiccup ［**ヒ**カプ］
　しゃっくりをする hiccup, have the hiccups
ジャッジ（審判）(a) judgment［**チャ**ヂメント］;（審判員）a judge ［**チャ**ッヂ］
シャッター（カメラ・よろい戸の）a shutter ［**シャ**タァ］
▶ すみません,（カメラの）シャッターを押してもらえますか.
　Excuse me, but could you press the *shutter*?
▶ シャッターを下ろす pull down a *shutter*
しゃどう 車道 a road ［**ロ**ウド］, a roadway ［**ロ**ウドウェイ］
シャトル a shuttle ［**シャ**トゥル］;（バドミントンの）a shuttlecock ［**シャ**トゥルカク］
▶ スペースシャトル a space *shuttle*
　シャトルバス a shuttle bus
しゃぶる suck ［**サ**ック］
▶ 親指をしゃぶる *suck* my thumb
シャベル a shovel ［**シャ**ヴ(ェ)ル］→スコッ

356 three hundred and fifty-six

◀ **じゃんけん**

プ
しゃべる talk [トーク]；(告げる) tell [テル]
▶ 姉はよくしゃべる.
My sister *talks* a lot.
▶ このことはだれにもしゃべらないでよ.
Please don't *tell* this to anyone else.
シャボンだま シャボン玉 a soap bubble
▶ シャボン玉を飛ばす
blow *soap bubbles*
じゃま 邪魔する (妨害する) disturb [ディスターブ], interrupt [インタラプト]
▶ じゃましないで. Don't *disturb* me. / Don't *bother* me.
▶ じゃまよ, どいて. Get out of my way.
▶ 勉強のじゃましないでちょうだい.
Don't *disturb* my studies.
▶ 通行のじゃまだよ (→私の通り道にいる).
You're *in my way*.

🗣スピーキング
Ⓐ お話し中, おじゃましてすみません.
I'm sorry to interrupt you.
Ⓑ いいんですよ.
That's OK.

▶ どうも長い間おじゃましました.
I'm afraid I've taken up too much of *your time*.
▶ 今日の午後お宅へおじゃましてもよろしいでしょうか.
May I *visit* you at your home this afternoon?

🗣スピーキング
Ⓐ こんにちは. おじゃまします.
Hello! May I come in?
Ⓑ どうぞ.
Sure.

しゃみせん 三味線 a shamisen
▶ 三味線をひく play the *shamisen*
ジャム jam [チャム]
▶ イチゴジャム strawberry *jam*
▶ パンにジャムをぬる
spread *jam* on bread
しゃめん 斜面 a slope [スロウプ]
▶ 急な斜面 a steep *slope*
じゃり 砂利 gravel [グラヴェル]
じゃり道 a gravel road
しゃりょう 車両 (乗り物) a vehicle [ヴィー

イクル, -ヒクル]；(列車の) a car [カー]
▶ 車両通行止め《掲示》No *Vehicles*
しゃりん 車輪 a wheel [(フ)ウィール]
しゃれ 1 (冗談) a joke [チョウク]；(語ろ合わせの) a pun [パン]
▶ タケシはしゃれがうまい.
Takeshi is good at telling *jokes*.
▶ だじゃれを言う play on words
2 (身をかざること) →おしゃれ
しゃれた
▶ しゃれた帽子 a *fashionable* hat
シャワー a shower [シャウア]
▶ 汗びっしょりね. シャワーを浴びなさい.
You're sweating a lot. Take a *shower*.
ジャンクフード junk food
ジャングル the jungle [チャングル]
ジャングルジム a jungle gym
じゃんけん janken
じゃんけんをする play *janken*, play rock, paper, scissors
▶ じゃんけんで決めよう.
Let's *play rock, paper, and scissors*.
▶ じゃんけんぽん. あいこでしょ.
Rock, paper, scissors. We're even. Let's do it over.

🔎背景 じゃんけんは, ある程度は外国で知られていて, *janken* とか rock, paper, scissors といわれている.「ぐう」は rock (岩) または stone (石),「ぱあ」は paper (紙),「ちょき」は scissors (はさみ) という. ただし, アメリカなどでは, 物事を決める手段としては使われない. 物事を決めるには, コイントスをすることが多く, **Let's toss for it!** (それはコイントスで決めよう) などという.

シャンソン

シャンソン a chanson [シャーンソーン] (▶フランス語から)
シャンデリア a chandelier [シャンデリア]
ジャンパー (上着) a windbreaker [ウィンドゥブレイカァ], a jacket [ヂャケット] (▶英語のjumper は《米》では「ジャンパースカート」，《英》では「セーター」のこと)
　ジャンパースカート a jumper
ジャンプ a jump [ヂャンプ]
　ジャンプする jump, leap [リープ]
シャンプー (a) shampoo [シャンプー]
　シャンプーする shampoo my hair
ジャンボ (ジャンボジェット機) a jumbo jet
ジャンル a genre [ジャーンル]; a category [キャテゴリィ]
しゅい 首位 (the) first place
　首位打者 《野球》a leading hitter
しゆうの 私有の private [プライヴェト]
しゅう¹ 州 (アメリカなどの) a state [ステイト];(イギリスの) a county [カウンティ]
▶アメリカ合衆国は50の州からできている.
　There are fifty *states* in the U.S. / The U.S. is made up of fifty *states*.
▶日本はカリフォルニア州より少し小さい.
　Japan is a little smaller than the *State* of California.

しゅう² 週 →ようび

a **week** [ウィーク]
▶先週 last *week*
▶今週 this *week*
▶来週 next *week*
▶毎週 every *week*
▶隔週に every other *week*
▶週に1度クラブの集まりがある.
　The members of our club meet once a *week*.
▶1週間に4回英語の授業がある.
　We have four English classes a *week*.
▶彼女とはここ2週間顔を合わせていない.
　I haven't seen her for these two *weeks*.

じゆう 自由

freedom [フリーダム]; **liberty** [リバティ]
　自由な free
▶言論の自由 *freedom* of speech

▶うちの学校は自由な雰囲気がある.
　Our school has a *free* atmosphere.

> 🅢 プレゼン
> 私は自由な時間に音楽を聞くのが好きです.
> I like to listen to music in my free time.

　自由に freely

> 💬 表現力
> 自由に…する → feel free to ...

▶ぼくのパソコン，自由に使っていいからね.
　Please *feel free to* use my computer.
▶「おいしそうですね！」「ご自由に，何でもお好きなものをどうぞ」
　"This looks delicious!" "Please *help yourself to* whatever you like."
　自由主義 liberalism
　自由の女神像 the Statue of Liberty

じゅう¹ 十(の) →かず(表)

ten [テン]
　第10(の) the tenth (▶10th と略す)
▶1ケースに卵が10個入っている.
　There are *ten* eggs in the package.
▶右から10番目の生徒
　the tenth student from the right
▶10分の1 a *tenth* / one *tenth*
▶何十人もの人 *dozens of* people
▶十人十色.《ことわざ》
　So many people, so many minds. (▶「人の数だけ心がある」という意味)
　10セント ten cents;(硬貨) a dime [ダイム]

じゅう² 銃 a gun [ガン];(けん銃) a handgun [ハン(ドゥ)ガン], a pistol [ピストゥル]
▶機関銃 a machine *gun*

-じゅう …中

1(期間) **all** [オール] ..., **throughout** [スルーアウト] ..., **the entire** [エンタイア] ...
▶きのうは一日中テレビゲームをした.
　I played a video game *all* day *long* yesterday.
▶ここの気候は一年中すずしい.
　The climate here is cool *year-round*.
（▶「一年中」は all year round や

◀ **しゅうかん**³

throughout the year ともいう)
▶ 夏休み中
throughout the summer vacation
▶ 一晩中雨が降った.
It rained *all* night.
2 (場所) **all over ... , throughout ...**
▶ その会社は日本中に支店がある.
The company has its branches *throughout* Japan. (▶「日本中」は all over Japan ともいう)
▶ 私は世界中を旅行したい.
I want to travel *all over* the world. (▶「世界中」は throughout the world ともいう)
▶ うわさは町中に広まった.
The rumor spread *throughout* the town.
▶ 私は家中でいちばん早く起きます.
I get up the earliest *in our family*.

しゅうい 周囲に[を] around [アラウンド] →まわり
▶ この池は周囲が約10キロある.
This pond is about ten kilometers *around*.
▶ ぼくは立ち上がって周囲を見まわした.
I stood up and looked *around*.
▶ 学校の周囲にはほとんど店がない.
There are few stores *around* the school.

じゅうい 獣医 a veterinarian [ヴェテリネアリアン], 《口語》a vet [ヴェット]

じゅういち 十一(の) →かず(表)
eleven [イレヴン]
第11(の) the eleventh (▶11th と略す)
▶ サッカーはふつう11人ずつの2チームで対戦する.
Soccer is usually played by two teams of *eleven* players.

じゅういちがつ 十一月
→いちがつ, つき¹ (表)
November [ノ(ウ)ヴェンバァ] (▶語頭は必ず大文字;Nov. と略す)
▶ 11月に in *November*

しゅうかい 集会 a meeting [ミーティング]; (総会)an assembly [アセンブリィ]
▶ 全校集会 a school *assembly*
▶ 今日の午後, 講堂で集会を開いた.

We had a *meeting* in the hall this afternoon.

しゅうかく 収穫 (a) harvest [ハーヴェスト], a crop [クラップ]
収穫する harvest
▶ 今年はジャガイモの収穫が多かった.
The potato *crop* was large this year. / There was a large *crop* of potatoes this year. (▶「少なかった」なら large を small にする)
▶ 収穫(→よい結果)があった.
We got *good results*.
収穫期 harvest time

しゅうがくりょこう 修学旅行 a school trip, a school excursion [イクスカ~ジョン]
▶ 10月初めに修学旅行で京都・奈良へ行きます.
We'll go on a *school trip* to Kyoto and Nara in early October.
▶ 修学旅行のスケジュールはきつかった.
The schedule for the *school trip* was tight.

じゅうがつ 十月 →いちがつ, つき¹ (表)
October [アクトウバァ] (▶語頭は必ず大文字;Oct. と略す)
▶ 10月に in *October*

しゅうかん¹ 習慣 →くせ
(個人の) (a) **habit** [ハビト]; (社会の, しきたりの) (a) **custom** [カスタム]
▶ よい習慣 a good *habit*
▶ 悪い習慣 a bad *habit*
▶ 姉は朝にシャワーを浴びる習慣がある.
My sister has a *habit* of taking a shower in the morning.
▶ 習慣は国によって異なる.
Each country has its own *customs*. / So many countries, so many *customs*.

しゅうかん² 週間 a week [ウィーク]
▶ 父はハワイに1週間滞在した.
Father stayed in Hawaii for a *week*.
▶ 千晶には2週間前に会ったよ.
I met Chiaki two *weeks* ago.
▶ 交通安全週間 Traffic Safety *Week*
▶ 読書週間 Book *Week*

しゅうかん³ 週刊の weekly [ウィークリィ] (▶「日刊の」は daily, 「月刊の」は monthly)

three hundred and fifty-nine 359

しゅうき ▶

週刊誌 a weekly, a weekly magazine
しゅうき 周期 a cycle [サイクル]；(期間) a period [ピ(ア)リオド]
しゅうぎいん 衆議院 the House of Representatives [レプリゼンタティヴズ]
衆議院議員 a member of the House of Representatives
しゅうきゅう 週休 a weekly holiday [ウィークリィ ハリデイ]
▶ うちの学校は週休2日(→週5日制)です.
Our school is using a five-day week. / Our school is on a five-day week.
じゅうきょ 住居 a house [ハウス], a residence [レズィデンス] (▶後者は改まった言い方)
しゅうきょう 宗教 (a) religion [リリヂョン]
宗教の religious
▶ 宗教を信じる believe in *religion*
じゅうぎょういん 従業員 an employee [エンプロイイー], a staff [スタフ] member；(一般に労働者) a worker [ワ〜カァ]；(従業員全体) the staff →スタッフ
しゅうぎょうしき 終業式 a closing ceremony (▶英米の学校にはない)
しゅうきん 集金する collect money

じゅうく 十九(の) →かず(表)

nineteen [ナインティーン]
第19(の) the nineteenth (▶19thと略す)
シュークリーム a cream puff [パフ] (▶「シュークリーム」はフランス語の*chou à la crème*から. shoe creamは「くつずみ」)
しゅうげき 襲撃 an attack [アタック]
襲撃する attack

じゅうご 十五(の) →かず(表)

fifteen [フィフティーン]
第15(の) the fifteenth (▶15thと略す)
▶ 私は来年15歳になります.
I will be *fifteen* next year.
しゅうごう 集合する gather [ギャザァ], assemble [アセンブル], meet [ミート] →あつまる
▶ 生徒たちは講堂に集合した.
The students *gathered* in the hall.
▶ 何時に集合しようか.
What time shall we *meet*?

集合時間 a meeting time
集合場所 a meeting place
じゅうごや 十五夜 a full moon night, a night of the full moon
ジューサー a juicer [ヂューサァ]
しゅうさい 秀才 a bright [ブライト] person
▶ 草太は秀才だ. Sota is a *bright* boy.

じゅうさん 十三(の) →かず(表)

thirteen [サ〜ティーン]
第13(の) the thirteenth (▶13thと略す)
▶ 13日の金曜日 Friday *the thirteenth* (▶欧米 では不吉な日とされる)

「13階」は不吉とされ, エレベーターのボタンにも示されていない.

しゅうじ 習字 (毛筆) calligraphy [カリグラフィ]；(ペン) penmanship [ペンマンシプ]
▶ 習字を習う
take *calligraphy* lessons
▶ 習字道具 a *calligraphy* tool

じゅうし¹ 十四(の) →かず(表)

fourteen [フォーティーン]
第14(の) the fourteenth (▶14thと略す)
じゅうし² 重視する emphasize [エンファサイズ], put emphasis [エンファシス] on ..., put stress [ストゥレス] on ...
▶ そのテストでは読解力が重視されている.
The test *emphasizes* reading comprehension. / The test *puts emphasis on* reading comprehension.
じゅうじ 十字 a cross [クロ(ー)ス]
▶ 赤十字 the Red *Cross*
▶ 南十字星 the Southern [サザン] *Cross*
十字架 a cross
十字路 a crossroads

じゅうしち 十七(の) →かず(表)

seventeen [セヴンティーン]
第17(の) the seventeenth (▶17thと

◀ じゅうたく

略す)

じゅうじつ 充実した full [フル], fulfilled [フルフィルド]；(充実感を与えぇる) fulfilling [フルフィリング]

▶ 充実した生活を送る
live a *full* life / live a *fruitful* life

▶ 充実した夏休みだった． I enjoyed my summer vacation *to the fullest*. / I had a *fruitful* summer vacation.

しゅうしふ 終止符《文法》《米》a period [ピ(ア)リオド]，《英》a full stop →くとうてん(表)

▶ 終止符を打つ put a *period*

しゅうしゅう 収集 (a) collection [コレクション]

　収集する collect [コレクト] →あつめる

▶ 私の趣味は切手収集です．
My hobby is *collecting* stamps.

▶ ゴミの収集日 a garbage *collection* day

じゅうじゅん 従順な obedient [オウビーディエント]；(反) 従順でない disobedient

▶ 従順な犬 an *obedient* dog

じゅうしょ 住所

an **address** [アドゥレス, アドゥレス]

▶ ここに住所氏名をお書きください．
Please write your name and *address* here. (▶英米では name and address と氏名・住所の語順となる)

▶ うちの住所は東京都品川区西五反田2-11-8です．
My *address* is 2-11-8, Nishigotanda, Shinagawa-ku, Tokyo. (▶英語で日本の住所をいうときは、番地→町名→市区町村名→都道府県名の順でいう)

▶ (電話で)ご住所をお願いいたします．
May I have your *address*? (▶ ×Where is your address? とはいわない)

　住所録 an address book

じゅうしょう 重傷 (事故・不注意による) a serious injury [インデュリィ]；(ナイフ・銃弾だぁなどによる) a serious wound [ウーンド]

　重傷を負う be seriously injured [インデャド]; be seriously wounded [ウーンディド]

▶ ケンが車にはねられて重傷を負った．
Ken was hit by a car and *was seriously injured*.

しゅうしょく 就職する get a job, find a job

▶ もう就職，決まったの？
Have you *found a job* yet?

▶ 兄は地元の銀行に就職した． My brother *got a job* at a local bank.

　就職活動 job hunting

▶ 就職活動をする
hunt for a *job* / look for a *job*
　就職試験 an employment test

しゅうしん 就寝する go to bed →ねる¹

シューズ shoes [シューズ] →くつ

ジュース¹ juice [ヂュース] (▶果汁じるぅ100%のものをいう．そうでないものはふつう soft drink, orange drink などのようにいう)

▶ オレンジジュース orange *juice*

ジュース² (テニスなどの) deuce [デュース]

しゅうせい 修正する (誤りを正す) correct [コレクト]；(変更する) revise [リヴァイズ]

　修正液 correction fluid [フルーイド]，《米》whiteout [(フ)ワイトアウト]

　修正テープ a correction tape

しゅうぜん 修繕する (衣服・くつなどを) mend [メンド]；(修理する) repair [リペア], fix [フィックス] →なおす, しゅうり

じゅうたい¹ 重態, 重体 (a) serious condition

▶ その患者なぉは重態だ．
The patient is in *serious condition*. / The patient is *seriously ill*.

じゅうたい² 渋滞 a traffic jam

▶ 私たちは帰り道で渋滞に巻きこまれた．
We were caught in a *traffic jam* on our way home.

じゅうだい¹ 重大な important [インポートゥント]；(深刻な) serious [スィ(ア)リアス]

▶ それは重大な問題だ． It's an *important* matter. / It's a *serious* matter.

じゅうだい² 十代 my teens [ティーンズ] (▶英語の teens は正確には -teen のつく13〜19歳だのの年齢だをいう)

▶ 彼女は10代前半だ．
She is in her early *teens*.

▶ 10代の少年 [少女] a *teenager*

じゅうたく 住宅 a house [ハウス]
　住宅地 a residential area
　住宅問題 a housing problem
　住宅ローン a home loan, a housing

three hundred and sixty-one 361

しゅうだん ▶

loan
しゅうだん 集団 a group [グループ]
▶ 私たちは集団で登校している.
We go to school in *groups*.
じゅうたん (床が全体に敷く) a carpet [カーペト]; (一部に敷く) a rug [ラッグ]
▶ 床にじゅうたんを敷く lay a *carpet* on the floor / lay a *rug* on the floor
しゅうちゅう 集中 concentration [カンセントゥレイション]
集中する concentrate [カンセントゥレイト] (on)
▶ 人口は大都市に集中している.
The population *is concentrated* in large cities.
▶ どうしたらもっと勉強に集中できるかなあ.
I wonder how I can *concentrate* more *on* my studies.
集中豪雨 a localized torrential downpour [ダウンポー(ァ)]
しゅうてん 終点 a terminal [ターミヌル], the last station, the last stop
▶ ここが終点です. This is the *terminal*.
▶ 終点で降りて, 列車を乗りかえなさい.
Get off at the *terminal* and change trains.
しゅうでん 終電 the last train
じゅうてん 重点 (an) emphasis [エンファスィス], an important point
重点を置く put (an) emphasis (on), put stress (on), emphasize
重点的に intensively
じゅうでん 充電する charge [チャーヂ]
▶ スマホを充電する
charge my smartphone
▶ 充電式の電池 a *rechargeable* battery
充電器 a charger

シュート (サッカーなどの) a shot [シャット]; (野球のシュートボール) a screwball [スクルーボール]
シュートする shoot [シュート]; (サッカーなど) score [スコー(ァ)] a goal
▶ ロングシュート a long *shot*
しゅうと (男) a father-in-law; (女) a mother-in-law
じゅうどう 柔道 judo [ヂュードゥ]
▶ 柔道のけいこをする practice *judo*
▶ 隆太は柔道3段だ.
Ryuta is a third degree in *judo*.
柔道部 a judo team
しゅうとく 習得する learn [ラ〜ン]; (熟達する) master [マスタァ]
▶ 外国語をわずか 2, 3 年で習得するのは難しい. It is difficult to *learn* a foreign language in only a few years.
しゅうとくぶつ 拾得物 a find [ファインド]
しゅうとめ a mother-in-law
じゅうなな 十七(の) seventeen [セヴンティーン] →じゅうしち
じゅうなん 柔軟な flexible [フレクスィブル]
柔軟体操 stretching

じゅうに 十二(の) →かず(表)

twelve [トゥウェルヴ]
第12(の) the twelfth (▶12thと略す)
▶ 私は12歳です. I am *twelve*.

じゅうにがつ 十二月

→いちがつ, つき¹(表)
December [ディセンバァ] (▶語頭は必ず大文字; Dec. と略す)
▶ 12月に in *December*
じゅうにし 十二支 the twelve signs of the Oriental Zodiac

ぼくは
いぬ年の生まれだよ.
I was born in the year of the Dog.

ね	うし	とら	う	たつ
the Rat	the Cow	the Tiger	the Rabbit	the Dragon

み	うま	ひつじ	さる	とり	いぬ	い
the Snake	the Horse	the Sheep	the Monkey	the Rooster	the Dog	the Boar

しゅうにゅう 収入 (an) income [インカム]（反 支出 outgo）
▶ 彼は収入が多い．
He has a large *income*. (▶「少ない」なら large を small にする)

しゅうにん 就任する take office

-しゅうねん …周年 an anniversary [アニヴァ～サリィ]
▶ 今日は学校の20周年記念だ．This is the 20th *anniversary* of our school.

しゅうバス 終バス the last bus

じゅうはち 十八(の) →かず(表)

eighteen [エイティーン] (つづり注意)
第18(の) the eighteenth (▶18th と略す)
十八番 (もっとも得意なこと) my specialty

しゅうばん 週番 weekly duty
▶ 今週は週番だ．I'm *on duty* this *week*.

じゅうびょう 重病の seriously ill, seriously sick
▶ 彼のお母さんは重病です．
His mother is *seriously ill*.

じゅうぶん 十分な

enough [イナフ]
じゅうぶんに enough
▶ 卵は5個もあればじゅうぶんだ．
Five eggs will be *enough*.
▶ 時間はじゅうぶんある．
There is *enough* time.
▶ この部屋にはベッドを置くじゅうぶんなスペースはない．
This room doesn't have *enough* space for a bed.

📢スピーキング
Ⓐ もう少しクッキーをいかが？
Would you like some more cookies?
Ⓑ ありがとう．でも，もうじゅうぶんです．
Thanks, but I'm pretty full. / I have had enough, thanks.

▶ 健康にはじゅうぶん注意すること．
Take *good* care of yourself.

📕表現力
…するのにじゅうぶん〜
→ 〜 enough to ...

▶ おまえはもうじゅうぶん世の中がわかる年ごろだ．
You are old *enough to* understand the world. (▶形容詞を修飾する enough は形容詞のすぐあとに置く)

📕表現力
…するのにじゅうぶんな〜がある
→ have enough 〜 to ...

▶ そのセーターを買うじゅうぶんなお金があるの？
Do you *have enough* money *to* buy that sweater?

しゅうぶんのひ 秋分の日 Autumnal Equinox [イークウィナクス] Day

しゅうまつ 週末 a weekend [ウィーケンド]
▶ 週末に on the *weekend*
▶ この週末は何か予定ある？
Do you have any plans for this *weekend*?
▶ 週末はいつもどのように過ごしていますか．
How do you spend your *weekends*?
▶ 楽しい週末を！ Have a nice *weekend*!

じゅうまん 十万(の) a hundred thousand, one hundred thousand
▶ 40万 four *hundred thousand* (▶ thousand を複数形にしない)

じゅうみん 住民 a resident [レズィデント], an inhabitant [インハビタント]

じゅうやく 重役 an executive [イグゼキュティヴ], a director [ディレクタァ]

しゅうゆうけん 周遊券 an excursion ticket

しゅうよう 収容する hold [ホウルド]; take [テイク], admit [アドゥミット], accommodate [アカマデイト]
▶ この球場は観客を5万人収容する．
This stadium *holds* 50,000 spectators.
▶ 負傷者は病院に収容された．
The injured *were taken* to the hospital.

じゅうよう 重要(性)

importance [インポートゥンス]
重要な important
▶ 重要な問題 an *important* problem
▶ そんなことは重要ではない．

しゅうり ▶

It is not *important*.
▶ 国際理解はとても重要です. International understanding is very *important*.

💬 表現力
…することが重要だ
→ It is important to ... . /
It is important that ... .

▶ 英語に慣れることが重要だよ.
It's important to get used to English. / *It's important that* you get used to English.
▶ 試験でいい点がとれるかどうかは重要ではない．つねに努力することが重要なのだ.
It's not *important to* get good grades on tests. *It's important to* make continuous efforts.

重要人物 a very important person (▶ VIP [ヴィーアイピー] と略す)
重要文化財 an important cultural asset

しゅうり 修理

repair(s) [リペア(ズ)]
修理する repair, fix [フィックス]；(衣服・くつなどを) mend [メンド] →なおす
▶ このテレビは修理する必要がある.
This TV set needs *repairing*. / This TV set needs to get *fixed*.
修理中 《掲示》 Under *Repair*

💬 表現力
…を修理してもらう
→ have ... repaired /
have ... fixed

▶ 私はカメラを修理してもらった.
I *had* my camera *repaired*.

しゅうりょう¹ 終了 an end [エンド], a finish [フィニシ] →おわり

終了する end, finish, come to an end
▶ 会合はいつもより早く終了した.
The meeting *ended* earlier than usual.
しゅうりょう² 修了する finish [フィニシ]；complete [コンプリート] →おえる
▶ 兄はこの春修士課程を修了した.
My brother *finished* his master's degree this spring.
じゅうりょう 重量 weight [ウェイト]
重量あげ weight lifting
重量あげ選手 a weight lifter
じゅうりょく 重力 gravity [グラヴィティ]
▶ 重力の法則 the law of *gravity*

じゅうろく 十六(の) →かず(表)

sixteen [スィクスティーン]
第16(の) the sixteenth (▶16th と略す)
しゅえい 守衛 a guard [ガード], a security guard
しゅえん 主演する star [スター], play the leading part, play the leading role
▶ トム・クルーズがこの映画で主演している.
Tom Cruise *is starring* in this movie. / Tom Cruise *plays the leading part* in this movie.
シュガーレス(の) sugar-free [シュガァフリー]
しゅかんてき 主観的な subjective [サブチェクティヴ] (反 客観的な objective)
▶ きみの意見は主観的すぎる.
Your opinion is too *subjective*.
しゅぎ 主義 a principle [プリンスィプル]
▶ 私は肉を食べない主義だ.
It's my *principle* not to eat meat.

じゅぎょう 授業

(a) class [クラス], a lesson [レスン]
授業する teach [ティーチ], give a lesson
▶ 授業を受ける
take *lessons* / have (a) *class*
▶ 英語の授業 (an) English *class*

🗣 スピーキング
🅐 何の授業がいちばん好きですか.
What class do you like the best?
🅑 英語です.
English.

▶ じゅくすい

▶ 授業は8時40分に始まる.
Classes begin at 8:40.
▶ 1時間目の授業は何ですか.
What *class* do you have in the first period?
▶ 金曜日は授業が5時間ある.
We have five *classes* on Friday.
▶ あしたは授業はありません.
We have no *classes* tomorrow. / We have no *school* tomorrow.

🗣 スピーキング

Ⓐ あすは何時間授業があるの？
How many classes do you have tomorrow?
Ⓑ 6時間です.
We have six. / We have six classes.

▶ 今朝，授業に30分遅刻した.
I was late for *class* by thirty minutes this morning.
▶ きょうは授業が終わったら，サッカーの練習だ.
I'm having soccer practice after *classes* today.
▶ 坂田先生の授業は楽しい.
Ms. Sakata's *class* is fun.
▶ 授業を休む
miss *class* / be absent from *class*
▶ 授業をサボる
cut *class* / skip *class*
▶ 授業中はもっと注意を払ったほうがいいよ.
You should pay more attention in *class*.
▶ ボブは授業中によく居眠りをする.
Bob often falls asleep during *class*.
授業参観 class open house (▶「参観日」は《米》an open house, 《英》an open day という)
授業時間 school hours
授業料 school fees

じゅく 塾 a *juku*; a cram school
▶ 塾には週3回通っています.
I go to *juku* three times a week.

じゅくご 熟語 an idiom [イディオム], (慣用句) an idiomatic phrase [イディオマティク フレイズ]

しゅくさいじつ 祝祭日 a national holiday [ハリデイ], a holiday →しゅくじつ

しゅくじ 祝辞 congratulations [コングラチュレイションズ]; a congratulatory speech
祝辞を述べる
congratulate [コングラチュレイト]

しゅくじつ 祝日 a national holiday [ハリデイ], a holiday

国民の祝日

元日	New Year's Day
成人の日	Coming-of-Age Day
建国記念の日	National Foundation Day
天皇誕生日	The Emperor's Birthday
春分の日	Spring Equinox Day, Vernal Equinox Day
昭和の日	Showa Day
憲法記念日	Constitution Day
みどりの日	Greenery Day
こどもの日	Children's Day
海の日	Marine Day
山の日	Mountain Day
敬老の日	Senior Citizens' Day
秋分の日	Autumnal Equinox Day
スポーツの日	Sports Day
文化の日	Culture Day
勤労感謝の日	Labor Thanksgiving Day

(▶「敬老の日」は Respect-for-the-Aged Day ともいう)

しゅくしょう 縮小 (a) reduction [リダクション]
縮小する make ... smaller, reduce [リデュース]

じゅくす 熟す ripen [ライプン]
熟した ripe
▶ サクランボは初夏に熟します.
Cherries *ripen* in early summer.

じゅくすい 熟睡する sleep well, sleep soundly, have a good sleep
▶ ゆうべは熟睡できましたか.
Did you *sleep well* last night? / Did you *have a good sleep* last night?

three hundred and sixty-five 365

しゅくだい 宿題

homework [ホウムワ〜ク]（▶ a をつけず，複数形にしない）；《米》an assignment [アサインメント]
▶ 宿題をやる
do my *homework*
▶ 数学の宿題
math *homework*
▶ 宿題があるの？
Do you have any *homework*?
▶ 宿題はもう終えましたか．
Have you finished your *homework* yet?
▶ 「宿題手伝ってくれる？」「いいよ」
"Would you help me with my *homework*?" "Sure."

じゅくどく 熟読する read carefully
▶ この詩を熟読してごらん．
Read this poem *carefully*.

しゅくはく 宿泊する stay 《at, in》, put up 《at, in》→とまる²
宿泊客 a guest [ゲスト]
宿泊料 room charges

しゅくふく 祝福 a blessing [ブレシィング]
祝福する bless
▶ 神の祝福がありますように．
May God *bless* you!

しゅくめい 宿命 (a) destiny [デスティニィ], fate [フェイト]

じゅくれん 熟練 skill [スキル]
熟練した skilled, skillful

しゅげい 手芸 handicrafts [ハンディクラフツ]

> 💬プレゼン
> 私の趣味は**手芸**です．
> My hobby is handicrafts.

じゅけん 受験する

take an exam [イグザム] take an examination [イグザミネイション]；(出願する) apply [アプライ] to
▶ 受験勉強する
prepare for *entrance exams* / study for *entrance exams*
▶ ぼくは野田高校を受験するんだ．
I'll *take the entrance examination* for Noda High School.
▶ 3年生は受験のことで忙しい．

Third year students are busy preparing for *entrance exams*.
受験科目 exam subjects
受験校 a school to apply to
受験者 an examinee [イグザミニー]；(志願者) an applicant [アプリカント]
受験生 a student preparing for entrance exams
受験番号 an examinee's number, an examinee's seat number
受験料 an exam fee

しゅご 主語《文法》a subject [サブヂェクト]

じゅこう 受講する take a course, attend a course
▶ 夏期講習を受講するつもりだ．
I'm going to *take a* summer *course*.

しゅさい 主催する sponsor [スパンサァ], organize [オーガナイズ]
▶ 英語のスピーチコンテストは中部新聞が主催した．
The English speech contest *was sponsored* by the Chubu Shimbun.
主催者 a sponsor, an organizer

しゅざい 取材する (報道機関が) cover [カヴァ]；(人を)interview[インタヴュー]；(データを収集する) gather [ギャザァ] data, collect data

しゅし¹ 趣旨 (ねらい) an aim [エイム]；(目的) an object [アブヂェクト], a purpose [パ〜パス]

しゅし² 種子 a seed [スィード]

しゅじゅつ 手術 an operation[アペレイション]
手術する (患者が手術を受ける) have an operation；(医者が)perform[パフォーム] an operation, operate [アペレイト] 《on》
▶ ひざの手術
a knee *operation* / an *operation* on my knee
▶ ぼくは盲腸の手術をした．
I *had an operation* for appendicitis.
手術室 an operating room

しゅしょう¹ 首相 a prime minister [プライム ミニスタァ]（▶しばしば Prime Minister で用いる．略語は PM, P.M.）
▶ 田中首相
Prime Minister Tanaka
▶ インドの首相

the *Prime Minister* of India

しゅしょう² 主将 a captain［キャプテン］
▶ 中村君がサッカー部の主将です．
Nakamura is the *captain* of the soccer team.

じゅしょう 受賞する win a prize
▶ 山中伸弥さんは2012年にノーベル生理学・医学賞を受賞した．
Mr. Yamanaka Shinya *won* the Nobel *Prize* in Physiology or Medicine in 2012.
▶ 私はスピーチコンテストで1等賞を受賞した．
I *won* first *prize* in the speech contest.
受賞者 a prizewinner

しゅしょく 主食 a staple［ステイブル］food
▶ 米は日本人の主食だ．
Rice is the *staple food* for Japanese people.

しゅじん 主人（夫）*my* husband［ハズバンド］；（店の）a storekeeper［ストーキーパァ］；（客に対して）（男）a host［ホウスト］, （女）a hostess［ホウステス］
主人公 the main character［キャラクタァ］；（男）a hero［ヒーロウ］（複数 heroes）；（女）a heroine［ヘロウイン］

じゅしん 受信 reception［リセプション］
受信する receive［リスィーヴ］
▶ メールを受信する
receive an email
受信料 a subscription fee

しゅだい 主題（研究などの）a subject［サブヂェクト］；（小説などの）a theme［スィーム］
主題歌 a theme song

しゅだん 手段 a means［ミーンズ］（複数 means）（▶単複同形なので注意）
▶ あらゆる手段をつくす
try every possible *means*
▶ 最後の手段として
as the last *resort*
▶ ことばは伝達の手段だ．
Language is a *means* of communication.

しゅちょう 主張する insist［インスィスト］（on）
▶ 彼は自分の無実を主張した．
He *insisted on* his innocence. / He *insisted* that he was innocent.

しゅつえん 出演する appear［アピア］, perform［パフォーム］（in）
▶ ジョニー・デップは数多くの映画に出演している．
Johnny Depp *has appeared* in a lot of movies.
出演者 a performer［パフォーマァ］

しゅつがん 出願する apply［アプライ］（for）, make an application（for）；（願書を送る）send an application（to）

しゅっきん 出勤する go to work, go to *my* office

しゅっけつ¹ 出血 bleeding［ブリーディング］
▶ 出血が止まらない．
The *bleeding* won't stop.

しゅっけつ² 出欠をとる call the roll, take the roll

しゅっこう 出港する set sail

しゅっこく 出国する leave a country（▶「入国する」は enter a country）
▶ 出国手続きをする
go through *departure* formalities

しゅっさん 出産 birth［バ～ス］
出産する have a baby, give birth to→うむ
▶ 姉は10月出産の予定だ．
My sister is going to *have a baby* in October.

しゅつじょう 出場する take part（in）, enter［エンタァ］, participate［パーティスィペイト］（in）
▶ ぼくは弁論大会に出場した．
I *took part in* the speech contest.
出場者 a participant［パーティスィパント］

しゅっしん 出身である

（故郷）come from, be from（▶どちらも現在形で使う）；（学校）graduate［グラデュエイト］from

💬 表現力
…の出身です
→ be from ... / come from ...

▶ 私は東京の出身です．
I'm *from* Tokyo. / I *come from* Tokyo.（▶ I came from Tokyo. というと「東京から来ました」という意味になる）
▶ 私は札幌の出身です．
My hometown is Sapporo.

しゅっせ ▶

🗣 スピーキング

Ⓐ ご出身はどちらですか.
Where are you from? / Where do you come from?
Ⓑ 千葉です.
I'm from Chiba. / I come from Chiba.

▶ 私たちの先生はH大学の出身です (→H大学を卒業した).
Our teacher *graduated from* H University. / (H大学の卒業生だ) Our teacher is a *graduate of* H University.
出身校 *my* old school / *my* alma mater [アルマ マータァ] / the school I graduated from
出身地 *my* hometown

しゅっせ 出世する succeed in life, get ahead

しゅっせい 出生 (a) birth [バ~ス]
出生率 a birthrate [バ~スレイト]
▶ 日本の出生率は低下している.
The *birthrate* in Japan is declining.

しゅっせき 出席

attendance [アテンダンス], presence [プレズンス] (反 欠席 absence)
出席する **be present**, go 《to》, come 《to》, attend [アテンド] (反 欠席する be absent)
▶ 出席をとる take the roll / call the roll
(▶ roll は「出席簿」のこと)
▶ (先生が生徒に) 授業にはきちんと出席するように.
You must *come to* class regularly.
▶ 生徒全員が集会に出席した.
All the students *were present* at the assembly.
▶ 両親は私のいとこの結婚式に出席した.
My parents *attended* my cousin's wedding.
出席者 a person (who is) present; (集合的に) an attendance

しゅっちょう 出張 a business trip
出張する go ... on business, make a business trip, go on a business trip
▶ 父は先月オーストラリアへ出張しました.
My father *made a business trip* to Australia last month. / My father *went* to Australia *on business* last month.
▶ 母は出張中です.
My mother is *on a business trip*.

しゅっぱつ 出発

departure [ディパーチャ] (反 到着 arrival)
出発する **leave** [リーヴ], **start** [スタート]《from》, depart [ディパート] (反 到着する arrive)
▶ 私たちの乗る飛行機は正午に出発する.
Our plane *leaves* at noon. / Our plane *takes off* at noon.
▶ 私たちはあす朝早く出発しなければならない.
We must *start* early tomorrow morning.

💬 表現力
…を出発する
→ leave ... / start from ...

▶ 父はあす名古屋を出発します.
Father will *leave* Nagoya tomorrow.
(▶ ×leave from とはいわない)
▶ その新幹線は東京駅を10時50分に出発する.
The Shinkansen train *leaves* Tokyo at 10:50.

💬 表現力
…へ向かって出発する
→ leave for ... / start for ...
(▶ leave ×to ... , start ×to ... とはいわない)

▶ 私は6時前に頂上へ向かって出発した.
I *started for* the top of the mountain before six.
▶ いつニューヨークに出発するの？
When *are* you *leaving for* New York?

💬 表現力
～へ向かって…を出発する
→ leave ... for ～ /
　 start from ... for ～

▶ 真理子はきのう大阪へ向けて東京を出発した.

▶ じゅみょう

Mariko *started from* Tokyo *for* Osaka yesterday.
▶ その電車は京都を午後8時に出発して神戸に向かう.
The train *leaves* Kyoto *for* Kobe at 8 p.m.
出発時刻 the departure time
出発ロビー a departure lounge

○ leave Osaka (大阪を出発する)
○ start from Osaka (大阪を出発する)
× leave from Osaka
　　　この leave は他動詞.
　　　from といっしょには使わない.
○ leave for Osaka
　　　(大阪へ出発する)
○ start for Osaka
　　　(大阪へ出発する)
○ leave Osaka for Hawaii (ハワイへ向けて大阪を出発する)

しゅっぱん 出版 publication [パブリケイション]
出版する publish [パブリシ]
▶ 報道・出版の自由
freedom of *the press*
出版社 a publishing company [カンパニィ]
出版物 a publication
しゅっぴ 出費 expenses [イクスペンスィズ]
▶ 出費がかさむ
have to spend a lot of money
しゅっぴん 出品する exhibit [イグズィビト], enter [エンタァ]
▶ コンテストに絵を出品する
enter a painting in the contest
▶ オークションサイトに古着を出品する
put some old clothes *up* for sale at an auction site
しゅと 首都 a capital, a capital city
▶ イギリスの首都はロンドンです.
The *capital* of Britain is London.
▶ アメリカの首都はどこですか.
What's the *capital* of the United States?
首都圏 the metropolitan area
しゅどう 手動の manual [マニュアル]

しゅとして 主として mainly [メインリィ] → おもに¹
ジュニア (年少者, 息子) a junior [チューニャ] (反) シニア senior)
しゅにん 主任 a chief [チーフ], a head [ヘッド]
▶ 国語科の主任
the *head* teacher of Japanese
ジュネーブ (地名) Geneva [ヂェニーヴァ]
シュノーケル a snorkel [スノーケル]
しゅび 守備 defense [ディフェンス]; (野球の) fielding [フィールディング]
守備をする defend; (野球の) field
▶ (野球などで) 守備につく take the *field*
しゅふ¹ 首府 a capital, a capital city → しゅと
しゅふ² 主婦 a housewife [ハウスワイフ] (複数) housewives) (▶男性の「主夫」は a house husband [ハズバンド] という); (家事をする人) a homemaker [ホウムメイカァ]

しゅみ 趣味

1 a hobby [ハビィ]; (娯楽) a pastime [パスタイム]
▶ 趣味は何ですか.
What are your *hobbies*?

> 🟠プレゼン
> 私の**趣味**は古銭を集めることです.
> My hobby is collecting old coins.

▶ 母の趣味はクラシックを聞くことです.
My mother's *pastime* is listening to classical music.

> 💬用法 **hobby** と **pastime**
> 英語の **hobby** は切手やコインの収集, 楽器の演奏のように自分で積極的に作業するものに対してふつう使われるので, 読書や音楽鑑賞, 映画鑑賞, ショッピング, スポーツなどにはふつう **pastime** を使う.

2 (好み) (a) taste [テイスト]
▶ ジェーンは服の趣味がいい.
Jane has good *taste* in clothes.
▶ ロックはぼくの趣味じゃない.
Rock music isn't to my *taste*.
じゅみょう 寿命 life [ライフ], a life span, life expectancy

趣味　Hobbies

イラスト：大管雅晴

何かおもしろい趣味や興味のあることはありますか？
Do you have any interesting hobbies or *interests?

*interest [íntərist インタレスト] 興味のあること、関心事

何かおもしろい趣味や興味のあることはありますか？
Do you have any interesting hobbies or interests?

はい。ぼくの趣味はプラモ作りです。
戦車と戦闘機のプラモをよく作っています。
Yes. **My hobby is** making plastic models.
I often make models of tanks and fighters.

はい。私は編み物に興味があって、
おばあちゃんから教わっています。
Yes. **I'm interested in** knitting.
I'm learning it from my grandmother.

いいえ。ぼくは特にないです。
でも暇なときはよくユーチューブで動画を見ています。
No. **Nothing in particular.** But I often
watch videos on YouTube in my free time.

いろいろな趣味　Hobbies

- ギターを弾くこと　playing the guitar　・電車の写真を撮ること　taking pictures of trains
- 泳ぐこと　swimming　・絵を描くこと　painting　・マンガを描くこと　drawing manga
- プラモデルを作ること　making plastic models　・曲を作ること　song writing　・スケートボード　skateboarding　・将棋　(playing) shogi　・アイドルと握手すること　shaking hands with pop idols　・登山　mountain climbing　・手品　magic　・お菓子作り　making sweets
- ケーキ作り　baking cakes　・手芸　handicrafts　・日曜大工　do-it-yourself (D.I.Y.)
- 城めぐり　visiting castles　・アニメのフィギュア集め　collecting anime figurines [fígjəri:nz フィギュリーンズ]　・天体観測　astronomical [æstrɑ́:mikəl アストゥロナーミカル] observation

ちょっと変わったコレクター
Unique collectors

趣味で変わったものを集める人がいます。
There are some people who collect strange things **as a hobby**.

▶ 醤油鯛（しょうゆだい）　single-portion fish-shaped soy sauce *containers
▶ 人面石　stones that look like human faces
▶ エチケット袋　air sickness bags
　（飛行機よい用の）

*container [kəntéinər コンテイナァ] 容器

◀ **しゅんかん**

▶ いまや先進国の平均寿命は80歳前後になっている.
The average *life span* in developed countries is now around eighty years.
▶ ストレスをためると寿命を縮めますよ.
You will shorten your *life* if you feel stressed out.

しゅもく 種目 (競技の) an event [イヴェント] →りくじょう

じゅもん 呪文 a spell [スペル], a charm [チャーム]
▶ 呪文をとなえる
cast a *spell* / put a *spell*

しゅやく 主役 the leading part, the leading role; (演じる人) the lead [リード] →しゅえん
主役を演じる star [スター], play the leading part, play the leading role
▶ 彼女はその劇で主役を演じた.
She *starred* in the play. / She *played the leading part* in the play.

しゅよう 主要な (中心的な) main [メイン]; (重要な) major [メイジャ] →おもな
▶ 主要科目 the *main* subjects
▶ 主要国 *major* countries

じゅよう 需要 demand [ディマンド] (反 供給 supply)
▶ 需要と供給
supply and *demand* (▶日本語とは順序が逆になる)
▶ 供給が需要に追いつかない.
Supply cannot meet *demand*.

しゅりょう 狩猟 hunting [ハンティング]; (銃による) shooting [シューティング]
▶ 狩猟に出かける
go on a *hunt* / go *hunting*

しゅるい 種類

a kind [カインド], a sort [ソート], a type [タイプ]
▶ こんな種類の映画
this *kind* of movie / a movie of this *kind* (▶ this kind of *a movie* とはいわない)
▶ あらゆる種類の犬
all *kinds* of dogs / all *breeds* of dogs (▶ breed は「品種」という意味)
▶ その図書館にはいろいろな種類の本がある.
The library has many *kinds* of books.
▶ あなたはどんな種類の音楽が好きですか.
What *kind* of music do you like?
▶ この動物園には何種類の動物がいますか.
How many *kinds* of animals do you have in this zoo?

しゅわ 手話 sign language [サイン ラングウィジ]
▶ 手話で話す
use *sign language* / talk in *sign language*

じゅわき 受話器 a receiver [リスィーヴァ]
▶ 受話器をとる pick up the *receiver*
▶ 受話器を置く hang up the *receiver*

じゅん¹ 順

(順序) order [オーダァ]; (順番) my turn [ターン]
▶ 番号順に in numerical *order*
▶ 年齢の順に in *order* of age
▶ 先着順で
on a first-come, first-served basis
▶ 単語カードをアルファベット順に並べなさい.
Put the word cards *alphabetically*. / Arrange the words cards *in alphabetical order*.
▶ すわっている順に当てていきます.
I'll call on you in the *order* of your seats.
▶ 私たちは順々に歌った.
We sang *in turn*.

じゅん² 純な (混じりけのない) pure [ピュア]; (純真な) innocent [イノセント]
純愛 pure and innocent love
純金 pure gold
純毛 pure wool

じゅんい 順位 (a) ranking [ランキング]; (スポーツなどの順位表) standings [スタンディングズ]

じゅんえん 順延→えんき
▶ 運動会は雨天順延です.
If it rains, the sports day will be *put off* till the next fine day.

しゅんかん 瞬間 a moment [モウメント], an instant [インスタント]
▶ 次の瞬間
the next *moment*
▶ それは瞬間のできごとだった.

three hundred and seventy-one 371

じゅんかん ▶

It happened in *a moment*.

じゅんかん 循環 circulation [サ〜キュレイション]
▶ 血液の循環
the *circulation* of blood

じゅんきょうじゅ 准教授 an associate professor [アソウシエイト プロフェサァ]

じゅんけっしょう 準決勝 (個々の試合) a semifinal [セミファイヌル]; (準決勝の段階) the semifinals
▶ 準決勝に進む
go to *the semifinals*

じゅんじょ 順序 order [オーダァ] →じゅん¹
▶ これは順序がまちがっている.
These are in the wrong *order*.

じゅんしん 純真な pure [ピュア]; innocent [イノセント]

じゅんすい 純粋な pure [ピュア]
純粋に purely

じゅんちょう 順調に well [ウェル], all right
▶ すべて順調です.
Everything is going *well*.

じゅんばん 順番 my turn [タ〜ン] →ばん²
▶ 順番を待つ wait for my *turn*
▶ 次は私の順番よ. Now it's my *turn*.
▶ 生徒たちは順番にスピーチをした.
The students made speeches *in turn*.

じゅんび 準備 →ようい¹

preparation(s) [プレパレイション(ズ)]
準備する prepare [プリペア] (for), get ready (for); make preparations (for)

> 🟠 スピーキング
> Ⓐ 夕食の準備ができましたよ.
> Dinner is ready.
> Ⓑ 今行きます.
> I'm coming.

▶ 準備できたわ. I'm *ready*.
▶ 準備完了(かんりょう). It's all *set*.

> 🟠 表現力
> …の準備をする
> → prepare for ... /
> get ready for ...

It happened in *a moment*.

▶ みんな学園祭の準備で忙しい.
Everyone is busy *preparing for* the school festival.

> 🟠 表現力
> …する準備ができている
> → be ready to ...

▶ 出かける準備はできましたか.
Are you *ready to* go?
準備体操 a warm-up [ウォーマプ]

しゅんぶんのひ 春分の日 Spring Equinox [イークウィナクス] Day, Vernal Equinox Day

じゅんゆうしょう 準優勝 the second place
▶ 私たちのチームは市大会で準優勝した.
Our team won *second place* in the city tournament.

しよう¹ 使用 use [ユース] (発音注意)
使用する use [ユーズ] →つかう
▶ 使用中止《掲示》 Out of *Use*(▶エレベーターなどの掲示)
▶ 使用中《掲示》 Occupied (▶トイレなどの表示)

上は「使用中」, 下は「空き」の表示.

使用法 how to use, directions [ディレクションズ]

しよう² 私用の private [プライヴェト]
▶ 彼は私用で外出しています.
He is out on *private* business.

しょう¹ 賞 a prize [プライズ]
▶ 賞を与(あた)える
award a *prize* / give a *prize*
▶ 賞をとる win a *prize* / get a *prize* →じゅしょう
▶ アカデミー賞 an Academy *Award*
▶ ノーベル賞 the Nobel *Prize*
▶ 芥川(あくたがわ)賞 the Akutagawa *Prize*

しょう² 章 a chapter [チャプタァ]
▶ 第3章 the third *chapter* / *Chapter* III

372 three hundred and seventy-two

◀ **しょうがい**¹

(▶ chapter three と読む)
しょう³ 省（イギリスと日本の官庁）a ministry [ミニストゥリィ]；（アメリカの）a department [ディパートゥメント]

日本の省
内閣府　Cabinet Office, Government of Japan
総務省　Ministry of Internal Affairs and Communications
法務省　Ministry of Justice
外務省　Ministry of Foreign Affairs
財務省　Ministry of Finance
文部科学省　Ministry of Education, Culture, Sports, Science and Technology
厚生労働省　Ministry of Health, Labour and Welfare
農林水産省　Ministry of Agriculture, Forestry and Fisheries
経済産業省　Ministry of Economy, Trade and Industry
国土交通省　Ministry of Land, Infrastructure, Transport and Tourism
環境省　Ministry of the Environment
防衛省　Ministry of Defense

-しよう let's [レッツ] →-(し)ましょう
▶「テニスをしよう」「うん，しよう」
"*Let's* play tennis." "Yes, *let's*. / OK. / All right."
-しょう →-でしょう
じょう¹ 錠（錠前）a lock [ラック] →かぎ
じょう² 条 an article [アーティクル]
▶ 憲法第9条
the ninth *article* of the Constitution
-じょう …畳
▶ 6畳の部屋
a six-*tatami* room / a six-*mat* room
じょうえい 上映する show [ショウ]
　上映されている be on
▶ あの映画館では，いま何を上映しているの？
What's *on* now at that movie theater?
じょうえん 上演する put on, stage [ステイヂ], perform [パフォーム]
　上演されている be on, be running

▶ 私は英語で劇を上演したい．
I want to *put on* a play in English.
しょうか¹ 消化 digestion [ダイヂェスチョン]
　消化する digest [ダイヂェスト]
　消化がよい digestible [ダイヂェスティブル]
　消化が悪い indigestible
▶ めん類は消化がよい．
Noodles are easy to *digest*. / Noodles are *digestible*.
　消化器(官) digestive organs
　消化不良 indigestion
しょうか² 消火する put out the fire, extinguish [イクスティングウィシ] the fire →けす
　消火器 a fire extinguisher [イクスティングウィシャ]
　消化訓練 a fire drill
　消火せん a fire hydrant [ハイドゥラント]
ショウガ 《植物》ginger [ヂンヂァ]

しょうかい 紹介

introduction [イントゥロダクション]
　紹介する introduce [イントゥロデュース]；(すすめる) recommend [レコメンド]

　💬 表現力
　自己紹介する → introduce myself

▶ 自己紹介させてください．
Let me *introduce myself*. / I'd like to *introduce myself*.
▶ 健，友だちのジョンを紹介するよ．Ken, I want you to *meet my friend*, John.

　💬 表現力
　〜を…に紹介する
　　→ introduce 〜 to …

▶ 私をブラウンさんに紹介してください．
Please *introduce* me *to* Mr. Brown.
(▶×introduce Mr. Brown to me (ブラウンさんを私に紹介する) だと私のほうが偉そうに聞こえ，失礼な言い方になる)
▶ 友人をご紹介します．関さんです．
Let me *introduce* my friend *to* you. This is Mr. Seki.
▶ いいレストランを紹介してください．
Can you *recommend* a good restaurant?
　紹介状 a letter of introduction
しょうがい¹ 生涯 a life [ライフ] (複数)

しょうがい²

🔴スピーキング

①自分の友人どうしを紹介するとき

Ⓐ リサ，こちらクラスメートの健くん．健，こちらがリサ．今ご両親と日本にいらしてるんだよ．
Lisa, this is my classmate Ken. Ken, this is Lisa. Lisa is visiting Japan with her parents now.
(▶異性の場合は，まず女性に呼びかけて，男性を先に紹介するのがエチケット)

Ⓑ こんにちは，健．どうぞよろしくね．
Hello, Ken. Nice to meet you.

Ⓒ こんにちは，リサ．こちらこそよろしく．
Hello, Lisa. Nice to meet you, too.
(▶ Hello. は気さくな言い方．改まった場面では How do you do? が使われる)

②年齢のちがう人を紹介するとき

Ⓐ スミスさん，こちらが佐藤健さん．私のクラスメートです．健，このかたがスミスさん．リサのお父さんだよ．
Mr. Smith, this is Sato Ken. Ken is my classmate. Ken, this is Mr. Smith, Lisa's father.
(▶まず年上の人に呼びかけて，年下の人を先に紹介するのがエチケット)

Ⓑ 健，はじめまして．よろしく．きみのことはリサからいろいろ聞いてます．
How do you do, Ken? Glad to meet you. Lisa's told me a lot about you.

Ⓒ はじめまして，スミスさん．どうぞよろしく．
How do you do, Mr. Smith? I'm glad to meet you, too.

③大勢の人に人を紹介するとき

🔴 みなさん，今日は特別ゲストをお呼びしています．クラークさんです．クラークさんは有名なピアニストです．
Everyone, we have a special guest today. This is Ms. Clark. She's a famous pianist.

④自己紹介をするとき

Ⓐ 自己紹介をさせてください．私は武井明です．May I introduce myself? My name is Takei Akira.

Ⓑ リサ・スミスです．はじめまして，武井さん．I'm Lisa Smith. How do you do, Mr. Takei?

---

lives）；all *my* life →いっしょう
生涯を送る live a life, lead a life
▶ 祖父は幸福な生涯を送った．
My grandfather *led a happy life*.
▶ 私は悔いのない生涯を送りたい．
I'd like to *live* my *life* without regrets.
生涯学習 lifelong learning, lifelong study
生涯教育 lifelong education

しょうがい² 障害 an obstacle [アブスタクル]；(身心の) disability [ディサビリティ]
▶ 目的を達成するためにはどんな障害も乗りこえるつもりだ．
I'm determined to overcome any *obstacles* to achieve my goal.
障がい者 a disabled person
障害物競走 an obstacle race

しょうがくきん 奨学金 a scholarship [スカラシプ]
▶ ジェーンは奨学金をもらっている．
Jane is on a *scholarship*. (▶ a はつけないこともある)

しょうがくせい 小学生 a schoolchild [スクールチャイルド] (複数) schoolchildren [スクールチルドゥレン]，《米》an elementary school student, 《英》a primary school pupil →がくねん（表）
▶ 妹は小学生です．
My younger sister is *in elementary school*. / My younger sister is a *schoolchild*.

しょうがつ 正月

(新年) the New Year；(元日) New Year's Day →しんねん¹

はごいた (hagoita)
お年玉 (New Year's gift of money)
こま (top)
おもち (rice cake)

▶ あと何日でお正月？
How many days do we have before *New Year's Day*?
▶ 正月休み the *New Year* vacation

しょうがっこう 小学校
《米》an elementary [エレメンタリ] school, 《英》a primary [プライメリィ] school
▶ 妹は小学校へ行ってます． My sister goes to (an) *elementary school*.
▶ 弟は小学校5年です．
My brother is in the fifth grade. / My brother is a fifth grader.

しょうがない cannot help →しかた
▶ しようがない．I *can't help* it. / It *can't be helped*. / *There's nothing I can do* about it. / I *have no choice*.

しょうき 正気 senses [センスィズ], sanity [サニティ]
正気の sane [セイン]
▶ 「正気で言ってるの？」「ああ，正気だとも」
"Do you *really* mean it?" "Yes, I *really* do."

しょうぎ 将棋 *shogi*, Japanese chess
▶ 将棋をさす play *shogi*
将棋盤 a *shogi* board
将棋部 a *shogi* club

じょうき 蒸気 steam [スティーム], (空気中の) vapor [ヴェイパァ]
蒸気機関車 a steam locomotive

じょうぎ 定規 a ruler [ルーラァ]
▶ 三角定規 a triangle

じょうきげん 上機嫌で in high spirits, in a good mood
▶ ぼくらの先生は今日は上きげんだ．
Our teacher is *in high spirits* today.

しょうきゃく 焼却する incinerate [インスィネレイト]
焼却炉 an incinerator

じょうきゃく 乗客 a passenger [パセンヂァ]

じょうきゅう 上級の (レベルの高い) advanced [アドヴァンスト]；(先輩の) senior [スィーニァ] (反 下級の junior)；(年齢が上の) older [オウルダァ]
▶ 上級クラスの英語 *advanced* English
上級生 an older student, an upper-class student, a senior student

しょうぎょう 商業 business [ビズネス], commerce [カマ～ス]
商業の commercial [コマ～シャル]
商業英語 business English
商業高校 a commercial high school

じょうきょう¹ 状況 a situation [スィチュエイション]；(事情) circumstances [サ～カムスタンスィズ]
▶ それは状況しだいだ．
It depends on the *circumstances*.

じょうきょう² 上京する go to Tokyo, come to Tokyo
▶ 私は大学に通うために18歳のときに上京した．
I *came to Tokyo* at the age of eighteen to attend college.

しょうきょく 消極的な (否定的な) negative [ネガティヴ] (受け身の) passive [パスィヴ] (反 積極的な positive) (反 積極的な active)
▶ 消極的な意見 a *negative* opinion

しょうきん 賞金 a prize [プライズ], prize money →しょう¹
▶ 兄は模型飛行機コンテストで10万円の賞金をもらった．
My older brother won a *prize* of 100,000 yen in the model plane contest.

じょうくう 上空
▶ 飛行機は東京の上空を飛んだ．
The plane flew *over* Tokyo.

じょうげ 上下に up and down
▶ その絵は上下がさかさまだ．
That picture is *upside down*.

じょうけい 情景 a scene [スィーン]

しょうげき 衝撃 a shock [シャック]
衝撃的な shocking [シャキング]
▶ 衝撃を与える give a *shock*

じょうけん 条件 a condition [コンディション]
▶ あなたの意見に賛成だが1つ条件がある．
I agree with you on one *condition*.

しょうこ 証拠 evidence [エヴィデンス], (a) proof [プルーフ]
▶ 彼らを有罪にできる十分な証拠がなかった．
There wasn't enough *evidence* to convict them.
▶ 確かな証拠
positive *proof*

しょうご 正午

noon [ヌーン]
- 正午に at *noon*
- 正午のニュース
noon news / the *twelve o'clock* news

しょうこう 将校 an officer [オ(ー)フィサァ]

しょうこうぐち 昇降口 an entrance [エントゥランス]

しょうさい 詳細 details [ディテイルズ] →くわしい
詳細な detailed
詳細に in detail
- 計画を詳細に説明した.
I explained the plan *in detail*.

じょうざい 錠剤 a tablet [タブレト]

しょうさん 賞賛する praise [プレイズ], admire [アドゥマイア] →ほめる

しょうじ 障子 a *shoji*, a sliding paper door

じょうし 上司 my boss [ボ(ー)ス]

しょうしか 少子化 a declining birthrate [ディクライニング バ〜スレイト]
- 少子高齢化社会
an aging society with a *low* birthrate

しょうじき 正直

honesty [アネスティ]
正直な honest [アネスト]
- 正直な人 an *honest* person
- 正直な考えを聞かせてくれない？
Can you tell me your *honest* opinion?
- 正直は最善の策.《ことわざ》
Honesty is the best policy.
正直に honestly；(率直に) frankly [フランクリィ]
- 正直に言って, 彼女のことは好きじゃない.
Frankly speaking, I don't like her. / To be *honest* with you, I don't like her.
- 正直に言いなさい,そうすれば許してあげる.
Tell me *the truth*, and I'll forgive you.

じょうしき 常識（知識）common knowledge [ナレヂ]；(分別) common sense
- きみには常識というものが欠けているよ.
You have no *common sense*.
- それは常識だ.
It is a matter of *common knowledge*. / (だれでも知っている) Everybody knows it.

しょうしゃ 商社 a business firm；(貿易会社) a trading company

じょうしゃ 乗車する get on（反）下車する get off →のる¹
- みなさん, ご乗車ください.
All *aboard*, please.
乗車券 a ticket
乗車賃 a fare

しょうしゅう 招集する call [コール]

じょうじゅん 上旬
- 6月上旬に
early in June / at *the beginning* of June

しょうしょ 証書 (証明書) a certificate [サティフィケト]
- 卒業証書 a diploma [ディプロウマ]

しょうじょ 少女

a **girl** [ガ〜ル]（対）少年 boy (▶ girl は若い女性をさすことがあるので,「少女」を a young girl, a little girl ということも多い)
- かわいい少女
a pretty *girl*
少女雑誌 a magazine for girls, a girls' magazine
少女時代 my girlhood

しょうしょう 少々 (量が) a little [リトゥル]； (数が) a few [フュー] →すこし
- 塩を少々加えてください.
Please add *a little* salt.

しょうじょう¹ 賞状 a certificate [サティフィケト]

しょうじょう² 症状 a symptom [スィン(プ)トム]
- かぜの症状が出る
have the *symptoms* of a cold

じょうしょう 上昇する rise [ライズ], go up

///ライティング
地球温暖化により海面が**上昇している**.
Sea levels are rising due to global warming.

◀ **しょうたい**²

じょうず 上手な

good [グッド] (at) (反) へたな bad, poor) →うまい
上手に well [ウェル]

▶ 裕美と麻也ではどちらがテニスが上手ですか.
Who plays *better*, Hiromi or Maya?

▶ どうしたら英語が上手になりますか.
How can I *improve* my English?

🗨️表現力
…が上手だ
→ be good at … / be a good …

▶ 優衣はダンスが上手です.
Yui *is good at* dancing. / Yui *is a good* dancer. / Yui dances *well*.

じょうすいき 浄水器 a water purifier [ピュ(ア)リファイア]

しょうすう¹ 少数の（少数の…がある）a few [フュー]；(ほとんどない) few,《口語》only a few →すこし

▶ 少数の生徒がその試験に合格した.
A few students passed the exam.

▶ ごく少数の生徒しかその試験に合格しなかった.
Few students passed the exam.
少数意見 a minority opinion

しょうすう² 小数《数学》a decimal [デスィマル]
小数点 a decimal point

▶ 小数第2位まで計算する
calculate to two *decimal* places

▶ 小数点以下を切り捨てる
omit *decimals*

ℹ️参考 **小数の読み方**
小数を読むときは小数点を **point** と読み，3.14なら **three point one four** のようにいう. 小数点以下はふつう1けたずつ読む.

じょうせい 情勢 the situation [スィチュエイション]

▶ 国際情勢 the international *situation*

しょうせつ 小説（長編の）a novel [ナヴ(ェ)ル]；(物語) a story [ストーリィ]；(総称) fiction [フィクション]

▶ 推理小説
a detective *story* / a mystery
▶ 短編小説 a short *story*
▶ 恋愛小説 a love *story*
小説家 a novelist

じょうせん 乗船する go aboard, go on board

しょうぞうが 肖像画 a portrait [ポートゥレト]（▶「肖像写真」のこともいう）

しょうそく 消息 news [ニューズ]
消息がある（連絡がある）hear from；(うわさを聞く) hear of

▶ 彼が海外に行ってから何の消息もない.
I've *heard* nothing at all *from* him since he went abroad.

しょうたい¹ 招待

(an) invitation [インヴィテイション]
招待する invite [インヴァイト], ask [アスク]

▶ きみはその招待に応じるつもりですか.
Are you going to accept the *invitation*?

🗨️表現力
(人)を招待する → invite ＋人

▶ あなたはクラスメートを招待しましたか.
Did you *invite* your classmates?

🗨️スピーキング
🅐 ようこそおいでくださいました.
Oh, it's very nice of you to come.
🅑 ご招待くださいましてありがとう.
Thank you for inviting us.

🗨️表現力
(人)を…に招待する
→ invite ＋人＋ to … /
ask ＋人＋ to …

▶ ケンを私の誕生日会に招待するつもりです.
I'll *invite* Ken *to* my birthday party.
▶ 私は夕食に招待された.
I *was invited to* dinner.
招待券 a complimentary ticket
招待状 an invitation, an invitation card

しょうたい² 正体 my true character [キャラクタァ]；(身元) my identity [アイデンティティ]

three hundred and seventy-seven 377

じょうたい

じょうたい 状態
condition(s) [コンディション(ズ)], a state [ステイト]
▶ 天候状態
weather *conditions*
▶ 最近うちの祖父は健康状態がよい．
My grandfather has been in good health lately.

しょうだく 承諾 consent [コンセント]
承諾する consent 《to》
▶ 両親は私の留学を承諾してくれた．
My parents *consented to* my studying abroad.

じょうたつ 上達する improve [インプルーヴ], make progress [プラグレス]

> 💬 表現力
> …が上達する
> → ... improve / improve in ... / make progress in ...

▶ ジャックの日本語は上達したね．
Jack's Japanese *has improved*. / Jack *has improved in* Japanese. / Jack *has made progress in* Japanese.

じょうだん 冗談 a joke [ヂョウク]
冗談を言う joke, tell a joke, make a joke
▶ 冗談だよ．
I'*m joking*. / It's a *joke*. / It's only a *joke*. / It's just a *joke*.
▶ (軽く「ウッソー」という感じで) 冗談でしょ．
No *kidding*! / You must *be joking*.
▶ (本気で) 冗談はよせ．
Stop *joking*. / You've got to *be kidding*.
▶ ぼくたちの先生は授業中によく冗談を言う．
Our teacher often *makes jokes* in class.
▶ 冗談で言ったんだよ．
I just said it *for fun*.

しょうち 承知する (知っている) know [ノウ]; (承諾する) say yes; (許す) forgive [フォギヴ]
▶ 今度したら承知しないよ．
I'll never *forgive* you if you do it again.
▶ (店員などが) はい，承知いたしました．
Yes, certainly. / (男性の客に) *Yes, sir*. / (女性の客に) *Yes, ma'am*.

> 💬 スピーキング
> 🅐 あす私の家へ来てくださいますか．
> Could you please come over to my house tomorrow?
> 🅑 承知しました．
> Certainly.

しょうちょう 象徴 a symbol [スィンボル]
象徴する symbolize [スィンボライズ]
▶ ハトは平和を象徴する．
Doves *symbolize* peace.
▶ 天皇は日本国の象徴である．
The Emperor is the *symbol* of Japan.

じょうでき 上出来
▶ 上出来だ！ Well done! / Good job!

しょうてん¹ 商店 《米》a store [ストー(ァ)], 《おもに英》a shop [シャップ]
▶ 直美さんのお父さんは大きな商店を経営している．
Naomi's father runs a big *store*.
商店街 a shopping street, a shopping mall [モール]
商店主 《米》a storekeeper; 《おもに英》a shopkeeper

しょうてん² 焦点 a focus [フォウカス]
焦点を合わせる focus

しょうとう 消灯する turn off the light, switch off the light
消灯時間 lights-out [ライツアウト]

しょうどう 衝動 an impulse [インパルス]
衝動的に impulsively [インパルスィヴリィ]
▶ クマのぬいぐるみを衝動買いした．
I bought a teddy bear *impulsively*.

じょうとう 上等な good quality, excellent [エクセレント]
▶ 上等なワイン
excellent wine / *good quality* wine

しょうどく 消毒 disinfection [ディスインフェクション]
消毒する disinfect

-しようとしている →-(して)いる

> 💬 表現力
> …しようとしている → be going to ...

▶ 何をしようとしているのですか．
What *are* you *going to* do?

◀ **しょうひん**²

-しようとする try to ... ; (難しいことを) attempt to ... , make an effort to ...

💬表現力
…しようとする → try to ...

▶ その戸を開けようとしたが，どうしても開かなかった.
I *tried to* open the door, but it wouldn't open.

しょうとつ 衝突 a crash [クラッシ]
衝突する crash into, run into, collide [コライド] (with); (意見が) clash [クラッシ] (with), argue [アーギュー] (with)

▶ 車がガードレールに衝突した.
A car *ran into* the guardrail.

▶ ぼくたちはよく意見が衝突する.
Our opinions often *clash*. / We often *argue with* each other.

▶ 車の衝突事故
a car *crash*

▶ 正面衝突する
have a head-on *collision*

しょうに 小児 an infant [インファント], a small child
小児科医 a children's doctor, a pediatrician [ピーディアトゥリシャン]

しょうにん¹ 商人 a merchant [マ〜チャント]; (商店経営者) (米) a storekeeper [ストーキーパァ], (おもに英) a shopkeeper [シャプキーパァ] →しょうばい

しょうにん² 証人 a witness [ウィトゥネス]

しょうにん³ 承認 approval [アプルーヴァル]
承認する approve [アプルーヴ] →みとめる

しょうにんずう 少人数 a small number of people

▶ 少人数のクラス
a *small* class

じょうねつ 情熱 passion [パション]

▶ 彼らは野球に情熱を燃やしている.
They have a *passion* for baseball.
情熱的な passionate

▶ 情熱的な恋
passionate love

しょうねん 少年

a **boy** [ボイ] (対 少女 girl)

▶ 少年少女 *boys* and girls

▶ ロイはアメリカの少年です.
Roy is an American *boy*.

▶ 少年よ大志をいだけ.
Boys, be ambitious. (▶アメリカ人のW・S・クラーク博士のことば)
少年らしい，少年のような boyish
少年時代 my boyhood, my childhood

▶ 父は少年時代を青森で過ごした.
My father spent his *boyhood* in Aomori. / My father lived in Aomori when he was a *boy*.
少年犯罪 juvenile [ヂューヴェ(ナ)ナイル] crime
少年法 the Juvenile Act

じょうば 乗馬 (米) horseback riding [ホースバック ライディング], (英) horse riding
乗馬クラブ a riding club

しょうはい 勝敗 victory [ヴィクト(ゥ)リィ] or defeat [ディフィート]

▶ 勝敗を決めたのは山口君のホームランだった.
It was Yamaguchi's home run that *decided the game*.

しょうばい 商売 business [ビズネス]
商売する deal [ディール] in, sell

▶ 商売を始める
start my *business* / set up my *business*

▶ 商売をやめる
close my *business* / give up my *business*

じょうはつ 蒸発する evaporate [イヴァポレイト]; (人が) disappear [ディサピア]

▶ 水は熱すると蒸発する.
Water *evaporates* when it is heated.

じょうはんしん 上半身 the upper part of the body

しょうひ 消費 consumption [コンサンプション]
消費する consume [コンス(ュ)ーム]
消費者 a consumer
消費税 a consumption tax

しょうひょう 商標 a trademark [トゥレイドゥマーク]

しょうひん¹ 商品 a product [プラダクト], an item [アイテム]; (総称的に) goods [グッヅ]
商品券 a gift certificate

しょうひん² 賞品 a prize [プライズ]

▶ 写真コンテストでたくさん賞品をもらった.
I won a lot of *prizes* in the photo

three hundred and seventy-nine 379

じょうひん ▶

contest.

じょうひん 上品な graceful [グレイスフル], elegant [エレガント]（反 下品な vulgar）
▶ 上品な婦人
an *elegant* lady / a *graceful* lady
▶ 彼女は上品な身なりをしていた.
She was *elegantly* dressed.

ショウブ 《植物》a sweet flag [スウィートフラッグ]; (ハナショウブ) a Japanese iris [アイ(ア)リス]

しょうぶ 勝負 a game [ゲイム] →しあい
勝負する play [プレイ] 《with》, have a game
▶ 正々堂々と勝負しよう. Let's *play* fair.
▶ 勝負に勝つ win a *game*
▶ 勝負に負ける lose a *game*
勝負ごと gambling

じょうぶ 丈夫な

(健康な) healthy [ヘルスィ]; (強い) strong [ストゥロ(ー)ング]

healthy　　　　　strong

▶ 父はじょうぶでかぜひとつひかない.
Father is very *healthy* and never catches cold.
▶ このジーンズはとてもじょうぶな生地でできている.
These jeans are made of very *strong* material.

しょうべん 小便 urine [ユ(ア)リン]; (おしっこ) (口語) pee [ピー] →おしっこ
小便をする urinate [ユ(ア)リネイト]; (おしっこする) (口語) pee, take a pee, have a pee
▶ 小便に行く
go to the bathroom / go to the restroom
▶ 立ち小便をする
urinate by the roadside
▶ 弟はよく寝小便をする.
My brother often *wets his bed*.

しょうぼう 消防 fire fighting
消防士 a firefighter, a fire fighter

消防車 a fire engine, 《米》a fire truck
消防署 a fire station

じょうほう 情報

information [インフォメイション] (▶ an をつけず, 複数形にしない)
▶ 1 件の情報 a piece of *information*
▶ たくさんの情報 a lot of *information*
▶ いくつかの情報
several pieces of *information*
▶ 最新の情報
the latest *information* / the latest *news*
▶ 信頼できる情報 reliable *information*
▶ 情報を集める
collect *information* / gather *information*

> 🎤 プレゼン
> 私はインターネットから情報を得る必要があると思います.
> I think we should get information from the internet.

情報化社会 an information-oriented society
情報技術 information technology, IT
情報通信技術 information and communication(s) technology, ICT
情報産業 information industry

しょうみきげん 賞味期限 the best-before date

じょうみゃく 静脈 a vein [ヴェイン]（対 動脈 artery）

しょうめい¹ 証明 proof [プルーフ]
証明する prove [プルーヴ]
証明書 a certificate
▶ 在学証明書
a *certificate* of student registration
▶ 成績証明書

(米) a transcript
しょうめい[2] 照明 lighting [ライティング]
▶ 舞台の照明
stage *lighting*
▶ このホールは照明がよい.
This hall *is* well *lighted*. (▶「悪い」なら well を poorly にする)
しょうめん 正面 the front [フラント]
正面の front
▶ 学校の正面にバス停がある.
There's a bus stop *in front of* our school.
正面玄関 the front door
正面衝突 a head-on collision
しょうもう 消耗する consume [コンス(ュ)ーム]; (体力を) exhaust [イグゾースト]
消耗品 a consumable
じょうやく 条約 a treaty [トゥリーティ]
▶ 条約を結ぶ
conclude a *treaty*
▶ 日米安全保障条約
the Japan-US Security *Treaty*
しょうゆ soy sauce [ソイ ソース] (▶単に soy ともいう. soy は「しょう油」という日本語から)
じょうようしゃ 乗用車 a car [カー], a passenger car →じどうしゃ

しょうらい 将来

the future [フューチァ]
▶ 日本の将来 *the future* of Japan
▶ 将来の夢
a dream for *the future*
▶ 近い将来(に) in *the near future*

🔶 プレゼン
将来はアナウンサーになりたい.
I want to be an announcer in the future.

🔶 スピーキング
Ⓐ きみは将来何になりたいの.
What do you want to be in the future?
Ⓑ 宇宙飛行士になりたい.
I want to be an astronaut.

将来性のある promising
しょうり 勝利 (a) victory [ヴィクト(ゥ)リィ] (反 敗北 defeat) →かつ

勝利する win a victory, win
勝利者 a victor, a winner
勝利投手 (野球) a winning pitcher
じょうりく 上陸 (a) landing [ランディング]
上陸する land [ランド] (on, in, at)
▶ 台風が九州に上陸した.
The typhoon *reached* Kyushu. / (襲った) The typhoon *struck* Kyushu. (▶ struck は hit ともいう)
しょうりゃく 省略 (an) omission [オウミション]; (短縮すること) (an) abbreviation [アブリーヴィエイション]
省略する (省く) omit [オウミット]; (語などを短縮する) abbreviate [アブリーヴィエイト]
▶ ここは the を省略してもいい.
You may *omit* "the" here.
▶ 住所氏名を省略せずに書きなさい.
Write your name and address in full.
▶ kilometer を省略すると km になる.
'Kilometer' *is abbreviated* to 'km'.
じょうりゅう 上流 **1** (川の上流に) up the river, upstream [アプストゥリーム] (反 下流に down the river, downstream)
▶ 1 キロ上流にダムがある.
There is a dam one kilometer *up the river*.
2 (社会の階級) (上流階級) the upper class(es)
しょうりょう 少量の a little [リトゥル] (反 多量の much) →すこし
じょうろ a watering can [ウォータリング キャン]
しょうわ 昭和 Showa
▶ 父は昭和55年11月3日に生まれた.
My father was born on November 3, *Showa* 55. →へいせい, れいわ
ショー a show [ショウ]
▶ 自動車ショー
a motor *show* / a car *show* / an auto *show*
▶ ドッグショー
a dog *show*
▶ ファッションショー
a fashion *show*
ショーウインドー a show window
じょおう 女王 a queen [クウィーン] (対 王 king)
▶ エリザベス女王 *Queen* Elizabeth

ジョーカー ▶

▶ テニスの女王 a tennis *queen*
女王バチ a queen bee

ジョーカー (トランプの) the joker [ヂョウカァ]

ジョーク a joke [ヂョウク]
ジョークを言う joke, tell a joke, make a joke →じょうだん

ショート 《野球》 (a) shortstop [ショートゥスタプ]

ショートカット (髪型) a short haircut [ヘアカト]；(コンピューター) a shortcut [ショートゥカト]

ショートケーキ (a) shortcake [ショートゥケイク]

ショートパンツ shorts [ショーツ]

ショール a shawl [ショール]

しょか 初夏 early summer
▶ 初夏に in early summer / early in (the) summer

しょき[1] 初期 the beginning [ビギニング]
初期の early [アーリィ] (反) 後期の late)
▶ 明治時代の初期に
in the early Meiji period / at the beginning of the Meiji period
▶ 私は漱石の初期の作品が好きだ．
I like Soseki's early works.
初期化する (コンピューター) initialize [イニシャライズ], format [フォーマト]

しょき[2] 書記 a clerk [クラ～ク], a secretary [セクレタリィ]

しょきゅう 初級の elementary [エレメンタリィ]；(初心者向けの) beginners'
▶ 初級コース
an *elementary* course / a *beginners'* course

ジョギング jogging [ヂャギング]
ジョギングをする jog

しょく 職 a job [ヂャブ] →しごと

しょくいく 食育 dietary education [ダイエタリィ エデュケイション]

しょくいん 職員 (1人)a staff member；(全体) the staff [スタフ]
職員会議 (学校の) a teachers' meeting
職員室 (学校の) a teachers' room；a staffroom

しょくえん 食塩 salt [ソールト] →しお[1]
食塩水 saline [セイリーン] solution

しょくぎょう 職業

a **job** [ヂャブ], an occupation [アキュペイション]；(専門的な) a profession [プロフェション]
▶ 父の職業は弁護士です．
My father is a lawyer.
職業体験 work experience

おもな職業

アナウンサー an announcer
医師 a doctor
音楽家 a musician
介護福祉士 a care worker
会社員 an office worker
画家・芸術家 an artist
歌手 a singer
看護師 a nurse
技術者 an engineer
客室乗務員 a flight attendant
教師 a teacher
銀行員 a bank clerk
警察官 a police officer
公務員 a public servant, a government employee
ジャーナリスト a journalist
獣医 a veterinarian, 《口語》a vet
商店主 a storekeeper, a shopkeeper
消防士 a firefighter
政治家 a statesman, a politician
僧侶 a priest
大工 a carpenter
調理師 a cook
通訳 an interpreter
農業従事者 a farmer
パートタイマー a part-timer
歯医者 a dentist
パイロット a pilot
生花店の店主 a florist
パン職人 a baker
秘書 a secretary
美容師 a hairdresser
プロ野球選手 a professional baseball player
弁護士 a lawyer
保育士 a nursery school teacher
理髪師 a barber
漁師 a fisher

◀ **しょくじ**

🗣スピーキング
Ⓐ ご職業は何ですか.
　What do you do?
　(▶ What's your job? あるいは What's your occupation? ともいう)
Ⓑ コンピューター関係の会社に勤めています.
　I work for a computer company.
Ⓑ コンピュータープログラマーです.
　I'm a computer programmer.
　(▶日本では「会社員です」とか「サラリーマンです」のようなあいまいな答え方をよくするが, 英米ではⒷのようにどんな会社に勤めているのか (I work for [at] ...), またはⒷのように何をしているのか (I'm a ...) を具体的に答えるのがふつう)

しょくご 食後 after a meal [ミール]

しょくじ 食事 →ごはん

a meal [ミール]

🗣スピーキング
①家庭で
Ⓐ 食事 (夕食) の準備ができたよ.
　Dinner's ready.
Ⓑ ネッド, きみにはこのカレー, からすぎるんじゃない？
　Ned, isn't this curry too hot for you?
Ⓒ いや, とってもおいしい.
　No, it's very good.
Ⓒ どうもごちそうさまでした.
　The dinner was delicious.
Ⓐ 気に入ってもらえてよかった.
　I'm glad you liked it.
Ⓑ お皿洗うの手伝ってね, ネッド.
　Please help me do the dishes, Ned.
Ⓒ うん, いいよ.
　OK, sure.

②ハンバーガーショップで
Ⓐ ハンバーガー4つとコーラ2つ, 持ち帰りで.
　Four hamburgers and two colas to go, please.

食事をする have a meal, eat a meal, eat
▶ 軽い食事 a light *meal*
▶ ボリュームのある食事 a big *meal*
▶ 食事制限する go on a *diet* / *diet* (▶「食事制限している」は be on a diet)
▶ 食事の前には手を洗いなさい.
　Wash your hands before *eating*.
▶ 食事中に電話がかかってきた.
　I had a phone call during the *meal*.
▶ 食事は済みましたか. Have you finished *breakfast*? (▶時間帯によって breakfast, lunch, dinner を使い分ける)

🗣スピーキング
Ⓐ 食事 (朝食) ができたよ.
　Breakfast is ready.
Ⓑ 今行きます.
　I'm coming.

▶「お父さん, 今晩は外で食事をしようよ」「そうしよう」 "How about *eating* out this evening, Dad?" "OK."

Ⓑ 全部で1420円です.
　That'll be 1,420 yen altogether.
Ⓒ 割りかんにしよう.
　Let's split the bill.

③レストランで
Ⓐ メニューを見せてください.
　May I see the menu, please?
Ⓑ はい, どうぞ.
　Here you are, sir.
Ⓑ ご注文はお決まりでしょうか.
　Are you ready to order?
Ⓐ 2人ともステーキ定食にします.
　We'll both have the steak dinner.
Ⓑ 肉の焼きかげんはどういたしますか.
　How would you like your steak?
Ⓐ 私はミディアムに.
　Medium, please.
　(▶「軽くあぶるだけ」は rare, 「ミディアム・レア」は medium-rare という)
Ⓒ ぼくはよく焼いて.
　Well-done for me.
Ⓑ かしこまりました.
　Very well, sir.

しょくたく ▶

しょくたく 食卓 a table, a dining table
▶ 食卓を用意する set the *table*
▶ 食卓をかたづける clear the *table*
▶ 食卓につく sit at the *table*

しょくちゅうどく 食中毒 food poisoning
▶ 食中毒になる get *food poisoning*

しょくどう 食堂 (家庭の) a dining room [ダイニングルーム]; (レストラン) a restaurant [レストラント]; (セルフサービスの) cafeteria [キャフェティ(ア)リア]
食堂車 a dining car, a diner

しょくにん 職人 a craftsperson [クラフツパーソン] (複数 craftspeople); a craftworker
職人芸 craftspersonship

しょくば 職場 my place of work, my workplace [ワークプレイス]
職場体験 work experience, internship
▶ 私は職場体験でスーパーへ行きました.
I went to a supermarket to have *work experience*. / I had my *work experience* at a supermarket.

しょくパン 食パン bread [ブレッド]

しょくひ 食費 food expenses [イクスペンスィズ]

しょくひん 食品 (a) food [フード]
▶ インスタント食品 instant *foods*
▶ 冷凍食品 frozen *foods*

しょくぶつ 植物

a plant [プラント]
▶ 野生の植物 a wild *plant*
▶ 熱帯植物 a tropical *plant*
植物園 a botanical garden
植物学 botany [バタニィ]

しょくみんち 植民地 a colony [カロニィ]
しょくもつ 食物 food [フード] →たべもの
しょくよう 食用の edible [エディブル]
食用油 cooking oil

しょくよく 食欲 (an) appetite [アペタイト]
▶ 食欲がある have a good *appetite*
▶ 食欲がない
have a poor *appetite* / have no *appetite*

しょくりょう[1] 食糧 food [フード]
▶ 1週間分の食糧を備蓄する
stock *food* for a week
食糧危機 a food crisis [クライスィス]

食糧問題 the food problem

しょくりょう[2] 食料(品) (a) food [フード]
食料品店 a grocery, a grocery store

しょくりん 植林 afforestation [アフォーレステイション]
▶ 山に植林する
plant a mountain *with trees*

しょくん 諸君 Everyone! [エヴリワン], Everybody! [エヴリバディ]; (少年・少女に) Boys and girls!; (男性に) Gentlemen! [ヂェントゥルマン] →みな, みんな

しょげる (落ちこむ) feel down, be depressed
▶ 麻衣はテストの結果のことですっかりしょげていた.
Mai *felt* really *down* because of her test results.

じょげん 助言 advice [アドヴァイス]
助言する advise [アドヴァイズ]
▶ 彼に助言を求めた.
I asked him for *advice*.
▶ 先生の助言に従った.
I followed my teacher's *advice*. / I took my teacher's *advice*.

> 表現力
> (人)に…するように助言する
> → advise ＋人＋ to ...

▶ 医者は私にもっと運動するように助言してくれた.
The doctor *advised* me *to* get more exercise.

じょこう 徐行する go slowly, go slow, slow down
▶ 徐行《掲示》
Slow / *Slow Down* / *Go Slow*

しょさい 書斎 a study [スタディ]

じょさんし 助産師 a midwife [ミドゥワイフ] (複数 midwives)

じょし 女子

(女の子) a girl [ガール]; (対 男の子 boy); (成人の女性) a woman [ウマン] (複数 women) (対 男性 man)
▶ このクラスは男子より女子のほうが多い.
There are more *girls* than boys in this class.
女子高校 a girls' high school
女子高生 a female high school

◀ **しょどう**

student, a female high schooler
女子生徒 a female student ; a girl student
女子大学 a women's college
女子トイレ《米》a ladies' room, a women's room,《英》the ladies

じょしゅ 助手 an assistant [アスィスタント]
助手席 a passenger seat

しょしゅう 初秋 early fall,《英》early autumn
▸ 初秋に in *early fall* / *early* in (the) *fall*

しょしゅん 初春 early spring
▸ 初春に
in *early spring* / *early* in (the) *spring*

じょじょ 徐々に gradually [グラヂュアリィ] ;（ゆっくりと）slowly [スロウリィ] ;（少しずつ）little by little →**だんだん**

しょしんしゃ 初心者 a beginner [ビギナァ]
▸ テニスの初心者
a *beginner* tennis player
▸ 初心者歓迎《掲示》
Welcome *Newcomers* / Welcome *Beginners*

じょせい 女性

a **woman** [ウマン]（複数）women [ウィメン]（対）男性 man ; a **lady** [レイディ] →**おんな**
女性の female, woman
女性的な（女性らしい）feminine
▸ 女性美 *feminine* beauty
▸ 一般に女性は男性よりも長生きだ.
Women generally live longer than men.

しょせき 書籍 a book [ブック] →**ほん**
電子書籍 an e-book, an electronic book

しょぞく 所属する belong [ビロ(ー)ング] to →**ぞくする**

しょたい 所帯（家族）a family [ファミリィ] ;（1軒の家に住む人）a household [ハウスホウルド] →**かぞく**

しょたいめん 初対面
▸ 彼とは初対面でした.
I *met* him *for the first time*.

しょち 処置（手段）a measure [メジャ] ;（治療(りょう)）(a) treatment [トゥリートゥメント]
処置する treat, deal with
応急処置 first-aid *treatment*

しょちゅう 暑中

▸ 暑中見舞い a *summer* greeting card
▸ 暑中お見舞い申しあげます.
How are you getting along *in all this heat* ?（▸英米には暑中見舞い状を出し合う習慣はない）

しょっかく 触覚 the sense of touch

しょっき 食器（類）the dishes [ディシィズ] ;（全体）tableware [テイブルウェア]
▸ 食器をかたづける
clear away *the dishes*
▸ 食器を洗う
wash *the dishes* / do *the dishes*
食器洗い機 a dishwasher
食器だな a cupboard [カバド]

ジョッキ a beer mug [マグ]

ショッキング(な) shocking [シャキング]

ショック (a) shock [シャック]
▸ ほんと？ショックだわ.
Really? What a *shock*! / Really? I'm *shocked*.
▸ その人気歌手の自殺はショックだった.
I *was shocked* by the popular singer's suicide.

しょっちゅう always [オールウェズ], constantly [カンスタントゥリィ], all the time →**いつも**
▸ 彼はしょっちゅう遅刻(ちこく)する.
He's *always* late.

しょっぱい salty [ソールティ] →**しお**¹

ショッピング shopping [シャピング]
▸ ショッピングに行く go *shopping*
ショッピングセンター a shopping center,《米》a mall [モール], a shopping mall

しょてん 書店《米》a bookstore [ブクストー(ァ)],《英》a bookshop [ブクシャプ]

しょとう¹ 初等の elementary [エレメンタリィ], primary [プライメリィ]
初等科 an elementary course
初等教育 elementary education, primary education

しょとう² 初冬 early winter
▸ 初冬に
in *early winter* / *early* in (the) *winter*

しょとう³ 諸島 islands [アイランヅ]
▸ ハワイ諸島 the Hawaiian *Islands*

しょどう 書道 calligraphy [カリグラフィ]
▸ 書道を習う
learn *calligraphy* / practice

じょどうし

calligraphy
書道部 a calligraphy club
じょどうし 助動詞《文法》an auxiliary [オーグズィリァリィ] verb
しょとく 所得 (an) income [インカム]
所得税 (an) income tax
しょばつ 処罰 (a) punishment [パニシメント] →ばつ¹
しょぶん 処分する(始末する)dispose [ディスポウズ] of ; (処罰にする) punish [パニシ]
▶ 彼はカンニングをして処分された.
He *was punished* for cheating.
▶ 古い洋服を処分した.
I *disposed of* my old clothes.
しょほ 初 歩 the ABC('s) [エイビースィーズ]; (基礎) the basics [ベイスィクス]
▶ 算数の初歩 *the ABC's* of arithmetic
▶ 初歩から from *the beginning*
▶ 科学の初歩的な知識
an *elementary* knowledge of science
▶ このテキストは初歩の人に役立つ.
This textbook is good for *beginners*.
しょみん 庶民 the common people [ピープル], the ordinary people
しょめい 署名 a signature [スィグナチ(ュ)ア] →サイン
署名する sign [サイン]
▶ ここに署名してください.
Please *sign your name* here.
署名運動 a signature-collecting campaign
じょめい 除名する expel [イクスペル]
▶ 彼はサッカー部から除名された.
He *was expelled* from the soccer team.
しょもつ 書物 a book [ブック] →ほん
じょやのかね 除夜の鐘 New Year's Eve bells
しょゆう 所有する have [ハヴ], own [オウン], possess [ポゼス] →もつ
▶ この土地はだれが所有しているのですか.
Who *owns* this land? / Who is the *owner* of this land?
所有格《文法》the possessive case
所有者 an owner
所有物 *my* property, *my* belongings
じょゆう 女優 an actress [アクトゥレス]《対》男優 actor)(▶最近では性別に関係なく actor を使う傾向にある)
しょり 処理する handle [ハンドゥル], deal [ディール] with;(コンピューターで)process [プラセス] →あつかう,かたづける
じょりゅう 女流の woman [ウマン], female [フィーメイル], lady [レイディ]
女流作家 a woman writer
しょるい 書類 papers [ペイパァズ], documents [ダキュメンツ]
▶ 重要書類 important *papers*
じらい 地雷 a landmine [ラン(ドゥ)マイン]
しらが 白髪 (a) gray hair
▶ 白髪になる go *gray* / turn *gray* / *gray*
シラカバ《植物》a white birch [バ〜チ]
しらける
▶ 先生のだじゃれでみんなしらけた.
The teacher's joke *spoiled* the whole atmosphere.
じらす keep ... hanging, keep ... in suspense
▶ じらさないで,ほんとうのことを言ってよ.
Don't *keep* me *hanging*. Tell me the truth.
しらずしらず 知らず知らず
▶ 知らず知らずのうちに私たちは仲よくなった.
We became good friends with each other *before we realized it*.

しらせ 知らせ

(ニュース) news [ニューズ](▶数えるときは a piece of news, two pieces of news などと表す)
▶ 残念だけど悪い知らせがあるんだ.
I'm afraid I have some bad *news*.
▶ ぼくらはその知らせを聞いてびっくりした.
We were surprised at the *news*.

しらせる 知らせる

tell [テル], let ... know, inform [インフォーム]

> 💬表現力
> (人)に…を知らせる
> → let +人+ know ... /
>   inform +人+ of ...

▶ そのことについては手紙でお知らせします.
We'll *inform* you (*of* that) by letter. / We'll *let* you *know* about that by letter.
▶ 駅に着いたら知らせてください.

◀ **しりつ**¹

Please *let* me *know* when you arrive at the station.
▶ どうしてほんとうのことを私に知らせなかったのですか．
Why didn't you *tell* me the truth?
▶ (アナウンスで) お知らせいたします．
May I have your attention, please?

しらべ 調べ (調査) (an) examination [イグザミネイション]；(検査) (an) inspection [インスペクション]；(音楽の) a tune [テューン], a melody [メロディ]

しらべる 調べる

使い分け
(調査する) → examine
(辞書などで) → look up

examine　　　look up

1 (調査する) **examine** [イグザミン]；**check** [チェック]；**look into**；(捜査する) **investigate** [インヴェスティゲイト]
▶ この花を顕微鏡で調べてごらん．
Examine this flower under the microscope.
▶ 警察はその殺人事件を調べている．
(The) police *are investigating* the murder case.
2 (辞書などで) **look up**, **consult** [コンサルト]
▶ 新しい単語は必ず辞書で調べること．
You must *look up* new words in the dictionary.
▶ 地図を調べる *consult* a map

シラミ (虫) a louse [ラウス] (**複数** lice)

しらんかお 知らん顔 知らん顔をする ignore [イグノー(ア)]
▶ 徹也は私が話しかけても知らん顔をした．
Tetsuya *ignored* me when I talked to him.

しらんぷり 知らんぷりをする (出会って) pretend not to recognize；(ものごとを) pretend to know nothing (about)

しり 尻 the buttocks [バトクス]，(口語) the bottom [バトム] →こし (図)

▶ 彼はしりもちをついた．
He fell on his *bottom*.

🔵 **日本語NAVI**
しりが重い ☞ すぐにやろうとしない
　→ **おそい，なかなか**
しりが軽い ☞ ①軽はずみに行動する ②動作がすばやい → ①**けいそつ** ②**はやい**
しりに火がつく ☞ ものごとがさしせまる
　→ **きんきゅう**

しりあい 知り合い an acquaintance [アクウェインタンス]；(友だち) a friend [フレンド]
知り合う meet；get to know, come to know, become acquainted (with), get acquainted (with)
▶ 田中さんは母の昔からの知り合いです．
Mrs. Tanaka is an old *friend* of my mother's.
▶ 私は大阪に知り合いが多い．
I have many *acquaintances* in Osaka.
▶ 知り合いになれてうれしいです．
I'm glad to *meet* you. / Nice to *meet* you.
▶ 山下さんとはどのようにして知り合ったのですか．
How did you first *meet* Mr. Yamashita? / How did you *get to know* Mr. Yamashita?

シリアル (コーンフレーク・オートミールなどの) cereal(s) [スィ(ア)リアル(ズ)]

シリーズ a series [スィ(ア)リーズ] (**複数** series) (▶単複同形なので注意)
▶ (野球の) 日本シリーズ
the Japan *Series*
▶ スターウォーズのシリーズ
the Star Wars *series*

しりぞく 退く (下がる) draw back, step back；(やめる) retire [リタイア], step down

しりつ¹ 市立の municipal [ミュ(ー)ニスィパル], city [スィティ]
▶ 私の学校は市立です．
Mine is a *municipal* school. / I go to a *city* school.
市立高校 a municipal high school, a city high school
市立中学校 a municipal junior high school, a city junior high school

three hundred and eighty-seven　387

しりつ²

市立病院 a city hospital, a municipal hospital

しりつ² 私立の private [プライヴェト] (反 公立の public)

▶ ぼくらの学校は私立の男子校です．
Our school is a *private* boys' school.

▶ 私は私立の女子中学に行っています．
I go to a *private* junior high school for girls.

私立高校 a private high school
私立探偵 a private detective

じりつ 自立 independence [インディペンデンス]

▶ 親から自立する
become *independent* from parents

しりとり *shiritori*, a word-chain game

しりょう 資料

material [マティ(ア)リアル]；（データ）data [デイタ]（▶ data は本来は datum [デイタム] の複数形だが単数・複数のどちらのあつかいにもなる）

▶ 必要な資料を集めることが重要だ．
It is important to gather necessary *material*.

▶ これは実験の資料です．
These are *data* on the experiment.

資料集 a source book, a reference book

しりょく 視力 eyesight [アイサイト], sight [サイト]

▶ 私は視力がいい．I have good *eyesight*. (▶「悪い」なら good を poor にする)

▶ 視力を失う lose my *sight*

▶ 彼は視力がおとろえてきた．
His *eyesight* is getting worse.

視力検査 an eye test

しる¹ 知る →わかる

know [ノウ]；（見聞きして）**learn** [ラ〜ン]；（気づく）**realize** [リ(ー)アライズ]

　　　　💬表現力
　　…を知る，…を知っている → know ...

▶ 私たちはみんなそのことを知っている．
We all *know* that. (▶「知っている」は状態を表しているので，*We are all knowing ...* と進行形にしない)

know は
進行形にしない．

　　　　🗣スピーキング
Ⓐ サッカー部の本田って知ってる？
　Do you *know* Honda on the soccer team?
Ⓑ うん，よく知ってるよ．
　Yes, I *know* him well.

▶ 早紀のことならよく知ってる．
I *know* Saki very well.

▶「彼女を知ってる？」「名前だけね」
"Do you *know* her?" "Yes. I *know* her only by name."

▶ 大きな病気をして健康の大切さを知った．
When I was seriously sick, I *realized* the importance of health.

▶ 大輔は幼稚園のころから知ってるよ．
I *have known* Daisuke since we were kindergartners.

　　　　💬表現力
　…について知っている
　　→ know about ... / know of ...

▶ つい先週そのことを知りました．
I *knew about* it only last week.

▶ 絵理子のことについて何か知ってますか．
Do you *know* anything *about* Eriko?

▶ テレビゲームのことなら健が何でも知ってるよ．
Ken *knows* all *about* video games.

▶ この近くでおいしいハンバーガー店を知らない？
Do you *know of* a good hamburger shop near here? (▶ 直接でなく，うわさなどで「知っている」ときは know of ... を使う)

▶ 田中さんのことは知っていますが，会ったことはありません．
I *know of* Ms. Tanaka, but I haven't met her.

▶ ぼくはその歌手の死を 7 時のニュースで知った．
I *learned of* the singer's death on the 7:00 news. (▶ learn of は読んだり，聞いたり，経験によって「知る」ことに使われる)

◀ しろ¹

- 💬表現力
  …だと知っている → know (that) ...

▶ 私はあなたが水泳が好きなのを知っている.
I *know* (*that*) you like swimming.
▶ 川田が病気だとは知らなかった.
I didn't *know* (*that*) Kawada was sick.

- 💬表現力
  …かどうか知っている
  → know＋疑問詞 ... / know＋if ...

▶ リサが来るかどうか知りません.
I don't *know if* Lisa will come.
▶ 私はいつ出発したらいいかを知らなかった.
I didn't *know when* to start.
▶ 絵美の家がどこにあるか知っていますか.
Do you *know where* Emi's house is?
▶ 彼女がなぜニューヨークへ行ってしまったのかを知っています.
I *know why* she's gone to New York.

- 💬表現力
  …のやり方を知っている
  → know how to ...

▶ 私はスケートのやり方を知りません.
I don't *know how to* skate.

- 💬表現力
  …に知られている → be known to ...

▶ そのCMはみんなに知られている.
That commercial *is known to* everyone. / Everyone *is familiar with* that commercial.
▶ もう知らない！I don't *care* anymore.

> 💬用法「知りません」は I'm sorry I don't know.
> 「知りません」「わかりません」は単に I don't know. と言うと、唐突でぶっきらぼうな感じがするので、I'm sorry をつけて I'm sorry I don't know. とする.
> 「彼の住所を知っていますか」「知りません」"Do you know his address?" "I'm sorry I don't know."

I don't know.
(知らない) のジェスチャー.

しる² 汁 (果物・野菜などの) juice [ヂュース]；(吸い物) soup [スープ]
▶ レモン汁をしぼる squeeze a lemon
シルエット a silhouette [スィルエト]
シルク silk [スィルク]
シルクロード the Silk Road
しるこ *shiruko*, sweet adzuki bean soup with rice cakes
しるし 印 (目印) a mark [マーク]；(チェックマーク) (米) a check [チェック], (英) a tick [ティック]；(記号・符号) a sign [サイン]；(証拠・記念) a token [トウクン]
印をつける mark, check
▶ この印はどういう意味ですか.
What does this *mark* mean?
▶ 重要語には蛍光ペンで印をつけなさい.
Mark the important words with a highlighter.
▶ これは感謝のしるしです.
This is a *token* of my gratitude.
シルバーシート seats for senior citizens and disabled passengers, a priority [プライオーリティ] seat
じれったい (人・ものが) irritating [イリテイティング]；(人が) irritated [イリテイティド]
▶ じれったいなあ. It makes me *irritated*. / It *irritates* me.
▶ 雅子ったら、何てじれったいの.
How *irritating* Masako is!
しれん 試練 a trial [トゥライアル], a test [テスト]
▶ 厳しい試練にたえる
endure a severe *trial*

しろ¹ 白(い)

white [(フ)ワイト]；(皮ふが) fair [フェア]
▶ 白いウエディングドレス
a *white* wedding dress
▶ 雪のように白い as *white* as snow
▶ エレンは色が白い.

しろ²

Ellen has *fair* skin. / Ellen has a *fair* complexion. (▶ fair のかわりに×white は使えない．complexion は「顔の色」のこと)
▶ 母は髪が白くなってきた．
My mother is going *gray*. (▶ go gray で「白髪になる」という意味)
▶ 彼はシロ(→無実)です．He's *innocent*.

しろ² 城 a castle [キャスル]

しろうと 素人 an amateur [アマタ(~)] (反 くろうと professional)
素人の amateur (反 くろうとの professional)

シロクマ 白熊《動物》a white bear [ベア], a polar bear

じろじろ じろじろ見る stare [ステア](at)
▶ 人をじろじろ見るものではありません．
Don't *stare at* people!

しろバイ 白バイ a police motorcycle [ポリース モウタサイクル]

シロップ syrup [スィラプ]

しろみ 白身《卵の》(an) egg white, the white, the white of an egg (▶黄身は yolk [ヨウク] とか yellow という)

しわ a wrinkle [リンクル]
▶ 祖父の顔はしわだらけだ．
My grandfather's face is full of *wrinkles*.
▶ シャツのしわをアイロンでのばす
iron out the *wrinkles* in the shirt

しわざ 仕業
▶ これはだれのしわざだ？
Who *did* this? / Who *was behind* this?

しん¹ 芯《リンゴなどの》a core [コー(ア)]；《鉛筆の》lead [レッド]；《ランプ・ろうそくの》(a) wick [ウィック]
▶ このリンゴはしんまでくさっている．
This apple is rotten to the *core*.
▶ このシャープペンシルのしんはよく折れる．
The *lead* in this mechanical pencil breaks easily.

しん² 真 true [トゥルー], real [リー(ア)ル, リアル]
▶ 真の友情 *true* friendship

しん- 新… new [ニュー] …
新学期 a new term [タ~ム]
新曲 a new number, a new song
新製品 a new product

しんあい 親愛なる dear [ディア]
▶ 親愛なる由美子さん *dear* Yumiko

しんか¹ 進化 evolution [エヴォルーション]
進化する evolve [イヴァルヴ]
▶ 人間はサルから進化したといわれる．
It is said that human beings *evolved* from apes.
進化論 the theory of evolution

しんか² 真価 real worth, true value

シンガー a singer [スィンガァ]
▶ ジャズシンガー a jazz *singer*
▶ シンガーソングライター
a *singer*-songwriter

しんがく 進学する go to …, go on to …
▶ 娘は来春，高校へ進学します．
My daughter is going to *go to* high school next spring.
▶ 兄は大学進学を希望している．
My brother hopes to *go on to* college.

じんかく 人格 character [キャラクタァ]
▶ 田中さんは人格者です．
Tanaka is a man of good *character*.

しんがた 新型 a new model, a new style
▶ 最新型
the *latest model* / the *latest style*
▶ 新型のノートパソコン
a *new-model* laptop
新型コロナウイルス novel coronavirus [ナヴ(ェ)ル コロウナヴァイ(ア)ラス]
▶ 新型コロナウイルス感染症
novel coronavirus disease [ディズィーズ] / COVID-19 [コウヴィド ナインティーン] (▶ COVID は *coronavirus disease* の略．19は発生年の2019から)

シンガポール Singapore [スィンガポー(ア)]

しんかんせん 新幹線 the Shinkansen
▶ 東北新幹線 the Tohoku *Shinkansen*
▶ 新幹線に乗る take *the Shinkansen*

しんきゅう 進級する move up (to) the next grade, be promoted [プロモウティド] to the next grade
▶ 弟は４月に６年生に進級します．
My brother will *move up to the* sixth *grade* this April.

しんきろう a mirage [ミラージ]

しんきろく 新記録 a new record [レカド]

→きろく
- 世界新記録 a *new* world *record*
- 新記録を出す make a *new record*

しんきんかん 親近感をもつ feel close to ...
- 私たちは新しい先生に親近感をもった. We *felt close to* our new teacher.

しんくう 真空 a vacuum [ヴァキュ(ウ)ム]
真空管 a vacuum tube

ジンクス (▶英語の jinx は「縁起の悪い人や物」などの意味で，日本語の「ジンクス」とは異なる)
- 新大関は初日に勝てないというジンクスがある. There is a *popular belief* that a new *ozeki* never wins on the first day of the first tournament.

シングル (野球)(シングルヒット) a single [スィングル], a single hit; (ホテルの) a single, a single room
シングルベッド a single bed
シングルマザー a single mother

シングルス (競技) singles [スィングルズ] (対) ダブルス doubles)

シンクロナイズドスイミング synchronized [スィンクロナイズド] swimming →アーティスティックスイミング, すいえい

しんけい 神経 a nerve [ナ～ヴ]
神経質な nervous
- 神経にさわる get on my *nerves*
- 奈菜は神経が細い. Nana is *sensitive*.
- そんなに神経質になるなよ. Don't be so *nervous*.
- 芳樹は運動神経がいい. Yoshiki has quick reflexes.
神経痛 neuralgia [ニュ(ア)ラルヂア]

日本語NAVI
神経が細かい ☞細かいことを気にする
→きにする
神経が太い ☞細かいことを気にしない
→きにする
神経にさわる ☞いらいらする
→いらいらする
神経をすり減らす ☞気をつかってつかれる
→つかれる
神経をとがらす ☞気をはりつめる，緊張する
→きんちょう

しんげつ 新月 a new moon
しんけん 真剣な serious [スィ(ア)リアス]
真剣に seriously
- 真剣な顔で with a *serious* look
- 「将来のことをもっと真剣に考えなきゃだめだよ」「ぼく真剣だよ！」
"You must think more *seriously* about your future." "I am *serious*!"

じんけん 人権 human [ヒューマン] rights
- 人権を守る defend *human rights*
- 基本的人権 fundamental *human rights*
人権侵害 human rights violations

しんげんち 震源地 the center of an earthquake

しんこう¹ 進行 progress [プラグレス]
進行する make progress
- 工事は現在進行中です. Construction is now in *progress*.
進行形《文法》the progressive form

しんこう² 信仰 (a) faith [フェイス], (a) belief [ビリーフ]
信仰する believe in →しんじる
- 信仰の自由 freedom of *religion*

しんごう 信号

a **signal** [スィグナル]; (交通信号) a **light**, a **traffic light**

- 次の信号を左に曲がってください. Please turn left at the next *light*.
- 信号が青になった. The *light* turned green.
- 車は赤信号を無視して走っていった. The car ran through the red *light*.

じんこう¹ 人口

(a) **population** [パピュレイション]
- この市は人口が多い. This city has a large *population*. (▶

じんこう²▶

「人口が多い」というときは many は使わない．large を使う．「少ない」は small）

💬スピーキング

Ⓐ この市の**人口**はどのくらいですか．
What is the population of this city?
Ⓑ 約15万です．
About 150,000.
（▶「人口はどのくらいですか」は How large is the population? ともいえる．˟How many population …? とはいわない）

▶ 東京の人口はロンドンよりも多い．
The *population* of Tokyo is larger than that of London.（▶˟larger than London としない）
▶ インドは世界で最も人口が多い．
India has the largest *population* in the world.
人口密度 population density

じんこう² 人工の artificial [アーティフィシャル]（対）自然の natural）
人工衛星 an artificial satellite
人工呼吸 artificial respiration
人工知能 artificial intelligence, AI

しんこきゅう 深呼吸する take a deep breath [ブレス], breathe [ブリーズ] deeply

しんこく¹ 深刻な serious [スィ(ア)リアス]
▶ あの人は深刻な顔をしていた．
He looked *serious*.
深刻に seriously
▶ そんなに深刻に考えないで．
Don't take it so *seriously*.

しんこく² 申告する declare [ディクレア]
▶ （税関で）「何か申告するものはありますか」「いいえ，何もありません」
"Do you have anything to *declare*?"
"No. I have nothing to *declare*."

しんこん 新婚の newly-married [ニューリィマリド, ヌー-]
▶ その夫婦は新婚ほやほやだ．
The couple *has just married*.
新婚夫婦 a newly-married couple, newlyweds
新婚旅行 a honeymoon [ハニムーン]
▶ 新婚旅行はどこに行くの？ Where are you going on your *honeymoon*?

しんさ 審査 (a) judgment [ヂャヂメント]
審査する judge ;（選考する）screen
審査員 a judge

しんさい 震災 an earthquake disaster [ア~スクェイク ディザスタァ]
▶ 多くの人がその震災で被害にあった．
A lot of people suffered from the *earthquake*.

しんさつ 診察する examine [イグザミン]
▶ 診察を受ける *see* a doctor
▶ 医者に診察してもらったほうがいいよ．
You'd better go and *see* a doctor.
診察室 a consulting room

しんし 紳士 a gentleman [ヂェントゥルマン]（複数）gentlemen）（対）婦人 lady）
紳士服 men's wear, men's suit

しんしつ 寝室 a bedroom [ベドルー(-)ム]

しんじつ 真実 (the) truth [トゥルース]（反）うそ lie）→ほんとう
真実の true [トゥルー], real [リー(ア)ル, リアル]
▶ 真実を語る tell *the truth*
▶ 真実を明らかにする必要がある．
We must bring *the truth* to light.

💬表現力

…というのは真実だ
→ It is true that … .

▶ 地球の温度が上がっているというのは真実だ．*It is true that* the temperature of the earth has risen.

しんじゃ 信者 a believer [ビリーヴァ]

じんじゃ 神社 a shrine [シライン], a Shinto shrine
▶ 神社にお参りする visit a *shrine*
▶ 靖国神社 Yasukuni *Shrine*

ジンジャーエール (a) ginger ale [ヂンヂァ エイル]

しんじゅ 真珠 a pearl [パール]
▶ 真珠のネックレス a *pearl* necklace

じんしゅ 人種 a race [レイス]
人種の racial [レイシャル]
人種差別 racial discrimination

💬プレゼン

人種差別はあってはならない．
There should be no racial discrimination.

人種問題 a racial problem

しんしゅつ 進出する move into, advance

▶ 決勝戦に進出する
advance to the finals

しんじる 信じる

(人の言うことなどを) **believe** [ビリーヴ]
(反 疑う doubt); (存在・人柄などを・価値などを信じる) **believe in**; (信用する) **trust** [トゥラスト]

believeは
進行形にしない.

●表現力

…を信じる, …を信じている
→ (人の言うことなどを) **believe ...**
/ (存在・人柄・価値などを) **believe in ...**

▶ (私の言うことを) 信じてよ！
Believe me!
▶ 隆の言ったこと, 信じる？
Do you *believe* Takashi? / Do you *believe* what Takashi said?
▶ 妹はいまでもサンタクロースがいると信じている. My sister still *believes in* Santa Claus.
▶ 彼は神 (の存在) を信じている.
(キリスト教) He *believes in* God. / (神道) He *believes in* the Shinto gods.
▶ ぼくたちはコーチを信じている.
We *trust* our coach.

●表現力

…ということを信じる
→ **believe (that) ...**

▶ ぼくはその話がほんとうだと信じた.
I *believed (that)* the story was true.
▶ 彼女がそんなことをしたなんて信じられない. I can't *believe* she did that.

●用法 信じられない！
「信じられない」は, **I can't believe it. / I don't believe it. / (It's) unbelievable. / That's incredible. / That's impossible.** などで表せるが, もっと軽い感じでは, **Really?**「ほんと？ 信じられないなあ」/ **No kidding!**「ほんと？ 冗談でしょ」のようにも言う.

しんしん 心身 mind and body
▶ 心身ともに健康だ.
I am healthy in *mind and body*.

しんじん 新人 a newcomer [ニューカマァ], a new face; (スポーツの) a rookie [ルキィ]
▶ 新人歌手 a *new* singer
新人王 the rookie of the year
新人賞 an award for "Rookie of the Year"
新人戦 a rookie match

しんすい 浸水する be flooded [フラディド]
▶ その豪雨で家が浸水した.
My house *was flooded* by the heavy rain.

しんせい¹ 申請する apply [アプライ] (for)
▶ パスポートを申請する
apply for a passport

しんせい² 神聖な holy [ホウリィ], sacred [セイクレド]

じんせい 人生

(a) **life** [ライフ] (複数 lives)
▶ 人生を楽しむ enjoy *life*
▶ 芭蕉(ばしょう)は人生を旅にたとえている.
Basho compared *life* to a journey.
▶ あなたのいない人生なんて何の意味もない.
Life means nothing without you.
▶ 祖母は幸せな人生を送った.
My grandmother lived a happy *life*.
▶ 人生は一度きりだ.
You only *live* once.
人生観 a view of life

しんせき 親戚 a relative [レラティヴ], a relation [リレイション] →しんるい
▶ うちは福岡に親せきがいます.
We have *relatives* in Fukuoka.

シンセサイザー (楽器) a synthesizer [スィンセサイザァ]
▶ シンセサイザーをひく
play the *synthesizer*

しんせつ 親切

(a) **kindness** [カイン(ドゥ)ネス]
親切な kind (反 不親切な unkind)
親切に kindly
▶ その女性はとても親切な人だった.
She was a very *kind* woman.

しんせん ▶

▶ ご親切にありがとうございます.
Thank you for your *kindness*.
▶ ご親切はけっして忘れません.
I'll never forget your *kindness*.

🗨 スピーキング
Ⓐ 必要なら，ぼくの辞書を使ってもいいよ.
You can use my dictionary if you want.
Ⓑ それはご親切にありがとう.
That's very kind of you.

🗨 表現力
…に親切だ → be kind to ...

▶ 人に親切にしなさい.
Be kind to others.
▶ ベスはみんなに親切だった.
Beth *was kind to* everyone.

× She was kindness to me.

└ 形容詞 kind
（親切な）がくる.
○ She was kind to me.

🗨 表現力
親切にも…する
→ be kind enough to ...

▶ デビッドは親切にも私をバス停のところまで送ってくれた.
David *was kind enough to* see me off at the bus stop. / David *had the kindness to* see me off at the bus stop. / David *kindly* saw me off at the bus stop.

しんせん 新鮮な fresh [フレッシュ] →あたらしい
▶ 新鮮な卵 a *fresh* egg
▶ 新鮮な空気 *fresh* air
▶ 新鮮なミルク *fresh* milk
▶ この野菜はとても新鮮だ.
These vegetables are very *fresh*.

しんぜん 親善 friendship [フレンドゥシプ]
▶ 国際親善を深める
promote international *friendship*
親善試合 a goodwill game, a friendly game

しんそう 真相 the truth, the fact(s)

▶ 真相が明らかになった.
The truth has come out.

しんぞう 心臓 **1** a heart [ハート]
▶ 母は心臓が悪い.
My mother has *heart* trouble.
▶ 桑田君に話しかけられると心臓がドキドキするの.
My *heart* beats fast when Kuwata talks to me.
2 (比ゆ的に)
▶ あいつは心臓が弱い.
He's *shy*. / He's *nervous*.
▶ あいつは心臓が強い（→心臓に毛がはえている）. He's got *a lot of nerve*.
心臓移植 a heart transplant
心臓病 (a) heart disease
心臓発作 a heart attack
心臓マッサージ a heart massage
心臓まひ heart failure

じんぞう¹ 人造の artificial [アーティフィシャル], man-made [マンメイド]
人造湖 a man-made lake
じんぞう² じん臓 a kidney [キドゥニィ]
しんだ 死んだ dead [デッド] →しぬ
しんたい 身体 a body [バディ]
身体検査 a physical examination, a physical checkup
▶ 今日身体検査があった.
We had a *physical examination* today.
身体障がい者 a disabled person
身体測定 body measurement
しんだい 寝台 (船・列車の) a berth [バ～ス], a bunk [バンク]; (ベッド) a bed [ベッド]
寝台車 a sleeping car, a sleeper
じんたい 人体 the human body [ヒューマン バディ]
しんたいそう 新体操 rhythmic gymnastics [リズミク ヂムナスティクス]
しんだん 診断 (a) diagnosis [ダイアグノウスィス] (複数 diagnoses)
診断する diagnose [ダイアグノウス]
▶ 健康診断 a medical *examination*; (定期健診) a checkup
診断書 a medical certificate
しんちゅう 真ちゅう brass [ブラス]
しんちょう¹ 身長 height [ハイト] →せ, たかい
▶ 身長を測る measure my *height*

人体 The Human Body

イラスト：大管雅晴

きみの心臓は1日に何回鼓動する？
How many times does your heart beat in a day?

人の**心臓**は1分間におよそ70～80回鼓動します。ということは、1日の総**鼓動**数だと約10万回に達します。平均的な人の一生では、30億回も心臓が**鼓動する**のです。

The human **heart** beats about 70 to 80 times a minute.   That *amounts to around 100,000 **heartbeats** in a day. Over an average ****lifetime**, it **beats** as many as three billion times.

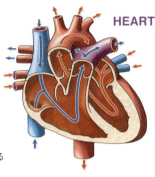

HEART

*amount to [əmáunt tu: アマウントゥ] 全部で…に達する
**lifetime [láiftaim ライフタイム] 一生

心臓に関する情報
Facts about the Heart

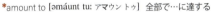

人の心臓は1分間に 5リットルの 血液を送り出す	小さな動物ほど 心拍が早い	心臓は自分のこぶしと 同じくらいの大きさ
 The human heart pumps 5 liters of blood in a minute.	 20 times/min. 70 times/min. 300 times/min. The hearts of smaller animals beat faster.	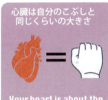 Your heart is about the same size as your fist.

●「人体に関する英語」●

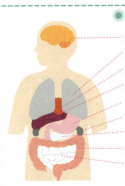

- 脳 brain
- 肺 lung(s)
- 心臓 heart
- 肝臓 liver
- 胃 stomach
- 腎臓 kidney(s)
- すい臓 pancreas [pǽŋkriəs パンクリアス]
- 大腸 large intestine [intéstin インテスティン]
- 小腸 small intestine
- ぼうこう bladder [blǽdər ブラダァ]

- 筋肉 muscle(s)
- 骨 bone(s)
- 頭蓋骨 skull
- 血管 blood vessel(s)
- 神経 nerve(s)

しんちょう[2] ▶

- 身長がのびる grow *taller*
- 私の身長は155センチです.
  I'm 155 centimeters *tall*. (▶身長をいう場合は tall を使い, high は使わない. なお, 155は a hundred (and) fifty-five と読む)
- 私は母より少し身長が高くなった.
  I grew a little *taller* than my mother.

> 💬スピーキング
> Ⓐ 身長はどのくらいありますか.
>   How tall are you?
> Ⓑ 160センチあります.
>   I'm 160 centimeters tall.

しんちょう[2] 慎重な careful [ケアフル]
慎重に carefully
- 雨のときは慎重に運転しなさい.
  Drive *carefully* when it rains.

しんてん[1] 親展（手紙の表書き）Confidential [カンフィデンシャル]

しんてん[2] 進展する develop [ディヴェロプ], progress [プログレス]

しんど 震度 a seismic intensity [サイズミク インテンスィティ]
- 昨夜の地震は震度3だった.
  The earthquake we had last night was a 3 on *the Japanese seismic scale*.

しんどう 振動 (a) vibration [ヴァイブレイション]；(ふりこなどの) (a) swing [スウィング]
振動する vibrate；swing

じんどう 人道的な humane [ヒュ(ー)メイン]
人道支援 humanitarian aid

しんにゅう 侵入する invade [インヴェイド]；(家屋などへ) break into
- だれかが家に侵入した.
  Someone *broke into* my house.

しんにゅうせい 新入生 a new student；(高校・大学の1年生) a freshman [フレシュマン] (複数 freshmen) (▶女子にも使う)
- 私たちは新入生歓迎会の準備で忙しい.
  We're busy preparing for the welcome party for *new students*.

しんにん 新任の new [ニュー]
- 新任の先生 a *new* teacher

しんねん[1] 新年 a new year
- 謹賀新年
  A happy *New Year*! / I wish you a happy *New Year*!

- 「五郎くん, 新年おめでとう」「ブラウンさん, おめでとうございます」
  "Happy *New Year* to you, Goro."
  "Same to you, Mr. Brown."
新年会 a New Year's party

しんねん[2] 信念 (a) belief [ビリーフ]
- 父の信念はかたかった.
  My father was firm in his *belief(s)*.

しんぱい 心配

worry [ワ〜リィ], anxiety [アングザイアティ]
心配する be worried ((about)), worry ((about)), be anxious [ア(ン)(ク)シャス] ((about))

- 何を心配しているの？
  What's *worrying* you?
- 心配のしすぎだよ.
  You *worry* too much.
- とても心配しています.
  I'm very *worried*.
- 心配しないで.
  Never *mind*. / Don't *worry*.
- あなたが病気だと聞いて, 心配しています.
  I *am sorry* to hear that you are ill.
- いろいろご心配かけてすみません.
  I'm sorry to *have troubled* you so much.
- 母は家庭内での心配ごとが多い.
  My mother has a lot of family *problems*.

> 💬表現力
> …を心配する
>   → worry about … /
>   be worried about …

- あしたの天気が心配だ.
  I'm *worrying about* tomorrow's weather.
- そんなこと心配するなよ.
  Don't *worry about* things like that.
- 入試のことが心配だ. I'm *worried about* my entrance exams.

> 💬表現力
> …ではないかと心配する
>   → be afraid (that) …

- 雨が降ってくるんじゃないかと心配だ.
  I'm *afraid (that)* it'll begin to rain.
- 発表会であがるんじゃないかと心配です.

◀ **しんまい**

I'm afraid I will get nervous at the recital.
心配性
▶ 広之は心配性だ.
Hiroyuki *takes things too seriously*.

シンバル cymbal [シンバル] (▶対で使われる場合は cymbals と複数形にする)

しんぱん 審判(員) (野球・テニス・バドミントンなどの) an umpire [アンパイア]; (バスケット・バレー・サッカー・ラグビー・ボクシングなどの) a referee [レフェリー]; (競技・討論などの) a judge [ヂャッヂ]

しんぴ 神秘 (a) mystery [ミステリィ]
▶ 自然の神秘 the *mysteries* of nature
神秘的な mysterious [ミスティ(ア)リアス]

しんぴん 新品の new [ニュー], brand-new [ブラン(ドゥ)ニュー]
▶ 新品の自転車 a *brand-new* bicycle
▶ このTシャツは新品同様だ.
This T-shirt is as good as *new*.

しんぷ¹ 神父 a priest [プリースト]; Father (▶呼びかけや名前に使う)
▶ フラナガン神父 *Father* Flanagan

しんぷ² 新婦 a bride [ブライド]

シンフォニー a symphony [スィンフォニィ]

じんぶつ 人物 (人) a person [パースン]; (人格・人柄) (a) character [キャラクタァ], (a) personality [パーソナリティ]
▶ 歴史上の人物 a historical *person*
人物画 a portrait [ポートゥレト]

しんぶん 新聞

a **newspaper** [ニューズペイパァ], a **paper** [ペイパァ]
▶ 今日の新聞を読みましたか.
Have you read today's *paper*?
▶ それは新聞で読んだ.
I read it in the *newspaper*.
▶ 新聞にパンダの赤ちゃんがきのう生まれたことが出ている.
The *paper* says that a baby panda was born yesterday.
▶ うちは朝日新聞をとっています
We take the Asahi. (▶新聞名には the をつける)
新聞記事 a newspaper article
新聞記者 a newspaper reporter
新聞紙 newspaper
新聞社 a newspaper company

新聞配達 (店) a newspaper distributor; (人) a newspaper deliverer
新聞部 a newspaper club

> ⓘ参考 **新聞に関することばいろいろ**
> 朝刊 a morning paper / 夕刊 an evening paper / 日刊新聞 a daily, a daily paper / 週刊新聞 a weekly, a weekly paper / 英字新聞 an English newspaper, an English-language newspaper / 学校新聞 a school newspaper / 学級新聞 a class newspaper, a class newsletter

しんぽ 進歩 progress [プラグレス]
進歩する make progress
進歩的な progressive [プログレスィヴ]

> ◀表現力
> …が進歩する
> → make progress in ...

▶ 弟は勉強がちっとも進歩しない.
My brother hasn't *made* any *progress in* his studies.

しんぼう 辛抱 patience [ペイシェンス]
しんぼう強い patient
しんぼう強く patiently
しんぼうする put up with → がまん
▶ じっとしんぼうするしかないよ.
We'll have to *put up with* it. / We'll have to *grin and bear it*. (▶ grin and bear it で「じっとがまんする」という意味)

じんぼう 人望 popularity [パピュラリティ]
▶ 彼はクラスメートに人望がある.
He is *popular* with his classmates.

しんぼく 親睦 friendship [フレンドゥシプ]
親睦会 (口語) a get-together
▶ 今度の日曜日に親睦会を開きます.
We are having a *get-together* next Sunday.

シンポジウム a symposium [スィンポウズィアム]

シンボル a symbol [スィンボル] → しょうちょう
シンボルマーク a symbol

しんまい 新米 (新顔) a newcomer [ニューカマァ]; (初心者) a beginner [ビギナァ] → しんじん; (米) new rice

three hundred and ninety-seven 397

じんましん ▶

じんましん hives [ハイヴズ]
▶ チーズを食べるとじんましんが出る.
Cheese gives me *hives*.

しんみ 親身
▶ 私は親身になって彼女の話を聞いた.
I listened to her *sympathetically*.

しんみつ 親密な friendly [フレンドゥリィ], close [クロウス] →したしい

じんみん 人民 the people [ピープル] (▶ 複数あつかい)
▶ 中華人民共和国
the *People*'s Republic of China

じんめい 人命 a life, a human life
人命救助 lifesaving

しんや 深夜 the middle of the night, the dead of night
深夜に late at night, in the middle of the night, in the dead of night
深夜まで till late, till late at night
▶ ゆうべは深夜まで起きていた.
I sat up *till late* last night. (▶ till は省略してもよい)
深夜番組 a late-night program
深夜放送 a late-night broadcasting

しんゆう 親友 a close friend, a good friend, a best friend
▶ 美代子は私の親友です.
Miyoko is my *best friend*.

しんよう 信用 trust [トゥラスト]
信用する trust
▶ あいつを信用してはいけない.
Don't *trust* him.
▶ ぼくを信用してよ. You can *trust* me.
▶ 大人はもう信用できない.
I can't *trust* adults any more.
▶ サムは信用できる男だと思う. I'm sure (that) Sam is a *trustworthy* man.

しんらい 信頼 trust [トゥラスト]
信頼する trust, rely [リライ]《on, upon》
▶ ぼくを信頼してくれていいよ. You can *trust* me. / You can *rely on* me.
▶ この記事は信頼できる.
This report is *reliable*.

しんり¹ 真理 (a) truth [トゥルース]
▶ 真理を探究する search for *truth*

しんり² 心理 (感情)feelings [フィーリングズ] ; (精神状態) psychology [サイカノジィ]
▶ ぼくには女の子の心理がわからない.
I don't understand girls' *feelings*.

心理学 psychology
心理学者 a psychologist [サイカロヂスト]
心理テスト a psychological test

しんりゃく 侵略 (an) invasion [インヴェイジョン]
侵略する invade [インヴェイド]

しんりょうじょ 診療所 a clinic [クリニック]

しんりょく 新緑 fresh greenery
▶ 新緑の季節となりました.
It is the season of *fresh green leaves*.

しんりん 森林 a forest [フォ(ー)レスト] ; (小さな森) the woods [ウッヅ] →もり
▶ 森林浴をする
go for a walk in *the woods*
森林公園 a forest park
森林資源 forest resources
森林破壊 the deforestation

しんるい 親類 a relative [レラティヴ]
▶ 「泰子さんはあなたの親類ですか」「ええ, 私の遠い親類です」
"Is Yasuko your *relative*?" "Yes, she's a distant *relative*."

じんるい 人類 humankind [ヒューマンカインド], the human race [ヒューマン レイス]
人類の human
▶ 人類の歴史 *human* history
▶ 人類は将来どうなるのだろう. What will become of *humankind* in the future?
人類学 anthropology [アンスロパロヂィ]

しんれい 心霊
▶ 心霊現象
a *psychic* phenomenon [サイキク フィナメナン] (▶ phenomenon の複数形は phenomena [フィナメナ])
心霊写真 a psychic picture

しんろ 進路 a course [コース]
▶ 進路を誤る take a wrong *course*
▶ 私はまだ卒業後の進路を決めていません.
I haven't decided yet what to do after graduation.
▶ 人生の進路 my *course* in life
▶ 台風が進路を変えた.
The typhoon changed its *course*.

しんろう 新郎 a bridegroom [ブライドゥグル(ー)ム]

しんわ 神話 a myth [ミス]
▶ ギリシャ神話 (the) Greek *myths* / (the) Greek *mythology*

す¹ 巣（鳥などの）a nest ［ネスト］；（ハチの）a honeycomb ［ハニコウム］；（クモの）a web ［ウェブ］
▶ 春は鳥たちは巣作りで忙しい．
In spring birds are busy building their *nests*.
巣箱 a birdhouse
す² 酢 vinegar ［ヴィネガァ］
ず 図（さし絵など）an illustration ［イラストゥレイション］；（図解）a figure ［フィギュア］；（図表）a diagram ［ダイアグラム］；（絵）drawing ［ドゥローイング］
▶ 図2 *figure 2* (▶ fig. 2と略す)
すあし 素足 bare feet ［ベア フィート］
ずあん 図案 a design ［デザイン］
スイーツ sweets ［スウィーツ］
スイートピー （植物）a sweet pea

すいえい 水泳
swimming ［スウィミング］
水泳をする swim ［スウィム］→およぐ
▶ 水泳をする人，水泳選手 a swimmer

おもな水泳種目など
クロール crawl
背泳ぎ backstroke
平泳ぎ breaststroke
バタフライ butterfly
自由型 freestyle
個人メドレー individual medley
メドレーリレー medley relay
飛びこみ diving
アーティスティックスイミング artistic swimming

水泳教室 a swimming class
水泳大会 a swim meet
水泳パンツ swimming trunks
水泳部 a swimming team
水泳帽 a swimming cap
スイカ a watermelon ［ウォータメロン］
▶ スイカ1切れ
a piece of *watermelon* / a slice of *watermelon*

すいがい 水害（洪水説）a flood ［フラッド］；（洪水による被害説）a flood disaster ［ディザスタァ］
▶ この地方は毎年水害にみまわれる．
This district suffers from *floods* every year.
水害地 a flooded district
すいきゅう 水球（競技）water polo ［ポウロウ］
スイギュウ 水牛（動物）a water buffalo ［バファロウ］（複数）buffalo(e)sまたは buffalo)
すいぎん 水銀（化学）mercury ［マ〜キュリィ］（記号 Hg）
すいげん 水源 the source, the source of a river
すいこむ 吸い込む（息を）breathe ［ブリーズ］in；（息・空気・煙などを）inhale ［インヘイル］→すう¹
▶ 深く息を吸いこみなさい．
Breathe in deeply. / *Take a deep breath*.
すいさい 水彩
水彩絵の具 watercolors
水彩画 a watercolor, a watercolor painting
▶ 水彩画をかく
paint in *watercolors* / paint with *watercolors*
すいさんぶつ 水産物 marine products ［マリーン プラダクツ］
すいじ 炊事 cooking ［クキング］→りょうり

すいしつ ▶

炊事する cook
炊事道具 cooking utensils, kitchenware
すいしつ 水質 water quality
水質汚染 water pollution
すいしゃ 水車 a waterwheel [ウォータ(フ)ウィール]
水車小屋 a water mill
すいじゅん 水準 (標準) a standard [スタンダド]; (程度) a level [レヴェル]
▶ 日本人の生活水準はかなり高い.
The living *standard* of the Japanese is fairly high.
すいしょう 水晶《鉱物》crystal [クリストゥル]
すいじょう 水上の on the water
水上スキー water-skiing
すいじょうき 水蒸気 (湯気③) steam [スティーム]; (空気中の) vapor [ヴェイパァ]
スイス Switzerland [スウィツァランド]
スイス人 (1人) a Swiss; (全体) the Swiss
スイス(人)の Swiss
すいせい¹ 水星《天体》Mercury [マ～キュリィ] →わくせい (表)
すいせい² 彗星《天体》a comet [カメト]
▶ ハレーすい星 Halley's *Comet*
スイセン 水仙《植物》a narcissus [ナ～スィサス]; (ラッパズイセン) a daffodil [ダフォディル]
すいせん¹ 推薦 recommendation [レコメンデイション]
推薦する recommend [レコメンド]
▶ リサをキャプテンに推薦します.
I *recommend* Lisa as captain.

● 表現力
(人) に…を推薦する
→ recommend ... to + 人

▶ 何かいい本を推薦してください.
Will you *recommend* some good books *to* me?
推薦状 a letter of recommendation
推薦図書 recommended reading
推薦入学 admission by recommendation
すいせん² 水洗便所 a flush toilet
すいそ 水素《化学》hydrogen [ハイドゥロヂェン] (記号 H)
すいそう 水槽 a water tank; (魚などを飼う) an aquarium [アクウェ(ア)リアム]
すいそうがく 吹奏楽 wind music, wind instrument music
吹奏楽団 a brass band
吹奏楽部 a school brass band
▶ 私は吹奏楽部に入ってます.
I'm a member of the *school brass band*.
吹奏楽器 a wind instrument
すいそく 推測する guess [ゲス], make a guess
▶ ぼくの推測が当たった.
I *guessed* right.
▶ きみの推測ははずれた.
You *guessed* wrong.
すいぞくかん 水族館 an aquarium [アクウェ(ア)リアム]
すいちゅう 水中に, 水中で in the water, under water
▶ どのくらい水中にもぐっていられる？
How long can you stay *under water*?
水中カメラ an underwater camera
水中めがね swimming goggles
すいちょく 垂直な vertical [ヴァ～ティカル] (反 水平な horizontal)
垂直に vertically
垂直線 a vertical line
垂直跳び a vertical jump
スイッチ a switch [スウィッチ]
スイッチを入れる turn on, switch on
スイッチを切る turn off, switch off
▶ テレビのスイッチを入れて！
Switch on the television, please!
▶ どうして(それの)スイッチを切ったの？
Why did you *turn* it *off*?
すいてい 推定する estimate [エスティメイト]
すいでん 水田 [パディ], a paddy field, a rice paddy
すいとう 水筒 a canteen [キャンティーン], 《英》a water bottle
すいどう 水道 (設備) water supply; (水道(水)) the water; (水道水) tap water, running water
▶ 水道の蛇口《米》a faucet /《英》a tap
▶ 水道を出す
turn on *the water* / turn on *the faucet*
▶ 水道を止める

turn off *the water* / turn off *the faucet*
▶ 水道が出っぱなしだよ.
The water is running. / *The water* is on.
▶ 水道が止まってしまった.
The *water supply* has been cut off.
水道管 a water pipe
水道工事 waterworks
水道料金 water charges

すいとる 吸いとる absorb [アブソーブ], soak [ソウク] up
▶ スポンジで水を吸いとる
soak up the water with a sponge

すいばく 水爆 an H-bomb [エイチバム], a hydrogen [ハイドゥロヂェン] bomb

すいはんき 炊飯器 a rice cooker

ずいひつ 随筆 an essay [エセイ]
随筆家 an essayist

すいぶん 水分 moisture [モイスチャ]；(水) water [ウォータァ]；(果物などの) juice [ヂュース]
▶ 暑いときは必ず水分を十分とりなさいね.
Always drink plenty of *water* when it's hot.
▶ このメロンはとても水分が多い.
This melon is very *juicy*.

ずいぶん very [ヴェリィ], a lot [ラット] →ひじょうに
▶ 今日はずいぶん寒いね.
It is *very* cold today, isn't it?
▶ 吉野君, ずいぶん変わったな.
Yoshino has changed *quite a lot*.
▶ 映画はずいぶん見てないなあ.
I haven't seen a movie *for a long time*.

すいへい 水平な level [レヴェル], horizontal [ホ(ー)リザントゥル]；(反) 垂直な vertical)
水平に horizontally
水平線 the horizon [ホライズン]
▶ 太陽が水平線の下にしずんだ.
The sun has sunk below *the horizon*.

すいみん 睡眠 (a) sleep [スリープ] →ねむる
睡眠をとる sleep
▶ 昨夜はじゅうぶんに睡眠をとった.
I had a good *sleep* last night.

▶ 最近睡眠不足なんだ.
I *haven't been sleeping* well recently. / I haven't gotten enough *sleep* lately.
睡眠時間 sleeping hours, hours of sleep
睡眠薬 a sleeping pill

スイミング swimming [スウィミング]
スイミングクラブ a swimming club
スイミングスクール a swimming school

すいめん 水面 the surface of the water
▶ 水面に on the *water*

すいようび 水曜日 →ようび(表)
Wednesday [ウェンズディ] (つづり注意) (▶ 語頭は必ず大文字；Wed. と略す)
▶ 水曜日は6時間授業だ.
We have six classes on *Wednesday(s)*. (▶「…曜日に」というときは on を使う. Wednesdays と複数形にすると「水曜日にはいつも」という意味になる)
▶ 水曜日の朝に
on *Wednesday* morning
▶ 先週の水曜日にコンサートに行った.
I went to the concert last *Wednesday*. (▶ last, next, every, this などがつくときは on はつけない)

すいり 推理する guess [ゲス], reason [リーズン]
推理小説 a mystery, a mystery story；(探偵小説) a detective story

すいりょく 水力 waterpower [ウォータパウア]
水力発電 waterpower generation
水力発電所 a hydroelectric [ハイドゥロウイレクトゥリック] power plant

スイレン 《植物》a water lily

スイング (バットなどのふり) a swing [スウィング]；(音楽の) swing, swing music

すう¹ 吸う

(空気・息などを) breathe [ブリーズ] (in), inhale [インヘイル]；(タバコを) smoke [スモウク]；(液体を) suck [サック]
▶ 早起きして新鮮な空気を吸いなさい.
Get up early and *breathe* fresh air.
▶ 息を吸って, はいて!

すう² ▶

Inhale, then exhale! / *Breathe in*, breathe out.
▶ その女の子はストローでジュースを吸った. The girl *sucked* juice through a straw.

すう² 数 a number [ナンバー] →かず
▶ 奇数 an odd *number*
▶ 偶数 an even *number*
▶ 生徒数 the *number* of students

すう- 数… several [セヴラル], some [サム], a few [フュー]
▶ 数日間 for *several* days
▶ 数年前
several years ago / *some* years ago / *a few* years ago →まえ
▶ 数回 *several* times
▶ 数十名の人 *dozens* of people

スウェーデン Sweden [スウィードゥン]
スウェーデンの Swedish [スウィーディシ]
スウェーデン人 (1人) a Swede [スウィード]; (全体) the Swedish

スウェットスーツ a sweat suit

すうがく 数学

mathematics [マセマティクス], 《米口語》 math [マス], 《英口語》 maths (▶単数あつかい)
▶ 数学の試験 a *math* exam
▶ 数学の先生 a *math* teacher
▶ 数学はきらいです. I don't like *math*.
数学者 a mathematician [マセマティシャン]

すうじ 数字 a figure [フィギュア]; (数) a number [ナンバー]
▶ 数字の2 the *figure* 2 / the *numeral* 2
▶ 母は数字に強い.
My mother is good with *numbers*.

すうしき 数式 a numerical formula [ニューメリカル フォーミュラ]

ずうずうしい (あつかましい) impudent [インピュデント]; (はじ知らずの) shameless [シェイムレス]
▶ ずうずうしいやつだ.
He's *impudent*. / He's *shameless*. / He has *a lot of nerve*.

スーツ a suit [スート]
スーツケース a suitcase [スートゥケイス]
スーパー(マーケット)
a supermarket [スーパマーケト], 《米》 a grocery, a grocery store (▶×super と

はいわない)

スーパーマン Superman [スーパマン] (▶ アメリカの漫画のヒーロー)

スープ (a) soup [スープ]
▶ スープを飲む
(スプーンを使って) have *soup*, eat *soup* / (カップから直接) have *soup*, drink *soup*

eat soup　　　drink soup

ズームレンズ a zoom lens
すえ 末 (終わり) the end [エンド]
▶ 父は1月末にアメリカから帰ってきます.
My father will come back from America at *the end* of January.
末っ子 the youngest child; (男の) the youngest son; (女の) the youngest daughter
▶ ボブは3人きょうだいの末っ子だ. Bob is *the youngest* of three brothers.

スエード suede [スウェイド]
すえる 据える (置く) set [セット], put [プット], install [インストール]; (固定する) fix [フィックス]
▶ 舞台の中央にピアノをすえる
put a piano in the center of the stage

ずが 図画 (線画の) drawing [ドゥローイング]; (絵の具などによる) painting [ペインティング]
図画工作 arts and crafts

スカート a skirt [スカート]
▶ スカートをはく
(動作) put on a *skirt* / (状態) wear a *skirt*, have a *skirt* on
▶ スカートをぬぐ take off a *skirt*

スカーフ a scarf [スカーフ] (複数 scarfs または scarves)

ずかい 図解 an illustration [イラストレイション], a diagram [ダイアグラム]
図解する Illustrate [イラストレイト]

ずがいこつ 頭がい骨 a skull [スカル]
スカイダイビング skydiving [スカイダイヴィング]
スカイプ Skype (▶商標. マイクロソフト

数学 Mathematics

π(パイ)って何？
What is *pi(π)?

*pi [pai パイ] 円周率、パイ(π)

3.14159265358979323846264338327950288419716939937510582097494459230781640628620899862803482534211706798214808651328230664709384460955058223172535940812848111745028410270193852110555964462294895493038196442881097566593344612847564823378678316527120190091……

円の周りの長さを円の幅(直径)で**割る**と、パイが求められます。パイはふつう数学の公式では、ギリシャ語の文字でπと書かれます。パイの**値**はおよそ3.14です。しかし実際には小数点以下の**数字**は永遠に続きます。
　ちなみにアメリカでは3月14日はパイの日です。

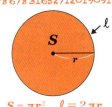

$S = \pi r^2 \quad \ell = 2\pi r$

If you **divide** the distance around a circle by its width, you can get pi. Pi is usually *represented by the Geek letter π in math **formulas. The **value** of pi is about 3.14. But actually the **numbers** after the ***decimal point in pi go on forever.
By the way, March 14 is Pi Day in the United States.

*represent [reprizént レプリゼント]（記号が）…を表す　**formula [fɔ́ːrmjulə フォーミュラ] 公式
***decimal point 小数点（[désəm(ə)l デスィマル]）

●「英語ではこう読む！『数式』」● ・読み方は一例です。

$2 + 3 = 5$ ▶ Two **plus** three **equals** five. ／ Two **and** three **is [makes]** five.

$5 - 3 = 2$ ▶ Five **minus** three **equals** two. ／ Five **less** three **is** two.

$2 \times 3 = 6$ ▶ Two **times** three **is** six. ／ Two **multiplied by** three **equals** six.

$6 \div 3 = 2$ ▶ Three **into** six **is** two. ／ Six **divided by** three **equals** two.

$\dfrac{1}{2} + \dfrac{2}{3} = \dfrac{7}{6}$ ▶ **One half** plus **two thirds** equals **seven sixths**.

$4 \times (-2) = -8$ ▶ Four times **negative two** is **negative eight**.

$(a+b)^2 = a^2 + 2ab + b^2$

▶ a plus b **squared** equals a **squared** plus two ab **plus** b **squared**.

スカウト ▶

社のビデオ通話サービス）
スカイプで話す Skype 《with》
スカウト（スポーツ・芸能で）（新人の）a scout [スカウト]
スカウトする scout (for)

すがお 素顔
▶ 彼女の素顔（→化粧していない顔）を見たことがありますか．
Have you ever seen her *face without makeup*?

すがすがしい refreshing [リフレシング] → さわやか
▶ すがすがしい空気 *refreshing* air

すがた 姿

（体つき）a figure [フィギュア]；(外見) an appearance [アピ(ア)ランス]
▶ 鏡に自分の姿をうつしてみなさい．
Look at *yourself* in the mirror.
姿を現す come,《口語》show up, appear →あらわれる
▶ 1時間待ったけど，良太は姿を現さなかったよ．We waited for an hour, but Ryota didn't *show up*.
姿を消す disappear [ディサピア]

すがる cling [クリング]《to》；（しっかりつかまる）hold [ホウルド] on《to》；（頼る）depend on
▶ その小さな女の子は母親のそでにすがりついて泣いた．
The little girl *clung to* her mother's sleeve and wept.

ずかん 図鑑 an illustrated book
▶ 動物図鑑
an *illustrated book* of animals

スカンク 《動物》a skunk [スカンク]

すき¹ 好き

like [ライク], be fond [ファンド] of；（大好き）love [ラヴ]
好きな（いちばん好きな）favorite [フェイヴ(ァ)リット]

┌─ 💬表現力 ─────────┐
…が好きだ → like ...
└──────────────┘

▶ 私はテニスが好きです．I *like* tennis.
▶ ぼくは犬が好きだ．I *like* dogs.（▶一般的に「…が好きだ」というとき，数えられる名詞の場合は dogs のように複数形にする）

× I like a dog.
└ 数えられる名詞のときは複数形にする．
○ I like dogs.
○ I like this dog.

┌─ 🗣スピーキング ────────┐
Ⓐ ネコは**好きですか**．
  Do you like cats?
Ⓑ はい，**好きです**．
  Yes, I do.
└──────────────┘

▶ 彼女は音楽が大好きです．
She *loves* music. / She *likes* music very much. / She *is* very *fond of* music.（▶ be fond of のほうが like より意味が強い）
▶ きみのこと，すごく好きなんだ．
I really *love* you. / I'm really *in love with* you.

┌─ 💬表現力 ─────────┐
…が好きではない
→ don't like ... / don't care for ...
└──────────────┘

▶ クラシックは好きじゃない．
I *don't like* classical music. / I *don't care for* classical music.（▶後者のほうがひかえめな表現）
▶ この色はあまり好きじゃない．
I *don't like* this color very much.

┌─ 💬表現力 ─────────┐
…することが好きだ
→ like -ing / like to ...
└──────────────┘

▶ ぼくはバスケットボールをするのが好きだ．
I *like playing* basketball. / I *like to* play basketball.

┌─ 💬表現力 ─────────┐
…より〜が好きだ
→ like 〜 better than ... /
  prefer 〜 to ...
└──────────────┘

┌─ 📣プレゼン ─────────┐
ぼくは数学**より**英語**が好きです**．
I like English better than math. / I prefer English to math.
└──────────────┘

◀ **すききらい**

▶ 「夏と冬ではどっちが好き？」「夏．だって休みが長いから」
"Which do you *like better*, summer or winter?" "I *like* summer *better* because the summer vacation is longer."

💬 表現力
…がいちばん好きだ
→ *like ... the best* / *like ... best*
(▶ *the* はつけないこともある)

▶ ぼくはすべてのスポーツの中でサッカーがいちばん好きだ．
I *like* soccer (*the*) *best* of all sports.

🗣 スピーキング
Ⓐ どの教科が**いちばん好き**？
Which subject do you like (the) best?
Ⓑ 英語が**いちばん好き**よ．
I like English (the) best.

💬 表現力
(いちばん)好きな… → *favorite ...*

▶ 野球は私の大好きなスポーツの１つです．
Baseball is one of my *favorite* sports.

🎤 プレゼン
私が**大好きな**ものはマンガに恋愛小説にミッキー・マウスです．
My favorite things are comics, love stories, and Mickey Mouse.

🗣 スピーキング
Ⓐ **好きな**食べ物は何？
What's your favorite food?
Ⓑ ステーキ．
Steak.

▶ 好きなだけ食べてもいいわよ．
You may eat as much as you *want*.
▶ 好きなようにしなさい． Do as you *like*.
▶ どちらでも好きなほうをとりなさい．
Take whichever you *like*.
▶ あなたは私の好きなタイプなの．
You're my *type*.

すき² (すきま) an opening [オウプニング]；(機会) a chance [チャンス]
▶ 彼は逃げ出すすきをねらっていた．

He waited for a *chance* to escape.
スギ 杉《植物》a Japanese cedar [スィーダァ]
スギ花粉 cedar pollen [パルン]

-すぎ …過ぎ

1 (時刻) **past** [パスト], **after** [アフタァ]；(年齢) **over** [オウヴァ], past
▶ 今８時15分過ぎだ．
It is a quarter *past* eight. / It is a quarter *after* eight. / It's eight fifteen.
▶ もうお昼過ぎだよ．
It's already *past* noon.
▶ ５時ちょっと過ぎにまた電話します．
I'll call again shortly *after* five.
▶ 祖父は80過ぎですが，今でも元気です．
My grandfather is *over* 80 and still going strong.
2 (程度) **too** [トゥー] →すぎる
▶ きみは勉強のしすぎだ．
You are studying *too* hard.

スキー

skiing [スキーイング]；(スキーの板) a ski (▶ ふつう複数形で使う．数えるときは a pair of を使う)
スキーをする ski

スキー場 (ski resort)
ゲレンデ (ski slope)
スキーウエア (skiwear)
スキーヤー (skier)
ストック (ski pole)
スキーぐつ (ski boots)
スキー板 (skis)

▶ スキーはできますか． Can you *ski*?
▶ 私は北海道へスキーに行った．
I went *skiing* in Hokkaido.
スキー場 a ski resort
スキーヤー a skier

すききらい 好き嫌い likes and dislikes
▶ ケンは食べ物の好ききらいがない．
Ken has no *likes and dislikes* in food.
▶ 食べ物の好ききらいをしちゃだめよ．

スキップ ▶

Don't be too *picky* about your food.
スキップ a skip [スキップ]
　スキップする skip
すきとおる 透き通る
　透き通った clear [クリア], transparent [トランスペアレント]
▶ 透き通った水 *clear* water
-(に)すぎない only [オゥンリィ]
▶ それはほんの推測にすぎない．
　It's *only* a guess.
すきま すき間 an opening [オゥプニング]
▶ ネコはへいのすきまから入ってきた．
　The cat came through an *opening* in the fence.
　すきま風 a draft [ドゥラフト]
スキャナー a scanner [スキャナァ]
スキャンダル a scandal [スキャンドゥル]
スキューバ（潜水装置）a scuba [スキューバ]
　スキューバダイビング scuba diving
スキル（技能）a skill [スキル]

すぎる 過ぎる

使い分け
（時間が）→ pass
（場所を）→ pass
（程度が）→ too

1（時間が）**pass** [パス], go by;（時刻が過ぎる）be past ...;（…歳を過ぎる）be over ...;（終わる）be over

ライティング
この中学校へ入ってからもう 2 年間が過ぎた．
Two years have passed since we entered this junior high school.

▶ たいへん，もう12時を過ぎているわ．
　Gosh! It's *past* twelve already.
▶ 夏が過ぎて秋が来た．
　Summer *is over*, and fall has come.
▶ 祖母は70歳を過ぎているが，気持ちは若い．
　Although my grandmother *is over* seventy, she's still young at heart.
2（場所を）（通り過ぎる）**pass**;（通り抜ける）go through [スルー]
▶「今どの辺ですか」「ちょうど横浜を過ぎたところです」
　"Where are we now?" "We just

passed Yokohama."
3（程度が）**too** [トゥー], over- [オウヴァ-]
▶ 食べすぎないようにね．
　Be careful not to eat *too* much. / Be careful not to *over*eat.
▶ 彼は働きすぎて病気になった．
　He worked *too* hard and got sick.
▶ このシャツ，もうぼくには小さすぎるよ．
　This shirt is now *too* small for me.
▶ 体にはどんなに注意してもしすぎるということはない．
　You can't be *too* careful about your health.

表現力
〜すぎて…ない
→ too 〜 to ... /
　so 〜 that − not ...

▶ 私はおなかがすきすぎて眠れなかった．
　I was *too* hungry *to* sleep. / I was *so* hungry *that* I *couldn't* sleep.
▶ この本は難しすぎて私には読めない．
　This book is *too* difficult for me *to* read. / This book is *so* difficult (*that*) I *can't* read it.
スキンケア skincare [スキンケア]
スキンダイビング skin diving
スキンヘッド a skinhead [スキンヘド]
すく（腹が）be hungry [ハングリィ], feel hungry;（乗り物が）be not crowded [クラウディド]
▶ おなかがすいた．
　I'*m hungry*. / I *feel hungry*.
▶ 電車はすいていた．
　The train *was not crowded*.

すぐ

使い分け
（ただちに）→ right away, at once
（もうすぐ）→ soon
（近くに）→ near
（簡単に）→ easily

1（ただちに）**right away**, **at once**, immediately [イミーディエトゥリィ];（…するとすぐに）**as soon as** ...
▶ すぐにもどります．
　I'll be *right* back.
▶ すぐに追いつくよ．

◀ **すくない**

I'll be with you *in a minute*.

🔊スピーキング
🅐 ごはんだよ.
Dinner is ready.
🅑 今すぐ行くよ.
I'll be right there.

▶ すぐやりなさい. Do it *right away*. / Do it *immediately*.
▶ すぐここへ来てください.
Please come here *at once*.
▶ 彼は家に帰ってくるとすぐテレビをつけた.
He turned on the TV *as soon as* he came home.

2 (もうすぐ) **soon** [スーン]
▶ クリスマスはもうすぐだ.
Christmas is coming *soon*. / Christmas is just *around the corner*.
▶ もうすぐ期末テストだ.
We're going to have final exams *soon*.

3 (近くに) **near** [ニア]
▶ ぼくの家は駅からすぐの所にある.
My house is *near* the station. / My house is *close to* the station.
▶ スーパーはここから歩いてすぐです.
The supermarket is a *short* walk from here. / The supermarket is an *easy* walk from here.

4 (簡単に) **easily** [イーズィリィ]
▶ 私たちの先生はすぐおこる.
Our teacher gets angry *easily*.
▶ ホテルは駅の横だから, すぐにわかるよ.
The hotel is next to the station. So you can't miss it.

すくい 救い help [ヘルプ]
▶ おぼれている男性が大声で救いを求めた.
The drowning man cried for *help*.

スクイズ 《野球》a squeeze play [スクウィーズ プレイ]

すくう¹ 救う

(助ける) **help** [ヘルプ]; (救助する) **save** [セイヴ]

💬表現力
…を救う → save ...

▶ その医者は母の命を救ってくれた.
The doctor *saved* my mother's life.

💬表現力
(人)を…から救う
→ save +人+ from ... /
help +人+ out of ...

▶ 消防士は燃えている家からその少年を救い出した.
The firefighter *saved* the boy *from* the burning house.
▶ 友人みんながぼくを苦境から救ってくれた.
All my friends *helped* me *out of* my difficulties.

すくう² scoop [スクープ] (up)
▶ 網で魚をすくう
scoop up a fish with a net

スクーター a scooter [スクータァ]
スクープ a scoop [スクープ]
スクール a school [スクール]
▶ 英会話スクール an English *school*
スクールカウンセラー a school counselor
スクールバス a school bus

すくない 少ない →すこし

使い分け
(数が) → few
(量が) → little

1 (数が) **few** [フュー] (反 多い many)
▶ その少年は友だちが少なかった.
The boy had *few* friends. / The boy *didn't* have *many* friends.
▶ 試験に合格した学生はとても少なかった.
Very *few* students passed the examination.

2 (量が) **little** [リトゥル] (反 多い much)
▶ 今年は雨が少ない.
We have had *little* rain this year.
▶ 残り時間が少ないですよ.
You have *little* time left.
▶ アラビアは雨が少ない.
They have *little* rain in Arabia.

📖文法 few と little
few, little は a がつくと「少しある」という意味. a がつかないと「ほとんどない」「少ししかない」と否定の意味を表す. → すこし

four hundred and seven 407

すくなくとも

3 (金額・人数などが) small [スモール]
▶ 彼は収入が少ない．
He has a *small* income. (▶「多い」場合は large を使う)
▶ コンサートは聴衆が少なかった．
The audience at the concert was *small*.

すくなくとも 少なくとも at least [リースト]
▶ 少なくとも毎日30分はピアノの練習をしなさいね．
Try to practice the piano *at least* thirty minutes a day.

すくなめ 少なめ
▶ からしは少なめにしてください．
Go *easy* on the mustard, please.

すくめる (肩を) shrug [シュラッグ]；(首を) duck [ダック]
▶ 彼は肩をすくめた．
He *shrugged* his shoulders.

スクラップ (新聞などの切りぬき) a clipping [クリピング]，《英》a cutting [カティング]；(不用品) scrap [スクラップ]
スクラップブック a scrapbook

スクラム (ラグビー) a scrum [スクラム]

スクランブルエッグ scrambled [スクランブルド] eggs

スクリーン a screen [スクリーン]
スクリーンセーバー a screen saver

スクリプト a script [スクリプト]

スクリュー a screw [スクルー] (発音注意)

すぐれる 優れる **1** (まさっている) be better (than), be superior [スーピ(ア)リア] (to)
優れた good [グッド], great [グレイト], excellent [エクセレント]
▶ きみの自転車のほうがぼくのより優れている．
Your bike *is better than* mine.
▶ ピカソは20世紀の最も優れた芸術家の1人である．
Picasso is one of the *greatest* artists of the 20th century.
▶ 彼は運動能力が優れている．
He has *excellent* athletic ability.

2 (気分・顔色などがよくない)
▶ 今日は気分がすぐれない．
I *don't feel so well* today.

ずけい 図形 a figure [フィギュア] →かたち (図)
図形をかく draw a figure →かく¹

スケート

skating [スケイティング]
スケートをする skate
▶ スケートできる？
Can you *skate*?
▶ 私たちは湖にスケートに行った．
We went *skating* on the lake.
▶ スピードスケート speed *skating*
▶ フィギュアスケート figure *skating*
スケートぐつ skates (▶数えるときは a pair of を使う)
スケートリンク a skating rink

スケートボード (板) a skateboard [スケイトゥボード]；(スポーツ) skateboarding
スケートボードをする skateboard

スケール a scale [スケイル]
▶ スケールの大きい計画
a large-*scale* plan

スケジュール a schedule [スケジュール]；(予定) a plan [プラン]
▶ ハードスケジュール
a heavy *schedule* / a tight *schedule*
(▶ a ˣhard schedule とはふつういわない)
▶ スケジュールどおりに on *schedule*
▶ 今週はスケジュールがつまっている．
My *schedule* is full this week.
スケジュールを立てる schedule, make a schedule

スケッチ a sketch [スケッチ]
スケッチをする sketch, make a sketch
▶ ポールはその山をスケッチした．
Paul *made a sketch* of the mountain.
スケッチブック a sketchbook

スケボー →スケートボード

スコア (競技の得点・音楽の楽譜) a score [スコー(ア)]
▶ スコアをつける
keep the *score* (▶ the はつけないこともある)
スコアブック a scorebook
スコアボード a scoreboard

すごい

1 (すばらしい) wonderful [ワンダフル], great [グレイト], terrific [テリフィク]
▶ すごい！ *Great!* / *Terrific!*

▶ **すこし**

🎤 **スピーキング**
🅐 きのうホームラン打ったよ．
I hit a home run yesterday.
🅑 すっごーい！
That's great!

▶ すごいできばえだね．
You did a *wonderful* job.
▶ 彼の姉さんはすごい人気だ．
His sister is *really* popular.
2 (おそろしい) **terrible** [テリブル]；(はげしい) **heavy** [ヘヴィ]
▶ すごい雨だ．It's raining *heavily*.
▶ すごい地震だった．
It was a *terrible* earthquake.

ずこう 図工 arts and crafts [アーツ アンド クラフツ]
▶ 図工の先生 an *art* teacher

スコーン a scone [スコウン]

すごく really [リー(ア)リィ]；(ひどい) terribly [テリブリィ]
▶ その映画，すごくおもしろかったよ．
The movie was *really* interesting.
▶ すごく楽しかった．
It was *a lot of* fun. / I had *a lot of* fun.
▶ すごくおなかが痛い．
I have a *terrible* stomachache.

すこし 少し

使い分け
(数が) 少しはある → a few
(数が) 少ししかない → few
(量が) 少しはある → a little
(量が) 少ししかない → little

(a) few

(a) little

1 (数が) (少しはある) **a few** [フュー] (反 たくさん many)，**some** [サム]；(少ししかない) **few**
▶ かごには少しリンゴが入っている．
There are *a few* apples in the basket.
▶ かごには少ししかリンゴが入っていない．
There are *few* apples in the basket.
▶ ケンは中国の切手を少し持っている．
Ken has *a few* Chinese stamps.
▶「少しですがクッキーをどうぞ」「まあ，どうも」
"Here are *some* cookies for you."
"Oh, thanks."
2 (量が) (少しはある) **a little** [リトゥル] (反 たくさん much)，**some**；(少ししかない) **little**
▶ 少しずつ *little* by *little*
▶ コップに水が少し入っている．
There is *a little* water in the glass.
▶ コップには水が少ししか入っていない．
There is *little* water in the glass.
▶「コーヒーをもう少しいただけますか」「いいですよ，どうぞ」
"Can I have *some* more coffee?"
"Sure, go ahead."

📖 **文法** few と little と some
❶同じ物について，a few は「少しはある」と肯定の気持ちを表し，few は「少ししかない」と否定の気持ちを表す．ともにあとには数えられる名詞の複数形がくる．同様に a little は量が「少しはある」，little は「少ししかない」ことを表し，あとには数えられない名詞がくる．
❷ a few は many（多い）の反意語で，「多くない」数を表し，2, 3 からそれ以上の数をさすが，some は具体的な数量を問題にせず，ばくぜんと「いくつか，いくらか」あることを表す．

3 (程度) **a little**；(もう少し) **almost** [オールモウスト]
▶ 母はイタリア語が少し話せる．
My mother speaks *a little* Italian.
▶ このブラウス，私には少し大きすぎるわ．
This blouse is *a little* too large for me.
▶ 少しは勉強しなさい．
You must study at least *a little bit*.
▶ もう少しで死ぬところだった．
I *almost* died.
4 (時間が) **a minute** [ミニト]，**a moment** [モウメント]，**a while** [(フ)ワイル]
▶ 少しお待ちください．
Wait *a minute*, please. / One

すこしも ▶

moment, please.
5 (距離が)
▶ 駅は通りを少し行ったところにあります.
The station is *just* down the street.
すこしも 少しも…ない not ... at all →ぜんぜん

すごす 過ごす

spend [スペンド], pass [パス]

🔊 スピーキング
Ⓐ いかがお過ごしですか.
　　How are you getting along?
Ⓑ 元気ですよ.
　　I'm all right.

💬 表現力
…を過ごす → spend ...

▶ この夏はどうやって過ごすの？
How will you *spend* this summer?

🎤 プレゼン
私は今年の夏休みをいなかで過ごしました.
I spent this summer vacation in the country.
この夏は沖縄で楽しい時間を過ごしました.
We had a great time in Okinawa this summer.

💬 表現力
…して〜を過ごす → spend 〜 -ing

▶ 日曜の朝は音楽を聞いて過ごすのが好きです.
I like to *spend* Sunday mornings *listening* to music.

スコットランド Scotland [スカトゥランド]
スコットランド(人)の Scottish
スコップ (小型の) a scoop [スクープ]; (シャベル) a shovel [シャヴ(ェ)ル]; (園芸用の) a trowel [トゥラウ(ェ)ル]
すごろく *sugoroku*, Japanese snakes and ladders
すし 寿司 sushi [スーシ]
▶ すし店 a sushi restaurant, a sushi bar
すじ 筋 **1** (話の展開) a story line [ストーリィライン], a plot [プラット]; (論理) logic [ラヂク]

▶ あら筋 an outline
▶ 「あの映画の筋を知ってるかい？」「いや,ぼくもまだ見てないんだ」
"Do you know the *plot* of the film?"
"No, I haven't seen it yet, either."
▶ きみの言っていることは筋が通ってないよ.
What you're saying isn't *logical*.
2 (線) a line [ライン]; (しま) a stripe [ストゥライプ] →せん², しま²

ℹ 日本語NAVI
すじがいい → 才能や素質がある
　　→さいのう, そしつ

ずじょう 頭上に over *my* head, above *my* head; overhead [オウヴァヘッド]
▶ 頭上注意 (掲示)
(落下物の危険) Danger *Overhead*! /
(低い天井などなど) Watch Your *Head*!
すす soot [スット]
すず¹ 鈴 a bell [ベル]
▶ 鈴を鳴らす ring a *bell*
▶ 鈴が鳴っている. The *bell* is ringing.
すず² 《化学》tin [ティン]
ススキ 《植物》Japanese pampas grass
すすぐ rinse [リンス]
▶ 口をすすぐ *rinse* my mouth

すずしい 涼しい

cool [クール] (反) 暖かい warm)

cool　　　　　warm

▶ すずしい風 a *cool* breeze
▶ 「今日はとてもすずしいね」「ほんとうに. すがすがしいわね」
"It's very *cool* today." "Yes, it is. It's very refreshing."
▶ ここはとてもすずしくて気持ちいいね.
It's nice and *cool* here.

すすむ 進む

1 (前進する) go forward, move forward
▶ もうちょっと前へ進んでください.

◀ **スタイル**

Please *move* a little *forward*.
▶ 立ち止まらないで前に進んでください．
Don't stop. *Move on*, please. (▶ on は「動作を続ける」という意味)
2 (はかどる) **go**; (進歩する) **make progress** [プラグレス]
▶ 勉強は進んでるの？
How *are* your studies *going*?
▶「前回の授業はどこまで進んだんだったかな？」「20ページの8行目までです」
"How far did we *get* last time?" "To line 8 on page 20, sir."
3 (進学する) **go on to**, **go to**
▶ いちばん上の姉はこの春大学に進んだ．
My oldest sister *went on to* college this spring.
4 (時計が) (進む) **gain** [ゲイン] (反 遅れる lose); (進んでいる) **be fast**
▶ 私の時計は1日に5秒進む．
My watch *gains* five seconds a day.
▶ あの時計はいつも5分進んでいる．
That clock *is* always five minutes *fast*.

すずむ 涼む enjoy the cool air
スズムシ 鈴虫 a bell-ringing cricket [クリケト]
すすめ 勧め (忠告) advice [アドゥヴァイス]; (推奨) recommendation [レコメンデイション]
▶ 父は医者のすすめでジョギングを始めた．
Father started jogging on his doctor's *advice*.
▶ (レストランで) おすすめ料理は何ですか．
What do you *recommend*?
スズメ 《鳥》a sparrow [スパロウ] →とり（図）

すすめる¹ 勧める，薦める

使い分け
(推薦する) → recommend
(忠告する) → advise
(差し出す) → offer

1 (推薦する) recommend [レコメンド]; (忠告する) advise [アドゥヴァイズ]

表現力
(人) に…をすすめる
→ recommend ... to +人 /
　recommend +人 ...

▶ あなたにこの辞書をすすめます．
I *recommend* this dictionary *to* you.
/ I *recommend* you this dictionary.

表現力
(人) に…することをすすめる
→ advise +人+ to ...

▶ 医者は彼女に減量（→体重を減らすこと）をすすめた．
The doctor *advised* her *to* lose weight.
2 (差し出す) **offer** [オ(ー)ファ]
▶ パーティーでホワイトさんは私たちにクッキーをすすめた．
Mr. White *offered* us some cookies at the party.
すすめる² 進める **1** (進展させる) go on with, go ahead with, go along with
▶ その計画を進めなさい．
Go on with the plan.
2 (時計を早くする) set ... ahead
▶ 私は時計を5分進めた．
I *set* my watch five minutes *ahead*.
スズラン 《植物》a lily of the valley
すずり 硯 an inkstone [インクストウン]
すすりなく すすり泣く sob [サブ] →なく¹
すすんで 進んで willingly [ウィリングリィ], voluntarily [ヴァランテリリィ]
▶ 彼は進んで食事のあとかたづけをした．
He cleared the table *willingly*.
すそ (服などの) a hem [ヘム]
▶ すそを上げる take up a *hem*
▶ すそを下ろす take down a *hem*
スター a star [スター]
▶ 映画スター a movie *star*
スターティングメンバー the starting lineup
スタート a start [スタート]
スタートする start, make a start
▶ 彼らはいいスタートを切った．
They *made a* good *start*.
スタート地点 a starting point
スタートライン a starting line
スタイリスト (モデルなどの衣装を決める人) a stylist [スタイリスト], a fashion coordinator
スタイル (服装などの型) a style [スタイル]; (体型) a figure [フィギュア]
▶ 最新流行のスタイル the latest *style*

four hundred and eleven 411

スタジアム ▶

▶ 里佳子はスタイルがいい.
Rikako has a good *figure*. (▶「スタイルが悪い」なら good を poor にする)

スタジアム a stadium [スティディアム]
スタジオ a studio [ステューディオゥ] (複数 studios)
スタッフ (集合的に) the staff [スタフ]; (1人) a staff member

▶ その美容院, スタッフは何人いるの?
How many *staff members* are there in the beauty salon? (▶ How many ×staffs ... とはいわない)

スタミナ stamina [スタミナ]
スタメン →スターティングメンバー
すたれる (流行・ことばなどが) go out of fashion; (使用が) go out of use [ユース]

▶ ミニスカートは一時すたれた.
Miniskirts *went out of fashion* for a while.

スタンド (見物席) the stands [スタンヅ] (▶複数形で使う); (売店) a stand; (電気スタンド) (机に置く) a desk lamp, (床に置く) a floor lamp

▶ 外野スタンド the outfield *stands*
▶ ガソリンスタンド
(米) a gas *station* / (英) a petrol *station*

スタントマン a stunt person [スタントパーソン], a stunt double [ダブル]
スタンバイ a standby [スタン(ドゥ)バイ]
　スタンバイする stand by
スタンプ a stamp [スタンプ]
　スタンプを押す stamp
スチーム steam [スティーム]
　スチームアイロン a *steam* iron
スチール (野球)(2塁に盗塁する) steal second; (鋼鉄) steel [スティール]
スチュワーデス (客室乗務員) a flight attendant [フライト アテンダント]

-ずつ
▶ 少しずつ little *by* little
▶ 1つずつ one *by* one
▶ 1人ずつ部屋に入りなさい.
Enter the room one *by* one.
▶「これを1つずつください」「かしこまりました. はい, どうぞ」
"I'll take *one of each*, please." "All right. Here you are."

ずつう 頭痛 a headache [ヘデイク]
▶ 少し頭痛がする.
I have a slight *headache*.
▶ ひどい頭痛 a bad *headache*

すっかり all [オール], completely [コンプリートゥリィ], quite [クワイト]

▶ 母はそのことをすっかり忘れていた.
My mother forgot *all* about it. / My mother *completely* forgot about it.
▶ もうすっかりよくなりました.
I feel *quite* well.
▶ すっかり秋になってしまった.
Fall has *really* arrived.

すっきり すっきりした (こぎれいな) neat [ニート]; (気分が) refreshed [リフレシト]

▶ シャワーを浴びたらすっきりした.
I felt *refreshed* after taking a shower.

すっごく →すごく

ずっと

使い分け
(時間) → all the time, through, all through
(距離) → all the way
(程度) → much, far

1 (時間)(続けて) all the time, through [スルー], all through; (長い間) for a long time

表現力
ずっと…してきた
→ have ＋過去分詞 / have been -ing

▶ ケン, 今までずっとどこにいたの?
Where *have* you *been all this time*, Ken?
▶ あのときからきみのことをずっと考えていたんだ.
I *have been thinking* about you since then.
▶ 佐藤君とはずっと会っていない.
I *haven't seen* Sato *for a long time*.
▶ 一晩中ずっと雨が降った.
It rained *all through* the night.

2 (距離) all the way
▶ 電車はこんでいたので, 名古屋までずっと立っていなければならなかった.

I had to stand *all the way* to Nagoya because the train was crowded.

3 (程度) (はるかに) **much** [マッチ], **far** [ファー], **a lot** [ラット] (▶いずれも比較級・最上級を強めるのに使う)

📣表現力
(より) ずっと… → **much** ＋比較級

▶ 今日はきのうよりもずっと寒い.
It's *much colder* today than yesterday.
▶ ずっと遠くに
far away / in the distance
▶ ずっと以前に a *long* time ago

すっぱい 酸っぱい **sour** [サウァ]
▶ このブドウはすっぱい.
These grapes are *sour*.

すで 素手 a bare hand
▶ 素手で魚をとる
catch a fish with *bare* hands

スティック a stick [スティック]
▶ スティックのり a glue *stick*

ステーキ (a) steak [ステイク]
ステージ a stage [ステイヂ]
▶ ステージでピアノを演奏する
play the piano on *stage*

ステーションワゴン 《米》a station wagon [ステイション ワゴン]

すてき 素敵な

nice [ナイス]；(すばらしい) **wonderful** [ワンダフル]

▶ すてき！Very *nice*! / *Fantastic*!

📣スピーキング
🅐 今度の週末，原宿に行かない？
Would you like to go to Harajuku this weekend?
🅑 すてき.
That sounds like fun. / That sounds like a good idea.

▶ すてきなジャケットね！
What a *nice* jacket!
▶ 「これどうぞ」「すてきなプレゼントをありがとう」
"This is for you." "Thank you for such a *wonderful* present."

ステッカー a sticker [ステイカァ]

▶ ステッカーをはる put a *sticker*

ステッキ a cane [ケイン], 《英》a stick [スティック], a walking stick

ステップ a step [ステップ]
▶ ホップ，ステップ，ジャンプ！
Hop, *step*, and jump! / Hop, *skip*, and jump!

すでに →もう

already [オールレディ]

📣表現力
すでに…した
→ **have already** ＋過去分詞

▶ 「もう電車は出てしまいましたか」「ええ，すでに出ました」
"Has the train left yet?" "Yes, it *has already left*."

すてる 捨てる

1 (不要なものを) **throw away**
▶ そんな破れたシャツは捨てなさい.
Throw away that torn shirt.
▶ それは捨てないで.
Don't *throw* it *away*. (▶×throw away it とはしない)
▶ ゴミを捨てるな《掲示》Don't Litter

2 (放棄する) **give up**
▶ 希望をすてちゃだめだよ.
Don't *give up* hope.

ステレオ (方式) stereo [ステリオウ]；(セット) a stereo (set)

ステンレス (金属) stainless [ステインレス] steel

スト (a) strike [ストゥライク] →ストライキ
ストア a store [ストー(ァ)] →みせ
ストーカー a stalker [ストーカァ]
ストーブ a heater, a stove (▶ stove はふつうは「(料理用のオーブン付きの)こ

ストール▶

んろ」のこと)
- 電気ストーブ an electric *heater*
- ガスストーブ a gas *heater*
- 石油ストーブ an oil *heater*
- ストーブをつける
 turn on a *heater* / switch on a *heater* (▶「消す」は turn off, switch off)

ストール a stole [ストゥル]
ストッキング stockings [スタキングズ] (▶ふつう複数形で使う. 数えるときは a pair of を使う) →くつした
- ストッキングをはく
 pull on my *stockings* (▶「ぬぐ」なら on を off にする)

ストック 1 (スキーの) a ski pole [ポウル], a ski stick [スティック] (▶ふつう複数形で使う)
2 (在庫品) (a) stock [スタック]
- この商品はもうストックがありません.
 We don't have this product in *stock* any more.

ストップ stop [スタップ]
 ストップする stop
 ストップウォッチ a stopwatch

ストライキ (a) strike [ストゥライク]
- 彼らはストライキ中だ.
 They are on *strike*.

ストライク (野球) a strike [ストゥライク]
ストライプ a stripe [ストゥライプ]
- ストライプのシャツ a *striped* shirt

ストラップ a strap [ストゥラップ]
- スマホにストラップをつける
 put a *strap* on a smartphone

ストレート straight [ストゥレイト];(野球の) a fastball [ファスト(ゥ)ボール]
- (テニスなどで)ぼくたちはストレートで勝った.
 We won in *straight* sets.
- ストレートにものを言う speak *frankly*

ストレス (a) stress [ストゥレス]
- 現代人はストレスが多い.
 People today are under a lot of *stress*.
- ストレスがたまっているんだ.
 I'm getting *stressed* out.
- ストレスを発散する relieve *stress*

ストレッチ stretching exercises
 ストレッチをする do stretching exercises

ストロー a straw [ストゥロー]
ストロベリー a strawberry [ストゥローベリィ]

すな 砂 sand [サンド]
- 目に砂が入った.
 I've got *sand* in my eye(s).
 砂時計 a sandglass [サン(ドゥ)グラス]
 砂場 《米》a sandbox [サン(ドゥ)バクス],《英》a sandpit [サン(ドゥ)ピト]
 砂浜 a beach, a sandy beach, the sands
- 砂浜で遊ぶ play on the *beach*

すなお 素直な (性格がおだやかな) gentle [ヂェントゥル];(従順な) obedient [オウビーディエント]
- 圭介はすなおだ.
 Keisuke is *gentle* by nature. / Keisuke has a *gentle* nature.
- すなおな生徒 an *obedient* student

スナック (軽食・おやつ) a snack [スナック];(店) a bar,《英》a pub (▶ snack bar は「軽食を出す飲食店」で, お酒は出さない)
- スナック菓子 *snacks* / *snack* food

スナップ (写真) a snapshot [スナプシャト],《英》a snap [スナップ] →しゃしん

すなわち that is, that is to say, or [オー(ァ)]
- その事件は1週間前, すなわち5月2日に起きた.
 The accident happened a week ago, *that is*, on May 2.

スニーカー sneakers [スニーカァズ] (▶ふつう複数形で使う. 数えるときは a pair of を使う)

スヌーピー Snoopy [スヌーピィ] (アメリカの漫画『ピーナッツ』に登場するビーグル犬の名)

すね a shin [シン] →あし(図)
- あいつのすねをけってやりたい.
 I want to kick him in the *shin*.
- 彼はいまだに親のすねをかじっている.
 He *is* still *sponging off* his parents.

すねる be sulky [サルキィ]
- そうすねるな.
 Don't *be* so *sulky*.

ずのう 頭脳 brains [ブレインズ], a head [ヘッド] →あたま

スノー snow [スノウ]
 スノータイヤ a snow tire

スノーモービル a snowmobile
スノーボード (板) a snowboard；(スポーツ) snowboarding
スノーボードをする snowboard
スパート a spurt [スパ〜ト]
スパートする spurt
▶ ラストスパートをかける
make a last *spurt*
スパイ a spy [スパイ]
スパイ行為をする spy
スパイク (くつ) spikes [スパイクス], spiked shoes；(バレーボールの打ちこみ) a spike
スパイス (a) spice [スパイス]
▶ スパイスのきいたカレー *spicy* curry
スパイラル (らせん) a spiral [スパイ(ア)ラル]
スパゲッティ spaghetti [スパゲティ] (▶イタリア語から)
スパゲッティミートソース spaghetti with meat sauce
すばしこい quick [クウィック]
ずばぬけて ずば抜けて《最上級とともに》by far
▶ ケンはずばぬけて成績のいい生徒だった．
Ken was *by far* the best student.
スパムメール (おもに広告などの不要なメール) spam [スパム] (mail)
すばやい 素早い quick [クウィック] →はやい
素早く quickly [クウィックリィ]

すばらしい

wonderful [ワンダフル]，《口語》great
▶ すばらしい！
Great! / Wonderful! / Terrific!
▶ すばらしいながめ a *wonderful* view

🗨 スピーキング
Ⓐ 映画はどうだった？
How did you like the movie?
Ⓑ すばらしかった．
It was great.

スパンコール spangles [スパングルズ]
スピーカー (装置) a speaker [スピーカァ], a loudspeaker [ラウドスピーカァ]
スピーチ a speech [スピーチ]
スピーチをする make a speech, give a speech

▶ 学校生活についてスピーチをした．
I *made a speech* on my school life.
スピーチコンテスト a speech contest
スピード (a) speed [スピード]
▶ フルスピードで at full *speed*
▶ スピードを上げる
speed up / gather *speed* / pick up *speed*
▶ スピードを落とす
slow down / reduce *speed* (▶ ×speed down とはいわない)
スピード違反 speeding
ずひょう 図表 a chart [チャート]
スプーン a spoon [スプーン]
▶ スプーン１杯の塩 a *spoonful* of salt
ずぶぬれ ずぶぬれになる get wet through, get soaked [ソウクト] to the skin
▶ 私は雨でずぶぬれになった．
I *got soaked to the skin* in the rain.
スプレー a spray [スプレイ]
スプレーする spray
▶ ヘアスプレー (a) hair *spray*
スペア スペアの spare [スペア]
スペアキー a spare key
スペアタイヤ a spare tire
スペイン Spain [スペイン]
スペイン(人・語)の Spanish [スパニシ]
スペイン語 Spanish →ことば(表)
スペイン人 (１人) a Spaniard [スパニャド]；(全体) the Spanish
スペース (余地) room [ル(ー)ム], (a) space [スペイス]
▶ ここにもう１つ机を置くスペースはないよ．
We don't have enough *room* to put another desk here.
スペースシャトル a space shuttle
スペード (トランプの) a spade [スペイド]
-すべきだ should [シュッド] →-べき
スペシャル (特別の) special [スペシャル]
▶ スペシャル番組 a *special* program

すべて →ぜんぶ，みんな

all [オール]；(どれも) everything [エヴリスィング]
すべての all；(どれもみな) every [エヴリィ]; whole [ホウル]
▶ すべてが順調だ．
Everything is going fine.

すべりだい ▶

- できることはすべてやります．
  I'll do *everything* I can. / I'll do *all* I can.
- すべての人に生きる権利がある．
  All people have the right to live. / *Every* person has the right to live.
- ぼくの答えはすべて合っていた．
  All my answers were correct. / My answers were *all* correct.
- すべてを覚えることはできないよ．
  I can't memorize *all of* them. / I can't memorize them *all*.
- その話はすべて知っている．
  I know the *whole* story. / I know *all* the story.

💬 表現力
すべての～が…とはかぎらない
→ **Not all ＋複数名詞 ...** /
　Not every ＋単数名詞 ...

- すべてのサメが危険なわけではない．
  Not all sharks are dangerous. / *Not every* shark is dangerous.

📘 文法 **all と every**
❶ **all** は全体をまとめて「すべて」という意味．**every** は１つ１つをとりあげて「すべて」の意味．
❷ **all** のあとには複数形の名詞が，**every** のあとには単数形の名詞がくる．

すべりだい 滑り台 a slide [スライド]
- すべり台で遊ぼう．
  Let's play on the *slide*.

すべる 滑る

1 (なめらかに) slide [スライド]；(スキーで) ski [スキー]；(スノーボードで) snowboard [スノウボード]；(スケートで) skate [スケイト]
- 子どもたちは斜面をすべり降りた．
  The children *slid* down the slope.
- ランナーは２塁にすべりこんだ．
  The runner *slid* into second base.

2 (つるっと) slip [スリップ]

slide

slip

- 痛い！ バナナの皮ですべった．
  Ouch! I *slipped* on a banana peel.
  すべりやすい slippery [スリパリィ]
- すべりやすいので注意（掲示）
  Caution. *Slippery* Surface

「注意！ すべりやすい床です」という掲示．

3 (試験に落ちる) fail [フェイル]
- 息子が大学入試にすべった．
  My son *failed* his college entrance exams.

スペル (語のつづり) (a) spelling [スペリング] (▶ *spell* とはいわない．spell は「つづる」という意味の動詞) →つづり，つづる
- 「ninth のスペルはどう書くの？」「N-I-N-T-H です」
  "How do you *spell* 'ninth'?" "N-I-N-T-H." (▶ スペルをいうときはアルファベットで１文字ずついう)
- その単語のスペルがわからない．
  I don't know the *spelling* of the word. / I don't know how to *spell* the word.
- 英語の作文をスペルチェックする
  check the *spelling* in an English composition
- スペルミス
  a *spelling* mistake / a *spelling* error

◀ **スマートフォン**

(▶ ✕spell miss とはいわない)

スポーツ

(a) **sport** [スポート] (▶英語では「つり」「ハンティング」などもふくまれる)
スポーツの sports
スポーツをする play sports, do sports, enjoy sports
▶ 好きなスポーツは何ですか．
What's your favorite *sport*?
▶ スポーツは何かしますか．
Do you play any *sports*?
▶ 美沙きはスポーツ万能だ．
Misa is good at all kinds of *sports*.

🗨 スピーキング
Ⓐ どんな**スポーツ**が好きですか．
What sports do you like?
Ⓑ テニスです．
I like tennis.

スポーツウエア sportswear, sports clothes
スポーツカー a sports car
スポーツクラブ a sport club
スポーツ新聞 a sports newspaper
スポーツテスト a physical fitness test
スポーツドリンク a sports drink
スポーツニュース sports news
スポーツの日 Sports Day
スポーツ番組 a sports program
スポーツマン an athlete [アスリート]
スポーツマンシップ sportsmanship
スポーツ用品 sporting goods
スポーティー スポーティーな sporty [スポーティ]; (服装が) casual [キァジュアル]
スポットライト a spotlight [スパトゥライト]
ズボン trousers [トゥラウザァズ], 《おもに米》pants [パンツ] (▶どちらも複数形で使う．数えるときは a pair of を使う) →パンツ
▶ 半ズボン shorts
▶ ズボンをはく
put on my *trousers*
▶ ズボンをぬぐ
take off my *trousers*
スポンサー a sponsor [スパンサァ]
スポンジ a sponge [スパンヂ]
▶ スポンジで皿を洗う
wash dishes with a *sponge*
スポンジケーキ (a) sponge cake
スマート スマートな (ほっそりした) slim [スリム], slender [スレンダァ] (▶英語の smart には「ほっそりした」という意味はない); (センスのいい) stylish [スタイリシ], smart [スマート]
▶ 久美はとてもスマートだ．Kumi is very *slim*. / Kumi is very *slender*.
スマートウォッチ a smart watch
スマートスピーカー a smart speaker
スマートフォン a smartphone [スマートゥフォウン]
▶ 彼のスマートフォンにメールを送った．
I sent a text message to his

スポーツ・運動・競技のいろいろ (「…をする」というとき)

① 「play ＋スポーツ名」にするもの
(例) ゴルフをする play golf
アメフト **American football**
ゴルフ **golf**
サッカー **soccer, football**
ソフトボール **softball**
卓球 **table tennis**
テニス **tennis**
バスケットボール **basketball**
バドミントン **badminton**
バレーボール **volleyball**
ハンドボール **handball**
フットボール **football**
野球 **baseball**
ラグビー **rugby**

② もとの動詞にするもの
(例) ジョギングをする jog
ジョギング **jogging (jog)**
水泳 **swimming (swim)**
スキー **skiing (ski)**
スケート **skating (skate)**
登山 **climbing (climb)**
ボウリング **bowling (bowl)**

③ 「practice ＋スポーツ名」にするもの
(例) 剣道をする practice *kendo*
剣道 ***kendo***
柔道 ***judo***
体操 **gymnastics**
ボクシング **boxing**

すまい ▶

smartphone.

すまい 住まい a house [ハウス]
▶ すてきなお住まいですね！
What a nice *house* you have!

> 🗨 スピーキング
> Ⓐ お住まいはどちらですか．
> Where do you live?
> Ⓑ 横浜です．
> I live in Yokohama.

すます 済ます

(終わらせる) **finish** [フィニシ]; (間に合わせる) **do** [ドゥー]
▶ もう夕食は済ませたの？
Have you *finished* your dinner yet?
▶ 昼食はハンバーガーで済ませそう．
Hamburgers will *do* for lunch.
▶ 今日はお金がないから，昼食ぬきで済ましちゃおう．I have to *go* without lunch because I have no money today.
▶ それは笑って済ませられることじゃない．
It's no laughing matter.

スマッシュ a smash [スマッシ]
スマッシュする smash

すまない I'm sorry. →すみません
▶ ほんとうにすまないと思っています．
I'm really *sorry* about that.

スマホ →スマートフォン

すみ¹ 隅 a corner [コーナァ]
▶ ベスははずかしがり屋で，いつも部屋のすみに立っている．
Beth is a shy girl and always stands in one *corner*.

すみ² 墨 Indian ink, Chinese ink; (棒状の) an ink stick [インク スティック], *sumi*
▶ 墨で書くのは苦手だ．I'm not good at writing in *Chinese ink*.

すみ³ 炭 charcoal [チャーコウル]

すみません

> 使い分け
> (軽いわびに・頼みごとをするときに)
> →Excuse me.
> (過失の謝罪に) →I'm sorry.
> (お礼に) →Thank you.

1 (軽いわびに・頼みごとをするときに)
Excuse me. [イクスキューズ ミィ]

> 🗨 スピーキング
> Ⓐ すみません．
> Excuse me.
> Ⓑ いいですよ．
> Sure. / Certainly.

▶「すみません，手伝ってくれますか」「もちろん」
"*Excuse me*, but can you help me?"
"Sure."
▶ すみません，駅はどこですか．
Excuse me, but where is the train station?

2 (過失の謝罪に) **I'm sorry.** [アイム サリィ]

> 🗨 スピーキング
> Ⓐ すみません．
> I'm sorry.
> Ⓑ いいですよ．
> That's all right.

▶ 遅れてすみません．*I'm sorry* I'm late.
▶ お待たせしてすみません．
I'm sorry to have kept you waiting.

3 (お礼に) **Thank you.** [サンキュー]

> 🗨 スピーキング
> Ⓐ すみません．
> Thank you.
> Ⓑ どういたしまして．
> You're welcome.

▶ すみません．助かりました．
Thank you for your help.

▶「おすわりください」「どうもすみません」
"Have a seat, please." "*Thank you.*"

スミレ《植物》a violet [ヴァイオレト]; (三色スミレ) a pansy [パンズィ]
すみれ色 violet

すむ¹ 住む

live [リヴ]

💡表現力
…に住む，…に住んでいる → live in ...

💬スピーキング
🅐 あなたはどこに住んでいるの？
   Where do you live?
🅑 藤沢に住んでいます．
   I live in Fujisawa.

▶ 私は5年前，京都に住んでいました．
  I *lived in* Kyoto five years ago.
▶ ケイトは日本に2年間住んでいます．
  Kate *has lived in* Japan for two years.
▶ 私はマンション [アパート] に住んでいます．
  I *live in* an apartment.
▶ 兄は今，パリに住んでいる．
  My brother *is* now *living in* Paris. (▶「一時的に暮らしている」というときは現在進行形を使う)
▶ 彼はウエスト通り143番に住んでいる．
  He *lives at* 143 West Street. (▶「番地」があとに続くときは at を使う)
▶ 彼はウエスト通りに住んでいる．
  He *lives on* West Street. (▶「通りの名前」があとに続くときは《米》では on，《英》では in を使うのがふつう)

すむ² 済む **1** (終わる) finish [フィニシ], be over [オウヴァ]
▶ 宿題は済んだの？
  Have you *finished* your homework?
▶ ごはんは済んだの？
  Are you *finished* with your dinner?
▶ あしたの授業の用意は済んだの？
  Have you *finished* preparing for tomorrow's classes?
▶ 試験が済んだ．My exams *are over*.
2 (間に合う)
▶ ハワイでは英語を話さないで済むってほんとう？
  I hear that we *don't have to* speak English in Hawaii. Is that true?

すむ³ 澄む become clear [クリア]
澄んだ clear
▶ 澄んだ水
  clear water
▶ 空が澄んでいる．
  The sky is *clear*.
▶ 赤ちゃんは澄んだ目をしている．
  Babies have *clear* eyes.

スムージー a smoothie [スムーズィ]

スムーズ スムーズな smooth [スムーズ]
スムーズに smoothly
▶ 車はスムーズに流れている．
  The traffic is flowing *smoothly*.

すもう 相撲 sumo, sumo wrestling [レスリング]
すもうをとる wrestle (with), do sumo wrestling (with)
▶ すもうは日本の国技です．
  Sumo is the national sport of Japan.
すもう取り a sumo wrestler

ℹ️参考 「横綱(よこづな)」は *Yokozuna* または **grand champion** という．そのほかはふつう日本語どおりにいう．「前頭2枚目」は **No. 2** *Maegashira*.

スモッグ (a) smog [スマッグ]
スモッグ警報 a smog warning
-すら even [イーヴン] → -さえ
スライス a slice [スライス]
スライスする slice
▶ スライスチーズ
  sliced cheese / *slice* cheese
スライディング 《野球》a sliding [スライディング]
▶ 1塁にヘッドスライディングする
  slide headfirst into first base

スライド ▶

スライド（映写用）a slide [スライド]
ずらす move [ムーヴ], shift [シフト]
▶ 机を右へずらす
move a desk to the right
すらすら（簡単に）easily [イーズィリィ]；（順調に）smoothly [スムーズリィ]；（外国語を）fluently [フルーエントゥリィ]
▶ シャーロック・ホームズはそのなぞをすらすらと解いた．
Sherlock Holmes solved that mystery very *easily*.
▶ 万事すらすら運んだ．
Everything went *well*. / Everything went *smoothly*.
▶ マークスさんは日本語をすらすら話す．
Mr. Marks speaks Japanese *fluently*.
スランプ a slump [スランプ]
▶ スランプからぬけ出す
come out of a *slump*
▶ そのバッターはスランプだ．
The batter is in a *slump*.
すり（人）a pickpocket [ピクパケト]
▶ すりにご用心（掲示）
Beware of *Pickpockets*
スリーディー 3Dの 3-D [スリーディー], three-D（▶ three-dimensional [スリーディメンショナル] の短縮語）
すりきず すり傷 a scrape [スクレイプ], a scratch [スクラッチ]
すりきれる すり切れる wear out
▶ 上着のひじのところがすり切れている．
My jacket *is worn out* at the elbows.
スリッパ mules [ミュールズ], 《米》scuffs [スカフス]；（室内ばき）slippers [スリパァズ]（▶ ふつう複数形で使う．英語の slippers はふつうひものない簡単にはける室内用のくつをいうことが多い．かかとを覆う部分がついている場合もついていない場合もある）

▶ スリッパをはく
put on a pair of *mules*
スリップ（車の横すべり）a skid [スキッド]；
（女性の下着）a slip [スリップ]
スリップする（車が）skid（▶人が「すべる」ときは slip でよい）
▶ 車は凍った道路でスリップした．
The car *skidded* on the icy road.
すりつぶす mash [マッシ]，（粉にする）grind [グラインド]
スリム スリムな slim [スリム]
すりむく 擦りむく scrape [スクレイプ], skin [スキン]
▶ ひざをすりむく
scrape my knee / *skin* my knee
スリル a thrill [スリル]
スリルのある thrilling
▶ スリル満点の映画
a movie full of *thrills* / a *thrilling* movie

する¹

使い分け

（行う）→ do
（球技・ゲームなどを）→ play
（状態に）→ be, make
（職業を）→ be
（値段が）→ cost
（病気を）→ have

do　　play

make

1（行う）do [ドゥー]
▶ 「何をしているの？」「宿題をしているんだ」
"What *are* you *doing*?" "I'm *doing* my homework."
▶ 母には毎日しなくてはならない仕事がたくさんある．
Mother has a lot of work to *do* every day.

◀ - することがある

用法 「…(を)する」の言い方

❶「勉強(を)する」が **study**,「旅行(を)する」が **travel** のように, 英語では動詞1語で表すことが多い. Will you *study* English at home today? (今日は家で英語の勉強をしますか)

❷ **do, have, take, make, give** などの動詞を名詞と組み合わせると,「…(を)する」という意味のさまざまな表現ができる.

1) do ＋名詞
料理をする *do* the cooking
そうじする *do* the cleaning,
　do cleaning
買い物する *do* the shopping
皿洗いをする *do* the dishes
洗濯をする *do* the laundry,
　do the washing
庭仕事をする *do* the gardening,
　do gardening

2) have ＋名詞
休息する *have* a rest
話をする *have* a talk
散髪する *have* a haircut
水泳をする *have* a swim

3) take ＋名詞
入浴する *take* a bath
昼寝する *take* a nap
散歩する *take* a walk
旅行する *take* a trip

4) make ＋名詞
電話する *make* a call
スピーチする *make* a speech
約束する *make* a promise

5) give ＋名詞
テストをする *give* a test (▶ *have* a test は「テストがある」という意味)

2 (球技・ゲームなどを) **play** [プレイ] →スポーツ(表)

スピーキング

Ⓐ サッカーをしますか.
　Do you play soccer?
Ⓑ はい, します. Yes, I do.
Ⓑ いいえ, しません. No, I don't.

▶ 何のゲームをしようか.
What game shall we *play*?

▶ トランプをしよう.
Let's *play* cards.

3 (状態に・職業などを) **be** [ビー] ; (状態・職業などに) **make** [メイク]

▶ 静かにしてください.
Please *be* quiet!

▶ おじは高校の教師をしている.
My uncle *is* a high school teacher. /
My uncle *teaches* at a high school.

表現力
(人)を…にする → make ＋人＋ …

▶ 彼は彼女を幸せにした.
He *made* her happy.

▶ 私たちは彼をキャプテンにした.
We *made* him captain.

4 (値段が) **cost** [コ(ー)スト]

▶ このスニーカーは7千円した.
These sneakers *cost* me 7,000 yen.

5 (病気を) **have** [ハヴ]

▶「どうしたの？」「寒気がするの」
"What's wrong?" "I *have* the chills."

▶ 頭痛がするんだ.
I *have* a headache.

6 (決める)

▶ (レストランで)私はローストビーフにします.
I'll *have* roast beef, please.

表現力
…することにする → be going to …

▶ ぼくはサッカー部に入ることにするよ.
I'*m going to* join the soccer team.

する² 擦る (マッチを) **strike** [ストゥライク]; (こする) **rub** [ラブ]

▶ マッチをする *strike* a match

する³ **pick** [ピック]

▶ すられた！ I had my pocket *picked*.

ずる ずるをする **cheat** [チート]

▶ ずるすんなよ！
Play fair! / Be fair!

ずるい **cunning** [カニング], **unfair** [アンフェア]

▶ あいつは(キツネのように)ずるいやつだ.
He is (as) *cunning* (as a fox).

▶ そんなのずるいよ！
It's *not fair*!

スルーパス 《サッカー》a through pass, a through ball

-することがある **sometimes** [サムタイムズ]

four hundred and twenty-one　421

-することになっている ▶

▶ 父は車で通勤することがある.
My father *sometimes* drives to work.

-することになっている be to ... →-こと

-するために (in order) to ... →-ため

-するための to ... →-ため

-するだろう will... →-でしょう

-するつもりだ be going to ... →-つもり

するどい 鋭い

sharp [シャープ], keen [キーン] (反 にぶい dull)

▶ するどい刃
a *sharp* edge

▶ 犬は嗅覚がするどい.
Dogs have *keen* noses. / Dogs have a *keen* sense of smell.

▶ 急に胃にするどい痛みを感じた.
Suddenly I felt a *sharp* pain in my stomach.

するどく sharply, keenly

-するところ be going to ... →-ところ

-するとすぐ as soon as ... →-すぐ

-するな Don't ... ; (けっして) Never ... (▶ Never ... のほうが Don't ... より強い禁止を表す)

▶ 勝手に [許可なく] パソコンを使うな.
Don't use the computer without permission.

▶ 心配するな.
Don't worry.

▶ もう二度とそんなことするなよ.
Never do such a thing again.

▶ 二度と遅れるな.
Never be late again.

-するほうがいい would rather ...

▶ ぼくは家にいるほうがいいよ.
I'd *rather* stay home.

ずるやすみ ずる休みする 《米》 play hooky [フキィ], 《英》 play truant [トゥルーアント]

▶ 学校をずる休みするな.
Don't *play hooky* from school.

-するようになる come to ... →-(に)なる

ずれ a gap [ギャップ], (a) difference [ディフ(ェ)レンス]; (時間の) a lag [ラッグ]

▶ 世代間のずれ
the generation *gap*

▶ 母と私には考え方にずれがある.
There are *differences* of opinion between Mother and me.

すれちがう すれ違う pass each other

▶ 2人のライバルは無言ですれちがった.
The two rivals *passed each other* without a word.

-すればするほど the +比較級, the +比較級 →-ほど

ずれる (正しい位置から) slip [スリップ]; (要点から) be off the point; (ピントから) be out of focus [フォウカス]

▶ あなたの意見はポイントから少しずれているよ.
Your opinion *is* a little *off the point*.

▶ 机の位置がずれている.
The desk *is not in the right place*.

スローイン 《サッカー》 a throw-in [スロウイン]

スローガン a slogan [スロウガン]

スロープ (坂) a slope [スロウプ]

スローモーション slow motion

すわる 座る

sit [スィット] (down) (反 立つ stand)

sit down   stand up

▶ ここにすわってもいい？ Can I *sit* here?

▶ どうぞすわってください.
Please *sit down*. / Please *have a seat*. / Please *take your seat*. / (改まって) Please *be seated*.

▶ おすわり！ *Sit!* (▶犬への命令)

▶ 私たちはベンチにすわった.
We *sat on* a bench. (▶ソファーなどに深くすわるときは sit in ... で表す)

▶ みんな、ちゃんとすわりなさいよ.
Sit up straight, children. (▶姿勢を正させるときの表現)

すんぽう 寸法 (測定値) measurements [メジャメンツ]; (サイズ) (a) size [サイズ] →サイズ

せ,せい¹ 背 →せなか

1 (背中) the **back** [バック], *my* back；(いすなど物の) the back
- いすの背
 the back of a chair
- 背のびをする
 stretch myself
- 彼はドアに背を向けて立っている.
 He stands with his *back* to the door.

back

tall short

2 (身長) **height** [ハイト]
背が高い tall [トール]
背が低い short [ショート]
- 「きみとお父さんとでは，どちらが背が高いの？」「ぼくです」
 "Who is *taller*, you or your father?" "I am."
- 私は家族の中でいちばん背が低い.
 I am the *shortest* in my family.
- ぼくは今年10センチ背がのびた.
 I have grown 10 centimeters *taller* this year.
- もっと背が高くなりたい.
 I hope I grow *taller*.

🗣スピーキング
🅐 背の高さはどのくらいですか.
 How tall are you?
🅑 160センチです.
 I am a hundred and sixty centimeters tall.

- 背の順に並びなさい.
 Line up in order of *hight*.
- 背くらべをしよう.
 Let's see who's the *tallest*.

日本語NAVI
背にする ☞①(物の)背景にくるようにする ②背負う
 →①はいけい² ②せおう，おう³, うける
背に腹は変えられない ☞大切な物のためには多少の損はしかたがない
 →しようがない，しかた
背を向ける ☞①うしろ向きになる ②反対する
 →①うしろ ②さからう，はんたい，そむく

せい² 性 (性別) **sex** [セックス]；(セックス) sex
性の sexual [セクシュアル]
性教育 sex education

せい³ 姓 **a family name, a last name**
 →なまえ
- 私の姓は鈴木です.
 My *family name* is Suzuki.
- アメリカとイギリスでもっとも多い姓はスミスです.
 The most common *family name* both in America and Britain is Smith.

せい⁴ 精 **1** (精力) **energy** [エナヂィ]
- ぼくは精いっぱいやりました.
 I did my *best*.
- 勉強に精を出しなさい.
 Study *harder*. / Hit the books.
- 精いっぱい働く
 work *hard*, work as *hard* as possible

2 (精霊(せいれい)) **a spirit** [スピリト]
- 花の精
 the *spirit* of a flower

せい⁵ …のせいで (…のために) **because** [ビコーズ] of, **due** [デュー] to
…のせいにする **blame** [ブレイム]
- きみの失敗は不注意のせいだ.
 Your failure is *due to* your carelessness.
- 祖父は年のせいで耳がよく聞こえない.
 My grandfather doesn't hear well *because of* his age.

- せい

- 大雪のせいで列車が遅れた.
  The train was delayed *due to* the heavy snow. (▶ due to は because of でもよい)
- それをぼくのせいにしないで.
  Don't *blame* me *for* that.

-せい …製 (…国産の) made in ... ; (…を材料とした) made of ...
- スイス製の時計
  a watch *made in* Switzerland / a Swiss-*made* watch
- 革製のバッグ
  a bag *made of* leather / a leather bag

ぜい 税 (a) tax [タックス]
- 税を納める
  pay *taxes*
- 消費税
  a consumption *tax*
- 所得税
  an income *tax*
  税務署 a tax office

せいい 誠意 sincerity [スィンセリティ]
誠意のある sincere [スィンスィア]

せいいっぱい 精いっぱい as hard as possible →せい⁴

セイウチ (動物) a walrus [ウォールラス]

せいえん 声援 cheering [チアリング]; (米) rooting [ルーティング] →おうえん
声援する cheer ((for)), (米) root ((for))

せいおう 西欧 (西ヨーロッパ) Western Europe [ウェスタン ユ(ア)ロプ]; (西洋) the West

せいか¹ 聖火 (オリンピック会場の) the Olympic flame [フレイム]; (聖火リレーの) the Olympic torch [トーチ]
聖火ランナー a torch bearer
聖火リレー the Olympic torch relay

せいか² 成果 the result [リザルト], the fruit [フルート]
- コンサートの成功は彼らの努力の成果だ.
  The success of the concert is *the fruit* of their efforts.

せいかい 正解 a correct answer, a right answer
- きみは正解だよ.
  Your answer is *correct*. / You are *right*.

せいかく¹ 性格

(a) character [キャラクタァ]; (人柄) (a) personality [パ〜ソナリティ]
- 彼は強い性格だ.
  He has a strong *character*. (▶「弱い」なら strong を weak にする)
- 留美子は性格が明るい.
  Rumiko is always cheerful.
- 最近, 彼の性格は変わったね.
  His *personality* has changed lately, hasn't it?
- ぼくと兄さんは性格が正反対だ.
  My brother and I have completely opposite *personalities*.
- あいつは性格が悪い. He's mean.

せいかく² 正確な

(正しい) correct [コレクト]; (厳密な) exact [イグザクト]; (精密な) accurate [アキュレト]
- 正確な時刻わかる?
  Do you know the *exact* time? / Do you know the *correct* time?
- この時計は正確だ.
  This watch is *accurate*. / This watch keeps *good* time.
  正確に correctly; exactly
- 正確にはわかりません.
  I don't know *exactly*.
- 正確に言うと, 私は絵美より5ミリ背が低い.
  To be exact, I am five millimeters shorter than Emi.

せいかつ 生活

(a) life [ライフ]; (生計) a living [リヴィング]
生活する live [リヴ], lead a life; (生計を立てる) make a living, earn a living
- 都会の生活 city *life* / urban *life*
- いなかの生活 country *life*

◀ せいざ

- 日常生活 everyday *life* / daily *life*
- 学校生活
school *life* / (大学) campus *life*
- 彼女は水泳のインストラクターをして生活している. She *makes a living* as a swimming instructor.
- 2人は裕福な生活をしている.
The couple *are well off*. (▶「貧しい生活」なら well to badly にする)
生活水準 the standard of living
生活費 *my* living costs, *my* living expenses, the cost of living
生活様式 a way of life, a lifestyle [ライフスタイル]

ぜいかん 税関 (the) customs [カスタムズ]

せいかんざい 制汗剤 antiperspirant [アンティパ〜スピラント]

せいき¹ 世紀 a century [センチュリィ]
- 3世紀の間 for three *centuries*
- 21世紀の初めに
in the early twenty-first *century*
- われわれは21世紀に生きている.
We are living in the 21st *century*.

せいき² 正規の regular [レギュラァ]

せいぎ 正義 (公正さ) justice [ヂャスティス]; (正しさ) right [ライト]
- 正義の味方 a friend of *justice*
- 敬一郎は正義感が強い.
Keiichiro has a strong sense of *justice*.

せいきゅう 請求 a demand [ディマンド]
請求する ask, demand
請求書 a bill, 《米》a check

せいきょう 生協 (生活協同組合) a co-op [コウアプ]

ぜいきん 税金 (a) tax [タックス] →ぜい

せいけい 生計 (a) living [リヴィング]
- 生計を立てる
make a *living* / earn a *living*

せいけつ 清潔な clean [クリーン]
- 清潔なタオル a *clean* towel
- 流しはいつも清潔にしておきなさい.
Always keep the sink *clean*.

せいげん 制限 a limit [リミト]
制限する limit
- 私は食事制限をしている. I'm on a *diet*.
- この高速道路の制限速度は時速80キロだ.
The speed *limit* on this expressway is 80 kilometers per hour.

- 制限時間は20分です.
The time *limit* is twenty minutes.

せいこう 成功

(a) success [サクセス] (反 失敗 failure)
成功する succeed [サクスィード] (in), be successful (in) (反 失敗する fail)

> 🗨 スピーキング
> Ⓐ 成功をお祈りしております.
> I wish you success.
> Ⓑ ありがとう.
> Thank you.

- 学園祭は大成功だった. The school festival was a great *success*.
- やったあ, 大成功!
We *did it*! / We *made it*!

> 💬 表現力
> …に成功する
> → succeed in ... /
>   succeed in -ing

- 私たちはやっとその実験に成功した.
We finally *succeeded in* the experiment.
- 1969年に月ロケットの打ち上げに成功した.
They *succeeded in launching* a moon rocket in 1969.

せいざ 星座 a constellation [カンステレイション]; (星占いの) a sign

> ⓘ 参考 「あなたは何座ですか」は What's your sign? といい, 「うお座です」と答えるときは Mine is Pisces. や I'm a Pisces. という. 「何座ですか」は What sign were you born under? などともいう.

four hundred and twenty-five 425

せいさく[1] ▶

> おひつじ座 Aries [エ(ア)リーズ] 3/21-4/19
> おうし座 Taurus [トーラス] 4/20-5/20
> ふたご座 Gemini [ヂェミナイ, -ニィ] 5/21-6/21
> かに座 Cancer [キャンサァ] 6/22-7/22
> しし座 Leo [リーオゥ] 7/23-8/22
> おとめ座 Virgo [ヴァ~ゴゥ] 8/23-9/22
> てんびん座 Libra [ライブラ, リー] 9/23-10/23
> さそり座 Scorpio [スコービオゥ] 10/24-11/22
> いて座 Sagittarius [サヂテ(ア)リアス] 11/23-12/21
> やぎ座 Capricorn [キャプリコーン] 12/22-1/19
> みずがめ座 Aquarius [アクウェ(ア)リアス] 1/20-2/18
> うお座 Pisces [パイスィーズ, ピ-] 2/19-3/20

せいさく[1] 製作する make [メイク], produce [プロデュース]
▶ 映画を製作する
make a film / *produce* a film (▶ a film は a movie ともいう)
製作者 a maker, a producer
製作所 a factory
製作費 production costs

せいさく[2] 政策 a policy [パリスィ]
▶ 経済政策 an economic *policy*

せいさん[1] 生産 production [プロダクション]
生産する make [メイク], produce [プロデュース]
▶ 大量生産 mass *production*
▶ 国内総生産 gross domestic *product* (▶ GDP と略す)
生産者 a producer
生産高 (an) output
生産物 products

せいさん[2] 精算する adjust [アヂャスト]
▶ 運賃を精算する *adjust* the fare

せいさんじょ 精算所 a fare adjustment office [フェア アヂャストゥメント オ(-)フィス]

せいし[1] 生死 life and death
▶ それは生死にかかわる問題だ.
It's a matter of *life and death*.

せいし[2] 制止する stop [スタップ], control [コントゥロゥル]

せいじ 政治

politics [パリティクス]; (行政) government [ガヴァ(ン)メント]
政治の political [ポリティカル]
▶ 民主政治 democratic *government*
政治家 a statesman [ステイツマン] ([複数] statesmen), a politician [パリティシャン] (▶ statesman は「国を代表するようなりっぱな政治家」という意味で使われるが, politician は「営利・私利をはかる政治家」という意味をふくむことがある)
政治学 politics

せいしき 正式な formal [フォーマル]; (公式な) official [オフィシャル]
正式に formally
▶ 正式な晩餐会 a *formal* dinner party

せいしつ 性質 →せいかく[1]

(生まれつきの) (a) nature [ネイチァ]
▶ 性質のよい good-*natured*
▶ 彼女はおとなしい性質だ.
She has a quiet *nature*. / She is quiet by *nature*.

せいじつ 誠実な sincere [スィンスィア]; (忠実な) faithful [フェイスフル]
誠実に sincerely, faithfully

せいしゅく 静粛な quiet [クワイエト] →しずか
▶ 静粛に. Be *quiet*, please.

せいじゅく 成熟する (身体が) mature [マテュア]; (作物が) ripen [ライプン]
▶ 一般的に女の子のほうが男の子より成熟するのが早い.
Girls generally *mature* earlier than boys.

せいしゅん 青春

my youth [ユース]
青春の youthful, young [ヤング]
▶ 若者は青春をじゅうぶんに楽しむべきだ.
Young people should enjoy *their youth* to the fullest.
▶ 私は青春のすべてをバレエにささげた.
I devoted my entire *youth* to ballet.
青春時代(に) (in) *my* youth
▶ 母は青春時代を仙台で過ごした.
My mother spent *her youth* in Sendai.

せいしょ[1] 聖書 the Bible [バイブル], the Holy Bible
▶ 新約聖書 the New *Testament*

426 four hundred and twenty-six

▶ 旧約聖書 the Old *Testament*
せいしょ² 清書 a clean copy, a fair copy
清書する make a clean copy《of》
せいしょう 斉唱 unison [ユーニスン]
斉唱する sing in unison
せいじょう 正常な normal [ノーマル]
▶ 事態はじきに正常にもどるだろう.
Things will soon return to *normal*.
せいしょうねん 青少年 young people [ヤング ピープル], the youth [ユース]
青少年犯罪 juvenile delinquency [デューヴ(ェ)ナ(イ)ル ディリンクウェンスィ]

せいしん 精神

mind [マインド], spirit [スピリット]（対 肉体 body)
精神の mental [メントゥル]（対 物質の material)
精神的な spiritual [スピリチュアル]
精神的に mentally, spiritually
▶ 精神と肉体
mind and body
▶ スポーツマン精神
sportsmanship / the *spirit* of fair play
▶ あいつは精神的にはまだ子どもだ.
He's still a child *mentally*.
▶ 彼女は精神的ショックを受けた.
She got *emotionally* shocked.
精神状態 a mental condition
精神年齢 a mental age
精神病 (a) mental illness, (a) mental disease
精神力 mental strength
せいじん¹ 成人 an adult [アダルト]、(口語) a grown-up [グロウナプ]
成人する (成人に達する) come of age; (おとなになる) grow up
▶ いちばん上の姉は今年成人になる.
My oldest sister will *come of age* this year.
▶ 真理は成人して有名な芸術家になった.
Mari *grew up* to be a famous artist.
▶ 成人向き (未成年者お断り)《掲示》
Adults Only
成人式 a coming-of-age ceremony
成人の日 Coming-of-Age Day
せいじん² 聖人 a saint [セイント]

せいず 製図 drawing [ドローイング]
製図する draw
せいぜい 1 (多くても) at most;（よくても) at best
▶ それは高くてもせいぜい200円くらいでしょう.
It will be two hundred yen *at most*. / It *won't* cost *more than* two hundred yen.
2 (できるだけ) as ... as I can
▶ 休み中はせいぜい羽をのばしなさい.
Enjoy yourself *as much as* you *can* during your vacation.
せいせいした
▶ これでせいせいした.
Finally, I can *relax*.
せいせいどうどう 正々堂々と fairly [フェアリィ]
▶ 正々堂々と戦う play *fair*

せいせき 成績

(学校での)《米》a **grade** [グレイド],《英》a **mark** [マーク]；(結果) a result [リザルト]
→しけん, けっか
▶ よい成績をとる
get good *grades* / get good *marks*

🗣 スピーキング
Ⓐ 成績はどうだった？
How were your grades?
Ⓑ 英語の成績はよかったけど，数学があまりよくなかった.
I got a good grade in English but not so good in math.

📋 プレゼン
今学期は成績が上がりました.
I got better grades this term. / My grades went up this term.

▶ 中学2年になって成績が下がった.
My *grades* went down in the eighth grade.
▶ 彼は学校の成績がよかった.
He *did well* in school.
成績表 a report card
せいせんしょくりょうひん 生鮮食料品 fresh foods, perishable [ペリシャブル] foods
せいそう 清掃 cleaning [クリーニング] →そ

せいぞう ▶

うじ¹

せいぞう 製造する make [メイク]；(工場などで) manufacture [マニュファクチァ]
製造業 the manufacturing industry
製造元 a maker, a manufacturer

せいぞん 生存 existence [イグズィステンス], life [ライフ]
生存する exist, live, be alive；(生き残る) survive [サヴァイヴ] →いきる
▶ 適者だけが生存できる.
Only the fittest can *survive*.
生存競争 a struggle for existence
生存者 (事故などの) a survivor

せいだい 盛大な big [ビッグ], grand [グランド]
▶ いとこは盛大な結婚披露宴を開いた.
My cousin held a *grand* wedding reception.

せいたいけい 生態系 an ecosystem [イーコウシステム]

ぜいたく luxury [ラクシュリィ]；(ぜいたくな物) a luxury
ぜいたくな luxurious [ラグジュ(ア)リアス]
▶ その歌手はぜいたくな暮らしをしている.
The singer is living in *luxury*.

せいちょう 成長, 生長

growth [グロウス]
成長する, 生長する grow (up)
▶ 竹は生長が速い.
Bamboo *grows* quickly.
▶ みにくいアヒルの子は成長して美しい白鳥となった.
The ugly duckling *grew up* to be a beautiful swan.

せいてん 晴天 fine weather [ウェザァ], good weather, fair weather
▶ この2週間晴天が続いている.
We have had *fine weather* for the past two weeks. / The weather has been *fine* for the past two weeks.

せいと 生徒

(学校の) a **student** [ステューデント], a **pupil** [ピュープル]；(個人指導の) a pupil (☞ 先生 teacher)；(▶ 《米》では小・中・高校生を student というが，小学校の生徒は pupil ともいう。《英》では小学校・中学校 (日本の中・高に相当) の生徒は pupil といったが，最近では student ともいう)
▶ 女子生徒 a girl *student* / a schoolgirl
▶ 男子生徒
a boy *student* / a schoolboy

> 🎤 プレゼン
> 私は明治中学の生徒です.
> I'm a student at Meiji Junior High School. (▶ at を ˣof としないこと) / I go to Meiji Junior High School.

▶ きみの学校には何人の生徒がいますか.
How many *students* are there in your school?
生徒会 a student council
▶ 私は生徒会の会長に選ばれた.
I was elected president of the *student council*.
生徒会選挙 an election for the student council
生徒会長 the president of a student council
生徒集会 a student meeting
生徒総会 a student council assembly / a general meeting of the student council
生徒手帳 a student handbook；(学生証) a student ID

せいど 制度 a system [スィステム]
▶ 入試制度
an entrance examination *system*

せいとう¹ 正当な (正しい) just [ヂャスト]；(公正な) fair [フェア]
▶ 正当な手段で by *fair* means
正当化する justify [ヂャスティファイ]
正当防衛 self-defense

せいとう² 政党 a political party

せいどう 青銅 bronze [ブランズ]
青銅器時代 the Bronze Age

せいどく 精読する read carefully

せいとん 整頓 →せいり¹

せいなん 西南 the southwest [サウスウェスト]；(▶ S.W. または s.w. と略す. 日本語では「西南」とも「南西」ともいうが，英語ではつねに南を先にいう)
西南の southwest, southwestern

せいねん 青年 a youth [ユース]；(全体) young people
青年時代(に) (in) *my* youth, (in) *my* young days

青年海外協力隊 the Japan Overseas Cooperation Volunteers

せいねんがっぴ 生年月日 the date of (*my*) birth [バ〜ス]
▶「生年月日はいつですか」「2013年3月3日です」
"What's your *birth date*?" "It's March 3, 2013." / "When were you born?" "I was born on March 3, 2013." (▶ March 3, 2013は March third, two thousand (and) thirteen と読む. 2013は twenty thirteen とも読む)

せいのう 性能 performance [パフォーマンス];(効率) efficiency [イフィシェンスィ]
性能がよい efficient

せいび 整備する(修理する) fix [フィックス], repair [リペア], maintain [メインテイン]
整備士 a mechanic [メキャニク]

せいひれい 正比例 direct proportion
▶ …に正比例する
be in *direct proportion* to ...

せいひん 製品 a product [プラダクト]
▶ 新製品 a new *product*
▶ 外国製品 foreign *products*
▶ プラスチック製品 plastic *goods*

せいふ 政府 the government [ガヴァ(ン)メント]
▶ 日本(国)政府
the Japanese *Government*

せいぶ 西部 the western part, the west [ウェスト];(アメリカの) the West
西部の west, western

📝ライティング
私たちの市は福岡の西部にあります.
Our city is in the western part of Fukuoka. / Our city is in the west of Fukuoka.

西部劇 a Western
せいふく¹ 制服 a uniform [ユーニフォーム];(学校の) a school uniform
▶ 彼は学校の制服を着ていた.
He was wearing his *school uniform*. / He was in *school uniform*.

🗣プレゼン
うちの学校には制服があります.
We have uniforms in our school. / Our school has uniforms.

せいふく² 征服 (a) conquest [カンクウェスト]
征服する conquer [カンカァ]
征服者 a conqueror

せいぶつ¹ 生物 a living thing;(集合的に) life [ライフ]
▶ 生物はすべて水を必要とする.
All *living things* need water.
▶ 月には生物はいない.
There is no *life* on the moon.
生物学 biology [バイアロヂィ]
生物学者 a biologist
生物多様性 biodiversity [バイオウディヴァ〜スィティ]

せいぶつ² 静物 still life
静物画 a still life

せいぶん 成分 an ingredient [イングリーディエント]

せいぼ¹ 聖母マリア the Virgin Mary, the Madonna [マダナ]

せいぼ² 歳暮 a year-end gift, a winter gift (▶英米にはお中元やお歳暮をおくる習慣はない)

せいぼう 制帽 (学校の) a school cap

せいほうけい 正方形 a square [スクウェア] →かたち (図)

せいほく 西北 the northwest [ノースウェスト] (▶ N.W. または n.w. と略す. 日本語では「西北」とも「北西」ともいうが, 英語ではつねに北を先にいう)
西北の northwest, northwestern

せいみつ 精密な precise [プリサイス];(くわしい) detailed [ディテイルド]
▶ 精密な地図 a *detailed* map
精密機械 a precision instrument, a precision machine
精密検査 (健康の)a thorough checkup;(機械などの) a close examination

せいめい¹ 生命 →いのち

(a) life [ライフ] (複数) lives [ライヴズ])
▶ 患者の生命は危険な状態だった.
The patient's *life* was in danger.
▶ その事故で多くの生命が失われた.
Many *lives* were lost in the accident.
生命保険 life insurance

せいめい² 姓名 a name, a full name →しめい¹

せいめい³ 声明 a statement [ステイトゥメント]

せいもん ▶

- 声明を出す make a *statement*
- 共同声明 a joint *statement*

せいもん 正門 the front gate, the main gate

せいゆう 声優 a voice actor (▶男女どちらにも使う. 女性の声優は a voice actress ともいう); (吹き替えの) a dubber [ダバァ]

せいよう 西洋 the West [ウェスト] (対 東洋 East); (西洋諸国) the Western countries
西洋の Western
西洋人 a Westerner
西洋文明 Western civilization

せいり¹ 整理する tidy [タィディ] (up), put ... in order
- 引き出しの中を整理しないと.
  I have to *tidy up* the drawers.
- 整理整とんをしなさい.
  Keep things *in order*.
整理券 a numbered ticket
整理番号 a reference number

せいり² 生理 my period(s) [ピ(ア)リオド[ツ]]
- 今, 生理中です.
  I'm having my *period*.

せいりつ 成立する (組織が) be formed [フォームド]; (条約などが) be concluded [コンクルーディド]

せいりょういんりょう 清涼飲料 a soft drink [ソ(ー)フトドゥリンク]

せいりょく¹ 勢力 (権力) power [パゥア]; (影響力) influence [インフル(ー)エンス]
- 台風の勢力が弱まってきている.
  The typhoon is decreasing in *power*.
勢力のある powerful; influential [インフルエンシャル]

せいりょく² 精力 (an) energy [エナヂィ]
精力的な energetic [エナヂェティク]
- キュリー夫人はラジウムの研究に全精力を注いだ.
  Madame Curie put all her *energy* into the study of radium.

せいれき 西暦 the Christian era [クリスチャン エ(ァ)ラ]; (午数とともに使って) A.D. [エイディー] (対 紀元前 B.C.)
- 西暦395年に
  in *A.D.* 395 / in 395 *A.D.*

用法 A.D. の使い方
A.D. は年号の前に置いてもあとに置いてもよい. ふつう年号の若い場合にだけ使う. ラテン語の **Anno Domini** (主の年にして) の略.

せいれつ 整列する line up; (縦1列に) stand in a line; (横1列に) stand in a row
- 私たちは縦2列に整列した.
  We *lined up* in two lines.
- ろうかに整列しなさい.
  Line up in the corridor.

セーター a sweater [スウェタァ]
- ウールのセーター a wool *sweater*

セーフ セーフの《野球》safe [セィフ] (反 アウトの out)

セーブ セーブする《コンピューター》save [セィヴ]

セーラーふく セーラー服 a middy blouse and skirt, a sailor-style school uniform

セール (安売り) a sale [セィル]
- バーゲンセール a *sale* (▶ a bargain sale よりも a sale がふつう. 英語の bargain は「お買い得品」という意味)
- その店は日曜日までセールをやってるよ.
  The store is having a *sale* till Sunday.
- このTシャツ, セールで買ったんだ.
  I bought this T-shirt on *sale*. (▶ on sale は at a sale ともいう)

「セール 最大40%オフ」の掲示.

セールスマン a salesperson [セィルズパースン] (複数 salespeople) (▶外交販売員だけでなく店員もさす)

せおう 背負う carry [キャリィ] ... on *my* back
- 彼はリュックサックを背負っていた.

He was *carrying* a backpack *on his back*.

せおよぎ 背泳ぎ the backstroke [バクストゥロウク]
▶ 弟は背泳ぎができる.
My brother can swim *the backstroke*.

せかい 世界

the world [ワールド]

🖋ライティング
東京は世界最大の都市の1つだ.
Tokyo is one of the largest cities in the world.

▶ シュルツの書いたマンガ『ピーナッツ』は世界中で読まれている.
The *Peanuts* comic strip by Schulz is read all over *the world*.
▶ 彼は世界的に有名な科学者です.
He is a *world*-famous scientist.

🗣プレゼン
世界一周旅行が私の夢です.
It is my dream to travel around the world.

▶ 子どもの世界 *the world* of children
▶ 第2次世界大戦 *World* War Ⅱ (▶ World War two, the Second World Warと読む)
世界遺産 a World Heritage site
世界記録 a world record
▶ 世界新記録を出す
set a new *world record*
世界史 world history
世界選手権大会 a world championship, a world championship meet
世界平和 world peace

せかす 急かす hurry [ハ〜リィ] (up) , rush [ラッシ]
▶ 急かさないで.
Don't *rush* me. / Don't *push* me.

せがたかい 背が高い tall [トール] → せ, せい¹

セカンド 《野球》 (2塁(い)) second base；(2塁手) a second baseman
▶ セカンドを守る play *second base*

せき¹ 席

a seat [スィート]
▶ 席につく sit down / take a *seat*
▶ 予約席 a reserved *seat*
▶ 窓側の席
a *seat* by the window / (乗り物の) a window *seat*
▶ 通路側の席 an aisle *seat*
▶ 私の席はどこですか？
Where is my *seat*?
▶ 「席がえしようよ」「うん, やろう / いやだあ」
"Let's change our *seats*." "Yes, let's. / No, let's not."

🗣スピーキング
 この席は空いていますか.
Is this seat taken?
 ええ, 空いています.
No, it isn't.

▶ どうぞ席についてください.
Please have a *seat*. / Please sit down. / Please take your *seat*.
▶ 電車でそのおばあさんに席をゆずってあげた.
I gave my *seat* to the old woman on the train.
▶ 少し席をつめていただけないでしょうか.
Would you *move over* a little, please?
▶ (店で) あいにくですが, ただいま満席になっております.
I'm sorry, but there're no *tables* available.

📘日本語NAVI
席につく ☞すわる →**すわる**
席を立つ ☞その場から立ち去る →**さる**
席を外す ☞しばらくの間, 自分の席からはなれる
→**はなれる**

せき² a cough [コ(ー)フ] →**こえ** (図)
せきをする cough, have a cough
▶ ひどいせきがでる.
I *have a* bad *cough*.
▶ せきがとまらないんです.
I can't stop *coughing*.
せきばらいをする clear *my* throat
せきどめ a cough medicine；(ドロップの) a cough drop

せきがいせん 赤外線 infrared [インフラレッド] rays

世界　The World

Introduction to CLIL

世界の中で日本は何番め？
Where does Japan *fit in the world?
*fit [fit フィット] 当てはまる

世界には約200の国があります。面積において日本は世界で**61番めに大きい国**で、実は世界の中ではどちらかというと大きい国の方に入るのです。

日本の**人口は**約1億2400万人**で**、世界で12番めに多いです。なお、人口が1億人を超える国は、世界に16か国しかありません。（2024年国連の世界人口推計より）

また、世界には3000から8000もの言語があると言語学者の多くが言っています。その中で日本語は**13番めに多くの人に話されている言語**です。

There are about 200 countries in the world. By area, Japan is the sixty-first largest country in the world. It's actually one of the bigger countries.

Japan has a *population of around 124 million, and it's the twelfth largest country in the world in population. In fact, there are only 16 countries in the world with populations over 100 million.

Also, many **linguists say there are between 3,000 and 8,000 languages in the world. Among them, Japanese is the thirteenth most-spoken language.

*population [pɑpjuléiʃən パピュレイション] 人口　　**linguist [líŋgwist リングウィスト] 言語学者

「世界で1番」を知っているかな？（下に解答があります）
Do you know the "number ones" in the world?

1. 最大の国　**the largest country**
2. 最小の国　**the smallest country**
3. 最高峰　**the highest mountain**
4. 最長の川　*the longest river*
5. 最大の島　*the largest island*
6. 最大の湖　**the largest lake**
7. 最深の海溝　*the deepest *oceanic trench*
   * [ouʃiǽnik tréntʃ オウシアニク トゥレンチ]
8. 最深の湖　the deepest lake
9. 落差最大の滝　**the highest waterfall**
10. 最大の岩　**the biggest rock**

---

1. ロシア Russia [rʌ́ʃə ラシァ]　2. バチカン Vatican [vǽtikən ヴァティカン]　3. エベレスト山 Mt. Everest [évərist エヴェレスト]　4. ナイル川 The Nile [náil ナイル]　5. グリーンランド(デンマーク) Greenland
6. カスピ海 the Caspian [kǽspiən キャスピアン] Sea　7. マリアナ海溝 the Mariana [mɛəriǽnə メァリアナ] trench
8. バイカル湖(ロシア) Lake Baikal [baikɑ́ːl バイカール]　9. エンジェル・フォールズ(ベネズエラ) Angel Falls
10. マウント・オーガスタス(オーストラリア) Mount Augustus [ɔːɡʌ́stəs オーガスタス]

▶ **せっきょく**

せきじゅうじ 赤十字 a red cross；(赤十字社) the Red Cross, the Red Cross Society
せきたん 石炭 (a) coal [コウル]
せきどう 赤道 the equator [イ(ー)クウェィタァ]
▶ その国は赤道直下にある.
The country is right on *the equator*.

せきにん 責任

(a) responsibility [リスパンスィビリティ]
責任のある responsible [リスパンスィブル] 《for》
▶ 責任を果たす fulfill my *responsibility*
▶ 責任をのがれる avoid *responsibility*
▶ 自分でやったことは自分で責任とりなさい.
You have to take *responsibility* for what you did.

● 表現力
…に責任がある
→ be responsible for …

▶ あなたはこのことに責任がある.
You *are responsible for* this.
▶ 彼は責任感が強い.
He has a strong sense of *responsibility*.
責任者 a person in charge
せきはん 赤飯 *sekihan*, rice boiled with red beans
せきゆ 石油 oil [オィル], petroleum [ペトロウリアム]；(灯油ホゥ)《米》kerosene [ケロスィーン],《英》paraffin [パラフィン]
石油会社 an oil company
石油ストーブ a kerosene heater, an oil heater →ストーブ
せきり 赤痢 dysentery [ディセンテリィ]
せく 急ぐ hurry [ハ〜リィ]
▶ 急いてはことをし損じる.(ことわざ)
Haste makes waste.
セクション a section [セクション]
セクハラ sexual harassment [セクシュアル ハラスメント]
せけん 世間 (世の中)the world[ワ〜ルド]；(人々) people [ピープル]
▶ あいつはまったくの世間知らずだ.
He knows nothing of *the world*.
▶ 世間はせまい. It's a small *world*.
世間話をする chat, have a chat

せこい (けちな) stingy [スティンヂィ]；(みみっちい) small-minded [スモール マィンディド]
せこい人《米》a tightwad [タィトゥワド]
セし セ氏(の) Celsius [セルスィアス], centigrade [センティグレィド] (▶ C または C. と略す) →カし
▶ 今, 気温はセ氏20度だ.
The temperature is now 20°C. (▶ twenty degrees Celsius と読む)
-せずにいられない cannot help -ing →いられない
せだい 世代 a generation [ヂェネレィション]
▶ 若い世代
the younger *generation*
▶ 親子の間には世代の断絶がある.
There is a *generation* gap between parents and their children.
せつ[1] 節 (文章の段落) a paragraph [パラグラフ], a passage [パセヂ]
せつ[2] 説 (学説) a theory [スィ(ー)オリィ]；(意見) an opinion [オピニョン]
▶ UFOについてはいろいろな説がある.
There are many different *opinions* about UFOs.
せっかい 石灰 lime [ラィム]
石灰岩 limestone [ラィムストウン]
せっかく
▶「日曜日に遊びに来ませんか」「せっかくですが, 行けません」
"Won't you come and see me on Sunday?" "*I'm afraid* I won't be able to come."
せっかち せっかちな impatient [ィンペィシェント]
せっきょう 説教 (教会の) a sermon [サ〜モン]；(お説教, 小言≦と) a sermon, a lecture [レクチァ]
説教する preach [プリーチ], lecture
▶ 私たちは先生から1時間も説教された.
We got a one-hour *lecture* from our teacher.
せっきょく 積極的な (態度・考え方などが前向きな) positive [パズィティヴ] (反) 消極的な negative）；(活動的な) active [アクティヴ] (反) 消極的な passive）
積極的に positively, actively
▶ 拓也ゼは何ごとにも積極的だ.
Takuya is *active* in everything.

four hundred and thirty-three 433

せっきん ▶

▶ 人生に対する積極的な態度
a *positive* attitude toward life

> 🎤 プレゼン
> ぼくは積極的にボランティア活動をしています.
> I'm *actively* doing volunteer activities. / I'm *actively involved in* volunteer activities.

せっきん 接近する go near, come near, approach [アプローチ] →ちかづく
▶ ハレー彗星は76年ごとに地球に接近する.
Halley's Comet *comes near* the earth every seventy-six years.

せっく 節句 *sekku*, a seasonal festival
▶ 桃の節句 the Girls' *Festival*
▶ 端午の節句 the Boys' *Festival*

セックス sex [セックス]
セックスする make love《with, to》, have sex《with》

せっけい 設計 (a) design [ディザイン], a plan [プラン]
設計する design, make a plan《for》
▶ 父がこの家を設計しました.
My father *made the plans for* this house.
▶ このホテルは小川氏の設計です.
This hotel *was designed* by Mr. Ogawa.
設計者 a designer
設計図 a plan, a blueprint

せっけん 石けん soap [ソウプ]
▶ 洗顔せっけん facial *soap*
▶ 浴用せっけん bath *soap*
▶ 洗たくせっけん washing *soap*
▶ せっけん 1 個
a cake of *soap* / a bar of *soap*
▶ せっけんでよく手を洗いなさい.
Wash your hands well with *soap* and water.
▶ このせっけんは落ちがいい.
This *soap* cleans well.

ゼッケン（番号）an athlete's number [ナンバァ]；(布) a bib [ビッブ]
▶ ゼッケン 3 番のランナー
the runner wearing *number* 3

せっこう 石こう plaster [プラスタァ]
ぜっこう¹ 絶好の (最善の) the best [ベスト]；(申し分のない) perfect [パ～フェクト]
▶ 今日はピクニックに絶好の日だ.
It's a *perfect* day for a picnic.
▶ うちのチームは試合に勝つ絶好のチャンスをのがした.
Our team missed *the best* chance to win the game.

ぜっこう² 絶交する break off《with》
▶ シンディーとは絶交しました.
I *broke off with* Cindy.

ぜっさん 絶賛する praise highly
せっし →せし
せつじつ 切実な serious [スィ(ア)リアス], acute [アキュート]
せっしゅ 接種 (an) inoculation [イナキュレイション]；(ワクチン) (a) vaccination [ヴァクスィネイション]
▶ インフルエンザの予防接種を受ける
get an *inoculation* against influenza

せっしょく 接触する touch [タッチ]；(連絡) contact [カンタクト] →ふれる

せっする 接する (ふれる) touch [タッチ]；(人と出会う) meet [ミート]
▶ 直線 *l* はこの点で円に接する.
The line *l touches* the circle at this point.
▶ もっと外に出て人と接するようにしなさい.
Make more efforts to go out and *meet* people.

せっせと hard [ハード]
▶ ボブはせっせと働いている.
Bob works *hard*.
▶ 由美はせっせとお金をためている.
Yumi saves *as* much money *as* she can.

せっせん 接戦 a close [クロウス] game
▶ 決勝はたいへんな接戦だった.
The final was a very *close game*.

せつぞく 接続 (a) connection [コネクション]
接続する connect [コネクト]《with, to》
▶ この列車は盛岡で「やまびこ」に接続する.
This train *connects with* the "Yamabiko" at Morioka.
▶ インターネットの接続のしかたを教えてくれる？
Could you show me how to *connect to* the internet?
接続詞《文法》a conjunction

◀ ぜつぼう

ぜったい 絶対(に)

1 absolutely [ア<u>ブ</u>ソルートゥリィ]
絶対の absolute
▶ 彼の案には絶対反対だ.
I'm *absolutely* against his plan.
▶ 絶対まちがいない.
I'm *absolutely* sure. / *No doubt* about it.
▶ 絶対だめだ!
Absolutely not! / *Definitely* not! / No way!
▶ ぼくたちがその試合に勝つのは絶対無理だよ.
It's *absolutely* impossible for us to win the game.

🗣スピーキング
🅐 彼は来るだろうか.
　Will he come?
🅑 絶対来るよ.
　Absolutely.
🅑 絶対来ないよ.
　Absolutely not.

2 [否定・禁止・強い要請などを表して] (決して…ない) never [ネヴァ]; (必ず…する) be sure to ...
▶ 絶対にもうしないから. 約束するよ.
I'll *never* do that again. I promise.
▶ このことは絶対にだれにも言ってはいけないよ.
Never tell anyone about this.
▶ あしたは絶対来いよ.
Be sure to come tomorrow. (▶ Be sure to ... で「必ず…しなさい」という意味)

ぜったいぜつめい 絶体絶命
▶ 絶体絶命のピンチだ.
I'm *in a desperate situation*. / I'm *in a terrible pinch*.

せっちゃくざい 接着剤 (a) glue [グルー], (an) adhesive [アドゥヒースィヴ]

ぜっちょう 絶頂 the height [ハイト], the peak [ピーク]
▶ そのグループは90年代の初期に人気の絶頂にあった.
The group was at *the height* of their popularity in the early 90's.

せつでん 節電する save electricity [イレクトゥ<u>リ</u>スィティ]

セット (食器の) a set [セット]; (道具の) a kit [キット]; (テニス・バレーボールなどの) a set; (髪の) a set
▶ (食器の) ティーセット a tea *set*
▶ ドラムセット a drum *kit*
▶ 5セットマッチの試合 a five-*set* match
セットする set
▶ 目覚ましを6時にセットしてくれる?
Would you *set* the alarm for six?
▶ 髪をセットしてもらった.
I had my hair *set*. (▶ 「have +物+過去分詞」で「…してもらう」という意味)
セットポイント (a) set point

せっとく 説得する persuade [パス<u>ウェ</u>イド]

💬表現力
説得して (人) に…してもらう
→ persuade +人+ to ...

▶ 母を説得してパソコンを買ってもらった.
I *persuaded* my mother *to* buy a computer. / I *talked* my mother *into* buying a computer.

せつない 切ない
▶ せつないメロディーの歌
a song with a *sweet and painful* melody (▶ sweet and painful は「甘いが心が痛くなる」という意味)
▶ 友とのせつない別れ
a *bittersweet* parting with a friend (▶ bittersweet [ビタスウィート] は「苦くて甘い」という意味)

ぜっぱん 絶版で out of print
▶ この絵本は絶版だ.
This picture book is *out of print*.

せつび 設備 (備品などの) equipment [イクウィプメント]; (施設) facilities [ファ<u>スィ</u>リティズ]
▶ 設備のよい病院
a well-*equipped* hospital

せつぶん 節分 *Setsubun*, the eve of the first day of spring

ぜっぺき 絶壁 a cliff [クリフ]
▶ 絶壁から転落する fall off a *cliff*

ぜつぼう 絶望 despair [ディスペア]
絶望する give up hope, lose hope, despair
▶ 決して絶望してはいけない.
Never despair. / *Never give up hope*.

four hundred and thirty-five　435

せつめい ▶

絶望的な hopeless [ホウプレス]
▶ 試験の結果は絶望的だ.
The results of the exams are *hopeless*.

せつめい 説明

(an) explanation [エクスプラネイション]
説明する explain [イクスプレイン］；(述べる) tell
▶ 私の説明を聞いてください.
Please listen to my *explanation*.
▶ それをどう説明していいかよくわからない.
I don't really know how to *explain* it.

💬 表現力
(人) に…を説明する
→ explain ... to ＋人

▶ ぼくはみんなにそのゲームのルールを説明した.
I *explained* the rules of the game *to* everybody.

💬 表現力
(人に) …だと説明する
→ explain (to ＋人＋) that ... /
explain (to ＋人＋) 疑問詞 ...

▶ どうして遅れたのか説明しなさい.
Please *explain why* you were late.
▶ この語がどういう意味か私に説明できますか.
Can you *explain to* me *what* this word means?

説明会 an explanation meeting
説明書 a manual [マニュアル], an instruction book

ぜつめつ 絶滅 extinction [イクスティンクション]
絶滅する become extinct, die out

✏️ ライティング
トラは**絶滅**の危機にある.
Tigers face extinction. / Tigers are in danger of extinction.

絶滅危惧種 (an) endangered species [エンデインヂャド スピーシーズ]

せつやく 節約 saving [セイヴィング], (an) economy [イカノミィ]
節約する save

▶ 母からこづかいを節約するように言われた.
My mother told me to *save* my allowance.

せつりつ 設立する establish [エスタブリシ], found [ファウンド], set up →そうりつ
▶ 新しい学校を設立する
set up a new school
▶ その大学は1858年に設立された.
The university *was founded* in 1858.
設立者 a founder

せともの 瀬戸物 (集合的に) china [チャイナ]

せなか 背中 →せ, せい¹

the back [バック], my back
▶ 背中をしゃんとのばしなさい.
Straighten *your back*. / Straighten up.
▶ ああ, 背中がかゆい. かいて.
Oh, *my back* itches. Please scratch it.
▶ 背中合わせにすわる sit *back* to *back*

せのび 背伸びする **1** (背をのばす) stand on *my* toes [トゥズ] (▶「つま先で立つ」という意味)
▶ 窓の外を見ようと背伸びした.
I *stood on my toes* in order to see outside the window.
2 (実力以上のことをする)
▶ きみはいつも背伸びしすぎるよ.
You always *set your sights too high*.

せばんごう 背番号 a uniform number
▶ 背番号10をつける wear *number* ten
ぜひ be sure [シュア] to ... →かならず
セピア (色) sepia [スィーピア]
せびろ 背広 a suit [スート]
せぼね 背骨 the backbone [バクボウン], the spine [スパイン]

せまい 狭い

(幅が) narrow [ナロウ] (反 広い wide)；
(面積が小さい) small [スモール] (反 広い large)

🔍 使い分け
(幅が) → narrow
(面積が小さい) → small

▸ せまい通り a *narrow* street
▸ せまき門 a *narrow* gate
▸ せまい部屋 a *small* room
▸ 彼は心がせまい．
He's *narrow*-minded.
▸ 彼女はせまい道路での運転がうまい．
She drives skillfully on *narrow* roads.
▸ 道路はここでせまくなっている．
The road *narrows* here.

💡用法 「せまい」の表し方
日本語の「せまい」には「幅がせまい」と「面積が小さい」という意味があるが，**narrow** には「幅がせまい」という意味しかない．「せまい部屋」というときは「小さな部屋」ということなので，**a small room** という．「せまい運動場」も **a small playground** という．

narrow　　　　small
▸ **narrow** は「幅がせまい」，**small** は「面積がせまい」の意味．

せまる 迫る **1**（近づく）approach [アプローチ], be near at hand, draw near
▸ 期末テストがせまっている．
The final exams *are approaching*. / The final exams *are drawing near*. / The final exams *are near at hand*.
2（せきたてる）press [プレス]
▸ 和夫は私に返事をせまった．
Kazuo *pressed* me for an answer.
セミ（虫）a cicada [スィケイダ, スィカーダ]
ゼミ a seminar [セミナー]
セミコロン a semicolon [セミコウロン]（;）
→くとうてん（表）
セミナー a seminar [セミナー]
せめて at least [リースト] →すくなくとも
せめる¹ 責める（問題の責任があるとする）blame [ブレイム]；（非難する）criticize [クリティサイズ]
▸ 自分を責めないで．
Don't *blame* yourself.

💡表現力
…のことで人を責める
→ **blame** ＋人＋ for ... /
criticize ＋人＋ for ...

▸ 健はぼくの不注意を責めた．Ken *criticized* me *for* my carelessness.
せめる² 攻める attack [アタック]（反）守る defend）
セメント cement [スィメント]
ゼラチン gelatin [ヂェラティン]
セラミックス ceramics [セラミクス]
ゼリー《米》(a) Jell-O [ヂェロウ], jello,《英》(a) jelly [ヂェリィ]（▶ Jell-O は商標）
せりふ lines [ラインズ]（▶複数形で使う）
▸ せりふを言う say my *lines*
▸ せりふを覚える memorize my *lines*
▸ せりふを忘れる forget my *lines*
-せる →-させる
セルフィー →じどり
セルフサービス self-service [セルフサ～ヴィス]
セルフタイマー a self-timer [セルフタイマァ]
セレブ a celebrity [スィレブリティ]
セレモニー a ceremony [セレモウニィ]
ゼロ (a) zero [ズィ(ア)ロウ] →れい³
セロテープ《米》Scotch tape,《英》Sellotape [セロテイプ], sticky tape（▶前の２つは商標．小文字でつづることもある）
セロハン cellophane [セロフェイン]
セロリ（植物）celery [セルリィ]
せろん 世論 public opinion [パブリク オピニョン] →よろん

せわ 世話

1（めんどう）care [ケア]；（助け）help [ヘルプ]

💡表現力
…の世話をする
→ **take care of** ... / **look after** ...

▸ 千夏はいつもよく弟の世話をする．
Chinatsu always *takes* good *care of* her little brother.
▸ 母は病気の祖母の世話をしている．
My mother *cares for* my sick grandmother.
▸ アメリカにいる間，スミスさんのお宅でお世話になった（→泊めてもらった）．

せん¹ ▶

I *stayed with* the Smith family when I was in the US.

🗨スピーキング
Ⓐ いろいろお世話になりました.
Thank you very much for everything.
Ⓑ どういたしまして.
You're very welcome.

▶ お世話になりありがとうございました.
Thank you for your *help*.
▶ 大きなお世話だ.
It's none of your business! / Mind your own business!

2 (やっかい) trouble [トゥラブル]
▶ あの子は世話のやける子だ.
He's a *troublesome* boy.

ℹ 日本語NAVI
世話がやける ≒めんどうである
→めんどう, てすう
世話をやく ≒めんどうをみる
→めんどう, せわ

せん¹ 千(の) →かず(表)

a **thousand** [サウザンド]
▶ 3千 three *thousand* (▶前に2以上の数がついても *thousands* と複数形にしない)
▶ 1万2千台の車 twelve *thousand* cars
▶ 学校で何千もの漢字を覚えないといけない.
We have to memorize *thousands of* Chinese characters in school. (▶ *thousands of*「何千もの…」のときは *thousands* と複数形にする)
千円札 a *thousand*-yen bill

💬用法 4けたの数字の読み方
❶ 2,134 = **two thousand one hundred (and) thirty-four**
❷ (年) 1997 = **nineteen ninety-seven** (▶このような年はふつう2つずつ区切って読む)
2000 = **the year two thousand**
2025 = **twenty twenty-five, two thousand and twenty-five**
❸ (電話) 8391 = **eight, three, nine, one** (▶電話番号は1つずつ読む)

せん² 線

(図形) a **line** [ライン]; (鉄道) a **line**; (線路) a **track** [トゥラック]; (車線) a **lane** [レイン]
▶ 線を引く draw a *line*
▶ 列車は3番線から発車する.
The train leaves from *Track* 3.
▶ 4車線の幹線道路 a four-*lane* highway

straight line (直線)
curve (曲線)
dotted line (点線)
zigzag line (ジグザグ)
parallel lines (平行線)
crossed lines (交差した線)

せん³ 栓 (びんなどの) a **stopper** [スタパァ]; (コルクの) a **cork** [コーク]; (浴そう・流し台などの) a **plug** [プラグ]
▶ ワインのせんをぬく *uncork* a wine bottle
▶ びんの (コルクの) せんをしておいてね.
Put the *cork* in the bottle.
▶ ガスのせんをしめる turn off the gas
せんぬき a bottle opener; (コルク用) a corkscrew [コークスクルー]

ぜん¹ 善 **good** [グッド] (反) 悪 **evil**
▶ もう善悪の区別がわかる年ごろだろ.
You are old enough to tell *good* from evil.
▶ 善は急げ. 《ことわざ》
Don't hesitate in doing a *good* deed.

ぜん² 禅 **Zen** [ゼン] (▶日本語から)

ぜん–¹ 全… **all** [オール], **whole** [ホウル]
▶ 全世界
the *whole* world / *all* the world
▶ 全日本チーム the *all*-Japan team

ぜん–² 前… (以前の) **ex-** [エクス], **former** [フォーマァ], **previous** [プリーヴィアス]
▶ 前市長 a *former* mayor

せんい 繊維 (a) **fiber** [ファイバァ]
▶ 化学繊維 (a) chemical *fiber*
▶ 食物繊維 dietary *fiber*
▶ 食物繊維の多い食べ物
food high in *fiber*

ぜんい 善意 **goodwill** [グドウィル], **good intentions**

▶ ぼくはそれを善意でやったんです.
I did it with *good intentions*. / I did it with a feeling of *goodwill*.

せんいん 船員 a sailor [セイラァ]；(集合的に) the crew [クルー]

ぜんいん 全員 all the members
▶ (学校などで) 全員起立！
Stand up, *everybody*!
▶ クラス全員がその案に賛成した.
All the members of the class agreed to the plan.

ぜんえい 前衛 (球技の) a forward [フォーワド] (対) 後衛 back)

ぜんかい¹ 全快する
▶ 早く全快されますように.
I hope you'll *get well* soon.

ぜんかい² 前回 the last time

せんがん 洗顔する wash *my* face
洗顔フォーム a facial foam

ぜんき 前期 the first half；(2学期制の) the first semester [セメスタァ]

せんきょ 選挙

(an) election [イレクション]
選挙する elect [イレクト]
▶ 総選挙 a general *election*
▶ きのう生徒会の選挙があった.
Yesterday the student council *election* was held.
選挙運動 an election campaign [キャンペイン]
選挙演説 a campaign speech
選挙権 the right to vote, the vote

せんきょうし 宣教師 a missionary [ミシ(ョ)ネリィ]

せんげつ 先月

last month [マンス]
▶ 先月の初めに
at the beginning of *last month*
▶ 私たちは先月, 北海道を旅行してまわった.
We took a trip around Hokkaido *last month*. (▶ last の前に in や at をつけない)
先月号 last month's issue

せんげん 宣言 (a) declaration [デクラレイション]
宣言する declare [ディクレア]
▶ アメリカは1776年に独立を宣言した.

The United States *declared* their independence in 1776.
▶ (アメリカの) 独立宣言
the *Declaration* of Independence

アメリカの独立宣言と合衆国憲法が採択された独立記念館.

せんご 戦後の postwar [ポウストゥウォー(ァ)] (対) 戦前の prewar)
戦後に after the war

ぜんご 前後 (およそ) about [アバウト]；(方向) back and forth；(時間) before and after
▶ あの先生は40歳前後だと思います.
I think that teacher is *about* forty years old.
▶ 私は立ち上がって前後左右を見まわした.
I stood up and looked *around* me.
▶ 前後に動く move *back and forth*

せんこう¹ 専攻 (専攻科目) (米) a major [メイヂァ]；a specialty [スペシャルティ]
専攻する (米) major in；specialize [スペシャライズ] in

せんこう² 線香 an incense stick [インセンス スティック]
▶ 線香を上げる offer *incense sticks*
線香花火 a sparkler

せんこう³ 先攻する attack first；(野球) bat first

ぜんこう 全校 the whole school
▶ 全校生徒
all the students of the school
全校集会 an assembly for the whole school (▶ 単に assembly ともいう)

ぜんこく 全国 the whole country
▶ 全国各地 all parts of the country
全国の national
全国的な nationwide [ネイションワイド]
全国(的)に all over the country
全国大会 (競技の) a national athletic

センサー ▶

meet
全国ツアー a nationwide tour
センサー a sensor [センサァ]
せんさい 繊細な delicate [デリケト], sensitive [センスィティヴ]
せんざい 洗剤 (洗たく・食器洗いの) (a) detergent [ディタ〜ヂェント]；(トイレなどの) (a) cleaner [クリーナァ]
せんさく 詮索する nose around, nose (into), poke *my* nose (into)
せんし 戦死する be killed in the war
せんしつ 船室 a cabin [キャビン]
せんじつ 先日 the other day
▶ 先日はいろいろお世話になりありがとうございました.
Thank you very much for everything you did for me *the other day*.
ぜんじつ 前日 the previous day；(…の前日) the day before …
▶ 前日の晩 the night *before*
▶ 期末試験の前日は午後の授業はない.
We have no afternoon classes *the day before* final exams.
せんしゃ 戦車 a tank [タンク]
ぜんしゃ 前者 the former [フォーマァ] (対 後者 latter)

せんしゅ 選手

(球技などの) a **player** [プレイア]；(運動選手) an athlete [アスリート]
▶ サッカー選手 a soccer *player* (▶ サッカー・野球・バスケットボール・テニスなどのゲームの選手には player を使う)
▶ マラソン選手 a marathon *runner*
▶ 代表選手 a representative *player*
▶ 最優秀選手 the most valuable *player* (▶ MVP と略す)
▶ スケート選手 a *skater*
▶ オリンピック選手 an Olympic *athlete*
選手権 a championship [チャンピオンシプ], a title [タイトゥル]
▶ 選手権をとる win the *championship*
選手権大会 a championship tournament

せんしゅう 先週 →こんしゅう

last week
▶ 先週の月曜日に on Monday *last week*
▶ 先週の今日 *a week ago* today

▶ これが先週買った本です.
This is the book I bought *last week*.
▶ 先週の金曜日, 私たちは公園に行った.
We went to the park *last* Friday.

> **用法** 「先週の」の表し方
> **last** は「すぐ前の」という意味なので, 土曜日に **last Monday** といえば「今週の月曜日」をさすことに注意.「先週の月曜日に」をはっきりさせる場合は **on Monday last week** とする.

ぜんしゅう 全集 complete works
▶ ゲーテ全集
the *complete works* of Goethe / Goethe's *complete works*
せんじゅつ 戦術 tactics [タクティクス]
せんじょう 戦場 a battlefield [バトゥルフィールド]
ぜんしょう¹ 全勝する win all the games
▶ 全勝優勝する
win the championship *with a perfect record*
ぜんしょう² 全焼する be burned down
▶ その寺は1950年に全焼した.
The temple *was burned down* in 1950.
せんしょくたい 染色体 a chromosome [クロウモソウム]
ぜんしん¹ 前進 (an) advance [アドゥヴァンス]
前進する go forward, move forward, go ahead, advance
▶ 前進！(号令) *Forward*, march!
ぜんしん² 全身 the whole body
▶ 水泳は全身の運動になる.
Swimming exercises *every part of the body*.
せんしんこく 先進国 a developed country
センス (感覚) (a) sense [センス]；(好み) (a) taste [テイスト]
▶ ぼくたちの先生はユーモアのセンスがある.
Our teacher has a *sense* of humor.
▶ 久美は洋服のセンスがいい.
Kumi has good *taste* in clothes. (▶「センスが悪い」なら good を bad にする)
せんす 扇子 a folding fan
せんすい 潜水する dive [ダイヴ]

潜水艦 a submarine [サブマリーン, サブマリーン]
潜水士 a diver

せんせい¹ 先生

1 (教師) a teacher [ティーチァ] (対 生徒 student); (大学の) a professor [プロフェサァ]
▶ 山田先生（男性の場合）*Mr.* Yamada
（▶ ×Yamada teacher とはいわない）

> ●用法 「…先生」の表し方
> ❶英語で「…先生」は男性なら **Mr.** ..., 女性なら **Ms.** ... といい, Teacher ... とか ... teacher とはいわない. 未婚の女性なら **Miss** ..., 既婚の女性なら **Mrs.** ... と呼ぶこともある.
> ❷名前を使わない「先生！」という呼びかけは, 男性には **Sir!** を, 女性には **Ma'am!** を使う.

「ロス先生, トイレに行ってもいいですか」
「はい, 行ってらっしゃい」
"*Mr.* Ross, may I go to the bathroom?" "Yes, you may."
なお, 病院の「先生」(医師) にはふつう **Dr.** (呼びかけには **Doctor!**) を使う.

▶ 英語の先生
an English *teacher* / a *teacher* of English
▶ 父は高校の先生です.
My father is a high school *teacher*.
▶ 佐藤先生が私たちのクラスの担任です.
Mr. Sato is our homeroom *teacher*.

2 (医師) a doctor [ダクタァ]
▶ (医師の) 田中先生
Dr. Tanaka
▶ 「先生, どこか悪いのでしょうか」「かぜをひいただけです」
"Is there anything wrong, *doctor*?"
"You've just caught cold."

せんせい² 宣誓 an oath [オウス]
宣誓する take an oath
▶ 彼は開会式で選手宣誓した.
He *took an oath* at the opening ceremony.

ぜんせい 全盛(期) the golden age; my best days
▶ その歌手は今が全盛期だ.
The singer is now in *her best days*.

せんせいじゅつ 占星術 astrology [アストゥロロヂィ]

せんぜん 戦前の prewar [プリーウォー(ァ)]
（対 戦後の postwar)
戦前に before the war

ぜんぜん 全然

1 (少しも…ない) not ... at all
▶ 中国語は全然話せません.
I *can't* speak Chinese *at all*.
▶ 彼女のことは全然信用していない.
I *don't* trust her *at all*.
▶ 全然わかりません.
I have *no* idea. / I *can't* understand it *at all*.
▶ 先週から全然雨が降っていない.
We've had *no* rain since last week.

2 (まったく) completely [コンプリートゥリィ]
▶ これはぼくがほしいものと全然ちがうよ.
This is *completely* different from what I want.

せんせんげつ 先々月 the month before last

せんせんしゅう 先々週 the week before last

せんぞ 先祖 an ancestor [アンセスタァ]
(対 子孫 descendant)

せんそう 戦争

(a) war [ウォー(ァ)] (対 平和 peace)
▶ 核戦争 a nuclear *war*
▶ 戦争中で (be) at *war*
▶ 戦争をする make *war*; go to *war*
▶ 戦争に勝つ win the *war*
▶ 戦争に負ける lose the *war*
▶ 戦争で多くの人が亡くなった.
Many people were killed in the *war*.
▶ 太平洋戦争は1941年12月8日に始まった.
The Pacific *War* broke out on

ぜんそく ▶

December 8, 1941.
ぜんそく (病気) asthma [アズマ]
▶ ぜんそくに苦しむ suffer from *asthma*
▶ ぜんそくの発作におそわれる
have an *asthma* attack
ぜんそくりょく 全速力で at full speed
▶ 全速力で走る run *at full speed*
センター (中心地) a center [センタァ]；(野球) center field；(選手) a center fielder

ぜんたい 全体 →すべて，ぜんぶ

the **whole** [ホウル] (対) 部分 (a) part)
全体の whole, all [オール]
▶ 全体で in *all*
▶ 全体として as a *whole*
▶ 村全体
the whole village / *the whole* of the village
▶ どうしたらクラス全体をまとめられるんだろう．
I wonder how we can unite *the whole* class. (▶ the whole のあとには名詞の単数形が続く)
▶ 全体的に見て，文化祭は大成功だった．
On *the whole*, the school festival was a great success.

せんたく¹ 洗濯

(a) **wash** [ワッシ], washing [ワシング]
洗濯する wash, do the laundry [ローンドゥリィ]
▶ 私は毎日洗濯する．
I *do the laundry* every day. / I *wash* every day.
洗濯機 a washing machine
洗濯ばさみ (米) a clothes pin, (英) a clothes peg
洗濯物 (the) wash, (the) washing, (the) laundry
▶ 洗濯物を干す
hang *the wash* out to dry
▶ 洗濯物を取りこむ
take in *the wash*
▶ 今日は洗濯物がたくさんある．
I have a lot of *washing* to do today.
せんたく² 選択する choose [チューズ] →えらぶ
選択科目 an elective subject

センチ(メートル) a centimeter [センティミータァ] (▶ cm と略す)
▶ 30センチ 30 *centimeters*
ぜんちし 前置詞《文法》a preposition [プレポズィション]
センチメンタル センチメンタルな sentimental [センティメントゥル]
せんちゃく 先着
▶ チケット販売は先着順です．
Tickets are sold on a first-come, first-served basis.
せんちょう 船長 a captain [キャプテン]
ぜんちょう¹ 前兆 a sign [サイン], (an) omen [オウメン]
▶ この風は雨の前兆だ．
This wind is a *sign* of rain.
ぜんちょう² 全長 the full length [レングクス], the total length
▶ その橋の全長は約200メートルだ．
The full length of the bridge is about two hundred meters.
せんでん 宣伝 (an) advertisement [アドゥヴァタイズメント] →こうこく
宣伝する advertise [アドゥヴァタイズ]
▶ テレビで新車の宣伝をする
advertise new cars on TV
宣伝ポスター an advertising poster
セント a cent [セント] (▶ アメリカ・カナダ・オーストラリアなどの通貨単位)

アメリカの硬貨．左から1セント，5セント，10セント，25セント．

ぜんと 前途 (a) future [フューチァ]
▶ この若者たちは前途有望だ．
These young people have a bright *future* ahead of them.
せんとう¹ 先頭 (首位・トップ) the lead [リード]；(列などの) the head [ヘッド]
▶ 先頭のランナー *the front* runner
▶ 先頭に立っているのはだれ？
Who's in *the lead*? / Who's taking *the lead*?

◀ **ぜんぶ**

▶ 私は列の先頭だった．
I was at *the head* of the line.
先頭打者《野球》a lead-off batter
せんとう² 戦闘 a battle [バトゥル]
せんとう³ 銭湯 a *sento*, a public bath
ぜんにちせい 全日制
全日制高校 a full-time high school
せんにゅうかん 先入観 a preconception [プリーコンセプション], (偏見) prejudice [プレデュディス]
ぜんにん 善人 a good person (反 悪人 bad person)
せんぬき 栓抜き (コルクの) corkscrew [コークスクルー]; (びんの) a bottle opener [バトゥル オウプナー]
せんねん 専念する devote [ディヴォウト] *my*self (to)
▶ 今は勉強に専念しなさい．
Now is the time to *devote yourself* to your studies.
ぜんねん 前年 (前の年) the previous [プリーヴィアス] year; (…の前年) the year before …; (昨年) last year

せんぱい 先輩

my **senior** [スィーニャ] (反 後輩 junior)
▶ クラブでは先輩にいろいろ教えてもらった．
Our seniors in the club taught us many things.
▶ 中野さんは中学の2年先輩です．
Mr. Nakano is two years *my senior* at junior high school. / Mr. Nakano is *my senior* by two years at junior high school.

> 💡用法 「先輩」の言い方
> 日本語の「先輩」にぴったりのことばは英語にはない．年上・(反)上級・先任という意味で **senior** を使ったり，文脈によっては年長・年配という意味の **elder** を使ったりすることが必要になる．呼びかけのときなど，日本語の「先輩」 **Sempai** をそのまま使うほうがよい場合もある．

▶ 中2になると後輩ができて，みんなから「先輩」と呼ばれた．
When I became an 8th grader, my juniors called me "*Sempai*."

せんばつ 選抜する select [セレクト] →えらぶ
選抜試験 a selective examination
選抜チーム an all-star team
せんぱつ 先発
先発投手 a starting pitcher
先発メンバー the starting lineup
ぜんはん 前半 the first half (反 後半 the second half); (…代前半) *my* early … (反 …代後半 *my* late …)
▶ 試合の前半が見られなかった．
We couldn't see *the first half* of the game.
▶ 彼はまだ20代の前半だ．
He's still in *his early* twenties.

ぜんぶ 全部 →すべて，ぜんたい

all [オール]; (どれも) everything [エヴリスィング]; (全体の) the **whole** [ホウル]
全部の…，…全部 all; (どれもみな) every [エヴリ]; (全体の) whole
▶ だれがクッキーを全部食べちゃったの？
Who ate up *all* the cookies?
▶ あいにくですが，切符は全部売り切れです．
I'm sorry, but *all* the tickets are sold out.

× the all tickets.
all は the や my などの前に置く．
○ all the tickets

▶ ここにある本は全部読んだ．
I read *all* the books here. / (本はどれも読んだ) I read *every* book here.
▶ 知っていることを全部話しなさい．
Tell me *everything* you know.
▶ 卵は全部割れていた．
All the eggs were broken. / The eggs were *all* broken.
▶ 白秋の詩を全部読んだわけではない．
I haven't read *all* of Hakushu's poems.
▶ 全部の携帯電話にその機能がついているわけではない．
Not every cellphone has that function.

four hundred and forty-three 443

せんぷうき ▶

📖文法 all と every
all は全体をまとめて述べる場合に使い，あとに数えられる名詞がくるときは複数形にする．every は１つ１つを意識して全体をさす場合に使い，あとに単数形の名詞がくる．all も every も，not といっしょに使われると，ふつう「全部が…とはかぎらない」(**部分否定**) という意味になる．

全部で in all, altogether [オールトゥゲザァ]
▶ スズメが全部で12羽いる．
There are twelve sparrows *in all*.

🗣スピーキング
Ⓐ 全部でいくらですか．
How much is it altogether?
Ⓑ １万円になります．
It comes to ten thousand yen.

せんぷうき 扇風機 an electric fan [ファン], a fan
▶ 扇風機をかける turn on an *electric fan*
せんべい a *sembei*, a Japanese rice cracker
ぜんぽう 前方へ [に, を] ahead [アヘッド], forward [フォーワド]
▶ 前方を見なさい．Look *ahead*.
▶ 100メートル前方に橋があります．
There is a bridge a hundred meters *ahead*.
ぜんまい a spring [スプリング]
▶ ぜんまいを巻く wind [ワインド] *a spring*
せんまん 千万 ten million [ミリョン]
▶ 何千万もの人々
tens of millions of people
せんめい 鮮明な clear [クリア], vivid [ヴィヴィド]
ぜんめつ 全滅する be completely destroyed [ディストゥロイド]
せんめん 洗面
洗面器 a washbowl
洗面所 (家庭の)《米》a bathroom；(公共の場所の)《米》a restroom →トイレ (ット)
洗面台《米》a bathroom sink, a sink
洗面用具 toiletries
ぜんめん¹ 前面 the front [フラント]
ぜんめん² 全面 the whole surface [ホウル サ〜フェス]
全面的に completely [コンプリートゥリィ]
せんもん 専門 a specialty [スペシャルティ]
専門の special
専門家 a specialist, an expert
専門学校 a vocational [ヴォウケイシ(ョ)ナル] school
専門店 a specialty store
ぜんや 前夜 the night before；(祝祭日や重要な日の) the eve [イーヴ]《of》
▶ クリスマスの前夜 Christmas *Eve*
前夜祭 an eve
せんよう 専用
▶ この入り口は従業員専用です．
This entrance is *for* staff *only*.
▶ 女性専用《掲示》Ladies *Only*
せんりつ 旋律 (a) melody [メロディ]
ぜんりゃく 前略 Dear [ディア] ...

🔍背景 英文の手紙では，時候のあいさつなどを省略してすぐ用件に入るのがふつうで，「前略」に相当することばはない．しいて言えば書き出しの **Dear ...** が「前略」や「拝啓」にあたる．

せんりょう 占領 occupation [アキュペイション]
占領する occupy [アキュパイ]
ぜんりょう 善良な good [グッド], honest [アネスト]
ぜんりょく 全力で with all *my* might [マイト]
▶ 全力をつくす do my *best*
▶ ケンは全力で走った．
Ken ran *as* fast *as* he *could*.
せんれい 洗礼 baptism [バプティズム]
ぜんれつ 前列 the front row [フラント ロウ]
▶ 前列の席にすわる
take a seat in *the front row*
せんれん 洗練された refined [リファインド], sophisticated [ソフィスティケイティド]
▶ 洗練されたふるまい *refined* manners
せんろ 線路《米》a railroad track [トゥラック], a railroad line,《英》a railway track, a railway line (▶単に track, line ともいう)
▶ 線路に入るな《掲示》
Keep Off the *Tracks*

そソ そソ そソ

そいつ that guy [ガイ], that man (▶女性なら that woman)

-ぞい …沿い (…に並行して) along [アロ(ー)ング]; (…に面して) on [アン]
▶ 川沿いの家 a house *on* the river
▶ 海岸沿いにドライブしよう．
Let's take a drive *along* the coast.

そう¹ 沿う，添う (…に並行して) along [アロ(ー)ング]; (…に面した) on [アン]; (期待などに) meet [ミート]
▶ バス停までこの通りに沿って行きなさい．
Go *along* this street until you come to the bus stop.
▶ あなたのご期待にはそえません．I'm afraid I can't *meet* your expectations.

そう²

使い分け
(そのとおり) → yes
(そのように) → so

1 (そのとおり) **yes** [イェス], (口語) **yeah** [イェア]; (否定の疑問文などで) **no** [ノゥ] → はい¹, いいえ
▶「出かけるの？」「そうだよ」
"Are you going out?" "*Yes.*"
▶「これはあなたのペンですか」「そうです」
"Is this your pen?" "*Yes, it is.*"
▶「西高校に行こうって思ってるの？」「そうだよ」
"Are you thinking of going to Nishi High School?" "*Yeah. / That's right.*" (▶ Yeah. は Yes. の代わりに使われるくだけた言い方)
▶「きのうは学校に行かなかったの？」「そうだよ」
"Didn't you go to school yesterday?" "*No,* I didn't."

2 (そのように) **so** [ソゥ], **that** [ザット]
▶ ぼくもそう思うよ．I think *so,* too.
▶ ぼくはそうは思わない．
I don't think *so.* / I doubt *it.*
▶ そうだといいね．I hope *so.*
▶ (うわさで) そうらしいよ．

So they say. / *So* I hear.
▶ 残念だけどそうみたい．I'm afraid *so.*
▶「彼女はかわいいね」「そうだね」
"She is cute." "*So* she is."
▶ そういうわけにもいかないよ．
We can't do *that.*

3 (そんなに) **so** → そんなに
▶ そうおこるなよ．Don't be *so* mad.

4 (応答・その他)
▶「吉田さん，来月引っ越すんだって」「そうなの？」
"The Yoshidas are going to move next month." "*Really?*"
▶「啓太ね，彼女がいるんだって」「へえ，そうなんだ」
"I've heard Keita has a girlfriend." "*Is that right?*"
▶「シャワーでも浴びたら？」「そうするよ」
"Why don't you take a shower?" "*I will.*"

そう³ 僧 a Buddhist priest [ブ(ー)ディストプリースト]

-そう

使い分け
(…のように見える) → look
(…のように思われる) → seem
(…しそうだ) → be likely to ...
(ほとんど…そうだ) → almost, nearly
(…という話だ) → I hear (that) ...

1 (…のように見える) **look** [ルック], **appear** [アピア]; (…のように思われる) **seem** [スィーム]
▶ 子どもたちはたいくつそうだ．
The children *look* bored.
▶ この問題は難しそうだ．
This problem *seems* (to be) difficult.
▶ その映画，おもしろそうだね．
The movie *sounds* interesting. / The movie *sounds like* fun. (▶名詞が続くときは sound like を使う)
▶ おいしそうだね．

ゾウ ▶

(見た目が)(It) *looks* good. / (においが)(It) *smells* good.

2 (…しそうだ) **be likely to ...** , **look like** (▶名詞か動名詞が続く．《米》では文も続く)

▶ 雨が降りそうだ．
It's *likely to* rain. / It *looks like* rain. / It *looks like* it's going to rain.

▶ うちのチームは今度の試合に勝ちそうにない．
We're *unlikely to* win the next game. / It's *unlikely* we'll win the next game.

3 (ほとんど…そうだ) **almost** [オールモウスト], **nearly** [ニアリィ]

▶ あやうく車にひかれそうになった．
I was *almost* run over by a car.

4 (当然…だ)

▶ 彼はもう来てもよさそうなのに．
He should be here any minute now.

5 (…という話だ) **I hear (that) ...** , **They say (that) ...**

▶ エリカのお母さんはドイツ人だそうだ．
I hear (*that*) Erika's mother is German. / *They say* (*that*) Erika's mother is German.

ゾウ 象 (動物) an elephant [エレファント]

ぞう 像 an image [イメヂ]; (彫刻(ちょう)) a statue [スタチュー]

そうい¹ 相違 (a) difference [ディフ(ェ)レンス] →ちがい

そうい² 創意 originality [オリヂナリティ]
創意に富んだ original, creative

そういう such [サッチ], like that →そんな

▶ そういうふうにスープを飲んじゃだめよ．
You shouldn't eat soup *like that*.

▶ そういうものはほしくない．
I don't want things *like that*.

そういえば (それはそうと) So ... ; (ところで) By the way; (思い出して) That reminds me.

▶ そういえば，お母さんはお元気ですか．
By the way, how's your mother?

▶ そういえば，めぐみちゃんから電話があったわよ．
That reminds me. There was a call from Megumi.

そうおん 騒音 (a) noise [ノイズ]

騒音公害 noise pollution

ぞうか¹ 増加 (an) increase [インクリース] (反) 減少 decrease)
増加する increase [インクリース] →ふえる

> ✏️ライティング
> 65歳以上の人口が年々増加している．
> The number of people over 65 is increasing year by year.

ぞうか² 造花 an artificial [アーティフィシャル] flower

そうかい 総会 an assembly [アセンブリィ], a general meeting

▶ 国連総会
the United Nations *General Assembly*

そうがく 総額 the total [トゥトゥル] amount, the sum [サム] total
総額…になる amount [アマウント] to ... , total

▶ 費用は総額500万円になった．
The cost *amounted to* five million yen.

そうがんきょう 双眼鏡 binoculars [ビナキュラズ], field glasses

そうき 早期の early [ア〜リィ]

▶ 彼の病気は早期に発見された．
His illness was found in its *early* stages.

そうぎ 葬儀 →そうしき
葬儀場 a funeral hall

ぞうき 臓器 internal organs [オーガンズ]
臓器移植 an organ transplant
臓器移植者 (受け取る人) a recipient [リスィピエント]
臓器提供者 an organ donor

そうきん 送金 remittance [リミタンス]
送金する send money

ぞうきん 雑巾 a cleaning cloth [クロ(ー)ス], a rag [ラグ]

ぞうげ 象牙 ivory [アイヴォリィ]

そうけい 総計 the total [トゥトゥル], the sum [サム] total →そうがく

▶ 総計でいくら？ What is *the total*?

そうげい 送迎
送迎デッキ (空港の) an observation deck
送迎バス (ホテルなどの) a courtesy bus

そうげん 草原 (牧草地) grassland [グラ

◀ **そうすれば**

スランド］；(大草原) grasslands
そうこ 倉庫 a warehouse［ウェアハウス］
そうご 相互の mutual［ミューチュアル］
▶ 相互理解
mutual understanding
そうごう 総合的な general［ヂェネラル］
総合大学 a university［ユーニヴァ〜スィティ］
総合病院 a general hospital
そうさ[1] 捜査 (an) investigation［インヴェスティゲイション］
捜査する investigate［インヴェスティゲイト］, look into；search［サ〜チ］
▶ 警察はその殺人事件を捜査中だ.
The police *are investigating* the murder case.
そうさ[2] 操作する use［ユーズ］；work［ワ〜ク］, run［ラン］, operate［アペレイト］
▶ このソフト，操作が難しいよ.
This software is difficult to *operate*.
そうさく[1] 創作 creation［クリエイション］；(創作活動) creative activities［クリエイティヴ アクティヴィティズ］；(独創的な作品) a creative work；(本人の作品) my original work
創作する create［クリエイト］；(小説を) write a novel
そうさく[2] 捜索 a search［サ〜チ］
捜索する search →さがす
捜索隊 a search party

そうじ[1] 掃除

cleaning［クリーニング］
そうじする clean［クリーン］；(はく) sweep［スウィープ］；(ふく) wipe［ワイプ］
▶ うちでは毎日，家のそうじをする.
We *clean* the house every day.
▶ 窓ガラスのふきそうじをお願いできる？
Can you *wipe* the windows?
▶ うちではいつも年の暮れに大そうじをします.
We always *do the* general *cleaning* at the end of the year.
そうじ機 a cleaner, a vacuum cleaner
そうじ当番 someone who has classroom cleaning duty (▶英米には，生徒が教室などをそうじする習慣はない)
▶ 今日は私たちが教室のそうじ当番だ.
It's our *turn to clean* the classroom today.
そうじ[2] 送辞 a farewell speech［フェアウェル スピーチ］

そうしき 葬式 a funeral［フューネラル］
▶ 葬式に参列する
attend a *funeral* / go to a *funeral*
そうして (そのようにして) like that, in that way；(それから) (and) then, after that →そして，それから
▶ そうして彼女は体重を減らした.
In that way she lost weight.
そうしないと 《命令文のあとで》or［オー(ァ)］, otherwise［アザワイズ］
▶ 急ぎなさい. そうしないと電車に間に合わないよ.
Hurry up, *or* you'll miss the train.
そうじゃ 走者 a runner［ラナァ］
そうじゅう 操縦する (飛行機を)fly［フライ］；(船を) sail［セイル］, steer［スティア］；(機械を) operate［アペレイト］
操縦士 (飛行機の) a pilot［パイロト］
操縦席 a cockpit［カクピト］
そうしゅん 早春 early spring
▶ 早春に
in *early spring* / *early* in *spring*
ぞうしょ 蔵書 a library［ライブラリィ］, a collection of books
そうしょく[1] 装飾 decoration［デコレイション］
装飾する decorate［デコレイト］ →かざる
▶ 室内装飾
interior *decoration* / interior *design*
そうしょく[2] 草食の grass-eating［グラス イーティング］, herbivorous［ハ〜ビヴ(ォ)ラス］
草食動物 a herbivore［ハ〜ビヴォー(ァ)］
そうしん 送信する send［センド］
▶ メールを送信する
send an email
そうしんぐ 装身具 accessories［アクセサリィズ］
ぞうすい 増水する rise［ライズ］, swell［スウェル］
▶ 川が2メートル増水した.
The river *has risen* by two meters.
そうすると then［ゼン］, so［ソウ］
▶ そうすると，だれがキャプテンになるの？
So, who's going to be the captain?
そうすれば (命令文などのあとで) and, and then, then
▶ 急ぎなさい. そうすればバスに間に合うよ.
Hurry up, *and* you will be able to catch the bus.

four hundred and forty-seven 447

ぞうせん ▶

ぞうせん 造船 shipbuilding [シプビルディング]
造船業 the shipbuilding industry
造船所 a shipyard

そうそう 早々に early [ア～リィ]；soon [スーン]
▶ 姉は来月早々に結婚します．
My sister will get married *early* next month.
▶ きみは早々にここを引きあげたほうがいい．
You should leave here *soon*.

そうぞう¹ 想像(力)

(an) imagination [イマヂネイション]
想像する imagine [イマヂン]；(推量する) guess [ゲス]
▶ スマホがない生活を想像できる？
Can you *imagine* life without a smartphone?
▶ 想像が当たった．I *guessed* right.（▶「はずれた」なら right を wrong にする）
▶ 想像力を働かせてごらん．
Use your *imagination*.
▶ それはご想像におまかせします．
I'll leave it to your *imagination*.
▶ あなたは想像していたとおりの人ね．
You're just as I *imagined* you.

そうぞう² 創造 creation [クリエイション]
創造する create [クリエイト]
創造的な creative

🎤 プレゼン
将来は**創造的な**仕事につきたいと思います．
I'd like to have a creative job in the future.

そうぞうしい 騒々しい noisy [ノイズィ]
▶ 騒々しいぞ！
Don't be so *noisy*! / Be quiet!

そうぞく 相続する inherit [インヘリト]
相続人 an heir [エア]

そうたい 早退する (学校を) leave school early
▶ 今日は気分が悪かったので学校を早退した．
I *left school early* today because I felt sick.

そうだい 壮大な magnificent [マグニフィセント], grand [グランド]
▶ 壮大な景色

magnificent scenery

そうだん 相談する

talk [トーク] to, talk with；talk over with；ask someone's advice [アドゥヴァイス]；(医師などに) consult [コンサルト]
▶ だれか相談する人はいるの？
Do you have anybody to *talk with*?
▶ 進路のことで先生と相談しないといけない．
I need to *talk to* my teacher about my future.
▶ ちょっと相談に乗ってくれる？ Can I *ask your advice* on something?
▶ どうするか両親と相談してみます．
I'll *talk* it *over with* my parents.
▶ 医者に相談したほうがいいと思うよ．
I think you should *consult* your doctor.

そうち 装置 a device [ディヴァイス]；(舞台などの) a setting [セティング]
▶ 安全装置 a safety *device*

そうちょう 早朝に early in the morning

そうとう 相当 (かなり) pretty [プリティ]；(とても) very →かなり
▶ 数学の試験は相当難しかった．
The math test was *pretty* difficult.
▶ 次の試合に勝つ自信は相当ある．
I'm *very* confident I'll win the next game.
相当する be equal [イークウォル] to
▶ 1マイルは1.6キロメートルに相当する．
One mile *is equal to* 1.6 kilometers.
▶ 700万円相当の宝石類
jewelry *worth* seven million yen

そうどう 騒動 (もめごと) trouble(s) [トゥラブル(ズ)]
▶ 騒動を起こす
cause *trouble* / make *trouble*

そうなん 遭難する (事故にあう) meet with an accident [アクシデント]；(道に迷う) get lost；(立ち往生する) get stranded
▶ 兄は谷川岳で遭難した．
My brother *got lost* on Mt. Tanigawa.
遭難者 a victim [ヴィクティム]

ぞうに 雑煮 zoni / soup with rice cakes, chicken or fish, vegetables, and so on, often enjoyed as a part of the New Year's celebration

そうにゅう 挿入 (an) insertion [インサ～

448　four hundred and forty-eight

ション]
挿入する insert [インサ~ト]
そうび 装備 equipment [イクウィプメント]
装備する equip
そうべつ 送別 (a) farewell [フェアウェル]
送別会 a farewell party；（親しい仲間の）a going-away party
▶ ぼくたちは遠藤君の送別会を開いた．
We held a *farewell party* for Endo.
ぞうり *zori*, Japanese sandals
そうりだいじん 総理大臣 the Prime Minister [プライム ミニスタァ] →**しゅしょう**[1]
そうりつ 創立 foundation [ファウンデイション]
創立する found [ファウンド]
▶ 私たちの学校は50年前に創立された．
Our school *was founded* fifty years ago.
創立記念日 the anniversary [アニヴァ~サリィ] of the foundation
創立者 a founder
そうりょ 僧侶 a priest [プリースト]
そうりょう 送料（配送料）delivery charges, shipping；（郵送料）postage
▶ この本の送料はいくらですか．
How much is the *postage* to send this book?
そえる 添える attach [アタッチ]（to）；（つけ加える）add [アッド]（to）
▶ このおくり物にはカードがそえてあった．
A card *was attached to* this present.
ソース (a) sauce [ソース]；（ウスターソース）Worcester [ウスタァ] sauce（▶ Worcestershire sauce ともいう）
▶ コロッケにソースをかける
put *sauce* on croquettes
ソーセージ (a) sausage [ソ(ー)セヂ]
▶ ウインナーソーセージ
(a) Vienna *sausage* /《米》(a) wiener
▶ フランクフルトソーセージ
a frankfurter /《米》a frank
ソーダ soda [ソウダ]
ソーダ水 soda, soda water
ソーラー solar [ソウラァ]
ソーラーエネルギー solar energy [エナヂィ]
ソーラーカー a solar car
ソーラーパネル a solar panel
-そく …足 a pair [ペア]（of）

▶ くつ下1足 a *pair of* socks
▶ くつ2足 two *pairs of* shoes
ぞくご 俗語 slang [スラング]
そくし 即死する be killed instantly, be killed on the spot
そくしん 促進する promote [プロモウト]
ぞくする 属する be in, be a member (of), belong [ビロ(ー)ンヂング]（to）

プレゼン
私はコーラス部に属している．
I'm in the chorus. / I'm a member of the chorus. / I belong to the chorus.

× I'm belonging to ... .
状態を表す語はふつう進行形にしない．
○ I belong to ... .

そくせき 即席の instant [インスタント]
即席ラーメン instant ramen
ぞくぞく 続々と one after another
▶ バスが続々と到着した．The buses kept arriving *one after another*.
ぞくぞくする（寒さや恐怖で）shiver [シヴァr]；（うれしさで）be excited [イクサイティド]
▶ 寒くてぞくぞくした．
I *shivered* with cold.
そくたつ 速達 special delivery [スペシャル ディリヴ(ァ)リィ], express [イクスプレス] delivery
▶ 手紙を速達で送る
send a letter by *special delivery*
そくてい 測定する（長さ・量などを）measure [メジャr]；（重さを）weigh [ウェイ]
▶ 体重測定 a weight *check* / weight *measurement*
▶ 体力測定 a *test* of physical strength and fitness

そくど 速度
(a) speed [スピード]
…の速度で at a speed of ...
▶ 速度を上げる *speed up*
▶ 速度を落とす *slow down* / reduce

そくとう

speed (▶︎ˣspeed down とはいわない)

▶ 台風は1時間に30kmの速度で北東に進んでいる。
The typhoon is moving northeast *at a speed of* 30 kilometers per hour.

▶ 制限速度
the *speed* limit

速度計 a speedometer [スピーダメタァ]

「スクールゾーン. 子どもたちがいるときは制限速度時速25マイル」という標識.

そくとう 即答 a prompt answer [プランプトアンサァ]
即答する answer promptly, give a prompt answer

そくばく 束縛 (a) restraint [リストレイント]
束縛する tie [タイ] down, restrain [リストレイン]

▶ ぼくは何にも束縛されたくない.
I don't want to *be tied down* to anything.

そくほう 速報 (ニュース)《米》a news bulletin [ニューズ ブレトゥン],《おもに英》a newsflash [ニューズフラシ]

そくめん 側面 a side [サイド]; an aspect [アスペクト]

そくりょう 測量 (a) survey [サ〜ヴェイ]
測量する survey [サヴェイ]

ソケット a socket [サケト]

そこ¹ 底

the **bottom** [バトム]; (くつの) the sole [ソウル]

▶ 机の引き出しの底に古い写真を見つけた.
I found an old photo at *the bottom* of a desk drawer.

日本語NAVI
底が浅い ☞内容に深みがない, 価値のない
→**かち**¹
底をつく ☞たくわえていたものが完全になくなる
→**なくなる**

そこ²

there [ゼア] (対 ここ here)

here ここ｜there そこ

▶ 私たちもそこへ行くところですよ.
We're going *there*, too.

▶ そこにナイフがあるよ.
There is a knife *over there*.

▶ そこが音楽室です.
That is the music room.

> × They went to there.
> there は副詞なのでto はつかない.
> ○ They went there.

スピーキング
Ⓐ バス停はどこですか.
Where is the bus stop?
Ⓑ そこです.
It's over there.

▶ 春はもうそこまで来ている.
Spring is *just around the corner*. / Spring is *close at hand*.

▶ ぼくはそこまでしか知りません.
I only know *that much*.

そこく 祖国 *my* country, *my* homeland
そこそこ →せいぜい, まあまあ

▶ テストはそこそこできたよ.
I did *fairly well* on the exams.

▶「景気はどうですか?」「そこそこですね」
"How's your business?" "*So-so. / Not too bad*."

そこで (だから) so ; (次に) then [ゼン]

▶ だれも返事をしなかった.そこで私が答えた.
Nobody else answered, *so* I did.

-(し)そこなう fail [フェイル] to ... ; miss [ミス]

▶ 期限までにレポートを出しそこなった.
I *failed to* hand in my paper by the deadline.

▶ 父は1分の差で最終電車に乗りそこなった.
My father *missed* the last train by one minute.

そざい 素材 (a) material [マティ(ア)リアル]; (料理の) ingredients [イングリーディエンツ]

そしき 組織 an organization [オーガニゼイション]; (体系) a system [スィステム]
組織する organize [オーガナイズ]

そしつ 素質 (才能) (a) talent [タレント]
素質のある talented [タレンティド], gifted [ギフティド]

▶ あなたには絵の素質がある.
You are *talented* in painting.

そして

and [アンド]; (それから) **and then** [ゼン], **then** →それから

▶ ぼくの好きな食べ物はハンバーガーにスパゲッティ, そしてカレーだ.
My favorite foods are hamburgers, spaghetti *and* curry.

▶ そして, どうしたの？
And then, what did you do?

そしょう 訴訟 a lawsuit [ロース(ュ)ート], a suit [ス(ュ)ート]

▶ その会社を相手に訴訟を起こした.
I filed a *lawsuit* against that company.

そせん 祖先 an ancestor [アンセスタァ] (対 子孫 descendant)

そそぐ 注ぐ (容器に) pour [ポー(ァ)]; (川が) flow [フロウ] (into)

▶ コップに牛乳を注ぐ
pour milk *into* a glass

▶ 信濃川は日本海に注ぐ. The Shinano River *flows into* the Sea of Japan.

そそっかしい careless [ケアレス]

▶ また弁当を忘れたの？ きみもそそっかしいなあ.
You forgot to bring your box lunch again? How *careless* you are!

そそのかす put ... up to, tempt ... 《to》

▶ お前が彼をそそのかしたのか？
Did you *put* him *up to* it?

そだいごみ 粗大ごみ oversized trash

そだち 育ち →そだつ

▶ 育ちざかりの子 a *growing* child

▶ 私は青森生まれの青森育ちです.

I *was* born and *brought up* in Aomori.

そだつ 育つ

grow [グロウ] (up); (育てられる)《米》 be raised [レイズド],《英》be brought [ブロート] up

grow

be raised

▶ 日光がなければ植物は育たない.
Plants cannot *grow* without sunlight.

> 🖊プレゼン
> 私は弘前で生まれ, 東京で育ちました.
> I was born in Hirosaki and grew up in Tokyo. / I was born in Hirosaki and raised in Tokyo.

そだてる 育てる

(人・動植物を)《米》 raise [レイズ],《英》 bring [ブリング] up; (植物・作物を) grow [グロウ]

▶ おばは3人の子を育てた.
My aunt *raised* three children.

▶ この子犬は牛乳で育てられた.
This puppy *was raised* on cow's milk.

▶ 彼は庭の畑でトマトを育てている.
He *grows* tomatoes in his garden.

そち 措置 measures [メジャズ]

▶ 政府はインフルエンザのまん延に対して緊急措置をとった.
The government took emergency *measures* against the spread of the flu.

そちら there [ゼア], over there

▶ 加藤さんはそちらにいらっしゃいますか.
Is Ms. Kato *there*?

▶ 「もしもし, そちらは大塚さんのお宅でしょうか」「はい, そうです」 "Hello, is *this* Mr. Otsuka's residence?" "Yes."

そつぎょう 卒業

ソックス ▶

graduation [グラヂュエイション]
卒業する graduate [グラヂュエイト] 《from》(▶《米》ではすべての学校に使う. 《英》ではおもに大学に使い, 大学以外には finish や leave を使う), **finish** [フィニシ]
▶ 私は来年中学校を卒業します.
I'll *graduate from* junior high school next year.
▶ 卒業おめでとう!
Congratulations on your *graduation*!
卒業アルバム a yearbook
卒業式 a graduation, a graduation ceremony, 《米》a commencement [コメンスメント]
卒業証書 a diploma [ディプロウマ]
卒業生 a graduate
▶ 北中学の卒業生
a *graduate* of Kita Junior High School
卒業文集 collection of the graduates' writings, a graduation anthology
ソックス socks [サックス] →くつした
▶ ソックス1足 a pair of *socks*
▶ ハイソックス knee *socks*
そっくり 1 (似ている)be like, look like; (親ゆずり)take after →にる¹
▶ 美保はお姉さんにそっくりだ.
Miho *is just like* her sister. / (見た目が) Miho *looks just like* her sister.
▶ 俊太はお父さんにそっくりだ.
Shunta *takes after* his father.
2 (全部)all
▶ 賞金をそっくり赤十字に寄付した.
I donated *all* the prize money to the Red Cross.
そっけない 素っ気ない (冷淡な) cool [クール]; (ぶっきらぼうな) blunt [ブラント]
▶ 彼はみんなにいつもそっけない.
He is always *cool* with everyone.
そっせん 率先する take the lead, be the first
▶ 彼はいつも率先してごみ出しをする.
He *is* always *the first* to take out the garbage.
そっち there [ゼア] →そちら
▶ 今, そっちへ行くよ.
I'll come *over there* right away.
そっちょく 率直な frank [フランク]
▶ 率直な意見 a *frank* opinion

率直に frankly [フランクリィ]
▶ 率直に言うと, きみがその学校に入れる可能性は低いと思うよ.
Frankly speaking, I think you have little chance of getting into that school.
そって 沿って along [アロ(ー)ング] →そう¹
そっと (静かに) quietly [クワイエトゥリィ]; (優しく) gently [ヂェントゥリィ], softly [ソ(ー)フトゥリィ]; (軽く) lightly [ライトゥリィ]
▶ 子どもを起こしてしまわないようにドアをそっとしめた.
I closed the door *quietly* so that I wouldn't wake the child.
▶ 私は彼の腕にそっとさわった.
I touched his arm *lightly*.
▶ あいつをそっとしておいてやれ.
Leave him *alone*.
ぞっとする
▶ 私はヘビを見るとぞっとする.
The sight of a snake *gives* me *the creeps*. / The sight of a snake *makes* me *shiver*. / I *shudder* when I see snakes.
そで 袖 a sleeve [スリーヴ]
▶ 長そでのシャツ a long-*sleeved* shirt (▶「半そで」なら short-sleeved という)
▶ そでをまくる roll up *my sleeves*

そと 外

(外側・外面) the **outside** [アウトゥサイド] (反 うち inside) →そとがわ
外の outside; (屋外の) outdoor
外で, 外に out, outside; (屋外で) outdoors
…**の外で, …の外に** outside ...
外に出る go out, go outside (▶ go out はふつう「外出する」という意味)
▶ 外は寒い. It's cold *outside*.
▶ すみませんが, 彼女は今, 外に出ています.
I'm afraid she is *out* now.
▶ 外に出て星を見た.
I went *outside* to see the stars.
▶ 外でお弁当を食べない?
Why don't we eat our lunch *outdoors*?
▶ 建物の外に駐車場があります.
There's a parking lot *outside* the building.

◀ **そのころ**

▸ 今夜は外で食事をしよう.
Let's eat *out* tonight.

そとがわ 外側 the outside [アウトゥサイド]
(反 内側 inside)
外側の outer, outside
▸ 箱の外側 *the outside* of a box

そなえる 備える (用意する) prepare [プリペア] (for); (備えつける) furnish [ファ~ニシ]
▸ 中3生は入試に備えて勉強を始めている.
The ninth graders are beginning to *prepare for* entrance exams.
▸ 各教室にはエアコンが備えられています.
Each classroom *is furnished* with an air conditioner.

その →それ

1 (相手の近くの) that [ザット] (複数 those)
▸ その本, 貸して.
Lend me *that* book, please.
▸ その眼鏡とって.
Get me *those* glasses, please.
▸ そのとおり! *That*'s it!
2 《前に出た名詞をくり返したり, 何を指すかがわかる名詞の前で》the [ザ]
▸ 家族の写真を持っています. これがその写真です.
I have a picture of my family. This is *the* picture.
▸ そのドアを閉めて.
Close *the* door, please.
3 《前に言った名詞を受けて》its [イッツ] (複数 their) (▸ its は it の所有格)
▸ カバがその大きな口を開けた.
The hippo opened *its* big mouth.
▸ 私は犬を飼っています. その名前はローバーです.
I have a dog. *Its* name is Rover. (▸ 犬などのペットについては his name, her name ということも多い)

× It's name is Rover.
　It's は It is, It has の短縮形.「その」は its.
○ Its name is Rover.

そのうえ besides [ビサイヅ], besides that

▸ 恵子は頭がよくて, そのうえとても優しい.
Keiko is smart. *Besides that*, she is very kind.

そのうち 1 (もうすぐ) soon [スーン]; (まもなく) before long; (近いうちに) one of these days; (時間がたてば) in time
▸ そのうちまたおいでください.
Please come again *soon*.
▸ 父はそのうちもどります.
My father will be back *before long*.
▸ そのうち動物園に連れていってあげるよ.
We'll take you to the zoo *one of these days*.
▸ 痛みはそのうち治まりますよ.
The pain will go away *in time*.
2 (いつの日か) someday, some time
▸ そのうちカナダを訪問したいと思います.
I'd like to visit Canada *someday*.

そのかわり その代わり (代理で) instead [インステッド]; (お返しに) in return [リターン]
▸ きみが行けないんだったら, ぼくがその代わりに行くよ.
If you can't go, I'll go *instead*.

そのくせ still [スティル], and yet
▸ 彼は文句ばかり言っているが, そのくせ自分は働こうとしない.
He is always complaining, *and yet* he won't work.

そのくらい →それくらい

そのご その後

1 (そのあと) after that, later [レイタァ]
▸ その後彼女に何が起こったのかだれも知らなかった.
Nobody knew what happened to her *after that*.
▸ その後数年たってポールは結婚した.
A few years *later* Paul got married.
2 (そのとき以来) since [スィンス] then
▸ その後, 裕子から便りがありません.
I haven't heard from Yuko *since then*.

そのころ

then [ゼン]; (そのとき) at that time; (当時) in those days
▸ そのころまでにはもどります.
I'll be back by *then*.

four hundred and fifty-three 453

そのた ▶

- そのころは私はまだ小学生だった.
 I was still in elementary school *at that time*.
- そのころは宇宙旅行などまったく不可能だと思われていた.
 In those days space travel just seemed impossible.

そのた その他 the others [アザァズ]

- 机の上には鉛筆と消しゴムを置いて，その他のものはかたづけなさい.
 Leave your pencils and eraser on your desk and put *everything else* away.

そのため 1 (理由・原因) because [ビコーズ] of that, for that reason [リーズン]

- そのために彼は学校に来なかった.
 He didn't come to school *for that reason*. / *That's why* he didn't come to school.

2 (結果) so [ソウ]

- 陽太は寝ぼうした. そのためいつものバスに乗り遅れた.
 Yota overslept, *so* he missed his usual bus.

3 (目的) for that purpose [パ~パス]

- 両親はそのために貯金をしている.
 My parents have been saving money *for that purpose*.

そのとおり その通り

- そのとおりだ.
 That's right. / *You're right.*
- まったくそのとおりだ.
 Exactly. / *Absolutely.* / *You said it.*

そのとき その時 then [ゼン], at that time

- そのとき私は友人とテニスをしていた.
 I was playing tennis with my friends *then*.
- あなたはそのときどこにいましたか.
 Where were you *at that time*?

そのば その場で on the spot [スパット]

- 万引き犯はその場でつかまった.
 The shoplifter was caught *on the spot*.

そのへん その辺に around there

- どこかその辺にぼくのケータイない？
 Can you see my cellphone somewhere *around there*?

そのほか その他 the others [アザァズ]

そのほかの other

- 3人は救助されたが，そのほかの人たちは行方不明のままだ.
 Three people were saved but *the others* are still missing.
- そのほかに質問はありませんか.
 Do you have any *other* questions?

そのまま (今の状態のまま) as it is (▶複数のときは as they are)

- 机の上のものはすべてそのままにしておいて.
 Please leave everything on your desk *as it is*.
- (電話を切らずに)そのままお待ちください.
 Hold the line, please.
- そのままのきみでいてほしい.
 I want you to stay *the way you are*.

そのもの

- そのものずばりだ.
 That's the *very* thing.
- うちの父は健康そのものだ.
 My father is in *perfect* health. / My father is *the picture* of health.

そのような like that →そんな

- 彼に向かってそのような口のきき方をするな.
 Don't speak to him *like that*.

そば¹ （食品）*soba*, buckwheat [バク(フ)ウィート] noodles
 そば店 a *soba* shop

そば² (…のそばに) by [バイ], beside [ビサイド]；(近く) near [ニア]

by / near　　　　　　　　far

そばの nearby

- そばのスーパー
 a *nearby* supermarket / a supermarket *nearby*
- 駅はすぐそばだから歩いていけるよ.
 The station is *nearby*, so we can walk there.
- ぼくの机は窓のそばにある.
 My desk is *by* the window.
- 私の家はそのバス停のすぐそばです.

My house is just *near* the bus stop.
▶ 武はうちのそばに住んでいる。
Takeshi lives *close to* us. / Takeshi lives *in my neighborhood*.
▶ 私のそばに来てすわりなさい。
Come and sit *beside* me. / Come and sit *next to* me.
▶ あなたがそばにいてくれてうれしい。
I'm glad you're *with* me.
▶ そばに来ないでくれ。
Keep away. / Don't come *near* me.

そばかす freckle [フレックル]（▶ふつう複数形で使う）
▶ 彼女は鼻にそばかすがある。
She has *freckles* on her nose.

そびえる rise [ライズ]
▶ 塔は空高くそびえていた。
The tower *rose* high in the sky.

そふ 祖父 a grandfather [グラン(ドゥ)ファーザァ]（対 祖母 grandmother）

ソファー a sofa [ソウファ]

ソフト soft [ソ(ー)フト]
　ソフトウエア software（対 ハードウエア hardware）
　ソフトクリーム an ice cream cone
　ソフトテニス soft tennis
　ソフトドリンク soft drinks
　ソフトボール softball
▶ ソフトボールをする play *softball*

そふぼ 祖父母 grandparents [グラン(ドゥ)ペ(ア)レンツ]

ソプラノ（音楽）soprano [ソプラノウ]
　ソプラノ歌手 a soprano

そぼ 祖母 a grandmother [グラン(ドゥ)マザァ]（対 祖父 grandfather）

そぼく 素朴な simple [スィンプル] →しっそ
▶ 素ぼくな生活 a *simple* life
▶ 彼は素ぼくな人だ（→かざり気のない人だ）。
He is a *nice, simple* person.
▶ 素ぼくな質問 a *simple* question

そまつ 粗末な poor [プア]；（みすぼらしい）shabby [シャビィ]
　そまつにする（むだにする）waste；（大切にしない）not take care of
▶ そまつな食事 a *poor* meal
▶ そまつな服 *shabby* clothes
▶ 時間をそまつにするな。
Don't *waste* your time.

そまる 染まる dye [ダイ]
▶ 黒く染まる *be dyed* black
▶ 山が夕日に赤く染まっていた。
The mountain *turned red* in the setting sun.

そむく 背く disobey [ディソウベイ]
　…にそむいて against [アゲンスト]
▶ 彼女は校則にそむいた。
She *disobeyed* the school rules.

そむける 背ける（顔を）turn away, turn *my* face away；（目を）look away
▶ 目が合うと彼は顔をそむけた。
When our eyes met, he *turned his face away*.

そめる 染める（染料で）dye [ダイ]
▶ 髪を茶色に染める *dye* my hair brown

そよかぜ そよ風 a breeze [ブリーズ], a gentle breeze
▶ 海からそよ風が吹いている。
There is a *breeze* from the sea.

そら¹ 空
the sky [スカイ]；（空中）the air [エア]
▶ 青い空 a blue *sky*（▶単独で「空」というときは the sky となるが，形容詞がつくと a ... sky となることもある）
▶ 晴れた空 a sunny *sky*
▶ 空には雲1つない。
There isn't a cloud in *the sky*.
▶ 空には美しい虹がかかった。
A beautiful rainbow appeared across *the sky*.
▶ 風船は空高く舞い上がった。
The balloon flew high into *the sky*.
空色 sky blue

そら² there [ゼア]
▶ そら，言わんこっちゃない！
There! I told you. / *There!* You see.

そらす 逸らす（話を）change [チェインヂ]；（注意を）distract [ディストゥラクト]；（方向を）turn ... away
▶ 話をそらす *change* the subject

そらで by heart [ハート]
▶ 詩をそらで覚える
learn the poem *by heart*

ソラマメ（植物）a broad bean [ブロードビーン]

そり（小型の）a sled [スレッド], a sledge [スレッヂ]；（馬などが引く）a sleigh [スレイ]

そる¹ ▶
▶ そりで遊ぶ play on a *sled*

そる¹ shave [シェイヴ]
▶ 父は毎朝ひげをそる．
My father *shaves* every morning.

そる² (板など) warp [ウォープ]；(曲がる) bend [ベンド]
▶ 体をそらす *bend* myself backward

それ →あれ¹
1 (相手の近くの) **that** [ザット] (複数) **those**

> 💬表現力
> それは…です． → That's ... .

▶ それはイギリスのコインです．
That's a British coin.
▶ それはいけませんね． *That's* too bad.

> 🗣スピーキング
> Ⓐ それ何？
> What's that?
> Ⓑ マンゴーだよ．
> It's a mango.

▶ それを見せてください．
Show me *that one*, please.
▶ 「これがさがしていた本じゃないの？」「うん，それそれ」
"Isn't this the book you're looking for?" "Yeah, *that's* it."

2 (前に言った名詞を受けて) **it** [イット] (複数) **they** [ゼイ]

	それ	それら
…は，…が	it	they
…の	its	their
…を，…に	it	them
…のもの	──	theirs
…自身	itself	themselves

▶ 「新しい自転車を買ったよ」「それ，何色？」
"I bought a new bicycle." "What color is *it*?"
▶ 彼はリンゴを1つ手にとって，それを食べた．
He picked up an apple and ate *it*.

それいぜん それ以前 before that time
それいらい それ以来 →それから

それから
then [ゼン], **and then**；**after that**；**since then**

▶ ねえ，それからどうなったの？
Well, what happened *then*?
▶ まずローマ，それからパリに行きます．
First we'll visit Rome, *and then* Paris.
▶ それからすぐ家に帰った．
Soon *after that* I went home.
▶ それから彼とは連絡をとっていない．
I haven't kept in touch with him *since then*.

それくらい
▶ それくらいぼくでもできるよ．
Even I could do *that*.
▶ それくらいのことでおこるなよ．
Don't get upset over *such a* small thing.
▶ 今日はそれくらい [これくらい] にしておきましょう．
That's all for today. (▶仕事や授業の終わりなどに使う決まった言い方)

それぞれ each [イーチ] (▶単数あつかい)
▶ それぞれの部屋にパソコンがある．
Each room has a personal computer.
▶ 人にはそれぞれの生き方がある．
Everybody has *their* own way of life.

それだけ (程度) that, that much；(全部) all [オール]
▶ それだけあれば1週間はだいじょうぶだ．
That much will do for a week.
▶ 言いたいことはそれだけだ．
That's all I want to say.
▶ 練習はきつかったけど，それだけのこと (→そうする値打ち) はあった．
The practice was very hard but it was *worth* doing.

それっきり since then
▶ ジャックとジルはそれっきり会っていません．
Jack and Jill haven't seen each other *since then*.

それで
(だから) **so** [ソゥ]；(そして) **and** [アンド]；(それから) **then** [ゼン]；(それだけ) **that** [ザット]

▶ ボールペンをなくしちゃった．それで新しいのを買わなきゃならないんだ．
I've lost my ballpoint pen, *so* I have to buy a new one.

456 four hundred and fifty-six

▶ それで健太に何て言ったんだ？
And what did you say to Kenta?
▶ それできのう授業をサボったの？
Is that why you cut classes yesterday?
▶ それでいいよ．
That'll do. / *That*'s OK with me.

それでは then [ゼン]
▶ それでは，いったいだれがやったんだ？
Who did it, *then*?

それでも (でも) but, and yet；(なお) still [スティル]
▶ スープは少しさめていたが，それでもおいしかった．
The soup was slightly cold, *and yet* tasted good.
▶ 父がそのことを説明してくれたけど，それでもわからなかった．
My father explained it to me, but I *still* couldn't understand it.

それどころ
▶ 忙しくていまそれどころじゃないよ．
I'm *too* busy *to think about it* now.

それどころか on the contrary [カントゥレリィ]
▶ 「ナイターは楽しかった？」「それどころか，たいくつな試合だったよ」
"Did you enjoy the night game?" "*On the contrary!* It was boring."

それとなく (間接的に) indirectly [インディレクトゥリィ]
▶ それとなく申し出を断った．
I *indirectly* declined the offer.

それとも or [オ，オー(ァ)] →あるいは

💬表現力
～それとも… → ～ or ...

▶ 紅茶にしますか，それともコーヒーにしますか．
Which would you like, tea *or* coffee?
▶ 私がうかがいましょうか，それともあなたが来てくれますか．
Shall I visit you *or* will you come to see me?

それなのに but [バット]
▶ 夜遅くまで試験勉強をした．それなのに，いい点数がとれなかった．
I stayed up late studying for the exams, *but* I couldn't get good grades.

それなら if so, in that case [ケイス]
▶ お父さんが「うん」て言ったの？それなら問題ないじゃない．
You have got your father's OK? *If so*, there's no problem.

それに besides [ビサイヅ] →そのうえ

それにしても (そうだとしても) even so
▶ それにしてもマイクがおこる理由はない．
Even so, there is no reason for Mike to get angry.

それはそうと by the way →ところで

それほど so much →そんなに
▶ それほど心配しなくてもいいよ．
You don't have to worry *so much*.
▶ あの子のことがそれほど好きなら，デートにさそっちゃえよ．
If you like her *that much*, why don't you ask her for a date?

それまで (そのときまでは) until then, till then；(そのときまでに) by then →-まで
▶ それまでは家にいます．
I'll be home *until then*.

それまでには by that time →-まで
▶ それまでには家に帰ります．
I'll be home *by then*.

それる (話題が) wander [ワンダァ] (off, from)；(的から) miss [ミス]
▶ 校長先生の話はときどき本題からそれる．
The principal sometimes *wanders off* the subject.

ソロ a solo [ソウロウ] (複数 solos)
ソロの solo

そろい 揃い a set [セット]
▶ 絵の具ひとそろい
a *set* of colors
▶ このシャツ，彼のとおそろいなの．
This shirt has *the same design as* that of my boyfriend.

そろう 揃う

1 (集まる) gather [ギャザァ], get together [トゥゲザァ]
▶ 生徒全員が集合場所にそろった．
All the students *gathered* at the meeting place.
▶ 「みんなそろった？」「はい」

そろえる ▶

"*Is everybody here?*" "*Yes.*"
2 (同じである) be equal [イークウォル]
▶ 須賀さんのところはそろって背が高い.
Everyone in the Suga family is tall.
▶ このリンゴは大きさがそろっている.
These apples *are all equal* in size.
3 (品物が) have a large selection [セレクション] (of)
▶ その書店，参考書がよくそろってるよ.
The bookstore *has a large selection of* study aids.
4 (完全にする) complete [コンプリート]
▶ あと1巻でこのシリーズは全部そろう.
One more volume will *complete* this series.

そろえる 揃える (正しく整える) put ... neatly [ニートゥリィ]；(準備する) get everything ready [レディ]；(完全にする) complete [コンプリート]
▶ くつはきちんとそろえなさい.
Put your shoes *neatly* side by side.
▶ あしたまでに必要なものはすべてそろえておいてね.
Please *get everything ready* by tomorrow.
▶ このコミックシリーズはぜひそろえたい.
I really want to *complete* this comic series.

そろそろ (まもなく) soon [スーン], before long
▶ そろそろ電車が来るよ.
The train will come in *soon*.
▶ そろそろ寝る時間よ.
It's about time to go to bed. (▶ it's about time to ... で「そろそろ…する時間だ」という意味)

そろばん an abacus [アバカス]
そわそわ そわそわする be restless [レストゥレス]
▶ 何でそんなにそわそわしているの？
Why *are* you so *restless*?
そん 損 (a) loss [ロ(ー)ス] (反) 得 profit)
損をする lose [ルーズ]
▶ 彼は競馬で5万円損をした.
He *lost* fifty thousand yen on horse racing.
そんがい 損害 damage [ダメヂ]
▶ その地震は大きな損害をもたらした.
The earthquake caused great damage.

そんけい 尊敬

respect [リスペクト]
尊敬する respect；look up to (反 軽べつする look down on)
▶ 私はその先生をしだいに尊敬するようになった.
I gradually came to *respect* the teacher.
▶ だれか尊敬する人はいますか.
Do you have anyone you *look up to*?

そんざい 存在 existence [イグズィステンス]
存在する exist
そんしつ 損失 (a) loss [ロ(ー)ス] →そん
そんちょう¹ 尊重する respect [リスペクト]
▶ 私たちは他人の権利を尊重しなければなりません.
We must *respect* the rights of others.
そんちょう² 村長 a mayor [メイア], a village mayor

そんな →それほど

such [サッチ], like that
▶ そんな人知りません.
I don't know *such* a person. (▶「such +冠詞+名詞」の順になることに注意)
▶ そんな話，聞いたことがないよ.
I've never heard *such* a story.
▶ そんなことしちゃだめだよ.
Don't do *that*. ／ Don't do a thing *like that*.
▶ そんなことがよくも言えるね.
How could you say things *like that*?
▶ そんなはずはない.
That can't be true.

そんなに so [ソウ], that [ザット]
▶ そんなに心配しなくてもいいよ.
Don't worry *so* much.
▶ テストはそんなにやさしくなかった.
The test wasn't *so* easy.
▶ 状況がそんなにひどいなんて知らなかったよ.
I didn't realize things were *that* bad.

そんみん 村民 a villager [ヴィレヂァ]；(全体) the village [ヴィレヂ]

た タ た タ た タ

た[1] 田 a rice field [フィールド], a (rice) paddy [パディ]
▶ 田を耕す plow a *rice paddy*

た[2] 他 the other(s) [アザァ(ズ)] →そのほか

-(し)た (▶過去の動作・状態・事実などを述べるときはふつう動詞の過去形で表す. 規則動詞の場合は原形の語尾に -ed をつける. 不規則動詞の場合は，巻末の不規則動詞変化表を参照)
▶ ぼくたちはきのうテニスをした．
We *played* tennis yesterday.
▶「いつボブに会ったの？」「きのうの朝会ったんだ」
"When did you see Bob?" "I *saw* him yesterday morning."
▶ わかりました．I *see*. (▶日本語では過去形で表すことでも，英語では現在形で表すことがある．次の例も同様である)
▶ 電車が来たよ．Here *comes* the train.

-だ →-です

ターゲット a target [ターゲット]

ダース a dozen [ダズン] (▶ doz. または dz. と略す)
▶ 1 ダースのえんぴつ a *dozen* pencils
▶ 2 ダースのボール two *dozen* balls (▶ dozen が，このように形容詞的に使われるときは複数形にならない)
▶ このえんぴつは 1 ダース900円です．
These pencils are 900 yen a *dozen*.

ダーツ darts [ダーツ]

ダービー (競馬) the Derby [ダービィ]

ターミナル a terminal [ターミヌル] →しゅうてん
▶ バスターミナル a bus *terminal*

ターン a turn [ターン]
ターンする turn, make a turn (▶ make のかわりに do を使うこともある)
▶ U ターンする *make a* U-*turn*

タイ[1] Thailand [タイランド]
タイ(人, 語)の Thai
タイ人 a Thai (複数) Thais または Thai people)
タイ語 Thai

タイ[2] (魚) a sea bream [ブリーム] (複数) sea bream ; (種類をいうとき) sea breams)
タイ焼き a *taiyaki*, a fish-shaped pancake stuffed with sweet bean paste

タイ[3] (同点) a tie [タイ] →どうてん
タイになる tie 《with》
タイ記録 a tie
▶ 彼は世界タイ記録を出した．
He *tied* the world record.

タイ[4] (ネクタイ) a tie [タイ]
タイピン a *tie*pin

たい 隊 a party [パーティ]

-たい[1]

(…したい) want [ワント] to … , would like to … , hope [ホウプ] to …

💬表現力
…したい
→ want to … / would like to …

▶ 私は出版社で働きたいです．I *want to* work for a publishing company.
▶ そのコンサートにはぜひ行きたい．
I really *want to* go to the concert.
▶ 今日は学校に行きたくない．
I don't *want to* go to school today.
▶ ぼくはもう一度彼女に会いたいと思った．
I *wanted to* see her again.

「私は彼女に会いたいと思う」
× I think to see her.
└「…したいと思う」の「思う」に引っぱられないこと．

○ I want to see her.

▶「将来は何になりたいですか」「医者になりたいです」
"What *would* you *like to* be in the future?" "I'd *like to* be a doctor."

four hundred and fifty-nine 459

-たい² ▶

💬**用法**「…したい」の使い分け
wantは「…したい」ことをはっきり表す一般的な語。ただし，相手に失礼な感じを与えることもあるので，会話ではよりていねいでひかえめな言い方である**would like**（…したいです）または**I'd like**（I would likeの短縮形）がよく使われる。**hope**は実現しそうなことを望む時に使う。

▶ コーヒーが一杯飲みたいのですが．
I'd *like* to drink a cup of coffee. / I'd *like* a cup of coffee.

💬**表現力**
（人）に…してもらいたい
→ want +人+ to ... /
 would like +人+ to ...

▶ 手伝ってもらいたいのですが．
I *want* you *to* help me. / I *would like* you *to* help me.
▶ 今夜のパーティーに来ていただきたいのですが．I'd *like* you *to* come to the party tonight.

💬**表現力**
（できれば）…したい → hope to ...

▶ またあなたにお会いしたいです．
I *hope to* see you again.

-たい² …対（…対〜）（得点／点数）... to 〜；（チーム名）between ... and 〜, ... vs. 〜（▶ versus [ヴァ〜サス] の略）
▶ うちのチームが3対2で勝った．
Our team won the game (by a score of) 3 *to* 2.
▶ 今晩テレビでブラジル対フランスのサッカーの試合がある．
The soccer game *between* Brazil *and* France is on TV tonight.
▶ ジャイアンツ対ドジャース
the Giants *vs.* the Dodgers

だい¹ 台（物をのせる）a stand [スタンド]
だい² 題（曲・本などの題名）a title [タイトゥル]；（主題）a subject [サブヂェクト]
だい-¹ 第…（▶順序は「the +序数」で表す）→かず（表）
▶ 第1巻 the *1st* volume
▶ 第2ラウンド the *2nd* round

▶ 第3番 *No.* 3（▶ number threeと読む）
だい-² 大…（大きい）big, large [ラーヂ], great [グレイト]；（深刻な）serious [スィ(ア)リアス]
▶ 大都市 a *big* city
▶ 大問題 a *serious* problem

-だい …代 **1**（年代・時代）（西暦）（▶年号の後ろにsをつける）；（年齢層）（▶数を複数形にする。ただし，10代にはteensを使う）
▶ 1990年代に in the 1990*s*（▶1990sは nineteen ninetiesと読む）
▶ きみのお母さん，20代に見えるね．
Your mother looks to be in her *twenties*.
2（代金）（乗り物）a fare [フェア]；（使用料・手数料）a charge [チャーヂ]；（請求書）a bill [ビル]
▶ バス代 a bus *fare*
▶ 電話代 telephone *charges*
▶ 電気代 the electric *bill*

たいあたり 体当たりする throw *myself* 《against》
たいい 大意 an outline [アウトゥライン], a summary [サマリィ]
たいいく 体育（教科名）physical education [フィズィカル エヂュケイション], P.E., （口語）gym [ヂム]
▶ 体育の授業 a *P.E.* class
体育館（口語）a gym, a gymnasium [ヂムネイズィアム]
体育祭 a sports day, a field day, an athletic meet

だいいち 第一(の)

the first [ファ〜スト]
▶ 第1課 lesson *one* / the *first* lesson
第一に（順に提示して）first, firstly；（何よりも）**first of all**

💬**スピーキング**
第一に，私は動物が好きです．
First, I like animals.
まず第一に，私たちは他の文化について学ぶ必要があります．
First of all, we need to learn about other cultures.

▶ 第一志望の大学はどこですか．
Which university is your *first*

◀ **だいきらい**

choice?
第一印象 my first impression
▶ 東京の第一印象はどうでしたか.
What was your *first impression* of Tokyo?
たいいん 退院する leave [リーヴ] the hospital [ハスピトゥル], get out of the hospital（▶「入院する」は go into the hospital）
▶ ベスはきのう退院した.
Bess *left the hospital* yesterday.
ダイエット a diet [ダイエト]
ダイエットする diet, go on a diet;（している）be on a diet
▶ ダイエットしたほうがいいよ.
You should *go on a diet*.
▶ 私, ダイエット中なの.
I'm *on a diet*. / I'm *dieting*.
ダイエット食品 diet food
ダイオキシン dioxin [ダイアクスィン]
たいおん 体温（a）temperature [テンペラチャ]
体温を計る take *my* temperature
▶ 体温はどのくらいあった？
What's your *temperature*?（▶ ×How much is your *temperature*? とはいわない）
体温計 a (clinical) thermometer [サマメタァ]
たいか¹ 大火 a big fire [ファイア]
たいか² 大家（権威者）an authority [オサリティ];（巨匠）a great master [グレイト マスタァ]
▶ 日本史の大家
an *authority* on Japanese history
▶ 書道の大家
a *great master* of calligraphy
たいかい 大会（競技会）a competition [カンペティション],《おもに米》a meet [ミート];（選手権）a tournament [トゥアナメント];（総会）a general [ヂェネラル] meeting
▶ 全国大会（スポーツなどの）
a national *meet*
▶ 地区大会（スポーツなどの）
a regional [リーヂョナル] *tournament*
▶ 陸上競技大会 a track *meet*
▶ 全国高校野球選手権大会
the National High School Baseball *Tournament*

たいがい（ほとんど）mostly [モウストゥリィ]
→たいてい
たいかく 体格（a）build [ビルド]
▶ 近藤さんは体格がいい.
Mr. Kondo has a good *build*.
▶ 姉はほっそりとした体格だ.
My sister has a slim *build*.
たいがく 退学する（やめる）leave [リーヴ] school,《口語》quit [クウィット] school;（中退する）drop out of school;（退学処分になる）be expelled [イクスペルド] from school
▶ 彼女は退学してから働き始めた.
She started working after she *left school*.

だいがく 大学

a university [ユーニヴァ～スィティ], a college [カレヂ]（▶《米》では, 大学名をいうとき以外は college を使うのがふつう）
大学に通う go to college / go to (the) university（▶ the を省略するのはおもに《英》）
大学に入る enter college / enter (the) university
▶ オックスフォード大学 Oxford *University*
▶ カリフォルニア大学
the *University* of California
▶ お兄さんはどこの大学に通ってるの？
Where does your brother go to *college*?
▶ 姉は大学で生物学を専攻している.
My sister is majoring in biology in *college*. →せんこう¹
大学院 a graduate school
大学生 a college [university] student
大学入試 a college [university] entrance exam
だいかつやく 大活躍する be very active [アクティヴ], play a very active part
たいき 大気 the air [エア]
大気汚染 air pollution [ポルーション]
大気圏 the atmosphere [アトゥモスフィア]
だいぎし 代議士（国会議員）a Diet [ダイエト] member, a member of the Diet →ぎいん
だいきらい 大嫌い hate [ヘイト]
▶ 彼女はそうじが大きらいだ.

four hundred and sixty-one 461

たいきん ▶

She *hates* cleaning.

たいきん 大金 a large sum [サム] of money

だいきん 代金 (商品の) the price [プライス]；(サービスの) the charge [チャージ]

▶ 今日その代金を払います．
I will pay for it today.

だいく 大工 a carpenter [カーペンタァ]
大工道具 carpenter's tools

たいぐう 待遇 treatment [トゥリートゥメント]

▶ よい待遇を受ける
be treated well / receive good treatment

たいくつ 退屈な boring [ボーリング], dull [ダル]

退屈する be bored 《with》, be tired 《of》

▶ 退屈なドラマ a boring drama
▶ 彼の長い話には退屈した．
I was bored with his long talk.
退屈させる bore

たいけん 体験 (an) experience [イクスピ(ア)リエンス]

体験する experience；(とくにつらいことなどを) go through

▶ ぼくはそこで貴重な体験をした．
I had a valuable *experience* there.
体験学習 learning by experience

> 📝 ライティング
> 私は**体験学習**としてスーパーで働きました．
> I worked at a supermarket to learn through experience.

たいこ 太鼓 a drum [ドゥラム]
▶ 太鼓をたたく beat a *drum*
▶ 大太鼓 a bass *drum*
▶ 小太鼓 a snare *drum*

たいこう¹ 対抗する (競う) compete 《with》；(互角である) match；(反対する) oppose [オポウズ]

▶ クラス対抗リレー
an interclass relay [リーレイ] race

たいこう² 対校の interschool [インタスクール]
対校試合 an interschool game

ダイコン 大根 《植物》a *daikon*, a *daikon* radish [ラディシ]
大根おろし (おろした大根) grated [グレイティド] *daikon*；(おろし金) a *daikon* grater [グレイタァ]

たいざい 滞在 a stay [ステイ]

滞在する stay 《in, at, with》(▶ in, at はホテルなどの場所を示し，with は人の家などを示す) →とまる²

▶ ニューヨークにはどれくらい滞在するつもり？
How long are you going to *stay in* New York?
▶ そのとき私は北海道のおばさんのところに滞在していた．
I *was staying with* my aunt in Hokkaido at that time.

たいさく 対策 a measure [メジァ] (▶ しばしば複数形で使う)
▶ 対策をとる take *measures*

だいさんしゃ 第三者 a third party

たいし 大使 an ambassador [アンバサダァ]
▶ 駐米の日本大使
the Japanese *ambassador* to the United States
大使館 an embassy [エンバスィ]
▶ 日本大使館 the Japanese *Embassy*

ロンドンにある日本大使館．

たいじ 退治する (害虫などを) get rid of
▶ ゴキブリを退治する
get rid of cockroaches / *kill* cockroaches

だいじ **大事な** →たいせつ

1 (たいせつな) important [インポートゥント]；(貴重な) valuable [ヴァリュ(ア)ノル], precious [プレシャス]

▶ 大事なデータ *valuable* data
▶ きみに大事な話があるんだ．
I have something *important* to tell you.

◀ **たいじょう**

- この腕時計はぼくにとって大事なものです.
This watch is *precious* to me.

🗣スピーキング
Ⓐ お体をお大事にね.
Please take care of yourself.
Ⓑ ありがとう, そうします.
Thanks, I will.

💬表現力
…にとって大事だ
→ be important to ...

- 私にとって家族ほど大事なものはない.
Nothing *is* more *important to* me than my family.

💬表現力
…することは大事だ
→ It is important to ... . /
It is important that ... .

- それを1人でやることが大事だ.
It's important to do it on your own. / *It's important that* you (should) do it on your own.

2 (重大な) **serious** [スィ(ア)リアス]
- 火は大事にいたる前に鎮火した.
The fire was put out before it got *serious*.

たいした 大した
- 原田さんの英語はたいしたものだな.
Ms. Harada's English is really *something*.

🗣スピーキング
Ⓐ どうかしたの.
What's the matter?
Ⓑ なに, たいしたことじゃないよ.
It's nothing.

- 心配しないで. たいしたことないから.
Don't worry. It's no *problem*.
- 母の病気はたいしたことありません.
My mother's illness is not *serious*.

たいして 大して…ない

not very
- きょうはたいして暑くはないですね.
It's *not very* hot today.

-(に)たいして …(に)対して (向かって) to [トゥー], toward [トード], for [フォー(ァ)];
(対抗して) against [アゲンスト] →たいする
- 久美はだれに対しても親切です.
Kumi is kind *to* everybody.
- ご親切に対して深く感謝します.
Thank you very much *for* your kindness.
- この薬はがんに対して効果がある.
This medicine is effective *against* cancer.

たいしゅう 大衆 the (general) public [パブリック]
大衆(向き)の popular [パピュラア]

たいじゅう 体重

weight [ウェイト]
- 体重が増える
gain *weight* / put on *weight*
- 体重が減る lose *weight*
- (自分の)体重を量る weigh myself
- 最近, 体重が増えた.
I've gained *weight* recently.
- 「体重はどれくらいありますか」「50キロ」
"How much do you *weigh*?" "I *weigh* 50 kilograms." / "What's your *weight*?" "It's 50 kilograms."
体重計 the scales [スケイルズ]

たいしょう[1] 対照 (a) contrast [カントゥラスト]
- リサとは対照的に, エマはおとなしい.
In contrast to Lisa, Emma is quiet.
- 父の性格は母と対照的(→正反対)だ.
My father is *just the opposite of* my mother in personality.

たいしょう[2] 対象 an object [アブヂェクト]
- 子どもを対象にした番組
a program (intended) *for* children

たいしょう[3] 対称 symmetry [スィメトゥリ]
対称の symmetrical [スィメトゥリカル]

たいしょう[4] 大将 (陸軍・空軍) a general [ヂェネラル]; (海軍) an admiral [アドゥミラル]

たいじょう 退場する (去る) leave [リーヴ]; (試合から) be ejected [イヂェクティド]; (脚本のト書きで)(1人が) exit [エグズィト], (2人以上が) exeunt [エクスィアント]
- 彼はレッドカードで退場になった.
He *was ejected* with a red card. / He *was* red-carded and *ejected* from the match.

four hundred and sixty-three 463

だいじょうぶ 大丈夫

all right [オール ライト], OK [オウケイ]；(確かな) sure [シュア]；(安全な) safe [セイフ]

スピーキング

🅐 お母さん、**だいじょうぶ**？
Are you all right, Mom?

🅑 ええ、**だいじょうぶ**よ。ありがとう。
I'm OK. Thanks.

▶ 「11時はどう？」「私はそれでだいじょうぶ」
"How about eleven?" "That's *fine* with me."

▶ この水、飲んでもだいじょうぶ？
Is this water *safe* to drink?

たいしょく 退職 retirement [リタイアメント]
退職する (定年で)retire [リタイア]；(辞める) quit [クウィット]

▶ 私の父は来年の3月に定年で退職します。
My father will *retire* next March because of the age limit.

退職金 retirement allowance [アラウアンス]

だいじん 大臣 (日本の) a minister [ミニスタァ] →しょう³

ダイズ 大豆《植物》a soybean [ソイビーン]

だいすき 大好きだ →すき¹

love [ラヴ], like [ライク] ... very much, be very fond [ファンド] of

▶ パパ、大好き。
I *love* you, Dad.

▶ 彼女は和菓子が大好きだ。
She *loves* Japanese sweets. / She *likes* Japanese sweets *very much*. / She *is very fond of* Japanese sweets.

大好きな favorite [フェイヴァリト]

▶ これはぼくの大好きな曲だ。

This is my *favorite* song.

たいする …に対する (向かう) to [トゥー], toward [トード], for [フォー(ァ)]；(対抗する) against [アゲンスト] →(に)たいして

▶ 質問に対する答え
an answer *to* a question

たいせいよう 大西洋 the Atlantic [アトランティク] (Ocean)

たいせき 体積 volume [ヴァリュム]
▶ この立方体の体積
the *volume* of this cube

たいせつ 大切な

(重要な) important [インポートゥント]；(貴重な) valuable [ヴァリュ(ア)ブル], precious [プレシャス] →だいじ

大切さ importance [インポータンス]
大切に carefully [ケアフリィ], with care

▶ いまいちばん大切なのは基本に立ち返ることだ。
The most *important* thing right now is to go back to the basics.

▶ だれにとっても時間は大切だ。
Time is *valuable* [*precious*] for everyone.

表現力

…することは大切だ
→ It is important to … .

▶ 外国語を学ぶことは大切です。
It is important to learn foreign languages.

表現力

…を大切にする
→ (大事にする) take care of … /
(やさしくする) be nice to …

▶ もっと物を大切にしなさい。
Take better *care of* your things.

▶ お体を大切になさってください。
Please *take care of* yourself.

▶ お父さんお母さんを大切にしようね。
Be nice to your parents.

▶ 水を大切にしよう。
Let's *not waste* water.

たいせん 大戦 a great war [ウォー(ァ)]；(世界大戦) a world war
▶ 第二次世界大戦
World War II [トゥー]

たいそう 体操
exercises [エクササイズィズ]; gymnastics [ヂムナスティクス], 《口語》 gym [ヂム]
体操をする exercise [エクササイズ], do exercises
- 新体操 rhythmic *gymnastics*
- 器械体操 apparatus *gymnastics*

体操選手 a gymnast [ヂムナスト]
体操部 a gymnastics team
体操服, 体操着 a gym suit, sportswear

たいだ 怠惰な (性格が) lazy [レイズィ]; (何もしない) idle [アイドゥル]

だいたい
(およそ) about [アバウト]; (ほとんど) almost [オールモウスト]; (大部分の) most [モウスト] 《of》; (たいてい) generally [ヂェネラリィ]

- 家から駅まではだいたい3キロくらいです.
  It is *about* three kilometers from my house to the station.
- 宿題はだいたい終わった.
  I've *almost* finished my homework.
- 試験はだいたいできた (→質問の大部分に答えられた).
  I was able to answer *most of* the questions on the exam.

だいたすう 大多数 the majority [マヂョ(ー)リティ]
大多数の most [モウスト] 《of》 →だいぶぶん

たいだん 対談 a talk [トーク]; (会見) an interview [インタヴュー]
対談する talk 《with》, have a talk 《with》

だいたん 大胆な bold [ボウルド]
大胆に boldly [ボウルドゥリィ]

だいち¹ 大地 the ground [グラウンド], the earth [ア〜ス]

だいち² 台地 a plateau [プラトウ]

たいちょう¹ 体調 condition [コンディション], physical [フィズィカル] condition, shape [シェイプ]
体調がよい be in good condition
体調が悪い be in bad condition; (気分がすぐれない) do not feel well
- 体調はとてもよい.
  I'm *in very good condition*.
- 母は最近体調が悪い.
  My mother *isn't feeling well* these days. / My mother *has been sick* recently.

たいちょう² 隊長 a captain [キャプテン], a leader [リーダァ]

タイツ tights [タイツ]

たいてい
(ふつう) usually [ユージュアリィ] (▶ふつう一般動詞の前, be動詞・助動詞のあとにおく. →いつも); (一般に) generally [ヂェネラリィ]; (大部分は) mostly [モウストゥリィ]

> 🎤 プレゼン
> ぼくは**たいてい**7時に起きます.
> I *usually* get up at seven.

- 最近の若者はたいてい親より背が高い.
  Today's young people are *generally* taller than their parents.

> 💡 表現力
> たいていの…
> → most ... / almost all ...

- たいていの子どもはカレーライスが好きだ.
  Most children like curry and rice.
- たいていの生徒は歩いて通学している.
  Almost all (the) students walk to school.

「たいていの子ども」
× almost children
　　↑ almostは副詞.
　　　名詞を修飾できない.

○ most children
○ most of the children
○ almost all the children
○ almost all children

たいど 態度 (姿勢) an attitude [アティテュード]; (人に対する) a manner [マナァ]
- あの生徒は態度がよい.
  That student has a good *attitude*.
- 彼の授業中の態度はあまりよくなかった.
  His *attitude* in class wasn't very good.
- 彼の態度が気にくわない.
  I don't like his *manner*.

たいとう ▶

たいとう 対等の equal [イークウァル]
　対等に equally [イークウァリ]
だいとうりょう 大統領 a president [プレズ(ィ)デント]
▶ ケネディ大統領 President Kennedy
▶ 副大統領 a vice-president
　大統領選挙 the presidential election
だいどころ 台所 a kitchen [キチン]
▶ 母は台所で料理をしています．
　Mom is cooking in the *kitchen*.
　台所仕事 kitchen work
　台所用品 kitchen utensils [ユーテンス(ィ)ルズ], kitchenware [キチンウェア]
タイトル (題名) a title [タイトゥル]；(選手権) a title
　タイトルマッチ a title match
だいなし 台なしにする damage [ダメヂ], spoil [スポイル]
▶ 雨で遠足が台なしになった．
　The rain *spoiled* the field trip.
ダイナマイト dynamite [ダイナマイト]
ダイナミック ダイナミックな dynamic [ダイナミク]
ダイニングルーム a dining [ダイニング] room
　ダイニングキッチン a kitchen with a dining area, an eat-in kitchen (▶「ダイニングキッチン」は和製英語)
ダイバー a diver [ダイヴァ]
ダイバーシティ diversity [ダイヴァ〜スィティ]
たいばつ 体罰 corporal punishment [コーポラル パニシメント]
▶ …に体罰を加える
　inflict *corporal punishment* on ...
たいはん 大半 most [モウスト] →たいてい
たいびょう 大病 a serious illness
だいひょう 代表 a representative [レプリゼンタティヴ], 《口語》a rep [レップ]
　代表する represent [レプリゼント]
▶ 彩はうちのクラスの代表です．
　Aya *represents* our class. / Aya is a *representative* of our class.
▶ ラグビー日本代表チーム
　Japan's national rugby team
ダイビング diving [ダイヴィング]
　ダイビングをする dIve [ダイヴ]
▶ スカイダイビング
　sky*diving*
▶ スキューバダイビング
　scuba *diving*
たいぶ 退部する leave a club [クラブ], quit [クウィット] a club
タイプ a type [タイプ]
▶ きみはまさにぼくの好みのタイプだ．
　You're just my *type*.
だいぶ (ひじょうに) very [ヴェリィ]；(かなり) pretty [プリティ]；(比較 級につけて) much [マッチ]
▶ 彼女，だいぶつかれてるみたい．
　She looks *very* tired.
▶ きょうのテストはだいぶやさしかった．
　Today's test was *pretty* easy.
▶ (病人が) きょうはだいぶ気分がいい．
　I feel *much* better today.
▶ だいぶ待った？
　Have you waited *for a long time*?
たいふう 台風 a typhoon [タイフーン]
▶ 台風9号が紀伊半島に上陸した．
　Typhoon No. 9 hit the Kii Peninsula.
だいぶつ 大仏 a great statue of Buddha [ブ(ー)ダ]
▶ 奈良の大仏
　the *Great Buddha* of Nara

だいぶぶん 大部分 →たいてい

most [モウスト]；(ほとんど) almost [オールモウスト], nearly [ニアリィ]
　大部分の almost all《of》, most《of》
▶ 大部分の生徒は高校に進学する．
　Almost all of the students go to high school.
▶ 大部分の日本人がスマートフォンをもっている．
　Most Japanese own smartphones.
▶ 橋は大部分できあがっている．
　The bridge is *nearly* completed.
タイプライター a typewriter [タイプライタァ]

◀ **たいよう**²

たいへいよう 太平洋 the Pacific [パスィフィク] (Ocean)
太平洋戦争 the Pacific War [ウォー(ァ)]

たいへん 大変 →とても, ひじょうに

1 (ひじょうに) very [ヴェリィ], (口語) really [リー(ア)リィ]
▶ きょうはたいへん暑かった.
It was *very* hot today.
▶ お待たせしてたいへん申しわけありません.
I'm *terribly* sorry to have kept you waiting.

2 (重大な)
▶ たいへんな事故が起こった.
There was a *terrible* accident.
▶ たいへんだ. また遅刻する.
Oh no, I'll be late again.
▶ それはたいへんだね.
That's *too bad*.

3 (むずかしい) difficult [ディフィカルト], hard [ハード]; (きつい) tough [タフ]
▶ たいへんな試合だった.
It was a *tough* game.

＜表現力＞
…するのはたいへんだ
→ It is hard to ... . /
It is difficult to ... .

▶ 一流選手になるのはとてもたいへんだ.
It's very *hard to* be a top player.
▶ この単語を全部覚えるなんてたいへんだ.
It's difficult to memorize all these words.

＜表現力＞
たいへん～なので… → so ～ that ...

▶ ゆうべはたいへん暑くてよく眠れなかった.
It was *so* hot last night *that* I couldn't sleep well.

だいべん 大便 feces [フィースィーズ], stool(s) [ストゥール(ズ)]
大便をする have a BM (▶ BM は bowel movement [バウエル ムーヴメント] (便通, 大便) の省略形)

たいほ 逮捕 (an) arrest [アレスト]
逮捕する arrest
▶ おまえを逮捕する!
You are under *arrest*!
逮捕状 an arrest warrant [ウォ(ー)ラント]

たいほう 大砲 a gun [ガン]; (旧式の) a cannon [キャノン]

だいほん 台本 a script [スクリプト], a scenario [スィネ(ア)リオウ] (複数 scenarios)

タイマー a timer [タイマァ]
たいまつ a torch [トーチ]
たいまん 怠慢 neglect [ネグレクト]
怠慢な negligent [ネグリヂェント]

タイミング timing [タイミング]
▶ タイミングがよかった.
The *timing* was good.

タイム (時間) time [タイム]; (試合中の一時休止) (a) timeout [タイムアウト]
タイムを計る time
▶ タイム! *Time out*!
▶ タイムを要求する
call for a *timeout*
タイムカプセル a time capsule [キャプスル]
タイムマシン a time machine

タイムリー タイムリーな timely [タイムリィ]
タイムリーヒット (野球) a clutch hit, an RBI hit (▶ RBI は *run batted in* の略)

だいめい 題名 a title [タイトゥル]
だいめいし 代名詞《文法》a pronoun [プロウナウン] (▶ pron. と略す)

タイヤ a tire [タイア], (英) a tyre
▶ タイヤがパンクしちゃったよ.
I've got a flat *tire*. / The car has a flat *tire*.

ダイヤ (列車の運行) a train schedule [スケヂュール]
▶ ダイヤどおりに on *schedule*

ダイヤモンド (a) diamond [ダイ(ア)モンド]

たいよう¹ 太陽

the sun [サン]
太陽の solar [ソウラァ]
▶ 太陽は東からのぼり西に沈む.
The sun rises in the east and sets in the west. (▶×*from* the east, ×*to* the west とはいわない)
太陽エネルギー solar energy [エナヂィ]
太陽系 the solar system [スィステム]
太陽光発電 solar power generation
太陽電池 a solar battery

たいよう² 大洋 the ocean [オウシャン]

four hundred and sixty-seven 467

たいら 平らな

flat [フラット]；(水平な) level [レヴェる]
平らにする level
▶ 平らな地面
level ground
▶ 人々は地球が平らだと信じていた．
People used to believe the earth was *flat*.
▶ 練習の前に運動場を平らにした．
We *leveled* the athletic field before practice.

だいり 代理 for, in *my* place
▶ 和美さんが私の代理でその会に出席してくれた．
Kazumi went to the meeting *for* me.
代理店 an agency [エイヂェンスィ]
代理人 an agent

だいリーグ 大リーグ the major leagues
大リーグ選手, 大リーガー a major leaguer

たいりく 大陸 a continent [カンティネント]
大陸の continental [カンティネントゥる]
▶ アジア大陸 the Asian *Continent*

だいりせき 大理石 marble [マーブる]

たいりつ 対立する (反対である) be against [アゲンスト], be opposed [オポウズド] (to)；(意見が) disagree [ディスグリー] (with)
▶ 私はよく母と意見が対立する．
My mother and I often *disagree with* each other.
▶ その件に関し彼らの意見は対立している．
They have *opposing* views on the subject.

たいりょう[1] 大量(の) a large amount [アマウント] (of), a large quantity [クワンティティ] (of)
大量に in large quantities
▶ 大量の食料 *a large amount of* food
▶ 日本は中東から大量の石油を輸入している．
Japan imports oil *in large quantities* from the Middle East.
大量生産 mass production [プロダクション]

たいりょう[2] 大漁 a good catch [キャッチ]

たいりょく 体力 physical strength [フィズィカる ストゥレン(グ)ス]
▶ 一郎は体力がある．
Ichiro is (*physically*) *strong*.

▶ ぼくは体力がない．
I am (*physically*) *weak*.
体力テスト a test of physical strength (and fitness)

タイル a tile [タイる]
▶ タイルばりにする tile

ダイレクトメール direct mail [ディレクトメイる]

たいわ 対話 a talk [トーク]；(会話) (a) conversation [カンヴァセイション]；(a) dialog, (a) dialogue [ダイアろ(ー)グ]
…と対話する talk with

たいわん 台湾 Taiwan [タイワーン]
台湾(人, 語)の Taiwanese
台湾人 a Taiwanese [複数] Taiwanese)
台湾語 Taiwanese

たうえ 田植え rice planting
田植えする plant rice

ダウン[1] ダウンする (病気などで) come down (with), be down (with)；(ボクシングで) be knocked down, be floored
▶ 試験が終わってから熱を出してダウンした．
I *came down with* fever after I took the exams.

ダウン[2] (羽毛) down [ダウン]

ダウンロード (a) download [ダウンろウド]
ダウンロードする download
▶ インターネットから音楽をダウンロードする
download music from the internet

たえず 絶えず always [オーるウェイズ], constantly [カンスタントゥリィ] →いつも
▶ その少女は絶えず泣いてばかりいた．
The girl was *always* crying.

たえまない 絶え間ない continuous [コンティニュアス], constant [カンスタント]
絶え間なく all the time, continuously [コンティニュアスりィ], without a break →たえず
▶ 絶え間なく雨が降っていた．
It was raining *all the time*.

たえる[1] 耐える →がまん

1 (がまんする) stand [スタンド] (▶ can とともに使うことが多い), bear [ベア], put up with
▶ この暑さにはもう耐えられない．
I can't *stand* this heat anymore.
▶ ホームシックで耐えられないほどつらかった．
My homesickness was hard to

bear.

2 (もちこたえる) stand up ((to))
▶ この橋は大地震にも耐える設計になっている.
This bridge is designed to *stand up to* a major earthquake.

たえる² 絶える (終わる) end [エンド]; (絶滅する) die [ダイ] out →ぜつめつ
▶ この動物の種は絶えてしまった.
This species of animal *has died out*.

だえん だ円 an oval [オウヴ(ァ)ル]; 《数学》 an ellipse [イリプス]

たおす 倒す

(投げ倒す) throw [スロウ] down [ダウン]; (打ち倒す・押し倒す) knock [ナック] down; (切り倒す) cut [カット] down
▶ そのボクサーは男を一発で倒した.
The boxer *knocked down* the man with a single blow.
▶ 金太郎はクマを投げ倒した.
Kintaro *threw* the bear *down*.
▶ 庭にあるかれた桜の木を切り倒した.
I *cut down* the dead cherry tree in the yard.

タオル a towel [タウ(エ)ル]
▶ バスタオル a bath *towel*
▶ このタオルで手をふきなさい.
Dry your hands with this *towel*.
タオルケット a terry-cloth blanket

たおれる 倒れる (ころぶ) fall [フォール] down; (つかれや病気などで) collapse [コラプス]; (病気になる) fall ill
▶ 台風で多くの木が倒れた.
Many trees *fell down* because of the typhoon.
▶ 父は過労で病に倒れた.
My father *fell ill* from overwork.

タカ 《鳥》a hawk [ホーク]

だが (2つの文をつないで) but [バット]; (…だが) though ... [ゾウ] →-が, しかし, けれども

たかい 高い

使い分け
(高さが高い) → high, tall
(値段が) → expensive
(程度が) → high

◀ **たかい**

high   tall

expensive

1 ((てっぺんの) 位置が高い) high [ハイ] (反 低い low); (細長く高い) tall [トール] (反 低い short)
▶ 富士山は日本一高い山だ.
Mt. Fuji is the *highest* mountain in Japan.
▶ 私の妹は私より(10センチ) 背が高い.
My younger sister is (10cm) *taller* than me.
▶ 神社には高いスギの木があった.
There was a *tall* cedar tree in the shrine.

> **用法** high と tall
> **high** は高度に重点がおかれ, また高さがあるうえに幅も広いことを表す. a *high* mountain (高い山) / a *high* shelf (高いたな)
> **tall** は下から上にのびていることに重点がおかれ, 身長など細長くて高さがあることを表す. a *tall* man [woman] (背の高い人) / a *tall* building (高い建物)

2 (品物が高価な) expensive [イクスペンスィヴ] (反 安い cheap, inexpensive), (値段自体が高い) high (反 安い low)
▶ このシャツは高すぎます. もっと安いのを見せてください.
This shirt is too *expensive*. Could you show me a cheaper one?
▶ 大都市は物価が高い.
Prices are *high* in big cities.

3 (程度が) high (反 低い low)
▶ レベルの高い大学
a *highly*-ranked university

たがい ▶

▶ 高いレベル [水準] a *high* level

たがい 互い(に)

each other [イーチ アザァ], **one another** [ワン アナザァ]

▶ 私たちはたがいに助け合わなければならない.
We must help *one another*.
▶ 次郎と健はおたがいに顔を見合わせた.
Jiro and Ken looked at *each other*.
(▶ each other は代名詞. at を忘れないこと. one another でも同様)
▶ 私たちはたがいのちがいを尊重すべきだ.
We should respect *each other's* differences.

たかく 高く →たかい

1 (上方に) **high** [ハイ]
▶ たこが空高く飛んでいる.
A kite is flying *high* up in the sky.
2 (高価に)
▶ 車を高く売った.
I sold my car *at a high price*.
お高くとまる be stuck-up
▶ あの娘、お高くとまっているよ.
She's so *stuck-up*. / She's too *proud*.

たがく 多額の a large sum of, a large amount of
たかくけい 多角形 a polygon [パリガン]
たかさ height [ハイト]

💬用法 「高さ」の言い方
「〜の高さは…です」というときは形容詞の **high** や **tall** を使って, 〜 is ... high [tall] の形で表すことが多い.

▶ 大雪山(だいせつざん)は高さが2290メートルある.
Mt. Taisetsu is 2,290 meters *high*.
▶ 私たちは背の高さがほぼ同じだ.
We are about the same *height*.
▶ 奈良の大仏の高さはどのくらいですか.
How *high* is the Great Buddha of Nara?
▶ 東京の物価の高さは本当にひどい.
The *high* prices in Tokyo are just terrible.

だがし 駄菓子 cheap sweets, cheap candies

たかだい 高台 heights [ハイッ]; (丘が) a hill [ヒル]
だがっき 打楽器 a percussion instrument [パカション インストゥルメント]
たかとび 高とび the high jump
▶ 走り高とび the (running) *high jump*
▶ 棒高とび the pole *vault* [ヴォールト]
たかまる 高まる rise [ライズ]
▶ 人々の環境への意識が高まっている.
People's environmental awareness *is rising*.
たかめる 高める raise [レイズ]; (向上させる) improve [インプルーヴ]
▶ 生活水準を高める
raise the standard of living
たがやす 耕す plow [プラウ], 《英》 plough, cultivate [カルティヴェイト]
▶ 田畑を耕す *plow* a field
たから 宝, 宝物 (a) treasure [トゥレジァ]
▶ 友だちは私の宝です.
My friends are my *treasures*.
宝くじ a lottery [ラテリィ]
▶ 宝くじにあたる win the *lottery*
▶ 宝くじにはずれる lose the *lottery*
宝さがし a treasure hunt [ハント]
▶ 宝さがしに行く go *treasure hunting* / go on a *treasure hunt*

だから

1 (理由を述べたあとで) **so** [ソウ], **therefore** [ゼァフォー(ァ)]

💬表現力
…, だから〜 → ... , so 〜

▶ 彼女はひどいかぜをひいていた. だから学校へ行けなかった.
She had a bad cold, *so* she couldn't go to school.
▶ ちょっと話したいことがあってね. だから来たんだ.
I've got something to tell you. *That's why* I'm here.

2 (理由を述べる文の頭につけて) **because** [ビコ(ー)ズ]; **since** [スィンス], **as** [アズ]

💬表現力
…だから, 〜
→ 〜 because ... /
Because ... , 〜.

◀ たくさん

▶ 雨が激しく降っていた. だから, 午後はずっと家にいた.
I stayed home all afternoon *because* it was raining hard.

▶「どうして食べないの？」「お昼が遅かったから」
"Why aren't you eating?" "*Because* I had a late lunch."

▶ 会合に出たのは行きたかったからじゃなくて, 行かなきゃいけなかったからだ.
I went to the meeting not *because* I wanted to but *because* I had to.

▶ だから言ったじゃないの.
I told you *so*. / *See*, I told you.

たかる (虫などが群がる) swarm [スウォーム]; (せびる) bum [バム] (▶くだけた言い方)

▶ エドはよく友人にお金をたかる.
Ed often *bums* money off his friends.

-(し)たがる →-たい¹

want [ワント] to ...

表現力
…したがる → want to ...

▶ 姉がきみに会いたがってるんだ.
My sister *wants to* meet you.

たき 滝 a waterfall [ウォータフォール], falls [フォールズ]
▶ 華厳の滝 Kegon *Falls*
▶ ナイアガラの滝 Niagara *Falls*

タキシード a tuxedo [タクスィードウ]

だきしめる 抱きしめる hug [ハッグ], embrace [エンブレイス]

たきび たき火 a fire [ファイア]
たき火をする make a fire, build a fire

たく 炊く cook [クック], boil [ボイル]
▶ 炊飯器でごはんをたくのは簡単だ.
It's easy to *cook* rice with a rice cooker.

だく 抱く hold [ホウルド]; (抱きしめる) hug [ハッグ]

▶ ちょっと赤ちゃんを抱いててくれる？
Would you *hold* my baby a minute?

▶ その女の子はかわいい人形を抱いていた.
The girl *was holding* a cute doll in her arms.
抱き合う hug each other

▶ ボブとジェーンはかたく抱き合った.
Bob and Jane *hugged each other* tightly.

たくあん pickled radish [ピクルド ラディシ]

たくさん →おおい¹

使い分け
(数が) → many, a lot of
(量が) → much, a lot of

1 (数が多い) **many** [メニィ], **a lot of**, lots of, plenty of (反 少し a few)

▶ たくさんの子どもたちが公園で遊んでいた.
A lot of children were playing in the park.

▶ 1日でそんなにたくさんの場所を見物できないよ.
We can't visit so *many* places in a day.

2 (量が多い) **much** [マッチ], **a lot of**, lots of, plenty of (反 少し a little)

▶ きょうは宿題がたくさんある.
I have *a lot of* homework today.

▶ 食べ物はまだたくさん余っていた.
There was still *a lot of* food left.

▶ 私はそんなにたくさんお金を使わなかった.
I didn't spend so *much* money.

文法 many, much と a lot of
many のあとには数えられる名詞の複数形がくる. **much** のあとには数えられない名詞がくる. **a lot of**, lots of, plenty of は数・量どちらにも使われる. **many, much** は so, too, how などの語がつく場合や主語になる場合以外は, 話し言葉では否定文や疑問文に使われるのがふつうである.

many　　much

3 (じゅうぶん) **enough** [イナフ]
▶ (うんざりして) もうたくさんだ!
That's *enough*! / *Enough* of that! /

タクシー ▶

Enough is *enough*.
タクシー a taxi [タクスィ], a cab [キャブ]
▶ タクシーに乗る take a *taxi*
▶ タクシーをひろう get a *taxi*
▶ タクシーで行く
go by *taxi* / take a *taxi* (▶ by のあとには a や the はつけない)
▶ タクシーを呼んでもらえますか.
Could you call me a *taxi*? / Could you call a *taxi* for me?
▶ タクシーの運転手 a *taxi* driver
タクシー乗り場 《米》a taxi stand, 《英》a taxi rank
タクシー料金 a taxi fare [フェア]
タクト a baton [バトン]
たくはいびん 宅配便 a home delivery service
▶ 荷物は宅配便で送るからね.
I'll send the package by *home delivery*.
たくましい (強い) strong [ストゥロ(ー)ング], tough [タフ]; (がっしりした) robust [ロバスト], sturdy [スターディ]
▶ たくましい青年 a *strong* young man
たくみ 巧みな (じょうずな) good [グッド]; (熟練した) skillful [スキルフル] →うまい
たくみに skillfully, cleverly [クレヴァリィ]
▶ たくみにうそをつく tell a lie *cleverly*
たくらみ a secret plan, a plot [プラット]
たくらむ plan secretly, plot
たくわえ 蓄え (物の) a store [ストー(ァ)], a stock [スタック]; (お金の) savings [セイヴィングズ]
たくわえる store (up), save
▶ うちでは地震に備えて食糧をたくわえています.
We *store up* food in case of earthquakes.
タケ 竹 (植物) (a) bamboo [バンブー] (複数 bamboos)
▶ このかごは竹でできている.
This basket is made of *bamboo*.
竹細工 bamboo work
竹ざお a bamboo pole
竹の子 a bamboo shoot
竹やぶ a bamboo grove [グロウヴ]
たけ 丈 (長さ) length [レング(ク)ス]; (高さ) height [ハイト]
▶ (自分の) ジーンズの丈を直す

adjust the *length* of my jeans

-だけ

1 (…しかない) **only** [オウンリィ], **just** [チャスト], **alone** [アロウン]
▶ 私だけがほんとうのことを知っている.
Only I know the truth.
▶ (店で)「何をお探しですか」「ちょっと見ているだけですので」
"May I help you?" "*Just* looking, thanks."
▶ このボタンを押すだけです.
All you have to do is press this button.
▶ きみだけにこれを教えてあげるよ.
I'm telling this *only* to you.
▶ 「氷水飲んでいい？」「ちょっとだけよ」
"Can I drink some ice(d) water?" "Yes, but *just* a little." (▶ just は only よりゆるやかな限定を表し, 話し言葉でよく使われる)

> **用法 only の位置**
> **only** は修飾する語句の直前に置くのが原則なので, 位置により文意が変わってくる.
> *Only* I eat beef. (私だけが牛肉を食べる) / I *only* eat beef. (私は牛肉を食べるだけだ [料理などしない]) / I eat *only* beef. (私は牛肉だけを食べる)
> ただし会話では **only** は動詞の前に置き, 強調したい語句を強めて言うことが多い.

> **表現力**
> ～だけでなく…も
> → **not only ～ but (also) …** /
>   **… as well as ～**

▶ その歌手は10代の若者たちだけでなく, おとなたちにも人気がある.
The singer is popular *not only* among teens *but* (*also*) among adults.
▶ 彼は英語だけでなくスペイン語も得意だ.
He is good at Spanish *as well as* English.

2 (できるかぎり) **as … as possible**
▶ できるだけ早く帰ってきなさい.

◀ **だじゃれ**

Come back *as soon as possible*.
3 (…に見合う) **enough** [イナフ]
▶ 新車を買うだけの金がない.
I don't have *enough* money to buy a new car. / (余裕がない) I can't *afford* (to buy) a new car.
▶ この番組，見るだけの価値はあるよ.
The program is *worth* seeing.
たけうま 竹馬 stilts [スティルツ]
▶ 竹馬に乗る walk on *stilts*

竹馬に乗っておどるハバナのパフォーマー.

だげき 打撃 a blow [ブロウ], a shock [シャック]; (野球の) batting
▶ その歌手の死はぼくにとって大きな打撃だった.
The singer's death was a great *shock* to me.
▶ うちのチームは打撃が強い.
Our team is good at *batting*.
だけど but [バット] →しかし
タコ 《動物》an octopus [アクトパス]

> ❶参考 "octo(8) + pus(足)" から.

たこ 凧 a kite [カイト]
たこあげ kite-flying
▶ たこをあげる fly a *kite*
だざい (ファッションなどが) uncool [アンクール]; (人が) nerdy [ナ~ディ]
▶ わー，ださい！
Oh, no! How *uncool* [*tacky*]!
だし¹ 山車 a float [フロウト]
▶ 山車を引く pull a *float*
だし² 出し (出し汁) stock [スタック]

たしか 確かな →かくじつ

sure [シュア], certain [サ~トゥン]; (よりがいない) positive; (信頼できる) reliable [リライアブル]
確かに sure, surely, certainly [サ~トゥンリィ], definitely [デフ(ィ)ニトゥリィ]

> 🗣️**スピーキング**
> Ⓐ 私はここにかばんを置きました.
> I put my bag right here.
> Ⓑ **確かかい？**
> Are you sure?
> Ⓐ もちろん.
> Sure.

▶ きみの答えは確かなの？
Are you *sure* of your answer?
▶「確かに彼女を見たの？」「確かだよ」
"Are you *sure* you saw her?"
"*Positive*."
▶ あの子，確かに彼の妹だよ.
She is *definitely* his sister.

> 📝**表現力**
> …するのは確かだ
> → be sure to ... /
> be certain to ... /
> It is certain that ... . /
> I'm sure (that) ... .

▶ うちのチームがあしたの試合に勝つのは確かだ.
Our team *is sure to* win tomorrow's game. / *It is certain that* our team will win tomorrow's game. / *I'm sure* (*that*) our team will win tomorrow's game.
▶ 健が今晩来るかどうか確かではない.
I am not *sure* whether Ken will come this evening.
たしかめる 確かめる make sure, check [チェック]
▶ 戸じまりを確かめてくれる？
Can you *make sure* everything is locked up?
▶ それを辞書で確かめたら？
Why don't you *check* it in the dictionary?
たしざん 足し算《数学》addition [アディション]（対 引き算 subtraction）
足し算をする add [アッド]
だしゃ 打者《野球》a batter [バタァ]
▶ 先頭打者 a lead-off *batter*
▶ 強打者《口語》a slugger [スラガァ]
だじゃれ (つまらない冗談) a dull joke [ダル ヂョウク]; (語呂合わせ) a pun

four hundred and seventy-three 473

たしょう ▶

[パン]
▶ だじゃれを言う make a *pun*
たしょう 多少 (いくらか) some [サム] (▶ 数にも量にも使われる); (数が) a few [フュー]; (量が) a little [リトゥル]

🗣スピーキング
Ⓐ 英語を話しますか.
　Do you speak English?
Ⓑ ええ, 多少は.
　Yes, a little.

▶ 料理本は多少持っているよ.
　I have *some* cookbooks.
たす 足す (加える) add [アッド]
▶ 10足す3は13 (10＋3＝13).
　Ten *plus* three is thirteen. / Ten *and* three make(s) thirteen.
▶ 3に10を足す *add* ten *to* three

だす 出す

使い分け
(とり出す) → take out ...
(提出する) → hand in; take
(メールを書く) → email
(郵便物を送る) → send

hand in

send

1 (とり出す, 持ち出す) take out ...; (つき出す) put out ...
▶ 私はかばんからスマホをとり出した.
　I *took* the smartphone *out* of the bag.
▶ ゴミ, 出しておくよ.
　I'll *take out* the garbage.
▶ 窓から顔を出してはだめだよ.
　Don't *put* your head *out* of the window.
2 (提出する) hand in; (もっていく) take
▶ ぼくはきょう宿題を出した.
　I *handed in* the assignment today.
▶ このジャケット, クリーニング屋に出してくれる? Can you *take* this jacket to the cleaners?

3 (メールを書く) email; (手紙を書く) write; (郵便物を送る) send; 《米》mail, 《英》post
▶ きのう久美にメールを出したのにまだ返事が来ない. I *emailed* Kumi yesterday, but I haven't gotten a reply yet.
▶ 小包はきのう近くの郵便局から出したよ.
　I *sent* the parcel from a nearby post office yesterday.
▶ 「あの手紙, 出してくれた?」「ごめん, 忘れてた. あした出すよ」
　"Did you *mail* that letter?" "I'm sorry I forgot. I'll *mail* it tomorrow."
4 (食事などを) serve [サ〜ヴ]; (お金を) pay
▶ お客さまにコーヒーをお出しして.
　Will you *serve* coffee to the guests?
▶ お金は両親が出してくれた.
　My parents *paid* for it.
5 (発する)
▶ 声を出して教科書を何度も読んでみなさい.
　Read your textbooks *aloud* over and over again.
▶ 元気を出せよ.
　Cheer up! / Keep your chin up.
▶ 勇気を出して. Have courage.

表現力
…(し)だす
→ start to ... / start -ing /
　begin to ... / begin -ing

▶ 雨が降りだした.
　It *began to* rain. / It *began raining*. / It *started to* rain. / It *started raining*.
たすう 多数の many [メニィ], a lot of → たくさん
多数決 a majority decision
▶ 私たちはそれを多数決で決めた.
　We decided it by a *majority vote*.
たすかる 助かる **1** (楽になる)
▶ あなたがいてくれて助かるよ.
　You're a great *help*.

🗣スピーキング
Ⓐ おかげで助かりました.
　Thank you very much for your help.
Ⓑ どういたしまして.
　That's all right.

◀ ただ

2 (救助される) be saved；(生き残る) survive [サヴァイヴ]
▶ 乗組員は全員助かった．
All the crew *were saved*.
▶ その事故で助かったのは 2 人だけだった．
Only two people *survived* the accident.

たすけ 助け (a) help [ヘルプ]
▶ その女性には私たちの助けがいる．
The woman needs our *help*.

たすける 助ける

1 (力になる) help [ヘルプ]
助け合う help each other
▶ みんな助け合わないとね．
We all have to *help each other*.

> 🔵表現力
> (人) が…するのを助ける
>   → help ＋人＋ with ... /
>   help ＋人＋ (to) ...

▶ 英語の宿題，ちょっと助けてくれない？
Could you *help* me *with* my English homework?
▶ おばあさんがバスに乗るのを助けてあげた．
I *helped* an old woman (*to*) get on the bus. (▶ to は省略されることが多い)
▶ 彼は家計を (支えるのを) 助けるためにバイトをした．
He worked part-time to *help* (*to*) support his family.

2 (救助する) help, save [セイヴ], rescue [レスキュー]
▶ 赤ちゃんは炎の中から助け出された．
The baby *was saved* from the fire.
▶ 助けてください． *Help* me, please.

たずねる¹ 尋ねる →きく¹

ask [アスク] (反 答える answer)
▶ あのおまわりさんにたずねてみよう．
Let's *ask* that police officer.

> 🔵表現力
> (人) に…をたずねる → ask ＋人＋ ...

▶ 女の人から市役所に行く道をたずねられた．
A woman *asked* me the way to the city hall.
▶ おたずねしたいことがあるのですが．
May I *ask* you a question? / I have something to *ask* you.

> 🔵表現力
> (人) に…についてたずねる
>   → ask ＋人＋ about ...

▶ 私は母の容体について医者にたずねた．
I *asked* the doctor *about* my mother's condition.

> 🔵表現力
> (人) に…かをたずねる
>   → ask ＋人＋疑問詞 [if, whether] ...

▶ 彼は私に彼女を知っているかどうかたずねた．
He *asked* me *if* I knew her.

> 🔵表現力
> 〜は「…か」とたずねる
>   → 〜 ask, "... ?" / "... ?" ask 〜

▶ 「どうしたの？」と結衣はたずねた．
Yui *asked*, "What's the matter?" / "What's the matter?" *asked* Yui. (▶ Yui の代わりに she などの代名詞を使う場合は，she asked の語順になる)

たずねる² 訪ねる

visit [ヴィズィト], call [コール] on (＋人), call at (＋場所)；(口語) go to see

> 🔵表現力
> (人) をたずねる
>   → visit ＋人 / call on ＋人
> (場所) をたずねる
>   → visit ＋場所 / call at ＋場所

▶ 私はきのう健二を訪ねた．
I *visited* Kenji yesterday.
▶ ぼくはあした遠藤先生のお宅を訪ねます．
I'll *visit* Mr. Endo's house tomorrow.
▶ 留守中に森さんという方が訪ねてきました．
A Mr. Mori *came to see* you while you were out.

だせい 惰性 (習慣) habit [ハビト]；(慣性) inertia [イナ〜シャ]

ただ

1 (…だけ) just [ヂャスト], only [オウンリィ]
▶ その男の子はただ泣き続けるばかりだった．
The boy *just* kept crying.

だだ ▶

- ただあなたの顔を見たかっただけだよ.
  I *just* wanted to see you.
- 100点満点をとったのは山本君ただ1人だった.
  Yamamoto was the *only* one who got a perfect score.

2(無料の) **free** [フリー]; (無料で) for free, free of charge [チャージ], for nothing → むりょう，サービス

- このDVDをただでもらったんだ.
  I got this DVD *for free*.

💬スピーキング
- Ⓐ これはいくらですか.
  How much is this?
- Ⓑ ただです.
  It's free.

- その映画をただで見られる券を2枚もらったんだ.
  I got two *free* tickets for the movie.
- ただほど高いものはない.《ことわざ》
  There is no such thing as a *free* lunch. / You never get something *for nothing*.

カフェの入り口にかけられた「お入りください．ただ（無料）のwi-fiがあります」という掲示.

3(ふつうの) **common** [カモン], **ordinary** [オーディネリィ]; (ほんの) **just**
- ただのかぜだよ.
  It's just a *common* cold.
- 彼はただの学生ではない.
  He is no *ordinary* student.
- ただの冗談だよ．It's *just* a joke.

4(無事)
- そんなことしたら，ただじゃすまないぞ.
  You can't get away with that.

だだ だだをこねる **whine** [(フ)ワイン]
ただいま ただ今（現在）**now** [ナウ], **at the moment** [モウメント]; (たったいま) **just** [ヂャスト]; **just now**（▶ふつうは過去の文で使う）→ いま²

💬スピーキング
- Ⓐ ただいま，お母さん.
  Hi, Mom!
- Ⓑ おかえり，マイク.
  Hello, Mike.

💬用法 ただいま．
英語には「ただいま」にぴったりの表現はない．帰宅したときには **Hi.** や **Hello.** がいちばん多く使われる．
また，**I'm back.**（短い外出から帰ったとき）や **I'm home.**（学校や仕事からもどったとき）はその場にいない人に対して，声だけで「もどったよ！」と知らせたいときに使う．

- あいにく父はただいま外出中です.
  I'm sorry my father is out *now*.
- 吉田先生はただいまお帰りになりました.
  Mr. Yoshida went home *just now*. / Mr. Yoshida has *just* gone home.
- (呼ばれたときの返事) ただいままいります.
  I'm coming *right now*.

たたえる **praise** [プレイズ]
- コーチはぼくたちの健闘をたたえてくれた.
  The coach *praised* our good fight.

たたかい 戦い **a fight** [ファイト], **a battle** [バトゥル]; (a) **war** [ウォー(ァ)] → せんそう
- それは時間との戦いだった.
  It was a *fight* against time.

たたかう 戦う **fight** [ファイト]《**against**, **with**》; (試合で) **play** [プレイ] **against**
- 太平洋戦争で日本はアメリカと戦った.
  Japan *fought against* the U.S. in the Pacific War.
- 自由のために戦う
  fight for freedom
- 病気と戦う *fight* disease
- 正々堂々と戦おう.
  Let's *play* fair.

たたく

hit [ヒット], **strike** [ストゥライク]; (くり返し強く) **beat** [ビート]; (軽く) **pat** [パット], **tap** [タップ]; (手を) **clap** [クラップ]; (ドアを) **knock** [ナック]

◀ **たちどまる**

hit　　clap

knock　　tap / pat

▶ 父はおこってテーブルをたたいた.
My father got angry and *hit* the table.
▶ 先生はぼくの肩をポンとたたいた.
The teacher *patted* my shoulder. / The teacher *patted* me on the shoulder.
▶ 全員が手をたたいた(→拍手した).
Everybody *clapped* (their hands).
▶ だれかがドアをたたいてるよ.
Someone *is knocking* on the door.
▶ 太鼓をたたく *beat* a drum

ただし but [バット]→しかし

ただしい 正しい

right [ライト] (反) まちがった wrong ; (正確な) correct [コレクト] (反) 不正確な incorrect)
▶ 正しい答え
a *right* answer / a *correct* answer
▶ きみの言うことはまったく正しい.
You're quite *right*.

💬表現力

…するのは正しい
→ be right to … /
　It is right that … .

▶ きみがそう言うのは正しい.
You *are right to* say so. / *It is right* of you *to* say so. / *It is right that* you should say so.
正しく rightly ; correctly
▶ 漢字は正しく書くようにしなさいね.
Try to write kanji *correctly*.
正す correct →ていせい

ただちに right away [ライト アウェイ] →すぐ
▶ ただちに自分の席にもどりなさい.
Please go back to your seats *right away*.
たたみ 畳 a *tatami* (mat) (▶「6畳の部屋」は a six-*tatami* room / a six-*mat* room という)
たたむ 畳む fold [フォウルド] 《up》
▶ 洗たく物をたたんでくれる？
Can you *fold up* the laundry?
ただよう 漂う drift [ドゥリフト], float [フロウト]
▶ 1そうのボートが波間に漂っていた.
A boat *was drifting* on the waves.
たち 性質 (a) nature [ネイチァ] ; (気質) a temper [テンパァ]
-たち 名詞の複数形で表す.
▶ 生徒たち students
▶ 子どもたち children
▶ エマたち Emma *and* (*the*) *others* (▶ the がつくと「残り全員」, the がないと「残り何人か」を表す)
たちあがる 立ち上がる stand (up) →たつ¹
たちいり 立ち入り
▶ 立ち入り禁止《掲示》
Keep Out / Keep Off / No *Trespassing* / No *Admittance*

農地の木にかけられた「立ち入り禁止」の看板.

たちいる 立ち入る (入る) enter [エンタァ] ; (不法侵入する) trespass [トゥレスパス] ; (干渉する) interfere [インタフィア]
たちぎき 立ち聞きする eavesdrop [イーヴズドゥラップ] ; (偶然に) overhear [オウヴァヒア]
たちさる 立ち去る leave [リーヴ] →さる
たちどまる 立ち止まる stop [スタップ] →とまる¹
▶ みんなが立ち止まって, ジムと話した.
Everybody *stopped* to talk to Jim. (▶ Everybody *stopped talking* to

four hundred and seventy-seven　477

たちなおる ▶

Jim. なら「みんながジムと話すことをやめた」という意味)

たちなおる 立ち直る get over, recover [リカヴァ] 《from》
▶ 彼女は別れのショックから立ち直った.
She *got over* the shock of her breakup.

たちのぼる 立ち上る go up, rise [ライズ]

たちば 立場 a place [プレイス], a position [ポズィション]; a situation [スィチュエイション]
▶ ちょっとはぼくの立場にもなってみてよ.
Just put yourself in my *place*.
▶ ぼくはむずかしい立場に置かれていた.
I was in a difficult *situation*.

たちまち right away, immediately [イミーディエトゥリィ], at once [ワンス] →すぐ
▶ コンサートのチケットはたちまち売り切れた.
The concert tickets were sold out *immediately*.

ダチョウ 《鳥》an ostrich [アストゥリチ]

たちよみ 立ち読みする
▶ 彼はよく書店で雑誌を立ち読みする.
He often *stands reading* magazines in bookstores.

たちよる 立ち寄る drop [ドゥラップ] by, drop in 《at, on》(▶「家」を訪ねるときは at,「人」を訪ねるときは on を使う);stop [スタップ] by
▶ お近くまでいらしたときはお立ち寄りくださいね. Please *drop in on* me when you're in the neighborhood.
▶ 帰りにちょっと近くのスーパーに立ち寄るから. I'll *stop by* 《at》 the local supermarket on my way home.

たつ¹ 立つ

🔵使い分け
(立っている) → stand
(立ち上がる) → stand up
(出発する) → leave, start

1 (立っている) stand [スタンド]; (立ち上がる) stand up (反 すわる sit)
▶ 彼女は立ち上がって部屋から出ていった.
She *stood up* and left the room.
▶ 電車がとてもこんでいて, ずっと立っていなければいけなかった.
The train was very crowded, so I had to *stand* all the way.

2 (出発する) leave [リーヴ], start [スタート]
→しゅっぱつ

💬スピーキング
🅐 いつ日本をおたちですか.
When are you leaving Japan?
🅑 あすの午後です.
Tomorrow afternoon.

▶ 彼はきのう成田をたってロンドンに向かった.
He *left* Narita for London yesterday. / He *started* from Narita for London yesterday.

たつ² 建つ →たてる²
▶ このホテルが建ったのは10年前だ.
This hotel *was built* ten years ago.

たつ³ 経つ

(時間が) pass [パス], go by

💬表現力
…してから(期間)がたつ
→ It has been (期間) since ... .

▶ あれから5年の歳月がたつ.
It has been five years *since* then. / *It is* five years *since* then. / Five years *have passed since* then.
▶ 時間がたつにつれて, そのことについてはすっかり忘れていた.
As time *passed*, I forgot all about it.
▶ 1週間たったら (→ 1週間後に) また来てください.
Please come again *in* a week.

たつ⁴ 断つ, 絶つ (さえぎる, 止める) cut off; (やめる) give up; (関係を) break [ブレイク] off

たつ⁵ 竜, 辰 a dragon [ドゥラゴン]

たっきゅう 卓球 table tennis, ping-pong [ピンポ(-)ング]
▶ 卓球をする play *table tennis*
卓球台 a ping-pong table

stand up

leave

ダッグアウト〘野球〙a dugout [ダグアウト]
ダックスフント〘動物〙a dachshund [ダークスフント]
タックル a tackle [タクル]
　タックルする tackle
だっこ だっこする hold ... in *my* arms
▶ ママ，だっこして！
　Carry me, Mom! / Pick me up, Mom!
だっしめん 脱脂綿 absorbent cotton
たっしゃ 達者な **1**（じょうぶな）in good health
▶ 祖父はいまでも達者にしています．
　My grandfather is still *in good health*.
2（じょうずな）good（at）
▶ 直人は英語がじつに達者だ．
　Naoto is really *good at* English.
ダッシュ（突進して）a dash [ダッシ]；（句読点の）a dash（—の記号）→くとうてん(表)
　ダッシュする dash

たっする 達する
1（行きつく）reach [リーチ], get to
▶ 私たちはお昼前に山の頂上に達した．
　We *reached* the top of the mountain before noon.
2（数量が）reach；（総額が）amount [アマウント] to
▶ 過半数に達する *reach* a majority
▶ その会社の負債総額は100億円に達する．
　The debts of the company *amount to* 10 billion yen.
3（達成する）achieve [アチーヴ]
▶ 私はとうとう目的を達した．
　I finally *achieved* my goal.
たっせい 達成する achieve [アチーヴ], accomplish [アカンプリシ]
▶ 彼は目的を達成するために努力した．
　He tried hard to *achieve* his goal.
　達成感 a sense of achievement [アチーヴメント]
だっせん 脱線する run off the rails, derail [ディレイル]；（話が）go off the subject [サブヂェクト]
▶ けさそこで列車が脱線した．
　A train *derailed* there this morning.
たった 1（わずか）only [オウンリィ]
▶ そのクラスの生徒はたった8人だった．

The class had *only* eight students.
▶ 私のこづかいは月にたった2000円です．
　My allowance is *only* 2,000 yen a month.
2（ちょうど）just [ヂャスト], just now
▶ 父はたったいま帰ってきたところです．
　My father has *just* come home. / My father came home *just now*.
タッチ a touch [タッチ]
　タッチする touch
▶ 和田は3塁でタッチアウトになった．
　Wada *was tagged* out at third.
　タッチダウン a touchdown
　タッチライン a touchline

だって

使い分け
（…でさえ）→ even
（…もまた）→ also
（なぜならば）→ because

1（…でさえ）even [イーヴン]；（…もまた）too [トゥー], also [オールソウ]
▶ 子どもだってそんなことは知ってるぞ．
　Even a little child knows things like that.
▶ 私にだってできるもん．
　I can do it, *too*. / I can *also* do it.（▶ too のほうが話し言葉でよく使われる）
2（なぜならば）because [ビコーズ]；（しかし）but
▶「なぜだまっているの？」「だって何も知らないんだもの」
　"Why are you so quiet?" "*Because* I know nothing about it."
たづな 手綱 reins [レインズ]
だっぴ 脱皮する shed *its* skin
タップダンス tap dancing
たっぷり（じゅうぶんに）plenty [プレンティ]（of）；（まるまる）full [フル]
▶ あわてないで，時間はまだたっぷりあるよ．
　Don't hurry. There's still *plenty of* time.
たつまき 竜巻 a tornado [トーネイドウ]
　〘複数〙tornado(e)s
▶ 近くで竜巻があった．
　A *tornado* hit nearby.
たて 縦（長さ）length [レングクス]（対横 width）

-(し)たて

▶ このプールは縦25メートルです．
This swimming pool is 25 meters *long*. (▶ long の代わりに in length を使うこともある)
縦の（垂直の）vertical [ヴァ～ティカル]
縦に（垂直に）vertically [ヴァ～ティカリィ]
縦じま vertical stripes

-(し)たて fresh [フレッシ]
▶ 産みたての卵 a *fresh* egg
▶ このパンは焼きたてです．
This bread is *hot from the oven*.

-だて …建てだ be ... stories high
…建ての -story, -storied
▶ 3階建ての校舎
a three-*story* [three-*storied*] school building
▶ うちのマンションは5階建てだ．
Our condo *is* five *stories high*.

たてうり 建て売り住宅 a ready-built house
たてかえる 立て替える
▶ 悪いけど，勘定を立て替えておいてくれる？ あとで返すから．
Sorry, but could you *pay* the bill *for me*? I'll pay you back later.
たてかける 立て掛ける lean [リーン] ... against
▶ はしごを木に立て掛ける
lean a ladder *against* a tree
たてがみ a mane [メイン]
たてぶえ 縦笛 a recorder [リコーダァ]
▶ 縦笛を吹く play the *recorder*
たてふだ 立て札 a sign [サイン], a signboard [サインボード],（掲示板）《米》a bulletin board [ブレトゥン ボード]

たてもの 建物
a building [ビルディング]
▶ 法隆寺は世界最古の木造の建物です．
The Horyuji Temple is the oldest wooden *building* in the world.

たてる¹ 立てる

使い分け
（計画・スケジュールを）→ make
（物を）→ stand

1（計画・スケジュールを）make [メイク]；（目標を）set [セット] (up)

▶ 夏休みの計画はもう立てたの？
Have you *made* plans for the summer vacation?
2（物を）stand [スタンド],（動かないように）set up；（音を）make
▶ ほうきをかべに立てかけておいてください．
Please *stand* the broom against the wall.
▶ どこにビーチパラソルを立てようか？
Where should we *set up* the beach umbrella?
▶ スープを飲むときにそんなに音を立ててはだめですよ．
Don't *make* so much noise while you're eating your soup.

たてる² 建てる
build [ビルド]

表現力
…を建てる → build ...

▶ 岡先生は家を建てた．
Mr. Oka *built* his house. / Mr. Oka *had* his house *built*.
▶ この校舎は1968年に建てられた．
This school building *was built* in 1968.
たどうし 他動詞《文法》a transitive verb [トゥランスィティヴ ヴァ～ブ]（▶ vt. または v.t. と略す）
たとえ（比喩）a metaphor [メタファ]；（例）an example [イグザンプル]
たとえ(…でも) even if ..., even though [ゾウ] ...
▶ たとえあした雨が降っても，サッカーの試合は行われます．
Even if it rains tomorrow, we will hold the soccer match.

たとえば 例えば
for example [イグザンプル]；like [ライク], such [サッチ] as
▶ 私は，たとえばラーメンやそばのようなめん類が大好きです．
I love noodles *like* ramen and soba.
▶ 私のおじは野菜をつくっている．たとえばトマトやキュウリ，ニンジンです．
My uncle grows vegetables *such as* tomatoes, cucumbers and

◀ **たのしい**

carrots.
▶ 私の妹はあまい物，たとえばチョコレートが好きだ．
My sister likes sweets, *for example*, chocolate.

たとえる compare [コンペア] (A to B)
▶ 徳川家康いぇゃすは人生を長旅にたとえた．
Tokugawa Ieyasu *compared* life to a long journey.

たどる 辿る follow [ファロウ]

たな 棚 a shelf [シェルフ] (複数) shelves ; (列車の) a rack [ラック]
▶ たなからあの箱をとってくれない？
Could you take that box from the *shelf*?

たなばた 七夕 the *Tanabata* Festival [フェスティヴァル], the Star Festival

たに 谷 a valley [ヴァリィ]

アメリカのデスバレー(直訳：死の谷)国立公園．

ダニ a tick [ティック]

たにん 他人

others [アザァズ], other people
▶ 自分と他人を比べるのはやめなさい．
Stop comparing yourself with *others*.
▶ 他人をあまりあてにするな．
Don't depend on *others* too much.

タヌキ 《動物》a *tanuki*, a raccoon [ラクーン] dog
▶ たぬき寝なり入りをする (→寝ているふりをする) pretend to be asleep
▶ とらぬタヌキの皮算用．《ことわざ》
Don't count your chickens before they are hatched. (▶「ひながかえる前にその数を数えるな」の意味)

たね 種

1 (種子) a seed [スィード] ; (果実の大きくか

たい) a stone [ストウン] ; (リンゴ・トマトなどの) a pip [ピップ]
種をまく plant seeds ; sow [ソウ]
▶ 庭にコスモスの種をまいた．
I planted some cosmos *seeds* in the garden.
▶ まかぬ種ははえぬ．《ことわざ》
No pain, no gain. (▶「苦労しなければ何も得られない」の意味)
▶ 種なしブドウ *seedless* grapes

2 (原因) a cause [コーズ] ; (話の) a topic [タピク] ; (手品の) a trick [トゥリック]
▶ けんかの種 the *cause* of a quarrel
▶ 弟はいつも母親の心配の種です．
My little brother is always a great *worry* to our mother.
▶ 種もしかけもありません．
There's no secret *trick* to this.

たのしい 楽しい

happy [ハピィ], pleasant [プレザント] ; (すばらしい) wonderful [ワンダフル] ; (楽しさ) fun [ファン]
▶ 楽しいな．This is *fun*. / It's *fun*.
▶ 楽しかった？
Was it *fun*? / Did you *enjoy* it? / Did you have *fun*?
▶ すごく楽しかった．It was a lot of *fun*.
▶ 沖縄は楽しかった．
We had a *good* time in Okinawa.

🗨 スピーキング
Ⓐ 学校はどう？
How do you like your school?
Ⓑ 楽しいよ．
I enjoy it.

✏ ライティング
私には中学のころの楽しい思い出がたくさんある．
I have a lot of happy memories of my junior high school days.

💬 表現力
…するのは楽しい → It is fun to ...

▶ 彼女といっしょにいるととても楽しい．
It's a lot of *fun to* be with her.
楽しく pleasantly ; happily
▶ ぼくらは一日中楽しく過ごした．

four hundred and eighty-one 481

たのしませる ▶

We spent the whole day *happily*.
たのしませる 楽しませる（芸などで）entertain [エンタテイン]；(喜ばせる) please [プリーズ]；(おもしろがらせる) amuse [アミューズ]

たのしみ 楽しみ

(a) pleasure [プレジァ]

💬表現力
…するのが（ふだんの）楽しみだ
→ enjoy -ing

▶ スポーツを見るのがぼくの楽しみだ．
I *enjoy watching* sports. / Watching sports gives me *pleasure*.

💬表現力
…するのを楽しみにしている
→ look forward to -ing

▶ 来週会えるのを楽しみにしています．
I'*m looking forward to seeing* you next week.
▶ あしたが楽しみだ．
I'*m looking forward to* tomorrow. /（あしたまで待てない）I can't wait until tomorrow.

たのしむ 楽しむ

enjoy [エンヂョイ]；(楽しい時間を過ごす) have a good time
▶ 楽しんでますか．
Are you *enjoying* yourself?
▶ 楽しんできてね！
Have a good time! / *Have fun!*
▶ トムは日本での生活を楽しんでいる．
Tom *is enjoying* his life in Japan.

💬表現力
…をして楽しむ → enjoy -ing

▶ つりをして楽しむ
enjoy fishing（▶ enjoy の目的語は名詞または -ing 形）

× enjoy to fish
　enjoy の目的語には to ... はこない．

○ enjoy fishing

🎤プレゼン
そこでは水泳やキャンプやハイキングをして楽しめます．
You can enjoy swimming, camping, and hiking there.

たのみ 頼み

a request [リクウェスト]；(相手の親切にうったえてするお願い・頼み事) a favor [フェイヴァ]

🎤スピーキング
ⓐ きみに頼みがあるんだけど．
Will you do me a favor?
ⓑ ええ，どうぞ．何？
Sure. What is it?

▶ 父は私の頼みを聞いてくれた．
My father said yes to my *request*.
▶ きみは私の頼みの綱（→頼れる最後の人）だ．
You're my *last hope*.

たのむ 頼む →きょか

1（依頼½ｉするする）ask [アスク]
▶ ケン，ちょっと頼んでもいい？ Can I *ask* you a little *favor*, Ken? / Can you *do* me a little *favor*, Ken?

💬表現力
(人) に (物) を頼む
→ ask ＋人＋ for ＋物

▶ 私たちは彼に手伝いを頼んだ．
We *asked* him *for* help.

💬表現力
(人) に…してくれるように頼む
→ ask ＋人＋ to ...

▶ 女の子は母親にケーキをつくってと頼んだ．
The girl *asked* her mother *to* bake a cake.
▶ ぼくは買い物を頼まれた．
I *was asked to* do some shopping.

2（注文する）order [オーダァ]

🎤スピーキング
ⓐ 何を頼んだの？
What did you order?
ⓑ プリン．
Custard pudding.

たのもしい 頼もしい（信頼できる）reliable [リライアブル]；(将来有望な) promising [プラミスィング]
▶ 頼もしい友だち
a *reliable* friend
▶ 彼は将来が頼もしいサッカー選手だ.
He's a *promising* soccer player.

たば 束 a bundle [バンドゥル]；(花やかざしなど小さなものの) a bunch [バンチ]
たばねる bundle, make a bundle, tie ... into a bundle
▶ 花たば
a *bunch* of flowers
▶ たばねた新聞
a *bundle* of newspapers
▶ ほうれん草を1束100円で買った. I bought spinach at 100 yen *a bunch*.
▶ 彼女は髪を後ろでたばねている.
She has her hair *tied* at the back.

タバコ (紙巻き) a cigarette [スィガレット]；(葉巻き) a cigar [スィガー]；(パイプ用の) tobacco [トゥバコウ]
タバコを吸う smoke
▶ 父は10年前にタバコをやめた. My father quit *smoking* ten years ago.
▶ おタバコはご遠慮ください (禁煙)《掲示》
No *Smoking*

タバスコ Tabasco [タバスコウ] (▶商品名)
たび¹ 旅 a trip [トゥリップ] →りょこう
旅をする travel, go on a trip
▶ 私は去年，一人旅をした.
I *went on a trip* alone last year.

たび² 足袋 *tabi*, Japanese-style socks [サックス]
▶ 足袋1足
a pair of *tabi*

-(する)たび every time
▶ 彼らは会うたびにけんかする.
They quarrel *every time* they meet.
▶ この本は読むたびに新しい発見がある.
Every time I read this book, I discover something new.

たびたび many times, often [オ(ー)フン] →よく²

たびびと 旅人 a traveler [トゥラヴ(ェ)ラァ]

タフ タフな tough [タフ]

タブー a taboo [タブー] (《複数》taboos)

だぶだぶの loose [ルース], baggy [バギィ]
▶ だぶだぶのズボン
baggy pants

ダブル double [ダブル] (対 シングル single)
ダブルクリック (コンピューター) a double click
ダブルプレー (野球) a double play
ダブルベッド a double bed

ダブる (日程が)
▶ エリの誕生日と試合日がダブるんだ.
Eri's birthday and our game *fall on the same day*.

ダブルス (競技) a doubles [ダブルズ] (対 シングルス singles)
▶ 男子ダブルス
men's *doubles*

タブレット (コンピュータ) a tablet [タブレト]

たぶん 多分 →おそらく

(可能性が高い) probably [プラバブリィ]；(もしかしたら) perhaps [パハップス], maybe [メイビィ]；(たぶん…しそうである) be likely to ...
▶ たぶん今夜は雪だろう.
It'll *probably* snow tonight. / It's *likely to* snow tonight.
▶ たぶん彼は途中で道に迷ったのだろう.
Perhaps he got lost on his way.
▶「週末に予定ある？」「たぶん映画に行くと思う」"Do you have plans for this weekend?" "*I think* I'm going to go to a movie."

> **用法 probably と perhaps と maybe**
> **probably** は「十中八九は」の意味で，起こる確率が高い場合に使う.
> **perhaps** と **maybe** は「もしかしたら」「…かもしれない」の意味で，可能性はあるが確実性がないときに使う.

たべあるき ▶

たべあるき 食べ歩き
▶ 私たちは大阪で食べ歩きをした．
We made *an eating tour* of Osaka.

たべもの 食べ物

food ［フード］

🗨 スピーキング
Ⓐ クリス，食べ物では何がいちばん好きなの？
Chris, what kind of food do you like (the) best?
Ⓑ さしみだよ．
Sashimi.

🧑 プレゼン
ピザはぼくの好きな食べ物の１つです．
Pizza is one of my favorite foods.

▶ ママ，おなかすいちゃった．何か食べ物ない？
Mom, I'm hungry. Can I have *something to eat*?

たべる 食べる

eat ［イート］, **have** ［ハヴ］
▶ そんなに急いで食べてはいけません．
Don't *eat* so fast.
▶ 早く食べてしまいなさい．時間がないよ．
Hurry up and finish *eating*. You have no time left.
食べ過ぎる eat too much
▶ 食べ過ぎちゃったよ． I *ate* too much.

💬 表現力
…を食べる → eat ... / have ...

▶ 「朝食に何を食べますか」「たいていトーストを食べます」
"What do you *have* for breakfast?"
"I usually *have* toast."
▶ 「もっと食べる？」「ごちそうさま．もうおなかいっぱい」
"Do you want to *have* more?"
"Thank you, but I'm full."
▶ 私はけさから何も食べていない．
I've *had* nothing since this morning.
▶ マイケル，おすしを食べてみた？
Have you *tried* sushi, Michael? (▶ try は「試食する」の意味)

▶ 今晩は外で食べる（→外食する）ことにしているの．
We're *eating* out tonight.
▶ 食べ放題のレストラン
an all-you-can-*eat* restaurant
たま 玉，弾，球 a ball ［ボール］；（鉄砲の）a bullet ［ブレト］；（電球）a bulb ［バルブ］
▶ あのピッチャーの球は速い．
That pitcher throws a fast *ball*.

たまご 卵

an **egg** ［エッグ］（▶一般的にはニワトリ

① curry and rice ② *ramen*, Chinese noodles in soup ③ hamburger (▶hamburger steakともいう) ④ pork cutlet ⑤ chow mein, fried Chinese noodles

⑥ pilaf   ⑦ spaghetti   ⑧ sushi   ⑨ fried chicken

食べ物　①カレーライス　②ラーメン　③ハンバーグ　④とんかつ　⑤焼きそば
　　　　⑥ピラフ　⑦スパゲッティ　⑧すし　⑨フライドチキン

食べ物 Food

イラスト：大管雅晴

世界一作られている穀物(こくもつ)は？
What is the most produced *grain in the world?

■ **米・小麦・トウモロコシの生産量（2022）**
World Rice, Wheat, and Corn Production 2022

*grain [gréin グレイン] 穀物

『日本国勢図会』より

米、小麦、トウモロコシは世界の三大穀物です。
いちばん生産量が多いのはトウモロコシで、
2022年には11億トン以上が生産されました。

　日本人は米を**主食として**います。そのため米は全国各地で栽培され、大量に収穫されます。しかしグラフを読むと、日本の米の**生産量**は世界の総量のたった1.3％でした。

Rice, wheat, and **corn** are the world's three most important grains. The most produced grain is corn, and the amount of corn produced in 2022 was more than 1.1 billion tons.

　Japanese people eat rice as a *staple food. So rice is grown all over Japan, and a lot of rice is harvested there. But according to the graph, Japan's rice production was only 1.3 percent of the world's total amount.

*staple [stéipl スティブル] 主な、重要な

世界の小麦粉を使った料理
Foods made of wheat around the world

小麦は中東**が起源**で、今では世界中で食べられています。世界には**小麦粉を使った**いろいろな**料理**があります。
小麦粉の料理を挙げられますか？

Wheat originated in the Middle East. And it is now eaten all over the world. There are various foods made of wheat around the world. Can you name some of them?

パスタ (イタリア)	ナン (インド)	ピロシキ (ロシア)	うどん (日本)
pasta	**naan**	**piroshki**	**udon**
[pá:stə パースタ]	[nɑ:n ナーン]	[piró:ʃki ピローシキィ]	[ú:dɑn ウーダン]

four hundred and eighty-five　485

たましい ▶

の卵をさすことが多い)
▶ 卵1パック
a carton of *eggs* / (12個) a dozen of *eggs* (▶英語では a pack of ... とはふつう言わない)
▶ このめんどりは毎日卵を産む．
This hen lays an *egg* every day.
▶ ジョンは今まで卵を生で食べたことはない．
John has never had *eggs* raw.

🗨 スピーキング
🅰 卵をどのようにして召し上がりますか．
How do you like (to have) your eggs?
🅱 目玉焼きにしてください．
Sunny-side up, please.
(▶片面だけ焼いた目玉焼きのことを特に sunny-side up という)

ℹ 参考 いろいろな卵料理
ゆで卵 a boiled egg / 半熟卵 a soft-boiled egg / いり卵 scrambled eggs / 玉子焼き a Japanese omelet / 目玉焼き a fried egg / ベーコンエッグ bacon and eggs / ハムエッグ ham and eggs / オムレツ an omelet

たましい 魂 a soul [ソウル]; a spirit [スピリト]

✏ ライティング
彼女の新作には魂がこもっていない．
Her new work has no soul.

▶ マキの歌には魂がこもっている．
Maki sings with *soul*.
だます deceive [ディスィーヴ], cheat [チート]
たまたま by chance [チャンス] →ぐうぜん

💬 表現力
たまたま…する → happen to ...

▶ 事故が起こったとき，私はたまたまそこにいあわせた．
I *happened to* be there when the accident occurred.
たまつき 玉突き事故 a pileup [パイラプ]
たまに sometimes [サムタイムズ], once in a while [(フ)ワイル], occasionally [オケイジ(ョ)ナリィ]
▶ 東京で暮らしている兄はたまに電話してくる．
My brother living in Tokyo calls us *occasionally*.
▶ たまには(うちに)立ち寄ってよ．
Stop by *once in a while*.

🎁 プレゼン
私はテレビはたまにしか見ません．
I seldom watch TV.

タマネギ 玉ネギ an onion [アニョン]
たまらない →たえる¹
▶ とにかくこう寒くてはたまらない．
I simply *can't stand* this cold. (▶ can't stand で「…をがまんできない」の意味)
▶ ぼくはアニーに会いたくてたまらない．
I'm *dying to* see Annie. (▶ be dying to ... で「…したくてたまらない」の意味)
▶ おかしくてたまらなかった(→笑わずにいられなかった)．
I *couldn't help* laughing. (▶ can't help -ing で「…せずにはいられない」の意味)
たまりば たまり場 a haunt [ホーント]
たまる
▶ 庭のあちこちに水がたまっている．
There are pools of water in the yard.
▶ 机の上にほこりがいっぱいたまっている．
There is a lot of dust on the desk.
▶ お金がちょっとたまった．
I've saved a bit of money.

だまる 黙る

become silent [サイレント]; (だまっている) keep silent, keep quiet
▶ だまりなさい！
(Be) *quiet!* / *Stop talking!* (▶ Shut up! はひじょうに強い言い方なのでふつうは使わない)
▶ 子どもたちはみんなだまっていた．
The children all *kept quiet*.
▶ そのことは健太にはだまっていてね．
Please *don't say anything* about it to Kenta.
▶ 彼は親にだまって(→何も言わずに)家を

◀ だめ

出ていった．
He left home *without telling* his parents.

ダム a dam [ダム]
▶ ダムをつくる
build a *dam*

オーストラリアのダム．

-ため

使い分け
(利益・対象) → for
(目的) → for ; to ...
(原因・理由) → because (of)

1 (利益・対象) **for** [フォー(ァ)]
▶ きみのためなら何でもするよ．
I'll do anything *for* you.
▶ 牛乳は体のためによい．
Milk is good *for* your health.
▶ 子どものためのお話し会
a storytelling session *for* children

2 (目的) **for** ; **to** [トゥー] ...
▶ 正義のための戦い
a fight *for* justice
▶ きみたちは何のために勉強しているの？
What're you studying *for*?

表現力
…するための〜 → 〜 to ...

▶ 英語を学ぶための何かよい方法がありますか．
Is there any good way *to* learn English?
▶ 父はぼくたちといっしょに過ごすための時間がほとんどない．
My father has little time *to* spend with us.

表現力
…するために → to ... / in order to ...

▶ その学校に入るためにはもっと一生けんめいに勉強しないとだめだ．
You have to work harder *to* get into that school.

プレゼン
環境を守るために私たちは何ができるでしょうか．
What can we do *in order to* protect the environment?

3 (原因・理由) **because** [ビコ(ー)ズ] **of** ; **because**

表現力
(原因・理由) のために
→ because of ...

▶ 雨のため遠足は中止になった．
The outing was canceled *because of* rain.
▶ ぼくたちが窓を割ったため先生は怒った．
Our teacher got angry *because* we broke the window.

だめ

1 (役に立たない) **no good** [グッド]；(得意でない) **not good** (at)
▶ このノートパソコンはもうだめだ (→使いものにならない)．
This laptop doesn't work anymore.
▶ ぼくは英語がだめだ．
I'm *not good at* English.
だめにする ruin [ルーイン], **spoil** [スポイル]
▶ 悪天候のため，私たちの計画はだめになった．
Our plan *was spoiled* by the bad weather.

スピーキング
Ⓐ きょうの試験，どうだった？
How were today's exams?
Ⓑ だめだったよ．
I didn't do very well.

表現力
…してもだめだ
→ It's no good -ing ...

▶ 彼に話してもだめだよ．
It's no good telling him.

2 (…してはいけない)

four hundred and eighty-seven 487

ためいき ▶

表現力
…したらだめだ
→ Don't ... . / You shouldn't ... .

▶ アイロンにさわっちゃだめだよ.
Don't touch the iron.
▶ ここに自転車を置いちゃだめだ.
Don't leave your bike here.
▶ 「ねえ,テレビ見てもいいでしょ」「だめ,さきに宿題を終わらせなさい」
"May I watch TV, please?" "*No*. Finish your homework first."
▶ 絶対にだめ.
Absolutely *not*. / Definitely *not*. / No way!

スピーキング
Ⓐ もうだめだ!
I give up!
Ⓑ そんなこと言っちゃだめよ.
You shouldn't say that.

「だめだ」　　　「もうだめだ」

(左) 親指を立てて下に向けるしぐさは不同意・不満足などを表す (thumbs down).
(右) 肩をすくめ, 手を外側へ広げるようにするのはあきらめ・とまどいを表す (shrug *my* shoulders).

表現力
…しなくてはだめだ
→ have to ... / must ...

▶ もっと運動しないとだめだ.
You *have to* exercise more.
▶ 部屋をかたづけないとだめだぞ.
You *must* clean up your room.

ためいき ため息 a sigh [サイ]
ため息をつく sigh
▶ 私はほっとしてため息をついた.
I *sighed* with relief. / I gave a *sigh* of relief.

ダメージ damage [ダメヂ]
▶ ダメージを受ける be damaged
ためす 試す try [トゥライ], have a try
試し a try, a test [テスト];《口語》a shot [シャット]

表現力
…をためす → try ...

▶ ためしにやってごらん. *Try* it. / *Have a try* at it. / Give it a *try*.
▶ どうなるかためしてみよう.
Let's *try* and see what'll happen.
▶ ためしにこれ食べてみたら?
Why don't you *try* this?

スピーキング
Ⓐ ためしに着てみてもいいですか.
Can I try it on?
Ⓑ ええ,どうぞ.
Certainly.

表現力
ためしに…してみる → try -ing

▶ ジュディはためしにさしみを食べてみた.
Judy *tried eating sashimi*.

ためになる good [グッド]; useful [ユースフル]; instructive [インストゥラクティヴ]
▶ この本はきみたちにとって大いにためになるだろう.
This book will *do* you a lot of *good*.
▶ その科学番組はおもしろいし, ためにもなる.
The science program is *instructive* as well as interesting.

表現力
…のためになる → be good for ...

▶ このサイトはとくに中学生のためになる.
This site *is* especially *good for* junior high students.

ためらう hesitate [ヘズィテイト]
▶ ジャックはその部屋に入るのをためらった.
Jack *hesitated* to go into the room.
ためらい hesitation [ヘズィテイション]
ためらいがちに hesitantly [ヘズィタントゥリ], with hesitation [ヘズィテイション]
ためらわずに without hesitation
ためる (貯蔵する) store [ストー(ァ)] (up); (お金を) save [セイヴ]
▶ 私は旅行のためにお金をためている.

I'm *saving* money for a trip.
たもつ 保つ keep [キープ] →いじ²
▶ 彼女は健康を保つためにジョギングを始めた.
She started to jog to *keep* fit.
たようせい 多様性 diversity [ダイヴァ～スィティ]

たより¹ 便り

(手紙) a **letter** [レタァ]; (知らせ) **news** [ニューズ] (▶単数あつかい)
▶ お便りありがとう.
Thank you for your *letter*.
▶ 初めてお便りします.
This is my first *letter* to you.
▶ またお便りします. I'll *write* you again.
▶ 便りがないのはよい便り. 《ことわざ》
No *news* is good *news*.

💬 表現力
…から便りがある
→ **hear from ...** /
   get a letter from ...

▶ 奈々から長い間便り (連絡) がない.
I *haven't heard from* Nana for a long time.
▶ きのうケンから便りがあった (手紙がきた).
I *got a letter from* Ken yesterday.

たより² 頼り

(信頼) reliance [リライアンス]; (援助) help [ヘルプ]
たよりになる reliable [リライアブル]
たよりにする rely [ライ] on; (依存する) depend [ディペンド] on
たよりない unreliable
▶ たよりにしてるよ.
I'm *depending on* you.
▶ たよりにしてね. You can *rely on* me.
▶ うちの監督はたよりになる人です.
Our manager is a *reliable* person.
▶ 彼はほんとにたよりにならない.
He's so *unreliable*.
たよる 頼る rely [ライ] on; (依存する) depend [ディペンド] on
▶ 彼女は友人をたよって東京に出てきた.
She came to Tokyo *counting on* her friends. (▶ count on は「…を当てにする」の意味)

💬 表現力
…にたよる
→ **depend on ...** / **rely on ...**

▶ 両親にあまりたよるな.
Don't *depend* too much *on* your parents.

✏️ ライティング
日本は石油を輸入にたよっている.
Japan depends on imported oil.

タラ (魚) a cod [カッド], a codfish
-(し)たら 1 (条件) (もし…なら) if [イフ]; (…のとき) when [(フ)ウェン]
▶ 雨が降ったら外出しないよ.
If it rains, I won't go out.
▶ きみの準備ができたら,出かけよう.
When you are ready, let's go.

📘 文法 条件を表すときの時制
if や **when** で「…したら」と条件を表す場合, 未来のことでも現在形を使う.

2 (仮定) if
▶ きみがぼくだったらどうしますか.
What would you do *if* you were me?
▶ 英語がじょうずに話せたらなあ.
I *wish* I *could* speak English well.

📘 文法 仮定を表すときの時制
現在の事実とは異なることを「…たら」と仮定する場合は過去形を使う. [仮定法]

3 (提案・勧誘) (…したらどうですか) Why don't you ...?, How about ...?

💬 表現力
…(し) たらどうか
→ **Why don't you ...?** /
   How about -ing?

▶ 彼女に電話してみたらどうなの？
Why don't you call her? / *How about calling* her?
たらい a washtub [ワシタブ]
だらく 堕落 corruption [コラプション]
堕落する be corrupted
-だらけ be full [フル] of; be covered [カ

だらしない ▶

ヴァド] with
▶ きみの英作文はまちがいだらけだよ．
Your English composition *is full of* mistakes.
▶ ぼくのくつはどろだらけだった．
My shoes *were covered with* mud.

だらしない (服装などが) *sloppy* [スラピィ], *untidy* [アンタイディ]; (仕事・行動などが) *loose* [ルース]
▶ 彼はいつもだらしない服装をしている．
He is always dressed *untidily*.
▶ あいつ，ほんとにだらしないやつだ．
He's such a *slob*. (▶ *slob* [スラブ] は「だらしないやつ」の意味)
▶ 彼は金にだらしがない．
He's *careless* with his money.

たらす 垂らす (ぶら下げる) *hang down* [ハング ダウン]; (液体を) *drip* [ドゥリップ]
▶ 私は窓からロープを垂らした．
I *hung down* a rope from the window.

-たらず …足らず *less than*; (以内に) *within* [ウィズィン]
▶ 車だったら30分足らずで行けますよ．
If you go by car, you can get there *within* thirty minutes.

たらたら
▶ 彼は額から汗をたらたら流しながら働いている．
Sweat *is dripping* from his forehead as he works.

だらだら だらだらと *sluggishly* [スラギシィ]
▶ だらだらと仕事をする
work *sluggishly* / *linger over* my work
▶ きのうは一日中だらだらと過ごした．
I *idled away* the whole day yesterday. (▶ *idle away* で「(時間を)だらだら過ごす」の意味)

タラップ a *ramp* [ランプ]

-たり *and* [アンド]
▶ この1週間，雨が降ったりやんだりした．
It rained on *and* off all this week.

ダリア 《植物》a *dahlia* [ダリャ]

だりつ 打率 (野球) a *batting average* [バティング アヴ(ェ)レヂ]

たりょう 多量の *much* [マッチ], a *large amount* [アマウント] *of* → たくさん

たりる 足りる

be enough [イナフ] (*for*)
▶ 1000円で足りますか．
Will one thousand yen *be enough*?
▶ お金が5000円足りない．
I am 5,000 yen *short*.
▶ 私には睡眠時間が7時間あれば足ります．
Seven hours' sleep *is enough for* me.
▶ 岡田先生はユーモアのセンスが足りない．
Mr. Okada *lacks* a sense of humor.

たる 樽 a *barrel* [バレル]

だるい *sluggish* [スラギシ], *dull* [ダル]
▶ けさは体がだるい．
I feel tired and *dull* this morning.
▶ 足がだるい．
My legs feel *heavy*.

たるむ (ひもなどが) *get loose* [ルース]; (気分が) *be slacking* [スラッキング] (*off*)
▶ 最近，たるんでるぞ．
You're *slacking* (*off*) these days.

たれ (かけ汁を) *sauce* [ソース]

だれ

使い分け
だれが → *who*
だれの → *whose*
だれを → *whom*, (口語) *who*
だれに → *whom*, (口語) *who*

(だれが) *who* [フー]; (だれの) *whose* [フーズ]; (だれを・だれに) *whom* [フーム], 《口語》 *who*
▶ あんた，だれ？
Who are you? (▶ぞんざいな聞き方なので，直接相手に名前をたずねたいときは May I ask your name? などという)
▶ 「あの先生はだれですか」「英語の武田先生です」
"*Who*'s that teacher?" "She's Ms. Takeda, an English teacher."

表現力
だれが…？ → *Who ...?*

▶ 「この絵，だれがかいたの？」「和也だよ」
"*Who* drew this picture?" "Kazuya did." (▶ ×*It's Kazuya.* とは答えない)

◀ **だん**²

🗣スピーキング
🅐 (ドアのノックに対して) **どなた？**
Who is it?
🅑 ぼくだよ.
It's me.

💬表現力
だれの…？ → Whose ...?

▶ これはだれの自転車？
Whose bike is this?
▶ 「そのギターはだれの？」「ぼくのだよ」
"*Whose* guitar is it?" "It's mine."

💬表現力
だれを…？ → Who [Whom] ...?
(▶話し言葉では Who を使う)

▶ だれを待ってるの？
Who are you waiting for?
▶ 「(電話が)あなたによ」「だれから？」
"It's for you." "From *who*? / *Who* from?"

だれか

(肯定文で) **someone** [サムワン], **somebody** [サムバディ]; (疑問文・否定文で) **anyone** [エニワン], **anybody** [エニバディ] (▶ somebody, anybody のほうがくだけた言い方)

▶ 玄関にだれか来てるよ.
Someone is at the door.
▶ だれか答えがわかる人？
Can *anyone* answer?
▶ もしだれか電話してきたら,起こしてくれる？
Would you wake me up if *anyone* calls me?

だれでも

(どんな人でも) **anyone** [エニワン], **anybody** [エニバディ]; (みんな) **everyone** [エヴリワン], **everybody** [エヴリバディ] (▶すべて単数あつかい)

▶ そんなことはだれでも知っている.
Anybody knows that.
▶ だれでも車の運転はできるようになる.
Anyone can learn to drive.
▶ だれでもほめられるのは好きだ.
Everyone likes to be praised.

だれも…ない

no one, **nobody** [ノウバディ], **none** [ナン]

▶ 教室にはだれもいなかった.
There was *nobody* in the classroom. / There wasn't *anybody* in the classroom.
▶ だれもその質問に答えられなかった.
No one could answer the question.
▶ だれもが幸せになれるとはかぎらない.
Not everybody can become happy.
▶ 私の家族はだれもインフルエンザにかかりませんでした.
None of my family caught the flu.

📖文法 **none** の使い方
❶ none はふつう複数あつかい. **no one**, **nobody** は単数あつかい.
❷ none のあとに「of ＋複数名詞」が続くとき, 話し言葉では複数あつかい, 書き言葉では単数あつかいのことが多い.

たれる 垂れる **hang** [ハング]; (水などが) **drip** [ドゥリップ]
タレント a **personality** [パ〜ソナリティ]; (芸人) an **entertainer** [エンタテイナァ]
▶ テレビタレント
a TV *personality* / a TV *star*
-だろう →-でしょう
-だろうに (仮定を表して) **would** [ウド], **could** [クド] →もし
▶ もしここにケンがいたら,私を助けてくれるだろうに.
If Ken were here, he *would* help me.
タワー a **tower** [タウア]
▶ 東京タワー Tokyo *Tower*
たわし a **scrub brush**
タン tongue [タング]
▶ タンシチュー stewed *tongue*
たん (のどの) **phlegm** [フレム]
だん¹ 段 (階段の) a **step** [ステップ]; (柔道・剣道の) (a) **dan**, a **grade**
▶ 石段 stone *steps*
▶ 父は剣道 3 段だ.
My father has a third *degree* [*dan*] in *kendo*.
だん² 壇 a **platform** [プラトゥフォーム]

four hundred and ninety-one 491

だんあつ ▶

だんあつ 弾圧 suppression [サプレション]
弾圧する suppress [サプレス]
たんい 単位 (計算の) a unit [ユーニト]; (学科の) a credit [クレディト]
▶ グラムは重さの単位です.
A gram is a *unit* of weight.
▶ 彼は卒業に必要な単位がとれていない.
He doesn't have enough *credits* to graduate.
たんか¹ 短歌 a *tanka* (poem)
たんか² 担架 a stretcher [ストゥレチァ]
タンカー a tanker [タンカァ]
だんかい 段階 a stage [ステイヂ], a phase [フェイズ]
段階的な gradual [グラヂュアル]
だんがん 弾丸 a bullet [ブレト]
たんき 短気な short-tempered [ショートゥテンパァド], quick-tempered [クウィクテンパァド]
▶ 彼はちょっと短気だ.
He's a little *short-tempered*.
▶ いいか,短気を起こすなよ.
Remember not to *lose* your *temper*.
たんきだいがく 短期大学 →たんだい
たんきょりそう 短距離走 a short-distance race
短距離走者 a sprinter
タンク (石油などの)a tank[タンク]; (戦車) a tank
タンクトップ (米) a tank top
タンクローリー a tanker, (米) a tank truck

だんけつ 団結する get together [トゥゲザァ], unite [ユーナイト]
たんけん 探検 (an) exploration [エクスプロレイション], (an) expedition [エクスペディション]
探検する explore [イクスプロー(ァ)]
探検家 an explorer
探検隊 an expedition
タンゴ (音楽) a tango [タンゴウ] (複数 tangos)

たんご 単語

a word [ワード]; (語い) (a) vocabulary [ヴォウキャビュレリィ]
▶ 英単語 an English *word*
▶ その単語はどうつづるのですか.
How do you spell the *word*?
▶ その単語はどういう意味ですか.
What's the meaning of the *word*?
▶ 私は英語の単語力をつける必要がある.
I need to increase my English *vocabulary*.
単語帳 a wordbook
だんご a dumpling [ダンプリング]

左上から時計回りにウクライナ,ドイツ,中国,日本の dumpling.

▶ 花よりだんご. (ことわざ)
Cake before flowers. / *Pudding* before praise. (▶後者は「ほめことばよりプディング」という意味)
たんこう 炭坑 a coal mine [コウル マイン]
たんごのせっく 端午の節句 the Boys' Festival
ダンサー a dancer [ダンサァ]
たんさん 炭酸 《化学》carbonic acid [カーバニク アスィド]
炭酸飲料 a carbonated [カーボネイティド] drink, soda [ソウダ]
炭酸ガス 《化学》carbon dioxide [カーボン ダイアクサイド]
だんし 男子 (男の子) a boy [ボイ] (対 女の子 girl), (男性) a man [マン] (複数 men) (対 女性 woman) →おとこ
男子学生 a boy student; a male student
男子校 a boys' school
男子トイレ (米) a men's room, (英)

◀ **だんだん**

the gents
たんしゅく 短縮する shorten [ショートゥン]
▶ 来週は短縮授業だ．
School hours will *be shortened* next week.
短縮形《文法》a shortened form
たんじゅん 単純な simple [スィンプル]（反）複雑な complicated）
▶ あいつは子どものように単純だ．
He is as *simple* as a child.
▶ 数学のテストで単純なまちがいをした．
I made some *simple* mistakes on the math exam.
単純に simply [スィンプリィ]
たんしょ 短所（性格上の）a fault [フォールト], shortcomings [ショートゥカミングズ]；（弱点）a weak point [ウィーク ポイント]（反）長所 strong point）
▶ 私は自分の短所はわかっています．
I know my own *shortcomings*.
だんじょ 男女 men and women；（子ども）boys and girls；（男女両性）both sexes
男女共学の coeducational [コウエデュケイショ(ョ)ナル], coed [コウエド]
▶ あなたの学校は男女共学ですか．
Is your school *coed*?
男女平等 equality [イ(ー)クワリティ] between men and women
たんじょう 誕生 birth [バ〜ス]
誕生する be born [ボーン] →うまれる
誕生石 a birthstone

たんじょうび 誕生日

my **birthday** [バ〜スデイ]

▶ スピーキング
Ⓐ あなたの誕生日はいつですか．
When is your birthday?
Ⓑ 12月27日です．
It's December 27.

▶ 今日は私の14歳の誕生日です．
Today is my fourteenth *birthday*.

▶ スピーキング
Ⓐ ジェフ，お誕生日おめでとう．
Happy birthday, Jeff!
Ⓑ ありがとう．
Thank you.

▶ 誕生日祝いのプレゼント
a *birthday* present
誕生日会 a birthday party
▶ 私の誕生日会に来て！
Please come to my *birthday party*!

たんしん¹ 単身で alone [アロウン], by *myself*, on *my* own
▶ 父は大阪に単身赴任(ふにん)しています．
My father lives in Osaka *on his own* because of his job.
たんしん² 短針 the short [ショート] hand, the hour [アウア] hand
たんす （洋服だんす）a wardrobe [ウォードゥロウブ],（整理だんす）a chest of drawers [ドゥロー(ァ)ズ]
ダンス （踊ること）dancing [ダンスィング]；（踊り）a dance [ダンス]
ダンスをする dance
▶ 社交ダンス a social *dance*
▶ フォークダンス a folk *dance*
ダンスパーティー a dance
たんすい 淡水 fresh water [フレッシ ウォータァ]（対 塩水 salt water）
たんすいかぶつ 炭水化物 (a) carbohydrate [カーボハイドゥレイト]
たんすう 単数《文法》the singular [スィンギュラァ] (number)（▶ sing. と略す）（対 複数 plural (number)）
単数形《文法》a singular form, the singular
だんせい 男性 a man [マン] →おとこ
男性の male [メイル]
だんぜん 断然 (はるかに) much [マッチ], a lot [ラット]；by far [ファー]
▶ 恵美は私よりも断然足が速い．
Emi runs *much* faster than me.
▶ アルバムの中ではこの曲が断然いい．This is *by far* the best song in the album.
たんそ 炭素《化学》carbon [カーボン]（記号 C）
▶ 二酸化炭素 *carbon* dioxide [ダイアクサイド]
たんそく 短足 short legs
たんだい 短大 a junior college [ヂューニャ カレヂ]
だんたい 団体 a group [グループ]
団体競技 team sports
団体旅行 a group tour [トゥァ]

だんだん

だんち ▸

gradually [グラヂュアリィ], more and more (▶「比較級＋and＋比較級」の形で表すこともある)
▸ だんだん彼女のことがわかってきた．
I'm *gradually* getting to know her.

💬 表現力
だんだん…になる
→ **get＋比較級＋and＋比較級**

▸ だんだん暖かくなってきた．
It *is getting warmer and warmer*.

だんち 団地 a housing complex[ハウズィング カンプレクス], a housing development [ディヴェロプメント]
▸ 私たちは団地に住んでいます．
We live in an apartment in a *housing complex*.

たんちょう¹ 単調な dull [ダル], monotonous [モナト(ゥ)ナス]
▸ いなかの単調な生活にはあきた．
I am tired of the *dull* life in the country.

たんちょう² 短調《音楽》a minor [マイナァ] (反 長調 major)
▸ ハ短調 C *minor*

たんてい 探偵 a detective [ディテクティヴ]
▸ 私立探偵 a private *detective*
探偵小説 a detective story

たんとう¹ 担当する take charge 《of》, be in charge 《of》
▸ 私は広告を担当している．
I'*m in charge of* advertising.

たんとう² 短刀 a dagger [ダガァ]

たんなる 単なる only [オゥンリィ], just [チャスト]
▸ それは単なるうわさだ．
It's *only* a rumor.
▸ 彼女は単なる友だちだ．
She is *just* a friend.

たんに 単に only [オゥンリィ], just [チャスト]
▸ それは単に偶然のことだった．
It was *only* an accident.
▸ 私は単にあなたと話したかっただけです．
I *just* wanted to talk with you.

💬 表現力
単に~だけでなく…も
→ **not only ~ but (also) ...**

▸ この本は単におもしろいだけでなく，ためになる．
This book is *not only* interesting *but* (*also*) instructive.

たんにん 担任である be in charge [チャーヂ]《of》→うけもち
▸ 野田先生が私たちのクラスの担任です．
Mr. Noda *is in charge of* our class.
担任教師 a homeroom teacher

たんぱ 短波 a shortwave[ショートゥウェイヴ]
短波放送 shortwave broadcasting

たんぱくしつ たん白質 protein [プロウティーン]

タンバリン a tambourine [タンバリーン]
▸ タンバリンをたたく
play the *tambourine*

ダンプカー《米》a dump truck[ダンプトゥラック],《英》a dumper [ダンパァ] (▶ ✕dump car とはいわない)

ダンベル a dumbbell [ダンベル]

たんぺん 短編（短編小説）a short story (対 長編小説 novel)
短編映画 a short film

だんぺん 断片 a fragment [フラグメント]
断片的な fragmentary
▸ 断片的な知識
fragmentary knowledge

たんぼ 田んぼ a paddy [パディ], a rice field [フィールド]→た¹

だんぼう 暖房 heating [ヒーティング]
▸ この部屋には暖房がない．
This room has no *heating*.
暖房器具 a heater
▸ 暖房(器具)のスイッチを入れる[切る]
turn on [off] the *heater*
暖房装置 a heating system；《米》heat, 《英》heating

だんボール 段ボール cardboard [カードゥボード]
段ボール箱 a cardboard box

タンポポ《植物》a dandelion [ダンディライオン]

だんめん 断面 a cross section

だんらく 段落 a paragraph [パラグラフ]

だんりゅう 暖流 a warm current [ウォーム カ～レント]

だんりょく 弾力 elasticity [エラスティスィティ]
弾力のある elastic [イラスティク]

だんろ 暖炉 a fireplace [ファイアプレイス]

◀ ちいさい

ち チ ち チ ち チ

ち¹ 血 →けつえき
blood [ブラッド] (発音注意)
血が出る bleed [ブリード]
▶ シャツに血がついていた.
There was some *blood* on the shirt.
▶ おでこから血が出てるよ.
Your forehead *is bleeding*.

> 日本語NAVI
> 血がさわぐ ☞興奮してじっとしていられない
> →こうふん, じっと, おちつく
> 血の通った ☞温かみがある
> →あたたかい, にんじょう
> 血の出るような ☞(努力などが)必死の, 死に物ぐるいの
> →ひっし, しにものぐるい
> 血もなみだもない ☞思いやりがなくつめたい
> →つめたい, れいこく

ち² 地 (大地) the earth [ア～ス]; (地面) the ground [グラウンド]
▶ 地の果て
the ends of *the earth*

チアガール a cheerleader [チアリーダァ]
(▶ ✕cheergirl は和製英語)

チアリーダー a cheerleader [チアリーダァ]

チアリーディング cheerleading [チアリーディング]

ちあん 治安 (安全) security [スィキュ(ア)リティ]; (秩序) order [オーダァ]; (平和) peace [ピース]
▶ 治安を維持する maintain *order*

ちい 地位 (a) position [ポズィション]; (位) (a) rank [ランク]

ちいき 地域 an area [エ(ア)リア]; (地区) a district [ディストゥリクト]; (広い) a region [リージョン]
地域の (地元の) local [ロウカル]
地域社会 a local community
地域住民 local residents

ちいさい 小さい

使い分け
(大きさが) → small, little
(背が) → short
(年が) → young
(音・声が) → low

small

little

short

young

▶ **small** も **little** も「小さい」だが, **little** には「かわいい」という感じが含まれる.

1 (大きさが) **small** [スモール] (反 大きい large); (小さくてかわいい) **little** [リトゥル] (反 大きい big); (ごく小さい) tiny [タイニィ]; (背が) **short** [ショート] (反 大きい tall)
▶ 小さい家 a *small* house
▶ このズボンはぼくには小さすぎる.
These pants are too *small* for me.
▶ リカは小さい人形を集めている.
Rika collects *little* dolls.
▶ 妹は年のわりには小さい.
My sister is *short* for her age.

> 用法 small と little と tiny
> **small** は客観的に「小さい」ことを表すだけだが, **little** には「かわいらしい」「ちっぽけな」といった気持ちがこもる.
> **tiny** は「ごく小さい」.

2 (年が) **young** [ヤング], little, small → おさない
▶ 麻衣とは小さいころから仲よしだ.

four hundred and ninety-five 495

ちいさな ▶

Mai and I have been good friends since we were *little*.
3 (音・声が) **low** [ロウ] (反 大きい loud)
▶ 小さい声で話してください.
Please talk in a *low* voice.

ちいさな 小さな small [スモール], little [リトゥル] →ちいさい

ちいさめ 小さめ
▶ 少し小さめのを見せてください.
Show me a little *smaller* one.

チーズ (a) cheese [チーズ]
▶ チーズ1切れ a slice of *cheese*
▶ (写真をとるとき) はい, チーズ.
Say *cheese*!
チーズケーキ (a) cheesecake
チーズバーガー a cheeseburger

チーター (動物) a cheetah [チータ]

チーフ (長) a chief [チーフ]

チーム a team [ティーム]
▶ 弟は少年野球のチームに入っている.
My brother is on the boy's baseball *team*.
チームメート a teammate
チームワーク teamwork

ちえ 知恵 wisdom [ウィズダム]; (思いつき) an idea [アイディ(ー)ア]
知恵のある wise [ワイズ]
▶ 何かいい知恵があったら教えてください.
Please let me know if you have any good *ideas*.
知恵の輪 puzzle rings [パズル リングズ]

チェーン a chain [チェイン]
チェーンストア a chain store

チェコ (チェコ共和国) the Czech [チェック] Republic

チェス chess [チェス]
▶ チェスをする play *chess*

チェック (照合) a check [チェック]; (格子じま) (a) check →もよう (図)

チェックする check
チェックアウト (a) checkout
▶ 10時までにチェックアウトする
check out by 10 o'clock
チェックイン (a) check-in
▶ チェックインしたいのですが.
I'd like to *check in*.

チェリー (サクランボ) a cherry [チェリィ]

チェロ 《楽器》a cello [チェロウ] (複数 cellos)
▶ チェロをひく play the *cello*
チェロ奏者 a cellist [チェリスト]

チェンジ a change [チェインヂ]
チェンジする change
チェンジアップ (野球) a change-up [チェインヂアプ]

ちか 地下(の) underground [アンダグラウンド]
▶ 食料品売り場は地下1階です.
The food department is on *the* first *basement* (*floor*).
地下に[で] underground [アンダグラウンド]
地下街 an underground shopping mall [モール]
地下室 a basement [ベイスメント]
地下水 underground water
地下鉄 →ちかてつ
地下道 《米》an underpass, 《英》a subway

ちかい¹ 近い →ちかく

使い分け
(距離が) → **near**
(時間が) → **near**

1 (距離が) **near** [ニア] (反 遠い far); (すぐ近く) **close** [クロウス] (to)
▶ ぼくの家は学校に近い.
My house is *near* the school. (▶ *near* ˣto the schoolとはいわない) / (すぐ近く) My house is *close to* the school.
▶ おじの家は駅から近い.
My uncle's house is *near* the station. (▶ *near* ˣfrom the stationとはいわない)
▶「すみません. いちばん近いバス停へ行く道を教えていただけませんか」「いいですよ」
"Excuse me, but could you tell me the way to *the nearest* bus stop?"

"Sure."
▶ 学校へはこっちから行ったほうが近い.
This is the *shorter* way to school.

2 (時間が) **near**
近いうちに **soon** [スーン], before long
▶ 近い将来に in the *near* future
▶ 期末試験が近い.
We'll have final exams *soon*.
▶ 近いうちにサムは日本に来ます.
Sam is coming to Japan *soon*.
▶ 近いうちに会わない？ Why don't we meet *one of these days*?

3 (程度が) **nearly, almost** [オールモウスト]
▶ 祖父はもう90に近い.
My grandfather is *nearly* ninety years old.

ちかい[2] 誓い an oath [オウス]

ちがい 違い →さ

(a) **difference** [ディフ(ェ)レンス]
▶ ちがいを生む make a *difference*
▶ この2つのスマホのちがいは何ですか.
What's the *difference* between these two smartphones?

> 🖊ライティング
> アメリカ英語とイギリス英語には多くの**ちがい**がある.
> There are a lot of differences between American and British English.

-(に)ちがいない →きっと, たしか

must [マスト]; (確信して) I'm sure [シュア] (that) ...
▶ それはほんとうにちがいない.
It *must* be true. / *I'm sure* it is true.
▶ 真理はあす来るにちがいない.
Mari *is sure to* come tomorrow. / Mari will *certainly* come tomorrow.

ちかう 誓う take an oath, swear [スウェア]

ちがう 違う

> 使い分け
> (…ではない) → **be not**
> (異なっている) → **be different**
> (まちがっている) → **be wrong**

1 (…ではない) **be not**
▶「失礼ですが,山田さんですか」「いいえ,ちがいます」
"Excuse me, are you Mr. Yamada?" "No, *I'm not*."
▶ (電話で)「吉田さんのお宅ですか」「いいえ,ちがいます」
"Is this Mr. Yoshida's residence?" "No, it *isn't*."

2 (異なっている) **be different** [ディフ(ェ)レント] (**from**) →ちがった
▶ ポールと私はちがう街に住んでいる.
Paul and I live in *different* cities.
▶ ぼくとちがって弟はとてもよく勉強するよ.
Unlike me, my little brother studies very hard.
▶ 今日のきみ,いつもとちがうみたい.
You look *different* today.

> 💬表現力
> …とちがう → **be different from ...**

▶ ぼくの意見は彼とはちがう.
My opinion *is different from* his. (▶この his は his opinion(彼の意見)のこと)

3 (まちがっている) **be wrong** [ロ(ー)ング]
▶ きみの答えはちがっています.
Your answer *is wrong*.
▶「電話番号がちがいますよ」「すみません」
"You've got the *wrong* number." "Oh, I'm sorry."

ちかく 近く →ちかい[1]

1 (距離が) (…の近くに) **near** [ニア]; (…のすぐ近くに) **close** [クロウス] **to**; (近くの, 近くに) **nearby** [ニアバイ]; (この近所に) **in this neighborhood** [ネイバフド]
▶ この近くに郵便局はありますか.
Is there a post office *near* here? / Is there a post office *nearby*?
▶ 銀行は駅のすぐ近くです.
The bank is *close to* the station.
▶ きのう,うちの近くで(→近所で)火事があった.
There was a fire *in my neighborhood* yesterday.
▶ おたくからいちばん近くの駅はどこですか.
What is the *nearest* station to your house?
▶ 近くのスーパーに買い物に行った.

ちがく ▶

I went shopping at my *nearby* supermarket.

「近くのスーパー」
- × a near supermarket
- ○ a supermarket nearby
- ○ a nearby supermarket
- ○ a neighborhood supermarket

2 (時間が) **soon** [スーン]
▶ 私たちは近く引っ越します.
We are going to move *soon*.

3 (程度が) **nearly** [ニアリィ], **almost** [オールモウスト]
▶ 私たちは2時間近くも待たされた.
We were kept waiting for *nearly* two hours.

ちがく 地学 **earth science** [アース サイエンス], **geoscience** [ヂーオウサイエンス]

ちかごろ 近ごろ **recently** [リースントゥリィ], **lately** [レイトゥリィ] →このごろ, さいきん¹
▶ 近ごろ天気がよくない.
We have bad weather *recently*.
近ごろの **recent** [リースント]

ちかづく 近づく

come near [ニア], **approach** [アプロウチ], **come up to**, **draw** [ドゥロー] **near**; (こちらから) **go up to**
▶ 見知らぬ人が近づいてきていた.
A stranger *was coming near (to)* me. / A stranger *was coming up to* me.
▶ 彼に近づくな.
Keep away from him.
▶ 大型の台風が町に近づいている.
A big typhoon *is approaching* our town.
▶ クリスマスが近づいている.
Christmas *is coming soon*. / Christmas *is just around the corner*.

ちかづける 近づける
▶ 明かりを近づけてください.
Please *bring* the light *closer to* me.

ちがった 違った **different** [ディフ(ェ)レント]
▶ 人にはそれぞれちがった考えがある.
Different people have *different* ideas.

ちかてつ 地下鉄 (米) **a subway** [サブウェイ], (英) **an underground** [アンダグラウンド], (英口語) **a tube** [テューブ]

ニューヨークの地下鉄の入り口.

▶ 地下鉄に乗る **take the** *subway* / (乗り込む) **get on the** *subway*
▶ 上野まで地下鉄で行った.
I went to Ueno by *subway*. / I took the *subway* to Ueno.

ちかみち 近道 **a shortcut** [ショートゥカト]
▶ 学校まで近道をして行った.
I took a *shortcut* to school.

ちかよる 近寄る **come near**, **approach** →ちかづく

ちから 力

1 power [パウア]; (体力) **strength** [ストゥレング(ク)ス]

力の強い[弱い] **strong** [**weak**]
▶ 水の力 the *power* of water
▶ ぼくは力いっぱいそれを引っぱった.
I pulled it with all my *strength*.

2 (能力) **ability** [アビリティ], **power**
▶ 人間の力 human *power*
▶ 彼女には人を導く力がある.
She has the *ability* to lead others.
▶ 私は英語の力をつけたい (→英語を上達させたい).
I want to *improve* my English.
▶ 自分の力でやってごらん.
Do it *by yourself*.

3 (助力) **help** [ヘルプ]
▶ 力を貸してくれてありがとう.
Thank you for your *help*.
▶ 健ならきっときみの力になってくれるよ.
I'm sure Ken will *help* you. / Ken will surely *help* you.

ちかん 痴漢 (人の体をさわる) **a groper** [グロウパァ], **a molester** [モレスタァ]

498　four hundred and ninety-eight

ちきゅう 地球 →わくせい（表）

the earth [ア〜ス] (▶ Earth ともつづる)
▶ 地球は太陽のまわりをまわる．
The earth goes around the sun.
地球温暖化 global warming
地球儀 a globe [グロウブ]

ちぎる tear [テア]
▶ 彼女はその手紙を細かくちぎった．
She *tore* the letter into pieces.

チキン (肉) chicken [チキン] →にく（表）
▶ フライドチキン fried *chicken*
チキンナゲット a chicken nugget [ナゲト]
チキンライス chicken fried rice seasoned with ketchup

ちく (行政上の区画など) a district [ディストゥリクト]; (地域) an area [エ(ア)リア]; (広い) a region [リージョン] →ちいき
▶ 住宅地区 a residential *area*
▶ 地区大会 a *regional* tournament
▶ 地区予選 *regional* preliminaries

ちくさん 畜産 stock raising [スタック レイズィング]

ちくしょう 畜生 (ののしりことば) Damn [ダム] it!, Shoot!, Shit! (▶いずれも公的な席では使われないことば．軽々しく使わないこと)

ちくちく ちくちくする
▶ うでにちくちくする痛みがある
have a *prickling* pain in my arm
▶ このセーター，首のところがちくちくする．
The neck of this sweater feels *scratchy*.

ちぐはぐ
▶ 箱とふたがちぐはぐだ．
The box and the lid *don't match*.
▶ きみの行為はきみの言うこととちぐはぐだ．
Your actions are *inconsistent* with your words.

ちけい 地形 topography [トパグラフィ]

チケット a ticket [ティケト] →きっぷ
▶ 3000円の席のチケットを２枚予約した．
I reserved two 3,000-yen *seats*. (▶ ticket を使わず「席を２つ予約した」と表せばよい)

ちこく 遅刻する

be late [レイト]《for》
▶ すみません，遅刻しました．
I'm sorry I'm late.

…に遅刻する → be late for …

▶ 学校に遅刻しちゃいけないよ．
Don't *be late for* school.
▶ 部活に10分遅刻してしまった．
I *was* ten minutes *late for* (the) club activities.

ちじ 知事 a governor [ガヴァナァ]
▶ 宮城(ぎ)県知事
the *Governor* of Miyagi Prefecture / the Miyagi *Governor*

ちしき 知識

knowledge [ナレヂ]; (情報) information [インフォメイション]
▶ 彼は日本の文化についてかなり知識がある．
He has a good *knowledge* of Japanese culture. / He knows a lot about Japanese culture.

百科事典は私たちに多くの役立つ知識を与(あた)えてくれる．
Encyclopedias give us a lot of useful information.

知識人 an intellectual [インテレクチュアル], an educated [エヂュケイティド] person

ちじょう 地上の，地上に above the ground [グラウンド]
▶ この建物は地上33階，地下３階です．
This building has thirty-three stories *above the ground* and three below.

ちじん 知人 an acquaintance [アクウェインタンス]; (友人) a friend [フレンド]

ちず 地図

(１枚の) a map [マップ]; (地図帳) an atlas [アトゥラス]
▶ ぼくのうちまでの地図をかいてあげるよ．
I'll draw a *map* to my house.
▶ (地図を見せて) 私はいまこの地図のどこにいるのですか．
Where am I now on this *map*?
▶ 日本地図 a *map* of Japan
▶ 世界地図
a world *map* / a *map* of the world
▶ 道路地図 a road *map*

地球　The Earth

イラスト：大管雅晴

地球について話そう。
Let's talk about the earth.

地球の内部
Inside the earth
- 外核 outer core
- 内核 inner core
- マントル mantle [mǽntl マントゥル]
- 地殻 crust [krʌst クラスト]

● 地球の周囲は約 4 万 km あります。
休まずに時速 4 km で歩いても、
1 年以上はかかります。
The *circumference of the earth is about 40,000 kilometers.
If you walk that distance at four kilometers per hour without taking any rest, it'll take more than a year.
* circumference [sərkʌ́mfərəns サカムフェレンス] 周囲

● 地球は太陽の周りを公転しています。
1 秒間で約 28 km 動きます。
The earth goes around the sun. It moves about 28 kilometers a second.

● 地球は 24 時間で 1 回自転します。
赤道での自転速度は時速 1,670 km くらいに達します。
The earth *rotates once every twenty-four hours. The ** rotation speed at the equator reaches about 1,670 km per hour.
*rotate [róuteit ロウテイト] 自転する　　**rotation [rouéiʃən ロウテイション] 自転

地球の歴史を 1 年で表したら。
Represent the history of the earth as one year.

地球ができてからの年数はおよそ **46億年** です。次のカレンダーは **地球の歴史** を 1 年で表したものです。私たち人類は「生後 1 日の赤ちゃん」のようですね。
The earth is **4.6 billion years** old. The following calendar shows **the history of the earth** which is *compressed into one year.   We humans are like "one-day-old babies."
* compress [kəmprés コンプレス] 短縮する

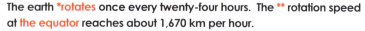

January 1　1月1日 地球が誕生した The earth was born.	**December 11** 　12月11日 90%の種が絶滅した 90 percent of species died out.
January 16　1月16日 初めて海ができた The first oceans were formed.	**December 16** 　12月16日 恐竜の時代が始まった The era of dinosaurs started.
March 4　3月4日 生命が生まれた Life began.	**December 26** 　12月26日 恐竜が絶滅した Dinosaurs became extinct.
November 9　11月9日 新生物が急激に増えた New species appeared rapidly.	**December 31** 　12月31日 人類が現れた Human beings appeared.

◀ **ちほう**

- 白地図 a blank *map*

ちすじ 血筋 blood [ブラッド], descent [ディセント]

ちせい 知性 intellect [インテレクト];(知能) intelligence [インテリヂェンス]
　知性的な intellectual [インテレクチュアル];(知能の高い) intelligent [インテリヂェント]

ちたい 地帯 a zone [ゾウン], an area [エ(ア)リア], a region [リーヂョン]
- 安全地帯 a safety *zone*
- 工業地帯 an industrial *area*
- 山岳地帯 a mountainous *region*

ちち[1] 父 →かぞく(図)

a father [ファーザァ]((対) 母 mother)
- 父と母 mother and *father* (▶語順注意)
- 父は会社員です.
  My *father* is an office worker.
  父の日 Father's Day
- 父の日おめでとう.
  Happy *Father's Day*!

ちち[2] 乳 milk [ミルク];(乳ぶさ) a breast [ブレスト]
- 牛の乳をしぼる *milk* a cow
- 赤んぼうに乳を飲ませる
  give some *milk* to a baby / *breast*-feed a baby

ちぢこまる 縮こまる curl [カ〜ル] up
- 寒くて体が縮こまった.
  I *curled up* from the cold.

ちぢむ 縮む shrink [シリンク]
- お気に入りのセーター, 洗ったら縮んじゃった.
  My favorite sweater *shrank* when I washed it. (▶ shrunk とつづることもある)

ちぢめる 縮める shorten [ショートゥン]
- スカートのたけを少しだけ縮めた.
  I *shortened* my skirt a little.

ちちゅうかい 地中海 the Mediterranean [メディタレイニアン] (Sea)

ちぢれる 縮れる curl [カ〜ル]
　縮れた curly [カ〜リィ]
- 縮れ毛 *curly* hair

ちつじょ 秩序 order [オーダァ]
- 秩序を保つ keep *order*

ちっそ 窒素 《化学》 nitrogen [ナイトゥロヂェン]《記号 N》

ちっそく 窒息する can't breathe [ブリーズ], choke [チョウク]

ちっとも (not) at all →ぜんぜん

チップ[1] a tip [ティップ](発音注意)
　チップをあげる tip
- (チップをわたすときに) これはチップです.
  Here's your *tip*. / Here's a *tip* for you. / This is for you.

チップ[2] a chip [チップ]
- ポテトチップス
  (米)potato *chips* / (英)(potato) crisps

ちっぽけな tiny [タイニィ]

ちてき 知的な intellectual [インテレクチュアル], intelligent [インテリヂェント]
- 彼女は知的に見える.
  She looks *intelligent*.

ちなんで after [アフタァ]

> 🎤 プレゼン
> 私は祖父にちなんで正信と名づけられました.
> I was named Masanobu after my grandfather.

ちのう 知能 intelligence [インテリヂェンス]
- 知能の高い intelligent [インテリヂェント]
  知能検査 an intelligence test, a mental test;(知能指数 [IQ] を調べる) an IQ [アイキュー] test
  知能指数 an intelligence quotient [クウォウシェント] (▶ IQ, I.Q. と略す)

ちのみご 乳飲み子 a baby [ベイビィ], a suckling [サクリング]

ちびちび (少しずつ) little by little
- 緑茶をちびちび飲む (→すする)
  sip green tea

ちぶさ 乳房 a breast [ブレスト]

チフス (腸チフス) typhoid [タイフォイド] (fever)

ちへいせん 地平線 the horizon [ホライズン]
- 太陽が地平線のすぐ上にある.
  The sun is just above *the horizon*.

ちほう 地方

(地域) a district [ディストゥリクト], an area [エ(ア)リア];(広い) a region [リーヂョン];(いなか) the **country** [カントゥリィ]
　地方の (その地域の) local [ロウカル]
- 関東地方 the Kanto *district*
- この地方は冬に雪が多い.
  It snows a lot in this *district* in winter.

ちめい¹ ▶

▶ 直樹は地方の出身だ.
Naoki comes from *the country*.
地方色 local color
ちめい¹ 地名 a place name
ちめい² 致命的な fatal [フェイトゥル]
致命傷 a fatal wound [ウーンド], a fatal injury [インヂュリィ]

ちゃ 茶

tea [ティー] (▶英米では tea といえばふつう紅茶 (black tea) をさす. 日本茶は green tea という)
▶ お茶を1ぱい飲む
have a cup of *tea*
▶ こい [うすい] お茶 strong [weak] *tea*
▶ 絵美は私にお茶を入れてくれた.
Emi made *tea* for me.
▶ お茶が入りましたよ.
Tea is ready.
▶ お茶をいかがですか.
Would you like some *tea*?
▶ お茶の時間にしましょう.
Let's have a *tea* break.
▶ まっ茶 *matcha* / powdered green *tea*
茶さじ a teaspoon
茶の湯 (the) tea ceremony [セレモウニィ]

チャーター チャーターする charter [チャータァ]
▶ バスをチャーターする *charter* a bus
チャート a chart [チャート]
▶ ヒットチャート *charts*
チャーハン (Chinese) fried rice [フライドライス]
チャーミング チャーミングな (魅力的な) charming [チャーミング], attractive [アトゥラクティヴ]; (かわいい) pretty [プリティ]
チャイム chimes [チャイムズ]
▶ ほら, チャイムが鳴ったよ.
Oh, listen to the *chimes*.
ちゃいろ 茶色(の) brown [ブラウン]
▶ こげ茶色 dark *brown*
▶ うす茶色 light *brown*
ちゃかす 茶化す make fun (of)
-ちゃく …着 **1** (到着)
▶ この飛行機の成田着は午後3時だ.
This plane will *arrive at* Narita at 3 p.m.
2 (着順)
▶ 彼はマラソンで2着になった.
He *finished second* in the marathon.
3 (衣服の数)
▶ ジャケットを1着買う buy *a* jacket
ちゃくじつ 着実な steady [ステディ]
着実に steadily [ステディリィ], step by step
▶ 着実に進歩する
make *steady* progress
ちゃくしょく 着色する color [カラァ]; (ペンキ・絵の具で) paint [ペイント]
着色料 coloring
ちゃくしん 着信
▶ メールの着信
arrival of a text message
着信音 ringtone [リングトゥン] (▶「着信メロディー」の意味にもなる)
ちゃくせき 着席する have a seat, take *my* seat, be seated, sit down
▶ どうぞご着席ください.
Please *take your seat(s)*. / Please *be seated*. / Please *sit down*.
ちゃくちゃく 着々と steadily [ステディリィ]
▶ 工事は着々と進んでいる.
The construction work is progressing *steadily*.
ちゃくにんしき 着任式 an inauguration [イノーギュレイション]
ちゃくばらい 着払いにする pay on delivery, pay C.O.D. [cash on delivery]
ちゃくりく 着陸する land [ランド] (反 離陸(りく)する take off)
▶ 私たちの乗った飛行機は定刻に成田空港に着陸した.
Our plane *landed* at Narita Airport on time.
ちゃっかり ちゃっかりした shrewd [シルード]
▶ 弟はちゃっかりしている.
My brother is *shrewd*.
チャック a zipper [ズィパァ] →ファスナー
チャット a chat [チャット]
チャットする chat
チャットルーム a chat room
ちゃのま 茶の間 a living room
ちゃぱつ 茶髪 brown hair
▶ 茶髪にする dye my hair *brown*
ちやほや ちやほやする make a fuss

◀ **ちゅうい**

[ファス] over, (甘やかす)pamper[パンパァ]

チャリティー charity [チャリティ]
チャリティーコンサート a charity concert
チャリティーショー a charity show

チャレンジ a challenge[チャレンヂ]→ちょうせん¹
チャレンジする try [トゥライ]
▶ 何か新しいことにチャレンジしてみたい．
I'm looking for a new *challenge*.

ちゃわん 茶わん (ごはんの) a rice bowl [ボウル] ; (湯のみ) a teacup [ティーカプ]
▶ 茶わん1ぱいのごはん a *bowl* of rice

チャンス a chance [チャンス], an opportunity [アパテューニティ] →きかい¹
▶ もう一度チャンスをください．
Please give me another *chance*.
▶ 私はその絶好のチャンスをのがしてしまった．
I've missed my golden *opportunity*.

ちゃんと (きちんと) properly [プラパリィ], neatly [ニートゥリィ] ; (よく) well [ウェル] →きちんと
▶ ちゃんと食べなさい．
Eat *properly*.
▶ ちゃんと(→背筋を伸ばして)すわりなさい．Sit up *straight*.
▶ ちゃんと言ったとおりにやって！
Do *just* as I told you.

チャンネル a channel [チャヌル]
▶ 6チャンネルでいま何をやっているの？
What's on *Channel* 6 now?
▶ 1チャンネルに変える
turn to *Channel* 1

チャンピオン a champion [チャンピオン], (口語) a champ [チャンプ]

ちゅう¹ 注 a note [ノウト]
▶ 脚注 a foot*note*
▶ 下の注をごらんください．
See *notes* below.

ちゅう² 中 (平均) the average [アヴ(ェ)レヂ] ; (大きさ) the medium [ミーディアム]
▶ 中以上 above *average*
▶ 中以下 below *average*

-ちゅう …中

1 (…の間に) during [デュ(ア)リング, ドゥ-], in [イン]
▶ 午前中に
in the morning
▶ 夏休み中に

during the summer vacation
▶ 今週中に (→今週の終わりまでに)
by the end of this week
▶ 授業中は静かにしなさい．
Please be quiet *in* class.
▶ 父は数日中にもどります．
My father will be back *in* a few days.

2 (…の最中) under [アンダァ], in
▶ 道路は工事中だ．
The road is *under* construction.
▶ 松田先生は会議中です．
Mr. Matsuda is *in* a meeting.
▶ (電話で)お話し中です．
(The) line is *busy*.

3 (…のうちで) out of
▶ 8人中6人 six *out of* eight

ちゅうい 注意

1 (気をつけること) care [ケア] ; (関心) attention [アテンション]
注意する (用心する) be careful (of, about), take care (of) ; (注意を向ける) pay attention (to) →きをつける
▶ 通りを横断するときは注意してね．
Be careful when you cross the street.
▶ くれぐれも体に注意してね．
Please take good *care of* yourself.
▶ ミルクをこぼさないように注意してね．
Be careful not to spill your milk.
▶ 授業は注意して聞いてるの？
Do you *pay attention* in class?
▶ 足元注意 (掲示) *Watch* Your Step

▶ こわれ物．取りあつかい注意 (掲示)
Fragile. Handle with *Care*

2 (忠告) advice [アドゥヴァイス] ; (警告) (a) warning [ウォーニング]
注意する (忠告する) advise [アドゥヴァイズ] ; (警告する) warn [ウォーン]

five hundred and three 503

ちゅういぶかい ▶

▶ 医者からもっと野菜を食べるように注意された.
The doctor *advised* me to eat more vegetables.
▶ 暗い夜道をひとりで歩かないように，先生は生徒たちに注意した.
The teacher *warned* the students not to walk dark streets alone.

ちゅういぶかい 注意深い careful [ケアフル] (反) 不注意な careless
注意深く carefully [ケアフリィ]

チューインガム (chewing) gum [(チューイング) ガム]
▶ チューインガムをかむ chew *gum*

ちゅうおう 中央 →ちゅうしん

(中心) the **center** [センタァ]；(真ん中付近) the **middle** [ミドゥル]
中央の central [セントゥラル]；middle
▶ ぼくらの学校は市の中央にある.
Our school is in *the center* of the city.
▶ 道路の中央に
in *the middle* of the road
中央アメリカ Central America
中央郵便局 the Central Post Office

ちゅうか 中華
中華街 Chinatown [チャイナタウン]
中華料理 Chinese food
中華料理店 a Chinese restaurant

> **ⓘ参考** 中華料理のいろいろ
> ぎょうざ *gyoza*, a Chinese dumpling / シューマイ a steamed dumpling / 春巻き a spring roll / チャーハン (Chinese) fried rice

ちゅうがえり 宙返り a somersault [サマソールト]
宙返りする do a somersault

ちゅうがく 中学

a **junior high school** [ヂューニャ ハイ スクール] (▶ school を省略することもある)

> **プレゼン**
> 私は南中学に通っています.
> I go to Minami Junior High School.

▶ ぼくは公立の中学に通っています.
I go to (a) public *junior high school*.
▶ 私は中学 2 年です.
I'm a second-year student at (a) *junior high school*. / I'm in the eighth grade. / I'm an eighth grader. (▶アメリカでは学年を小学校から中学校まで，時には高校まで通して数えるので，「中学 1 年」は in the seventh grade, a seventh grader,「中学 2 年」は in the eighth grade, an eighth grader のようにいう) →がくねん (表)
中学生活 my junior high school life

ちゅうがくせい 中学生

a **junior high school student** [ステューデント]
▶ ぼくは中学生です.
I'm a *junior high school student*. / I go to (a) *junior high school*.

ちゅうがっこう 中学校 a junior high school →ちゅうがく

ちゅうかん 中間 the middle [ミドゥル]
…の中間に halfway [ハフウェイ], midway [ミドゥウェイ]
▶ 福島は東京と盛岡(もりおか)の中間にある.
Fukushima is *halfway* between Tokyo and Morioka.
中間試験 midterm exams, midterms

ちゅうきゅう 中級の intermediate [インタミーディエト]
▶ 中級クラス an *intermediate* class

ちゅうきょり 中距離の middle-distance [ミドゥルディスタンス]
中距離走者 a middle-distance runner

ちゅうけい 中継 (中継放送) (a) relay [リーレイ]
中継する relay；(放送する) broadcast
▶ 試合は全国に中継された.
The game *was broadcast* nationwide.

ちゅうげん 中元 a midyear gift, a summer gift (▶英米には中元や歳暮(せいぼ)をおくる習慣はない)

ちゅうこ 中古の used [ユーズド], secondhand [セカンドゥハンド]
中古車 a used car

ちゅうこく 忠告 →アドバイス

advice [アドゥヴァイス]

504 five hundred and four

▶ ちゅうせん

忠告する advise [アドヴァイズ]（▶名詞とのつづり・発音のちがいに注意）
▶ 彼は医者の忠告に従わなかった.
He didn't follow his doctor's *advice*.
▶ きみに一言忠告しておこう.
Let me give you a piece of *advice*.
（▶*an adviceとはいわない）

●表現力
（人）に…するよう忠告する
→ advise ＋人＋ to ...

▶ 医者は彼女に休養をとるように忠告した.
The doctor *advised* her *to* take a rest.

ちゅうごく¹ 中国 China [チャイナ]（▶正式名はthe People's Republic of China（中華人民共和国））
中国(人・語)の Chinese [チャイニーズ]
中国語 Chinese →ことば（表）
中国人（1人）a Chinese（複数）Chinese;（全体）the Chinese
ちゅうごく² 中国（地方）the Chugoku district [region]
ちゅうし 中止する（試合・催しなどを）cancel [キャンセル], call off;（動作・行為などを）stop [スタップ]
▶ マラソン大会は雨で中止になった.
The marathon *was canceled* because of the rain.
ちゅうじつ 忠実な faithful [フェイスフル] (to), true [トゥルー] (to)
▶ 犬は飼い主に忠実だ.
Dogs are *faithful to* their masters.
忠実に faithfully [フェイスフリィ]
ちゅうしゃ¹ 駐車 parking [パーキング]
駐車する park
駐車違反 a parking violation [ヴァイオレイション]
駐車禁止（掲示）No Parking

「駐車禁止」の標識.

駐車場《米》a parking lot,《英》a car park
駐車スペース a parking space
ちゅうしゃ² 注射 an injection [インチェクション],《口語》a shot [シャット]
注射する give a shot, inject
▶ 医者はその女の子に注射をした.
The doctor *gave* the girl *a shot*.
ちゅうじゅん 中旬に（…月中旬に）in the middle of ... , in mid-...
▶ ぼくらのクラスは8月中旬にキャンプに行く.
Our class will go camping *in the middle of* August [*in mid*-August].
ちゅうしょう 抽象的な abstract [アブストゥラクト]（反）具体的な concrete）
抽象画 an abstract painting
ちゅうしょうきぎょう 中小企業 small and middle-size business

ちゅうしょく 昼食 →ごはん（表）

lunch [ランチ]
▶ 私たちは昼食におすしを食べた.
We had sushi for *lunch*.
▶ 昼食はもう済みましたか.
Have you had your *lunch* yet?
▶ 軽い昼食をとってから出かけた.
We had a light *lunch* and left.（▶形容詞などをつけて昼食の内容を表すときは a [an] をつけるのがふつう）
昼食時間 lunchtime

ちゅうしん 中心

the center [センタァ],《英》the centre
中心の central [セントゥラル]
▶ 円の中心 *the center* of a circle
▶ 私たちの学校は町の中心にある.
Our school is in *the center* of the town.
▶ 横浜の中心街に
in *downtown* Yokohama
中心人物 a key person
中心点 the central point
ちゅうすいえん 虫垂炎 appendicitis [アペンディサイティス]
ちゅうせい¹ 中世 the Middle Ages [ミドゥル エイヂズ]
中世の medieval [ミーディーヴ(ァ)ル]
ちゅうせい² 中性の neutral [ニュートゥラル]
ちゅうせん 抽選（くじ, くじ引き）(a) lot

five hundred and five 505

ちゅうたい ▶

[ラット];(くじ引き)(米)(a) drawing[ドゥローイング];(福引き)(米)(a) lottery[ラテリィ] →くじ
抽選する draw lots
抽選で by lot, by drawing lots
▶ キャプテンは抽選で選ばれた.
The captain was chosen *by lot*.
抽選券 a lottery ticket

ちゅうたい 中退する（成績不良などで）drop out of school；(自分の意志で) quit[クウィット] school
中退者 a dropout[ドゥラパウト]

ちゅうだん 中断する interrupt[インタラプト], stop[スタップ]
▶ 試合は雨のために中断された.
The game *was interrupted* by rain.

チューチュー （ネズミなどが）チューチュー鳴く squeak[スクウィーク]

ちゅうちょ (a) hesitation[ヘズィテイション]
ちゅうちょする hesitate[ヘズィテイト] →ためらう
▶ ちゅうちょせずに
without *hesitation*

ちゅうと 中途で halfway[ハフウェイ], on the way
中途はんぱに halfway, by halves
▶ 物事を中途はんぱにするな.
Don't do things *halfway*.

ちゅうとう 中東(地名) the Middle East

ちゅうどく 中毒 poisoning[ポイズニング]；(依存症) addiction[アディクション]
▶ …で中毒にかかる be poisoned by ...
▶ 食中毒になる
get food *poisoning*
▶ アルコール中毒
(依存症) alcoholism[アルコホ(ー)リズム] / (急性の) *poisoning* by alcohol
▶ 仕事中毒の人
a workaholic[ワ〜カホ(ー)リク]

チューナー a tuner[テューナァ]

ちゅうねん 中年 middle age[ミドゥル エイヂ]
中年の middle-aged
▶ 中年の男性[夫婦]
a *middle-aged* man [couple]

チューバ (楽器)a tuba[テューバ]
チューブ a tube[テューブ]
ちゅうぶ 中部 the central part
中部地方 the Chubu district [region]

ちゅうふく 中腹 a hillside[ヒルサイド]
▶ 赤城山の中腹まで登る
go *halfway* up Mt. Akagi

ちゅうもく 注目 attention[アテンション]
注目する pay[ペイ] attention 《to》
▶ 彼女の演技は大きな注目を集めた.
Her performance attracted a lot of *attention*.

ちゅうもん 注文 an order[オーダァ]
注文する order
▶ ご注文は何にいたしましょうか.
May I take your *order*? / Are you ready to *order*?
▶ すみません，注文をお願いします.
Excuse me, I'm ready to *order*. / Excuse me, I'd like to *order* now.

💬 表現力

〜を…に注文する → order 〜 from ...

▶ 私は雑誌を書店に注文した.
I *ordered* a magazine *from* the bookstore. (▶ ×to the bookstore とはいわない)

ちゅうりつ 中立 neutrality[ニュートゥラリティ]
中立の neutral[ニュートゥラル]
中立国 a neutral nation

チューリップ (植物)a tulip[テューリプ]

ちゅうりゅう 中流 (川の) the middle[ミドゥル] of a river；(社会の) the middle class
中流の middle-class

ちゅうりんじょう 駐輪場 a bicycle parking lot

チュンチュン チュンチュン鳴く chirp[チャ〜プ]

チョウ (虫)a butterfly[バタフライ]

ちょう¹ 腸 the bowels[バウエルズ], the intestines[インテスティンズ]
▶ 大腸 the large *intestine*
▶ 小腸 the small *intestine*

ちょう² 兆 a trillion[トゥリリョン]
▶ 3兆円 three *trillion* yen

ちょう- 超… super-, ultra-
▶ 超むかつく.
It's *absolutely* frustrating.
超大国 a superpower[ス(ュ)ーパパウア]

-ちょう …調(音楽)
▶ ハ長調 C *major*[メイヂァ]

◀ **ちょうじょ**

▶ ヘ短調 F *minor* [マイナァ]
ちょういん 調印 signing [サイニング]
調印する sign [サイン]
ちょうおんそく 超音速の supersonic [ス(ュ)ーパサニック]
ちょうおんぱ 超音波 ultrasound [アルトゥラサウンド]
超音波の ultrasonic [アルトゥラサニック]
ちょうか 超過 an excess [イクセス]
超過する exceed [イクスィード]
ちょうかい 朝会 a morning assembly [アセンブリィ]
▶ 全校朝会
 a *morning assembly* at school
ちょうかく 聴覚 hearing [ヒ(ア)リング], the sense of hearing
ちょうかん 朝刊 a morning paper (対 夕刊 evening paper)
ちょうきょう 調教 training [トゥレイニング]
調教する train [トゥレイン]
調教師 a trainer [トゥレイナァ]
ちょうきょり 長距離 a long distance
長距離走 a long-distance race
長距離電話 a long-distance call
ちょうこう 兆候 a sign [サイン];(病気の) a symptom [スィン(プ)トム]
ちょうこうそう 超高層 high-rise [ハイライズ]
超高層ビル a high-rise building, a skyscraper [スカイスクレイパァ]
超高層マンション a high-rise apartment building
ちょうこく 彫刻 (a) sculpture [スカルプチァ], (a) carving [カーヴィング]
彫刻する sculpt [スカルプト], carve [カーヴ]
彫刻家 a sculptor [スカルプタァ]
彫刻刀 a chisel [チズル]
ちょうさ 調査 (統計・測量などによる) (a) survey [サ〜ヴェイ];(事件・事故などの) (an) investigation [インヴェスティゲイション]
調査する look into, survey, investigate [インヴェスティゲイト]
▶ 彼がその殺人事件を調査している.
 He *is investigating* the murder case.
▶ その件は調査中だ.
 The matter is under *investigation*.
調査書 (内申書) a school report;(調査報告) a survey report;(調査用紙) a questionnaire [クウェスチョネアァ]

ちょうし 調子

1 (体調・ぐあい) condition [コンディション], shape [シェイプ]
▶ きょうは体の調子がいい.
 I'm in good *condition* today. / I feel well today.
▶ きょうは体の調子が悪い.
 I'm in bad *shape* today. / I'm out of *condition* today. / I don't feel well today.

🅐 調子はどう？
　How are you doing?
🅑 順調です.
　I'm doing all right.
（▶「調子はどう」は How are things with you? / How's everything? ともいえる）

▶ パソコンの調子がおかしい.
 The computer isn't working well. / There's something wrong with the computer.
2 (やり方) a **way** [ウェイ]
▶ そうそう, その調子！
 That's the *way*! / That's it!
3 (音の) tune [テューン];(声の) tone [トゥン]
▶ 調子っぱずれで歌う sing out of *tune*
調子に乗る get carried away
ちょうしゅう 聴衆 an audience [オーディエンス]
▶ 聴衆は多かった.
 There was a large *audience*.（▶「少なかった」というときは large の代わりに small を使う）
ちょうしょ 長所 a strong point, a good point (反 短所 weak point)
▶ だれにでも長所と短所がある.
 Everyone has (their) *good* and bad *points*.

ぼくの長所は正直だということです.
My strong point is that I am honest. / Honesty is my strong point.

ちょうじょ 長女 the oldest daughter [ドータァ]（▶ むすめが 2 人の場合は the

five hundred and seven 507

ちょうじょう ▶

older daughter)
▶ 私は長女です.
I am *the oldest daughter* (in the family).

ちょうじょう 頂上

the *top* [タップ], the *summit* [サミト]
▶ われわれは正午前に頂上に着いた.
We reached *the summit* before noon.
▶ 山の頂上からのながめはすばらしかった.
The view from *the top* of the mountain was wonderful.

ちょうしょく 朝食 →ごはん(表)

breakfast [ブレクファスト]
▶ 朝食は7時にとります.
I have *breakfast* at seven.
▶ 朝食には何を食べますか.
What do you have for *breakfast*?
▶ 私は日曜日にはおそい朝食をとります.
I have a late *breakfast* on Sundays.
(▶ late などの形容詞がつくときは a [an] をつけるのがふつう; breakfast は "break (…を破る) + fast (断食ﾞ)" から)

ちょうしん 長針 the *long hand*, the *minute* [ミニト] *hand*

ちょうせつ 調節する *adjust* [アヂャスト], (機械・温度などを) *regulate* [レギュレイト]
▶ いすの高さを調節してもらえる？
Could you *adjust* the height of the chair?
▶ 部屋の温度を調節する
regulate the temperature of a room

ちょうせん[1] 挑戦 a *challenge* [チャレンヂ]
挑戦する (やってみる) *try* [トゥライ]; (人にいどむ) *challenge*
▶ いつか富士登山に挑戦してみたい.
I'd like to *try* to climb Mt. Fuji some day. (▶ I'd like to ˟*challenge* to climb Mt. Fuji ~. とはいわない)
▶ ぼくはテニスの試合でプロの選手に挑戦した.
I *challenged* a pro to a game of tennis.
挑戦者 a *challenger*

ちょうせん[2] 朝鮮 *Korea* [コリ(ー)ア]
朝鮮(人・語)の *Korean*
朝鮮語 *Korean* →ことば (表)
朝鮮人 a *Korean*

ちょうだい (ください) *give me* ...; (…してちょうだい) *Please* ..., *Will you* ...?; (もらう) *receive* [リスィーヴ]
▶ ママ，おこづかいちょうだい.
Mom, *give me* some pocket money, please.
▶ 咲希ﾞ，お皿を洗ってちょうだい.
Will you wash the dishes, Saki?
▶ 今日お手紙をちょうだいいたしました.
I *received* your letter today.

チョウチョ →チョウ

ちょうちょう[1] 町長 a *mayor* [メイア]

ちょうちょう[2] 長調 (音楽) a *major* [メイヂァ] ((反) 短調 *minor*)
▶ ホ長調 E *major*

ちょうちん a (paper) *lantern* [ランタン]

ちょうてん 頂点 the *top* [タップ], the *peak* [ピーク]

ちょうど

just [ヂャスト], *exactly* [イグザクトゥリィ]
▶ いまちょうど3時です.
It's *exactly* three o'clock.
▶ ちょうどいまお客さんが来てるんだ.
I have a guest *right now*.
▶ ちょうど授業に間に合った.
I was *just* in time for class.
▶ さいふにはちょうど1万円あった.
I had *exactly* ten thousand yen in my wallet.
▶ これはちょうどいい大きさのテーブルだ.
This is the *right* size table.

> 💬 表現力
> ちょうど…したところだ
> → **have just** ＋過去分詞

▶ 私はちょうど来たところです.
I've *just come*. / I came *just now*.
(▶ just now はふつう過去形で使い，現在完了ﾞ形の文には使わない)

> ✕ I have come just now.
> just now は現在完了形の文では使えない.
> 過去形とともに使う.
>
> ◯ I have just come.
> ◯ I came just now.

◀ **ちょくせん**

> 📖 表現力
> ちょうど…するところだ
> → be about to ...

▶ ちょうど外出しようと思ったら電話が鳴った.
When I *was about to* go out, the bell rang.
▶ 映画はちょうど始まるところだ.
The movie *is just beginning*.

ちょうどうけん 聴導犬 a hearing [ヒアリング] dog
ちょうとっきゅう 超特急 a super-express [ス(ュ)ーパイクスプレス] (train)
ちょうなん 長男 the oldest son (▶むすこが2人の場合は the older son)
▶ ぼくは長男です.
I am *the oldest son*.
ちょうのうりょく 超能力 (a) super-natural power
超能力者 a person with supernatural power
ちょうはつ 長髪 long hair
ちょうほうけい 長方形 a rectangle [レクタングル] (▶「正方形」は square [スクウェア])
ちょうまんいん 超満員の over-crowded [オウヴァクラウディド], jam-packed [ヂャムパクト]
ちょうみりょう 調味料 (a) seasoning [スィーズニング]

> ℹ️ 参考 **調味料のいろいろ**
> 塩 salt / 砂糖 sugar / みそ *miso*, soybean paste / しょうゆ soy sauce / ウスターソース Worcester sauce または Worcestershire sauce / こしょう pepper / 酢 vinegar / 酒 sake / みりん *mirin*, sweet sake (for cooking) / マヨネーズ mayonnaise / ケチャップ ketchup

ちょうみん 町民（町の人々）towns-people [タウンズピープル]
ちょうやく 跳躍 a jump [ヂャンプ]
跳躍する jump
ちょうり 調理 cooking [クキング]
調理する cook
調理器具 cookware [クックウェア]
調理師 a cook
調理台 a kitchen table
調理法 a recipe [レスィピ]
ちょうりゅう 潮流 a current [カ～レント], a tide [タイド]
ちょうりょく¹ 聴力 hearing [ヒ(ア)リング]
聴力検査 a hearing test
ちょうりょく² 張力 tension [テンション]
▶ 表面張力 surface *tension*
ちょうれい 朝礼 a morning assembly [アセンブリィ]
ちょうわ 調和 harmony [ハーモニィ]
調和する go well《with》, harmonize [ハーモナイズ]《with》
▶ このカーテンはかべ紙と調和している.
This curtain *goes well with* the wallpaper.
チョーク chalk [チョーク]（▶数えるときは a piece of chalk, two pieces of chalk のようにいう）
▶ 黒板にチョークで書く
write in *chalk* on the blackboard
チョキ （じゃんけんの）scissors [スィザズ] →じゃんけん
ちょきん¹ 貯金 savings [セイヴィングズ]
貯金する save [セイヴ]
▶ ぼくはギターを買うために貯金している.
I'm *saving* money to buy a guitar.
▶ 私は貯金が少ない.
I don't have much *savings*.
▶ 銀行から貯金をおろした.
I withdrew my *savings* from the bank.
貯金通帳《米》a bankbook [バンクブク],《英》a passbook [パスブク]
貯金箱 a moneybox；(子ども用でふつう子ブタ形の) a piggy bank
ちょきん² ちょきんと切る snip [スニップ]
ちょくせつ 直接の direct [ディレクト]（反）間接の indirect）
直接に direct(ly)；(本人みずから) in person [パ〜スン]
▶ それについては先生に直接聞きなさい.
Ask your teacher about that *directly*.（▶ in person を使ってもよい）
ちょくせん 直線 a straight line [ストゥレイトライン] →せん²（図）
▶ 直線を引く draw a *straight line*
▶ 家から学校まで直線距離で3キロだ.
It is three kilometers from my house

five hundred and nine 509

ちょくつう ▶

to school in a *straight line*.
▶ ボールは一直線にレフトスタンドへ飛んでいった.
The ball went *straight* into the left stands.
直線コース (競技場の) the homestretch
ちょくつう 直通の direct [ディレクト], through [スルー]
▶ 品川まではこの電車で直通で行けます.
This train goes *directly* to Shinagawa.
直通列車 a through train;(途中停車なしの) a nonstop train
ちょくめん 直面する be faced 《with》
▶ トラは絶滅の危機に直面している.
Tigers *are faced with* extinction.
ちょくやく 直訳 (a) literal translation
直訳する translate ... literally
ちょくりつ 直立の upright [アプライト]
直立する stand straight, stand upright
チョコレート chocolate [チャコレト];(チョコレート菓子) a chocolate
▶ 板チョコ１枚
a *chocolate* bar / a bar of *chocolate*
▶ チョコレートひとかけ
a piece of *chocolate*
ちょさくけん 著作権 copyright [カピライト]
ちょしゃ 著者 an author [オーサァ], a writer [ライタァ]
ちょしょ 著書 a book;(作品) writings [ライティングズ]
ちょすいち 貯水池 a reservoir [レザヴワー]
ちょぞう 貯蔵 storage [ストーリヂ];(貯蔵品) (a) stock [スタック]
貯蔵する store, stock
貯蔵庫 a storehouse
ちょちく 貯蓄 savings [セイヴィングズ]→ちょきん¹
ちょっかい ちょっかいを出す (干渉する) meddle in;(からかう) tease [ティーズ];(言い寄る) make a pass at
ちょっかく 直角 a right angle [アングル]
直角三角形 a right triangle [トゥライアングル]
ちょっかん 直感 intuition [インテュ(ー)イション]
▶ 直感でピンとくる feel ... in my bones

直感的に by intuition
チョッキ (米) a vest [ヴェスト],(英) a waistcoat [ウェスコト]
ちょっきゅう 直球 a fastball
▶ 直球を投げる
throw a *fastball*
ちょっけい 直径 a diameter [ダイアメタァ] (対) 半径 radius)
▶ この円の直径は10センチです.
This circle is ten centimeters in *diameter*.
ちょっこう 直行する go straight [ストゥレイト], go direct [ディレクト]
▶ 学校から塾に直行する
go straight to *juku* from school
▶ ニューヨークへは直行便で行きます.
I'll take a *direct* flight to New York.

ちょっと →すこし

1 (少し) **a little** [リトゥル], **a bit** [ビット], **just** [ヂャスト]
▶ 母は中国語がちょっとだけ話せる.
My mother can speak *a little* Chinese.
▶ この服は私にはちょっと丈が短い.
This dress is *a little* short for me.
▶ ２学期は成績がちょっと上がった.
I got my grades up *a little* in the second term.

> 🗣スピーキング
> 🅐 出かけるの？
> Going out?
> 🅑 うん, ちょっと.
> Yeah, for a little while ... .

▶「お出かけですか」「ちょっとそこまで」
"Are you going somewhere?" "*Just* around the corner."
2 (少しの間) just a minute
▶ ちょっとお待ちください.
Wait *a minute*, please. / *Just a minute*, please.
▶ ちょっと時間ある？
Do you have *a minute*?
3 (呼びかけ)(親しい人に) Say! [セイ];(ていねいに) Excuse me.
▶ ちょっと, ケンちゃん.
Say, Ken!
ちょろちょろ ちょろちょろ流れる trickle

◀ ちんれつ

ちらかす [トッリクル] 散らかす scatter [スキャタァ]；(ごみなどを) litter [リタァ]；(部屋などを) make ... a mess
▶ ごみを散らかさないでください.《掲示》
Don't *Litter* / No *Littering* / No *Litter*, Please

ちらかる 散らかる be messy [メスィ], be a mess [メス], be littered [リタァド], be scattered [スキャタァド]
▶ 部屋が散らかってるわよ. かたづけなさい.
Your room *is a mess*. Clean it up.
▶ 床は紙切れで散らかっていた.
The floor *was littered* with bits of paper.

ちらし 散らし (ビラ) a flier [フライア], a flyer；(手で配る) a handbill [ハン(ドゥ)ビル]；(折りこみの) a leaflet [リーフレト]
▶ ちらしを配る
distribute *fliers*

ちらちら ちらちら光る (かすかに光る) shimmer [シマァ]；(ついたり消えたりする) flicker [フリカァ]
▶ 小雪がちらちら舞っている (→軽く降っている).
A light snow is falling.

ちらっと ちらっと見る glance, take a glance
▶ 彼女は私の方をちらっと見た.
She *glanced* at me. / She *took a quick look* at me.

ちらばる be scattered [スキャタァド]
▶ 地面には落葉がちらばっていた.
The ground *was scattered* with the fallen leaves.

ちらほら (あちこちで) here and there
ちらり
▶ 人混みの中に彼女の姿がちらりと見えた.
I *caught a glimpse* of her in the crowd.

チリ (南米の国) Chile [チリィ]
ちり[1] 地理 geography [ヂアグラフィ]
ちり[2] dust [ダスト]
ちりとり a dustpan

ちりがみ ちり紙 tissue [ティシュー]；(トイレ用の) toilet paper

ちりょう 治療 (medical) treatment [トゥリートゥメント]
治療する treat；(治す) cure [キュア]

治療を受ける get treatment
▶ 私はまだ治療中です.
I am still under *treatment*.
▶ 私は歯の治療をしなければならない.
I need to *have* my teeth *treated*.

ちる 散る fall [フォール]
▶ 桜が散ってしまった.
The cherry blossoms *have fallen*. / The cherry blossoms *are all gone*.

チワワ《動物》a chihuahua [チワーワ]

ちんぎん 賃金 wages [ウェイヂィズ] (▶時給・日給などで支払われるものをいう. ふつう複数形で使う)；(給料) pay [ペイ] → きゅうりょう

チンする (電子レンジで) heat in a microwave [マイクロウェイヴ],《米口語》zap [ザップ]

ちんたい 賃貸契約 a lease [リース]
賃貸料 (a) rent [レント]

ちんつうざい 鎮痛剤 a painkiller [ペインキラァ]

ちんでん 沈殿 sedimentation [セディメンテイション]
沈殿する settle [セトゥル]

チンパンジー《動物》a chimpanzee [チンパンズィー] (アクセント注意),《口語》a chimp [チンプ]

ちんぷんかんぷん
▶ この説明書はちんぷんかんぷんだ (→まったく理解できない).
I *can't understand* this manual *at all*.

ちんぼつ 沈没する sink [スィンク]
▶ タイタニック号は初航海で沈没した.
The Titanic *sank* on her first voyage.

ちんもく 沈黙 silence [サイレンス]
沈黙した (無言の) silent
沈黙する fall silent
▶ 沈黙を守る
keep *silent*

ちんれつ 陳列する (商品などを) display [ディスプレイ]；(展覧会などで) exhibit [イグズィビト], display
▶ チョウはこの部屋に陳列してある.
Butterflies *are exhibited* in this room
陳列室 a showroom, a display room
陳列棚 a showcase
陳列品 an exhibit

つ ツ つ ツ つ ツ

ツアー (旅行) a tour [トゥア］；(団体旅行) a group tour
▶姉はツアーでパリへ行った．
My sister visited Paris on a *group tour*.
▶そのバンドが5年ぶりのワールドツアーが決まった．
The band will go on its first world *tour* in five years.
ツアーガイド a tour guide
ツアーコンダクター a tour conductor

つい[1] 対 a pair [ペア］
▶対になる
make *a pair*
▶1対の茶わん
a pair of cups

つい[2] **1** (ほんのいま) only [オウンリィ], just [ヂャスト］；(ついいましがた) just now (▶ふつう過去形とともに使う)
▶ついけさほど東京に着きました．
I arrived in Tokyo *only* this morning.
▶ついさっき帰ってきたところだ．
I came home *just now*.
2 (うっかり) by mistake [ミステイク], (思わず) in spite of *my*self →うっかり，おもわず

ツイート ツイートする tweet [トゥウィート] (▶ tweet はもとは「(小鳥が)さえずる」という意味．X (エックス) ではポスト (post) という表現が使われる)

ツイード (織物) tweed [トゥウィード］；(服) tweeds [トゥウィーヅ]
▶ツイードのスーツ a *tweed* suit

ついか 追加 an addition [アディション]
▶「コーヒー2つ追加」「かしこまりました」
"Two *more* coffees, please." "Certainly."
追加する add [アッド] (to)
追加の additional [アディショナル]
▶追加料金を払う
pay an *additional* fee

ついきゅう[1] 追及する look into, examine [イグザミン]
▶事故の責任を追及する

look into who is responsible for the accident

ついきゅう[2] 追求 (目的のものなどの) pursuit [パス(ュ)ート]
追求する pursue [パス(ュ)ー]

ついし(けん) 追試(験) a makeup [メイカプ] exam, a makeup test, 《口語》a makeup
▶数学の追試を受けなきゃならないんだ．
I've got to take a *makeup exam* in math.

ついしん 追伸 a postscript [ポウス(トゥ)スクリプト] (▶ P.S. と略す)

ついせき 追跡 a chase [チェイス], pursuit [パス(ュ)ート]
追跡する chase, pursue [パス(ュ)ー], run after ... to catch
▶警察は誘拐犯を追跡している．
The police *are pursuing* the kidnapper.

-(の)ついた …(の)付いた with [ウィズ]
▶スヌーピーの絵のついたセーター
a sweater *with* Snoopy on it
▶引き出しの3つついた机
a desk *with* three drawers

ついたち 一日 the first day of the month
▶きょうは3月1日です．
Today is March (the) *first* [*1*].

ついたて a screen [スクリーン], a partition [パーティション]

ツイッター Twitter [トゥウィタァ] (▶現在のX (エックス)．Twitter は2023年にXへ名称変更した)

-(に)ついて

1 (関して) about [アバウト], on [アン]
▶地球温暖化についての本
a book *about* global warming (▶専門的な内容をあつかっている本なら on を使う)
▶そのことについては何も知らない．
I know nothing *about* it.

◀ **つうこう**

🎤プレゼン
みなさんは環境破壊**について**どう思いますか.
What do you think **about** environmental destruction?

2 (…のもとで) **under** [アンダァ], **with** [ウィズ]
▶ 家庭教師について英語を習っている.
I am studying English *with* a private tutor at home.
3 (…ごとに) → -(に)つき

ついで → -(する)とき, とちゅう
▶ 街へ出るついでに買ってきてあげますよ.
I'll buy it for you *when* I go downtown.
▶ ついでのときにでも立ち寄ってね.
Please drop by *if you have a chance*.

ついていく ついて行く (いっしょに) **go with**; (あとから) **follow** [ファロウ]; (遅れずに) **keep up with**
▶ 「いっしょについていってもいい？」「もちろんいいよ」
"Can I *go with* you?" "Sure."
▶ 生徒は先生のあとについていった.
The students *followed* the teacher.
▶ 数学の授業についていけない.
I can't *keep up with* my math class.

ついている **be lucky** [ラキィ]
▶ きょうはついている.
I'm *lucky* today.
▶ きょうはついてないよ.
This just isn't my day.
▶ ついてるね！
Lucky you! / You *have all the luck*!

ついてくる ついて来る (いっしょに) **come with**; (あとから) **follow** [ファロウ]
▶ 私についてきて！
Follow me! / *Come* (*along*) *with* me!

ついとう 追悼 **mourning** [モーニング]
追悼する **mourn** [モーン]
追悼式 **a memorial service**

ついとつ 追突する **hit ... from behind** (▶ hit の代わりに strike を使ってもよい)
▶ 彼女の車はトラックに追突された.
Her car *was hit from behind* by a truck.

ついに

at last [ラスト], **finally** [ファイナリィ]; (結局) **after all**; (最後に) **in the end**
▶ ついにぼくの夢が実現した.
At last my dream has come true.
▶ 田中君はついに姿を見せなかった.
Tanaka didn't show up *after all*.

ついばむ **peck** [ペック] 《at》
ついほう 追放する **expel** [イクスペル], (国から) **exile** [エグザイル]
▶ アダムとイヴはエデンの園から追放された.
Adam and Eve *were expelled* from the garden of Eden.

ついやす 費やす **spend** [スペンド] → つかう
ついらく 墜落 **a fall** [フォール]; (飛行機の) **a crash** [クラッシ]
墜落する **fall**; **crash**

ツイン (部屋) **a twin** [トゥウィン]
ツインベッド **twin beds**
ツインルーム **a twin** (**room**)

つうか 通過する **pass** [パス], **go through**, **get through**
▶ 新幹線はちょうど静岡を通過した.
The Shinkansen train *has just passed* Shizuoka.

つうがく 通学する **go to school**; (学校に来る) **come to school** (▶ 学校にいるときや学校に視点をおいているときに使う)
▶ ぼくは自転車で通学している.
I *go to school* by bike.
▶ 雨の日は歩いて通学している.
I *walk to school* on rainy days.
通学区域 **a school district**
通学路 **a school route**

つうきん 通勤する **go to work**, **go to** *my* **office**, **commute** [コミュート] 《to》
▶ 父は電車で通勤している.
My father *goes to work* by train.
▶ 母は車で通勤している.
My mother *drives to and from work*.
通勤者 **a commuter** [コミュータァ]
通勤電車 **a commuter train**
通勤ラッシュ **commuter rush**

つうこう 通行
通行する **pass** (**through**)
▶ 日本では車は左側通行だ.
In Japan cars *drive on* the left.
▶ 一方通行《掲示》
One Way

five hundred and thirteen 513

つうしょう ▶

「一方通行」の標識.

▶ 右側通行《掲示》*Keep (to) the) Right*
(車の)通行止め《掲示》*No Thoroughfare* [サ〜ロウフェア]

通行人 a passer-by (《複数》 passers-by)

通行料金 (高速道路などの) a toll [トゥル]

つうしょう 通商 (大きな取引)commerce [カマ〜ス]; (貿易) trade [トゥレイド]
通商条約 a commercial treaty

ツーショット a snapshot of two people
▶ ともちゃんとのツーショット
  a *snapshot of me with* Tomo-*chan*

つうじる 通じる

1 (道などが) lead [リード] (to), go [ゴウ] (to); (電話が) get through (to)
▶ この道は地下のショッピング街に通じています.
  This road *leads to* the underground shopping area.
▶ 綾子に電話したけど通じなかった.
  I tried to call Ayako but couldn't *get through*.

2 (理解される) be understood
▶ 私の英語は通じなかった.
  I couldn't *make myself understood* in English.

つうしん 通信

(交信) (a) communication [コミューニケイション]; (文通) correspondence [コ(ー)レスパンデンス]
通信する correspond (with)
▶ データ通信
  data *communication*
▶ 光通信
  optical *communication*
通信衛星 a communication(s) satellite [サテライト]
通信教育講座 a correspondence course
通信社 a news agency
通信販売 mail order
通信簿 《米》a report card, 《英》a (school) report

つうち 通知 (a) notice [ノウティス]
通知する give ... a notice →しらせる
通知表 《米》a report card, 《英》a (school) report

つうちょう 通帳 (銀行の)《米》a bankbook [バンクブク], 《英》a passbook [パスブク]

つうどく 通読する read through

つうやく 通訳 interpretation [インタ〜プリテイション], (翻訳) translation [トゥランスレイション]; (通訳者) an interpreter [インタ〜プリタァ], (翻訳者) a translator [トゥランスレイタァ]
通訳する interpret [インタ〜プリト], (翻訳する) translate [トゥランスレイト]
▶ 日本を訪問しているオーストラリアの学生に通訳してあげた.
  I *interpreted* for Australian students visiting Japan.
▶ 同時通訳
  simultaneous[サイマルティニアス] *interpretation*

つうよう 通用する (お金が) be current [カ〜レント]; (言語が)be spoken [スポウクン]; (受け入れられる)be accepted[アクセプティド]
▶ このコインはまだ通用しますか.
  Is this coin still *current*? / Can we *use* this coin now?
通用門 a side gate

つうろ 通路 a passage [パセヂ], a way [ウェイ]; (座席間の) an aisle [アイル] (発音注意)
▶ 通路を開けてください.
  Please clear the *way*.
▶ (予約のときに) 通路側の席をお願いします.
  An *aisle* seat, please.

つうわ 通話 a (phone) call
通話料 telephone charges

つえ 杖 a cane [ケイン], a (walking) stick [スティック]
▶ つえをついて歩く
  walk with a *cane*

◀ **つかまる**

つかい 使い an errand [エランド]; (人) a messenger [メセンヂァ]
▶ エマ, お使いに行ってきて！
Will you run an *errand* for me, Emma? / (買い物) Will you *do some shopping* for me, Emma?

つかいかた 使い方 how to use [ユーズ]
▶ このコーヒーメーカーの使い方を教えてくれますか.
Could you show me *how to use* this coffee maker?

つかいこなす 使いこなす (物を) handle [ハンドゥル]; (ことばを) have a good command of

つかいすて 使い捨ての disposable [ディスポウザブル], throwaway [スロウアウェイ]
▶ 使い捨ての紙の皿
a *throwaway* paper plate

つかいわける 使い分ける
▶ 授業でノートをとるとき, 赤と青のペンを使い分けている.
When I take notes in class, I *use* red and blue pens *differently*.

つかう 使う

使い分け
(道具などを) → use
(時間・金を) → spend

1 (道具などを) use [ユーズ]

表現力
…を使う, 使っている → use ...

▶ 父はよくネットを使ってショッピングをします.
My father *uses* the internet for shopping.
▶ このナイフを使ってパンを切ってね.
Use this knife to slice the bread.
▶ この辞書は使いやすい.
This dictionary is easy to *use*.
▶ このデジカメ, どうやって使うの？
How do you *use* this digital camera?
▶「これは何に使うの？」「ニンニクをつぶすのに使います」
"What's this *used* for?" "It's *used* for crushing garlic."
▶ ちょっとは頭を使ったら？
Try to *use* your brains a bit.

 スピーキング
Ⓐ きみのペン使っていい？
Can I use your pen?
Ⓑ いいよ, どうぞ.
Sure. Here you are.

2 (時間・金を) spend [スペンド]
▶「お金ばっかり使って！」と母はよく言う.
Mother often says, "You always *spend* too much money."

表現力
〜に…を使う → spend ... on 〜

▶ 父は本にたくさんお金を使う.
My father *spends* a lot of money *on* books.

3 (やとう) employ [エンプロイ]
▶ そのレストランでは多くのアルバイトを使っている.
That restaurant *employs* a lot of part-timers.

つかえる¹ 仕える serve [サ〜ヴ]
つかえる² (つまる) get stuck; (ことばが滞る) stumble [スタンブル]
▶ もちがのどにつかえた.
A piece of rice cake *got stuck* in my throat.

つかまえる 捕まえる catch [キャッチ], get [ゲット]; (しっかりと) catch hold of
▶ つかまえてみろよ.
Try to *catch* me.
▶ 私はビルの手首をつかまえた.
I *caught* Bill by the wrist.
▶ さあ, つかまえたぞ.
Now I *got* you.
▶ どろぼう！ つかまえて！
Thief! *Stop* him!

つかまる 捕まる **1** (とらえられる) be caught [コート]; (逮捕される) be arrested [アレスティド]
▶ どろぼうが警察につかまった.
A thief *was caught* by the police.
▶ 高見先生はいつもいそがしくて, なかなかつかまらない.
Ms. Takami is always busy, so it's difficult to *catch* her.

2 (すがる) hold [ホウルド] on ((to))
▶ 手すりにおつかまりください.
Please *hold on to* the handrail.

five hundred and fifteen 515

つかむ

つかむ

1 take [テイク], catch [キャッチ], grasp [グラスプ], hold [ホウルド]
▶ ウナギをつかむのはむずかしい.
It is difficult to *catch* eels.

> 💬表現力
> (人)の…をつかむ
> → take ＋人＋ by the ...

▶ 父はぼくの腕をつかんだ.
My father *took* me *by the* arm. (▶ by *my arm* とはいわない) / My father *took* my arm.

2 (手に入れる) get [ゲット]; (理解する) grasp, get, understand [アンダスタンド]
▶ チャンスをつかむ *get* a good chance
▶ 要点をつかむ *get* the point
▶ この公式の使い方がまだつかめない.
I still can't *understand* how to use this formula.

つかる 浸かる
▶ (ふろで) 肩までよくつかりなさい.
Soak up to your shoulders.
▶ 大雨で地下室が水につかった.
The heavy rain *flooded* the basement.

つかれ 疲れ tiredness [タイアドネス], fatigue [ファティーグ]; (極度の) exhaustion [イグゾースチョン]
▶ つかれがたまってきたなあ.
I guess I'm *getting* more and more *tired*.

つかれる 疲れる

be tired [タイアド]; (くたくたに) be tired out, be worn [ウォーン] out, be exhausted [イグゾースティド]

> 🗣スピーキング
> Ⓐ つかれた？
> Are you tired?
> Ⓑ いや, 少しも.
> No, not at all.

▶ ああ, つかれた.
Ah, I'm *tired*.
▶ あまりにもつかれてもう一歩も歩けないわ.
I'm too *tired* to walk any more.
▶ 「つかれているようだね」「ああ, もうくたくたにつかれきってます」
"You look *tired*." "Yes, I'm *exhausted*."
▶ それってつかれる. That's *tiring*.

> 💬表現力
> …でつかれる → be tired from ...

▶ 一日中歩いてとてもつかれた.
I'm very *tired from* walking all day.

つき¹ 月

> 使い分け
> (天体の) → the moon
> (こよみの) → month

1 (天体の) the moon [ムーン]
▶ 東の空に月が出た.
The *moon* came out in the eastern sky. (▶ 「月が出ていた」ならば The moon was out ... とする)
▶ 今夜は月が出ている.
There is a *moon* tonight. (▶ 「出ていない」ならば There is no moon ...)

> おもな月の形の言い方
> 満月 a full moon
> 半月 a half moon
> 新月 a new moon
> 三日月 a crescent [クレスント] moon
> (▶ 特定の時期・形の月についていうときは a をつけることが多い)

2 (こよみの) a month [マンス]
▶ 月の初めに
at the beginning of the *month*
▶ 月の半ばに
in the middle of the *month*
▶ 月の終わりに
at the end of the *month*

◀ **つきあたる**

- 私たちは月に1度ここに集まる.
  We meet here once a *month*.
- 私は月に3000円のおこづかいをもらっています.
  I get an allowance of 3,000 yen a *month*. (▶ a month の a は「…ごとに」の意味)

12か月の言い方と略語
1月	**January**	Jan.
2月	**February**	Feb.
3月	**March**	Mar.
4月	**April**	Apr.
5月	**May**	略さない
6月	**June**	Jun.
7月	**July**	Jul.
8月	**August**	Aug.
9月	**September**	Sep., Sept.
10月	**October**	Oct.
11月	**November**	Nov.
12月	**December**	Dec.

つき[2] luck [ラック] →うん[1]
- 今夜はつきがあるぞ.
  Luck is with me tonight.
- つきがないなあ.
  I'm not *lucky*. / I'm *unlucky*. / *Unlucky* me!

-つき …付き with [ウィズ]
- 土地つきの家 a house *with* land

-(に)つき 1 (…だから) so [ソゥ]; because [ビコ(ー)ズ] (of) →だから
2 (…ごとに) per [パ] ..., a [ア] ...
- パーティーの参加費は1人につき1000円です.
  The party costs 1,000 yen *per* person.

つぎ[1] 次(の)

next [ネクスト]
- 次の土曜日に
  next Saturday ; (今週の) *this coming* Saturday ; (来週の) on Saturday *next week*
- 次の日曜日にスケートに行こう.
  Let's go skating *next* Sunday. (▶ next Sunday に on はつけない)
- 次の角を左に曲がりなさい.
  Turn left at the *next* corner.
- 次はどこの駅ですか.
  What's the *next* stop?
- 次の日ポールに電話した.
  I called Paul the *next* day.
- 次はもっとしっかりと計画をたてなさい.
  Next time you should plan better.
- 次のかた, どうぞ. *Next*, please.
- 次はだれですか. Who's *next*?
- 次の問いに答えなさい.
  Answer the *following* question(s).
  次に next ; (…の次に) next to
- 次に何をしたらいい？
  What should I do *next*?
- 健はクラスでぼくの次に背が高い.
  Next to me, Ken is the tallest boy in our class.
  次から次へ one after another →つぎつぎ

つぎ[2] 継ぎ a patch [パッチ]
  つぎをあてる patch (up), sew a patch on

つきあい 付き合い
- 彼はつきあいがよい.
  He's *outgoing*. / He's a *people person*. (▶ people person は「人づきあいのよい人, 社交的な人」の意味)
- 健とは長いつきあいだ.
  Ken and I *have been friends* for a long time.

つきあう 付き合う (友だちとして) be friends 《with》; (男女が) see (▶ふつう進行形で使う), go out 《with》,《米》 date [デイト]
- 母は私に「あの子とはつきあうな」と言った.
  Mother said to me, "Don't *be friends* with that boy."
- つきあってる人がいるの？
  Are you *seeing* anyone?
- いとこは会社の同僚とつきあっている.
  My cousin *is going out with* a coworker.

つきあたり 突き当たり the end [エンド]
- 彼の家はこの道のつきあたりにあります.
  His house is at *the end* of this road.

つきあたる 突き当たる (ぶつかる) bump against, bump into
- 線路につきあたるまでこの道をまっすぐ進んでください.
  Go along this street till you *come to*

five hundred and seventeen 517

つぎあわせる ▶

a railroad track.

つぎあわせる 継ぎ合わせる join [ヂョイン] (together)；(ぬって) patch [パッチ] together

つきさす 突き刺す stick [スティック]；(刃物で人を) stab [スタッブ]

つきそい 付き添い an attendant [アテンダント]，(介護人)《おもに米》a caretaker [ケアテイカァ]

つきそう 付き添う take care [ケア] of；(同伴する) go with
▶ 2人の看護師が患者につきそった．
Two nurses *took care of* the patient.
▶ 母親がむすめにつきそった．
The mother *went with* her daughter.

つきだす 突き出す（体の一部を）stick out；(突いて外へ) push out

つぎつぎ 次々に one after another [アナザァ]
▶ 次々と事件が起こった．
Incidents happened *one after another*.

つきっきり 付きっ切り
▶ リサはつきっきりで私の宿題を手伝ってくれた．
Lisa *stayed by my side the entire time* and helped me with my homework.

つきでる 突き出る stick out；(出っ張る) project [プロヂェクト]

つきとおす 突き通す pierce [ピアス]
▶ たたみに針をつき通す
pierce a tatami mat with a needle / *stick* a needle *through* a tatami mat

つきとばす 突き飛ばす push ... away, shove [シャヴ] ... away

つきひ 月日 (時) time [タイム]；(日) days [デイズ]
▶ 月日がたつのは早いですね．
Time flies, doesn't it?

つきまとう 付きまとう follow [ファロウ] ... about

つきみ 月見 moon-viewing
▶ 私たちは月見をした．
We enjoyed *looking at the moon*.

つぎめ 継ぎ目 a joint [ヂョイント]；(布などの) a seam [スィーム]
つぎ目のない jointless；seamless

つきゆび 突き指する sprain [スプレイン] *my* finger

つきる 尽きる →なくなる
▶ 力がつきた．
My strength *is all gone*.
▶ 食糧がつきた．
The food *has run out*. / We *have run out of* food.

つく¹ 着く

1 (到着する) arrive [アライヴ] (at, in), get to, reach [リーチ]

使い分け
(場所)に着く → arrive at [in] +場所
→ get to +場所
→ reach +場所

▶ 7時50分に学校に着いた．
I *got to* school at 7:50. (▶ get to はくだけた言い方)
▶ この列車は何時に博多駅に着きますか．
What time does this train *arrive at* Hakata Station?
▶ 彼はきのうハワイに着いた．
He *arrived in* Hawaii yesterday. (▶ 国・大都市など広い場所には in を使う)
▶ 5時に家に着いた．
I *got* home at five.

× get to home
└ home は副詞だから to や at はつかない．
○ get home
○ arrive home

▶ さあ，駅に着いたよ．
Here we're *at* the station.

用法 「着く，到着する」を表す言い方
get to はくだけた言い方．**arrive at** は駅・建物など比較的せまい場所 (地点) に「着く」ときに，**arrive in** は国・大都市など比較的広い場所 (地域) に「着く」ときに使う．**reach** のあとにはすぐに「場所」が続き，at や in はつかない．

2 (すわる) sit [スィット], take a seat [スィート], have a seat →すわる

◀ **つくる**

- どうぞ席についてください.
 Please *have* a seat. / Please *take your seat*. / Please *sit down*.

つく[2] 付く,点く **1** (くっつく)stick[スティック];(しみなどがつく) be stained[ステインド]
- このテープはつきがよくない.
 This tape won't *stick* well.
- 彼のTシャツにコーヒーのしみがついていた.
 His T-shirt *was stained* with coffee.
- 手にどろがついていた.
 There was mud on my hands.

2 (明かり・電気が) come on; (ついている) be on; (電気製品などが) work[ワ〜ク]; (火が) light[ライト]
- 明かりがつかない.
 The light won't *come on*.
- 家の明かりがついていた.
 The lights in the house *were on*.
- テレビがつかない.
 The TV doesn't *work*.
- マッチがつかない.
 The match doesn't *light*.

つく[3] 突く (指などで) poke[ポウク]; (針などで)prick[プリック]; (刃物などで) stab[スタッブ]

つぐ[1] (そそぐ) pour[ポ〜(ア)]
- 優子,お茶をついでくれる？
 Will you *pour* me a cup of tea, Yuko?

つぐ[2] 継ぐ (人を) succeed[サクスィード]; (財産・家業を) succeed to, take over
- ぼくは父のあとをつぎます.
 I will *succeed* my father. / I will *succeed to* my father's job [position].

つくえ 机

a desk[デスク]
- 私は机に向かって勉強していた.
 I was studying at my *desk*.

desk　　　　　table

ツクシ《植物》a field horsetail shoot
つくす 尽くす do[ドゥ〜], try[トゥライ]
- ベストをつくせ. *Do* your best.
- あらゆる手をつくしてうちの犬をさがしたが,見つからなかった.
 I *tried* everything to find our dog, but couldn't.

つくづく
- 自分は運がよかったとつくづく思う.
 I *really* think that I was lucky.
- 姉といっしょの部屋を使うのがつくづくいやになった.
 I'm *quite* sick of sharing a room with my sister.

つぐなう 償う make up for; (罪などを) pay for
つくりかた 作り方 how to make
つくりなおす 作り直す remake[リーメイク]; make over
つくりばなし 作り話 a made-up story; (架空の物語) (a) fiction[フィクション]

つくる 作る, 造る

使い分け
- (製造する) → make
- (建造する) → build
- (創作する) → write
- (栽培する) → grow

1 (製造する) make[メイク], produce[プロデュース]; (大規模な工場などで) manufacture[マニュファクチァ]

表現力
…をつくる → make ...

- 大きな雪だるまをつくろう.
 Let's *make* a big snowman.
- ぼくは自動車のプラモデルをつくった.
 I *made* a plastic model of a car.
- その工場では自転車がつくられている.
 Bikes *are manufactured* in the factory.

表現力
(人) に (物) をつくってやる
→ make ＋人＋物 /
 make ＋物＋ for ＋人

- 私は妹に人形をつくってあげた.
 I *made* my sister a doll. / I *made* a

five hundred and nineteen　519

つくろう ▶

doll *for* my sister. (▶ ×to my sister とはしない)

💬 表現力
…は〜でつくる [つくられる]
→ ... be made of ＋材料 /
... be made from ＋原料

▶ このテーブルは木でつくられている.
This table *is made of* wood.
▶ チーズは牛乳からつくられる.
Cheese *is made from* milk.

💬 用法 **be made of** と **be made from**
「…でつくられる」というとき, 材料や質に変化がなく, 外から見てわかれば **be made of** ... を, 原料の質が変化し, 見ただけではわからなければ **be made from** ... を使うのが原則.

2 (建造する) **build** [ビルド]
▶ 橋をつくる *build* a bridge
▶ 鳥たちはいま巣をつくっている.
Birds *are* now *building* their nests.

3 (創作する) (文・詩・曲などを) **write** [ライト], **compose** [コンポウズ] ; (映画などを) **produce, make**
▶ さゆりは美しい詩をつくった.
Sayuri *wrote* a beautiful poem.
▶ ぼくは将来アニメ映画をつくってみたい.
I'd like to *make* an animated film in the future.

4 (栽培する) **grow** [グロウ], **raise** [レイズ]
▶ 父は庭で野菜をつくっている. My father *grows* vegetables in his garden.

5 (組織する) **form** [フォーム], **organize** [オーガナイズ]
▶ 私たちは演劇部をつくるつもりだ.
We're going to *form* a drama club.

6 (料理・食事を) **make**; (火を使って) **cook** [クック]
▶ ぼくが夕飯をつくるよ. I'll *make* dinner.

7 (家庭・友だちなどを) **make**

📢 プレゼン
高校ではたくさんの友だちを**つくりたいです**.
I'd like to make a lot of friends in high school.

つくろう 繕う **mend** [メンド] ; (つぎをあてる) **patch** [パッチ]

-づけ …付け
▶ 3月2日付けの新聞
a newspaper *dated* March 2

つげぐち 告げ口する (子どもなどが) **tell on ...** (to)
▶ 真央は私のことを先生に告げ口した.
Mao *told on* me *to* the teacher. / Mao *told* the teacher *on* me.

つけくわえる 付け加える **add** [アッド] (to)
▶ あなたの説明につけ加えることはありません.
I have nothing to *add to* your explanation.

つけこむ 付け込む **take advantage of**
▶ 他人の弱みにつけ込むな.
Don't *take advantage of* the weaknesses of other people.

つけもの 漬け物 **pickles** [ピクルズ]
▶ 白菜のつけ物
pickled Chinese cabbage

つける¹ 付ける, 着ける, 点ける

使い分け
(とりつける) → put, fix
(身につける) → put on, wear
(電気・ガスなどを) → turn on, switch on

put on　　turn on

1 (とりつける) **put** [プット] (on), **fix** [フィックス] (to) ; (くっつける) **attach** [アタッチ] (to)
▶ 玄関のドアに新しい鍵をつける
put a new lock *on* the front door
▶ かべにたなをつける
fix a shelf *to* the wall
▶ 小包に荷札をつける
attach a label *to* a package

2 (身につける) **put on** (反 はずす **take off**), **wear** [ウェア] →きる²
▶ 由美はお母さんからもらったブローチをつけた.

◀ つたわる

Yumi *put on* the brooch her mother gave her. (▶ put on ... は「…を身につける」という動作を表す)
▶ 彼女はイヤリングをつけていた.
She *was wearing* earrings. (▶ wear は「身につけている」という状態を表す)

3 (電気・テレビ・ラジオ・ガスなどを) **turn** [タ~ン] **on** (⇔) 消す turn off, (点火する) **light** [ライト] (⇔) 消す put out)
▶ テレビをつけてくれますか.
Could you *turn on* the TV?
▶ コンロの火をつけてお湯をわかした.
I *turned on* the stove and boiled some water.
▶ ろうそくに火をつける *light* a candle

4 (薬などを) **put**, **apply** [アプライ] ; (バターなどを) **spread** [スプレッド]
▶ 母は傷口に薬をつけてくれた. My mother *put* some medicine on my cut.
▶ パンにピーナッツバターをつけた. I *spread* peanut butter on my bread.

5 (日記・記録などを) **keep** [キープ]
▶ 今年は日記をつけるつもりだ.
I will *keep* a diary this year.
▶ 重要語に蛍光ペンで印をつけた.
I *marked* important words with my highlighter.

6 (尾行する) **follow** [ファロウ]
▶ ぼくたちはこっそりその男のあとをつけた.
We *followed* the man secretly.

つける² 浸ける,漬ける (水などに) **soak** [ソウク] ; (つけ物を) **pickle** [ピクル]

つげる 告げる **say** [セイ], **tell** [テル]
▶ (…に) 別れを告げる
say goodbye (to ...)

つごう 都合

convenience [コンヴィーニェンス]
都合がよい be convenient, be good
▶ 次の木曜日の都合はどうですか.
Is next Thursday *all right* with you?
▶ 都合のいいときにおいでください.
Please come and see me at your *convenience*.

> 💬表現力
> …にとって都合がよい
> → be convenient for ... / be good for ...

▶ いつがご都合よろしいですか.
When *is convenient for* you?
▶ あしたは都合が悪いんです.
Tomorrow *isn't good for* me.

ツタ (植物) (an) **ivy** [アイヴィ]

つたえる 伝える

1 (知らせる) **tell** [テル]
▶ あなたに伝えたいことがあります.
I have something to *tell* you.
▶ 電話をくれるよう次郎君に伝えてください.
Please *tell* Jiro to call me.
▶ 少し遅れると彼女に伝えていただけますか.
Could you *tell* her that I'll be a bit late?
▶ ご家族のみなさんによろしくお伝えください.
Say hello to your family for me. / *Give* my best regards to your family.

2 (紹介する) **introduce** [イントゥロデュース] ; (伝承する) hand down
▶ ポルトガル人が鉄砲を日本に伝えた.
The Portuguese *introduced* guns into Japan.

3 (伝導する) **conduct** [コンダクト]
▶ 銅は電気をよく伝える.
Copper *conducts* electricity well.

つたわる 伝わる (知れわたる) **spread** [スプレッド] ; (紹介される) be introduced [イントゥロデュースト]
▶ そのニュースはすぐ世界中に伝わった.
The news soon *spread* around the world.
▶ 仏教はインドから中国を経由して日本へ伝わった.
Buddhism *was introduced* to Japan from India through China.
▶ 光は音より速く伝わる.
Light *travels* faster than sound.

つち 土

earth [ア〜ス]；(土壌) soil [ソイル]；(地面) the ground [グラウンド]
- 種に土をかける cover seeds with *soil*
- この畑の土は肥えている。
  The *soil* in this field is rich.
- …を土にうめる bury ... in *the ground*

つつ 筒 a cylinder [スィリンダァ], a pipe [パイプ]

つづき 続き (記事・話などの) continuation [コンティニュエイション]；(連続) run [ラン]
- この記事の続き
  the *continuation* of this article
- 晴天続き a *run* of fine weather

つつく poke [ポゥク]；(くちばしで) peck [ペック]
- つつかないでよ. Don't *poke* me.
- キツツキが木をつついて穴をあけた.
  A woodpecker *pecked* a hole in the tree.

つづく 続く

(継続する) continue [コンティニュー], go on, keep [キープ] (on)；(ある期間) last [ラスト]；(あとに従う) follow [ファロウ]
- 雪は一日中降りつづいた.
  The snow *continued* all day. / It *kept (on) snowing* all day.
- 会議は4時間続いた.
  The meeting *lasted* for four hours.
- こちらではとても暑い日がずっと続いている.
  It *has been* very hot here.
- これでもう1週間雨が降りつづいている.
  It *has been raining* for a week. (▶「ずっと…しつづけている」というときは「have [has] been + -ing 形」で表す)
- 私のあとに続いて来てください.
  Please *follow* me.
- (連載物が) 次号に続く.
  To *be continued*.

続いて (次々に) one after another
- 難題が続いて生じた. Difficulties came up *one after another*.

つづける 続ける

go on, keep (on), continue [コンティニュー]
- どうぞ続けてください. Please *go on*.

> 💡 表現力
> …しつづける
> → keep (on) -ing /
>   continue to ... /
>   continue -ing

- きのうは一日中その小説を読みつづけた.
  I *kept on reading* the novel all day yesterday.
- ぼくは6時まで健太を待ちつづけた.
  I *continued to* wait for Kenta till six.

つっこむ 突っ込む put into；(ぶつかる) run into
- ぼくはポケットに片手をつっこんだ.
  I *put* my hand *into* my pocket.
- その車はレンガのへいにつっこんだ.
  The car *ran into* the brick wall.

ツツジ 《植物》an azalea [アゼィリャ]

つつしみ 慎み modesty [マデスティ]
慎み深い modest [マデスト]

つつしむ 慎む (気をつける) be careful [ケアフル] (about, of)
- ことばをつつしみなさい.
  Be careful of your language. / *Watch* your language.
- 暴飲暴食をつつしみなさい.
  Be careful not to eat or drink too much. (▶ be careful not to ... で「…しないように注意する」の意味)

つつみ¹ 包み a package [パケヂ]；(小さな)《おもに英》a parcel [パースル]
- 「この包み開けていい？」「いいよ」
  "Can I open this *package*?" "Sure!"
包み紙 wrapping paper

つつみ² 堤 a bank [バンク]；(堤防) an embankment [エンバンクメント]

つつむ 包む

wrap [ラップ] (up)；(おくり物用に) gift-warp [ギフトゥラプ]

◀ つばさ

▶ これをおくり物用に包んでください．
Please *wrap* this *up* as a present. /
Please *gift-wrap* this.
▶ 村は霧に包まれていた．
The village *was wrapped* in fog. /
The village *was covered* with fog.

つづり 綴り (a) spelling [スペリング]
▶ 彼の名字のつづりがまちがっている．
The *spelling* of his family name is wrong.
▶ その単語のつづりを教えてください．
Could you tell me how to *spell* the word?

つづる 綴る spell [スペル]
▶「お名前はどうつづりますか」「P-A-U-L です」
"How do you *spell* your name?"
"P-A-U-L." (▶ [ピー, エイ, ユー, エル] と読む)
▶「ナイフ」はどうつづるのか知っていますか．
Do you know how to *spell* "knife"?

つとめ 勤め, 務め (仕事) work [ワ〜ク]；
(勤め口) a job [チャブ]；(任務) (a) duty [デューティ]
▶ 彼はきのう勤めを休んだ．
He stayed away from *work* yesterday.
▶ 兄はアルバイトの勤め先を探している．
My brother is looking for a part-time *job*.
▶ クラス委員としての務めを果たす
do *duty* as a class representative
勤め先 my office [オ(ー)フィス]

つとめる 勤める, 努める, 務める

1 (勤務する) work [ワ〜ク]

🟠表現力
…に勤める
→ work at [in] ... / work for ...

▶ 母は出版社に勤めています．
My mother *works at* a publishing company.
▶「お父さんはどちらにお勤めですか」「銀行に勤めています」
"Where does your father *work*?" "He *works for* a bank."

2 (努力する) try [トゥライ]

🟠表現力
…しようと努める → try to ...

▶ 私は毎晩11時までに寝るように努めています．
I *try to* go to bed by eleven every night.

3 (役目を果たす) act as
▶ 学級会の司会を務める
act as chairperson at the class meeting

ツナ tuna [トゥーナ]
ツナかん canned tuna

つな 綱 (太い) a rope [ロウプ]；(やや細い) a cord [コード]
▶ 綱を張る stretch a *rope*
綱引き (a) tug of war
▶ 綱引きをする have *a tug of war*
綱わたり tightrope walking

つながる be connected [コネクティド], be joined [ヂョインド]
▶ 島と本土は橋でつながっている．
The island *is connected* with the mainland by a bridge.
▶ 彼女は私と血がつながっていない．
She *is* not *related* to me by blood.

つなぐ

(結ぶ) tie [タイ] ((to))；(接続する) connect [コネクト] ((to))
▶ ひもの両端をつないで．
Tie the two ends of the string together.
▶ プリンターをパソコンとつないだ？
Have you *connected* the printer *to* the computer?
▶ 手をつないで歩く walk *hand in hand*

つなみ 津波 a tsunami [ツナーミ] (複数 tsunamis または tsunami) (▶英語化している), a tidal [タイドゥル] wave

つねに 常に always [オールウェズ], at all times →いつも

つねる pinch [ピンチ]
▶ つねらないで．Don't *pinch* me.

つの 角 (牛・羊などの) a horn [ホーン]；(シカの) an antler [アントゥラァ]

つば spit [スピット]
つばをはく spit

ツバキ (植物) a camellia [カミーリャ]
つばさ 翼 a wing [ウィング]
▶ 鳥はつばさを広げた．
The bird spread its *wings*.

five hundred and twenty-three 523

ツバメ ▶

ツバメ 《鳥》a swallow [スワロウ]
つぶ 粒 a grain [グレイン]；(水の) a drop [ドゥラップ]
▶ 米つぶ a *grain* of rice
▶ 大つぶの雨が降ってきた．
　Large *drops* of rain began to fall.
つぶす (押しつぶす) crush [クラッシ]；(時間を) kill [キル]
▶ 空きかんをつぶす
　crush an empty can
▶ オリビアはよくウインドーショッピングをして時間をつぶす．
　Olivia often goes window-shopping to *kill* time.
▶ ゆでたジャガイモをつぶす
　mash boiled potatoes

つぶやく say in a soft low voice, murmur [マ～マァ], mutter [マタァ]；(ツイッターで) tweet
つぶれる be broken [ブロウクン], be crushed [クラッシト]；(破産する) go bankrupt [バンクラプト]
▶ 卵がいくつかつぶれていた．
　Some of the eggs *were broken*.
▶ その車は倒れてきた木につぶされた．
　The car *was crushed* by a falling tree.
▶ その会社は先月つぶれた．
　The company *went bankrupt* last month.
▶ 私たちの旅行計画は資金不足でつぶれた．
　Our travel plan *fell through* because of a lack of money.
ツベルクリン tuberculin [トゥバ～キュリン]
　ツベルクリン反応 a tuberculin reaction
つぼ 壷 a pot [パット]；(広口の) a jar [ヂャー]
つぼみ a bud [バッド]
▶ バラはまだつぼみだ．
　The roses are still in *bud*.

▶ チューリップのつぼみが出てきた．
　The tulips are coming into *bud*.
つぼめる (かさを) close [クロウズ], fold [フォウルド]；(口を) pucker [パカァ]
▶ 口をつぼめる *pucker my* lips
つま 妻 a wife [ワイフ] (複数 wives) (対 夫 husband)
▶ 妻はいま留守です．
　My *wife* is out now.
つまさき つま先 (a) tiptoe [ティプトウ]
▶ つま先で歩く walk on *tiptoe*
▶ このくつはつま先がきつい．
　These shoes feel tight at the *toes*.
つまずく trip [トゥリップ] 《on, over》, stumble [スタンブル] 《on, over》
▶ 彼は大きな石につまずいてころんだ．
　He *tripped over* a big stone and fell.
つまむ (拾いあげる) pick [ピック] (up)；(指先で) pinch [ピンチ]
▶ 鼻をつまむ
　pinch my nose / *hold my* nose (▶後者は悪臭がするとき)
つまようじ a toothpick [トゥースピク]

つまらない

1 (ささいな) trivial [トゥリヴィアル], trifling [トゥライフリング], small [スモール]

> 🗨用法 **つまらないものですが…**
> おくり物をする際，日本語では「つまらないものですが」という言い方をするが，これを直訳すると英語圏では「なぜつまらないものをくれるの？」と誤解されてしまう．**This is for you.** (これをあなたにあげます) や **This is a little something for you.** (ささやかなものですが，どうぞ) といった表現を使うのが自然．

▶ そんなつまらないことでくよくよするなよ．
　Don't worry about such a *trivial* thing.
▶ つまらないこと言うなよ！
　Don't talk *nonsense*! / Stop talking *nonsense*!
2 (たいくつな) dull [ダル], boring [ボーリング]；(人がたいくつした) bored [ボード]
▶ つまらない試合 a *dull* game

◀ つめたい

- つまらない本 a *boring* book
- つまらないなあ． Oh, I'm *bored*.
- (それ) つまらなそうだね．
  (見た目が) (It) looks *boring*. / (聞いたところ) (It) sounds *boring*.

> 表現力
> …するのはつまらない
> → It is boring to ... .

- 1人で野球を見に行ってもつまらない．
  It is boring to go to the ballpark alone.
- 遊び相手がいなくてはつまらない．
  It is boring to play alone.

つまり (すなわち) that is (to say), or [オー(ァ)]；(要するに) in short [ショート]；(言いかえれば) in other words

- 彼は次の月曜日，つまり5月2日に来るでしょう．
  He will come next Monday, *that is*, on May 2.

> プレゼン
> つまり，私たちは世界を変えられるのです．
> In short, we can change the world.

つまる 詰まる (鼻が) be stuffed [スタフト] up；(トイレ・流しなどが) be clogged [クラッグド] (up)；(コピー機などが) be jammed [チャムド] (up)

- 鼻がつまってるんだ．
  My nose *is stuffed up*.
- トイレがつまっちゃった．
  The toilet *is clogged up*.
- 何かがのどにつまった．
  Something *got stuck* in my throat.

つみ 罪 (法律上の) a crime [クライム]；(道徳上の) (a) sin [スィン] → ばつ¹
罪のある guilty [ギルティ], sinful
罪のない innocent [イノセント]

- 罪と罰 *crime* and punishment
- 罪を犯す
  commit a *crime* / commit a *sin*
- うそをつくのは罪だ．
  It is a *sin* to tell a lie.

つみき 積み木 a (building) block [ブラック]

- 積み木で遊ぶ
  play with (*building*) *blocks*

つむ¹ 積む (荷物を) load [ロウド]；(積み重ねる) pile [パイル] (up)

- 彼は車に荷物を積んだ．
  He *loaded* his luggage into the car.
- お父さんの机には本がどっさり積まれている．
  My father's desk *is piled up* with books.

つむ² 摘む pick [ピック]

- 花をつまないでください．
  Please don't *pick* the flowers.

つむぐ 紡ぐ spin [スピン]

つめ 爪 (人の) a nail [ネイル]；(鳥獣の) a claw [クロー]

- つめを切りなさい． Cut your *nails*.
- つめをかむのはやめなさい．
  Stop biting your *nails*.
- つめがのびてるよ．
  Your *nails* are too long.
  つめ切り nail clippers

-づめ …詰め

- びんづめのソーダ
  bottled soda
- 箱づめのオレンジ
  oranges *packed in* a box
- きょうは朝から働きづめだった．
  I worked *straight through* from this morning.

つめえり a stand-up collar [スタンダプ カラァ], a stiff [スティフ] collar

- 制服はつめえりだ．
  Our school uniform is a jacket with a *stand-up collar*.

つめこむ 詰め込む pack [パック]；(ぎゅうぎゅうに) cram [クラム] → つめる

- スーツケースに衣類をつめこんだ．
  I *packed* my clothes into a suitcase.

つめたい 冷たい

1 (温度が) cold [コウルド]；(反) 熱い hot）；(適度に) cool [クール]

five hundred and twenty-five 525

つめる ▶

- 冷たい風 a *cold* wind
- スープが冷たくなるよ.
  The soup will get *cold*.
- 何か冷たい飲み物ある？
  Is there anything *cold* to drink?

2 (態度が) **cold** (反 温かい warm), **unfriendly** [アンフレンドゥリィ]

- あいつは冷たい男だ.
  He's a *cold* man.
- どうして私には冷たいの？
  Why have you been *cold* to me?

つめる 詰める

1 (いっぱいにする) **fill** [フィル] 《with》, **pack** [パック] 《with》

- 私は箱にリンゴをつめた.
  I *filled* the box *with* apples.
- 惠子は衣類をスーツケースにつめた.
  Keiko *packed* her clothes in the suitcase. / Keiko *packed* the suitcase *with* her clothes.

2 (席を) **move** [ムーヴ] **over**

- 席を少しつめていただけますか.
  Could you *move over* a little?
- 前につめて！
  Move up! / Move ahead!

-つもり →-します

1 (…する予定である) **be going to** …

💬表現力
…するつもりだ → be going to …

- これからはもっと一生けんめい勉強するつもりだ. I'*m going to* study harder from now on.

🗣スピーキング
Ⓐ 今夜テレビを見るつもりですか.
  Are you going to watch TV tonight?
Ⓑ はい, そのつもりです.
  Yes, I am.
Ⓐ いいえ, そのつもりはありません.
  No, I'm not.

- 仙台へ行くつもりです.
  I'*m going to* (go to) Sendai. (▶「…へ行くつもり」の場合は be going to go to … としなくてもよい)

2 (…することを意図する) **mean** [ミーン] **to** …, **intend** [インテンド] **to** …

- きみを傷つけるつもりじゃなかったんだよ.
  I didn't *mean to* hurt you.
- そんなつもりじゃなかったんだ.
  I didn't *mean* it.
- 医者になるつもりだ.
  I *intend to* be a doctor.

3 (思いこんでいる) **think** [スィンク]

- 彼女は自分ではりこうなつもりでいる.
  She *thinks* she's smart.
- 「ぼくの言ってること, わかる？」「わかっているつもりだけど」
  "Do you understand what I'm saying?" "I *think* I do."

つもる 積もる **lie** [ライ]

- 地面に雪がたくさん積もっている.
  The snow *lies* deep on the ground.
  / The ground *is* covered with deep snow.

つや[1] 艶 **gloss** [グロ(ー)ス]
つやのある glossy [グロ(ー)スィ], **shiny** [シャイニィ]

つや[2] 通夜 **a wake** [ウェイク]

つゆ[1] 露 **dew** [デュー]

- 草がつゆにぬれている.
  The grass is wet with *dew*.

つゆ[2] 梅雨 **the rainy season**

- 梅雨に入った.
  The rainy season has set in.
- 梅雨はまもなく明けるでしょう.
  The rainy season will soon be over.
- きょう梅雨明けが発表された.
  The end of *the rainy season* was announced today.

つゆ[3] (吸い物) **soup** [スープ]; (そばなどの) **sauce** [ソース]; (果物などの) **juice** [ヂュース]

つよい 強い

使い分け
(力などが) → strong
(得意な) → good

strong

weak

◀ **つり²**

1 (力などが) strong [ストゥロ(ー)ング] (反 弱い weak), powerful [パウアフル]
- 強い風 a *strong* wind
- 彼は大きくて力が強い．
  He's big and *strong*.
- 姉は気が強い．
  My big sister is *strong*-minded.
- きのう強い地震があった．
  There was a *strong* [*powerful*] earthquake yesterday.

2 (得意な) good [グッド] (at) (反 弱い bad, poor)
- 太郎は数学は強いが，国語が弱い．
  Taro is *good at* math, but poor at Japanese.

強く strongly；(はげしく) hard [ハード]
- 風が強く吹いている．
  The wind is blowing *hard*.
- 風が強くなってきた．
  The wind has become *strong*.

つよがる 強がる
- 彼は強がってみせた．
  He *put on a bold front*.

つよき 強気な aggressive [アグレスィヴ]
- 強気な態度をとる
  take an *aggressive* attitude

つよさ 強さ strength [ストゥレング(ク)ス]

つよみ 強み strength [ストゥレング(ク)ス]；(長所) a strong point；(有利な点) advantage [アドゥヴァンテヂ]

つらい

hard [ハード], tough [タフ]
- 彼はつらい人生を送ってきた．
  He has had a *hard* life.
- きのうの練習はつらかった．
  Yesterday's practice was *hard*.
- 先生はどうしてぼくにつらくあたるんだろう．
  I wonder why the teacher is *hard* on me. (▶ be hard on で「…に厳しくする」の意味)

> 🗨 表現力
> …するのはつらい → It is hard to ... .

- 冬の寒い朝に早起きするのはつらい．
  It's hard to get up early on cold winter mornings.

つらぬく 貫く (貫通する) go through；(やりとげる) stick to

つらら an icicle [アイスィクル]
- つららが屋根から下がっている．
  Icicles are hanging from the roof.

つられる
- 人だかりにつられて，何が起こっているか見に行った．
  I *was drawn* by the crowd and went to see what was happening.
- 男性がおじぎをしたので，私もつられて頭を下げた．
  The man bowed, *which led* me *to* bow also.

つり¹ 釣り

(魚つり) fishing [フィシング]
つりをする fish
- ぼくの趣味はつりです．
  My hobby is *fishing*.
- 川へつりに行こう．
  Let's go *fishing* in the river.

> 「川へつりに行く」
> × go fishing to the river
> ○ go fishing in the river

つり船 a fishing boat
つり堀 a fishing pond

① angler　② reel　③ fishing rod　④ line　⑤ fish　⑥ bait　⑦ float　⑧ sinker　⑨ hook　⑩ lure　⑪ creel　⑫ cooler

①つり人　②リール　③つりざお　④つり糸　⑤魚(▶「えもの」は catch という)　⑥えさ　⑦うき　⑧おもり　⑨つり針　⑩ルアー, 疑似餌　⑪びく　⑫クーラー

つり² (つり銭) change [チェインヂ]
- 「1 万円札でおつりはありますか」「すみませんが，おつりはありません」

つりあい ▶

"Can you give me *change* for a 10,000-yen bill?" "I am sorry I have no small *change*."

> 🗨 スピーキング
> Ⓐ はい，おつりです．
> Here's your change.
> Ⓑ おつりはとっておいてください．
> Keep the change.
> Ⓐ どうも．
> Thank you.

▶ おつりがまちがっています．
I'm afraid you gave me the wrong *change*.

つりあい つり合い（均衡） (a) balance [バランス]；（組み合わせ）a match [マッチ]
つり合う balance；match

つりかわ つり革 a strap [ストラップ]
▶ つり革につかまる
hold on to a *strap*

つりばし つり橋 a hanging bridge；（規模の大きい）a suspension bridge

ツル 鶴（鳥）a crane [クレイン]
▶ 千羽鶴
a thousand paper *cranes*

つる¹ 釣る

fish [フィッシ], catch [キャッチ]
▶ 次郎はマスをつった．
Jiro *caught* a trout.

つる²〔植物〕a vine [ヴァイン]
つる³ have a cramp [クランプ]
▶ 痛い！ 右の足がつった．
Ouch! I've *got a cramp* in my right leg.

つる⁴ 弦 a string [ストゥリング]
つるす（掛ける）hang [ハング]
▶ 洋服をハンガーにつるした．
I *hung* my clothes on a hanger.

つるつる つるつるした（すべりやすい）slippery [スリパリィ]；（なめらかな）smooth [スムーズ]
▶ ろうかはつるつるすべるので足元に気をつけなさい．
Watch your step. The hallway is *slippery*.

つるはし a pickax [ピカクス]

-(に)つれて as [アズ]
▶ 時がたつにつれて，私はそのことについて忘れていった．
As time went on, I forgot about it.
▶ 高く登るにつれて寒くなった．
As we climbed higher, it became colder.

つれていく 連れて行く

take [テイク]
▶ 犬を散歩に連れていって．
Take the dog for a walk.
▶ ぼくは弟を公園へ連れていった．
I *took* my brother to the park.

つれている 連れている be with
▶ その女性は子どもを2人連れていた．
The woman *was with* her two children.

つれてくる 連れて来る

bring [ブリング]
▶ 友だちをうちに連れてきた．
I've *brought* my friends home.
▶ 彼は弟をいっしょに連れてきた．
He *brought* his brother with him.

bring 連れて来る
take 連れて行く

つんと
▶ つんとすました女の子
a *stuck-up* girl
▶ つんとくるにおい
a *pungent* smell
▶ わさびが鼻につんときた．
The wasabi *set* my nose *on fire*.

て テ て テ て テ

て 手

1 (手首から先) a **hand** [ハンド]; (腕) an **arm** [アーム] (対) 足 foot; 脚 leg)

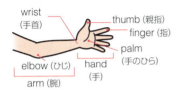

wrist (手首)
thumb (親指)
finger (指)
palm (手のひら)
elbow (ひじ)
hand (手)
arm (腕)

▶ 右手 my right *hand*
▶ 彼女は彼の手をしっかりにぎっていた.
She held his *hand* firmly.
▶ 手に何を持っているの？
What do you have in your *hand(s)*?
(▶両手のときは hands となる)
▶ いい子だから手を洗ってらっしゃい.
Be a good boy [girl]. Go and wash your *hands*.
▶ 質問があれば手をあげなさい.
Raise your *hand* if you have any questions.
▶ 健はさよならと言って手をふった.
Ken said goodbye and waved his *hand*.
▶ 私たちは手をつないで歩いていた.
We were walking *hand* in *hand*.
▶ そのコンピューターに手をふれないで.
Please keep your *hands* off that computer. / Please don't touch that computer.
▶ 手をふれるな (掲示) *Hands* Off

2 (人手・手間など) a **hand**
▶ 「ちょっと手を貸してくれない？」「ちょっと待って. いま手がはなせないの」
"Can you give me a *hand*?" "Hang on. I'm tied up at the moment." (▶ give ... a hand で「…に手を貸す」の意味. be tied up は「手がはなせない」の意味)
▶ 仕事の手をぬかないで (→きちんと仕事をしなさい). Do your work properly. /

Get your work done right.

日本語 NAVI

手がかかる 手間がかかる, めんどうな
→ **てま, めんどう**

手がつけられない どうしようもない
→ **どうしようもない**

手が出ない ①むずかしくてどうにもできない ②高くて買えない → ①**むずかしい, どうにも, できる** ②**たかい, かう¹**

手が届く ①手に入れることができる ②注意や世話が行きわたる ③もう少しでなる
→ ①**てにいれる, える, できる** ②**じゅうぶん** ③**-(に)なる**

手にあせをにぎる はらはらする
→ **はらはら**

手にする ①手に持つ ②自分のものにする
→ ①**もつ** ②**てにいれる, える**

手につかない 落ち着いてできない
→ **おちつく, できる, する¹**

手も足も出ない どうすることもできない
→ **できる**

手を貸す 手伝う → **てつだう**

手を加える 補ったり直したりする
→ **なおす, しゅうせい**

手をつける ①とりかかる, はじめる ②（お金などを）使う ③食べはじめる
→ ①**とりかかる, はじめる** ②**つかう** ③**たべる, はじめる**

手をぬく いい加減にすます
→ **てきとう, すます**

手を焼く てこずる → **こまる**

-で

使い分け

(場所) → in, at, on
(時間) → in, within
(手段・方法) → by, on, with, in
(原因・理由) → with, from, of
(材料・原料) → of, from
(価格・費用) → for, at
(年齢など) → at

であい ▶

at the door　　**by** car
ドアのところで　　車で

on the phone　　**with** a pen
電話で　　ペンで

1 (場所)(広い) **in** [イン];(せまい・移動の通過点) **at** [アット];(通りなど) **on** [アン]
▶「どこで生まれたの？」「東京で生まれたの」
"Where were you born?" "I was born *in* Tokyo."
▶ 琵琶湖は日本でいちばん大きな湖です．
Lake Biwa is the largest lake *in* Japan.
▶ このリンゴはスーパーで買ったんだ．
I bought these apples *at* the supermarket.
▶ 名古屋で電車を乗りかえた．
We changed trains *at* Nagoya.

> 💬 **用法 in と at**
> **in** はふつう比較的広い場所に，**at** は場所の一点や移動の通過点などせまい場所や特定の場所に使う．

2 (時間)(…後に) **in**;(…以内に) **within** [ウィズィン]
▶ あと10分ぐらいで着くよ．
We'll arrive *in* about ten minutes.
▶ これらの質問に30分以内で答えなさい．
Answer these questions *within* half an hour.

3 (手段・方法)(交通手段・通信手段) **by** [バイ];(テレビ・電話など) **on**;(筆記用具など) **with** [ウィズ];(英語など) **in**
▶「学校にはどうやって通ってるの？」「自転車で[バスで，電車で]」
"How do you go to school?" "*By* bike [bus, train]." (▶一般の交通手段を表す場合には by と名詞の間には a や the などの冠詞や my などの所有格はつけない)
▶ そのうち，メールで連絡するよ．
I'll get in touch soon *by* email.
▶ きのうおばと電話で話した．
I talked with my aunt *on* the phone yesterday.
▶ 解答用紙にはえんぴつで書きなさい．
Write *with* a pencil on the answer sheet.
▶ その手紙は英語で書かれていた．
The letter was written *in* English.

4 (原因・理由) **with**, **from** [フラム], **of** [アヴ], **because of**
▶ 彼女はひどいかぜで寝ている．
She is in bed *with* a bad cold.
▶ 睡眠不足でめまいがした．
I felt dizzy *from* lack of sleep.
▶ 彼女は過労がもとで亡くなった．
She died *from* overwork. (▶ die from は「…がもとで亡くなる」の意味)
▶ 祖母はがんで亡くなった．
My grandmother died *of* cancer. (▶ die of は「(病気)で亡くなる」の意味)

5 (材料) **of**;(原料) **from** → つくる
▶ このおもちゃは紙でできている．
This toy is made *of* paper.
▶ 豆腐は大豆でつくられる．
Tofu is made *from* soybeans.

6 (価格)(…の値段で) **at**;(…を払って) **for** [フォー(ァ)]
▶ このDVDプレーヤー，セールで買ったんだ．
I bought this DVD player *at* a sale.
▶ ぼくはTシャツを1000円で買った．
I bought the T-shirt *for* 1,000 yen.

7 (年齢) **at**;(速度) **at**
▶ 15歳で *at* the age of fifteen
▶ 全速力で *at* full speed

であい 出会い a meeting [ミーティング],(偶然の遭遇) an encounter [エンカウンタァ]
▶ それは不思議な出会いでした．
It was *a* strange *encounter*.

であう 出会う meet [ミート] → あう¹

てあし 手足 hands and feet, arms and legs
▶ 手足をしっかりとのばして．
Stretch your *arms* and *legs* as far as you can.

◀ **てぎ**

であし 出足 a start [スタート]
▶ 私たちのチームの出足は好調です.
Our team has made *a* good *start*.
てあたりしだい 手当たり次第に at random [ランダム]
てあて 手当て (a) medical treatment [メディカル トゥリートゥメント]
手当てする treat [トゥリート]
▶ 少年は病院で手当てを受けた.
The boy *was treated* at a hospital.
▶ 応急手当 first-aid *treatment*
てあらい 手洗い a bathroom [バスル(ー)ム] →トイレ(ット)
-である am [アム], is [イズ], are [アー] →-です
ていあん 提案 (積極的な)a proposal[プロポウザル];(ひかえめな) (a) suggestion [サ(グ)チェスチョン]
提案する suggest [サ(グ)チェスト], propose [プロポウズ]

> 🗣用法 **提案するときの言い方**
>
> 「さあ…しよう」と提案するときは Let's …. という.「…してはどうですか」は How about -ing …? や What about -ing …? という. また Why don't you …? や「いっしょに」の気持ちをこめた Why don't we …? もよく使う.
> 答えるときは, That sounds interesting. や That's a good idea. また, OK., All right. などという. 断るときは, I'm sorry I can't. I don't have the time. などという.

> 💬表現力
>
> …しようと提案する
> → suggest [propose] that …

▶ 彼はハイキングに行こうと提案した.
He *suggested that* we (should) go hiking.
ティー (紅茶) tea [ティー] →ちゃ
▶ アイスティー iced *tea*
▶ ミルクティー *tea* with milk
▶ レモンティー *tea* with lemon
ティーカップ a teacup [ティーカプ]
ティースプーン a teaspoon [ティースプーン]
ティータイム a coffee break [ブレイク], a tea break
ティーバッグ a tea bag
ディージェー a DJ [ディーヂェイ], a disc jockey [ディスク ヂャキィ]
ティーシャツ a T-shirt [シャート]
▶ ティーシャツを着る put on a *T-shirt*
ディーゼル (ディーゼルエンジン) a diesel [ディーゼル] (engine)
ディーゼル機関車 a diesel locomotive
ディーゼル車 a diesel car, a diesel engine vehicle [ヴィーイクル]
ディーブイディー a DVD [ディーヴィーディー] (複数) DVDs, DVD's (▶ *d*igital *v*ersatile [*v*ideo] *d*isc の略)
▶ DVDプレーヤー a *DVD* player
▶ DVDレコーダー a *DVD* recorder
ていいん 定員 (a) capacity [カパス(ィ)ティ]
▶ このホールは定員1000名です.
This hall has a *capacity* of 1,000 seats. / This hall has *seats* for 1,000 people.
ティーンエージャー a teenager [ティーネイヂァ], (口語) a teen [ティーン] (▶ 13歳(thirteen)から19歳(nineteen)までをいう)
ていえん 庭園 a garden [ガードゥン]
ていか¹ 定価 a (fixed) price [プライス];(表示価格) a (list) price
▶ この本の定価はいくらですか.
What's the *price* of this book?
ていか² 低下 drop [ドゥラップ], decline [ディクライン]
▶ 気温の低下 a *drop* in temperature
低下する drop, decline

> 🎤プレゼン
>
> 日本では出生率の低下は深刻な問題です.
> The declining birth rate is a serious problem in Japan.

ていき 定期の regular [レギュラァ]
定期的に regularly
定期入れ a pass holder
定期演奏会 a regular concert
定期券 (米) a commuter pass, (英) a season ticket
定期試験 regular exams
定期預金 a time [fixed] deposit
ていぎ 定義 a definition [デフィニション]

five hundred and thirty-one 531

てきあつ ▶

定義する define [ディファイン]

ていきあつ 低気圧 low (atmospheric) pressure [(アトゥモスフェリク) プレシァ] (対) 高気圧 high (atmospheric) pressure) → きあつ

ていきゅうび 定休日 a regular holiday [レギュラァ ハリデイ]
▶ この店は火曜日が定休日です.
This store *is closed* on Tuesdays.

ていきょう 提供 an offer [オ(ー)ファ]
提供する give [ギヴ], offer, provide [プロヴァイド] ; (番組などを) sponsor [スパンサァ], present [プリゼント]
▶ この番組はABC社の提供でお送りします.
This program *is presented* by the ABC Company.

テイクアウト 《米》(a) takeout [テイカウト], 《英》(a) takeaway [テイカウェイ] (▶「持ち帰り用の料理」の意味)
テイクアウトする 《米》take out, 《英》take away
テイクアウトで to go

🗣 スピーキング
テイクアウトでチーズバーガーを2つお願いします.
Two cheeseburgers to go, please.

ディクテーション (書き取り)(a) dictation [ディクテイション] → かきとり

ていこう 抵抗 resistance [リズィスタンス]
抵抗する resist
抵抗力 resistance

ていこく¹ 定刻 the appointed [アポインティド] time

ていこく² 帝国 an empire [エンパイア]
帝国主義 imperialism [インピ(ア)リアリズム]

ていさい 体裁 (見かけ) (an) appearance [アピ(ア)ランス]
▶ 大貴は体裁を気にしない.
Daiki doesn't care about his *appearances*.

ていし 停止 a stop [スタップ] ; (停止処分)(a) suspension [サスペンション]
停止する stop

ていじ 定時に at a regular [レギュラァ] [fixed [フィクスト]] time ; (電車など) on time
定時制高校 a part-time high school ; (夜間高校) a night high school

ていしゃ 停車 a stop [スタップ]
停車する stop, stand
▶ この列車は名古屋まで停車しない.
This train does not *stop* until Nagoya.
▶ あれは各駅停車です.
That is a local train. / That train *stops* at every station.
▶ バスは急停車した.
The bus *stopped* suddenly.

ていしゅつ 提出する hand in
▶ レポートは来週の金曜日までに提出しなさい.
Hand in your paper by next Friday.

ていしょく 定食 a set meal [ミール] ; (昼食) a set lunch [ランチ] ; (夕食) a set dinner [ディナァ]
▶ お昼に定食を食べた.
I had a *set lunch*.

ディスカウント a discount [ディスカウント] → わりびき
ディスカウントショップ a discount store

ディスクジョッキー a disc jockey [ヂャキィ], a DJ [D.J.] [ディーヂェイ]

ディスコ a disco [ディスコウ] (複数 discos), a discotheque [ディスコテク]

ディズニーランド Disneyland [ディズニィランド]

ていせい 訂正 (a) correction [コレクション]
訂正する correct [コレクト]
▶ 誤りがあれば訂正しなさい.
Correct errors, if any.

ていたく 邸宅 a residence [レズィデンス] ; (大邸宅) a mansion [マンション]

ティッシュ(ペーパー) (a) tissue [ティシュー], (a) Kleenex [クリーネクス] (▶商標 ; 英語の tissue paper は「うすい包装紙」のこと)
▶ ティッシュ1箱 a box of *tissues*

ていでん 停電 a power failure [フェイリャ], a blackout [ブラカウト]
▶ あっ,停電だ!
Oh, the *power's out*!
▶ 昨夜は台風で3時間停電した.
We had a three-hour *blackout* last night because of the typhoon.

ていど 程度 (度合い) a degree [ディグリー] ; (水準) a level [レヴェル]
▶ ある程度まであなたに同意します.
I agree with you to some *degree*.

▶ これは中学程度の問題だ.
This is a question at a junior high school *level*.

ディナー dinner [ディナァ]（▶1日のうちでもっとも手の込んだ食事のことで，ふつうは夕食のことをさす）

ていねい 丁寧
（注意深い）**careful** [ケアフル]；（礼儀が正しい）**polite** [ポライト]
ていねいに carefully；politely
▶ 彼は仕事がていねいだ.
He does a *careful* job.
▶ ていねいにあつかってください.
Please handle *with care*.
▶ 谷先生からていねいな手紙をいただいた.
I got a *polite* letter from Mr. Tani.

ていねん 定年 the retirement age [リタイアメント エイヂ], the age limit [リミト]

🟧プレゼン
私は定年制は廃止されるべきだと思います.
I think mandatory retirement age should be abolished.（▶mandatory [マンダトーリィ] は「強制的な」の意味）

定年退職する retire
ていはく 停泊する anchor [アンカァ]
ていばん 定番の standard [スタンダド], basic [ベイスィク]
▶ 定番のジーンズ
standard jeans
ディフェンス defense [ディフェンス]（反 オフェンス offense）
ディベート a debate [ディベイト]
ていへん 底辺《数学》the base [ベイス]；（比ゆ的に）the bottom [バトム]
ていぼう 堤防 a bank [バンク]
ていぼく 低木 a shrub [シラブ]
でいり 出入りする go in and out
出入口 a doorway [ドーウェイ]
ていりゅうじょ 停留所 a stop [スタプ]
▶ バスの停留所はどこでしょうか.
Where is the bus *stop*?
ていれ 手入れする（世話をする）take care [ケア] of；（髪・ひげなどを）trim [トゥリム]；（修理する）repair [リペア]
▶ 父は日曜日に庭の手入れをする.
My father *takes care of* the garden on Sundays.

ディレクター a director [ディレクタァ]
ティンパニ timpani [ティムパニィ]
データ data [デイタ]
▶ データを集める
collect *data*
データベース a database
デート a date [デイト]
デートする have a date (with), date (with)
デートにさそう ask ... out (for a date)
▶ あした絵美とデートだ.
I'm going on a *date with* Emi tomorrow.
▶ きのう康介とデートした.
I *had a date with* Kosuke yesterday.
▶ きのうのデートは楽しかった.
We *had a pleasant date* yesterday.
▶ きみをデートにさそってもいい？
Can I *ask* you *out*?
テーピング taping [テイピング]
テープ（紙・布などの）(a) tape [テイプ],（送迎用の紙テープ）a (paper) streamer [ストゥリーマァ]；（録音・録画用の）(a) tape, (a) videotape [ヴィディオウテイプ]
テープレコーダー a tape recorder

テーブル
a **table** [テイブル]

table　　　desk

▶ テーブルの用意，してくれる？
Can you set the *table*?
▶ さあ，テーブルについてください.
Now, please sit at the *table*.
▶ 恵美，テーブルをかたづけてちょうだい.
Please clear the *table*, Emi.
テーブルクロス a tablecloth
テーブルスピーチ a speech at a dinner, an after-dinner speech（▶ ×table speech とはいわない）
テーブルマナー table manners
テーマ a subject [サブヂェクト]；（主題）a theme [スィーム]；（話題）a topic [タピク]
▶ 作文のテーマ，もう決めた？

ておくれ ▶

🗨 スピーキング

①デートの約束

🅐 キャシー，今度の日曜日，遊園地に行かない？
Cathy, will you go to the amusement park with me next Sunday?

🅑 いいわね！ ジェットコースターに乗ってみたいな.
That's a great idea! I'd love to ride the roller coaster.

🅐 じゃあ，バス停に10時．いい？
Then I'll meet you at the bus stop at ten. OK?

🅑 うん，いいよ．
That's fine.

②デートの待ち合わせ

🅐 やあ，キャシー．待った？
Hi, Cathy! Have I kept you waiting long?

🅑 いいえ，いま来たところ．
No, I just got here.

🅐 すてきなセーターだね．
That's a pretty sweater.

🅑 ありがとう．
Thank you.

③デートの終わり

🅑 あ，もうこんな時間．そろそろ帰らなくちゃ．
Oh, it's late. I should be on my way.

🅐 そう．送っていくよ．
OK. I'll take you home.

🅑 いろいろありがとう．とっても楽しかった．
Thank you for everything. I had a very nice time.

🅐 ぼくもさ．今度はいつ会える？
Me, too. When can I see you again?

🅑 次の日曜日は？
How about next Sunday?

🅐 いいね．そのときは動物園に行こう．今週また電話するよ．
Good. Let's go to the zoo next time. I'll call you sometime this week.

🅑 わかった．電話待ってるね．じゃあね．
All right. I'll be waiting for your call. See you.

🅐 さよなら，キャシー．
Goodbye, Cathy.

Have you chosen a *subject* for your composition?
テーマソング a theme song
テーマパーク a theme park
ておくれ 手おくれの too late [レイト]
▶ 手おくれにならないうちにお医者さんにみてもらいなさい．
See the doctor before it's *too late*.
デオドラント deodorant [ディーオウド(ゥ)ラント]
デオドラントスプレー a deodorant spray
でかい very big, huge [ヒューヂ]
▶ ほら，あの船，でかいよ．
Look at that ship. It's *huge*.
▶ そんなでかい声出すなよ．Don't *yell*.
てがかり 手掛かり a clue [クルー]
▶ まだ手がかりが1つとしてないんだ．
I haven't found a single *clue* yet.

でかける 出かける

go out；（出発する）**leave** [リーヴ], **start**

[スタート]
出かけている be out
▶ 何時に出かけましょうか．
What time shall we *go out*?
▶ 母はいま出かけています．
My mother *is out* now.
▶ ちょっと散歩に出かけてくるよ．
I'm just *going* for a walk.
▶ 学校には何時に出かけるの？
What time do you *leave* for school?
てかげん 手加減する go easy [イーズィ]《on》
▶ 彼は子どもだよ．手加減してあげて．
He is a child. *Go easy on* him.
てかてか てかてかしている shiny [シャイニィ]
でかでか でかでかと（大きな文字で）in big letters [レタァズ]

てがみ 手紙

a **letter** [レタァ]（▶「はがき」は card）

手紙を書く write [ライト] 《to》
▶ お手紙どうもありがとう.
Thank you for your *letter*.
▶ 東京にいる桃子から手紙をもらった.
I got a *letter* from Momoko in Tokyo.
▶ その手紙, だれから？
Who is the *letter* from?
▶ この手紙出してきてもらえる？
Could you please mail this *letter*?
▶ お父さん, 私に来た手紙, 開けないでよ.
Don't open *letters* for me, Dad.
▶ お手紙うれしく拝見しました.
I really enjoyed your *letter*.

【表現力】
(人)に手紙を書く
→ write +人(+ a letter) /
write (a letter) to +人

▶ きのうエマに手紙を書いた.
I *wrote* (*to*) Emma yesterday.
▶ 私は昨夜, 真人に長い手紙を書いた.
I *wrote a long letter to* Masato last night.
▶ お手紙, ちょうだいね.
Drop me *a line*. (▶ drop ... a line で「…に一筆*ぴつ*たよりを書く」の意味)

てがら 手柄
▶ お手がらだよ (→よくやった)！
Fine! / Excellent [エクセレント]！/ You did it! / Well done! / You made it!

てがる 手軽な (たやすい) easy [イーズィ]；(軽い) light [ライト]
手軽に easily [イーズィリィ]
▶ 手軽な食事 a *light* meal
▶ このスープ, 手軽につくれておいしいんだ.
This soup is *easy* to cook and tastes good.

てき[1] 敵 an enemy [エネミィ] (反 味方 friend)；(競争相手) a rival [ライヴァル]；(対戦相手) an opponent [オポウネント]
▶ 汝*なんじ*の敵を愛せ. Love your *enemies*. (▶『新約聖書』のことば)

てき[2] 滴 a drop [ドゥラップ]
▶ 1滴の水 a *drop* of water

でき 出来
▶ 上できだ！
Good *job*！/ Well *done*！
▶ 彼女の新作はすばらしいできだよ.

Her new work is really *great*.
できあがる 出来上がる →かんせい[1]
てきい 敵意 hostility [ハスティリティ], a bad feeling 《against》
敵意のある hostile [ハストゥル], unfavorable [アンフェイヴ(ァ)ラブル]
てきおう 適応する adapt [アダプト] *myself* 《to》, go along 《with》
できごと 出来事 (重要な)an event [イヴェント]；(日常の)an occurrence [オカーレンス]；(偶然*ぜん*の) a happening [ハプニング]；(ささいな, または異例の) an incident [インスィデント]
▶ 今年の大きなできごとは何でしたか.
What were the big *events* of this year?
▶ これは日常的な (→よくある) できごとだ.
This is a daily *occurrence*. / This is an everyday *phenomenon*.

てきざいてきしょ 適材適所 the right person [ライト パ〜スン] in the right place [プレイス]
できし 溺死する drown [ドゥラウン]
テキスト (教科書) a textbook [テクス(トゥ)ブク]；(本文・原文) (a) text
▶ 英語のテキスト an English *textbook*
▶ (コンピューターの) テキストファイル a *text* file
てきする 適する be suitable [スータブル] 《for》, be fit [フィット] 《for》, be good [グッド] 《for》
▶ この本は子どもに適している.
This book *is suitable for* children.
▶ 彼女はこの仕事に適していない.
She *is* not *fit for* this job.
▶ この水は飲用に適していますか.
Is this water *good* to drink?
てきせい 適性 aptitude [アプティテュード]
適性検査 an aptitude test
てきせつ 適切な (ふさわしい) proper [プラパァ]；(ぴったりの) right [ライト] →てきとう
▶ 適切な処置
proper treatment
▶ 適切なことばが思いつかない.
I can't think of the *right* words.
できたて 出来立ての fresh [フレッシ]
▶ このパンはできたてだ.
This bread is *hot* from the oven. / This bread is *freshly baked*.

てきちゅう ▶

てきちゅう 的中する（予想・予言などが）come true [トゥルー]；(的に) hit the mark [マーク] →あたる
▶ 予想はみごとに的中した.
The prediction *has* certainly *come true*.

てきど 適度な moderate [マデレト], proper [プラパァ]
▶ 毎日適度な運動をしたほうがいいよ.
You should exercise *moderately* every day.

てきとう 適当な

1 (ふさわしい) suitable [ス(ュ)ータブル], good [グッド], fit [フィット]
▶ 空所にもっとも適当な語を書き入れなさい.
Fill in the blanks with the most *suitable* words.

2 (その場に合わせて要領よく)
▶ 適当に答えておいてよ.
Just answer *as you like*.

てきぱき (さっさと) quickly [クウィクリィ]; (効率的に) efficiently [イフィシェントゥリィ]
▶ 彼は仕事をてきぱきこなす.
He works *quickly and efficiently*.

できる

> 使い分け
> (可能である) → can, be able to ...
> (優れている) → able, bright
> (…が得意だ) → be good at
> (できあがる) → be ready

1 (可能である) can [キャン], be able [エイブル] to ...

> 表現力
> … (すること)ができる → can ...
> … (すること)ができない
>   → can't ... / cannot ...

▶ 浩一は100メートルを12秒で走ることができる.
Koichi *can* run 100 meters in 12 seconds.
▶ ピアノをひくことができますか.
Can you play the piano?
▶ ぼくはコンピューターを使うことができないんだ.
I *can't* use a computer.

> スピーキング
> Ⓐ スキーができますか.
> Can you ski?
> Ⓑ はい，できます.
> Yes, I can.
> Ⓑ いいえ，できません.
> No, I can't.

> 表現力
> …することができた / …ができた
>   → was [were] able to ... / could ...

▶ 彼はその質問にすばやく答えることができた.
He *was able to* answer the question quickly.
▶ 遠足に行くことができなかった.
I *wasn't able to* go on the outing. / I *couldn't* go on the outing.

> 表現力
> …ができるだろう
>   → will be able to ...

▶ 数日もすれば歩くことができますよ.
You'*ll be able to* walk in a few days.

> 文法 be able to の使い方
> ❶ could には「(やろうとすれば)できるのだが」の意味もあるので，明確に「できた」というときには was [were] able to を使う.
> ❷ will や may などのあとには can は使えないので，be able to を使う.

> 表現力
> …できるように
>   → so (that) 〜 can [may] ...

▶ 私たちは試合に勝つことができるように一生けんめい練習した.
We practiced very hard *so* we *could* win the game.

> 表現力
> …できるようになる → learn to ...

▶ マイクもすぐに日本語を話すことができるようになるさ.
Mike will soon *learn to* speak Japanese.

◀ てさげ

💬表現力
~できる（ほど）…
→ ... enough to ~

▶ 自分のことはもう自分でできる年でしょ．
You're old *enough to* take care of yourself.

2 (優れている) **able**, **bright** [ブライト]；(…が得意だ) **be good at**
▶ できる生徒 an *able* student
▶ 圭太は数学がとてもよくできる．
Keita *is* very *good at* math.

3 (できあがる) **be ready** [レディ]；(完成する) **be finished**
▶ 食事の用意ができたよ．
Dinner *is ready*.
▶ 出かける準備はできた？
Are you *ready* to go?
▶ そのタワーはまだできていない．
The tower *isn't finished* yet.

4 (つくられる)(材料) **be made of**；(原料) **be made from** →つくる
▶ このいすは石でできている．
This chair *is made of* stone.
▶ ワインはブドウからできる．
Wine *is made from* grapes.

5 (育つ) **grow** [グロウ]
▶ 当地ではサツマイモがよくできる．
Sweet potatoes *grow* well here.

できるだけ **as ... as ~ can**, **as ... as possible** [パスィブル]

💬表現力
できるだけ…
→ as ... as ~ can /
as ... as possible

▶ できるだけ早く帰るよ．
I'll be back *as* soon *as* I *can* [*as* soon *as possible*].
▶ 私たちはできるだけ早く寝た．We went to bed *as* early *as* we *could*.

できれば **if possible** [パスィブル], **if one can ...**
▶ できれば駅まで車でむかえにきてくれないかな？ Could you pick me up at the station *if possible* [*if* you *can*]？

てぎわ 手際のよい **skillful** [スキルフル]
手際よく **skillfully**

でぐち 出口 **an exit** [エグズィット], (英) **a way out** (反 入り口 entrance)
▶「出口はどちらですか」「こちらが出口です」
"Where's the *exit*?" "This is the *way out*."

高速道路の出口の掲示．

テクニック (a) **technique** [テクニーク]
テクノロジー **technology** [テクナロヂィ]
てくび 手首 **a wrist** [リスト]
▶ ジョンは私の手首をつかんだ．
John took me by the *wrist*.
てこ **a lever** [レヴァ]
でこぼこ でこぼこした（道路などが） **rough** [ラフ], **bumpy** [バンピィ]
▶ でこぼこ道 a *rough* road (▶ rough の代わりに bumpy も使える)
デコレーション **decoration** [デコレイション]
デコレーションケーキ **a fancy** [ファンスィ] **cake**, **a decorated cake** (▶×decoration cake とはいわない) →ケーキ

てごろ 手ごろな（値段が）**reasonable** [リーズナブル]；(使いやすい) **handy** [ハンディ]
▶ 手ごろな値段で at a *reasonable* price
てごわい 手強い **tough** [タフ]
デザート **dessert** [ディザート]
▶ デザートを食べる eat some *dessert*
デザイナー **a designer** [ディザイナァ]
▶ ファッションデザイナー
a fashion *designer*
デザイン (a) **design** [ディザイン]
デザインする **design**
▶ グラフィックデザイン
(a) graphic *design*
てさぐり 手探りする **grope** [グロウプ], **feel** [フィール]
▶ 暗やみで，わたしはスイッチを手探りした．
In the dark, I *groped* for the switch.
てさげ 手さげ（手さげかばん）**a tote** [トウト] **bag**；(買い物袋) **a shopping** [シャピング] **bag**

five hundred and thirty-seven 537

てざわり ▶

てざわり 手触り
▶ この布は手ざわりがやわらかい．
This cloth *feels* soft.
でし 弟子 a pupil [ピューブル], a disciple [ディサイプル]

-でした

be 動詞の過去形（▶主語によって次のように変化する）

I	was	we	were
you	were	you	were
he she it	was	they	were

▶ きのうは雨でした．
It *was* rainy yesterday.
▶ あのころ私たちは小学生でした．
We *were* in elementary school then.

デジタル digital [ディヂトゥル]
デジタルカメラ a digital camera
デジタル教科書 a digital textbook

てじな 手品 a (magic [マヂク]) trick [トゥリック]; (総称) magic
手品をする conjure [カンヂァ], do magic tricks
▶ 吉田先生は手品がうまい．
Mr. Yoshida is good at *magic tricks*.
手品師 a magician [マヂシャン]

でしゃばる 出しゃばる put [poke] my nose (into)
▶ ぼくはでしゃばる人は好きじゃない．
I don't like those who often *poke their noses into* other people's affairs.
▶ でしゃばるな．
Mind your own business. / It's none of your business.

-でしょう

1 (未来を表して) will [ウィル]

💬 表現力
…でしょう → will ＋動詞の原形

▶ あしたは晴れるでしょう．
It *will* be fine tomorrow. (▶話し言葉ではふつう It will は It'll のように短縮形を使う)

💬 表現力
…でしょうか → Will ...?

▶「彼らはここに来るでしょうか」「いいえ，来ないでしょう」
"*Will* they come here?" "No, they *won't*." (▶ won't [ウォウント] は will not の短縮形)

2 (推測を表して) (…と思う) I think [スィンク] (that) ... ; (確信して) I'm sure (that) ...
▶ メグならそれができるでしょう．
I think Meg can do it.
▶ きっと健太は電話をくれるでしょう．
I'm sure Kenta will call me.

3 (念を押して) →ね
▶ このスニーカーはきみのでしょう？
These sneakers are yours, *aren't they*?

4 (感嘆文で) →なんて
▶ これはなんておいしいパイなんでしょう！
What a delicious pie this is!

-です

be 動詞の現在形（▶主語によって次のように変化する）

I	am	we	are
you	are	you	are
he she it	is	they	are

▶ 私は日本人です．I *am* Japanese.
▶「あなたは幸せですか」「はい，幸せです」
"*Are* you happy?" "Yes, I *am*."
▶ 彼女は私のおばです．She *is* my aunt.

てすう 手数 trouble [トゥラブル]
手数をかける trouble, bother [バザァ]
▶ お手数をおかけしてすみません．
I'm sorry to *bother* you. / I'm sorry to give you so much *trouble*.
▶ お手数ですが，水を1ぱいいただけませんか．
I'm sorry to *trouble* you, but could you give me a glass of water?
手数料 a fee [フィー], a charge [チャーヂ]

デスク a desk [デスク]
デスクトップパソコン a desktop (computer)

テスト a test [テスト], an exam [イグザム],

◀ **てつだう**

an examination [イグザミネイション]；(小テスト)《米》a quiz [クウィズ] →しけん
テストする test, give a test
▶「きょうのテスト，どうだった？」「よくできたと思うよ」
"How was today's *test*? / How did you do in today's *test*?" "I think I did very well."
-ですね →-ね
てすり 手すり a handrail [ハン(ドゥ)レイル]
▶ 手すりにおつかまりください．
Hold Onto the *Handrail*（▶エスカレーターの掲示）

てせい 手製の handmade [ハン(ドゥ)メイド]
てそう 手相 the lines on the palm [パーム]
▶ 手相を見る
read my *palm*
手相うらない palmistry [パーミストゥリィ]
手相見 a palm reader, a palmist
でたらめ
▶ でたらめ言うなよ．
Don't talk *nonsense*.
▶ 彼の言ってることはほとんどでたらめだよ．
Most of what he says is *nonsense*.
てぢか 手近な handy [ハンディ], at hand
▶ 私はいつも辞書を手近に置いている．
I always keep a dictionary *at hand*.
てちょう 手帳 a (pocket) notebook [ノウトゥブク]
▶ 生徒手帳 a student's *pocketbook*
てつ 鉄 iron [アイアン]；(鋼鉄) steel [スティール]
▶ この門は鉄でできている．
This gate is made of *iron*.
▶ 鉄は熱いうちに打て．《ことわざ》
Strike while the *iron* is hot.
でっかい very big, huge [ヒューヂ] →でかい

てつがく 哲学 philosophy [フィラソフィ]
哲学者 a philosopher
てつき 手つき
▶ 不器用な手つきで with clumsy *hands*
てっき 鉄器 ironware [アイアンウェア]
デッキ (船の) a deck [デック]；(テープデッキ) a (tape) deck
てっきょ 撤去する remove [リムーヴ]
てっきょう 鉄橋 an iron bridge [ブリッヂ], a steel bridge；(鉄道の) a railroad bridge
てっきん¹ 鉄筋
▶ 鉄筋コンクリートのビル
a reinforced [リーインフォースト] concrete building
てっきん² 鉄琴 a glockenspiel [グラーケンスピール]
てづくり 手作りの (自家製の)homemade [ホウムメイド]；(手でつくった)handmade [ハン(ドゥ)メイド]
▶ 手づくりのパイ a *homemade* pie
▶ 手づくりのかご a *handmade* basket
てっこう 鉄鋼 steel [スティール]
てっこうじょ 鉄工所 ironworks [アイアンワ〜クス]
デッサン a sketch [スケッチ] (▶「デッサン」はフランス語から)
デッサンをする sketch
てつじょうもう 鉄条網 a barbed wire fence [バーブド ワイア フェンス]
てつだい 手伝い help [ヘルプ]；(人) a help, a helper [ヘルパァ]
▶ 何かお手伝いできることある？
Is there anything I can *do* for you?

🗨 スピーキング
Ⓐ お手伝いしましょうか．
May I help you?
Ⓑ はい，お願いします．
Yes, please.

お手伝いさん a part-time housekeeper, a (domestic) helper, 《英》a home help

てつだう 手伝う

help [ヘルプ]；give ... a hand, give ... some help
▶ 私は台所で父を手伝った．
I *helped* my father in the kitchen.

five hundred and thirty-nine 539

てつづき ▶

スピーキング
Ⓐ ちょっと手伝って.
Can you give me a hand? / Can you give me some help? / Can you help me a little?
Ⓑ うん, いいよ.
Yeah, sure.

表現力
(人)の(物事)を手伝う
→ help ＋人＋ with ＋物事

▶ 兄はときどき宿題を手伝ってくれる.
My brother sometimes *helps* me *with* my homework. (▶ ×helps my homework とはいわない)

× help my homework
　help のあとには「人」がくる.
○ help me with my homework

表現力
(人)が…するのを手伝う
→ help ＋人 (＋ to) ...

▶ この洗たく物を干すのを手伝ってね, 恵美.
Please *help* me hang up these clothes, Emi.

てつづき 手続き (a) procedure [プロスィージャ]
▶ 正規の手続きをふむ
follow the regular *procedure*

てってい 徹底的な thorough [サ～ロウ]
徹底的に thoroughly [サ～ロウリィ]
▶ 教科書を徹底的に復習した.
I did a *thorough* review of the textbook. / I reviewed the textbook *thoroughly*.

てつどう 鉄道 (米)a railroad [レイルロウド], (英)a railway [レイルウェイ]
鉄道事故 a railroad accident

デッドボール (野球)
▶ デッドボールを受ける
be hit by a pitch [ピッチ] (▶ dead ball はファウルなどでプレーが一時中断されているときのボールをいう)

てっぱん 鉄板 iron plate [アイアン プレイト]
てっぺん the top [タップ], the summit [サミト] →ちょうじょう
てつぼう 鉄棒 (体操の) a horizontal [ホ(ー)リザントゥル] bar; (鉄製の棒) an iron bar
▶ 鉄棒の練習をする
practice on the *horizontal bar*

てっぽう 鉄砲 a gun [ガン], a rifle [ライフル]
▶ 鉄砲をうつ fire a *gun* / shoot a *gun*

てつや 徹夜する stay up all night, sit up all night
▶ ゆうべ, 兄は徹夜で試験勉強をしていた.
My brother *stayed up all* last *night* studying for the exams.

でていく 出て行く (外に出る) go out; (出かける) leave [リーヴ]
▶ 出て行け！
Get out! / *Get away!*

テディベア a teddy bear [テディ ベア]
でなおす 出直す come again; (最初からやり直す) make a fresh start
▶ また出直します.
I'll *come again*. / I'll *be back*.
▶ 一から出直しだ.
I've got to *make a fresh start*.

てにいれる 手に入れる get [ゲット]; (買う) buy [バイ] →かう¹
▶ このチケット, どこで手に入れたの？
Where did you *get* these tickets?

テニス tennis [テニス]
▶ テニスをする
play *tennis*
▶ 健はテニスがうまい.
Ken is a good *tennis* player. / Ken is good at (playing) *tennis*.
▶ テニス部に入るつもりだ.
I'm going to join the *tennis* team.
▶ ソフト[軟式㊟]テニス soft *tennis*
テニスコート a tennis court
テニスシューズ tennis shoes
テニス部 a tennis team

デニム denim [デニム]
てにもつ 手荷物 baggage [バゲヂ]
▶ 手荷物 1 個 a piece of *baggage* (▶「2 個」の場合は two pieces of *baggage* となる)
▶ 機内持ち込み手荷物
a carry-on / carry-on *baggage*

手荷物一時預かり所《米》a baggage room, 《英》a left-luggage office

テノール (音楽) tenor [テナァ]
テノール歌手 a tenor

てのひら 手のひら a palm [パーム] (対 手の甲 back of the hand)

では 1 (それでは) then [ゼン]; (さて) now [ナウ], well [ウェル]
▶「この消しゴムはぼくのじゃないよ」「では、だれのだろう」
"This eraser isn't mine." "Whose is it, *then*?"
▶では、次の質問.
Now, next question.
▶(電話で) では、また.
I'll talk to you later. / I'll let you go *now*.
2 (…の点で) in [イン]
▶ぼくの考えでは、それは正しい。
In my opinion, it is true.

デパート a department store [ディパートゥメント ストー(ァ)]
▶きのういくつかのデパートで買い物した.
I went shopping at some *department stores* yesterday.

てばなす 手放す part [パート] with
▶彼は車を手放さなければならなかった.
He had to *part with* his car.

てびき 手引き a guide [ガイド]

デビュー a debut [デイビュー]
デビューする make *my* debut

でぶ でぶの fat [ファット] →ふとる

てぶくろ 手袋

(5本指の) a glove [グラヴ]; (親指だけ分かれている) a mitten [ミトゥン] (▶ふつう複数形で使い、数えるときは a pair of gloves, two pairs of gloves のようにいう)

gloves

mittens

▶両手にはめるので、ふつう複数形で使う.

▶手ぶくろをする
(動作) put on my *gloves* / (状態) wear *gloves*, have *gloves* on
▶手ぶくろをとる
take off my *gloves*

てぶら 手ぶら
▶「何を持っていったらいい？」「手ぶらで来て」
"What should I bring?" "Just bring yourself."

デフレ deflation [ディフレイション] (反 インフレ inflation)

テヘラン (地名) Teh(e)ran [テ(ァ)ラーン]

てほん 手本 a model [マドゥル], a good example [イグザンプル]
▶美月ᵗˢᵘˢは学生の手本だ.
Mizuki is a *model* student.
▶彼は私たちによい手本を示してくれた.
He set a *good example* to us.

てま 手間 (時間) time [タイム]; (労力) effort [エフォト]
▶この小説を書き上げるのにかなりの手間がかかった.
It took a lot of *time and effort* to finish writing this story.

デマ a false [groundless] rumor [ルーマァ] (▶「デマ」はドイツ語の *Demagogie* から)
▶デマを信じないで.
Don't believe *false rumors*.

てまえ 手前
▶「銀行はどこにありますか」「教会の手前です」
"Where is the bank?" "It's on *this side of* the church."

でまえ 出前 food delivery [ディリヴ(ァ)リィ] service

てまねき 手招きする beckon [ベコン]
▶こっちにおいでと彼女が手招きしている.
She *is beckoning* me to come over.

でむかえ 出迎える meet [ミート]
▶きのうおじを出むかえに駅へ行った.
I went to the station to *meet* my uncle yesterday.

-ても →たとえ (…でも), -でも

デモ a demonstration [デモンストゥレイション]
デモをする demonstrate [デモンストゥレイト], hold [give] a demonstration
デモ行進 a demonstration march
デモ隊 demonstrators

でも but [バット], though [ゾッ] →しかし
▶「みんなで旅行に行かない？」「でもそんなお金ないじゃない」

-でも

"Why don't we take a trip?" "*But* we can't afford it."

-でも

1 (…さえ) **even** [イーヴン]
▶ いまでもあの日のことを思い出す.
Even now I remember that day.
▶ 雨の日でもサッカーの試合は行われる.
Soccer games are held *even* on rainy days.

2 (たとえば)
▶ 理科の先生にでも聞いてごらん.
Ask, *say*, a science teacher.

3 (選択) (どの…でも) **any** [エニィ]

> 表現力
> どの…でも → any ...

▶ えんぴつを貸してください. どの色でもいいです.
Will you lend me a pencil? *Any* color will do.

4 (たとえ…でも) **even if**

> 表現力
> たとえ…でも → even if ...

▶ たとえ 1 人でもぼくは行きます.
Even if I'm the only one, I will go.

デモクラシー democracy [ディマクラスィ]
てもと 手元に (near) at hand [ハンド]
▶ 辞書はつねに手元に置いておきなさい.
Always keep your dictionary (*near*) *at hand*.

デュース (テニスなどの) deuce [デュース]
デュエット a duet [デューエット]
▶ 私たちはデュエットした.
We sang a *duet*.

てら 寺 a temple [テンプル], a Buddhist [ブ(ー)ディスト] temple
▶ 京都には1500以上の寺がある.
There are more than 1,500 *temples* in Kyoto.

テラス a terrace [テラス]
てらす 照らす light [ライト]
▶ 満月が夜空を明るく照らしていた.
The full moon *lit up* the night sky.

デラックス デラックスな deluxe [ディラックス]
▶ デラックスな自動車 a *deluxe* car

テリア 《動物》a terrier [テリア]

デリケート デリケートな (微妙な) delicate [デリケト]; (敏感な) sensitive [センスィティヴ]

てる 照る

shine [シャイン]
▶ 太陽が明るく照っていた.
The sun *was shining* brightly.

でる 出る

> 使い分け
> (外へ出る) → go out, get out
> (出発する) → leave, start
> (応対する) → get, answer
> (出席する) → go to, be present
> (現れる) → come out, appear

go out

answer

1 (外へ出る) **go out**, **get out** (反 入る come in), **leave** [リーヴ]; (出てくる) **come out**; (出ている) **be out**
▶ テストが終わるまで教室を出ないでください.
Please don't *leave* the classroom before the test is over.
▶ 出て行きなさい!
Get out! / Get away!
▶ 父は出ています (→外出しています).
My father *is out* now.

2 (出発する) **leave**, **start** [スタート]
▶ 私はふつう 8 時に家を出る.
I usually *leave* home at eight.
▶ 次のバスは何時に出ますか.
What time does the next bus *leave*?

3 (応答する) **get**, **answer** [アンサァ]
▶ だれか来たよ. ぼくが出る.
Someone's at the door. I'll *get* it.
▶ だれか電話に出てくれない?
Would somebody *get* the phone?

4 (出席する) **go to**, **be present** [プレズント] (**at**); (公式な会議などに) **attend** [アテンド]
▶ 300人以上の学者がその会議に出た.

◀ テレビ

More than three hundred scholars *attended* the conference.
5 (出場する) **enter** [エンタァ], **take part in**
▶ 由香は400メートルリレーに出た．
　Yuka *took part in* the 400-meter relay.
6 (現れる) **come out**, **appear** [アピア]; (テレビ・ラジオに) **be on**, **appear on**
▶ 夜空に星が出た．
　The stars *came out* in the evening sky.
▶ きみ，ほんとうにテレビに出たの？
　Were you really *on* TV? / Did you really *appear on* TV?
7 (卒業する) **graduate** [グラヂュエイト] 《from》
▶ 兄は去年大学を出た．
　My brother *graduated from* college last year.
8 (着く) **get to**; (通じる) **lead to**, **go to**
▶ この道をまっすぐ行くと駅に出ます．
　Go straight along this street and you'll *get to* the station.

てるてるぼうず 照る照る坊主 a paper doll you hang hoping for nice weather

テレパシー telepathy [テレパスィ]
▶ 私は火星人とテレパシーで話し合える．
　I can talk with a Martian using *telepathy*.

テレビ

(受像機) a **TV** [ティーヴィー] (set), a **television** [テレヴィジョン] (set); (テレビ放送) TV, television
▶ テレビをつけてもいい？
　May I turn on the *TV*?
▶ 彼は突然テレビを消した．
　He suddenly turned off the *TV*.
▶ テレビの音を小さく[大きく]してくれる？
　Could you turn the *TV* down [up]?
▶ 今晩はテレビで何があるの？
　What's on *TV* tonight?
▶ ゆうべ，彼がテレビに出ていたよ．
　He was on *TV* last night.

💬表現力
テレビを見る → **watch TV**

▶ うちでは夕食後にテレビを見る．

We *watch TV* after dinner.
▶ ぼくはテレビをよく見る．
　I *watch* a lot of *TV*.
▶ 父はあまりテレビを見ない．
　My father *watches* a little *TV*.

💬表現力
テレビで…を見る
→ **watch [see] ... on TV**

▶ その試合，テレビで見たよ．
　I *watched* [*saw*] the game *on TV*.
テレビ会議 a teleconference [テレカンフ(ェ)レンス] (▶インターネットなどによる遠隔会議)

テレビカメラ a TV camera
テレビ局 a TV station
テレビゲーム a video game
テレビショッピング TV home shopping; (テレビ番組) shopping channels
テレビタレント a TV personality, a TV star
テレビディレクター a TV director
テレビ番組 a TV program [show]

テレビ番組に関することば
アニメ　**an anime**
歌番組　**a music show**
クイズ番組　**a quiz show**
天気予報　**a weather forecast, a weather report**
トーク番組　**a talk show**
ドラマ　**a drama**
ニュース番組　**a news program**
バラエティー　**a variety show**
報道番組　**a news report**
料理番組　**a cooking program**
ワイドショー　**a long variety show**
(▶*wide show* とはいわない)

テレホン ▶

🗣 スピーキング
①テレビをつける・消す
- 🄰 テレビをつけてください．
  Please turn on the TV.
- 🄱 はい．
  All right.
- 🄰 テレビの音を大きくしてよ．
  Please turn the TV up.
- 🄱 いいよ．これくらいでどう？
  OK. Is this all right?
- 🄰 テレビを消しましょうか．
  Shall I turn the TV off?
- 🄱 ええ，お願いします．
  Yes, please.

(▶ラジオも「つける」は turn on,「消す」は turn off という)

②テレビを見る・聞く
- 🄰 毎日どのくらいテレビを見るんですか．
  How many hours a day do you watch TV?
- 🄱 毎晩夕食のあと2時間ほどですね．
  I watch it for about two hours after dinner every night.
- 🄰 ぼくはテレビでスポーツ番組を見るのが好きなんだ．きみはどう？
  I like to watch sports programs on TV. How about you?
- 🄱 私はクイズやアニメが好きだよ．
  I like quiz shows and anime.
- 🄰 今夜は何かいいテレビがあるかな．
  Are there any good programs on TV tonight?
- 🄱 うん，9時から11チャンネルで『スター・ウォーズ』があるよ．
  Yes, *Star Wars* is on Channel 11 at nine.

テレホン a phone [フォウン], a telephone [テレフォウン]
テレホンサービス telephone information service

てれる 照れる feel shy [シャイ]
▶ 彼女にほめられてぼくは照れてしまった．
  Her praise embarrassed me.
▶ 人前でしゃべるのは照れくさい．
  I *feel shy* speaking in front of people.
照れ屋 a shy person

▶ 彼はすごい照れ屋なんです．
  He is a very *shy person*.

テレワーク telework [テレワ〜ク]

テロ(リズム) terrorism [テロリズム]
サイバーテロ cyberterrorism
テロリスト a terrorist
▶ 爆弾テロ
  terrorist bombing

てわけ 手分けする divide [ディヴァイド]
▶ この作業は私たちで手分けしてやろう．
  Let's *divide* this work among us.

てわたす 手渡す hand [ハンド] →わたす
▶ 私は彼女に直接手紙を手渡した．
  I *handed* her the letter directly.

てん¹ 点

1 (記号) a **point** [ポイント], a **dot** [ダット]; (問題点) a **point**; (観点) way [ウェイ]
▶ 小数点 a decimal *point*
▶ その点は賛成します．
  I agree with you on that *point*.
▶ いろんな点でぼくはまちがっていたよ．
  I was wrong in many *ways*.

2 (成績)《米》a **grade** [グレイド],《英》a **mark** [マーク]; (点数)《米》a **score** [スコー(ァ)]
▶ ぼくは英語のテストでいい点をとった．
  I got a good *score* [*grade*] on the English exam.
▶ 裕子が社会で100点とったんだって．
  I hear Yuko got a perfect *score* in social studies.
▶ 理科のテストは85点だったよ．I got 85 *points* on the science exam.

3 (スポーツ) a **score** (▶「…点」という言い方はスポーツによってちがうので，p.545の表を参照のこと)
▶ (サッカーで) うちのチームが先制の1点を入れた．Our team scored the match's

記号		dot, point	
成績	評価・評点	grade 《米》 mark 《英》	
スポーツ	テニス, バスケットボール, ラグビーなど	point	score
	サッカー, ホッケー	goal	
	野球, クリケット	run	

てん[2] 天 the heaven(s) [ヘヴン(ズ)]; (空) the sky [スカイ]
▶ 星が天に輝いている. The stars are shining in *the heavens*.
▶ 天はみずから助くる者を助く. 《ことわざ》 *Heaven* helps those who help themselves.

でんあつ 電圧 voltage [ヴォウルティヂ] (▶単位は volt で表す) →ボルト[1]

てんいん 店員 a salesperson [セイルズパ～スン] (複数) salespeople, 《米》a salesclerk [セイルズクラ～ク], 《英》a shop assistant [アスィスタント]

でんえん 田園 the countryside [カントゥリサイド], the country [カントゥリィ] (対 都会 town)
田園の rural [ル(ア)ラル]
▶ 車窓には美しい田園風景が広がっている. Outside the car [train] window, there's a beautiful view of *the countryside*.

でんかせいひん 電化製品 electric(al) appliances [イレクトゥリク(・リカル) アプライアンスィズ]
▶ 引っ越ししたときに電化製品を新しくそろえた. I bought a new set of *electrical appliances* when I moved.

てんかぶつ 添加物 an additive [アディティヴ]
▶ このパンには添加物は入っていない. This bread contains no *additives*.

てんき 天気

the **weather** [ウェザァ]
▶ 今日は天気がいい. *It's* a lovely day today. / *The weather* is nice today. (▶《英》では nice より fine のほうが使われる)
▶ いい天気ですね. Nice day, isn't it? / Beautiful *weather*, isn't it?
▶ いやな天気ですね. Bad *weather*, isn't it?

💬 スピーキング
Ⓐ 今日の天気はどう？
How's the weather today? / What's the weather like today?
Ⓑ 天気予報だと, 午後から雨だよ.
The weather forecast says it'll rain in the afternoon.

▶ 春は天気が変わりやすい. *The weather* is changeable in spring.
天気図 a weather chart [map]

💡 用法 **天気を表す言い方**
天候や寒暖を表すときは, ふつう It を主語にする. **How's the weather outside?** (外の天気はどう？) などと聞かれたら次のように答えればよい.
晴れだよ. **It's sunny.**
くもりだよ. **It's cloudy.**
雨だよ. **It's rainy.** / **It's raining.**
雪だよ. **It's snowy.** / **It's snowing.**
霧が深い. **It's foggy.**
風が強いよ. **It's windy.**
嵐だよ. **It's stormy.**
暑いよ. **It's hot.**
すごく暑いよ. **It's very hot.** /
(うだるように) **It's boiling hot.**
むし暑いよ. **It's muggy.**
寒いよ. **It's cold.**
すごく寒いよ. **It's very cold.** /
(こごえるように) **It's freezing.**
暖かいよ. **It's warm.**
すずしいよ. **It's cool.**

天気予報 a weather forecast [フォーキャスト], a weather report
▶ 天気予報によればあすは雨だ. According to the *weather forecast*, it will rain tomorrow.
▶ 天気予報, 当たったね. The *weather forecast* was right, wasn't it? (▶「はずれた」は right の代わりに wrong を使う)
▶ 天気予報官 a *weather forecaster*

天気・気候 Weather and Climate

Introduction to **CLIL**

イラスト：大管雅晴

天気予報に挑戦してみよう！
Present the weather forecast!

天気図 the weather map
気象予報士 the weather forecaster

天気予報です。今、渋谷では**日が照っています**。**気温**は23度。東京は今日は1日の大半が**くもり**ですが、夕方雨が降る可能性もあるので、傘を忘れずにお出かけください。

それでは全国の天気を見てみましょう。西日本は台風3号の影響で1日中**雨**、また非常に**風が強い**でしょう。東北、関東、中部地方はくもりで、北海道はおおむね晴れでしょう。

Welcome to the weather forecast. It's sunny in Shibuya now. The temperature is *23º Celsius. In Tokyo, it'll be cloudy most of the time today, but there is a chance of rain this evening. So don't leave home without your umbrella.

Now, let's see what the weather will be like in Japan today. In the western part of Japan, it'll be rainy and very windy all day because of Typhoon No. 3. In the Tohoku, Kanto, and Chubu **regions, the weather will be cloudy. And in Hokkaido, it'll be mainly sunny.

*twenty-three degrees Celsius [sélsiəs セルスィアス] と読む。 **region [ríːdʒən リージョン] 地方

使える表現	■ 晴れて **sunny, clear**	■ 雨の **rainy**	■ くもりの **cloudy**
	■ 雪の **snowy**	■ 風の強い **windy**	■ 暑い **hot, warm**

日本の気候変動とその影響
Climate change in Japan and its impacts

日本の平均気温は**この100年で**約1.3度上昇しています。これは農業にも**影響を与えています**。日本は大半が温帯に属していますが、アボカドやパイナップルといった熱帯・亜熱帯果樹の栽培面積**が増えています**。

Japan's average temperature has risen by about 1.3 degrees Celsius over the last 100 years. This affects agriculture. Japan is mostly in the *temperate zone, but the areas for growing tropical and **subtropical fruits like avocados or pineapples have been increasing.

*temperate [témp(ə)rit テンペレト] 温帯の
**subtropical [sʌbtrápikəl サブトゥラピカル] 亜熱帯の

熱帯果樹など※の栽培面積（2020年）

品目	栽培面積（ha）	15年比	主産県
アセロラ	6.9	115%	沖縄
アテモヤ	8.6	66%	沖縄、鹿児島
アボカド	26.8	705%	和歌山、愛媛
オリーブ	546.1	158%	香川、大分
スターフルーツ	3.6	138%	沖縄
パイナップル（沖縄県除く）	1.9	136%	鹿児島
パッションフルーツ	57.9	99%	鹿児島、沖縄
バナナ	51.4	161%	沖縄、鹿児島
パパイア	36.1	124%	鹿児島、宮崎
グァバ	1.3	65%	沖縄
ドラゴンフルーツ	14.6	56%	沖縄、鹿児島
フェイジョア	0.6	100%	福島
マンゴー	440.9	103%	沖縄、宮崎
ヤマモモ	13.0	37%	徳島、高知
ライチ	7.8	144%	宮崎、鹿児島

※ かんきつ類以外の常緑果樹
（農水省の特産果樹の統計を基に作成）（出典：日本農業新聞）

◀ **てんこう²**

🗣スピーキング

①あいさつ
🅐 いい天気ですねえ.
　It's a beautiful day, isn't it?
🅑 ええ. Yes, it is.
(▶天候を表すときには主語に it を使うことが多い)
🅐 今日はとっても暑い.
　It's a very hot day today.
🅑 暑いうえにむしむしするね.
　It's not only hot, but sticky.

②天候をたずねるとき
🅐 外の天気はどうかしら.
　How's the weather outside?
🅑 くもってる. 雨になりそうだ.
　It's cloudy. Looks like rain.

③気温をたずねるとき
🅐 気温は何度？
　What's the temperature?
🅑 もう30度だよ. まだ朝の10時なのにね. It's already 30°C. It's just ten o'clock in the morning.
(▶30°C は thirty degrees Celsius と読む)

④天気予報
🅐 天気予報では, 午後から雨が上がるって. The weather forecast says it'll stop raining this afternoon.
🅑 早くつゆが明けるといいねえ.
　I hope the rainy season will soon be over.

⑤気候
🅐 ここらは雪が多いですか. Do you have a lot of snow here?
🅑 ええ, ときには2メートルになることがあります.
　Yes, the snow sometimes gets two meters deep.

でんき¹ 電気

electricity [イレクトゥリスィティ]；(電灯) a light [ライト], an electric light
電気の electric [イレクトゥリック], electrical [イレクトゥリカル]
▶ この自動車は電気で動く.
This car is powered by *electricity*.
▶ 電気をつけてくれる？
Would you turn on the *light*?

▶ 電気, 消してくれた？
Did you turn off the *light*?
▶ 電気つけたままで寝てしまった.
I slept with the *light* on.
電気器具 an electrical appliance [アプライアンス]
電気自動車 an electric vehicle
電気炊飯器 an electric rice cooker
電気スタンド a desk lamp (▶床に置くタイプは floor lamp という)
電気製品 electrical appliances
電気そうじ機 a vacuum [ヴァキュ(ウ)ム] cleaner
電気毛布 an electric blanket
でんき² 伝記 a biography [バイアグラフィ]
▶ リンカーンの伝記
a *biography* [*life*] of Lincoln
でんきゅう 電球 a light bulb [バルブ]
▶ 電球が切れたよ.
The *light bulb* burned out.
てんきん 転勤する be transferred [トゥランスファード] (to), (口語) be moved [ムーヴド] (to)
▶ ジェームズ先生がほかの学校に転勤になるんだって. Mr. James will *be transferred to* another school.
てんぐ 天狗 a *tengu*, a Japanese long-nosed goblin [ガブリン]
でんぐりがえる でんぐり返る do a somersault [サマソールト]
てんけい 典型的な typical [ティピカル]
▶ 日本人の典型的な朝食
a *typical* Japanese breakfast
てんけん 点検する check [チェック]
▶ エンジンを点検する *check* an engine
でんげん 電源 (電力の供給) a power supply [パウア サプライ]
てんこ 点呼 a roll [ロウル] call
▶ 点呼をとる take a *roll call*
てんこう¹ 天候 the weather [ウェザァ] → てんき
▶ このごろ天候が不順だ. *The weather* is changeable these days.
▶ 悪天候 bad *weather*
てんこう² 転校する change schools, change *my* school；(…に) transfer [トゥランスファ～] to
▶ 私はこの春にこの学校に転校してきた.
I *transferred to* this school this

five hundred and forty-seven 547

てんごく ▶

spring.
転校生 a transfer student
てんごく 天国 heaven [ヘヴン]; (対) 地獄〈ごく〉hell); (楽園) a paradise [パラダイス]
▶ 天国に行く(→死ぬ) go to *heaven*
でんごん 伝言 a message [メセヂ] →ことづけ
伝言する give ... a message; (受ける) take a message
▶ 彼に伝言をお願いしてもよろしいですか.
Could I ask you to *give* him *a message*? / Can I leave him *a message*?
▶ 伝言をおうかがいしましょうか.
Can [May] I *take a message*?

> 🗣スピーキング
> Ⓐ ご伝言をおうかがいしましょうか.
> May I take a message?
> Ⓑ ええ, お願いします. 折り返し電話するよう伝えてください. Yes, please. Tell her to return my call.
> Ⓑ いえ, けっこうです. あとでまた電話します.
> No, thank you. I'll call back later.

伝言板 a message board
てんさい¹ 天才 (人)a genius[ヂーニアス]; (才能) (a) genius
▶ アインシュタインは数学の天才だった.
Einstein was a mathematical *genius*.
▶ きみって天才だね! You're a *genius*!
てんさい² 天災 a natural disaster [ディザスタァ]
▶ 天災は忘れたころにやってくる.
Natural disasters strike when we have forgotten about them.
てんさく 添削 (a) correction [コレクション]
添削する correct [コレクト]
▶ 私の英作文を添削していただけますか.
Could you please *correct* my English composition?
てんし 天使 an angel [エインヂ(ェ)ル]
てんじ¹ 展示 (a) show [ショウ]
展示する show, display [ディスプレイ]
▶ 美術室には生徒の作品が展示されている.
The students' works are *displayed* in the art room.
展示会 a show, an exhibition
展示即売会 an exhibition and spot sale
展示品 an exhibit [イグズィビト]
てんじ² 点字 braille [ブレイル], Braille
▶ 点字で書いた本 a book in *braille*
▶ 点字を読む read *braille*

エレベーターのボタンの点字表示.

点字ブロック a tactile [タクトゥル] paving
でんし 電子 an electron [イレクトゥラン]
電子の electronic [イレクトゥラニック]
電子オルガン an electronic organ
電子音楽 electronic music
電子計算機 a computer
電子顕微鏡 an electron microscope
電子工学 electronics
電子辞書 an electronic dictionary
電子出版 electronic publishing
電子書籍 an electronic book, an e-book, a digital book
電子手帳 an electronic datebook
電子ピアノ an electronic piano
電子マネー electronic money, e-money
電子メール (an) email, (an) e-mail →メール
電子レンジ a microwave (oven)

でんしゃ 電車

a train [トゥレイン]; (路面電車)《米》a streetcar [ストゥリートゥカー],《英》a tram [トゥラム]
▶ 電車に乗る
take a *train* / (乗りこむ) get on a *train*
▶ 電車を降りる
get off a *train*
▶ 電車を乗りかえる change *trains* (▶複数形の trains を使うことに注意)
▶ この電車は千葉行きです.
This *train* is bound for Chiba.
▶ 京都まで電車で行った.
We took the *train* to Kyoto.
▶ 10時20分の新宿行きの電車に乗った.
I took the 10:20 *train* for Shinjuku.
▶ 品川で電車に乗って池袋で降りた.
I got on the *train* at Shinagawa and

548 five hundred and forty-eight

◀ でんぱ

got off at Ikebukuro.
▶ 最終の電車に乗りおくれた.
I missed the last *train*.
▶ 電車は満員だった.
The *train* was crowded.
▶ 姉は電車で高校に通っている. My sister goes to high school by *train*.
▶ 電車が来た. Here comes the *train*. / The *train* is coming (in).

> **電車のいろいろ**
> 特急 a limited [special] express train
> 急行 an express train
> 快速 a rapid-service [fast] train
> 各駅停車 a local train
> 通勤電車 a commuter train
> 始発電車 the first train
> 終電車 the last train

電車賃 a train fare [フェア]
てんじょう 天井 a ceiling [スィーリング]
てんすう 点数 《米》 a score [スコー(ァ)] →てん¹
▶ 理科の点数は65点だった. My science *score* was 65 points [percent]. / I got a *score* of 65 in science.
でんせつ 伝説 a legend [レヂェンド]; (言い伝え) an old saying
伝説上の legendary [レヂェンデリィ]
てんせん 点線 a dotted [ダティド] line → せん²(図)
でんせん¹ 電線 an electric wire [ワイア]
でんせん² 伝染する spread [スプレッド]
▶ インフルエンザはせきやくしゃみで伝染する.
The flu *spreads* through coughing or sneezing.
てんそう 転送する(メール・手紙を) forward [フォーワド]
▶ 彼からのメール, 転送するね.
I'll *forward* the mail from him.
てんたい 天体 a heavenly [ヘヴンリィ] body
天体望遠鏡 an astronomical telescope [アストゥロナミカル テレスコウプ]
天体観測 an astronomical observation [アブザヴェイション]
でんたく 電卓 a (pocket) calculator [キャルキュレイタァ]

でんち 電池 a battery [バテリィ], a cell [セル]
▶ 私の携帯は電池がない.
My cellphone *battery* is dead.
▶ 私の携帯は電池が切れそうだ.
My cellphone *battery* is dying.
でんちゅう 電柱 a utility pole [ポウル]; (電話線用の) a telephone pole
テント a tent [テント]
▶ テントを張る put up [pitch] a *tent*
▶ テントをたたむ take down a *tent*
でんとう¹ 電灯 a light [ライト], an electric light →でんき¹
でんとう² 伝統 (a) tradition [トゥラディション]

> 🎤プレゼン
> 日本には自然を尊ぶ長い伝統があります.
> Japan has a long tradition of appreciating nature.

伝統的な traditional
でんどう 伝道 mission [ミション] work
テントウムシ (虫) 《米》 a ladybug [レイディバグ], 《英》 a ladybird [レイディバ〜ド]
てんどん 天丼 a bowl [ボウル] of rice topped with *tempura*
てんにゅう 転入する move in
転入生 a transfer [トゥランスファ〜] student
てんにん 転任する be transferred [トゥランスファ〜ド] to ...
▶ 吉田先生がK中学に転任された.
Mr. Yoshida *was transferred to* K Junior High School.
てんねん 天然 natural [ナチ(ュ)ラル]
天然ガス natural gas
天然記念物 a natural monument
天然資源 natural resources
天然パーマ naturally curly [カ〜リィ] hair
てんのう 天皇 an emperor [エンペラァ] (女 皇后 empress)
天皇誕生日 the Emperor's Birthday
天皇陛下 His Majesty the Emperor
てんのうせい 天王星《天文》Uranus [ユ(ア)ラナス] →わくせい(表)
でんぱ 電波 a radio wave; (電波の強さ) signal, reception
▶ この辺は携帯の電波が入りにくい.
Cellphone *reception* isn't good here.

five hundred and forty-nine 549

でんぴょう ▶

> 🟠スピーキング
> 🅐 もしもし？ 聞こえますか？
> Hello? Can you hear me?
> 🅑 よく聞こえません．電波が悪くて．
> I can't hear you well. I have bad reception.

電波時計 a radio-controlled clock [watch]
電波望遠鏡 a radio telescope [テレスコウプ]
でんぴょう 伝票 (請求書) a check [チェック], a bill [ビル]；(取り引きの) a slip [スリップ]
▶ (レストランなどで) 伝票をお願いします．
May I have the *check*, please?
てんびんざ てんびん座 the Balance [バランス], Libra [ライブラ, リーブラ] →せいざ (表)
てんぷく 転覆する be turned upside down, be overturned [オウヴァターンド]
てんぷら *tempura* (▶英語化している)
▶ イカのてんぷら squid *tempura*
でんぷん 澱粉 starch [スターチ]
テンポ a tempo [テンポウ] (複数) tempos または tempi [テンピー]；(生活などの) (a) pace [ペイス]
▶ テンポの速い曲
a song in quick *tempo*
てんぼう 展望 (見晴らし) a view [ヴュー]；(見通し) a prospect [プラスペクト]
展望台 an observation deck [アブザヴェイション デック]
でんぽう 電報 a telegram [テレグラム], (おもに米口語) a wire [ワイア]
▶ 電報を打つ send a *telegram*
デンマーク Denmark [デンマーク]
てんめつ 点滅する flash [フラッシ] on and off, blink
てんもん 天文(学) astronomy [アストゥラノミィ]
天文学者 an astronomer [アストゥラノマァ]
天文台 an (astronomical) observatory [(アストゥラナミカル) オブザ~ヴァトーリィ]
天文部 an astronomy club
てんらんかい 展覧会 an exhibition [エクスィビション], a show [ショウ]
▶ 展覧会を開く hold an *exhibition*
▶ 先日友だちとピカソの展覧会を見てきました．
Recently I went to see the Picasso *exhibition* with a friend.

でんりゅう 電流 an electric current [イレクトゥリック カ~レント]
でんりょく 電力 (electric) power [パウア]
電力会社 a power company, an electric power company

でんわ 電話

《口語》 a phone [フォウン], a telephone [テレフォウン]；(通話) a (phone) call [コール]
電話する, 電話をかける call, phone
▶ 愛子，電話よ！ *Phone* for you, Aiko! / Aiko, there's a (*phone*) *call* for you!
▶ きのう徹と電話で話をした．I talked with Toru on the *phone* yesterday.
▶ けさ淳から電話があった．
I got a *phone call* from Jun this morning. / Jun *called* me this morning.
▶ 電話が鳴ってる．だれか出てくれる？
The *phone* is ringing. Would somebody answer it? (▶ answer の代わりに get も使える)
▶ ごめん，電話が遠いんだけど．
I'm sorry I can't hear you.
▶ 「電話，借りてもいい？」「うん，いいよ」
"Can I use your *phone*?" "Sure, go ahead."
▶ ケンは急に電話を切った．
Ken suddenly *hung up*.
▶ 彼は電話中です．He is on the *phone*.

> 🟢表現力
> …に電話する，電話をかける → call ...

▶ あとで電話するね．I'll *call* you later.

> 🟠スピーキング
> 🅐 今夜，電話してね．
> Call me tonight.
> 🅑 うん，するよ．
> OK.

▶ 携帯に電話してくれる？
Would you *call* my cellphone?
▶ 折り返し電話するよ．
I'll *call* you back soon.
▶ 何度かきみに電話したけど出なかったよ．
I *called* you several times but you didn't answer.
▶ 遅くなりそうなときは家に電話するようにしているよ．I try to *call* home when

550 five hundred and fifty

◀ でんわ

I'm going to be late.
▶ 何時ごろまでだったら電話していい？
How late can I *call* you?

電話のいろいろ
携帯電話 〔米〕a cellphone, a cellular phone, 〔英〕a mobile (phone)
公衆電話 a pay [public] phone
コードレス電話 a cordless phone
固定電話 a landline phone
国際電話 an international call
市内電話 a local call
長距離電話 a long-distance call
留守番電話 an answering machine, a voicemail

🗣スピーキング
① 電話がつながったとき
Ⓐ もしもし木村ですが，ビルをお願いします．
Hello, this is Kimura. Can I speak to Bill?
Ⓑ ちょっと待ってください．
Just a minute, please.
② 本人が電話に出たとき
Ⓐ フォードさんとお話ししたいのですが．
May I speak to Ms. Ford?
Ⓑ 私ですが．
Speaking. / This is me.
③ 相手を確かめるとき
Ⓐ もしもし，グレーさんのお宅ですか．
Hello, is this Mr. Gray's residence?
Ⓑ そうですが，どちら様でしょうか．
Yes, it is. Who's calling, please?
④ まちがい電話のとき
Ⓐ そちらは市立図書館ですか．
Is this the City Library?
Ⓑ いいえ，番号ちがいですよ．
I'm sorry, but you have the wrong number.
Ⓐ どうも失礼しました．
Oh, I'm sorry.
⑤ よく聞きとれないとき
Ⓐ こちら××××．
This is ××××.

電話インタビュー a telephone interview
電話番号 a phone number
▶ きみの携帯の電話番号教えてくれない？
Can you tell me your *cellphone number*?

🗣スピーキング
Ⓐ 電話番号をお願いできますか．
May I ask your phone number?
Ⓑ はい．3720-1628です．
Sure. It's 3720-1628.
(▶電話番号は1つずつ three-seven-two-o [オゥ], one-six-two-eight のようにいう．0は[オゥ]という)

電話料金 (請求書) a phone bill

Ⓑ 電話の声が遠いのですが，もう少し大きな声でお願いします．
I'm sorry I can't hear you very well. Could you speak a little louder, please?
⑥ 伝言を頼むとき
Ⓐ ジュディーさんいますか．
Is Judy in?
Ⓑ いま出かけてます．こちらから電話させましょうか．
She's out now. Can I have her call you back?
Ⓐ いや，けっこうです．伝言をお願いできますか．
No, that's all right. May I leave a message?
Ⓒ ええ，お願いします．ケンと申しますが，ぼくに電話をくれるように伝えていただけませんか．
Yes, this is Ken. Please have her call me.
Ⓓ ええ，千晶から電話があったと伝えてください．
Yes. Please tell her Chiaki called.
⑦ 会話を切りあげるとき
Ⓐ もう電話を切らなくちゃ．じゃあね，トム．
I've got to hang up now. Bye, Tom.
Ⓑ 電話をくれてありがとう．さよつなら．
Thanks for calling. So long.

と トとトとト

と¹ 戸
a door [ドー(ァ)]
- 引き戸 a sliding *door*
- 戸を閉めなさい． Close the *door*.
- 「戸を開けてくれない？」「いいよ」
"Would you open the *door* for me?" "Sure."
- 戸が開けっぱなしだよ．
You left the *door* open.
- だれかが戸をたたいています．
Someone is knocking on the *door*.

と² 都 a metropolis [メトゥラポリス]
- 東京都 Tokyo *Metropolis* (▶単にTokyoとすることも多い)

都大会 metropolitan competition [カンペティション]
都知事 the Governor of Tokyo, the Tokyo Governor
都庁 the Tokyo Metropolitan Government [ガヴァ(ン)メント] Office
都バス a metropolitan bus
都民 a Tokyoite [トウキオウアイト], a citizen of Tokyo
都立 →とりつ

①参考 手紙のあて名などで「東京都港区」と書くときには Minato-ku, Tokyoとする．

-と

使い分け
(そして) → and
(…といっしょに) → with
(…ということ) → that
(…するとき) → when

1 (そして) **and** [アンド]；(比較して) **or** [オ, オー(ァ)]

表現力
～と… → ~ and ...

- トムとジェリー
Tom ↗ *and* Jerry ↘
- 一郎と二郎と三郎
Ichiro ↗, Jiro ↗ (,) *and* Saburo ↘ (▶3つ以上を並べるときは途中ちゅうはコンマだけをつけ，最後に and をつける．and の前のコンマは省略されることもある)
- あなたは英語と数学のどちらが好きですか．
Which do you like better, English ↗ *or* math ↘?

用法 イントネーションに注意
語を並べて言うときのイントネーションは，and や or の前では上げ調子で，あとでは下げ調子で言う．

2 (…といっしょに) **with** [ウィズ]；(敵対して) **with, against** [アゲンスト]
- ぼくはスーザンと友だちになった．
I became friends *with* Susan.
- 日本はその戦争で米国と戦った．
Japan fought *against* the U.S. in the war.

3 (…ということ) **that** [ザト]
- あしたは雨だと思うよ．
I think (*that*) it's going to rain tomorrow. (▶話しことばでは think のあとの that は省略されることが多い)

4 (…するとき) **when** [(フ)ウェン]
- 母親の顔を見ると，赤んぼうは泣きやんだ．
The baby stopped crying *when* [*as soon as*] he saw his mother.

5 (…なら) **if** [イフ]
- 急がないとバスに乗りおくれるよ．
If you don't hurry, you'll miss the bus.

①参考 訳さない「と」
日本語では「…と」というところでも，英語では「と」に当たる特別な単語を使わずに動詞との関係でその意味を表すことがある．

◀ **トイレ(ット)**

▶ 私は彼と駅で会った.
I met *him* at the station. (目的語)
▶ 私たちはその犬をドンと名づけた.
We named the dog *Don*. (補語)

ど 度
▶ ちょっと度がすぎるよ.
That's *going* a bit *too far*.

-ど …度 →-かい¹

1 (回数) a time [タイム] (▶ 1度は once, 2度は twice または two times を使う.「3度」以降は three times, four times のように「数+ times」の形を使う)
▶ もう一度 *once more*
▶ 金沢に来るのはこれが2度目です.
This is the second *time* I've been to Kanazawa. / This is my second visit to Kanazawa.
▶ 恵利の家には何度も行ったことがあるよ.
I've been to Eri's many *times*.

2 (温度・角度) … degrees [ディグリーズ]
▶ いまそ氏20度です.
It's twenty *degrees* Celsius. (▶20℃と略す)
▶ 60度の角(度)
an angle of 60 *degrees*

ドア a door [ドー(ァ)] →と¹
▶ ドアを開けて.
Open the *door*, please. / Will you open the *door*? (▶「閉めて」は open の代わりに close を使う)
▶ ドアを開けたままにしてるのはだれ？
Who left the *door* open?
▶ (車内アナウンスで) ドアにはさまれないようにご注意ください.
Please be careful not to get caught in the *door*.

とい¹ 問い a question [クウェスチョン] →しつもん
とい² 樋 a gutter [ガタァ]
といあわせる 問い合わせる ask [アスク], inquire [インクワイア]

▶表現力
(人)に…について問い合わせる
→ ask ＋人＋ about ...

▶ そのことについてあの人に問い合わせてみよう.
I will *ask* him *about* the matter.

-という 1 (そういう名前の) named [ネイムド] …; called [コールド] …
▶ 氷川さんという人から電話があったよ.
There was a call from *a* Mr. Hikawa.
▶ 山木先生には絵里香という名前の娘さんがいる.
Ms. Yamaki has a daughter *named* Erika.
▶ これ, 何というケーキ？
What's this cake *called*? / What's the name of this cake?

2 (同格) (…という…) of, that
▶ 東京という大都市 the big city *of* Tokyo
▶ わが校のバスケット部が優勝したという知らせが入った.
News *that* our basketball team won the championship came in.

3 (…ということを) that

▶表現力
…ということ → that ...

▶ 松下先生が最近結婚したということを知っていますか.
Do you know (*that*) Mr. Matsushita got married recently? (▶会話ではthatはふつう省略される)

▶表現力
…というのに
→ though ... / although ...

▶ つゆだというのに雨が全然降らない.
Though it's the rainy season, we haven't had any rain.

▶表現力
〜というより…だ
→ be not so much 〜 as ...

▶ あの人は弁護士というよりはテレビタレントだ.
She *isn't so much* a lawyer *as* a TV personality.

ドイツ Germany [ヂャ〜マニィ]
ドイツ(人・語)の German [ヂャ〜マン]
ドイツ語 German →ことば (表)
ドイツ人 a German

トイレ(ット) (家庭の)《米》a bathroom [バスル(ー)ム];(公共の建物などの)《米》a restroom [レストゥル(ー)ム];(男子用)《米》a men's room,《英》the gents [ヂェンツ];

five hundred and fifty-three 553

とう¹

（女子用）《米》a ladies' room, a women's room, 《英》the ladies

女子用のトイレの標示.

▶ （授業中などで）トイレに行ってもいいですか.
May I go to the *restroom*?
▶ トイレをお借りできますか.
Can I use the *bathroom*? (▶ *borrow the bathroom とはいわない)
▶ すみません. トイレはどこですか.
Excuse me, where's the *restroom*?
▶ トイレがつまったみたいなんですが.
The *toilet* seems to be clogged (up).

トイレットペーパー (a roll of) toilet paper
▶ お願い, トイレットペーパー, 持ってきて.
Could you bring me some *toilet paper*?

> **背景** **toilet** はアメリカでは「便器」をさすことが多いので,「トイレ」の意味ではふつう使わない. アメリカの家庭では浴室とトイレがいっしょのところにあるので, トイレのことを遠まわしに **bathroom** という.

とう¹ 党 a (political [ポリティカル]) party [パーティ]
党員 a member of the party

とう² 塔 a tower [タウア]；（東洋風の）a pagoda [パゴウダ]
▶ 五重の塔
a five-storied *pagoda*

-とう¹ …等（等級）a grade [グレイド]；（乗り物の）a class [クラス]
▶ （船などの）1 等 first *class*
▶ 弟はかけっこで 3 等だった.
My brother came in *third* in the race.

-とう² …頭（▶ ふつうは名詞の前に数をつけるだけでよい）
▶ 牛 2 頭 two cows

どう¹

1 （何）**what** [(フ)ワット]；（いかに）**how** [ハウ]

> **使い分け**
> （何）→ **what**
> （いかに）→ **how**

[what を使う場合]
▶ どうしたら（→何をすれば）いいんだろう.
What should I do?
▶ どうしたの（→何があったの）？
What happened?
▶ この計画をどう思う？
What do you think of this plan? (▶ *How do you think ...? としない)
▶ 「きみはどう思う？」「それでいいと思うよ」
"*What* do you say?" "I think it's OK."
▶ もしあなたが私だったらどうしますか.
What would you do if you were me?
▶ そのときどうすべきか私にはわからなかった.
I didn't know *what* to do then.

[how を使う場合]
▶ （体調をたずねて）いまは気分はどう？
How do you feel now?
▶ 彼女のこと, どう思う？
How do you feel about her?
▶ それは英語でどう言うのですか.
How do you say it in English?
▶ あなたの名前はどうつづるの？
How do you spell your name?
▶ 京都はどうでしたか.
How did you *like* Kyoto?

> **スピーキング**
> Ⓐ 沖縄は**どうだった**？
> How was Okinawa?
> Ⓑ すばらしかったよ. ほんとうに楽しかった.
> Terrific. I really enjoyed it.

> **文法** **what** と **how**
> **what** は代名詞で, 文の主語, 目的語, 補語のはたらきをする. **how** は副詞で, 動詞や形容詞などを修飾する.

◀ **どうか**

- 表現力
  どう…すればいいか → how to ...

▶ それをどう説明したらよいかわからない.
  I don't know *how to* explain it.

2(ものをすすめる) **How about ...?**, **What about ...?**

- 表現力
  …はどうですか → How about ...?

▶ アイスティーはどう？
  How about (having) some iced tea?
▶ 今晩，外食するというのはどう？
  How about eating out tonight?
▶ スキーに行くんだけど，あなたはどう？
  We're going skiing. *How about* you?

どう² 胴（体の）the trunk [トゥランク] →どうたい

どう³ 道（都道府県の）a prefecture [プリーフェクチャ]
▶ 北海道 Hokkaido *Prefecture*

どう⁴ 同 the same [セイム]

どう⁵ 銅 copper [カパァ]
  銅貨 a copper (coin)
  銅メダル a bronze [ブランズ] medal

とうあん 答案 an answer sheet [アンサァシート]，(英) a paper [ペイパァ]
▶ 時間です．答案を出してください．
  Time is up. Hand in your *answer sheets*.

どうい 同意 agreement [アグリーメント] → さんせい¹
  同意する（提案に）agree ((to))；（人に）agree ((with))

どういう (何という) what [(フ)ワット]；(どのように) how [ハウ] →どう¹
▶ この単語はどういう意味ですか．
  What does this word mean?
▶ 正月休みはどういうふうに過ごすの？
  How are you spending your New Year vacation?

どういたしまして

1（感謝に対して）（ていねい）**You're welcome.**；(ふつう) **My pleasure.**, **Not at all.**；(くだけて) **That's all right.**, **No problem.**

- スピーキング
  Ⓐ ありがとう．
    Thank you.
  Ⓑ どういたしまして．
    You're welcome.

▶「手伝ってくれてありがとう」「どういたしまして」
  "Thank you for helping me." "*My pleasure*."
▶「いろいろどうもありがとう」「どういたしまして」
  "Thank you for everything." "*Not at all*."

2（謝罪に対して）**That's all right.**, **That's OK.**, **Don't mention it.** (▶ You're welcome. は謝罪に対しては使えない)

- スピーキング
  Ⓐ すみません．
    I'm sorry.
  Ⓑ どういたしまして．
    That's all right.

▶「おくれてすみません」「どういたしまして」
  "I'm sorry I'm late." "*That's all right*."

とういつ 統一する unite [ユーナイト]

どうか →どうぞ

1（どうぞ）**please** [プリーズ]

- 表現力
  どうか…してください → Please ... .

▶ どうか許してください．
  Please forgive me.
▶ どうかそのことは忘れてください．
  Please forget about that.

2（どうかしている）be wrong ((with)), be the matter ((with))

- スピーキング
  Ⓐ どうかしたんですか．
    What's the matter?
  Ⓑ ちょっとはき気がするんです．
    I feel a bit sick.

▶ 最近のきみ，どうかしてるよ．
  What *is wrong* [*the matter*] with you these days?

-(か)どうか

-(か)どうか if [イフ]
- ネコが泳げるかどうか知りません．
  I don't know *if* cats can swim.

どうが 動画 video [ヴィディオウ]
- 私はユーチューブでネコの動画を見るのが好きです．
  I like to watch cat *videos* on YouTube.
- 動画を撮る shoot a *video*
- ユーチューブに動画を上げる［アップロードする］
  upload a *video* to YouTube
- 動画を再生する
  play a *video file*

  動画共有サイト a video sharing website
  動画配信サービス a video streaming service
  動画ファイル a video file
  動画編集 video editing

トウガラシ (植物) (a) red pepper
どうかん 同感である agree [アグリー]
- まったく同感です．
  I quite *agree*. / *Exactly*.

とうき¹ 冬期・冬季 winter season [スィーズン], winter
とうき² 陶器 china [チャイナ], chinaware [チャイナウェア] ; (陶器類) pottery [パタリィ]
- 陶器の花びん
  a *pottery* vase / a *china* vase

とうぎ 討議 (a) discussion [ディスカション]
→とうろん

  討議する discuss [ディスカス]
- 私はその問題について彼と討議した．
  I *discussed* the problem with him.
  (▶ discuss ˣabout とはしない)

どうき 動機 a motive [モウティヴ]
とうきゅう¹ 投球 pitching [ピチング]
とうきゅう² 等級 a grade [グレイド]
とうぎゅう 闘牛 a bullfight [ブルファイト]
  闘牛士 a bullfighter
どうきゅう 同級
- 美樹とは同級だった．
  Miki and I were in *the same class*. / Miki and I were *classmates*.

  同級生 a classmate [クラスメイト]
どうきょ 同居する live with, live together [トゥゲザァ]
- 彼は兄と同居している．

  He *lives with* his brother.

とうきょく 当局 the authorities [オサリティズ]
どうぐ 道具 a tool [トゥール]
- 大工道具 carpenter's *tools*
  道具箱 a tool box

どうくつ 洞くつ a cave [ケイヴ]
とうげ 峠 a (mountain) pass [パス]
- 天城峠 Amagi *Pass*

とうけい¹ 統計 statistics [スタティスティクス]
- 統計をとる take *statistics*

とうけい² 東経 (the) east longitude [ランヂテュード]

どうけん 同権 equal rights [イークウォル ライツ]

とうこう¹ 登校する go to school
- 8月3日は登校日だ．
  We have to *go to school* on August 3.

  登校拒否 school refusal [リフューザル], refusal to go to school
  登校日 a school day

とうこう² 投稿 (ネットへの) posting [ポウスティング] ; (投稿したもの) a post [ポウスト]
  投稿する post

どうこうかい 同好会 a club [クラブ]
- 写真同好会 a photo *club*

どうさ 動作 movement(s) [ムーヴメント(-ツ)]
とうざい 東西 east and west
- 東西 (→東洋と西洋) の文化
  Eastern and Western cultures [カルチァズ]

  東西南北 north, south, east, and west (▶英語ではふつう北南東西の順にならべる) →ほうがく (図)

とうさん 倒産する go bankrupt [バンクラプト]
とうし¹ 投資 investment [インヴェストゥメント]
  投資する invest [インヴェスト]
とうし² 闘志 fighting spirit [ファイティング スピリット]
- 彼は闘志満々だった．
  He was full of *fight*.

とうし³ 凍死する freeze [フリーズ] to death

とうじ¹ 当時は (そのときは) at that time, then ; (そのころは) in those days →そのころ
- 私は当時，千葉に住んでました．

◀ **とうじょう**²

I lived in Chiba *then* [*in those days*].

とうじ² 冬至 the winter solstice [サルスティス] (対 夏至 summer solstice)

とうじ³ 答辞 an address [アドゥレス] in reply [リプライ]
▶ 私は卒業式で校長先生の祝辞に対する答辞を読んだ.
I made *an address in reply* to the principal's address at graduation.

どうし 動詞《文法》a verb [ヴァ〜ブ] (▶辞書などでは v. と略す)
▶ 規則動詞 a regular *verb*
▶ 不規則動詞 an irregular *verb*

-どうし …同士
▶ 私たちは友だちどうしです.
We are *friends* (*with each other*).

どうじ 同時に

at the same time; (一度に) at a time
▶ ぼくと大介は同時にこの学校に転校してきた.
Daisuke and I changed to this school *at the same time*.
▶ 2 つのことを同時になんてできやしないよ.
You can't do two things *at a time*.

とうじつ 当日は on that day; (…の当日) on the day
当日券 a same-day ticket

どうして →なぜ

(なぜ) why [(フ)ワイ]
▶「きょうは帰りがおそくなるよ」「どうして？」
"I'll be home late." "*Why?*"
▶「寝つけないんだ」「どうして？」
"I can't go to sleep." "*Why not?*" (▶「どうして寝つけないの？」という意味なので, Why? ではなく Why not? を使う)
▶ どうしてきのう学校を休んだの？
Why didn't you come to school yesterday? / *How come* you didn't come to school yesterday? (▶ How come のあとはふつうの文の語順になることに注意)
▶ どうしてニューヨークに行きたいの？
Why do you want to go to New York? / (どんな目的で) *What* do you want to go to New York *for*?
▶ 自分でもどうしていいかわからなかった.
I myself didn't know *what to* do.

どうしても

1（肯定文で）**really** [リー(ア)リィ], just [ヂャスト]；**no matter what**
▶ このゲームソフト, どうしてもほしいな.
I *really* have to have this game software.
▶ どうしても文化祭の飾りつけを今日中に終えないと.
We must finish the decorations for the school festival today *no matter what*.

2（否定文で）（どうしても…しない）will not, won't
▶ ドアがどうしても開かない.
The door *won't* open. (▶ won't は will not の短縮形)
▶ どこにかぎを置いたのかどうしても思い出せないよ.
I *just can't* remember where I put the key.

3（ついつい…してしまう）can't help -ing; can't resist -ing
▶ どうしてもそのことを考えてしまうんだけどね.
I *can't help thinking* about it, though.
▶ かわいい服を見るとどうしても買ってしまうの.
I *can't resist buying* pretty clothes.

とうしゅ 投手（野球）a pitcher [ピチァ]
▶ 勝利投手 a winning *pitcher*
▶ 先発投手 a starting *pitcher*

トウシューズ toe [トゥ] shoes

とうしょ 投書 a letter [レタァ] from a reader, a letter to the editor
投書する write (to)
▶ 新聞に投書してみたら？ Why don't you *write to* a newspaper?
投書箱 a suggestion [サ(グ)ヂェスチョン] box
投書欄 a readers' column [カラム]

とうじょう¹ 登場する appear [アピア]; (脚本などのト書きなどで) enter [エンタァ] (反 退場する exit)
登場人物 a character [キャラクタァ]

とうじょう² 搭乗する board [ボード]
▶ 成田行き154便はただいま 5 番ゲートで搭乗中です.

どうじょう ▶

Flight 154 to Narita *is* now *boarding* at Gate 5.
搭乗券 a boarding pass
どうじょう 同情 sympathy [スィンパスィ]
同情する feel sorry 《for》, feel sympathy 《for》
▶ だれもが彼女に同情した.
Everybody *felt sorry for* her.
▶ 深くご同情申しあげます.
I really *feel sorry for* you.

どうしようもない
▶ ほかにどうしようもない.
We *have no other choice*. / We *can't help it*.
▶ あいつはほんとどうしようもないな.
He's *quite impossible*. / He's *just good for nothing*.

とうしんだい 等身大の life-size
どうすれば →どう¹
▶ どうすれば成績を上げられるの？
How can I get my grades up?

どうせ
▶ なぜこんなに練習するんだろう. どうせ負けるに決まってるのに.
I don't know why we're practicing so hard. We'll lose the game *anyway*.
▶ どうせ安夫は来やしないさ.
Yasuo won't come *after all*.
▶ どうせやるんならしっかりやりなさい.
If you do it *at all*, do it well.

とうせん 当選する be elected [イレクティド]；(くじなどに) win (a prize)
▶ ぼくのおじが市長に当選した.
My uncle *was elected* mayor. (▶ 1人だけの役職名には a や the をつけない)
当選番号 a winning number, a lucky number

とうぜん 当然の

natural [ナチ(ュ)ラル]
当然(ながら) naturally
▶ 当然のこと a matter *of course*

🗣スピーキング
🅐 あのお金，もらったの？
Did you receive the money?
🅑 当然さ.
Of course.

💭表現力
…するのは当然だ
→ It is natural (that) ... . /
It is natural to ... .

▶ 親が自分の子どもたちの将来について心配するのは当然だ.
It's natural that parents are worried about their children's future. / *It's natural* for parents *to* be worried about their children's future.

どうぞ

使い分け
(人にすすめる)→ please
(承知する)→ sure

1 (人にすすめる) please [プリーズ]

💭表現力
どうぞ…
→ Please ... . / ... , please.

▶ どうぞすわってください.
Please have a seat.
▶ どうぞお入りください.
Please come in.
▶ こちらにどうぞ. This way, *please*.
▶ お茶をどうぞ.
Please have some tea.
▶ お先にどうぞ.
Please go ahead. / After you.
▶ (ものを手わたして) はいどうぞ.
Here you are. / *Here you go*.

🗣スピーキング
🅐 パイナップルジュースをどうぞ.
Here's your pineapple juice.
🅑 ありがとう.
Thank you.

2 (承知する) sure [シュア], go ahead [アヘッド]
▶ 「きみの本を借りていいかい？」「どうぞ」
"Can I borrow your book?" "*Sure*."

🗣スピーキング
🅐 電話を貸してください.
May I use your phone?
🅑 はい，どうぞ.
Sure, go ahead.

◀ **とうなん**²

どうぞう 銅像 a bronze statue [スタチュー]
どうそうかい 同窓会 a class reunion [リーユーニョン], a school reunion
▶ 先日中学校の同窓会があった (→同窓会に行ってきた).
Recently I went to my junior high reunion.
どうそうせい 同窓生 a schoolmate
とうそつ 統率力 leadership [リーダシプ]
とうだい 灯台 a lighthouse [ライトゥハウス]
どうたい 胴体(胴) the trunk [トゥランク]; (体全体) the body [バディ]
胴体着陸 (a) belly landing

とうちゃく 到着 →つく¹

arrival [アライヴァル] (反 出発 departure)
到着する arrive [アライヴ]《at, in》, get to, reach [リーチ]

> 💬 表現力
> …に到着する
> → arrive at [in] +場所 /
> get to +場所 / reach +場所

▶ 父の乗った飛行機は定刻に成田に到着した.
My father's plane *arrived at* Narita on time.
▶ 私たちが山小屋に到着したのは暗くなる寸前だった.
We *got to* the mountain hut just before dark.
到着ゲート an arrival gate
到着時刻 the arrival time
到着ホーム an arrival platform [プラトゥフォーム]
到着ロビー an arrival lounge [ラウンヂ]
とうてい hardly [ハードゥリィ] →とても
-(は)どうですか How about ...?, What about ...?, What do you say to ...?

> 💬 表現力
> …(は)どうですか
> → How about ...? /
> What about ...?

▶ あすの3時ではどうですか
How about 3 o'clock tomorrow? / *What do you say to* 3 o'clock tomorrow?

▶ ぼくはホラー映画が好きですが, きみはどうですか. I like horror movies. *How about* you?
どうでも
▶ どうでもいいよ.
It doesn't matter. / It makes no difference.
どうてん 同点 a tie [タイ] (score)
同点になる tie《with》
▶ うちのチームは後半1ゴールを決め, 同点に追いついた.
Our team *tied* the score *with* a goal in the second half.
同点決勝戦 a playoff
同点ホームラン a tying homer
とうとい 尊い precious [プレシャス]
とうとう finally [ファイナリィ], at last;(結局) after all →ついに
▶ とうとう新しい自転車を手に入れたよ.
I *finally* got a new bike.
どうどう 堂々とした (威厳のある) dignified [ディグニファイド]
▶ 彼は堂々として見えた.
He looked *dignified*.
どうとく 道徳 morals [モ(ー)ラルズ];(教科) moral education
道徳心 a sense of morality [モラリティ]
道徳的な moral
とうとさ 尊さ (重要性) importance [インポータンス], (貴重さ) preciousness [プレシャスネス]
▶ 人命の尊さ
the *preciousness* of human life
とうなん¹ 東南 the southeast [サウスイースト] (▶日本語では「東南」とも「南東」ともいうが, 英語ではつねに南を先にいう)
東南アジア Southeast Asia
とうなん² 盗難 (a) theft [セフト];(強盗) (a) robbery [ラバリィ]
盗難にあう (物が) be stolen [ストゥルン];(人が) have ... stolen →ぬすむ
▶ うちの車が盗難にあった.
Our car *was stolen*. / We *had* our car *stolen*. / Someone *stole* our car.
盗難車 (自動車) a stolen car;(自転車) a stolen bicycle [bike]
盗難品 a stolen article [ストゥルン アーティクル], stolen goods

559 five hundred and fifty-nine

どうにか

どうにか somehow [サムハウ]；(どうにか…する) manage [マネヂ] to ...
- どうにか国語の追試に合格した．
I *managed to* pass the Japanese makeup (exam).
- どうにか夏休みの宿題が終わりそうだ．
Somehow I'll be able to get through my summer homework.

どうにも
- 手おくれで，もうどうにも手のほどこしようがありません．
It's *too* late *to* do anything about it now.
- どうにもしようがない．
We can't help it. ／ There's no way.

とうにゅう 豆乳 soy [ソイ] milk

とうばん 当番 (順番) *my* turn [ターン]；(義務) *my* duty [デューティ]
- 今日は私たちの班が教室のそうじ当番だ．
It's our group's *turn* to clean the classroom today.
- 今日の当番はだれですか．
Who is on *duty* today?

とうひょう 投票 voting [ヴォウティング]
投票する vote [ヴォウト]《for》
- だれに投票しますか．
Who are you going to *vote for*?
- 投票で決めよう．
Let's *vote* on it. ／ Let's *take a vote*.
- 過半数の生徒がその案に賛成の投票をした．
The majority of the students *voted for* the plan. (▶「反対の」と言うときは for の代わりに against を使う)
投票所 a polling station [place]
投票箱 a ballot [バロト] box
投票日 an election day
投票用紙 a ballot

とうふ 豆腐 tofu (▶英語化している), (soy) bean curd [カード]
- 豆腐１丁
a cake [block] of *tofu*

とうぶ 東部 the eastern part, the east [イースト]
- 関東の東部 *the eastern part* of Kanto

どうふう 同封する enclose [エンクロウズ]
- 遊園地でとった写真を同封します．
I *enclose* [I'm *enclosing*] some photos we took in the amusement park.

どうぶつ 動物

an **animal** [アニマル]
- 野生動物 wild *animals*
- 動物にえさを与えないでください《掲示》
Don't Feed the *Animals*

> **プレゼン**
> 人間と動物はうまく共存していくべきです．
> Humans and animals should live together in harmony.

- 彼は大の動物好きだ．He loves *animals*.
動物園 a zoo
- 旭山動物園 (the) Asahiyama *Zoo*
動物学者 a zoologist
動物病院 an animal hospital

とうぶん¹ 当分 (しばらく) for a while [(フ)ワイル], for some time；(さしあたり) for now
- とうぶんの間，会えないね．
We can't see each other *for a while*.
- とうぶんはこれで間に合わせるよ．
I'll make do with this *for now*.

とうぶん² 等分
- ケーキを６等分した．
We *cut* the cake *into* six *equal pieces*.

とうほく 東北 the northeast [ノースイースト] (▶日本語では「東北」とも「北東」ともいうが，英語ではつねに北を先にいう)
東北地方 the Tohoku district [region]

どうみゃく 動脈 an artery [アーテリィ]《対 静脈 vein》

とうみん 冬眠 hibernation [ハイバネイション]，《口語》winter sleep
冬眠する hibernate [ハイバネイト]，《口語》go into a winter sleep

とうめい 透明な (水などの) clear [クリア], transparent [トゥランスペアレント]
- 透明な水 *clear* water
- 透明なビニールぶくろ
a *clear* [*transparent*] plastic bag

どうめい 同盟 an alliance [アライアンス]

どうめいし 動名詞《文法》a gerund [チェランド]

どうも

◀ **とうろん**

1 (ひじょうに) **very** (**much**) [ヴェリィ (マッチ)], **a lot** [ラット]
▶ どうもありがとう.
Thank you *very much*. / (くだけて) Thanks *a lot*.

🗣スピーキング
Ⓐ **どうもすみません.**
I'm very sorry. / I'm so sorry.
Ⓑ ああ, いいんですよ.
That's all right. / Don't mention it.

2 (なんだか) **somehow** [サムハウ]
▶ どうも納豆_{なっとう}は好きになれないんです.
I *somehow* don't care for natto.
▶ このパソコンはどうも調子が悪い.
There is *something* wrong with this computer.

どうもう どう猛な **wild** [ワイルド], **fierce** [フィアス]

トウモロコシ (植物)(米) **corn** [コーン], (英) **maize** [メイズ] (▶ (英)では corn は小麦などの穀物_{こくもつ}をさす)
▶ (皮つきの)トウモロコシ1本
an ear of *corn*

どうやって how [ハウ]
▶ そこへどうやって行けばいいの？
How do I get there?

どうやら 1 (どうにか…する) **manage** [マネヂ] **to** ..., **somehow**
▶ どうやら今晩中に宿題が終わりそうだ.
I think I'll *manage to* finish the homework by tonight.

2 (どうも…らしい) **be likely** [ライクリィ] **to** ...
▶ どうやら今夜は雨になりそうだ.
It's likely to rain tonight. / *It looks like* rain tonight.

とうよう 東洋 **the East** [イースト] (対 西洋 West), **the Orient** [オーリエント]
東洋の Eastern, Oriental
▶ 東洋一大きな動物園
the biggest zoo in *the East*
東洋人 an Oriental, an Asian [エイジャン]
東洋文明 Oriental civilization [スィヴィリゼイション]

どうよう¹ 童謡 a children's song, a nursery rhyme [ナ〜サリィ ライム]

どうよう² …と同様に **like** [ライク] ..., **as** 〜 **as** ... →おなじ

▶ このカメラは新品同様だよ.
This camera is *as* good *as* new.

どうよう³ 動揺する (心が) **get upset** [アプセット]; (動揺している) **be upset**
▶ そんなことで動揺することはないよ.
You don't have to *get upset* about it.

✏ライティング
その知らせを聞いて私は動揺しました.
I was upset when I heard the news.

どうり 道理 **reason** [リーズン]
道理にかなった reasonable
どうりで No wonder [ワンダァ] ..., **Now I know why** ...
▶ もう1時か. どうりでおなかがすくわけだ.
It's already one. *No wonder* I'm so hungry.

どうりつ 道立の **Hokkaido Prefectural** [プリフェクチュラル]
▶ 道立の高校
a *Hokkaido Prefectural* high school

とうるい 盗塁(野球) **a steal** [スティール]
盗塁する steal (a base)

どうろ 道路

a road [ロウド]; (街路) **a street** [ストゥリート]
▶ 高速道路
(米) an express*way* / a free*way* / (英) a motor*way*
▶ 一般道路 a non-express*way*
▶ 有料道路 a toll *road*
▶ 道路で遊んじゃいけません.
Don't play on the *street*.
▶ 道路は混んでなかった？
Wasn't the *traffic* heavy?
道路工事 (道路建設) road construction; (補修工事) road work, road repairing
道路地図 a road map
道路標識 a road sign [サイン]

とうろく 登録 **registration** [レヂストゥレイション]
登録する register [レヂスタァ]

とうろん 討論(話し合い程度の) (**a**) **discussion** [ディスカション]; (本格的な) (**a**) **debate** [ディベイト]
討論する discuss; **debate**
▶ 討論は3時間続いた.

どうわ ▶

The *discussion* lasted for three hours.
討論会 a discussion, a debate
どうわ 童話 a children's story; (おとぎ話) a fairy tale [フェ(ア)リィテイル]
とえい 都営の metropolitan [メトゥロパリトゥン]
とお 十 ten [テン] →じゅう¹
▶ 毎月の10日に
on the *10th* of every month
▶ (かくれんぼなどで) 十数えるまで目を開けちゃだめだよ.
Don't open your eyes till you count (up) to *ten*!

とおい 遠い

(距離*きょり*・関係が) far [ファー] (反 近い near), be a long way, distant [ディスタントゥ]

> 📣スピーキング
> Ⓐ **ここから遠いんですか.**
> Is it far from here?
> Ⓑ **遠くありませんよ. 歩いて5分ぐらいです.**
> Not far. It's about a five-minute walk.

▶ ここから湖まではずいぶん遠いですよ.
It's quite *far* from here to the lake. / It's *a* very *long way* from here to the lake.
▶ 西さんはうちの遠い親せきなんだ.
Mr. Nishi is a *distant* relative of ours.
▶ 祖母は耳が遠い.
My grandmother is *hard of hearing*.

とおく(に) 遠く(に)

far [ファー] (**away**), a long way off, in the distance
▶ あまり遠くまで行っちゃだめよ.
Don't go too *far*.
▶ 学校は家からそんなに遠くない.
My school isn't so *far* from my house.
▶ 遠くに富士山が見えるよ.
You can see Mt. Fuji *in the distance*.

とおざかる 遠ざかる move away, go away
▶ パレードは私たちから遠ざかっていった.
The parade *moved away* from us.
とおざける 遠ざける keep ... away 《from》
-どおし …通し all ..., the whole [ホウル] ... →ずっと
▶ 今日は1日歩き通しだった.
I walked *all* day long today. (▶ all day long の代わりに the whole day も使える)
▶ 東京まで立ち通しでした.
We had to stand *all the way* to Tokyo.
-(を)とおして …を通して through [スルー], over

とおす 通す

1 (通過させる) pass [パス] 《through》
▶ 針に糸を通す
pass a thread *through* a needle
▶ ちょっと通してください.
Please let me *pass*. (▶この意味では単に Excuse me. と言ってもよい)
2 (中へ入れる) show [ショウ] ... into
▶ お客様を居間にお通ししなさい.
Show the guests *into* the living room, please.
3 (やり通す)
▶ エミリーは一生独身で通した.
Emily *remained* single all her life.
▶ この本に目を通しておくとよい.
You should *read* this book *through*.
トースター a toaster [トウスタァ]
トースト toast [トウストゥ]
▶ けさはトースト1枚と紅茶だった.
I had a slice of *toast* and tea this morning.
トーテムポール a totem pole [トウテムポウル]
ドーナツ a doughnut [ドウナトゥ], a donut
トーナメント a tournament [トゥアナメントゥ]
ドーピング doping [ドウピング]
ドーベルマン 《動物》Doberman [ドウバマン]
とおまわし 遠回しの indirect [インディレクトゥ]
遠回しに indirectly
▶ 遠回しに言う say *indirectly*

◀ とき

とおまわり 遠回り →まわり
ドーム a dome [ドゥム]
▶ 東京ドーム
Tokyo *Dome*

とおり 通り

a street [ストゥリート], a road [ロウド]；(大通り) an avenue [アヴェニュー]
▶ この通りをまっすぐ行くと駅に出ます．
Go down this *street*, and you'll find the station. / This *street* goes[leads] to the station.
▶ この通りは交通量が多い．
This *street* [*road*] is busy.

-とおり, -どおり …通り as [アズ]
▶ そのとおり．
That's *right*. / (あなたのいうとおり) You're *right*.
▶ ご存じのとおり *as* you know
▶ いつもどおり練習が始まった．
Practice started *as* usual.
▶ 言われるとおりにしなさい．
Do *as* you are told. / Do *as* I tell you.
▶ 思っていたとおりビルは来なかった．
Just *as* I thought, Bill didn't come.

とおりかかる 通りかかる pass by
とおりすぎる 通り過ぎる pass [パス]
▶ 学校に行く途中で救急車が前を通りすぎた．
The ambulance *passed* us on our way to school.

とおる 通る

1 pass [パス] (by)；go [pass] through [スルー]；(運行する) run
▶ 公園を通っていこうよ．
Let's *go through* the park.
▶ この地下鉄は銀座を通りますか (→銀座に行きますか)．
Does this subway *go* to Ginza?
▶ バスは20分ごとに通っている．
The buses *run* every 20 minutes.
2 (合格する) pass
▶ 彼は試験に通った．
He *passed* the exam.

トーン a tone [トウン]
-とか →-など, -や
▶ ヨーロッパには，パリとかローマとか古い都市がたくさんある．
There are many old cities in Europe, *such as* Paris and Rome.

とかい 都会 a city [スィティ]；a town [タウン] (反 いなか the country)
▶ 私は都会よりもいなかのほうが好きだ．
I prefer the country to the *city*.
▶ 若者は都会にあこがれる．
Young people are attracted to *cities*.
都会生活 city life, town life, urban life

トカゲ (動物) a lizard [リザド]
とかす¹ 溶かす (熱を加えて) melt [メルト]；(液体に) dissolve [ディザルヴ]
▶ フライパンにバターをとかしなさい．
Melt the butter in a frying pan.
▶ 塩をお湯にとかしなさい．
Dissolve the salt in hot water.

とかす² (くしで) comb [コウム]；(ブラシで) brush [ブラッシ]
▶ 髪をとかしなさい．
Brush [*Comb*] your hair.

どかす move ... out of the way
▶ すみませんが，荷物をどかしてもらえませんか．Excuse me, could you *move* your baggage *out of the way*?

とがる とがった pointed [ポインティド], sharp [シャープ]
▶ とがったえんぴつ a *sharp* pencil (▶「シャープペンシル」は a mechanical pencil という)

トキ (鳥) a Japanese crested ibis [クレスティド アイビス]

とき 時 →じかん

(時間・期間) (a) time [タイム]
▶ 時のたつのは早い (＝光陰矢のごとし)．(ことわざ) *Time* flies.
▶ 時は金なり．(ことわざ) *Time* is money.
▶ だいじょうぶ．時がたてば彼女のことは忘れるさ．Take it easy. You'll forget her as *time* passes [goes by].
▶ 1人きりになりたい時がある．
There are *times* when I want to be alone.

📝 ライティング
沖縄では楽しい時を過ごしました．
We had a good time in Okinawa.

-(する)とき

when [(フ)ウェン]

▶ 私が10歳のとき，うちは名古屋に引っ越してきた．
We moved to Nagoya *when* I was ten.

▶ ぼくらが中野先生を訪ねたとき，彼は不在だった．
When we visited Mr. Nakano, he was out.

▶ 日本を出発するときは電話をいただけますか？
Could you call me *when* you leave Japan? (▶接続詞の when の文中では未来のことでも現在形で表す)

「日本を出発するときは電話してね」
× Please call me when you will leave Japan.

この場合，未来を表す形は使えない．

○ Please call me when you leave Japan.

ときどき 時々

sometimes [サムタイムズ], **at times**

▶ 大輔はときどき授業に遅刻する．
Daisuke is *sometimes* late for class.

▶ くもり，ときどき雨．
Cloudy, with *occasional* rain. (▶ occasional は「時折の」という意味)

📝ライティング
私は学校の帰りに**ときどき**書店に寄ります．
I *sometimes* stop by at the bookstore on my way home from school.

📖文法 **sometimes の位置**
原則として一般動詞の前か be 動詞のあと，助動詞があればそのあとにくるが，文頭，ときには文末にくることもある．→いつも

どき 土器 an earthen vessel [アースン ヴェセル]

どきっ どきっとする（おどろく）be startled [スタートゥルド]

どきどき （心臓が鼓動する）beat [ビート]；（不安で）feel nervous [ナーヴァス]

▶ 由美に会うといつも胸がどきどきする．
Every time I see Yumi, my heart always *beats* very fast.

▶ 試験前はいつもどきどきする．
I *feel nervous* before every exam.

ときめく （胸が）beat [ビート]

▶ 彼に話しかけられて胸がときめいた．
My heart *beat fast* when he talked to me.

ドキュメンタリー a documentary [ダキュメンタリィ]

▶ ドキュメンタリー映画
a *documentary* film

どきょう 度胸がある have guts [ガッツ], have nerves of steel

▶ きみは度胸があるな．
You *have guts*. / You are *brave*!

ときょうそう 徒競走 a footrace [フトゥレイス]

徒競走をする run a *footrace*

とぎれる 途切れる break [ブレイク] (off)；（音声が）break up, be choppy [チャピィ]

▶ 2人の会話はふととぎれた．
There was a sudden *break* in their conversation. (▶ break の代わりに pause も使える)

▶ 音がとぎれます．接続が悪いようです．
The sound *is breaking up*. I think we have a bad connection.

とく¹ 解く（問題を）answer [アンサァ], solve [サルヴ]；（ひも・結び目を）undo [アンドゥー], untie [アンタイ]

▶ 次の問題を解きなさい．
Answer the following questions.

▶ この問題の解き方を教えてください．
Please teach me how to *solve* this problem [*answer* this question].

▶ マイケルはその包みをすばやく解いた．
Michael quickly *undid* the package.

とく² 得（利益）(a) profit [プラフィト] (反) 損 loss)

得する make a profit, gain [ゲイン]

▶ このセーター，セールで買って3000円も

◀ **とくしゅう**

得しちゃった (→節約した).
I got this sweater on sale and *saved* 3,000 yen.
▶ そんなことをしてきみに何の得になるのか.
What can you *gain* by doing it?
得な (経済的な) economical [イーコ**ナ**ミカル]
▶ 飛行機で行くよりも新幹線のほうが得だ.
It's more *economical* to go by Shinkansen than by plane.

とぐ 研ぐ (刃物を) sharpen [シャープン] ; (米を) wash [ワッシ]
▶ ナイフをとぐ
sharpen a knife
▶ 米をとぐ
wash the rice

どく¹ 毒 (毒物) (a) poison [ポイズン] ; (へび・昆虫などの) venom [ヴェノム] ; (有害なもの) harm [ハーム]
毒のある poisonous [ポイゾナス]
毒ガス poison gas
毒キノコ a poisonous mushroom
毒ヘビ a poisonous snake
毒薬 a poison
▶ このクモには毒がある.
This spider is *poisonous*.
▶ 喫煙は体に毒だ.
Smoking is *bad* for your health.

どく² →よける
▶ どいて！
Get out of my way! / Step aside!
▶ すみません，どいてもらえますか.
Excuse me, but you're in my way.
(▶ be in *my* way で「(私の行く) 道をふさいでいる」の意味)

とくい 得意

1 (じょうずな) good [グッド]《at》(⇔不得意な bad, poor) ; (科目などが) strong [スト**ロ**(ー)ング]

💬 **表現力**
…が得意だ
→ be good at ... /
　be strong in ...

▶ 健吾は国語が得意だ.
Kengo *is good at* Japanese. / Kengo *is strong in* Japanese. / (得意科目) Japanese is Kengo's *strong* subject.

🎙 **スピーキング**
Ⓐ 得意な科目は何？
　What are your strong subjects?
Ⓑ 数学と理科かな.
　Math and science, I think.

▶ 良平はスポーツは何でも得意だ.
Ryohei *is good at* all sports.

💬 **表現力**
…するのが得意だ
→ be good at -ing

▶ 姉は料理 (をするの) が得意だ.
My big sister *is good at cooking*. / My big sister is a *good* cook. / My big sister cooks *well*.

2 (自慢の) proud [プ**ラ**ウド]《of》→じまん
▶ 勇太はテニス大会に優勝して得意になっている.
Yuta is *proud* that he won the tennis championship.
得意そうに，得意げに proudly
▶ 彼は得意げに新しい携帯を私たちに見せた.
He *proudly* showed us his new cellphone.

3 (常連客) a regular customer [カスタマァ]
とくぎ 特技 my specialty [ス**ペ**シャルティ]
▶ スキーが特技です.
Skiing is my *specialty*.

どくさい 独裁 dictatorship [ディクテイタシプ]
独裁者 a dictator [ディク**テ**イタァ]
とくさんぶつ 特産物 a special product [スペシャル プ**ラ**ダクト]
どくじ 独自の original [オ**リ**ヂナル] ; (自分自身の) my own
▶ それは彼独自の発想だった.
It was his *original* idea.
とくしつ 特質 a characteristic [キャラクタ**リ**スティク]
どくしゃ 読者 a reader [**リ**ーダァ]
読者欄 a readers' column [**カ**ラム]
とくしゅ 特殊な special [ス**ペ**シャル]
▶ 彼女には音楽に特殊な才能がある.
She has a *special* talent for music.
とくしゅう 特集 (テレビ・雑誌などの) a feature [**フィ**ーチァ] (article)
特集する feature
特集号 a special issue [**イ**シュー]

five hundred and sixty-five　565

どくしょ 読書
reading [リーディング]
読書する read
- 読書が私のいちばんの気晴らしです.
Reading is my favorite pastime.
- 彼には読書する時間もない.
He has no time to *read*.

読書家 a great reader
読書会 a reading circle [サ~クル]
読書感想文 a book report
読書室 a reading room
読書週間 Book Week

どくしょう 独唱 a (vocal) solo [ソウロウ] (複数 solos)
独唱する sing a solo
独唱会 a (vocal) recital [リサイトゥル]

とくしょく 特色 a characteristic [キャラクタリスティク] →とくちょう¹

どくしん 独身の single [スィングル], unmarried [アンマリド] (反 結婚している married)
- 「お姉さんは独身なの？」「いや，去年結婚したよ」"Is your sister *single*?" "No, she got married last year."

独身生活 a single life

とくせい 特製の specially [スペシャリィ] made

どくせん 独占する have ... to *my*self
- 父はうちのパソコンを独占している.
My father *has* the personal computer all *to himself*.
- 兄は独占欲が強いんだよ.
My brother is very *possessive*.

どくそう¹ 独創的な original [オリヂナル]
- 健吾の出した案は独創的だ.
Kengo's plan is *original*.

どくそう² 独奏 a solo [ソウロウ] (複数 solos)
独奏する play a solo
- バイオリン独奏 a violin *solo*
独奏会 a recital [リサイトゥル]
独奏者 a soloist [ソウロウイスト]

とくだね 特種 a scoop [スクープ]
とぐち 戸口 a door, a doorway [ドーウェイ]

とくちょう¹ 特徴
a characteristic [キャラクタリスティク], a feature [フィーチャ]; (人の性格上の) quality

特徴のある characteristic, typical
- 日本人の特徴を1つ挙げてくれますか.
Can you name one *characteristic* of the Japanese people?
- ケイトのいちばんの特徴はその大きな目だ.
Her big eyes are Kate's best *feature*.

とくちょう² 特長 a feature [フィーチャ]; (長所) a strong point, a good point
- この新しい携帯電話には，3つの新しい特長がある. This new cellphone has three new *features*.

とくてん¹ 得点
(試験) (米) a score [スコー(ア)], (英) a mark [マーク]; (競技) a score, a point [ポイント]
得点する score
- 「英語の得点は何点だった？」「80点だった」"What did you *score* [*get*] in English?" "80 *points* [*percent*]."

> 🗨 スピーキング
> **A** 得点はいま何点ですか.
> What's the score now?
> **B** 2対2です.
> It's two to two.

- 相手チームが前半に2点得点した.
The opposing team *scored* two points in the first half.

スポーツの得点の表し方

競技名	得点
American football (アメリカンフットボール)	point
baseball (野球)	run
basketball (バスケットボール)	point
ice hockey (アイスホッケー)	goal
rugby (ラグビー)	point
soccer (サッカー)	goal
table tennis (卓球)	point, game
tennis (テニス)	point, game, set
volleyball (バレーボール)	point, set

◀ とけい

とくてん[2] 特典 a privilege [プリヴェレヂ]
どくとく 独特の own [オウン], typical [ティピカル], unique [ユーニーク]
▶ この島には独特の風習がある.
This island has its *own* customs. / This island has some *unique* customs.

とくに 特に

(ほかとくらべて) **especially** [エスペシャリィ], (特別の目的で) **specially** [スペシャリィ]; (いくつかあるものの中で特に) **particularly** [パティキュラリィ]
▶ 私は特にこの曲が好きだ.
I *especially* like this song.
▶ 私は勉強が苦手で, 特に理科がだめだ.
I'm not doing well in my studies, *particularly* in science.
▶ この本は特に子どもたちのために書かれた.
This book was written *specially* for children.
とくばい 特売 a sale [セイル] →セール
▶ 本日特売日 (掲示) *Sale* Today
特売で (米) on sale; at a sale
▶ それ, きのう特売で買ったの.
I bought it *on sale* [*at a sale*] yesterday.
特売品 a bargain [バーゲン]
とくはいん 特派員 (新聞などの) a correspondent [コ(ー)レスパンデント]

とくべつ 特別の →とくに

special [スペシャル], **particular** [パティキュラァ]
▶ 遅刻した特別な理由でもあるのですか.
Is there any *special* [*particular*] reason why you were late?
▶ 今日は特別することがない.
I have nothing *particular* to do today.
特別に specially, especially
▶ あなたのために特別にこれらのミートパイを作りました.
I made these meat pies *specially* for you.
特別活動 (学校の) extracurricular [エクストゥラカリキュラァ] activities
特別急行 a special express
特別支援学級 a class for special needs education
特別支援学校 a school for special needs education
特別支援教育 special needs education
特別賞 a special prize
特別番組 a special program
特別料金 (割増) an extra (charge); (割引) a discount price

とくめい 匿名の anonymous [アナニマス]
▶ とく名で手紙を書く [投書する]
write an *anonymous* letter
▶ 私はとく名希望です.
I wish to remain *anonymous*.
とくゆう 特有の (独自の) my own [オウン]; (風変わりな) peculiar [ピキューリャ]
▶ どの地域にもその地域特有の習慣がある.
Every region has *its own* customs.

どくりつ 独立

independence [インディペンデンス]
独立の, 独立した independent (of)
▶ 兄はすでに親から独立している.
My big brother is already *independent of* my parents. / My big brother is already (living) *on his own*. (▶ on *my* own で「自活して」の意味)
独立記念日 Independence Day
独立国 an independent country
どくりょく 独力で by *my*self, for *my*self, on *my* own
▶ 何でも独力でやってみなさい.
Try to do everything *by yourself*. (▶ by yourself の代わりに for yourself, on your own でもよい)
とげ (木材などの) a splinter [スプリンタァ]; (植物の) a thorn [ソーン]
▶ バラにとげあり. (ことわざ)
Roses have *thorns*. / No rose without a *thorn*.
▶ 指にとげがささった. とって！
I got a *splinter* in my finger. Please take it out!

とけい 時計

(置き時計など) a **clock** [クラック]; (腕時計など) a **watch** [ワッチ]
▶ 時計の長針
a minute hand of a *watch* [*clock*] (▶

とける ▶

「短針」は an hour hand)
▶ あの時計は進んでいる.
That *clock* is fast. (▶「おくれている」と言うときは fast の代わりに slow を使う)
▶ 私の時計は2分進んでいる.
My *watch* is two minutes fast.
▶ あの古いかけ時計は1日に2分進む.
That old *clock* gains two minutes a day. (▶「おくれる」と言うときは gains の代わりに loses を使う)
▶ きみの時計,合ってる？
Does your *watch* keep good time?
▶ 私は時計を時報に合わせた.
I set my *watch* by the time signal.
▶ 目覚まし時計を6時に合わせた.
I set the *alarm* (*clock*) for six.

> 💬用法 clock と watch
> clock は置き時計やかけ時計に,watch は携帯用の時計に使う.

①・②が clock, ③・④が watch.

時計台 a clock tower
時計店 a watch store [shop] (▶時計製造者や時計修理人は a watchmaker)
時計回りに clockwise [クラクワイズ]

> ⓘ参考 時計のいろいろ
> 腕時計 a wristwatch / 柱時計 a wall clock / 目覚まし時計 an alarm clock / はと時計 a cuckoo clock / 懐中時計 a pocket watch / アナログ時計 an analog watch [clock] / デジタル時計 a digital watch [clock] / クオーツ時計 a quartz watch [clock] / 防水時計 a waterproof [water-resistant] watch / 日時計 a sundial / 砂時計 a sandglass, an hourglass

とける 溶ける,解ける(固体が) melt [メルト]；(問題などが) be solved [サルヴド]

▶ 氷はすぐにとけてしまった.
The ice *melted* instantly.
▶ その疑問は彼の手紙で解けた.
The problem *was solved* by his letter.

とげる 遂げる
▶ 目的をとげる
achieve [アチーヴ] my end(s) / *achieve* my goal(s)
▶ 思いをとげる
realize my dream
▶ 情報技術はめざましい進歩をとげてきた.
Information technology *has made* remarkable progress.

どける (じゃまなので) get [move] ... out of the way；(かたづける) take away
▶ その箱,どけてもらえますか.
Could you *get* that box *out of the way*?
▶ これ,どけてくれる(→かたづけてくれる)？
Would you *take* this *away*?

とこ 床 a bed [ベッド] →ベッド
▶ 床につく go to *bed* →ねる¹
▶ 病気で床についている be sick in *bed*

どこ

where [(フ)ウェア]
▶ トイレはどこですか.
Where's the restroom?
▶ 学校はどこに通っているの？
Where do you go to school?
▶「お母さん,どこに行くの？」「ちょっとスーパーまで」
"*Where* are you going, Mom?" "Just to the supermarket."

> 🗨スピーキング
> Ⓐ どこの出身ですか.
> Where are you from?
> Ⓑ 青森です.
> I'm from Aomori.

▶ 東京のどこにお住まいですか.
Where do you live in Tokyo? / *Where* in Tokyo do you live? / *What part* of Tokyo do you live in?
▶ すみません.ここはどこでしょうか.
Excuse me, *where* am I? (▶2人以上のときは Where are we? という)

◀ -ところ

「ここはどこですか」
× Where is here?
○ Where am I?
○ Where are we?

▶ どこに行けばパスポートをつくってもらえるか知ってる？
Do you know *where* to get a passport?

▶ どこにお勤めですか．
Which company do you work for? (▶会社の場所を聞くときは Where's your office? のようにいう)

▶ 沖縄の県庁所在地はどこですか．
What's the prefectural capital of Okinawa?

▶ 京都ではどこのお寺に行ったの？
What [*Which*] temples did you visit in Kyoto?

どこか 《ふつう肯定文で》somewhere [サム(フ)ウェア];《疑問文や if の文で》anywhere [エニ(フ)ウェア]

▶ 以前どこかでお会いしましたね．
I think we've met *somewhere* before.

▶ どこかでそのかぎを見つけたら教えて．
Let me know if you find the key *anywhere*.

🗨 スピーキング

Ⓐ きのうはどこかへ行ったの？
Did you go anywhere yesterday?

Ⓑ ううん，ずっと家にいたよ．
No, I stayed home all day.

どこ(で)でも 《制限なくどこでも》anywhere [エニ(フ)ウェア];《あらゆるところで》everywhere [エヴリ(フ)ウェア]

▶「どこに行きたい？」「どこでもいいよ」
"Where do you want to go?" "*Anywhere* is all right."

▶ それは世界中のどこででも手に入る．
It is available *everywhere* in the world.

とことん thoroughly [サ〜ロウリィ]
どこにも…ない not ... anywhere [エニ(フ)ウェア], nowhere [ノウ(フ)ウェア]

▶ ぼくはどこにも行くところがなかった．

I *didn't* have *anywhere* to go. / I had *nowhere* to go.

とこのま 床の間 a tokonoma, an alcove [アルコウヴ] (in a Japanese house)

どこまで 《距離・程度》how far [ファー]

▶ 遠足はどこまで行くの？
How far are you going on the outing?

どこまでも to the last, to the end

▶ われわれはどこまでも戦うつもりだ．
We are going to fight *to the last*.

とこや 床屋《理髪師》a barber [バーバァ]；《理髪店》a barbershop

▶ きのう床屋へ行った．I went to the *barbershop* yesterday. / 《散髪してもらった》I had a haircut yesterday.

ところ 所

1《場所》a **place** [プレイス]；《住所》an **address** [アドゥレス, アドゥレス]

▶ すてきなところね！
What a nice *place* (it is)!

▶ お所とお名前を教えていただけますか．
May I have your name and *address*? (▶英語では名前が先で住所があと)

▶ 北海道には見る所がたくさんある．
There are a lot of *places* to see in Hokkaido.

▶ 所変われば品変わる．《ことわざ》
So many countries, so many customs. (▶「国の数だけ習慣の数もある」の意味) / Each country has its own customs.

2《部分》a **part** [パート]

▶ その本でいちばん好きなところはどこですか．
What is your favorite *part* of the book?

▶ 由香はちょっとはずかしがりやのところがある．Yuka is *kind of* shy.

-ところ

使い分け

…しているところだ → be -ing
…するところだ → be going to ... /
　　　　　　　　 be about to ...
…したところだ → have ＋過去分詞

ところが ▶

1 (…しているところだ) **be -ing**
▶ ケンはいまシャワーを浴びているところだ.
Ken *is taking* a shower now.

2 (…するところだ) **be going to ..., be about to ...**
▶ これから買い物に行くところなんだ.
I'*m going to* do some shopping now.
▶ ちょうど出かけようとしていたところに電話がかかってきた.
The phone rang when I *was about to* leave.

3 (…したところだ) **have +過去分詞**
▶「お昼は食べたの？」「うん, ちょうど食べたところ」
"Did you have lunch?" "Yeah, I'*ve* just *had* it."
▶ 図書館へ行ってきたところなんだ.
I'*ve* just *been* to the library.

4 (もう少しで…するところだった) **almost** [オールモウスト], **nearly** [ニアリィ]
▶ その女の子はもう少しで車にひかれるところだった.
The girl was *almost* run over by a car.

ところが but [バット] →しかし

-どころか (…とはほど遠い) **far from**;
(…は言うまでもなく) **not to mention, to say nothing of ...**
▶ 真央は病気どころかぴんぴんしている.
Far from being sick, Mao is actually very active.
▶ 健太はサンドイッチどころかサラダもろくに作れない.
Kenta can't even make salad *not to mention* sandwiches.

ところで (それで) **well** [ウェル]; (さて) **now** [ナウ]; (それはそうと) **by the way**
▶ ところで, 試合はどうだった？
By the way, how was your game?

ところどころ 所々 **here and there**

どさっと with a thud [サッド]
▶ 雪が屋根からどさっと落ちた.
The snow fell from the roof *with a thud*.

とざん 登山 **climbing** [クライミング], **mountain** [マウンテン] **climbing**
登山する go up a mountain, climb a mountain

▶ この夏, 富士登山をしようよ.
Let's *climb* Mt. Fuji this summer.
登山家 a mountaineer [マウンテニア]
登山靴 climbing boots
登山者 a (mountain) climber
登山隊, 登山パーティー a climbing party

とし¹ 年

使い分け
(こよみの) → year
(年齢の) → age

1 (こよみの) **a year** [イア]
▶ 年の始めに
at the beginning of the *year*
▶ 年ごとに *year by year*
▶ 年がたつにつれて as the *years* go by
▶ どうぞよいお年を.
I wish you a happy New *Year*. (▶口頭では Happy New Year! という)

2 (年齢) **an age** [エイヂ], **years**
年とった old
年をとる grow old
▶ 14の年に at the *age* of fourteen

スピーキング
Ⓐ お年はいくつですか.
How old are you?
Ⓑ 90だよ.
I'm ninety (years old).

▶ 弟はちょうどきみと同じ年だよ.
My brother is just your *age*.
▶ ジャックとジルは同い年です.
Jack and Jill are the same *age*.
▶ 祖父は年をとるにつれて, やさしくなってきた.
As he *grew older*, Grandpa became gentler.

とし² 都市 (市) **a city** [スィティ]; (都会) **a town** [タウン] →とかい
▶ 都市部 *urban* areas
都市ガス city gas
都市銀行 a city bank
都市計画 city planning

ドジ トジな (まぬけな) **stupid** [ステュービド], **silly** [スィリィ]
▶ ドジなまちがいをする
make some *stupid* mistakes

570 five hundred and seventy

◀ **とじる**²

▶ 浩太のやつ，またドジをふんだぞ！
Kota *made a blunder* again!

としうえ 年上の older [オウルダァ]（反 年下の younger)

▶ 私の彼，2歳年上なんだ．
My boyfriend is two years *older* than me. (▶ me の代わりにI am ともいう).

▶ 玲子と由里子，どっちが年上？
Who is *older*, Reiko or Yuriko?

▶ 浩介はクラブの中でいちばん年上だ．
Kosuke is the *oldest* in the club.

とじこめる 閉じ込める shut [シャット] up

▶ 王は王女を塔の中に閉じこめた．
The king *shut up* the princess in a tower.

とじこもる 閉じこもる shut *my*self up (in)

▶ 姉はずっと部屋に閉じこもったままだった．
My sister *shut herself up in* her room for a long time.

としごろ 年ごろ (年配) age [エイヂ]

▶ 私がお前ぐらいの年ごろにはバンドで音楽ばっかりやってたよ．
When I was about your *age*, I played in a band all the time.

としした 年下の younger [ヤンガァ]（反 年上の older)

▶ 妹はぼくより3歳年下です．
My sister is three years *younger* than me. (▶ me の代わりにI am ともいう)

▶ 修一と武志，どっちが年下なの？
Who is *younger*, Shuichi or Takeshi?

▶ 純はあなたより何歳年下？
How much *younger* is Jun than you?

▶ 私は5人の中でいちばん年下です．
I'm the *youngest* of the five.

-として as [アズ]

▶ 母は看護師として近くの病院で働いている． My mother works *as* a nurse at a nearby hospital.

-としては for [フォー(ァ)]

▶ きょうは12月としては暖かかった．
It was warm *for* December today.

-としても even if ... →たとえ (…でも)

どしどし without hesitation [ヘズィテイション]

▶ どしどしご応募ください．
Please *don't hesitate to* apply.

とじまり 戸締まりする lock [ラック] (up) →かぎ

▶ 出かける前はちゃんと戸じまりしてね．
Be sure to *lock up* before you leave.

どしゃぶり 土砂降り

▶ 外はどしゃぶりだ．
It's *raining hard* outside. / It's *pouring* outside. / It's *raining cats and dogs* outside.

▶ 降ればどしゃぶり．(ことわざ)
When it rains, it *pours*.

としょ 図書 a book [ブック]

▶ 新刊図書 new *books*
図書室 a library, a reading room

▶ 学校の図書室でよく本を借りる．
I often borrow books from the school *library*.

ドジョウ (魚) a loach [ロウチ]

としょかん 図書館 a library [ライブレリィ]

▶ 私はこの本を図書館で借りた．
I borrowed this book from the *library*.

としより 年寄り (1人) an older person [パ〜スン]；(全体) older people, elderly people

▶ 最近は元気なお年寄りが多い．
Nowadays there are many active *elderly people*.

▶ 彼女はお年寄りに親切だ．
She is kind to *the elderly*.

とじる¹ 閉じる

close [クロウズ], shut [シャット]（反 開ける open)

▶ それでは教科書を閉じて，あとについて言ってください．
Now *close* your textbooks and repeat after me.

▶ 目を閉じて10まで数えて．
Close your eyes and count up to ten.

▶ ぼくは本をバンと閉じた．
I *shut* the book with a bang.

とじる² 綴じる file [ファイル]

▶ これらの記事をファイルにとじておいてください．

five hundred and seventy-one 571

としん ▸

Please *keep* these articles *on file*.
としん 都心 the center [センタァ] of a city

ドシン ドシンと（衝突どうの音など）with a bump [バンプ]；（落下音など）with a thud [サッド] →おと（図）
▸ 私はドシンとしりもちをついた．
I fell on my bottom *with a thud*.

トス a toss [トス]
トスをする toss
▸ ボールをトスする *toss* a ball

どせい 土星〔天文〕Saturn [サタン] →わくせい（表）
▸ 土星の輪 *Saturn's* rings

とそう 塗装 painting
塗装する paint

どそく 土足で（くつをはいたままで）with *my* shoes on
▸ 土足であがらないでもらえますか．
Would you take your shoes off?
▸ 土足厳禁《掲示》Shoes Off

どだい 土台（建物の）a foundation [ファウンデイション]；（基礎となるもの）a base [ベイス]

とだな 戸棚（食器用）a cupboard [カバド], a cabinet [キャビネット]；（衣類用）《米》a closet [クラゼト]

トタン（金属）galvanized iron [ギャルヴァナイズド アイアン]（▸「トタン」はポルトガル語から）
トタン板 galvanized iron,（波形の）corrugated [コ(ー)ラゲイテイド] iron

-とたん（…するとすぐ）as soon as ... →すぐ

どたんば 土壇場で at the last moment [モウメント]

とち 土地

（地所）land [ランド], ground [グラウンド]；（土）soil [ソイル]
▸ 土地を耕す plow the *land*
▸ 肥えた土地 rich *soil* [*land*]
土地の（地元の）local [ロウカル]

とちゅう 途中

1（道の）on *my* way (to, from), on the way (to, from)
▸ 私は学校から家に帰る途中にいつも書店に寄る．

I always stop by the bookstore *on my way* home *from* school.

📝 **ライティング**
私は学校に行く**途中で**美樹に会いました．
I saw Miki *on my way* to school.

2（物事の）halfway [ハフウェイ]；in the middle [ミドゥル] of
▸ 勉強を途中であきらめるな．
Don't give up your studies *halfway*.
▸ お話の途中ですみませんが．
I'm sorry to interrupt you.
途中下車
▸ 彼は岐阜で途中下車した．
He *stopped over* at Gifu.

とちょう 都庁 →と²

どちら

使い分け
（どれ）→ which
（どこ）→ where
（だれ）→ who

1（どれ）which [(フ)ウィッチ] →どの-, どちらか(の), どちらも

💬 **表現力**
どちらが…か → Which is ...?

▸ どちらがあなたのかばんですか．
Which is your bag?
▸（写真などを見て）「どちらがテッドですか」「これがテッドです」
"*Which is* Ted?" "This is Ted."

💬 **表現力**
～と…ではどちらが（より）…か
→ Which [Who] is ... 比較級, ~ or ...?

▸「理科と英語ではどちらがやさしいですか」「理科です」
"*Which is easier*, science or English?" "Science is."

💬 **表現力**
～と…ではどちらが好きか
→ Which do you like better, ~ or ...?

▸「犬とネコとではどちらが好きですか」「犬

◀ どちらも

です」
"Which do you like better, dogs or cats?" "I like dogs better."
▶「パンとライス，どちらになさいますか」「パンでお願いします」
"Which would you like, bread or rice?" "I'd like bread."

2《どこ》**where** [(フ)ウェア] →どこ
▶ どちらにお住まいですか．
Where do you live?
▶ どちらへお出かけですか．
Where are you going?
▶ ご住所はどちらですか．
What's your address? (▶ ✕Where is your address? とはいわない)

3《だれ》**who** [フー] →だれ
▶ どちらさまですか．
May I ask [have] your name, please? / (ドアのノックに) Who is it, please?
▶「ジョンとマイクのどちらが速く走れるの？」「マイクよ」
"Who can run faster, John or Mike?" "Mike can." (▶「どちら(が)」と人を比較するときは which ではなく who を使うのがふつう)

💬スピーキング

Ⓐ (電話で) どちらさまですか．
Who's calling, please?
Ⓑ ジョン・スミスです．
This is John Smith (calling).

どちらか(の)

either [イーザァ‖アイザァ]；(～か…のどちらか) **either ～ or ...** (▶「どちらも」は both (～ and ...))
▶ きみかぼくかどちらかがまちがっている．
Either you are wrong or I am. / Either you or I am wrong.
▶ どちらかの日を選んでいいよ．
You can choose either date.

どちらかというと kind [カインド] of, sort [ソート] of；would rather [ラザァ] ...；prefer [プリファ～] ～ to ...
▶ 千尋はどちらかというと内気だ．
Chihiro is kind of shy.
▶ どちらかというと紅茶よりコーヒーが好きだ．
I prefer coffee to tea.

▶ どちらかというと今日は出かけたくない．
I'd rather not go out today.

どちらでも either [イーザァ‖アイザァ]；(…のうち) either of ...
▶ どちらでもいいよ．Either is OK.
▶ このパソコン，どちらでも使って．
You can use either of these computers.

どちらの

1《肯定文》(どちらでも) **either** [イーザァ‖アイザァ] ...；(両方とも) **both** [ボウス] ...
▶ どちらの日でもだいじょうぶだよ．
Either day is OK.
▶ どちらの部屋もながめがいい．
Both rooms have good views. / Both of the rooms have good views.

2《否定文》**neither** [ニーザァ‖ナイザァ] ..., not ～ either ...
▶ どちらの映画もおもしろくなかった．
Neither movie was fun.

3《疑問文》**which** [(フ)ウィッチ] ...
▶ 最初の曲と2番目の曲，どちらの曲が好き？
Which song do you like better, the first or the second one?

どちらも →りょうほう

1《肯定文》**both** [ボウス]；(～も…もどちらも) **both ～ and ...**

📝表現力

…はどちらも → both of ... / both ...

▶ 両親はどちらも車の運転ができる．
Both (of) my parents drive a car.
▶ 2人はどちらもピアノをひきます．
Both of them play the piano. / They both play the piano.

📝表現力

～も…もどちらも → both ～ and ...

▶ 直毅も渉もどちらも試合に出ることになっている．
Both Naoki and Wataru will be playing in the match.
▶ 愛子は勉強とスポーツのどちらもできる．
Aiko is good at both studies and sports.

2《否定文》**neither** [ニーザァ‖ナイザァ], **not**

とっか ▶

... either ［イーザァ ‖ アイザァ］; (〜も…も…ない) neither 〜 nor ..., not either 〜 or ...

> 💬 表現力
> 〜はどちらも…ない
> → neither 〜 / not either 〜

▶ 2冊の本はどちらも役に立たなかった.
Neither book was useful.
▶ 彼らのどちらも知らない.
I *don't* know *either* of them.

> 💬 表現力
> 〜も…もどちらも…ない
> → neither 〜 nor ... /
> not either 〜 or ...

▶ 久美も恵美もどちらも準々決勝には進めなかった.
Neither Kumi *nor* Emi got through to the quarterfinals.
▶ ぼくはピアノもギターもどちらもひけない.
I *can't* play *either* the piano *or* the guitar.

とっか 特価 a bargain ［バーゲン］ price
▶ このパソコン，特価で買ったんだ.
I bought this computer at a *bargain price*.

とっかつ 特活 extracurricular activities ［エクストゥラカリキュラァ アクティヴィティズ］

とっきゅう 特急(列車) a limited express, a special express

とっきょ 特許 a patent ［パテント］
特許をとる patent

ドック (船の)整備施設) a dock ［ダック］

とっくに already ［オールレディ］, long ago → すでに
▶ もうとっくに知ってるよ.
I knew it *long ago*. / That's no news to me.

とっくん 特訓 special training ［スペシャル トゥレイニング］, intensive ［インテンスィヴ］ training
特訓する give a special training; train specially
▶ ぼくはいま英会話の特訓を受けている.
I'm now taking *intensive lessons* in English conversation.

とっけん 特権 a privilege ［プリヴィレヂ］
とっさ とっさに (反射的に) reflexively ［リフレクスィヴリィ］

ドッジボール dodge ［ダッヂ］ ball (▶単に dodge ともいう)
▶ ドッジボールをする play *dodge ball*

とっしん 突進する rush ［ラッシ］(at), dash ［ダッシ］(at), make a rush (at), make a dash (at)

とつぜん 突然 suddenly ［サドゥンリィ］
とつぜんの sudden; unexpected
▶ とつぜん明かりが消えた.
Suddenly the lights went out.
▶ とつぜんの来客 an *unexpected* guest

どっち which ［(フ)ウィッチ］→ どちら
▶ 駅はどっち？
Which way is the station?
▶ (試合について) どっちが勝ってるの？
Who's winning?
▶ ぼくはどっちでもいいよ.
Either is OK with me.

どっちみち (いずれにせよ) anyway ［エニウェイ］; (結局は) after all
▶ どっちみち, みんな助からないんだ.
After all, everyone dies.

とって 取っ手 a handle ［ハンドゥル］; (ドアなどの) a knob ［ナブ］
▶ 取っ手をまわす
turn a *handle* / turn a *knob*

-(に)とって for ［フォー(ァ)］, to ［トゥー］
▶ このくつはぼくにとってたいせつなんです.
The shoes are precious *to* me.

とっておく 取っておく keep ［キープ］; hold ［ホウルド］

> 🗣 スピーキング
> 🅐 おつりはとっておいて.
> Keep the change.
> 🅑 どうも.
> Thank you.

▶ あなたが送ってくれた手紙は全部とっておきます.
I'll *keep* all the letters (that) you sent me.
▶ (店の人に) それをあしたまでとっておいてもらえませんか.
Could you *hold* it for me until tomorrow?

とってかわる 取って代わる take the place of → かわる²
▶ CDはレコードにとって代わった.

CDs *took the place of* records.
とってくる 取って来る get [ゲット], go (and) get, 《英》fetch [フェッチ]
▶ パパ，新聞とってくるね．
I'll *get* you the paper, Dad. / I'll *get* the paper for you, Dad.
▶ それをとってきてくれない？
Could you *go (and) get* it?
▶ （犬に向かって）さあ，スポッティー，とってこい！
Go get it, Spotty. / Here, Spotty, *fetch*.
ドット （点）a dot [ダット]
どっと
▶ 生徒たちはどっと笑った．
The students *burst out* laughing.
とっぱ 突破する（試合・試験など）win [ウィン], pass [パス]；（障害など）break through
▶ 目標は初戦突破だ（→初戦に勝つことだ）．
Our goal is to *win* the first game.
トッピング a topping [タピング]
トップ the top [タップ], the first [ファ〜スト]
▶ 慶子はクラスでトップだ．
Keiko is at *the top* of our class.
トップバッター 《野球》a lead-off batter [man]
どて 土手 a bank [バンク]

とても →たいへん，ひじょうに

1 very [ヴェリィ]；《口語》really [リー(ァ)リィ]；《口語》so [ソゥ], a lot [ラット]
▶ 戸川先生はとてもいい先生です．
Ms. Togawa is a *very* good teacher.
▶ その映画はとてもこわかった．
The movie was *really* scary.
▶ 再会できてとてもうれしいです．
I'm *so* glad to see you again. （▶ so は女性に好まれる言い方）
▶ 自分の学校がとても好きだ．
I like my school *a lot*. （▶ a lot は動詞やその動詞の目的語のあとにおく）

> 🔲表現力
> とても～なので…だ → **so ～ (that) …**
> （▶会話では that を省略することが多い）

▶ とても寒かったので窓を全部閉めた．
It was *so* cold (*that*) I closed all the windows.

> 🔲表現力
> とても～なので…できない
> → **so ～ (that) − can't[cannot] …** / **too ～ to …**

▶ その夜はとても暑かったので眠ることができなかった（→寝つけなかった）．
It was *so* hot that night (*that*) I *couldn't* go to sleep. / It was *too* hot *to* go to sleep that night. →あまり¹

2 （とうてい…ない）hardly [ハードゥリィ] …, not possibly
▶ そんなこととても信じられないよ．
I can *hardly* believe it.
とどうふけん 都道府県
▶ 日本は47都道府県から成り立っています．
We have 47 *prefectures* in Japan.

とどく 届く

1 （着く）《人が主語で》get [ゲット], receive [リスィーヴァ]；《物が主語で》be delivered [ディリヴァド]
▶ ぼくのメール，届いた？
Did you *get* [*receive*] my email?
▶ その小包はまだ届かない．
The parcel *has* not *arrived* yet. / The parcel *has* not *been delivered* (to me) yet.
2 （達する）reach [リーチ]
▶ 私はもうすぐ母の身長に届く．
I'll *reach* my mother's height soon.
▶ これは赤ちゃんの手の届かない所に置いといて．
Keep this out of the baby's *reach*.
とどけ 届(け) a report [リポート], a notice [ノゥティス]
▶ 欠席届(け)
a *notice* [*report*] of absence

とどける 届ける

1 （配達する）deliver [ディリヴァ]；（持っていく）take [テイク] … to
▶ 家まで届けてもらえますか．
Can I have it *delivered* to my home?
▶ 道でさいふを拾ったので交番に届けた．
I found a wallet on the street and

とどのう ▶

took it to the police box.
2 (通報する) **report** [リポート]
▶ すぐに警察に届けよう.
Let's *report* it to the police right away.

ととのう　整う be ready [レディ]
▶ 「準備は整ったの？」「うん，万事整っているよ」
"*Are* you *ready*?" "Yes, we are. Everything *is ready*."

ととのえる　整える（準備を）get ... ready；（調子を）get into shape, get ... in good condition
▶ すべての準備を整えるまでにどのくらいかかりますか.
About how long will it take to *get* everything *ready*?
▶ 次の試合にそなえて体調を整えておきなさい.
You have to *get into shape* for the next game.

とどまる　留まる stay [ステイ]
とどろく　roar [ロー(ァ)]
とどろき a roar

ドナー　a donor [ドウナァ]
ドナーカード an organ donor card

トナカイ　(動物) a reindeer [レインディア] (複数) reindeer)

どなた who [フー] → だれ
▶ (電話で) どなたさまですか.
Who's calling, please? / May I ask *who*'s calling? (▶ Who are you? は「おまえはだれだ」という失礼な言い方になるのでふつうは使わない)
▶ (ドアのノックに)「どなたですか」「健です」
"*Who* is it?" "It's Ken."

となり　隣の

next [ネクスト]；(家・部屋が) next-door [ネクストゥドー(ァ)]
…の隣の[に] next to ...
▶ 隣の町
the *next* town
▶ うちの隣の人
my (*next-door*) neighbor
▶ 隣の家
the house *next door*
▶ 隣の子
a child *next door*

▶ 航平はうちの隣のクラスだ.
Kohei is in the class *next to* us.
▶ 今度隣に越してきた山田です.
I'm your new *next-door neighbor*, Yamada. / I'm Yamada, your new *next-door neighbor*.
▶ コンビニは小学校の隣です.
The convenience store is *next to* the elementary school.

> 🗨スピーキング
> Ⓐ 隣にすわってもいいですか.
> May I sit next to you?
> Ⓑ ええどうぞ.
> Sure.

隣近所 the neighborhood [ネイバフド]；(人々) neighbors

どなる　shout [シャウト], yell [イェル]
▶ 耳元でどなるのはやめて.
Stop *shouting* in my ear.

とにかく　anyway [エニウェイ], anyhow [エニハウ], at any rate [レイト]
▶ とにかく行ってみるよ.
I'll go *anyway*.
▶ とにかくじっくり話し合おう.
Anyhow let's talk things over.
▶ とにかくありがとう.
Thank you *anyway*.

どの-

1 (どちらの) **which** [(フ)ウィッチ], **what** [(フ)ワット]
▶ どの花が好き？
(目の前にある花の中で) *Which* flower do you like? / (一般的に) *What* kind of flowers do you like?
▶ どの自転車がきみのなの？
Which bike is yours?
▶ どの駅で乗り換えればいいの？
What station should I change trains at?

2 (どの…でも) **any** [エニィ]
▶ どのケーキでも好きなのをとって.
You can take *any* cake you like. (▶「どの…でも」の意味のときは any のあとは単数形になる)
▶ どのチームも優勝する可能性がある.
Any of the teams [*Any* team] can win. (▶ any of のあとは複数形が続く)

◀ **どのように**

📗**表現力**
どの…よりも〜
→ 〜 than any other ...

▶ 翔太はクラスのどの生徒よりも速く走る.
Shota can run faster *than any other* student in the class. / Shota can run (*the*) *fastest* in the class. / *No* (*other*) students in the class can run *as* fast *as* Shota.

3 (否定文で)(どの…ない) **not any ..., no**［ノゥ］**...**（▶ any や no のあとには複数形の名詞がくる）

📗**表現力**
どの…もない → not any ... / no ...

▶ 私はどの問題にも答えられなかった.
I *couldn't* answer *any* questions. / I could answer *no* questions.
▶ どのクラブにも入りたくない.
I *don't* want to join *any* clubs.

どのくらい

🟩**使い分け**
(数が) → how many
(量・金額が) → how much
(時間・長さが) → how long
(距離が) → how far
(回数が) → how often, how many times

1 (数が) **how many**［ハゥ メニィ］→いくつ
▶ DVD はどのくらい持ってるの？
How many DVDs do you have?
▶ 北海道には去年の冬どのくらいの人がおとずれましたか.
How many people visited Hokkaido last winter?

2 (量・金額が) **how much**［ハゥ マッチ］→いくら
▶「お塩はどのくらい入れるの？」「小さじ2はい」
"*How much* salt should I add?" "Two teaspoons."
▶ 修理にどのくらい(の費用が)かかったんですか.
How much did the repairs cost? / *How much* were the repairs?

3 (時間・長さが) **how long**［ハゥ ロ(ー)ング］

▶ トンネルの長さはどのくらいあるの？
How long is the tunnel?

🟧**スピーキング**
Ⓐ 学校まで**どのくらい（時間が）かかるの**？
How long does it take you to go to school?
Ⓑ 約10分です.
It takes about 10 minutes.

▶ あとどのくらい(時間が)かかりそう？
How much longer do you think it'll take?

4 (距離が) **how far**［ハゥ ファー］
▶ いちばん近いバス停までどのくらいありますか.
How far is it to the nearest bus stop?

🟧**スピーキング**
Ⓐ 家から学校まで**どのくらいですか**.
How far is it from your house to school?
Ⓑ 約500メートルです.
(It's) about 500 meters.

5 (回数が) **how often**［ハゥ オ(ー)フン］, **how many times**
▶「電車はどのくらいの間隔で出ますか」「15分おきです」
"*How often* do the trains run?" "Every 15 minutes."
▶ ひと月にどのくらい外食しますか.
How many times a month do you eat out?

6 (高さが)(山などが) **how high**; (身長・建物などが) **how tall**; (大きさが) **how large**
▶ この山はどのくらいの高さですか.
How high is this mountain?
▶ 身長はどのくらいあるんですか.
How tall are you?

とのさま 殿様 a lord［ロード］
どのへん どの辺 where［(フ)ウェア］
▶「背中をかいて」「どの辺？」
"Scratch my back." "*Where*?"
▶ 東京ドームは東京のどの辺にありますか.
Where in Tokyo is Tokyo Dome?
どのように how［ハゥ］→どう¹
▶ ステーキはどのように焼いたらよいですか.

five hundred and seventy-seven 577

とばす ▶

How would you like your steak?

とばす 飛ばす fly [フライ]；(吹き飛ばす) blow off；(飛ばして読む) skip [スキップ]；(急ぐ) hurry [ハーリィ]

▶ ぼくは模型飛行機を飛ばすのが好きです．
I like *flying* model planes.

▶ このページはとばそう．
Let's *skip* this page.

トビ (鳥) a kite [カイト]

トビウオ (魚) a flying [フライイング] fish

とびあがる 飛び上がる jump up

▶ 少女はうれしくて飛び上がった．
The girl *jumped* for joy.

とびおきる 飛び起きる jump out of bed

とびおりる 飛び降りる jump down

▶ ネコはへいから飛び降りた．
The cat *jumped down* from the wall.

とびきゅう 飛び級する skip grades

とびこえる 飛び越える jump over

▶ 男の子はフェンスを飛びこえた．
The boy *jumped over* the fence.

とびこみ 飛び込み (競技の) diving [ダイヴィング]

とびこむ 飛び込む jump [チャンプ] into

▶ おぼれかけている男の子を助けようとして，男の人が川へ飛びこんだ．
A man *jumped into* the river to save the drowning boy.

とびだす 飛び出す run out

▶ 女の子は公園から道路に飛び出した．
The girl *ran out* of the park into the street.

とびつく 飛びつく jump at

▶ とつぜんその犬はぼくに飛びついてきた．
Suddenly the dog *jumped at* me.

トピック (話題) a topic [タピク]

とびのる 飛び乗る jump into, jump on

▶ バスに飛び乗る *jump into* a bus

とびばこ 跳び箱 a (vaulting [ヴォールティング] horse [ホース]

▶ とび箱をとぶ vault [ヴォールト] a *horse*

とびら 扉 a door [ドー(ァ)] →と¹

とぶ¹ 飛ぶ

fly [フライ]；(垂直に) go up

▶ ぼくのたこは空高く飛んだ．
My kite *flew* high in the sky.

▶ 風船は空高く飛んでいった．
The balloon *went up* into the sky.

とぶ² 跳ぶ jump [チャンプ]

▶ 子どもたちがとんだりはねたりしていた．
The children *were jumping* and skipping.

とほ 徒歩で on foot [フット] →あるく

▶ 車だと5分，徒歩だと20分かかります．
It takes five minutes by car and twenty minutes *on foot*.

▶ ぼくは徒歩で学校に通っています．
I *walk* to school.

▶ バス停までは徒歩で10分ぐらいです．
The bus stop is ten minutes' *walk*.

徒歩遠足 a walking excursion [イクスカ~ジョン]

徒歩旅行 a hike [ハイク]

とほう 途方

▶ 私は途方にくれた．
I didn't know what to do. / I *was at a loss*.

とぼける play dumb [ダム]

▶ とぼけないでよ．あなたのしわざだってことわかってるんだから．
Don't *play dumb*. I know you did it.

とぼしい 乏しい poor [プァ], short [ショート] (of) →すくない

▶ 日本は天然資源に乏しい．
Japan is *poor* in natural resources.

とぼとぼ とぼとぼ歩く plod [プラッド]

トマト a tomato [トメイトウ] (複数 tomatoes)

トマトケチャップ tomato ketchup

トマトジュース tomato juice

トマトソース tomato sauce

とまどう 戸惑う be puzzled, be at a loss

▶ どう答えていいかわからなくてとまどった．
I *was puzzled* to know what to answer. / I was *at a loss* what to answer.

とまりがけ 泊まりがけの overnight [オウヴァナイト]

とまる¹ 止まる，留まる

(停止する) stop [スタップ]

▶ この列車は静岡に止まりますか．
Does this train *stop* at Shizuoka?

▶ 家の前で車が止まった．

578 five hundred and seventy-eight

A car *stopped* in front of my house.
▶ ぼくの時計が止まってしまった.
My watch *has stopped*.

とまる² 泊まる

stay [ステイ] (at, with) (▶ふつう場所のときは at, 人のときは with を使う)
▶ 京都ではどのホテルに泊まるの？
What hotel *are* you *staying at* in Kyoto?
▶ 私はおばの家に泊まっていました.
I *was staying with* my aunt.

とみ 富 riches [リッチィズ], wealth [ウェルス]
▶ 富がかならずしも幸福をもたらすとはかぎらない.
Riches do not always bring happiness.

とむ 富む be rich [リッチ] (in)
▶ レモンはビタミンCに富んでいる.
Lemons *are rich in* vitamin C.

とめる¹ 止める, 留める

1 (停止させる) stop [スタップ]；(車を) pull up
▶ 彼はそのスーパーの前で車を止めた.
He *stopped* his car in front of the supermarket.
▶ (タクシーの運転手に) 次の角で止めてもらえますか.
Would you *stop* at the next corner?
(▶ stop の代わりに pull up も使える)
▶ 彼らのけんかを止めて！
Stop their fight!

2 (水道・ガス・ラジオなどを) turn off
▶ ガスは止めてくれた？
Did you *turn off* the gas?
▶ ラジオを止めて.
Please *turn off* the radio.

stop

turn off

3 (固定する) fasten [ファスン]；(ピンで) pin [ピン]
▶ 彼女はそのポスターをかべにピンで留めた.
She *pinned up* the poster on the wall. / She *fastened* the poster on the wall with pins.
▶ 上着のボタンを留めなさい.
Button up your jacket.

とめる² 泊める put ... up (at, in)
▶ できたら今晩泊めてもらえない？
Could you possibly *put* me *up* for the night?

とも 友 a friend [フレンド] →ともだち
▶ まさかのときの友こそ真の友. (ことわざ)
A *friend* in need is a *friend* indeed.
▶ 類は友を呼ぶ. (ことわざ)
Birds of a feather flock together. (▶「同じ羽の鳥は集まる」の意味)

ともかく anyway [エニウェイ], at any rate [レイト] →とにかく
▶ 電車はおくれていたが, ともかく時間に間に合った. The train was late but *anyway*, we made it on time.

ともかせぎ 共稼ぎ →ともばたらき

ともだち 友達 →ゆうじん

a friend [フレンド]
▶ 学校の友だち a school *friend*
▶ 小学校からの友だち
a *friend* from elementary school / an elementary school *friend*
▶ 昔からの友だち an old *friend*
▶ メール友だち an email *friend*
▶ 紗枝は私の友だちです.
Sae is a *friend* (of mine). (▶初めて話題になる友だちを指すときは a friend of mine と言う. my friend はすでに話の中に出てきた友だちを指すときや, my friend Tom のように人名と並べて言うときに使う)
▶ 週末に友だちが遊びに来た.
A *friend* (of mine) came over on the weekend.
▶ こちらは友だちの直人です.
This is my *friend* Naoto.
▶ 杏奈は私のいちばんの友だち (→親友) よ. Anna is my best *friend*.
▶ ぼくと剛は友だちです.
Tsuyoshi and I are *friends*. (▶*I and Tsuyoshi ... とはふつういわない. 自分以外の人を先に立てて, I は最後に置く)
▶ 直美は友だちの友だちだ.
Naomi is a *friend* of a *friend*.

ともなう ▶

✏️ライティング
私は先週の土曜に，何人かの友だちと映画を見にいきました．
I went to see a movie with some of my friends last Saturday.

💬表現力
(…と) 友だちになる
→ make friends (with ...) / be friends (with ...)

▶ 中1のときに彩香と友だちになった．
I *made friends with* Ayaka in seventh grade.
▶ 友だちになろうよ．Let's *be friends*.
▶ (手紙で) あなたと友だちになりたい．
I want to *be friends with* you. / I want to *be your friend*.

ともなう 伴う go with, take [テイク] ... with
▶ 首相は夫人を伴ってアメリカに行った．
The Prime Minister *took* his wife *with* him to the United States.

ともに together [トゥゲザァ] →いっしょ

-とも(に) 1 (両方とも) both [ボウス]；(両方とも…でない) neither [ニーザァ‖ナイザァ] →どちらも
▶ 2人とも私の友だちです．
Both (of them) are my friends.
▶ 両親ともに元気です．
Both (of) my parents are well.
▶ ぼくらは2人とも正しくなかった．
Neither of us was right.
2 (…につれて) as [アズ]
▶ 父は年とともに口数が少なくなった．
As my father grew older, he became more quiet.

ともばたらき 共働き
▶ 両親は共働きです．My parents *both work*. / *Both* (of) my parents *work*. / My parents *both have jobs*.

どもる stutter [スタタァ], stammer [スタマァ]

どようび 土曜日 →ようび (表)
Saturday [サタデイ] (▶語頭はかならず大文字；Sat. と略す)
▶ ぼくは土曜日にサッカーをします．
I play soccer on *Saturdays*.

▶ 私たちの学校は土曜日は休みだ．
We have *Saturdays* off at our school.

トラ (動物) a tiger [タイガァ]
トライ (ラグビー) a try [トゥライ]
▶ トライをあげる score a *try*
▶ お菓子作りにトライ (→挑戦) する
try making sweets

ドライ ドライな (事務的な) businesslike [ビズネスライク]；(現実的な) realistic [リーアリスティク]
ドライアイ dry eye
ドライアイス dry ice
ドライクリーニング dry cleaning
ドライフラワー a dried flower
ドライフルーツ dried fruit

トライアスロン triathlon [トゥライアスラン]
トライアングル (楽器) a triangle [トゥライアングル] (▶「三角形」がもとの意味)

ドライバー (ねじ回し) a screwdriver [スクルードゥライヴァ]；(運転者) a driver [ドゥライヴァ]

ドライブ a drive [ドゥライヴ]
▶ ドライブに行く go for a *drive*
ドライブイン a roadside restaurant [レストラント] (▶英語の drive-in (restaurant) は車を降りずに食事ができる所)
ドライブスルー a drive-thru, a drive-through

ドライヤー (ヘアドライヤー) a blow dryer [ドゥライア], a hairdryer
▶ ドライヤーで髪をかわかす
dry my hair with a *hairdryer*

トラウマ (a) trauma [トラウマ]
とらえる 捕らえる catch [キャッチ] →つかまえる

トラクター a tractor [トゥラクタァ]
トラック¹ (自動車の) (米) a truck [トゥラク], (英) a lorry [ロ(ー)リィ]
トラック² (競走路) a track [トゥラック] (対 フィールド field)
トラック競技 track events

ドラッグストア (米) a drugstore [ドゥラグストー(ァ)], (英) a chemist's [ケミスツ]

トラブル (a) trouble [トゥラブル]
▶ 彼女はよく学校でトラブルを起こす．
She is a *troublemaker* in school. / She constantly causes *trouble* at school.

◀ **とりあえず**

▶ 私はトラブルに巻きこまれるのがいやでうそをついてしまった．
I told a lie because I didn't want to get into *trouble*.

▶ 体育祭は何のトラブルもなく終わった．
The field day ended without any *trouble*.

ドラマ a drama [ドゥラーマ], a play [プレイ]
ドラマチックな dramatic [ドゥラマティク]

▶ テレビで連続ドラマを見る
watch a serial *drama* on TV

ドラム (楽器) drums [ドゥラムズ]

▶ ドラムをたたく beat the *drums* / (演奏する) play the *drums*
ドラムかん an oil drum
ドラム奏者 a drummer

とられる 取られる be stolen; (払わされる) be charged

▶ きのうカメラをとられた． My camera *was stolen* yesterday. / Someone *stole* my camera yesterday.

▶ 時計を直してもらったら1万円もとられた．
I *was charged* ten thousand yen for repairing my watch.

トランク (車の) a trunk [トゥランク]; (旅行かばん) a suitcase [スートゥケイス]
トランクス trunks [トゥランクス]
トランシーバー a transceiver [トランスィーヴァ]; (口語) a walkie-talkie [ウォーキトーキィ]

トランジスター a transistor [トゥランズィスタァ]
トランプ cards [カーヅ] (▶ trump は「切り札」のこと)

▶ トランプをする play *cards*
トランプ占い card fortune-telling
トランペット (楽器) a trumpet [トゥランペト]

▶ トランペットを吹く play the *trumpet*
トランペット奏者 a trumpeter
トランポリン (商標) a trampoline [トゥランポリ(ー)ン]

▶ トランポリンをする
jump on a *trampoline*

とり 鳥

a bird [バ〜ド]

▶ むすこが鳥を飼いたがっている． My son wants to have [keep] a (pet) *bird*.
鳥インフルエンザ bird flu [フルー]
鳥かご a bird cage
とり肉 (ニワトリの) chicken

とりあえず (しばらくの間は) for now, for the time being; (何はさておき) right away

▶ とりあえずかばんをここに置いとくね．
I'll leave the bag here *for now*.

▶ とりあえず警察に電話すべきだ． You should call the police *right away*.

▶ (飲食店などで) とりあえずみんなコーヒーをください．

鳥の名と鳴き声 (鳴き声は2度重ねて表すこともある)
① ハト　▶ [クー] クー
② アヒル　▶ [クワック] ガー
③ フクロウ　▶ [フート] ホー
④ カラス　▶ [コー] カー
⑤ オウム　▶ 「しゃべる」は talk という．
⑥ おんどり　▶ [カカドゥードゥルドゥー] コケコッコー
⑦ 白鳥　▶ 「鳴く」は cry という．
⑧ スズメ　▶ [トゥウィート] これは 一般に小鳥やひなのピーチクさえずる声を表す．
⑨ 七面鳥　▶ [ガブル] ゴロゴロ

five hundred and eighty-one 581

とりあげる ▶

We'll *start with* coffee.

とりあげる 取り上げる（手に）take up, pick up；（うばいとる）take away；（問題として）take up

▶ 受話器をとりあげる
pick up the receiver

▶ 女の子は弟からおもちゃをとりあげた．
The girl *took* a toy *away* from her brother.（▶ took away a toy ともいう）

▶ この問題は次の会議でとりあげたほうがいいと思います．I think we should *take up* this issue at the next meeting.

とりあつかい 取り扱い handling [ハンドゥリング] →あつかう

▶ 取扱注意《掲示》*Handle* With Care
取扱説明書 a manual [マニュアル], an instruction [インストゥラクション] manual

とりあつかう 取り扱う handle [ハンドゥル]

とりいれ 取り入れ（収穫）a harvest [ハーヴェスト] →しゅうかく

とりいれる 取り入れる（作物を）harvest [ハーヴェスト]；（考えなどを）adopt [アダプト], take [テイク]

▶ 稲は秋にとり入れられる．
Rice *is harvested* in fall.

とりえ 取り柄 a good point →ちょうしょ

▶ だれでも何かしらとりえはあるものだ．
Everybody has some *good points*.

トリオ a trio [トゥリーオウ]《複数》trios

とりかえす 取り返す get back, take back

とりかえる 取り替える change [チェインヂ]；exchange [イクスチェインヂ]

▶ ケンと席をとりかえてもいいですか．
Can I *change* seats with Ken?

▶ ろうかの電球，とりかえてくれる？
Could you *change* the (light) bulb in the hallway?

▶ これを大きいサイズととりかえてもらえませんか．Could you *exchange* it for a larger size?

とりかかる 取りかかる start [スタート], begin [ビギン]；set about

▶ 8時から勉強にとりかかった．
I *began* to study at eight.

▶ 彼は精力的に任務にとりかかった．
He *set about* the task with energy.

とりかこむ 取り囲む surround [サラウンド], be around [アラウンド]

▶ その歌手は熱狂するファンにとりかこまれていた．The singer *was surrounded* by excited fans.

とりきめ 取り決め（合意事項）an agreement [アグリーメント]

とりくむ 取り組む work on；tackle [タクル]

▶ 父はいま新しい本の執筆（→新しい本に）取り組んでいる．My father *is working on* his new book.

> 📢 プレゼン
>
> いじめの問題には，生徒も先生もいっしょになって取り組まなければなりません．
> Both students and teachers must tackle the bullying problem.

とりけす 取り消す（予約などを）cancel [キャンセル], call off；（発言などを）take back

▶ 歯医者の予約を取り消した．I *canceled* my appointment with the dentist.

▶ いま言ったことは取り消します．
I *take back* what I just said.

とりこわす 取り壊す demolish [ディマリシ]

とりさげる 取り下げる（主張などを引っ込める）withdraw [ウィズドゥロー]

とりしきる 取り仕切る（管理する）manage [マネヂ]

とりしまる 取り締まる control [コントゥロウル]

▶ 組織犯罪を取り締まる
control organized crime

とりしらべ 取り調べ (an) investigation [インヴェスティゲイション]

取り調べる investigate [インヴェスティゲイト]

▶ 彼は警察の取り調べを受けた．
He *was investigated* by the police.

とりだす 取り出す take out

▶ ぼくはポケットから携帯を取り出した．
I *took* my cellphone *out* of my pocket.

とりちがえる 取り違える（誤解する）misunderstand [ミサンダスタンド]

とりつ 都立の metropolitan [メトゥロパリトゥン]

都立高校 a Tokyo metropolitan high school

トリック a trick [トゥリック]

とりつける 取り付ける（固定する・くっつ

◀ **とる**

ける) fix [フィックス] (to), attach [アタッチ] (to);(装置などを) install [インストール]
▶ かべに大きな鏡をとりつけてもらった.
I had a large mirror *fixed to* the wall.
▶ リビングルームに新しいエアコンをとりつける *install* a new air conditioner in the living room

とりのぞく 取り除く take away [off] → のぞく¹

とりはずす 取り外す remove [リムーヴ]

とりはだ 鳥肌 goose bumps [バンプス], goose pimples [ピンプルズ]
鳥肌が立つ get goose bumps [pimples]
▶ 外は寒くて鳥肌が立った. It was so cold outside I *got goose bumps*.

とりひき 取り引き do business [ビズネス]
取り引きする do business 〔with〕

トリプル triple [トゥリプル]
トリプルプレー〔野球〕a triple play

ドリブル〔球技〕dribbling [ドリブリング]
ドリブルする dribble
▶ ドリブルの練習をする practice *dribbling*, do a *dribbling* drill

トリマー (ペットの美容師)groomer[グルーマァ]

とりまく 取り巻く surround [サラウンド]

とりみだす 取り乱す get upset;be upset
▶ とりみださないで. Don't *get upset*.

とりもどす 取り戻す get back → とりかえす

とりやめ 取り止め → ちゅうし

どりょく 努力

(an) effort [エフォト]
努力する make an effort, work hard; try hard, do *my* best
▶ ぼくたちの努力はむくわれた.
Our *effort* paid off.
▶ ぼくには努力が足りないのかもしれないな.
I think I'm not really *making an effort*.
▶ それはあなたの努力しだいだよ.
It depends on *how hard you work*.
▶ 仕事を終わらせたかったらもっと努力しなさい. *Try hard* if you want to get your work done.

🗨️ 表現力
…しようと努力する → try to ...

🎤 プレゼン
私たちはおたがいに理解し合うように**努力すべきです**.
We should **try to** understand each other.

努力家 a hard worker
努力賞 an award [アウォード] for effort

とりよせる 取り寄せる order [オーダァ]; ask for → ちゅうもん
▶ この本はアマゾンからとり寄せた.
I *ordered* this book from Amazon.

ドリル(反復練習) a drill [ドゥリル];(きり) a drill
▶ 発音ドリル a pronunciation *drill*

ドリンク a drink [ドゥリンク]
▶ ドリンクを飲む have a *drink* (▶「お酒を飲む」という意味にもなる)
▶ スポーツドリンク a sports *drink*

とる 取る, 採る, 捕る, 撮る

使い分け
(手にもつ) → take, get
(得る) → get
(写す) → take
(食べる) → have, eat
(ぬぐ) → take off
(休みを) → take ... off
(つかまえる) → catch

take   get

1(手にもつ) take [テイク];(取ってくる) get [ゲット];(取ってやる) get;(手わたす) hand [ハンド], pass [パス]
▶ 私はポケットの中からかぎをとった.
I *took* my keys from my pocket.
▶ かさをとりに家にもどった.
I went home to *get* an umbrella.
▶ そこにあるそのジャケットをとってもらえる?
Could you *get* me that jacket over

ドル ▶

there?

💬スピーキング
🅐 だれかジャムを**とってくれない**？
Would someone pass me the jam?
🅑 はい，どうぞ．
Here you are.

2 (得る) (資格・成績などを) **get** ; (賞などを) **win** [ウィン]
▶ 姉はこの春，運転免許をとった．My sister *got* a driver's license this spring.
▶ 英語の試験では何点とったの？
What did you *get* [*score*] on the English exam?
▶ うちのクラスは合唱コンクールで1等をとった．
Our class *won* [*got*] first place in the chorus contest.

3 (写真を) **take** ; (録画・録音する) **record** [リコード]，(ビデオテープに) **tape** [テイプ] ; (ノートを) **take**
▶ 私たちはこの写真を奈良でとった．
We *took* these pictures in Nara.
▶ きのうの映画，とった (→録画した) の？
Did you *record* the movie yesterday?
▶ 彼はいつもノートをとっている．
He always *takes* notes.

4 (食べる) **have** [ハヴ]，**eat** [イート]
▶ 夕食は何時にとるの？
What time do you *have* dinner?
▶ 食事はきちんととっていますか．
Do you *eat* regularly?

5 (ぬぐ；とり外す) **take off**
▶ 帽子をとりなさい．
Take off your cap.

6 (休みを) **take ... off**
▶ 最近休みがとれない．
I can't *take* time *off* these days.

7 (新聞・雑誌を) **get**，**take** ; (配達してもらう) **order** [オーダァ]，**have ... delivered** [デリヴァド]
▶ 父は英字新聞をとっている．My father *gets* [*takes*] an English newspaper.
▶ ピザでもとろうか．
How about *ordering* pizza?

8 (選ぶ) **choose** [チューズ]
▶ どれでも好きなケーキをとってね．
Choose any cake you like.

9 (つかまえる) **catch** [キャッチ]

▶ 小さいころはよくセミをとった．
I would often *catch* cicadas when I was a boy. (▶ would は過去の習慣を表す)

10 (場所を) **take up**
▶ このパソコンは場所をとりすぎる．This computer *takes up* too much space.

11 (こっそりぬすむ) **steal** [スティール] ; (うばう) **rob** [ラブ] ... **of**
▶ 自転車をだれかにとられた．My bike *was stolen*. / Someone *stole* my bike.
▶ その男は私のカメラをとった．(むりやり) The man *robbed* me *of* my camera. / (こっそりと) The man *stole* my camera.

✕ My camera was robbed of.
　└この場合主語には「人」がくる．
○ I was robbed of my camera.
○ The man robbed me of my camera.
○ My camera was stolen.

▶ ぼくは時計をとられた．
I *had* my watch *stolen*. (▶「〜を…された」は「have＋物＋過去分詞」で表す)

ドル a **dollar** [ダラァ] (▶ 記号は$)
▶ いま1ドルは何円ですか (→ドル・円の為替レートはいくらですか)．
What's the *dollar* to yen exchange rate now?

トルコ **Turkey** [タ〜キィ]
トルコ (人・語) の **Turkish**
トルコ石 (a) **turquoise** [タ〜ク(ウ)ォイズ]
トルコ語 **Turkish**
トルコ人 a **Turk**

ⓘ参考 小文字の **turkey** は「七面鳥」の意味．

どれ →どちら

which [(フ)ウィッチ]

💬表現力
どれがいちばん…か
→ **Which ... ＋最上級？**

▶「あれ見て！」「どれ？」

◀ **どわすれ**

"Look at that!" "*What?*"
▶ どれか1つ選びなさい．
Choose one of them.

🗣スピーキング
Ⓐ どれがいちばん好きですか．
Which do you like best?
Ⓑ あの赤いのです．
I like that red one best.

トレイ a tray [トゥレイ] →トレー
どれい 奴隷 a slave [スレイヴ]
　どれい制度 slavery
トレー a tray [トゥレイ]
トレード トレードする trade [トゥレイド]
　トレードマーク a trademark
トレーナー (シャツ) a sweatshirt [スウェトゥシャ〜トゥ]; (人) a trainer [トゥレイナァ]
トレーニング training [トゥレイニング]
　トレーニングする train
　トレーニングキャンプ a training camp
　トレーニングシャツ a sweat shirt
　トレーニングパンツ sweat pants, warm-up pants
トレーラー a trailer [トゥレイラァ]
どれくらい →どのくらい
ドレス a dress [ドゥレス]
とれたて 取れ立ての(新鮮な) fresh [フレッシ]
ドレッシング (a) dressing [ドゥレスィング]
▶ フレンチドレッシング French *dressing*

どれでも →どれも，なんでも

any (one) [エニ (ワン)]

🗣スピーキング
Ⓐ どれがいい？
Which would you like?
Ⓑ どれでもいいよ．
Any one will do.

▶ ここに止まるバスならどれでも駅に行けます．
Any bus that stops here will take you to the station.
▶ これらの本のうちどれでも好きなのを買ってあげる．
I'll buy you *any* of these books you like． (▶「any of＋名詞」のときは複数の名詞がくる)

どれも

1 《肯定文で》all [オール], every →すべて，ぜんぶ，みんな
▶ 野菜はどれも新鮮です．
All the vegetables are fresh. / *Every* vegetable is fresh.
2 《否定文》not ... any [エニ], none of
▶ 彼の小説はまだどれも読んでいない．
I *haven't* read *any* of his novels.
▶ クーポンはどれも有効期限が切れている．
None of the coupons are valid.

とれる 取れる，捕れる，撮れる
1 (はずれる) come off; (痛みが) be gone
▶ ママ，ボタンがとれちゃったよ．
Mom, a button *has come off*.
▶ やっと肩の痛みがとれた． The pain in my shoulders *is gone* at last.
2 (とらえられる) be caught; (生産される) be produced
▶ この湖ではマスがとれる．
Trout *are caught* in this lake.
▶ この地方では米がとれる．
Rice *is produced* in this region． (▶ produced の代わりに grown も使える)
3 (写真が) come out
▶ この写真はうまくとれている．
This photo *came out* well.

どろ 泥 mud [マッド]
　どろだらけの muddy
▶ 私のくつ下はどろだらけだった．
My socks were covered with *mud*.
ドローン (小型無人機) a drone [ドゥロウン]
ドロップ (菓子の) a drop [ドゥラップ]
ドロップアウト ドロップアウトする drop [ドゥラップ] out
トロフィー a trophy [トゥロウフィ]
どろぼう 泥棒 (夜盗) a burglar [バ〜グラァ]; (こそどろ) a thief [スィーフ] 【複数】thieves; (強盗) a robber [ラバァ]
▶ 彼の家にどろぼうが入った．
A *burglar* broke into his house.
▶ そのどろぼうは警察につかまった．
The *thief* was caught by the police.
▶ どろぼうをつかまえて！Stop *thief*!
トロンボーン (楽器) a trombone [トゥランボウン]
▶ トロンボーンを吹く play the *trombone*
どわすれ 度忘れする (人が主語で) forget for the moment; (物が主語で) slip *my* mind
▶ その映画のタイトルをちょっと度忘れした．

トン ▶

The title of the movie *has slipped my mind*. / I *forgot* the title of the movie *for the moment*.

トン (重さの単位) a ton [タン] (▶ t または t. と略す)
▶ 4トントラック a four-*ton* truck

ドン bang [バング]
▶ 太鼓のドンという音 a *bang* of a drum

どん
▶ 用意, どん. Ready, *go*!

-どん …丼 → どんぶり
▶ 海鮮丼 a seafood *bowl*

とんカツ 豚カツ a fried pork cutlet [カトゥレット]

どんかん 鈍感な dull [ダル] → にぶい

ドングリ 《植物》an acorn [エイコーン]

とんだ (ひどい) terrible [テリブル]
▶ 旅行先でとんだ目にあったよ. I had a *terrible* experience on the trip.

とんち wit [ウィット]

とんちんかん (的はずれの) off the point ; (ばかげた) funny [ファニィ]

とんでもない 1 (お礼に対して) Not at all., No problem. ;《強い否定》(まっぴらごめんだ) Not on your life.

🗨 スピーキング
Ⓐ ご迷惑をおかけしました.
　I'm sorry to have troubled you.
Ⓑ **とんでもないです.**
　Not at all. / No problem.

2 (たいへんな) terrible [テリブル]
▶ とんでもないまちがいをしちゃったよ.
I made a *terrible* mistake.

トントン トントンたたく knock [ナック] ; (軽く) tap [タップ]
▶ だれかがドアをトントンたたく音が聞こえた.
I heard someone *knock* on the door.

どんどん 1 (続けて速く) fast [ファスト] ; (休まず) on and on
▶ 暗くなってきたので, 私たちはどんどん歩いた. It became dark, so we walked *on and on*.

2 (たたく音)
▶ ドアをどんどんたたいてるのはだれだ.
Who's *banging* on the door?

どんな

使い分け
(どのような) → what
(いかなる…も) → any
(たとえ…でも) → whatever

1 (どのような) **what** [(フ)ワット] ; (どんな種類の) what kind of
▶ 先生はどんなこと言ってたの？
What did the teacher say?
▶ お母さんの車はどんな車？
What kind of car is your mother's?
▶ 今度の先生ってどんな感じ？
What is the new teacher *like*?

2 (いかなる…も) **any** [エニィ] ...
▶ テーマはどんなものでもかまいません.
You can choose *any* subject.
▶ どんな人でもまちがいはある.
Anyone can make mistakes.
▶ きみのためならどんなことでもするよ.
I'll do *anything* for you.

3 (たとえ…でも) **whatever** [(フ)ワットゥエヴァ], no matter what
▶ どんなことがあっても, 試合には勝ってみせる. *Whatever* happens [*No matter what* happens], I'll win the game.

どんなに how [ハウ] ; (どんなに…しても) however [ハウエヴァ], no matter how
▶ それを聞いたら, お父さん, どんなに喜ぶか！
How happy your father will be at the news!
▶ どんなにがんばっても, あしたまでにやるのは無理だよ. I can't get it done by tomorrow *however* hard [*no matter how* hard] I try.

トンネル a tunnel [タヌル]
▶ トンネルを通る go through a *tunnel*

どんぶり a bowl [ボウル]

トンボ a dragonfly [ドゥラゴンフライ]
▶ 赤トンボ a red *dragonfly*

ドンマイ Don't worry [ワ～リィ] ! (▶ ×Don't mind. とはふつう言わない)

とんや 問屋 (業者) a wholesaler [ホウルセイラァ] ; (店) a wholesale [ホウルセイル] store

どんよく 貪欲な greedy [グリーディ]

どんよりした (うす暗い) gray [グレイ] ; (陰気な) gloomy [グルーミィ]
▶ 空はどんよりしている.
The sky is *gray*.

な ナ な ナ な ナ

な 名 →なまえ

a name [ネイム]
名づける name
▶ ホワイト先生はぼくたちを名字ではなく名で呼ぶ.
Mr. White calls us by our *first names*, not by our family *names*.
▶ 赤ちゃんは祖父の名をとって勇一と名づけられた.
The baby *was named* Yuichi *after* his grandfather.
▶ このクラスに佐藤という名の生徒はいますか.
Is there a student *named* Sato in this class?

> **日本語NAVI**
> 名が通った ☞有名である
> →ゆうめい, ひょうばん
> 名を上げる [成す] ☞成功して有名になる
> →せいこう, ゆうめい, めいせい

-(する)な (▶ Don't [Never] +動詞の原形. Never ... のほうが強い禁止を表す)
→いけない, -するな
▶ そんなに大きな声を出すな.
Don't speak so loud.
▶ そんなこと二度とするな.
Never do that again.

「歩くな」という表示の信号機.

-なあ

1 (願い) I hope [ホウプ] ... (▶後ろには文が続く); (ふつう実現不可能な願い) I wish [ウィッシ] ... (▶後ろには過去形の文が続く)
▶ あした晴れるといいなあ.
I hope it'll clear up tomorrow.
▶ いっしょに行けたらいいのになあ.
I wish I could go with you.
2 (感心して) How [ハウ] ... ! (▶後ろには形容詞・副詞が続く), What [(フ)ワット] ... ! (▶後ろには「(a [an] +) 形容詞+名詞」が続く) →なんて
▶ 彼は足が速いなあ!
How fast he's running!
▶ かわいい子犬だなあ!
What a cute little dog!

ナース (看護師) a nurse [ナ〜ス]
ナースコール a nurse call
ナースステーション a nurses' station

ナーバス nervous [ナ〜ヴァス]
▶ 彼女は発表会が近づいてきてナーバスになっている.
She's *nervous* because the recital is approaching.

-ない, (い)ない

> **使い分け**
> [打ち消し]
> (be 動詞の否定文)
> → is [am, are, was, were] not
> (一般動詞の否定文)
> → do [does, did] not
> (名詞を打ち消す)
> → no ... , none of ... ,
> not ... any 〜, not ...
> [存在しない]
> (…がない, …がいない)
> → is [am, are, was, were] not
> → there is [are, was, were] not ...
> → there is [are, was, were] no ...
> (持っていない, …なしの)
> → do not have, have no ...
> → without ...

1 (打ち消し) not [ナット]; (けっして…ない) never [ネヴァ]

ナイーブ ▶

a 《be 動詞の否定文》(▶ be 動詞のあとに not を続ける．会話では isn't や aren't などの短縮形を使うことが多い)
▶ これはぼくの自転車じゃない．
This *is not* my bike.
▶ ぼくはサッカーファンではない．
I'*m not* a soccer fan.
▶ いまは雨は降ってないよ．
It'*s not* [It *isn't*] raining now.
▶ そのことを聞いてもおどろかなかった．
I *wasn't* surprised to hear it.

b 《一般動詞［助動詞］の否定文》(▶一般動詞の前に以下に示す助動詞と not を置く．会話では短縮形を使うのがふつう)

> **助動詞 +not の短縮形**
> (現在形) do *not* → **don't**
> 　　　　does *not* → **doesn't**
> (過去形) did *not* → **didn't**
> (現在完了形) have *not* → **haven't**
> 　　　　has *not* → **hasn't**
> (その他の助動詞) will *not* → **won't**
> 　　　　can*not* → **can't**
> 　　　　should *not* → **shouldn't** など

▶ 私はネコが好きではない．
I *don't* like cats.
▶ まだ宿題が終わってないの．
I *haven't* finished my homework yet.
▶ 痛くないからね．
It *won't* hurt.
▶ 絶対に許さないからね．
I'll *never* forgive you.

c 《名詞を打ち消す場合》(▶ no ... , none of ... , not ... any ~ , not ...)
▶ だれもそんなこと信じないよ．
No one would believe it.
▶ どの生徒もそのテストに合格できなかった．
None of the students passed the test.
▶ だれの助けも必要ないよ．
I *don't* need *anyone*'s help.
▶ 横田先生は数学じゃなくて理科の先生だよ．
Mr. Yokota teaches science, *not* math.

2 《存在しない》
a (…がない，…がいない) **is [am, are, was, were] not** (▶ the ... , this ... , my ... などのように特定されるものや，Ken (人名), I などが「ない，いない」という場合に使う).
▶ 兄はいま家にいません．
My brother *isn't* home now. / My brother *is out* now.

b **there is[are, was, were] not ...** (▶ any ... のように不特定なものが「ない，いない」という場合に使う); **there is[are, was, were] no ...**
▶ 公園にはまったく人がいなかった．
There weren't any people in the park.
▶ 冷蔵庫に牛乳がないよ．
There's no milk in the fridge.

3 (持っていない) **don't have**, **have no ...** ; (…なしの) **without ...**
▶ いまお金は持ってないよ．
I *don't have* any money. / I *have no* money.
▶ 卓哉(たくや)は大阪には友だちがいない．
Takuya *doesn't have* any friends in Osaka. / Takuya *has no* friends in Osaka.
▶ テレビのない生活
life *without* television
▶ かぎがない (→どこかにいった)．
My keys *are gone* [*missing*].

ナイーブ (純粋な) innocent [イノセント]; (せんさいな) sensitive [センシティヴ]
▶ 彼はナイーブな人だ．
He's a *sensitive* person. (▶英語の naive [ナーイーヴ] は「世間知らずでだまされやすい，幼稚な」といった否定的なニュアンスで使われることが多い)

ないか 内科 internal [インターヌル] medicine
内科医 a physician [フィズィシャン]

-(し)ないか →-(し)ませんか

-(では)ないか →-(では)ありませんか

ないかい 内海 an inland [インランド] sea

ないがい 内外 (内部と外部) inside [インサイド] and outside [アウトゥサイド], (国内と海外) home and abroad [アブロード]

ないかく 内閣 a cabinet [キャビネト]
▶ 吉田内閣
the Yoshida *Cabinet*
内閣総理大臣 the Prime Minister [プライム ミニスタァ]

連立内閣 a coalition cabinet
ないしょ 内緒 (a) secret [スィークレト]
▶ ここだけのないしょの話だよ.
This is just *between you and me*. (▶ between you and me で「ここだけの話だが，ないしょだが」の意味)
▶ このことはお父さんにはないしょにしてね.
Please *keep* it (a) *secret* from Dad.
ないしょで secretly [スィークレトリィ], in secret [スィークレト]
▶ おじいちゃんがないしょでおこづかいをくれた.
My grandfather *secretly* gave me some spending money.
ないしょ話 a private talk
ないしん 内心で deep down, inside
▶ 私は内心ほっとした.
I felt relieved *deep down*. (▶ deep down の代わりに inside, in my heart でもよい)
▶ 彼は来ないだろうと内心思っていた.
In my mind, I was thinking that he wouldn't come.
ないしんしょ 内申書 a school report
ナイス nice [ナイス], good [グッド]
▶ ナイスショット
a *good* shot
ないせん¹ 内線 an extension [イクステンション]
ないせん² 内戦 (a) civil war [スィヴィルウォー(ァ)]
ないぞう 内臓 internal organs
ナイター a night game (▶ ×nighter とはふつういわない)
-(し)ないで without [ウィズアウト] -ing
▶ ぼくらは親には何も言わないで映画を見にいった.
We went to see a movie *without telling* our parents.
▶ 彼女は運動もしないでスナック菓子を食べてばかりいる.
She's always eating snacks *without doing* any exercise.
ナイフ a knife [ナイフ] (複数 knives)
▶ ナイフとフォーク
a *knife* and fork (▶ 対になる場合には fork の前に a はつけない)
▶ 痛い！ ナイフで指を切っちゃった.
Ouch! I cut my finger with the *knife*.

①参考 ナイフのいろいろ
包丁 a kitchen knife
肉切り用ナイフ a carving knife
果物ナイフ a fruit knife
バターナイフ a butter knife
ペーパーナイフ 《米》a letter opener, 《英》a paper knife
ポケットナイフ，(折りたたみ式の)小型ナイフ
a pocketknife, a penknife
ジャックナイフ a jackknife

ないぶ 内部 the inside [インサイド] (反 外部 outside) →なか¹
▶ 内部情報，内部事情
inside information
ないめん 内面の inner [イナァ]
▶ 彼女の内面の美しさ
her *inner* beauty
ないや 内野 《野球》the infield [インフィールド] (対 外野 outfield)
内野安打 an infield hit
内野手 an infielder
内野席 infield bleachers [ブリーチァズ]
内野ゴロ an infield grounder (▶単に grounder でもよい)
ないよう 内容 content [カンテント]；(具体的な中身) contents
▶ この辞書は内容が豊富だ.
This dictionary is rich in *content*.
▶ その映画はどんな内容なの？
What's the movie *about*?
ナイル ナイル川 the Nile [ナイル]
ナイロン nylon [ナイラン]
▶ ナイロンのくつ下 *nylon* socks
なえ 苗 a seedling [スィードゥリング]；(苗木) a sapling [サプリング], a young tree [ヤングトゥリー]
▶ イネの苗 a rice *seedling*
▶ 校庭に卒業生が桜の苗木を植えた.
The graduates planted some *young* cherry *trees* on the school grounds.
なお still [スティル] →さらに，まだ
▶ 奈々にもう好きじゃないと言われてしまった. それでもなおぼくは彼女のことが好きなんだ.
Nana said she doesn't like me any more. But I *still* like her.
▶ なお悪いことに

なおす 直す, 治す

使い分け
(修理する) → repair, fix, mend
(訂正する) → correct
(病気を治す) → cure

1 (修理する) (複雑なものを) **repair** [リペア], **fix** [フィクス] ; (衣服などを) **mend** [メンド]
▶ 自転車は, いま直してもらってるんだ.
My bike *is being repaired*.
▶ 父は何でも直す.
My father can *fix* anything.
▶ くつ下の穴を直してくれる？
Would you *mend* the hole in my sock?

用法 repair と mend と fix
repair は複雑な修理や大きなものの修理, mend は簡単な修理や (米) では布製品の修理に使う. fix はあらゆる修理に使う.

2 (訂正する) **correct** [コレクト]
▶ まちがったところはかならず直すように.
Be sure to *correct* your mistakes.
3 (病気などを) **cure** [キュア]
▶ 鈴木先生が私のかぜを治してくれた.
Dr. Suzuki *cured* me of a cold.
4 (…しなおす)
▶ 休憩してからやり直そうか.
Let's *try* it *again* after a break.
▶ (電話で) あとでかけ直します.
I'll *call back* later.

なおる 直る, 治る

1 (修理ができる) **be mended** [メンディド], **be repaired** [リペアド], **be fixed** [フィクスト]
▶ 妹のおもちゃは簡単に直った.
My sister's toy *was* easily *fixed*.
2 (病気などが) **get well** ; (回復する) get over, recover from
▶ 弟の病気はすぐ治った.
My brother soon *got well*.
▶ かぜはもう治ったの？
Have you *gotten over* your cold yet?
▶ この薬を飲めば頭痛が治るでしょう.
This medicine will *cure* your headache.
▶ 和希は悪いくせが直らない.
Kazuki can't *break* his bad habit.

なか¹ 中 →うち²

使い分け
…の中に, …の中で → in
…の中に, …の中へ → into
…の中から (外へ) → out of
…の中を (通って) → through
(比較して) …の中で → in, of

into …の中へ   in …の中に   out of …の中から外へ

1 (内部) the **inside** [インサイド] ; (…の中に [で]) **in** [イン]
▶ 箱の中に何が入っていると思う？
Guess what's *in* the box.
▶ 子どもたちはまだ車の中にいるよ.
The children are still *inside* the car.
2 (…の中に [へ]) **into** [イントゥー]
▶ クーラーボックスの中に保冷剤いくつ入れた？
How many ice packs did you put *into* the cooler?
3 (…の中から外へ) **out of** [アウト (オ)ヴ]
▶ ネコがケージの中から飛び出しちゃった.
The cat ran *out of* the cage.
▶ ポケットの中から小銭が落ちた.
Some change dropped *out of* my pocket.
4 (…の中を通って) **through** [スルー]

◀ なかごろ

▶ 電車は長いトンネルの中を通りぬけた.
The train passed *through* a long tunnel.
▶ ぼくたちは深い森の中を通りぬけた.
We walked *through* the thick woods.
5《最上級の文で》(…の中で) in (▶家族・クラスなどのグループを表す語がくる)；of [アヴ] (▶複数の代名詞や数を表す語がくる)

🗨️表現力
…の中でいちばん〜だ
→ the +最上級+ in [of] ...

▶ ケンはクラスの中で [3人の中で] いちばん背が高い (少年だ).
Ken is *the tallest* (boy) *in* the class [*of* the three].
▶ 私たちの中だったらたぶん優菜ゅうがいちばんじょうずだよ.
Yuna is probably *the best* player *of* us all.

✏️ライティング
それは私がこれまで読んだ中でいちばんおもしろい本でした.
It was the most interesting book I've ever read.

なか² 仲

▶ 綾香ぁゃとはとても仲がいい.
I'm *good* friends with Ayaka. / Ayaka and I are *good* friends.
▶ なぜか大介だいとは仲が悪い.
For some reason I don't *get along with* Daisuke.

ながい 長い

1 (寸法・距離きょりが) long [ロ(ー)ング] (反 短い short)

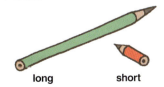
long　　　　　short

▶ 加奈ゕなは髪ゕみが長い.
Kana has *long* hair. (▶ Kana's hair is *long*. よりもこのほうがふつう)
▶ 明石ぁかし海峡大橋は世界で最も長いつり橋のひとつだ. The Akashi-Kaikyo Bridge is one of the world's *longest* suspension bridges.
2 (時間が) long (反 短い short)
▶ 長い夏休みが始まった. My *long* summer vacation has just started.
▶ 洋平は長い間学校を休んでいる.
Yohei has been absent from school *for a long time*.
▶ 長い間待った？
Have you been waiting *long*?

ながいき 長生きする live long, live a long life
▶ おじいちゃん, 長生きしてね.
I hope you'll *live long* [*live a long life*], Grandpa.
ながいす 長椅子 (ソファー) a couch [カウチ], (ベンチ) a bench [ベンチ]
ながいも 長芋 a Chinese yam [ヤム]

ながく 長く →ながい

for a long time [ロ(ー)ング タイム], long
▶ 父は長く待たされるのが大きらいだ.
My father hates to be kept waiting *for a long time*.
▶ 日がだんだん長くなってきた.
The days are getting *longer* and *longer*. (▶この day は「1日」ではなく「日中」の意味)

🗨️スピーキング
Ⓐ 長くかかるの？
Will it take long?
Ⓑ いや, 長くはかからないよ.
No, it won't take long.

🗨️表現力
…を長くする → make ... longer

▶ スカートを少し長くしよう.
I'll *make* the skirt a little *longer*.
ながぐつ 長靴 boots [ブーツ]；(ゴムの) rubber boots；(雨ぐつ) rain boots
なかごろ …の中ごろ about [around] the middle of
▶ 父は9月中ごろアフリカへ行きます.
My father is going to Africa *about the middle of* September.

five hundred and ninety-one 591

ながさ 長さ

(a) length [レングㇰス]
▶ 長さが3メートルの延長コードがいるね。
We need a three-meter (long) extension cord.
▶ このホースは長さが30メートルある。
This hose is 30m long.

> 🔊 スピーキング
> **A** 青函トンネルの**長さ**はどのくらいですか。
> How long is the Seikan Tunnel?
> **B** 約54キロメートルです。
> It's about 54 kilometers long.

ながし 流し (台所の) a (kitchen) sink [スィンク]
なかす 泣かす →なかせる
ながす 流す (血・なみだを) shed [シェッド]; (トイレを) flush [フラッシ]; (押し流す) wash away
▶ なみだを流す shed tears
▶ トイレはちゃんと流した？
Did you flush the toilet?
▶ その橋は洪水で流された。
The bridge was washed away by the flood.
なかせる 泣かせる make ... cry, (感動させて) move ... to tears [ティアズ]
▶ 彼女を泣かせたのはだれだ。
Who made her cry?
ながそで 長袖 long sleeves [スリーヴズ]
長袖の long-sleeved
▶ 長袖シャツ a long-sleeved shirt
-(が)なかったら without [ウィズアゥト]
▶ きみの助けがなかったら、私は死んでいただろう。
Without your help, I would have died.
なかづり (電車の) 中吊り広告 an advertising poster [アドヴァタイズィング ポゥスタァ] hung [ハング] in a train
ながでんわ 長電話する
▶ 昨夜母は長電話していた。
My mother was talking for a long time on the phone last night.
なかなおり 仲直りする make up 《with》; be [make] friends again 《with》
▶ 結衣、仲直りしようよ。
Let's be friends again, Yui.
▶ 瑞希とはきっとすぐに仲直りできるよ。
I know you'll be able to make up with Mizuki soon.

なかなか

1 (かなり) **pretty** [プリティ], quite [クワイト]
▶ 英語の試験はなかなかむずかしかったよ。
The English exam was pretty [quite] difficult.
▶ 期末テストはなかなかの出来だった。
I did pretty well on my finals.
2 (なかなか…ない)
▶ この単語、なかなか (→簡単に) 覚えられない。 I just can't memorize this word easily.
▶ この問題はなかなか解けなかった (→解くのに時間がかかった)。
It took time to solve this problem.
▶ なかなか体重が減らないなあ。
I just can't (seem to) lose weight.
なかにわ 中庭 a courtyard [コートゥヤード], a court [コート]
ながねぎ 長ネギ a leek [リーク]
なかば 半ば (半分) half [ハフ]; (真ん中) the middle [ミドゥル]
▶ 6月半ばに in the middle of June
▶ 20代半ばに古賀さんはアメリカで暮らした。
Mr. Koga spent his mid-twenties in the U.S.
ながびく 長引く
▶ 打ち合わせは思っていたよりも長引いた。
The meeting took longer than expected.

なかま 仲間

(友だち) a **friend** [フレンド]; (グループ) a group [グループ], company [カンパニィ]
仲間に入る join [ヂョイン]

> 🔊 スピーキング
> **A** 仲間に入れてくれる？
> Can I join you?
> **B** うん、いいよ。
> Sure.

▶ ながれる

▶ 午後にサッカーをするんだけど，仲間に入らない？
We're playing soccer in the afternoon. Won't you *join* us?
▶ その女の子はクラスでいつも仲間はずれにされていた．
She *was* always *left out* in the class. (▶ leave out で「仲間はずれにする」の意味)

なかみ 中身 contents [カンテンツ]
▶ 小包の中身は何ですか．
What are the *contents* of the parcel? / What's *in* the parcel?

ながめ 眺め a view [ヴュー]
▶ 最上階からの海のながめがすばらしかった．
The top floor had a nice *view* of the sea.

ながめる 眺める look [ルック]; (じっと) watch [ワッチ]
▶ ぼくは窓から外をながめた．
I *looked* out (of) the window.
▶ 私たちは海に沈む太陽をじっとながめた．
We *watched* the sun set in the sea.

ながもち 長持ちする last long, last (for) a long time
▶ いただいたお花，すごく長もちしました．
The flower you gave me *lasted* so *long*.

なかゆび 中指 (手の) a middle finger [ミドゥル フィンガァ]; (足の) a middle toe [トゥ] →ゆび (図)

なかよく 仲良く

▶表現力
(…と) 仲よくなる
→ make friends (with ...) /
become friends (with ...)

▶ライティング
ぼくはすぐに彼と仲よくなりました．
I soon became friends with him.

▶ (…と) 仲よくやっている
get along well (with ...)
▶ お互いに仲よくしなさいね．
Try to *be good friends*.

なかよし 仲良し a good friend; (大の) a best friend

▶ 春樹とは幼稚園のころから仲よしだ．
Haruki and I *have been good friends* since kindergarten.

-ながら

1 (…する間に) while [(フ)ワイル], as [アズ]
▶ ぼくは音楽を聞きながら勉強するんだ．
I work *with* music *on*. (▶ with music on は「音楽をかけた状態で」の意味)
▶ うちはテレビを見ながら食事はしない (→食事中はテレビを見ない).
We don't watch TV *while* we eat.
▶ 歩きながら話をした．
We talked *as* we walked.
▶ お茶でも飲みながら話そうか．
Why don't we talk *over* a cup of tea or something? (▶この over は「…しながら」という意味)

2 (…であるが) although [オールゾウ], though [ゾウ]
▶ 今回は残念ながらいっしょに行けません．
I'm afraid [I'm sorry] I can't go with you this time.

ながらく 長らく for a long time [ロ(ー)ング タイム], long →ながく，ながい
▶ 長らくお待たせいたしました．I'm sorry I've kept you waiting *so long*.

▶ライティング
(手紙で) 長らくごぶさたしております．
I'm sorry I haven't written you for a long time.

ながれ 流れ a flow [フロウ], a stream [ストゥリーム]
▶ 人の流れ a *stream* of people
▶ 智史のヒットで試合の流れが変わった．
Satoshi's hit changed the *flow* of the game.
▶ 車の流れがよくなりはじめた．
The traffic began to *flow* smoothly.

ながれぼし 流れ星 a shooting star [シューティング スターァ]
▶ 流れ星に願いをかけました．
I made a wish on a *shooting star*.

ながれる 流れる

1 (水などが) flow [フロウ], run [ラン]
▶ テムズ川はロンドンを流れている．
The Thames *runs* [*flows*] through

なぎ ▶

London.
▶ 水は低い方へ流れる.
Water *flows* downward.
▶ 時の流れるのはほんとうに早い.
Time really *flies*.
2(中止になる)
▶ 雨で野球の試合は流れた.
The baseball game *was called off* because of the rain.
なぎ 凪 a calm [カーム]
なきごえ 泣き声, 鳴き声 (人の) a cry [クライ];(鳥の) a song [ソ(ー)ング] →とり(図)
▶ 赤ちゃんの泣き声がした. I heard a baby's *cry*. / I heard a baby *crying*.
▶ 早朝には鳥の鳴き声が (→鳥が鳴いているのが) 聞こえる. I hear birds *singing* in the early morning.
なきむし 泣き虫 a crybaby [クライベイビィ]
▶ 妹は今でも泣き虫だ.
My sister is still a *crybaby*.

なく¹ 泣く →こえ(図)

(声を出して) cry [クライ];(すすり泣く) sob [サブ];(なみだを流して) weep [ウィープ]
▶ 急に泣きだす *burst into tears*
▶ 泣かないで. Don't *cry*.
▶ どうして泣いてるの？
What *are* you *crying* about?
▶ ほんと泣きたい気分だったよ.
I really felt like *crying*.
▶ ぼくたちはうれしくて泣いた.
We *cried* for joy.
▶ その幼い男の子はお母さんをさがしてわんわん泣いた. The little boy *cried* really loud for his mother.

① cry ② weep ③ sing

④ meow ⑤ bark ⑥ chirp

①声を出して泣く ②なみだを流して泣く
③鳥がさえずる ④ネコがニャーオと鳴く
⑤犬がほえる ⑥虫が鳴く

なく² 鳴く →とり(図), なく¹(図)

(鳥・虫が) sing [スィング], chirp [チャ~プ]
▶ うちのカナリアはきれいな声で鳴く.
Our canary *sings* sweetly.
▶ ネコがえさがほしいって鳴いてるよ.
The cat *is meowing* for food.
なぐさめ 慰め (a) comfort [カンファト]
なぐさめる comfort
▶ 母のことばは私には大きななぐさめになった.
My mother's words were a great *comfort* to me.
▶ 音楽は心のなぐさめになる.
Music *comforts* the soul.

💬用法 なぐさめるときの言い方

相手をなぐさめるときによく使う表現には次のようなものがある.
「それは残念だね」That's too bad. / That's a shame. / I'm sorry to hear that.
「心配することないよ」Don't worry. / There's nothing to worry about.
「元気出せよ！」Cheer up!
「その気持ち, わかるよ」
I know how you feel.
「入試に落ちちゃったよ」「心配するな. 次はうまくいくから」
"I failed the entrance exam."
"*Don't worry*. Better luck next time."

なくす 無くす, 亡くす →うしなう

lose [ルーズ]
▶ どこかでかさをなくしてしまった.
I *have lost* my umbrella somewhere.
▶ ミキは去年父親をガンでなくした. Miki *lost* her father to cancer last year.

-(では)なくて not ~ (but ...)
▶ そのペンはぼくのではなくて父のです.
The pen *isn't* mine. It's my father's.

💬表現力
〜でなくて… → not 〜 but ...

▶ クジラは魚類ではなくてほにゅう類です.
A whale is *not* a fish *but* a mammal.
なくてはならない essential [エセンシャル]

◀ -(し)なさい

なくなる 無くなる, 亡くなる
→なくす
1(紛失する) lose [ルーズ]; (見当たらない) be gone [ゴ(ー)ン]; be missing
▶ あっ, かばんがなくなっている.
Oh, no, my bag *is gone*.
▶ かぎがなくなっちゃったよ. I've *lost* my key. / My key *is missing*.
2(使い切る) run out of
▶ 時間がなくなってきたぞ.
We're *running out of* time.
▶ 深夜12時を過ぎると電車がなくなるよ.
There's *no* train (service) after midnight.
3(亡くなる) pass away (▶ die [ダイ] (死ぬ) の遠まわしな言い方) →しぬ
▶ 祖父は82歳でなくなった. My grandfather *passed away* at age 82.

なぐる 殴る hit [ヒット]; (なぐり倒す) knock [ナック] down
▶ 健太はぼくの顔を数回なぐった. Kenta *hit* me in the face several times.
▶ 彼はその男を地面になぐり倒した.
He *knocked down* the man to the ground.

なげく 嘆く (がっかりしている) be disappointed (at, in); (残念がって) be sorry (about, for), be sad (over)
▶ 今さらなげいても (→残念がっても) おそいよ. It's too late to *be sorry*.
▶ ケビンは恋人の心変わりをなげいた.
Kevin *was sad over* his girlfriend's change of heart.

なげる 投げる
1(ほうる) throw [スロウ]
▶ 犬めがけて石を投げたりしてはいけません.
Don't *throw* a stone at a dog.
▶ 車の窓からゴミを投げ捨てる人がいる.
There are people who *throw* trash out of their car windows.
2(あきらめる) give up
▶ そんなすぐに (ものごとを) 投げちゃだめだ.
Don't *give up* that quickly.

-(が)なければ without [ウィズアウト]
▶ 愛がなければ人生なんて意味がないさ.
Life is meaningless *without* love.

-(し)なければならない have to [ハフ

トゥ], must →-ならない

なこうど 仲人 a matchmaker [マチメイカァ], a go-between [ゴウビトゥウィーン]

なごむ 和む (くつろぐ) feel relaxed [リラックスト]; (落ち着く) feel calm [カーム]

なごやか 和やかな friendly [フレンドゥリィ]
▶ なごやかなパーティー a *friendly* party

ナサ NASA [ナサ] (▶ the National Aeronautics and Space Administration (国立航空宇宙局) の略)

-(し)なさい (命令文) (▶動詞の原形を文頭に用いる)

> 🛑 用法 命令的な言い方
> 命令的な言い方を表すにはいろいろな形がある.
> ❶動詞の原形で文を始める (命令文の基本的な形)
> 「少し待って」 *Wait* a minute.
> ❷ Please ＋動詞の原形 ... . (▶❶よりもていねいになるが, 命令文であることに変わりはない)
> 「こちらに来てください」
> *Please* come this way.
> ❸ Will you ...? (▶相手の意志をたずねる疑問文で, 「…してくれる?」「…してちょうだい」の意味. 形は疑問文だが, 命令文に近い言い方)
> 「出かける前に犬にえさをやってちょうだいね」 *Will you* feed the dog before you leave?
> ❹ You must ＋動詞の原形 ... . (▶❶よりも強い言い方で, 「絶対に…しなさい」という意味. 親が子どもに言い聞かせるときなどに使う)
> 「宿題をしなさいよ」
> You *must* do your homework.
> ❺ You'd better ＋動詞の原形 ... . (▶いまの状況から考えて, 「〜しなさい」と強くすすめる表現. 「そうしなければよくない結果になる」というふくみがあり, 目上の人には使わない)
> 「歯医者に行ってみてもらいなさいよ」
> *You'd better* go to the dentist.
> ❻ Try to ... . (▶ 「…するように努力しなさい」という語調をやわらげた言い方)
> 「早く寝るようにしなさいね」
> *Try to* go to bed early.

なさけ ▶

▸ ベストをつくしなさい．*Do* your best.
▸ さっさとしなさい．おくれるよ．
Come on. You'll be late.
▸ 帰ったらちゃんと手を洗いなさい．
Wash your hands when you get home.

なさけ 情け（親切）kindness [カイン(ドゥ)ネス]；（慈悲心）mercy [マ～スィ]
情け深い kind；merciful
▸ 情けは人のためならず．《ことわざ》
One good turn deserves another. (▶「良いことをすると良いことが返ってくる」という意味)

なさけない 情けない（はずかしい）ashamed [アシェイムド], shameful [シェイムフル]；（みじめな）miserable [ミゼラブル], unhappy [アンハピィ]
▸ 全然泳げないの？ 情けないな．
Can't you swim at all? What a *shame*!
▸ ああ，なさけない．
I feel *sad* [*unhappy*, *miserable*].

ナシ 《植物》a pear [ペア] (▶ pear は西洋ナシでひょうたん型をしている．日本のナシは Japanese pear という)

pear 西洋ナシ　　Japanese pear ナシ

-なしで without [ウィズアウト]
▸ これを電卓なしで計算してください．
Calculate this *without* (using) your calculator.
▸ 携帯電話なしでは生活できない．
I can't live *without* my cellphone.

なしとげる 成し遂げる accomplish [アカンプリシュ], do [ドゥー], carry out

なじみ
▸ 幼なじみ
a childhood [チャイルドゥッド] friend

なじむ （人・物が環境などに）fit [フィット] in；（くつなどに）break in
▸ このくつははき始めてすぐになじんだ．

These shoes were easy to *break in*.
▸ 私は新しい環境にすぐになじんだ．
I *adapted* to the new environment quickly. (▶ adapt [アダプト] は「（環境に）適応する」の意味)
▸ このカーテンはリビングにはなじまない．
This curtain doesn't *go well with* the living room. (▶ go well with ... で「（色・形などが）…と合う」の意味)

ナス 《植物》《米》an eggplant [エグプラント], 《英》an aubergine [オウバァヂーン]

なすりつける （塗る）smear [スミア]；（…のせいにする）→せい⁵

なぜ →どうして

why [(フ)ワイ], （目的を聞いて）what ... for, 《口語》how come (▶ how come のあとは肯定文と同じ語順になる)

🗨スピーキング
🅐 なぜこんなところにいるの？
Why are you here?
🅑 玲奈をさがしているの．
Because I'm looking for Rena.

▸「なぜおばあさんに会いにいくの？」「おばあちゃん，病気で入院しているんだ」
"*Why* are you going to see your grandmother?" "She is sick and in the hospital." (▶ why で聞かれてもいつも because で答えはじめる必要はない)
▸「あの子と会うのはやめなさい」「なぜ？」
"You should stop seeing him." "*Why?*" / "You shouldn't see him." "*Why* not?"

なぜか somehow [サムハウ], for some reason [リーズン]
▸ 今日はなぜか気分がいい．
Somehow I feel great today.

なぜなら(ば) →だから，-ので

because [ビコ(ー)ズ]
▸ 伊藤先生はきらいです．なぜならいつも授業で私をあてるから．
I don't like Ms. Ito, *because* she always calls on me in her class.

なぞ （不思議なこと）a mystery [ミステリィ]；（なぞなぞ）a riddle [リドゥル]
▸ その若い歌手の死はいまだになぞだ．

◀ **なっとう**

The young singer's death is still a *mystery*.
▶ なぞなぞを解く solve a *riddle*
なぞなぞ a riddle [リドゥル]
なぞる trace [トゥレイス]
▶ 文字をなぞる
trace a letter
なた a hatchet [ハチェト]
なだめる calm [カーム], calm down
▶ 母親は息子をなだめようとしたが，息子は泣きやまなかった．
The mother tried to *calm* her boy *down*, but he didn't stop crying.
なだらか なだらかな gentle [ヂェントゥル] (反 急な steep)
▶ なだらかな坂
a *gentle* slope
なだれ 雪崩 an avalanche [アヴァランチ], a snowslide [スノウスライド]

「危険．なだれ」の標識．

ナチュラル ナチュラルな natural [ナチュラル]
▶ 彼女はいつもナチュラルメークだ．
She always wears her makeup in a *natural* way.

なつ 夏 →きせつ (図)

summer [サマァ] (▶ 月や曜日とちがって，語頭は小文字で書く)
▶ もう夏だなあ．
It's already *summer*.
▶ ここは夏でもすずしいんです．
It's cool here even in *summer*.
▶ この夏はどこに行きたい？
Where do you want to go this *summer*?
▶ 去年の夏はオーストラリアに行った．
We went to Australia last *summer*.
▶ ぼくは2022年の夏に富士山に登った．
I climbed Mt. Fuji in the *summer* of 2022.
夏時間 〘米〙daylight saving(s) time, 〘英〙summer time
夏ミカン a large summer orange
夏ばて
▶ 夏ばてしちゃったみたい．
I guess the summer heat is getting to me. (▶ get to は「…が体にこたえる」の意味)
夏服 summer clothes
夏祭り a summer festival
夏休み 〘米〙(the) summer vacation, 〘英〙summer holidays
▶ 夏休みが早く来ないかなあ (→待ち遠しいなあ)．
I can't wait for (the) *summer vacation*.
▶ 夏休みはどんな計画を立ててるの？
What are you planning to do during *the summer vacation*?
なつかしい 懐かしい good old
▶ あのころがなつかしいね．
Those were the *good old* days.
▶ 今日駅でなつかしい友だちにばったり会ったんだ．
I ran into a *good old* friend at the station today.
▶ それもいまではなつかしい思い出だ．
It's now a *sweet* memory.
▶ この歌，なつかしい (→なつかしい思い出をよみがえらせてくれる) なあ．
This song *brings back memories*./ (長い間聞いていない) I *haven't heard* this song *in a long time*.
なつく 懐く take to, become friendly
▶ その犬はすぐ私になついた．
The dog *took to* me right away.
なづける 名づける name [ネイム] →な
ナッツ a nut [ナット]
▶ ナッツ入りのチョコレート
chocolate with *nuts*
-(に)なっている …することになっている be supposed [サポウズド] to ...
▶ 彼がこの部屋をそうじすることになっている．
He *is supposed to* clean this room.
なっとう 納豆 *natto* (▶ 説明的に言うと fermented soybeans [ファ～メンティド ソイビーンズ]となる．fermented は「発酵した」

なっとく ▶

の意味)
なっとく 納得する understand [アンダスタンド], be convinced, be satisfied [サティスファイド]
▶ 私は彼のやり方に納得がいかなかった．
I couldn't *understand* his way of doing things.
▶ ぼくの説明に納得できないんだったら，自分で確かめてみれば．
If you're not *satisfied* [*convinced*] with my explanation, you can check it out (for) yourself.
なでる stroke [ストゥロウク]; (子どもや動物を) pet [ペット]
▶ 母親はむすこの頭をなでてやった．
The mother *stroked* her son's head.
▶ その女の子はネコをなでていた．
The girl was *petting* the cat.

-など →たとえば

and other ..., and so on, and so forth [フォース], etc. [エトセトゥラ]; (…などの) such as ...
▶ 野球，サッカーなど
baseball, soccer, *and other* sports
▶ 私はリンゴやイチゴやブドウなどの果物が大好きだ．
I love fruits *such as* apples, strawberries and grapes.
なな 七(の) seven [セヴン] →しち
▶ 世界の七不思議
the *Seven* Wonders of the World
▶ 春の七草
the *seven* herbs of spring
▶ 七つの海
the *seven* seas
ななじゅう 七十(の) seventy [セヴンティ]
ななめ 斜めの diagonal [ダイアゴナル]
▶ 斜めの線を引く draw a *diagonal* line

なに,なん 何 →なん-

1 what [(フ)ワット]

> 🔊スピーキング
> Ⓐ これは何ですか．
> What's this?
> Ⓑ 納豆です，すなわち大豆を発酵させたものです．
> It's *natto*, fermented soybeans.

▶ (複数のものについて)「これ，何？」「バジルの種よ」
"*What* are these?" "They're basil seeds."
▶ いま何しているの？
What are you doing at the moment?
▶ 何があったの？
What happened?
▶ 何て言いましたか？
What did you say?↗ (▶文尾は上げ調子で言う)
▶ 「お母さん，千円貸してくれない？」「何に使うの？」
"Could you lend me a thousand yen, Mom?" "*What* for?"
▶ 私たちは何をしたらいいかわからなかった．
We didn't know *what* to do.
2 (おどろき・いらだち) What!, Why! [(フ)ワイ]
▶ 何！学校が火事だって？
What! The school is burning?

なにか 何か

《肯定文で》something [サムスィング]; 《疑問文や if の文で》anything [エニスィング]

> 🔊表現力
> 何か…するもの
> → something to ...

▶ 何か温かいものが食べたいな．
I want *something* hot. (▶ something や anything では形容詞は後ろにくる)
▶ 何か (冷たい) 飲み物をいただけますか．
I'd like *something* (cold) *to* drink.
▶ ほかに何か覚えていない？
Do you remember *anything* else? (▶ふつうの疑問文では anything を使う)
▶ 何かいいことがあったんでしょう？
Did *something* good happen? (▶相手のようすなどから肯定の答えが予想されるときは疑問文でも something を使う)
▶ 何か必要な物があったら電話して．
Call me if you need *anything*.
▶ 何か飲み物はいかがですか．
Would you like *something* to drink? (▶ものをすすめたり提案したりするときは something を使う)
▶ 何か質問はありますか．

(Do you have) *any* questions?
▶ 向こうに何か見えますか.
Do you see *anything* over there?

なにがなんでも 何が何でも no matter what, by all means, at any cost, at all costs [cost] →どうしても
▶ 何が何でもその高校へ行きたい.
I want to go to the high school *no matter what* [*by all means*].
▶ 何が何でもこの試合に勝つぞ.
I'm going to win this game *no matter what*.

なにげない 何気ない（深い意図のない）casual [キャジュアル]
▶ 私は母の何気ない一言に傷ついた.
I was hurt by my mother's *casual* remark.

なにげなく 何気なく casually [キャジュアリィ]
▶ 何気なく窓の外を見た.
I *casually* glanced outside the window.

なにしろ 何しろ anyway [エニウェイ] →とにかく

なにもかも 何もかも everything
▶ 何もかもうまくいかなかった.
Everything went wrong. (▶「うまくいった」なら wrong のかわりに well を使う)
▶ 彼は何もかも忘れて何時間もテレビゲームをした.
He forgot about *everything* and played video games for hours.

なにも…ない 何も…ない not ... anything [エニスィング], nothing [ナスィング]
▶ きょうは何もすることがない.
I *don't* have *anything* to do today. / I have *nothing* to do today.
▶ 何も食べたくない.
I *don't* feel like eating *anything*.
▶ トランクには何もないよ.
Nothing is in the trunk. (▶*Anything* isn't in the trunk. とはいわない)
▶ 何も心配することはないよ.
There's *nothing* to worry about.

なにより 何より
▶ お元気で何よりです（→お元気と聞いてうれしい）.
I'm glad to hear that you are well.

▶ 父はコーヒーが何より好きです.
Father likes coffee better *than anything else*.

-なので →-ので, だから
-なのに →-のに

ナプキン （食事の）a napkin [ナプキン]; （生理用）a sanitary [サニテリィ] napkin

なふだ 名札 a name tag, a name card [badge]
▶ 名札を胸にとめる
wear a *name card* on my chest

なべ （浅い）a pan [パン]; （深い）a pot [パット]
なべ物, なべ料理 a hot pot dish cooked at the table (▶「食卓で調理される, 熱い鍋の料理」という意味の説明的な言い方)

なま 生の raw [ロー]; （新鮮な）fresh [フレッシ]; （録画・録音でない）live [ライヴ]
▶ このサッカーの試合はテレビで生中継される.
This soccer game will be broadcast *live* on TV.
生演奏 a live performance
生ごみ 《米》(raw) garbage [ガーベヂ], kitchen garbage, 《英》kitchen rubbish [ラビシ] →ごみ
生卵 a raw egg
生ハム uncooked ham [アンククト ハム]
生水 unboiled [アンボイルド] water
生焼け[生煮え]の half-cooked
生野菜 fresh vegetables

なまいき 生意気な fresh [フレッシ]; 《米口語》sassy [サスィ]; insolent [インソレント]
▶ 生意気なことを言うな!
Don't get *sassy* [*fresh*] with me! / You're stuck-up.

なまえ 名前 →な

なまぐさい ▶

a name [ネイム]
▶ 私の名前は吉田留美です.
I'm Yoshida Rumi. / My *name* is Yoshida Rumi. (▶前者の方が一般的)

> **スピーキング**
> Ⓐ こんにちは. ぼくは高島敦です.
> **お名前は？**
> Hi, I'm Takashima Atsushi. What's yours?
> Ⓑ エド・ホワイトです.
> I'm Ed White.
> (▶相手の名前を聞くときはまず自分の名前を名のるのがマナー)

▶ すみませんが, もう一度お名前を教えていただけますか.
I'm sorry, may I have your *name* again?
▶ お名前はどうつづるのですか.
How do you spell your *name*?
▶ 名前を呼ばれたら手をあげなさい.
Raise your hand when your *name* is called.
▶ うちはデュークという名前の犬を飼っている.
We have a dog *named* Duke.
▶ この花の名前は何ですか.
What *is* this flower *called*?

> **ⓘ 参考 名前の言い方**
> ❶ 英米人の名前は, Ed White のように名 (Ed) が先, 姓 (White) があとにくる. 名は最初にくるので **first name** という. 姓は家族の名なので **family name** という.
> ❷ 英米人の名前は Martin Luther King のように3つから成ることもある. この場合, 真ん中の名を **middle name** (ミドルネーム) という.
> ❸ 日本人の名は辻良太のように, 姓・名の順だが, 欧米人にいうときは Tsuji Ryota という人もいるし, Ryota Tsuji と名・姓の順にいう人もいる.

なまぐさい 生臭い fishy [フィシィ]
なまける 怠ける be lazy [レイズィ], neglect [ネグレクト]
▶ なまけるな.
Don't *be lazy*.
▶ あいつはなまけものだ.

He *is lazy*.
ナマズ 《魚》a catfish [キャトゥフィシ] (《複数》catfish)
なまぬるい 生ぬるい (温度が) tepid [テピド], lukewarm [ルークウォーム] →ぬるい
▶ なまぬるい湯
lukewarm water / *tepid* water
なまり¹ (ことばの) an accent [アクセント]
▶ ジェームズさんは山形なまりの日本語を話す.
James speaks Japanese with a Yamagata *accent*.
なまり² 鉛 《化学》lead [レッド] (発音注意) 《記号 Pb》
なみ¹ 波 a wave [ウェイヴ]; (さざ波・波紋) a ripple [リプル]
▶ 波はひじょうに高かった.
The *waves* were huge.
▶ 今夜は波が静かだ.
The *sea* is calm tonight. (▶「波があらい」なら calm のかわりに rough を使う)
なみ² 並の (ふつうの) ordinary [オーディナリィ]; (平均的な) average [アヴ(ェ)レヂ]
▶ 彼の成績は並 (→平均) だ.
He has *average* grades.
なみき 並木 a row of trees
▶ イチョウ並木 *a row of* ginkgos
並木道 a tree-lined street

なみだ 涙

tears [ティアズ] (▶ふつう複数形で使う)
▶ チーム全員がうれしなみだを流した.
All the team members cried for joy. / All the team members shed *tears* of joy.
▶ さあ, さあ, なみだをふいて！
There, there, wipe your *tears*.
▶ 私たちは目になみだをうかべて別れのあいさつをした.
We said goodbye with *tears* in our eyes.
ナメクジ a slug [スラッグ]
なめらか 滑らかな smooth [スムーズ] (反 ざらざらの rough)
なめらかに smoothly
なめる lick [リック]; (液体を) lap [ラップ]
▶ その男の子はペロペロキャンディーをなめていた.
The boy *was licking* his lollipop.

◀ ならす¹

▶ 子ネコはミルクを全部なめちゃったよ．
The kitten *lapped* up all the milk.

なや 納屋 a barn [バーン]
なやます 悩ます（心配させる）worry [ワ～リィ]；（困らせる）trouble [トゥラブル]；（迷惑をかける）bother [バザァ] →なやむ
▶ ぼくをこれ以上なやまさないで．
Don't *bother* me any more.

なやみ 悩み

(a) **worry** [ワ～リィ], (a) **trouble** [トゥラブル], a **problem** [プラブレム]
▶ 人生なんてなやみだらけだ．
Life is full of *troubles* [*worries* / *problems*].
▶ いたずらっ子な息子が彼らのなやみの種だった．Their naughty son was a source of *trouble* to them.
▶ きみにはなやみごとなんて何もないみたいだね．
You look so *carefree*. (▶ carefree は「なやみがない」の意味)

📝ライティング
私のいちばんのなやみは成績のことです．
My biggest worry is my grades.

なやむ 悩む

worry [ワ～リィ] (about), **be worried** (about, by), **be troubled** [トゥラブルド] (about, by)

🗣スピーキング
Ⓐ 何をなやんでいるの？
What's worrying you?
Ⓑ 友だちと部活のこと．
I'm worrying about my friends and club activities.

▶ 誠，そのことでそんなになやむことないよ．
You don't have to *worry* so much *about* it, Makoto.
▶ 美香は勉強のことでなやんでいる．
Mika *is having trouble with* her studies.
▶ ぼくは中2のころからにきびになやんでいる．
I've been *troubled by* pimples since eighth grade.
-なら if [イフ] →もし
▶ あした雨なら家にいます．
If it rains tomorrow, I'll stay (at) home.
ならいごと 習い事 lessons [レスンズ]
習いごとをする take lessons

ならう 習う

learn [ラ～ン]（反 教える teach），**study** [スタディ]；（レッスンを受ける）take lessons →まなぶ
▶ あなたはフランス語を習っていますか．
Are you *learning* French? / Do you *study* French?
▶ 弟は水泳を習っている．
My brother *is learning* (how) to swim. (▶ learn のあとに動詞を続けるときは learn how to *do* か learn to *do* を使う)
▶ フルートを習ってみたい．
I want to *take* flute *lessons*.
▶ 習うより慣れよ．（ことわざ）
Practice makes perfect. (▶「練習を積めば完ぺきになる」の意味)

💬用法 **learn** と **study**
learn は勉強したり練習したり教わったりして「知識や技能を身につける」という意味で，学習の結果や成果に重点が置かれる．それに対して，**study** は「時間をかけて勉強する」という意味で，学習の過程に重点が置かれる．

ならす¹ 鳴らす（ベルを）ring [リング]；（音を出す）sound [サウンド]；（警笛などを）blow [ブロウ]，（車のクラクションを）honk [ハンク]
▶ だれかが玄関のベルを鳴らしたよ．
Someone *rang* the doorbell.
▶ 外でだれかが車のクラクションを何度も鳴

six hundred and one 601

ならす[2] ▶

らしてる.
Outside someone *is honking* their horn again and again. (▶ honking のかわりに blowing や sounding ともいう)
ならす[2] 慣らす get used [ユーストゥ] to; (動物を) tame [テイム]; (くつなどを) break [ブレイク] in
▶ 新しいスニーカーをはきならす
break in a new pair of sneakers
▶ 私は暗がりに目を慣らそうとした.
I tried to *get used to* the darkness.
ならす[3] 均す (平らにする) level [レヴェル]

−ならない →いけない

1 (義務・必要性) have to [ハフトゥ], must [マスト]

💬表現力
…しなければならない
→ have to ... / must ...

▶ 私は試験勉強をしなくてはならない.
I *have to* study for the exams.
▶ この試合には勝たなければならない.
I *must* win this game.
▶ 人から何かしてもらったらお礼を言わなければならない.
You *must* say thank you when someone does something for you.

🎤プレゼン
私たちはこの地球を守らなければなりません.
We must save this planet.
(▶強い義務を表すときは must を使うことが多い)

💬表現力
…しなければならなかった
→ had to ...

▶ 自転車がパンクしたので学校に歩いて行かなければならなかった.
My bike had a flat (tire), so I *had to* walk to school.

💬表現力
…しなければならないだろう
→ will have to ... /
  be going to have to ...

▶ 私は追試を受けなければならないだろう.

I'*ll have to* take a makeup test.

📘文法 **must** と **have to**
must には過去形がないので, 「…しなければならなかった」は had to で表す. また「…しなければならないでしょう」と未来を表すときは will have to を使う.
また, have to は「(状況から) …するよりしかたない」というふくみがあり, must よりやわらかい言い方なので, ふだんの会話では have to のほうがよく使われる.

2 (強い禁止) must not ... (▶短縮形は mustn't [マスント]), Don't ... .

💬表現力
…してはならない
→ mustn't ... / Don't ... .

▶ 試験でカンニングをしてはならない.
You *mustn't* cheat on tests.
▶ 同じまちがいを二度としてはならない.
Don't make the same mistake again.
ならぶ 並ぶ (1列に) line up, stand in (a) line
▶ きちんと並びなさい.
Line up nicely.
▶ 2列に並びなさい.
Stand in two *lines*.
▶ 縦1列に並ぶ
line up [*stand*] in single file
▶ 横1列に並ぶ *line up* [*stand*] in a row
並んで side by side
▶ ぼくは綾子と並んですわった.
I sat *side by side* with Ayako. / I sat *next to* Ayako.
ならべる 並べる (1列に) line up; (横に) put [place] ... side by side; (縦に) put [place] ... from top to bottom; (展示する) display [ディスプレイ]
▶ その2枚の写真を並べてごらん.
Put those two photos *side by side*.
▶ ぼくはすべてのクリスマスカードをかべに横に並べてはった.
I *put* all the Christmas cards up on the wall *side by side*.
−なりそうだ It is likely to ... . →−そう

▶ 今夜は雪になりそうだ.
It is likely to snow tonight.

-(に)なりたい want to be
▶ 私はゲームクリエイターになりたい.
I *want to be* a game creator.

なりたつ 成り立つ be made up 《of》, consist [コンスィスト] 《of》
▶ 日本は4つの大きな島から成り立っている.
Japan *consists of* four big islands.

-なりに
▶ おれはおれなりにがんばっているんだ.
I'm trying my best.

なりゆき 成り行き
▶ 成り行きに任せよう.
Let's wait and see. / Just wait and see. / Let nature take its course.

なる¹ 鳴る

(電話・ベルなどが) ring [リング]; (目覚まし・警報装置などが) go off
▶ きみの携帯, 鳴っているんじゃない？
I think your cellphone *is ringing*.
▶ 5時間目のチャイムはもう鳴ったよ.
The bell for fifth period *has* already *rung*.
▶ けさ目覚ましが鳴らなくて学校に遅刻した.
This morning my alarm clock didn't *go off*, so I was late for school.

なる² (実が) grow [グロウ]; (実をつける) bear [ベア]
▶ このカキの木はよくなる.
This persimmon tree *bears* (fruit) well.

なる³ 成る be made up 《of》, consist [コンスィスト] 《of》 →なりたつ

-(に)なる

使い分け
(ある状態になる) → become, be, get
(…に変わる) → turn

1 (ある状態になる) **become** [ビカム], **be** [ビー], **get** [ゲット]; (…に変わる) **turn** [ターン]
▶ 私の姉は保育士になった.
My sister *became* a nursery school teacher.

▶ 私は映画監督になりたいと思う.
I'd like to *be* a film director. (▶ would like to や want to や will などのあとは become よりも be が使われる)
▶ 大学を卒業したら何になりたいですか.
What would you like to *be* after you graduate from college?

スピーキング
Ⓐ 将来は何になりたいの？
What do you want to be in the future?
Ⓑ パイロットになりたいな.
I want to be a pilot.

▶ 剛がいいキャプテンになるなんて思えない.
I don't think Tsuyoshi would *make* a good captain.
▶ 父は来週40歳になる.
My father will *be* [*turn*] forty next week.
▶ 外は暗くなってきた.
It'*s getting* dark out(side).
▶ 祖父は忘れっぽくなってきた.
Grandpa *is becoming* forgetful.
▶ 両親も高齢になりました.
My parents *have grown* old.
▶ はずかしくて妹の顔は真っ赤になった.
My sister's face *turned* red with embarrassment.

▶ 祖母は白髪になってきた.
My grandmother *is going* [*turning*] gray.
▶ 2人はどうやって知り合うようになったの？
How did you two *get to* know each other? (▶「…するようになる」は get to ... や come to ... を使う)
▶ 弟はつい最近自転車に乗れるようになった.
My brother *learned to* ride a bike only recently.

表現力
…して(期間)になる
→ have ＋過去分詞＋ for ＋期間

▶ 田村先生はこの学校に来て5年になる.
Ms. Tamura *has been* in this school *for* five years.
▶ 彼がなくなって10年になる.
It *has been* ten years *since* he died.

なるべく ▶

> 📣 表現力
> …できるようになるだろう
> → will be able to ...

▶ 数日もすれば起きられるようになりますよ.
You'll be able to get out of bed in a few days.

2 (季節などが) **come** [カム]
▶ あと数週間で春になる.
Spring will come in a few weeks.

3 (計算して…になる) **make** [メイク]; (全部で…になる) **come to**
▶ 7と13を足すと20になる.
Seven and thirteen make(s) twenty.
▶ 「いくらですか」「全部で3600円になります」
"How much is it?" "It comes to 3,600 yen."

なるべく (できるだけ) as ... as ~ can; (もしできれば) if possible [パスィブル] →できるだけ

なるほど (わかった) I see.; (確かに) indeed [インディード]; (理にかなっている) make sense

> 🗣 スピーキング
> Ⓐ このボタンを押すと写真がとれるよ.
> Push this button to take a picture.
> Ⓑ なるほど.
> I see.

ナレーション (a) narration [ナレイション]
ナレーター a narrator [ナレイタァ]
なれなれしい too friendly
▶ なれなれしくしないでよ.
Don't be too friendly.

なれる 慣れる, 馴れる

1 get used [ユースト] **to**; (慣れている) **be used to** (▶ to のあとは名詞か動詞の -ing 形がくる)
▶ 中学校にはすぐに慣れた.
I got used to junior high school (life) quickly.
▶ 最初のうち姉はホームシックになっていたが, そのうち一人暮らしに慣れた.
At first my sister was homesick, but she soon got used to living on her own.

▶ 私は男子としゃべるのに慣れていない.
I'm not used to talking with boys.

2 (動物が人に) **be tame** [テイム]
▶ このネコ, 人によくなれてるね.
This cat is very tame, isn't it?

なわ 縄 a rope [ロウプ] →つな
▶ なわでしばる tie with a rope
▶ なわを解く untie a rope

なわとび 縄跳び 《米》 jump rope, 《英》 skipping rope
なわとびをする 《米》 jump rope, 《英》 skip rope
▶ なわとびしようよ. Let's jump rope.

なん- 何… →なに, なん

1 what [(フ)ワット]; (数量) **how** [ハウ]
▶ きょうは何曜日？
What day is (it) today?
▶ 平成何年生まれですか.
What year of Heisei were you born in?
▶ 「何年生ですか」「中2です」
"What grade are you in?" "I'm in the eighth grade."
▶ 夏休みまであと何日ある？
How many days are there before the summer vacation starts?

2 (いくらかの) **some** [サム]; (多くの) **many** [メニィ]
▶ 本を何冊か買った.
I got some books.
▶ きみに何回も電話したよ.
I called you many times.
▶ 何時間も勉強したけれど, テストはあまりできなかった.
I studied for hours but I didn't do well on the exams.

何回, 何度 how many times →なんかい
何歳 how old →なんさい

◀ **なんじ**

何冊 how many books →なんさつ
何時 what time →なんじ
何時間 how many hours
何日 how many days →なんにち
何人 how many people →なんにん
何番 →なんばん

なんい 南緯 the south latitude [ラティテュード]

なんかい 何回

how many times；(頻度) **how often**

▶「ディズニーランドには何回行ったことがある？」「5回以上は行ってるよ」
"*How many times* have you been to Disneyland?" "More than five times."

▶「1年に何回ぐらい映画を見にいく？」「2か月に1度くらい」
"*How often* (in) a year do you go to the movies?" "About once in two months."

何回も many times

▶その映画はもう何回も見たよ．
I've seen the movie *many times*.

▶英単語を何回も何回も書いて練習した．
I practiced writing the English words *over and over again*.

なんかん 難関 a difficulty [ディフィカルティ], a hurdle [ハードゥル]

▶難関を切り抜ける
overcome the *difficulty*

なんきゅう 軟球 a rubber [ラバァ] ball → なんしき

なんきょく 南極 the South Pole [サウスポウル] (対 北極 North Pole)

南極の Antarctic [アンタークティク] (対 北極の Arctic)
南極海 the Antarctic Ocean [オウシャン]

南極大陸 the Antarctic Continent
南極探検 an Antarctic expedition [エクスペディション]
南極点 the South Pole [ポウル]

なんこう 軟膏 an ointment [オイントゥメント]

なんさい 何歳

how old

🎤スピーキング
Ⓐ あなたは何歳ですか．
How old are you?
Ⓑ 14歳です．
I'm fourteen (years old).

なんさつ 何冊 how many books
▶あなたは本を何冊持っていますか．
How many books do you have?

なんじ 何時

what time, when [(フ)ウェン] (▶ when は「いつ」という意味だが，「何時」という意味でもよく使われる)

▶すみません，何時ですか．
Excuse me, do you have the time [*what time* is it]?

🎤スピーキング
Ⓐ 何時ですか．
What time is it? / Do you have the time?
Ⓑ 3時半です．
It's three thirty.

▶朝は何時に家を出るの？
What time [*When*] do you leave home in the morning?

▶次の上映時間は何時ですか．
What time is [*When*'s] the next show?

▶何時ごろ帰ってくるの？
(Around) *what time* [*when*] will you be back?

▶何時に彼が帰宅するか知っていますか．
Do you know *what time* he will be home?

▶スーパーは何時から何時まで開いてるの？
What hours [*times*] is the supermarket open? (▶*From what time to what time ...* とはいわない)

▶何時までだったら電話してもいい？

six hundred and five 605

なんしき ▶

Until *when* [*what time*] can I call you?

なんしき 軟式
軟式テニス soft tennis (▶日本発祥のスポーツ)
軟式野球 rubberball baseball (▶日本発祥のスポーツ)
なんせい 南西 the southwest [サウスウェスト] (▶ SW または S.W. と略す) →せいなん
南西の southwest, southwestern
ナンセンス nonsense [ナンセンス]
なんだ 何だ Why [(フ)ワイ], What [(フ)ワット]

▶ なんだ，さゆりって芸名だったのかあ．
Why, Sayuri was her screen [stage] name!
▶ なんだ．それでおしまい？
What? Is that all?

なんだか 何だか somehow [サムハウ] → なんとなく
なんちょう 難聴 impaired [インペアド] hearing
▶ 彼は難聴だ．
He is *hard of hearing*.

なんて 何て

《感嘆文》how [ハウ], what [(フ)ワット]

> 📢 表現力
> なんて… (なの) だろう
> → **How +形容詞 [副詞] …！**

▶ なんておいしいんだろう．
How delicious! / It's *really* delicious!
▶ あの人のピアノはなんて美しいんだろう (→あの人はなんて美しくピアノをひくんだろう)．
How beautifully she plays the piano!
▶ なんて暑いんだろう．
It's *so* hot.

> 📢 表現力
> なんて～な… (なの) だろう
> → **What (a) +形容詞＋名詞 …！**

▶ なんて大きなスイカだ．
What a big watermelon!
▶ なんてすばらしい天気だ．
What beautiful weather! (▶ weather は数えられない名詞なので a は不要)

> 🔍 文法 **how** と **what** の感嘆文
> 「なんて…なのだろう」と感嘆やおどろきを表す場合は，「**How +形容詞 [副詞] …！**」か「**What (a) +形容詞＋名詞 …！**」で表す．「主語＋動詞」は文の後ろにくるが，何をさしているのかはっきりしている場合には，省略することが多い．

なんで 何で why [(フ)ワイ] →なぜ

なんでも 何でも

(どんなものでも) **anything** [エニスィング]；(何もかも) **everything** [エヴリスィング]

▶ 何でも聞いてよ．
Ask me *anything*.
▶ 何でも好きなものを買ってあげるよ．
I'll buy you *anything* you like.

> 💬 スピーキング
> 🅐 お昼ごはん，何がいいですか．
> What would you like for lunch?
> 🅑 何でもいいです．
> *Anything* will do.

▶ 由紀はその歌手のことだったら何でも知ってるよ．Yuki knows *everything* about that singer.

何でもない
▶ 10キロを走るぐらいのこと，ぼくには何でもないさ．It's *nothing* for me to run 10 kilometers.

> 💬 スピーキング
> 🅐 どうかしたの？
> What's the matter?
> 🅑 いや何でもない．
> *Nothing* (at all).

なんてん¹ 難点 a weakness [ウィークネス]
なんてん² 何点
▶ 英語のテスト，何点だった？
What [*How many points*] did you get on the English exam?
▶ (スポーツで) いま何点？
What's the score now?

なんと 何と (感嘆) how [ハウ], what [(フ)ワット] →なんて
なんど 何度 (回数) how many times, how often [オ(ー)フン] →なんかい

なんとう 南東 the southeast [サウスイースト] (▶ SE または S.E. と略す) →とうなん¹
南東の southeast, southeastern

なんとか 何とか（どうにか）somehow [サムハウ]
▶ 何とかなるだろう．
I think we can do it *somehow*.

💬表現力
何とか…する → manage to ...

▶ 何とかして行きます[うかがいます]．
I'll *manage to* go [come].

なんとなく 何となく somehow [サムハウ]
▶ 何となく悲しい．
Somehow I feel sad. / *I don't know why*, but I feel sad.

なんとも 何とも
▶ 何とも言えない．
I can't say for sure.

なんども 何度も many times →なんかい
▶ 鎌倉には何度も行ったことがある．
I've been to Kamakura *many times*.

なんにち 何日（何日間）how many days, (期間) how long
▶ 京都には何日いたの？
How long [*How many days*] did you stay in Kyoto? (▶ how long のほうがふつう)

🗣スピーキング
Ⓐ 今日は何日？
What's the date today?
Ⓑ 5月6日．
It's May 6.
(▶ What's the ˣday today? とはいわない．May 6は May (the) sixth と読む)

▶ 何日も
for (*many*) *days*

なんにん 何人 how many people
▶「何人きょうだいなの？」「3人きょうだいだよ」
"*How many brothers and sisters* do you have?" "I have two." (▶ 日本語では自分もふくめて答えるが，英語では自分以外のきょうだいの人数を答える)

なんねん 何年 how many years
▶ 何年英語を勉強しているのですか．
How many years have you studied English?

▶ 何年も for (*many*) *years*

なんの 何の what [(フ)ワット] →なに，なん

なんぱ 難破する be wrecked [レックト]
▶ その船は釧路沖20キロのところで難破した．
The ship *was wrecked* twenty kilometers off Kushiro.

ナンバー a number [ナンバァ] (▶ No. と略す)

ナンバープレート《米》a license plate,《英》a number plate

ナンバーワン number one, the top

なんばん 何番 **1** (番号)
▶ あなたの電話番号，何番だったっけ．
What was your phone *number* again?
▶ (試験で) 何番がむずかしかった？
Which questions were difficult?

2 (何番目)
▶ あなたはきょうだいで何番目なの？
Which child are you in your family?
▶「新大阪は何番目の駅ですか」「5つ目です」
"*How many* stations are there before Shin-Osaka?" "There are four." (▶ 英語では「何番目」という表現がなく，「新大阪の手前にいくつ駅があるか」という表現を使うので駅の数が日本語より1つ減る)

なんぶ 南部 the southern [サザン] part, the south [サウス] ;（アメリカの）the South
▶ 九州南部
southern Kyushu

なんべい 南米 South America [サウス アメリカ]

なんべん 何べん how many times, how often [オ(ー)フン] →なんかい

なんぼく 南北 north [ノース] and south [サウス] (▶「北と南」と日本語と語順が逆になることに注意) →とうざい

なんみん 難民 refugees [レフュヂーズ]
難民キャンプ a refugee camp
難民問題 a refugee issue

なんもん 難問 a difficult problem, a difficult question

なんようび 何曜日 what day (of the week)
▶ 今日は何曜日ですか．
What day is it today?

に に に に に に

に¹ 二(の) →かず(表)

two [トゥー]
第2(の) the second [セカンド] (▶2nd と略す)
- 2 個のリンゴ two apples
- 1 足す 1 は 2．
  One plus one equals [is] *two*. / One and one make(s) *two*.
- 5 月の第 2 日曜日
  the second Sunday in May
- 2 か国語放送 *bi*lingual broadcasting
- 2 分の 1 a [one] half
- **2倍, 2回** twice [トゥワイス] (▶ two times ということもある)

に² 荷 a load [ロウド]

-に

使い分け

[時間]
(時刻) → at
(午前・午後) → in (特定の日の午前・午後は on)
(日) → on
(月・季節・年) → in

[場所]
(広い場所) → in
(せまい場所) → at
(通りなど) → on

1 [時間] (時刻) **at** [アット]；(午前・午後) **in** [イン]；(日) **on** [アン]；(月・季節・年) **in**
- 10時に *at* ten (o'clock)
- 午前中に *in* the morning
- 日曜日に *on* Sunday
- 週末に *on* weekends
- 土曜日の朝には熱があった．
  I had a fever *on* Saturday morning. (▶特定の日の午前・午後などの場合には on を使う)
- 祖父は1952年 9 月15日に生まれた．
  My grandfather was born *on* September 15, 1952. (▶ September 15, 1952は September (the) fifteenth, nineteen fifty-two と読む)
- ヒマワリは夏に咲く．
  Sunflowers come out *in* summer.

時の使い分け

in 2024 (2024年に)	広がりのある時間
in June (6月に)	**in**
on May 5 (5月5日に)	**on**
on Monday (月曜日に)	
at 6:00 (6時に)	**at**
at night (夜に)	時の一点

2 [場所] (広い場所) **in**；(せまい場所) **at**；(通りなどに沿って) **on**
- ぼくには京都に住んでいるおばがいる．
  One of my aunts lives *in* Kyoto.
- 玄関にだれか来ているよ．
  Someone is *at* the door.
- この通りに車は止められないよ．
  You can't park your car *on* this street.

3 [位置関係] (…に接して) **on**；(はなれて…の方向に) **to** [トゥー]；(…にふくまれて) **in**
- 中野(の街)は中央線沿線にある．
  Nakano is *on* the Chuo Line.
- 神戸は大阪の西にある．
  Kobe is *to* the west of Osaka.
- 羽田は東京の南部にある．
  Haneda is *in* southern part of Tokyo.

4 [方向] **to, for** [フォー(ァ)]；[方角] **in**
- 学校に歩いて行く．I walk *to* school.
- チームは名古屋に向かった (→向けて出発した)．
  The team left *for* Nagoya.

◀ **にがい**

▶ 金星では太陽は東に沈む．
The sun sets *in* the east on Venus.
(▶×to the east とはいわない)

5 [原因・理由] at, with [ウィズ]
▶ その費用が高いのに(→その高い費用には)びっくりしたよ．
I was surprised *at* the high cost.

6 (…によって) by [バイ] →-(に)よって
▶ きのう中田先生にしかられた．
I was told off *by* Mr. Nakata yesterday. (▶ tell off で「…をしかりつける」の意味)

7 [割合] →-(に)つき
▶ 週に1度 once *a* week

にあう 似合う(物が人に) look good on, suit [スート] (▶進行形にはしない) ; (人が物を着て) look nice in ; (ほかの服などに) match [マッチ]
▶ そのセーター，とっても似合ってる．
That sweater *looks* really *good on* you. / That sweater *suits* you quite well.
▶ このブラウスはあなたのそのスカートには似合わないよ．
This blouse doesn't *match* your skirt.
…(に)似合わず for →-(に)しては
▶ 久美は年齢に似合わず賢い．
Kumi is wise *for* her age.

にいさん 兄さん a brother [ブラザァ] ; (とくに強調して) an older [an elder, a big] brother →あに
▶ 私のいちばん上[2番目]の兄
my *oldest* [second *oldest*] *brother*
▶ お兄さんはいるの？
Do you have any *older brothers*?

にえる 煮える cook [クック], boil [ボイル] →にる²
▶ よく煮えた
well-*cooked* / well-*boiled* / well-*done*
▶ 生煮えの underdone / rare
▶ このジャガイモはよく煮えている．
These potatoes are well-*cooked* [well-*boiled*].

におい

(a) **smell** [スメル]
においがする smell 《of》

においをかぐ smell
▶ おいしそうなにおい！
What a delicious *smell*!

╭─表現力─
│ …のにおいがする
│   → smell +形容詞 /
│   smell of +名詞 /
│   smell like +名詞
╰─

▶ このバラはいいにおいがするね．
This rose *smells* sweet, doesn't it?
▶ この部屋はペンキのにおいがする．
This room *smells of* paint.
▶ このせっけんはオレンジのにおいがするね．
This soap *smells like* oranges.

╭─表現力─
│ …のにおいをかぐ → smell ...
╰─

▶ ちょっとこの肉のにおいをかいでみて．
Just *smell* this meat.

におう smell [スメル]
▶ この部屋，におうね．
This room *smells*.
▶ ガスがにおう．I *smell* gas.

にかい¹ 二回 twice [トゥワイス] →にど
にかい² 二階 (米) the second floor, (英) the first floor →-かい²(図)
▶ 2階建ての家
a *two-story* [*two-storied*] house
▶ ぼくらの教室は2階にある．
Our classroom is on *the second floor*.
▶ お父さんは2階(→上の階)にいるよ．
Dad is *upstairs*.
2階建てバス a double-decker [ダブルデカァ]

にがい 苦い bitter [ビタァ] (反 甘い sweet)
▶ うわっ，にがい．Wow, it's *bitter*.

six hundred and nine 609

ニガウリ ▶

- 良薬は口に苦し.《ことわざ》
  A good medicine tastes *bitter*.
- 私は苦い経験をした.
  I had a *bitter* experience.
- 私には初恋のほろ苦い思い出がある.
  I have *bittersweet* memories of my first love.

ニガウリ《植物》a bitter gourd[ビタァ ゴード]

にがおえ 似顔絵 a portrait [ポートゥレト]

にがす 逃がす(放す) set ... free, let ... go; (チャンスなどを) miss [ミス]

- そのチョウをにがしてやった.
  I *set* the butterfly *free*.
- このチャンスはにがすなよ.
  Don't *miss* this chance.
- にがした魚は大きい.《ことわざ》
  The one that *got away* is always the biggest.

にがつ 二月 →いちがつ, つき¹(表)

February [フェブルエリィ]《▶語頭はかならず大文字; Feb. と略す》

- 2月に in *February*
- 2月14日はバレンタインデーです.
  February 14 is Valentine's Day.

にがて 苦手だ

(得意でない) be not good at, be bad [バッド] at; be weak [ウィーク] in [at]; (好きではない) not care for, not like

- 数学が苦手だ.
  I'm *bad* at math. / I'm *weak in* [*at*] math. / I'm *not good at* math.
- コーヒーが苦手だ.
  I *don't care for* coffee.
- 秋元先生は苦手だ. (→うまくやっていけない).
  I *can't get along well with* Mr. Akimoto.

にがわらい 苦笑い a bitter [ビタァ] smile
にきび a pimple [ピンプル]
  にきびができる get pimples
- 鼻に大きなにきびができちゃった.
  I've got a big *pimple* on my nose.
  にきび面 a pimply face [ピンプリィ フェイス]

にぎやかな

(通りなどが) **busy** [ビズィ], (こみ合った) crowded [クラウディド]; (元気のいい) lively [ライヴリィ]; (よくしゃべる) talkative [トーカティヴ]

- 夜おそくに帰るときはにぎやかな通りを歩きなさい.
  Walk along *busy* streets when you go home late at night.
- あいつはいつもにぎやかだ.
  He's always *lively and talkative*.

にぎり 握り(ドアの)knob[ナブ]; (持ち手) grip [グリップ]

にぎる 握る hold [ホウルド]; (強く) grasp [グラスプ], grip [グリップ]

- ロープをにぎる *hold* [*grasp*] a rope
- 車のハンドルをにぎる
  hold [*grip*] the steering wheel
- すしをにぎる *make* a piece of sushi
- きみの手をにぎりたい.
  I want to *hold* your hand. (▶ビートルズの曲より)

にぎわう be crowded [クラウディド]

- ショッピングモールは買い物客でにぎわっていた.
  The shopping mall *was crowded* with shoppers.

にく 肉

(食用の) **meat** [ミート]

- 私は魚より肉のほうが好きです.
  I like *meat* better than fish.
  肉団子 a meatball [ミートゥボール]
  肉まん a steamed meat bun
  精肉店 (人) a butcher [ブチァ]; (店)《米》a butcher shop, 《英》a butcher's

---

ⓘ参考 ❶ **meat** は食用の動物の肉をさす. 人間の体の肉は **flesh** [フレッシ] という. **meat** の中に魚肉 (fish) はふくまれない.
❷動物の名と肉の呼び名は次の表のように変わるものがある.

	動物の名	肉の名
牛	cow, ox	beef
ブタ	pig, hog	pork
羊	sheep	mutton
ニワトリ	hen, rooster	chicken

◀ にし

chicken　pork　beef

▶ とり肉は **chicken** [チキン], ぶた肉は **pork** [ポーク], 牛肉は **beef** [ビーフ] という.

にくい 憎い hateful [ヘイトフル] →にくむ
▶ あいつはにくいやつだ(→好きではない).
I *don't like* him *at all*. / (ほめる意味で)
He did a very good job.

-(し)にくい

hard [ハード], difficult [ディフィカルト] (反 -(し)やすい easy)

---表現力---
…しにくい
→ **It is hard to ….** /
be hard to …

▶ 彼の字は読みにくい.
His handwriting *is hard to* read. / *It is hard to* read his handwriting.
▶ 言いにくいんだけど, たぶんそれはほんとうだと思う. *I hate to* say this, but it's probably true.

にくしみ 憎しみ hatred [ヘイトゥレッド] (反 愛 love)
▶ …ににくしみをいだく
feel *hatred* toward …

にくたい 肉体 a body [バディ] (反 精神 mind, spirit)
肉体の bodily, physical [フィズィカル]
肉体的な physical
肉体的に physically
肉体美 physical beauty
肉体労働 physical labor

にくばなれ 肉離れ a torn muscle [トーン マスル]

にくまれぐち 憎まれ口をたたく say spiteful [スパイトゥフル] things

にくむ 憎む hate [ヘイト] (反 愛する love) (▶進行形にしない)
▶ 美穂はあのことで私をにくんでいる.
Miho *hates* me for that.
▶ あなたってにくめない人ね.

It's hard to *hate* you.

にくらしい 憎らしい mean [ミーン], (英) nasty [ナスティ], hateful [ヘイトフル]
▶ にくらしい！ How *mean*!

にぐるま 荷車 a cart [カート]

にぐん 二軍《野球》a minor [マイナァ] team, a farm [ファーム]

にげる 逃げる

run away, **get away**；(脱出だっする) **escape** [エスケイプ]
▶ ネコがにげた. The cat *got away*.
▶ 早くにげよう！
Let's *run away* quickly!

にこにこ にこにこする smile [スマイル]
▶ 夏希, 何にこにこしてるの？
Natsuki, what *are* you *smiling* about?
▶「ラブレターをもらったの」と由奈はにこにこしながら答えた.
"I've got a love letter," Yuna answered *with a smile*.

にごる 濁る get muddy [マディ], get cloudy [クラウディ] (▶ get のかわりに become も使える)；(にごっている) be muddy, be cloudy
▶ 暴風雨のあとは川がにごっていた.
The river *was muddy* after the rainstorm.

にさん 二, 三(の) two or three；(少数の) a few [フュー], (2, 3の) a couple [カプル] of
▶ 2, 3日前 *a couple of* days ago

にさんかたんそ 二酸化炭素 carbon dioxide [カーボン ダイアクサイド]

にし 西 →ほうがく(図)

(the) **west** [ウェスト] (反 東 east) (▶ W. と略す)
西の west, western
西へ[に] west, westward
▶ 八王子市は東京の西(→西部)にある.
Hachioji City is in *the west* of Tokyo. (▶ in the west of … は「…の西部に」の意味)
▶ 山形市は仙台市の西の方にある.
Yamagata City is to *the west* of Sendai City. (▶ to the west of … は「…の西の方に」の意味)

six hundred and eleven　611

にじ¹

- 奈良県は三重県の西の境にある.
 Nara Prefecture is on *the west* of Mie Prefecture. (▶ on the west of ... は「接して…の西に」の意味)
- 太陽は西に沈む.
 The sun sets in *the west*. (▶ *to the west* とはいわない)
 西口 the west exit [エグズィト]
 西日本 Western Japan
 西日 the afternoon sun

にじ¹ 虹 a rainbow [レインボウ]
 虹色の rainbow-colored
- 空に虹がかかっていた.
 There was a *rainbow* in the sky.

LGBTQ などのセクシュアルマイノリティの象徴とされるレインボーフラッグ.

にじ² 二次の (2番目の) second [セカンド]; (二次的な) secondary [セカンデリィ]
- 2次試験 the *second* entrance exam
- 第二次世界大戦
 World War II (▶ II は two と読む) / the *Second* World War

-にしては → -(に)しては

にじむ (紙が) blot [ブラット]
- この紙はにじみやすい.
 This paper *blots* easily.

にじゅう¹ 二十(の) →かず(表)

twenty [トゥウェンティ]
 第20(の) the twentieth (▶ 20th と略す)
- 姉は20代です.
 My sister is in her *twenties*.
 21 twenty-one
 20世紀 the twentieth century

にじゅう² 二重の, 二重に double [ダブル]
 二重あご a double chin
 二重唱, 二重奏 a duet [デューエット]
 二重丸 a double circle

ニシン 《魚》a herring [ヘリング] (複数 herring)

ニス varnish [ヴァーニシ]
 ニスをぬる varnish

にせ 偽の (うその) false [フォールス] (反 real); (偽造した) fake [フェイク], 《口語》phony [フォウニィ]
- にせのパスポート
 a *false* [*fake*] passport
 にせ札 a fake bill
 にせ物 a fake; (模造品) an imitation [イミテイション]
- 姉が買ったハンドバッグはにせ物だった.
 The purse my sister bought was a *fake*.

にせい 二世 (日系アメリカ人) a nisei; (王・女王の) the second [セカンド]
- エリザベス2世 Elizabeth II (▶ Elizabeth the Second と読む)

にせる 似せる (手本とする) model [マドゥル] after, (模倣する) imitate [イミテイト]

にせん 二千(の) two thousand [サウザンド] →かず(表)

にたにた にたにたする smirk [スマーク]

にたりよったり 似たり寄ったり
- どれも似たり寄ったりだ (→目を引くようなものはない).
 Nothing really stands out.

にち 日 day
- 28日間
 for 28 *days*
- 4月1日
 April 1 (▶ 1は first と読む)

にちえい 日英 (日本と英国) Japan and Britain

にちじ 日時 the time and date

にちじょう 日常の everyday [エヴリデイ], daily [デイリィ] →まいにち
- あんなことは日常よくあることだ.
 Those are *everyday* occurrences.
 日常会話 daily conversation
 日常生活 everyday life, daily life

にちべい 日米 (日本と米国) Japan and the United States
- 日米関係
 relationship between *Japan and the U.S.*

にちぼつ 日没 (a) sunset [サンセット] (対 日の出 sunrise)
- 私たちは日没前に帰宅した.

◀ ニックネーム

We got home before *sunset*. (▶ before sunset は before the sun set ともいう)

にちや 日夜 (昼も夜も) day and night;(つねに) always [オールウェズ]

にちよう 日用の daily [デイリィ], everyday [エヴリデイ]
日用品 daily necessities, daily goods

にちようだいく 日曜大工 do-it-yourself;(人) a do-it-yourselfer, a Sunday carpenter

にちようび 日曜日 →ようび(表)

Sunday [サンデイ] (▶語頭はかならず大文字;Sun. と略す)

▶ 日曜日の朝, 私は起きるのがおそい.
I get up late on *Sunday* mornings.

🎤 スピーキング

Ⓐ 日曜日にはいつも何をしますか.
What do you usually do on Sundays?
Ⓑ たいてい家でゲームをしています.
I usually play games at home.

-について →-(に)ついて
にっか 日課 daily routine [デイリィ ルーティーン]
にっかん 日刊の daily [デイリィ] (▶「週刊の」は weekly, 「月刊の」は monthly)
日刊紙 a daily (newspaper)

にっき 日記

a **diary** [ダイ(ア)リィ]; (日誌) a **journal** [ヂャーヌル]

▶ 絵日記
a picture *diary*

▶ 私は英語で日記をつけています.
I keep a *diary* in English.

Monday, August 10. Fine
Today was Mika's birthday.
Happy birthday, Mika! I gave her a shell pendant and she was very happy.
Summer vacation is already halfway through now. Tomorrow we'll have to go to school for a special assembly. I'm looking forward to seeing N.S.

▶ アンネ・フランクの日記は世界中の人々に感動を与えてきた.
Anne Frank's *diary* has moved people all around the world.

💬 用法 日記の書き方
決まった書き方があるわけではないが, ふつうは次のように書くことが多い.
❶曜日, 日付, 天候を最初に書く.
❷天候については次のような表現がある.
(a)「晴れ」fine, clear, fair, sunny /「くもり」cloudy /「雨」rainy, wet /「雪」snowy /「嵐」stormy /「風」windy /「霧」foggy
(b)「暑い」hot /「むし暑い」muggy, sultry /「暖かい」warm /「寒い」cold, chilly /「すずしい」cool
(c)「晴れのちくもり」fine, later cloudy /「くもりときどき雨」cloudy, occasionally rainy /「夕方ごろ雪」snowy toward evening
❸本文中で「私」(I) が主語のときはよく省略する. また, 言わなくてもわかる場合は動詞も省略する場合がある.

-につき →-(に)つき
ニックネーム a **nickname** [ニクネイム] →

日記の例
8月10日 (月) 晴れ
今日はミカの誕生日だった.
おめでとう, ミカ！ 貝がらのペンダントをプレゼントしたら, とっても喜んでくれた.
夏休みも半分過ぎて, あすは特別集会のための登校日だ. N.S. 君に会えるのが楽しみ.

six hundred and thirteen 613

にっけい ▶

にっけい 日系 Japanese
あだな
▶ 日系アメリカ人
a *Japanese*-American

ニッケル (化学) nickel [ニケル] (記号 Ni)

にっこう 日光

sunlight [サンライト], (the) **sunshine** [サンシャイン], the **sun** [サン]
▶ この部屋は日光があまり入らない.
This room doesn't get much *sunlight*.
日光浴 sunbathing [サンベイズィング]
▶ 日光浴をする
sunbathe, do (some) *sunbathing*

にっこり にっこりする smile [スマイル] →にこにこ

にっし 日誌 a journal [ヂャ~ヌル]; (日記) a diary [ダイ(ア)リィ]
▶ 私たちは学級日誌をつけている.
We keep a *daily record* of class activities.

にっしょく 日食 a solar eclipse [ソウラァ イクリプス]
▶ 皆既日食
a total *solar eclipse* / a total *eclipse of the sun*

にっすう 日数 (the number of) days
▶ 北海道を一周するにはかなりの日数がかかる.
It takes many *days* to travel around Hokkaido.

にっちもさっちも
▶ にっちもさっちもいかない.
We are *in a fix*.

にっちゅう 日中 the daytime [デイタイム] (対 夜間 the nighttime)
▶ 日中はとても暑かった.
It was very hot in *the daytime*.

にっちょく 日直 day duty [デイ デューティ], class duty (▶英米の学校では一般的でない)
▶ あしたは日直だ.
I'm on *day duty* tomorrow.

にってい 日程 a day's schedule [スケヂュール], a day's program

ニット knits [ニッツ]

にっぽん 日本 Japan [ヂャパン] →にほん

にている 似ている →にる¹

にど 二度

twice [トゥワイス], two times; (ふたたび) **again** [アゲン]
2度目の (the) **second** [セカンド]
▶ 父はアメリカへ 2 度行ったことがある.
My father has been to the U.S. *twice*.
▶ 彼には二度と会いたくない.
I never want to see him *again*.
▶ もう二度としません.
I won't do it *again*.
▶ ここへ来たのはこれが 2 度目です (→これが 2 度目の訪問です).
This is my *second* visit here.

にとう 二等 (2番目)the second[セカンド]; (2級) the second class
2等賞 (the) second prize
▶ 姉はイラストコンテストで 2 等賞をとった.
My sister won *second prize* [*place*] in the illustration contest.

ににんさんきゃく 二人三脚 a three-legged race [スリーレギド レイス]

にねんせい 二年生 (中学の)a second-year student, 《米》an eighth grader →いちねんせい, がくねん (表)
▶ 私は中学 2 年生です.
I am a *second-year student* at junior high school. / I am *in the eighth grade*.

-には →-まで

1 (時・場所) on [アン], at [アット]→-に; (期間) (…以内に) **within** [ウィズィン], (…までに) by [バイ]
▶ 彼は日曜日にはつりに行く.
He goes fishing *on* Sundays.
▶ 今週中には必ずレポートを出してください.
Be sure to hand in your paper *within* this week.
▶ 5 時までには帰ってるよ.
I'll be home *by* five.

2 (…にとっては) **for** [フォー(ァ)]; (…に対しては) **to** [トゥー]
▶ このズボンはぼくには長すぎる.
These pants are too long *for* me.
▶ 女の子にはやさしくしなさい.
Be kind *to* girls.

3 (…するためには) **to** ... →-ため

◀ にもつ

▶ このメロンは食べるにはまだ早すぎる.
This melon is too green *to* eat.

にばい 二倍 (…の2倍) twice [トゥワイス] as 〜 as ... →ばい
2倍にする[なる] double [ダブル]
▶ 新しい家は前の家の2倍の広さだ.
Our new house is *twice as* large *as* the old one.

にばん 二番(目の) the second [セカンド]
(▶2ndと略す)
▶ 私はこの前のテストで2番だった.
I scored (*the*) *second* best on the last exam.
▶ ぼくはクラスで2番目に背が高い.
I'm *the second* tallest in our class.

にぶい 鈍い dull [ダル] (反) するどい sharp;(動作が) slow [スロウ]
▶ にぶい痛み
a *dull* pain
▶ この包丁は切れ味がにぶいね.
This kitchen knife is *dull*, isn't it?
▶ あいつは頭がにぶい(→頭があまりよくない).
He's *not very bright*.

にふだ 荷札 (ひもでつける) a tag [タッグ];(はりつける) a label [レイベル]

にほん 日本

Japan [ヂャパン]
日本の Japanese [ヂャパニーズ]
▶ 日本の文化
Japanese culture

🗣スピーキング
Ⓐ きみはどこの出身？
Where are you from?
Ⓑ 日本です.
I'm from Japan.

▶ 日本はアジアの東にある.
Japan is located in the east of Asia.
▶ 日本は島国だ.
Japan is an island country.

プレゼン
日本の面積は約38万km²で, 人口は約1億2400万人以上います.
Japan covers an area of about 380,000 square kilometers, and its population is about 124 million.

日本アルプス the Japan Alps

日本海 the Sea of Japan
日本語 Japanese, the Japanese language [ラングウィヂ]
日本国民 the Japanese people
日本の Japanese
▶ 日本語の本 a *Japanese* book
日本酒 sake
日本人 (1人) a Japanese (person), (複数) Japanese (people);(全体) the Japanese
日本人の Japanese
▶ 私は日本人です. I'm *Japanese*.
日本代表チーム the all-Japan team
日本舞踊 Japanese dancing
日本料理 Japanese food [dishes]
日本列島 the Japanese Islands [アイランヅ]

ⓘ参考 英語になったおもな日本語

anime (アニメ)	samurai (さむらい)
haiku (俳句)	sashimi (さしみ)
judo (柔道)	shoyu (しょう油)
kimono (着物)	sukiyaki (すき焼き)
manga (マンガ)	sushi (すし)
Noh, No (能)	tempura (天ぷら)
otaku (オタク)	tofu (豆腐)
sake (酒)	Zen (禅)

スシ店の看板.

-にもかかわらず in spite [スパイト] of ...
→-(にも)かかわらず

にもつ 荷物 (梱包した) a package [パケヂ];(小包) a parcel [パースル];(旅行の手荷物)《おもに米》baggage [バゲヂ],《おもに英》luggage [ラゲヂ];(積み荷) a load [ロウド]
▶ この荷物, 持って.
Please carry this *baggage*.
▶ この荷物を郵便で出してきてもらえますか.
Could you mail this *package*?
▶「荷物はどこで預かってもらえますか」「あち

six hundred and fifteen 615

にもの ▶

らに手荷物取りあつかい所があります」
"Where can I check my *baggage*?"
"There's a *baggage* office over there."

にもの 煮物 food simmered [スィマァド] in broth [ブロ(ー)ス]

ニャー (ネコの鳴き声)(ニャーオ) a meow [ミアウ];(ニャー) a mew [ミュー];(▶動詞としても使う)
▶ そのネコがニャーニャーと鳴いてるよ.
The cat *is meowing*.

にやにや にやにやする smirk [スマ〜ク]

ニュアンス nuance [ニューアーンス]

にゅういん 入院する go into [to] the hospital [ハスピトゥル], be hospitalized [ハスピタライズド]《反》退院する come [get] out of the hospital;(入院している) be in the hospital →びょういん
▶ 祖母は目の手術で入院した.
My grandmother *went into the hospital* for an eye operation.
▶ あなたは入院が必要です.
You need to *be hospitalized*.
▶ 私はどのくらい入院するんですか.
How long will I *be in the hospital*?
入院患者 an inpatient [インペイシェント]

にゅうかい 入会する join [ヂョイン]
▶ 私は彼のファンクラブに入会した.
I *joined* his fan club.
入会金 an entrance fee

にゅうがく 入学する

enter (a) school, get into (a) school
▶ 姉はこの春高校に入学した.
My sister *entered* high school this spring.
▶ 姉は K 大学に入学した.
My sister *got into* K *University*.
入学願書 an application form for admission
入学志願者 an applicant [アプリカント] for admission
入学式 an entrance ceremony
入学試験 an entrance exam →にゅうし
入学手続き admission procedures [アドミション プロスィーヂャズ]

にゅうこう 入港する come into a port [ポート], enter a port

にゅうこく 入国 entry [エントゥリィ]

アメリカとカナダの国境検問所.「カナダへの入国」と表示されている.

にゅうし 入試

an entrance exam [イグザム], an entrance examination [イグザミネイション] →じゅけん
▶ 彩花(ポ)は公立高校の入試に合格した.
Ayaka passed the *entrance exam* for public high school.
▶ 高校入試
an *entrance examination* for high school / high school *entrance examinations*

ニュージーランド New Zealand [ニュー ズィーランド]

にゅうしゃ 入社する enter [join] a company [カンパニィ], start working (at, for)
▶ 兄は出版社に入社した.
My big brother *started working at [for]* a publishing company.

にゅうしょう 入賞する win a prize [プライズ]

にゅうじょう 入場 (an) entrance [エントゥランス], admission [アドゥミション]
入場する enter
▶ 選手たちが入場します.
The players *are entering* (the stadium).
▶ 入場お断り《掲示》No *Entrance*
▶ 入場無料《掲示》*Admission* Free
入場券 an admission ticket
入場行進 an entrance procession [プロセション]
入場料 an admission fee
▶ 入場料はいくらですか.
How much is the *admission fee*?

ニュース

news [ニューズ](発音注意)(▶ a をつけ

ず単数あつかい．数えるときは a piece of news のようにいう)

> **⓵参考 ニュースのいろいろ**
> 今日のニュース　today's news
> 最新のニュース　the latest news
> 国内のニュース　home news, domestic news
> 海外のニュース　foreign news, overseas news
> スポーツニュース　sports news
> テレビのニュース　TV news

▶ 何かいいニュースある？
Is there any good *news*?
▶ けさ，テレビのニュースを見た？
Did you watch the *news* on TV this morning?
ニュース解説者 a news commentator [カメンテイタァ]
ニュースキャスター (メインの)an anchor; (ニュースを読むだけの) a newscaster
ニュース速報 《米》a news bulletin, 《英》a newsflash
ニュース番組 a news program
にゅうせん 入選する (賞を取る) win a prize [プライズ]; (選考で受かる) be accepted [アクセプティド]
▶ 私は写真コンテストで入選した．
I *won a prize* in a photo contest.
入選作 a winning work, a selected [セレクティド] work
にゅうぶ 入部する join a club
にゅうもん 入門
▶ 彼は千利休のもとに入門した．
He *became* one of Sen-no-Rikyu's *pupils*.
入門コース a beginners' course
入門書 a beginners' book
ニューヨーク (市) New York [ニューヨーク] (▶ニューヨーク州と区別するときは New York City という); (州) New York (▶アメリカ北東部の州．NYまたはN.Y.と略す)
にゅうよく 入浴 a bath [バス]
入浴する take a bath
入浴剤 bath salts
にょう 尿 urine [ユ(ア)リン]
-によれば →-(に)よれば

にょろにょろ にょろにょろする (ヘビなどが体をくねらせる) wriggle [リグル]; (はう) crawl [クロール], slither [スリザァ]
にらむ stare [ステア] (at), glare [グレア] (at), look at ... angrily
▶ そんなににらまないでよ．
Don't *stare at* me like that.
にらめっこ a staring game
▶ にらめっこをする
play a *staring game*
にりゅう 二流の second-class, second-rate
▶ 二流の画家 a *second-rate* artist

にる¹ 似る

(似ている) **look like**, look alike, be alike, resemble [リゼンブル] (▶いずれも進行形にしない)
▶ 健太君と弟はよく似てるね．
Kenta and his brother *are alike*.
▶ 秀吉はサルに似ていた．
Hideyoshi *looked like* a monkey.
▶ 琴音ᶜᵗᵒⁿᵉは父親に似て頭がいい．
Kotone *is* smart *like* her father.
▶ 千尋ᶜʰⁱʰⁱʳᵒはお母さんによく似ている．
Chihiro *takes after* her mother.
▶ ぼくたちは似た者どうしだ．
We're two *of a kind*.
にる² 煮る boil [ボイル]; (とろ火で) simmer [スィマァ]; (火を使って料理する) cook [クック] →にえる，**りょうり**(図)
▶ 魚をしょう油と砂糖で煮る
cook fish with soy sauce and sugar
にるい 二塁《野球》second (base)
2塁手 a second baseman
2塁打 a double, a two-base hit

にわ 庭

(家の周囲の) a **yard** [ヤード]; (花や木・野菜などを植えた) a **garden** [ガードゥン]

garden　　yard

▶ うちの庭はせまい．
My house has a small *yard*.

にわかあめ ▶

▶ 父が庭の手入れをする.
My father takes care of the *garden*.
▶ 裏庭 a back*yard*
庭いじり gardening [ガードゥニング]
庭師 a gardener [ガードゥナァ]

💬用法 **yard** と **garden**
家のまわりの庭を **yard** といい, (米) ではしばふを植えることが多い. **garden** は yard の一部で, 花や木を植えて手入れした部分.

にわかあめ にわか雨 a shower [シャウァ]
▶ 学校から帰る途中に, にわか雨にあった.
I got caught in a *shower* on my way home from school.
にわかに suddenly [サドゥンリィ] →とつぜん
ニワトリ 鶏 a chicken [チキン]; (おんどり) (米) a rooster [ルースタァ]; (めんどり) a hen [ヘン]; (ひな) a chick(en)
ニワトリ小屋 a henhouse

にんき 人気

popularity [パピュラリティ]
人気のある popular [パピュラァ]
▶ 人気が出る become *popular*
▶ 人気が落ちる become *unpopular*
▶ いまいちばん人気がある歌手はだれですか.
Who's the most *popular* singer now?

💬表現力
…に人気がある
→ be popular among [with] …

▶ 洋介は女の子に人気がある. Yosuke *is popular with* [*among*] *girls*.
人気投票 a popularity vote
人気者 a favorite [フェイヴ(ァ)リト]
▶ 敬一はクラスの人気者だ.
Keiichi is a *favorite* in our class.
にんぎょ 人魚 a mermaid [マ~メイド]
▶ 『人魚姫』 *The Little Mermaid*

にんぎょう 人形

a doll [ダル]
▶ 多くの女の子は人形で遊ぶのが好きだ.
Many girls like playing with *dolls*.
人形劇 a puppet [パペト] show
人形の家 a dollhouse

ℹ️参考 人形のいろいろ
ぬいぐるみ a stuffed toy / 着せかえ人形 a dress-up doll / あやつり人形 a puppet / 指人形 a hand puppet

にんげん 人間 →ひと

man [マン] (▶この意味では a はつけずに単数あつかい); a human [ヒューマン], a human being
人間の, 人間的な human
人間らしく humanly [ヒューマンリィ]
▶ 先生だって人間だ. ときにはまちがえることもある. Teachers are *human*. They sometimes make mistakes.
人間関係 human relations
人間性 human nature, humanity
人間国宝 a living national treasure
人間ドック a complete [コンプリート] medical checkup [チェカプ]
人間不信 a distrust [ディストゥラスト] of other people
にんじゃ 忍者 a ninja
にんじょう 人情
人情のある kind, warm-hearted
人情のない unkind, heartless
にんしん 妊娠する become pregnant [プレグナント]; (妊娠している) be pregnant
▶ 姉は妊娠しています. My sister *is pregnant*. / My sister *is expecting*.
ニンジン (植物) a carrot [キャロト]
にんずう 人数 the number of people [persons]
▶ きみのクラスの人数は何人?
How many students are there in your class?
にんそう 人相 looks [ルックス]
にんたい 忍耐 patience [ペイシェンス]
忍耐強い patient →がまん
にんちしょう 認知症 dementia [ディメンシア]
ニンニク (植物) garlic [ガーリク]
にんむ 任務 a duty [デューティ]
にんめい 任命する name [ネイム], appoint [アポイント]
▶ 田島氏はメキシコ大使に任命された.
Mr. Tajima *was appointed* ambassador to Mexico.

ぬいぐるみ 縫いぐるみ a stuffed [スタフト] toy
▶ パンダのぬいぐるみ a *stuffed* panda
▶ クマのぬいぐるみ a teddy bear（▶英米の子どもたちにひじょうに親しまれている）

ぬいもの 縫い物 sewing [ソウイング]

ぬう 縫う sew [ソウ]
▶ 服をぬう *sew* a dress
ぬい目 a seam [スィーム]

ヌードル (めん類) noodles [ヌードゥルズ]

ぬか rice bran [ライス ブラン]

ぬかす 抜かす leave out；(とばす) skip [スキップ]
▶ ごめんね．うっかりきみの名前をぬかしちゃった． I'm sorry I carelessly *left out* your name.
▶ お昼をぬかしたのでおなかがすいてきたよ． I *skipped* lunch, so I'm getting hungry.

ぬかるみ mud [マッド]
▶ 足がぬかるみにはまった． My foot was caught [stuck] in the *mud*.

ぬかるむ (道などが) be muddy [マディ]
▶ 道がぬかるんでいる． The road *is muddy*.

ぬきうち 抜き打ち surprise [サプライズ]
抜き打ちテスト a surprise test

ぬく 抜く

1 (引きぬく) pull [プル] out
▶ このくぎ，ぬけないよ． I can't *pull out* this nail.
▶ とげをぬいてくれない？ Can you *pull out* the splinter?
▶ 今日，歯をぬいてもらった． I *had* my tooth *pulled* today.（▶「have＋物＋過去分詞」で「〜を…してもらう」の意味）
▶ このびんのせんをぬいてくれませんか Would you *uncap* this bottle?

2 (追いこす) overtake [オウヴァテイク], pass [パス]

▶ 私は最後の1周で春香をぬいた． I *overtook* Haruka on the last lap.（▶ lap は「トラックの1周やプールの1往復」のこと）

3 (省く) skip [スキップ]
▶ 朝食をぬくのは体によくない． *Skipping* your breakfast isn't good for your health.

ぬぐ 脱ぐ

take [テイク] off (反) 身につける put on), get undressed
▶ ここでくつをぬいでください． Please *take off* your shoes here.
▶ とても暑かったので，私は上着をぬいだ． It was so hot that I *took off* my coat.
▶ 服をぬいで寝た． I *got undressed* and went to bed.

ぬぐう wipe [ワイプ] (away) →ふく³
▶ このハンカチでなみだをぬぐいなさい． *Wipe* your tears *away* with this handkerchief.

ぬけがら 抜け殻 a shell [シェル]
▶ セミの抜け殻 a cicada's *shell*

ぬけめ 抜け目のない clever [クレヴァ], shrewd [シルード]
▶ トムはまったくぬけめのない子だね． Tom is a very *clever* boy, isn't he?
抜け目なく shrewdly [シルードゥリィ]

ぬける 抜ける **1** (とれる) come out
▶ 前歯が1本ぬけた． My front tooth *came out*.
▶ このコルクのせん，なかなかぬけないよ． This cork won't *come out*.

2 (足りない) be missing [ミスィング]
▶ この問題集は数ページぬけています． Several pages *are missing* from this workbook.

3 (通過する) go [pass] through [スルー]
▶ 私たちは公園をぬけて駐車場へ行った． We *went through* the park to the parking lot.

ぬげる ▶

ぬげる 脱げる come off
▶ 私の右側のくつが脱げた.
My right shoe *came off*.

ぬし 主(持ち主) the owner [オウナァ]

ぬすみ 盗み (a) theft [セフト]；stealing [スティーリング]
▶ あいつはぬすみをはたらいてつかまった.
He was arrested for *stealing*.

ぬすむ 盗む →うばう

steal [スティール]
▶ 人のものをぬすむな.
Don't *steal* from others.
▶ カメラをぬすまれた.
My camera *was stolen*. / I had my camera *stolen*. (▶ 「have＋物＋過去分詞」で「〜を…される」の意味) / (だれかがぬすんだ) Someone *stole* my camera.

× I was stolen my camera.
　この場合,「人」は主語にならない.
○ My camera was stolen.

ぬの 布 cloth [クロ(ー)ス]
▶ 2メートルの布 two meters of *cloth*

ぬま 沼(沼地) (a) marsh [マーシ]；(木々が生えている) (a) swamp [スワンプ]

ぬらす wet [ウェット] (反 かわかす dry)
▶ このタオルをお湯でぬらしてください.
Please *wet* this towel with hot water.
▶ そでをぬらさないようにね.
Don't *get* your sleeves *wet*.

ぬりえ 塗り絵 coloring [カラリング]
▶ ぬり絵をする *color* a picture
▶ ぬり絵の本 a *coloring* book

ぬる 塗る

(塗料を) paint [ペイント]；(色を) color [カラァ]；(バターなどを) spread [スプレッド]；(つける) put on
▶ そろそろフェンスにペンキをぬらないとね.
It's about time to *paint* the fence.
▶ トーストにバターをぬってくれる？
Would you *spread* butter on my toast?
▶ 日焼け止めをぬったほうがいいね.
We'd better *put on* some sunscreen.

💬表現力
〜を…色にぬる → paint [color] 〜 …

▶ 彼はドアを白くぬった.
He *painted* the door white.
▶ これを黄色にぬりなさい.
Color this yellow.
▶ ペンキぬりたて《掲示》
《米》Wet *Paint* /《英》Fresh *Paint*

ぬるい lukewarm [ルークウォーム]；(温かくない) not warm enough
▶ ぬるいお湯 *lukewarm* water
▶ おふろがぬるいよ.
The bath *isn't warm enough*.

ぬるぬる ぬるぬるした slimy [スライミィ], greasy [グリースィ]

ぬれぎぬ ぬれ衣 a false accusation [フォールス アキュゼイション]

ぬれる

get wet [ウェット]；(ぬれている) be wet
ぬれた wet
▶ かさをささないとぬれるよ.
Put up your umbrella, or you'll *get wet*.
▶ まだ髪の毛がぬれてたら,かわかしなさい.
If your hair *is* still *wet*, blow-dry it.
▶ ぬれた手をふきなさい.
Dry your *wet* hands.
▶ 妹のほおはなみだでぬれていた.
My sister's cheeks *were wet* with tears.
▶ 雨に降られてびっしょりぬれてしまった.
I was caught in the rain and *got soaked* to the skin.

ね¹
- ね, わかったでしょ？ (You) see?

ね² 値 a price [プライス] →ねだん

ね³ 根 a root [ルート]
根づく take root
- この木の根はじょうぶだ.
The *roots* of this tree are tough.
- あの人は根は親切です.
He is kind *at heart*.

ね⁴ 音 (a) sound [サウンド]; (虫の) a chirp [チャ〜プ]; (楽器の) a tone [トゥン] →おと

-ね

1《肯定文のあとで》否定の疑問文をつける.
- 「あれが大英博物館ですね」「そうです」
"That is the British Museum, *isn't it*?" "Yes, it is."

2《否定文のあとで》肯定の疑問文をつける.
- 「きみは犬が好きではありませんね」「はい」
"You don't like dogs, *do you*?" "No, I don't."

> 🔊 **発音** 念を押すときは文末を下げ調子に, 疑問の気持ちが強いときは上げ調子にいう.

3《確認して》..., right?（▶上げ調子で）
- じゃあ私たちは次の電車に乗らないといけないんだね？
So we have to take the next train, *right*?
- これってきみの自転車だよね？
This is your bike, *right*?

ねあげ 値上げする raise a price
- バス料金が20円値上げになった.
The bus fare *was raised* by 20 yen.

ネイビーブルー navy [ネイヴィ] blue
ネイル a nail [ネイル]
ネイルケア nail care
ねうち 値打ち (価値) value [ヴァリュー] →かち¹; (値段) a price [プライス]
ねえ Say [セイ], Look [ルック], Listen [リスン], Hey [ヘイ]
- ねえ, 散歩でもしない？
Say, let's go for a walk.
- ねえ, よく考えてみたら？
Look, I think you should think it over.
- ねえ, ちょっと待って！ *Hey*, wait up!

ねえさん 姉さん a sister [スィスタァ]; (とくに強調して) an older [elder] sister, a big sister →あね
- 彼のいちばん上［2番目］のお姉さん
his *oldest* [second *oldest*] *sister*
- お姉さんはいる？
Do you have any *older sisters*?

ネーブル a navel orange [ネイヴ(ェ)ル オ(ー)レンヂ] (▶ navel は「へそ」の意味. 果頂部 (お尻の部分) がおへそのように見えることが名前の由来)

ネーム a name [ネイム]
ネームプレート a nameplate
ねおき 寝起き
- 彼女は寝起きはいつも機嫌が悪い.
She is always in a bad mood *when she wakes up*.

ネガ (写真) a negative [ネガティヴ] (反 ポジ positive)

ねがい 願い

(願望) a wish [ウィッシ]; (依頼) a request [リクウェスト]
- 願いごとをする make a *wish*
- 私の願いがかなえられた.
My *wish* has come true.
- お願い, いっしょに来て.
Will you *please* come with me?

ねがう ▶

🗨️ スピーキング
Ⓐ お願いがあるのですが．
Would you do me a favor?
Ⓑ いいですよ，何ですか．
Sure. What is it?

ねがう 願う
(望む・期待する) hope [ホウプ], wish [ウィッシ]; (頼む) ask [アスク]

💬 表現力
…を願う → wish for ...

▶ だれもが世界の平和を願っている．
Everybody *wishes for* world peace.

💬 表現力
…であることを願う
→ **hope (that) ... / wish (that) ...**

▶ 成功を願っています．
I *hope* you'll succeed.
▶ 海外で仕事ができることを願っています．
I *hope* I can work overseas. / (おそらく無理だと思うけど，できたら) I *wish* I could work overseas.
▶ ご協力をお願いします．
We'd like to *ask* for your help.

🗨️ スピーキング
Ⓐ 窓を開けようか．
Can I open the window for you?
Ⓑ うん，お願い．
Yeah, please.

▶ (電話などで) 北原さんをお願いします．
May I speak to Mr. Kitahara?

ねがえり 寝返りをうつ turn over [ターンオウヴァ] in bed
ねかす 寝かす (子どもなどを) put ... to bed
▶ 子どもたちを寝かせてくれる？
Would you *put* the children *to bed*?
▶ あと10分でいいから寝かせてよ．
Let me *sleep* just ten more minutes.
ネギ (植物) a leek [リーク]
ねぎる 値切る bargain [バーゲン], get the price down
▶ 彼はその時計を値切ろうとした．
He tried to *bargain* for the watch.

ねぐせ 寝ぐせ messy [メスィ] morning hair
▶ 彼は寝ぐせを直した．
He fixed his *messy morning hair*.
ネクタイ a tie [タイ], a necktie [ネクタイ]; (ちょうネクタイ) a bow [ボウ] (tie)
▶ ネクタイをする put on a *tie*
ネクタイピン a tiepin
ネグリジェ a nightgown [ナイトゥガウン], 《口語》a nightie [ナイティ] (▶ nighty ともつづる)

ネコ 猫 →なく¹ (図)

a cat [キャット]
▶ 子ネコ a kitten [キトゥン]
▶ ペットのネコ a pet *cat*
▶ のらネコ a stray [homeless] *cat*
▶ うちではネコを2ひき飼っている．
We have two *cats*.
▶ ネコがえさをねだって鳴いてるよ．
The *cat* is meowing for food.
▶ ネコの手も借りたいよ．
I'm so busy that I'll take any help I can get.
▶ 夏目漱石は『我輩は猫である』を書いた．
Natsume Soseki wrote *I AM a CAT*.
猫舌
▶ 私は猫舌です (→舌が熱いものに敏感です)．
My tongue is sensitive to hot things.
猫背 stoop [ストゥープ] shoulders

ℹ️ 日本語NAVI
ネコの手も借りたい ☞非常にいそがしい
→ いそがしい，ひじょうに
ネコも杓子も ☞だれでも，みんな
→ だれでも，みんな
ネコをかぶる ☞おとなしく見せかける
→ ふるまう，ふり²，おとなしい

ねごと 寝言を言う talk in *my* sleep
ねこむ 寝込む (病気で) be in bed《with》
▶ 母はかぜで寝込んでいる．
My mother *is in bed with* a cold.
ねころぶ 寝転ぶ lie [ライ] (down)
▶ 父は寝ころんでテレビを見ていた．
My father *lay* watching TV.
ねさげ 値下げする cut [reduce] the price
ねじ a screw [スクルー] (発音注意)

◀ **ねっきょう**

- ねじをしめる tighten a *screw*
- ねじをゆるめる loosen a *screw*

ねじ回し a screwdriver

ねじる twist [トゥウィスト]
- 腕をねじる *twist* my arm

ねすごす 寝過ごす oversleep [オウヴァスリープ]
- けさは寝すごしていつものバスに乗りおくれた.
  I *overslept* and missed my usual bus this morning.

ネズミ (ドブネズミなど大きい) a rat [ラット]; (ハツカネズミなど小さい) a mouse [マウス] (複数 mice)

rat　　　**mouse**

ねずみ色 (dark) gray

ネズミとり a rattrap, a mousetrap

ねたきり 寝たきりである be bedridden [ベドゥリドゥン], be confined [コンファインド] to bed
- 祖父は病気で寝たきりです.
  My grandfather *is bedridden* [*is confined to bed*] with illness.

ねたむ be jealous [ヂェラス] (of), be green with envy
- 白雪姫はとても美しく,継母は彼女の美しさをねたんだ.
  Snow White was very beautiful and her stepmother *was jealous of* her beauty.

ねだる ask [アスク]
- 弟は母にそのゲームソフトを買ってとねだった.
  My brother *asked* my mother *to* buy him the game software.

ねだん 値段

a price [プライス]

🎤 スピーキング
- 🅐 このTシャツの値段はいくらですか.
  How much is this T-shirt?
- 🅑 2000円です.
  It's 2,000 yen.

- この値段なら手ごろだと思うよ.
  I think this *price* is reasonable.
- 修理にはどのくらいの値段がかかりますか.
  How much will the repair *cost*?
- ちょっと値段が高い気がするなあ.
  I guess it's a little expensive.
- このコンピューターをとても安い値段で買った.
  I bought this computer at a very low *price*. (▶「高い」と言うときは low の代わりに high を使う)

ねつ 熱

heat [ヒート]; (体温) (a) temperature [テンペラチァ]; (病気の) (a) fever [フィーヴァ]

heat　　　**fever**

熱がある(病気で) have a fever
- 銀は熱をよく伝える.
  Silver conducts *heat* well.
- 微熱がある
  have a slight *fever* / feel *feverish*
- きのうの晩は熱が高かった.
  I *had* a high *fever* last night.
- 今日になって熱が上がった.
  My *temperature* went up today. (▶「熱が下がった」と言うときは up の代わりに down を使う)

🎤 スピーキング
- 🅐 熱は何度ありますか.
  What's your temperature?
- 🅑 38度です.
  It's 38℃.

- 熱は測ったの？
  Did you take your *temperature*?
- 優子への熱がさめた.
  My *love* for Yuko has cooled down.

ねつい 熱意 enthusiasm [エンス(ュ)ーズィアズム], eagerness [イーガァネス]

ネッカチーフ a neckerchief [ネカチフ]

ねっき 熱気 excitement [イクサイトゥメント]

ねっきょう 熱狂する get excited [イクサイティド], go wild [ワイルド]; (熱狂している)

six hundred and twenty-three　623

ねつじょう

be excited
熱狂的な enthusiastic [エンス(ュ)ーズィアスティク]
▶ 和馬はドラゴンズの熱狂的なファンだ.
Kazuma is a *big* [*an enthusiastic*] fan of the Dragons.

ねつじょう 熱情 passion [パション]
熱情的な passionate [パショネト]

ねつく 寝つく
▶ ぼくは寝つきがいい.
I *fall asleep* easily.
▶ このごろなかなか寝つけない.
I can't *get to sleep* easily these days.

ネックレス a necklace [ネクレス]
▶ ネックレスをしている
wear a *necklace*
▶ 真珠のネックレス
a pearl *necklace*

ねっこ 根っこ a root [ルート] →ね³

ねっしん 熱心な

hard [ハード], hard-working [ハードゥワ～キング], eager [イーガァ]
▶ 熱心な生徒 a *hard-working* student
熱心に hard, eagerly
▶ もっと熱心に勉強しなさい.
Study *harder*.
▶ 兄は勉強熱心だ.
My big brother studies *hard*. / My big brother is *hard-working*.

ねっする 熱する heat [ヒート]
ねったい 熱帯 the tropics [トゥラピクス]
熱帯の tropical
熱帯雨林 a tropical rain forest
熱帯魚 a tropical fish
熱帯植物 a tropical plant
熱帯地方 a tropical region [area], the tropics
熱帯夜 a hot and humid night, a tropical night

ねっちゅう 熱中している be really into, be really interested [インタレスティド] in, be crazy [クレイズィ] about
▶ 兄はバイクに熱中している.
My brother *is really into* motorbikes. / My brother *is crazy about* motorbikes.
熱中症 heatstroke [ヒートゥストゥロウク]

ネット (インターネット) the internet [インタネト], the Web [ウェブ] →インターネット; (網) a net
ネットで online [アンライン], on the internet [Web]
▶ 父はネットで本を買っている.
My father buys books *online*.
▶ 私たちはネットを張ってバレーボールの練習を始めた.
We put up the *net* and started practicing volleyball.
ネットゲーム an online game
ネット検索 an online search
ネットサーフィン net surfing
ネット授業 an online class
ネットタッチ a net foul [ファウル]
ネットワーク a network
▶ テレビのネットワーク
a TV *network*

ねっとう 熱湯 boiling water
ねつぼう 熱望 longing [ロ(ー)ンギング], an eager desire [イーガァ ディザイア]
熱望する long 《for》, be eager 《for》

ねつれつ 熱烈な ardent [アーデント], enthusiastic [エンス(ュ)ーズィアスティク]

ねどこ 寝床 a bed [ベッド] →とこ, ベッド

-ねばならない must [マスト], have to [ハフトゥ] →-ならない

ねばねば ねばねばした sticky [スティキィ]
ねばり 粘り
▶ つきたてのもちにはねばりがある.
Rice cakes are *sticky* right after they are made.
ねばり強い persistent [パスィステント]
▶ 大智はねばり強い.
Daichi is *persistent*. / (けっしてあきらめない) Daichi never gives up.

ねばる 粘る (ねばねばする) be sticky [スティキィ]; (ねばり強く続ける) stick [スティック] 《to》
▶ この納豆, よくねばるね.
This *natto is* very *sticky*, isn't it?
▶ 最後までねばれ.
Stick it out to the end. (▶ stick it out で「やりぬく」の意味)

ねびき 値引き (a) discount [ディスカウント]
値引きする discount [ディスカウント, ディスカウント], give ... a discount
▶ 値引きしてもらえませんか.

Can you *give* me *a discount*?
▶ その店は２割値引きしてくれた．
They *gave* me *a 20% discount*. (▶ they は「店の人」をさす)

ねぶくろ 寝袋 a sleeping [スリーピング] bag

ねぶそく 寝不足
▶ 寝不足で体がだるい．
I feel tired because I *didn't sleep well*.

ねぼう 寝坊 (人) a late riser
寝ぼうする get up late；(寝すごす) oversleep [オウヴァスリープ] →ねすごす
▶ 姉は寝ぼうだ．
My sister *gets up late*. / My sister is a *late riser*.
▶ 弟は寝ぼうしてまた学校に遅刻した．
My brother *overslept* and was late for school again.
▶ さあ起きて，お寝ぼうさん．
Come on, *sleepyhead*. It's time to wake up.

ねぼける 寝ぼける be half asleep
ねまき 寝巻き (総称)nightwear[ナイトゥウェア], night clothes；(パジャマ) pajamas [パチャーマズ]；(女性・子どもの) a nightgown [ナイトゥガウン] →パジャマ

ねむい 眠い

sleepy [スリーピィ]

🗨 スピーキング
Ⓐ ケン，起きなさい．
Wake up, Ken.
Ⓑ まだ眠いよ．
I'm still *sleepy*.

▶ 眠そうだね．
You look *sleepy*.
▶ 数学の授業はときどき眠くなる．
I sometimes get *sleepy* during math class.
▶ この薬は眠くなりますか．
Does this medicine make you *sleepy*?

ねむけ 眠気 sleepiness [スリーピネス]
ねむり 眠り (a) sleep [スリープ]
▶ 一眠りする
have a *sleep*
▶ 赤んぼうは眠りについた．
The baby fell *asleep*.
▶ フレッドは深い眠りに落ちた．
Fred fell into a deep *sleep*.
眠り薬 a sleeping pill

ねむる 眠る

sleep [スリープ]；(仮) 目が覚める wake up)；(寝つく) go to sleep, get to sleep (▶後者はふつう疑問文・否定文で使う)

🗨 スピーキング
Ⓐ ゆうべはよく眠れた？
Did you sleep well last night?
Ⓑ うん，ぐっすり眠った．
Yes. I slept like a log.

▶ ぐっすり眠った．
I *slept* soundly. / I *slept* like a log.
▶ ぐっすり眠るんだよ．*Sleep tight!* (▶寝かしつけるときの決まり文句)
▶ もうちょっと眠りたい．
I want to *sleep* a little longer.
▶ 眠っちゃだめよ．
Don't *go to sleep*.
▶ ぼくはいつの間にか (→知らないうちに) 眠ってしまった．
I *went to sleep* before I knew it.

ねらい (目標) an aim [エイム], a target [ターゲット], an object [アブヂェクト]；(意図) (an) intention [インテンション]

ねる[1] ▶

ねらう aim 《for, at》
▶ よくねらって. うてっ!
Aim carefully. And fire!
▶ ぼくは有名私立高校をねらっている.
I'm *aiming for* a famous private high school.
▶ うちのチームは県大会の優勝をねらっている.
Our team *is aiming at* winning the prefectural championship.
▶ あなたは何がねらいなの?
What's your *intention*?

ねる[1] 寝る

使い分け
(床につく) → go to bed
(眠る) → sleep

go to bed

sleep

▶ **go to bed** は「ねる」ためにベッドに入るという行動を表す.

1 (床につく) **go to bed**; (寝ている) be in bed

🅰 いつもは何時ごろ寝るの?
What time do you usually go to bed?
🅱 11時ごろ.
Around eleven.

▶ ぼくはいつも早く[おそく]寝る.
I always *go to bed* early [late].
▶ 私は昨夜は10時に寝ました.
I *went to bed* at ten last night.
▶ もう寝る時間よ.
It's time *for bed*. / It's time to *go to bed*.
▶ 父は病気で寝ている.
My father *is* sick *in bed*.

2 (眠る) **sleep** [スリープ]; (寝入る) go to sleep
▶ もうちょっと寝たいな. →ねむる
I want to *sleep* a little longer.

▶ ゆうべはよく寝られなかった.
I didn't *sleep* well last night.
▶ 私はたいてい8時間くらい寝ます.
I usually *sleep* for about eight hours.
▶ 毎晩どのくらい寝てるの?
How long do you *sleep* every night?

ねる[2] 練る (粉を) knead [ニード]; (文章などを) polish [パリシ]

ねん[1] 年

1 a year [イア]
▶ 年に1度
once a *year*
▶ 年々, 年ごとに
year by year
▶ 2025年に
in 2025 (▶ 2025は two thousand twenty-five や twenty twenty-five と読む. 1999は nineteen ninety-nine, 2000は (the year) two thousand, 2001は two thousand and one のように読む)
▶ 令和6年に
in Reiwa 6 / in the sixth *year* of Reiwa era (▶日本の年号を知らない外国人には西暦でいったほうがよい. この場合は in 2024 (two thousand twenty-four) といえばよい)
▶ 私がここに来て2年になる.
I've been here for two *years*.

2 (学年) a year, 《米》a grade [グレイド]

🅰 きみは何年生ですか.
What grade are you in?
🅱 中学3年生です.
I'm in the third year of junior high. / I'm in the ninth grade.

◀ **ねんれい**

▶ 私は3年D組です.
I am in the 3rd *year* D class. / I belong to the 3rd *year* D class.

ねん² 念
念のため (万一にそなえて) just in case; (確認のため) just to make sure
▶ 念のためにかさを持っていったら.
(You'd) better take an umbrella, *just in case*.
▶ 念のため, もう一度言ってもらえますか.
Would you repeat it *just to make sure*?
▶ 念には念を入れよ.
You can't be too careful.

ねんがじょう 年賀状 a New Year's card (▶英米ではクリスマスカードで新年のあいさつをかねることが多い)
▶ 年賀状を出す
send a *New Year's card*
▶ そろそろ年賀状を書かないと.
Now I need to write my *New Year's cards*.

ねんかん 年鑑 a yearbook [イアブク]
ねんきん 年金 a pension [ペンション]
ねんごう 年号 an era [イ(ア)ラ, エラ] name, the name of an era (▶日本の年号を表すときは, Reiwa 7 (令和7年) のようにする. また, 「…年代」というときは the Heisei 20s (平成20年代) のようにする) →ねん¹

ねんざ a sprain [スプレイン]
ねんざする sprain
▶ 走っているときに足首をねんざした.
I *sprained* my ankle while running.

ねんじゅう 年中 (一年中) all (the) year round, throughout the year; (いつも) always [オールウェズ], all the time
▶ この花は年中咲いている.
This flower blooms *throughout the year*.
▶ あの店は年中無休だ.
That store is open *365 days*.
▶ あいつは年中文句ばかり言っている.
He's complaining *all the time*.

ねんしょう 年少の younger [ヤンガァ] → としした
-ねんせい …年生 →がくねん, ねん¹, いちねんせい
ねんだい 年代 (世代) a generation [チェ

ネレイション]; (年・時代) an age [エイヂ]
▶ (19)90年代に
in the (*nineteen*) *nineties* (▶(19)90's または (19)90s と書く)

ねんちゅうぎょうじ 年中行事 a yearly event [イヴェント], an annual [アニュアル] event →ぎょうじ

ねんちょう 年長の older [オウルダァ], elder [エルダァ], senior [スィーニャ] →としうえ

ねんど 粘土 clay [クレイ]
▶ 粘土遊びをする
play with *clay*

ねんねん 年々 year by year, every year

ねんぱい 年配の elderly [エルダリィ]
▶ 年配の人
an *elderly* person

ねんぴょう 年表 a chronological [クラノラヂカル] table

ねんまつ 年末 the end of the year
年末の year-end
年末大売り出し a year-end sale (▶英米でのa Christmas sale (クリスマスセール) に相当する)

ねんりょう 燃料 fuel [フュ(ー)エル]
燃料タンク a fuel tank

ねんりん 年輪 an annual [アニュアル] ring, growth [グロウス] rings

ねんれい 年齢 an age [エイヂ] →とし¹
▶ 平均年齢
the average *age*
▶ 母は年齢のわりに若く見える.
My mother looks young for her *age*.
▶ 年齢をおうかがいしてもいいですか.
May I ask *how old* you are? (▶年齢はプライバシーに関することで子どもどうしの場合などを除いて直接相手にたずねるのは失礼)
年齢制限 the age limit

の ノ の ノ の ノ

の 野 a field [フィールド]
- 野の花 a *wild* flower
- 山も野も一面銀世界だった (→雪におおわれていた)
  The mountains and *fields* were covered with snow.

-の

使い分け
(…が所有する, …に属する) → -'s, of
(…に関する) → about, on
(…のための) → for, to
(…でできた) → of
(…にある, …にいる) → in, at

1 (…が所有する, …に属する) (▶代名詞の所有格, 名詞+ 's, of +名詞で表す)

使い分け
私の…	→ my ...
私たちの…	→ our ...
きみの…	→ your ...
きみたちの…	→ your ...
彼の…	→ his ...
彼らの…	→ their ...
彼女の…	→ her ...
彼女らの…	→ their ...
それの…	→ its ...
それらの…	→ their ...

(▶ **mine** (私のもの), **yours** (きみのもの) など, 「…のもの」という意味の代名詞については→もの¹)

- 私の夢 *my* dream
- 父のカメラ *my father's* camera
- 「これ, だれの自転車?」「ぼくの」
  "*Whose* bike is this?" "It's *mine*."
- 女物のバッグ
  ladies' bags (▶ -s で終わる複数名詞には ' だけをあとにつける)
- テーブルの脚
  the legs *of* a table
- 時計の短針
  the hour hand *of* a clock

文法 -'s と of ...
人・動物の場合はおもに **-'s** を使うが, **of** で表してもよい. テーブルのように無生物の場合は the legs *of* a table (テーブルの脚) のように **of** を使うのが原則. ただし時間・距離などを表す名詞は **-'s** とする. today's newspaper (今日の新聞)

- 真帆のお父さんはこのレストランのオーナーなんだ.
  Maho's father is the owner *of* this restaurant.
- 私は桜中学の生徒です.
  I'm a student *at* Sakura Junior High.

2 (…に関する) **about** [アバウト], **on** [アン]; (…のための) **for** [フォー (ァ)], **to** [トゥー]
- 野球の本
  a book *about* baseball / (専門的な内容のとき) a book *on* baseball (▶単に a baseball book ともいう)
- 子どもの (→子どものための) ビデオ
  videos *for* children
- (薬局で) 何かよい頭痛の薬はありますか.
  Do you have anything good *for* a headache?
- 車のかぎ, 見なかった?
  Did you see the car key? (▶ the key ˟*of* the car とはいわない)

3 (…でできた) **of**; (…語で書かれた) **in**
- 木のいす a wooden chair / a chair made *of* wood
- ウールのセーター
  a woolen sweater / a sweater made *of* wool
- 中国語の本 a book *in* Chinese

4 (…にある, …にいる) (広い場所) **in** [イン]; (せまい場所) **at**
- 週末に名古屋のおばのところに遊びにいった.
  We visited my aunt *in* Nagoya on the weekend.

628　six hundred and twenty-eight

◀ ノート

▶ このお菓子，京都駅の売店で買ったの．
I bought this sweet at a kiosk *at* [*in*] Kyoto Station.

5 (…による) **by** [バイ]
▶ ピカソの絵 a painting *by* Picasso

ノイローゼ nervous breakdown [ナ〜ヴァス ブレイクダウン]

のう¹ 脳 a brain [ブレイン]
脳死 brain death
脳震とう (a) concussion [コンカション]
脳卒中 a stroke [ストゥロウク]
脳波 brain waves

のう² 能 (能楽) Noh；(作品) a Noh play

のうえん 農園 a farm [ファーム]
▶ 週末に近くの農園でブドウ狩りをした．
We picked grapes at a nearby *farm* on the weekend.

のうか 農家 (人) a farmer [ファーマァ]；(建物) a farmhouse [ファームハウス]
▶ うちは農家です．
We're *farmers*. / We *run a farm*.

のうきょう 農協 an agricultural cooperative (association) [コウアペラティヴ (アソウスィエイション)] →のうぎょう(農業協同組合)

のうぎょう 農業 farming [ファーミング], agriculture [アグリカルチァ]
農業の agricultural [アグリカルチ(ュ)ラル]
▶ うちは農業をやっている．
We are engaged in *farming*.
農業学校 an agricultural school
農業協同組合 an agricultural cooperative (association)
農業高校 an agricultural high school
農業用水 agricultural water

のうぐ 農具 a farming tool [トゥール]

のうさぎょう 農作業 farming, farm work

のうさくぶつ 農作物 crops [クラップス], farm products [プラダクツ]

のうさんぶつ 農産物 farm products [プラダクツ]

のうじょう 農場 a farm [ファーム]
農場経営者 a farmer [ファーマァ]

のうそん 農村 a farm(ing) village [ヴィレヂ]

のうち 農地 farmland [ファームランド]

のうてんき 能天気な (楽観的な) optimistic [アプティミスティク]

ノウハウ know-how [ノウハウ]

のうみん 農民 a farmer [ファーマァ]
のうやく 農薬 agricultural chemicals [アグリカルチ(ュ)ラル ケミカルズ]
農薬散布 spraying [スプレイイング] of agricultural chemicals

のうりつ 能率のよい efficient [イフィシェント]
▶ 能率よく英単語を覚える方法はないですか．
Are there any *efficient* ways to memorize English words?
▶ 今日はとても暑くて勉強の能率が上がらない (→あまり勉強できない)．
It's very hot today, so I can't study very well.
能率的に efficiently [イフィシェントゥリィ]

のうりょう
納涼花火大会 summer evening fireworks [ファイアワ〜クス]

のうりょく 能力

(an) ability [アビリティ]
▶ きみはまだほんとうの能力を発揮してないよ．
You haven't shown your true *ability* yet.
▶ これがぼくの能力の限界です (→ぼくにできる最大限のことです)．
This is the best I can do.
▶ 運動能力 athletic *ability*

> 表現力
> …する能力がある
> → be able to ... / can ...

▶ その少女は予知能力 (→将来を占う能力) がある．
That girl *is able to* tell the future.
能力別クラス編成 ability grouping

ノーコメント no comment [カメント]
ノースリーブ ノースリーブの sleeveless [スリーヴレス]
▶ ノースリーブのブラウス
a *sleeveless* blouse

ノート

(帳面) a notebook [ノウトゥブク]；(メモ・筆記) a note [ノウト]
▶ ノートを見せてくれる？
Can you show me your *notebook*?
▶ ノートをとる take *notes*

six hundred and twenty-nine 629

ノーベル ▶

ノートパソコン a laptop [ラプタプ] (computer), a notebook (computer)

ノーベル ノーベル賞 a Nobel Prize [ノウベル プライズ]
▶ ノーベル賞を受賞する
be awarded a *Nobel Prize*
ノーベル文学賞 the Nobel Prize for[in] Literature, the Nobel Literature Prize (▶文学 (Literature) 以外に, 平和 (Peace), 物理学 (Physics), 化学 (Chemistry), 生理学・医学 (Physiology [フィズィアラヂィ] or Medicine), 経済学 (Economics) がある)

のがれる 逃れる run away, escape [エスケイプ] →にげる

のき 軒 eaves [イーヴズ] (▶複数形で使う)
▶ つがいのスズメがうちの軒に巣をつくった.
A pair of sparrows built their nest under our *eaves*.

のこぎり a saw [ソー]
のこぎりで切る saw
▶ 板をのこぎりで切る *saw* a board

のこす 残す

leave [リーヴ]

📝表現力
…を残す → leave …

▶ おなかいっぱいだ. ごはん残すよ.
I'm full. I'll *leave* some rice.
▶ ぼくにもいくつか[いくらか]残しておいてよ.
Leave some for me, too.
▶ 伝言を残す *leave* a message

のこり 残り the rest [レスト]；(食べ物などの) the leftovers [レフトウヴァズ]
▶ (レストランで)残りを持ち帰りたいのですが.
We'd like to take *the rest*.
▶ 夏休みも残り少なくなってきた (→終わりに近づいてきた).
My summer vacation is coming to an end.
残り物 leftovers

のこる 残る

使い分け
(余る) ▶ be left
(もとのままで) → remain
(とどまる) → stay

1 (余る) be left
▶ 「お金はいくら残ってる？」「全然残ってないよ」
"How much money do we *have left*?" "We don't *have* any money *left*. / None."
▶ パックにミルクが少し残っている.
There is some milk *left* in the carton. (▶ some を little にすると「ほとんど残っていない」という意味になる)

2 (もとのままで) remain [リメイン]
▶ あなたのことばはいつまでも私の心に残るでしょう.
Your words will *remain* in my mind forever.

3 (とどまる) stay [ステイ]
▶ おそくまで図書館に残った.
I *stayed* late in the library.

のせる 乗せる, 載せる

使い分け
(車に) → give … a ride, pick up
(置く) → put

1 (車に) give … a ride [lift]；(途中で) pick up
▶ 新車を買ったの？ 一度乗せてよ.
You bought a new car? *Give* me *a ride* one of these days.
▶ 健のお母さんは教会へ行く途中ぼくを車に乗せてくれた.
Ken's mother *picked* me *up* on her way to church.
▶ 伊藤先生が病院まで彼の車に乗せていってくれた.
Mr. Ito *took* me to the hospital *in his car*.

2 (置く) put [プット]《on》；(荷物を) load [ロウド] (up)
▶ このテーブルの上に花びんをのせないで.
Don't *put* the vase *on* this table.
▶ もうスーツケースを車にのせたの？
Have you *loaded* the car with your suitcases?

のぞく[1] 除く remove [リムーヴ], take away
▶ いたんだリンゴを箱から除いた.
I *removed* the damaged apples from the box.

630　six hundred and thirty

◀ -ので

●表現力
…(を)除いて → except ...

▶ 図書館は月曜を除いて毎日やっている.
The library is open every day *except* Monday.

のぞく² look in [into]；(すき間などからこっそりと) peep [ピープ] in [into]

▶ だれかが窓からのぞいているぞ.
Someone *is looking in* [*into*] through the window.

のそのそ のそのそと (ゆっくりと) slowly [スロウリィ]

のぞみ 望み

(願望) a **wish** [ウィッシ]；(希望) (a) **hope** [ホウプ]

▶ 望みがついにかなった.
My *wish* came true at last.

▶ すべては望みどおりになった. Everything happened just as I *wished*.

●表現力
…する望みはほとんどない
→ There is little hope [chance] of ... .

▶ 成功する望みはほとんどない.
There is little hope [*chance*] *of* success.

のぞむ 望む

(これから先のことを) **hope** [ホウプ]；(いま…したい) **want** [ワント]；(実現しそうにないことを) **wish** [ウィッシ]

●表現力
…を望む
→ want ... /
hope for ... / wish for ...

▶ おまえは (いったい) 何を望んでいるんだ.
What (on earth) do you *want*?

▶ みんな，あなたが早くよくなってほしいと望んでいます. We *are* all *hoping for* your quick recovery.

●表現力
…することを望む
→ hope to ... /
want to ... / wish to ...

▶ 姉は大学進学を望んでいる.
My sister *hopes* [*wishes*] *to* go on to college. (▶ wish to ... は改まった言い方)

🔵プレゼン
ぼくはボクサーになることを望んでいます (→ボクサーになりたい).
I want to be a boxer.

●表現力
(人) が…することを望む
→ hope (that) +人+ ... /
want +人+ to ...

▶ あなたがうまくいくことを望んでいます.
I *hope* you will succeed.

▶ 彼女の父親は彼女が幸せになることを望んでいる.
Her father *wants* her *to* be happy.

のち 後 →あと¹, -ご, のちほど

(のちに) **in**, **later** [レイタァ]；(そののち) **afterward** [アフタワド]

▶ 1週間のちにまた来てください.
Please come again *in* a week.

▶ 祖父はその3日のちに亡くなった.
My grandfather passed away three days *later*.

のちほど 後ほど **later** [レイタァ] →あと¹

▶ のちほどお電話します.
I'll call you *later*.

ノック a **knock** [ナック]
ノックする knock 《on, at》

▶ ドアをノックする
knock on the door

▶ ドアをノックする音がしませんでしたか.
Didn't you hear a *knock* at the door?

ノックアウト a **knockout** [ナカウト] (▶ KOまたはK.O.と略す)
ノックアウトする knock out

のっとる 乗っ取る (会社などを) **take over**；(飛行機などを) **hijack** [ハイヂャク]

のっぽ a very tall person

-ので

because [ビコ(ー)ズ], **since** [スィンス]；(だから) **so**

▶ 昼からずっと練習だったのでちょっとつかれ

six hundred and thirty-one 631

のど ▶

てるんだ.
I'm a bit tired *because* I practiced all afternoon. / I practiced all afternoon, *so* I'm a bit tired.

のど 喉 a throat [スロウト]
▶ のどがかわいた.
I'm *thirsty*.
▶ のどが痛い.
I have a sore *throat*.

日本語NAVI
のどが鳴る ☞非常に食べたくなる
→ -たい¹, たべる
のどから手が出る ☞ほしくてたまらない
→ほしい, たまらない

のど自慢大会 an amateur [アマタ(〜)] singing contest
のどぼとけ an Adam's apple
のどかな peaceful [ピースフル]
▶ のどかな一日
a *peaceful* day

-のに

1 (しかし) but ; (…にもかかわらず) (even) though, although →けれども
▶ 亜矢は来るって言ってたのに来なかった.
Aya said she would come, *but* she didn't.
▶ ダイエット中なのにケーキを食べてしまった.
I ate some cake *even though* I'm on a diet.
2 (…のために) to ...
▶ 留学するのにはお金がかかるよ
You need a lot of money *to* study abroad.
3 (実現しそうにないことを表して)
▶ いっしょに行けたらいいのにね.
I wish you *could* come with me. (▶ 実現しそうにないことを表すとき, wish以降の動詞 [助動詞] は過去形を使う (仮定法)) →-なあ

ののしる curse [カ〜ス], swear [スウェア] 《at》
▶ その男は私たちをののしった.
The man *swore at* us.

のばす 伸ばす, 延ばす

1 (延期する) put off, delay [ディレイ] ; (延長する) extend [イクステンド]

▶ 生徒会の会合は次の月曜まで延ばした.
We *put off* the student council meeting till next Monday.
▶ チェックアウトの時間を11時まで延ばせますか.
Can we *extend* our checkout till eleven?
2 (長くする) lengthen [レング(ク)スン] ; (手足などを) stretch [ストゥレッチ] ; (髪などを) grow [グロウ] ; (まっすぐにする) straighten [ストゥレイトゥン] ; (取ろうとして手を) reach [リーチ] (out) 《for》
▶ 上着のそでを伸ばしてもらった.
I *had* my jacket sleeves *lengthened*. (▶ 「have 〜 過去分詞」 で 「〜を…してもらう」 の意味)
▶ 足を伸ばして.
Stretch your legs.
▶ 背筋をまっすぐ伸ばしてすわりなさい.
Sit up straight.
▶ 母はたなの上のものを取ろうとして手を伸ばした.
My mother *reached* (*out*) *for* something on the shelf.
3 (よくする) improve [インプルーヴ]
▶ どうすれば読解力を伸ばせますか.
How can I *improve* my reading skills?

のはら 野原 a field [フィールド] →の
のばら 野ばら a wild rose [ワイルド ロウズ]
のび 伸びをする stretch [ストゥレッチ] *my*self
のびのび のびのびと (自由に) freely [フリーリィ]
のびのびする (くつろぐ) feel relaxed [リラクスト]

のびる 伸びる, 延びる

1 (延期される) be put off ; (延長される) be extended [イクステンディド]
▶ ミーティングは来週に延びた.
Our meeting *was put off* till next week.
▶ その宿題のしめきりはあすまで延びたんだよ.
The deadline for the homework *has been extended* to tomorrow.
2 (身長・髪などが) grow [グロウ]
▶ この4月から身長が5センチ伸びた.

I've grown 5cm since this April. (▶ 5cmは five centimeters と読む)
▶ 髪の毛が伸びてきたね.
Your hair *is getting longer*.
3 (成績などが) improve [インプルーヴ], go up
▶ 2学期は成績が伸びた.
My grades *improved* [*went up*] in the second term.
ノブ a knob [ナブ]
のべる 述べる →いう
▶ ぼくはただほんとうのことを述べただけです.
I just *told* the truth.
のぼせる (ふらふらする) feel dizzy [ディズィ]; (…でいい気になる) let ... go to *my* head; (…に夢中だ) be crazy about
▶ 長湯してのぼせちゃった.
I stayed in the bath too long. I *feel dizzy*.
のぼり 上りの, 上りで (エレベーター・電車が) up [アップ] (反 下りの down); (道が) uphill [アプヒル] (反 下りの downhill)
▶ (エレベーターの前で) これは上りですか.
Going *up*?
▶ (駅で) 次の上りは何時ですか.
What time is the next train *to the city center*?
▶ 道はずっと上りだった.
The road went *uphill* all the way.

のぼる 上る, 登る, 昇る

使い分け
(高い所に) → go up, climb
(太陽が) → rise

climb

rise

1 (高い所に) go up; (自分の手足を使って) climb [クライム] (反 下る go down)
▶ 私は富士山に登ったことがない.
I *have* never *climbed* Mt. Fuji.
▶ 東京スカイツリーに上ったことがありますか.
Have you ever *been to the top* of Tokyo Skytree?
2 (太陽が) rise [ライズ] (反 沈む set), come up
▶ 太陽は東からのぼる.
The sun *rises* in the east.
3 (川を) go up
▶ 我々は, 川をボートで上っていった.
We *went up* the river in a boat.
ノミ (虫) a flea [フリー]
のみ (道具) a chisel [チズル]
-のみ only [オウンリィ], alone [アロウン] →-だけ
▶ 会員のみ (掲示)
Members *Only*
▶ 人はパンのみにて生くるにあらず.
Man shall not live on bread *alone*.(▶『新約聖書』のことば)
のみこむ 飲み込む swallow [スワロウ]; (理解する) understand [アンダスタンド]
▶ その薬を一息に飲みこんだ.
I *swallowed* the medicine in one gulp.
▶ すみません. おっしゃることがまだよく飲みこめないんですが.
I'm sorry, but I still don't *understand* you.
ノミネート ノミネートする nominate [ナミネイト]
のみもの 飲み物 (a) drink [ドゥリンク], something to drink
▶ 温かい飲み物をいただけますか.
I'd like a hot *drink*.
▶ 飲み物はご自由にどうぞ.
Help yourself to *drinks*.
▶ 何か飲み物ある?
Can I have *something to drink*?

のむ 飲む

使い分け
(飲み物を) → drink, have
(薬を) → take

1 (飲み物を) drink [ドゥリンク], have [ハヴ]; (スープをスプーンなどを使って) eat [イート] (▶カップから直接飲むときは drink)
▶ 水が飲みたい.
I want to *drink* some water.
▶ 何飲む? What do you want to *drink*?

-のもの

🎤 スピーキング
Ⓐ 何をお飲みになりますか．
What would you like to drink?
Ⓑ コーヒーをいただきます．
I'll have coffee.

▶ 何か飲むものをちょうだい，ママ．
Can I have something to *drink*, Mom?
▶ お茶でも飲もうか．
Let's *have* some tea.
▶ スープはまだ熱すぎて飲めない．
The soup is still too hot to *eat*.
▶ 父は酒を飲むのが好きだ．
My father likes to *drink*. (▶ drink だけで「酒を飲む」の意味がある)

2 (薬を) **take** [テイク] (▶ 錠剤，シロップの区別なく take を使う)
▶ このかぜ薬は1日3回毎食後に飲んでください．
Please *take* this cold medicine three times a day after each meal.

-のもの (所有代名詞) → もの¹

のら- 野良 stray [ストレイ], homeless
▶ 野良犬 a *stray* [*homeless*] dog
▶ 野良猫 a *stray* [*homeless*] cat

ノリ 海苔 nori (▶ 説明的には, dried seaweed [ドゥライド スィーウィード] という)
のりまき vinegared rice rolled in dried seaweed

のり¹ 糊 (接着用の) (a) glue [グルー], (a) paste [ペイスト]; (洗たく用の) starch [スターチ]
のりではる paste, stick ... with paste [glue]

のり² 乗りのいい (曲が) catchy [キャチィ]
▶ 乗りのいい曲 a *catchy* tune

のりおくれる 乗り遅れる miss [ミス], be late 《for》
▶ あーあ．8時のバスに乗りおくれちゃった．
Oh, no! I *was late for* the 8:00 bus.
▶ 早くしてよ．飛行機に乗りおくれちゃう．
Quick, or we're going to *miss* our flight.

のりかえ 乗り換え (a) transfer [トゥランスファ〜]
乗りかえ駅 a transfer station

のりかえる 乗り換える change [チェインヂ], transfer [トゥランスファ〜]
▶ 電車を乗りかえる *change* trains (▶ trains と複数形であることに注意)
▶ 東京駅で中央線に乗りかえなさい．
Change (trains) at Tokyo Station to the Chuo Line.

のりくみいん 乗組員 (全員) a crew [クルー]; (1人) a crew member
▶ 乗組員は全員救助された．All the *crew* (*members*) were saved.

のりこえる 乗り越える get over, overcome [オウヴァカム]

のりこす 乗り越す miss *my* stop [station], pass *my* stop [station]
▶ 居眠りして乗りこしてしまった．
I dozed off and *missed* my *stop*.

のりすごす 乗り過ごす ride past [パスト] →のりこす

のりば 乗り場 (タクシーの)《米》a taxi stand [タクスィ スタンド], 《英》a taxi rank [ランク]; (バスの) a bus stop [バス スタップ], 《米》a bus depot [ディーポウ]; (列車の) a platform [プラトゥフォーム]; (船の) a landing pier [ピア]
▶ タクシー乗り場はどこですか．
Where's the *taxi stand*?
▶ 苔寺へ行くバスの乗り場はどこですか．
Where's the *bus stop* for (the) Kokedera Temple?

のりもの 乗り物 (陸上の) a vehicle [ヴィーイクル, -ヒクル]; (海上の) a vessel [ヴェスル]; (空の) an aircraft [エアクラフト]; (遊園地の) a ride [ライド]
乗り物酔い《米》motion sickness,《英》travel sickness; (車酔い) carsickness
▶ 私は乗り物酔いする．I have *motion sickness*. (▶ 具体的には get carsick(車に酔う), get airsick (飛行機に酔う), get seasick (船に酔う) と言う)

のる¹ 乗る

使い分け
[乗り物に乗りこむ]
(車に) → **get in [into]**
(バス・電車などに) → **get on**
[乗り物を利用する] → **take, ride**

1 (乗りこむ) (車に) **get** [ゲット] **in** [**into**]

◀ ノンフィクション

スピーキング

①行き方

Ⓐ 自転車で通学してるの？
Do you go to school by bike?

Ⓑ いいえ，歩きです．
No, I walk.

Ⓐ 銀座へはどうやって行けばいいですか．How can I get to Ginza?

Ⓑ 山手線に乗って，神田で地下鉄に乗りかえてください．
Take the Yamanote Line and change to the subway at Kanda.

Ⓐ このバスは上野に行きますか．
Does this bus go to Ueno?

Ⓑ いいえ．あっちのバス停から乗ってください．
No. You have to get (on) the bus at the bus stop over there.

②駅で

Ⓐ 切符売り場はどこでしょうか．
Where are the ticket booths?

Ⓑ あそこの左側ですよ．
They are over there on the left.

Ⓐ 新宿までおとな2枚．
Two adult tickets to Shinjuku, please.

Ⓑ 券売機をご利用ください．
Please use the ticket vending machine.

Ⓐ 京都へ行く電車は何番線から出ますか．
What track does the train for Kyoto leave from?

Ⓑ 3番線からです．
From track No. 3.

(反 降りる get out of)；(バス・電車などに) **get on** (反 降りる get off)
▶ 早く車に乗って！ *Get in* the car quick!
▶ 次のバスに乗ろう．
Let's *get on* the next bus.
▶ 名古屋から新幹線に乗って帰宅した．
We *got on* a Shinkansen at Nagoya and went home.
▶ 自転車に乗って駅に向かった．I *got on* my bike and headed for the station.
2 (乗り物を利用する) **take** [テイク], (米) **ride** [ライド]；(自転車・バイクに) **ride**

get on ／ **ride**

▶ きのうはバスに乗って買い物に出かけた．
We *took* a bus to go shopping yesterday.
▶ 10時30分の電車に乗って大阪まで行った．
We *took* the 10:30 train to Osaka.
▶ 最近自転車に乗ってないなあ．
I *haven't ridden* my bike recently.
▶ 馬に乗る *ride* a horse
3 (物の上などに) **get on**
▶ その子はお父さんのひざの上にのった．

The boy *got on* his father's lap.

のる² 載る（新聞などに）**be in, be reported (in), appear (in)**
▶ その事故，夕刊にのってたよ．
The accident *was* (*reported*) *in* the evening paper.

ノルウェー Norway [ノーウェイ]
 ノルウェーの Norwegian [ノーウィーヂャン]
ノルマ a work quota [クウォウタ]
のろい¹ 呪い a curse [カ〜ス], a spell [スペル]
のろい² slow [スロウ] →おそい
のろう 呪う curse [カ〜ス]
のろのろ slowly [スロウリィ] →ゆっくり
のんき のんきな happy and carefree [ケアフリー], optimistic [アプティミスティク]
▶ あいつはのんきなやつだ．
He is *happy and carefree*. / He is *happy-go-lucky*. / He is *optimistic*.
ノンステップバス （低床バス）a low-floor [ロウフロー(ァ)] bus
のんびり のんびりする relax [リラックス]
▶ あしたは1日のんびりしたいなあ．
I just want to *relax* all day tomorrow.
▶ きのうの日曜はのんびりした．
I had a *relaxing* Sunday yesterday.
▶ のんびりやれよ．Take it easy.
ノンフィクション nonfiction [ナンフィクション]

は ハ　は ハ　は ハ

は¹ 歯

a **tooth** [トゥース] (複数 teeth)
- 歯はみがいたの？
  Did you brush your *teeth*?
- 彼は歯ならびがいい［悪い］．
  He has straight [crooked] *teeth*.
- 歯が痛い．
  I have (a) *toothache*. / My *tooth* aches.
- きのう歯をぬいてもらった．
  I had a *tooth* pulled yesterday. (▶「have＋物＋過去分詞」で「〜を…してもらう」の意味)
- 奥歯が１本ぬけた．
  My back *tooth* came out.
- 赤ちゃんに歯が生えた．
  The baby has cut his [her] *teeth*.
- 歯をほじくる pick my *teeth*
- のこぎりの歯
  the *teeth* of a saw

ⓘ 参考　歯のいろいろ
- 前歯　a front tooth
- 奥歯　a back tooth
- 上の歯　an upper tooth
- 下の歯　a lower tooth
- 乳歯　milk [baby] teeth (複数形でいうことが多い)
- 永久歯　a permanent tooth
- 親知らず　a wisdom tooth
- 虫歯　a bad [decayed] tooth, a cavity
- 出っ歯　buckteeth
- 入れ歯　false teeth, artificial teeth
- 八重歯　double teeth (▶おばけて vampire [ヴァンパイア] teethともいう)

歯ぐき gums [ガムズ] (▶上下合わせて複数形で使う)
歯ブラシ a toothbrush [トゥースブラシ]
歯みがき（チューブ入りの）toothpaste [トゥースペイスト]

ⓘ 日本語NAVI
歯がうく いやな気持ちになる
→いや², ふゆかいな
歯が立たない ①かたくてかめない ②（強くて）かなわない，(むずかしくて)理解できない
→①かたい，かむ¹ ②できる，かなう，かつ
歯にきぬを着せない 率直に言う
→そっちょく，はっきり
歯を食いしばる じっとがまんする
→がまん，こらえる，じっと

は² 葉 a leaf [リーフ] (複数 leaves)；(稲なとの細長い) a blade [ブレイド]
- カエデ［モミジ］の葉
  a maple *leaf*
- 若葉 a young *leaf*
- 枯れ葉 a dead *leaf*
- 歩道は落ち葉でおおわれていた．
  The sidewalk was covered with fallen *leaves*.

は³ 刃 (刃先) an edge [エッヂ]；(刃全体) a blade [ブレイド]
- かみそりの刃 a razor *blade*

-は 1（主語）
- 私はイチゴが大好きです．
  I like strawberries very much.
- 母は看護師です．
  My mother is a nurse.

2（目的語）→〜を
- 英語は好きですか．
  Do you like *English*?
- ゾウの鼻は長い（→ゾウは長い鼻を持っている）．
  An elephant has *a long trunk*.

ば 場 a place [プレイス] →ばしょ
バー（酒場）a bar [バー]；(横棒) a bar
ぱあ（じゃんけんの）paper [ペイパァ] →じゃんけん
ばあい 場合 a case [ケイス]；(…の場合) in case of
- こういう場合はどうしたらいいの？
  What should I do in this *case*?

◀ **バーベキュー**

- 緊急の場合はこちらまでお電話ください.
In case of emergency, call this number.
- 来られない場合は知らせてください.
Please let me know if you can't come [in case you can't come].

バーゲン(セール) a sale [セイル] (▶英語の bargain は「お買い得品」という意味)
- このジャケット，バーゲンで買ったんだ.
I bought this jacket at a sale.

バーコード a bar code [バー コウド]
バージョン version [ヴァ～ジョン]
バースデー birthday [バ～スデイ]
　バースデーケーキ a birthday cake
　バースデーパーティー a birthday party
パーセンテージ percentage [パセンテヂ]
パーセント percent [パセント], per cent
(複数 percent) (記号 %)
- 50パーセント fifty percent / 50%
- 約30パーセントの生徒が自転車で通学している. About thirty percent of the students come to school by bike.

> プレゼン
> 日本の人口の30パーセント近くが65歳以上です.
> Nearly thirty percent of the Japanese population is aged 65 or above.

パーツ parts [パーツ]
パーティー a party [パーティ]
- パーティーを開く
have a party / hold a party
- パーティーに出席する
go to a party / attend a party

> 参考 「パーティー」のいろいろ
> 歓迎パーティー a welcome party
> お別れパーティー a farewell [going-away] party
> 誕生日パーティー a birthday party
> ダンスパーティー a dance (party)
> ティーパーティー a tea party
> クリスマスパーティー a Christmas party
> パジャマパーティー a pajama party

ハート a heart [ハート]

- ハート型のチョコレート
a heart-shaped chocolate
- ハートのクイーン the queen of hearts

ハード hard [ハード]; (スケジュールが) tight [タイト]
- 修学旅行のスケジュールはハードだった.
The schedule for the school trip was tight.
　ハードウエア 《コンピューター》 hardware [ハードゥウェア] (対) ソフトウエア software)
　ハードスケジュール a tight schedule
　ハードディスク a hard disk [ディスク]

パート (仕事) a part-time job [パートゥタイム ヂャブ]; (人) a part-timer [パートゥタイマァ] →バイト; (音楽) a part
　パートで働く work part-time
- 母はスーパーでパートをしている.
My mother works part-time [works as a part-timer] at a supermarket.
　パートリーダー a part leader
　パート練習 part practice

バードウォッチング bird-watching [バ～ドゥウチング]

パートナー a partner [パートゥナァ]
ハードル a hurdle [ハ～ドゥル]
- ハードルをとびこす
clear a hurdle
- 100メートルハードル
the 100-meter hurdles

はあはあ はあはあ言う pant [パント], gasp [ギャスプ]

ハーフ (競技の前・後半) a half [ハフ] (複数 halves); (サッカーなどのハーフバック) a halfback [ハフバク]
- 亜美はアメリカ人と日本人のハーフだ.
Ami is half American and half Japanese. (▶ Ami is ×half. とはいわない)

ハーフタイム halftime [ハフタイム]
ハーブ (薬草) a [an] herb [ア～ブ, ハ～ブ]
ハープ (楽器) a harp [ハープ]
　ハープ奏者 a harpist [ハ～ピスト]
パーフェクト パーフェクトな (完全な) perfect [パ～フェクト]
バーベキュー a barbecue [バーベキュー] (▶ DBQ と略す)
- 週末にバーベキューをした.
We had a barbecue on the weekend.

six hundred and thirty-seven　637

パーマ ▶

パーマ a permanent [パ～マネント] (wave), (口語) a perm [パ～ム]
▶ 母はパーマをかけている．
My mother has a *perm*.
ハーモニー harmony [ハーモニィ]
ハーモニカ 《楽器》a harmonica [ハーマニカ], a mouth organ [マウス オーガン]
▶ ハーモニカを吹く play the *harmonica*

はい¹

1 (質問の返事) **yes** [イェス]; (否定の疑問文などに答えるとき) **no**; (承諾の返事) **sure** [シュア]

🗨スピーキング
Ⓐ きみは中学生ですか．
Are you a junior high school student?
Ⓑ はい，そうです．
Yes, I am.

▶「ごきょうだいはいらっしゃるのですか」「はい，弟がいます」
"Do you have any brothers or sisters?" "*Yes*, I have a little brother."
▶「教科書は復習しなかったの？」「はい．残念ながらしませんでした」
"Didn't you review your textbook?" "*No*. Unfortunately I didn't."

> 📖文法 Yes と No の使い方
> 英語では問いの文がどういう形でも，答えが否定のときは "No." を使う．ˣYes, I don't. とはいわない．つまり，上の例文の答え方は Did you review your textbook?（教科書は復習したの？）と聞かれたときと同じになる．

▶「伝言しましょうか」「はい，お願いします」
"Can I take a message?" "*Yes, please.*"

2 (出席の返事) **Present** [プレズント]., **Here** [ヒア]., **Yes**.

🗨スピーキング
(出欠をとるときに)
Ⓐ 小川君．
Ogawa?
Ⓑ はい．
Present. / Here.

3 (物を見せたり，手わたしたりするときに) **Here you are. / Here it is.** (▶後者は物が1つの場合にだけ使う)
▶「切符を拝見させていただきます」「はい」
"Can I see your ticket, please?" "*Here you are.*"
はい² 灰 ashes [アシィズ]
はい³ 肺 a lung [ラング] (▶肺は2つあるので，複数形で使うことが多い)
-はい …杯 (▶容器に応じて cup, glass などを使い分けて表す．複数の場合は two cups of ... などとする)
▶ 1ぱいのお茶 a *cup* of tea
▶ 1ぱいのジュース a *glass* of juice
▶ 2はいのご飯 two *bowls* of rice
▶ 塩スプーン2はい
two *spoonfuls* of salt

ばい 倍

1 (2倍) **double** [ダブル], **twice** [トゥワイス] →にばい
倍にする[なる] double
▶ ぼくのおこづかいは5年で倍になった．
My allowance *has doubled* during the past five years.
2 (…倍) **... times** [タイムズ]
▶ 2の3倍は6である．
Three *times* two is six.
▶ オーストラリアは日本のおよそ20倍の大きさです．
Australia is about twenty *times as* large *as* Japan.
パイ (食べ物) (a) pie [パイ]
▶ アップルパイ (an) apple *pie*
▶ パイをつくる make a *pie*
はいいろ 灰色(の) gray [グレイ]
▶ 空は灰色だった．The sky was *gray*.
ハイウエー 《米》an expressway [イクス

プレスウェイ], a freeway [フリーウェイ］;（英）a motorway [モウタウェイ]（▶英語のhighway は幹線道路のことで, 日本の県道, 国道にあたる）

はいえい 背泳 the backstroke [バクストゥロウク]

はいえん 肺炎 pneumonia [ニュ（ー）モウニャ]

バイオ(テクノロジー) biotechnology [バイオウテクナロヂィ]

バイオリズム a biorhythm [バイオウリズム]

バイオリン a violin [ヴァイオリン]
バイオリン奏者 a violinist

ハイカー a hiker [ハイカァ]

はいかつりょう 肺活量 lung capacity [ラング カパスィティ]

はいきガス 排気ガス exhaust [イグゾースト] (gas), exhaust fumes [フュームズ]

はいきぶつ 廃棄物 waste [ウェイスト]

ばいきん ばい菌 a germ [チャ～ム], bacteria [バクティ(ア)リア]（▶bacterium [バクティ(ア)リアム]の複数形. 単数形で使うこともはまれ）

ハイキング hiking [ハイキング], a hike [ハイク] →ピクニック
ハイキングに行く go hiking, go on a hike
▶今度の日曜日, ハイキングに行こう.
Let's *go hiking* [*go on a hike*] next Sunday.
▶友だちと三輪山にハイキングに行った.
My friends and I *went hiking* on Mt. Miwa.
ハイキングコース a hiking trail

バイキング a buffet [バフェイ];（バイキング料理）(a) smorgasbord [スモーガスボード]（▶Viking は 8 -10世紀のスカンジナビアの海賊のこと）
バイキングの buffet-style;（食べ放題の） all-you-can-eat

はいく 俳句 a haiku（▶英語化している）
▶俳句をつくる
write a *haiku* / compose a *haiku*

バイク a motorcycle [モウタサイクル],（英） a motorbike [モウタバイク]（▶英語の bike はふつう「自転車」のこと）

はいけい¹ 拝啓（親族に）Dear Dad [Father, Mom, Mother, Aunt など];（親しい友人に）Dear ～;（一般的に）Dear Mr. [Ms., Mrs., Miss] ～

はいけい² 背景 a background [バクグラウンド]
▶富士山を背景に写真をとってください.
Please take a picture with Mt. Fuji in the *background*.

はいざら 灰皿 an ashtray [アシトゥレイ]

はいし 廃止する abolish [アバリシ], do away with, put an end to

はいしゃ¹ 歯医者 a dentist [デンティスト]
▶歯医者に行く
go to the *dentist* / see a *dentist*

はいしゃ² 敗者 a loser [ルーザァ]

ハイジャック a hijack [ハイヂャク]
ハイジャックする hijack

はいしん 配信する（動画を）stream [ストゥリーム]
▶動画を配信する *stream* a video

はいすい 排水 drainage [ドゥレイニヂ]

ハイスクール a high school

はいせん¹ 敗戦 defeat [ディフィート]

はいせん² 配線 wiring [ワイ(ア)リング]

ハイソックス a knee socks [ニー サックス]

はいたつ 配達 (a) delivery [ディリヴ(ァ)リィ]
配達する deliver;（送る）send
▶それ, 午後に配達されるよ.
It'll *be delivered* in the afternoon.
配達料 a delivery charge

はいち 配置する arrange [アレインヂ]

ハイテク high tech [ハイ テク], high technology [テクナロヂィ]
ハイテクの high-tech

ばいてん 売店 a stand [スタンド], a kiosk [キ(ー)アスク]

バイト a part-time job [チャブ]（▶日本語の「アルバイト」はドイツ語の *arbeit* からきた語）
▶バイト何やってるの？
What kind of *part-time job* do you have?
▶光介はコンビニでバイトをしている.
Kosuke *works part-time* at a convenience store.

パイナップル（植物）(a) pineapple [パイナプル]

バイバイ bye [バイ], bye-bye [バイバイ]
▶「バイバイ」「またあしたね」

バイパス

"Bye." *"See you tomorrow."*

バイパス a bypass [バイパス]

ハイヒール a high heel, a high-heeled shoe [シュー] (▶ふつう複数形で使う)

ハイビジョンテレビ a high-definition [ハイデフィニション] television

はいふ 配布する distribute [ディストゥリビュ(ー)ト]

パイプ (管の) a pipe [パイプ], a tube [テューブ]; (タバコの) a pipe

パイプオルガン a pipe organ, an organ

バイブル (聖書) the Bible [バイブる]

ハイフン a hyphen [ハイフン] →くとうてん（表）

はいぼく 敗北 (a) defeat [ディフィート] (反 勝利 victory) →まける

はいやく 配役 (役者全体) the cast [キャスト]; (役をわりふること) casting [キャスティング]

はいゆう 俳優 an actor [アクタァ] (▶女性にも使う); (女優) an actress [アクトゥレス]
- 映画俳優 a movie *actor* [*actress*]
- 舞台俳優 a stage *actor* [*actress*]

ハイライト a highlight [ハイライト]

ばいりつ 倍率 (拡大率) magnifying [マグニファイインヶ] power; (競争率) competition rate [カンペティション レイト]

バイリンガル a bilingual [バイリンヶワる] (person)
バイリンガルの bilingual

はいる 入る

使い分け
(中へ) → enter, go in, come in, go into, come into
(クラブなどに) → join
(学校に) → enter
(入れ物に) → hold

enter

join

1 (中へ) enter [エンタァ], go in, come in;

(…の中に) go into, come into (▶ go は自分も相手も外にいるときの言い方で，come は中にいる人から見た言い方)
- 入ってもいい？
  (中にいる人に聞くとき) Can I *come in*?
  / (外にいる人に聞くとき) Can I *go in*?
- ぼくはそうっと部屋に入った．
  I *entered* the room quietly.

× enter into the room
↳ この enter は他動詞．into はこない．

○ enter the room
○ go [come] into the room

スピーキング

Ⓐ どうぞお入りください．
Please come in.
Ⓑ おじゃまします．
Thank you.

- この店に入ってみようよ．
  Let's *go into* this store.
- しばふに入るな《掲示》
  Keep Off the Grass

2 (クラブなどに) join [ヂョイン]; (入っている) be on [in], be a member of
- 麻衣はバスケットボール部に入った．
  Mai *joined* the basketball team.
- ぼくは剣道部に入っている．
  I'm *on* the kendo team. / I'm a *member of* the kendo team.

3 (学校に) enter, start [スタート]; (合格して) get into →にゅうがく
- 彼はその高校に入りたいと思っている．
  He wants to *enter* [*get into*] that high school.
- 妹はことし小学校に入る (→就学する)．

My sister is going to *start* [*enter*] elementary school this year.
4 (入れ物に) **hold** [ホウルド]
▶ このケースには卵が1ダース入る.
This package *holds* a dozen eggs.
▶ ぼくのスマホはバッグに入っているよ.
My smartphone *is in* my bag.
5 (始まる) **start**, **begin** [ビギン]
▶ あすから夏休みに入る.
My summer vacation *starts* tomorrow.

パイロット a pilot [パイロット]
バインダー a binder [バインダァ]
はう crawl [クロール], creep [クリープ]
▶ 赤ちゃんは部屋の中をはいまわっていた.
The baby *was crawling* around the room.
バウンド a bounce [バウンス], a bound [バウンド]
バウンドする bounce
ハエ (虫) a fly [フライ]
ハエたたき a flyswatter [フライスワタァ], a swatter [スワタァ]

はえる 生える

(植物・毛などが) **grow** [グロウ]; (歯が) **cut** [カット]
▶ あごにひげが生えてきた.
My beard is beginning to *grow* on my chin.
▶ 庭に雑草がたくさん生えてきた.
A lot of weeds *have grown* in our garden.
▶ 赤ちゃんの歯が生えてきた.
The baby is beginning to *cut* his[her] first teeth.
はか 墓 a grave [グレイヴ]
▶ 私たちは年に2回彼の墓にお参りします.
We visit his *grave* twice a year.
墓石 a gravestone [グレイヴストウン]

ばか

(人) a fool [フール], an idiot [イディオト]
ばかな foolish [フーリシ], stupid [ステューピド], silly [スィリィ] (反) かしこい wise)
▶ ばかなことを言うな.
Don't talk *nonsense*. / Don't be *stupid*.
ばかにする make a fool of, put down;

(見下す) look down on
▶ 人をばかにするな!
Don't *make a fool of* me. / Don't *put* me *down*.
▶ 彼はいつも人をばかにする.
He always *looks down on* others.
ばかに very [ヴェリィ] →とても
はかい 破壊する destroy [ディストゥロイ] →こわす
はがき 葉書 a postcard [ポウス(トゥ)カード]; (絵はがき) a (picture) postcard (▶単に card ともいう)
▶ このはがき, 出してきてもらえる?
Could you go (and) mail this *postcard*?

> **参考** 英語でのはがきの書き方にはとくに定まった形式はないが, スペースを節約するために次のようなことが一般的である.
> ①日付などはできるだけ省略形を使う.
> ②主語や動詞をいわなくてもわかる場合はよく省略する.

はがす tear [テア] (off), peel [ピール] (off)
▶ そのポスターはすぐはがされて持ち去られた.
The poster *was* soon *torn off* and taken away.
はかせ 博士 a doctor [ダクタァ] (▶称号は Dr. と略す)
▶ 父は医学博士です.
My father is a *doctor* of medicine.
▶ クラーク博士 *Dr.* Clark
はかどる 捗る make progress [プラグレス], get along with
▶ 宿題ははかどっている?
How are you *getting along with* your homework?
ぱかぱか (馬が) ぱかぱか走る clip-clop [クリップクラプ]
ばかばかしい foolish [フーリシ] →ばか
▶ ばかばかしい! *Nonsense!*
はかり a scale [スケイル] (▶しばしば複数形で使う)
▶ はかりにかけてごらん.
Put it on the *scales*.

-ばかり

はかる ▶

使い分け
(およそ) → about
(いつも) → always
(…だけ) → only
(ちょうど) → just

1 (およそ) **about** [アバウト]
▶ 1週間ばかり前にこちらに引っ越してきました.
We moved here *about* a week ago.

2 (いつも) **always** [オールウェズ]; (…だけ) **only** [オウンリィ] →-だけ
▶ おまえはテレビばかり見てるな.
You're *always* watching TV.
▶ まだ始まったばかりだよ.
It's *only* the beginning.

> **表現力**
> ~ばかり…も
> → not only ~ but (also) …

▶ シュバイツァーは医師であるばかりか音楽家でもあった. Schweitzer was *not only* a doctor, *but* (*also*) a musician.

3 (ちょうど) **just** [チャスト] →ちょうど
▶ 兄は学校から帰ってきたばかりだ. My brother *just* got home from school.
▶ 「おなかがすいてきたよ」「さっき食べたばかりじゃないの」 "I'm getting hungry." "You *just* ate a short time ago."

4 (ほとんど) **almost** [オールモウスト]
▶ ぼくは飛び上がらんばかりに喜んだ.
I *almost* jumped for joy.

はかる 計る, 測る, 量る, 図る

(寸法などを) **measure** [メジァ]; (重さを) **weigh** [ウェイ]; (温度を) **take** [テイク]

measure

weigh

▶ 体重はもうはかったの？
Have you *weighed* yourself yet?
▶ じゅうたんを買う前に部屋の寸法をはかっておかなければいけない.
We need to *measure* the room before we buy a carpet.
▶ 熱をはかってみましょうね.
Let's *take* your temperature.

バカンス 《おもに米》(a) vacation [ヴェイケイション], 《英》holidays [ハリデイズ] (▶「バカンス」はフランス語の *vacance* から)

はきけ 吐き気がする feel sick [スィック] (to the stomach) →はく²
▶ 車を止めてくれませんか. はき気がするんです.
Would you stop the car? I *feel sick* (*to the stomach*). / I *feel like throwing up*.

パキスタン Pakistan [パキスタン]
パキスタン人 a Pakistani [パキスタニィ]

はきはき はきはきと clearly [クリアリィ], briskly [ブリスクリィ]
▶ はきはきと話す speak *clearly*

はきもの 履き物 footwear [フトゥウェア]

はく¹ 履く →きる²

put on (反 ぬぐ take off); (はいている) **wear** [ウェア], **have ... on**
▶ くつをはきなさい.
Put your shoes *on*. / *Put on* your shoes.
▶ 姉はあまりスカートをはかない.
My sister doesn't *wear* skirts so often.
▶ 楓はタイトなジーンズをはいていた.
Kaede *had* tight jeans *on*.

> **スピーキング**
> Ⓐ このスカートをはいてみてもいいですか.
> Can I try this skirt on?
> Ⓑ ええ, どうぞ. 試着室はあちらです.
> Certainly. The fitting room is over there.

はく² 吐く (気分が悪くて) throw [スロウ] up; (つばなどを) spit [スピット] →はきけ
▶ 道路につばをはいちゃだめよ.
Don't *spit* on the sidewalk.

はく³ 掃く sweep [スウィープ]

take

◀ **はげしい**

- ろうかははいたの？
  Did you *sweep* the hallway?

はぐ tear [テア] (off) →はがす
バグ 《プログラムの誤り》a bug [バッグ]
パグ 《動物》a pug [パッグ]
はくい 白衣 a white coat [(フ)ワイト コウト]
ばくげき 爆撃 (a) bombing [バミング]
　爆撃する bomb [バム]
はくさい 白菜 (a) Chinese cabbage [チャイニーズ キャベヂ]
はくし¹ 博士 a doctor [ダクタァ] →はかせ
はくし² 白紙の (答案などの) blank [ブランク]
- 亮ʳʸᵒは白紙の答案を出した．
  Ryo turned in a *blank* answer sheet.

はくしゅ 拍手 clapping [クラピング]
　拍手する clap (*my* hands)
はくじょう¹ 薄情な (心の冷たい) cold-hearted [コウルドゥハーティド]; (不親切な) unkind [アンカインド]
- あいつはほんとうに薄情だなあ．
  He's so *cold-hearted*.

はくじょう² 白状する confess [コンフェス]
- 彼はすべて白状したよ．
  He *confessed* everything.

ばくしょう 爆笑 a burst [バ〜スト] of laughter [ラフタァ]
ハクション achoo [アーチュー], atishoo [アティシュー] →くしゃみ
はくじん 白人 a white [(フ)ワイト] person
ばくぜん 漠然とした vague [ヴェイグ]
- ばく然とした考え a *vague* idea

ばくだい ばく大な great [グレイト]
- ばく大な金額
  a *great* amount of money (▶ *great* の代わりに huge も使える)

ばくだん 爆弾 a bomb [バム]
- 爆弾を投下する
  bomb / drop a *bomb*
- 時限爆弾 a time *bomb*
- 原子爆弾
  an atomic *bomb* / an A-*bomb*

ハクチョウ 白鳥 a swan [スワン] →とり (図)
バクテリア bacteria [バクティ(ア)リア] (▶ ふつう複数形で使う．単数形は bacterium)
ばくは 爆破する blow [ブロウ] up
ぱくぱく ぱくぱく食べる gobble [ガブル], munch [マンチ]

はくはつ 白髪の white haired, gray haired
ばくはつ 爆発 an explosion [イクスプロウジョン]; (火山の) (an) eruption [イラプション]
　爆発する blow up, explode [イクスプロウド]; (火山が) erupt [イラプト]
- ガス爆発 a gas *explosion*

はくぶつかん 博物館 a museum [ミューズィ(ー)アム]
- 博物館に見学に行く visit a *museum*

ばくやく 爆薬 an explosive [イクスプロウスィヴ]
はくらんかい 博覧会 an exposition [エクスポズィション], 《口語》 an expo [エクスポウ] (複数 expos), a fair [フェア]
- 万国博覧会 a world's *fair*

はくりょく 迫力 power [パウア]
　迫力のある powerful [パウアフル]
- 迫力のある演奏
  a *powerful* performance

はぐるま 歯車 a gear [ギア]
はぐれる (見失う) lose sight [ルーズ サイト] (of)
- 私は友だちとはぐれてしまった．
  I *lost sight of* my friends.

ばくろ 暴露する expose [イクスポウズ], disclose [ディスクロウズ]
はけ 刷毛 a brush [ブラシ]
はげ はげた (頭が) bald [ボールド]
　はげる get bald, become bald
- 父ははげてきた．
  My father *is getting bald*.
- はげ頭 a *bald* head
- はげ山 a bare mountain [hill]

はげしい 激しい

(雨などが) heavy [ヘヴィ]; (運動などが) hard [ハード]; (痛みなどが) severe [スィヴィア], sharp [シャープ]
激しく hard, heavily
- 夕方にははげしい雨が降った．
  There was a *heavy* rain in the late afternoon. / (はげしく降った) It rained *hard* in the late afternoon.
- はげしい運動のあとにはかならず水分を十分にとるように．
  Be sure to drink plenty of water after *hard* exercise.
- この辺は交通がとてもはげしい．

six hundred and forty-three 643

バケツ ▶

The traffic is very *heavy* around here.
▶ 胸にはげしい痛みがあった.
I had a *severe* pain in my chest.
▶ あの男の子は気性がはげしい.
That boy has a *fierce* temper.

バケツ a bucket [バケト]
▶ バケツ1ぱいの水
a *bucket* [*bucketful*] of water

はげます 励ます cheer [チァ] up, encourage [エンカ～レヂ]

📝ライティング
ぼくが落ちこんでいたとき，彼はぼくを**はげましてくれました**.
When I was depressed, he cheered me up.

はげむ 励む work [ワ～ク] hard
▶ マリー・キュリーは毎日研究にはげんだ.
Marie Curie *worked hard* on her research every day.

ばけもの 化け物 (怪物） a monster [マンスタァ]; (幽霊) a ghost [ゴウスト]
化け物屋敷 a haunted [ホーンティド] house

はげる (ぬったものが) come off; (頭が) get bald [ボールド], become bald →はげ
▶ ドアのペンキがはげた.
The paint on the door *came off*.

はけん 派遣する dispatch [ディスパッチ], send [センド]

はこ 箱
a box [バックス], a case [ケイス]
▶ 段ボール箱 a cardboard *box*
▶ ミカンを1箱買った.
We bought a *box* of *mikans*.

はごいた 羽子板 a *hagoita*, a battledore [バトゥルドー(ァ)]

はこぶ 運ぶ
1 (運搬する) carry [キャリィ] →もっていく
▶ この机をぼくの部屋まで運んでください.
Please *carry* this desk to my room.
▶ このスーツケースは重くて私には運べない.
This suitcase is too heavy for me to *carry*.
2 (物事が) go [ゴゥ]
▶ 事はうまく運んでいる.

Things *are going* well [all right].

バザー a bazaar, a bazar [バザー]

はさまる 挟まる get caught in [between]
▶ かばんが電車のドアにはさまった.
My bag *got caught between* the doors of the train.

はさみ scissors [スィザズ] (▶複数あつかい)
▶ はさみ1丁 a pair of *scissors*
▶ このはさみはよく切れる.
This pair of *scissors* cuts well. / These *scissors* are sharp.

はさむ 挟む (間に入れる) put ... in [between]; (はさまれる) get ... caught
▶ しおりを本にはさんだ.
I *put* a bookmark *between* the pages of the book.
▶ 車のドアに指をはさまないように注意してね.
Be careful not to *get* your fingers *caught* in the car door.

はさん 破産する go bankrupt [バンクラプト], go broke; (破産している) be bankrupt, be broke

はし[1] 橋
a bridge [ブリッヂ]
▶ 川に橋をかける
build a *bridge* over a river
▶ 私たちは瀬戸大橋をわたった.
We crossed the Great Seto *Bridge*.

ℹ️参考 「橋」のいろいろ
石橋 **a stone bridge** / 鉄橋 **an iron bridge**; (鉄道の) **a railroad bridge** / つり橋 **a suspension bridge** / 歩道橋 **a pedestrian overpass**

はし[2] 端 (先端) an end [エンド]; (縁) an edge [エッヂ]; (わき) a side [サイド]
▶ ロープのはし the *end* of a rope
▶ テーブルのはし the *edge* of a table
▶ 道路のはし the *side* of a road

はし[3] (食事用の) chopsticks [チャプスティクス] (▶ふつう複数形で使う)
▶ はし1ぜん a pair of *chopsticks*

はじ 恥 (a) shame [シェイム]
▶ はじをかく be [feel] *ashamed* / get *embarrassed*

◀ **はじめて**

- あいつははじ知らずだ.
  He has no (sense of) shame.

はしか 《病気》(the) measles [ミーズルズ]
- はしかにかかる catch (the) measles

はじく (指ではね飛ばすや) flip [フリップ]
- コインをはじく flip a coin

はしご a ladder [ラダァ]
- はしごで屋根に登った.
  I went up the *ladder* to the roof. (▶ went は climbed でもよい.「はしごを降りる」は go down a ladder という)
  はしご車 a ladder truck

はじまり 始まり the beginning [ビギニング], the origin [オ(ー)リヂン]
- 母の日の始まりを知っていますか.
  Do you know *the origin* of Mother's Day?

はじまる 始まる

start [スタート], begin [ビギン] (反 終わる end);(戦争などが) break out

> 🗨 スピーキング
> Ⓐ 試合は何時に始まるの？
>   What time [When] does the game start [begin]?
> Ⓑ 2時からよ.
>   (At) two o'clock.

- 学校は8時半に始まる.
  School *starts* [*begins*] at eight thirty.
- 新学期(→新学年)は4月から始まる.
  The new school year *starts* [*begins*] in April.

× begin from April
  └ begin from とはいわない.
○ begin in April

はじめ 初め →さいしょ

the beginning [ビギニング] (反 終わり end);(最初) the first [ファ～スト] (反 最後 last)
初めの the first
初めのうちは,初めは at first

初めに first; first of all
- 来月初めに
  at *the beginning* of next month
- ぼくは初めから智也のことがきらいだった.
  I didn't like Tomoya from *the beginning* [*the start*].
- その本を初めから終わりまで1日で読んだ.
  I read the book from *beginning* to end in one day.
- 初めのうちは娘は静かにしていたが, しばらくして泣き出した.
  At first my daughter was quiet, but after a while she started to cry.

はじめて 初めて

first [ファ～スト], for the first time
- きみが彼女にはじめて会ったのはいつですか.
  When did you *first* meet her?
- それははじめて聞いたよ.
  That's *news* to me.

> ✍ ライティング
> この夏, 私は生まれてはじめて外国に行きました.
> This summer I went abroad for the first time in my life.

> 🗨 表現力
> …するのはこれがはじめてだ
>   → This is the first time ... .

- 京都に来るのはこれがはじめてです.
  This is the first time I've been to Kyoto. / *This is my first* visit to Kyoto.
- 歌舞伎を見るのはこれがはじめてだ.
  This is the first time I've seen a kabuki play. / *This is my first time* to see a kabuki play.

> 🗨 表現力
> …(して)はじめて～する
>   → not ～ until ...

- 健康をそこねてはじめてそのありがたさがわかる.
  We do *not* know the importance of health *until* we lose it.
- きょうになってはじめてそれを知った.
  It was *not until* today that I knew it.

six hundred and forty-five 645

はじめまして 初めまして

(あいさつ) **Nice to meet you.** (▶「お会いできてうれしい」という意味), **How do you do?** (▶かなり改まった表現. 若い人どうしでは Hello! とか Hi! と言うのがふつう)

▶ 涼子です. はじめまして.
 I'm Ryoko. *Nice to meet you.*

🗨 スピーキング
Ⓐ 吉田さん, **はじめまして.**
 How do you do, Mr. Yoshida?
Ⓑ ブラウンさん, お会いできて光栄です.
 I'm very happy to meet you, Mr. Brown.

はじめる 始める

start [スタート], **begin** [ビギン]
▶ 何時から始めるの？
 What time *are* we *starting*?
▶ 何から始めればいいかなあ.
 Where should I *start*?
▶ ではきょうの勉強を始めましょう.
 Now let's *start* today's class.
▶ 今日は35ページから始めます.
 We're going to *start* on [at] page 35 today.

💬 表現力
…しはじめる
→ start to ..., begin to ... /
 start -ing, begin -ing

▶ 雨が降りはじめたよ.
 It *started* raining. / It *started to* rain.
 (▶いずれも started のかわりに began を使ってもよい)
▶ 英語はいつから習いはじめたのですか.
 When did you *start learning* English?

ばしゃ 馬車 a carriage [キャリヂ]
はしゃぐ be excited [イクサイティド]
▶ 私が帰宅すると, 子どもたちはいつもはしゃぐ.
 The children always *get excited* when I come home.

パジャマ pajamas [パヂャーマズ] (▶複数あつかい. 数えるときは a pair of pajamas, two pairs of pajamas のようにいう)
▶ パジャマの上着 a *pajama* top
▶ パジャマのズボン *pajama* bottoms
▶ パジャマに着替えなさい.
 Change into your *pajamas*.
▶ パジャマを着る put on *my pajamas*

ばしょ 場所 →ところ

1 (所) a **place** [プレイス]; (席) a **seat** [スィート]
▶ いい場所がとれるように早めに出かけない？
 Why don't we leave earlier to get a good *place* [good *seats*]?
▶ もうすわる場所がなかった.
 There were no *seats* left.
▶ 読み終わった本は元の場所に戻してください.
 Please return the book (to *where* you found it) after you finish reading it.

2 (スペース) **space** [スペイス], **room** [ル(ー)ム]
▶ この中にはテーブルを置く場所なんてないよ.
 There's no *space* [*room*] for a table in here.

はしら 柱 a **post** [ポウスト]; (屋根をささえる) a **pillar** [ピラァ]
 柱時計 a wall clock

はしりたかとび 走り高跳び the high jump

はしりはばとび 走り幅跳び the long jump

はしる 走る

run [ラン]
▶ 彼は走るのが速い. He *runs* fast.
▶ けさぼくは学校まで走っていった.
 I *ran* to school this morning.
▶ 車は時速50キロで走っていた.
 The car *was going* 50 kilometers an hour.
▶ その時間帯にバスは走っていますか.
 Is there any bus service at that time of day?

はじる 恥じる be **ashamed** [アシェイムド]
《of》→はずかしい

ハス 《植物》a **lotus** [ロウタス]

◀ **はずかしい**

はず

1 (予定)be going to ..., be supposed to ... ; (予測) should [シュッド]

▶ 彼らの試合は3時に始まるはずだ.
Their game *is going to* start at three.

▶ かぎはいちばん上の引き出しにあるはずだけど.
The key *should* be in the top drawer.

▶ あの店はまだ開いているはずだよ.
The store *should* still be open.

💬表現力
…のはずがない → can't ...

▶ それがほんとうのはずがない.
That *can't* be true.

2 (もっともだ) no wonder [ワンダァ]

▶ またやったの？ お父さんがおこるはずね.
You did that again? *No wonder* Dad got angry.

バス¹

a bus [バス]

▶ バスに乗る
take a *bus* / ride a *bus* / (乗りこむ) get on a *bus*

▶ バスを降りる get off a *bus*
▶ バスに乗りおくれる miss the *bus*
▶ あのバスに乗ろう.
Let's get on that *bus*.

▶ どこでバスを降りればいいの？
Where should I get off the *bus*?

▶ このバスは市役所に止まりますか.
Does this *bus* stop at (the) City Hall?

▶ バスは15分おきに走っている.
Buses run every fifteen minutes.

▶ バスが来たよ． Here comes the *bus*.

✏️ライティング
私はバスで通学しています.
I go to school by bus.
(▶ by ˟a bus としない)

バス運賃 a bus fare
▶ バスの運賃はいくらですか.
What's the *bus fare*?

バスガイド a tour guide on a sightseeing bus

バスターミナル a bus terminal [ターミヌル]

バス停 a bus stop

▶ いちばん近いバス停はどこですか.
Where's the nearest *bus stop*?

ℹ️参考 **バスのいろいろ**
市営バス a city bus
路線バス a transit bus, a public bus, a route bus
観光バス a sightseeing bus
貸し切りバス a chartered bus
長距離バス，高速バス a long-distance bus, (英) a coach
スクールバス a school bus
マイクロバス a minibus, a microbus
2階建てバス a double-decker (bus)
送迎バス a pickup bus, (空港の) an airport limousine

アメリカの長距離バス，グレイハウンドバス．

バス² (ふろ) a bath [バス] →ふろ
バスタオル a bath towel [タウ(エ)ル]
バスルーム a bathroom

バス³ (音楽) bass [ベイス]

パス (球技・トランプの) a pass [パス]；(無料入場券など) a (free) pass
パスする (球技・トランプの) pass；(合格する) pass

▶ 今日はまずパスの練習から始めた.
We started with a *passing* drill.

▶ (トランプで)「航平，おまえの番だよ」「パス」
"Your turn, Kohei." "*Pass*."

▶ 試験にパスする
pass an examination

▶ おなかいっぱいだから，デザートはパスするよ.
I think I'll *pass* on dessert. I'm full.

はずかしい 恥ずかしい

(きまりが悪い) be embarrassed [エン

six hundred and forty-seven 647

バスケット ▶

(バラスト)《about, at》: **be ashamed** [アシェイムド]《of》;(内気な) **be shy** [シャイ]
- はずかしがらないで．Don't *be shy*.
- 自分のしたことがはずかしいよ．
I'm *ashamed of* what I did.
- 真帆ははずかしがり屋だ．
Maho *is shy*.
- こんな簡単なミスをしちゃった．はずかしい！
I made such an easy mistake. I'm *embarrassed*!

バスケット (かご) a basket [バスケト]
バスケットボール basketball [バスケトゥボール]
- バスケットボールをする play *basketball*
  バスケットボール部 a basketball team

はずす 外す (取りはずす) take off;(席をはずす) leave
- 父はめがねをはずしてレンズをふいた．
My father *took off* his glasses and wiped them.
- シャツのボタンをはずす
unbutton my shirt
- ぼくはスターティングメンバーからはずされた．
I *was left out of* the starting lineup.
- 席をはずす *leave my* seat
- スミスさんは今，席をはずしています．
Ms. Smith *is not at her desk* now. (▶「今は机にいない」と表現する)

パスタ pasta [パースタ]
バスト a bust [バスト]
はずべき 恥ずべき shameful [シェイムフル]
パスポート a passport [パスポート]

> 🗣スピーキング
> Ⓐ パスポートを拝見します．
> May I see your passport?
> Ⓑ はい，どうぞ．
> Here you are.

はずむ 弾む bounce [バウンス]
- 新しいゴムボールはよくはずむ．
A new rubber ball *bounces* well.

パズル a puzzle [パズル]
- パズルを解く solve a *puzzle*
- クロスワードパズル
a crossword *puzzle*
- ジグソーパズル a jigsaw *puzzle*

はずれ 外れ (終わり) the end [エンド];(末端) the edge [エッヂ];(郊外) the suburbs [サバ〜ブズ], the outskirts [アウトゥスカ〜ツ]
- 通りのはずれに at *the end* of a street
- 森のはずれに on *the edge* of a forest
- 町はずれに in *the outskirts* of a town
- ブー．はずれ．
Boo-oo. You're *wrong*.

はずれる 外れる **1** (はめた物がはずれてとれる) come off;(物をはずしてとる) get ... off;(ボタンがはずれている) be undone [アンダン]
- 自転車のチェーンがはずれた．
My bike chain *came off*.
- 指輪がはずれないよ．
I can't *get* my ring *off*.
- シャツのボタンが１つはずれてるよ．
One of your shirt buttons *is undone*.
2 (当たらない) miss [ミス]
- シュートはゴールをはずれた．
The shot *missed* the goal.
- 天気予報がはずれたね．
The weather forecast *was wrong*.

パスワード a password [パスワ〜ド]
- パスワードを変更してください．
Please change your *password*.

パセリ 《植物》parsley [パースリィ]
パソコン a computer [コンピュータァ], a PC [ピースィー]
- 私はパソコンが苦手だ．
I'm bad with *computers*.

はた 旗

a flag [フラッグ]
- 旗をあげる
raise a *flag* / put up a *flag* / (掲げている) fly a *flag*
- 旗を降ろす take down a *flag*
- 旗をふる wave a *flag*
  旗ざお a flagpole [フラグポウル]

G７(先進７か国)の旗．

> ⓘ参考 「旗」のいろいろ
> 校旗 a school flag / 国旗 a national flag / 優勝旗 a champion flag / 三角形の小旗 a pennant [ペナント]

はだ 肌

skin [スキン]
▶ 奈緒のはだはすべすべしている.
Nao has smooth *skin*.
▶ はだがかさついてきた.
My *skin* is getting dry.
▶ 絵美ははだが白い[黒い].
Emi has fair [dark] *skin*.
はだ着 (集合的に)underwear [アンダウェア]

バター butter [バタァ]
▶ バターをぬったパン bread and *butter*
▶ パンにバターをぬる spread *butter* on bread / *butter* the bread

ばたあし バタ足 the flutter kick [フラタァキック]

パターン a pattern [パタン]
▶ ワンパターンの
fixed / without any change

はだか 裸の naked [ネイキド], bare [ベア]
裸になる (服をぬぐ) get undressed, take off *my* clothes

はたけ 畑

a field [フィールド]; (農場) a farm [ファーム]
▶ ジャガイモ畑 a potato *field*
▶ 畑を耕す plow the *field*

はだし bare feet
はだしの, はだしで barefoot [ベアフト]
▶ 砂浜をはだしで歩くのが大好きだ.
I love walking *barefoot* on the beach.

はたす 果たす carry out
▶ 責任を果たす
do my duty / carry out my duty
▶ 約束を果たす keep my promise

はたち 二十歳 twenty (years old)
ぱたぱた ぱたぱたさせる flap [フラップ]
バタフライ (水泳) the butterfly [バタフライ] (stroke)
▶ バタフライで泳ぐ
swim *the butterfly*

はたらき 働き (仕事) work [ワーク]; (機能) a function [ファンクション]
▶ 父は働き者だ.
My father is a hard *worker*. / My father *works* hard.
▶ 脳のはたらきは複雑だ.
The *functions* of the brain are complex.
働き口 a job, a position
働き者 a hard worker

はたらく 働く

(仕事をする) work [ワーク]
▶ 父はコンピューターの会社で働いている.
My father *works* in a computer company. (▶ in のかわりに at や for を使ってもよい)
▶ 母は地元の病院で看護師として働いている.
My mother *works* as a nurse at a local hospital.
▶ もっと頭を働かせなさい.
Use your head more. / *Use* your brain(s) more.

バタン (バタンと閉まる) bang [バング], slam [スラム]
▶ バターン!「どうしたんだ」「戸が風でバタンと閉まったんだ」
BANG! "What's up?" "The door *banged* shut in the wind."

ハチ (虫) a bee [ビー]
▶ ハチにさされた.
I was stung by a *bee*.
ハチの巣 a honeycomb [ハニコウム]; (巣箱) a (bee)hive
はちみつ honey

> ⓘ参考 「ハチ」のいろいろ
> ミツバチ a honeybee [ハニビー], (雄バチ) a drone [ドゥロウン] / スズメバチ・ジガバチ a wasp [ワスプ] / スズメバチ a hornet [ホーネト] / 女王バチ a queen bee / 働きバチ a worker bee

はち¹ 八(の) →かず(表)

eight [エイト]
第8(の) the eighth (つづり注意) (▶8th と略す)
▶ 八は日本では縁起のよい数字です.
Eight is a lucky number in Japan.

six hundred and forty-nine 649

はち²

はち² 鉢（どんぶりなど）a bowl [ボウル]；（植木ばち）a (flower)pot

ばち 罰
▶ そら, ばちがあたった.
See. It serves you right!

ばちがい 場違い
▶ 場違いな感じだ.
I feel *out of place*. / I feel like I *don't belong* here.

はちがつ 八月 →いちがつ, つき¹(表)

August [オーガスト]（▶語頭はかならず大文字；Aug. と略す）
▶ 8月に in *August*
▶ 私は8月2日に生まれた.
I was born (on) *August* 2.（▶August (the) secondと読む）

はちじゅう 八十(の) →かず(表)

eighty [エイティ]
第80(の) the eightieth（▶80thと略す）
▶ 80年代の歌手たち
singers in the *eighties*（▶eighties は 80s や 80's と略す）
81 eighty-one

ぱちぱち ぱちぱちと音を立てる crackle [クラクル]

はちまき a *hachimaki*, a Japanese headband [ヘッドバンド]
▶ はちまきをしめる
wear a *hachimaki* [*headband*] / put on a *hachimaki* [*headband*]

はちゅうるい は虫類 reptiles [レプトゥルズ]

はちょう 波長 a wavelength [ウェイヴレング(ク)ス]

パチンコ *pachinko* [パチンコウ]
パチンコ店 a *pachinko* parlor

-はつ …発 from
▶ 東京発の電車 a train *from* Tokyo

ばつ¹ 罰 (a) punishment [パニシメント], a penalty [ペナルティ] →ばつする
▶ 罰として放課後残された.
I got detention after school as a *punishment*.

ばつ² （ばってん）《米》an x [エックス], 《英》a cross [クロ(ー)ス]
ばつをつける put a cross, 《口語》x out
▶ まちがった答えには×をつけてください.
Please *x out* the incorrect answers. / Please *put a cross* on the incorrect answers.

はついく 発育 growth [グロウス]

はつおん 発音 (a) pronunciation [プロナンスィエイション]
発音する pronounce [プロナウンス]
▶ あなたの英語の発音はとてもよい.
Your English *pronunciation* is very good.
▶ この単語はどう発音しますか.
How do you *pronounce* this word?
発音記号 a phonetic [フォネティク] sign [symbol]

ハッカ 《植物》peppermint [ペパミント]

ハツカネズミ a mouse [マウス]（複数）mice）

はつがんせい 発がん性の carcinogenic [カースィノヂェニク]
発がん性物質 a carcinogen [カースィノヂェン]

はっきり

（くっきりと）clearly [クリアリィ]；（ありありと）vividly [ヴィヴィドゥリィ]
はっきりした clear [クリア]
▶ はっきりと聞こえるように話しなさい.
Speak *clearly*.
▶ そのことはいまでもとてもはっきり覚えている.
I still remember it very *clearly* [*vividly*].
▶ はっきりした目標をもたないとね.
You need to have a *clear* goal.

> 📣 プレゼン
> 1つ**はっきりと**お伝えしたいことがあります.
> There's one thing I'd like to make clear.

> 💬 表現力
> …であることははっきりしている
> → It is clear that ... .

▶ きみがまちがっていることははっきりしている. *It is clear that* you are wrong.

ばっきん 罰金 a fine [ファイン]
罰金を払う be fined
▶ 彼はスピード違反で9000円の罰金を払った. He *was fined* 9,000 yen for

はったつ

speeding.
バック (背景) a background [バクグラウンド] →**はいけい**²
バックする (車を) back up
▶ 車を少しバックさせてくれる？
Could you *back up* a bit?
バックアップ backing [バキング], support [サポート]；(予備) a backup [バカプ]
バックアップする (支援する) back up, support；(データなどを) back up, make a backup of …
▶ 私がバックアップするよ．
I'll *support* you. / I'll *back* you *up*.
バックスクリーン (野球) the center field screen
バックナンバー (雑誌の) a back issue, 《英》 a back number
バックネット (野球) a backstop (▶ ×backnet とはいわない)
バックミラー a rearview [リアヴュー] mirror (▶×back mirror とはいわない)
バッグ a bag [バッグ]；(ハンドバッグ) 《米》 a purse [パ〜ス]，《英》 a handbag [ハン(ドゥ)バグ] →**かばん**
パック (紙の) a carton [カートゥン]，(包み) a pack [パック]；a package [パケヂ]
▶ 牛乳1パック *a carton of* milk (▶ a ×pack of milk とはいわない)
パック旅行 a package tour
はっくつ 発掘 excavation [エクスカヴェイション]
発掘する excavate [エクスカヴェイト]
ばつぐん 抜群の excellent [エクセレント], outstanding [アウトスタンディング]
▶ 涼太は水泳が抜群にうまい．
Ryota is *outstanding* at swimming. / Ryota is an *excellent* swimmer.
パッケージ a package [パケヂ]
はっけつびょう 白血病 leukemia [ルーキーミア]
はっけん 発見 (a) discovery [ディスカヴ(ァ)リィ]
発見する discover [ディスカヴァ]
▶ ラジウムは1898年にキュリー夫妻（→ピエール・キュリーとマリー・キュリー）によって発見された．Radium *was discovered* by Pierre and Marie Curie in 1898.
発見者 a discoverer
はつげん 発言する speak [スピーク]

▶ ご自由に発言してください．
Please *speak* freely.
はつこい 初恋 *my* first love
▶ 彩音はぼくの初恋の人だった．
Ayane was my *first love*.
はっこう 発行する publish [パブリシ]
▶ この雑誌は毎月発行されている．
This magazine *is published* every month.
発行部数 a circulation
バッジ (記章) a badge [バッヂ]
▶ バッジをつける put on a *badge*
はっしゃ¹ 発車する leave [リーヴ], start [スタート]
▶ 「次の特急は何時に発車しますか」「9時30分です」
"When [What time] will the next special express *leave*?" "At 9:30."
▶ 発車いたします．All aboard. (▶「みなさん乗車してください」という意味)
はっしゃ² 発射する (銃じゅうなどを) fire [ファイア]；(ロケットなどを) launch [ローンチ]
はっしょうち 発祥地 the birthplace [バ〜スプレイス]
ばっすい 抜粋する extract [イクストゥラクト]
ばっする 罰する punish [パニシ]
▶ 母親はむすこがうそをついたので罰した．
The mother *punished* her son for telling a lie.
はっせい¹ 発声 vocalization [ヴォウカラゼイション]
はっせい² 発生する occur [オカ〜], happen [ハプン]
はっそう 発送する send [センド] out
バッタ (虫) a grasshopper [グラスハパァ]
バッター (野球) a batter [バタァ]
バッターボックス a batter's box

はったつ 発達

development [ディヴェロプメント]
発達する develop [ディヴェロプ]
▶ 春樹は運動神経が発達している．
Haruki has quick reflexes.

> 🟥 プレゼン
> みなさんはITの発達がわれわれを幸せにすると思いますか．
> Do you think the development of IT makes us happy?

six hundred and fifty-one 651

ばったり

ばったり 《偶然に出会う》run into, bump into, come across
- 今日，映画館の前で武田先生にばったり会った．
I *ran into* Mr. Takeda in front of the movie theater today.

バッチリ
- バッチリだよ！
Perfect! / *Great!*

バッティング 《野球》batting [バティング]

バッテリー 《電池》a battery [バテリィ]；《野球の》a battery

はってん 発展 (a) development [ディヴェロプメント], growth [グロウス]
- 都市の発展 the *growth* of cities
発展する develop [ディヴェロプ], grow [グロウ]
発展途上国 a developing country

> プレゼン
> 私たちは発展途上国の貧困を減らす手助けをしなければなりません．
> We must help reduce poverty in developing countries.

はつでん 発電する generate electricity [ヂェネレイト イレクトゥリスィティ]
- 太陽光発電
solar power *generation*
発電機 a generator [ヂェネレイタァ]
発電所 a power plant

はっと はっと驚く start [スタート]

バット 《野球》a bat [バット]
- バットをふる
swing a *bat*

ハットトリック 《サッカーなど》a hat trick [ハットゥリック]

はつばい 発売する sell；《出版物・製品を》come out 《with》；put ... on sale
- 彼らは来月新しいテレビゲームを発売する．They are going to *come out with* a new video game next month.
発売日 a release date

ハッピー ハッピーな happy [ハピィ]
ハッピーエンド a happy ending

はっぴょう 発表（公表）
(an) announcement [アナウンスメント]；《授業などでの》presentation [プレゼンテイション]
発表する announce；《授業などで》make a presentation
- 合格発表は2月20日です．
The successful candidates will *be announced* on February 20.
発表会 a recital [リサイトゥル]
- バイオリンの発表会 a violin *recital*

はつみみ 初耳
- それは初耳だ．That's *news* to me.

はつめい 発明 (an) invention [インヴェンション]
発明する invent
- アレクサンダー・グラハム・ベルは電話を発明した．
Alexander Graham Bell *invented* the telephone.
発明家，発明者 an inventor
発明品 an invention

はつもうで 初詣 *hatsumode*, the first visit of the year to a shrine or temple
- 元日に伏見稲荷大社に初詣に行った．
We made *the first visit to* Fushimi Inari Taisha *on New Year's Day.*

はで 派手な《人や服装などが》showy [ショウィ], flashy [フラシィ]；《色や柄が》loud [ラウド]（反）地味な quiet）
- あの子，いつもはでな服を着てるね．
That girl always wears *showy* clothes.

パティシエ a pastry chef [ペイストゥリィ シェフ]

ばてる be dead tired
- おれ，ばてたよ．
I'*m dead tired.*

ハト 《鳥》a pigeon [ピヂョン]；《小型の》a dove [ダヴ] →とり（図）
- 伝書バト
a carrier *pigeon* / a homing *pigeon*
ハト小屋 a pigeon house
ハト時計 a cuckoo [ク(ー)クー] clock

パトカー a police car, a patrol car

バドミントン badminton [バドゥミントゥン]（▶イギリスの地名から）
- バドミントンをする
play *badminton*
バドミントン部 a badminton team

パトロール patrol [パトゥロウル]
パトロールする patrol
- パトロール中のおまわりさん
a police officer on *patrol*

バトン a baton [バトン]
バトンガール a baton twirler [トゥワ～ラァ]
バトンタッチ a baton pass
バトントワラー a baton twirler

はな¹ 花

（一般(いっぱん)に）a **flower** [フラウア］；（果樹の）
(a) **blossom** [ブラサム]
花が咲く open, be out, come out,
bloom [ブルーム]；（果樹の花が）
blossom →さく¹

▶ 忘れずに花に水をやってね.
Be sure to water the *flowers*.
▶ 母は花を育てるのが好きだ.
My mother loves growing *flowers*.
▶ 桜の花が散ってしまった.
The cherry *blossoms* are gone.
▶ 姉は花びんに花を生けていた.
My sister was arranging *flowers* in a vase.

花柄 a floral [フローラル] pattern
花ことば the language of flowers
花畑 a flower field
花屋 (店)a flower shop；(人)a florist[フローリスト]

はな² 鼻

a **nose** [ノウズ]；（犬・馬などの）a muzzle[マズル]；（ゾウの)a trunk[トゥランク]；
（ブタなどの）a snout [スナウト]
▶ 私の父は鼻が高い.
My father has a long *nose*. (▶ 「鼻が低い」ならa flat nose)
▶ ゾウは鼻が長い.
An elephant has a long *trunk*. / Elephants have long *trunks*.
▶ 鼻がつまっちゃった.
My *nose* is stuffy [stuffed up]. / I have a stuffy *nose*.
▶ 鼻水が出るんだ.
My *nose* is running [runny]. / I have a runny *nose*.
▶ 人前で鼻をほじっちゃだめよ.
Don't pick your *nose* in public.
▶ 鼻をかみなさい. Blow your *nose*.

nose
（鼻）

snout
（ブタの鼻）

muzzle
（犬・馬などの鼻）

trunk
（ゾウの鼻）

鼻歌 humming [ハミング]
鼻声 a nasal [ネイズル] voice
▶ ひどい鼻声だね.
You have a very *nasal* voice.
鼻血 a nosebleed [ノウズブリード]

①lily

②violet

③carnation

④dandelion

⑤hydrangea

⑥cosmos

⑦morning glory

⑧sunflower

⑨chrysanthemum

⑩rose

⑪peach blossoms

⑫cherry blossoms

花　①ユリ　②スミレ　③カーネーション　④タンポポ　⑤アジサイ［ハイドゥレインヂャ］
　　⑥コスモス　⑦アサガオ　⑧ヒマワリ　⑨キク　⑩バラ　⑪モモ　⑫サクラ

はなざかり ▶

- 鼻血を出す have a *nosebleed*
- 鼻血が出た．ティッシュ持ってきて．
  My *nose is bleeding*. Please bring me some tissues.

  鼻の穴 a nostril [ナストゥリル]

  > **日本語NAVI**
  > 鼻が高い 意味 ほこらしい
  > →ほこり¹, じまん, とくい
  > 鼻であしらう 意味 相手をばかにしていいかげんにあつかう →あつかう, ばか
  > 鼻にかける 意味 自慢する
  > →じまん, うぬぼれ
  > 鼻につく 意味 あきあきしていやになる
  > →あきる, いや², うんざり, ふゆかいな
  > 鼻をつく 意味 (不快なにおいが)鼻を刺激する
  > →におう, くさい

はなざかり 花盛りで in full bloom [ブルーム], at *its* best →まんかい

はなし 話

使い分け
(会話) → a talk
(話すこと・物語) → a story
(話題) → a subject, a topic
(うわさ) → a story, a rumor

1 (会話) a **talk** [トーク]
話をする talk, have a talk →はなす¹
- 私は放課後先生と話をした．
  I *talked* to [with] my teacher after school.
- 由美と電話で長話をした．
  I had a long *talk* with Yumi on the phone.

  > **スピーキング**
  > Ⓐ ちょっと話があるんだけど．
  > I have something to talk about to [with] you.
  > Ⓑ いいよ．何なの？
  > Sure. What is it?

- (電話で) また話し中だ．
  The line is busy again.
- 岡先生は話がわかる(→理解がある).
  Mr. Oka is *understanding*.

2 (話すこと・物語) a **story** [ストーリィ]
- 彼女の話，信じられないよ．

  I can't believe her *story*. / I can't believe *what she said*.
- これは実際にあった話なんだ．
  This is a true *story*.
- 校長先生は話がじょうずです．
  The principal is a good *speaker*.

3 (話題) a **subject** [サブヂェクト], a **topic** [タピク]
- 話をそらさないでよ．
  Don't change the *subject*. / Stay on the *topic*.
- 別の話(→ほかの話題)にしない？
  Can we *talk about* something else?

4 (うわさ) a **story**, a **rumor** [ルーマァ]

  > **表現力**
  > …という話だ
  > → I hear [heard] … . /
  > They say … .

- 小野君は転校するという話だよ．
  I hear Ono will change schools. (▶ They say Ono … . ともいう)

はなしあう 話し合う talk [トーク] (about), discuss [ディスカス] →はなす¹
- それはあした話し合おう．
  Let's *talk about* it tomorrow. / Let's *discuss* it tomorrow. (▶ discuss ˣabout としない)

はなしかける 話しかける talk to, speak to →はなす¹
- 明日香に話しかける勇気が出ないんだ．
  I don't have the courage to *talk to* Asuka.

はなしことば 話し言葉 spoken language

はなす¹ 話す

speak [スピーク], **talk** [トーク], **tell** [テル]
- もう少しゆっくり話してもらえますか．
  Would you *speak* a little more slowly?

  > **表現力**
  > …を話す → speak …
  > …に話しかける → speak to …

- マイクは日本語を話すの？
  Does Mike *speak* Japanese?
- (電話で) スミスさんとお話ししたいのですが．
  May I *speak to* Mr. Smith?

◀ **はなみ**

> 📣 表現力
> …について話す
> → talk about ... /
> （議論する）discuss ...

▶ 学級会でいじめについて話し合いました.
We *talked about* bullying in the class meeting. (▶ We *discussed* bullying ... . ともいう)

▶ 何を話していたの？
What were you *talking about*?

> 📣 表現力
> …と話す → talk to ... / talk with ...

▶ まずご両親に話したほうがいいと思うよ.
I think you should first *talk to* [*with*] your parents.

▶ ちょっときみと話したいんだけど. Can I *talk to* [*with*] you for a minute?

> 📣 表現力
> （人）に…を話す
> → tell +人 ... / tell ... to +人

▶ だれもほんとうのことを話してくれなかった.
Nobody *told* me the truth. / Nobody *told* the truth *to* me.

▶ このことはだれにも話さないでね.
Don't *tell* this *to* anyone.

▶ ちょっと話したいことがあるんだけど.
I have something to *tell* you.

> 📣 表現力
> （人）に…について話す
> → tell +人 + about ...

▶ 学校生活について話してもらえますか.
Would you *tell* me *about* your school life?

> 📣 用法 talk と speak と tell
> talk は「人とうちとけて話す」場合によく使う. Let's *talk* together. (さあいっしょに話そう) speak は「しゃべる」という動作や話のしかたに重点がある. Please *speak* more clearly. (もっとはっきり話してください) tell は「話の内容を相手に伝える」こと. *Tell* me more about it. (それについてもっと話してください)

speak
（言語を）話す

talk
（相手と）話す

tell
（情報を）話す

はなす² 離す
part [パート]
▶ 姉は携帯電話を片時もはなさない.
My sister always keeps her cellphone with her.
▶ 荷物から目をはなしちゃだめだよ. Keep an eye on your luggage. / Don't take your eyes *off* your luggage.
▶ ごめん，いま手がはなせないんだ.
I'm sorry, but I'm *busy* right now.

はなす³ 放す **1**（手を放す）let ... go [ゴゥ], let go of ...
▶ 手を放してよ. *Let* me *go*.
▶ （自転車の）ハンドルを放すんじゃないよ.
Don't *let go of* the handlebars.
2（にがす）set ... free [フリー]
▶ セミを放してやった.
I *set* the cicada *free*.

はなたば 花束 a bouquet [ボウケイ]
▶ バラの花束 a *bouquet* of roses

バナナ《植物》a banana [バナナ]
▶ 1 ふさのバナナ a bunch of *bananas*

はなび 花火 fireworks [ファイアワ〜クス] (▶ 複数形で使う)
▶ 花火をあげる set off *fireworks*
▶ ゆうべ, 友だちと花火（大会）を見にいった.
My friends and I went to see the *fireworks* (*display*) last night.
花火大会 a fireworks display [ディスプレイ]

はなびら 花びら a petal [ペトゥル]
はなみ 花見をする （桜の）see cherry

six hundred and fifty-five 655

はなむこ

blossoms
- 公園に花見に行こう.
Let's go to the park and *see the cherry blossoms*.

はなむこ 花婿 a bridegroom [ブライドグル(ー)ム] (対 花よめ bride)

はなやか 華やかな bright [ブライト], gorgeous [ゴーヂャス]
- はなやかな色 *bright* colors

はなよめ 花嫁 a bride [ブライド] (対 花むこ bridegroom)
花よめ衣装 a wedding dress

はなればなれ 離れ離れになる become separated [セパレイティド]

はなれる 離れる

(去る) leave [リーヴ]; (距離が) be away 《from》
- 兄は日本をはなれて3年になる.
It's been three years since my brother *left* Japan.
- ここから駅までは10キロはなれている.
The station *is* 10 kilometers *away from* here.
- そのドアからはなれなさい!
Get *away* from the door!

はなわ 花輪 (ドーナツ型の) a wreath [リース]

はにかむ be shy [シャイ]
はにかんで shyly
- 花よめははにかんで私たちににっこりした.
The bride smiled *shyly* at us.

パニック (a) panic [パニック]
パニック(状態)になる panic
- 地震が起こったとき, 私たちはパニックになった.
When the earthquake occurred, we *panicked*.

バニラ vanilla [ヴァニラ]
- 「アイスクリームはどれがいい？」「バニラがいい」 "What flavor of ice cream do you want?" "*Vanilla*, please."
バニラアイス vanilla ice cream

はね 羽 (つばさ) a wing [ウィング]; (羽毛) a feather [フェザァ]

ばね a spring [スプリング]

はねつき 羽根つき Japanese badminton [バドミントゥン]

ハネムーン a honeymoon [ハニムーン]
- ハネムーンはどこに行くの？
Where are you going on your *honeymoon*?

はねる (とび上がる) jump [ヂャンプ]; (ボールが) bounce [バウンス]; (どろなどが) splash [スプラッシ]; (車が) hit [ヒット]
- 魚が水面にはねた.
A fish *jumped* out of the water.
- 5歳の男の子が車にはねられた.
A five-year-old boy *was hit* by a car.

パネル a panel [パネル]

はは 母

a mother [マザァ] (対 父 father)
- 母ネコ a *mother* cat
- 2児の母 a *mother* of two children
- 義理の母 a *mother*-in-law
- まま母 a step*mother*
- 母はいま留守です.
My mother is out now.

> **用法** 「お母さん!」の言い方
> 「お母さん!」と呼びかけるときは, my をつけず **Mom** あるいは **Mother** がふつう. **Mommy** は小さい子どもが使う. →おかあさん

母の日 Mother's Day
- 母の日おめでとう!
Happy *Mother's Day*!

はば 幅

width [ウィドゥス]
幅の広い wide [ワイド], broad [ブロード] →ひろい
幅のせまい narrow [ナロウ] →せまい
- 幅の広い道 a *wide* road (▶ 「幅のせまい道」は a narrow road)
- その川幅がどれくらいあるかわかりますか.
Do you know how *wide* the river is? / Do you know the *width* of the river?

> **スピーキング**
> Ⓐ カーテンの幅はどれだけあるの？
> How wide is the curtain?
> Ⓑ 180cmだよ.
> It's 180 centimeters wide.

◀ はやい

幅とび the long jump
パパ a dad [ダッド], a daddy [ダディ] (▶もっとも一般的なのは dad. 小さな子どもは daddy をよく使う. papa はあまり使われない) →おとうさん
パパイア a papaya [パパイヤ]
ははおや 母親 a mother [マザァ]
▶ 母親らしい愛情 *motherly* love
ばばぬき ババ抜き Old Maid [メイド]
パブ a pub [パブ]
パフェ a parfait [パーフェイ] (▶フランス語から)
▶ チョコレートパフェ a chocolate *parfait*
パフォーマンス (a) performance [パフォーマンス]
はぶく 省く (手間などを) save [セイヴ]; (むだなどを) not waste [ウェイスト]
▶ おかげでだいぶ手間が省けました.
Thanks for *saving* me a lot of time and trouble.
▶ 時間のむだを省きなさい.
Don't waste your time.
ハプニング a happening [ハプニング]
▶ 旅行中にちょっとしたハプニングがあった.
Something *happened* during the trip.
はブラシ 歯ブラシ a toothbrush [トゥースブラシ]
バブル a bubble [バブル]
はへん 破片 a broken piece [ブロウクンピース]
▶ ガラスの破片 *pieces of broken* glass
はま 浜 a beach [ビーチ]
ハマグリ (貝) a clam [クラム]
はまべ 浜辺 a beach [ビーチ]
▶ 浜辺で on the *beach*
▶ 朝, 浜辺を散歩するのはとても気持ちがいい.
It's very nice to walk along the *beach* in the morning.
はまる (ぴったり合う) fit [フィット] (in); (のめりこむ) be really into, get hooked [フックト] on →あう²
▶ 電池のふたがはまらない.
The battery cover doesn't *fit* (in).
▶ 弟はそのバンドにはまっている.
My brother *is really into* the band.
はみがき 歯みがき (歯をみがくこと) tooth-brushing; (ねり歯みがき) toothpaste [トゥースペイスト]

ハミング humming [ハミング]
ハミングする hum [ハム]
ハム (肉の加工品) ham [ハム]; (アマチュア無線家) a ham
ハムエッグ ham and eggs
ハムサンド a ham sandwich
ハムスター (動物) a hamster [ハムスタァ]
ハムレット Hamlet [ハムレト] (▶シェークスピアの四大悲劇の1つ; またその主人公の名)
はめつ 破滅 ruin [ルーイン]
破滅する be ruined
はめる 1 (身につける) put [プット] on; (身につけている) wear [ウェア] →つける¹
▶ 外は寒いから, 手ぶくろをはめなさい.
Put on your gloves. It's cold outside.
▶ 彼女は結婚指輪をはめている.
She *is wearing* her wedding ring.
2 (はめ込む, 取りつける) put in [on], fit (in)
▶ 網戸をはめてくれる? Could you *put in* the window screen?
▶ 上着のボタンをはめなさい.
Button up your jacket. (▶button up のかわりに do up ともいう)
ばめん 場面 a scene [スィーン]
▶ (映画の) 最後の場面にはとても感動した.
I was deeply impressed by the last *scene*.

はやい 早い, 速い

使い分け
(時刻が) → early
(速度が) → fast
(動作が) → quick

early

fast

quick

six hundred and fifty-seven 657

はやおき ▶

1 (時刻が) **early** [ァ~ゥリィ] (反 おそい late)
▶ 父は朝起きるのが早い.
My father gets up *early* in the morning.
▶ あきらめるのはまだ早いよ.
It's too *early* to give up.
▶ 早ければ早いほどいい.
The *sooner*, the better.

2 (速度が) **fast** [ファスト] (反 おそい slow); (動作が) **quick** [クウィック]; (速度・動作が) **rapid** [ラピド]
▶ 彼は足が速い.
He is a *fast* runner. / He runs *fast*.
▶ 姉は頭の回転が速い.
My sister is a *quick* thinker.
▶ 時がたつのは早い. Time flies.

> 💬 表現力
> …するのが速い
> → be quick at ... / be quick to ...

▶ ヒロシは計算が速い.
Hiroshi *is quick at* figures. (▶ at のかわりに with を使うこともある)
▶ 弟はのみこみが早い.
My brother is a *quick* learner. (▶ a *fast* learner ともいう) / My brother *is quick to* learn.

はやおき 早起きする get up early
▶ 早起きは三文の得. (ことわざ)
The *early* bird catches the worm. (▶「早起きの鳥は虫をつかまえる」の意味)

はやがてん 早合点する
▶ 早合点しないで (→結論を急ぐな).
Don't *jump to conclusions*.

はやく 早く, 速く →はやい

> 使い分け
> (時刻が) → early
> (すぐに) → soon
> (速度が) → fast
> (動作が) → quickly

1 (時刻が) **early** [ァ~ゥリィ] (反 おそく late); (すぐに) **soon** [スーン]
▶ 早く帰ってきてね. Come back *early*.
▶ 今日はいつもより20分早く学校に着いた.
I got to school twenty minutes *earlier* today.
▶ 早くよくなってください.

I hope you (will) get well *soon*.
▶ なるべく早く電話して.
Please call me as *soon* as possible.
(▶ as soon as you can ともいう)

2 (速度が) **fast** [ファスト] (反 おそく slowly); (動作が) **quickly** [クウィクリィ]
▶ もっと速く走れたらなあ.
I wish I could run *faster*.

> 💬 スピーキング
> Ⓐ 早くして！
> (Be) quick! / Hurry (up)!
> Ⓑ ちょっと待って. あともう少しだから.
> Wait a minute. I'm almost ready.

▶ 早くしないと授業におくれるよ.
Hurry, or you'll be late for class.
▶ 早くこっちに来なさい.
Come here *quick*(*ly*).

はやくち 早口
▶ きみは早口だね.
You *speak fast* [*quickly*].
早口ことば a tongue twister [タングトゥウィスタァ]

> ⓘ参考 早口ことばの例
> She sells seashells by the seashore. (彼女は海辺で貝がらを売る)

はやさ 速さ speed [スピード]
はやし 林 woods [ウッヅ] (▶複数形で使うことが多い) →もり
▶ 私たちは林の中へ入っていった.
We walked into the *woods*.

ハヤシライス rice with hashed beef [ハッシトビーフ]
はやとちり 早とちり →はやがてん
はやね 早寝する go to bed early
はやびけ 早引けする leave early, go home early
▶ おなかが痛いんです. 早引けしていいですか.
I have a stomachache. May I *go home early*?

はやめ 早め
▶ 早めに夕食にしましょう.
Let's have an *early* supper.

はやめる 早める, 速める
▶ パーティーの日どりを早めよう.
Let's *hold* the party *at an earlier*

◀ **ばらばら**

date.
はやり (a) fashion [ファション] →りゅうこう
はやる 1 (人気がある) be popular [パピュラア]; (流行する) be in fashion
▸ いまどんな音楽がはやっていますか.
What kind of music *is popular* now?
▸ ニューヨークではこういうバッグがはやっています.
These bags *are* now *in fashion* in New York.
2 (病気が) go around
▸ いまインフルエンザがはやっている.
The flu *is going around* now.

はら¹ 腹 →おなか

(胃・腹部) the stomach [スタマク]
▸ 腹が痛い. I have a *stomachache*.
▸ 腹が減った. I'm *hungry*.
▸ 腹いっぱいだ. I'm *full*.
▸ 腹を立てる get angry
▸ 彼は腹ばいになって漫画を読んでいる.
He is reading a comic book, lying on his *stomach*.

🔵 **日本語NAVI**
腹が黒い ☞悪いことをたくらんでいる
→**たくらみ, ずるい**
腹がすわる ☞度胸があって落ち着いている
→**どきょう**
腹をかかえる ☞大笑いする
→**わらう, こえ, おおごえ**
腹をくくる ☞覚悟を決める →**かくご**
腹を割る ☞本心を打ち明ける
→**うちあける, ほんしん**

はら² 原 (野原) a field [フィールド]
バラ (植物) a rose [ロウズ]
▸ 野バラ a wild *rose*
▸ バラはイングランドの国花です.
The *rose* is the national flower of England.
ばら色の rose-colored, rosy [ロウズィ]
はらいもどし 払い戻し(金) (a) refund [リーファンド]
払い戻す refund [リファンド]
▸ この切符を払いもどしたいのですが.
I'd like (to get) a *refund* on this ticket, please.

はらう 払う

1 (金を) **pay** [ペイ]
▸ 現金で払ったの？
Did you *pay* in cash?
▸ 私は2000円払った. I *paid* 2,000 yen.
▸ 電話代はもう払ってるよ.
I've already *paid* the phone bill.

🔶 **表現力**
(人)に(金額)を払う
→ **pay +金額+ to +人 /
pay +人+金額**

▸ 康介に1000円払ったよ.
I *paid* 1,000 yen *to* Kosuke. / I *paid* Kosuke 1,000 yen.

🔶 **表現力**
(物)に払う → **pay for +物**

▸ ピアノのレッスン料は両親が払ってくれた.
My parents *paid for* my piano lessons.
▸ ぼくが払うよ.
I'll *pay for* it. / (おごるよ) It's on me.

🔶 **表現力**
(物)に(金額)を払う
→ **pay +金額+ for +物**

▸ そのセーターを買うのに3000円払った.
I *paid* 3,000 yen *for* the sweater.
2 (注意を) **pay**
▸ 私たちはその男の子に注意を払わなかった.
We didn't *pay* attention to the boy.
3 (ほこりを) **dust** [ダスト]
▸ 本のほこりを払う *dust* books

バラエティー variety [ヴァライエティ]
バラエティー番組 a variety show
パラシュート a parachute [パラシュート]
ハラスメント harassment [ハラスメント]
パラソル (日がさ) a parasol [パラソ(ー)ル]
はらっぱ 原っぱ an open field
はらはら はらはらする (不安で) feel nervous [ナ〜ヴァス], feel uneasy [アンイーズィ]; (興奮して) be excited [イクサイティド]
▸ 彼のスカイダイビングを見てはらはらした.
I *felt nervous* watching him skydive.
▸ はらはらするような試合
an *exciting* game
ばらばら
▸ 弟はおもちゃをばらばらに分解した.

six hundred and fifty-nine 659

ぱらぱら

My brother took the toy *apart*.
- 行きは全員いっしょだったが，帰りはばらばらだった．
  We went there together but came back *separately*.

ぱらぱら (雨がぱらぱら降る) sprinkle [スプリンクル]；(ページをめくる) leaf through
- 本のページをぱらぱらとめくる
  leaf through the pages of a book

パラリンピック the Paralympics [パラリンピクス]

バランス balance [バランス]
- バランスをとる keep my *balance*
- バランスを失う lose my *balance*

はり 針 (留め針) a pin [ピン]；(時計の針) a hand [ハンド]；(ぬい針・レコード針) a needle [ニードゥル]；(つり針) a hook [フック]；(ハチなどの針) a sting [スティング]
- 針に糸を通す thread a *needle*
- 時計には 2 本の針，短針と長針がある．
  A clock has two *hands*, an hour *hand* and a minute *hand*.

パリ (地名) Paris [パリス]
バリアフリー barrier-free [バリアフリー]
ハリウッド (地名) Hollywood [ハリウド]
はりがね 針金 (a) wire [ワイア]
ばりき 馬力 horsepower [ホースパウア] (▶ hp と略す)
- 200 馬力のエンジン a 200 *hp* engine
- あいつはかなり馬力がある．
  He is very *energetic*.

はりきる 張り切る be in high spirits
- 「いやに張りきってるね．どうしたの？」「真梨江ちゃんから手紙をもらったんだ」
  "Why *are* you *in* such *high spirits*?" "I got a letter from Marie."

バリケード a barricade [バリケイド]
- バリケードを築く barricade

ハリケーン a hurricane [ハ〜リケイン]
はりつける 貼り付ける stick [スティック], paste [ペイスト]
- URL をコピーしてアドレスバーに貼り付ける
  copy and *paste* the URL into the address bar

バリトン 《音楽》baritone [バリトゥン]

はる¹ 春 →きせつ (図)

spring [スプリング] (▶月や曜日とちがって，語頭は小文字で書く)
- 春先に
  early in (the) *spring* / in early *spring*
- 春が来た．
  Spring is here. / *Spring* has come.
- 桜の花は春に咲く．
  Cherry blossoms come out in (the) *spring*. (▶「春には」は in を使う)
- 2025 年の春に in the *spring* of 2025 (▶特定の年の春を言うときはふつう the をつける)

> ✎ ライティング
> 私は来年の春，中学を卒業します．
> I will finish junior high school next spring.
> (▶ next, this, last などがつくときは in をつけない)

春風 a spring breeze [ブリーズ]
春雨 (a) spring rain
春巻き an egg roll, a spring roll
春休み (米) a spring vacation [ヴェイケイション] (英) spring holidays

はる² 張る (テントなどを) set up, pitch [ピッチ]；(ひもなどを) stretch [ストゥレッチ]
- この辺にテントを張ろうか．
  How about *setting up* the tent around here?
- もっとロープをぴんと張って．
  Pull the rope *tighter*. / *Stretch* the rope.

はる³ 貼る put [プット], stick [スティック]
- はがきに切手をはるのを忘れた．
  I forgot to *put* a stamp on the postcard.
- 「この写真をかべにはってくれない？」「オーケー」
  "Would you *put* this picture *up* on the wall?" "OK."

はるか 1 (遠くに) far [ファー], far away
- はるか方方に *far* ahead

2 (程度がより) much [マッチ], a lot [ラット], by far →ずっと
- このほうがはるかに重要だ．
  This is *much* more important. (▶ a lot more ... ともいう) / This is more important *by far*.

バルコニー a balcony [バルコニィ]
はるばる all the way
- その男ははるばる函館からやってきた．

He came *all the way* from Hakodate.
パルプ (wood) pulp [パルプ]

はれ 晴れた

fair [フェア], (快晴の) clear [クリア], (明るく日のさす) sunny [サニィ], fine [ファイン]
- 晴れた空 *clear* skies
- 晴れの天気
  fair weather / *nice* weather
- 晴れのちくもり. *Fair*, cloudy later.
- あすは晴れでしょう.
  It will be *sunny* tomorrow.

バレエ (舞踊) (a) ballet [バレイ]
- バレエを習う take *ballet* lessons

パレード a parade [パレイド]
  パレードする parade

バレーボール volleyball [ヴァリボール]
- バレーボールをする play *volleyball*
  バレーボール部 a *volleyball* team

はれつ 破裂 a burst [バ～スト]
  破裂する burst, blow up

パレット a palette [パレト]

バレリーナ a ballerina [バレリーナ]

はれる¹ 晴れる

1 (空が) clear [クリア] (up)
- じきに晴れるよ. It will *clear up* soon.
- 晴れてよかった.
  I'm glad it *cleared up*.
- 空が晴れてきた. The sky *is clearing*.
- 霧が晴れた.
  The fog *cleared away*.

2 (気分が)
- 何をしても気が晴れない.
  Nothing can *cheer* me *up*. / Nothing can *make* me *cheerful*.

3 (疑いが)
- きみの疑いは晴れたよ.
  Nobody doubts you any more. / You *have been found not guilty*.

はれる² 腫れる swell [スウェル]
- 足首がはれてしまった.
  My ankle *has swollen*. / I have a *swollen* ankle.

ばれる come out, be out
- 私たちの秘密がばれたみたいだ.
  I'm afraid our secret *is out* [*has come out*].

バレンタインデー (Saint) Valentine('s) Day
- バレンタインデーに好きな子からチョコレートをもらっちゃったよ.
  On *Valentine('s) Day* I got some chocolate from a girl I like.

背景 ❶「バレンタインデー」はキリスト教殉教者聖バレンタイン (**Valentine**) を記念する日で2月14日. 欧米では, 愛のしるしとしてカード・手紙・おくり物 (チョコレートとはかぎらない) をおくる. 男女どちらからおくってもよい. また家族や級友, 先生などにもおくる.
❷この日におくるカードやおくり物のことを **a valentine** という. また「恋人」も **a valentine** といい, カードにはよく **Be my valentine.** (私の恋人になって) と書く.

ハロウィーン Halloween [ハロウィーン], Hallowe'en

背景 ハロウィーンは10月31日の夜に行われる祭り. 特にアメリカの子どもたちは魔女や黒ネコなどさまざまな仮装をして **"Trick or treat!"** (お菓子をくれなければいたずらするぞ) と言って家々をまわり, キャンディーなどをもらう.

パロディー a parody [パロディ]

バロメーター a barometer [バラミタァ]
- 食欲は健康のバロメーターだ.
  Your appetite is a *barometer* of your health.

パワー power [パウア]

ハワイ Hawaii [ハワーイー] (▶太平洋上にあるハワイ諸島から成るアメリカの州. HI と略す); (諸島) the Hawaiian Islands
  ハワイの Hawaiian [ハワーヤン]

パワフル powerful [パウアフル]

はん¹ ▶

はん¹ 半 →はんぶん

(a) **half** [ハフ] (複数 **halves**)

▸ 3時半です．
It's *half* past three. / It's three *thirty*.
▸ そこに行くのに1時間半かかった．
It took one and *a half* hours to get there.
▸ こちらに住んで半年になります．
We've lived here for *six months*.
半ズボン **shorts**
半そで(シャツ) a short-sleeved shirt

はん² 判 (はんこ) a *hanko*, a (Japanese) seal [stamp]
判を押す put *my hanko* / put *my* seal [stamp]

はん³ 版 (本の) an **edition** [エディション]
▸ 初版 the first *edition*
▸ 改訂版 the revised *edition*

はん⁴ 班 a **group** [グループ]
▸ 私たちは小さな班に分かれて遠足に行った．
We went on the outing in small *groups*.
班長 a group leader
バン (自動車) a **van** [ヴァン]

ばん¹ 晩 →よる¹

(日没ごろから寝るまで) (an) **evening** [イーヴニング]; (日没から日の出まで) (a) **night** [ナイト]
▸ 晩に in the *evening* / at *night*
▸ 晩は家にいる？
Will you be home in the *evening* [at *night*]?
▸ あしたの晩はひま？
Are you free tomorrow *evening*? (▶ this, tomorrow, yesterday などがつくときは in などはつけない)
▸ 金曜日の晩に桃子が来た．
Momoko came over on Friday *evening*. (▶「…曜日の晩に」というときは on をつける)
▸ 私は朝から晩まで働いた．
I worked from morning till *night*.
▸ 一晩じゅう all *night* (long)

ばん² 番

1 (番号) a **number** [ナンバァ] (▶ No. と略す)
▸ 動物園行きのバスは何番ですか．
What *number* is the bus for the zoo?
▸ 「電話番号は何番？」「3432-2502番」
"What's your phone *number*?" "It's 3432-2502." →ばんごう
▸ 「大船行きの電車は何番線ですか」「4番線です」
"What *track* does the train for Ofuna leave from?" "*Track* 4."

2 (順番) *my* **turn** [ターン]; (…番目) (▶序数を使う)
▸ 次はぼくの番だ．
It's my *turn* next. / (次はぼくだ) I'm next.

> 🗨 スピーキング
> 🅐 今度はだれが歌う番ですか．
> Whose turn is it to sing now?
> 🅑 私が歌う番です．
> It is my turn (to sing).

▸ (店で) 右から2番目のをください．
I'd like the *second* one from the right.
▸ 「桜町は何番目の駅ですか」「4番目です」
"*How many* stops are there before Sakuramachi?" "There're *three*." (▶ 英語では「その手前にいくつ駅があるか」と聞くので日本語の場合より駅の数が1つ減る) →なんばん

3 (見張り) (a) **watch** [ワッチ]
番をする watch
▸ 荷物の番をしていてくれますか．
Would you *watch* my baggage?

パン

bread [ブレッド] (▶ a をつけず，複数形にしない．日本語の「パン」はポルトガル語から)
▸ パン1枚 a slice of *bread* (▶「2枚」なら two slices of bread)
▸ 食パン1斤 a loaf of *bread* (▶「2斤」なら two loaves of bread)
▸ 焼きたてのパン freshly baked *bread*
▸ (トースターで) パンを焼いてくれる？
Would you toast my *bread*? (▶オーブンで生地からパンを焼くことは bake bread という)
▸ 朝はパンですか，ごはんですか．
Do you eat *bread* or rice for breakfast?

◀ **はんけい**

パン粉 bread crumbs
パンの耳 (a) crust
パン店 a bakery (▶人をさしている「パン屋さん」は a baker)

> **⓵参考 パンの種類**
> あんパン a sweet bean jam bun
> 菓子パン a sweet bun
> クロワッサン a croissant
> シナモンロール a cinnamon roll
> ジャムパン a jam bun
> 食パン white bread
> デニッシュ a Danish pastry
> トースト (1枚) a slice of toast
> フランスパン French bread
> ホットドッグ a hot dog
> ロールパン a roll

シナモンロール

はんい 範囲 a range [レインヂ]; (交際の) a circle [サ〜クル]
▶ 私の血圧は正常の範囲にある.
My blood pressure is within the normal *range*.
▶ 父は交際の範囲が広い. My father has a large *circle* of friends. (▶「範囲がせまい」なら a small circle)
▶ 中間テストの範囲はレッスン3から6までです. The midterm exam *covers* Lesson 3 to Lesson 6.
はんえい 繁栄する prosper [プラスパァ]
はんが 版画 a print [プリント]; (木版画) a woodblock [ウドゥブラク] print, a woodprint [ウドゥプリント]; (銅版画) an etching [エチング]
ハンガー a hanger [ハンガァ]
はんがく 半額 (定価の) half [ハフ] (the) price [プライス]; (運賃などの) half (the) fare [フェア]
▶ この時計, 半額で買ったんだ.

I got this watch at *half (the) price*.
▶ 子どもは半額です.
Half fare for children.
ハンカチ a handkerchief [ハンカチフ] (複数) handkerchiefs または handkerchieves), 《口語》a hankie [ハンキィ]
ハンガリー Hungary [ハンガリィ]
ハンガリーの Hungarian [ハンゲ(ア)リアン]
バンガロー a cottage [カテヂ], a cabin [キャビン] (▶英語の bungalow は平屋の小別荘や住宅のこと)
はんかん 反感 ill [イル] feelings
▶ 彼女は私に反感をもっていると思う.
I think she has *ill feelings* toward me.
はんきょう 反響 (音の) an echo [エコウ]; (反応) a response
▶ その投稿には大きな反響があった.
There were a lot of *responses* to the post.
パンク (タイヤの) a flat (tire) [フラット (タイア)]
パンクする《人・車が主語》have a flat (tire), get a flat (tire);《タイヤが主語》go flat, blow [ブロウ] out
▶ タイヤがパンクしちゃった. I *got a flat tire*. / My car *got a flat tire*. / The tire *went flat*. / The tire *blew out*.
▶ 私の自転車のパンクを直せますか.
Can you fix the *flat tire* on my bike?
ハンググライダー (器具) a hang glider [ハング グライダァ]; (飛ぶこと) hang gliding

ばんぐみ 番組

a program [プロウグラム]
▶ テレビ番組 a TV *program*
▶ ラジオ番組 a radio *program*

> 🗣スピーキング
> Ⓐ 好きなテレビ番組は何ですか.
> What is your favorite TV program?
> Ⓑ バラエティー番組ならなんでも.
> I like all kinds of variety shows.

▶ その番組は欠かさず見てるよ.
I never miss that *program*.
はんけい 半径 a radius [レイディアス] (対) 直径 diameter
▶ 半径3cmの円をかきなさい.

six hundred and sixty-three 663

はんげき

Draw a circle with a *radius* of 3 centimeters.

はんげき 反撃 a counterattack [カウンタラタク]

ばんけん 番犬 a watchdog [ワチドッ(ー)グ]

はんこ 判こ →はん²

はんこう 反抗 resistance [リズィスタンス]

反抗する rebel [リベル] (against)

反抗的な rebellious [リベリャス]

▶ 娘はいま反抗期です．My daughter is at a *rebellious* age now.

はんごう 飯ごう (炊飯ば具) a mess [メス] kit

飯ごう炊さん boiling rice in a mess kit

ばんごう 番号 →ばん²

a **number** [ナンバァ]

▶ 電話番号 a phone *number*
▶ 部屋番号 a room *number*
▶ 受験番号
an examinee's (seat) *number* / an exam *number*
▶ (電話で) 番号ちがいですが．I'm afraid you have the wrong *number*.
▶ 番号順に並んでください．
Please line up in *numerical* order [in the order of your *numbers*].

📖用法 番号の読み方

❶電話番号 ふつう1字ずつ読む．0は[オウ]と読む．同じ数が続く場合は double 〜 [ダブル 〜] と読んでよい．432-6002 は four, three, two, six, double o [オウ], two.

❷部屋番号 1字ずつ読んだり100の位で分けて読んだりする．Room 721は seven, twenty-one または seven, two, one.

❸番地 3けた以上は1字ずつ読む．Park Street 2356 は two, three, five, six.

❹西暦せき ふつう2つに分けて読む．1998年 は nineteen ninety-eight. 2000年は (the year) two thousand. 2001年 は two thousand (and) one. 2025年は twenty twenty-five または two thousand (and) twenty-five.

ばんごはん 晩ごはん (a) supper [サパァ], (a) dinner [ディナァ] →ゆうしょく

はんざい 犯罪 (a) crime [クライム]
▶ 犯罪を犯す commit a *crime*
犯罪者 a criminal [クリミヌル]

ばんざい 万歳 hurray [フレイ], hooray [フレイ]
▶ 万歳，受かったぞ．
Hurray! I passed!

ハンサムな good-looking [グドゥルキング], handsome [ハンサム]

はんじ 判事 a judge [ヂャッヂ]

ばんじ 万事 everything [エヴリスィング]
▶ 万事オーケーだ．
Everything is OK.
▶ 万事休すだ．
It's *all over* with me. / (もうだめだ) I'm done for.

パンジー 《植物》a pansy [パンズィ]

バンジージャンプ bungee [バンヂィ] jumping

はんしゃ 反射 reflection [リフレクション]
反射する reflect [リフレクト]

はんじゅく 半熟の soft-boiled [ソ(ー)フトゥボイルド] (対 固ゆでの hard-boiled)
▶ 卵は半熟でお願いします．
I'd like my egg *soft-boiled*.

はんじょう 繁盛する do good business [ビズネス], prosper [プラスパァ]
▶ あの店，繁盛してるね．
That store *is prospering* [*doing good business*], isn't it?

バンジョー 《楽器》a banjo [バンヂョウ]

はんしょく 繁殖する breed [ブリード]

パンスト 《米》pantyhose [パンティホウズ], 《英》tights [タイツ] (▶ともに複数あつかい．ˣpanty stockings とはいわない)
▶ パンスト1足 a pair of *pantyhose*

はんする 反する be against [アゲンスト]
▶ きみの行為こうは規則に反する．
You're acting *against* the rules.

はんせい 反省 reflection [リフレクション]
反省する reflect [リフレクト] 《on》; (よく考える) think over
▶ 自分のしたことを反省しなさい．
You'd better *reflect on* what you did. / You'd better *think over* what you did. (▶ over の代わりに about としてもよい)

反省会 a review meeting

はんせん 反戦の antiwar [アンティウォー(ァ)]

ばんそう 伴奏 (an) accompaniment [アカンパニメント]
伴奏する accompany [アカンパニィ]
▶ 私はピアノの伴奏で歌った.
I sang to piano *accompaniment*. / I sang *along with* the piano.
伴奏者 an accompanist [アカンパニスト]

ばんそうこう an adhesive bandage [アドゥヒースィヴ バンディヂ], a plaster [プラスタァ], 《商標》a Band-Aid [バンドゥエイド]
▶ 傷口にばんそうこうをはる
apply an *adhesive bandage* to a cut

はんそく 反則 (とくに競技で) a foul [ファウル] (play)
▶ 反則を犯す commit a *foul*

パンダ 《動物》a panda [パンダ]
▶ ジャイアントパンダ
a giant *panda*
▶ レッサーパンダ
a lesser *panda*

はんたい 反対

1 (逆) the **opposite** [アポズィト]
反対の opposite, the other
▶ hot の反対は何ですか.
What is *the opposite* of "hot"?
▶ 駅は反対方向だよ.
The station is in *the opposite* direction. (▶ the other direction としてもよい)
▶ 図書館は通りの反対側にあります.
The library is on *the other* side of the street. (▶ the opposite side としてもよい)

2 (逆らうこと) **opposition** [アポズィション]; (異議) (an) **objection** [オブヂェクション]
反対する **be against** (反 賛成する be for), **object** (to), **disagree** [ディスアグリー] (反 賛成する agree)
▶ 反対!
I *object*! / *Objection*! / I have an *objection*.
▶ 両親は私がアメリカに行くことに反対した.
My parents *were against* [*objected to*] my going to the US. / My parents *didn't agree to* my going to the US.

▶ 私は彼女の意見には反対です.
I am *against* her opinion.

はんだん 判断

(a) **judgment** [ヂャヂメント]
判断する **judge**
▶ 人を外見や身なりで判断するな.
Don't *judge* people by the way they look and dress.
▶ どちらがいいか判断がむずかしい.
It's difficult to *tell* which is better.

ばんち 番地 (住所) an address [アドゥレス, アドゥレス]; (家の番号) a house number
▶ きみの家は何番地ですか.
What is your *house number*?

パンチ a punch [パンチ]

パンツ (下着) underpants [アンダパンツ], briefs [ブリーフス], shorts [ショーツ], 《英》pants [パンツ]; (ズボン) 《米》pants, 《英》trousers [トゥラウザズ] (▶いずれも複数形で使う)
▶ パンツをはく
put on my *underpants*
▶ パンツ1枚
a pair of *underpants*
▶ 海水パンツ swimming *trunks*

はんてい 判定 (判断) a judgement [ヂャヂメント]; (決定) a decision [ディスィジョン]

パンティー panties [パンティズ] (▶複数形で使う)
▶ パンティー1枚 a pair of *panties*
パンティーストッキング pantyhose

ハンデ(ィキャップ) a handicap [ハンディキャプ]

パンデミック a pandemic [パンデミク] (▶疫病などの世界的流行)

はんてん 斑点 a spot [スパット]

バント 《野球》a bunt [バント]
バントする bunt
▶ 犠牲バント a sacrifice *bunt*

バンド¹ (楽団) a (music) band [バンド]
▶ ぼくたちは新しいバンドを結成した.
We formed a new *band*.

バンド² (帯・ひも) a band [バンド]; (ベルト) a belt [ベルト]
▶ ヘアバンド a head*band* [ヘドゥバンド]

はんとう

はんとう 半島 a peninsula [ペニンスラ]
▶ 能登の半島 the Noto *Peninsula*

はんとし 半年 six months, half a year

ハンドバッグ 《米》a purse [パ〜ス], 《英》a handbag [ハン(ドゥ)バッグ]

ハンドブック a handbook [ハン(ドゥ)ブク]

ハンドボール 《競技》handball [ハン(ドゥ)ボール]
▶ ハンドボールをする play *handball*

ハンドル (自動車などの) a (steering) wheel [(フ)ウィール]; (自転車などの) handlebars [ハンドゥルバーズ] (▶どちらの場合も×handle とはいわない)
▶ ハンドルをにぎる
hold a *steering wheel* (▶ hold は grip でもよい)
▶ ハンドルを左に切る
turn the *steering wheel* to the left (▶ turn は cut でもよい)

はんにち 半日 half a day

はんにん 犯人 (犯罪者) a criminal [クリミヌル]; (容疑者) a suspect [サスペクト]

ばんねん 晩年 my later years
▶ その作曲家の晩年は悲惨だった。
The *later years* of the composer's life were tragic.

はんのう 反応 (a) reaction [リ(ー)アクション]; (a) response [リスパンス]
反応する react [リ(ー)アクト], respond [リスパンド]

ばんのう 万能の 《米》all-around [オーララウンド], 《英》all-round [オールラウンド]
▶ 駿はスポーツ万能だ。
Shun is an *all-around* athlete. / (どんなスポーツでも得意だ) Shun is *good at all* sports.

はんぱ 半端な odd [アッド]

ハンバーガー a hamburger [ハンバ〜ガァ]

▶ ハンバーガー2つ，持ち帰り用でお願いします。
I'll have two *hamburgers* to go.

ハンバーグ a hamburger, a hamburger steak

はんばい 販売 (a) sale [セイル]
販売する sell [セル]
▶ 自動販売機
a *vending* machine

はんぴれい 反比例 inverse proportion [インヴァ〜ス プロポーション]

パンフレット a brochure [ブロウシュア]; a pamphlet [パンフレト], a leaflet [リーフレト]

はんぶん 半分

(a) half [ハフ] (複数 halves)
▶ 妹はピザを半分食べた。
My sister ate *half* of the pizza.
▶ もう半分は残しておいて。
Save the other *half*.
▶ 部員の半分は1年生だ。
Half (of) the club members are first-year students. (▶話し言葉では of は省略される)
▶ 宿題は半分終わった。
I've done *half* (of) my homework.
▶ ケーキを半分に切りなさい。
Cut the cake in *half*.
▶ 九州は北海道の約半分の大きさだ。
Kyushu is about *half* as large as Hokkaido. / Kyushu is about *half* the size of Hokkaido.

ハンマー a hammer [ハマァ]
ハンマー投げ the hammer throw

ばんめし 晩飯 supper [サパァ] →ゆうしょく

はんらん¹ 氾濫 a flood [フラッド]
はんらんする flood, overflow [オウヴァフロウ]
▶ 川がはんらんした。
The river *was in flood*. / The river *ran over* its banks. / The river *overflowed* its banks.
▶ 大都市は車がはんらんしている。
Big cities *are flooded* with cars. (▶ Big cities are overflowing ... . ともいう)

はんらん² 反乱 (a) revolt [リヴォウルト]
反乱を起こす rebel 《against》, revolt 《against》

ひ ヒ

ひ¹ 日

使い分け
(太陽) → the sun
(こよみの日) → day

1 (太陽) the **sun** [サン]；(日光) **sunshine** [サンシャイン]；(昼間) the **day** [デイ]

▶ 日がのぼった [沈んだ].
The sun has risen [set].
▶ 日の当たる部屋 a *sunny* room
▶ 日が長く [短く] なってきた.
The days are getting longer[shorter].
▶ 日の暮れないうちに帰ってきます.
We'll be back before *dark*.

2 (こよみの日) a **day** [デイ]；(日どり) a **date** [デイト]

▶ ある日 one *day*
▶ 雨の日は歩いて学校に行っている.
I walk to school on rainy *days*.
▶ 今日はハイキングにはもってこいの日だ.
It's a perfect *day* for hiking today.
▶ 日ごとに暖かくなっている.
It's getting warmer *day* by *day*.
▶ 次に会う日を決めよう.
Let's fix the *date* for our next meeting.

日の入り (a) sunset →ひのいり
日の出 (a) sunrise →ひので

ひ² 火

(a) **fire** [ファイア]；(マッチなどの) a **light** [ライト]

火をつける set fire (to)；(マッチなどに) light；(こんろなどの) turn on

▶ 火をおこす make a *fire* / build a *fire*(▶たき火や暖炉などの火には a をつける)
▶ 火がつく catch *fire*
▶ 火を消す
put out the *fire* / (こんろなどの) turn off
▶ ベスはケーキのろうそくに火をつけた.
Beth *lit* the candles on the cake.
▶ こんろの火を強く [弱く] してくれますか？
Would you turn up [down] the *heat*?
▶ なべを火にかけてくれる？

🗣 スピーキング

①「…日です」というとき
🅐 今日は何日ですか.
What's the date today? / What's today's date?
🅑 3月10日です.
It's March 10.
(▶ March (the) tenth, または, くだけて March ten と読む)
🅐 きみの誕生日はいつ？
When's your birthday?
🅑 8月7日. 私, しし座だよ.
It's (on) August 7. I'm (a) Leo.
🅐 あした何の日か知ってる？
Do you know what tomorrow is?
🅑 11月3日. 何か特別な日なのかい.
It's November 3. Is that something special?

🅐 うん, 日本では文化の日なんだ.
Yes. It's Culture Day in Japan.

②曜日をいうとき
🅐 今日は何曜日かな.
What day is today?
🅑 水曜日. 今日は英語の小テストの日だよ.
It's Wednesday. We're going to have an English quiz today.

③「…日に」というとき
🅐 私は2012年4月15日生まれ.
I was born on April 15, 2012.
(▶ April fifteenth, two thousand twelve と読む)
🅑 ほんとに？ ぼくとおんなじだ.
Really? I was born (on) the same day!

び ▶

Would you put the pot on the *fire*?
▶ 火のない所に煙は立たぬ.《ことわざ》
There is no smoke without *fire*.
▶ 火の用心《掲示》
Look [Watch] Out For *Fire* / Beware of *Fire*

び 美 beauty [ビューティ]
▶ 自然の美 the *beauty* of nature

ピアス pierced earrings [ピアスト イアリングズ]
▶ ピアスをつける
put on *pierced earrings*
▶ ピアスをしている
wear *pierced earrings*

ひあたり 日当たりのよい sunny [サニィ]

ピアニスト a pianist [ピアニスト]

ピアノ
a piano [ピアノウ]《複数 pianos》
▶ グランドピアノ a grand *piano*（▶話し言葉では単に grand ともいう）
▶ アップライトピアノ an upright *piano*
▶ 楓はピアノがうまい.
Kaede plays the *piano* well.
▶ 彼女は毎週，林先生にピアノのレッスンを受けている.
She takes *piano* lessons from Ms. Hayashi every week.

ヒアリング《語学の》listening (comprehension) [リスニング（カンプリヘンション）]；《公聴会》a hearing [ヒアリング]
ヒアリングテスト a listening (comprehension) test（▶ hearing test は「聴力検査」のこと）

ピーアール PR, P.R. [ピーアー]（▶ *public relations* の略）

ひいおじいさん a great-grandfather [グレイトゥグラン(ドゥ)ファーザァ]

ひいおばあさん a great-grandmother [グレイトゥグラン(ドゥ)マザァ]

ビーカー a beaker [ビーカァ]

ひいき ひいきする favor [フェイヴァァ]
ひいきの favorite [フェイヴァリト]
▶ 北野先生は頭のいい生徒をひいきする.
Mr. Kitano *favors* brighter students.

ビーグル《動物》a beagle [ビーグル]

ビーズ a bead [ビード]

ヒーター a heater [ヒータァ]

ピーターパン Peter Pan（▶童話の主人公の名）

ビーだま ビー玉 a marble [マーブル]
▶ ビー玉遊びをする play *marbles*

ビーチ a beach [ビーチ]
ビーチサンダル beach sandals
ビーチパラソル a beach umbrella [アンブレラ]

ピーティーエー a PTA, a P.T.A.（▶ *Parent-Teacher Association* の略）

ビート《音楽》a beat [ビート]

ビートルズ the Beatles [ビートゥルズ]

ピーナッツ《植物》a peanut [ピーナト]
ピーナッツバター peanut butter

ビーバー《動物》a beaver [ビーヴァ]

ぴいぴい ぴいぴいなく peep [ピープ]

ビーフ beef [ビーフ]

ピーマン《植物》a green pepper [ペパァ], a sweet pepper

ヒール a heel [ヒール]

ビール beer [ビア]
▶ ビール1ぱい a glass of *beer*
▶ ビール1かん a can of *beer*
▶ 生ビール
draft *beer* /《英》draught *beer*

ヒーロー a hero [ヒーロウ]《複数 heroes》

ひえる 冷える get cold, become cold
▶ 冷えてきたね．今夜は雪になりそうだ.
It's *getting cold*. It looks like snow tonight.

ピエロ a clown [クラウン]（▶「ピエロ」はフランス語の *pierrot* から）

ビオラ《楽器》a viola [ヴィオウラ]

ひがい 被害 damage [ダメヂ]
被害を与える cause damage, do damage
被害を受ける be damaged
▶ 台風は農作物に大きな被害を与えた.
The typhoon *caused* great *damage* to crops.
被害者 a victim, a sufferer

ひかえ 控え（写し）a copy
控え選手 a reserve [リザ〜ヴ]

ひかえめ 控え目な（性格・態度が）modest [マデスト], humble [ハンブル]；（おとなしい）quiet [クワイエト]
▶ 優子は（性格が）ひかえめだ.
Yuko is *modest* [*humble*]. /（おとなしい）Yuko is *quiet*.
▶ 塩はひかえめにしなさい.

Don't use too much salt.

ひがえり 日帰り
▶ 日帰り旅行 a day trip

ひかえる 控える (やめる) refrain [リフレイン] from；(さける) avoid [アヴォイド]；(ほどほどにする) cut down on, go easy on；(書き留める) write down
▶ 外出をひかえてください．
Please *refrain from* going out.
▶ 脂肪分の多い食べ物はひかえたほうがいいよ．
I think you should *cut down on* fatty foods.
▶ この番号はかならずひかえておいてください．
Be sure to *write down* this number.

ひかく 比較 (a) comparison [コンパリスン]
比較する compare [コンペア]《with, to》
比較的 relatively [レラティヴリィ], comparatively [コンパラティヴリィ]
▶ 両親はぼくと姉さんをよく比較する．
My parents often *compare* me *with* my sister．(▶ with は to でもよい)
比較級《文法》the comparative degree

ひかげ 日陰 the shade [シェイド]
▶ ぼくたちは日陰でちょっと一休みした．
We took a rest in *the shade*.
日陰の, 日陰になった shady [シェイディ]

ひがさ 日傘 a parasol [パラソ(ー)ル]

ひがし 東 →ほうがく(図)

(the) **east** [イースト]《反 西 west》(▶ E または E. と略す)
東の east, eastern
東へ, 東に east, eastward
▶ 太陽は東からのぼり西に沈む．
The sun rises in *the east* and sets in the west．(▶*from the east* とはしない)
▶ 阿蘇山は熊本県の東(→東部)にある．
Mt. Aso is in *eastern* Kumamoto Prefecture.
▶ うちの学校は公園の東の方にある．
Our school is to *the east* of the park．(▶ to the east of ... は「…の東の方に」の意味)
▶ 岡山県は広島県の東にある．
Okayama Prefecture is on *the east* of Hiroshima Prefecture．(▶ on the

east of ... は「接して…の東に」の意味)
東アジア East Asia [エイジァ]
東口 the east exit [エグズィト]
東日本 eastern Japan, the eastern part of Japan

ひがた 干潟 tideland [タイドゥランド]

ぴかぴか ぴかぴかの shiny [シャイニィ]
▶ ぴかぴかのくつ
shiny shoes

ひがむ
▶ そうひがむなよ．
Don't *be so sensitive*．(▶ so は too でもよい)

ひかり 光

(a) **light** [ライト]
▶ 太陽の光
the sun*shine* / sun*light*
▶ 星の光 star*light*
▶ 月の光 moon*light*
光ケーブル an optical cable [アプティカル ケイブル]
光センサー an optical sensor [センサァ]
光ファイバー optical fiber

ひかる 光る →かがやく

shine [シャイン]；(星などが) twinkle [トゥウィンクル]；(宝石などが) glitter [グリタァ]
▶ あそこに光っているのは何？
What's that *shining* over there?
▶ ほらっ，星がいっぱい光ってる．
Look. Lots of stars *are twinkling*.
▶ 光るものかならずしも金ならず．(ことわざ)
All that *glitters* is not gold.

ひかん 悲観的な pessimistic [ペスィミスティク]《反 楽観的な optimistic》
▶ 自分の将来に悲観的になるな．
Don't be *pessimistic* about your future.

ひきあげる 引き上げる lift [リフト] up, pull [プル] up

ひきいる 率いる lead [リード]

ひきうける 引き受ける take [テイク]《on》, undertake [アンダテイク]

ひきおこす 引き起こす bring about, cause [コーズ]

ひきかえけん 引換券(手荷物の) a claim [クレイム] tag, a claim check

ヒキガエル《動物》a toad [トウド]

ひきこもる ▶

ひきこもる 引きこもる withdraw from social life [society]；(部屋に) hole up in *my* room

ひきざん 引き算《数学》(a) subtraction [サブトラクション]《対 足し算 addition》
引き算をする subtract

ひきしめる 引き締める tighten [タイトゥン]

ひきずる 引きずる drag [ドゥラッグ]
▶ 彼は右足を引きずっていた.
He *was dragging* his right foot.

ひきだし 引き出し a drawer [ドゥローア]

ひきだす 引き出す get out, take out, draw [ドゥロー] out, withdraw [ウィズドゥロー]
▶ 銀行でお金を引き出した.
I *got* some money *out* of the bank. (▶ got は took や drew でもよい)

ひきつぐ 引き継ぐ take over, succeed [サクスィード]《to》
▶ 兄は父の仕事を引きついだ.
My brother *has taken over*[*succeeded to*] my father's business.

ひきとめる 引き止める keep [キープ]
▶ もう引き止めはしないよ.
I won't *keep* you any more.

ビキニ a bikini [ビキーニ]

ひきにく ひき肉 minced meat [ミンストミート]

ひきにげ ひき逃げの hit-and-run
▶ ひきにげした車を見た人はいなかった.
Nobody saw the *hit-and-run* car.

ひきぬく 引き抜く pull [プル] out

ひきのばす 引き伸ばす, 引き延ばす
1 (拡大する) enlarge [エンラーヂ]
▶ この写真を2倍に引き伸ばしてください.
Please *enlarge* this photo to twice its size.
2 (延期する) put off, delay [ディレイ]
▶ 雨のため学校は運動会を引き延ばした (→延期した).
My school *put off* the field day because of rain.

ひきはなす 引き離す (差をつける) pull [プル] away《from》；(無理にはなれさせる) pull ... apart《from》

ひきょう 卑きょうな (おく病な) cowardly [カウアドゥリィ]；(きたない) not fair [フェア]
▶ そんなのひきょうだよ.
That's *not fair*.
ひきょう者 a coward

ひきわけ 引き分け a tie [タイ], a draw [ドゥロー]
引き分ける draw
▶ その試合は引き分けだった.
The game was a *tie* [*draw*].

ひく¹ 引く

使い分け
(引っぱる) → pull, draw
(数・値を) → take, discount
(辞書を) → use, check
(かぜを) → catch
(引きつける) → attract

pull　　　**draw**

1 (引っぱる) **pull** [プル]《反 押す push》, **draw** [ドゥロー]；(手を引いて連れていく) lead [リード]
▶ 線を引く
draw a line
▶ そんなに腕を引っぱらないでよ.
Don't *pull* my arm like that.
▶ カーテンを引いてくれる？
Would you *draw* the curtain?

2 (数を) **take** [テイク]；(値段を) **discount** [ディスカウント], give ... a discount
▶ 10から3を引くと7になる.
If you *take* 3 from 10, 7 is left. / 10 *minus* 3 is 7. / 3 *from* 10 is 7.
▶ 「この値段を少し引いてくれませんか」「わかりました. 2割引きましょう」
"Can I *get a discount* on this?" "OK. I'll *give you a* 20% *discount*."

3 (辞書を) **use** [ユーズ], **check** [チェック]；(辞書でことばを) look up, check
▶ 辞書はよく引きますか.
Do you often *use* your dictionary? (▶ use は check や consult でもよい)
▶ わからない単語は辞書で引きなさい.
Look up words you don't know in your dictionary. (▶ look up は check でもよい)

4 (かぜを) **catch** [キャッチ] →かぜ²

◀ **ひげ**

- 私はよくかぜをひく．
  I often *catch* (a) cold.
- **5** (引きつける) **attract** [アトゥラクト]
- ぼくは彼女のやさしさにひかれた．
  I *was attracted* by her kindness.

ひく² 弾く

(楽器を) **play** [プレイ]

💬 表現力
(楽器を) ひく → play the …

- 私は音楽会でピアノをひきます．
  I will *play the* piano in the concert.

× play a piano
↑ 楽器名にはふつう the をつける．

○ play the piano

ひく³ (車が) **run over**
- きのうお年寄りが車にひかれた．
  An old man *was run over* by a car yesterday.

ひく⁴ (のこぎりで木を) **saw** [ソー]; (粉を) **grind** [グラインド]
- 小麦を粉にひく
  grind wheat into flour

ひくい 低い

使い分け
(高さが) → low
(身長などが) → short
(声・音などが) → low

low　　short

1 (高さが) **low** [ロゥ] (反) 高い **high, tall**; (身長などが) **short** [ショート] (反) 高い **tall**)
- この部屋，天井(てんじょう)が低いね．
  This room has a *low* ceiling, doesn't it?

- 今日は気温がだいぶ低い．
  The temperature is pretty *low* today.
- ぼくは兄より5センチ背が低い．
  I'm five centimeters *shorter* than my big brother.
- **2** (声・音などが) **low**
- 低い声で話す speak in a *low* voice
  低く low [ロゥ]

ピクニック a **picnic** [ピクニック]
ピクニックに行く go on a picnic
ピクニックをする have a picnic

🗣 スピーキング
🅐 公園へピクニックに行かない？
Why don't we go on a picnic in the park?
🅑 いいねえ．
Sounds great.

💬 用法 「ピクニック」と「ハイキング」
「ピクニック(**picnic**)」は屋外で食事を楽しむことが目的で，自宅の庭でのバーベキューパーティーなどについてもいう．
「ハイキング(**hiking**)」は自然散策(歩くこと)そのものが目的で，軽い登山などについてもいう．

びくびく びくびくした **timid** [ティミド]
びくびくして timidly
- びくびくするなよ．
  Don't be so *timid*. / Don't be (a) *chicken*.
ぴくぴく ぴくぴくする **twitch** [トゥウィッチ]
ピクルス pickles [ピクルズ]
ひぐれ 日暮れ (日没(にちぼつ)) (a) **sunset** [サンセト]; (夕方) (an) **evening** [イーヴニング]; (たそがれ) **dusk** [ダスク], **dark** [ダーク]
- 日暮れ前に
  before *dark*
ひげ (あごひげ) a **beard** [ビアド]; (口ひげ) a **mustache** [マスタシ]; (ほおひげ) **whiskers** [(フ)ウィスカァズ]
ひげをそる shave [シェイヴ]
- 彼は毎朝ひげをそる．
  He *shaves* every morning.
ひげをはやす grow a beard．(はやしている) **have a beard, wear a beard**
- 父はひげをはやしている．

six hundred and seventy-one **671**

ひげき

My father *has a beard*. / My father *wears a beard*.

beard　　mustache　　whiskers
(あごひげ)　(口ひげ)　(ほおひげ)

ひげき 悲劇 a tragedy [トゥラヂェディ]
悲劇的な tragic [トゥラヂク]
ひけつ¹ 秘けつ the secret [スィークレト]
▶ 早寝早起きが健康の秘けつだ.
Keeping early hours is *the secret* of good health.
ひけつ² 否決 rejection [リヂェクション]
否決する reject [リヂェクト]
ひこう¹ 飛行 (a) flight [フライト]
▶ 夜間飛行
a night *flight*
▶ 成田・ニューヨーク間の飛行時間はどれくらいですか.
What is the *flight* time between Narita and New York?
飛行場(空港) an airport [エアポート]
飛行船 an airship
ひこう² 非行 delinquency [ディリンクウェンスィ]
▶ 少年非行
juvenile [ヂューヴ(ェ)ナル] *delinquency*
非行少年[少女] a juvenile delinquent

ひこうき 飛行機

a **plane** [プレイン], 《米》an **airplane** [エアプレイン], 《英》an aeroplane [エ(ア)ロプレイン]
飛行機に乗る take a plane, fly [フライ]; (搭乗する) board [get on] a plane
▶ 私はこの夏, 飛行機で鹿児島へ行った.
I went to Kagoshima by *plane* this summer. (▶ by で交通手段を表すときは a や the をつけない)
▶ 東京から那覇まで飛行機でどれくらい(時間が)かかりますか.
How long does it take to *fly* from Tokyo to Naha?
飛行機事故 a plane crash
ひこうしき 非公式の unofficial [アノフィシャル]

ひざ

a **knee** [ニー]; a lap [ラップ] (▶ 腰にかけたときにできる腰からひざまでの平らな部分をさす)

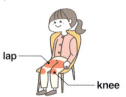

▶ その男の子はひざをすりむいた.
The boy scraped his *knee*.
▶ 赤ちゃんが母親のひざですやすや眠っている.
The baby is sleeping soundly in her mother's *lap*. (▶ in は on でもよい)
▶ ひざ丈のスカート
a *knee*-length skirt
▶ ひざ下までのソックス
knee-high socks
ひざ掛け a lap robe [ロウブ]
ひざがしら a knee
ビザ (査証) a visa [ヴィーザ]
▶ ビザをとる
get a *visa*
ピザ (a) pizza [ピーツァ]
▶ ピザ1切れ
a slice of *pizza*
▶ ピザを配達してもらおうか.
Do you want to have *pizza* delivered?
ピザトースト pizza toast
ひさい 被災する become a victim [ヴィクティム] (of the disaster [ディザスタァ])
▶ その地震でたくさんの人が被災した.
A lot of people *became victims* of the earthquake.
被災者 a victim
被災地 the disaster area [ディザスタァエ(ア)リア]

ひさしぶり 久しぶりに

for the first time in ages, after a long time
▶ ひさしぶりに (→何か月かぶりに) テニスをした.

◀ **ひじょうに**

I played tennis *for the first time in months*.

🗣スピーキング
🅐 ひさしぶりね. 元気にしてた？
　It's been a long time. How've you been?
🅑 おかげさまで. きみのほうは？
　I've been fine, thank you. And you?
(▶「ひさしぶりですね」は I haven't seen you for ages. あるいはくだけて Long time no see. ともいう)

ひざまずく kneel [ニール], go down on *my* knees [ニーズ] (▶ go は get でもよい)

ひさん 悲惨な (ひどい) terrible [テリブル]；(みじめな) miserable [ミゼラブル]
▶ 試験の結果は悲惨だった.
　My test result was *terrible*.

ひじ an elbow [エルボウ]
▶ ひじを曲げる
　bend my *elbow*(s)
▶ ひじを伸ばす
　stretch my *elbow*(s)
▶ テーブルにひじをつく
　rest my *elbow*(s) on the table
　ひじかけいす an armchair

ひしがた ひし形 a diamond [ダイアモンド]
ビジネス business [ビズネス]
　ビジネスパーソン a business person (複数) business people, (会社員) a company employee, an office worker
　ビジネスホテル (宿泊料の安い) a budget hotel；(余分なサービスのない) a no-frills hotel for business people

ひしゃく a dipper [ディパァ]；(おたま) a ladle [レイドゥル]

ひじゅう 比重 specific gravity [スペスィフィク グラヴィティ]；(重要性) weight [ウェイト]

びじゅつ 美術 art [アート], the fine arts
　美術学校 an art school
　美術館 an art museum [gallery], a gallery
　美術室 an art room
　美術展 an art exhibit, an art exhibition
　美術品 a work of art
　美術部 (学校の) an art club

ひしょ¹ 秘書 a (private) secretary [セクレテリィ]
ひしょ² 避暑
▶ うちは毎年那須へ避暑に行きます.
　Our family *spends the summer* at Nasu every year.
　避暑地 a summer resort [リゾート]

ひじょう 非常 (非常時)(an) emergency [イマ～ヂェンスィ]
▶ 非常の場合には in case of *emergency*
　非常階段 a fire escape
　非常勤の part-time
▶ 非常勤講師 a *part-time* instructor
　非常口 an emergency exit [エグズィト]
　非常ベル (火災用の) a fire alarm；(防犯用の) a security alarm, a burglar alarm

びしょう 微笑 a smile [スマイル]
　微笑する smile (at) →ほほえむ

ひじょうしき 非常識な thoughtless [ソートゥレス], absurd [アブサ～ド]
▶ 彼は非常識なやつだ.
　He has *no common sense* at all. / He *lacks common sense*.

ひじょうに 非常に →たいへん, とても

(形容詞・副詞を修飾するとき) very [ヴェリィ], (口語) really [リー(ア)リィ]；(動詞を修飾するとき) very much, (口語) a lot [ラット], really
▶ この本はひじょうにおもしろかった.
　This book was *very* [*really*] interesting.
▶ 裕一はギターがひじょうにうまい.
　Yuichi plays the guitar *very* well.
▶ 彼女は彼の歌がひじょうに好きだった.
　She liked his songs *very much*.
▶ キャンプはひじょうに楽しかった.
　We enjoyed camping *very much* [*a lot*]. / We *really* enjoyed camping.

📘用法 **very** と **very much**
very は形容詞や形容詞化した分詞および副詞を修飾する. 動詞を修飾するときは **very much** を使う.

💬表現力
ひじょうに～なので…
→ so ~ (that) ...

six hundred and seventy-three　673

びしょぬれ

- ひじょうにつかれていたのでいつもより早めに寝た.
  I was *so* tired (*that*) I went to bed earlier than usual. / I was *very* tired, *so* I went to bed earlier than usual.

びしょぬれ びしょぬれになる be soaked, be drenched (▶いずれも be は get でもよい), get soaking wet [ソウキング ウェット] →ずぶぬれ

びしょびしょ びしょびしょになる get soaking wet [ソウキング ウェット] →ずぶぬれ

びせいぶつ 微生物 a microbe [マイクロブ], a microorganism [マイクロオーガニズム]

びじん 美人 a beauty [ビューティ], a beautiful woman [girl]
- 桃子はとても美人だ.
  Momoko is a real *beauty*. / (美しい) Momoko is really *beautiful*.

ビスケット 《米》a cookie [クキィ], 《英》a biscuit [ビスケット] (▶ biscuit はアメリカでははやわらかい小型のパンをさす)

ヒステリー (病気) hysteria [ヒスティ(ア)リア]; (発作) hysterics [ヒステリクス]
ヒステリーの hysterical [ヒステリカル]
- ヒステリーを起こす
  get *hysterical* / go into *hysterics*

ピストル a pistol [ピストゥル], a gun [ガン]
- ピストルをうつ fire a *pistol*

ひそかに secretly [スィークレットゥリィ] →こっそり

ひたい 額 a forehead [フォ(ー)レド]
ひたす 浸す dip [ディップ], soak [ソウク]

ビタミン a vitamin [ヴァイタミン]
- オレンジはビタミンCが豊富だ.
  Oranges are rich in *vitamin* C.
  ビタミン剤 (錠剤) a vitamin pill [tablet]

ひだり 左

(the) **left** [レフト] (反) 右 right)

left 左に **straight** まっすぐに **right** 右に

左の left
左に, 左へ left

- 次の信号を左に曲がって.
  Turn *left* at the next traffic light.
- 郵便局はそのドラッグストアのすぐ左側です.
  The post office is just to *the left* of the drugstore.
- 左を見て. あれが東京スカイツリーだよ.
  Look on your *left*. That's Tokyo Skytree.
  左側通行《掲示》Keep (To the) Left
- 車を運転するときは左側通行です.
  We *keep to the left* while driving.

ひだりきき 左きき (人) a left-hander [レフトゥハンダァ] (反 右きき right-hander); (野球の投手)《口語》a southpaw [サウスポー]
左ききの left-handed [レフトゥハンディド] (反 右ききの right-handed)
- 涼は左ききだ. Ryo is *left-handed*.

ぴちぴち ぴちぴちした lively [ライヴリィ]
- ぴちぴちした女の子 a *lively* young girl

ぴちゃぴちゃ ぴちゃぴちゃする splash [スプラッシ]
- (水を)ぴちゃぴちゃしないで.
  Don't *splash*.

ひっかかる 引っ掛かる
- ちょっとひっかかる (→気になる) ところがある. I have something *on my mind*. / There's something that *is bothering* me.

ひっかく 引っかく scratch [スクラッチ]
- ネコが私の手をひっかいた.
  A cat *scratched* my hand.
  ひっかき傷 a scratch

ひっかける 引っ掛ける (つるす) hang [ハング]; (くぎなどにかかってしまう) catch [キャッチ]

ひっき 筆記する write down
  筆記試験 a written exam(ination)
  筆記体 script, cursive
- 筆記体で書く
  write in *cursive letters* [in *script*]
  筆記用具 writing implements

びっくり びっくりする be surprised [サプライズド] →おどろく
  びっくり箱 a jack-in-the-box

ひっくりかえす ひっくり返す upset [アプセット], overturn [オウヴァターン]; (上下に) turn ... upside down
- 彼女は花びんをひっくり返してしまった.

◀ ヒット

She *upset* the vase.
ひっくりかえる ひっくり返る overturn [オウヴァターン], be upset [アプセット]；（ころぶ）fall down
▶ ぼくたちのボートが強風でひっくり返った.
Our boat *was overturned* by strong winds. / Our boat *was turned upside down* by strong winds.

ひづけ 日付

a **date** [デイト]
日付を入れる date
▶ 正確な日付を覚えていますか.
Do you remember the exact *date*?
▶ 4月1日の日付の新聞
a newspaper *dated* April 1
日付変更線 the (international) date line

> **⓵参考** 日付の書き方と読み方
> 日付の書き方にはいろいろあるが，月（つづりで表したもの），日（数字），年（西暦）の順に書くのがふつう. 日と年の間にコンマを入れる. たとえば，2025年4月1日であれば**April 1, 2025**と書く. 読み方は**April (the) first, two thousand twenty-five**となる.

ひっこし 引っ越し a move [ムーヴ]；（引っ越すこと）moving [ムーヴィング]
引っ越し業者 a mover, a moving company
ひっこす 引っ越す move [ムーヴ]
▶ きのう引っ越してきました.
We *moved* in yesterday. (▶「よそへ引っ越す」は move out)
▶ 福岡にはいつ引っ越すの？
When *are* you *moving* to Fukuoka?
▶ 彼らは新潟から引っ越してきた.
They *moved* from Niigata.
ひっし 必死の desperate [デスパレト]
必死に desperately
ヒツジ 羊《動物》a sheep [シープ]（複数 sheep）(▶単数形と複数形が同じ形.「2ひきの羊」は two sheep という)
▶ 羊の群れ a flock of *sheep*
▶ 子羊 a lamb [ラム]
▶ 羊の肉 mutton [マトゥン] →にく(表)
羊飼い a shepherd [シェパド]

ひっしゅう 必修の（科目）required [リクワイアド], compulsory [コンパルソリィ]
▶ 英語は必修科目だ.
English is a *required* subject. (▶ compulsory subject でもよい)
ひつじゅひん 必需品 a necessity [ネセスィティ]
▶ 生活必需品
necessities of life / daily *necessities*
びっしょり びっしょりぬれる get soaking wet [ソウキング ウェット] →ずぶぬれ
ひったくり 引ったくり（行為）a snatch [スナッチ]；（人）a snatcher
ひったくる snatch, grab
▶ 自転車に乗った男にハンドバッグをひったくられました.
I got my purse *snatched* by a man on a bike.
ぴったり （正確に）exactly [イグザクトゥリィ]；（すき間なく）close(ly) [クロウス(リィ)]；（完全に）perfectly [パ～フェクトゥリィ]
▶ 亜美は10時ぴったりに来た.
Ami came at *exactly* ten.
▶ このくつ，ぼくのサイズにぴったりだ.
These shoes fit me *perfectly*. / These shoes are *just* my size.
ピッチ （速度）a pace [ペイス], (a) speed [スピード]
▶ ピッチをあげる quicken the *pace*
▶ 急ピッチで at a fast *pace*
ピッチャー 《野球》a pitcher [ピチァ]
▶ 左投げのピッチャー
a left-handed *pitcher*（▶「左投げのピッチャー」は southpaw [サウスポー] ともいう)
▶ 次はだれがピッチャーをやるの？
Who will *pitch* next? / Who will be the next *pitcher*?
ピッチング 《野球》pitching [ピチング]
ひってき 匹敵する be equal [イークウォル] (to), be a match [マッチ] (for)
ヒット 《野球》a hit [ヒット]；（シングルヒット）a single [スィングル] (hit)；（成功）a hit
ヒットを打つ hit, have a hit
▶ 大谷はきのうの試合で3本のヒットを打った.
Ohtani had three *hits* in yesterday's game. (▶ had は got でもよい)
▶ その歌は大ヒットした.
That song was a big *hit*.
ヒットエンドラン a hit and run, a hit-

six hundred and seventy-five 675

ひっぱる

and-run play
ヒット曲 a hit song
ひっぱる 引っ張る pull [プル] →ひく¹
▶ そでを引っぱらないで.
Don't *pull* (on) my sleeve.
ヒップ (腰) hips [ヒップス]; (おしり) a bottom [バトム], butt, buttocks [バトクス]
→こし(図)
▶ 私はヒップが大きい.
(腰まわりが) I have big *hips*. / (おしりが) I have a big *bottom*. / I have big *buttocks*. (▶いずれも big は wide でもよい)

ひつよう 必要

necessity [ネセスィティ]
必要とする need [ニード]
必要な necessary [ネセセリィ]
▶ 睡眠は健康のために必要だ.
Sleep is *necessary* for health.
▶ 必要は発明の母. 《ことわざ》 *Necessity* is the mother of invention.

> 📢 表現力
> …が必要である → need ...

▶ きみの助けが必要だ.
I *need* your help.
▶ ほかに何か必要なものはある？
Do you *need* anything else?

> 📢 表現力
> …する必要がある
> → need to ... /
>   It is necessary to ... .

▶ きみはすぐに出発する必要があります.
You *need to* start right away. / *It is necessary* for you *to* start right away.
▶ このパソコンは修理する必要がある.
This computer *needs to* be repaired. / This computer *needs* repairing.

> 📢 表現力
> …する必要はない
> → don't have to ... /
>   don't need to ...

▶ きみは6時に起きる必要はないよ.
You *don't have to* get up at six. / You *don't need to* get up at six.

> 🗣 スピーキング
> 🅐 ぼくも行く**必要ある**？
>   Do I *need* to go, too?
> 🅑 いや, 行く**必要はない**よ.
>   No, you don't (have to [need to]).

ひてい 否定する deny [ディナイ]
否定的な negative [ネガティヴ] (反 肯定的な affirmative)
▶ 及川氏はそのうわさを否定した.
Mr. Oikawa *denied* the rumor.
否定文 《文法》a negative sentence
ビデオ (a) video [ヴィディオウ] (複数 videos); (ビデオカセットレコーダー) a videocassette recorder (▶ VCR と略す); (ビデオテープ) a videotape [ヴィディオウテイプ] (▶単に video とか tape ともいう)
▶ レンタルビデオ店
a *video* (rental) store [shop] (▶ ˟rental video store とはいわない)
ビデオカメラ a video camera
ひでり 日照り dry weather [ドゥライ ウェザァ]; (干ばつ) (a) drought [ドゥラウト]

ひと 人

1 (個々の人) a person [パーソン]; (男性) a man [マン] (複数 men [メン]); (女性) a woman [ウマン] (複数 women [ウィミン])
▶ あの人はお医者さんです.
(男性のとき) That *man* is a doctor., *He* is a doctor. / (女性のとき) That *woman* is a doctor., *She* is a doctor.
▶ 美里のお姉さんはやさしい人だ.
Misato's sister is a sweet *person*.
▶ 堤さんはどんな人ですか.
What is Mr. Tsutsumi like?
2 (人々) people [ピープル]; (ほかの人々) others [アザァズ]
▶ 人の悪口なんて言うものじゃないよ.
Don't say bad things about *others*. / Don't speak badly of *others*.

> 🎤 プレゼン
> スポーツが好きな**人**もいれば, そうでない**人**もいます.
> Some people like sports, and others don't.

676 six hundred and seventy-six

◀ **ひとつ**

3 (人類) *man*, *humans* →にんげん (▶最近では man のかわりに性差のない people がよく使われる)
▸ 人はみな平等だ.
All *people* are equal. / All *men* are equal.
人がよい *good-natured* [グドゥネイチァド]
▸ きみも人がいいね.
You're really *good-natured*. (▶「人が悪い」は ill-natured という)

ひどい

1 (雨・雪などが) *heavy* [ヘヴィ]；(病気などが) *bad* [バッド]；(ひどく悪い) *terrible* [テリブル]
ひどく *heavily*, *hard*；*badly*；*terribly*；*severely*
▸ 昨夜はひどい雨だった.
There was a *heavy* rain last night. / (ひどく降った) It rained *heavily* last night.
▸ 外はひどい風が吹いていた.
There was a *strong* wind outside.
▸ ひどいかぜをひいちゃってね.
I have a *bad* cold.
▸ けさはひどく寒かった.
It was *terribly* cold this morning.
▸ 彼はきのうひどい目にあったんだ.
He had a *hard* time yesterday.
2 (残酷な) *cruel* [クルーエル]
▸ ひどいことするね. 私を 1 人おいていくなんて.
You're so *cruel*. You left me alone.

ひといき 一息
▸ 一息入れよう. Let's take *a break*.

ひとがら 人柄 (a) *personality* [パーソナリティ]
▸ 私は彼の人柄が好きです.
I like his *personality*.

ひとくち 一口 a *bite* [バイト]；a *mouthful* [マウスフル]
▸ 一口食べてみて. Have *a bite*.

ひとこと 一言 a *word* [ワード]
▸ 彼は一言も言わずに帰っていった.
He left without saying *a word*.
▸ あなたはいつも一言多いんだよ.
You always say *one word* too many.

ひとごと 人ごと
▸ 人ごとじゃないよ.

Don't think it has nothing to do with you. / It could happen to you, too.

ひとごみ 人込み a *crowd* [クラウド]
▸ 通りはたいへんな人ごみだった.
There was a large *crowd* on the street.

ひとごろし 人殺し (行為・事件) (a) *murder* [マーダァ]；(人) a *murderer* [マーダラァ], a *killer* [キラァ]
▸ 人殺しをする
commit *murder*

ひとさしゆび 人差し指 an *index* [インデクス] *finger*, a *forefinger* [フォーフィンガァ]
→ゆび (図)

ひとしい 等しい *equal* [イークウォル] (*to*)
▸ A は B と大きさ [長さ] が等しい.
A is *equal to* B in size [length].
等しく *equally* [イークワリィ]

ひとじち 人質 a *hostage* [ハステヂ]
▸ 人質になっている
be taken [held] *hostage*

ひとそろい 一そろい (食器の) a *set* [セット], a *service* [サーヴィス]；(道具の) a *kit* [キット]；(衣服の) a *suit* [スート]
▸ 茶器一そろい
a tea *set* / a tea *service*

ひとつ 一つ

1 (数) *one* [ワン] →いち¹
1つの *one*, *a*, *an*
▸ 1 つずつ
one by *one*
▸ テーブルの上には 1 つのコップと 1 つのリンゴがあった.
There was *a* glass and *an* apple on the table.
▸ (店の注文で) コーヒー 1 つください.
One coffee, please.
▸ せっけん 1 つ
a cake of soap / *a bar of* soap
▸ サッカーはぼくの大好きなスポーツの 1 つだ.
Soccer is *one* of my favorite sports.
▸ 空には雲一つなかった.
There was not *a* cloud in the sky. / There weren't *any* clouds in the sky. / There were *no* clouds in the sky.
▸ このオレンジは 1 つ 80 円です.
These oranges are 80 yen *each*.

ヒトデ ▶

> **📖文法 a と an**
> ❶ **a** と **an** は数えられる名詞に使う。advice(忠告)や news(ニュース)など数えられない名詞は、*a piece of* advice[news](1つの忠告[ニュース])のようにいう。
> ❷ **a** は発音が子音で始まる語の前に使い、**an** は母音で始まる語の前に使う。*a* box(1つの箱)/ *an* egg(1つの卵)/ *an* old story(1つの古い話)

2 (…さえ) even [イーヴン]
▶ あの男の子はあいさつひとつできない。
That boy can't *even* greet people.
3 (ちょっと) just [ヂャスト]
▶ それじゃひとつもう1回やってみよう。
I'll *just* try again then.
ヒトデ (動物) a starfish [スターフィシュ] (複数 starfish)
ひとで 人手 (働き手) a hand [ハンド]; (手助け) help [ヘルプ]
▶ 人手を借りずにやってごらん。
Try to do it by yourself.
ひとどおり 人通り traffic [トゥラフィク]
▶ この通りは人通りが多い。
This street is very busy [crowded].
ひとなつっこい 人懐っこい friendly [フレンドゥリィ]
ひとなみ 人並みの decent [ディーセント] →ふつう¹、へいきん
人並みに decently
▶ 人並みの暮らしがしたい。
I'd like to live *decently*. / I'd like to live just *like others* (*do*).
ひとびと 人々 people [ピープル] →ひと
ひとまえ 人前で in public [パブリク], before other people
▶ 人前でそんなばかなことをしてはいけません。
Don't act so foolishly *in public*.
ひとみ 瞳 a pupil [ピュープル]
ひとみしり 人見知りをする shy [シャイ]
▶ 私は人見知りするたちです。
I am *shy* [*bashful*].
ひとめ¹ 一目で at a glance [グランス], at first sight [サイト]
一目ぼれ
▶ ぼくは彼女に一目ぼれした。

I *fell in love with* her *at first sight*.
ひとめ² 人目 attention [アテンション]
▶ 人目をひく attract others' *attention*
▶ 人目(→人が自分のことをどう思っているか)を気にするな。
Don't worry about what other people think about you.
ひとやすみ 一休み a rest [レスト]; (仕事などの合間の) a break [ブレイク]
一休みする have [take] a rest; have [take] a break

ひとり 1人, 独り

1 (1人) one [ワン], one person [パ~スン]
(▶ person の代わりに、man, woman などの人を表す語がくることが多い)
1人の one, a, an
▶ 1人、2人、3人…
One person, *two people*, *three people* … (▶ person の複数形には persons もあるが、ふつうは people を使う)
▶ おばの1人が北海道に住んでいる。
One of my aunts lives in Hokkaido.
▶ 私には兄が1人と妹が2人います。
I have *a* brother and two sisters.
▶ 校長先生は私たち1人1人と握手してくださった。
The principal shook hands with *each* of us.
▶ その問題は1人も解けなかった。
Nobody could solve the problem.
(▶ Nobody は No one でもよい)
▶ 1人はみんなのために、みんなは1人のために。
One for all, and all for *one*.
2 (ほかにだれもいない) alone [アロウン] →ひとりで
▶ 1人にさせて。Leave me *alone*.
▶ 1人にしないで。
Don't leave me *alone*.
▶ あなたは1人じゃない。私がついてるよ。
You're not *alone*. I'm with you.
一人っ子 an only child
▶ ぼくはひとりっ子です。
I'm *an only child*. (▶ I'm only a child. とすると「ぼくはまだ子どもだ」という意味になる)
ひとりむすこ an only son [サン]

◀ びびる

ひとりむすめ an only daughter [ドータァ]
ひとり者 a single [スィングル] man [woman]
ひとりごと 独り言を言う talk to *my*self
▶ 母はよくひとりごとを言う.
My mother often *talks to herself*.

ひとりで 一人で, 独りで

1 (1人きりで) alone [アロウン], by *my*self [ワンセルフ], (口語) on *my* own
▶ 今日は1人で留守番なんだ.
I've got to stay at home *alone* today. (▶ alone は on my own でもよい)
▶ 山田先生は1人で暮らしている.
Ms. Yamada lives *alone*. (▶ alone は by herself, on her own でもよい)
2 (独力で) (by) *my*self, (口語) on *my* own ;(自分で) for *my*self →じぶん
▶ 何一つ1人でできないじゃないの.
You can't do anything *by yourself* [*on your own*].
ひとりでに (自然に) by itself ;(自動的に) automatically [オートマティカリィ]
▶ ひとりでにドアが開いたよ.
The door opened *by itself*.

ひとりぼっち 独りぼっち alone [アロウン], lonely [ロウンリィ]
ひな (ひよこ) a chick [チック]
ヒナギク 《植物》a daisy [デイズィ]
ひなた 日なたで [に] in the sun(shine)
日なたぼっこをする sunbathe [サンベイズ], bask in the sun
ひなまつり ひな祭り the Dolls' Festival [フェスティヴァル], the Girls' Festival
▶ 3月3日はひな祭りだ.
March 3 is *the Dolls' Festival*.
ひなん[1] 非難する blame [ブレイム], criticize [クリティサイズ] →せめる[1]
▶ 彼は失敗したのはぼくのせいだと非難した.
He *blamed* me for the failure.
ひなん[2] 避難 (an) evacuation [イヴァキュエイション]
避難する be evacuated, take shelter [シェルタァ]
避難訓練 an evacuation drill
避難者 a refugee [レフュヂー]
避難所 a shelter
避難命令 an evacuation order [オーダァ]

ビニール vinyl [ヴァイニル], plastics [プラスティクス]
ビニールの plastic [プラスティク]
ビニールハウス a plastic greenhouse [グリーンハウス]
ビニールぶくろ a plastic bag (▶×vinyl bag とはいわない)
ひにく 皮肉 (an) irony [アイ(ア)ロニィ]
皮肉の ironic [アイラニック], ironical
ひにち 日にち (日付) a date [デイト] ;(日数) days [デイズ]
▶ 日にちは決めたの？
Did you fix the *date*?
▶ もうあまり日にちがないよ.
We don't have many *days* left.
ひねくれる (性格がゆがむ) get warped [ウォープト]
ひねる (指でまわす) turn [ターン] ;(体などを) twist [トゥウィスト]
▶ お湯はこっちの蛇口_{じゃぐち}をひねってください.
Turn on this faucet for hot water.
ひのいり 日の入り (a) sunset [サンセト] (対) 日の出 (a) sunrise
ひので 日の出 (a) sunrise [サンライズ] (対) 日の入り (a) sunset
ひのまる 日の丸 the *Hinomaru*, the Rising Sun flag, the Japanese (national) flag
ひばな 火花 a spark [スパーク]
▶ 火花を散らす spark
ヒバリ 《鳥》a skylark [スカイラーク] (▶単に lark ともいう)
ひはん 批判する criticize [クリティサイズ]
批判的な critical [クリティカル]

> プレゼン
> 私たちは彼らの考えに批判的です.
> We are critical of their ideas. / We don't like their ideas.

ひび a crack [クラック]
ひびき 響き a sound [サウンド]
ひびく 響く sound [サウンド]
ひひょう 批評 (一般的_{いっぱん}なことがらについて) (a) comment [カメント] ;(本や芸術について) (a) criticism [クリティスィズム]
批評する comment (on) ; criticize [クリティサイズ], critique [クリティーク]
批評家 a critic [クリティク]
びびる (おじけづく) get cold feet, get

six hundred and seventy-nine 679

ひふ ▶

the jitters [ヂタァズ]
▶ びびるなよ．
Don't *get cold feet*. / Don't *get the jitters*. /（こわがるな）Don't *be scared*. /（緊張するな）Don't *be nervous*.

ひふ 皮膚 skin [スキン]
▶ 私は皮ふが弱い．
I have delicate *skin*. / I have sensitive *skin*.
皮ふ科 dermatology [ダ~マトロディ]
皮ふがん skin cancer [キャンサァ]
皮ふ病 (a) skin disease [ディズィ~ズ]

びふう 微風 breeze [ブリ~ズ]

ひふくしつ 被服室 a sewing [ソウイング] room

ひま 暇

1（時間）time [タイム]
▶ テレビゲームをしてひまつぶしした．
We killed *time* playing video games.
（▶ kill time で「ひまつぶしする」の意味）

💬 表現力
…するひまがない
→ have no time to ...

▶ 友だちと遊ぶひまもない．
I *have no time to* play with my friends.
▶ すごくいそがしくてほとんど寝るひまもなかった．
I was so busy (that) I *had little time to* sleep.

2（余暇が）free [フリ~] time
ひまな free
▶ 兄はひまさえあればギターをひいている．
My brother spends all his *free time* playing the guitar.

🗣 スピーキング
Ⓐ あしたは**ひま**？
Are you free tomorrow?
Ⓑ うん．どこかに行く？
Yes. Do you want to go somewhere?

ひまご ひ孫 a great-grandchild [グレイトグラン(ドゥ)チャイルド]

ヒマワリ〔植物〕a sunflower [サンフラウア]
ひまん 肥満 obesity [オウビ~スィティ], fatness [ファトゥネス]

肥満の overweight [オウヴァウェイト], fat

ひみつ 秘密

a secret [スィ~クレト]
秘密に secretly [スィ~クレトゥリィ]
秘密の secret
▶ 秘密を守る keep a *secret*
▶ 秘密をもらしちゃだめだぞ．
Don't let the *secret* out.
▶ 秘密がばれてしまった．
The *secret* was out. / The *secret* came out.
▶ これは 2 人だけの秘密よ．
This is just *between you and me*.

びみょう 微妙な delicate [デリケト]
▶ 微妙な問題 a *delicate* problem
▶ 女の子の気持ちは微妙だ．
Girls have *delicate* feelings.
微妙に delicately [デリケトゥリィ], subtly [サトゥリィ]

ひめ 姫 a princess [プリンセス]

ひめい 悲鳴 a scream [スクリ~ム], a loud cry
悲鳴をあげる scream, cry out
▶ その女の子は大きなヘビを見て悲鳴をあげた．
The girl *screamed* when she saw a big snake.

ひも (a) string [ストゥリング], (a) cord [コ~ド]
（▶ cord は string より太い）
▶ ひもを結ぶ tie the *string*(s)
▶ ひもをほどく untie the *string*(s)
▶ 古新聞をひもでしばった．
We bound the old newspapers with *strings* [*cords*].

ひやあせ 冷や汗 (a) cold sweat [スウェト]
▶ 冷や汗が出る
break out in *a cold sweat*

ひやかす 冷やかす tease [ティ~ズ], make fun of
▶ ぼくは髪型のことでよくひやかされた．
I *was* often *teased* about my hairstyle.

ひゃく 百(の) →かず（表）

a [one] hundred [ハンドゥレド]
第100(の) the hundredth [ハンドゥレドゥス]
▶ 400 four *hundred*（▶ 単位を表す

◁ **ひょう**³

hundredの前に2以上の数詞がついても˟hundredsとはしない)
▶「いくらですか」「850円です」
"How much is it?" "It's eight *hundred* and fifty yen."
▶ 何百もの人 *hundreds of* people(▶「何百もの」というときだけ hundreds of と複数形を使う)
100円ショップ a 100-yen shop
100点(得点)a hundred points ; (満点) a perfect score
▶ 数学のテストで100点をとったよ.
I got a *perfect score* on my math exam. / I got *full marks* in the math exam.

ひゃくまん 百万(の) a[one] million[ミリョン] →かず(表)
▶ 300万円 three *million* yen (▶単位を表す million の前に2以上の数詞がきても˟millions とはしない)
▶ 何百万もの人々 *millions of* people (▶「何百万もの」というときだけ millions of と複数形を使う)

ひやけ 日焼け (a) tan [タン], (a) suntan [サンタン] ; (焼きすぎ) (a) sunburn [サンバ〜ン]
日焼けする get tanned, get a tan [suntan] ; get a sunburn, get sunburned
日焼けした (sun)tanned
▶ 一日中外で練習していたので日焼けした.
I practiced outdoors all day long, so I *got a tan*.
▶ いい色に日焼けしてるね.
You *have a* good *tan*.
▶ 日焼けした顔 a (*sun*)*tanned* face
日焼け止めクリーム[ローション] (a) sunscreen[サンスクリーン] (lotion)

ひやしちゅうか 冷やし中華 cold Chinese noodles[ヌードゥルズ]

ヒヤシンス (植物) a hyacinth [ハイアスィンス]

ひやす 冷やす cool [クール] ; (飲食物を) chill [チル]
▶ 父は冷蔵庫にトマトを入れて冷やした.
My father *cooled* some tomatoes in the fridge. (▶ cooled は chilled でもよい)
▶ まず頭を冷やしたほうがいい.

You'd better *cool down* first.
ひゃっかじてん 百科事典 an encyclopedia [エンサイクロピーディア]
ひゃっかてん 百貨店 a department store →デパート
ヒヤリング →ヒアリング
ひゆ 比喩 a metaphor [メタファ]
ピュア ピュアな (純粋な) pure [ピュア]
ヒューズ (電気) a fuse [フューズ]
▶ ヒューズが飛んだ. The *fuse* blew.
ぴゅうぴゅう ぴゅうぴゅういう (風が) whistle [(フ)ウィスル], howl [ハウル]
ビュッフェ (セルフサービス式の食事) a buffet [バフェイ] ; (車両) a buffet car

ひよう 費用

(an) expense [イクスペンス], a cost [コ(ー)スト] ; (会費など) a fee [フィー]
費用がかかる cost
▶ 生活の費用 (生活費) living *expenses*
▶ 参加費用 a participation *fee*
▶ 両親が旅行の費用を全部出してくれた.
My parents paid all my traveling *expenses*.

🗨 表現力
| 費用が…だけかかる → cost ... |

▶「費用はどのくらいかかったの？」「2万円だよ」
"How much did it *cost*?" "It *cost* (me) twenty thousand yen."
▶ 修理にはどのくらい費用がかかりますか.
How much will the repairs *cost*?

ヒョウ (動物) a leopard[レパド] ; (黒ヒョウ) a panther [パンサァ] ; (アメリカヒョウ) a jaguar [ヂャグワー]

ひょう¹ 表

a table [テイブル] ; (一覧表) a list [リスト]
表にする make a table, make a list
▶ 通知表 a report card
▶ 予定表 a schedule
▶ 電車の時刻表
(米) a train schedule / (英) a train time*table*
表計算ソフト a spreadsheet [スプレッドシート]
ひょう² 票 a vote [ヴォウト]
ひょう³ (空から降る) hail [ヘイル]

six hundred and eighty-one 681

びよう ▶

ひょうが降る hail

びよう 美容
▶ 母は美容のために（→スタイルを保つために）水泳をしている.
My mother swims to keep (herself) slim.
美容院 a beauty [ビューティ] parlor [salon]
美容師 a hairdresser [ヘアドゥレサァ], a beautician [ビューティシャン]
美容整形手術 cosmetic surgery [カズメティク サ〜ヂ(ェ)リィ]
美容体操 calisthenics [キャリスセニクス]

びょう¹ 秒
a **second** [セカンド]（▶ sec と略す.「時間」は hour,「分」は minute）
▶ 1分は60秒だ.
There are sixty *seconds* in a minute. / A minute has sixty *seconds*.
▶ 残りはわずか30秒です.
There're only 30 *seconds* left.
▶ ぼくは50メートルを7秒で走れる.
I can run fifty meters in seven *seconds*.
▶ 彼女は2時間26分20秒のタイムで金メダルをとった.
She won the gold medal with a time of 2:26:20.（▶ two hours, twenty-six minutes (and) twenty seconds と読む）
秒針 a second hand（▶「長針」は a minute hand,「短針」は an hour hand という）
秒読み (a) countdown [カウントゥダウン]

びょう² 《米》a tack [タック], a thumbtack [サムタク]；《英》a drawing pin
びょうで留める tack, pin
▶ 絵をかべにびょうでとめる
tack a picture on the wall

びょういん 病院
a **hospital** [ハスピトゥル]
▶ 総合病院 a general *hospital*
▶ 救急病院 an emergency *hospital*
▶ 大学病院 a university *hospital*
▶ 動物病院 an animal *hospital*
▶ 父は病院に入院中ですが, もうすぐ退院できます.
My father is in (the) *hospital*, but he'll soon be able to leave.（▶「入院・退院」や「通院」の意味を表すとき,《米》では the をつけるが,《英》では the をつけないのがふつう.）
▶ 病院に通う［入院する］
go to (the) *hospital*
▶ 結衣を見舞いに病院に行った.
We visited Yui in the *hospital*.

ひょうか 評価する（認める）value [ヴァリュ(ー)]；（判断する）judge [ヂャッヂ]
▶ 試験の点数だけで評価されたくないなあ.
I don't like to *be judged* only by my exam scores.
▶ 彼はきみの能力を高く評価しているよ.
He *thinks highly of* your ability.

ひょうが 氷河 a glacier [グレイシァ]
氷河期 the ice age, the glacial period [ピ(ア)リオド]

びょうき 病気
(a) **sickness** [スィクネス], (an) **illness** [イルネス]；（重い）(a) **disease** [ディズィーズ]
病気の sick, ill
病気である be sick, feel sick
病気になる get sick, become sick
病気が治る get over；recover from
▶ 私は病気の人の手助けをしたい.
I want to help *sick* people.（▶ ×ill people とはいわない）
▶ 心臓の病気 heart *disease*
▶ 弟は病気だ. My brother *is sick*.（▶ My brother is ×sickness. とはいわない）

× My brother is sickness.
　形容詞 sick がくる.
○ My brother is sick.
○ sick people
× ill people

▶ おばは重い病気です.
My aunt *is* very *ill*.
▶ 母は病気で寝ている.
My mother *is sick* in bed.
▶ ぼくはきのう病気で学校を休んだ.
I didn't go to school because I *was*

sick yesterday.
▶ 姉は1週間前から病気だ.
My sister *has been sick* for a week.
(▶ for a week を since last week としてもよい)
▶ 彼は病気になって体重が減った.
He *got sick* and lost weight.
▶ 莉央[りお]は病気が治った.
Rio *has gotten over* her *sickness*. / Rio *has recovered from* her *disease*.

> **参考** おもな病気・症状[しょうじょう]
> インフルエンザ flu [フルー]
> かぜ cold [コウルド]
> 花粉症 hay fever [ヘイ フィーヴァ]
> がん cancer [キャンサァ]
> 歯痛 toothache [トゥーセイク]
> 心臓病 heart disease, heart trouble
> じんましん nettle rash, hives [ハイヴズ]
> 頭痛 headache [ヘデイク]
> ぜんそく asthma [アズマ]
> 虫垂炎[ちゅうすいえん] appendicitis [アペンディサイティス]
> 肺炎 pneumonia [ニュ(ー)モウニャ]
> はしか measles [ミーズルズ]
> 貧血症 anemia [アニーミア]
> 風しん German measles, rubella [ルーベラ]
> 腹痛 stomachache [スタマケイク]
> へんとうせん炎 tonsillitis [タンスィライティス]

ひょうきん ひょうきんな funny [ファニィ], comical [カミカル]
▶ ケンはひょうきん者です.
Ken is *funny*.
ひょうげん 表現 (an) expression [イクスプレション]
表現する express [イクスプレス]
表現力のある expressive [イクスプレスィヴ]
▶ 表現の自由

freedom of *expression*
▶ アンネの生活はことばで表現できないほどひどいものでした.
Anne's life was too terrible to *talk about* [*describe*].
びょうげんたい 病原体 (ウイルス・細菌) a pathogen [パソヂェン], (ばい菌) a germ [ヂャ〜ム]
ひょうご 標語 (団体の) a slogan [スロウガン]; (生活・仕事上の) a motto [マトウ] [複数] motto(e)s
ひょうさつ 表札 a doorplate [ドープレイト]
ひょうざん 氷山 an iceberg [アイスバ〜グ]
ひょうし¹ 表紙 a cover [カヴァ] (▶「本のカバー」は jacket [ヂャケット] という)
ひょうし² 拍子 time [タイム]
▶ この歌は4分の2拍子だ.
This song is in two-four [two-quarter] *time*.
ひょうしき 標識 a sign [サイン]
▶ 道路標識 a road *sign*
びょうしつ 病室 a sickroom [スィクルーム]; (病院の) a hospital room
びょうしゃ 描写する describe [ディスクライブ]
ひょうじゅん 標準 (基準) a standard [スタンダド]; (平均) the average [アヴ(ェ)レヂ]
標準語 the standard language
ひょうしょう 表彰する honor [アナァ]
▶ 宏[ひろし]は勇敢[ゆうかん]な行為[こうい]で表彰された.
Hiroshi *was honored* for his brave act.
表彰式 an award(s) ceremony
表彰状 a testimonial [テスティモウニアル]
表彰台 a winner's podium
ひょうじょう 表情 (an) expression [イクスプレション]
▶ 少女はそのニュースを聞いて表情を変えた.
The girl changed her *expression* at the news.
びょうじょう 病状 condition [コンディション]

表情

laugh
(笑う)

smile
(ほほえむ)

cry
(泣く)

get angry
(おこる)

be pleased
(喜ぶ)

be surprised
(おどろく)

ひょうてん¹

- 彼女の病状は改善した.
  Her *condition* has improved.

ひょうてん¹ 氷点 the freezing point [フリーズィング ポイント]
- 最低気温は氷点下5度だった.
  The low (temperature) was five degrees below *zero* [below *the freezing point*].

ひょうてん² 評点 (成績) a grade [グレイド]

びょうどう 平等 equality [イ(ー)クワリティ]
平等な equal [イークウォル]
平等に equally
- 人はみな生まれながらにして平等である.
  All men and women are created *equal*.
- 男女平等 gender *equality*

> 🎤 プレゼン
> 男女は**平等に**あつかわれるべきです.
> Men and women should be treated *equally*.

びょうにん 病人 a sick person [パースン]; (患者) a patient [ペイシェント]

ひょうはく 漂白 bleach [ブリーチ]

ひょうばん 評判 (a) reputation [レピュテイション]; (人気) popularity [パピュラリティ]
評判がよい be popular, have a good reputation
評判が悪い not be popular, have a bad [poor] reputation, be notorious
- 今度の先生は評判がよい.
  The new teacher *is popular*.
- あの店はチーズケーキが評判だ.
  That place *has a good reputation* for its cheesecake.

ひょうほん 標本 a specimen [スペスィメン]
- 昆虫の標本 *specimens* of insects

ひょうめん 表面 the surface [サーフェス]
- 地球の表面の4分の3は水である.
  Three quarters of the earth's *surface* is water.

びょうよみ 秒読みする count [カウント] down

ひょうりゅう 漂流する drift [ドゥリフト] about

ひょうろん 評論 criticism [クリティスィズム]
評論家 (スポーツ・政治などの) a commentator [カメンテイタァ]; (経済・軍事などの) an analyst [アナリスト]; (芸術分野の) a critic [クリティク]
- スポーツ評論家 a sports *commentator*
- 経済評論家 an economic *analyst*
- 映画評論家 a movie *critic*

ひよけ 日よけ a blind [ブラインド], a sunshade [サンシェイド]

ひよこ (ニワトリのひな) a chick [チック]

ひょっとしたら by any chance
- ひょっとしたら, きみが真紀？
  Are you Maki *by any chance*?
- ひょっとしたら日曜にきみんちに行くかもしれない.
  Maybe I'll go to your house on Sunday.

ビラ (手で配る) a flyer [フライア] (▶ flier ともつづる), 《おもに英》 a handbill [ハン(ドゥ)ビル]; (はり紙) a poster [ポウスタァ], 《おもに英》 a bill [ビル]
- ビラを配る give out *flyers* [*handbills*]
- ビラをはる put up a *poster* [*bill*]

ひらいしん 避雷針 a lightning rod [ライトゥニング ラッド]

ひらおよぎ 平泳ぎ the breaststroke [ブレストゥストゥロウク]
- 平泳ぎで泳ぐ swim *the breaststroke*

ひらがな 平仮名 hiragana; (1文字) a *hiragana* letter
- ひらがなで書く write in *hiragana*

ひらく 開く

> 使い分け
> (開ける) → open
> (会などを) → have, give
> (花が) → open, bloom

open　　　　　have

1 (開ける) open [オウプン] (反 閉める close)
- 教科書の10ページを開きなさい.
  Open your textbooks to page 10. (▶《英》では to の代わりに at を使う)
- (アラビアンナイトの) 開け, ゴマ!

◀ **ひろい**

Open, sesame!
2（会などを）**have**［ハヴ］, **give**［ギヴ］, **hold**［ホウルド］
▶ 今度，佑太のお別れ会を開くんだ.
We're going to *have* a going-away party for Yuta.
▶ 来週，卒業式が開かれる.
We *have* our graduation ceremony next week. / Our graduation ceremony *is held* next week.
3（花が）**open**, **bloom**［ブルーム］, **come out**
▶ 花が開いたよ. The flowers *opened*.（▶ *bloomed*, *came out* でもよい）
ひらたい 平たい flat［フラット］→たいら
ひらひら ひらひらと舞う flutter［フラタァ］
ピラフ pilaf(f)［ピラーフ］
ピラミッド a pyramid［ピラミド］
ヒラメ（魚）a flounder［フラウンダァ］, a flatfish［フラトゥフィシ］［複数］flatfish
ひらめく flash［フラッシ］
▶ すばらしい考えが頭にひらめいた.
A great idea *flashed* through my mind. / A great idea *came into* my mind. / A great idea *occurred to* me.
びり the bottom［バトム］, the last［ラスト］
▶ ぼくはクラスでいつもびりだった.
I was always at *the bottom* of the class.
▶ 大志は1500メートル走でびりから2番目だった.
Taishi came in next to *the last* in the 1,500m run.
ピリオド（米）a period［ピ（ア）リオド］,（英）a full stop →くとうてん（表）
▶ ここにピリオドを打ち忘れてるよ.
You forgot to put a *period* here.
ひりつ 比率 (a) ratio［レイショウ］
▶ クラブの男女の比率は3対2です.
The *ratio* of boys to girls in the club is three to two.
ぴりっと ぴりっとする（辛い）spicy［スパイスィ］, hot
ひりひり ひりひりする（痛む）hurt［ハ～ト］,（ずきずき痛む）smart［スマート］
ビリヤード billiards［ビリャッ］, pool
ビリヤードをする play billiards
ひりょう 肥料 (a) fertilizer［ファ～ティライザァ］

肥料をやる spread fertilizer〔on〕, fertilize

ひる 昼
（正午）**noon**［ヌーン］;（昼間）the **day**［デイ］, the **daytime**［デイタイム］;（昼食）**lunch**［ランチ］
▶ そろそろお昼だよ.
It's almost *noon*. / It's almost *lunchtime*.
▶ お昼までには帰ってきなさい.
Come home by *noon*.
▶ そろそろお昼にしよう.
Let's have *lunch* now.
▶ 兄は昼間は学校に通い，夜はバイトしている.
My brother goes to school during *the day* and works part-time at night.
昼前に in the late morning;（正午前に）before noon
昼過ぎに in the early afternoon
昼休み a lunch break
▶ 昼休みはどうやって過ごすの？
How do you spend your *lunch break*?
ビル a building［ビルディング］（▶日本語の「ビル」は高い建物をさすが，英語の building は建物全般をさす.「高い建物」の意味では tall building などを使う）
▶ 10階建てのビル a ten-story *building*
▶ 超高層ビル
a *high-rise*, a *skyscraper*, a high-rise *building*
ビル街 a street of office buildings
ひるね 昼寝 a nap［ナップ］
昼寝をする take a nap, have a nap
ヒレ（牛・ブタの腰の肉）a fillet［フィレト］
ひれ（魚の）a fin［フィン］
ひれい 比例 proportion［プロポーション］
▶ X は Y に比例する.
X is directly *proportional* to Y.（▶「反比例」と言うときは directly の代わりに inversely を使う）
▶ 正比例 direct *proportion*
▶ 反比例 inverse *proportion*
ひれつ 卑劣な mean［ミーン］, dirty［ダ～ティ］

ひろい 広い

six hundred and eighty-five 685

ヒロイン ▶

(面積が) **large** [ラージ], **big** [ビッグ] (反 せまい small);(幅が) **wide** [ワイド], **broad** [ブロード] (反 せまい narrow)

使い分け
(面積が) → large, big
(幅が) → wide, broad

large

wide

▶ この公園は広いね.
This park is *big*, isn't it? (▶ This park is *wide*. とはいわない)

「マイクの部屋は広い」
× Mike's room is wide.
wide は幅が広いときに使う. 部屋 (面積) が広いときは big か large を使う.
○ Mike's room is big [large].

▶ 中国は広い国だ.
China is a *big* [*large*] country. (▶ China is a *wide* country. とはいわない)
▶ その店は広い道路に面している.
The store is on a *wide* street.
広く wide, widely
▶ 門を広く開けなさい.
Open the gate *wide*.
▶ 彼の名は広く知られている.
His name is *widely* known.
広くする widen [ワイドゥン] →ひろげる

ヒロイン a heroine [ヘロウイン]

ひろう¹ 拾う

(手に取る) **pick** [ピック] **up**;(見つける) **find** [ファインド];(タクシーを) **catch** [キャッチ]

▶ 私たちは運動場のゴミを拾った.
We *collected* [*picked up*] trash from the playground.
▶ このさいふ, 道で拾ったんだ.
I *found* this wallet on the road.

▶ 私はタクシーを拾って駅まで行った.
I *caught* [*got*] a taxi to the station.
ひろう² 疲労 tiredness [タイアドゥネス], fatigue [ファティーグ] →つかれる
ビロード velvet [ヴェルヴェット]

ひろがる 広がる

spread [スプレッド], **go around**
▶ そのうわさはすぐに広がった.
The rumor *spread* rapidly.
▶ 最近, インフルエンザが広がっている.
The flu *is going around* these days.
→はやる

ひろげる 広げる

(周囲に) **spread** [スプレッド];(たたんでいたものを) **unfold** [アンフォウルド];(開く) **open** [オウプン];(幅を) **widen** [ワイドゥン];(視野などを) **broaden** [ブロードゥン]

▶ 両手を横に広げて.
Spread your arms to the side.
▶ 地図を広げて自分たちの場所を確認した.
We *unfolded* [*spread*] the map and checked our location.
▶ かさを広げる *open* an umbrella
▶ その道を広げる計画がある.
There is a plan to *widen* the road.

プレゼン
私は自分の視野を広げるために留学したいと思っています.
I'd like to study abroad to broaden my horizons.

ひろさ 広さ (面積) (an) **area** [エ(ア)リア];(幅) (a) **width** [ウィドゥス] →はば

▶ 庭の広さは200平方メートルほどです.
The *area* of the yard is about two hundred square meters.
▶ この島の広さはどのくらいなの？
What's the *area* [*size*] of this island? / How *large* [*big*] is this island? (▶「大きさ」をたずねるときは How large [big] で始める)
▶ 歩道はどのくらいの広さがあるのですか.
What's the *width* of the sidewalk? / How *wide* is the sidewalk? (▶「幅」をたずねるときは How wide で始める)

ひろば 広場 (都市の)a **square** [スクウェア], a **plaza** [プラザ];(空き地) an **open**

▶ ピンポン

space [place]
ひろま 広間 a hall [ホール]
ひろまる 広まる spread [スプレッド] →ひろがる
▶ 健康食品ブームが広まってきている.
 The boom in health foods *is spreading*.
ひろめる 広める spread [スプレッド]
▶ 若者たちがこのファッションを日本中に広めた.
 Young people *spread* this fashion all over Japan.
ビワ 《植物》a loquat [ロウクワト]
ひん 品
 品がいい elegant [エレガント], graceful [グレイスフル] →じょうひん
 品が悪い (ことばなどが) foul [ファウル]; (人が) rude [ルード] →げひん
びん[1] 瓶 (細口の) a bottle [バトゥル]; (広口の) a jar [ヂャー]
▶ ビールびん a beer *bottle*
▶ ジャムのびん a jam *jar*
びん[2] 便 (飛行機の) a flight [フライト]; (郵便)《米》mail [メイル], 《英》post [ポウスト]
▶ 成田行き154便
 Flight 154 to Narita
▶ すべての便が欠航になった.
 All the *flights* were canceled.
▶ 荷物は宅配便で送ったよ.
 I sent the package by home *delivery*.
▶ 航空便ならいくらかかりますか.
 How much does it cost by air*mail*?
ピン (留め針) a pin [ピン]; (ボウリング・ゴルフの) a pin
▶ 安全ピン a safety *pin*
▶ ヘアピン a hair*pin*
 ピンで留める pin
▶ 名札をピンでシャツに留めた.
 I *pinned* my name card on my shirt.
びんかん 敏感な sensitive [センスィティヴ]
▶ この花は寒さに敏感だ.
 This flower is *sensitive* to the cold.
ピンク ピンク(の) pink [ピンク]
ひんけつ 貧血 anemia [アニーミア]
 貧血の anemic [アニーミク]
▶ 貧血になる
 suffer from *anemia*
▶ 姉は貧血ぎみなんだ.

My sister has a slight *anemia*.
ビンゴ bingo [ビンゴウ]
▶ ビンゴ！(当たり, やったの意) *Bingo*!
ひんこん 貧困 poverty [パヴァティ]
 貧困問題 the problem of poverty
ひんし 品詞《文法》a part of speech
ひんしつ 品質 quality [クワリティ]
 品質がよい be of high [good] quality; (品質のよい…) high-quality
 品質が悪い be of poor quality; (品質の悪い…) poor-quality
▶ 品質のよい[悪い]車
 a *high-quality* [*poor-quality*] car
ひんじゃく 貧弱な poor [プア]
びんしょう 敏しょうな quick [クウィック]
ピンセット tweezers [トゥウィーザズ] (▶「ピンセット」はフランス語から)
びんせん 便せん letter paper, writing paper; (1冊の) a letter pad, a writing pad
ピンチ a pinch [ピンチ], a fix [フィックス] →きき
▶ ピンチなんだ！
 I'm in a *pinch*! / I'm in a *fix*! / (お金がない) I don't have any money!
 ピンチヒッター a pinch hitter
ヒント a hint [ヒント]
▶ ヒントを出す give a *hint*
▶ ヒントを得る get a *hint*
▶ ヒントをください. Give me a *hint*.
ピント (a) focus [フォウカス] (▶「ピント」はオランダ語の *brandpunt* から)
▶ ピントを合わせる focus on
▶ ピントが合っている be in *focus*
▶ ピントがずれている be out of *focus*
ぴんと (強く張る) tight [タイト], tightly
▶ ロープをもっとぴんと伸ばして.
 Pull the rope *tighter*.
ひんぱん 頻繁に often [オ(ー)フン] →しばしば
びんぼう 貧乏 poverty [パヴァティ]
 貧乏な poor [プア] (反 金持ちの rich) →まずしい
▶ リンカーンは貧乏な家に生まれた.
 Lincoln was born in a *poor* family.
 貧乏人 a poor person; (総称) the poor, poor people
ピンポン ping-pong [ピングポ(ー)ング] (▶もとは商標名); (正式名) table tennis

six hundred and eighty-seven 687

ふ フ ふ フ ふ フ

ふ 府 a prefecture [プリーフェクチァ] →けん¹
府立の prefectural →ふりつ
▶ 京都府 Kyoto *Prefecture*

ぶ 部

1 (クラブ) a **club** [クラブ]; (運動部) a team [ティーム] →ぶかつ (どう)
▶「何部に入っているの？」「美術部だよ」
"Which *club* are you in?" "I'm in the art *club*."
部員 →ぶいん
部活(動) →ぶかつ (どう)
部室 →ぶしつ

2 (部分) a **part** [パート]; (大学の学部) a school [スクール], a faculty [ファカルティ]; (会社の部署) a department [ディパートゥメント]
▶ 第１部 *Part* 1
▶ 営業部 the sales *department*
▶ 兄は医学部に通っている．My brother goes to a *school* of medicine.

3 (冊) a copy [カピィ]
▶ このページを５部コピーしてください．
Make five *copies* of this page.

ファースト 《野球》(１塁) first base [ファ～スト ベイス]; (１塁手) a first baseman
ファーストネーム a first name
▶ ビルとはファーストネームで呼び合う仲だ．
I'm on a *first-name* basis with Bill.

ファーストフード →ファストフード

ぶあいそう 無愛想な unfriendly [アンフレンドゥリィ]; blunt [ブラント]

ファイト (闘志) fight [ファイト]
▶ (かけ声で) ファイト！ *Fight* it out!

ファイル a file [ファイル]
ファイルする file
ファイル形式 file format [フォーマト]
ファイル名 a file name

ファインプレー an outstanding [アウトスタンディング] play

ファウル (競技の反則) a foul [ファウル]; (野球の) a foul
ファウルする foul

ファウルフライ a foul fly
ファウルボール a foul ball

ファストフード fast food [ファスト フード]
▶ ファストフードの店
a *fast-food* restaurant

ファスナー 《米》a zipper [ズィパァ], 《英》a zip [ズィップ]; (留め具) 《英》a fastener [ファスナァ]
ファスナーを上げる[しめる] zip up
ファスナーを下げる[あける] unzip

ファックス (a) fax [ファックス] (▶ fax は facsimile の略)
▶ ファックスを受け取る receive a *fax*
▶ その地図をファックスしてあげる．
I'll send you the map by *fax*. / I'll *fax* you the map.

ファッション (a) fashion [ファション]
ファッション雑誌 a fashion magazine
ファッションショー a fashion show
ファッションデザイナー a fashion designer
ファッションモデル a (fashion) model

ファミコン (テレビゲーム) a video game (▶「ファミコン」はテレビゲーム用コンピューターの商標名)

ファミリー a family [ファミリィ]
ファミリーレストラン a family restaurant

ふあん 不安 anxiety [アングザイアティ], uneasiness [アンイーズィネス]
不安な anxious [アン(ク)シャス], uneasy [アンイーズィ]

> ✎ **ライティング**
> 中学に入学したときは**不安**でいっぱいでした．I started junior high with my heart full of anxiety.

ファン a fan [ファン]
▶ ぼくはジャイアンツファンだ．I'm a Giants *fan*. / I'm a *fan* of the Giants.
ファンクラブ a fan club
ファンレター a fan letter

ファンタジー fantasy [ファンタスィ]

ファンタジー小説 a fantasy novel [ナヴ(ェ)ル]
ふあんてい 不安定な unstable [アンステイブル]
ファンファーレ a fanfare [ファンフェア]
ふい 不意に suddenly [サドゥンリィ]
フィアンセ (男) my fiancé；(女) my fiancée／どちらも [フィーアーンセイ]．ともにフランス語から)
フィート a foot [フット] (複数 feet) (▶長さの単位で，1 フィートは約30.48cm；ft. と略す)
フィールド (競技) a field [フィールド] (対 トラック track)
フィールド競技 a field event
フィギュア (人形) a figurine [フィギュ(ア)リーン]
フィギュアスケート figure skating
フィクション (a) fiction [フィクション]
ブイサイン a V sign [ヴィー サイン] (▶ V サインは victory (勝利) や peace (平和) を表す)
▶ V サインをする
make a *V sign*

フィナーレ a finale [フィナーレ]
フィニッシュ a finish [フィニシ]
フィフティーン fifteen [フィフティーン]
フィリピン the Philippines [フィリピーンズ]
フィリピン(人)の Philippine, Filipino [フィリピーノウ]
フィリピン人 a Filipino
フィルター a filter [フィルタァ]
フィルム (a) film [フィルム]
▶ カラーフィルム (a) color *film*
ぶいん 部員 a member [メンバァ]
▶ 私はソフトボール部の部員です．
I'm a *member* of the softball team.
▶ うちの部には部員が20人います． Our club has twenty *members*. (▶運動部のときは club のかわりに team を使う)
フィンランド Finland [フィンランド]
フィンランド(人・語)の Finnish
フィンランド人 a Finn [フィン]
ふう¹ 風 **1** (やり方) a way [ウェイ]
▶ こんなふうにやってください．
Please do it this *way* [*like* this].
▶ どういうふうにやればいいの？
How should I do it?
2 (様式) (a) style [スタイル] →-しき；(人のようす) a look [ルック]
▶ 和風サラダ Japanese-*style* salad
▶ その人は学生風でした． He *looked like* a student. (▶女性なら主語は She)
ふう² 封 seal [スィール]
ふうき 風紀 (公共の道徳) public morals [パブリック モ(ー)ラルズ]；(規律) discipline [ディスィプリン]
ふうけい 風景 scenery [スィーナリィ]；(ながめ) a view [ヴュー] →けしき，ながめ
▶ わたしたちは美しい風景を楽しんだ．
We enjoyed beautiful *scenery*.
風景画 a landscape [ラン(ドゥ)スケイプ]
ふうし 風刺 (a) satire [サタイア]
ふうしゃ 風車 a windmill [ウィンドゥミル]
ふうしゅう 風習 (a) custom [カスタム]
ふうしん 風しん rubella [ルーベラ]
ふうせん 風船 a balloon [バルーン]
▶ 風船をふくらます blow up a *balloon*
▶ 風船が割れちゃった．
The *balloon* broke [burst].
風船ガム bubble [バブル] gum
ふうそく 風速 wind speed, the speed of the wind
▶ 風速は20メートルだった． The wind blew 20 meters per second.
風速計 an anemometer [アネマメタァ]
ふうぞく 風俗 (風習) manners [マナァズ]；(習慣) (a) custom [カスタム]
風俗習慣 manners and customs
ブーツ a boot [ブート] (▶ふつう複数形で使う)
▶ ブーツをはく put on *my* boots ／ (はいている) wear *my* boots
フード (洋服の) a hood [フッド]
ふうとう 封筒 an envelope [エンヴェロウプ]
プードル (動物) poodle [プードゥル]
ふうふ 夫婦 a (married) couple [(マリド) カブル], husband and wife →ふさい
▶ 2人は夫婦です． They're *husband and wife*. ／ They're a *married couple*.
▶ 新婚夫婦 a newly-married *couple*
ブーブー oink [オインク] (▶ブタの鳴き声)
ブーム (にわか景気・急激な人気) a boom [ブーム]；(一時的な流行) a fad [ファッ

フーリガン

ド], (a) fashion [ファション]
ブームである (流行している) be popular, be in
ブームになる boom
フーリガン a hooligan [フーリガン]
ふうりょく 風力 wind force
風力発電 wind power generation [ヂェネレイション]
風力発電所 a wind farm
ふうりん 風鈴 a wind chime [チャイム]
プール a (swimming) pool [プール]
▶ 屋内プール an indoor (swimming) pool
ふうん 不運 bad luck [ラック]
不運な unfortunate [アンフォーチ(ュ)ネト], unlucky [アンラキィ]
▶ 不運な年 an unlucky year
▶ 不運なことに,ボールは投手の顔に当たった.
Unfortunately, the ball hit the pitcher in the face.
ふーん huh [ハ]
▶ ふーん, そんなの信じられない.
Huh? I can't believe it.
ふえ 笛 (縦笛) a recorder [リコーダァ]; (横笛) a flute [フルート]; (合図の) a whistle [(フ)ウィスル]
笛を吹く (楽器の) play the recorder [flute]; (合図の) blow a whistle
▶ 笛を吹いたら競技をやめなさい. Stop the game when I blow the whistle.
フェア[1] (公明正大な) fair [フェア]
▶ そんなのフェアじゃないよ. It's not fair.
フェアプレー fair play
フェア[2] (展示会) a fair [フェア]
▶ ブックフェア a book fair
フェイクニュース fake news [フェイクニュース]
ふえいせい 不衛生 unsanitary [アンサニテリィ]
フェイント a feint [フェイント]
フェイントをかける feint
ブエノスアイレス (地名) Buenos Aires [ブウェイノス エ(ア)リーズ]
フェリー(ボート) a ferryboat [フェリボート], a ferry

ふえる 増える

(数量が) increase [インクリース], go up (⇔ 減る decrease); (体重などが) gain [ゲイン] (⇔ 減る lose)

▶ 体重が3キロ増えたよ.
I have gained three kilograms.

> 🎤 プレゼン

世界人口が増えています.
The world's population is increasing.

フェンシング fencing [フェンスィング]
フェンシングをする fence
フェンス a fence [フェンス]
フォアボール 《野球》a base on balls, a walk [ウォーク]
フォーク (食事用の) a fork [フォーク]; 《野球》(フォークボール) a forkball
▶ (1組の) ナイフとフォーク (a) knife and fork (▶この場合 fork には a をつけない)
フォーク(ソング) a folk song [フォウク ソ(ー)ンヶ]
フォークダンス a dance [ダンス] (▶ folk dance は「民族舞踊ぶよう」)
フォーマット a format [フォーマト]
フォーマットする format
フォーマル フォーマルな formal [フォーマル]
フォーム (a) form [フォーム]
▶ 投球フォーム my pitching form
フォワード 《競技》a forward [フォーワド] (⇔ バック back)
ぶか 部下 (集合的に) my people [ピープル], my staff [スタフ] (▶ 1人をいう場合は one of my people などと表す)
▶ 吉田君は私の部下だ.
Mr. Yoshida works for me.

ふかい[1] 深い

deep [ディープ] (⇔ 浅い shallow); (霧などが) thick [スィック], dense [デンス]

▶ 深い川 a deep river
▶ 深い森 a deep forest / a thick forest
▶ この湖はここがいちばん深い.
This lake is deepest here.
▶ けさは霧が深かった. There was a dense [thick] fog this morning.
▶ 子どもたちは深い眠りに落ちた.
The children fell into a deep sleep.
深く deep ; (比ゆ的に) deeply
▶ もっと深く穴を掘って.
Dig the hole deeper.
▶ ご厚意に深く感謝いたします.

I'm *deeply* grateful for your kindness.

ふかい² 不快な unpleasant [アンプレズント]

不快指数 a discomfort index ;(温湿指数) a temperature-humidity index

ふかさ 深さ depth [デプス]
▶「このプールはどのくらいの深さがあるの？」「1.3メートルだよ」
"How *deep* is this pool? / What is the *depth* of this pool?" "It's 1.3 meters *deep* [in *depth*]."

ぶかつ(どう) 部活(動)

🗣 スピーキング

①何部に所属しているか
🅐 きみたちは何部なの？
What club or team do you belong to?
🅑 私は演劇部．
I'm in the drama club.
🅒 ぼくは野球部だ．
I'm on the baseball team.
🅓 私は剣道部だよ．
I'm a member of the *kendo* team.

②活動状況について
🅐 あなたの学校にはクラブがいくつあるの？

club activities [アクティヴィティズ]
▶ 今日はサッカーの部活があるんだ．
I have soccer *team practice* today.

🗣 スピーキング
🅐 部活は何をやってるの？
What club are you in?
🅑 英語部です．
I'm in the English club.

▶ 今日は部活をサボった．
I skipped today's *club activities*.
▶ 部活は合唱部に入った．

How many clubs and teams do you have in your school?
🅑 21です．文化部が8つと運動部が13．
Twenty-one — 8 culture clubs and 13 sports teams.
🅐 練習は週に何回？
How many times a week do you practice?
🅑 4回です．ときどき朝練もするんです．
Four times a week. Sometimes we practice early in the morning.

おもな部活動 (運動部のうち，チームを構成する部は team ともいう)

●**文化部** culture clubs
囲碁部 *go* (-game) club
英語部 English club
園芸部 gardening club
演劇部 drama club
科学部 science club
華道部 flower arrangement club
コーラス部 chorus, choral club
コンピューター部 computer club
茶道部 *sado* club, tea ceremony club
写真部 photography club
将棋部 *shogi* club, Japanese chess club
書道部 calligraphy club
新聞部 newspaper club
美術部 art club
ブラスバンド部 brass band, (brass) band club

文芸部 literature club
放送部 broadcasting club
漫画部 cartoon club
●**運動部** sports teams
剣道部 *kendo* team
サッカー部 soccer team
柔道部 judo team
水泳部 swimming team
すもう部 *sumo* (wrestling) team
ソフトボール部 softball team
体操部 gymnastics team
卓球部 table tennis team
テニス部 tennis team
バスケットボール部 basketball team
バドミントン部 badminton team
バレーボール部 volleyball team
野球部 baseball team
陸上競技部 track-and-field team

ふかのう ▶

I joined the choral *club*.

ふかのう 不可能な

impossible [インパスィブル] (反 可能な possible)

▶ 力を合わせれば、不可能なんてないよ．
If we work together, nothing is *impossible*.

表現力
(〜が) …するのは不可能だ
→ It is impossible (for 〜) to … .

▶ 5時までにこの仕事を終わらせるのはぼくには不可能だよ．
It's impossible for me *to* finish this job by five. (▶ *I am impossible to …* とはいわない) / I *can't* finish this job by five.

ふかんぜん 不完全な imperfect [インパ〜フェクト] (反 完全な perfect)

ぶき 武器 a weapon [ウェポン]; (総称) arms [アームズ]
▶ 武器をとる take up *arms*

ふきかえ 吹き替え dubbing [ダビング]
吹き替える dub [ダブ]

ふきけす 吹き消す blow [ブロウ] out

ふきげん 不機嫌な in a bad mood [ムード], in a bad temper [テンパァ]
▶ 母は今日はなぜか不きげんだった．
My mother was *in a bad mood* for some reason today. (▶ mood は temper でもよい)

ふきこむ 吹き込む blow [ブロウ] into; (録音する) record [リコード]

ふきそく 不規則な irregular [イレギュラァ] (反 規則的な regular)
不規則動詞《文法》an irregular verb

ふきだす 吹き出す (笑う) burst [バースト] out laughing [ラフィング]

ふきつ 不吉な unlucky [アンラッキィ] (反 幸運な lucky)

ふきとばす 吹き飛ばす (風が) blow away, blow off → ふく²
▶ 風で帽子を吹き飛ばされた．
My hat *was blown off*.

ぶきみ 不気味な weird [ウィアド]

ふきゅう 普及する become popular [パピュラァ], spread [スプレッド]

プレゼン
スマホはかなり普及しています．
Smartphones have become quite popular. / Smartphones have come into wide use.

ふきょう 不況 (a) recession [リセション]; (a) depression [ディプレション] →ふけいき

ぶきよう 不器用な clumsy [クラムズィ]
▶ ぼくは手先が不器用だ．I'm *clumsy* with my hands. / I'm *all thumbs*.

ふきん¹ 付近 (a) neighborhood [ネイバフド]
付近の nearby [ニアバイ], neighboring
付近に, 付近で near, by, around
▶ この付近にはコンビニが多い．
There are many convenience stores in this *neighborhood*.

ふきん² 布きん (食器用の) a dishtowel [ディシタウ(エ)ル]

ふく¹ 服

clothes [クロウズ] (▶複数形で使う); (女性・子どものワンピース) a **dress** [ドゥレス]; (スーツ) a **suit** [スート]
▶ 服を着る
put on my *clothes* / get dressed
▶ 服をぬぐ
take off my *clothes* / get undressed
▶ 服を着がえる change my *clothes*
▶ 新しい服を着ている wear new *clothes*
▶ 早く服を着なさい．Put on your *clothes* quickly. / Get dressed quickly.
▶ 先生は今日は茶色の服を着ていた．
Our teacher was wearing a brown *suit* today.
▶ その服、すごく似合ってる．
You look really nice in that *dress*.

参考 服のいろいろ
学生服 a school uniform [ユーニフォーム]
体操服, 体操着 gym clothes
　(▶×jersey とはいわない)
子ども服 children's clothes[wear]
紳士服 men's clothes [wear]
婦人服 women's clothes [wear], ladies' clothes [wear]
和服 Japanese clothes / (着物) a kimono

ふく² 吹く

1 (風が) blow [ブロウ]
- 風が強く吹いている.
  It *is blowing* hard. (▶ The wind is .... としてもよい)
- 今日は全然風が吹かない.
  There's no wind at all today.

2 (管楽器を) play [プレイ], blow
- マイクはホルンを吹くのがうまい.
  Mike *plays* the horn well.

ふく³ 拭く wipe [ワイプ], clean [クリーン]; (水分をふきとる) dry [ドゥライ]
- 窓をふく
  wipe a window
- ほらタオル. 顔をふきなさい.
  Here's a towel. *Dry* your face.

ふく- 副… (人) vice- [ヴァイス]; (補充的な) supplementary [サプリメンタリィ]
- 副会長 a *vice*-chairperson
- 副社長 a *vice*-president
- 副大統領 a *vice*-president
- 副校長
  a *vice*-principal / an *assistant* principal
- (部活動などの) 副部長
  (文化部の) a *vice*-president / (運動部の) a *vice*-captain

フグ (魚) a blowfish [ブロウフィシ] (複数) blowfish), a globefish [グロウブフィシ] (複数) globefish)

ふくざつ 複雑な complicated [カンプリケイティド] (反) 簡単な simple)
- 計算がすごく複雑だった.
  The calculations were terribly *complicated*.
- その話を聞いて複雑な気持ちになった.
  I had *mixed* feelings when I heard the story.

ふくさよう 副作用 a side effect [サイド イフェクト]

ふくし¹ 福祉 welfare [ウェルフェア]
- 社会福祉 social *welfare*
  福祉国家 a *welfare* state
  福祉事業 *welfare* work
  福祉施設 *welfare* facilities

ふくし² 副詞《文法》an adverb [アドゥヴァ～ブ] (▶ ad. または adv. と略す)

ふくしゃ 複写 a copy [カピィ] →コピー
複写する copy, make a copy

複写機 a copy(ing) machine, a copier

ふくしゅう¹ 復習《米》(a) review [リヴュー],《英》revision [リヴィジョン]
復習する《米》review,《英》revise [リヴァイズ]
- この前の授業の復習をしましょう.
  Let's *review* the last class [lesson].

ふくしゅう² 復讐 revenge [リヴェンヂ]
復讐する take revenge (on)

ふくじゅう 服従する obey [オベイ] →したがう

ふくすう 複数《文法》plural [プル(ア)ラル] (number), (▶ pl. と略す) (対) 単数 singular (number)

ふくせい 複製 (a) reproduction [リープロダクション]; (美術品) a replica [レプリカ]

ふくせん 複線 (鉄道) a double track [ダブル トゥラック]

ふくそう 服装 clothes [クロウズ], (a) dress [ドゥレス] →ふく¹
- 美緒は服装にうるさい.
  Mio is very particular about her *clothes*.
- 兄は服装に無とんちゃくだ.
  My brother doesn't care about his *clothes*.

ふくつう 腹痛 (a) stomachache [スタマクエイク]
- ひどい腹痛がする.
  I have a bad *stomachache*.

ふくびき 福引き a lottery [ラタリィ]

ふくぶくろ 福袋 a grab [グラブ] bag of unknown [アンノウン] contents

ふくむ 含む

(成分として) contain [コンテイン]; (全体の一部として) include [インクルード] (▶いずれも進行形にしない)
- 牛乳はカルシウムをふくんでいる.
  Milk *contains* calcium.
- これは消費税をふくんだ金額ですか.
  Does this price *include* the consumption tax?

ふくめる 含める include [インクルード]
- 部員はぼくをふくめて15人だ.
  There are 15 members on the team, *including* me.

ふくらはぎ a calf [キャフ] (複数) calves)

ふくらます 膨らます blow [ブロウ] up

ふくらむ ▶

▶ パパ，この風船，ふくらまして．
Blow up this balloon, Daddy.
▶ その少女は希望に胸をふくらませていた．
The girl *was full of* hope.

ふくらむ 膨らむ swell [スウェル]
ふくれる 膨れる（物が）swell [スウェル]；
（すねる）sulk [サルク]；（口をとがらせる）
pout [パウト]
▶ そうふくれるな．
（すねるな）Don't *sulk* like that. / （ふくれっつらするな）Don't *pout* like that.

ふくろ 袋

a **bag** [バッグ]
▶ 紙ぶくろ
a paper *bag*
▶ ビニールぶくろ，レジぶくろ
a plastic *bag*
▶ 買い物ぶくろ
a shopping *bag*
▶ （店などで）ふくろに入れてもらえますか．
Can you put it in a *bag*?

フクロウ（鳥）an owl [アウル] →**とり**（図）
ふくわじゅつ 腹話術 ventriloquism [ヴェントゥリロクウィズム]
腹話術師 a ventriloquist [ヴェントゥリロクウィスト]

ふけいき 不景気 hard times, bad times（▶複数形で使う），(a) depression [ディプレション]；(a) recession [リセション]
▶ 最近は不景気だ．
Times are *hard* [*tough*] these days.

ふけいざい 不経済な uneconomical [アンイーコノミカル]（反 経済的な economical）
▶ 大きい車は不経済だ．
A big car is *uneconomical*.

ふけつ 不潔な dirty [ダーティ]
▶ うちの部室は少し不潔だ．
Our clubroom is a bit *dirty*.

ふける¹（熱中する）be absorbed [アブソーブド]《in》
▶ 子どもたちはテレビゲームにふけっていた．
The children *were absorbed in* (playing) video games.

ふける² 老ける grow old
▶ 田村さんは年のわりにふけて見える．
Mr. Tamura looks *old* for his age.

ふける³ 更ける get late, become late；
（ふけている）be late
▶ 夜もだいぶふけてきたね．
It's *getting* very *late*.

ふけんこう 不健康 unhealthy [アンヘルスィ]

ふこう 不幸 unhappiness [アンハピネス]（反 幸福 happiness）
不幸な unhappy（反 幸福な happy）；
（不運な）unfortunate [アンフォーチュネト]
▶ 彼は不幸な人生を送った．
He led an *unhappy* life.
不幸にも unfortunately

ふごう 符号 a sign [サイン], a mark [マーク]
▶ プラス[マイナス]の符号
a plus [minus] *sign*

ふごうかく 不合格 failure [フェイリャ]（反 合格 pass）
不合格になる fail,《口語》flunk
▶ 今日の小テストは不合格だった．
I *failed* [*flunked*] today's quiz.

ふこうへい 不公平な unfair [アンフェア]

ふごうり 不合理な unreasonable [アンリーズナブル]

ふさ 房（果実の）a bunch [バンチ]；（毛糸などの）a tuft [タフト]
▶ バナナ1ふさ a *bunch* of bananas

ブザー a buzzer [バザァ]
▶ ブザーを押す press a *buzzer*

ふさい 夫妻 husband and wife →**ふうふ**
▶ 松田夫妻 *Mr. and Mrs.* Matsuda

ふさがる（傷口などが）close [クロウズ], be closed；（使用中である）be occupied [アキュパイド]
▶ 傷口がようやくふさがった．
The wound finally *closed*.

ふさく 不作 a poor crop [クラップ], a bad crop
▶ ことしは米は不作だった．

We had a *poor* [*bad*] *crop* of rice this year.

ふさぐ (道路などを) block [ブラック] (up); (穴などを) cover [カヴァ]
▶ トラックが道路をふさいでいるよ．
A truck *is blocking* (*up*) the road.
▶ 子どもたちがうるさいので，私は耳をふさいだ．
The children were so noisy I *covered* my ears.

ふざける (冗談を言う) joke [ヂョウク]; (からかう) kid [キッド]; (はしゃぎまわる) romp [ランプ] around
▶ ふざけるな．
(冗談はよせ) Stop *joking*. / (ばかなことを言うな) Don't *be silly*.
▶ ふざけるのはやめなさい．
Stop *fooling around*! / Stop *kidding around*!
▶ ふざけて言ってるんだろ？
Are you *kidding*? / *No kidding*?
▶ 子どもたちは雪の中でふざけていた．
The children *were romping around* in the snow.

ふさわしい right [ライト], suitable [スータブル] 《for》
▶ ぼくなんて学級委員にはふさわしくないよ．
I'm not the *right* person *for* the class representative.

ふさんせい 不賛成 disapproval [ディサプルーヴ(ァ)ル] →はんたい

ふし 節 (木の) a knot [ナット]; (竹・関節などの) a joint [ヂョイント]; (曲) a melody [メロディ]

フジ (植物) (a) wisteria [ウィスティ(ア)リア]

ぶじ 無事
(安全) safety [セイフティ]; (健康) good health [ヘルス]

無事な safe; (けががない) all right
無事に safely, safe and sound
▶ 私たちはみんな無事に帰宅した．
We all arrived home *safely* [*safe and sound*].
▶ あなたが無事でよかった．
I'm glad you're *all right*.

> 🗨 スピーキング
> Ⓐ ご無事で，よい旅を．
> Have a nice trip.
> Ⓑ ありがとう．
> Thank you.

ふしぎ 不思議
(不思議なこと) (a) wonder [ワンダァ]; (不可解なこと) (a) mystery [ミステリィ]
不思議な strange [ストゥレインヂ]; (不可解な) mysterious [ミスティ(ア)リアス]
不思議に思う wonder
▶ 世界の七不思議
the Seven *Wonders* of the World
▶ 今日，不思議なことが起こった．
Something *strange* happened today.
▶ どうしてうちのチームが負けたのか不思議だ．
I *wonder* why our team lost.
▶ きみのお母さんが怒っても何の不思議もないぞ．
No *wonder* your mom got angry.

ふしぜん 不自然な unnatural [アンナチュラル] (反 自然な natural)

ぶしつ 部室 a clubroom [クラブルー(ー)ム]

ふじゆう 不自由な **1** (不便な) inconvenient [インコンヴィーニェント]
不自由 (an) inconvenience
▶ 携帯電話は持ってないけど，不自由は感じない．
I don't have a cellphone, but I don't feel any *inconvenience*.
2 (障害のある) disabled [ディスエイブルド], 《米》 challenged [チャレンヂド]
▶ 体の不自由な physically *challenged* / physically *disabled*
▶ 目の不自由な人たち
the visually *challenged* (people)
▶ 彼は耳が不自由だ．
He is *hard of* hearing.

ふじゅうぶん 不十分な not enough [イナフ]

ふじゅん¹ 不順な (変動しやすい) unstable [アンステイブル]；(不規則な) irregular [イレギュラァ]

ふじゅん² 不純な impure [インピュア]

ふしょう 負傷する be injured [インヂャド], be wounded [ウーンデイド]
　負傷者 an injured person, a wounded person

ぶしょう 無精な lazy [レイズィ]

ぶじょく 侮辱 (an) insult [インサルト]
　侮辱する insult [インサルト]
▶ 彼は私を人前で侮辱した.
　He *insulted* me in public.

ふしん 不審な suspicious [サスピシャス]

ふじん¹ 婦人 a woman [ウマン] (複数 women [ウィミン])；a lady [レイディ] (▶ woman よりていねいな語) (対 紳士 gentleman) →**おんな**
▶ あそこにいるご婦人をごぞんじですか.
　Do you know that *lady* over there?
　婦人用の women's, ladies'
▶ 婦人用の時計 a *ladies'* watch
　婦人服 women's wear, ladies' wear

ふじん² 夫人 a wife [ワイフ] (複数 wives)；(敬称) Mrs. [ミスィズ]
▶ 高橋夫人 *Mrs.* Takahashi

ふしんせつ 不親切な unkind [アンカインド] (反 親切な kind)

ふすま a *fusuma*, a Japanese paper sliding door

ふせい 不正な dishonest [ディスアネスト]
　不正をする cheat [チート]

ふせいこう 不成功 failure [フェイリャ]

ふせぐ 防ぐ (未然に) prevent [プリヴェント]；(危害などから守る) protect [プロテクト]
▶ 交通事故を (未然に) 防ぐ
　prevent traffic accidents

ふせん 付せん a slip [スリップ]；a Post-it [ポストゥイト] (▶ Post-it は商標)

ふせんしょう 不戦勝
▶ 不戦勝で勝つ
　win by default / win without playing

ぶそう 武装する arm [アーム] *myself*

ふそく 不足

(a) shortage [ショーテヂ], (a) lack [ラック]
不足の short

不足する lack, run short 《of》
▶ この夏は深刻な水不足だった.
　There was a serious water *shortage* this summer.
▶ 睡眠不足で体がだるい.
　I feel tired from *lack* of sleep.
▶ 資金が不足してきたよ.
　We're *running short of* funds.
▶ 私は運動不足だ.
　I *don't* get *enough* exercise.

ふぞく 付属する be attached [アタッチト] 《to》
▶ この高校は A 大学の付属です.
　This high school *is attached to* A University.
　付属品 accessories [アクセサリズ]

ふた (箱・なべなどの) a lid [リッド]；(びんなどの) a cap [キャップ], a top [タップ]
▶ この箱にふたをしてください.
　Put the *lid* on this box. / Cover this box with its *lid*.
▶ 彼はびんのふたを開けた.
　He took off the bottle *cap*.

ふだ 札 (下げ札) a tag [タッグ]；(はり札) a label [レイベル]；(トランプの) a card
▶ 名札 a name *tag*
▶ 値札 a price *tag*

ブタ 豚 (動物) a pig [ピッグ]；(成長したブタ) (米) a hog [ホ(ー)ク]
　ブタ小屋 a pigpen [ピグペン]
　ぶた肉 pork [ポーク] →**にく** (表)

ぶたい 舞台 a stage [ステイヂ]

ふたご 双子 twins [トゥウィンズ] (▶ どちらか一方をいうときは a twin)
▶ 双子のきょうだい
　twin brothers [sisters]
▶ 私は双子だ (→双子の 1 人だ).
　I'm a *twin*.
　ふたご座 the Twins, Gemini [ヂェミナイ]

ふたたび 再び again [アゲン], once again →**また**¹

ふたつ 二つ(の) →に¹

two [トゥー]
▶ チーズバーガーを 2 つください.
　Two cheeseburgers, please.
▶ 母はリンゴを 2 つに切った.
　Mother cut the apple in *two*.
▶ 2 つとも必要なの？

◀ **ふっきん**

Do you need *both* of them? →りょうほう

ふたり 二人

two people, two persons
▶ 2人はどこで知り合ったの？
Where did you *two* first meet?
▶ 彼らは2人とも高校生です．
They are *both* high school students. / *Both* of them are high school students.

ふたん 負担 a burden [バ~ドゥン]
ふだん （ふつうは）usually [ユージュアリィ]；(いつも) always [オールウェィズ] →いつも
ふだんの usual
▶ 私はふだんから健康に気をつけている．
I *always* take care of my health.
▶ 今日はふだんより帰りがおそかった．
I got home later (than *usual*).

/ライティング
私はふだん7時に起きます．
I *usually* get up at seven.

ふだん着 casual [キャジュアル] clothes [wear]
ふち 縁 an edge [エッヂ]；（眼鏡などの）a rim [リム]
▶ 赤いふちの眼鏡 red-*rimmed* glasses
ふちゅうい 不注意な careless [ケアレス] (反 注意深い careful)
▶ テストで不注意なミスをした．
I made some *careless* mistakes on the test.
▶ さいふをなくすなんて不注意だよ．
It was *careless* of you to lose your wallet.
ふちょう 不調 disorder [ディスオーダァ]
ぶちょう 部長 a general manager [ヂェネラル マネヂャ]；（学校のクラブなどの）the head；（運動チームの）a captain [キャプテン]
▶ ぼくはサッカー部の部長に選ばれた．
I was elected *captain* of the soccer team. (▶ 1名しかいない役職名には a やthe はつけないことが多い)
ぶつ （なぐる）hit [ヒット] →なぐる
▶ ぶたないでよ．Don't *hit* me.

ふつう¹ 普通(は)
→いつも，たいてい

usually [ユージュアリィ]
ふつうの usual, ordinary [オーディナリィ]；(平均的な) average [アヴ(ェ)レヂ]
▶ ふつうの人々 *ordinary* people
▶ ふつう何時に寝てるの？
What time [When] do you *usually* go to bed?
▶ ぼくの成績はふつう(→平均)以上[以下]だ．
My grades are above [below] *average*.
普通科 a general course
普通名詞 《文法》a common noun
普通郵便 ordinary mail
普通列車 a local train
ふつう² 不通
▶ 上越線は雪のため不通になった．
Service on the Joetsu Line *was suspended* because of snow.
ふつか 二日 (日付) second [セカンド], (日数) (for) two days
▶ 4月2日 April (the) *second*
ぶっか 物価 prices [プライスィズ]
▶ 東京は物価が高い．
Prices are high in Tokyo.
ふっかつ 復活 (a) revival [リヴァイヴァル]
復活する revive, come back
復活祭 Easter [イースタァ] (Day) →イースター

ぶつかる

1 (当たる) hit [ヒット], run into
▶ 何かが頭にぶつかった．
Something *hit* me on the head. (▶ on ×my head とはいわない)
▶ 交差点で車が自転車とぶつかった．
A car *ran into* a bike at the crossing.
2 (出くわす) meet with
▶ 彼は多くの困難にぶつかったが，それを乗りこえた．
He *met with* a lot of difficulties and overcame them.
ふっきゅう 復旧する restore [リストー(ァ)]
ぶっきょう 仏教 Buddhism [ブ(ー)ディズム]
仏教徒 a Buddhist [ブ(ー)ディスト]
ぶっきらぼう ぶっきらぼうな blunt [ブラント]
ぶっきらぼうに bluntly
ふっきん 腹筋 abdominal muscles [ア

ブック ▶

ブダミナル マスルズ], abs [アブズ]（▶よく使われる略した言い方）
腹筋運動 sit-ups

ブック a book [ブック]
ブックカバー a book jacket [ヂャケト]
ぶつける （投げつける）throw [スロウ] (at)；（当てる）hit [ヒット] (against)
▶ 子どもたちは雪玉をぶつけ合った．
The children *threw* snowballs *at* each other.
▶ 彼はひざを机にぶつけた．
He *hit* his knee *against* the desk.
ぶっしつ 物質（精神に対して）matter [マタァ]
物質の material [マティ(ア)リアル]（対 精神の spiritual）
物質文明 material civilization
ぶつぞう 仏像 an image [イメヂ] of Buddha [ブ(ー)ダ], a statue [スタチュー] of Buddha
ぶったい 物体 an object [アブヂェクト]
▶ UFOは未確認飛行物体の略である．
UFO stands for an unidentified flying *object*.
ぶつだん 仏壇 a family Buddhist altar [ブ(ー)デイストオールタァ]
ふっとう 沸騰する boil [ボイル]
▶ 沸とうしているお湯 *boiling* water
ぶっとおし ぶっ通しで（休まずに）without a break →ずっと
▶ 5時間ぶっ通しで運転した．I drove for five hours *without a break*.
フットサル futsal [フットサル]
フットボール （競技）football [フットボール]（▶《米》ではふつうアメリカンフットボールを，《英》ではサッカーまたはラグビーをさす）；（ボール）a football
▶ フットボールをする play *football*
フットワーク footwork [フトゥワ～ク]

ぶつぶつ ぶつぶつ言う（不平を言う）complain [コンプレイン], grumble [グランブル]；（小さい声で言う）murmur [マ～マァ]
▶ ぶつぶつ言うのはやめなさい．
Stop *complaining* [*grumbling*].
ぶつり 物理(学) physics [フィズィクス]（▶単数あつかい）
物理学者 a physicist [フィズィスィスト]

ふで 筆

（毛筆）a writing brush [ブラシ]；（絵筆）a paintbrush [ペイントブラシ]
▶ 父は筆で年賀状を書く．
My father writes his New Year's cards with a *writing brush*.
▶ 弘法にも筆の誤り．《ことわざ》
(Even) Homer sometimes nods.（▶「ホメロス(のような大詩人)でもときには居ねむりをする(→へまをする)」の意味）
筆箱 a pencil case, a pencil box
筆ぶしょう
▶ 私は筆ぶしょうです．
I *seldom write letters*.（▶「筆まめです」なら seldom のかわりに often を使う）
筆ペン a brush pen
ふていき 不定期の irregular [イレギュラァ]
ふていし 不定詞《文法》an infinitive [インフィニティヴ]
ブティック a boutique [ブーティーク]（発音注意）（▶フランス語から）
ふと （何気なく）casually [キャジュアリィ]；（とつぜん）suddenly [サドゥンリィ]；（ふとしたことで）by chance [チャンス] →ぐうぜん
▶ 彼はふと私の前で立ち止まった．
He *suddenly* stopped in front of me.
▶ 杏奈とはふとしたことから知り合った．
I got to know Anna *by chance*.

ふとい 太い

（太さが）thick [スィック]（反 細い thin), big [ビッグ]；（声が）deep [ディープ]；（線・字が）bold [ボウルド]

thick

big

▶ 兄は腕が太い.
My brother has *big* [*thick*] arms.
▶ 太い声 a *deep* voice
▶ 太い線 a *bold* line

ブドウ
《植物》a **grape** [グレイプ］；(木) a (grape) vine (▶ a grape は「1つぶのブドウ」の意味．ふつう複数形 grapes で使う)
▶ ブドウ1ふさ a bunch of *grapes*
ぶどう酒 wine
▶ ぶどう酒はブドウでつくる.
Wine is made from *grapes*. / *Grapes* are made into *wine*.
ブドウ畑 a vineyard [ヴィニャド］

ふとうこう 不登校
▶ 中学生のとき私は不登校でした.
I *refused to go to school* when I was a junior high school student.

ふとくい 不得意な (へたな) bad [バッド], poor [プア], not good [グッド]（反）得意な good)；weak [ウィーク]

┌─ 表現力 ─
…が不得意だ
→ **be not good at ...** /
be bad at ... /
be weak in [at] ...
└────────

▶ ぼくは数学が不得意だ.
I'*m not good at* math. / I'*m bad at* math. / I'*m weak in* [*at*] math.
不得意科目 *my* weak subject (▶「得意科目」は strong subject)

ふところ 懐（内ポケット）an inside pocket
ふとさ 太さ thickness [スィックネス]
▶ その木は太さが2メートルある.
The tree is two meters *thick*.
ふともも 太もも a thigh [サイ]

ふとる 太る
get fat [ファット], grow fat （反）やせる get thin)；(体重が増える) gain weight [ウェイト]（反）やせる lose weight)
太った fat (▶ 露骨なことばなので相手に向かって使わないほうがよい), overweight [オウヴァウェイト]；(丸々した) chubby [チャビィ], plump [プランプ]；(かっぷくがいい) stout [スタウト]

▶ 最近太ってきた.
I'*m getting fatter* these days. / (体重が増えてきた) I'*m gaining weight* these days.
▶ ことしになって5キロ太った.
I'*ve gained* five kilograms this year.
▶ うちの父は太っている.
My father is *fat*. (▶ heavy, big, large でもよい)

ふとん 布団 a futon (▶英語の futon は敷きぶとんのみをさす)；(寝具) bedding [ベディング]；(掛けぶとん) a quilt [クウィルト]；(座ぶとん) a (Japanese) cushion [クション]
▶ ふとんを敷く
lay out a *futon* [the *bedding*] / spread out a *futon* [the *bedding*]
▶ ふとんをたたむ
fold up a *futon* [the *bedding*]
▶ ふとんをかたづける
put away a *futon* [the *bedding*]

フナ 《魚》a crucian [クルーシャン] carp (複数 crucian carp)

ふなびん 船便で by sea mail, by surface mail (▶航空便は airmail)
▶ 私はジムに船便で本を送った.
I sent Jim a book *by sea mail*.

ふなよい 船酔いする get seasick [スィースィク]

ふね 船
a ship [シップ]；(小型の) a boat [ボウト]
▶ 船に乗る get on (board) a *ship*
▶ 船を降りる get off a *ship*
▶ 船に酔う get *seasick*
▶ 1日半船に乗っていた.
We were on the *ship* for one and a half days.
▶ 船で島に行った.
I went to the island by *ship* [*boat*].

参考 船の種類
フェリー a ferry
遊覧船 a pleasure boat
定期船 a liner
客船 a passenger ship
貨物船 a cargo ship
タンカー a tanker

ふねんぶつ

> **用法 ship と boat**
> ship は「船」を表す一般的な語だが、おもに大型船をさす。boat はオールや小型エンジンで動く小型の船をさすが、話しことばでは船一般をさすこともある。

ふねんぶつ 不燃物 unburnables [アンバ～ナブルズ]

ふはい 腐敗する go bad [バッド] →くさる

ふひつよう 不必要な unnecessary [アンネセセリィ]

ふびょうどう 不平等 inequality [イニ(ー)クウァリティ]

ぶひん 部品 parts [パーツ]
▶ 車の部品 car *parts*

ふぶき 吹雪 a snowstorm [スノウストーム]；(大ふぶき) a blizzard [ブリザド]

ぶぶん 部分 (a) part [パート] (対 全体 whole)
▶ クラスの大部分は出席した．
Most of the class were present.

ふへい 不平 (a) complaint [コンプレイント]
不平を言う complain 《about, of》, grumble [グランブル] 《about, at》
▶ うちのおばあちゃんは食事のことでよく不平を言う．
My grandma often *complains* [*grumbles*] *about* meals.

ふべん 不便 inconvenience [インコンヴィーニェンス] (反 便利 convenience)
不便な inconvenient
▶ 不便を感じる
feel *inconvenience*
▶ うちは不便な所にある．
Our house is (located) in an *inconvenient* place.

ふぼ 父母 *my* father and mother, *my* parents [ペ(ア)レンツ]
父母会 a parents' association, a PTA

ふほう 不法な illegal [イリーガル]
不法滞在 an illegal stay
不法投棄 illegal dumping [ダンピング]

ふまじめ 不まじめ
▶ きみはふまじめだ（→もっとまじめにやるべきだ）．
You should be more serious.

ふまん 不満 dissatisfaction [ディ(ス)サティスファクション]；(不平) (a) complaint [コンプレイント]
不満である be dissatisfied 《with》, be not satisfied 《with》
不満を言う complain 《about, of》, grumble [グランブル] 《about, at》
▶ 何か不満があったら言いなさい．
If you have any *complaints*, please tell me.

> **プレゼン**
> 大半の生徒は新しい服装の規則に不満をもっています．
> Most of the students are dissatisfied with the new dress code.
> (▶ ... the students aren't satisfied with ... としてもよい)

ふみきり 踏切 a (railroad) crossing [クロ(ー)スィング]
▶ 踏切をわたる
go over a *railroad crossing*

ふむ 踏む step [ステップ] 《on》
▶ 痛い！ 足をふまないで．
Ouch! Don't *step on* my foot.

ふめい 不明な unclear [アンクリア], not clear；unknown [アンノウン]
▶ 不明な点がいくつかある．
There're some *unclear* points.
▶ ご不明な点がございましたら（→何か質問がございましたら）ご遠慮なくお問い合わせください．
If you have any questions, please feel free to ask us.

ふめいよ 不名誉な dishonorable [ディスアナラブル]

ふめつ 不滅の immortal [イモートゥル]
ふもと the foot [フット]
▶ 私たちは山のふもとにある小さな旅館に泊まった．

We stayed in a little inn at *the foot of the mountain*.

ふやす 増やす increase [インクリース]（反 減らす decrease）
▶ おこづかいを増やして.
Would you please *increase* my allowance?

ふゆ 冬 →きせつ（図）

winter [ウィンタァ]（▶月や曜日とちがって, 語頭は小文字で書く）
▶ この冬はとくに寒いね.
This *winter* is especially cold, isn't it?
▶ ぼくは冬のスポーツが好きだ.
I love *winter* sports.
▶ うちの家族は冬はスキーをする.
Our family goes skiing in (the) *winter*.
▶ 去年の冬, 札幌の雪まつりを見にいった.
We went to see the Sapporo Snow Festival last *winter*.（▶*in last winter* とはいわない）
冬服 winter clothes
冬休み（米）a winter vacation,（英）winter holidays

ふゆかいな 不愉快な unpleasant [アンプレズント]（反 愉快な pleasant）
▶ きのう不ゆかいなことがあったんだ.
Something *unpleasant* happened yesterday.

ふよう 不要の, 不用の（必要ない）unnecessary [アンネセサリィ]；（役に立たない）useless [ユースレス]（反 役に立つ useful）
不要不急の nonessential [ナンエセンシャル] and non-urgent [ナンアージ(ェ)ント]
▶ 不要不急の外出は控えてください.
Please refrain from *nonessential and non-urgent* outings.

ぶよう 舞踊 dancing [ダンスィング]
▶ 日本舞踊 Japanese *dancing*

フライ¹（野球）a fly [フライ] (ball)
フライを打つ fly, hit a fly (ball)

フライ²（あげ物）deep-fried food [ディープフライド フード]
フライにする（油であげる）deep fry
▶ エビフライ a *deep-fried* shrimp
フライパン a frying pan

フライト a flight [フライト] →びん²

プライド pride [プライド]

フライトアテンダント a flight attendant [フライト アテンダント]

フライドチキン fried chicken

フライドポテト（米）French fries,（英）chips [チップス]

プライバシー privacy [プライヴァスィ]
▶ プライバシーの侵害だよ.
You're invading my *privacy*.

プライベート private [プライヴェト]
▶ これはプライベートなことです.
This is *private*.

フライング jumping the gun, a false [フォールス] start
▶ フライングしないで.
Don't *jump the gun*.

ブラインド a blind [ブラインド],（米）a (window) shade [シェイド]
▶ ブラインドを上げる draw up the *blind*（▶「下ろす」は pull down）

ブラウザー a browser [ブラウザァ]

ブラウス a blouse [ブラウス]
▶ ブラウスを着る put on a *blouse*

プラカード a placard [プラカード]

ぶらさがる ぶら下がる hang (down)
▶ ぼくは木にぶらさがった.
I *hung* from the tree.

ぶらさげる ぶら下げる hang [ハング]
▶ 窓のそばに風鈴をぶらさげた.
I *hung* a wind-bell by the window.

ブラシ a brush [ブラシ]
ブラシをかける brush
▶ 歯ブラシ a tooth*brush*
▶ ヘアブラシ a hair*brush*

ブラジャー a bra [ブラー], a brassiere [ブラズィア]（▶ bra のほうがふつう）

ブラジル Brazil [ブラズィル]
ブラジル(人)の Brazilian [ブラズィリアン]
ブラジル人 a Brazilian

プラス plus [プラス]（反 マイナス minus）
▶ 4プラス5イコール9（4＋5＝9）.
Four *plus* five equals [is] nine.

> **プレゼン**
> それは自分にプラスになった（→自分にとっていい経験になった）と思います.
> I think it was a good experience for me.

プラス思考 positive thinking（反 マイナ

フラスコ

ス思考 negative thinking)
▶ プラス思考でいこうよ.
Let's think *positively*.
フラスコ a flask [フラスク]
プラスチック (a) plastic [プラスティク]
　プラスチックごみ plastic waste [ウェイスト]
　プラスチックモデル a plastic model
ブラスバンド a brass [ブラス] band
プラチナ platinum [プラティナム] 《記号 Pt》
ぶらつく stroll [ストゥロウル], wander [ワンダァ] (around, about)
▶ 友だちとショッピングモールをぶらついた.
My friends and I *wandered around* the shopping mall.
ブラック ブラック(の) black [ブラック]
▶ コーヒーはブラックでお願いします.
I'd like my coffee *black*.
　ブラックユーモア black humor [ヒューマァ]
フラッシュ 《写真》(a) flash [フラッシ]
▶ フラッシュがつかないよ.
The *flash* doesn't work.
フラット 《音楽》a flat [フラット] 《記号♭》(反 シャープ sharp);《競技》(きっかり) flat
▶ 100メートルを12秒フラットで走った.
I ran 100 meters in 12 seconds *flat*.
プラットホーム a platform [プラットゥフォーム] →ホーム¹

ロンドンの地下鉄のプラットホーム.

プラネタリウム a planetarium [プラネテ(ア)リアム]
ふらふら ふらふらする (めまいがする) feel dizzy [ディズィ];(つかれて) be exhausted [イグゾースティド]
▶ 熱が高くて頭がふらふらする.
I have a high fever. I *feel dizzy*.
ぶらぶら ぶらぶらする stroll [ストゥロウル]; wander [ワンダァ] (around, about);(何もしないでいる) be idle [アイドゥル]

▶ 公園までぶらぶらしようか. Why don't we *stroll* down to the park?
▶ 1日ぶらぶらして(→何もしないで)過ごした.
I've spent all day *idly* [*doing nothing*].
フラミンゴ 《鳥》a flamingo [フラミンゴウ] (複数 flamingo(e)s)
プラム 《植物》a plum [プラム]
プラモデル a plastic model
プラン a plan [プラン]
　プランを立てる plan (to ...), make a plan (for, to ...)
▶ 旅行のプランはもう立てたの？ *Have* you *made a plan for* your trip?
プランクトン plankton [プランクトン]
ぶらんこ a swing [スウィング]
▶ ぶらんこに乗る
get on a *swing* / sit on a *swing*
フランス France [フランス]
　フランス(人・語)の French [フレンチ]
　フランス語 French →ことば(表)
　フランス人 (男性) a Frenchman (複数 Frenchmen);(女性) a Frenchwoman (複数 Frenchwomen);(全体) the French
▶ あの人はフランス人ですか.
Is he [she] *French*?
　フランスパン French bread
　フランス料理 French food
ブランド a brand [ブランド]
　ブランドの brand-name [ブランドネイム]
▶ 母はブランドもののバッグを持っている.
My mother has some *brand-name* bags.
　ブランド品,ブランドもの a brand-name product, a brand-name item
ふり¹ 不利 (a) disadvantage [ディスアドヴァンテヂ]
▶ 初めはうちのチームが不利だった.
At the beginning, our team was at a *disadvantage*.
ふり² ふりをする pretend [プリテンド]
▶ あいつは何でも知っているふりをする.
He *pretends* to know everything. /
He *pretends* that he knows everything.

-ぶり

1 (…のようす) a way [ウェイ], a manner [マナァ] →しかた

▶ 静男は話しぶりがおだやかだ．
Shizuo has a gentle *way* [*manner*] of talking.

2 (…経過して) →**いらい**¹, -ご
▶ 20日ぶりに雨が降った．It rained *for the first time in* twenty days.
▶ 3年ぶりにマミに会った．I met Mami *after an interval of* three years.
▶ ここに来たのは何年ぶりだろうね．*How long* has it been *since* we last came here?

フリー フリーの free [フリー]
　フリーキック a free kick
　フリーサイズの one-size-fits-all
　フリースタイル（水泳）freestyle swimming;（レスリング）freestyle wrestling
　フリースロー a free throw
　フリーダイヤル（米）a toll-free (phone) number（▶ ✕free dial とはいわない）

フリーザー a freezer [フリーザァ]
フリージア（植物）a freesia [フリージア]
フリース（a）fleece [フリース]
▶ フリースのジャケット [プルオーバー] a *fleece* jacket [pullover]
フリーズ《コンピューター》フリーズする freeze [フリーズ]
▶ このごろパソコンがよくフリーズする．The computer often *freezes* these days.
フリーター a part-timer
ブリーフ（パンツ）briefs [ブリーフス]
フリーマーケット（ノミの市）a flea [フリー] market
ふりかえる　振り返る turn around, look back
▶ その女の子はふり返って私を見た．The girl *looked back at* me.

> ✎ライティング
> この3年間を**ふり返る**と，いろいろなことがありました．
> *Looking back on* the past three years, so many things have happened.

ブリキ tin [ティン],（板）tinplate [ティンプレイト]（▶「ブリキ」はオランダ語から）
▶ ブリキのかん a *tin* can
ふりこ　振り子 a pendulum [ペンデュラム]
フリスビー a Frisbee [フリズビィ]（▶ フリスビーは商標）
プリズム a prism [プリズム]
ふりつ　府立の prefectural [プリフェクチュラル]
▶ 府立高校 a *prefectural* high school
ふりつけ　振り付け choreography [コーリアグラフィ]
　振り付け師 a choreographer [コーリアグラファ]
プリペイドカード a prepaid [プリーペイド] card
ふりむく　振り向く turn around, look back
▶ ふり向いてみたが，そこにはだれもいなかった．When I *turned around* [*looked back*], there was nobody there.
ブリュッセル（地名）Brussels [ブラッスルズ]
ふりょう　不良の bad [バッド]
　不良少年[少女] a bad boy [girl], a delinquent [ディリンクウェント]
　不良品 a defective product
プリン（a）custard pudding [カスタド プディング]（▶「プリン」は pudding がなまったもの）
プリンター a printer [プリンタァ]
プリント（授業などで配る）a handout [ハンダウト];（プリントもよう・生地）(a) print [プリント]
　プリントする print
▶ 前回の授業のプリントをもらえませんか．Can I have a *handout* from the last class?

ふる¹　降る

1（雨が）**rain** [レイン];（雪が）**snow** [スノウ]（▶ いずれも it を主語にする）
▶ 雨[雪]が降っている．It's *raining* [*snowing*].
▶ 雨が降ったりやんだりしている．It's been raining on and off [off and on].
▶ 雨が降りそうだ．It looks like *rain*.
▶ この冬はほとんど雪は降らなかった．We *had* little *snow* this winter.

> ✎ライティング
> 去年は雪がたくさん**降りました**．
> We had a lot of snow last year.

2（落ちてくる）**fall** [フォール]
▶ 火山灰は広い範囲に降った．Volcanic ashes *fell over* a large area.

ふる² 振る

(ゆさぶる) shake [シェイク]; (ふりこのように) swing [スウィング]; (手などを) wave [ウェイヴ]; (しっぽを) wag [ワッグ]; (交際を断る) drop [ドゥラップ], dump [ダンプ]

shake

swing

wave

▶ 開ける前にびんをよくふってね.
Shake the bottle well before you open it.
▶ バットをふる *swing* a bat
▶ 母は首を横にふって「だめ」と言った.
My mother *shook* her head and said, "No." (▶「首を縦にふる」は nod (*my* head))
▶ 私は手をふってみんなと別れた.
I *waved* goodbye to everyone.
▶ ラッキーはうれしそうにしっぽをふった.
Lucky *wagged* his tail happily.
▶ 詩織は悠太をふった.
Shiori *dumped* Yuta.

-ぶる (ふりをする) pretend [プリテンド]
▶ 彼女はいい子ぶってるよね.
She *pretends* to be very good.

ふるい 古い

old [オウルド] (反 新しい new); (時代おくれの, 旧式の) old-fashioned [オウルドゥファションドゥ], outdated [アウトゥデイティドゥ]; (中古の) used [ユーズドゥ]

old

new

▶ 遠藤さんは父の古い友人だ.
Mr. Endo is an *old* friend of my father's.
▶ 祖父は考えが古い.
My grandfather has *old-fashioned* ideas.
▶ パソコンはすぐに古くなる.
Computers become *outdated* quickly.
▶ うちの車は古い. Our car is *old*. (▶「中古車」というときは a used car という)

ブルー ブルー(の) blue [ブルー]
ブルージーンズ blue jeans
ブルース 《音楽》(the) blues [ブルーズ]
フルーツ (a) fruit [フルートゥ] →くだもの
フルーツケーキ (a) fruitcake
フルーツサラダ (a) fruit salad
フルーツジュース fruit juice
フルート 《楽器》a flute [フルートゥ]
▶ フルートを吹く play the *flute*
フルート奏者 a flute player, 《米》a flutist, 《英》a flautist

ふるえる 震える

(恐怖さや怒りなどで) shake [シェイク], tremble [トゥレンブル]; (寒さなどで) shiver [シヴァ]
▶ こわくてふるえる *tremble* with fear
▶ 怒りでふるえる *tremble* with anger
▶ どうしたの？ 声がふるえているよ.
What's the matter? Your voice *is shaking* [*trembling*].
▶ バスを待っている間, 寒くて体がふるえた.
I *shivered* with cold while I waited for the bus.

ふるさと *my* home [ホウム], *my* hometown [ホウムタウン] →こきょう
▶ 神戸が私のふるさとです.
Kobe is my *hometown*.
▶ 長い間, ふるさとに帰ってない.
I haven't been to my *hometown* for a long time.

ブルドーザー a bulldozer [ブルドウザァ]
ブルドッグ a bulldog [ブルド(ー)グ]
ブルペン 《野球》a bull pen
ふるほん 古本 a used [ユーズドゥ] book; a secondhand [セカンドゥハンド] book
古本屋 a used-book store, a secondhand bookstore

ふるまい 振る舞い behavior [ベイヴァ]
ふるまう act, behave
▶ 子どもっぽいふるまい childish *behavior*
▶ 拓海はいつもリーダーのようにふるまう.
Takumi always *acts* [*behaves*] like a leader.

ぶれい 無礼な rude [ルード]

フレー hooray [フレイ], hurrah [フラー]
▶ フレーフレー, 美佳さん. *Hurrah* for Mika!
▶ (かけ声として) フレーフレー！
Hip, hip, *hooray*!

プレー (試合ぶり) a play [プレイ]
プレーする play
▶ 好プレー a fine *play*, a nice *play*
▶ 珍プレー
an odd *play*, 《口語》 a blooper [ブルーパァ]
▶ (野球で) プレーボール！ *Play ball!*
プレーオフ a playoff [プレイ(-)フ]
プレーガイド a ticket agency [office]
(▶×play guide とはいわない)

ブレーキ a brake [ブレイク] (▶しばしば複数形で使う)
ブレーキをかける put [step] on the brakes, brake
▶ ブレーキがきかない！
The *brakes* don't work!
▶ 下り坂でブレーキをかけた. I *put on the brakes* on a down slope.

ブレーク ブレークする hit the big time
▶ そのバンドは昨年の夏ブレークした.
The band *hit the big time* last summer.

フレーズ a phrase [フレイズ]
プレート (板) a plate [プレイト]
フレーム a frame [フレイム]
プレーヤー a player [プレイア]
ブレザー(コート) a blazer [ブレイザァ]
ブレスレット a bracelet [ブレイスレト]

プレゼント

a present [プレズント], a gift [ギフト] →おくりもの
プレゼントする give ... a present
▶ 誕生日プレゼント a birthday *present*
▶ クリスマスプレゼント
a Christmas *present*
▶ すてきなプレゼントをありがとう.
Thank you for your nice *present*.

🔊 スピーキング
ⓐ あなたへのプレゼントだよ.
Here's a present [gift] for you.
ⓑ どうもありがとう. いま開けてもかまわない？
Thanks a lot. May I open it now?

▶ 母の日のプレゼントにエプロンをあげようと思ってるの. I'm going to give my mother an apron as [for] a Mother's Day *present*.

プレッシャー pressure [プレシァ]
フレッシュ フレッシュな fresh [フレッシ]
プレハブ プレハブ住宅 a prefabricated [プリーファブリケイティド] house, 《口語》 a prefab [プリーファブ]

ふれる 触れる touch [タッチ] →さわる
▶ 展示品に手をふれないでください.
Please don't *touch* (any of) the exhibits.
▶ 手をふれるな！(掲示) Hands Off!
▶ 先生はそのことにはまったくふれなかった.
The teacher didn't *touch* on that at all.

ブレンド a blend [ブレンド]
ブレンドする blend

ふろ 風呂

a bath [バス]
ふろに入る take a bath, have a bath
▶ おふろ, わいてるよ (→準備できてるよ).
The *bath* is ready.
▶ さっとおふろに入るね.
I'll *take a* quick *bath*.
▶ ぼくが子どもたちをおふろに入れるよ.
I'll give the children a *bath*.
ふろおけ (湯ぶね) a bathtub [バスタブ]
ふろ場 a bathroom [バス(-)ム]

プロ ▶

ふろ屋 a public bath
プロ (選手) a professional [プロフェシ(ョ)ナル] (反 アマ amateur), 《口語》a pro [プロゥ] (複数 pros)
　プロの professional, 《口語》pro
▶ プロになる turn pro
　プロ野球 pro(fessional) baseball
▶ プロ野球選手
　a pro(fessional) baseball player
フロア a floor [フローゥ]
ブローチ a brooch [ブロゥチ]
▶ ブローチをつける put on a brooch
ふろく 付録 (おまけ) an extra [エクストゥラ]; (追加記事など) a supplement [サプリメント]; (巻末付録) appendix [アペンディクス]
ブログ a blog [ブロ(ー)グ]
▶ このブログは毎日見てるよ.
　I read this blog every day.
▶ 自分のブログをつくる
　set up my blog / create my blog
プログラマー a (computer) programmer [プロゥグラマァ]
プログラミング programming [プロゥグラミング]
プログラム a program [プロゥグラム]
ふろしき 風呂敷 a furoshiki, a Japanese wrapping cloth
ブロック (建築用の) a block [ブラック]; (街区) a block
ブロッコリー 《植物》broccoli [ブラコリィ]
プロテスタント a Protestant [プラテスタント]
プロデューサー a producer [プロデューサァ]
プロバイダー an ISP (▶ Internet Service Provider の略)
プロパンガス propane [プロゥペイン] (gas)
プロフィール a profile [プロゥファイル]
プロペラ a propeller [プロゥペラァ]
　プロペラ機 a propeller plane
プロポーズ プロポーズする propose [プロポゥズ] (to)
▶ 彼はベスにプロポーズした.
　He proposed to Beth.
プロレス(リング) pro(fessional) wrestling
▶ 直樹は女子プロレスに夢中だ.
　Naoki is crazy about women's pro wrestling.
　プロレスラー a pro(fessional) wrestler
フロンガス CFCs (▶ chlorofluoro-carbons の略;「フロン」はその一種をさす商標名 Freon (フレオン) から)
ブロンズ bronze [ブランズ]
フロント (ホテルなどの) the front desk, the reception [リセプション] desk
ブロンド (金髪(きんぱつ)の人) a blond(e) [ブランド]
　ブロンドの blond(e)
フロントガラス 《米》a windshield [ウィンドゥシールド], 《英》a windscreen [ウィンドゥスクリーン] (▶ *front glass とはいわない)

ふん¹ 分

a minute [ミニット] (▶「時間」は hour,「秒」は second)
▶ 30分
　thirty minutes / half an hour
▶ 映画はあと５分で始まるよ.
　The movie starts in five minutes.
▶ 学校までは歩いて20分です.
　It's a twenty-minute walk to my school.
▶ (テストで) 残り時間はあと10分です.
　You have ten minutes left.
▶「いま何時？」「３時10分過ぎ」
　"Do you have the time?" "It's ten after three."
▶ 達矢は10時５分前に来た.
　Tatsuya came at five (minutes) to ten. (▶ to は before でもよい)
▶ 学校は８時15分に始まる.
　School begins at eight fifteen. / School begins at a quarter after eight. (▶ a quarter は１時間の４分の１, つまり「15分」のこと)
ふん² 糞 droppings [ドゥラピングズ]
ぶん¹ 分 **1** (分け前) a share [シェア]
▶ これはきみの分だ.
　This is yours [your share]. / This is for you.
▶ 私の分は払(はら)います. I'll pay my share.
2 (分数) → ぶんすう
▶ ２分の１
　a [one] half
▶ ５分の１

a [one] fifth

ぶん² 文

a **sentence** [センテンス]; (作文) a composition [カンポズィション]
▶ この文の意味がわからない.
I don't understand this *sentence*.
▶ 次の日本文を英文に直しなさい.
Put the following Japanese into English.

ふんいき 雰囲気 an atmosphere [アトゥモスフィア]
▶ この旅館はアットホームなふんいきがある.
This inn has a homelike *atmosphere*.

ふんか 噴火 (an) eruption [イラプション]
噴火する erupt
噴火口 a crater [クレイタァ]

ハワイのダイヤモンド・ヘッドの噴火口.

ぶんか 文化

(a) **culture** [カルチァ] (▶「文明」は civilization)
文化の, 文化的な cultural [カルチ(ュ)ラル]
▶ 日本の文化 Japanese *culture*
▶ 江戸の文化 Edo *culture*
文化遺産 cultural heritage
文化祭 (学校の) a school festival
文化財 cultural asset
文化の日 Culture Day
文化部 a culture club

ぶんかい 分解する take ... apart
▶ ぼくはこわれた時計を分解した.
I *took* the broken clock *apart*.

ぶんがく 文学 literature [リテラチ(ュ)ア]
文学の literary [リテレリィ]
▶ 英文学 English *literature*
▶ 日本文学 Japanese *literature*
文学作品 a literary work
文学史 a history of literature
文学者 a literary person (▶ person の

かわりに man, woman を使うこともある)
ぶんかつ 分割する divide [ディヴァイド]
ぶんこ 文庫 a library [ライブラリィ]
▶ 学級文庫 a class *library*
文庫本 a pocketbook, a (mass-market) paperback

ぶんこう 分校 a branch school
ふんしつ 紛失する (人が) lose [ルーズ]; (物が) be missing [ミスィング] →なくす
紛失物 a lost article [アーティクル], a missing article

ぶんしゅう 文集 (学校の) a collection of students' compositions
▶ 卒業文集
a *collection* of the graduates' *writings*

ぶんしょ 文書 a document [ダキュメント]
ぶんしょう 文章 (文) a sentence [センテンス]; (書き物) writing [ライティング]
▶ 直哉は文章がうまい.
Naoya is a good *writer*. / Naoya *writes* very well.

ふんすい 噴水 a fountain [ファウンテ(ィ)ン]

パリのコンコルド広場の噴水.

ぶんすう 分数 a fraction [フラクション]

> 💡用法 分数の読み方
> 分子を基数 (one, two, three など), 分母を序数 (fourth, fifth, sixth など) で表し, 分子を先に読む. 分子が 2 以上の場合, 分母を複数にする.
> ½ one [a] half
> ⅓ one [a] third
> ¼ one [a] quarter, one [a] fourth
> ⅖ two fifths

ぶんせき 分析する analyze [アナライズ]
ふんそう 紛争 a dispute [ディスピュート]
ぶんたん 分担する share [シェア]
▶ 私たちはみんなで費用を分担した.

ぶんつう ▶

We *shared* the expenses among ourselves.

ぶんつう 文通する exchange letters 《with》, correspond [コ(ー)レスパンド] 《with》
▶ 文通してくれませんか．
Would you *correspond with* me? / Will you *be my pen pal*?
▶ アメリカの中学生と文通してみたい．
I'd like to *exchange letters with* an American junior high student.
文通友だち a pen pal

ぶんとう 奮闘する struggle [ストゥラグル]

ぶんぱい 分配する distribute [ディストゥリビュ(ー)ト]

ぶんぷ 分布する be distributed [ディストゥリビュ(ー)テイド]

ふんべつ 分別のある sensible [センスィブル], wise [ワイズ]
▶ あの男の子は年のわりには分別がある．
That boy is *sensible* [*wise*] for his age.

ぶんべつ 分別する
▶ ごみを分別するのを忘れないで．Don't forget to *separate* the garbage.

> 🎤 プレゼン
> ゴミを**分別する**ことは，廃棄物を減らすもっとも簡単な方法のひとつです．
> Separating the garbage is one of the easiest ways to reduce waste.

ぶんぽう 文法 grammar [グラマァ]
▶ 英文法
English *grammar*
▶ 文法上の誤り
a *grammatical* mistake

ぶんぼうぐ 文房具（集合的に）stationery [ステイショネリィ]
文房具店 a stationery store [shop]

ふんまつ 粉末 powder [パウダァ]

ぶんめい 文明 civilization [スィヴィリゼイション]（▶「文化」は culture)
▶ 古代エジプト文明
the ancient *civilization* of Egypt
▶ 西洋文明 Western *civilization*
文明国 a civilized country
文明社会 a civilized society

ぶんや 分野 a field [フィールド], an area [エ(ア)リア]
▶ あなたのお兄さんの研究分野は何ですか．
What is your brother's *field* of study?

ぶんり 分離する separate [セパレイト]

ぶんりょう 分量（a) quantity [クワンティティ], an amount [アマウント] →りょう¹

ぶんるい 分類する classify [クラスィファイ]; (おおまかに) group [グループ]
▶ 本はおおまかに10種類に分類することができる．
We can roughly *classify* books into ten categories.

ぶんれつ 分裂する split [スプリット]

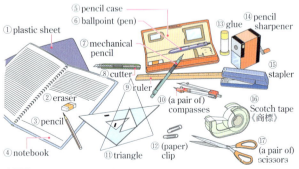

文房具 ①下敷き ②消しゴム ③えんぴつ ④ノート ⑤筆箱 ⑥ボールペン
⑦シャープペンシル ⑧カッター ⑨ものさし ⑩コンパス
⑪三角じょうぎ ⑫クリップ ⑬のり ⑭えんぴつけずり ⑮ホチキス
⑯セロハンテープ ⑰はさみ

◀ **へいき**¹

−へ

使い分け
(到着点・方向) → to
(行き先) → for
(…の方へ) → toward
(対象) → for, to
(…の上へ) → on
(…の中へ) → in, into

1 (到着点・方向を示して) **to** [トゥー]；(行き先を示して) **for** [フォー(ァ)]；(…の方へ) **toward** [トード] →−に

go **to** school
学校へ行く

a train **for** Tokyo
東京への電車

▶ **to** は到着地点を表し，そこへ行くこと．**for** は行き先や方面を言うときに使う．

▶ このバスは博物館へ行きますか．
Does this bus go *to* the museum?
▶ 彼はきのうローマへたちました．
He left *for* Rome yesterday.
▶ 犬はぼくの方へ走ってきた．
The dog came running *toward* me.
▶ 最初の角を右へ曲がりなさい．
Turn (*to* the) right at the first corner.

2 (対象) **for**, **to**
▶ きみへのおみやげだよ．
Here's a present *for* you. / This (present) is *for* you.
▶ (おくり物などの上書きに) 七海さんへ
To Nanami

3 (…の上へ) **on** [アン]
▶ かばんを網棚へのせたら？
Why don't you put your bag *on* the rack?

4 (…の中へ) **in** [イン], **into** [イントゥ]
▶ どうぞ中へ入って．

Please come on *in*.
▶ 生徒はみんな教室へ入ってきた．
All the students came *into* the classroom.

ヘア hair [ヘア] →かみ², け
▶ ロングヘアの
long-*haired*
▶ ショートヘアの
short-*haired*
ヘアカラー hair color, hair dye
ヘアスタイル a hairstyle, 《口語》a hairdo
ヘアスプレー (a) hair spray
ヘアドライヤー a blow dryer, a hairdryer
ヘアピン a hairpin, 《米》a bobby pin, 《英》a hairgrip
ヘアブラシ a hairbrush
ヘアメイクアーティスト a hair and makeup artist

ペア a pair [ペア]
ペアを組む pair up 《with》

へい 塀 a wall [ウォール], a fence [フェンス]
▶ 板べい
a wooden *fence* / a board *fence*

▶ ブロックべい a concrete block *wall*
▶ 彼の車はへいにぶつかった．
His car hit the *wall*.

へいかい 閉会する close [クロウズ]
閉会式 a closing ceremony

へいき¹ 平気である do not mind
▶ 暑いの[寒いの]は平気です．
I *don't mind* the heat [cold].

seven hundred and nine 709

へいき²

スピーキング
Ⓐ ごめんね。痛かった？
I'm sorry. Did I hurt you?
Ⓑ ううん、平気.
No, I'm OK.

へいき² 兵器 a weapon [ウェポン] (発音注意), arms [アームズ]
▶ 核兵器
nuclear [ニュークリア] *weapons*

へいきん 平均

(an) **average** [アヴ(ェ)レヂ]
平均する average
平均の, 平均的な average
平均で on average
▶ 平均をとる [出す]
take the *average* / *average* out
▶ 家では1日平均2時間勉強している.
I study at home two hours a day *on average*.
▶ 理科のテストの点数は平均以上 [以下] だった.
My science score was above [below] *average*.
平均気温 the average temperature
平均寿命 the average life span [ライフスパン]
平均台《体操》a balance beam
平均点《米》the average score, 《英》the average mark
▶ この試験の平均点は何点ですか.
What's *the average score* on this exam?
平均年齢 the average age

へいこう 平行な parallel [パラレル]《to》
▶ この2つの道路は平行して走っている.
These two roads run *parallel to* each other.
平行四辺形《数学》a parallelogram [パラレログラム]
平行線《数学》parallel lines
平行棒《体操》parallel bars

へいさ 閉鎖する close [クロウズ]

べいさく 米作 the cultivation [カルティヴェイション] of rice

へいし 兵士 a soldier [ソウルヂァ]

へいじつ 平日 a weekday [ウィークデイ]
▶ 平日は何時まで開いていますか.
How late are you open on *weekdays*?

へいじょう 平常の usual [ユージュアル]
平常どおり as usual
▶ あすは雨なら, 平常 (→平常どおり) 授業です.
If it rains tomorrow, we'll have classes *as usual*.

へいせい 平成 Heisei
▶ 妹は平成27年に生まれた.
My sister was born in *Heisei* 27 [in the 27th year of *Heisei* era]. (▶日本の年号を知らない外国人には西暦に換算して in 2015と言ったほうがよい)

へいたい 兵隊 (兵士)a soldier [ソウルヂァ]; (軍隊) troops [トゥループス]

へいてん 閉店する close [クロウズ]
▶ 「(店員にたずねて) この店は何時に閉店しますか」「7時です」
"What time do you *close*?" "We *close* at 7 p.m."
▶ 本日閉店《掲示》Sorry We're *Closed*
(▶直訳は「申し訳ございませんが閉店です」)

へいほう 平方 a square [スクウェア]
▶ 部屋の面積は200平方メートルある.
The room is 200m² [two hundred *square* meters] in area.
平方根《数学》a square root

へいぼん 平凡な (ふつうの) ordinary [オーディネリィ]; (ありふれた) common [カモン]; (平均的な) average [アヴ(ェ)レヂ]
▶ ぼくはごく平凡な学生生活を送っている.
I'm living an *ordinary* [*average*] student life.
▶ 父は平凡なサラリーマンです.
My father is an *ordinary* [a *common*] office worker.

へいめん 平面 a plane [プレイン]

平面図 《数学》 a plane figure;《建築の》a floor [ground] plan
へいや 平野 a plain [プレイン]
▶ 関東平野 the Kanto *Plain*(s)

へいわ 平和

peace [ピース]
平和な peaceful
▶ 世界平和 world *peace*
▶ ハトは平和の象徴です．
The dove is a symbol of *peace*.

> 💬 プレゼン
> 平和を守るために私たちに何ができるのでしょうか．
> What can we do to keep peace?

平和運動 a peace movement
平和主義 pacifism [パスィフィズム]

へえ 《おどろき》Oh! [オゥ], Oh, no!;《何だって》What! [(フ)ワット]
▶ へえ，そいつは初耳だ．
Oh, I didn't know that. / *Oh*, that's news to me. / *Oh*, I've never heard of that.
▶ へえ，それほんとう？
Oh, is that true?

ベーコン bacon [ベイコン]
ベーコンエッグ bacon and eggs

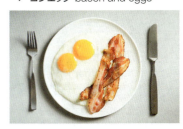

ページ

a page [ペイヂ]（▶ p. と略す．複数形は pp.）
▶ 10ページを開きなさい．
Open your books to *page* 10.
▶ 42ページの練習問題2番を見なさい．
Look at Exercise 2 on *page* 42.
▶ ページをめくってください．
Please turn (over) the *page*.
▶ 15ページから20ページまで読みなさい．
Read the *pages* 15 to 20.

ページェント a pageant [パヂ(ェ)ント]
ベージュ 《色》 beige [ベイジ]
ベース¹ 《野球》 a base [ベイス]
▶ 1塁ベース
first *base*
ベース² 《音楽》 (a) bass [ベイス]
ベースギター a bass guitar
ベース³ 《基礎》 a basis [ベイスィス] (複数 bases)
ペース (a) pace [ペイス]
▶ 自分のペースで
at my own *pace*
ペースト paste [ペイスト]
ペーパー 《紙》 paper [ペイパァ]
ペーパータオル a paper towel
ペーパーテスト a written test [examination]

-べき →-ならない，ほう¹

1（当然…すべきだ）should [シュッド], ought [オート] to;（絶対に…すべきだ）must [マスト]

> 💬 表現力
> …すべきだ
> → should ... /（絶対に）must ...

▶ 人には親切にすべきだ．
We *should* be kind to others.（▶ We *ought to* be ... . としてもよい）
▶ あなたは約束を守るべきです．
You *must* keep your promise.

> 💬 表現力
> …すべきでない
> → should not ... /
> （絶対に）must not ...

▶ かげで人の悪口を言うべきじゃないよ．
You *shouldn't* speak badly of others behind their backs.
▶ 車を運転するなら絶対に酒を飲むべきではない（→絶対に飲んではいけない）．
You *must not* drink if you drive (a car).

> 💬 表現力
> 何を[いつ，どこへ]…すべきか
> → what [when, where] to ...

▶ 何をすべきなのかわからなかった．

seven hundred and eleven 711

へきが

I didn't know *what to* do.
▶ この花びんをどこに置くべきかぼくは母にたずねた.
I asked my mother *where to* put the vase.
2 (…して当然の)(▶ふつう「名詞＋to＋動詞の原形」で表すことが多い)
▶ 決心すべき時だ.
It's time *to* make up your mind.
▶ 今日はやるべきことがたくさんある.
I have a lot of things *to* do today.

> **プレゼン**
> 京都には**訪れるべき**お寺がたくさんあります.
> Kyoto has a lot of temples to visit.

へきが 壁画 a wall painting, a mural [ミュ(ア)ラル]
ペキン (地名) 北京 Beijing [ベイヂンゲ], Peking [ピーキンゲ]
ヘクタール a hectare [ヘクテア] (▶ ha と略す)
ペケ →ばつ²
ぺこぺこ
▶ おなかがぺこぺこだ.
I'*m really hungry.* / I'm *starving* [*starved*].
(人に)ぺこぺこする (こびへつらう) flatter [フラタァ]
へこむ
▶ 車のドアがへこんでるよ.
The car door *is dented*.
ベジタリアン a vegetarian [ヴェヂテ(ア)リアン]
ベスト¹ (最善) (the) best [ベスト]
▶ 心配するな. ベストをつくせばいい.
Don't worry. Just do your *best*.
ベストセラー a bestseller [ベストゥセラァ]
ベストテン the top ten
ベスト² (チョッキ) a vest [ヴェスト]
へそ a navel [ネイヴ(ェ)ル], 《口語》a belly button

へた 下手な

bad [バッド] (at), **poor** [プァ] (at) (反) じょうずな good
▶ ぼくは字がへただ.
My handwriting is *bad*. / I have *poor* handwriting.

> **表現力**
> …がへただ
> → be bad at … /
>   be poor at … /
>   be not good at …

▶ 良樹はスケートがへただ.
Yoshiki *is bad at* skating. / Yoshiki is a *poor* skater. / (じょうずでない) Yoshiki *isn't good at* skating.
べたべた べたべたした sticky [スティキィ]
ペダル a pedal [ペドゥル]
ペダルをふむ pedal

ヘチマ 《植物》a loofah [ルーファ]
ぺちゃくちゃ ぺちゃくちゃしゃべる chatter [チャタァ]
ぺちゃんこ
▶ ぺちゃんこのタイヤ
a *flat* tire
▶ ぺちゃんこになった車
a *crushed* car

べつ 別(の) →ほか

(もう1つの) **another** [アナザァ] (▶単数名詞などが続く); (ほかの) **other** [アザァ] (▶複数名詞などが続く)
▶ (店で)別のものを見せてもらえますか.
Can I see *another* (one)? (▶another のあとには単数名詞がくる)
▶ 別のシャツをいくつか見せてください.
Could you show me some *other* shirts?
▶ 口で言うのと実際にやるのは別だ.
Saying is one thing and doing is *another*.
別に (とくに) particularly [パティキュラリィ]; (分けて) separately [セパレトゥリィ]
▶ 今日は別にいそがしくないよ.
I'm not *particularly* busy today.

◀ へま

スピーキング
Ⓐ どうしたの？
What's wrong?
Ⓑ 別に.
Nothing (in particular).

べっそう 別荘 (小さい) a cottage [カテヂ]；(広大な) a villa [ヴィラ]；(避暑用の) a summer house

ベッド
a bed [ベッド]
▶ シングルベッド a single *bed*
▶ ダブルベッド a double *bed*
▶ 2段ベッド a bunk *bed*
▶ ベビーベッド《米》a crib,《英》a cot
▶ ベッドとふとん，どっちで寝てるの？
Do you sleep on a *bed* or on a *futon*?
ベッドカバー a bedspread
ベッドシーツ a bed sheet
ベッドタウン bedroom suburbs, a commuter town, a bedroom town (▶×bed town とはいわない)
ベッドルーム a bedroom

ペット a pet [ペット]
▶ ペットは何か飼ってる？
Do you have any *pets*?
ペットショップ a pet store [shop]
ペットフード pet food

ペットボトル a plastic bottle, a PET bottle

ヘッドホン headphones [ヘドゥフォウンズ]；(マイクロホン付きの) a headset [ヘドゥセット]

ヘッドライト a headlight [ヘドゥライト], a headlamp [ヘドゥランプ] (▶ともに複数形で使うことが多い)

べつべつ 別々の separate [セパレト]
別々に separately
▶ 私たちは別々の電車に乗った.
We took *separate* trains.
▶ (レストランで) お勘定は別々にしてください.
Could we have *separate* checks, please?
▶ 別々に包んでもらえますか.
Can you wrap them *separately*?

へつらう flatter [フラタァ]

ヘディング 《サッカー》heading [ヘディング]；(ヘディングでのパス・シュート) header [ヘダァ]

ベテラン an expert [エクスパ～ト] (▶英語の veteran は，ふつう「退役軍人」の意味で使う)
ベテランの (経験を積んだ) experienced [イクスピ(ア)リエンスト]
▶ 吉崎先生はベテラン教師だ.
Mr. Yoshizaki is an *experienced* teacher.

ベトナム Vietnam [ヴィーエトゥナーム]
ベトナム(人・語)の Vietnamese [ヴィーエトゥナミーズ]
ベトナム人 a Vietnamese

へとへと
▶ もうへとへとだ.
I'm *exhausted*. / I'm *dead tired*. / I'm *worn out*.

べとべと べとべとした sticky [スティキィ]
ペナルティー a penalty [ペナルティ]
ペナント pennant [ペナント]
べに 紅(色) crimson [クリムゾン]
ベニヤいた ベニヤ板 plywood [プライウド]

ペパーミント peppermint [ペパミント]

ヘビ 蛇《動物》a snake [スネイク]
▶ 毒ヘビ a poisonous *snake*

ベビー a baby [ベイビィ]
ベビーカー《米》a stroller, a baby buggy,《英》a pushchair (▶×baby car とはいわない)
ベビーシッター a babysitter
ベビーフード baby food [フード]
ベビーベッド《米》a crib,《英》a cot (▶×baby bed とはいわない)

へま a blunder [ブランダァ]
へまをする make a blunder
▶ ひどいへまをしちゃったよ.
I *made* an awful *blunder*.

我が家のペット　　Our Pet

イラスト：大管雅晴

犬と猫、どっちが人気？
Which are more popular, dogs or cats?

かつて日本では犬の方が猫よりも多くペットとして**飼われていました**。しかし、2015年ごろに飼い猫の数のほうが飼い犬**より多くなり**ました。猫の数は**少しずつ**増えている一方で、犬の数は減っています。

アメリカでは猫よりも犬を飼っている世帯の方が多いのですが、犬**より**猫の方が**人気がある**州もあります。

More people in Japan used to own dogs as pets than cats. However, around 2015, there were more pet cats than pet dogs. The number of cats is increasing little by little, while the number of dogs is going down.

In the United States, more *households own dogs than cats. However, there are some states where cats are more popular than dogs.

* household [háushould ハウスホウルド] 世帯

■ 日本での犬猫飼育頭数（令和5年 全国犬猫飼育実態調査《一般財団法人ペットフード協会》より）

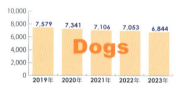

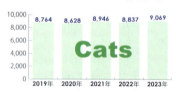

■ アメリカでの犬猫飼育世帯数（2023-2024 APPA National Pet Owners Survey Statistics より）

Number of U.S. Households that own a pet

| Dogs | 65.1 million | Cats | 46.5 million |

飼っているペットについて教えて。
Tell us about your pets.

私たちは猫を2年前から飼っています。名前はチャコといいます。

チャコはとても**かわいくて**、だれにでも**人なつっこい**です。大切な家族の一員です。

We have had a cat for two years. Her name is Chako.

Chako is very cute and friendly to everybody. She is an important member of my family.

● 「ペットの性格を表す英語」

おとなしい	quiet
かしこい	smart, clever
活発な	active
やさしい	gentle
気が強い	aggressive
おくびょうな	timid, shy
神経質な	sensitive

◀ **へん**¹

へや 部屋

a **room** [ル(ー)ム]
▶ 広い [せまい] 部屋
  a large [small] *room*
▶ 部屋をきれいにしなさい.
  Clean up your *room*. / Put your *room* in order.
▶ 私は姉と1つの部屋をいっしょに使っています.
  My sister and I share a *room*.
▶ 私の家には部屋が4つある.
  Our house has four *rooms*. / There are four *rooms* in our house.
▶ 自分の部屋がほしい.
  I want a *room* of my own.
▶ これは6畳の部屋です.
  This is a six-mat [six-*tatami*] *room*.

へらす 減らす reduce [リデュース], cut down (on);(体重を) lose [ルーズ]
▶ 経費を減らす
  reduce expenses / *cut down* expenses
▶ 父はお酒を減らしたほうがいい.
  My father should *cut down on* drinking.
▶ 母は体重を減らそうとしたが, だめだった.
  My mother tried to *lose* weight but she couldn't.

ぺらぺら (流ちょうに) fluently [フルーエントゥリィ];(うすっぺらの) thin [スィン]
▶ デビッドは日本語がぺらぺらだ.
  David speaks Japanese *very well* [*fluently*].

ベランダ (階上の) a balcony [バルコニィ]; (1階の) a veranda(h) [ヴェランダ], 《米》a porch [ポーチ]

へり an edge [エッヂ] →ふち

ペリカン《鳥》a pelican [ペリカン]

ヘリコプター a helicopter [ヘリカプタァ],《口語》a chopper [チャパァ]

へる 減る

1(数量が) decrease [ディクリース]《反》増える increase);(力・体重が) lose [ルーズ]《反》増える gain)
▶ 最近, 体重が減った.
  I've *lost* weight recently. (▶ lost ˣmy weight とはいわない)

プレゼン
日本の人口はだんだん減っています.
The population of Japan is decreasing.

2 (空腹である)
▶ おなかがへってきたなあ.
  I'm getting hungry.

ベル a bell [ベル]
▶ ほら, ベルが鳴ってる.
  There goes the *bell*.
▶ ベルを鳴らす ring the *bell*
▶ 非常ベル an emergency *bell*

ペルー Peru [ペルー]
  ペルー(人)の Peruvian [ペルーヴィアン]
  ペルー人 a Peruvian

ベルギー Belgium [ベルヂャム]
  ベルギー(人)の Belgian [ベルヂャン]
  ベルギー人 a Belgian

ベルト a belt [ベルト]
▶ ベルトをする put on my *belt*
▶ ベルトをはずす take off my *belt*
▶ ベルトをゆるめる loosen my *belt*
▶ (飛行機の中で) シートベルトをおしめください.
  Please fasten your seat *belts*.
  ベルトコンベヤー a conveyor belt, a belt conveyor

ヘルパー a helper [ヘルパァ]

ヘルメット (バイクなどの) a helmet [ヘルメット];(工事現場などの) a hard hat
▶ ヘルメットをかぶる put on a *helmet*

ベルリン (地名) Berlin [バ〜リン]

ベレー ベレー帽《a beret [ベレイ] (▶フランス語から)

へん¹ 変な →おかしい

strange [ストゥレインヂ], odd [アッド]
▶ 変だなあ. That's *strange*.

へん[2]

変な物音がしなかった？
Didn't you hear a *strange* noise?

今日の姉はようすが変だ．
My sister has been acting *strange* today.

どうもおなかの調子が変だ．
I have an *upset* stomach. / My stomach is *upset*.

💬表現力
…するのは変だ
→ It is strange (that) ... .

健太がぼくより前にそれを知っていたなんて変だよ． *It's strange* (that) Kenta knew it before I did.

へん[2] 辺 **1**（付近）→あたり[1]
この辺はあまり知らないんです．
I'm not very familiar *around* here.
2（図形の）a side ［サイド］
正方形の4辺は等しい．
A square has all four *sides* equal.

べん 便 **1**（交通の）transport convenience ［コンヴィーニェンス］
私の家は駅に近くて電車の便がよい．
My house is *convenient* to the train station.
2（大便）stools ［ストゥールズ］;（便通）a bowel movement ［バウエル ムーヴメント］
便はゆるい［かたい］です．
I have soft [hard] *stools*.

-べん …弁 the ... dialect ［ダイアレクト］;（…なまり）a ... accent ［アクセント］
歩むは関西弁を話す．Ayumu speaks (in) *the* Kansai *dialect*. / Ayumu speaks with *a* Kansai *accent*.

ペン

a pen ［ペン］
赤ペン，持ってる？
Do you have a red *pen*?
黒のペンで書いてください．
Please write with a black *pen*.
ペンは剣よりも強し．《ことわざ》
The *pen* is mightier than the sword.
ペン習字，ペンマンシップ penmanship ［ペンマンシプ］
ペンネーム a pen name
ペンパル →ペンパル
ペンフレンド →ペンパル

ℹ️参考 ペンのいろいろ
ボールペン a ballpoint (pen)
シャープペンシル a mechanical pencil
色ペン a color pen
蛍光ペン a highlighter
サインペン a felt-tip (pen), a felt pen
マジックインキ a Magic Marker（▶商標），《米》a marker, 《英》a marker pen
万年筆 a fountain pen
筆ペン a brush pen

へんか 変化

(a) change ［チェインヂ］;（多様性）variety ［ヴァライエティ］
急激な気温の変化
a sudden *change* in temperature
変化する change ［チェインヂ］ →かわる[1]
変化球（野球）（シュート）a screwball ［スクルーボール］;（カーブ）a curve

べんかい 弁解 (an) excuse ［イクスキュース］
弁解する excuse ［イクスキューズ］ (*my*self), make an excuse
弁解がましいことを言うな．
Don't *make up* any *excuses*. / Don't *excuse* yourself.

へんかん[1] 変換 conversion ［コンヴァ〜ジョン］
変換する convert ［コンヴァ〜ト］
ひらがなを漢字に変換する
convert hiragana to kanji

へんかん[2] 返還 return ［リタ〜ン］
返還する return

ペンキ (house) paint ［ペイント］
ペンキをぬる paint
彼はかべを白いペンキでぬった．
He *painted* the wall white.
ペンキぬりたて《掲示》Wet *Paint*

◀ **へんしょく**

ペンキ屋 a (house) painter

べんきょう 勉強

study [スタディ], work [ワ~ク]；(勉強すること) studying；(学校の) *my* studies
勉強する study, work
▶ 私は勉強が好きだ．
I like *studying*.
▶ 妹は勉強がよくできる．
My sister is doing well in her *studies*.
▶ 勉強もサッカーの練習もいそがしい．
I'm busy with my *studies* and soccer practice.
▶ ぼくは勉強よりもスポーツのほうがずっと好きだ．
I like sports much better than *studying*.
▶ 勉強についていけない．
I can't keep up with my *studies*. (▶ keep up with で「(おくれずに) ついていく」の意味)
▶ きのうの晩は英語の勉強をしたの？
Did you *study* English last night?
▶ 毎日家でどのくらい勉強してる？
How long do you *study* at home every day?
▶ 母はいつもぼくに「もっと勉強しなさい」と言う．
Mother always tells me, "*Study* [*Work*] harder." / Mother always tells me to *study* [*work*] harder.
▶ 受験勉強はいつごろから始めたらいいんだろう．
When should I start *studying* for my entrance exams?
勉強家 a hard worker
勉強時間 study hours
勉強机 a study desk
勉強部屋 a study；(子どもの) *my* (bed)room

ペンギン (鳥) a penguin [ペングウィン]

へんけん 偏見 (a) prejudice [プレヂュディス] →さべつ
偏見がある be prejudiced (against), be biased [バイアスト] (against)
▶ 人種的偏見
racial *prejudice*

べんご 弁護する defend [ディフェンド]
弁護士 a lawyer [ローヤァ]

へんこう 変更 (a) change [チェインヂ]
変更する change →かえる²
▶ 時間割に変更があります．
There's a *change* in the class schedule.

へんさい 返済する pay [ペイ] back

へんさち 偏差値 a standard score [スコー(ア)]
▶ あの学校は偏差値が高い．
That school requires a high *standard score* (to enter).

へんじ 返事

an **answer** [アンサァ]
返事をする answer
▶「葉月から返事はきた？」「いや，まだ」
"Did you get an *answer* from Hazuki?" "No, not yet."
▶ (手紙の始めで) 返事がおくれて申しわけありませんでした．
I'm sorry I didn't *answer* you sooner. / I'm sorry for being so late *answering* your letter.
▶ どう返事したらいいのかぜんぜんわからなかった．
I had no idea what to *answer*.

📝 ライティング
(手紙やメールの結びで) ご**返事**お待ちしております．
I'm looking forward to hearing from you soon. / I'm waiting for your reply.

へんしゅう 編集する edit [エディト]
▶ 学校新聞を編集する
edit a school newspaper
編集者 an editor
編集長 a chief editor [チーフ エディタァ]

べんじょ 便所 (家庭の) 《米》a bathroom [バスル(ー)ム]；(公共の建物などの) 《米》a restroom [レストゥル(ー)ム] →トイレ(ット)

べんしょう 弁償する pay for
▶ きのう窓ガラスを割っちゃってね．弁償しないといけないんだ．
I broke the window yesterday, so I have to *pay for* it.

へんしょく 偏食 (バランスのよくない食事) an unbalanced diet [アンバランスト ダイ

seven hundred and seventeen 717

ペンション ▶

ペンション a resort inn [リゾート イン]；a B & B [ビーアンビー]（[複数] B & Bs）（▶ bed and breakfast の略で,「朝食付き民宿［小ホテル］」のこと. 英語の pension はふつう「年金」の意味で使われる）

へんしん 変身する change [チェインヂ]

へんじん 変人 an odd person [アッド パ～スン]

へんそう 変装する disguise [ディスガイズ] myself ⟨as⟩
▶ ルパンは警官に変装した.
Lupin *disguised* himself *as* a police officer.

ペンダント a pendant [ペンダント]
▶ ペンダントをつける
put on a *pendant*

ベンチ a bench [ベンチ]
▶ ベンチにすわる
sit on a *bench*

ペンチ pliers [プライアズ]

ベンチャー (事業) a venture [ヴェンチァ]
ベンチャー企業 a venture company

べんとう 弁当

(a) lunch [ランチ]；a *bento*,（箱につめた）a box lunch
▶ 母が私たちの弁当をつくってくれた.
Mom made *lunch(es)* for us.
▶ 私は今日は弁当を持ってきました.
I brought (a) *lunch* [*bento*] with me today.
弁当箱 a lunch box

へんとうせん 扁桃腺 tonsils [タンス(ィ)ルズ]
▶ 扁桃腺がはれている.
My *tonsils* are swollen.
扁桃腺炎 tonsillitis [タンスィライティス]

へんな 変な strange [ストゥレインヂ] →へん¹

ペンパル a pen pal [ペン パル],《英》a penfriend [ペンフレンド]

へんぴ 辺ぴな remote [リモウト]
▶ 辺ぴな山村
a *remote* mountain village

べんぴ 便秘 constipation [カンスティペイション]
便秘している be constipated [カンスティペイティド]
▶ 1週間ほど便秘しています.
I've *been constipated* for about a week.

へんぴん 返品 returned [リタ～ンド] goods, returned articles
返品する return, give back；(払いもどしてもらう) get a refund [リーファンド] ⟨on⟩
▶ これを返品したいのですが.
I'd like to *return* this. / I'd like to *give* this *back*.

ペンフレンド →ペンパル

べんり 便利な

convenient [コンヴィーニェント]（[反] 不便な inconvenient）；(役に立つ) useful [ユースフル]；(使いやすい) handy [ハンディ]
▶ スマホはとても便利だ.
Smartphones are very *useful*.

💬表現力
…に便利だ → **be convenient for** …

▶ ここは買い物に便利だ.
This place *is convenient for* shopping.

💬表現力
…するのは便利だ
→ **It is convenient to** … .

▶ 地下鉄で行くほうが便利だ.
It is more *convenient to* go by subway.
▶ この本は索引がついているので便利だ（→使いやすい）.
This book has an index, so it's very *easy to use*.

べんろん 弁論
弁論大会 a speech contest

ほ ホ ほ ホ ほ ホ

ほ¹ 帆 a sail [セイル]
ほ² 穂 an ear [イア]
▶ 稲穂 an *ear* of rice
-ほ …歩 a step [ステップ]
▶ 3 歩前へ出なさい [後ろへ下がりなさい].
Take three *steps* forward [backward].

-ぽい
▶ 彼にはどこか子どもっぽいところがある.
There is something *childish* about him.

ほいく 保育 child care [チャイルド ケア]
保育園,保育所 a nursery [ナ～サリィ] school, a day nursery, a day-care [デイケア] center
保育士 a nursery school teacher

ボイコット ボイコットする boycott [ボイカト]

ホイッスル a whistle [(フ)ウィスル]
ホイップ ホイップする whip [(フ)ウィップ]
▶ ホイップしたクリーム *whipped* cream
ホイル foil [フォイル]
▶ アルミホイル aluminum *foil*
ぼいん 母音 a vowel [ヴァウエル] (対 子音 consonant)

ポイント
(要点) the **point** [ポイント] →ようてん；(得点) a **point** →てん¹, とくてん¹
▶ ここがポイントだよ.
This is *the* (main) *point*.
▶ 重要なポイントを復習する
review *the* important [key] *points*
▶「試合はどうなってるの？」「日本が 5 ポイント負けてる」
"How's the game going?" "Japan is behind 5 *points*."
▶ (競技で) マッチポイント a match *point*
ポイントカード a (customer) loyalty [ロイアルティ] card

ほう¹ 方
1 (方向) a **way** [ウェイ], a **direction** [ディレクション]
…の方へ,…の方に toward [トード], to [トゥー]
▶ どうぞこちらの方へ.
This *way*, please.
▶「その男の子はどっちの方に行きました？」「駅の方へ行きましたよ」
"Which *way* did the boy go?" "He went *toward* [*in the direction of*] the station." (▶*to the direction of とはしない)
▶ 千葉は東京の東の方にある.
Chiba is *to* the east of Tokyo.

2 (比較) (▶形容詞・副詞の比較級を使って表す)
▶ 大きいほうを 3 つください.
I'd like three of the *larger ones*.
▶ 祐介より大地のほうが背が高いよ.
Daichi is *taller than* Yusuke.
▶ 私はそばよりもうどんのほうが好き.
I like *udon better than soba*.

3 (…したほうがいい) should, had better

💬表現力
…（した）ほうがよい → should

▶ もっと早く寝たほうがいいと思うよ.
Maybe you *should* go to bed earlier.
▶ 熱があるんだから，今日は出かけるのはやめたほうがいいよ.
You have a fever. You'd *better* not to [You *shouldn't*] go out today.

💬用法 should と had better
should はどのような場合にでも使える一般的な言い方. **had better** は親しい友人や親, 教師などが「こうしたほうがよい, そうしないとよくない結果になる」という含みをもって忠告や提案をするときに使う表現なので, 目上の人には使わない. **had better** の否定形は **had better not**. →いい

ほう²

ほう² 法 (the) law [ロー] →ほうりつ
▶ 法と秩序
 law and order
▶ だれでも法の下では平等である．
 Everybody is equal under the *law*.
▶ 運転中の携帯電話の使用は法に違反する．
 It is *illegal* to use a cellphone while driving. (▶ It is against the law to .... ともいう)

ぼう 棒 a stick [スティック]；a pole [ポウル]
▶ 犬を棒でぶっちゃだめだよ．
 Don't hit the dog with a *stick*.
 棒高とび the pole vault [ヴォールト]

ぼうえい 防衛 defense [ディフェンス]
 防衛する defend →まもる
 防衛省 the Ministry of Defense

ぼうえき 貿易 trade [トゥレイド]
 貿易する trade 《with》

🎤 プレゼン
日本は多くの国と<u>貿易しています</u>．
Japan trades with many countries.

 貿易会社 a trading company

ぼうえんきょう 望遠鏡 a telescope [テレスコウプ]
▶ 私は望遠鏡で月を見た．
 I looked at the moon through my *telescope*.

ほうおう 法王 the Pope [ポウプ]

ぼうおん 防音の soundproof [サウンドプルーフ]
▶ この部屋は防音になっている．
 This room is *soundproof*. / This is a *soundproof* room.

ほうか 放火 arson [アースン]

ぼうか 防火の fireproof [ファイアプルーフ]
 防火訓練 a fire drill

ほうかい 崩壊する collapse [コラプス]

ぼうがい 妨害する disturb [ディスターブ]

ほうがく 方角 a direction [ディレクション] →ほう¹, ほうこう
▶ 駅は南の方角にある．
 The station is *to* the south.
▶ 北の方角に北斗七星が見えるよ．
 We can see the Big Dipper *in* the north.
▶ 風は西の方角から吹いている．
 The wind is blowing *from* the west.

▶ 車は港の方角に走り去った．
 The car went off in the *direction* of the port. (▶ ✕to the direction of としない)

```
        north 北
northwest  N   northeast
  北西    ↑     北東
west 西 W ←✦→ E east 東
            ↓
southwest  S   southeast
  南西           南東
        south 南
```

ほうかご 放課後 after school
▶ 今日は放課後に野球の練習がある．
 We're having baseball practice *after school* today.

ほうがんし 方眼紙 graph [グラフ] paper, (英) section paper

ほうがんなげ 砲丸投げ the shot put
▶ 砲丸投げをする put *the shot*

ほうき¹ a broom [ブルーム]
▶ ほうきで床をはく
 sweep the floor with a *broom*
▶ 魔女はほうきにまたがって空を飛ぶ．
 Witches fly about the sky on *broomsticks*.

ほうき² 放棄する abandon [アバンドン]

ぼうぎょ 防御 defense [ディフェンス] (反 攻撃 attack, offense)
 防御する defend

ほうけん 封建的な feudal [フュードゥル]
 封建時代 the feudal age

ほうげん 方言 a dialect [ダイアレクト]
▶ 高田先生はときどき九州の方言で話すんだよ．
 Mr. Takada sometimes speaks in Kyushu *dialect*.

ぼうけん 冒険 an adventure [アドゥヴェンチャ]；(危険) a risk [リスク]
 冒険する run a risk
▶ それは私にとって大きな冒険だった．
 That was a great *adventure* for me.
 冒険家 an adventurer

ほうこう 方向 a way [ウェイ], a direction [ディレクション] →ほう¹, ほうがく
▶ バス停はどっちの方向ですか．
 Which *way* is the bus stop?
▶ 球場は駅と反対の方向だよ．
 The ballpark is in the opposite

720 seven hundred and twenty

direction of the station.
▶ ぼくは方向音痴だ.
I have no sense of *direction*.

ぼうこう 暴行 violence [ヴァイオレンス]
▶ 学校で暴行犯罪があった.
There was a *violent* crime at school.

ほうこく 報告 a report [リポート]
報告する report
▶ ご両親にはその結果を報告したの？
Did you *report* the results to your parents?
報告者 a reporter
報告書 a report

ぼうさい 防災 prevention [プリヴェンション] of damage by a disaster [ディザスタァ]
防災グッズセット a disaster kit
防災訓練 a disaster drill
防災の日 Disaster Drill Day

ほうさく 豊作 a good [rich] crop [クラップ], good [rich] harvest [ハーヴェスト]
▶ ことしはお米が豊作だ.
We've had a *good* rice *crop* [*harvest*] this year.

ぼうさん 坊さん a Buddhist priest [ブ(ー)ディスト プリースト]；a Buddhist monk [マンク]

ほうし 奉仕する serve [サ〜ヴ]
奉仕活動 volunteer work

ほうじ 法事 a Buddhist service [ブ(ー)ディスト サ〜ヴィス]

ぼうし¹ 帽子

a hat [ハット]；(野球帽・水泳帽など) a cap [キャップ]

hat

cap

▶ 帽子をかぶりなさい [ぬぎなさい].
Put on [Take off] your *hat*.
▶ その子は麦わら帽子をかぶっていた.
The boy was wearing a straw *hat*. / The boy had a straw *hat* on.
▶ あの白い帽子をかぶっている女性はだれですか.
Who's that woman with a white *hat*?

ⓘ参考「帽子」のいろいろ
学生帽 a school cap ／ 野球帽 a baseball cap ／ 水泳帽 a swimming cap ／ シャワーキャップ a shower cap ／ 麦わら帽子 a straw hat ／ カウボーイハット a cowboy hat ／ ヘルメット（バイクの）a helmet；(工事現場などの)a hard hat ／ ベレー帽 a beret [ベレイ]

ぼうし² 防止する prevent [プリヴェント]
ほうしゃ 放射する radiate [レイディエイト]
ほうしゃせん 放射線 radiation [レイディエイション]
▶ 放射線をあびる
be exposed to *radiation*

ほうしゃのう 放射能 radioactivity [レイディオウアクティヴィティ]
ほうしゅう 報酬 reward [リウォード]
ほうしん¹ 方針 (基本) a policy [パリスィ]；(計画) a plan [プラン]；(方向) a course [コース]
▶ 方針を立てる make *plans*
▶ 方針を変える change my *plan* (▶ policy, course でもよい)

ほうしん² 放心状態の absent-minded [アブセントゥマインディド]

ぼうず 坊主 (お坊さん) a Buddhist priest [ブ(ー)ディスト プリースト]

ぼうすい 防水の waterproof [ウォータプルーフ]
▶ ぼくの新しいスマートフォン, 防水なんだ.
My new smartphone is *waterproof*.

ぼうずがり ぼうず刈りの close-cropped
▶ ぼうず刈りにしている
wear my hair *close-cropped*

ほうせき 宝石 a jewel [ヂューエル], a gem [ヂェム]；(集合的に) jewelry [ヂューエルリィ]
宝石商 (人) a jeweler
宝石店 a jewelry store [shop]
宝石箱 a jewel box [case]

ほうそう¹ 放送

broadcasting [ブロードゥキャスティング]；(1 回の) a broadcast
放送する broadcast, air [エア]；(テレビ

ほうそう² ▸

で) telecast [テレキャスト]
- デジタル放送 digital *broadcasting*
- 2か国語放送 bilingual *broadcasting*
- 再放送 a rerun
- ぼくはよくFM放送を聞く.
  I often listen to FM (*broadcasts*).
- その番組はいつ放送されるの？
  When will the program *be on* (*the air*)?
- マラソンの模様は全国に生中継で放送された. The marathon *was broadcast* [*aired*] *live* across the country.

放送局 a TV station, a radio station
放送室 a broadcasting room [studio]
放送部 a broadcasting club

ほうそう² 包装 (a) wrapping [ラピング]
包装する wrap [ラップ] →つつむ
包装紙 wrapping paper

ぼうそうぞく 暴走族 a motorcycle gang [モウタサイクル ギャング]

ほうそく 法則 a law [ロー]

ほうたい 包帯 a bandage [バンデヂ]
包帯をする bandage
- ケンは頭に包帯をしていた. Ken had a *bandage* around his head.

ぼうたかとび 棒高跳び the pole vault [ポウル ヴォールト]

ほうちょう 包丁 a kitchen knife
- 包丁でパンを切る
  slice bread with a *kitchen knife*

ぼうちょう 膨張する expand [イクスパンド], swell [スウェル]
- 金属は熱で膨張する.
  Metals *expand* with heat. / Heat *expands* metals.

ほうっておく leave [リーヴ] ... alone [アロウン]
- ほうっておいてくれ.
  Leave me *alone*. / Don't bother me.

ぼうっと →ぼーっと, ぼんやり

ほうてい 法廷 a (law) court [コート]

ほうていしき 方程式 an equation [イクウェイジョン, -ション]
- 方程式を解く solve an *equation*

ほうどう 報道 news [ニュース], a report [リポート]
報道する report
- 報道の自由
  freedom of *the press*
- その事件を新聞報道で知った.
  I saw the incident in the newspaper.

報道機関 the press, the news media
報道陣 the press
報道番組 a news program

ぼうどう 暴動 a riot [ライアト]
暴動を起こす riot, start a riot

ほうにん 放任する leave [リーヴ] ... alone [アロウン]

ぼうねんかい 忘年会 a year-end party [イアエンド パーティ]

ぼうはてい 防波堤 a breakwater [ブレイクウォータァ]

ぼうはん 防犯 crime prevention [クライム プリヴェンション]
防犯カメラ a security [スィキュ(ア)リティ] camera
防犯ベル a burglar alarm [バ〜グラァ アラーム]

ほうび a reward [リウォード]
- ごほうびにこの本をあげよう.
  I'll give you this book as a *reward*.

ほうふ 豊富な rich [リッチ] 《in》
- この本は内容が豊富だ.
  This book is *rich in* contents. / (役立つ情報が多い)This book is *informative*.
- あの店は品ぞろえが豊富だ.
  That store has a *large* selection.

ぼうふう 暴風 a storm [ストーム]
- きのうの近畿地方はひどい暴風だった.
  There was a terrible *storm* in the Kinki district yesterday.

暴風雨 a rainstorm, a storm
暴風警報 a storm warning

ぼうふうりん 防風林 a windbreak [ウィン(ドゥ)ブレイク] forest

ほうほう 方法 →しかた

a way [ウェイ]；(体系だった) a method [メソド]
- 新しい方法で
  in a new *way* / by a new *method*
- いろいろな方法で
  in many *ways*

> 🗨 表現力
> …する方法
> → way to ... / way of -ing / how to ...

◀ ボーイスカウト

- 簡単にやせられる方法ってあるのかな.
  I wonder if there's an easy *way to* lose weight. / I wonder if there's an easy *way of losing* weight.
- 女の子にもてる方法が知りたいなあ.
  I want to know *how to* be popular with girls.

ほうぼう 方々 everywhere ［エヴリ（フ）ウェア］
- 方々さがしたけど，かぎは見つからないよ.
  I've looked *everywhere* for the key, but I can't find it.

ほうむる 葬る bury ［ベリ］

ぼうめい 亡命する take [seek] political asylum ［アサイラム］(in)

ほうめん 方面 (地域) an area ［エ（ア）リア］;(方向) a direction ［ディレクション］;(分野) a field ［フィールド］
- 大阪方面への電車
  a train *for* Osaka / a train bound *for* Osaka
- あなたはどの方面に関心があるのですか.
  What *field* are you interested in?

ほうもん 訪問

a visit ［ヴィズィト］, a call ［コール］
訪問する visit
- クラスメートと近くの老人ホームを訪問した.
  I *visited* a nearby nursing home with some of my classmates.
- 今日，担任の先生がうちに家庭訪問に来た.
  Our homeroom teacher *visited* our house today.

訪問客[者] a visitor

ぼうや 坊や (男の子) a boy ［ボイ］,(自分のむすこ) a son ［サン］;(呼びかけ) My boy, My son, little boy
- ぼうや，年はいくつ？
  How old are you, *little boy*?

ほうりだす ほうり出す (投げ出す) throw out ; (放棄する) give up
- かわいそうに，そのネコは表にほうり出された. The poor cat *was thrown out* of the house.

ほうりつ 法律

(その国・地域の) the **law** ［ロー］; (個々の法律) a **law**
- 法律を守る obey *the law*

- 法律を犯す break *the law*

ほうりなげる 放り投げる throw ［スロウ］ →なげる

ほうりゅう 放流する release ［リリース］

ぼうりょく 暴力 violence ［ヴァイオレンス］
- 家庭内暴力 domestic *violence* (▶略して DV ともいう)
- 校内暴力 school *violence*
  暴力団 a gang, gangs;(団員) a gangster

ボウリング《ゲーム》bowling ［ボウリング］
ボウリングをする bowl
- 日曜日にボウリングに行かない？
  Do you want to go *bowling* on Sunday?
- きのうボウリングで200点を出したよ.
  I *bowled* 200 yesterday.
  ボウリング場 a bowling alley ［アリィ］(▶ *bowling center* とはいわない)

ほうる throw ［スロウ］ →なげる

ボウル(容器) a bowl ［ボウル］
- サラダボウル a salad *bowl*

ぼうれい 亡霊 a ghost ［ゴウスト］

ホウレンソウ(植物) spinach ［スピニチ］
- ホウレンソウ１わ a bunch of *spinach*

ほうろう 放浪する wander ［ワンダァ］
- 西行法師は放浪の旅を続けた.
  Saigyo led the life of a *wanderer* and traveled all over.

ほえる(犬が) bark ［バーク］(at);(ライオンなどが) roar ［ロー(ァ)］
- 隣の犬が一晩中ほえていた.
  The dog next door *barked* all night.
- 犬にほえられた. A dog *barked at* me. / I *was barked at* by a dog.
- ほえる犬はめったにかまない.(ことわざ)
  Barking dogs seldom bite.

ほお a cheek ［チーク］(▶両方のほおをさすときは cheeks)
- その女の子はリンゴのようなほおをしている.
  The girl has rosy [pink] *cheeks*.
- 母は私のほおにキスをした.
  My mother kissed me on the *cheek*.
- なみだがほおを流れた.
  Tears ran down my *cheeks*.

ボーイ(レストランの) a waiter ［ウェイタァ］;(ホテルなどの) a bellboy ［ベルボイ］

ボーイスカウト(組織)the Boy Scouts ［ボイ スカウツ］;(団員) a boy scout

seven hundred and twenty-three 723

ボーイフレンド

ボーイフレンド a boyfriend [ボイフレンド]
(対 ガールフレンド girlfriend)
▸ このブレスレット, ボーイフレンドからもらったの.
This bracelet is a present from my (boy)friend. (▸ boyfriend はとくに親密な関係の異性の友だちをさすことが多いので, 単なる友だちを表すときは friend を使うほうがよい)

ポーカー poker [ポウカァ]
▸ ポーカーをする play poker

ボーカル a vocal [ヴォウカル]; (人) a vocalist [ヴォウカリスト]; (曲) vocal music
▸ 私はそのバンドでボーカルをしている.
I'm a vocalist in the band.
▸ ぼくたちはボーカルグループを結成した.
We formed a vocal group.

ボーク (野球) a balk [ボーク]
ボークをする balk

ホース a hose [ホウズ] (発音注意)

ポーズ¹ (姿勢) a pose [ポウズ]
ポーズをとる pose
▸ ハイ, ポーズ！ Hold that pose!
▸ 写真のポーズをとる pose for a picture

ポーズ² (休止) a pause [ポーズ]
▸ ポーズをとる make a pause

ポータブル portable [ポータブル]

ぼーっと (はっきりしないで) vaguely [ヴェイグリィ]; (うわの空で) absent-mindedly [アブセントゥマインディドゥリィ] →ぼんやり
▸ ぼくは一日中ぼーっとしていた.
I was absent-minded all day.

ボート a boat [ボウト], a rowboat [ロウボウト]
▸ ボートに乗る get on a boat
▸ ボートをこぐ row a boat
▸ ボートこぎに行こう. Let's go boating.
▸ 貸しボート《掲示》
Boat Rentals / Boats For Hire

ボートピープル boat people
ボートレース a boat race

ボーナス a bonus [ボウナス]

ホープ a hope [ホウプ]
▸ 大介はわがチームのホープだ.
Daisuke is the hope of our team.

ホーム¹ (駅の) 《米》a track [トゥラック], 《英》a platform [プラットフォーム]
▸ 次の東京行きの電車は1番ホームから発車します.
The next train for Tokyo leaves from Track 1.

ホーム² (家庭・施設) (a) home [ホウム]; (野球の) home (base)
ホームヘルパー a home health aid, a home care worker, 《英》a home help
ホームレス a homeless [ホウムレス] person

ホームグラウンド (野球) my home ballpark, my home (grounds)

ホームシック ホームシックの homesick [ホウムスイク]
ホームシックになる get homesick: (なっている) be homesick
▸ ロンドンにいるときにぼくはホームシックになった.
I got homesick when I was in London.
▸ きみはもしかしてホームシックなんじゃない？
You might be homesick.

ホームステイ a homestay [ホウムステイ]
ホームステイする stay with a family
▸ 姉はアメリカで1か月ホームステイした.
My sister stayed with a family in America for a month.

ホームドラマ a soap opera [ソウプ アペラ], a family drama; (ホームコメディー) (a) situation comedy [カメディ], 《口語》(a) sitcom [スィトカム] (▸✕home drama とはいわない)

ホームプレート 《野球》the home plate

ホームページ a website [ウェブサイト], (トップページ) a homepage [ホウムペイジ] (▸英語の homepage はそのサイトの入り口となるページのこと)
▸ ホームページを開設する
launch a website / set up a website
▸ 私はその店の公式ホームページを見た.

I visited the official *website* of that store.

ホームラン a home run,《米口語》a homer [ホウマァ]
▶ ホームランを打つ hit a *home run*
ホームラン王 a *home-run* king

ホームルーム (教室) (a) homeroom [ホウムル(ー)ム]；(時間) a homeroom hour

ポーランド Poland [ポウランド]
ポーランド(人・語)の Polish [ポウリシ]
ポーランド人 a Pole [ポウル]

ボーリング → ボウリング

ホール (会館) a hall [ホール]
▶ コンサートホール a concert *hall*

ボール¹

a ball [ボール]；(野球)(投球の) a ball (反 ストライク strike)
▶ 野球のボール a base*ball*
▶ テニスボール a tennis *ball*
▶ ボールを投げてよ．ぼくが打つから．
You throw the *ball* and I'll hit it.
▶ ボールをとろうとしたけど，とれなかったんだ．
I tried to catch the *ball* but missed it.
▶ 2ボール，1ストライク
two *balls* and one strike

ボール² (容器) a bowl [ボウル] → ボウル
ボールがみ ボール紙 cardboard [カードゥボード]
ボールペン a ballpoint (pen)

ほか 外(の), 他(の)

other [アザァ]；(もう1つの) another [アナザァ]；(そのほかの) else [エルス]
▶ ほかに何かご質問はないですか．
Do you have any *other* questions?
▶ ごめんね．ほかに予定があるんだ．
I'm sorry, but I have *another* plan.
▶ このTシャツは気に入らないな．ほかのものを見せてください．
I don't like this T-shirt. Could you show me *another* one, please?
▶ またほかの日にしよう．
Maybe *another* day. / Maybe *some other* day.
▶ だれかほかの人に頼んでもらえる？
Could you ask someone *else*?
▶ ほかに何かいるものはあったかな？

Do we need anything *else*?
▶ ほかにはだれが行くの？
Who *else* is going?

> 📝 表現力
> … (の) ほか → except ...

▶ きみのほかはみんな練習に来てたよ．
Everybody came to practice *except* you.
▶ 永田先生は英語のほかにフランス語も話すんだって．
I hear Mr. Nagata speaks French *as well as* English.

ぽかぽか ぽかぽかの nice [ナイス] and warm [ウォーム]

ほがらか 朗らかな cheerful [チアフル]
▶ その女の子たちはほがらかに歌をうたっていた．
The girls were singing *cheerfully*.

ほかん 保管する keep [キープ] → あずかる

ぼき 簿記 bookkeeping [ブกキーピング]

ボキャブラリー a vocabulary [ヴォウキャビュレリィ]

ほきゅう 補給する supply [サプライ] (with)
▶ 船に燃料を補給する
supply the ship *with* fuel
▶ 暑い日は水分をしっかり補給することが大切だよ．
You need to *have* [*drink*] plenty of water on hot days.

ぼきん 募金 fund-raising [ファンドレイズィング]

ぼく 僕 I [アイ] → わたし

ほくおう 北欧 Northern Europe [ノーザン ユ(ア)ロプ]

ボクサー a boxer [バクサァ]
ボクサーパンツ boxer shorts

ぼくし 牧師 a pastor [パスタァ]；a minister [ミニスタァ]；a clergyman [クラ～ディマン] (複数 clergymen)

ぼくじょう 牧場 a stock farm, 《米》(大規模な) a ranch [ランチ]；(放牧地) (a) pasture [パスチァ]；(牧草地) a meadow [メドゥ]
牧場主 a rancher

ボクシング boxing [バクスィング]
ボクシングをする box
▶ ボクシングの試合 a *boxing* match

ほぐす ▶

ほぐす (緊張を)ease [イーズ], (からまりを) disentangle [ディセンタングル]

ほくせい 北西 the northwest [ノースウェスト] (▶ N.W. または NW と略す) →せいほく
北西の northwest, northwestern

ぼくそう 牧草 grass [グラス]
牧草地 a meadow [メドウ]

ぼくちく 牧畜 stock farming

ほくとう 北東 the northeast [ノースイースト] (▶ N.E. または NE と略す) →とうほく
北東の northeast, northeastern

ほくとしちせい 北斗七星〘米〙the Big Dipper [ディパァ]

ほくぶ 北部 the northern [ノーザン] part, the north [ノース]

ほくりく 北陸(地方) the Hokuriku district [region]

ほくろ a mole [モウル]
▶ 彼女には右目の下に小さなほくろがある.
 She has a small *mole* under her right eye.

ほげい 捕鯨 whaling [(フ)ウェイリング]

ほけつ 補欠 a substitute [サブスティテュート], a bench warmer
▶ ぼくはまだ野球部の補欠だ.
 I'm still a *substitute* on the baseball team.

ポケット

a pocket [パケト]
ポケットサイズの pocket-sized
▶ 胸のポケット a breast *pocket*
▶ シャツのポケット a shirt *pocket*
▶ 上着のポケット a jacket *pocket*
▶ 上着の内ポケット
 an inside jacket *pocket*
▶ ズボンの後ろのポケット
 a back pants *pocket*
▶ ポケットに何が入ってるの？

What do you have in your *pocket*?
▶ 彼は両手をポケットにつっこんだまま歩いていた.
 He was walking with his hands in his *pockets*.
ポケットティッシュ pocket tissues

ぼける (ピントが) be out of focus；(忘れっぽくなる) become forgetful
▶ この写真, ぼけてるね.
 This photo *is out of focus*, isn't it?
▶ おじいちゃんはこのごろだいぶぼけてきた.
 Grandpa *has become* very *forgetful* these days.

ほけん¹ 保健 (preservation [プレザヴェイション] of) health [ヘルス]
保健師 a public health nurse；(学校の) a school nurse
保健室 a nurse's room
保健所 a (public) health center
保健体育 health and physical education

ほけん² 保険 insurance [インシュ(ア)ランス]
保険に入る buy insurance, get insurance；(入っている)have insurance
保険をかける insure [インシュア]
▶ 火災保険 fire *insurance*
▶ 生命保険 life *insurance*
▶ 健康保険 health *insurance*
▶ 自動車保険 auto(mobile) *insurance*
▶ (病院で)これは保険がききますか.
 Does the *insurance* cover this?
保険会社 an insurance company
保険金 insurance money
保険証 a health insurance card
保険料 a premium [プリーミアム] (▶ a monthly premium で「毎月の保険料」)

ほご 保護する protect [プロテクト] →まもる
▶ 環境を保護する
 protect the environment
保護者 (親) a parent；(親以外の) a guardian
保護者会 a parents' meeting, a PTA meeting →ピーティーエー

ぼご 母語 my native language [ラングウィヂ], my mother tongue [タング]

ぼこう 母校 my (old) school, my alma mater [アルマ マータァ]

ほこうしゃ 歩行者 a walker [ウォーカァ], a pedestrian [ペデストゥリアン]

726 seven hundred and twenty-six

◀ **ほしゅ**

歩行者天国 a pedestrian mall [paradise], a vehicle-free promenade [ヴィークルフリー プラメネイド]

ぼこく 母国 *my* home (country), *my* mother country
母国語 the language of *my* country; (母語) *my* native language, *my* mother tongue [タング]

ほこり¹ 誇り

pride [プライド]
誇りに思う be proud (of), take[have] pride (in)
▶ お城はわが町の誇りです.
The castle is the *pride* of my town.

> 💬表現力
> …を誇りに思う
> → be proud of ... /
> take pride in ...

▶ 父は自分の仕事に誇りをもっている.
My father *takes pride in* his job. / My father *is proud of* his job.

> ✏️ライティング
> 私は両親のことを誇りに思っています.
> I'm proud of my parents. / I take pride in my parents.

ほこり² dust [ダスト]
ほこりっぽい dusty
▶ 彼の机の上はほこりだらけだった.
His desk was covered in *dust*.
▶ ズボンのほこりを払いなさい.
Dust off your pants. / *Dust* your pants *off*.
▶ 部屋はほこりっぽかった.
The room was *dusty*.

ぼさぼさ ぼさぼさの（髪が乱れた） messy [メスィ]

ほし 星

a star [スター] (▶「月」は the moon) → わくせい
▶ 星がきれいだね.
What beautiful *stars*! / The *stars* are so beautiful!
▶ 今夜は星が出てないね.
There're no *stars* tonight.
▶ ほら, 星がたくさん出てるよ.

Look. There're a lot of *stars*.
▶ 夜空には星がかがやいていた.
The *stars* were twinkling in the night sky.
▶ 流れ星 a shooting *star*
▶ 5つ星のレストラン
a five-*star* restaurant
星占い (占星術) astrology [アストゥラロディ]; (個々の占い) a horoscope [ホ(ー)ロスコウプ] →せいざ
星印 an asterisk [アスタリスク]

ほしい 欲しい

want [ワント], would like

> 💬表現力
> …がほしい → want ... /
> would like ...

▶ これがどうしてもほしい.
I really *want* this.
▶ 何か飲み物, ほしい？
Do you *want* something to drink? / *Would* you *like* something to drink?
▶ 冷たい飲み物がほしいな.
I *want* a cold drink. / I *want* something cold to drink.
▶ コーヒーがほしいな.
I'll have (some) coffee. / I'*d like* (some) coffee.

> 💬表現力
> (人)に…してほしいのですが
> → I would like ＋人＋ to ... /
> I want ＋人＋ to ...
> (▶「want ＋人＋ to ...」より「would like ＋人＋ to ...」のほうがていねいな言い方)

▶ きみにすぐ来てほしいのですが.
I'*d like* you *to* come at once. (▶ I want you to .... としてもよい)
▶ 私の両親にぜひ会ってほしいのですが.
I'*d like* you *to* meet my parents.

ぼしかてい 母子家庭 a single-mother family, a fatherless family
ほしがる 欲しがる want [ワント] →ほしい
ほしくさ 干し草 hay [ヘイ]
ポジション (位置) a position [ポズィション]
ほしぶどう 干しぶどう a raisin [レイズン]
ほしゅ 捕手 《野球》a catcher [キャチァ] (▶

seven hundred and twenty-seven 727

ほしゅう¹

「投手」は pitcher)

ほしゅう¹ 補習 a supplementary [サプリメンタリィ] lesson
▶ 来週英語の補習がある.
I'll have English *supplementary classes* [*lessons*] next week.

ほしゅう² 補修する repair [リペア]

ぼしゅう 募集する (会員などを) recruit [リクルート]; (寄付などを) collect [コレクト]
▶ 合唱部が新入部員を募集しているよ.
The choral club *is recruiting* new members.
▶ あの学校の来年度の募集定員は300名だ.
The number of students *to be admitted* to that school next year will be 300.
募集広告 a want ad

ほじょ 補助 assistance [アスィスタンス]
補助する assist, help
補助席, 補助いす a spare seat, a spare chair

ほしょう¹ 保証 a guarantee [ギャランティー], a warranty [ウォ(ー)ランティ]
保証する guarantee, warrant
▶ このテレビは何年保証ですか.
How long is the *guarantee* on this TV?
▶ このエアコンは3年保証です.
This air conditioner is *guaranteed* [*warranted*] for three years.
保証金 security money
保証書 a warranty
保証人 a guarantor [ギャラントー(ァ), -タァ]

ほしょう² 保障 security [スィキュ(ア)リティ]
▶ 社会保障 social *security*

ほしょう³ 補償する compensate [カンペンセイト]

ほす 干す dry [ドゥライ]; air
▶ 洗たく物を干す
hang the laundry out to *dry*
▶ ふとんを干す *air* the futon in the sun

ボス a boss [ボ(ー)ス], a head [ヘッド]

ポスター a poster [ポウスタァ]
▶ 私たちは文化祭のポスターをはった.
We put up some *posters* for the school festival.

ポスト (郵便ポスト)《米》a mailbox [メイルバクス],《英》a postbox [ポウス(トゥ)バクス]
(▶ *post* とはいわない)

▶ 手紙をポストに入れる
《米》*mail* a letter,《英》*post* a letter
▶ この手紙, 学校へ行く途中にポストに入れてくれる？
Would you *mail* this letter on your way to school?

アメリカのポスト (左) とイギリスのポスト (右).

ホストファミリー a host family [ホウストファミリィ]

ホスピス a hospice [ハスピス]

ほそい 細い

thin [スィン] (反 太い thick); (ほっそりした) slender [スレンダァ], slim [スリム]; (幅がせまい) narrow [ナロウ]

slim　　narrow

▶ 祐輔の兄さんは背が高くて細い.
Yusuke's brother is tall and *thin*.
▶ 美咲は細い足をしている.
Misaki has *slender* legs. (▶ slender は全身だけでなく体の部分についても使う)
▶ もうちょっと細くなりたいなあ.
I want to be a bit *slimmer*.
▶ この細い路地をぬけるとお寺に出る.
This *narrow* alley leads through to the temple.

ほそう 舗装する pave [ペイヴ]
舗装道路 (a) pavement, a paved road

ほそく 補足する supplement [サプリメント], add [アッド]

ほそながい 細長い long and narrow

ほぞん 保存する keep [キープ]

▶ ポップス

▶ 食べ物を冷蔵庫に保存しておきなさい.
Keep food in the refrigerator.
保存食 preserved [プリザ〜ヴド] food
保存料 preservatives [プリザ〜ヴァティヴズ]

ポタージュ potage [ポタージ] (▶フランス語から)

ホタル 《虫》a firefly [ファイアフライ]

ボタン¹

(洋服の) a button [バトゥン]
ボタンをはめる button (up)
ボタンをはずす unbutton, undo
▶ シャツのボタンをはめなさい.
Button up your shirt!
▶ 彼はボタンをはずしてシャツを脱いだ.
He unbuttoned [undid] his shirt and took it off.
▶ いちばん上のボタンがはずれてるよ.
Your top button is open.
▶ このボタン, とれそうだな.
This button is coming off.

ボタン² 《植物》a (tree) peony [ピーオニィ]

ぼち 墓地 (共同墓地) a cemetery [セメテリィ]; a graveyard [グレイヴヤード]
▶ …を墓地に埋葬（まいそう）する
bury ... in the cemetery

ホチキス →ホッチキス

ほちょう 歩調 (a) pace [ペイス], a step [ステップ]
▶ 他の人と歩調を合わせなさい.
Keep step [pace] with others.

ほちょうき 補聴器 a hearing aid [ヒ(ア)リング エイド]

ほっきょく 北極 the North Pole [ノース ポウル]((対) 南極 South Pole); (北極地方) the Arctic [アークティク]
北極の arctic
北極海 the Arctic Ocean
北極グマ a polar bear
北極星 Polaris, the polestar, the North Star

ホック a hook [フック]
▶ ホックをとめる hook (up)
▶ ホックをはずす unhook, undo

ボックス a box [バックス]
▶ バッターボックス a batter's box
▶ クーラーボックス a cooler (▶×cooler box とはいわない)

ホッケー 《競技》(field) hockey [ハキィ]

▶ アイスホッケー ice hockey

ほっさ 発作 an attack [アタック], a fit [フィット]
▶ 心臓発作を起こす have a heart attack

ほっそり ほっそりした slender [スレンダァ], slim [スリム] →ほそい

ホッチキス a stapler [ステイプラァ] (▶ Hotchkiss は商標名. 「ホッチキスの針」は staple という)
ホッチキスでとめる staple [ステイプル]
▶ このプリント, ホッチキスでとめてね.
Staple the handouts, please.

ほっと ほっとする be relieved [リリーヴド] →ほっとする

ポット (深いなべ) a pot [パット]; (魔法（まほう）びん) a thermos [サ〜モス] (▶もとは商標名)

ぼっとう 没頭する be absorbed [アブソーブド] (in)

ほっとく leave [リーヴ] ... alone [アロウン]
▶ ほっとけよ.
(あいつを) Leave him [her] alone. / (それを) Leave it as it is.
▶ ほっといてくれよ. Don't bother me.

ホットケーキ a pancake [パンケイク]

ほっとする (安心する) be relieved [リリーヴド], feel relieved; (くつろぐ) be relaxed [リラックスト], feel relaxed
▶ きみの声を聞いてほっとしたよ.
I'm relieved to hear your voice.
▶ ああ, ほっとした. What a relief!

ホットドッグ a hot dog
▶ ホットドッグを 4 つください.
Four hot dogs, please.

ポップコーン (a) popcorn [パプコーン]
▶ ポップコーンの M サイズ 1 つください.
I'd like a medium(-size) popcorn.

ポップス 《音楽》pop (music)
▶ ジェームズは日本のポップスにはまっている.
James is really into Japanese pop

seven hundred and twenty-nine　729

ぼつぼつ ▶

music.

ぼつぼつ now [ナウ], soon [スーン] →そろそろ
▶ ぼつぼつ出かけたほうがいい.
We'd better get going.

ほつれる（布・糸などが）fray [フレイ]；（髪などが）come loose [ルース]

ボディー a body [バディ]
▶ 車のボディー a car *body*
ボディーガード a bodyguard [バディガード]
ボディーチェック（空港などの）a security check（▶この意味では*body check とはいわない）
ボディービル body building
ボディーランゲージ body language

ポテト a potato [ポテイトウ] 〖複数〗 potatoes）
ポテトサラダ (a) potato salad
ポテトチップス 〘米〙potato chips, 〘英〙 (potato) crisps
ポテトフライ 〘おもに米〙 French fries, 〘英〙(potato) chips（▶*potato fry とはいわない）

ホテル a hotel [ホウテル]；（比較的小さな）an inn [イン]
▶ ホテルに泊まる stay at a *hotel*
▶ ホテル（の部屋）を予約する
reserve (a room at) a *hotel* / make a *hotel* reservation

-ほど

1（およそ）about [アバウト], or so（▶名詞などの後ろにくる）
▶ 練習には10人はど来ていた.
About ten members came to practice.
▶ 学校までは１キロほどある.
It's *about* a kilometer to my school.
▶ 配達までふつう２週間ほどかかります.
It usually takes *about* two weeks [two weeks *or so*] to deliver.

2（～ほど…ではない）not as ... as ～

💬表現力
～ほど…ではない → not as ... as ～

▶ ぼくは彼ほど速くは走れない.
I can*not* run *as* fast *as* he.
▶ テニスは見かけほどやさしくない.
Playing tennis is*n't as* easy *as* it looks.

💬表現力
～ほど…なものはない
→ **Nothing is ＋比較級**

▶ 命ほどたいせつなものはない.
Nothing is more important *than* life.
▶ これほど簡単なことはない.
Nothing is easier *than* this.

3（それほどの）such [サッチ]
▶ これほどおもしろい試合, 見たことないよ.
I've never seen *such* an exciting game as this. /（これまで見たうちでいちばんおもしろい試合だ）This is the most exciting game I've ever seen.
▶ 心配で心配で食事ものどを通らないほどだった.
I was *too* worried *to* eat anything at all.

4（～すればするほど…）（▶「the ＋比較級 ..., the ＋比較級 ...」で表す）

💬表現力
～すればするほど…
→ **the ＋比較級, the ＋比較級**

▶ 早ければ早いほどいい. 〘ことわざ〙
The sooner, the better.
▶ 勉強すればするほど, やる気が出るものだ.
The more you study, *the more* you are motivated.

ほどう¹ 歩道 〘米〙a sidewalk [サイドウォーク], 〘英〙a pavement [ペイヴメント]
▶ 横断歩道
〘米〙a crosswalk [クロ（ー）スウォーク], 〘英〙a (pedestrian) crossing [(ペデストゥリアン)クロ(ー)スィング]
歩道橋 a pedestrian overpass

ほどう² 補導する（警察が）put ... under police guidance [ガイダンス]

ほどく untie [アンタイ]
▶ このひも, ほどいてくれない？
Would you *untie* this string?

ほとけ 仏（仏陀²）the Buddha [ブ(ー)ダ]
▶ 知らぬが仏. 〘ことわざ〙
Ignorance is bliss.（▶「知らないことこそ最高の幸せ」の意味）

ほどける
▶ くつのひもがほどけてるよ.
Your shoelace *is untied*.

◀ ほのお

ホトトギス 《鳥》 a little cuckoo [ク(ー)クー]

ほどほど
- ほどほどに(→やりすぎないように)しなさい.
  Don't overdo it. / Don't work too hard.

ほとりに on [アン], near [ニア], by [バイ]
- 週末は湖のほとりでキャンプした.
  We spent the weekend camping *on* the lake.
- ぼくのおじは川のほとりに住んでいる.
  My uncle lives *on* the river. (▶ on の代わりに near や by でもよい)

ボトル a bottle [バトゥル]

ほとんど

1 almost [オールモウスト], nearly [ニアリィ]
- 宿題はほとんどできたよ.
  I've *almost* done my homework.
- 3時前にそこに着くなんて,ほとんど不可能だよ.
  It's *almost* impossible to reach there before three.

  💬表現力
  ほとんどの… → almost all ...

- ほとんどの問題が解けなかった.
  I couldn't solve *almost all* (the) problems. (▶ ×almost problems とはいわない)

「ほとんどの問題」
× almost problems
　almost は副詞なので,すぐ後ろに名詞をもってくることはできない.

○ almost all (the) problems
(▶「ほとんどすべての問題」と考えるとよい)

- 参加者はほとんどが中学生だった.
  The participants are *mostly* junior high students. / *Most* participants were junior high students.
- まだほとんど準備できてないんだ.
  We're not *nearly* ready yet. (▶ We're not ×almost ready yet. とはいわない). almost は否定文では使えない)

2 (ほとんど…ない) hardly [ハードゥリィ]; (ほとんど…がない) (量が) little [リトゥル] ..., (数が) few [フュー] ...
- 私には何が起こっているのかほとんど理解できなかった.
  I could *hardly* understand what was going on.

  💬表現力
  ほとんど…ない
  → (量が) little ... / (数が) few ...

- 回復する見込みはほとんどない.
  There's *little* hope for recovery.
- 私は最初のうちはほとんど友だちがいなかった.
  At first I had (very) *few* friends.

ポニーテール a ponytail [ポウニテイル]
- ジェニーは髪をポニーテールにしている.
  Jenny wears her hair in a *ponytail*.

ぼにゅう 母乳 breast milk [ブレスト ミルク], mother's milk
- 母乳で育った赤ちゃん
  a *breast-fed* baby

ほにゅうびん 哺乳瓶 a baby bottle [ベイビィ バトゥル]

ほにゅうるい ほ乳類 the mammals [マ マルズ]
- クジラはほ乳類だ.
  Whales are *mammals*. / A whale is a *mammal*.

ほね 骨

1 (人・動物の) a bone [ボウン]
- 腕の骨
  my arm *bone*
- スキーで左足の骨を折った.
  I broke my left leg while skiing.
- 魚の骨がのどにささっちゃったよ.
  I've got a fish*bone* stuck in my throat. / A fish*bone* got stuck in my throat.

2 (骨折り) pains [ペインズ]
- 骨を折る
  take *pains* / make *efforts*
- それはなかなか骨が折れる仕事だ.
  The work is quite *hard*.

ほのお 炎 a flame [フレイム]
- 車はほのおに包まれた.

seven hundred and thirty-one 731

ほのぼの

The car went up in *flames*.

ほのぼの ほのぼのする heartwarming [ハートゥウォーミング]

ほのめかす hint [ヒント], suggest [サ(グ)チェスト]

ポピュラー ポピュラーな popular [パピュラァ]

ポピュラー音楽 popular music, pop music

ポプラ 《植物》a poplar [パプラァ]

ほほ →ほお

ほぼ (ほとんど) almost [オールモウスト]

ほほえましい ほほ笑ましい heartwarming [ハートゥウォーミング], pleasant [プレザント]

▶ それは何ともほほえましい光景だった.
It was a really *heartwarming* [*pleasant*] sight.

ほほえみ ほほ笑み a smile [スマイル]

▶ ほほえみをうかべて with a *smile*

ほほえむ ほほ笑む smile [スマイル]《at》

▶ その女子生徒たちは晴れやかにほほえんでいた.
The girl students *were smiling* happily.

▶ ぼくは絵美にほほえみかけたが無視された.
I *smiled at* Emi, but she ignored me.

ポメラニアン 《動物》a Pomeranian [パメレイニアン]

ほめる 褒める

(賞賛する) praise [プレイズ], speak well of; (感嘆する) admire [アドゥマイア]

▶ 先生はぼくのことをほめてくれた.
The teacher *praised* me. / The teacher *spoke well of* me.

▶「そのTシャツ, よく似合ってるよ」「ほめてくれてありがとう」
"That T-shirt looks really nice on you." "Thank you. / Thank you for your *compliment*."

💬**表現力**
(人)の…をほめる
→ praise +人+ for …

▶ 両親は私の努力をほめてくれた.
My parents *praised* me *for* my effort.

▶ だれもがケンの勇気をほめた.
Everybody *admired* Ken's courage.

💬**用法** ほめるときの言い方
ほめるときには, 形容詞は **nice** と **good**, 動詞は **like** と **love** がよく使われる.
相手の持ち物などをほめるときには,
I really *like* [*love*] your … . (あなたの…ほんとうにいいですね)
What a *nice* … ! (なんてすてきな…なんでしょう)
You have a (really) *nice* … . (すてきな…を持っているね) などと言う.
それに対しては,
Thank you. It's *nice* of you to say so. (ありがとう. そう言ってくれるなんてうれしい) のように答える.
くだけた会話では,
Thanks. I'm glad you *like* it [them]. (ありがとう. 気に入ってくれてうれしい) などと言う.

ぼやける be blurred [ブラ〜ド]

ほら Look! [ルック], Listen! [リスン]

▶ ほら. あそこにいるのが楓のお姉さんよ.
Look. That's Kaede's sister.

▶ ほら (耳をすまして), コオロギが鳴いているよ.
Listen! Do you hear the crickets?

ホラーえいが ホラー映画 a horror movie [ホ(ー)ラァ ムーヴィ]

ほらあな 洞穴 a cave [ケイヴ]

ボランティア

(人)a volunteer [ヴァランティア] (発音注意); (活動) volunteer work

ボランティア活動をする do volunteer work

◀ ほん

- 私は週に1回市立図書館でボランティア（活動）をしている.
I *do volunteer work* at the city library once a week.

ほり 堀 a moat [モゥト]
ほりだしもの 掘り出し物 a find [ファインド]；（お買い得品）a bargain [バーゲン]
- これは掘り出し物ですよ.
This is a real *find* [*bargain*].

ポリぶくろ ポリ袋 a plastic bag [プラスティック バッグ]
ボリューム volume [ヴァリュム]
- ボリューム上げて [下げて] もらえる？
Could you turn the *volume* up [down]?
- あそこのピザはかなりボリュームがあるよ.
The pizza at that place is very *filling*.

ほりょ 捕虜 a prisoner [プリズナァ]（of war）
捕虜収容所 a prison camp
ほる¹ 掘る dig [ディッグ]
- 穴を掘る dig a hole
ほる² 彫る carve [カーヴ]
- 石像を彫る
carve an image from stone（▶ from は out of でもよい）

ボルト¹（電気）a volt [ヴォウルト]（▶ V または V と略す）
ボルト²（ねじ）a bolt [ボゥルト]
- ボルトをしめる
tighten a *bolt*

ポルトガル Portugal [ポーチュガル]
ポルトガル（人・語）の Portuguese [ポーチュギーズ]
ポルトガル語 Portuguese
ポルトガル人 a Portuguese (person)
ポルノ pornography [ポーナグラフィ],（口語）porn [ポーン], porno [ポーノゥ]
ホルモン (a) hormone [ホーモゥン]
- 男性 [女性] ホルモン
the male [female] *hormone*
ホルン（楽器）a (French) horn [ホーン]
- ホルンを吹く
play the *horn*
ボレー ボレーする（テニス・サッカー）volley [ヴァリィ]
ポロシャツ a polo [ポゥロゥ] shirt
ほろびる 滅びる die [ダイ] out, perish [ペリシ]

- 鎌倉幕府は1333年にほろびた.
The Kamakura shogunate *was destroyed* in 1333.（▶ shogunate [ショゥガネイト] は「幕府」の意味）

> 🅿プレゼン
> このまま地球温暖化が進めば、人類は**ほろびる**かもしれません.
> The human race might die out if global warming continues at this rate.

ほろぼす 滅ぼす destroy [ディストゥロイ]
- トロイはギリシャ軍にほろぼされた.
Troy *was destroyed* by the Greek army.
ぼろぼろ ぼろぼろの worn-out [ウォーンアゥト], shabby [シャビィ]
- 圭太はぼろぼろのジーンズをはいていた.
Keita was wearing *worn-out* [*shabby*] jeans.
ホワイトハウス the White House

ほん 本

a book [ブック]
- 厚い [うすい] 本
a thick [thin] *book*
- 料理の本
《米》a cook*book*, 《英》a cookery *book*
- 何か犬の本, 持ってる？
Do you have any *books* about [on] dogs?
- どんな本が好き？
What kind of *books* do you like?
- 「何の本を読んでるの？」「ハリー・ポッターだよ」
"What (*book*) are you reading?" "I'm reading Harry Potter."

本だな a bookshelf（複数 book-

ぼん

shelves)
本箱 a bookcase
本屋 《米》a bookstore, 《英》a bookshop

ⓘ 参考 「本」のいろいろ
小説 a novel / 歴史書 a history book / 絵本 a picture book / マンガ本 a comic book / 攻略本(ゲームの) a strategy guide / 教科書《米》a textbook, 《英》a course book / 参考書(教科の) a study aid, (辞典・地図などの) a reference book / 問題集 a workbook / 辞書 a dictionary / 百科事典 an encyclopedia / ハードカバー《米》a hardcover, 《英》a hardback / 文庫本 a pocketbook, a mass-market paperback / ペーパーバック a paperback

ぼん 盆 **1** (容器) a tray [トゥレイ]
2 (仏教の行事) the *Bon* Festival
盆踊り a *Bon* dance
▶ 近所の人と盆踊りを踊った.
I danced at the *Bon* Festival with my neighbors.

ほんき 本気の serious [スィ(ア)リアス] ; (熱心な) earnest [ア〜ネスト]
本気で seriously ; earnestly
▶ 本気なの？
Are you *serious*?
▶ あいつの言ってること, 本気にとらないほうがいいよ.
It's better not to take what he says *seriously*.
▶ 本気でそう言ってるの？
Do you *really* mean it?　(▶ mean は「…のつもりで言う」の意味)
▶ 本気でやれば (→一生けんめいやれば) 絶対にできるよ.
I know you can do it if you work hard.

ホンコン 香港 Hong Kong [ハングカング]

ぼんさい 盆栽 (a) bonsai [バンサイ] 〖複数〗 bansai (▶英語化している), a potted miniature tree

ほんしつ 本質 essence [エスンス]
本質的な essential [エセンシャル]
本質的に essentially [エセンシャリィ]

ほんじつ 本日 today [トゥデイ]
▶ この切符は本日かぎり有効です.
This ticket is good [valid] only (for) *today*.
▶ 本日休業《掲示》Closed *Today*

ほんしゃ 本社 the main office, the head office (対 支社 branch (office))

ほんしゅう 本州 Honshu, the Main Island of Japan

ほんしん 本心 my true feelings
▶ 直人は本心を隠しているみたいだ.
Naoto seems to be hiding his *true feelings*.

ぼんじん 凡人 an ordinary person [オーディネリィ パ〜スン]

ほんだい 本題
▶ 本題に入ろう.
Let's get down to business.

ぼんち 盆地 a basin [ベイスン]
▶ 会津盆地 the Aizu *Basin*

ほんてん 本店 the main [head] office (対 支店 branch (office)), the main [head] store (対 branch (store))

ほんど 本土 the mainland [メインランド]

ボンド (接着剤) (a) glue [グルー], (an) adhesive [アドヒースィヴ]

ポンド (イギリスの通貨単位) a pound [パウンド] (▶£と略す) ; (重量単位) a pound (▶ lb. と略す. 約453.6g)

ほんとう 本当

(the) truth [トゥルース]
ほんとうの true, real [リー(ア)ル]
ほんとうに truly, really
ほんとうは to tell the truth, in reality
▶ ほんとうのことを話しなさい.
Tell me *the truth*.
▶ これはほんとうのことなんです.
This is a *true* story.

◀ **ほんるい**

🎤 スピーキング
🅐 彼が**ほんとうに**そう言ったんですか.
Did he really say that?
🅑 **ほんとうです**.
Yes, I'm sure.

▶ 「慎一郎君がきのう手紙をくれたの」「ほんとう？」
"I got a letter from Shinichiro yesterday." "Really?"

▶ あなたのことがほんとうに好きよ,俊ちゃん.
I really [truly] like you, Shun.

💬 用法 really の発音のしかた
really という語はよく会話で使われるが,語尾の発音のしかたでちがった意味になるので注意. (1) 語尾を強く上げると,「え,ほんとうですか」と強いおどろき・関心を表す. (2) 語尾を軽く上げると「そうなの」と軽いおどろき・関心を表す. (3) 語尾を下げると「ああ,そう」と無関心の気持ちを表したり,軽く相づちを打ったりした感じになる.

💬 表現力
…ということはほんとうだ
→ **It is true that ...** .

▶ 彼女のお父さんが入院しているというのはほんとうだ.
It is true that her father is in (the) hospital.

💬 表現力
ほんとうは…だ
→ **The truth is that ...** .

▶ ほんとうは泳げないんだ.
The truth is that I can't swim.

ほんにん 本人
▶ 本人が当所へ出頭のこと.
Appear *in person* at the office.

ほんね 本音 (本当の意図) real intention [リー(ア)ル インテンション]

ボンネット (自動車の) 《米》a hood [フッド], 《英》a bonnet [バネト]

ほんの only [オゥンリィ] →ちょっと
ほんのう 本能 (an) instinct [インスティン(ク)ト]
▶ 鳥は本能によって飛ぶことを覚える.

Birds learn to fly by *instinct*.
本能的に instinctively [インスティン(ク)ティヴリィ], by instinct

ほんばん 本番
▶ さあ, これからが本番だ.
Now we've come to the *real test*.

ほんぶ 本部 a center [センタァ], the head office

ポンプ a pump [パンプ]
▶ ポンプで水をくみあげる
pump up the water

ほんぶん¹ 本文 text [テクスト]
ほんぶん² 本分 (務め) duty [デューティ]
ほんみょう 本名 *my* real name
▶ あの歌手の本名は何ていうの？
What is that singer's *real name*?

ほんもの 本物の real [リー(ア)ル] (反) にせの false), genuine [チェニュイン]
▶ これは本物の真珠だ.
This is a *real* [*genuine*] pearl.

ほんもん 本文 text [テクスト]
ほんや 本屋 (書店) a bookstore [ブクストー(ア)]

ほんやく 翻訳 (a) translation [トゥランスレイション]
翻訳する translate [トゥランスレイト]
▶ 彼はフランスの小説を日本語に翻訳した.
He *translated* a French novel into Japanese.
翻訳家 a translator

ぼんやり (うわの空で) absent-minded [アブセントゥマインディド]; (はっきりしない) not clear [クリア]
▶ 彼は今日は一日中ぼんやりしていた.
He was *absent-minded* all day today.
▶ ぼんやりするな.
Watch out! / Be careful!

ほんらい 本来 originally [オリヂナリィ]

🎤 プレゼン
人間は**本来**善だという人と, 悪だという人がいます.
Some people say human beings are originally good, and others say human beings are originally bad [evil].

ほんるい 本塁 《野球》home plate
本塁打 a home run, a homer

seven hundred and thirty-five 735

ま ま マ ま マ ま マ

ま 間 (時間) time [タイム] →じかん, あいだ；(部屋) a room [ル(ー)ム] →へや

まあ 1 (おどろき) Oh! [オゥ], Oh dear! [ディア]
▶ まあ, どうもご親切に.
Oh! That's very kind of you.
2 (あいまいにぼかして) well [ウェル]
▶ まあ, そんなところかな.
Well, something like that.

マーカー a marker [マーカァ], 《英》a marker pen

マーガリン margarine [マーヂャリン]

マーク (印) a mark [マーク]；(記号) a sign [サイン]
マークする (印をつける) mark, put a mark 《on》；(相手チームの選手を) guard, 《英》mark；(記録を) set, make
▶ わからない単語にマークをしなさい.
Mark the words you don't know.
▶ (試合で) 11番をマークしろ.
Guard [Mark] number eleven.
マークシート an OMR (answer) sheet, a computer-scored answer sheet
▶ マークシート方式の試験
a computer-scored exam

マーケット a market [マーケト]
▶ 母は毎日, マーケットへ (買い物に) 行く.
Mother goes to market every day.

マージャン mah-jong(g) [マーヂャ(ー)ンヶ]
▶ マージャンをする play *mah-jong*

マーチ (行進曲) a march [マーチ]

まあね well, yes, 《口語》yeah [イェア]

🔊スピーキング
Ⓐ 満点とったんだって？
I heard you got a perfect score.
Ⓑ **まあね.**
Well, yeah.

まあまあ 1 (よくも悪くもない) so-so [ソゥソゥ], (程度がまずまず) not so bad, not too bad
▶ そのレストランの料理はまあまあだった.
The food at the restaurant was just so-so.

🔊スピーキング
Ⓐ やあ, 元気？
Hi there! How are you?
Ⓑ **まあまあさ.**
Not bad, thanks.

2 (相手をなだめて) Now, now.
▶ まあまあ, そうおこるなよ.
Now, now, don't get so angry.

マーマレード marmalade [マーマレイド]

まい- 毎…

every [エヴリィ] … (▶後ろには単数の名詞が続くことが多い)
▶ 毎日 *every* day →まいにち
▶ 毎晩 *every* evening / *every* night
▶ 毎月 *every* month
▶ 毎年 *every* year
▶ 母は毎朝6時に起きる.
My mother gets up at six every morning.
▶ ぼくは毎週金曜に空手を習っている.
I take karate lessons every Friday.

📖文法 **every** +「時」
「時」を表す次のような語句に **every** がつくと, 前置詞や冠詞が不要になる.
in the morning → every morning
at night → every night
on Sunday → every Sunday

-まい …枚

(紙) a piece of … , a sheet of … ；(パン) a slice of … (▶ poster (ポスター) などの数えられる名詞が複数の場合は「数+複数形」にするだけでよい)
▶ おとな2枚, 子ども2枚ください.
Two adults and two children, please.
▶ 紙があともう2枚いるよ.
We need two more pieces [sheets]

◀ **まえ**

of paper.
▶ けさはトーストを1枚だけ食べた.
I only ate *a slice of* toast this morning.

まいあさ 毎朝 every morning[モーニング]

マイカー (自分の車)*my* (own) car[カー]; (自家用車) a private car
▶ 兄はマイカーを持っている.
My brother has *his* (own) *car*.

マイク a microphone[マイクロフォン], 《口語》a mike[マイク]
▶ マイクでしゃべる
speak over the *microphone* [*mike*]

マイクロバス a microbus[マイクロバス], a minibus[ミニバス]

まいご 迷子 a lost child
迷子になる get lost →まよう
迷子になっている be lost; (見当たらない) be missing
▶ 私たち迷子になっちゃったみたい.
I think we're *lost*.
▶ 祐輔が迷子なの.
Yusuke *is missing*.

まいしゅう 毎週 every week[ウィーク]
まいそう 埋葬する bury[ベリィ]
まいつき 毎月 every month[マンス]
まいとし 毎年 every year[イア]
マイナー minor[マイナァ]
マイナーリーグ a minor league

マイナス minus[マイナス] (反 プラス plus)
▶ マイナス6 (-6) *minus* six
▶ 8マイナス2は6 (8-2=6).
Eight *minus* two is [equals] six.

まいにち 毎日

every day[エヴリィ デイ]
毎日の everyday[エヴリデイ], daily
▶ 菜々子には毎日学校で会うよ.
I see Nanako at school *every day*.
▶ 毎日の食事
everyday meals / *daily* meals

マイノリティー the minority[ミノーリティ]
マイペース *my* own pace[ペイス]; (自分のやり方) *my* way
▶ マイペースでやれば？
You can do it at *your own pace*.

マイホーム (自分の家)*my* own home, *my* own house

マイル a mile[マイル] (▶ 1マイルは約1,609メートル)

「ラスベガス方面出口まで1マイル」という高速道路の標識.

まいる 参る **1** (降参する) give up
▶ まいった？(Do you) *give up*?
▶ (ゲームなどで) まいった. *You win*.
▶ まいったなあ.
(困ったなあ) I'*m in trouble*. / (手に負えない) This *beats* me.
2 (行く)come[カム]; (参拝する)visit[ヴィズィト]→おまいり
▶ すぐに参ります.
I'*m coming* right away.

まう 舞う dance[ダンス] →おどる
まうえ 真上に just above →うえ¹
▶ 彼らはうちの真上に住んでいます.
They live *just above* us.

マウス 《動物》a mouse[マウス] (複数 mice); (コンピューター) a mouse (複数 mouses ときに mice)

マウスピース a mouthpiece[マウスピース]

マウンテンバイク a mountain bike
マウンド (野球) the mound[マウンド]

まえ 前

使い分け
(時間)
　…の前に, …する前に → before ...
　今から…前に → ... ago
　過去のある時点から…前に
　　　　　　　　　　　→ ... before
(場所)
　…の前に → in front of ...

1 【時間】(…の前に, …する前に) before[ビフォー(ァ)] ... (反 …のあとに after); (…時間前, …日前, …年前など) ... ago[アゴゥ]; (以前に) before (▶完了形で使う)
▶ 夕食前にシャワーを浴びれば？

まえあし ▸

Why don't you take a shower *before* dinner?
▸ 出かける前にかならずエアコンを消してね．
Make sure you turn off the air conditioner *before* you leave.
▸ 北海道に行ったのは 2 年前です．
We went to Hokkaido two years *ago*.
▸ ここは前にも来たことがあるよ．
I've been here *before*.

💬スピーキング
Ⓐ 前にどこかでお会いしましたか．
Have we met somewhere before?
Ⓑ ええ，そうですね．
Yes, I believe we have.

2【場所】the front［フラント］(反 後ろ the back)；(…の前の方に) in front of (反 …の後ろの方に at the back of)；(前方に) ahead［アヘッド］(《of》)
▸ 私たちの席は前から 3 列目だった．
Our seats were in the third row from *the front*.

💬表現力
…のすぐ前に
→ in front of ...
(何かをへだてて) …の前に
→ across from ...

▸ 学校の前にバス停がある．
There's a bus stop *in front of* the school.
▸ その歯医者さんは駅前にあるよ．
The dentist's office is *across from* the station．(▸道などをはさんで正面にあるときは across from を使う)
▸ 前の車に気をつけて．
Watch the car *ahead*.

まえあし 前足 a forefoot［フォーフト］
まえうり 前売り (an) advance sale［アドヴァンス セイル］
　前売り券 an advance ticket
まえむき 前向きに positively［パズィティヴリィ］
▸ もっと前向きに考えようよ．
Let's think more *positively*.
まかす 負かす beat［ビート］, defeat［ディフィート］→かつ

まかせる 任せる leave［リーヴ］《to》
▸ ぼくに任せてよ． Just *leave* it *to* me.
▸ いつでも力になるから任せてよ．
You can always *count on* me．(▸count on ... で「…をたよりにする」の意味)

まがりかど 曲がり角 a corner［コーナァ］

まがる 曲がる

(道を) turn［タ〜ン］；(物が) bend［ベンド］, curve［カ〜ヴ］
▸ まっすぐ行って 2 つ目の角を左に曲がると，銀行があります．
Go straight and *turn* left at the second corner. You'll see the bank.
▸ 曲がるところをまちがったんじゃない？
I think we made a wrong *turn*.
▸ 川は右に曲がっている． The river *bends* [*curves*] to the right.
▸ 祖母は年をとって腰が曲がっている．
My grandmother *is bent* with age.

マカロニ macaroni［マカロウニ］(▸イタリア語から)
　マカロニグラタン macaroni au gratin
まき firewood［ファイアウッド］, wood
▸ まきを燃やす
burn *firewood* / burn *wood*
まきじゃく 巻き尺 a tape measure［メジャ］
まきちらす まき散らす scatter［スキャタァ］
まきつく 巻きつく
▸ ヘビが枝に巻きついている．
A snake *is winding* itself around a branch.
まきば 牧場 →ぼくじょう
まぎらわしい 紛らわしい (明確でない) confusing［コンフューズィング］；(誤解を与える) misleading［ミスリーディング］
▸ 何もまぎらわしいことは言ってないよ．
I didn't say anything *confusing*.
▸ その広告はまぎらわしかった．
The ad was *misleading*.
まぎわ 間際 (どたん場で) at the last minute［ミニット］；(…の直前に) just before［ビフォー(ァ)］
▸ 私たちはまぎわで旅行を中止した．
We canceled the trip *at the last minute*.
▸ 家を出るまぎわに雨が降り出した．

◀ **まごころ**

It started to rain *just before* I left home.
まく¹ 幕 a curtain [カ〜トゥン]；(劇の) an act [アクト]
▶ 幕が上がった． The *curtain* has risen.
▶ 第2幕第1場 *Act* II, Scene I (▶ *act two, scene one* のように読む)
まく² 巻く (くくる) tie [タイ], bind [バインド]；(丸める) roll [ロウル] (up)；(ねじって) wind [ワインド] (up)(発音注意)
▶ 小包にひもを巻いて (→小包をひもで巻いて) くれる？
Could you *tie* [*bind*] the package with a string?
▶ 紙を巻いて筒の形にします．
Roll (*up*) a sheet of paper to make a tube.
▶ パパ，おもちゃのねじを巻いて．
Daddy, can you *wind up* the toy?
まく³ (種を) sow [ソウ]
▶ ヒマワリの種をまく時期だね．
It's time to *sow* sunflower seeds.
まく⁴ (水を) water [ウォータァ]
▶ 庭に水をまく *water* the garden
マグカップ a mug [マグ]
マグニチュード (a) magnitude [マグニテュード]
マグマ magma [マグマ]
まくら 枕 a pillow [ピロウ]
  まくらカバー a pillowcase
まくる roll up
▶ ワイシャツのそでをまくる
  roll up my shirt sleeves
まぐれ a fluke [フルーク]
▶ ただのまぐれだったんです．
It was only a *fluke*.
マグロ ((魚)) (a) tuna [トゥーナ] (複数 tuna)
まけ 負け (a) defeat [ディフィート] (反 勝つ victory)
▶ ぼくの負けだよ． I *lost*.
まけおしみ 負け惜しみ
▶ 絵梨は負け惜しみが強い．
Eri is a *bad loser*.
まけずぎらい 負けず嫌い
▶ 妹は何ごとにも負けず嫌いだ．
My sister *hates to lose* at anything.

まける 負ける

1 (敗れる) **lose** [ルーズ] (反 勝つ win)，**be beaten** [ビートゥン]，**be defeated** [ディフィーティド]

lose

win

●表現力
(試合) に負ける → lose ...

▶ ぼくはその試合に負けた．
I *lost* the game.
▶ 私は決勝で負けた．
I *lost* the final. / I *was beaten* [*defeated*] in the final.

●表現力
(人・チーム) に負ける → lose to ...

▶ うちのチームは西中学に3対1で負けた．
We *lost to* Nishi Junior High by 3 to 1. (▶ 3 to 1は three to one と読む)
2 (値引きする) **cut** [カット] **down**, give ... a discount

●スピーキング
Ⓐ 少しまけてもらえませんか．
Can you give me a discount?
Ⓑ すみませんが，これで精一杯です．
I'm afraid this is our final price.

まげる 曲げる

bend [ベンド]
▶ ひざを少し曲げるといいショットが打てます．
Bend your knees a little, and you will be able to make a good shot.

まご 孫

a grandchild [グラン(ドゥ)チャイルド] (複数 grandchildren)；(男の) a grandson [グラン(ドゥ)サン]；(女の) a granddaughter [グラン(ドゥ)ドータァ]
▶ 祖母には孫が11人います．
My grandmother has eleven *grandchildren*.
まごころ 真心 sincerity [スィンセリティ], a true heart

seven hundred and thirty-nine 739

まごつく ▶

真心のこもった sincere [スィンスィア]
まごつく be confused [コンフューズド], be embarrassed [エンバラスト]
まことに really [リー(ア)リィ] →ほんとう
▶ まことに申しわけございません.
I'm *very* [*really*] sorry.
マザーグース Mother Goose (rhymes)
まさか Oh, no!, No way!；(冗談だろう?) No kidding [キディング]!；(そんなはずはない) That can't be true!
▶「ボブが車にはねられたんだ」「まさか」
"Bob was hit by a car." "*Oh, no!* "
まさつ 摩擦 friction [フリクション]
摩擦する rub →こする
まさに →ちょうど **1** (強調) just [ヂャスト], very [ヴェリィ] (▶ very は名詞の前で使う)
▶ まさにそのとおり.
Exactly. / That's *exactly* right. / That's *absolutely* right.
▶ これこそまさにほしかったものだ.
This is *just* what I wanted. / This is the *very* thing I wanted.
2 (まさに…しようとしている) be about to …
▶ 試合はまさに始まろうとしていた.
The match *was* (*just*) *about to* start.
まさる 勝る be better [ベタァ] (than), be superior [ス(ー)ピ(ア)リア] (to)
▶ 友情にまさるものはない.
Nothing *is better than* friendship.
まざる 混ざる, 交ざる mix [ミックス] →まじる
まし ましな (よりよい) better [ベタァ]
▶ 少しでもないよりはましだ.
A little is *better* than nothing.

🔸表現力🔸
～するよりも…するほうがましだ
→ would rather … than ～

▶ そんなことをするくらいなら死んだほうがましだよ.
I'd rather die *than* do anything like that.
マジ
▶「数学で100点取ったぞ」「えっ, マジで？」
"I got a perfect score in math." "*For real*? / *Really*? "
マジック (手品) magic [マヂク]；(ペン) a felt-tip [フェルトゥティプ] pen, a marker [マーカァ] (pen)
マジックテープ 《商標》Velcro [ヴェルクロウ]
まして (肯定文で) much more, still more；(否定文で) much less, still less
▶ 英語を覚えるのはむずかしい. ましてラテン語はなおさらだ.
It is hard to learn English, *much more* so to learn Latin.
▶ ぼくは卵焼きもつくれないのに, ましてケーキが焼けるわけがない.
I can't even fry an egg, *much less* bake a cake.
まじない a spell [スペル], a charm [チャーム]

まじめ まじめな

(真剣な) serious [スィ(ア)リアス]；(正直な) honest [アネスト]；(熱心な) earnest [アーネスト]
まじめに seriously, honestly, earnestly

🔸スピーキング🔸
Ⓐ まじめにそう言ってるの？
Are you serious?
Ⓑ うん.
Yeah.

▶ そろそろ自分の将来をまじめに考える時期だよ (→考えられる年ごろだよ).
You're old enough to think about your future *seriously*.
▶ 兄さんはまじめだ.
My brother is *serious*. / (正直だ) My brother is *honest*.
▶ まじめにやれ！ Get *real*! / Get *serious*!
まじゅつ 魔術 magic [マヂク]
マシュマロ marshmallow [マーシメロウ]
まじょ 魔女 a witch [ウィッチ] (▶男の「魔法使い」は wizard [ウィザド]) →まほう

-(し)ましょう →-(し)よう

1 (さそい・提案) Let's [レッツ] …

🔸表現力🔸
…しましょう
→ Let's ＋動詞の原形 ～. /
 Let's ＋動詞の原形 ～, shall we?

▶「さあ, 行きましょう」「ええ, そうしましょう」

◀ マスター

"Now *let's* go." "Yes, *let's*. / OK."
▶ さあ，始めましょうか．
  Let's get started, *shall we*?

■表現力
…するのはやめましょう
→ **Let's not ＋動詞の原形 ～.**

▶ それじゃ，そこへ行くのはやめましょう．
  Well, then, *let's not* go there.
2（相手の意向を聞く）**Shall I ...?, Could I ...?**
▶ 窓を開けましょうか．
  Could I open the window for you?
▶ (レストランで) 飲み物はいまお持ちしましょうか． *Shall I* bring your drink now?
3（自分の意志）**I'll ...**
▶ そのことはのちほど話しましょう．
  I'll talk about it later.
ましょうめん 真正面に just in front [フラント] of
まじる 混じる，交じる mix [ミックス]
▶ 水と油は混じらない．
  Water and oil don't *mix*. / Oil doesn't *mix* with water.
まじわる 交わる cross [クロ(ー)ス]
▶ 平行な２本の線はけっして交わらない．
  Two parallel lines never *cross* each other.
マス（魚）a trout [トゥラウト] (複数 trout)
ます 増す increase [インクリース]
▶ 台風は速度を増している．
  The typhoon *is increasing* its speed.

-(し)ます

1（現在の習慣や事実）(▶現在形で表す)
▶ ぼくは毎朝７時に起きます．
  I *get* up at seven every morning.
▶ 母は月曜から金曜まで働いています．
  My mother *works* from Monday to Friday.
2（意志・予定）**be going to ... , be -ing**
▶ 10月に修学旅行に行きます．
  We're *going to* go on our school trip in October.
▶ 放課後にテニスをします．
  I'm *playing* tennis after school.
▶ それでは，またあとでかけ直します．
  Then *I'll* call back later.

▶ またあしたうかがいます．
  I'll come (and) visit again tomorrow.

まず

1（最初に）**first** [ファ～スト]；(何よりも) **first of all**；(まず第一に) **to start with**
▶ まず体力をつけることだね．
  First you have to increase your strength.
▶ 朝起きてまずすることは？
  What's the *first* thing you do when you get up in the morning?
▶ まず第一に，きみは若すぎるよ．
  First of all, you're too young.
2（たぶん）**probably** [プラバブリィ]
▶ まず雨は降らないだろう．
  Probably it won't rain.
ますい 麻酔 anesthesia [アネススィージァ]
まずい (味が) taste bad；(立場・状況などが) awkward [オークワド]
▶ このおかず，まずいね．
  This dish *tastes bad*.
▶ （状況について）こりゃまずいなあ！
  Oh, what an *awkward* situation!
マスカット（a) muscat [マスカト]
マスク（仮面）a mask [マスク]；(かぜ用の) a flu [フルー] mask
▶ マスクをつける wear a *mask*
マスコット a mascot [マスカト]
マスコミ mass communication；(報道機関) the (mass) media [ミーディア]

まずしい 貧しい

poor [プァ] (反 豊かな rich)

poor　　　　　rich

▶ 貧しい人たち *poor* people / the *poor*
▶ 私は貧しい家に生まれた． I was born *poor*. / I was born into a *poor* family.
マスター（バーなどの主人）a manager [マネヂァ]
マスターする learn；(完全に習得する) master
▶ どうすれば英語がマスターできるの？

seven hundred and forty-one 741

マスタード ▶

How can I *learn* [*master*] English?
マスタード mustard [マスタド]

ますます

(▶「比較級＋and＋比較級」で表す)

🗨表現力
ますます… → 比較級＋and＋比較級

▶ 空はますます暗くなってきた．
The sky is getting *darker and darker*.
▶ 由奈はますます外向的になった．
Yuna has become *more and more* outgoing.
マスメディア the mass media [ミーディア], the media
まぜる 混ぜる, 交ぜる mix [ミックス] 《with》; (含める) include [インクルード]
▶ 赤と黄色を混ぜるとオレンジ色になる．
If you *mix* red and yellow, you get orange.
▶ ボウルでサラダオイルと酢を混ぜます．
Mix salad oil *with* vinegar in a bowl.
(▶ with は and でもよい)

-(し)ませんか

(さそい) How about ...?, What about ...?; (ていねいに) Would you like to ...?
▶「今晩, 映画でも見ませんか」「いいですね」
"*How about* a movie tonight?"
"Sounds great."
▶ 週末, ドライブに行きませんか．
What about going for a drive on the weekend?

🗨スピーキング
Ⓐ 日曜日にうちにいらっしゃいませんか．
Would you like to come over on Sunday?
Ⓑ ええ, ありがとうございます．
Sure, thank you.

また[1]

使い分け
(ふたたび) → again
(…もまた) → too, also

1 (ふたたび) **again** [アゲン]; (もう１つの) **another** [アナザァ] (▶後ろに名詞が続く)

🗨スピーキング
Ⓐ またいつでも来てね．
Come again, any time.
Ⓑ ありがとう．また来るよ．
Thanks, I will.

▶「またそのうちにお会いできるといいですね」「そうですね」
"I hope we can meet *again* sometime." "So do I."
▶ おれ, また遅刻だよ．
I'm going to be late *again*.
▶ また今度にしよう．
Maybe *another* time.
▶ このことはまた次の機会に話そう．
Why don't we talk about this *another* time?
▶ じゃ, またね．See you *later*.
▶ また電話します．I'll call you *later*.
2 (…もまた) **too** [トゥー], **also** [オールソウ]
→ -も[1]
▶ その翌日もまた雪だった．
It snowed the next day, *too*.
▶ 姉さんの言うことにもまた一理ある．
What my sister says is *also* true.
3 (そのうえ) **and** [アンド]
▶ 美絵は歌手でありまた女優でもある．
Mie is both a singer *and* (an) actress.
また[2] 股 a crotch [クラッチ]

まだ

使い分け
(いまだに) → yet
(いまなお) → still
(たった) → only

1 (いまだに) (否定文で) **yet** [イェット] (▶ yet は not のすぐ後ろか文末に置く)
▶ 兄はまだ帰ってこない．
My brother *hasn't* come home *yet*.
▶「用意はできたの？」「まだ」
"Are you ready?" "No, *not yet*."
▶ (仕事や食事などが)まだ終わっていません．
I'm *not* finished *yet*.
2 (いまなお) **still** [スティル] (▶ be 動詞や助動詞があるときはその後ろに, 一般動詞

742　seven hundred and forty-two

◀ **まちがい**

のときはその前に置く)
▶ ぼくはまだあの子のことを思っている.
I *still* think of that girl.
▶ まだチケットはありますか.
Are there *still* tickets available?
3 (たった) **only** [オウンリィ]
▶ 妹はまだ5歳です.
My little sister is *only* five (years old).
4 (もっと) **more** [モー(ァ)]
▶ 牛乳はまだある？
Is there any *more* milk?
▶ 話しておきたいことがまだある.
I have something *more* to tell you.
またがる (馬やバイクに乗る) ride [ライド]
またぎき また聞きする hear ... secondhand
▶ はっきりは言えないけどね. また聞きしただけだから.
I can't be sure. I only *heard* it *secondhand*.
またぐ step over
▶ ロープをまたいではだめよ.
Don't *step over* the rope.
またせる 待たせる keep ... waiting
▶ お待たせしました.
I'm sorry I've *kept* you *waiting*. / Thank you for *waiting*.
▶ 病院で2時間も待たされちゃったよ.
I *was kept waiting* for two hours at the hospital.

🗨 スピーキング
Ⓐ お待たせして申しわけありません.
I'm sorry to have kept you waiting.
Ⓑ いいんですよ.
That's all right.

またたく 瞬く (星などが) twinkle [トゥウィンクル]；(目を) wink [ウィンク] →まばたき
▶ 空に星がまたたいている.
The stars *are twinkling* in the sky.
またたく間に in a minute, in an instant
または or [オー(ァ)] →あるいは, - か

まち 町, 街

a **city** [スィティ], a **town** [タウン]；(市街) town
▶ ぼくは街(→都市)が好きだ.
I like *cities*.
▶ 週末，母と町(→市街)に買い物に行った.
My mother and I went shopping in *town* on the weekend.
▶ 私の町の人口は2万人です. The population of my *town* is 20,000.
町役場 a town hall [ホール]
まちあいしつ 待合室 (駅・病院などの) a waiting room [ウェイティング ル(ー)ム]
まちあわせる 待ち合わせる meet [ミート]
▶ どこで待ち合わせる？
Where should we *meet*?
まぢか 間近に near [ニア], close [クロウス] at hand；(間近である) be coming up, be just around the corner
▶ クリスマスはまぢかだ. Christmas *is coming up*. / Christmas *is just around the corner*.

まちがい 間違い

(ミス) a **mistake** [ミステイク] (▶一般的な語)；(重大な) an **error** [エラァ]
まちがいの wrong [ロ(ー)ング]
まちがいをする make a mistake
▶ テストでつまらないまちがいをした.
I *made* some careless *mistakes* on the exam.
▶ まちがいは全部直しましたか.
Did you correct all the *mistakes*?

💬 表現力
…はまちがいない
→ be sure of ... /
   be sure (that) ...

▶ それはまちがいないよ. I'*m sure of* it.
▶ ここに置いたのはまちがいないの？
Are you *sure* you left it here?

💬 表現力
まちがいなく…しなさい
→ Be sure to ... . /
   Make sure ... .
(▶後者は後ろに現在形の文を続ける)

▶ この手紙, まちがいなく内田先生にわたしてね. *Be sure to* hand this note to Ms. Uchida. / *Make sure* you hand this note to Ms. Uchida.
まちがい電話

seven hundred and forty-three 743

まちがう ▶

▶ 「だれからだった？」「まちがい電話だよ」
"Who was it?" "It was the *wrong number*."

まちがう →まちがえる, まちがい

まちがえる 間違える

1 (ミスをする) **make a mistake** [ミステイク]
▶ 歴史のテストで2つまちがえた. I *made* two *mistakes* on the history exam.
▶ 道をまちがえちゃった. I *took the wrong* road.
▶ すみません. 番号をまちがえました. I'm sorry. I must *have the wrong* number.
まちがって by mistake
▶ あーあ, まちがってファイルを消しちゃったよ. Oh, shoot! I deleted a file *by mistake*.

2 (取りちがえる) **mistake** [**take**] ... **for**
▶ 私は小さいころ男の子とまちがえられた. I *was mistaken* [*taken*] *for* a boy when I was little.

まちがった 間違った wrong [ロ(ー)ンヶ]
(反 正しい right)
▶ それはまちがってると思うけど. I think that's *wrong*.

> 💬表現力
> …するのはまちがっている
> → It is wrong to ... .

▶ 自分の失敗を人のせいにするのはまちがってるよ. *It's wrong to* blame others for your failure.

まちどおしい 待ち遠しい **look forward** [フォーワド] **to**
▶ あなたにお会いするのが待ち遠しいです. I'*m looking forward to* seeing you.

まちぶせ 待ち伏せする **wait in ambush** [アンブッシ] (**for**)

マツ 松《植物》a **pine** [パイン] (**tree**)
松かさ a **pine cone** [コウン]

まつ 待つ

1 wait [ウェイト]; (待ち合わせる) **meet** [ミート]; (期待する) **expect** [イクスペクト]
▶ 少々お待ちください.
Wait a minute, please. / (電話で) *Hold on*, please.
▶ これ以上待ってもむだだよ.
There's no use *waiting* any longer.
▶ お待ちどおさま.
I hope I haven't kept you *waiting* a long time. →またせる
▶ それじゃ, 10時に駅で待ってるね.
Then I'll *meet* you at the station at ten.
▶ お待ちしておりました.
I'*ve been expecting* you.

> 💬表現力
> …を待つ → wait for ...

▶ きみはだれを待ってるの？
Who *are* you *waiting for*?

> 🗣スピーキング
> Ⓐ ちょっと待って.
> Wait for me.
> Ⓑ うん, でも急げよ.
> OK. Come on.

▶ 歳月(さいげつ)人を待たず.《ことわざ》
Time and tide *wait for* no man.

> 💬表現力
> ～が…するのを待つ
> → wait for ～ to ...

▶ 信号が青になるまで待ちなさい.
Stop and *wait for* the light *to* turn green.
▶ 私たちは飛行機が到着するのを待った.
We *waited for* the plane *to* arrive.

2 (楽しみに)**look forward**[フォーワド] **to**(▶ 後ろには名詞または動詞の -ing 形が続く)
▶ おたよりをお待ちしております.
I *look forward to* hearing from you.

> ✏ライティング
> お会いできるのを楽しみにお待ちしております.
> I'm looking forward to seeing you.

> × look forward to see you
>
> look forward to
> のあとは名詞か -ing
> 形がくる. 動詞の原形はこない.
>
> ○ look forward to seeing you

まっか 真っ赤(な) (deep) red [レッド]；(暗い赤) crimson [クリムズン]；(明るい赤) scarlet [スカーレット] →あか¹
▶ 先生はおこって真っ赤になっていた.
Our teacher was *red* with anger.

まっくら 真っ暗な quite [クワイト] dark, pitch-dark [ピチダーク]
▶ 外は真っ暗だった.
It was *pitch-dark* outside.

まっくろ 真っ黒(の) (deep) black [ブラック], pitch-black [ピチブラック] →くろ

まつげ eyelashes [アイラシィズ] (▶ふつう複数形で使う)
▶ 彼女はまつげが長い.
She has long *eyelashes*.
つけまつげ false eyelashes

マッサージ (a) massage [マサージ]
マッサージをする massage, give ... a massage
マッサージをしてもらう get a massage
▶ 肩がこっちゃった. マッサージしてくれる？
I've got stiff shoulders. Would you *give* me *a massage*?

まっさいちゅう 真っ最中 in the middle [ミドゥル] of ...

まっさお 真っ青(な) (deep) blue [ブルー], cobalt [コウボールト] blue；(顔色が) pale [ペイル], white [(フ)ワイト] →あお
▶ 空は真っ青だった.
The sky was *deep* [*cobalt*] *blue*.

まっさかさま 真っ逆さまに headlong [ヘドゥロ(ー)ング]

まっさき 真っ先に first [ファ～スト]

マッシュルーム a mushroom [マシュル(ー)ム]

まっしろ 真っ白(の) pure [ピュア] white, snow-white →しろ¹
▶ その男性の髪の毛は真っ白だ.
The man's hair is *snow-white*.

まっすぐ 真っすぐな, 真っすぐに

straight [ストゥレイト]
まっすぐにする straighten [ストゥレイトゥン]
▶ まっすぐな線を引きなさい.
Draw a *straight* line.
▶ まっすぐ家に帰っさなさいよ.
Come *straight* home.
▶ まっすぐ2つ目の信号まで行って, 右に曲がってください.

Go *straight* to the second light and turn right.
▶ 背筋をまっすぐ伸ばして.
Straighten your back.

まったく 全く

使い分け
(ほんとうに) → really
(まったく…ない) → not ... at all

1 (ほんとうに) really [リー(ア)リィ], just [ヂャスト], indeed [インディード]；(完全に) quite [クワイト], completely [コンプリートゥリィ]
▶ まったく許せない話だよ.
I *really* can't forgive that.
▶ お前はまったくこりないやつだな.
You *just* don't learn, do you?
▶ まったくそのとおりです.
That's *quite* true.

2 (まったく…ない) not ... at all
▶ そのことはまったく知らなかったよ.
I *didn't* know anything about it *at all*. / I knew *nothing* about it *at all*.

マッチ¹ a match [マッチ]
マッチをする strike a match, light a match

マッチ² (試合) a match [マッチ]
▶ タイトルマッチ
a title *match*
マッチポイント a match point

マット a mat [マット]
マット運動 mat exercises
マットレス a mattress [マトレス]

まつばづえ 松葉づえ a crutch [クラッチ] (▶複数形で使うことが多い)
▶ 松葉づえで歩く walk on *crutches*

まつり 祭り a festival [フェスティヴァル], (米) a fair [フェア]
▶ 祇園祭り
the Gion *Festival*
▶ 後の祭り. (ことわざ)

-まで

It's too late. / The damage is already done.

-まで

使い分け
- (期間) …までずっと → until, till
- (期限) …までに → by
- (場所) …まで → to
- (範囲) 〜から…まで → from 〜 to ...

1 (期間) (…までずっと) **until** [アンティル], **till** [ティル] (▶後ろには名詞か文が続く)
- 昨夜は12時まで勉強した. I studied *until* [*till*] midnight last night.
- 試合まであまり時間がない. We don't have much time *until* [*till*] the game.
- 準備ができるまで待ってくれる？ Could you wait *until* [*till*] I'm ready?
- いつまでこちらにいらっしゃるのですか. *How long* will you be staying here? (▶ Until when will you ...? としてもよい)

2 (期限) (…までに) **by** [バイ] (▶名詞が続く); (…するまで) **before** [ビフォー(ァ)], by the time (▶文が続く)
- この本，金曜までに返さないといけないんだ. I have to get this book back *by* Friday.
- お父さんが帰るまでにかたづけなさいよ. Put the things away *before* your Dad gets home. (▶ before のあとは未来のことでも現在形で表す)
- 家に着くまでにびしょぬれになっちゃうね We'll be soaked *by the time* we get home.

> **文法** until [till] と by
> 日本語に訳すと「…まで」と「…までに」の1字ちがいになるので，まちがえやすい.「その時までずっとある状態が続く」場合は **until** [**till**]，「その時までにある状態が完了する」場合は **by** を使う.

- 5時までずっと家にいます. I'll be home *until* five.
- 5時までに家に帰ります. I'll be home *by* five.

3 (場所) **to** [トゥー]
- 駅まで送るよ.

I'll take you *to* the station.
- 新幹線で名古屋まで行って，そこからバスに乗ります. Take a Shinkansen *to* Nagoya and then take a bus.

> **スピーキング**
> Ⓐ (タクシーで) どちらまで？
> Where to, sir [ma'am]?
> Ⓑ 東京駅まで.
> Tokyo Station, please.

4 (範囲) (〜から…まで) **from** [フラム] 〜 **to** [**through**] ... →-から
- 学校は月曜から金曜まである. We go to school *from* Monday *to* [*through*] Friday.
- スーパーは朝の10時から夜の9時までやっているよ. The supermarket is open *from* 10 a.m. *to* 9 p.m.
- ここから駅までどれくらいあるの？ *How far* is it *from* here *to* the station?

まと 的 (標的) a **mark** [マーク], a **target** [ターゲト]; (対象) an **object** [アブヂェクト]
- 矢は的に当たった. The arrow hit the *target* [*mark*].
- あこがれの的 an *object* of admiration

まど 窓

a **window** [ウィンドウ]
- 窓ぎわの席 (乗り物の) a *window* seat / (レストランで) a *window* table
- 窓を閉めて. Will you close the *window*?

> **スピーキング**
> Ⓐ この窓を開けてもかまいませんか. Do you mind if I open the window?
> Ⓑ ええ，どうぞ. No, go ahead.

- 窓が開けっぱなしだよ. You left the *window* open. (▶「leave ＋物＋形容詞」で「〜を…の状態にしておく」の意味)
- 窓ふきを手伝ってもらえる？ Could you help me clean the *windows*?
- 窓から雨が吹きこんでいるよ. The rain is coming through the *window*.

窓ガラス a window, a windowpane [ウィンドウペイン]
窓枠 a window frame [フレイム]
まとまり →まとめる
▶ 最初は,うちのチームはまとまりがなかった.
At first our team couldn't work well together.
まとまる (団結する) unite [ユーナイト], work well together [トゥゲザァ]; (考え・文章などが) be well organized [オーガナイズド]
▶ 文化祭に向けて,うちのクラスはよくまとまっていた.
Our class *worked well together* for the school festival.
▶ きみのレポート,よくまとまってるよ.
Your essay *is well organized*.
まとめ (要約) a summary [サマリィ]; (要点の) key points

まとめる
(集める) collect [コレクト], get [put] ... together [トゥゲザァ]; (まとまったものにする) organize [オーガナイズ]
▶ 5分で持ち物をまとめなさい.
You have five minutes to *collect* your things.
▶ この辺でみんなの意見をまとめましょう.
Now let's *put* our ideas *together*.
▶ クラスを1つにまとめるのはなかなかむずかしかった. It was pretty hard to *organize* the class.
マドリード (地名) Madrid [マドゥリッド]
マナー manners [マナァズ] (▶複数形で使う) →れいぎ
▶ 最近の子どもはマナーがなってない.
Children today have no *manners*.
マナーモード (携帯電話の) (a) silent mode, (a) vibrate mode, (a) vibration mode (▶ ×manner mode とはいわない)
▶ 携帯をマナーモードにした.
I set my cellphone to *silent mode*.
まないた a cutting board [カティング ボード]
まなつ 真夏 midsummer [ミドゥサマァ] →なつ

まなぶ 学ぶ →ならう, べんきょう
learn [ラ〜ン] (反 教える teach); (勉強する) study [スタディ]

teach　　　learn

…を勉強する　…を研究する
study

💬用法 **learn と study**
learn は勉強したり練習したり教わったりして「覚える,身につける」という意味で,学習の結果や成果に重点が置かれる.それに対して,**study** は努力して「勉強する,研究する」という意味で,学習の過程に重点が置かれる.

▶ 姉は高校でドイツ語を学んでいる.
My sister *is learning* [*studying*] German in high school.
▶ 兄は医学を学んでいる.
My brother *is studying* medicine.

💬表現力
〜を…から […で] 学ぶ
→ learn 〜 from ...

▶ 私は祖母からこのことを学んだ.
I *learned* this *from* my grandmother.
▶ 職場体験プログラムでいろいろなことを学んだ.
I've *learned* a lot *from* the work experience program.

💬表現力
…のしかたを学ぶ
→ learn (how) to ...

▶ ぼくはギターのひき方を学びたい.
I want to *learn* (*how*) *to* play the guitar.
マニア 《口語》a buff [バフ], 《口語》a

まにあう ▶

freak [フリーク]; (病的なほどの) a maniac [メイニアク] (▶英語の mania [メイニア] は「(異常な)熱狂」という意味で，日本語の「マニア」と異なり人を表さない)

▶ 勇樹はカーマニアだ．
Yuki is a car *buff*. / Yuki is *crazy about* cars.

まにあう 間に合う

1 (時間に) *be in time for*, *be on time for*; (乗り物に) *catch*, *make*
間に合わない（おくれる）*be late for*; (乗り物に) *miss*

catch

miss

▶ 急げばまだ間に合うよ．
If you hurry, you can still *be in time*.
▶ 映画の上映時間に間に合った．
We *were in [on] time for* the movie.
▶ しめきりに間に合ったの？
Did you *make* the deadline? (▶ make the deadline で「しめきりに間に合う」の意味)
▶ 1時間目の授業に間に合わなかったの？
Were you *late for* first period?
▶ 終バスに間に合わなかった．
I *missed* the last bus.

2 (役に立つ) *be useful* [ユースフル]; (足りる) *be enough* [イナフ]; (十分である) *do*
▶ 1000円あればたぶん間に合うよ．
One thousand yen will probably *be enough*.

マニキュア (マニキュア液) *nail polish* [ネイル パリシ]，《英》*nail varnish* [ヴァーニシ]; (手とつめの手入れ) (a) *manicure* [マニキュア]
マニキュアをぬる *do my nails*
マニキュアをつける *wear nail polish*

マニュアル a *manual* [マニュアル], a *handbook* [ハン(ド)ブク]

まぬけ 間抜けな *a fool* [フール] →ばか
まぬけな *foolish* [フーリシ]

まね (an) *imitation* [イミテイション]
まねる *copy* [カピィ], *imitate* [イミテイト]
▶ ぼくのまねをしないでよ．
Don't *copy* me.
▶ 翔太は担任の先生のまねがうまい．
Shota is good at *imitating* the homeroom teacher.
▶ ばかなまねはよしなさい．
Don't be a fool. / Don't be silly.

マネージャー a *manager* [マネヂャ]; (運動部の) a *caretaker* [ケアテイカ]
▶ 野球部のマネージャーは女の子だ．
The *caretaker* of our baseball team is a girl.

まねき 招き (an) *invitation* [インヴィテイション]
▶ お招きくださって，ありがとうございます．
Thank you for *inviting* me. / Thank you for your *invitation*.

マネキン (人形) a *mannequin* [マネキン] (▶フランス語から)

まねく 招く →しょうたい¹

1 (招待する) *invite* [インヴァイト]
▶ 私は春菜と友美を招いた．
I *invited* Haruna and Tomomi.

表現力
(人)を…に招く → invite ＋人＋ to ...

▶ ティムを夕食に招こうよ．
Let's *invite* Tim *to* dinner.
▶ 健のお誕生日会に招かれてるんだ．
Ken *invited* me *to* his birthday party.

2 (引き起こす) *cause* [コーズ], *lead* [リード] *to*, *bring* [ブリング] *about*
▶ 一瞬の不注意がその事故を招いた．
A moment's carelessness *caused* [*led to*] the accident.
▶ 彼は誤解を招くような発言をした．
He said something that *caused* people to misunderstand him.

まばたき a *blink* [ブリンク]; a *wink* [ウィンク]
まばたきする (無意識に) *blink*; (意識的に) *wink*

まばら まばらな *sparse* [スパース]
まひ *paralysis* [パラリスィス]
まひする *be paralyzed* [パラライズド], *be numb* [ナム]
▶ 彼女は腰から下がまひしている．
She *is paralyzed* below the waist.
▶ 寒さで手足がまひした．

◀ **まもる**

My hands and feet *were numb* with cold.
▶ 交通まひ a traffic *jam*
▶ 小児まひ polio [ポゥリオゥ]
▶ 心臓まひ (心不全) heart *failure*

まひる 真昼 midday [ミドゥデイ]
マフィン a muffin [マフィン]
まぶしい dazzling [ダズリング]
▶ まぶしい日の光 *dazzling* sunlight

まぶた an eyelid [アイリドゥ]
▶ 彼女は二重まぶただ.
 She has double *eyelids*. (▶「一重まぶた」なら single eyelids)

まふゆ 真冬 midwinter [ミドゥウィンタァ] → ふゆ

マフラー (えり巻き)a scarf [スカーフ];(車の)《米》a muffler [マフラァ],《英》a silencer [サイレンサァ]
▶ 外は寒いから，マフラーを巻いたら？
 It's cold outside. Why don't you put on your *scarf*?

まほう 魔法 magic [マヂク]
▶ まるで魔法みたいだね.
 It's like *magic*, isn't it?
▶ 魔女は少女に魔法をかけてネズミに変えた.
 The witch used *magic* over the girl and turned her into a mouse.
▶ 魔法の呪文 a *magic* spell
▶ 魔法のじゅうたん a *magic* carpet
 魔法使い (男) a wizard [ウィザドゥ];(女) a witch [ウィッチ]
 魔法びん 《米》a thermos [サ〜マス] (bottle),《英》a thermos flask [フラスク] (▶ thermos はもとは商標)

まぼろし 幻 a vision [ヴィジョン]
ママ mom [マム], mommy [マミィ] (▶ mom がもっとも一般的. 小さな子どもは mommy をよく使う) →おかあさん
▶「パパ,東京ディズニーランドに連れていって」「ママに頼んでごらん」
 "Dad, please take me to Tokyo Disneyland." "Ask *Mom*."

-まま →このまま，そのまま
▶ 電気はつけたままにしておいて.
 Leave the lights *on*.
▶ 服を着たまま寝てしまった.
 I fell asleep *with* my clothes *on*.
▶ このままずっと友だちでいたいね.
 I hope we'll *always* be friends.

ままごと playing house [プレイイング ハウス]
 ままごとをする play house
マムシ a pit viper [ピット ヴァイパァ]
マメ 豆《植物》a bean [ビーン];(エンドウなど) a pea [ピー]
▶ 節分に豆まきした？ Did you scatter *beans* on *Setsubun*?
 豆電球 a miniature bulb

---
①参考「豆」のいろいろ
エンドウ豆 **a pea** / インゲン **a string bean** / ソラマメ **a broad bean** / ダイズ **a soybean** / アズキ **an adzuki bean** / コーヒー豆 **a coffee bean**

まめ[1] (手・足の) a blister [ブリスタァ]
▶ 手のひらにまめができた.
 I've got a *blister* on the palm of my hand.

まめ[2]
▶ 父はまめにブログを更新する.
 My father updates his blog *regularly* [*frequently*].
▶ 兄は休日でもまめに働く.
 My brother works *hard* even on his days off.

まもなく 間もなく soon [スーン], before long →すぐ
▶ (車内アナウンスで) まもなく名古屋に到着します.
 We will *soon* be arriving at Nagoya.
▶ まもなく彼らは姿を見せた.
 Before long they showed up.

まもり 守り defense [ディフェンス]

まもる 守る

使い分け
(約束などを) → keep
(規則などを) → obey
(保護する) → protect

1 (約束などを) keep [キープ];(規則などを) obey [オベイ]
▶ 何があっても約束を守ってよ.
 Keep your promise no matter what.
▶ ほんとうに秘密を守れるの？ Are you sure you can *keep* a secret?
▶ 最近校則を守らない生徒がいる.
 There are students who don't *obey*

seven hundred and forty-nine　749

まゆ[1]

the school rules these days.
▶ これからは時間を守るようにするよ．
I'll *be on time* from now on. / I'll *be punctual* from now on.

2 (危険などから) defend [ディフェンド]；(保護する) protect [プロテクト]

> 📘 表現力
> (人など) を…から守る
> → defend [protect] ＋人など＋ from ...

▶ その犬は主人を危険から守った．
The dog *defended* [*protected*] his master *from* danger.

> 🔖 プレゼン
> 自然環境を守るために私たちに何ができるでしょうか．
> What can we do to protect our environment?

まゆ[1] 眉 (まゆ毛) an eyebrow [アイブラウ] (発音注意) (▶複数形で使うことが多い)
▶ 父は，まゆがこい．
My father has thick *eyebrows*. (▶「うすい」なら thick のかわりに thin を使う)

まゆ[2] 繭 a cocoon [コクーン]

まよう 迷う

1 (道に) get lost [ロ(ー)スト]；(迷っている) be lost
▶ 道に迷ったらすぐに電話するのよ．
If you *get lost*, call me right away.
▶ 道に迷ったみたいだね．
I think we're *lost*.

2 (困る) be at a loss [ロ(ー)ス]
▶ (どれにするか) 迷っちゃうな (→決められない)．I just *can't decide*.
▶ どの学校が自分にいちばんいいか迷ってるんだ．I'm *at a loss* as to which school is the best for me.
▶ 父の誕生日に何を買ってあげたらいいか迷っちゃう．I *don't know* what to buy for my father's birthday.

まよなか 真夜中に in the middle [ミドゥル] of (the) night (▶ at midnight は「深夜０時」の意味)
▶ 真夜中に何度も目が覚めた．
I kept waking up *in the middle of the night*.

マヨネーズ mayonnaise [メイオネイズ] (発音注意) (▶フランス語から)

マラソン a marathon (race) [マラサン (レイス)] (発音注意)
▶ マラソンをする run a *marathon*
マラソンランナー a marathon runner

まり (ボール) a ball [ボール]
▶ まりつきをする bounce a *ball*

マリンバ 《楽器》a marimba [マリンバ]

まる 丸 a circle [サ～クル]
▶ 二重丸 a double *circle*
▶ 正解を丸で囲みなさい．
Circle the correct answer.
▶ ○か×をつけなさい．Put a *circle* or an ×. (▶この×は [エックス] と読む)
○×式テスト a true-false test

まる- 丸… good [グッド] ...，full [フル] ...
▶ その宿題をするのにまる３時間もかかった．
It took me a *good* [*full*] three hours to finish the homework.

まるい 丸い，円い

round [ラウンド]；(円形の) circular [サ～キュラァ]
▶ 私は顔が丸い．I have a *round* face.
▶ 部屋の真ん中に円いテーブルがあった．
There was a *round* [*circular*] table in the center of the room.
▶ 円く輪になって．Form a *circle*.

まるがり 丸刈り close-cropped hair
まるた 丸太 a log [ロ(ー)グ]
丸太小屋 a log cabin [キャビン]

まるで 1 (まるで…のように) just [ヂャスト] like；as if (▶文が続く)
▶ それはまるで夢のようだった．
It was *just like* a dream.
▶ まるで何でも知っているみたいに話すのはやめてよ．I don't like it when you talk *as if* you know [knew] everything. (▶ as if のあとには話しことばでは現在形，書きことばでは過去形を使うことが多い)

2 (まったく) completely [コンプリートゥリィ]；(まったく…ない) not ... at all →まったく
▶ 結果は予想していたものとはまるでちがっていた．
The results were *completely* different from what was expected.
▶ 何が何だかまるでわからないよ．
I have *no* idea *at all*.

◀ **まんかい**

まるめる 丸める roll [ロウル] up
まれ まれな rare [レア]
▶ これはかなりまれなケースだと思います．
I think this is a rather *rare* case.
マレーシア Malaysia [マレイジァ]

まわす 回す

1 (回転させる) turn [ターン]; (こまなどを) spin [スピン]
▶ 私はかぎを右にまわした．
I *turned* the key to the right.
▶ 弟はこまをまわすのが得意だ．
My brother is good at *spinning* a top.
2 (わたす) pass [パス]
▶ プリントを1枚ずつとって後ろにまわしてください．Take one copy and *pass* the rest back.

> 🗨 スピーキング
> Ⓐ 塩をこちらにまわしてください．
> Pass me the salt, please.
> Ⓑ はい，どうぞ．
> All right. Here you are.

まわり 回りに，周りに

(…のまわりに) around [アラウンド] ...
▶ ぼくらはコーチのまわりにすわった．
We sat *around* the coach.
▶ うちのまわりにはお店が多い．
There're a lot of stores *around* us.
▶ まわりの人に相談してみたら？
Maybe you should talk to people *around* you.
まわり道 the long way, a roundabout way, a detour [ディートゥァ]
▶ まわり道をして学校から家に帰った．
I took *the long way* home from school.

「まわり道」の標識．

まわる 回る

turn [ターン]; (…のまわりをまわる) go around, revolve around
▶ 天井の扇風機がまわっていた．
A ceiling fan *was turning*.
▶ 月は地球のまわりをまわっている．
The moon *goes* [*revolves*] *around* the earth.
▶ 急がばまわれ．《ことわざ》
Make haste slowly.

まん 万，一万(の) →かず(表)

ten thousand [サウザンド]
▶ 2万 twenty thousand (▶ twenty ˣthousands としない)
▶ 30万 three hundred thousand
▶ 500万 five million
▶ 「いくらですか」「2万5千円です」
"How much is it?" "It's twenty-five thousand yen."
まんいち 万一 (just) in case [ケイス]
▶ 万一行けないときは電話します．(*Just*) *in case* I can't come, I'll call you.
▶ 万一緊急の場合には
in case of emergency
まんいん 満員の full [フル] (of)
▶ 球場は観客で満員だった．
The stadium *was full of* spectators.
満員電車 an overcrowded [オウヴァクラウディド] train
まんえん まん延する spread [スプレッド]
▶ ウイルスは急速に世界中にまん延した．
The virus *spread* rapidly throughout the world.
まんが 漫画 a comic (book) [カミク(ブク)], manga (▶ いまでは英語化している); (こま続きの) a comic strip [ストゥリップ]; (1こま) a cartoon [カートゥーン]
▶ 漫画をかくのが好きだ．
I like drawing *comics* [*cartoons*].
▶ きみ，こんなに漫画本を持ってるんだ．
You have so many *comic books*.
▶ 漫画ばっかり読んでないでもうちょっと勉強したら？ Why don't you study a bit more instead of reading *comics* all the time?
漫画家 a cartoonist [カートゥーニスト]
まんかい 満開で in full bloom [フル ブルーム]

seven hundred and fifty-one 751

まんげつ ▶

▶ 桜の花が満開です.
Cherry blossoms are *in full bloom*.

まんげつ 満月 a full moon[フル ムーン](▶「新月」は a new moon)

▶ 今夜は満月です.
We have a *full moon* tonight.

マンゴー a mango [マンゴウ]

まんじゅう a steamed bun stuffed with sweet bean jam

マンション (分譲の) 《米》a condominium [カンドミーニアム], 《米口語》a condo [カンドゥ]; (賃貸の)《米》an apartment [アパートゥメント] (house), 《英》a flat [フラット]

▶ うちはマンションに住んでます.
We live in a *condo*.

▶ ワンルームマンション
《米》a studio *apartment* / an efficiency *apartment*

💬用法 「マンション」と mansion
英語の mansion は貴族や大金持ちの広い庭つきの「大邸宅」をいう. 日本でいう「マンション」は, 賃貸式の場合は apartment (house), 分譲式のときは condominium, 略して condo という.

ビバリーヒルズの mansion.

まんせい 慢性の chronic [クラニク]

まんぞく 満足

satisfaction [サティスファクション]
満足する be happy [ハピィ], be satisfied [サティスファイド], be pleased [プリーズド]
満足な satisfactory [サティスファクトリィ]

💬表現力
…に満足している
→ be happy with … /
be satisfied with … /
be pleased with …

▶ 学校生活に満足してる？
Are you *happy with* your school life?

▶ ぼくは期末テストの結果に満足している.
I'*m happy* [*satisfied*] *with* my final exam results.

▶ 私は新しいドレスに満足している.
I am *pleased with* my new dress.

▶ トーナメントに優勝できてとても満足だ.
I'*m* really *happy* (*that*) I won the tournament.

まんちょう 満潮 high tide [ハイタイド]

マンツーマン マンツーマンの one-to-one [ワントゥワン]

まんてん 満点 《米》a perfect score, 《英》full marks

▶ 英語のテストで満点をとった.
I got a *perfect score* on the English exam.

マンドリン 《楽器》a mandolin [マンドリン]

▶ マンドリンをひく play the *mandolin*

まんなか 真ん中 the middle [ミドゥル]; (中心) the center [センタァ]

▶ 道の真ん中に男の子が立っていた.
There was a boy standing in *the middle* of the street.

▶ うちの学校は町の真ん中にある.
Our school is in *the middle* [*center*] of the city.

マンネリ a rut [ラット]; (型にはまったもの) a stereotype [ステリオタイプ]
マンネリ化する be (stuck) in a rut
マンネリ化した stereotyped

まんねんひつ 万年筆 a (fountain) pen [(ファウンテ(イ)ン) ペン]

まんびき 万引き shoplifting [シャプリフティング]; (人) a shoplifter
万引きする shoplift

まんぷく 満腹

▶ もう満腹です.
I'm *full*. / I'm *stuffed*.

マンホール a manhole [マンホウル]

まんまえ 真ん前に just in front [フラント] of …

マンモス a mammoth [マモス]

まんるい 《野球》満塁

▶ 2アウト満塁
with the bases full and two outs
満塁ホームラン a grand slam

◀ **みえる**

み ミ み ミ み ミ

み[1] 実 (果実) (a) fruit [フルート]; (木の実) a nut [ナット]; (イチゴなどの) a berry [ベリィ]
▶ そのモモの木には，毎年たくさん実がなります．
The peach tree bears a lot of *fruit* every year.
▶ きみの努力はきっと実を結ぶよ．
I'm sure your efforts will bear *fruit*.

み[2] 身 (からだ) a body [バディ], *my* body; (立場) *my* place [プレイス]
▶ もっと身をかがめて．
Bend your *body* more.
▶ ぼくの身にもなってよ．
Put yourself in my *place*.

日本語NAVI
身にしみる ☞①体にこたえる ②深く感じる
→①こたえる[2] ②ふかい[1], かんじる
身につく ☞習得する
→しゅうとく，おぼえる，ならう
身を粉にする ☞苦労をいやがらず一生けんめいに働く
→いっしょうけんめい，はたらく
身をもって ☞他者にたよらず，自分で
→じぶん

みあい 見合い an arranged meeting for marriage
▶ 姉は今日お見合いだ．
My sister is going to an *arranged meeting for marriage*.
見合い結婚 an arranged marriage

みあげる 見上げる look up (at)
▶ 空を見上げると満月だった．
I *looked up at* the sky and saw a full moon.

みいだす 見出す find [ファインド] →みつける

ミーティング a meeting [ミーティング]
▶ 4時からミーティングだよ．
We have a *meeting* at four (o'clock).

ミート (肉) meat [ミート]
ミートソース meat sauce
ミートパイ a meat pie [パイ]
ミートボール a meatball

ミイラ a mummy [マミィ]
みうごき 身動きする move [ムーヴ]
みうしなう 見失う lose sight [サイト] of
▶ ぼくは球場の人ごみで友人を見失った．
I *lost sight of* my friend in the crowded stadium.

みうち 身内 (家族) family [ファミリィ], (親せき) relatives [レラティヴズ]

みえ 見え (見せびらかし) show [ショウ]
見えを張る show off
▶ それは単なる見えだよ．
That's just for *show*.
▶ 彼はほんと見えっ張りだよね．
He really likes to *show off*, doesn't he?

みえる 見える

使い分け
(見ることができる) → can see
(目に入る) → see
(…そうに見える) → look

1 (見ることができる) 《人が主語で》can see [スィー]; 《物が主語で》can be seen; (はっきりと) be clear [クリア]
▶ 夜でも目の見える鳥がいる．
Some birds *can see* at night.
▶ うちの学校から富士山が見える．
We *can see* Mt. Fuji from our school.
▶ 印刷が見えにくい．
The print *isn't clear*. / The print *is unclear*.

2 (目に入る) see; (見えてくる) come in sight [サイト] of

表現力
(人) が…するのが見える
→ see ＋人＋動詞の原形

▶ トムが部屋に入るのが見えた．
I *saw* Tom enter the room.
▶ 子どもたちがボール遊びをしているのが窓から見えた．

seven hundred and fifty-three 753

みおくり ▶

Through the window, I *saw* some children playing with a ball. (▶「see ＋人＋ -ing」で「〜が…しているのを見る」の意味)

▶ ついに山頂が見えてきた.
At last, the top of the mountain *came in sight*.

3 (…のように見える)《形容詞が続くとき》**look** [ルック]；《名詞が続くとき》**look like**

💬表現力
…のように見える
→ **look ... / look like ...**

▶ めがねをかけるとかしこそうに見えるよ.
You *look* smart when you wear glasses.

▶ 彼はそんな悪いやつには見えないよ.
He doesn't *look like* such a bad guy.

4 (「来る」の尊敬語)

💬スピーキング
🅐 ご面会の方がお見えです.
There's someone to see you.
🅑 どなた？
Who is it?

みおくり 見送り →みおくる
みおくる 見送る **see off ...**
▶ 祖父母を見送りに空港まで行ってきたところなんだ.
I've been to the airport to *see off* my grandparents.

みおとす 見落とす **miss** [ミス], **overlook** [オウヴァルック]
▶ いくつかのまちがいを見落とした.
I *missed* several mistakes.

みおぼえ 見覚えがある **remember** [リメンバァ] **seeing**
▶ 私は彼女の顔に見覚えがあります.
I *remember seeing* her face.

みおろす 見下ろす **look down**《**at**》
▶ 展望台から湖を見下ろした.
We *looked down at* the lake from the observation deck.

みかいけつ 未解決の **unsolved** [アンサルヴド]
みかく 味覚 **the taste** [テイスト]
みがく 磨く **1** (光らせる) **polish** [パリシ]；(ブラシで) **brush** [ブラッシ]

polish

brush

▶ 歯はみがいたの？
Did you *brush* your teeth?
▶ くつをみがく
polish my shoes / *shine* my shoes

2 (向上させる) **improve** [インプルーヴ]
▶ もっと腕をみがきなさい.
Improve your skills.
▶ 彼女は英語力をみがくため留学した.
She studied abroad to *improve* her English.

みかけ 見かけ **a look** [ルック], **an appearance** [アピ(ア)ランス]
みかける 見かける **see** [スィー]
みかた¹ 味方 **a friend** [フレンド] (反 敵 enemy)
味方する be on *my* **side, stand by**
▶ ぼくはいつもきみの味方だよ.
I'm always *on your side*.

みかた² 見方 **a viewpoint** [ヴューポイント]
▶ 彼は異なる見方をもっている.
He has a different *viewpoint*.

みかづき 三日月 **a crescent (moon)** [クレセント (ムーン)]；(新月) **a new moon**
ミカン 《植物》**a mikan** (▶英語化している), **a Japanese mandarin orange**
みかんせい 未完成の **unfinished** [アンフィニシト], **incomplete** [インコンプリート]
みき 幹 (木の) **a trunk** [トゥランク]

みぎ 右

(**the**) **right** [ライト] (反 左 **left**)
右の right
右に,右へ right

▶ 右の足が痛い. My *right* leg hurts.
▶ 最初の角を右に曲がって.
Turn *right* at the first corner.
▶ 銀行は次のブロックの右側にあるよ.
The bank is in the next block on your *right*.
▶ 由美の右にいる少年はだれですか.
Who is the boy on Yumi's *right*?
▶ 右側通行《掲示》**Keep Right**

◀ **みしらぬ**

「右側通行」の標識.

みぎきき 右きき(人) a right-hander [ライトゥハンダァ] (反 左きき left-hander)
右ききの right-handed
▶ 私は右ききだ.
I'm *right-handed*. / I'm a *right-hander*.
ミキサー (ジュース用) a blender [ブレンダァ]；(クリームや小麦粉・バターなどをあわ立てる) a food mixer [ミクサァ]
ミキサー車 a concrete mixer truck
みぐるしい 見苦しい shameless [シェイムレス]
▶ そんなことして見苦しいよ.
That's *mean*.
みけねこ 三毛猫 a calico [キャリコゥ] cat, a tortoiseshell [トータスシェル] cat
みこし a portable [ポータブル] Shinto shrine [シライン]
▶ みこしをかつぐ
carry a *portable Shinto shrine* on my shoulder

みごと 見事な

(すばらしい) great [グレイト], wonderful [ワンダフル]
▶ みごとだね. *Great! / Wonderful!*
▶ みごとなバラが咲いた.
The *beautiful* roses came out.
▶ 千晶にみごとにふられちゃったよ.
Chiaki turned me down *flat*.
みこみ 見込み (可能性) (a) chance [チャンス]；(望み) (a) hope [ホウプ]
見こみがある promising [プラミシング]
▶ ぼくらが勝つ見こみはじゅうぶんある.
We have a good *chance* of winning.
▶ テストに合格する見こみはほとんどない.
There is little *chance* [*hope*] of passing the test.
▶ その子は見こみがある.

The boy [girl] is *promising*.
みこんの 未婚の unmarried [アンマリド]；(独身の) single [スィングル]
▶ 未婚の母 a *single* mother (▶ an unmarried mother よりも好まれる言い方)
ミサ (a) Mass [マス]
ミサイル a missile [ミスィル]
▶ ミサイルを発射する launch a *missile*
みさき 岬 a cape [ケイプ]
▶ 知床岬 *Cape* Shiretoko (▶ 岬の名称には the をつけない)

みじかい 短い

short [ショート] (反 長い long)

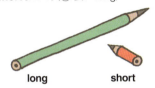

long　　　　short

▶ そでが短すぎるよ.
The sleeves are too *short*.
▶ 真央は髪を短くした.
Mao had her hair cut *short*. (▶ 「have +物+過去分詞」で「～を…してもらう」の意味)
▶ 短い滞在だったけど，楽しかった.
It was a *short* stay but an enjoyable one.
▶ 日が短くなってきた.
The days are getting *shorter*.
短くする shorten [ショートゥン]
みじめ 惨めな miserable [ミゼラブル]
▶ 試験に失敗してみじめだった.
I failed the exam and felt *miserable*.
みじゅく 未熟な (子どもっぽい) immature [イマテュア]；(経験不足の) inexperienced [イニクスピ(ア)リエンスト]；(技術が) unskilled；(果物が) unripe
▶ 息子はやることがまだ未熟だ.
Our son is still *immature*.
みしらぬ 見知らぬ strange [ストゥレインヂ]
見知らぬ人 a stranger
▶ いつの日か見知らぬ国を旅してまわりたい.
Someday I'd like to travel around *strange* countries.
▶ 見知らぬ人に話しかけられた.

seven hundred and fifty-five　755

ミシン

A *stranger* spoke to me.
ミシン a sewing machine[ソウイング マシーン]

ミス¹ a mistake [ミステイク]；(重大な) an error [エラァ] →まちがい
　ミスをする make a mistake →まちがえる

ミス² (未婚さん，女性の敬称) Miss [ミス]
▶ ミスユニバース *Miss* Universe

みず 水

water [ウォータァ]；(お湯と区別して) cold water (対 湯 hot water) (▶英語では前後関係ではっきりしているときは「水」も「お湯」も water という)
　水をまく water, give ... some water
▶ 水を1ぱいもらえますか．
　Can I have a glass of *water*? (▶ Can の代わりに Could でもよい)

> 🗣 スピーキング
> Ⓐ すみません，水を1ぱいください．
> 　Excuse me, may I have a glass of water?
> Ⓑ かしこまりました．
> 　Yes, sir [ma'am].

▶ 水を出しっぱなしだよ．
　The *water* is running.
▶ テーブルに水をこぼしちゃった．
　I spilled *water* on the table.
▶ 忘れないで庭の水やりしてね．
　Make sure you *water* the garden.
▶ この国では今，水が不足している．
　This country is suffering from a *water* shortage. (▶ suffer from ... は「…に苦しむ」の意味)
　水鉄砲 a squirt [スクワ~ト] (gun), a water pistol
　水飲み場 a drinking fountain
みずいろ 水色 light blue [ライトブルー] →あお

みずうみ 湖

a lake [レイク]
▶ 琵琶湖 *Lake* Biwa (▶湖の名称には the をつけない)
▶ 湖で泳ぎを楽しんだ．
　We enjoyed swimming in the *lake*. (▶水泳やつりをするときには in the lake を使う)
▶ 湖にはたくさんのヨットが出ていた．
　There were a lot of sailboats sailing on the *lake*. (▶船などが水上を走るときは on the lake という)

みずがめざ 水がめ座 the Water Bearer [ベ(ア)ラァ], Aquarius[アクウェ(ア)リアス] →せいざ (表)
みずぎ 水着 a swimsuit [スウィムスート], a bathing suit [ベイズィング スート]；(ワンピースの) a one-piece swimsuit；(ビキニの) a bikini [ビキーニ]；(男性用の) swimming trunks [トゥランクス] (▶複数あつかい)
みずくさ 水草 a water plant [プラント]
みずくさい
▶ 水くさいなあ．
　(遠慮しないで) Don't be so polite. / (友だちじゃないか) We're friends, aren't we?
ミスター (男性の敬称) Mr. [ミスタァ]
みずたまもよう 水玉模様 polka dots [ポウルカ ダッツ]
みずたまり 水たまり a puddle [パドゥル], a pool [プール]
ミステリー (神秘)(a) mystery[ミステリィ]；(小説) a mystery (story)
みすてる 見捨てる leave [リーヴ]；(家族などを) abandon [アバンドン], desert [ディザ~ト]
みずとり 水鳥 a water bird [バ~ド]
みずびたし 水浸しになる be flooded[フラディド]
▶ 大雨のせいで床が水びたしになった．
　The floor *was flooded* due to the heavy rain.
みずぶくれ 水膨れ a blister [ブリスタァ]
▶ 手のやけどが水ぶくれになった．
　The burn on my hand *blistered*.
みすぼらしい
▶ 彼はみすぼらしい身なりをしていた．
　He was *poorly* dressed.

みせ 店

(米) a store [スト~(ァ)], (英) a shop [シャップ]
▶ その店は何時に閉まるの？
　What time does the *store* close? (▶ What time の代わりに When でもよい)
▶ その店は何時から何時までやってるの？

◀ - みたい

What hours is the *store* open?

参考 さまざまな店の名前
家具店 a furniture store
喫茶店 a coffee shop, a café
薬局 a pharmacy, a drugstore
果物店 a fruit store
くつ店 a shoe store
クリーニング店 a (dry) cleaners
ケーキ店 a pastry shop
化粧品店 a cosmetic shop
コンビニ（エンスストア）
　a convenience store
鮮魚店 a fish store
酒店 a liquor store
スーパー（マーケット）a supermarket,
　《米》a grocery store
デパート a department store
電器店 an electrical appliance
　store
精肉店 a meat shop,
　　　　 a butcher shop
売店《駅などの》a kiosk
生花店 a flower store [shop]
パン店 a bakery
美容院 a beauty parlor [shop]
文房具店 a stationery store
ペットショップ a pet store [shop]
書店《米》a bookstore,
　　　《英》a bookshop
青果店 a vegetable store
理髪店《米》a barbershop,
　　　《英》a barber's (shop)
レストラン, 料理店 a restaurant

みせいねん 未成年である be underage
未成年者 a minor [マイナァ]
ミセス（既婚女性の敬称）Mrs. [ミスィズ]
みせびらかす 見せびらかす show off
▶ 新しいスマホをみんなに見せびらかした.
　I *showed off* my new smartphone to everyone.
みせもの 見せ物 a show [ショウ]

みせる 見せる

show [ショウ]
▶ パスポートを見せてください.
　Show me your passport, please.

▶ メニューを見せてください.
　Can I *see* the menu?
▶ ノート, 見せてもらえない？
　Could I *see* your notes?

表現力
（人）に（物）を見せる
→ show ＋人＋物 /
　show ＋物＋ to ＋人

▶ （店で）ほかのを見せてください.
　Can you *show* me another one?
▶ おもしろいものを見せてあげるよ.
　I'll *show* you something interesting.
▶ この切符を入り口の人に見せてください.
　Please *show* this ticket *to* the man at the gate.
▶ それらを今度見せてあげるね.
　I'll *show* them *to* you sometime.（▶「物」が代名詞のときは「show ＋物＋ to ＋人」の順になる）

みそ 味噌 miso, soybean paste [ソイビーン ペイスト]
みそ汁 miso soup [スープ]
みぞ a ditch [ディッチ], a gutter [ガタァ]
みそこなう 見損なう（見誤る）misjudge [ミスヂャッヂ];（見のがす）miss [ミス];（失望する）be disappointed [ディサポインティド] (in)
▶ 私は健太を見損なっていた.
　I *have misjudged* Kenta.
▶ きのうの晩の最終回, 見損なったよ.
　I *missed* the last episode last night.
▶ きみを見損なったよ.
　I'm *disappointed in* you.
みぞれ sleet [スリート]
▶ みぞれが降っていた.
　It *was sleeting*.
-みたい（…のように見える）《形容詞が続くとき》look [ルック];《名詞・文が続くとき》look like [ライク];（…のように思える）seem [スィーム] →みえる, -よう¹
▶ ここはぼくにとって第二のふるさとみたいな場所だ.
　This place is *like* a second home to me.
▶ 今夜は雨みたいだね.
　It *looks like* it's going to rain tonight.
▶ この置き時計, こわれているみたい.
　This clock *seems* to be broken.

みだし ▶

- なんだか夢みたい.
 It's just *like* a dream.
- ぼくたちは兄弟みたいにいっしょに育った.
 We grew up together *like* brothers.
- あなたはまるで何でも知っているみたいね.
 You look *as if* you knew everything. →まるで
- きみみたいに頭がよければなあ.
 I wish I was [were] *as* smart *as* you. (▶《口語》では was, 書きことばでは were)

みだし 見出し (新聞などの) a headline [ヘドゥライン]

見出し語 (辞書などの) a headword, an entry (word)

みだしなみ 身だしなみ
- 身だしなみにはもっと気をつけなさい.
 Pay more attention to your *appearance*.
- 由美はいつも身だしなみがいい.
 Yumi *is* always *neatly dressed*.

みたす 満たす fill [フィル];(条件などを) meet [ミート]
- バケツに水をいっぱい満たしてくれる?
 Would you *fill* (up) the bucket with water?

みだす 乱す disturb [ディスターブ]
- 私たちの平和な暮らしを乱さないで.
 Don't *disturb* our peaceful life.

みだれる 乱れる be mixed up, be in disorder [ディスオーダァ]
- 服装が乱れてるぞ!
 Your clothes *are a mess*!
- 地震のため鉄道の便が乱れた.
 The train services *were disrupted* because of the earthquake.

みち¹ 道

1 a road [ロウド];(街中の) a street [ストゥリート];(…への道) a way [ウェイ] 《to》;(小道) a path [パス]
- この道を行くと駅に出ます.
 This *street* goes [leads] to the station.
- 思ったほど道はこんでなかったよ.
 The *roads* weren't as crowded as I expected.
- すみません. 市立図書館に行く道を教えてもらえますか.
 Excuse me, but could you tell me the *way to* the city library?
- 私たち, 道をまちがえているんじゃない (→ちがう道を行ってるんじゃない)?
 Probably we're going the wrong *way*.
- 学校からの帰り道で彩奈に会った.
 I saw Ayana on my *way* back from school. →とちゅう

🗣 スピーキング

①道順をきくとき

🅐 すみませんが, 横浜アリーナへ行く道を教えてください.
 Excuse me, could you tell me the way to Yokohama Arena?

🅑 ええ. 次の角を右に曲がった左側です.
 Sure. Turn right at the next corner and you'll see it on your left.

②距離や時間をきくとき

🅐 そのデパートまでどのくらいかしら.
 How far is it to the department store?

🅑 ここから1キロほどです.
 It's about one kilometer from here.

🅐 そこまでどのくらいかかりますか.
 How long will it take to get there?

🅑 バスで10分くらいです.
 It'll take about ten minutes by bus.

(▶距離をたずねるときは How far, 時間をたずねるときは How long を使う)

③交通手段をきくとき

🅐 箱根にはどう行くのがいちばんいい?
 What's the best way to get to Hakone?

🅑 地下鉄で新宿駅に出て小田急線に乗りかえる. それがいちばんさ.
 Take the subway to Shinjuku, then change to the Odakyu Line. That's the best way.

道案内　Showing the Way

イラスト：大管雅晴

カプセルトイ店への道順を外国人観光客に教えよう。
Show the foreign tourist the way to the capsule toy store.

● 日本語がわからない観光客に、地図でカプセルトイ店までの道順を案内しましょう。

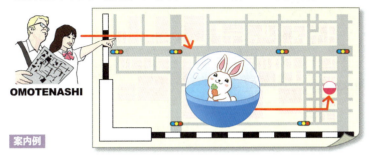

案内例

- あの…。すみません。
- はい。
- このカプセルトイ店**までの道を教えていただけませんか**。
- いいですよ。えーっと。**今ここにいます**ので、まず、この道を先に進んで、２番目の信号を**右に曲がって**ください。そして**２ブロックさらに進んで**、また右に曲がってください。**左側に**お店が見つかりますよ。
- ありがとうございます。
- どういたしまして。楽しんでください。

- Ah.... Excuse me.
- Yes.
- **Could you show me the way to** this capsule toy store?
- Sure. Let me see....
  Now we are here. First walk down this street and **turn right** at the second traffic light. Then **go two more blocks** and turn right again.
  You'll find the store **on the left**.
- Thank you.
- You're welcome. Enjoy your time!

外国人にも人気！カプセルトイ

日本ではカプセルトイの店舗が**ますます増えていて**、1000台以上のカプセルトイのある店舗もあります。そこには**日本人だけでなく外国人観光客も**訪れています。ミニフィギュアなどの小さいけれど精巧な品々はよいおみやげとなるのです。カプセルトイが設置されている空港や駅もあります。

In Japan, **there are more and more** capsule toy stores, and some of them have more than 1,000 capsule toy machines. **Not only Japanese people but also foreign tourists** visit them. Small but *elaborate items, such as mini figurines, can make good souvenirs for them. Capsule toy machines are also installed in some airports and stations.

* elaborate [ilǽb(ə)ret イラボレト] 精巧な

seven hundred and fifty-nine　759

みち²

> **用法** road と street と path と way
> 車の通れるような道は **road** で, ふつう都市と都市を結ぶ道路をさす. 両側に建物や商店が立ち並ぶ市内の通りが **street**. 野原や公園の車が通らない小道は **path**. **way** は道路というより, ある場所から別の場所へ「至る道」をさす.

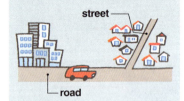

2 (比ゆ的に)
▶ 優勝への道は険しい. There is no easy *road* [*way*] to victory.
▶ これが私の生きる道なんだ. This is the *way* I live.
道案内する show ... the way
道順 a route [ルート], a course [コース]
道しるべ a signpost [サインポウスト]
道のり →きょり
道ばたで,道ばたに by the roadside [ロウドサイド]

みち² 未知の unknown [アンノウン]; (見知らぬ) strange [ストゥレインヂ] →みしらぬ
▶ 地球上に未知の島はなくなった. There are no *unknown* islands left on the earth.
▶ パナマは私にとって未知の国です. I *don't know anything* about Panama.

みちがえる 見違える
▶ きみ, 見違えたね. I *hardly recognized* you.

みぢかな 身近な
▶ 身近な人(たち) people *around* me [you]

みちくさ 道草する (立ち寄る) stop [スタッブ] by (at)

みちびく 導く lead [リード]

みちる 満ちる (…でいっぱいである) be full [フル] (of), be filled (with)
▶ 潮が満ちてきたよ. The tide *is coming in*. (▶「潮が引く」ならば go out)

みつ 蜜 (ハチの) honey [ハニィ]

みつあみ 三つ編み (米) braids [ブレイヅ], (英) plaits [プレイツ] (▶ともに複数形で使う)
▶ 髪を三つ編みにする *braid my* hair / wear *my* hair in *braids* / have *my* hair in *braids*

みっか 三日 (日付) third [サ〜ド]; (日数) three days
▶ 1月3日 January (the) *third*

みつかる 見つかる (さがし物などが) can find (▶見つける人が主語); (悪いことをして) get found out
▶ 「どうしたの?」「さいふが見つからないんだ」"What's the matter?" "I *can't find* my wallet."
▶ もし見つかったらどうするつもり? What if you *get found out*?

ミッキー・マウス Mickey Mouse [ミキィマウス]

ミックス ミックスする mix [ミックス]
ミックスジュース mixed juice [ヂュース]

みつける 見つける

find [ファインド], find out; (発見する) discover [ディスカヴァ]
▶ もし私の辞書を見つけたら教えてね. If you *find* my dictionary, please tell me.
▶ 彼は簡単にやせられる方法を見つけたって言ってるけど, 疑わしいね. He says he *found* an easy way to lose weight, but I doubt it.
▶ ニュートンは万有引力の法則を見つけた. Newton *discovered* the law of universal gravitation.

みっしゅう 密集する be close together [クロウス トゥゲザァ]
▶ せまい部屋に多くの人が密集していた. A lot of people *were close together* in a small room.

ミッションスクール a Christian school [クリスチャン スクール] (▶英語の mission school は布教の使命をもった学校)

みっせつ 密接な close [クロウス] (発音注意)

みっつ 三つ three [スリー] →さん¹

ミット (野球) a (baseball) mitt [ミット]

みつど 密度 density [デンスィティ]

◀ **みなみ**

> ✎ ライティング
> 東京の人口密度はとても高い．
> The population density of Tokyo is very high.

みっともない（ぶかっこうな）ugly [アグリィ]；（はずかしい）shameful [シェイムフル]
▶ そんなことをしてみっともないと思いませんか．Aren't you *ashamed* of doing such a thing?
ミツバチ（虫）a honeybee [ハニビー]
みつめる 見つめる stare [ステア]（at）
▶ そんなにじろじろ見つめるなよ．Don't *stare at* me like that.
みつもる 見積もる estimate [エスティメイト]
みつりょう 密漁 poaching [ポウチング]
みつりん 密林 a jungle [ヂャングル]
みてい 未定の not decided [ディサイディド], undecided [アンディサイディド]
▶ 日取りはまだ未定です．The date *isn't decided* [is *undecided*] yet.
みとおし 見通し
▶ 見通しは明るい．The *future* looks bright.
みとめる 認める（承認する）admit [アドゥミット]；（受け入れる）accept [アクセプト]；（認識する）recognize [レコグナイズ]
▶ 勝男は自分の誤りを認めようとしない．Katsuo won't *admit* his mistake.
▶ こんな要求を認めるわけにはいかない．I can't *accept* a demand like this.

みどり 緑(の) →あお

green [グリーン]
こい緑 dark green
▶ この町には緑が多い．There's a lot of *greenery* in this city.（▶「少ない」なら a lot of のかわりに little を使う）
みどりの日 Greenery [グリーナリィ] Day
みとれる 見とれる be fascinated [ファスィネイティド]（by）
ミトン a mitten [ミトゥン]
みな 皆（…はみな）all [オール], every [エヴリィ]；（人）everyone [エヴリワン], everybody [エヴリバディ] →みんな
▶ 試験前で学生はみな緊張していた．*All* (of) the students were nervous before the exams.

▶ 私たちはみな中学1年生だ．We're *all* seventh graders.
▶ 子どもたちはみな自転車を持っている．*Every* child has a bike.
▶ みなさん，おはようございます．Good morning, *everyone* [*everybody*].
みなおす 見直す look over ...(again)；（答案などを）check [チェック]；（これまでの評価を）think more about
▶ 答案は見直しましたか．Have you *checked* your answer sheet?
▶ その件は見直したほうがよさそうだね．We should *think more about* the matter.
みなす 見なす look on [upon]... as, regard [リガード] ... as
みなと 港 a harbor [ハーバァ], a port [ポート]
▶ 港にはたくさんの船が停泊していた．A lot of ships were at anchor in the *harbor*.
港町 a port town [タウン]

みなみ 南 →ほうがく(図)

(the) south [サウス]（反 北 north）（▶ S. と略す）
南の south, southern [サザン]
南へ，南に south, southward [サウスワド]
▶ 下田は伊豆半島の南にある．Shimoda is in *the south* of the Izu Peninsula.（▶ in the south of ... は「…の南部に」の意味）
▶ 八丈島は三宅島の南にある．Hachijo Island is (to *the*) *south* of Miyake Island.（▶ to the south of ... は「…の南の方に」の意味）
▶ 山形県は秋田県の南にある．Yamagata Prefecture is on *the south* of Akita Prefecture.（▶ on the south of ... は「接して…の南に」の意味）
▶ 飛行機は南に向かって飛んでいた．The plane was flying *south* [*southward*].
南風 a south wind
南口 the south exit [エグズィト]
南十字星 the Southern Cross
南半球 the Southern Hemisphere [ヘ

みなみアフリカ ▶

みなみアフリカ [ミスフィア] 南アフリカ South Africa (▶公式名は the Republic of South Africa)

みなもと 源 (始まる場所) the source [ソース]; (起源) the origin [オ(ー)リヂン]
▶ 淀川の源は琵琶湖である.
The *source* of the Yodo River is Lake Biwa.
▶ うわさの源 the *source* of the rumor

みならう 見習う follow ...'s example [イグザンプル]
▶ 理佐ちゃんを見習ったらどう? Why don't you *follow* Risa's *example*?

みなり 身なり →ふくそう, みだしなみ

みなれた 見慣れた familiar [ファミリャ]
▶ 見慣れた顔 a *familiar* face
見慣れない strange [ストゥレインヂ]
▶ 見慣れない人 a stranger

ミニ mini [ミニ]
ミニカー a minicar [ミニカー]
ミニスカート a miniskirt [ミニスカ~ト], (口語) a mini [ミニ]
ミニチュア a miniature [ミニ(ア)チァ]
ミニバイク a moped [モウペド]

みにくい 醜い ugly [アグリィ] (反 美しい beautiful)
▶ 『みにくいアヒルの子』 *The Ugly Duckling*

みにつける 身につける (服などを) put on [プット アン] (▶「身につけている」は wear [ウェア]); (習得する) learn

ミニマリスト minimalist [ミニマリスト]

みぬく 見抜く see through [スルー]

みね 峰 a peak [ピーク]

ミネラル a mineral [ミネラル]
ミネラルウォーター mineral water

みのがす 見逃す (見落とす) miss [ミス]; (大目に見る) overlook [オウヴァルック]; (そしらぬふりをする) ignore [イグノー(ァ)]
▶ 今日の試合は絶対に見のがさないぞ.
I wouldn't *miss* today's game for anything.
▶ 今回だけは私の失敗を見のがしてください.
Please *overlook* my error just this once. / Please *ignore* my error just this time.

みのまわり 身の回りのもの my (personal) belongings [ビロ(ー)ンギンヶズ], my personal things [スィングズ]

みのる 実る bear fruit
▶ このモモは3年すれば実るでしょう.
This peach tree will *bear fruit* in three years.

みはらし 見晴らし a view [ヴュー] →けしき
▶ その部屋からは東京湾の見晴らしがいい.
The room has a fine *view* of Tokyo Bay.

みはり 見張り (見張ること) guard [ガード]; (人) a guard, (警備員) a security [スィキュ(ァ)リティ] guard

みはる 見張る watch [ワッチ], guard [ガード]
▶ 切符を買ってくるからかばんを見張っててね.
Would you *watch* my bag while I go (and) get our tickets?
▶ どう猛な犬が門を見張っている.
A fierce dog *is guarding* the gate.

みぶり 身ぶり a gesture [ヂェスチァ]
▶ 私たちは身ぶり手ぶりで意思を伝え合った.
We communicated with each other by *gestures*.
身ぶり言語 body language

みぶん 身分 (社会的地位) a (social) position [ポズィション]
身分証明書 an identification [アイデンティフィケイション] (card), an ID (card)

みほん 見本 (サンプル) a sample [サンプル]; (手本) an example [イグザンプル], a model [マドゥル] →てほん
▶ 見本のようにこの用紙に記入してください.
Fill in the form like the *sample*.
見本市 a trade fair

みまい 見舞い
みまいに行く (病院に) visit ... in the hospital [ハスピトゥル]
▶ きのう病院へ圭子のおみまいに行ってきた.
I *visited* Keiko *in the hospital* yesterday.

みまもる 見守る watch [ワッチ]

みまわす 見回す look around
▶ その男の子は母親をさがしてあたりを見まわした.
The boy *looked around* for his mother.

みまわり 見回り patrol [パトゥロウル]

-みまん …未満 under [アンダァ], less than →いか

◀ **みょうごにち**

▶ 18歳未満お断り《掲示》
No One *Under* Eighteen Is Admitted
▶ 5歳未満入場無料《掲示》
Admission Is Free For Children *under* Five

みみ 耳

an *ear*[イア]；(聴力)hearing[ヒアリング]
▶ 耳に水が入っちゃった．
I got water in my *ear*.
▶ 右の耳が痛い．
My right *ear* hurts.
▶ 最近，よく耳鳴りがするんだ．
My *ears* have been ringing a lot recently.
▶ 生徒はしっかりと先生の話に耳を傾けた(→先生の話を聞いた)．
The students *listened to* the teacher carefully.
▶ パンの耳 *crusts* of bread
耳が聞こえない deaf[デフ]；(耳の不自由な) hearing-impaired[インペアド]（▶最近では後者の表現が好まれる）
耳が遠い be hard of hearing
▶ おじいちゃん，最近耳が遠くなってきたね．
Grandpa is getting *hard of hearing* these days, isn't he?
耳あか earwax[イアワクス]
耳かき an earpick[イアピク]
耳せん earplugs[イアプラグズ]（▶ふつう複数形で使う）
▶ 耳せんをする put in my *earplugs*
耳たぶ an earlobe[イアロウブ]

> 🗾 **日本語NAVI**
> **耳が痛い** ☞自分の弱点を言われて聞くのがつらい
> →**つらい，きく¹**
> **耳に入れる** ☞①(情報などを)聞いて得る ②(人に)知らせる
> →①**きく¹** ②**しらせる，おしえる**
> **耳にする** ☞たまたま聞きつける
> →**きく¹，たまたま，ぐうぜん**
> **耳にたこができる** ☞同じことをくりかえし聞かされてうんざりする
> →**あきる，うんざり，いや²**
> **耳に残る** ☞(聞いたことを)忘れることができない
> →**できる，わすれる**
> **耳をすます** ☞注意して聞く
> →**きく¹，かたむける**

ミミズ an earthworm[ア～スワ～ム]
みみっちい (けちな) stingy[スティンヂィ], cheap[チープ]
▶ お前，ほんとみみっちいなあ．
How could you be so *stingy*[*cheap*]?
みもと 身元 identity[アイデンティティ]
みゃく 脈 a pulse[パルス]
▶ 脈をとる[みる] feel *my* pulse, take *my* pulse
▶ 脈をとってみましょう．
Let me *take*[*feel*] *your pulse*.

みやげ a present[プレズント]；(記念品) a souvenir[スーヴェニア]
▶ これ，京都に行ったおみやげだよ．
Here's a small *present* for you. I brought it back from Kyoto.
▶ おみやげはどこで買えますか．
Where can we buy *souvenirs*?
みやげ物店 a souvenir shop, a gift shop
みやこ 都 a city；(首都) the capital[キャピトゥル]
▶ 京都は千年以上にもわたり都だった．
Kyoto was the *capital* for more than one thousand years.
みやぶる 見破る →**みぬく**
ミャンマー Myanmar[ミャンマー]（▶旧ビルマ）
ミュージカル a musical[ミューズィカル]
ミュージシャン a musician[ミューズィシャン]
みょう 妙な (変な) strange[ストゥレインヂ]；(おかしな) funny[ファニィ]
▶ 妙な音が聞こえなかった？
Did you hear a *strange* noise?
▶ このアイスクリーム，妙な味だね．
This ice cream tastes *funny*.
みょうごにち 明後日 the day after tomorrow[トモーロウ]

seven hundred and sixty-three 763

みょうじ ▶

みょうじ 名字 my family name, my last name

🗣スピーキング
Ⓐ きみの**名字**は何だっけ？
What is your last name again?
Ⓑ 鈴木だよ．
Suzuki.

みょうにち 明日 tomorrow [トゥモーロウ]
→あした

みょうばん 明晩 tomorrow night [ナイト]

みらい 未来 (the) future [フューチァ]
未来の future
▶ 人類の未来はどうなるのだろう？
What will happen to human beings in *the future*?
▶ 未来の車ってどうなるんだろうね．
I wonder what *future* cars will look like.

ミリ (ミリメートル) a millimeter [ミリミータァ]
(▶単数形も複数形も mm と略す)
ミリグラム a milligram [ミリグラム]

みりょく 魅力 (an) attraction [アトゥラクション]
魅力的な attractive [アトゥラクティヴ]；(人あたりのよい) charming [チャーミング]
▶ あの女の子のどこがそんなに魅力的なの？ What's so *charming* about her?

📣プレゼン
外国人の観光客にとって京都は**魅力的な**都市です．
Kyoto is an *attractive* city for foreign tourists.

みりん sweet [スウィート] sake for cooking

みる 見る

💡使い分け
(自然に目に入る) → see
(注意して見る) → look at
(じっと見守る) → watch
(ためしてみる) → try

1 (自然に目に入る) see [スィー]；(注意して見る) look [ルック] at；(じっと動きや成り行きを見る) watch [ワッチ]
▶ パンダを見るのはこれがはじめてだ．
This is my first time to *see* a panda.

▶ 今日は葵の姿を見てないよ．
I *haven't seen* Aoi today.
▶ 最近何か映画を見た？
Have you *seen* [*watched*] any movies recently?
▶ 部屋の中は暗くて何も見えなかった．
The room was so dark I couldn't *see* anything.

💬表現力
人・物が…するのを見る
→ see ＋人・物＋動詞の原形

▶ きみが眼鏡をかばんに入れるのを見たよ．
I *saw* you put your glasses in your bag.
▶ ジャンプするから見ててね．
Watch me jump.

💬表現力
人・物が…しているのを見る
→ see ＋人・物＋ -ing

▶ ぼくはコンビニで浩二がその雑誌を買っているところを見た．
I *saw* Koji *buying* the magazine at the convenience store.
▶ 庭で犬が遊んでいるのを楽しく見ていた．
We enjoyed *watching* the dog *playing* around in the yard.
▶ ほら外を見て，雪が降ってる．
Look out there, it's snowing.
▶ この地図を見て．*Look at* this map.
▶ パソコンの調子がおかしいんだけど，ちょっと見てくれる？ There's something wrong with the computer. Could you *take a look at* it?
▶ 夕食のあと，テレビでアメリカ映画を見た．
We *watched* an American movie on TV after dinner.
▶ シャワーを浴びる間，赤ちゃんを見ててもらえる？
Would you *watch* the baby while I take a shower?

🗣スピーキング
Ⓐ テレビを**見てもいい**？
May I *watch* TV?
Ⓑ 宿題がすんでいたらね．
As long as your homework is done.

◀ **みんわ**

💬**用法** see と look at と watch
see は「自然に目に入る, 見える」の意味.
look at は「注意して見る」, watch は「動きや変化のあるものを見守る」を表す.

see　　　look at

watch

2 (調べる) check [チェック]; (辞書で) look ... up
▶ 辞書は見ましたか.
Did you *look* it *up* in your dictionary?
3 (世話をする) look after
▶ 彼女が祖父のめんどうをみている.
She *looks after* her grandfather.
4 (ためしてみる) try [トゥライ]
▶ 一口食べてみたら？ *Try* a bite.
▶ この服, 着てみてもいいですか.
Can I *try* this on? (▶ try ... on で「…を試着する」の意味)

💬**表現力**
… (して) みる → try -ing

▶ ためしにほかの問題集を使ってみた.
I *tried using* another workbook.

ミルク →ぎゅうにゅう
milk [ミルク]; cream [クリーム]
▶ 粉ミルク
dried *milk* / powdered *milk* / 《米》formula / 《英》baby *milk*

🗣**スピーキング**
Ⓐ 紅茶にミルクを入れますか.
　Would you like some milk in your tea?
Ⓑ ええ, お願いします.
　Yes, please.

ミルクティー tea with milk
ミレニアム a millennium [ミレニアム] (複数 millennia)
みわける 見分ける tell ... from
▶ 生卵とゆで卵を見分けられる？
Can you *tell* a raw egg *from* a boiled one?
みわたす 見渡す look out over, overlook [オウヴァルック]
▶ 展望台からは町中を見わたせる.
The observation deck *looks out over* [*overlooks*] the whole city.
ミンク 《動物》a mink [ミンク]; (毛皮) mink
みんしゅ 民主的な democratic [デモクラティク]
民主主義 democracy [ディマクラスィ]
みんしゅう 民衆 the people [ピープル]
みんしゅく 民宿 《米》a tourist home, 《英》a guesthouse [ゲストゥハウス], (a) bed and breakfast (▶ B & B と略す)
みんぞく 民族 a people [ピープル] (▶「民族・国民」の意味のときだけ数えられる名詞になり, a をつけたり複数形にしたりする); (人種) a race [レイス]
▶ 日本民族 the Japanese *people*
民族衣装 (a) folk costume
民族音楽 ethnic music
ミント mint [ミント]

みんな →ぜんぶ, すべて
(…はみな) all [オール], every [エヴリィ]; (人) everyone [エヴリワン], everybody [エヴリバディ]
▶ 友だちはみんなスマホ持ってるよ.
All my friends have smartphones.
▶ みんな (ここに) いますか.
Is *everybody* here? (▶ every のつく語は単数あつかい)
▶ ぼく以外はみんな出かけた.
Everyone [*Everybody*] except me went out.
みんなで altogether [オールトゥゲザァ]
▶ みんなでいくらですか.
How much is it *altogether*?
みんぽう 民放 commercial broadcasting [コマ〜シャル ブロードゥキャスティング]
みんよう 民謡 a folk [フォウク] song
▶ ナポリ民謡 Naples' *folk songs*
みんわ 民話 a folk tale [フォウク テイル]

seven hundred and sixty-five　765

むムむムむム

む 無 nothing [ナスィング]；(ゼロ) zero [ズィ(ア)ロウ]

むいか 六日 (日付) sixth [スィックスス]，(日数) six days
▶ 5月6日 May (the) *sixth*

むいしき 無意識の unconscious [アンカンシャス]
無意識に unconsciously
▶ 無意識にそう言ってしまった．
I said so *unconsciously*.

むいみ 無意味 nonsense [ナンセンス]
無意味な meaningless [ミーニングレス]
▶ 戦争はまったく無意味だ．
War is totally *meaningless*.

ムース (クリーム菓子) (a) mousse [ムース]

ムード (ふんい気) (an) atmosphere [アトゥモスフィア]
▶ クラスのムードはとてもよい (→打ちとけている)．
The *atmosphere* of [in] the class is very relaxed.

むえき 無益な useless [ユースレス]

むかい (…の)向かいに，向かいの opposite [アポズィット]；(通りなどをはさんで) across (the street) from
▶ うちの家の真向かいに書店ができるんだ．
A bookstore will open right *across (the street) from* my house.
▶ ぼくは友だちと向かい合ってすわった．
I sat *opposite* my friends. / I sat *face to face* with my friends.

むがい 無害の harmless [ハームレス]

むかう 向かう

1 (…方面へ行く) head [ヘッド] for, leave [リーヴ] for；(快方に) get better
▶ 彼はパリへ向かった．He *left for* Paris.
▶ 台風は九州に向かっている．
The typhoon *is heading for* Kyushu.
▶ 父はいま京都へ向かっています．
My father *is on his way to* Kyoto.
▶ 祖母は快方に向かっています．
My grandmother *is getting* better.
2 (面する)
▶ 今日は机に向かう気がしないなあ．
I don't feel like *sitting at* my desk.

むかえる 迎える

1 (出むかえる) meet [ミート]；(歓迎{数}する) welcome [ウェルカム]
▶ 空港までむかえに行くよ．
I'll *meet* you at the airport.
▶ みんな笑顔でむかえてくれた．
Everyone *welcomed* me with smiles.
2 (車でむかえに行く [来る]) pick up
▶ 車で駅までむかえに来てくれる？
Could you *pick* me *up* at the station?

むかし 昔

the old days
昔(に) a long time ago, long ago；(かつては) once
昔の old
▶ 昔がなつかしいなあ．
I miss *the* good *old days*.
▶ 昔の友だち an *old* friend of mine

> 🔵 プレゼン
> 昔，東京は江戸とよばれていました．
> Tokyo was called Edo a long time ago.

> 🟢 表現力
> 昔は…した［だった］ → used to ...

▶ 私は昔，金沢に住んでいました．
I *used to* live in Kanazawa *a long time ago*. / I *once* lived in Kanazawa.
▶ 昔はここにお城があった．
There *used to* be a castle here.

> 🟢 表現力
> 昔はよく…した(ものだ) → would

▶ 昔はよく父とキャッチボールをしたなあ．

◀ **むこう**¹

I *would* [*used to*] play catch with my father.
▶ 昔々, ある村におじいさんとおばあさんが住んでおった.
Once upon a time [*Long, long ago*], there lived an old man and his old wife in a village.
昔話 an old story, an old tale
むかつく（気分が悪くなる）feel sick (to the stomach)
▶（胸が）むかつくよ.
I *feel sick* (*to the stomach*).
▶ あいつにはむかつく. He's *disgusting*.
むかって 向かって **1**（…に対して）to [トゥー];（…にめがけて）at [アット]
▶ お母さんに向かってそんなこと言っちゃだめだよ. Don't say those things *to* your mother.
▶ その少年はかべに向かってボールを投げた.
The boy threw a ball *at* the wall.
2（…に面して）
▶ 階段は向かって右側にあります.
You'll find the stairs on your right.
3（…のほうへ）→-に, -へ
ムカデ（虫）a centipede [センティピード]
むかむか むかむかする（気持ちが悪い）feel sick [スィック]
むかんかく 無感覚な insensitive [インセンスィティヴ]
むかんけい 無関係な irrelevant [イレレヴァント]
むかんしん 無関心な indifferent [インディフ(ァ)レント]
▶ 彼は他人に無関心だ.
He is *indifferent* to other people.
むき¹ 向き a direction [ディレクション]
▶ 風向きが急に変わった.
Suddenly, the wind changed (its) *direction*.
むき² むきになる get upset [アプセット]
▶ そんなにむきになるなよ.
Don't *get* so *upset*.
ムギ 麦（植物）（小麦）wheat [(フ)ウィート];（大麦）barley [バーリィ]
麦茶 barley tea
麦畑 a wheat field, a barley field
麦わら帽子 a straw hat
むく¹ 向く

1（向きを変える）turn [ターン]（to）;（顔を向ける）look [ルック]（at）
▶ 母は私の方を向いてほほえんだ.
My mother *turned to* me and smiled.
▶ 姉はおこってそっぽを向いた.
My older sister *looked away* in anger.
▶ さあ, 今度は後ろを向きましょう.
Now let's *turn* around.（▶顔だけを後ろに向ける場合は look back）
2（面する）face [フェイス]
3（適している）be fit [フィット]（for）, be suited [スーティド]（for）
▶ 私, こういう仕事に向いていない.
I'm not *fit* [*suited*] *for* this kind of job.
むく²（皮を）peel [ピール]
▶ このジャガイモ, むいてくれる？
Could you *peel* these potatoes?

むくいる 報いる reward [リウォード]
むくち 無口な quiet [クワイエト]
▶ 由紀は学校では無口だ（→あまりしゃべらない）.
Yuki *doesn't talk very much* at school.
-むけ …向け for [フォー(ァ)]
▶ 女の子向けの映画 a movie *for* girls
むける 向ける turn [ターン]
▶ 顔をこちらに向けなさい.
Turn your face toward me.
むげん 無限の infinite [インフィニト], unlimited [アンリミティド]
▶ 宇宙は無限だ. Space is *infinite*.
▶ 子どもたちには無限の可能性がある.
Children have *unlimited* potential.
無限に infinitely, unlimitedly
むこ 婿（娘の夫）a son-in-law [サニンロー]

むこう¹ 向こう

むこう² ▶

1 (向こう側) the other [アザァ] side; (反対側) the opposite [アポズィト] side
▶ パン店は通りをわたったむこう側です.
The bakery is on *the other [opposite] side* of the street.
2 (あちら) there [ゼァ]
▶ 向こうに着いたら家に電話してね.
Call home when you get *there*.
▶ 西口は向こうですよ.
The West Exit is *that way*.
向こうに, 向こうで over there
▶ 向こうに東寺の五重塔が見えるよ.
You can see the five-story pagoda of Toji *over there*.

むこう² 無効の invalid [インヴァリド]; (期限切れの) expired [イクスパイアド]
無効になる expire
▶ このクーポン, もう無効だよ.
This coupon *has* already *expired*.

むこうりょう 無香料の perfume-free [パ〜フューム フリー]

むごん 無言の silent [サイレント]
むざい 無罪の innocent [イノセント] (反 有罪の guilty)
▶ 被告は無罪となった.
The accused was found *not guilty*.

むし¹ 虫

(昆虫) an **insect** [インセクト], (おもに米) (小さな) a **bug** [バッグ]; (はう虫) a **worm** [ワ〜ム]

insect

worm

▶日本語の「虫」にあたる英語はない. ハチ, アリ, カブトムシなどのこん虫を **insect**, 毛虫, ミミズなどのはう虫を **worm** と言う. **bug** は小さな虫を指す.

▶ 虫に足をかまれた.
I was bitten on my leg by a *bug*.
▶ 庭で虫が鳴いている.
Some *insects* are chirping in the garden.
▶ このセーター, 虫に食われてるよ.
This sweater was eaten by *moths*.

虫かご an insect cage [ケイヂ]
むし² 無視する ignore [イグノー(ァ)]
▶ ごめんね. 無視するつもりなんてなかったんだ. I'm sorry, I didn't mean to *ignore* you.
▶ 信号を無視する *ignore* the traffic light

むしあつい 蒸し暑い humid [ヒューミド], (口語) muggy [マギィ]
▶ 今日は蒸し暑いね. It's *muggy*, isn't it?
▶ 日本の夏は蒸し暑い.
Summer in Japan is *humid* [*muggy*].

むじつ 無実の innocent [イノセント]
むしば 虫歯 a cavity [キャヴィティ], a bad tooth, a decayed tooth →は¹
むしめがね 虫眼鏡 a magnifying [マグニファイング] glass
むじゃき 無邪気な innocent [イノセント]
むじゅうりょく 無重力 zero gravity [ズィ(ア)ロウ グラヴィティ]
むじゅん 矛盾する contradict [カントゥラディクト]
▶ あなたは言うこととすることが矛盾してるように思えるけど.
Your words seem to *contradict* your actions.

むじょうけん 無条件の unconditional [アンコンディショナル]
むしょく¹ 無職の unemployed [アニンプロイド]
むしょく² 無色の colorless [カラレス]
むしろ rather [ラザァ] (than)
▶ あの人は政治家というよりむしろテレビタレントだ.
He is a TV personality *rather than* a politician.

むじん 無人の (空いた) vacant [ヴェイカント]; (島などが) uninhabited [アニンハビテイド]; (乗り物が) unmanned [アンマンド] (▶性差のない言い方は unstaffed [アンスタフト])
むしんけい 無神経な insensitive [インセンスィティヴ]
▶ そんなこと言うなんて無神経だよ.
It's *insensitive* to say that.

むす 蒸す steam [スティーム]
むすう 無数の countless [カウントゥレス]
▶ 空には無数の星が見えた.
We saw *countless* stars in the sky.

むずかしい 難しい

◀ むだ

1 (困難な) **difficult** [ディフィカルト], **hard** [ハード] (反 やさしい easy) ; (とても) **tough** [タフ] (▶ difficult より hard や tough のほうが会話ではよく使われる)

difficult　　　　　　easy

▶ ぼくにとって数学はむずかしい科目だ.
Math is a *difficult* subject for me.
▶ 今日のテスト,すごくむずかしかったよ.
Today's exam was really *hard*.

💬表現力
…するのはむずかしい
→ It is difficult [hard] to … .

▶ この問題を短時間で解くのはむずかしい.
It's difficult [*hard*] *to* solve this problem in a short time.

💬表現力
(人)には…するのはむずかしい
→ It is difficult [hard] for +人+ to … .

▶ ぼくには英単語を覚えるのがむずかしい.
It's difficult [*hard*] *for* me *to* memorize English words.
▶ 言うのは簡単だけど,実行するのはむずかしいよ.
That's easier said than done.

2 (やっかいな) →やっかい
▶ 娘はいまむずかしい年ごろだ.
My daughter is at a *difficult* age.

3 (気むずかしい)
▶ お前って気むずかしいよな.
You're such a *difficult* person.

むすこ 息子

a **son** [サン] (対 むすめ daughter)
▶ 翔太(しょうた)は私の一人むすこだ.
Shota is my only *son*.
▶ 細川先生にはむすこさんが 2 人いる.
Ms. Hosokawa has two *sons*.

むすびつき 結びつき **connection** [コネクション] ; (きずな) **ties** [タイズ]
むすびつける 結びつける **fasten** [ファスン], (ひもなどで) **tie** [タイ] ; (関連させる) **link** [リンク]

むすぶ 結ぶ

(ひもなどを) **tie** [タイ] ; (つなぐ) **link** [リンク]
▶ くつのひもがほどけてるから,結びなさい.
Your shoelace is untied. *Tie* it.

▶ 父はシャツを着てネクタイを結んだ.
My father put on his shirt and *tied* his tie.
結び目 a **knot** [ナット]
むずむず むずむずする **itch** [イッチ]

むすめ 娘

a **daughter** [ドータァ] (対 むすこ son) ; (若い女性) a **girl** [ガール]
▶ いちばん上のむすめが来年中学生になります.
My oldest *daughter* is going to start junior high next year.
むぜい 無税の **tax-free** [タクスフリー]
むせきにん 無責任な **irresponsible** [イリスパンシブル]
▶ できもしないことを約束するのは無責任だよ.
It's *irresponsible* to promise to do what you can't do.
むせん 無線 **radio** [レイディオウ]
▶ 無線で by *radio*
無線の **wireless** [ワイアレス]
無線LAN a **wireless LAN**
▶ 私たちの学校には無線 LAN があるので,建物のどこからでもインターネットにアクセスできます.
Our school has a *wireless LAN* so we can access the internet anywhere in the building.

むだ

seven hundred and sixty-nine　769

むだん

(a) waste [ウェイスト]
むだな useless [ユースレス], of no use [ユース]
むだにする waste
▶ むだにできるお金はないよ.
We have no money to *waste*.

> プレゼン
> 私たちは他人を批判して時間を**むだにすべきではありません**.
> We shouldn't waste time criticizing others.

> 表現力
> …してもむだだ
> → It is no use -ing … . /
> There is no use [point] (in) -ing … .

▶ 私にかくしごとをしようとしてもむだだよ.
It's no use hiding anything from me. / *There's no use* (in) *hiding* anything from me. (▶ use は point でもよい)

むだづかい (a) waste
▶ それは時間のむだづかいだ.
It's a *waste* of time.

むだん 無断で without asking; (届け出なしで) without notice; (許可なく) without permission
▶ 無断でものを持っていかないでよ.
Don't take anything *without asking*.
▶ ぼくはきのう学校を無断で休んだ.
I didn't go to school *without notice* yesterday.

むち¹ a whip [(フ)ウィップ]
むち打つ whip
むち打ち症 a whiplash injury [(フ)ウィプラシ インヂュリィ]

むち² 無知な ignorant [イグノラント]

むちゃ むちゃな (無理な) impossible [インパスィブル]; (理屈に合わない) unreasonable [アンリーズナブル] →むり
▶ そんなのむちゃだよ!
That's *impossible*! (▶「そんなはずはない」の意味にもなる)
▶ むちゃをしないでよ.
(浅はかなことをしないで) Don't do anything *reckless*. / (がんばりすぎないで) Don't *overdo it*.

むちゃくりく 無着陸の nonstop [ナンスタップ]

むちゅう 夢中である (大好きである) be crazy about, be really into; (一時的に没頭{ぼっとう}している) be absorbed in
▶ ぼくは夢中でマンガを読んでいた. I *was so absorbed in* a comic book.

> ライティング
> いま、私はマウンテンバイクに**夢中です**.
> I'm crazy about mountain bikes. /
> I'm really into mountain bikes.

むっつ 六つ six [スィックス] →ろく

むっと むっとする (気分を害する) be offended [オフェンディド]

むてき 無敵の invincible [インヴィンスィブル]

むてんか 無添加の additive-free [アディティヴフリー]

むとんちゃく 無とん着な indifferent [インディフ(ェ)レント] (to), careless [ケアレス] (of)
▶ 兄は着るものに無とん着だ.
My older brother is *indifferent to* [*careless of*] his clothes.

むなしい empty [エン(プ)ティ], vain [ヴェイン]
むなしくなる feel empty

むね 胸

(胸部) a chest [チェスト]; (女性の乳房{にゅうぼう}) a breast [ブレスト] (▶左右両方を指す場合は複数形で使う); (心臓) a heart [ハート]
▶ 胸ポケット
a *breast* pocket / a *chest* pocket

▶ 胸をはる
stick my *chest* out
▶ 胸に名札をつけてください.
Put your name tag on your *chest*.
▶ まだ胸がドキドキしてるよ.
My *heart* is still beating fast.
▶ 大きな喜びで胸がいっぱいになった.
A great joy filled my *heart*.

◀ **むれ**

日本語NAVI
胸が熱くなる ☞感動がこみあげてくる
　→かんどう
胸が痛む ☞つらく思う，気の毒に思う
　→つらい，きのどく
胸がさわぐ ☞不安や期待でどきどきする
　→どきどき，わくわく，ふあん
胸が高鳴る ☞喜びや期待でどきどきする
　→どきどき，わくわく，よろこび，きたい¹
胸がはずむ ☞うきうきする
　→うきうき，うれしい，わくわく
胸に刻む ☞しっかりと記憶する，忘れずにいる
　→きおく，わすれる
胸にせまる ☞強く感動する →かんどう
胸に手を当てる ☞よく考える
　→かんがえる，じっくり
胸を打つ ☞強く感動させる，感激させる
　→かんどう，かんげき
胸をおどらせる ☞喜びや期待でわくわくする
　→わくわく，たのしみ

むのう 無能な incompetent［インカンピテント］

むのうやく 無農薬の chemical-free［ケミカルフリー］, organic［オーギャニク］
無農薬野菜 chemical-free vegetables

むふんべつ 無分別な indiscreet［インディスクリート］

むめんきょ 無免許の，無免許で without a license
▶ 無免許運転する
　drive *without a* driver's *license*

むよう 無用な（役に立たない）useless［ユースレス］

むら 村
a village［ヴィレヂ］
▶ 隣村となり *a* neighboring *village*
▶ その村まで行くバスはありますか.
　Is there a bus to the *village*?
村人 a villager
村役場 a village office［オ(一)フィス］

むらがる 群がる gather［ギャザァ］；(人が) crowd［クラウド］；(動物・鳥が) flock［フラック］
▶ 大群衆が駅のまわりに群がった.
　A large crowd *gathered* outside the station.

むらさき 紫(の)（赤みがかった）purple［パープル］；（青みがかった）violet［ヴァイオレト］

むり 無理な

（不可能な）**impossible**［インパスィブル］；（道理に合わない）unreasonable［アンリーズナブル］
▶ そりゃ無理だよ.
　That's *impossible*.
▶ 無理言うなよ.
　Don't be *unreasonable*.
▶ 無理しないでね． Don't *overdo it*.
▶ 無理なことをお願いしているでしょうか.
　Am I asking *too much*?
無理に（力ずくで）by force［フォース］

表現力
…するのは無理だ
　→ It is impossible to ... .

▶ この仕事を2時間で仕上げるのは無理だ.
　It's impossible to finish this work in two hours.

表現力
…するのも無理はない
　→ It is natural to ... . /
　　It is natural that ～ (should) ... .

▶ きみがそう考えるのも無理はない.
　It is natural for you *to* think so. / *It is natural that* you (*should*) think so.

むりょう 無料の，無料で free［フリー］, free of charge［チャーヂ］→ただ
▶ 無料アプリをダウンロードする
　download *free* apps
▶ （レストランで）お代わりは無料です.
　Refills are *free*.
▶ その冊子は無料です（→その冊子は無料で手に入ります）.
　You can get the booklet *free* [*free of charge*].
▶ 入場無料《掲示》Admission Free

むりょく 無力な powerless［パウアレス］

むれ 群れ（人の）a crowd［クラウド］；（鳥・羊・ヤギなどの）a flock［フラック］；（牛・ゾウなどの）a herd［ハード］；（魚・クジラ・イルカなどの）a school［スクール］
▶ 人の群れ *a crowd of* people
▶ カラスの群れ *a flock of* crows

め¹ 目

1 an eye [アイ]；(視力) eyesight [アイサイト]

eyebrow (まゆ毛)
eyelid (まぶた)
pupil (ひとみ)
eyelash (まつ毛)
iris (虹彩)

▶ 目を開ける open my *eyes* (▶「閉じる」なら open のかわりに close を使う)
▶ 真由美は目が大きい．
  Mayumi has big *eyes*.
▶ ぼくの目は黒い．
  I have dark *eyes*. (▶*black eye(s) は打撲でできた「目のまわりのあざ」をさす)
▶ 目になみだが浮かんだ．
  My *eyes* filled with tears.
▶ 人と話すときは相手の目を見なさい．
  When you talk to others, look them in the *eye*.
▶ 母は目がいい．
  My mother has good *eyesight*. (▶「悪い」なら good のかわりに poor を使う)
▶ 今日，菜々美とね，目が合ったんだ．
  My *eyes* met Nanami's today.

2 (目つき) a **look** [ルック] →めつき；(ものを見る目・注意) an **eye**

▶ 彼は悲しそうな目で窓の外を見つめていた．
  He was staring out the window with a sad *look*.
▶ 彼女は絵を見る目がある．
  She has an *eye* for paintings.
▶ 海外旅行中は荷物から目をはなさないようにね．
  Keep an *eye* on your luggage while traveling abroad.

目がくらむ be dazzled [ダズルド]
目が覚める wake (up)
目がない have a weakness 《for》
▶ アイスクリームには目がないの．
  I *have a weakness for* ice cream.
目がまわる feel dizzy [ディズィ]

目の見えない blind [ブラインド]；(目の不自由な) visually impaired [インペアド] (▶最近では後者の表現が好まれる)
目を合わせる make eye contact [カンタクト]《with》
目を背ける look away
目を通す (全体を見る) look over, look through；(ざっと見る) skim
目を引く catch ...'s eye
目を向ける (注意する，心を配る) pay attention《to》

⚙ 日本語NAVI
目が高い ☞ よいものを見分ける力がある
  →みわける，センス，め¹
目が光る ☞ きびしく監視する →みはる
目がまわる ☞ めまいがする →めまい
目に見えて ☞ はっきりとわかるほど
  →いちじるしい，あきらか
目の色を変える ☞ ①目つきや表情を変える ②必死になる →①かえる²，ひょうじょう，めつき ②ひっし
目も当てられない ☞ あまりにひどくて見ていられない →ひどい，あまり¹，とても
目もくれない ☞ ①見ようともしない ②関心がない →①みる，むし² ②かんしん²，きょうみ
目をこらす ☞ じっと見つめる
  →みる，みつめる，じっと
目を丸くする ☞ びっくりして目を大きく見開く
  →おどろく，びっくり，みる

め² 芽 a bud [バッド]
芽が出る bud, come into bud
▶ チューリップの芽が出てきた．
  The tulips *are budding*.

-め …目 (順序) →ばん²
▶ 神田はいくつ目ですか．
  How many stops are there before Kanda? (▶英語では「神田までにいくつ駅がありますか」と聞くので，答えは日本語の場合に比べて1駅少なくなる)

めあて 目当て
▶ その男は金目当てにリズと結婚した．

◀ めいわく

The man married Liz *for* her money.
めい 姪 a niece [ニース] (対 おい nephew)
めいあん 名案 a good idea
▶ 名案がうかんだ！
I hit upon a *good idea*!
▶ それは名案だ． That's a *good idea*.
めいおうせい 冥王星 Pluto [プルートウ]
めいが 名画 a famous picture [フェイマス ピクチァ]
めいかく 明確な clear [クリア]
▶ 明確な目標をもたないといけないよ．
You need to have a *clear* goal.
明確に clearly [クリアリィ]
めいきゅう 迷宮 a labyrinth [ラビリンス]
めいきょく 名曲 a musical masterpiece [ミューズィカル マスタピース]
メイク makeup [メイカプ] →けしょう，メーク
メイクする →メーク
めいげつ 名月 →まんげつ
めいさく 名作 (優れた作品)a fine work；(傑作) a masterpiece [マスタピース]
めいさん 名産 a special product [プラダクト], a specialty [スペシャルティ]
▶ 地方の名産品 local *specialties*

🗨プレゼン
モモは岡山の**名産**です．
Peaches are a special product [specialty] of Okayama.

めいし¹ 名刺 a business [ビズネス] card
▶ セールスマンは名刺をくれた．
The salesperson handed me his [her] *business card*.
めいし² 名詞 (文法)a noun [ナウン] (▶ n. と略す)
めいしゃ 目医者 an eye doctor
めいしょ 名所 (観光名所) the sights [サイツ], a tourist attraction [アトゥラクション]
▶ 鎌倉には歴史的な名所が多くある．
There are a lot of historical *places* in Kamakura.

🗨プレゼン
吉野は桜の**名所**です (→桜で有名だ)．
Yoshino is famous for its cherry blossoms.

めいじる 命じる order [オーダァ] →めいれい

めいしん 迷信 (a) superstition [スーパスティション]
迷信深い superstitious
▶ そんなのただの迷信だよ．
That's just a *superstition*.
めいじん 名人 a master [マスタァ], an expert [エクスパート]
▶ 将棋の名人
a *shogi master* / a *shogi expert*
▶ 彼はつりの名人だ．
He is an *expert* at fishing.
めいせい 名声 fame [フェイム]
▶ そのピアニストの名声は世界中に広まった．
The pianist's *fame* spread all over the world.
めいちゅう 命中する hit [ヒット]
▶ 矢は的に命中した．
The arrow *hit* the mark.
めいはく 明白な clear [クリア], evident [エヴィデント] →あきらか
めいぶつ 名物 →めいさん
めいぼ 名簿 a list [リスト]
▶ 会員名簿 a membership *list*
めいめい each [イーチ] →それぞれ
めいよ 名誉 (an) honor [アナァ]
名誉ある honorable [アナラブル]
▶ きみたちは本校の名誉だ．
You have brought *honor* to our school.
めいりょう 明瞭な clear [クリア] →はっきり
めいる 滅入る get depressed
めいれい 命令 an order [オーダァ]
命令する order
▶ 命令に従う obey an *order* (▶「そむく」なら obey のかわりに disobey を使う)

💬表現力
(人)に…するように命令する
→ order +人+ to …

▶ 彼は私に行けと命令した．
He *ordered* me *to* go.
めいろ 迷路 a maze [メイズ]
▶ アリスは迷路に迷いこんだ．
Alice was lost in the *maze*.
めいろう 明朗な(陽気な) cheerful [チアフル] →あかるい

めいわく 迷惑

めうえ ▶

trouble [トゥラブル]
迷惑をかける cause [give] ... trouble, trouble；(じゃまをする) bother [バザァ], disturb [ディスタ〜ブ]
▶ みんなにとても迷惑をかけてしまった．
 I *caused* everyone so much *trouble*.
▶ ご迷惑でなければテレビをつけたいんですが．
 Would it *bother* [*disturb*] you if I turned on the TV?

> 💬**用法** **ご迷惑をおかけしてすみません．**
> これから迷惑をかけるときには**I'm sorry to trouble you.** とか **I'm sorry to cause you trouble.** という．
> 一方，すでに迷惑をかけてしまったときには，**I'm sorry to have troubled you.** という．

迷惑メール (a) spam [スパム], junk mail [チャンク メイル] (▶ junk mail は数えられない名詞なので「1通の迷惑メール」は a piece of junk mail となる)

めうえ 目上の人（地位が）my superior [ス(ー)ピ(ア)リア]；(年齢が) my senior [スィーニャ], my elder [エルダァ]
▶ 目上の人をうやまいなさい．
 Respect *your elders*.

メーカー a maker [メイカァ], a manufacturer [マニュファクチャ(ャ)ラァ]

メーク makeup [メイカプ] → けしょう
メークする put on *my* makeup, do *my* makeup
▶ 彼女は毎朝メークする．She *does her makeup* every morning.

メーター (メートル) a meter [ミータァ] → メートル；(計器) a meter

メーデー May Day [メイ デイ]

メートル a meter [ミータァ] (▶ m と略す)
▶ 50メートル fifty *meters* / 50*m*
▶ 100メートル走 the 100-*meter* dash (▶×100-meters dash としない)
▶「この車，どのくらい長さがあるの？」「5メートルぐらい」
 "How long is this car?" "It's about five *meters* long."
メートル法 the metric system

メーリングリスト a mailing list [メイリングリスト]

メール (パソコンの) (an) email [イーメイル], (an) e-mail (▶ electronic mail の略．単に mail ともいう)；(携帯電話やスマートフォンの) a text message [テクスト メセヂ]
メールする email；text
▶ その写真，メールで送ってくれる？
 Can you send the photo by *email* [*mail*]?
▶ あとで (携帯やスマホに) メールしてね．
 Please *text* me later.
▶ 歩きながら (携帯やスマホで) メールをするのは危険です．
 Texting while walking is dangerous.
メールアドレス an email address
▶ メールアドレス，交換しようよ．
 Let's exchange *email addresses*.

めかくし 目隠し (目をおおうもの) blindfold [ブラインドゥフォウルド]

めかた 目方 weight [ウェイト]

めがね 眼鏡

glasses [グラスィズ] (▶複数あつかい．数えるときは a pair of glasses, two pairs of glasses などとする)
▶ 眼鏡をかける
 put on my *glasses* /（かけている）wear my *glasses*
▶ 眼鏡をはずす take off my *glasses*
▶ 姉は眼鏡をかけている．
 My sister wears *glasses*.（▶ is wearing とすると「一時的にかけている」という意味になる）

メガホン a megaphone [メガフォウン]

めがみ 女神 a goddess [ガデス] (▶男の神は god)

メキシコ Mexico [メクスィコウ]
メキシコ(人)の Mexican [メクスィカン]
メキシコ人 a Mexican
メキシコ湾 the Gulf [ガルフ] of Mexico

めきめき (いちじるしく) remarkably [リマーカブリィ]
▶ 彼の英語はめきめき上達している．
 He has improved his English *remarkably*.

めぐすり 目薬 eye drops [ドゥラップス]；(洗眼液) (an) eyewash [アイワシ]

めぐまれる 恵まれる be blessed [ブレスト] 《with》；(才能に) be gifted [ギフティド] 《with》

◀ **めずらしい**

- 私はいい友だちにめぐまれている.
  I'm blessed with good friends.
- 加奈は音楽の才能にめぐまれている.
  Kana is musically gifted.

めぐむ 恵む give [ギヴ]；(神が) bless [ブレス]

めぐりあう めぐり会う (ひょっこり会う) meet ... by chance, run into ...
- 5年ぶりに旧友にめぐり会った.
  I met an old friend by chance for the first time in five years.

めくる (ページを) turn [タ~ン] (over)
- 教科書のページをめくりなさい.
  Turn (over) the page of your textbook.

めぐる 巡る (回ってくる) come around [アラウンド]

めさき 目先
- 目先のことばかり考えてちゃだめ.
  Don't be shortsighted.

めざす 目ざす aim [エイム] (at)
- 私たちは全国優勝をめざして (→全国優勝できるように) がんばっている.
  We're working hard to win the national championship.

めざまし 目覚まし an alarm [アラーム]
- 私はスマホで目覚ましをかけた.
  I set an alarm on my smartphone.
- 私はスマホの目覚ましが鳴る前に目が覚めた.
  I woke up before my smartphone alarm went off.

目覚まし時計 an alarm clock [クラック], an alarm
- 目覚まし時計を6時にセットした.
  I set my alarm clock for six.

めざましい 目覚ましい remarkable [リマーカブル]
- 久美子の英語の上達はめざましい.
  Kumiko has made remarkable progress in English.

めざめる 目覚める wake (up) →おきる

めし 飯 (ごはん) (boiled) rice；(食事) a meal [ミール] →ごはん

めしあがる 召し上がる eat [イート], have [ハヴ] →たべる
- 何をめしあがりますか.
  What would you like to have [eat]?
- さあ, めしあがれ. Enjoy. (▶英語では「めしあがれ」にあたる定型表現はない.「どうぞ (食事を) 楽しんで」の意味で, Enjoy. と言うこともある)

💬 スピーキング
🅐 ケーキをご自由にめしあがれ.
Please help yourself to the cake.
🅑 ありがとう.
Thank you.

めした 目下の人 a junior [ヂューニャ]

めしつかい 召し使い a servant [サ~ヴァント]

メジャー¹ メジャーの major [メイヂァ]
メジャー選手 a major leaguer
メジャーリーグ (米) the Major Leagues

メジャー² (巻き尺) a tape measure [メジァ]

めじるし 目印 a mark [マーク]
- …に目印をつける put a mark on ...
- 何か目印はありますか.
  Are there any landmarks? (▶landmark [ランドゥマーク] は,「旅行者などが遠くから見ることができる目印 (となる建造物)」のこと)

メス (手術用の) a scalpel [スキャルペル]；a surgical [サ~ヂカル] knife

めす 雌 a female [フィーメイル] (対 おす male), (口語) a she [シー] (対 おす a he)
- うちのネコはめすです.
  Our cat is a female [a she].

めずらしい 珍しい

(まれな) rare [レァ]；(ふつうでない) unusual [アニュージュアル]
- 今日, 公園でめずらしい鳥を見たよ.
  I saw a rare bird in the park today.
- でも, そんなのめずらしくないよ.
  But that's not unusual.
- 悠太がおくれるなんてめずらしいね.
  It's rare [unusual] for Yuta to be late.

めずらしく unusually
- 8月にしてはめずらしくすずしい.
  It is unusually cool for August.
- 彼女の部屋は今日はめずらしくかたづいている.
  Her room is tidy for a change. (▶

メゾソプラノ ▶

for a change は「ふだんと違って」の意味)

メゾソプラノ mezzo-soprano [メッツォゥソプラノゥ]

めそめそ めそめそする（涙ぐむ）get tearful [ティアフル]

メダカ（魚）a (Japanese) killifish [キリフィシ]

めだつ 目立つ stand [スタンド] out
▶ 俊輔は背が高いからよく目立つ．
Shunsuke is tall, so he *stands out*.
▶ 真琴は目立ちたがり屋だよね．
Makoto is a *show-off*, isn't she?

めだま 目玉 an eyeball [アイボール]
目玉焼き fried [フライド] eggs；(片面だけ焼いた)《米》a sunny-side up egg
目玉商品 a loss leader [ロ(ー)ス リーダァ]

メダリスト a medalist [メダリスト]
▶ 金メダリスト
a gold *medalist*

メダル a medal [メドゥル]
▶ サオリは金メダルをとった．
Saori won a gold *medal*.
▶ 銀メダル a silver *medal*
▶ 銅メダル a bronze *medal*

めちゃくちゃな messy [メスィ]
▶ 高志の部屋はめちゃくちゃだった．
Takashi's room was a *mess*.

めつき 目つき a look [ルック]
▶ 野間先生はするどい目つきでぼくを見た．
Ms. Noma gave me a sharp *look*.

メッセージ a message [メセヂ]
▶ メッセージを送る
send a *message*

めったに

seldom [セルダム], rarely [レアリィ]

💬表現力
めったに…ない
→ not … (very) often /
seldom … / rarely …

▶ ぼくはめったにかぜをひかない．
I *don't* catch a cold (very) *often*.
▶ 彼はめったに本を読まない．
He *seldom* [*rarely*] reads a book.
▶ こんなチャンスはめったにないよ．
Opportunities like this *rarely* come.

めつぼう 滅亡 ruin [ルーイン]
滅亡する（ほろびる）perish [ペリシ]

メディア the media [ミーディア]

めでたい happy [ハピィ] →おめでとう
▶ ことしはめでたいことがたくさんあった．
We had a lot of *happy* events this year.

メドレー《音楽》a medley [メドゥリィ]；《水泳》a medley
▶ 400メートル個人メドレー
the 400-meter individual *medley*

メニュー a menu [メニュー]
▶ メニューを見せてください．
Can [May] I see the *menu*?
▶ あのカフェの新メニューはもう食べた？
Have you tried the new *item on the menu* at the cafe? (▶ menu は「献立表」の意味．個々の料理をさすときは item や dish を使う)

めのまえ 目の前に，目の前で before …'s (very) eyes；(…の前に) in front of
▶ 事故は私の目の前で起こった．
The accident happened *before my very eyes*.
▶「今日の新聞はどこ？」「目の前よ」
"Where's today's paper?" "Just *in front of* you."

めまい めまいがする feel dizzy [ディズィ]
▶ めまいがするんです．
I *feel dizzy*.

メモ a note [ノゥト], a memo [メモゥ] (▶ 英語の memo はふつう「(会社内などで使う)連絡メモ」のこと)
メモする make a note (of), write down
▶ ノートの余白にメモをする
make a note in the margin of a notebook
メモ帳 a memo pad
メモ用紙 memo paper, note paper, scratch [スクラッチ] paper

めもり 目盛り a scale [スケイル]

メモリー (a) memory [メモリィ]

メリーゴーラウンド a merry-go-round

メリット（利点・強み）an advantage [アドヴァンテヂ]
▶ 電子辞典のメリットは何ですか．
What are the *advantages* of using an electronic dictionary?

メルボルン（地名）Melbourne [メルバン]

メロディー a melody [メロディ], a tune

メディア・通信手段 Media and Means of Communication

イラスト：大管雅晴

メディアのことを調べてみよう！
Let's *find out about the media!

*find out 調べる

これまで時代ごとに様々なメディアが登場してきました。電子書籍は最近登場したメディアの一つです。紙の書籍や雑誌の売り上げが下がる中、電子書籍の発売部数は伸びています。2022年の電子書籍の売り上げのうち86.3%がコミックでした。

Each historical period has had its own type of media. E-books are one of the types of media that have appeared recently. Sales of paper books and magazines are decreasing, but the number of e-books is increasing. Eighty-six point three percent of e-book sales in 2022 came from comic books.

日本のメディアの歴史
The history of media in Japan

立て札
notice boards

かわら版（旧式の新聞）
kawaraban
(old-style newspaper)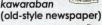

雑誌（1867年）
magazines

新聞（1870年）
newspapers

ラジオ（1925年）
radio

テレビ（1953年）
TV

（インター）ネットメディア
internet media

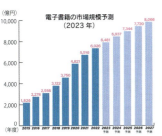

（出典：インプレス総合研究所）

急激に増えた携帯電話
The rapid increase in cellphones

日本で携帯電話が初めて発売されたのは1985年でした。その後、携帯電話の技術はめざましい進化をとげました。40年前には携帯電話を利用する人がほとんどいなかったのが、今では小学生にも普及しています。

Cellphones were first sold in Japan in 1985. After that, the technology *developed at a **remarkable pace. Just 40 years ago, almost no one used cellphones, but now even elementary school students are using them.

* develop [divéləp ディヴェロプ] 発達する ** remarkable [rimáːrkəbl リマーカブル] めざましい

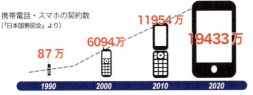

しもしも〜

1985年に発売された「ショルダーホン」。3kgもあった。

携帯電話・スマホの契約数（『日本国勢図会』より）

メロン ▶

メロン a melon [メロン]
めん¹ 面 a mask [マスク]；(防具) a face guard [ガード]
めん² 綿 cotton [カトゥン]
▶ 綿のシャツ
a *cotton* shirt
▶ 脱脂綿
《米》(absorbent) *cotton* /《英》*cotton wool*
綿製品 cotton goods
めん³ 麺 noodles [ヌードゥルズ]
めんえき 免疫 immunity [イミューニティ]
免疫の,免疫のある immune [イミューン]
▶ このウイルスにはだれも免疫がありませんでした.
No one was *immune* to this virus.
免疫力 (免疫機能) immune system
▶ 私は病気にならないように免疫力をアップしたい.
I want to strengthen my *immune system* so that I won't get sick.
めんかい 面会する see [スィー], meet [ミート]
▶ 面会のかたが見えています.
Someone wants to *see* [*meet*] you.
面会時間 (病院の) visiting hours
面会謝絶 (掲示) No Visitors
めんきょ 免許 a license [ライセンス]
▶ 運転免許をとる get a driver's *license*
めんこ 面子 *menko*, pasteboard cards for children's play
めんじょう 免状 a diploma [ディプロウマ]
めんする 面する face [フェイス]
めんぜい 免税の tax-free, duty-free
▶ これは免税で買えますか.
Can I get this *tax-free*?
免税店 a duty-free shop
免税品 duty-free [tax-free] goods
めんせき 面積 (an) area [エ(ア)リア]
▶ 三角形の面積を求めなさい.
Find the *area* of the triangle.
めんせつ 面接 an interview [インタヴュー]
面接する interview
▶ きのう高校の面接があった.
I had an *interview* for high school yesterday.
面接官 an interviewer [インタヴューア]
面接試験 an interview

メンタル mental [メントゥル]
▶ あの野球選手はメンタルが強い.
That baseball player is *mentally* tough.
めんだん 面談 an interview [インタヴュー]
▶ 三者面談
a parent-teacher-student *interview*

めんどう 面倒

1 (わずらわしいこと) trouble [トゥラブル]
めんどうな troublesome [トゥラブルサム], bothersome [バザサム]
▶ めんどうくさいなあ.
I *can't be bothered*. (▶ can't be bothered (to ...) で「めんどうで（…）する気にならない」の意味)
▶ めんどうな仕事だった.
It was a *troublesome* [*bothersome*] task.
▶ パソコンのセットアップって，めんどうだなあ. Setting up a computer is *troublesome*.
めんどうをかける trouble ; (迷惑をかける) cause ... trouble

---スピーキング---
Ⓐ ごめんどうをおかけしてすみません.
I'm sorry to trouble you.
Ⓑ ちっともかまいませんよ.
No trouble at all.

▶ めんどうをかけないでくれよ.
Stop *causing trouble*.
2 (世話) care [ケア]
めんどうをみる take care of, look after ; (介護する) care for
▶ 犬のめんどうをみるのはぼくの仕事だ.
It's my job to *take care of* the dog.
▶ だれがその子のめんどうをみるの？
Who *looks after* the boy [girl]?
めんどり めん鳥 (ニワトリの) a hen [ヘン]
メンバー a member [メンバァ]
▶ サッカー部が新しいメンバーを募集してるよ.
The soccer team is looking for new *members*.
▶ スターティングメンバー
a starting *lineup*
めんみつ 綿密な (細心の) careful [ケアフル] ; (詳細な) detailed [ディテイルド]

も

-も

1 《肯定文で》(…もまた) **too** [トゥー] (▶ふつう文尾に置く), **also** [オールソウ] (▶ふつう助動詞，be 動詞のあとか，一般動詞の前に置く)
▶ ぼくはスキーもできるよ．
I can ski, *too*. / I can ski *as well*.
▶「おなか，ぺこぺこだよ」「ぼくも」
"I'm starving." "I am *too*. / Me, *too*. / *So* am I."
▶「私，アイスクリーム大好き」「私も」
"I love ice cream." "Me, *too*. / I do *too*. / So do I."

> 💬表現力
> ～だけでなく…も
> → not only ～ but also ... /
> ... as well as ～

▶ 運動することは体によいだけでなく精神的にもよい．
Exercise is good *not only* for your body *but also* for your mind. / Exercise is good for your mind *as well as* your body.

2 《否定文で》(～もまた…ない) **not ... either** [イーザァ ‖ アイザァ]
▶ ぼくも知らないよ．
I *don't* know, *either*. (▶ I don't know, ×too. とはいわない．否定文のときは either を使う)
▶「とても信じられないよ」「私もよ」
"I just can't believe it." "I *can't*, *either*. / Me, *neither*. / *Neither* can I."

3 (～も…も) ～ **and** [アンド] ..., **both** [ボウス] ～ **and** ... ; (～も…も―ない) **neither** [ニーザァ ‖ ナイザァ] ～ **nor** [ノー(ァ)] ...
▶ 私は美術も音楽もとっている．
I take (*both*) art *and* music. (▶ both をつけると「2つとも」という意味が強調される)
▶ 第一に，ぼくには時間もないしお金もないよ．

First of all, I have *neither* time *nor* money.

4 (数量を強調して) **as ... as**
▶ 30分も（の長い時間）バスを待ったよ．
I waited *as* long *as* thirty minutes for the bus.
▶ 今日，2000円も使っちゃったよ．
I spent *as* much *as* 2,000 yen today.

5 (…さえ) **even** [イーヴン] →-さえ
▶ サルも木から落ちる．(ことわざ)
Even monkeys sometimes fall from trees. (▶日本語からの直訳で英語ではことわざではない) / *Even* Homer sometimes nod. (▶「大詩人ホメロスもときにはしくじる」という意味の英語のことわざ)

も 藻 seaweed [スィーウィード]

もう

> 使い分け
> (すでに)《肯定文で》→ already
> 　　　　《疑問文で》→ yet
> (さらに) → another

1 (すでに)《肯定文で》**already** [オールレディ] ;《疑問文で》**yet** [イェット]

> 💬表現力
> もう…してしまった
> → have already ＋過去分詞

▶ 父はもう出かけました．
My father *has already gone*.

> 💬表現力
> もう…してしまいましたか
> → Have ＋主語＋過去分詞＋ yet?

▶「もう宿題は終わった？」「まだ」
"*Have* you *finished* your homework *yet*?" "No, not yet."
▶ もうお昼を食べてしまったの？
Have you *had* lunch *already*? (▶疑問文ではふつう yet を使うが，「おどろき・意外」の気持ちを表すときは already を使う)

seven hundred and seventy-nine 779

もういちど ▶

2 (いますぐ) **now** [ナゥ]；(いまごろは) by now；(もうすぐ) **soon** [スーン] →すぐ
▶ もう行かないと. I have to go *now*.
▶ 良太はもう起きてるだろう.
Ryota should be awake *by now*.
▶ お母さんはもう帰ってくるよ.
Your mom will be back *soon*.
▶ もうこんな時間！ Look at the time!

3 (さらに) **another** [アナザァ], **more** [モー(ァ)]
▶ もう1ぱいどう？
Do you want *another* cup?
▶ もう10分待ってもらえる？
Could you wait *another* ten minutes?
▶ わかった，もう少し考えてみるよ.
OK, I'll think about it some *more*.

┌─ 表現力 ─────────┐
│ もうこれ以上…ない │
│ → **not ... any more** │
└──────────────┘

▶ もうがまんできないよ.
I *can't* stand it *any more*.

もういちど もう一度 **once again** [アゲン], **again** →いちど

もうがっこう 盲学校 a school for the blind [ブラインド], a school for visually impaired [ヴィジュアリィ インペアド] children

もうかる make money [マニィ], pay [ペイ], be profitable [プラフィタブル]
▶ この仕事はあまりもうからない.
This business doesn't *make* much *money*. / This business doesn't *pay* well.

もうけ (a) profit [プラフィト]
もうける make money
もうしあげる 申し上げる (言う) say [セイ]；(伝える) tell [テル]
もうしこみ 申し込み an application [アプリケイション]
申しこみ書 an application form

もうしこむ 申し込む

(応募する・出願する) **apply** [アプライ]《for, to》；(入会・旅行などを) **sign** [サイン] up《for》, **join** [ヂョイン]；(結婚を) **ask** ～ to marry ... , **propose** [プロポゥズ]《to》(▶ 後者は改まった言い方)
▶ 北高校に入学をもうしこむことにしている.
I'm planning to *apply to* Kita High School.
▶ 彼はスポーツクラブに申しこもうかと考えている. He is thinking about *signing up for* [*joining*] a gym.
▶ 兄は有紀さんに結婚を申しこんだ.
My brother *asked* Yuki *to marry* him.

もうしでる 申し出る **offer** [オー(ー)ファ]
もうしぶん 申し分のない **perfect** [パ〜フェクト], **ideal** [アイディ(ー)アル]
もうじゅう 猛獣 a **fierce** [フィアス] animal, a **beast** [ビースト]
もうしわけ 申し訳
▶ 申しわけありません.
I'm sorry. / (おわびのしようもありません) I don't know how to *apologize*.
▶ お話 [お仕事] のとちゅうで申しわけありません. *I'm sorry* to interrupt you.

もうすぐ
▶ もうすぐお正月だ.
The New Year is *just around the corner.* / The New Year *is coming soon*.

もうすこし もう少し →すこし
▶ もう少し待ってみないか.
Why don't we wait *a little more*?

┌─ 表現力 ─────────┐
│ もう少しで…するところだ │
│ → **almost ... / nearly ...** │
└──────────────┘

▶ もう少しで課題を出し忘れるところだった.
I *almost* [*nearly*] forgot to hand in my assignment.
▶ ちょっと待って，もう少しで終わるから.
Hold on, I'm *almost* finished.

もうちょう 盲腸 an **appendix** [アペンディクス]
盲腸炎 **appendicitis** [アペンディサイティス]
もうどうけん 盲導犬 a **guide** [ガイド] **dog**；a Seeing Eye dog
もうふ 毛布 a **blanket** [ブランケト]
▶ 電気毛布 an electric *blanket*
もうもく 盲目の **blind** [ブラインド], (目の不自由な) visually **impaired** [インペアド]
もうれつ 猛烈な **violent** [ヴァイオレント], **terrible** [テリブル]
猛烈に **violently**
もうれんしゅう 猛練習する **train** [トゥレイン] **hard**

◀ モザイク

もえる 燃える
burn [バ〜ン]
▶ 何かが燃えているようなにおいがしない？
Do you smell something *burning*?
▶ あそこの家が燃えています.
The house over there *is on fire*.
▶ 私は部活に燃えていた.
I *put all my energy into* club activities.

モー moo [ムー] (▶牛の鳴き声)
モーグル mogul [モウグル] skiing
モーター a motor [モウタァ]；(エンジン) an engine [エンヂン]
　モーターボート a motorboat
モーニング (朝) morning [モーニング]；(礼服) (a) morning dress
　モーニングコール a wake-up call
　モーニングサービス a breakfast special (▶英語の morning service は「(教会の)朝の礼拝(%)」のこと)
もがく struggle [ストゥラグル]
▶ シカがにげようともがいていた.
The deer *was struggling* to escape.
もぎしけん 模擬試験 a mock exam [マック イグザム], a trial [トゥライアル] exam
もぎてん 模擬店 (軽食の売店) a snack [スナック] stand
もくげき 目撃する witness [ウィトゥネス]
　目撃者 a witness
もくざい 木材 wood [ウッド]；(製材したもの) 《米》lumber [ランバァ]《英》timber [ティンバァ]
もくじ 目次 a table of contents [カンテンツ], contents
もくせい¹ 木星 Jupiter [ヂューピタァ] →わくせい (表)
もくせい² 木製の wooden [ウドゥン]
▶ 木製の机 a *wooden* desk
もくぞう 木造の wooden [ウドゥン], built of wood, made of wood
▶ 日本の家の多くは木造です.
Most Japanese houses *are made of wood*.
もくたん 木炭 charcoal [チャーコウル]

もくてき 目的
a **purpose** [パ〜パス], an **aim** [エイム]；(目標) a **goal** [ゴウル]

💬 スピーキング
Ⓐ (入国審査で) 旅行の目的は？
What's the purpose of your visit?
Ⓑ 観光です.
Sightseeing.

▶ ようやく目的を達成した.
I finally achieved my *goal* [*aim*].

💬 表現力
…する目的で
→ **in order to** ＋動詞の原形／
　for the purpose of -ing

▶ スミスさんは歌舞伎(%)を研究する目的で日本に来た. Mr. Smith came to Japan (*in order*) *to* study kabuki. ／ Mr. Smith came to Japan *for the purpose of studying* kabuki.
目的地 a destination [デスティネイション]
もくとう 黙祷 (a) silent prayer [サイレント プレア]
もくどく 黙読する read silently
もくひょう 目標 a goal [ゴウル]；(目的) an aim [エイム]
▶ ぼくの目標は100メートルで12秒を切ることだ. My *goal* [*aim*] is to run 100 meters in under 12 seconds.
もぐもぐ (食べる) munch [マンチ]；(言う) mumble [マンブル]

もくようび 木曜日 →ようび(表)
Thursday [サ〜ズディ] (▶語頭は必ず大文字；Thu. または Thur., Thurs. と略す)
▶ 木曜日に on *Thursday*
▶ この次の木曜日 next *Thursday*
▶ 木曜日の朝に on *Thursday* morning
モグラ 《動物》a mole [モウル]
もぐる 潜る dive [ダイヴ]
▶ 水中にもぐる *dive* into the water
▶ ベッドにもぐりこむ
get into bed ／ *slip* into bed
▶ 2分間もぐっていられるよ. I can *stay underwater* for two minutes.
モクレン 《植物》a magnolia [マグノウリャ]
もくろく 目録 (一覧表) a list [リスト]；(カタログ) a catalog(ue) [キャタロ(ー)グ]
もけい 模型 a model [マドゥル]
モザイク mosaic [モウゼイイク]

seven hundred and eighty-one 781

もし
if [イフ]

表現力
もし…ならば → if ...

- もしあした晴れたら，プールに泳ぎに行こうよ．
  If the weather is good tomorrow, let's go swimming in the pool. (▶ありうることについて「もし…ならば」というときは，未来のことを表す場合でも if 以下の動詞は現在形を使う)
- もしよかったら遊びにきてください．
  Please come visit us *if* you like.
- もし時間があったらうちに寄って．
  Please drop in *if* you have time.
- もし私があなただったら彼を手伝うけど．
  If I were you, I would help him. (▶ありえないことなどを仮定するときは，ifのあとの動詞は過去形を使う．be 動詞は wereを使う)

もじ 文字
(アルファベットなどの)a **letter** [レタァ]；(漢字などの) a **character** [キャラクタァ]

- 大文字 a capital *letter*
- 小文字 a small *letter*
- 名前はすべて大文字で書いてください．
  Write your name in capital *letters*.

文字化けする be garbled [ガーブルド]
- あなたのメールは文字化けしていました．
  Your email *was garbled*.

もしかしたら，もしかして maybe [メイビィ]，perhaps [パハァプス]；(ひょっとすると) possibly [パスィブリィ]
- もしかしたら，久美は病気かもね．
  Maybe Kumi is sick. / Kumi *may* [*might*] be sick.
- あしたは雨か，もしかしたら雪みたいだよ．
  It's going to rain tomorrow, or *possibly* snow.

もしも if [イフ], (just) in case [ケイス]
- もしものときのために私の電話番号をメモしておいてください．
  Write down my phone number (*just*) *in case*.

もしもし

1 (電話で) **Hello.** [ヘロウ]
- もしもし，結衣ですが，彩乃さんいらっしゃいますか．
  Hello, this is Yui. Is Ayano in? (▶ in は at home ともいう)

スピーキング
Ⓐ もしもし，前田と申しますが，横田さんいらっしゃいますか．
Hello, this is Maeda. May I speak to Mr. Yokota?
Ⓑ はい，私ですが．
Speaking. / This is he.

2 (呼びかけ) **Excuse me.** [イクスキューズミィ], **Say** [セイ]
- もしもし，ハンカチが落ちましたよ．
  Say, you dropped your handkerchief.

もじもじ (はずかしそうに) shyly [シャイリィ]
モスク (イスラム教寺院) a mosque [マスク]
モスクワ (地名) Moscow [マスカウ]
もぞう 模造 imitation [イミテイション]
もたもた もたもたする be slow [スロウ] →ぐずぐず
- もたもたするな．Don't *be* so *slow*.

もたれる lean [リーン]《against, on》
モダン モダンな modern [マダン]
もち *mochi*, a rice cake
- もちを焼く grill *rice cakes*
もちつき rice cake making
もちあげる 持ち上げる lift [リフト]
もちあるく 持ち歩く carry [キャリィ]
もちいる 用いる use [ユーズ] →つかう
もちかえる 持ち帰る (家へ) take ... home；(レストランなどから飲食物を)《米》take out, 《英》take away

スピーキング
Ⓐ ここでめしあがりますか，それともお持ち帰りになさいますか．
For here or to go?
Ⓑ 持ち帰りにします．
To go, please.

もちこむ 持ち込む bring in
もちだす 持ち出す take out
もちぬし 持ち主 an owner [オウナァ]
もちはこぶ 持ち運ぶ carry [キャリィ]《around》→はこぶ
- このノートパソコンは持ち運ぶのに便利だ．

This laptop is easy to *carry around*.

もちもの 持ち物 my things, my belongings [ビ**ロ**(—)ンギングズ]
▶ 持ち物にはすべて名前を書きなさい．
Put your name on all *your things* [*belongings*].

もちゅう 喪中で in mourning [**モ**—ニング]

もちろん

Of course. [オフ **コ**—ス], Sure. [**シュ**ア]；(提案されて)Why not? [(フ)**ワ**イ ナット] (▶ Of course. は多くの場合「そんなことあたりまえでしょう」という強い意味を表すため，使い方には注意が必要)

▶ 「買い物，いっしょに行く？」「もちろん」
"Do you want to go shopping with me?" "*Sure*, I do."
▶ 「だれにも話さないでね」「もちろん」
"Please don't tell anyone." "*Of course not*." (▶「もちろん話しません」という意味なので not が必要)
▶ 「もうひとつもらっていい？」「もちろん」
"Can I have another one?" "*Sure*, go ahead."
▶ 「今晩，外食しない？」「うん，もちろん(そうしよう)」
"What do you say we eat out tonight?" "*Sure, why not?*"

> 💬用法 さまざまな「もちろん」
> 「手伝って」「もちろん」"Will you help me?" "Of course. / Sure. / Certainly. / With pleasure." (▶ あとの2つは，ていねいな言い方)

もつ 持つ

> 使い分け
> (所持する，所有する) → have, own
> (手に持つ) → have, take
> (長持ちする) → last, keep

1 (所持する) have [ハヴ]；(所有する) own [**オ**ウン] (▶ どちらも進行形にしない)

> 💬表現力
> …を持つ，…を持っている → have ...

▶ 新しい携帯電話を持ってるよ．
I *have* a new cellphone. (▶ ×I'm having ... としない)
▶ おじは信州に別荘を持っている．
My uncle *has* a summer home in Shinshu. (▶ has は own ともいう)

> 💬表現力
> …を持っていない → do not have ...

▶ 私はデジタルカメラを持ってない．
I *don't have* a digital camera.
▶ 紗枝は携帯電話を持ってないよ．
Sae *doesn't have* a cellphone.
▶ そのとき十分なお金を持っていなかった．
I *didn't have* enough money with me then.

> 💬表現力
> …を持っていますか → **Do you have ...?**

▶ その歌手の CD を何か持ってる？
Do you have any of the singer's CDs?

2 (手に持つ) have, take [テイク]；(しっかり) hold [**ホ**ウルド]；(運ぶ) carry [**キャ**リィ]

have / hold   carry

▶ 手に何を持ってるの？
What do you *have* in your hand?
▶ かばん，持ってあげるよ．
Let me *take* your bag. (▶ take は carry や hold ともいう)
▶ ロープをしっかり持って．
Hold the rope tightly.

> 💬表現力
> ～を持った… → ... with ～

▶ あのボールを持っている女の子，だれ？
Who's that girl *with* the ball?

3 (長持ちする) last [**ラ**スト]；(食べ物が) keep [**キ**—プ]

▶ この天気が週末までもつといいけどね．
I hope this weather will *last* until the weekend.
▶ このおかず，冷蔵庫に入れておけば数日もつよ．

もっきん ▶

This dish *keeps* well in the fridge for several days.

もっきん 木琴《楽器》a xylophone [ザイロフォウン]
▶ もっきんをひく play the *xylophone*

もっこう 木工《作業》woodworking [ウドワ～キング]

もったいない
▶ もったいない！
What a *waste*!
▶ 時間がもったいない（→時間をむだにしたくない）．
I *don't want to waste* time.

💬用法 「もったいない」の表し方
食べ物や時間などの「資源をむだにしている」という場合は **waste**，「惜しい，残念だ」という場合は **shame** を使う．
食べ物を残すなんてもったいない（→むだだ）．
It's a *waste* to leave your food.
彼はまだ若い．上をめざさないなんてもったいない（→惜しい）よ．
He's still young. It's a *shame* not to aim higher.

もっていく 持って行く

take [テイク]（反 持ってくる bring）

▶ かさを忘れずに持っていきなさい．
Don't forget to *take* your umbrella.

💬表現力
（人）に（物）を持っていく
→ take ＋人＋物 /
　 take ＋物＋ to ＋人

▶ お父さんに新聞を持っていってあげて．
Please *take* Dad the paper. / Please *take* the paper *to* Dad.
▶ これ，先生に持っていってくれる？
Could you *take* this *to* the teacher?

（▶ ×take the teacher this とはいわない．物が代名詞のときは「take＋物（代名詞）＋ to ＋人」の順にする）

もってくる 持って来る

bring [ブリング]（反 持っていく take），get [ゲット]；（行ってとってくる）go (and) get，《英》fetch [フェッチ]
▶ あしたはお弁当を持ってきてください．
Please *bring* your lunch tomorrow.

💬表現力
（人）に（物）を持ってくる
→ bring [get] ＋人＋物 /
　 bring [get] ＋物＋ to [for] ＋人

▶ おばはケーキを持ってきてくれた．
My aunt *brought* us a cake. / My aunt *brought* a cake *to* [*for*] us.

💬スピーキング
Ⓐ シャンプー持ってきてくれる？
Would you bring [get] me the shampoo?
Ⓑ はい，どうぞ．
Here you are.

▶ 朝刊を持ってきてくれない？
Could you *go* (*and*) *get* the morning paper?

もっと

more [モー(ァ)]（▶ そのほか形容詞・副詞の比較級で表すことが多い）
▶ もっと食べていい？
Can I have (some) *more*?
▶ もっと睡眠をとったほうがいいよ．
You need to get some *more* sleep.
▶ もっとおこづかいが多かったらなあ．
I wish I had a *bigger* allowance.
▶ もっと勉強しないとだめよ．
You have to study *harder*.
▶ もっと安いのはありませんか．
Do you have a *less* expensive one?

モットー a motto [マトウ]（複数 motto(e)s）
▶ 「けっしてあきらめない」これがぼくのモットーだ．
Never give up ― that's my *motto*.

もっとも¹ 最も →いちばん

（▶ most [モウスト] やその他の形容詞・副

◀ **もともと**

詞の最上級で表す）

📖文法 形容詞・副詞の最上級と the
最上級は特定のものを限定する言い方なので直前に **the** を置く。ただし、副詞の場合、《英》では省略されることが多い.

▶ この番組はいままで見た中でもっともおもしろい.
This is *the most* interesting program I've ever seen.
▶ うちの子どもの中では、真奈美がもっともよく勉強する.
Of all our children, Manami studies (*the*) *hardest*.

🖊ライティング
信濃川は日本で**もっとも**長い川です.
The Shinano is the longest river in Japan.

もっとも²
▶ きみがおこるのももっともだよ.
You *have a right to* get angry.（▶ have a right to ... で「…してあたりまえだ」の意味）/ You *may well* get angry.

モップ a mop [マップ]
　モップでふく mop

もつれる get [become] tangled [タングルド]
▶ 糸がもつれた.
The thread *got tangled*.

もてなし hospitality [ハスピタリティ];（歓迎）a welcome [ウェルカム]
▶ 私はアメリカで温かいもてなしを受けた.
I received a warm *welcome* in America.

もてなす （歓迎する）welcome [ウェルカム], receive [リスィーヴ];（接待する）entertain [エンタテイン]
▶ 客をもてなす *entertain* a guest

もてる （人気がある）be popular [パピュラァ]《with》
▶ 真帆は男の子にもてる.
Maho *is* very *popular with* boys.

モデル a model [マドゥル]

もと 元

1（原因）a cause [コーズ]
▶ けんかのもとは何なの？

What's the *cause* of the fight? /（何でけんかが始まったの）What started the fight?

2（以前）once [ワンス], before [ビフォー(ァ)]
　もとの（単語の前につけて）ex-;（過去の）former [フォーマァ];（この前の）previous [プリーヴィアス]
▶ 葵はもと生徒会長だ.
（歴代の会長の1人）Aoi is a *former* student council president. /（今の会長の前任者）Aoi is the *previous* student council president.
▶ 三上さんは姉のもとカレだ.
Mr. Mikami is my sister's *ex-*boyfriend.
▶ もとの場所にもどしてね.
Put it back where it was *before*. （▶ where it was before で「それがもとにあった場所に」の意味）

💬表現力
もとは…だった
→ **used to ...** →むかし

▶ ここはもとは大きな池だった.
There *used to* be a big pond here.

モトクロス motocross [モウトゥクロ(ー)ス]

もどす 戻す put ... back《in, into》→かえす
▶ 辞書はかならずもとの場所にもどしてね.
Be sure to *put* the dictionary *back*.

もとづく 基づく be based [ベイスト]
▶ この映画は事実に基づいています.
This movie *is based* on a true story.

もとめる 求める **1**（頼む）ask for, request [リクウェスト]
▶ 私は彼らに事情を話して助けを求めた.
I told them what was going on and *asked for* help.

2（さがす）look for →さがす
▶ コーラス部は新入部員を求めている.
The choral club *is looking for* new members.

3（問題を解く）find [ファインド]
▶ 円すいの体積を求めなさい.
Find the volume of the cone.

4（買う）buy [バイ] →かう¹

もともと （最初から）from the beginning;（元来）originally [オリヂナリィ];（生まれつき）by nature

seven hundred and eighty-five 785

もどる

もどる 戻る →かえる¹
go [come] back [バック] (to), return [リターン]
- すぐもどるから.
I'll *be* [*come*] *back* right away.
- 教室にもどりなさい.
(教室の外で言うとき) *Go back to* the classroom. / (教室の中から外に向かって言うとき) *Come back to* the classroom.

モニター (装置・人) a monitor [マニタァ]
- パソコンモニター a computer *monitor*

もの¹ 物

1 (物体・物事) a thing [スィング]; (何か…もの) something [サムスィング]; (一度出てきた名詞を受けて) one [ワン]
- (自分の) 物をたいせつにね.
Take good care of your *things*.
- 何か食べるものある？
Can I have *something* to eat?
- このジャケットはちょっと大きすぎます. 別のものを見せてもらえますか.
This jacket is a bit too large. Can you show me another *one*? (▶この場合, one は jacket をさす)

2 (…の所有物) (▶以下の表のように, 代名詞のときは所有代名詞で, 固有名詞のときは 's(アポストロフィー・エス)をつけて表す)

1人称	mine	(私のもの)
	ours	(私たちのもの)
2人称	yours	(あなたのもの)
	yours	(あなたたちのもの)
3人称	his	(彼のもの)
	hers	(彼女のもの)
	Tom's	(トムのもの)
	theirs	(彼らのもの)

🗣 スピーキング
- Ⓐ これはあなたのものですか.
Is this yours?
- Ⓑ ええ, 私の (→私のもの) です.
Yes, it's mine.

- 「それ, だれのかさ？」「うちのお母さんのものよ」
"Whose umbrella is that?" "It's my mother's."

もの² 者 (人) a person [パースン]; (だれか) someone [サムワン], anyone [エニワン]; (みんな) everyone [エヴリワン]
- 申しわけございませんが, ただいま担当の者は不在です.
I'm sorry, but the *person* in charge is not in right now.
- 何者かに自転車をぬすまれた.
Someone stole my bike.

ものおき 物置 (外の) a shed [シェッド]; (納戸 (なんど)) a closet [クラゼット]

ものおと 物音 a noise [ノイズ]
- 私は夜中に物音で目が覚めました.
A *noise* woke me up in the middle of the night.

ものおぼえ 物覚え (a) memory [メモリィ]
- 妹は物覚えがいい (→記憶力 (きおくりょく) がいい).
My sister has a good *memory*. (▶「物覚えが悪い」なら good のかわりに bad を使う)

ものがたり 物語 a story [ストーリィ], a tale [テイル]; (寓話 (ぐうわ)) a fable [フェイブル]
- 『イソップ物語』
Aesop's [イーサプス] *Fables*
- 『源氏物語』
The Tale of Genji

ものごと 物事 things [スィングズ]
- 物事をあまりまじめに考えすぎるな.
Don't take *things* too seriously.

ものさし 物差し a ruler [ルーラァ], a rule [ルール], a measure [メジァ]
- 私はその布をものさしで測った.
I measured the cloth with a *ruler*.

ものずき 物好きな curious [キュ(ア)リアス]

ものすごい terrific [テリフィク]; (悪い意味で) terrible [テリブル] →ひどい
- このものすごいにおいは何？
What's this *terrible* smell?
- 遊園地はものすごい人だったよ.
There were *lots and lots of* people at the amusement park.

ものすごく terribly [テリブリィ] →ひじょうに
- 先週はものすごくいそがしかった.
I was *terribly* busy last week.
- この参考書, ものすごく高かったんだ.
This study aid was *so* expensive.

-(した)ものだ would [ウッド], used to

◀ **もよう**

[ユーストゥ] ... →むかし

💬表現力
…したものだ
→ would ... / used to ...

▶ 小さいころは母とよく歌を歌ったものでした.
When I was little, I *would* [*used to*] sing with my mother.

モノトーン (単調) monotone [マノトゥン]
モノトーンの (色が) colorless

ものともしない (なんとも思わない) think nothing [ナスィング] (of)
▶ 彼女は早起きをものともしない.
She *thinks nothing of* getting up early.

ものにする →マスターする

ものほし 物干し
物干しざお a clothes-drying bar
物干しづな a clothesline

ものまね 物まね mimicry [ミミクリィ];(ものまねをする人) a mimic [ミミク] →まね
ものまねをする mimic

モノレール a monorail [マノレイル]

ものわすれ 物忘れ
▶ 最近物忘れがひどくてね.
I'm so *forgetful* these days.

もはや (もはや…でない) no longer [ロ(ー)ンガァ] →すでに, もう
▶ 宇宙旅行ももはや夢ではない.
Space travel is *no longer* a dream.

もはん 模範 a model [マドゥル], an example [イグザンプル] →てほん
▶ 美保は模範的な生徒だ.
Miho is a *model* student.

もふく 喪服 a mourning [モーニング] dress

もほう 模倣する imitate [イミテイト]

-もまた 《肯定文で》too [トゥー], also [オールソウ];《否定文で》either [イーザァ] →-も

モミ¹ 樅《植物》a fir [ファ〜] (tree)

モミ² 籾 (殻のついた米) paddy [パディ];
(もみ殻) chaff [チャフ]

モミジ (カエデ) a maple [メイプル];(紅葉) autumn leaves

もむ massage [マサージ], give ... a massage
▶ 肩をもんでくれる？
Could you *give* me *a shoulder massage*?

もめごと a trouble [トゥラブル]

もめる (ごたごたする) have trouble [トゥラブル];(口論する) argue [アーギュー], fight [ファイト] (with, about)
▶ 以前に隣の家の人ともめたことがあった.
We *had* some *trouble* with our next-door neighbor before.
▶ 部活のことで両親ともめた.
My parents and I *argued* [*fought*] *about* my club activities.

もめん 木綿 cotton [カトゥン]
木綿糸 cotton thread [スレッド]

モモ 桃《植物》a peach [ピーチ]
▶ モモの花がもうすぐ咲くよ.
The *peach* blossoms are blooming soon.
桃の節句 →ひなまつり

もも (太もも) a thigh [サイ]

ももいろ 桃色 pink [ピンク]

もや (a) mist [ミスト], (a) haze [ヘイズ]
もやがかかった misty
▶ けさはもやがかかっていた.
It was *misty* this morning.

もやし bean sprouts [ビーン スプラウツ]

もやす 燃やす burn [バ〜ン]
▶ 彼女は古い手紙を燃やした.
She *burned* her old letters.

もよう 模様 **1** (柄) a pattern [パタン]

plain　　striped　　plaid　　checked

⑤polka-dot　⑥ flowered

①無地　②しま　③格子じま　④市松
⑤水玉　⑥花がら

▶ その花模様のワンピース，すごく似合うね.
You look really nice in that *flowered* dress.
▶ 父はしま模様のネクタイが好きだ.
My father likes *striped* ties.

2 (ようす・状態) a look [ルック]
▶ 空もようはどう？
How does the sky *look*? / What

もよおし ▶

does the sky *look like*?
模様がえする rearrange [リーアレインヂ]
もよおし 催し an event [イヴェント]
もよおす hold, give；(行事などが行われる) take place
▶ 卒業式は3月15日にもよおされる.
The graduation ceremony *is held* [*takes place*] on March 15.
もより 最寄りの the nearest
▶ 最寄りの駅はどこですか.
Where is *the nearest* station?

もらう

get [ゲット], have [ハヴ], receive [リスィーヴ], be given
▶ クラスメートから昨日メールをもらった.
I *got* an email from my classmate yesterday.
▶ 誕生日に何をもらったの？
What did you *get* for your birthday?
▶ 明はユミからキーホルダーをもらった.
Akira *was given* a key ring by Yumi.
▶ これ, もらえますか.
Can I *have* this one?

> 💬表現力
> (人) に…してもらう
> → have ＋人＋動詞の原形 /
> 　get ＋人＋ to ＋動詞の原形

▶ 父に数学の宿題をチェックしてもらった.
I *got* my father *to* check my math homework.

> 💬表現力
> (物) を…してもらう
> → have ＋物＋過去分詞 /
> 　get ＋物＋過去分詞

▶ 真由美は髪をカットしてもらった.
Mayumi *had* [*got*] her hair *cut*.
▶ パソコンを修理してもらわないと.
I need to *have* my computer *repaired*.

> 💬表現力
> (人) に…してもらいたい
> → want ＋人＋ to …

▶ きみにはこんなことは二度としてもらいたくない.
I never *want* you *to* do anything like this again.

> 💬表現力
> …してもらえますか.
> → Can you …? /
> 　(ていねい) Could you …? /
> 　Would you …?

▶ (お店で) 右から2番目のを見せてもらえますか.
Can you show me the second one from the right?
▶ あしたの朝は9時までに来てもらえますか.
Could [*Would*] *you* be here by nine tomorrow morning?
-(して)もらえませんか →くれる¹
もらす 漏らす (秘密などを) let out, leak [リーク]
▶ 秘密をもらしちゃだめだよ, いい？
Don't *let* the secret *out*, OK?
モラル morals [モ(ー)ラルズ], morality [モラリティ]
もり 森 (小さな) woods [ウッヅ]；(人手の入らない深い) a forest [フォ(ー)レスト]

▶ 森の中に小さな神社があった.
There was a small shrine in the *woods*.
もりあがる 盛り上がる (隆起する) rise [ライズ]；(高まる) arise [アライズ]；(議論が熱をおびる) heat up
▶ この運動は大学生の間で盛り上がった.
This movement *arose* among college students.
▶ 彼女のアドバイスのあとで討論は盛り上がり始めた.
The debate began to *heat up* after her advice.
もる 漏る leak [リーク] →もれる
モルモット 《動物》a guinea pig [ギニィピグ] (▶ marmot [マーモット] は一般にいう「モ

◀ **もんぶかがく**

ルモット」とは別の動物)

もれる 漏れる leak [リーク]；(液体がポタポタと) drip [ドゥリップ]
▶ ガスがもれている．
The gas *is leaking*.
▶ 天井から雨がもれてるぞ！
The roof *is leaking*!
▶ 台所の蛇口から水がもれてるよ．
The faucet in the kitchen *is dripping*.

もろい (こわれやすい) be easily broken, be fragile [フラヂル, フラヂャイル]
▶ 近ごろ子どもの骨がもろくなった．
Children's bones *are easily broken* these days.
▶ 母はなみだもろい．
My mother is *easily* moved to tears. / My mother cries *easily*.

もん 門 a gate [ゲイト]
▶ 正門
a main *gate*
▶ 通用門
a side *gate*
▶ 校門
a school *gate*
▶ そしたら5時に校門の前でね．
Then I'll meet you at five at the school *gate*.

もんく 文句 **1** (不平) a complaint [コンプレイント]
文句を言う complain (about)
▶ ぼくに文句があるなら，直接言ってくれよ．
If you have any *complaints* about me, tell me to my face.
▶ いまさら文句を言ってもはじまらないよ．
It's too late to *complain* now.
2 (語句) words [ワ〜ッ]
▶ その歌の文句，覚えてる？
Do you remember the *words* of the song?

もんげん 門限 curfew [カ〜フュー]
モンゴル (地名) Mongolia [マンゴウリア]

もんだい 問題

1 (テストの)(文系の) a question [クウェスチョン]；(理系の) a problem [プラブレム]
▶ どの問題がいちばんむずかしかった？
Which *question* [*problem*] was the most difficult for you?

▶ この問題は絶対テストに出るよ．
This *question* will be on the test for sure.
問題を解く (文系の) answer a question；(理系の) solve a problem
問題集 a workbook, an exercise book, a drill book
問題用紙 《米》an exam sheet, a question sheet (▶「解答用紙」は an answer sheet という)
2 (議論すべき・解決すべき) a question, a matter [マタァ]；(むずかしい) a problem；(関心の高い) an issue [イシュー]
▶ それは時間の問題だ．
It's a *question* [*matter*] of time.

> 📣 **プレゼン**
> いじめは深刻な問題です．たくさんの子どもたちが苦しんでいます．
> Bullying is a serious problem. Many children are suffering from it.

> 💬 **表現力**
> 問題は…だ
> → **The problem is (that) ... .**

▶ 問題は新入部員が少ないことだ．
The problem is (that) we have few new members. (▶ The ˟question is (that) ... とはいわない)

> 💬 **表現力**
> 問題はだれが［どこで，いつ］…かだ．
> → **The question is who [where, when など] ... .**

▶ それをやるのにどれくらいかかるかが問題だ．
The question is how long it will take to get it done.

もんどう 問答 questions and answers
モントリオール (地名) Montreal [マントゥリオール] (▶カナダ南東部の都市)
もんぶかがく 文部科学省 the Ministry [ミニストゥリィ] of Education, Culture, Sports, Science and Technology (▶略称は MEXT)
文部科学大臣 the Minister [ミニスタァ] of Education, Culture, Sports, Science and Technology

や

やヤやヤやヤ

や 矢 an arrow [アロウ] (▶「弓」は bow [ボウ])
- 矢を射る shoot an *arrow*
- 光陰矢のごとし. 《ことわざ》 Time flies.

-や →-と

1 (…と) **and** [アンド]
- 数学や理科をもっと勉強しないといけない.
I need to study math *and* science harder.

2 (または) **or** [オ, オー(ァ)] →あるいは
- ほとんどの生徒は自転車やバスで通学します.
Most students come to school by bike *or* by bus.

やあ Hi! [ハイ], Hello! [ヘロウ]
- 「やあ, どうしてる？」「相変わらずさ. そっちは？」
"*Hi*, how are you doing?" "Same as usual. And you?"

ヤード a yard [ヤード] (▶ 1 ヤードは約0.9メートル)

やえば 八重歯 a double tooth [ダブル トゥース]

やおちょう 八百長 a fix [フィクス]

やおや 八百屋 (店) a vegetable store [ヴェヂタブル ストー(ァ)], 《英》 a greengrocer's [グリーングロウサァズ]

やがい 野外の outdoor [アウトゥドー(ァ)], open-air [オウプンエア]
野外学習 a field trip
野外活動 outdoor activities
野外コンサート an open-air concert
野外ステージ an open-air stage
野外ライブ an open-air concert

やかた 館 a mansion [マンション]

やがて 1 (まもなく) soon [スーン], before long, by and by
- 桜の花がやがて咲く. The cherry blossoms will come out *soon*.

2 (ほぼ) nearly [ニアリィ], almost [オールモウスト]
- 東京に引っ越してからやがて10年になります.
It is *almost* ten years since we moved to Tokyo.

やかましい →うるさい

1 (さわがしい) noisy [ノイズィ]
- やかましいから, テレビの音を小さくして.
Turn the TV down. It's *noisy*.
- やかましいよ (→静かにして). Be quiet.

2 (厳しい) strict [ストゥリクト]; (好みなどが) particular [パティキュラァ]
- 両親は私の着るものについてやかましい.
My parents are *strict* about the clothes I wear.
- 彼は食べ物にすごくやかましい.
He's really *particular* about food.

やかん¹ 夜間 night [ナイト], nighttime

やかん² a kettle [ケトゥル]
- やかんで湯をわかす
boil water in a *kettle*

やき- 焼き… (オーブンで焼いた) baked [ベイクト]; (フライパンでいためた) fried [フライド]; (グリル(焼き網)で焼いた) grilled [グリルド]
- 焼きいも a *baked* sweet potato
- 焼き魚 a *grilled* fish

ヤギ 《動物》 a goat [ゴウト]; (子ヤギ) a kid [キッド]
やぎ座 the Goat, Capricorn [キャプリコーン] →せいざ (表)

やきいも 焼きいも a baked [roast] sweet potato

やきそば 焼きそば *yakisoba*, chow mein [チャウ メィン], fried Chinese noodles

やきたて 焼きたての (パンやパイが) hot from the oven [アヴン]

やきつける 焼き付ける print [プリント]

やきとり 焼き鳥 *yakitori*, broiled [grilled] chicken on a skewer [スキューァ] (▶ skewer は「くし」のこと)

やきにく 焼き肉 broiled [grilled] meat

やきまし 焼き増し a copy [カピィ], a print [プリント]

やきもち 焼きもち (しっと) jealousy [ヂェラスィ]

やきもちやきの jealous [チェラス]
▶ やきもちをやくな. Don't be *jealous*.

やきゅう 野球

baseball [ベイスボール] (▶スポーツ名には冠詞はつかない)
▶ 野球をする play *baseball*
▶ 放課後, 野球の練習がある.
I'm having *baseball* practice after school.
▶ ゆうべ, テレビで野球の試合を見た.
I watched a *baseball* game on TV last night. (▶ watched のかわりに saw でもよい)
野球場《米》a ballpark [ボールパーク], a baseball stadium [スティディアム];(グラウンド)a baseball field
野球選手 a baseball player
▶ プロ野球選手になりたい.
I want to be a pro *baseball player*.
野球部 a baseball team [club]
▶ 私は野球部に入っています.
I am on the *baseball team*. (▶《英》では on のかわりに in を使う)
野球ファン a baseball fan

やきん 夜勤 a night shift [シフト],(特に医師や警察官などの) night duty [デューティ]

やく¹ 焼く

1(料理する)(焼き網などを使って直火で)《おもに米》**broil** [ブロイル],《おもに英》**grill** [グリル];(肉などをオーブンで) roast [ロウスト];(フライパンで) fry [フライ];(パン・クッキーをオーブンで)**bake** [ベイク];(トーストする) toast [トゥスト] →**りょうり**(図)

bake

toast

roast

grill

▶ もちを焼く *grill* rice cakes
▶ 魚を焼く *broil* fish / *grill* fish
▶ パンを焼く
bake bread /(トーストする)*toast* bread
▶(レストランで)「ステーキはどのように焼きましょうか」「よく焼いてください」
"How would you like your steak?"
"Well-*done*, please." (▶「中くらい」の焼きかげんは medium, 「生焼けの」は rare)
2(燃やす) burn [バ〜ン]
▶ 手紙を焼く *burn* a letter
3(肌を) tan [タン], get a tan

やく² 役 →やくわり, やくめ

1(役割)a role [ロウル];(仕事)a **job** [チャブ]
▶ ふろそうじはぼくの役だ.
It's my *job* to clean the bathroom.
2(芝居の)a **part** [パート], a role
▶ 私はドロシーの役をやりたい.
I want to play the *part* of Dorothy.
役に立つ useful [ユースフル] →**やくにたつ**

やく³ 訳 (a) translation [トゥランスレイション]
▶ この小説の訳はとてもいい.
The *translation* of this novel is excellent.
▶『ロミオとジュリエット』の日本語訳を読んだ.
I read the Japanese *translation* of *Romeo and Juliet*.

やく⁴ 約 about [アバウト] →**〜くらい**
▶ 約30分 *about* thirty minutes

やくざいし 薬剤師 a pharmacist [ファーマスィスト]

やくしゃ 役者 an actor [アクタァ];(女)an actress [アクトゥレス] (▶最近は女性でも actor をよく使う)
▶ 彼はいい役者だ. He's a good *actor*. (▶「ひどい役者」なら good のかわりに poor を使う)

やくしょ 役所 a public [パブリク] office, a government [ガヴァ(ン)メント] office
▶ 市役所《米》a city hall / a city office
▶ 区役所 a ward office

やくす 訳す translate [トゥランスレイト]
▶ この文を日本語に訳しなさい.
Translate [*Put*] this sentence into Japanese.

やくそく 約束

a **promise** [プラミス];(人に会う)an

やくだつ ▶

appointment [アポイントゥメント]
約束する promise；(人に会う) make an appointment
▶ 約束を破る break a *promise*
▶ 約束は守ってね．
Keep your *promise*. / Don't break your *promise*.
▶ 守れないような約束はするな． Don't make *promises* you can't keep.
▶ 「あしたまでに返すよ」「約束する？」
"I'll give it back by tomorrow." "*Promise?*"
▶ 今日は伊藤さんと会う約束がある．
I have an *appointment* with Mr. Ito today.
▶ あすは小学校時代の友だちと会う約束をしている．I'*ve arranged to* meet a friend from elementary school tomorrow.

> 📢 **表現力**
> …すると (人) に約束をする
> → promise ＋人＋ to ...
> …ということを (人) に約束する
> → promise ＋人＋ (that) ...
> (▶ 「人」が省略されることもある)

▶ リサは来るって約束したよ．
Lisa *promised to* come. / Lisa *promised that* she would come.
▶ ぼくは母に二度とうそをつかないと約束した．
I *promised* my mother not *to* lie again. (▶「…しないと約束する」というときは not to ... の形を使う．never to ... ともいう)
▶ 両親はクリスマスに自転車を買ってくれるとぼくに約束してくれた．
My parents *promised* me (*that*) they would buy me a bike for Christmas.
やくだつ 役立つ useful [ユースフル]
やくだてる 役立てる make use of

やくにたつ 役に立つ

(有用である) **useful** [ユースフル]；(助けになる) **helpful** [ヘルプフル]
▶ 役に立つ本 a *useful* book
▶ ちょっとは役に立つことすれば？ Why don't you make yourself *useful*?
▶ 辞書を貸してくれてありがとう．とても役に立ったよ．

Thanks for lending me your dictionary. It was a great *help*.
▶ お役に立ててうれしいです．
I'm glad I could *help* you.
▶ 何かお役に立てることはありますか．
Is there anything I can *do for* you?
役に立たない useless [ユースレス]
やくにん 役人 a public [パブリク] official →こうむいん
やくば 役場 a public [パブリク] office
やくひん 薬品［(a) medicine[メディスン], a drug [ドゥラッグ]；(化学薬品) chemicals [ケミカルズ] →くすり
やくみ 薬味 condiments [カンディメンツ], (香辛料) spice [スパイス]
やくめ 役目 (務め) (a) duty [デューティ]；(役割) a role [ロウル]；(当番) *my* turn [ターン]；(やるべき仕事) a job [ヂャブ]
▶ 由紀はグループのリーダーとしての役目を果たした． Yuki carried out her *duties* as the leader of the group.
▶ 皿洗いはぼくの役目です．
It is my *turn* [*job*] to wash the dishes.
やくわり 役割 a role [ロウル], a part [パート] →やく²
役割を果たす play a role [part] 《in》

> 🎤 **プレゼン**
> 車は人々の暮らしに重要な**役割**を果たしています．
> Cars play an important role in people's lives.

やけ desperation [デスペレイション]
やけになる get desperate [デスペレト]
▶ やけにならないで．
Don't *get desperate*.
やけど やけどする burn [バ〜ン], get burned
▶ 「どうしたの？」「やけどしちゃった」
"What happened?" "I *burned* myself. / I *got burned*."
▶ ストーブで手にやけどした．
I *burned* my hand on the heater.
やける 焼ける (燃える) burn [バ〜ン], be burned (down)；(日に焼ける) be [get] tanned；(料理で) be grilled
▶ ゆうべの火事で家が2軒焼けた．
Two houses (*were*) *burned down*

in the fire last night.
- 魚が焼けたよ. The fish *is grilled*. / The fish *is ready*. (▶魚が複数なら is のかわりに are を使う)
- 佳樹_{ょしき}はよく焼けてるよね. Yoshiki *is* very *tanned*, isn't he?

やこう 夜行列車 a night train [トゥレイン]

やさい 野菜

vegetables [ヴェヂタブルズ] (▶ふつう複数形で使う)
- 野菜は全部食べなさい. Eat all your *vegetables*.
- 果物や野菜はどれくらい (→何度くらい) 食べていますか. How often do you eat fruits and *vegetables*?
- 祖母は庭で野菜をつくっている. My grandmother grows *vegetables* in her garden.
- 生野菜 fresh *vegetables*
- 有機野菜 organic *vegetables*

おもな野菜

カブ a turnip
カボチャ a pumpkin
キャベツ (a) cabbage
キュウリ a cucumber
ゴボウ a burdock
サツマイモ a sweet potato
ジャガイモ a potato
西洋ネギ a leek
セロリ celery
ダイコン a Japanese radish
タケノコ a bamboo shoot
タマネギ an onion
トウモロコシ 《米》corn, 《英》maize
トマト a tomato
ナス 《米》an eggplant, 《英》an aubergine
ニンジン a carrot
ハクサイ (a) Chinese cabbage
パセリ parsley
ピーマン a green pepper
ホウレンソウ spinach
細ネギ a green onion
モヤシ bean sprouts
レタス (a) lettuce
レンコン a lotus root

野菜サラダ vegetable salad [サラド]
野菜ジュース vegetable juice [ヂュース]
野菜スープ vegetable soup [スープ]
野菜畑 a vegetable field; (家庭の) a vegetable garden

やさしい¹ 易しい

easy [イーズィ] (反 むずかしい difficult); (単純な) **simple** [スィンプル]
- 小テストはすごくやさしかった. The quiz was really *easy*.
- この問題集はやさしすぎる. This workbook is too *easy*.

> 💬表現力
> …するのはやさしい
> → be easy to ...
> …するのは((人)にとって)やさしい
> → It is easy (for +人) + to ... .

- この本は読むのがやさしい (→読みやすい). This book *is easy to* read. / *It's easy to* read this book. / You can read this book *easily*.
- きみがその学校に入るのはやさしくない. *It's* not *easy for* you *to* get into that school.

やさしい² 優しい

(親切な) **nice** [ナイス], **kind** [カインド], **sweet** [スウィート]; (温和な) **gentle** [ヂェントゥル]; (思いやりのある) **considerate** [コンスィダリト]

優しく kindly, gently
優しさ kindness

- 両親に優しくしている？ Are you *nice* to your parents?
- 動物にはいつも優しくしなさい. Always be *kind* to animals.
- きみのお姉さん, 優しそうな人だね. Your sister looks *gentle*, doesn't she?
- あなたはほんとに優しいね. That's very *sweet* of you. (▶ sweet は女性が好んで使う語)
- どうすれば人にもっと優しくなれるんだろう. I wonder how I can become more *considerate* of others.

ヤシ 《植物》a (coconut) palm [パーム]
ヤシの実 a coconut [コウカナト]

やじ

やじ booing [ブーイング], jeering [ヂ(ア)リング]
　やじを飛ばす boo [ブー], jeer [ヂア]

やじうま 野次馬 a curious onlooker [キュ(ア)リアス アンルカァ]

やしき 屋敷 (邸宅) a residence [レズィデンス]

やしなう 養う (家族を) support [サポート]; (養成する) train [トゥレイン]; (伸ばす) improve [インプルーヴ]

▶ 田中さんは家族 6 人を養っている.
　Mr. Tanaka *supports* a family of six.

▶ きみはもっと忍耐力を養うべきだ.
　You should *train* yourself to be more patient.

▶ どうすれば読解力を養う (→伸ばす) ことができるのでしょう.
　How can I *improve* my reading skills?

やじゅう 野獣 a wild beast [ワイルド ビースト]

やしょく 夜食 a late-night [レイトゥナイト] snack

やじるし 矢印 an arrow [アロウ] (sign)

やしん 野心 (an) ambition [アンビション]
　野心のある ambitious [アンビシャス]

やすい 安い

(もの・サービスなどが) cheap [チープ], inexpensive [イニクスペンスィヴ] (反 高い expensive) (▶この意味では cheap が一般的だが, この語には「安物の」という意味合いもある); (手ごろな) reasonable [リーズナブル]; (値段・給料などが) low [ロウ] (反 高い high)

▶ 兄は安い中古車を探している.
　My brother is looking for an *inexpensive* used car.

▶ このくつ, 安いけど, 物が悪いよ.
　These shoes are *cheap*, but the quality is poor.

▶ あのレストランはわりと安い.
　That restaurant is fairly *reasonable*.

▶ 安い値段 a *low* price
　安く cheap, at a low price

▶ もうちょっと安くなりませんか.
　Can I get *a better price*? / Can I get *a little discount*?

▶ このジャケット, バーゲンで安く買った.
　I got this jacket *on sale*.

-(し)やすい …(し)易い →やさしい¹

表現力
…しやすい → be easy to ...

▶ この辞書はわかりやすい. This dictionary *is easy to* understand.

▶ 私はかぜをひきやすい.
　I *often* catch cold. / I catch cold *easily*.

やすうり 安売り a sale [セイル]

やすみ 休み →きゅうじつ, きゅうか

使い分け
(休息) → (a) rest
(休けい) → a break
(祝祭日) → a holiday
(休暇) → 《米》a vacation, 《英》holidays
(欠席) → (an) absence

1 (休息) (a) rest [レスト]; (休けい) a break [ブレイク]; (休けい時間) 《米》(a) recess [リーセス], 《英》a break

▶ (仕事などの合間に) 10 分ほど休みをとろう.
　Let's take a ten-minute *break*.

▶ お昼休みはどれくらいあるの？
　How long is your lunch *break*?

▶ じゃあ休み時間に話すよ.
　Then I'll talk to you at *recess*.

▶ しばらく休みをとったほうがいいよ.
　You should take [have] some *rest*.

2 (祝祭日) a holiday [ハリデイ]; (休暇) 《米》a vacation [ヴェイケイション], 《英》holidays; (個人の休日) a day off (▶複数形は days off)

▶ 来週の月曜は休みだ (→祝日だ).
　Next Monday is a *holiday*.

▶ 休みはいつからとるつもり？
　When are you going to take a *vacation*?

▶ 夏休みが待ち遠しいよ.
I can't wait for (the) summer *vacation*.
▶ 父は休みの日でも家にほとんどいない.
My father is almost never home even on his *days off*.
3 (欠席) (an) **absence** [アブセンス] →やすむ
▶ お休みの人は？
Is anyone *absent*?

やすむ 休む

使い分け
(休けいする) → rest, take a rest
(欠席する) → be absent
(寝る) → go to bed

rest

be absent

1 (休けいする) **rest** [レスト], take [have] a rest；**take [have] a break** [ブレイク]
▶ 最近はいそがしくて休むひまもないよ.
I'm too busy to *rest* these days.

スピーキング
Ⓐ もう2時間も歩いてるよ．ちょっと休もう.
We've been walking for two hours. Let's take a break [rest].
Ⓑ だめだよ．休む時間なんてないよ.
No, let's not. We don't have time to rest.

2 (欠席する) **be absent** [アブセント] 《from》
▶ きのう学校を休んだ. I *was absent from* school yesterday. / I *stayed away from* school yesterday. / I *didn't go to* school yesterday.
▶ きのう学校を休んでいたけど, どうしたの？
How come you *didn't come to* school yesterday?

3 (寝る) **go to bed**；(眠る) **sleep** [スリープ]
▶ つかれているみたいだね. 早く休んだら？
You look tired. You'd better *go to bed* early.
▶ おやすみなさい.
Good night. / (またあしたね) Good night. See you tomorrow. / (いい夢見てね) Sweet dreams.

やすもの 安物 a cheap thing
やすらか 安らかな **peaceful** [ピースフル]
安らかに peacefully
▶ 心安らかに暮らせたらそれだけでいい.
I just want to live *peacefully*.
▶ 安らかに眠ってください.
Rest *in peace*. (▶死者へのことば. RIPと略される)

RIPと書かれた墓石.

やすらぐ 安らぐ (安らかな気分になる) feel at peace [ピース]
やすり a file [ファイル]
やすりをかける file
▶ 紙やすり sandpaper [サン(ドゥ)ペイパァ]
やせい¹ 野生の **wild** [ワイルド]
▶ 野生動物 a *wild* animal
▶ 野生生物 (総称) *wild*life
やせい² 野性的な **wild** [ワイルド]

やせる

get thin [スィン], become thin (反) 太る
get [become] fat；(体重が減る) lose weight [ウェイト] (反) 太る gain weight)
やせた thin；(引きしまった) slim [スリム]；(ほっそりした) slender [スレンダァ]；(がりがりの) skinny [スキニィ]
▶ やせようとがんばっているんだ.
I'm trying to *lose weight*.
▶ あと3キロやせたい.
I want to *lose* three more kilos. (▶ ˣmore three kilos とはいわない)
▶ 藤田先生は背が高くてやせている.
Mr. Fujita is tall and *thin*.

やだ

▶ やだねったらやだね.

やたい ▶

The answer is "*No*." / When I say "*No*," it means *no*.
▶ あ、やだっ！また体重が増えた．
Oh, *no*! I gained weight again.
やたい 屋台 a stand [スタンド]
やたら (極端に) too, extremely [イクストゥリームリィ]
▶ きのうのテストはやたらむずかしかった．
Yesterday's test was *extremely* difficult.
やちょう 野鳥 a wild [ワイルド] bird
やちん 家賃 (house) rent [レント]
やつ a guy [ガイ]
▶ ケンはいいやつだ．Ken is a nice *guy*.
▶ おまえはほんとおもしろいやつだ．
You're a real funny *guy*.
やつあたり 八つ当たり
▶ 八つ当たりしないで．
Don't take it out on me.
やっかい trouble [トゥラブル] →めんどう
やっかいをかける cause ... trouble
やっかいな tricky [トゥリキィ]
▶ それはやっかいな問題だ．
That's a *tricky* problem.
やっきょく 薬局 a pharmacy [ファーマスィ]；《米》a drugstore [ドゥラグストー(ァ)]，《英》a chemist's [ケミスツ]
やった Yippee! [イピィ], Hooray! [フレイ] (▶ 喜び，熱狂½½などの叫び声)
▶ (何かがうまくいって) やった！
Hooray! / Bingo! / I made it!
▶ (相手をほめて) よくやったな．
Way to go! / You made it!
やっつ 八つ eight [エイト] →はち¹
やっつける beat [ビート]
▶ (彼を) やっつけちゃえ．
Beat him! / *Get* him!
やっていく (人とうまく) get along (well) with
▶ 健はクラスメートとうまくやっていくのがとてもうまい．
Ken can really *get along* (*well*) *with* his classmates.
やってくる やって来る come (along)；(近寄って来る) come up (to)；(年・月などがめぐってくる) come around
▶ その男性は私のところにやってきた．
The man *came up to* me.
▶ クリスマスがすぐそこまでやってきた．
Christmas *is coming around* soon. / Christmas *is* just *around the corner*.
やってみる try [トゥライ] →こころみ, ためす
▶ 「このびんが開かないんだけど」「ぼくがやってみようか」
"I can't open this bottle." "Can I *try*? / Can I *have a try*?"
▶ 一度やってみるといいよ．
I think you should *give it a try*.
▶ できるかどうかやってみたら？
Try to see if you can do it.

やっと

1 (ついに) at last [ラスト], finally [ファイナリィ]
▶ やっと中間テストが終わった．
The midterm exams were over *at last*. / The midterm exams were *finally* over.
2 (かろうじて) barely [ベアリィ], just [チャスト]
▶ 彼は歩くだけでやっとだった．
He could *barely* walk.
▶ やっと終電に間に合った．
I was *just* in time for the last train.
やっぱり →やはり **1** (なおも) still [スティル]
▶ やっぱりそのコンサートには行きたいな．
I *still* want to go to the concert.
2 (結局) after all [アフタァ オール]
▶ やっぱりわが家がいちばんだ．
Home is the best place *after all*.
▶ やっぱり思ったとおりだ．
That's *exactly* what I thought.
ヤッホー Yoo-hoo! [ユーノー], Yo-ho! [ヨウホウ]
やど 宿 an inn [イン] →りょかん, ホテル
やといぬし 雇い主 an employer [エンプロイアァ]
やとう¹ 雇う employ [エンプロイ]
やとう² 野党 an opposition [アポズィション] party
ヤナギ 柳 《植物》a willow [ウィロウ] (tree)
やぬし 家主 the owner [オウナァ] of the house
やね 屋根 a roof [ルーフ] (複数 roofs)
▶ 赤い屋根の家 a house with a red *roof* / a red-*roofed* house
屋根裏部屋 an attic [アティク]
やばい
▶ やばい！Oh no! / That's a bit risky.

やはり →やっぱり

1 (思ったとおり) **just as I thought**
▶ それをやったのはやはり彼だった. He was the one who did it, *just as I thought*.

2 (…もまた) **too** [トゥー], **also** [オールソウ] → また¹, -も
▶ 私もやはりここに残ります.
I'll remain here, *too*.

3 (なおも) **still** [スティル]
▶ ヒーターをつけたが, それでもやはり寒かった.
We turned on the heater, but it was *still* cold.

4 (結局) **after all** [アフタァ オール]
▶ やはりぼくのほうが正しかった.
I was right *after all*.

やばん 野蛮な savage [サヴェヂ], barbarous [バーバラス]
野蛮人 a savage, a barbarian

やぶ a thicket [スィケト] ; (茂み) a bush [ブッシ]

やぶく 破く tear [テア], break [ブレイク] ; (勢いよく) rip [リップ]
▶ ナンシーはプレゼントの包み紙をびりびりと破いた.
Nancy *tore* the wrapping off the present. (▶英米人は贈り物の包み紙を勢いよく破ることで喜びを表現したりする)

やぶける 破ける tear [テア] ; (勢いよく) rip [リップ] →やぶれる
▶ この紙ぶくろ, すぐに破けるよ.
This paper bag *tears* easily.

やぶる 破る

使い分け
(引きさく) → tear
(こわす) → break
(約束などを) → break
(負かす) → beat

1 (引きさく) tear [テア] ; (勢いよく) rip [リップ] ; (こわす) break [ブレイク]
▶ 豪太はその手紙をびりびりに破いた.
Gota *tore* [*ripped*] the letter into pieces.

2 (約束などを) break
▶ きみはしょっちゅう約束を破るね.
You always *break* your promises.

3 (負かす) beat [ビート] →かつ

▶ 私たちは北中学を大差で破った.
We *beat* Kita Junior High by a wide margin.

やぶれる 破れる, 敗れる

1 (引きさける) tear [テア]
▶ この紙はすぐ破れる.
This paper *tears* easily.
▶ ズボンのひざが破れてるよ.
The knee of your pants *is torn*. (▶「すり切れている」なら is worn out)

2 (負ける) (試合に) **lose** [ルーズ] ; (相手に) be beaten →まける
▶ 残念ながら, われわれは決勝戦で敗れた.
Unfortunately, we *lost* the final.
▶ ぼくたちは西中学に敗れた. We *were beaten* by Nishi Junior High.

やぼ やぼな (洗練されていない) unrefined [アンリファインド]

やぼう 野望 (an) ambition [アンビション]

やま 山

1 a mountain [マウンテン] ; (小高い) a hill [ヒル] ; (…山) Mt. …
▶ 浅間山 *Mt.* Asama
▶ 高い山 a high *mountain*
▶ 低い山 a low *mountain*
▶ 山に登る
climb (up) a *mountain* / go up a *mountain* (▶ climb (up) は自分の手足を使って登るときだけ使う. go up は歩いて登るときにもロープウエーなどで登るときにも使える)
▶ 山をおりる
climb down a *mountain* / go down a *mountain* (▶ climb down は climb up と同様に手足を使っておりるときだけ使う)

climb　　　go down

▶ あの山の頂上まで登ろう.
Let's go (up) to the top of that *mountain*.
▶ この山は高さがどれくらいあるの？

やまい ▶

How high is this *mountain*?
▶ 裏山にタヌキがいるんだよ．
Raccoon dogs live in the *hill* behind us.
2 (比ゆ的に)
▶ ごみの山 a *heap* of garbage
▶ ここがドラマの山だ．
This is the *climax* of the drama.
▶ (試験などの)山がはずれたよ．
I guessed wrong. (▶「あたった」なら wrong の代わりに right を使う)
山火事 a forest fire
山くずれ a landslide [ラン(ドゥ)スライド]
山国 a mountain [mountainous] country
山小屋 a mountain hut [ハット]
山の日 Mountain Day
山登り mountain climbing
▶ 山登りに行く go *mountain climbing*
山道 a mountain trail [path]
やまい 病 illness [イルネス]
ヤマイモ 山芋 a yam [ヤム]
やましい やましいと感じる feel guilty [ギルティ]
やまびこ 山びこ an echo [エコウ] (複数 echoes)
やまわけ 山分け
▶ 半分ずつ山分けしよう．
Let's *split* it *fifty-fifty*. (▶ split は share, divide ともいう)
やみ darkness [ダークネス], the dark
▶ ネコはやみの中でも物が見える．
Cats can see even in *the dark* [*darkness*].

やむ

stop [スタップ]
▶ 雨がやんだ．
The rain *has stopped*. / It *has stopped* raining. (▶*stop to rain とはしない)
▶ とつぜん音楽がやんだ．
The music *stopped* suddenly.
▶ 雨が降ったりやんだりしている．
It has been raining *on and off*.
やむをえない やむを得ない have to ..., cannot help -ing
▶ 旅行の中止はやむをえなかった．
We *had to* cancel our trip.

やめさせる (中止させる) stop [スタップ]
▶ 私は彼が外出するのをやめさせた．
I *stopped* him from going out.
▶ 大輝は野球部をやめさせられた．
Daiki *was kicked out of* the baseball team.

やめる

1 (中止する) stop [スタップ]; (悪い習慣などを) give up, 《おもに米口語》quit [クウィット]
▶ そんなばかなことはやめなさい．
Stop that nonsense.
▶ やめろよ． *Stop* it! / *Cut* it *out*!

> 💬表現力
> …するのをやめる
> → stop -ing /
>   give up [quit] -ing

▶ けんかはやめろよ．*Stop fighting*.
▶ みんなおしゃべりをやめてぼくを見た．
Everyone *stopped talking* and looked at me.
▶ 父は半年前にタバコをやめた．
My father *gave up smoking* six months ago.

> 📖文法 stop -ing と stop to ...
> 「…することをやめる」は **stop -ing** で表す．**stop to ...** は「…するために立ち止まる[手を休める]」か「立ち止まって[手を休めて] …する」の意味となる．
> The girls *stopped to* talk. (女の子たちはおしゃべりするために立ち止まった． / 女の子たちは立ち止まっておしゃべりをした．)

▶ 頼むからそれはやめてくれ．
Please *don't do* that.
2 (学校・会社などを) leave [リーヴ], 《口語》quit
▶ 私は何度もバレー部をやめようとした．
I often tried to *leave* [*quit*] the volleyball team.
やや (少し) a little, 《口語》a bit →すこし
ややこしい (複雑な) complicated [カンプリケイティド]
やり a spear [スピア]; (競技用の) a javelin [ヂャヴ(ェ)リン]
やり投げ 《競技》the javelin (throw)

◀ やんわり

やりがい やりがいのある challenging [チャレンヂング], worthwhile [ワ〜ス(フ)ワイル]
▶ やりがいのある仕事につきたい．
  I'd like to get a *challenging* job.

やりかた やり方 how to ... , a way [ウェイ] ... →しかた
▶ そのやり方を教えて．
  Tell me *how to* do it. / Tell me the *way* you do it.

やりすぎ やりすぎる go too far; carry ... too far
▶ これはちょっとやりすぎじゃない？
  Aren't you *going too far*?

やりとげる やり遂げる carry out
▶ 私たちはその困難な仕事をやりとげた．
  We *carried out* the difficult task.

やりとり やり取り (交換)an exchange [イクスチェインヂ]

やりなおす やり直す do ... over again
▶ もう一度やり直さなくてはいけませんか．
  Do I have to *do* it *over again*?

やる
1 (行う) do [ドゥー]; (球技・ゲームなどを) play [プレイ] →する¹

do

play

▶ 言われたようにやったよ．
  I *did* as I was told.
▶ きみはこのごろよくやってるね．
  You're *doing* well these days.
▶ ありがとう．あとはぼくがやるよ．
  Thanks. I'll *do* the rest. (▶この do は take care of ともいう)
▶ サッカーをやろう．Let's *play* soccer.

🗨 スピーキング
Ⓐ パパ，数学で満点とったよ．
  Dad, I got a perfect score in math.
Ⓑ よくやったな．
  Well done. / Good for you.
(▶ Well done. も Good for you. も目上の人にはふつう使わない)

2 (与える) give [ギヴ]
▶ これ，きみにやるよ．
  I'll *give* you this. / (持ってていいよ) You *can keep* this.
▶ ネコにえさをやってね．
  Will you *feed* the cat?

3 (役を演じる) play [プレイ]
▶ お姫様の役をやった．
  I *played* the part of princess.

-(して)やる →あげる¹

やるき やる気
▶ 今日は勉強をやる気がしないなあ．
  I don't *feel like studying* today.
▶ どうやったらやる気がわくの？
  How can I *motivate* myself?

やれやれ Thank heaven(s)!, Well, [ウェル], Good grief!, Whew! [フュー]
▶ やれやれ，テストが終わった．
  Whew! I'm glad the exams are over.

やわらかい 柔らかい, 軟らかい
soft [ソ(ー)フト] (反) かたい hard); (肉などが) tender [テンダァ] (反) かたい tough)

soft

hard

▶ やわらかいベッド a *soft* bed
▶ このお肉，すごくやわらかい．
  This meat is so *tender*.
▶ ジャガイモはやわらかくなるまでゆでます．
  Boil potatoes until they are *soft*.

やわらぐ 和らぐ →やわらげる
▶ 寒さがやわらいできた．
  It *is getting warmer*.
▶ この薬を飲んだら痛みがやわらいだ (→この薬は痛みをやわらげた)．
  This medicine *relieved* my pain. (▶ relieved は eased ともいう)

やわらげる 和らげる soften [ソ(ー)フン]; (痛みなどを) ease [イーズ]
▶ 美しい音楽は心をやわらげる．
  Listening to good music *relaxes* the mind.

やんわり (おだやかに) mildly [マイルドリィ]

seven hundred and ninety-nine 799

ゆユ ゆユ ゆユ

ゆ 湯 hot water [ウォータァ] (▶英語では区別する必要があるとき以外「水」も「お湯」もwaterという。区別する場合は「水」をcold water,「お湯」をhot waterという); (ふろ) a bath [バス]
▶ お湯をわかしてくれる？
Can you boil some *water*? (▶boil some *hot water* とはいわない)
▶ お湯がわいてるよ．
The *water* is boiling. (▶The *hot water* is boiling. とはいわない)
▶ お湯が出ないんです．
There's no *hot water*.
▶ 湯 (→ふろ) に入る take a *bath*

ゆいいつ 唯一の the only [オウンリィ] ...
▶ 母の唯一の趣味はガーデニングだ．
My mother's *only* hobby is gardening.

ゆいごん 遺言 a will [ウィル]; (口頭の) *my* last words

ゆう[1] 言う →いう

ゆう[2] 結う (髪を) do *my* hair

ゆういぎ 有意義な meaningful [ミーニングフル]
▶ たいへん有意義な1時間でした．
It's been a very *meaningful* hour.

ゆううつ 憂うつな down [ダウン], blue [ブルー], gloomy [グルーミィ]
▶ ゆううつそうな顔をしてるけど，どうかしたの？
You look *down*. What's wrong?
▶ もうすぐ試験だから何かゆううつだ．
My exams are coming up soon, so I feel kind of *blue*.
▶ 月曜日はいつもゆううつだ．
Mondays always get me *down*.
▶ 一日中ゆううつな天気だった．
It was *gloomy* all day.

ゆうえき 有益な useful [ユースフル], helpful [ヘルプフル], instructive [インストゥラクティヴ]

ゆうえつかん 優越感 a superiority complex [スピ(エ)リオーリティ カンプレックス] (反劣等感 inferiority complex)

ゆうえんち 遊園地 an amusement [アミューズメント] park

ゆうが 優雅な elegant [エレガント]

ゆうかい 誘拐 (a) kidnap(p)ing [キドゥナピング]
ゆうかいする kidnap [キドゥナプ]
▶ きのう近所の男の子がゆうかいされそうになった．
A neighborhood boy *was* almost *kidnapped* yesterday.
ゆうかい犯 a kidnap(p)er [キドゥナパァ]

ゆうがい 有害な harmful [ハームフル]
▶ 喫煙は健康に有害です．
Smoking is *harmful* to your health. / Smoking *damages* your health.
有害物質 harmful substances [サブスタンスィズ]

ゆうがた 夕方 →あさ[1], ばん[1], よる[1]

late afternoon [アフタヌーン], (an) evening [イーヴニング] (▶evening は厳密には日没から寝るまでの間)
▶ 荷物は夕方に届いた．The package was delivered in *the late afternoon*. (▶in the late afternoon は late in the afternoon ともいう)
▶ きのうの夕方図書館に行った．
I went to the library *late* yesterday *afternoon*. (▶*the late yesterday afternoon* としない)
▶ 夕方までには帰るよ．
I'll be home by *evening*.

ゆうかん[1] 勇敢な brave [ブレイヴ]
▶ 勇敢な行為
a *brave* act
勇敢に bravely [ブレイヴリィ]

ゆうかん[2] 夕刊 an evening newspaper [paper]

ゆうき[1] 勇気

courage [カ〜レヂ], 《口語》guts [ガッツ]
勇気のある courageous [カレイヂャス]; (勇敢な) brave [ブレイヴ]

▶ ゆうしょく

- 勇気を出して.
  Have *courage*. / Be *brave*.
- 人を助けるときは（→人を助けるには）勇気がいるものだ.
  It takes *courage* to help others.

💬 表現力
…する勇気がある
→ have courage to ... /
have the guts to ...

- 先生に話す勇気がないんだ.
  I don't *have courage to* tell the teacher.
  勇気づける encourage［エンカ〜レヂ］

✏️ ライティング
あなたのことばにとても**勇気づけられました**.
Your words encouraged me a lot.

ゆうき[2] 有機 organic［オーギャニク］
　有機栽培 organic farming［ファーミング］
　有機野菜 organic vegetables［ヴェヂタブルズ］
ゆうぎ 遊戯 play［プレイ］;（幼稚園などの）play and dance
ゆうぐれ 夕暮れ dusk［ダスク］, twilight［トゥワイライト］
　夕暮れに at dusk, at twilight
ゆうげん 有限の limited［リミティド］

ゆうこう[1] 有効な

good［グッド］, valid［ヴァリド］
- この切符は2日間有効です.
  This ticket is *good* [*valid*] for two days.
- 時間を有効に使いなさい.
  Make *good* use of your time.

ゆうこう[2] 友好 (a) friendship［フレンドゥシプ］
　友好的な friendly
ゆうごはん 夕ごはん →ゆうしょく
ユーザー a user［ユーザァ］
ゆうざい 有罪の guilty［ギルティ］(反 無罪の innocent)
ゆうしゅう 優秀な excellent［エクセレント］
- 優花は中学校で優秀な生徒だった.
  Yuka was an *excellent* student in junior high.
- 最優秀選手 the most *valuable* player
  (▶ MVPと略す)

ゆうじゅうふだん 優柔不断な indecisive［インディサイスィヴ］
- 大祐は優柔不断なところがある.
  Daisuke is rather *indecisive*.
ゆうしょう 優勝（勝利）a victory［ヴィクト(ゥ)リィ］;（選手権）a championship［チャンピオンシプ］
　優勝する（選手権で）win［ウィン］ the championship;（1位になる）win first prize [place]
- うちのクラスはことしの合唱コンクールで優勝した.
  Our class *won* the chorus contest this year.
- クラス対抗バレーボール大会はどのクラスが優勝すると思う？
  Which class do you think will *win the* interclass volleyball *championship*?（▶ interclass［インタクラス］は「クラス対抗の」の意味）
- うちのバスケットボール部は県大会に何度も優勝したことがある.
  Our basketball team *has won* a lot of prefectural *championships*.
- 校内マラソン大会はぜひとも優勝したい.
  I really want to *win first prize* in the school long-distance race.
  優勝カップ a cup［カップ］, a trophy［トゥロウフィ］
  優勝旗 a championship flag［フラッグ］, a pennant［ペナント］
  優勝決定戦 the final［ファイヌル］
  優勝者 a winner［ウィナァ］, a champion
  優勝チーム a winning［ウィニング］ team

ゆうじょう 友情

friendship［フレンドゥシプ］
- 本当の友情って何だろう？
  What is true *friendship*?
- 私たちの友情はしだいに深まった.
  Our *friendship* gradually deepened.
- 友情はお金では買えない.
  You can't buy *friendship*.

ゆうしょく 夕食

(a) dinner［ディナァ］（▶一般的な言い方. もともとは「一日でもっとも手の込んだ食事」の意味）, (a) supper［サパァ］
- 夕食をつくる

eight hundred and one　801

ゆうじん

make *dinner* /cook *dinner*
- 夕食をとる have *dinner*
- 夕食は何？ What's for *dinner*?
- 夕食は家族でいっしょにとるようにしている. I usually have *dinner* together with my family.
- 夕食後はふだん何をしてる？ What do you usually do after *dinner*?
- 軽い夕食 a light *supper* (▶形容詞がつくときは a [an] をつけるのがふつう)

🗨 スピーキング
Ⓐ 夕食ができたよ！
 Dinner is ready!
Ⓑ いま行くよ！
 I'm coming!

ゆうじん 友人 a friend [フレンド] →ともだち

ユースホステル a youth hostel [ユース ハストゥル]

ゆうせい 優勢だ（有利だ）have the advantage [アドゥヴァンテヂ], (リードする) lead
- いまのところ私たちのチームが優勢だ. So far, our team *is leading*.

ゆうせん¹ 優先 priority [プライアリティ]
- 学校の勉強が最優先だ. Schoolwork is my first *priority*.
- 消防車と救急車は他の乗り物よりも優先される. Fire engines and ambulances have *priority* over other vehicles.

優先順位 the order of priority
優先席 （電車・バスなどの）a priority seat

ゆうせん² 有線 →ケーブル
有線テレビ closed-circuit television, cable television [TV] (▶ CATV と略す)

有線放送 closed-circuit broadcasting

ゆうそう 郵送する send ... by mail [メイル], 《米》mail, 《英》post [ポウスト] →ゆうびん
- パンフレットを郵送してもらえますか. Could you *send* me your brochure [ブロウシュア]?

郵送先 a mailing address；（荷物の）a shipping address
郵送料 postage [ポウステヂ]

ユーターン a U-turn
ユーターンする make a U-turn

ゆうだい 雄大な magnificent [マグニフィスント], grand [グランド]
- 山頂からの雄大な景色を楽しんだ. We enjoyed the *magnificent* view from the top of the mountain.

ゆうだち 夕立 a shower [シャウア]
夕立が降る shower
- うちに帰る途中ゅぅ夕立にあった. On my way home I was caught in a *shower*.

ユーチューブ YouTube (▶商標. 動画共有サイト)
- ユーチューブに動画をアップする upload a video to *YouTube*

ユーチューバー YouTuber
- 大好きなユーチューバーはいますか. Do you have a favorite *YouTuber*?

ゆうとう 優等 honors [アナァズ]
- 姉は大学を優等で卒業した. My big sister graduated from college with *honors*.

優等生 an honor student

ゆうどう 誘導する guide[ガイド], lead[リード]
誘導尋問 a leading [リーディング] question

ゆうどく 有毒な poisonous [ポイゾナス]
- アンモニアは有毒だ. Ammonia is *poisonous*.

ユートピア Utopia [ユートウピア]

ゆうのう 有能な capable [ケイパブル], able [エイブル]
- おじは有能な弁護士です. My uncle is a *capable* lawyer.

ゆうはん →ゆうしょく

ゆうひ 夕日 the evening sun, the setting sun
- 見て！ 夕日が沈んでいくよ.

◀ ゆうやけ

Look! *The sun* is setting.
ゆうび 優美な elegant [エレガント]

ゆうびん 郵便

(郵便・郵便物)《米》mail [メイル], 《英》post [ポウスト]

郵便で出す send ... by mail, 《米》mail, 《英》post
▶ 郵便がきてるよ.
You've got some *mail*.
▶ これ, 郵便で出してくれる？
Could you *mail* this for me?
▶ 普通郵便で送ったら何日ぐらいかかりますか.
About how long will it take (to *send* it) *by* regular *mail*?
郵便受け《米》a mailbox, 《英》a letterbox
郵便切手 a (postage) stamp →きって
郵便局 a post office
▶ この辺に郵便局はありますか.
Is there a *post office* around here?
郵便局員 a post-office clerk
郵便配達員 a mail carrier, a letter carrier
郵便はがき a postcard, 《米》a postal card (▶単に card ともいう) →はがき
郵便番号 a postal code number, 《米》a zip code, 《英》a postcode
郵便ポスト《米》a mailbox, 《英》a postbox (▶×post とはいわない)
郵便料金 postage

郵便に関する語
はがき **a postcard**, 《米》(官製の) **a postal card**
絵はがき **a (picture) postcard**
手紙 **a letter**
便せん **writing [letter] paper**;(一冊の) **a writing pad**
封筒 **an envelope**
小包 **a parcel, a package**
切手 **a (postage) stamp**
速達 **special delivery, express delivery**
書留 **registered mail**

ユーフォー a UFO [ユーエフオウ, ユーフォウ] (複数 UFO's または UFOs) (▶ an *u*nidentified *f*lying *o*bject (未確認飛行物体)の略)
ゆうふく 裕福な rich [リッチ], wealthy [ウェルスィ]
ゆうべ¹ 夕べ (夕方) (an) evening [イーヴニング]
ゆうべ² (昨夜) last night, yesterday evening
ゆうべん 雄弁な eloquent [エロクウェント]
ゆうぼう 有望な promising [プラミスィング], hopeful [ホウプフル]
▶ きみは有望な学生だ.
You are a *promising* student.

ゆうめい 有名な

famous [フェイマス];(よく知られた) well-known [ウェルノウン]
▶ 有名作家 a *famous* writer
▶ 彼は陶芸家としても有名だ.
He is also *famous* as a potter.

プレゼン
清水寺は世界的に**有名な**京都のお寺です.
Kiyomizu-dera is a world-famous temple in Kyoto.

表現力
…で有名だ → be famous for ...

▶ そのレストランはピザで有名だ.
That restaurant *is famous for* its pizza.
▶ エジソンは努力家として有名だ.
Edison *is known as* a hard worker.
有名校 a top school, a big-name school
有名人 a famous person, a celebrity
ユーモア humor [ヒューマァ];(冗談) a joke [ヂョウク]
▶ 水田先生はユーモアのセンスがある.
Ms. Mizuta has a good sense of *humor*.
▶ 母にはぼくのユーモアが通じない.
My mother doesn't understand my *jokes*.
ユーモラス ユーモラスな humorous [ヒューモラス]
ゆうやけ 夕焼け the evening glow, a sunset [サンセット]
▶ ほら, 夕焼けがきれいだよ.

eight hundred and three 803

ゆうらんせん

Look! The *sunset* is beautiful.
ゆうらんせん 遊覧船 a pleasure boat
ゆうよう 有用な useful [ユースフル]
ゆうり 有利 (an) advantage [アドヴァンテヂ]
有利な advantageous [アドヴァンテイヂャス]
▶ 外国語を習っていると有利だ.
It's to your *advantage* to learn a foreign language.
ゆうりょう 有料の pay [ペイ]
有料駐車場 a pay parking lot
有料道路 a toll [トゥル] road
ゆうりょく 有力な (主要な) leading [リーディング]；(影響力のある) influential [インフルエンシャル]
有力者 an influential person
ゆうれい 幽霊 a ghost [ゴウスト]
▶ 幽霊はいると思う？
Do you believe in *ghosts*?
幽霊屋敷 a haunted [ホーンティド] house
ゆうわく 誘惑 (a) temptation [テン(プ)テイション]
誘惑する tempt [テン(プ)ト]
▶ 誘惑に負けちゃいけない.
Don't give in to *temptation*.
▶ 都会には誘惑が満ちている.
Cities are full of *temptations*.
ユーロ a euro [ユ(ア)ロウ]

ゆか 床 a floor [フロー(ア)]
床運動 floor exercises

ゆかい 愉快な →たのしい

(物が) **pleasant** [プレズント], enjoyable [エンヂョイアブル]；(物・人が) delightful [ディライトゥフル]；(人が) cheerful [チアフル]
▶ その本は読んでみたらじつにゆかいだった.
I found the book really *enjoyable*.
▶ 紘一郎はゆかいなやつだ.
Koichiro is a *cheerful* guy.

ゆかいに pleasantly
▶ ゆかいにやろう！ Let's *have fun*!
ゆかいなこと fun [ファン]
ゆかた a *yukata*, an informal summer kimono
▶ 私たちはゆかたを着て花火を見に行った.
We wore *yukatas* and went out to see the fireworks.
ゆがむ be twisted [トゥウィスティド], be warped [ウォープト]
▶ 彼の顔は苦痛でゆがんだ.
His face *was twisted* with pain.
ゆがめる twist [トゥウィスト], distort [ディストート]

ゆき 雪

snow [スノウ]
雪の多い snowy
雪が降る snow (▶主語には天候を表す it を使う)
▶ ことしの冬は雪が多かった.
We've had a lot of *snow* this winter.
▶ きのうは大雪だった.
It *snowed* heavily yesterday. / We had a heavy *snow* yesterday.
▶ 今日, 初雪が降った.
We had the first *snow* of the season today.
▶ あしたは雪でしょう.
It will *snow* tomorrow.
▶ 外は雪が降ってるよ.
It's *snowing* outside.
▶ 雪はもうやんだ.
It has stopped *snowing*.
▶ 雪が30センチ積もった.
We got 30 centimeters of *snow*. / The *snow* was 30 centimeters deep.
▶ 雪はすっかりとけてしまった.
The *snow* has melted away.
▶ ことしは数年のうちでいちばん雪の多い冬だ.
This is the *snowiest* winter in a few years. (▶ snowiest [スノウイエスト] は snowy の最上級)
雪おろし shoveling [シャヴ(ェ)リング] snow off the roof
雪かき snow shoveling
雪国 (the) snow country

雪合戦 a snowball fight
▶ 運動場で雪合戦をした．
We had a *snowball fight* on the playground.
雪だるま a snowman (複数 snowmen)

アメリカの雪だるま．3段で，シルクハットをかぶり，ニンジンの鼻と石炭の目をもち，腕は木の枝でできている．

雪祭り a snow festival [フェスティヴ(ァ)ル]
-ゆき …行き → -いき
ゆきさき 行き先 a destination [デスティネイション]
ゆきづまり 行き詰まり (物事の) a deadlock [デドゥラク]
ゆきどまり 行き止まり a dead [デッド] end → いきどまり
ゆきわたる 行き渡る (分け前などが) go around [アラウンド]；(全体に広がる) spread
ゆく 行く → いく
ゆくえ 行方
▶ うちのネコが行方不明なんだ．
Our cat *has been missing*.
ゆげ 湯気 steam [スティーム]
湯気を立てる steam
ゆけつ 輸血 (a) blood transfusion [ブラッド トゥランスフュージョン]
▶ 私は輸血をしてもらった．
I was given a *blood transfusion*.
ゆしゅつ 輸出 (an) export [エクスポート] (反 輸入 import)
輸出する export [エクスポート]

💬 プレゼン
日本は世界じゅうにひじょうに多くの車を輸出しています．
Japan exports a great many cars to all over the world.

輸出国 an exporting country
輸出品 exported goods, exports
ゆすぐ rinse [リンス] (out), wash out
▶ 歯をみがいたら口をゆすぐのよ．
Rinse (*out*) your mouth after brushing your teeth.
ゆする¹ 揺する shake [シェイク]
▶ 木をゆすらないで！
Don't *shake* the tree!
ゆする² (人をおどす) blackmail [ブラクメイル]；(金品をおどしとる) extort [イクストート]

ゆずる 譲る

1 (与える) give [ギヴ]；(引きわたす) hand over
▶ 友だちからこのゲームをゆずってもらったんだ．A friend *gave* me this game.
▶ 私はそのおばあさんに席をゆずった．
I *gave* (*up*) my seat to the old woman.
▶ 小田さんはむすこに財産をゆずった．
Mr. Oda *handed over* his property to his son.
2 (譲歩する) give in (to)
▶ この点はだれにもゆずれないよ．I can't *give in to* anyone on this point.

ゆそう 輸送する transport [トゥランスポート]
輸送機関 means of transportation [トゥランスポテイション]
輸送船 a transport ship
ゆたか 豊かな rich [リッチ] (反 貧しい poor)；wealthy [ウェルスィ] → かねもち，ほうふ
豊かにする enrich [エンリッチ]
▶ 彼は豊かな家に生まれた．
He was born into a *rich* family.

💬 表現力
…が豊かである → be rich in ...

💬 プレゼン
日本は森林が豊かです．
Japan is rich in forests.

ユダヤ Judea [ヂュ(ー)ディ(ー)ア]
ユダヤ(人)の Jewish [ヂューイシ]
ユダヤ人 a Jew [ヂュー]
ゆだん 油断する be careless [ケアレス]；(自信過剰である) be overly confident [カンフィデント]
▶ 油断するな．(注意しろ) Be careful. / Watch out. / (自信過剰になるな) Don't *get overconfident*.
▶ 私は油断をしたので試験に落ちた．

ゆっくり

I *was overly confident* and failed the exam.

ゆっくり

1 (急がずに) **slowly** [スロウリィ] (反 速く quickly)
ゆっくりやる take *my* time
▶ もう一度, 今度はゆっくり読んでごらん.
Read it again *slowly* this time.
▶ 急がなくてもいいから. ゆっくりやりなさい.
You don't have to hurry. Just *take your time*.
▶ (お客さんに) ゆっくりしていってね (→いたいだけいてね).
You can stay as long as you like.

2 (十分な) **good** [グッド]
ゆっくりする (のんびりする) **relax** [リラックス]
▶ ゆっくり休んでね.
Have a *good* night's sleep.
▶ ゆっくりしているひまがない.
I don't have time to *relax*.

ゆったり ゆったりとした (ゆるい) **loose** [ルース]; (くつろいだ) **relaxed** [リラクスト]

ゆでたまご ゆで卵 a **boiled** [ボイルド] **egg**

ゆでる **boil** [ボイル] →りょうり (図)
▶ 卵をゆでる *boil* an egg

ゆでん 油田 an oil field

ゆとり →よゆう
▶ ゆとりのある学校生活を送りたい.
I'd like to have a *relaxed* school life.

ユニーク ユニークな **unique** [ユーニーク]

ユニセフ UNICEF [ユーニセフ] (▶ the United Nations Children's Fund (国連児童基金). 略称は旧名称 the United Nations *I*nternational Children's *E*mergency *F*und より)

ユニット ユニット式の **unit** [ユーニト], **modular** [マヂュラァ]
ユニット家具 unit furniture, modular furniture
ユニットバス a modular bathroom (▶ ˣunit bath とはいわない)

ユニフォーム a **uniform** [ユーニフォーム] (▶ ˣan uniform としない) →せいふく¹

ゆにゅう 輸入 (an) import [インポート] (反 輸出 export)
輸入する import [インポート]
▶ 日本は石油をほぼ100パーセント輸入している. Japan *imports* nearly 100 percent of its oil.
輸入品 imported goods, imports

ユネスコ UNESCO [ユ(ー)ネスコウ] (▶ the United Nations Educational, Scientific and Cultural Organization (国際連合教育科学文化機構)の略)

ゆび 指

(手の)a **finger** [フィンガァ]; (足の)a **toe** [トゥ]

thumb (親指)
forefinger (人さし指)
middle finger (中指)
third finger (薬指)
little finger (小指)
big toe (足の親指)
toes (足の指)

▶ 彼女はほっそりした指をしている.
She has slender *fingers*. (▶「太い指」なら slender のかわりに thick を使う)
指切りをする promise by linking little fingers with each other
指先 a fingertip
指人形 a hand puppet, a glove puppet

ゆびさす 指差す **point** [ポイント] ((at, to))
▶ 人を指さすのは失礼だよ.
It's rude to *point at* people.

ゆびわ 指輪 a **ring** [リング]
▶ 指輪をはめる
put on a *ring* / (はめている) wear a *ring*, have a *ring* on
▶ 婚約指輪 an engagement *ring* (▶ ˣengage ring とはいわない)
▶ 結婚指輪 a wedding *ring*
▶ ダイヤの指輪 a diamond *ring*

ゆぶね 湯船 a bathtub [バスタブ]

ゆみ 弓 a **bow** [ボウ]
▶ 弓を引く draw a *bow*
弓矢 a bow and arrows

ゆめ 夢

a **dream** [ドゥリーム]
夢を見る dream, have a dream (▶ ˣsee a dream とはいわない)
▶ 正夢 a true *dream* (▶「逆夢」なら true のかわりに false を使う)
▶ 楽しい夢を見る
have a pleasant *dream*

Your Dream

イラスト：大管雅晴

将来何になりたい？
What do you want to be in the future?

ぼくは総理大臣になりたいです。
もしなれたら日本の教育制度を変えようと思っています。
I want to be the Prime Minister.
If I become the Prime Minister,
I will change Japan's education system.

私は国際機関で働きたいです。世界中で困っている難民を助けたいからです。
I want to work at an international organization because I hope to help *refugees around the world who are in need.   * refugee [refjudʒíː: レフュヂー] 難民

中学生のなりたい職業ランキング The Top Dream Jobs of Junior High School Students

男子 Boys
1. エンジニア・プログラマー（機械・技術・IT系）
   engineer, programmer (machinary, technology, and IT-related jobs)
2. 会社員   office worker
3. プロサッカー選手   professional soccer player
4. 公務員   public worker[servant]
5. プロ野球選手   professional baseball player
6. その他のスポーツ選手（野球、サッカー、水泳以外）
   professional athlete of other sports (except baseball, soccer, and swimming)
7. eスポーツプレーヤー・プロゲーマー
   e-sports player, professional gamer
8. 医師（歯科医師含む）   doctor (including dentist)
8. コック・板前（料理人）   cook, cook in a Japanese restaurant
8. 自動車関連   automobile-related job

女子 Girls
1. 学校の教師・先生   school teacher
2. 看護師   nurse
3. 公務員   public worker[servant]
4. 薬剤師   pharmacist
5. 保育士・幼稚園教諭   nursery school teacher, kindergarten teacher
6. パティシエ（ケーキ屋）   pastry chef / patissier
7. 漫画家・イラストレーター   manga artist, illustrator
8. 会社員   office worker
9. エンジニア・プログラマー（機械・技術・IT系）
   engineer, programmer (machinary, technology, and IT-related jobs)
9. ダンサー   dancer
9. デザイン関係（ファッション・ゲームなど）
   design-related job (fashion, game, etc.)

（学研教育総合研究所 2024）

大人になったら何をしたい？
What do you want to do when you grow up?

運転免許を取ってドライブしたい。
I want to get a driver's license and drive a car.

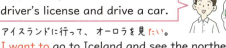

アイスランドに行って、オーロラを見たい。
I want to go to Iceland and see the northern lights.

NBAの試合を実際に見てみたい。
I want to watch live NBA games.

eight hundred and seven   807

ユリ ▶

- きみの夢を見たよ．
  I *had a dream* about you. / (夢に出てきた) You appeared in my *dream*.
- 友だちとディズニーランドに行っている夢を見た．I *had a dream* that my friends and I went to Disneyland. (▶ I dreamed that .... としてもよい)
- 悪い夢を見たの？ Did you *have a* bad *dream*? / (こわい夢を見たの？) Did you *have a nightmare*?
- 初夢はどんな夢だった？
  What was your first *dream* of the New Year like?
- 私には夢がある．I have a *dream*.
- 私の夢は歌手になることだ．My *dream* is to become [be] a singer.
- 夢がとうとうかなった．
  At last my *dream* came true.

💬スピーキング
🅐 私たちのチームが優勝したよ．
Our team won the championship.
🅑 夢みたい．
It's like a dream.

💡表現力
…とは夢にも思っていない
→ never dream (that) ...

- オーディションに受かるなんて夢にも思わなかった．I *never dreamed that* I would pass the audition.
- スリにあうなんて夢にも思わなかった (→ 考えもしなかった)．I *never thought* my pocket would be picked.
- まさかこんなことになるなんて夢にも思わなかったよ．It was the last thing I expected. (▶ the last thing ... で「もっとも…しそうにないこと」の意味)

ユリ (植物) a lily [リリィ]
ゆりかご 揺りかご a cradle [クレイドゥル]
ゆるい 緩い loose [ルース] (反 きつい tight)
- このスカートは私にはゆるい．
  This skirt is too *loose* for me.
- (道路の) ゆるいカーブ a *gentle* curve

ゆるし 許し permission [パミション] →きょか

ゆるす 許す

1 (勘弁する) forgive [フォギヴ]；(がまんする) can stand
- お願い，許して．悪気はなかったんだ．
  Please *forgive* me. I didn't mean to hurt you.
- どうしてもあいつのこと，許せないよ．
  I simply can't *forgive* him.

💬スピーキング
🅐 そんなのって許せる？
Do you think you can stand it?
🅑 許せない，許せない．
No, never.

2 (許可する) let [レット], allow [アラウ], permit [パミット]

💡表現力
(人) が…するのを許す
→ let ＋人＋動詞の原形 /
  allow [permit] ＋人＋ to ...

- 両親は私がキャンプに行くのを許してくれた．
  My parents *let* me go camping. / My parents *allowed* [*permitted*] me *to* go camping.

ゆるむ 緩む **1** (ひもなどが) get loose [ルース]；(ゆるんでいる) be loose
- ねじがいくつかゆるんでるよ．
  Some of the screws *are loose*.
2 (気が) get relaxed [リラクスト]；(ゆるんでいる) be relaxed
- 気がゆるみすぎじゃないの？
  Don't you think you're too *relaxed*?

ゆるめる 緩める (結び目などを) loosen [ルースン]；(力などを) relax [リラックス]
- ベルトをゆるめる *loosen* my belt

ゆるやか 緩やかな (なだらかな) gentle [チェントゥル] (反 急な steep)；(おそい) slow [スロウ] (反 速い fast)
- ゆるやかな坂 a *gentle* slope

ゆれ 揺れ a shake [シェイク]
ゆれる 揺れる shake [シェイク], sway [スウェイ], swing [スウィング]
- 地震で家が揺れた．
  The earthquake *shook* our house.
- 木は風で静かに揺れていた．
  The trees *were* gently *swaying* in the breeze.

ゆわかし 湯沸かし a kettle [ケトゥル]
- ガス湯沸かし器 a gas *water heater*

◀ **よい**²

よヨ よヨ よヨ

よ¹ 世 the world [ワールド]
▶ この世 this *world*
▶ あの世 the other *world* / the *afterlife*
▶ この世でいちばんたいせつなものは何だと思う？
What do you think is the most important thing in *the world*?

よ² 夜 (a) night [ナイト] →よる¹

よあけ 夜明け dawn [ドーン], daybreak [デイブレイク]
▶ 夜明けに at *dawn*

よい¹ 良い →いい

使い分け
(良好な) → good
(うれしい) → happy, glad
(ためになる) → good
(申し分のない) → all right, OK
(適当な) → good, right
(正しい) → right

1 (良好な) **good** [グッド] (反 悪い bad), **nice** [ナイス], **fine** [ファイン]
▶ あした天気がよかったらピクニックに行こうか．
If the weather is *good* tomorrow, why don't we go on a picnic?

スピーキング
Ⓐ その問題1人で解けたよ．
I solved the problem on my own.
Ⓑ よかったね．
(すごいね) That's great. / (よくやったね) Good job. / Well done.

「よい」「よかったね」
親指を立て，上に向けるしぐさは賛成・満足などを表す．

2 (うれしい) **happy** [ハピィ], **glad** [グラッド]
▶ それはよかったね(→それを聞いてうれしい)．

I'm *glad* to hear that.
▶ 婚約㊗, おめでとう！ほんとうによかったね．
Congratulations on your engagement! I'm so *happy* for you.

3 (ためになる) **good**

表現力
…によい → be good for …

▶ 牛乳は子どもによい．
Milk *is good for* children.
▶ 早起きは健康によい．
Getting up early *is good for* you. / It's *good for* your health to get up early.

4 (申し分のない) **all right** [オール ライト], **OK** [オウケイ]
▶ この中で写真をとってもよい(→よろしい)ですか．
Is it *all right* to take pictures in here? / Can I take pictures in here?

5 (適当な) **good**, **right** [ライト]
▶ ここはピクニックするのによい場所だね．
This is a *good* place for a picnic.

6 (正しい) **right** (反 まちがった wrong), **correct** [コレクト]
▶ 水族館に行くにはこのバスでよいのですか．
Is this the *right* bus to the aquarium?

7 (…してもよい) **can**, **may** →いい

8 (…したほうがよい) **should**, **had better** →いい

9 (…しなくてもよい) **do not have to**, **do not need to** →いい

10 (…すればよかった) (▶「should have ＋過去分詞」で表す)
▶ ちゃんと試験勉強をしておけばよかった．
I *should have prepared* for my exams.
▶ あんなこと言わなければよかったよ．
I *shouldn't have said* that.

よい² 宵 early evening
▶ まだ宵の口だ．
It's still *early in the evening*. / The

よう¹

よう¹ 用

(用事) something to do, (会社の) business [ビズネス]
▸ ごめんね．ちょっと用があるんだ．
I'm sorry. I have *something to do*.
▸ 父は会社の用で九州へ行きました．
My father went to Kyushu on *business*.

よう² 酔う (お酒に) get drunk [ドゥランク]；(一般に乗り物に) get sick [スィック]；(車に) get carsick [カースィック]；(船に) get seasick [スィースィック]
▸ 父は酔うとよく歌う．
My father often sings when he *gets drunk*.
▸ 私はバスによく酔う．
I often *get sick* on buses.

-よう¹

使い分け

(…のように) → like
(…のとおり) → as
(…のように見える) → look
(…のように思える) → seem

1 (…のように，…のような) **like** [ライク]；(…のとおり) **as** [アズ]
▸ いつものように *as* usual
▸ このように持ってごらん．
Hold *like* this. / Hold this way.
▸ 高橋先生のような先生になりたい．
I want to be a teacher *like* Ms. Takahashi.
▸ 私の言うように (→言うとおりに) やってください．
Please do *as* I say.
▸ 白雪姫の肌は雪のように白い．
Snow White's skin is *as* white *as* snow. (▸as ～ as … は「…のように～だ」)
▸ そのようなことばを使うものではありません．
You shouldn't use *such* words. (▸such … は「そのような…」)

2 (…のように見える) **look** [ルック]；(…のように思える) **seem** [スィーム] →-みたい
▸ つかれてるようだね．
You *look* tired. / You *seem* (to be) tired.

▸ その家はお城のようだった．
The house *looked like* a castle. (▸名詞を続けるときは「look like ＋名詞」の形)

3 (…になりそうだ) **look like**, **be likely to**
▸ あしたは雪のようね．
It *looks like* snow tomorrow. / It *looks like* it's going to snow tomorrow. / It's *likely to* snow tomorrow.

4 (…するために) **(in order) to …**；(…するように) **so that …**
▸ 試験に合格するようにがんばります．
I will work hard *(in order) to* pass the exam.
▸ 忘れないように書きとめておいたら？
Maybe you can write it down *so that* you won't forget it.

5 (…するように努める) **try to …**；(…しないように努める) **try not to …**
▸ 私は11時までに寝るようにしている．
I *try to* go to bed by eleven.

-よう² 用 …'s, for [フォー(ァ)]
▸ 女子用トイレ ladies' room
▸ これは紳士用ですか．Is this *for* men?

-(し)よう Let's [レッツ] … →-(し)ましょう
▸ 「ここでお昼にしよう」「うん，そうしよう」
"*Let's* have lunch here." "Sure."
▸ あの新しくできたレストランに行ってみようか．
Why don't we try that new restaurant?

ようい¹ 用意 →したく，じゅんび

preparation(s) [プレパレイション(ズ)]
用意する get ready 《for》, **prepare** [プリペア] 《for》
▸ 旅行の用意をする
prepare for a trip / *get ready for* a trip
▸ 夕ごはんの用意ができたよ．
Dinner *is ready*.

スピーキング
Ⓐ 用意はいい？
Are you ready?
Ⓑ ああ，いつでもいいよ．
Yes, I'm ready.

◀ **ようじん**

▶ 用意ができたら教えて.
Tell me when you're ready.

表現力
…の用意ができている
→ be ready for …

▶ あしたの学校の用意はできてるの？
Are you ready for school tomorrow?

表現力
…する用意ができている
→ be ready to …

▶ 出発する用意はできてるよ.
I'm ready to leave.

ようい² 容易な easy [イーズィ] →やさしい¹
　容易に easily
ようか 八日 (日数)eight days；(暦の)
　(the) eighth [エイス, エイトゥス]
ようが 洋画 (絵)a Western [European]
　painting；(映画) a foreign [フォ(ー)リン]
　movie [film]
-(し)ようが →たとえ (…でも)
ようかい 妖怪 a monster [マンスタァ]
ようかん 羊かん yokan, sweet bean
　jelly [ヂェリィ]
ようがん 溶岩 lava [ラーヴァ]
ようき¹ 陽気な cheerful [チアフル]
▶ 瑞希は陽気な子だ.
Mizuki is a cheerful girl.
　陽気に cheerfully
ようき² 容器 a container [コンテイナァ]

ようぎ 容疑 suspicion [サスピション]
　容疑者 a suspect [サスペクト]
ようきゅう 要求 a demand [ディマンド]
　要求する demand
▶ 彼らは会社に謝罪を要求した.
They demanded an apology from the company.
ようけん 用件 business [ビズネス]

▶ どういったご用件でしょうか.
How can I help you？ / What can I do for you?

▶ では, 用件に入りましょう.
Let's get down to business.

ようご¹ 養護 nursing [ナースィング]
　養護学級 (特別支援学級)→とくべつ
　養護学校 (特別支援学校)→とくべつ
　養護教諭 a school nurse [ナ～ス]
ようご² 用語 a term [タ～ム]
ようこそ Welcome! [ウェルカム]
▶ ようこそいらっしゃいました.
Welcome! / Thank you for coming.

表現力
…へようこそ → Welcome to … .

▶ わが家 [わが校] へようこそ.
Welcome to our house [school].

ようさい 洋裁 dressmaking [ドゥレスメイキング]
ようさん 養蚕 sericulture [セリカルチァ]
ようし¹ 用紙 (紙) (a) paper [ペイパァ]；(記入用の) a form [フォーム]
▶ この用紙に記入してください.
Fill in this form, please.
▶ 申しこみ用紙 an application form
▶ 解答用紙 an answer sheet
ようし² 養子 an adopted child
　養子にする adopt [アダプト]
ようじ¹ 用事 →よう¹
▶ 用事があるので先に帰ってもいいですか.
Could I go home early? I have something to do.
ようじ² 幼児 an infant [インファント]
　幼児教育 preschool education [プリスクール エヂュケイション]
ようじ³ 幼時 childhood [チャイルドゥフド]
ようじ⁴ (つまようじ)a toothpick [トゥースピク]
ようしき 様式 a style [スタイル]
ようしょく¹ 洋食 Western food
ようしょく² 養殖 culture [カルチァ], farming [ファーミング]
　養殖の cultured
▶ カキの養殖 oyster culture
▶ 養殖のウナギ a farmed eel
　養殖魚 a farmed [ファームド] fish
　養殖場 a farm [ファーム]
ようじん 用心する beware [ビウェア](of)；(注意する) be careful [ケアフル](of),

eight hundred and eleven　811

ようす

take care 《to》; (危険なものなどに) watch out →きをつける
▶ 知らない人には用心しなさい.
Beware of strangers.
▶ かぜをひかないように用心しなさい.
Be careful not to catch (a) cold.
用心深い cautious [コーシャス], careful
用心深く cautiously, carefully

ようす 様子 (外観) a look [ルック]; (態度) a manner [マナァ]; (状況) a situation [スィチュエイション]
▶ 期末テスト前でみんな緊張したようすだった.
Everyone *looked* nervous before the finals.
▶ 赤ちゃんのようすが何かおかしいよ.
Something is wrong with the baby.

ようする 要する require [リクワイア]
ようするに 要するに (簡単に言えば) in short; (言いかえれば) in other words

プレゼン
要するに，私はこの案に反対です.
In short, I'm against this plan.

ようせい¹ 妖精 a fairy [フェ(ア)リィ]
ようせい² 養成する train [トゥレイン]
ようせい³ 陽性の positive [パズィティヴ]
▶ 彼女は検査の結果，そのウイルスに陽性だと判明した.
She tested *positive* for the virus.

ようせき 容積 capacity [カパスィティ]
ようそ 要素 (構成要素) an element [エレメント]; (要因) a factor [ファクタァ]

-ようだ like [ライク] →-よう¹

ようだい 容体, 容態 (a) condition [コンディション]
▶ 母の容体はあまりよくない.
My mother isn't in very good *condition*.

ようち 幼稚な childish [チャイルディシ]
ようちえん 幼稚園 a kindergarten [キンダガートゥン]
幼稚園児 a kindergartner [キンダガートゥナァ]
ようちゅう 幼虫 a larva [ラーヴァ]
ようつう 腰痛 backache [バケイク]
ようてん 要点 the (main) point [ポイント]
▶ ここは，忘れてはいけない要点ですよ.
This is *the point* you shouldn't forget.
▶ このレッスンの要点をまとめてみなさい.
Try to summarize *the main points* of this lesson.

ようと 用途 a use [ユース]
▶ プラスチックは用途が広い.
Plastic has a wide variety of *uses*.

-(し)ようとする 1 (試みる) try [トゥライ] to ... →こころみ
▶ きのう宿題を仕上げようとしたけど，できなかった.
I *tried to* finish my homework yesterday, but I couldn't.
2 (…するところだ) →-ところ

-(の)ような →-よう¹
-ように →-よう¹

ようび 曜日

a day of the week

スピーキング
Ⓐ 今日は何曜日？
What day is it today?
Ⓑ 木曜日だよ.
It's Thursday.

▶ 日曜日にはいつも何をしますか.
What do you usually do on *Sundays*? (▶「…曜日に」というときは前に on をつける)
▶ 金曜日にはスイミングスクールに行っている.
I go to swimming school on *Fridays*.
▶ 今度の土曜日，映画に行かない？
Why don't we go to a movie this *Saturday*? (▶曜日に this, last, next などがつくときは前に on をつけない)

曜日の言い方と略語
日曜日 **Sunday** Sun.
月曜日 **Monday** Mon.
火曜日 **Tuesday** Tue. / Tues.
水曜日 **Wednesday** Wed.
木曜日 **Thursday** Thu. / Thur. / Thurs.
金曜日 **Friday** Fri.
土曜日 **Saturday** Sat.

ようひん 用品 (必需品) supplies [サプライズ], necessities [ネセスィティズ]; (商品) goods [グッヅ]; (器具) utensils [ユーテン

▶ よく¹

ス(イ)ルズ]
▶ 学用品 school *supplies*
▶ 家庭用品 household *goods*
▶ 事務用品 office *supplies*
▶ スポーツ用品 sporting *goods*
▶ 台所用品
kitchen *utensils* / *kitchenware*
▶ 日用品 daily *necessities*

ようふく 洋服 clothes [クロウズ]；(和服に対して) Western clothes
▶ 洋服を着る
put on my *clothes*
▶ 姉は洋服にうるさい．
My big sister is particular about her *clothes*.
洋服だんす a wardrobe [ウォードゥロウブ]

ようぶん 養分 nourishment [ナーリシメント]

ようほう 用法 (ことばの)usage [ユースィヂ]

ようもう 羊毛 wool [ウル] (発音注意)
羊毛の woolen [ウレン]

ようやく¹ (やっと) at last, finally [ファイナリィ] →やっと
▶ ようやく雨がやんだ．
The rain *finally* stopped. / The rain stopped *at last*.

ようやく² 要約 a summary [サマリィ]
要約する summarize [サマライズ], sum [サム] up

ようりょう 要領 the point [ポイント]
▶ その説明は要領を得ていた．
The explanation was to *the point*.
▶ 恵利は何をするにも要領がよい．
Eri is *efficient* in everything she does.
▶ あいつは何をやらせても要領が悪い．
(おそい) He's *slow* about everything. / (うまくできない) He can't do anything right.

ようれい 用例 an example [イグザンプル]

ヨーグルト yogurt, yoghurt [ヨウガト] (発音注意)

ヨーヨー a yo-yo [ヨウヨウ] (複数 yo-yos)
▶ ヨーヨーで遊ぶ
play with a *yo-yo*

ヨーロッパ
Europe [ユ(ア)ロプ] (発音注意)
ヨーロッパ(人)の European [ユ(ア)ロピーアン]
▶ ハンガリーはヨーロッパの国だ．
Hungary is a *European* country. (▶ ˣan European country としない)
ヨーロッパ人 a European
ヨーロッパ連合 the European Union [ユーニョン] (▶ EU と略す)

よか 余暇 leisure [リージァ‖レジァ] (time), spare time, free time
▶ 余暇には何をしますか．
What do you do in your *free time*?

ヨガ yoga [ヨウガ]

よかん 予感 a premonition [プリーモニション], a feeling [フィーリング], a hunch [ハンチ]
▶ 何か悪いことがありそうな予感がする．
I have a *feeling* that something bad is going to happen.

よき 予期する expect [イクスペクト]

よきょう 余興 entertainment [エンタテインメント]

よきん 預金 a deposit [ディパズィト]；(銀行口座) a bank account [アカウント]
預金する deposit
▶ 普通預金
a regular savings *account*
▶ 定期預金
a time *deposit*
▶ これを預金口座に入れたいのですが．
I'd like to deposit this into my *bank account*.
預金通帳 《米》a bankbook,《英》a passbook

よく¹ 欲 greed [グリード]；(a) desire [ディザイア]
▶ 金銭欲
(a) *desire* for money
▶ 知識欲
a *desire* for knowledge
欲深い greedy [グリーディ] →よくばり

eight hundred and thirteen 813

よく² 良く

使い分け
(うまく) → well
(じゅうぶんに) → well
(しばしば) → often

1 (うまく) **well** [ウェル]
- よくやったね.
  Well done. / (You did) a good job.
- そのTシャツ, よく似合ってるよ.
  That T-shirt looks *good* on you. / You look very *nice* in that T-shirt.

2 (じゅうぶんに) (**very**) **well**
- ゆうべはよく眠れた.
  I slept *well* last night. / I had a *good* sleep last night.

スピーキング
- Ⓐ 小川さんをごぞんじですか.
  Do you know Mr. Ogawa?
- Ⓑ ええ, **よく**知っています.
  Yes. I know him very well.

- ねえ, よく聞いて.
  Now, listen to me *carefully*.

3 (しばしば) **often** [オ(ー)フン]
- そんなことはよくあることだよ.
  That *often* happens. / That's just one of *those things*.
- 小学生のころは友だちとよくこの公園で遊んだ.
  My friends and I *used to* play in this park when we were in elementary school.

4 (健康状態が) **well**
- 早くよくなってね.
  I hope you (will) get *well* soon. (▶ well は better ともいう)

5 (感嘆を表す)
- よく来てくれたね.
  It's very *nice* of you to come.
- よくもそんなことが言えるな.
  How could you say that? / Look who's talking. (▶「だれが話しているか確かめろ→よく言えるな」という意味)

よく- 翌… the next [ネクスト] ... , the following [ファロウイング] ...
- 翌日
  the next day / the following day / (明日) tomorrow
- 翌月
  the next month / *the following* month / (来月) *next* month (▶ the をつけないと現在を基準にして「その次の月」, つまり「来月」の意味になる)
- 遠足の翌日 the day *after* the outing

よくしつ 浴室 a bathroom [バスル(ー)ム] →ふろ

よくじつ 翌日 the next day, the following [ファロウイング] day

よくせい 抑制する control [コントゥロウル]
- 感染拡大を抑制する
  control the spread of infection

よくそう 浴槽 a bathtub [バスタブ]

よくなる 良くなる get better, improve [インプルーヴ] →よく²
- 今学期は成績がよくなった.
  My grades *got better* [*improved*] this term. / (よい成績がとれた) I got better grades this term.

よくばり 欲張りな greedy [グリーディ]
- この欲張り！ You're so *greedy*.

よくばる 欲張る be greedy [グリーディ]
- そんなに欲張るなよ.
  Don't *be* so *greedy*.

よくぼう 欲望 (a) desire [ディザイア]

よくも
- よくもまあ, そんなことが言えたものだ.
  How dare you say such a thing?

よけい 余計な (不必要な) unnecessary [アンネセセリィ]
- よけいな物は買うな.
  Don't buy anything *unnecessary*.
- 説明してもらったらよけいにわからなくなった (→その説明が私をさらに混乱させた).
  The explanation made me *more* confused.
- よけいなお世話よ.

Mind your own business. / It's none of your business.
よけいに (量) too much; (数) too many
▸ ぼうっとしていたので，200円よけいに払ってしまった．
I was so careless (that) I paid 200 yen *too much*.
▸ 一言よけいだよ (→一言多いよ)．
That's one word *too many*.
よける (さける) avoid [アヴォイド]; (わきへ) step aside; (身をかわす) dodge [ダッヂ]
▸ 道を渡っている犬をよけるのに急ブレーキをかけざるをえなかった．
I had to hit the brakes to *avoid* a dog crossing the road. (▶hit the brakes は「ブレーキをガクンとかける」という意味)
よげん 予言 (a) prediction [プリディクション], (a) prophecy [プラフェスィ]
予言する predict
▸ 私の予言が当たった．
My *prediction* came true.
予言者 a prophet [プラフィト]

よこ 横

1 (横幅は) width [ウィドゥス] (対 縦 length)
▸ その生地は横が110センチある．
The cloth is 110 centimeters *wide*.
▸ 縦5センチ，横10センチの長方形をかきなさい．
Draw a rectangle 10cm *wide* and 5cm high. (▶英語ではふつう横を先にいう)

2 (側面) a side [サイド]
▸ これを横にどけてくれる？
Could you move this to the *side*?
▸ 由実がぼくの横にすわった．
Yumi sat *next to* me.
横になる lie [ライ] (down) →よこたわる
▸ ベッドで横になったら？
Why don't you *lie down* on the bed?
横顔 a profile [プロウファイル]

よこうえんしゅう 予行演習 a rehearsal [リハ～サル]
▸ 卒業式の予行演習があった．
We had a *rehearsal* for the graduation ceremony. / We had a graduation *rehearsal*.

よこぎる 横切る cross [クロ(ー)ス]
▸ 道路を横切るときは気をつけなさい．
Be careful when you *cross* the street.
(…を)横切って across

よこく 予告 (a) notice [ノウティス]
予告する notice, give notice (of)
▸ 八木先生はよく予告なしにスペリングテストをする．
Mr. Yagi often gives us spelling tests without *notice*.
予告編 (映画) a trailer [トゥレイラァ], a preview [プリーヴュー]

よごす 汚す get ... dirty [ダ～ティ]
▸ その本をよごさないでね．
Don't *get* that book *dirty*.

よこたえる 横たえる lay [レイ]
よこたわる 横たわる lie [ライ] (down)
▸ 公園に犬が横たわっていた．
A dog *was lying* in the park.

よこづな 横綱 a *yokozuna*, a grand champion in sumo wrestling

よこどり 横取りする (盗む) steal [スティール]

よごれ 汚れ dirt [ダ～ト]; (しみ) a stain [スティン]
▸ 白い車はよごれが目立つ．
White cars show the *dirt* more.
▸ このよごれはどうにも落ちないよ．
This *stain* won't come out.
よごれ物 dirty things; (洗たく物) (the) washing

よごれる 汚れる

get dirty [ダ～ティ]
よごれた dirty
▸ 白い服はすぐによごれる．
White clothes *get dirty* easily [quickly].
▸ 手がよごれてるね．洗ってきなさい．
Your hands are *dirty*. Go and wash them.

よさん 予算 a budget [バヂェト]
予算を立てる budget
▸ ご予算は？
What's your *budget*? / What's your *price range*?

よし (よい) good [グッド]; (承知) all right [オール ライト], OK [オウケイ] →よい¹, よろしい

よじのぼる

よじのぼる よじ登る climb [クライム]《up》

よしゅう 予習 preparation [プリパレイション] 予習する prepare [プリペア] for a class (▶「復習する」は《米》review,《英》revise)
- あしたの予習をしなくちゃ.
 I've got to *prepare* (*for*) tomorrow's class.

よす stop [スタップ] →やめる

よせあつめ 寄せ集め(ごたまぜ)a jumble [チャンブル];(いろいろなものの組み合わせ)a patchwork [パチワーク]

よせる 寄せる **1**(近づける)put ... close [クロウス] to
- いすをかべに寄せてください.
 Put your chairs *close to* the wall.

2(思いを)→こい¹
- 私はある上級生に思いを寄せていた.
 I *was in love with* an upperclass student.

よせん 予選 a preliminary [プリミネリィ]
- うちのチームは予選を通過した.
 Our team got through the *preliminaries*.
- ぼくは1次予選で負けた.
 I was defeated in the first round of the *preliminary*.

よそ よその another [アナザァ] →ほか
- どこかよそに行こうよ.
 Let's go to *another place*. / Let's go *somewhere else*.
 よその人 a stranger [ストゥレインヂァ]

よそう¹ 予想

(an) expectation [エクスペクテイション] 予想する expect [イクスペクト]
- 「結果はどうだった?」「予想したほどではなかったよ」
 "What was the result?" "It didn't meet my *expectations*."
- うちの学校のチームは予想どおり試合に勝った.
 Our school team won the game as *expected*.
- だれもこんな事故を予想しなかった.
 Nobody *expected* an accident like this.

よそう² serve [サ〜ヴ]

- ごはんをよそってくれる?
 Can you *give* me a helping of rice?

よそく 予測 (a) prediction [プリディクション]

よそみ よそ見
- よそ見しないで!
 Don't *look away*!

よだれ (a) slobber [スラバァ]
 よだれをたらす slobber [スラバァ], drool [ドゥルール]
- 赤ちゃんがよだれをたらしているよ.
 The baby *is slobbering* [*drooling*].
- (おいしそうで)よだれが出そうだ.
 My mouth is *watering*.

よち¹ 予知 (a) prediction [プレディクション] 予知する predict [プレディクト]

よち² 余地 room [ルーム]
- まだ話し合いの余地は残っているよ.
 There's still *room* for discussion.

よちよち よちよち歩く toddle [タドゥル]

よっか 四日 (日数) four days;(暦の) (the) fourth

よつかど 四つ角 a crossroads [クロ(ー)スロウヅ] (複数 crossroads);(交差点) a crossing [クロ(ー)スィング]

よっきゅう 欲求 a desire [ディザイア] 欲求不満 frustration [フラストゥレイション]

よっつ 四つ four [フォー(ァ)] →よん

-(に)よって by [バイ] →で
- 『坊っちゃん』は夏目漱石によって書かれた.
 Botchan was written *by* Natsume Soseki.

ヨット (小型の)《米》a sailboat [セイルボウト],《英》a sailing boat;(大型の) a yacht [ヤット]
 ヨットレース yacht racing [レイスィング]

よっぱらい 酔っ払い a drunk [ドゥランク], a drunken person;(大酒飲み)a drunkard [ドゥランカド]
 酔っぱらい運転 drunk(en) driving

よてい 予定

(計画) a plan [プラン];(スケジュール) a schedule [スケヂュール]
 予定を立てる plan《for》, make a plan《for》
- この週末の予定は?
 What are your *plans for* this weekend?

◀ **よぶ**

🗣 スピーキング
Ⓐ あした何か予定がある？
Do you have any plans for tomorrow?
Ⓑ いや、別に予定はないよ。
Nothing special.
Ⓑ ごめん、予定があるんだ。
I'm sorry, I'll be tied up.

▶ ぼくは夏休みの予定を立てた。
I *made plans for* summer vacation.
▶ いっしょに行けるように予定を変更するよ。
I'll change my *schedule* so that I can go with you.
▶ 飛行機は予定どおりに到着した。
The plane arrived on *schedule*. (▶「おくれて到着する」なら on のかわりに behind を使う)

💬 表現力
…する予定である
→ be going to … /
be planning to …

▶ 冬休みはスキーに行く予定だ。
We're going to go skiing during winter vacation.
▶ 飛行機は10時に出発の予定だ。
Our plane *is scheduled to* leave at ten.
予定表 a schedule
よとう 与党 the ruling [ルーリング] party
よなか 夜中に（夜おそく）late at night；（真夜中）in the middle of the night
▶ こんな夜中に電話してこないで。
Don't call me this *late at night*.
▶ 夜中に何度も目が覚めた。
I kept waking up *in the middle of the night*.
よねんせい 四年生（小学）a fourth grader →**がくねん**（表）
よのなか 世の中 the world [ワ～ルド] →**よ**¹
▶ 世の中、捨てたもんじゃないよ（→そんなに悪くない）。
The world isn't so bad.
▶ 世の中とはそんなものさ。
That's *life*. / That's the way things go.
よはく 余白 a margin [マージン], a blank

[ブランク]
よび 予備の spare [スペア]
▶ 予備の電球、どこだっけ？
Do you know where the *spare* bulbs are?
予備校（高校受験の）a cram school for high school entrance exams（▶大学受験の予備校の場合は high school のかわりに college を使う）
よびかける 呼びかける call (out) to
▶ 私は知らない人に呼びかけられた。
A stranger *called out to* me.
よびだす 呼び出す call [コール]；（館内放送で）page [ペイヂ]
▶ 母は学校に呼び出された。
My mother *got called* to the school.
▶ お呼び出し申し上げます。田中様、受付までお越しください。
Paging Mr. Tanaka. Please come to the reception desk.
▶ 絵美も呼び出そうよ。
Let's *call and ask* Emi to join us.

よぶ 呼ぶ

🔹 使い分け
（呼びかける）→ call
（呼びよせる）→ call
（招く）→ invite
（名づけて言う）→ call

call

invite

1（呼びかける）call [コール]；（さけぶ）call out, cry [クライ] out
▶ 呼ばれたら返事をしなさい。
Answer when you're *called*.
▶ 私は大声で助けを呼んだ。
I *called* [*cried*] *out* for help.
2（呼びよせる）call；（用がある）want [ワント]
▶ 警察を呼んで！ *Call* the police!
▶ 救急車を呼んでください。
Call an ambulance, please.
▶ 医者を呼んでもらえますか。
Would you *call* a doctor? /（緊急の場

よふかし

合) *Send for* the doctor.
▶ お父さんが呼んでるよ．
 Dad *wants* you.
3 (招く) **invite** [インヴァイト]
▶ きのう理香の誕生日パーティーに呼ばれた．
 I *was invited* to Rika's birthday party yesterday.
4 (名づけて言う) **call**

💬表現力
(人など) を…と呼ぶ
 → **call** ＋人など＋ ...

▶ ぼくは高橋佳樹といいます．ヨシと呼んでください．
 I'm Takahashi Yoshiki. Please *call* me Yoshi.
▶ これは英語で何と呼びますか．
 What do you *call* this in English?
 (▶ ✕How do you call ...? とはいわない)

よふかし 夜更かしする stay up late, sit up late
▶ きのうは夜ふかしした．
 I *stayed up late* last night.

よふけ 夜更けに late at night
▶ ロイは夜ふけまで起きていた．
 Roy stayed up (till) *late*.

よぶん 余分な extra [エクストゥラ]; (予備の) spare [スペア]
▶ 余分なお金は持ち合わせてないよ．
 I have no *extra* money with me.
▶ 余分なものは処分しなさい．
 Get rid of the *things you don't need*.

よほう 予報 a forecast [フォーキャスト]
予報する forecast
▶ 天気予報だと，あしたは雨だって．
 The weather *forecast* says it will rain tomorrow.

よぼう 予防 (a) prevention [プリヴェンション]
予防する prevent [プリヴェント]
▶ 石けんで手を洗えばこの病気は予防できる．
 Washing hands with soap can *prevent* this disease.
予防接種 (a) vaccination [ヴァクスィネイション]
▶ 今日インフルエンザの予防接種を受けた．
 I got a flu *shot* today.

よほど so [ソウ]; much [マッチ], a lot [ラット]
▶ 彩花はよほどうれしいらしい．
 Ayaka seems (to be) *so* happy.

▶ こっちのほうがよほどいいよ．
 This one is *much* better.

よみがえる (思い出などが) come back; (生き返る・元気になる) revive [リヴァイヴ]

よみもの 読み物 (本) a book [ブック]; a read [リード]
▶ これは若者によい読み物だ．
 This is a good *book* for young people.
▶ 何か読み物でも持っていったらどう？
 Why don't you take *something to read* with you?

よむ 読む

read [リード]
▶ (先生が) みんな，私のあとについて読んでください．
 Read after me, class.
▶ 父は新聞を 2 紙読んでいる．
 My father *reads* two newspapers a day.
▶ その本を 1 日で読んだ．
 I *read* the book in one day. (▶ read [リード] の過去形は read [レッド])
▶ 『ロミオとジュリエット』は世界中で広く読まれている．
 Romeo and Juliet is widely *read* throughout the world. (▶ この read [レッド] は過去分詞)
▶ 小さいころ母はよく絵本を読んでくれた．
 My mother used to *read* me picture books when I was little.

よめ 嫁 (花よめ) a bride [ブライド]; (妻) *my* wife [ワイフ]; (むすこの妻) *my* daughter-in-law, *my* son's wife
▶ 大きくなったらジョンのお嫁さんになりたい．
 I want to be John's *wife* when I grow up.

よやく 予約 (部屋・席などの) a reservation [レザヴェイション]; (医者などの) an appointment [アポイントゥメント]
予約する (部屋・席などを) reserve [リザ〜ヴ], make a reservation; (医者などに) make an appointment
▶ ホテルはもう予約したの？
 Have you *made a* hotel *reservation* yet? / *Have* you *reserved* a room at the hotel yet?
▶ 5 時に歯医者さんに予約してるんだ．

◀ **よる**³

I *have a* dentist's *appointment* at five.
予約席 a reserved seat

よゆう 余裕
▸ 時間の余裕がないよ.
We have *no time to spare.* / We're *running out of time.*
▸ ここには机を置くような余裕はないね.
There's no *space* for a desk here.
▸ いまは新車を買うような余裕はないよ.
We can't *afford* (to buy) a new car now. (▶ can't afford (to buy) で「…を買う余裕はない」の意味)

−より
1 (比較) **than** [ザン]

　表現力
　…より〜 →比較級+ than ...

▸ ぼくはまだ父より背が低い.
I'm still *shorter than* my father.
▸ 私の彼は私より1つ年上だ.
My boyfriend is one year *older than* me [I am]. (▶「年下」は younger)
▸ あなたのことなら, 彼女より私のほうがよくわかっているわ.
I know you *better than* she does.
▸ 高志はクラスのどの生徒よりもよくできる.
Takashi is *brighter than* any other student in the class.

　表現力
　…よりずっと〜
　　→ **much** +比較級+ than ... /
　　a lot +比較級+ than ...

▸ ぼくはそっちよりずっとこっちが好きだ.
I like this one *much better than* that one.
2 (…から) from [フラム] →−から

▸ (手紙などで) 杏奈より. *From* Anna.
3 (…以来) since [スィンス] →いらい¹
よりかかる 寄り掛かる lean [リーン] 《against, on》
▸ へいに寄りかかっちゃだめ.
Don't *lean against* the fence.
よりみち 寄り道 →みちくさ, よる²
▸ 寄り道をしないでまっすぐ帰ってらっしゃい.
Come straight home without *stopping on the way.*

よる¹ 夜 →あさ¹, ばん¹, ゆうがた

(a) **night** [ナイト] (対 朝 morning, 昼 day, 晩 evening) (▶日の入りから日の出までをいう. 日の入りから寝るまでの間は evening) →ゆうがた
夜に at night
▸ 夜になると気温が急に下がった.
The temperature dropped suddenly *at night.*
▸ 日曜の夜にお客さんが来た.
We had guests on Sunday *night.* (▶特定の日の「夜に」というときは on を使う)
▸ 5日の夜に地震があった.
We had an earthquake on the *night* of the fifth.
▸ きのうの夜は寒かった.
It was cold last *night.* (▶ last や tomorrow (あすの) などがつくときは at はつけない)
▸ きのうの夜はおそくまで起きていた.
I stayed up late last *night.*
▸ 夜が明けてきた.
Day [Dawn] is breaking.
▸ ぼくは夜型だ.
I'm a *night* person.

よる² 寄る

1 (近づく) come near (to), come close (to)
▸ もっと近くに寄りなさい.
Come nearer [*closer*].
2 (立ち寄る) drop in, drop by →たちよる
よる³ 因る **1** (…しだいである) depend [ディペンド] 《on》
▸ うまくいくかどうかはきみ自身の努力によるな.
Your success *depends on* your own efforts.

eight hundred and nineteen 819

-(に)よれば

▶ それは時と場合によるね。
That *depends*. / It all *depends*.

2 (…が原因である) be due [デュー] to
▶ その事故は飲酒運転によるものだった。
The accident *was due to* drunk driving.

-(に)よれば according [アコーディング] to
▶ 優人によれば，彼のお母さんは入院しているそうだ。
According to Yuto, his mother is in the hospital.

よれよれ よれよれの worn-out [ウォーナウト]

よろい armor [アーマァ]
▶ よろいをつける put on *armor*

よろこばす 喜ばす please [プリーズ], make ... happy [ハピィ]
▶ どうすれば親を喜ばせることができるだろうか？
How can I *please* my parents? / How can I *make* my parents *happy*?

よろこび 喜び

(a) joy [ヂョイ], (a) pleasure [プレジャ]
▶ 音楽は私の人生の喜びだ。
Music is the *joy* of my life.
▶ 子どもたちは喜びのあまり飛び上がった。
The children jumped for *joy*.
▶ 「今のお気持ちは？」「この喜びはとても表現できません」
"How do you feel now?" "I can't tell you how *happy* I am."

よろこぶ 喜ぶ

be happy [ハピィ], be glad [グラッド], be pleased [プリーズド]
▶ おじいちゃん，私たちに会ったら喜ぶよ。
Grandpa will *be happy* to see us.
▶ みんなが無事だと聞いて私は喜んだ。
I *was glad* to hear nobody was hurt.
▶ きみがこんなに早くよくなってとても喜んでいます。
I *am* very *glad* that you got well so soon.
▶ 母は私たちのおくり物を喜んでくれた。
My mother *was pleased* with our presents.

🖊ライティング
合唱コンクールに優勝してみんなで喜びました。 We were all happy that we won the chorus contest.

💬表現力
喜んで…する → be happy to ... / be glad to ...

▶ 喜んでお手伝いするよ。
I'll *be glad* [*happy*] *to* help you.

💬スピーキング
Ⓐ いっしょにやらない？
Won't you join us?
Ⓑ うん，喜んで。
Sure, I'd love to.

よろしい All right. [オール ライト] →よい¹
▶ (電話などで)「いまよろしいですか」「ええ，どうぞ」 "Is it *all right* to talk to you now?" "Sure."
▶ (学校などで)「早退してもよろしいですか」「よろしい」
"*May I* go home early?" "*All right*."

💬用法 「よろしいですか」「よろしい」
「…してよろしいですか」とたずねるときは May I ...? という。これに対して「よろしい」というときは All right. や Sure. や OK. や Certainly. などと言う。
Ⓐ 伊藤先生，帰ってよろしいですか。
May I go home, Mr. Ito?
Ⓑ よろしい。
All right.

よろしく (初対面で) Nice to meet you.
💬スピーキング
Ⓐ 辻さん，どうぞよろしく。
Nice to meet you, Mr. Tsuji.
Ⓑ こちらこそよろしく。
Nice to meet you, too.

▶ 小野広志です。どうぞよろしく。
I'm Ono Hiroshi. *Glad to meet you*.
💬表現力
…によろしく伝えてください
→ Say hello [hi] to ... . / Give my best regards to ... .

▶ 美咲によろしくね.
Say hello to Misaki.

用法 よろしく(お願いします).
❶初対面の相手に「よろしく」とあいさつする場合は, **Nice to meet you.** が定番の表現.
❷だれかに伝言をたのむ際などに「～によろしく伝えてください」と言いたい場合は, **Say hello to ～.** とか **Please give my regards to ～.** などと言う.
❸何かたのみごとをしたときに「よろしくお願いします」と言うときは, **Thank you.** や **Thanks.** と言い添えるとよい.

よろめく stagger [スタガァ]
よろよろ よろよろする stagger [スタガァ]
よろん 世論 public opinion [パブリック オピニョン]

世論調査 a public opinion poll [ポウル]

よわい 弱い

1 (力がない) weak [ウィーク] (反 強い strong)

 weak   strong

▶ 最初はうちのチームは弱かった.
At first our team was *weak*.
▶ ぼくは小さいころ体が弱かった.
I got *sick easily* when I was little.
▶ 私は意志が弱い.
I have a *weak* will.
2 (苦手な) weak, poor [プァ] →にがて
▶ ぼくは英語が弱い.
I'm *poor* at English. (▶ poor は bad でもよい)
▶ 私は朝が弱い (→朝起きるのに苦労する).
I *have trouble* waking up in the morning.
▶ 父はお酒が弱い (→すぐによっぱらう).
My father gets drunk easily.
弱くする weaken [ウィークン], (ガスなどを) turn down
▶ ガスの火を弱くしてくれる？

Can you *turn* the gas *down*?
よわき 弱気な (おく病な) timid [ティミド]
▶ 弱気になるな.
(簡単にあきらめるな) Don't give up so easily. / (勇気を出せ) Have courage.
よわさ 弱さ weakness [ウィークネス]
よわね 弱音
▶ 弱音をはくな.
Never say die. / (あきらめないで)Don't give up.
▶ 彼はすぐ弱音をはく.
He always *whines*. (▶ whine [(フ)ワイン] は「泣き言をいう」の意味)
よわみ 弱み a weakness [ウィークネス]; (弱点) a weak point [ポイント]
▶ 人の弱みにつけこむな.
Don't take advantage of others' *weaknesses*.
▶ 自分の弱みを見せちゃだめだ.
You shouldn't show your *weak points*.
よわむし 弱虫 a coward [カウアド], a wimp [ウィンプ], a chicken [チキン]
▶ この弱虫！
You *wimp*! / You *chicken*!
よわる 弱る **1** (弱くなる)get weak[ウィーク], become weak
▶ 祖父は目が弱くなってきていた.
My grandfather's eyes *were getting weak*.
2 (困る) →こまる
▶ 弱ったなあ (→どうしよう).
What should I do?

よん 四(の) →かず(表)

four [フォー(ァ)]
第4(の) the fourth (▶4th と略す)
▶ 4分の1
a *fourth* / a *quarter*
▶ 4分の3
three *fourths* / three *quarters*

よんじゅう 四十(の) →かず(表)

forty [フォーティ] (つづり注意)
第40(の) the fortieth (▶40th と略す)
▶ 母は40代です
My mother is in her *forties*.
41 forty-one
42 forty-two

-ら

-ら …ら → -(し)たら
ラーメン ramen, Chinese noodles in soup
▶ カップラーメン
noodles in a cup
らい- 来… (次の) next [ネクスト] …
らい 雷雨 a thunderstorm [サンダストーム]
▶ 学校から帰る途中に雷雨にあった.
I was caught in a *thunderstorm* on my way home from school.
ライオン 《動物》a lion [ライオン]; (めす) a lioness [ライオネス]
らいきゃく 来客 a visitor [ヴィズィタァ]

らいげつ 来月

next month [マンス]
▶ 私は来月で15歳になる.
I'll be fifteen *next month*.
▶ 来月の3日から期末テストだ.
Finals start on the 3 of *next month*.
▶ 再来月
the month after *next*

らいしゅう 来週

next week [ウィーク]
▶ 来週買い物に行かない？
Do you want to go shopping *next week*?
▶ 来週の金曜日に英語のテストがある.
I have an English test *next* Friday.(▶ next Friday は「次の金曜日」という意味で「今週の」こともありうる.「来週の」をはっきりさせるときは on Friday next week という)
▶ 来週の日曜日の午後はあいてる？
Are you free *next* Sunday afternoon?
▶ 来週のいまごろはアメリカにいるんだね.
You'll be in the U.S. a *week* from today.
▶ 再来週
the week after *next*
ライセンス (a) license [ライスンス]

ライター a lighter [ライタァ]
ライト[1] (照明) a light [ライト]
▶ ライトをつける
turn on a *light* (▶「消す」は turn off を使う)
ライト[2] 《野球》right (field); (選手) a right fielder
ライトバン a station wagon [ステイション ワゴン]

ライナー 《野球》a liner [ライナァ]

らいねん 来年

next year [イア]
▶ 来年は中学3年だ.
I'll be in the ninth grade *next year*.
▶ 弟は来年4月に中学にあがります.
My younger brother is starting junior high *next* April. (▶ next April は in April next year としてもよい)
▶ 再来年
the year after *next*
ライバル a rival [ライヴ(ァ)ル]
▶ 西中学はわが校のライバルだ.
Nishi Junior High is our *rival*.
ライバル意識 rivalry [ライヴ(ァ)ルリィ]
▶ 彼らはライバル意識をもっている.
There is *rivalry* between them.
らいひん 来賓 a guest [ゲスト]
来賓席 the guests' seats [ゲスツ スィーツ]
ライフ (a) life [ライフ]
ライフスタイル a lifestyle
ライフワーク my lifework
ライブ(コンサート) a concert [カンサ(ー)ト], a live [ライヴ] concert
▶ きのう，大好きなバンドのライブに行った.
I went to a *concert* of my favorite

band yesterday.
ライブの,ライブで live
▶ やっぱり音楽はライブに限るな.
Music has to be *live*.
▶ そのバンドをライブで聞いてみたいなあ.
I want to hear the band (perform) *live*.
ライブハウス a place with live music (▶×live house とはいわない)
ライフル ライフル銃 a rifle [ライフル]
らいめい 雷鳴 thunder [サンダァ], a clap of thunder
ライン¹ (線) a line [ライン]; (水準) (a) standard [スタンダド]
▶ 合格ライン (→点)
a passing *score*
ライン² ライン川 the Rhine [ライン]
ラウンジ a lounge [ラウンヂ]
ラウンド (ゴルフ・ボクシングなどの) a round [ラウンド]

らく 楽な

1 (容易な) **easy** [イーズィ]
楽に easily ; (すぐに) quickly
▶ 楽な作業に思えたが,やってみるとたいへんだった.
The work had seemed *easy*, but I found it hard.
▶ そこは車で行ったほうが楽だよ.
It's *easier* if you drive there.
▶ こんな問題,楽に解けちゃうよ.
I can solve this problem *easily*.
2 (安楽な) **comfortable** [カンファタブル], **easy**
▶ 気を楽に持てよ!
Take it *easy*!
▶ (お客さんに対して) どうぞ楽になさってください.
Please make yourself *comfortable*.
(▶ comfortable は at home ともいう)
▶ 楽あれば苦あり.(ことわざ)
After *pleasure* comes pain.
らくえん 楽園 (a) paradise [パラダイス]
らくがき 落書き a scribble [スクリブル]; (公共のかべなどに書かれた) graffiti [グラフィーティ]
落書きする scribble ; (公共物に) write [draw] graffiti
落書きを消す remove graffiti
▶ 落書き禁止《掲示》
No *Scribbling* Here
らくご 落語 *rakugo*, (総称) comic storytelling, (個々の) a comic story
落語家 a professional comic storyteller
らくしょう 楽勝《口語》a cinch [スィンチ], a breeze [ブリーズ], a piece of cake
▶ 英語のテストは楽勝だったよ.
The English exam was a *cinch*.
らくせい 落成する(建物が完成する) be completed [コンプリーティド]
らくせん 落選する(選挙で)be defeated [ディフィーティド]
ラクダ (動物) a camel [キャメル]
らくだい 落第する(留年する) repeat [リピート] the year ; (試験に不合格になる) fail [フェイル], 《米口語》flunk [フランク]
らくてん 楽天的な optimistic [アプティミスティク] (反) 悲観的な pessimistic)
楽天家 an optimist
らくのう 酪農 dairy farming [デ(ア)リィファーミング]
酪農家 a dairy farmer [ファーマァ]
ラグビー rugby [ラグビィ] (▶ 正式名は rugby football)
▶ ラグビーをする
play *rugby*
▶ 兄は高校のラグビー部に入っている.
My older brother is on his high school's *rugby* team.
らくらく 楽々と easily [イーズィリィ]
ラクロス lacrosse [ラクロ(ー)ス]

ラケット (テニス・バドミントンの) a racket [ラケト]; (卓球の)《米》a paddle [パドゥル],《英》a bat [バット]
▶ ラケットのすぶりの練習をした
I practiced swinging my *racket*.

-らしい

ラジオ ▶

1 (…だそうだ) I hear [ヒア] ... , I heard [ハード] ... , They say [セイ] ...
▶ 来週新しい先生が来るらしいよ.
I *hear* a new teacher will come to our school next week.

2 (…のように見える) look [ルック], appear [アピア]；(…のように思える) seem [スィーム] →みえる, -よう¹
▶ あしたはどうも雪らしい.
It *looks like* snow tomorrow. / It's *likely to* snow tomorrow. / It *looks like* it's going to snow tomorrow.
▶ 彼はどうもぼくのことがきらいらしい.
He doesn't *seem* to like me.

3 (ふさわしい)
▶ そんなことするなんていかにもお前らしいよな.
It's *just like* you to do things like that.

ラジオ →テレビ

(家電製品) a **radio** [レイディオウ] (**set**)；(ラジオ放送) the **radio**
▶ ラジオをつけてくれる？
Can you turn on the *radio*? (▶「消す」は turn off)
▶ ラジオの音を大きくする
turn up the *radio* (▶「小さくする」は turn down)
▶ ラジオはよく聞くの？
Do you listen to *the radio* much?
▶ ラジオでそのニュースを聞いた.
I heard the news on *the radio*. (▶「ニュースを聞く」というときは hear)
▶ ぼくはラジオで音楽を聞くのが好きだ.
I like listening to music on *the radio*.
▶ ラジオでいま何をやってる？
What's on *the radio* now?
ラジオ英語講座 a radio English course [コース]
ラジオ局 a radio station
ラジオ体操 radio gymnastic [ヂムナスティク] exercises
ラジオ番組 a radio program
ラジカセ a radio cassette [カセット] recorder
ラジコン (無線操縦) radio control [コントゥロウル]
▶ ラジコンカー

a *radio-controlled* car
らしんばん 羅針盤 a compass [カンパス]
ラスト the last [ラスト] →さいご
ラストシーン the last scene
らせん a spiral [スパイ(ア)ラル]
らっかせい 落花生 a peanut [ピーナト]

らっかん 楽観的な optimistic [アプティミスティク] (反 悲観的な pessimistic)
ラッキー ラッキーな lucky [ラキィ]

> 💬用法 ラッキー！
> 自分が「ラッキー」だというときは **I am [was] lucky.** とか **Lucky me!** という. 相手が「ラッキー」だというときは **Lucky you!** という.
> Ⓐ どうだった？
>   How did you do?
> Ⓑ ラッキー！ 98点とった
>   *I was lucky!* I got a 98.

ラッコ 《動物》a sea otter [アタァ]

ラッシュ(アワー) (the) rush hour(s)
▶ 朝の電車のラッシュはとにかくひどい.
Morning *rush-hour* trains are simply terrible.
らっぱ a trumpet [トゥランペト]；(軍隊用の) a bugle [ビューグル]；(金管楽器) a brass instrument
ラッピング wrapping [ラピング]

ラッピングする wrap [ラップ]；(プレゼント用に) gift-wrap [ギフトゥラップ]
▶ これをクリスマス用にラッピングしてください．Can you *wrap* this for Christmas?
▶ これをプレゼント用にラッピングしてもらえますか．
Could you *gift-wrap* it?

ラップ¹ (食品の) plastic wrap [プラスティック ラップ]
ラップ² (音楽) rap (music)
ラップ³ (陸上などの1周) a lap [ラップ]
ラテン ラテン語［民族,系］の Latin [ラテン]
　ラテンアメリカ Latin America
　ラテン音楽 Latin (American) music
ラフ ラフな rough [ラフ]
▶ ラフプレー
　rough play
ラブ love [ラヴ]；(テニス) (零点) love
▶ 2人はラブラブだ．
　They're very much in *love*.
　ラブゲーム (テニス) a love game
　ラブストーリー a love story
　ラブレター a love letter
ラベル a label [レイベル]
▶ …にラベルをはる
　put a *label* on …
ラムネ ramune, (a) soda pop [ソウダ パップ] (▶「ラムネ」は lemonade [レモネイド] (レモネード) がなまったもの)
ラリー (テニスなどの) a rally [ラリィ]；(自動車などの) a rally
-れる →れる
ラン 蘭《植物》an orchid [オーキド]

らん 欄 (新聞などの) a section [セクション], a page [ペイヂ], a column [カラム]
▶ スポーツ欄
　a sports *section*
▶ 投書欄
　the readers' *column*
▶ ぼくはたいていテレビ欄を最初に見る．
　I usually check the TV *section* first.
らんかん 欄干 a railing [レイリング]
ランキング (順位) (a) ranking [ランキング]
▶ ランキング上位の歌
　top-*ranking* songs
ランク (a) rank [ランク]
らんし 乱視の astigmatic [アスティグマティク]
ランチ (昼食) (a) lunch [ランチ]；(食堂などの)《米》a lunch special [スペシャル],《英》a set lunch
▶ お子様ランチ
　a kid's *lunch special*
らんとう 乱闘 a scuffle [スカフル]
ランドセル a (school) satchel [サチャル] (▶「ランドセル」はオランダ語から)
ランドリー a laundry [ローンドゥリィ]
▶ コインランドリー
　a laundromat [ローンドゥロマト] (▶もとは商標名)
ランナー (走者) a runner [ラナァ]
▶ 長距離ランナー
　a long-distance *runner*
▶ 短距離ランナー
　a sprinter [スプリンタァ]
らんにゅう 乱入する burst [バースト] into
ランニング ランニングする go running, go jogging, run, jog
　ランニングシャツ (下着)《米》a sleeveless undershirt,《英》a vest (▶×running shirt とはいわない)
　ランニングホームラン an inside-the-park home run [homer]
ランプ (照明) a lamp [ランプ]
らんぼう 乱暴な violent [ヴァイオレント]；(あらっぽい) rough [ラフ]
　乱暴に violently；(あらっぽく) roughly
▶ 乱暴はよしなさい．
　Don't be *violent*.
▶ 乱暴なことばはだめよ．
　Don't speak so *roughly*. / Don't use *rough* words.
らんよう 乱用する abuse [アビューズ]

り

リアル リアルな realistic [リーアリスティク]
リアルに realistically
リーグ (連盟) a league [リーグ]
リーグ戦 (野球など)a league game; (テニスなど) a league match
- セ・リーグ
the Central *League*
- パ・リーグ
the Pacific *League*
- (アメリカの) メジャーリーグ, 大リーグ
the Major *Leagues*

リーダー (指導者) a leader [リーダァ]
リーダーシップ leadership [リーダシプ]
リード リードする lead [リード]
- 前半を終わって, うちのチームが2対1でリードしていた.
At half time, our team *led* 2 to 1.

リール (つり用の) a reel [リール]
りえき 利益 (a) profit [プラフィト]
- 利益を得る make a *profit*

リオデジャネイロ (地名) Rio de Janeiro [リーオウ デイ ジャネ(ア)ロウ]

りか 理科 science [サイエンス]
- ぼくは理科が好きです. I like *science*.
理科室 a science lab [classroom], a science room
理科部 a science club

りかい 理解

(an) understanding [アンダスタンディング]
理解する understand (▶進行形にしない) →わかる
理解のある understanding
- 私の言ってることが理解できますか.
Do you *understand* me? / Do you *understand* what I'm saying?
- 彼がどうしてそんなことを言ったのか私には理解できない. I don't *understand* why he said that.
- きみのお父さん, とても理解があるよね.
Your father is very *understanding*, isn't he?

りく 陸 land [ランド] ((対) 海 sea)

- 遠くに陸が見えた.
We saw *land* in the distance.
- 私は空の旅よりも陸の旅のほうが好きです.
I like traveling by *land* better than by air.

リクエスト a request [リクウェスト]
リクエストする request, make a request 《for》

りくぐん 陸軍 the army [アーミィ]
りくじょう 陸上競技 《米》track and field, 《英》athletics [アスレティクス]
陸上部 a track and field team

おもな陸上競技種目
50m走 **the 50-meter dash**
 (▶短距離走には **dash** を使う)
100m走 **the 100-meter dash**
400m走 **the 400-meter dash**
800m走 **the 800-meter run**
 (▶800m 以上には **run** を使う)
1500m走 **the 1500-meter run**
3000m走 **the 3000-meter run**
110mハードル
 the 110-meter hurdles
障害物競走 **an obstacle race**
400mリレー **the 400-meter relay**
走り高とび **the high jump**
走り幅とび **the long jump**
三段とび **the triple jump**
棒高とび **the pole vault**
砲丸投げ **the shot put**
ハンマー投げ **the hammer throw**
やり投げ **the javelin throw**
円盤投げ **the discus throw**

りくつ 理屈 (道理) reason [リーズン]; (論理) logic [ラヂク]
理屈に合った reasonable; logical
りこ 利己的な selfish [セルフィシュ], egoistic [イーゴウイスティク, エゴー]
利己主義 egotism [イーゴウティズム, エゴー]
利己主義者 an egotist [イーゴウティスト, エゴー]

◀ りったい

りこう 利口な →かしこい
《米》smart [スマート], 《英》clever [クレヴァ]
(反) ばかな stupid; (勉強ができる) bright [ブライト]
▶ りこうな子 a smart child
▶ あの女の子は年のわりにはりこうだ．
That girl is *smart* for her age.
▶ ひとつりこうになったよ．
I've *learned* my lesson. (▶つらい経験をして「ためになった」と言いたいときに使う)

リコーダー a recorder [リコーダァ]
リコール リコールする recall [リコール]
りこん 離婚 (a) divorce [ディヴォース]
離婚する divorce, get divorced
▶ 万里子は去年夫と離婚した．
Mariko *divorced* her husband last year. / Mariko *got divorced* from her husband last year.

リサイクル recycling [リサイクリング]
リサイクルする recycle
▶ 私たちは新聞やペットボトル，かんを分別してリサイクルしている．
We separate newspaper, plastic bottles and cans to *recycle* them.

> 💡プレゼン
> リサイクルは環境を守るためのもっともよい方法のひとつです．
> Recycling is one of the best ways to protect the environment.

リサイクルショップ a recycled-goods shop, 《米》a thrift store [shop], 《英》a secondhand shop

リサイタル a recital [リサイトゥル]
▶ ピアノリサイタルを開く
have [give] a piano *recital*
りし 利子 interest [インタレスト]
リス 《動物》a squirrel [スクワーレル]
りすう 理数 science and mathematics
▶ 理数系はぼくの得意教科だ．
Math and science are my strong subjects.
リスト a list [リスト]
▶ リストにのせる list / put ... on a *list*
▶ ブラックリスト a black*list*
リストアップする make a list 《of》
リストラ (人員削減) downsizing [ダウンサイズィング]; (企業の再構築) (a) restructuring [リーストゥラクチャリング]
リストラする downsize; restructure
リストラされる get laid off

リスニング listening [リスニング]
リスニングテスト a listening (comprehension) test (▶ hearing test は「聴力検査」のこと)

リズム (a) rhythm [リズム]
▶ サンバのリズムに合わせて踊りましょう．
Let's dance to the samba *rhythm*.
リズム・アンド・ブルース rhythm and blues
りせい 理性 reason [リーズン]
理性的な rational [ラショナル]
▶ 理性を失うな．
Be *reasonable*.
リセット リセットする reset [リーセット]

りそう 理想
an ideal [アイディ(ー)アル]
▶ 姉は理想が高い．
My older sister has high *ideals*.
▶ 理想と現実の間には大きなギャップがある．
There is a wide gap between *ideals* and reality.
理想の，理想的な ideal
▶ あなたの理想の男性はどんな人？
What's your type (of man)?
▶ ハイキングには理想的な天気だった．
It was *ideal* weather for hiking. (▶ ideal のかわりに perfect も使える)

リゾート (リゾート地) a resort [リゾート]
リゾートホテル a resort hotel
りそく 利息 interest [インタレスト]
りつ 率 a rate [レイト]
▶ 打率 a batting *average*
りっきょう 陸橋 an overpass [オウヴァパス]
りっけん 立憲の constitutional [カンスティテューショナル]
りっこうほ 立候補する 《おもに米》run 《for》
▶ 私は生徒会長に立候補した．
I *ran for* student council president.
立候補者 a candidate [キャンディデイト]
りっしょう 立証する prove [プルーヴ]
りったい 立体 a solid [サリド] (figure)
立体の solid
▶ 立体感のある絵
a picture with a *three-dimensional*

eight hundred and twenty-seven 827

リットル ▶

effect（▶ three-D effect, 3-D effect のようにも表す）
リットル（単位）a liter [リータァ], 《英》a litre（▶ L または l と略す）

りっぱ 立派な

fine [ファイン], nice [ナイス], good [グッド], great [グレイト], impressive [インプレスィヴ]

▶ りっぱなお宅ですね．
Your house is *really nice*.
▶ 友樹はりっぱな先生になるだろう．
Tomoki will be a *good* teacher.
▶ 森田さんはりっぱな家に住んでいる．
The Morita family lives in an *impressive* house.

🗨 スピーキング
Ⓐ 数学で満点をとったよ．
I got a perfect score in math.
Ⓑ りっぱ！（→たいしたもんだ）
That's something.

りっぱに very well [ウェル]
▶ むすこさんはりっぱに勉強されています．
Your son has been doing *very well* in his studies.

リップ（くちびる）lips [リップス]
リップクリーム 《米》a chapstick [チャプスティク]（▶ 商標 Chap Stick から）, lip balm [リップ バーム]

りっぽう¹ 立方 a cube [キューブ]
立方体 a cube

りっぽう² 立法 legislation [レヂスレイション]

リトルリーグ Little League [リトゥル リーグ]

リニアモーター a linear motor [リニア モウタァ]
リニアモーターカー a linear motor car

りにん 離任する leave [リーヴ] my position [ポズィション]
離任式 the farewell ceremony [フェアウェル セレモウニィ]

リハーサル（a）rehearsal [リハ〜サル]
リハーサルをする rehearse

リバーシブル リバーシブルの reversible [リヴァ〜スィブル]

リバイバル（a）revival [リヴァイヴァル]

リバウンド リバウンドする rebound [リバウンド]

リハビリ(テーション) rehabilitation [リーハビリテイション]，《口語》rehab [リーハブ]

リハビリをする rehabilitate

りはつ 理髪
理髪師 a barber [バーバァ]
理髪店 《米》a barbershop [バーバァシャプ], 《英》a barber's [バーバァズ]（shop）

リバプール（地名）Liverpool [リヴァプール]

リビング リビングルーム a living room [リヴィング ル(ー)ム]

リフォーム リフォームする（改築する）remodel [リーマドゥル]；（洋服などを作り直す）remake [リーメイク]（▶「リフォーム」は和製英語．reform は「(制度などを) 改革する」の意味）

リフト（スキー場の）a (ski) lift [リフト], a chairlift [チェアリフト]
▶ リフトに乗る take a (*ski*) *lift*

リベンジ revenge [リヴェンヂ]

リボン a ribbon [リボン]（▶ 帽子についているものは band ともいう）；（かざり用の細長い）a streamer [ストゥリーマァ]

リムジン a limousine [リムズィーン]
リムジンバス（空港の）an airport bus [limousine]

リモート リモートの（遠隔の）remote [リモウト]
▶ リモート授業 a *remote* class
リモートで（遠隔で）remotely [リモウトゥリィ]
▶ リモートで働く work *remotely*
リモートワーク（職場以外で働くこと）teleworking, remote working；（在宅勤務）working from home
▶ 母は今日はリモートワークです．
My mother *is working from home* today.

リモコン a remote [リモウト]（control）
▶ テレビのリモコン，どこに行ったんだろう．
Where did the TV *remote* go?

りゃく 略 →しょうりゃく
略す abbreviate [アブリーヴィエイト]
▶ UNICEF は何の略ですか．
What does UNICEF *stand for*?（▶ stand for は「…の略である」の意味）
▶ お宅までの略図を書いていただけますか．
Could you draw a *rough* map to your house?
略語 an abbreviation [アブリーヴィエイション]

りゆう 理由 →なぜ

(a) reason [リーズン]

▶ 遅刻した理由を言いなさい.
Tell me *why* you were late.
▶ 健人は健康上の理由で部活をやめた.
Kento quit the club for health *reasons*.
▶ どういう理由でそんなことをしたんだ？
Why did you do that?

りゅう 竜 a dragon [ドゥラゴン]

りゅうがく 留学する study abroad [アブロード], go abroad for study
▶ 姉は英語を勉強するためアメリカに留学している. My sister has been staying in the U.S. to study English.
留学生（日本に来ている）a foreign student；（外国へ行っている）a student studying abroad

りゅうかん 流感 →インフルエンザ

りゅうこう 流行
(a) fashion [ファション], (a) vogue [ヴォウグ]；(病気の) an epidemic [エピデミク]
流行する come into fashion →はやる
流行している be in fashion, be popular, be in vogue；（病気などが）be prevalent, go around
▶ 最近の流行 the latest *fashions*
▶ このヘアスタイルはことしの流行だ.
This hairstyle *is popular* this year.
▶ こういう音楽はもう流行おくれだよ.
This kind of music has gone out of *style*[*fashion*]. (▶ out of style[fashion] で「流行おくれで」の意味)
▶ インフルエンザが流行している.
The flu *is going around*.
流行歌 a popular song
流行語 a trendy word

りゅうせい 流星（流れ星）a shooting star, a meteor [ミーティア]
流星群 a meteor swarm

りゅうちょう 流ちょうな fluent [フルーエント]
流ちょうに fluently
▶ 吉田さんは流ちょうに英語を話す.
Ms. Yoshida speaks English *fluently*. / Ms. Yoshida speaks *fluent* English.

りゅうひょう 流氷 drift [ドゥリフト] ice

リュック(サック) a backpack [バクパク], 《米》 a knapsack [ナプサク], 《英》 a rucksack [ラクサク]
▶ リュックを背負う carry a *backpack*

りよう 利用 →しよう¹
use [ユース]（発音注意）
利用する use [ユーズ], make use of
▶ 私は学校の図書室をよく利用する.
I often *use* the school library.
▶ この橋はあまり利用されていないようだ.
This bridge doesn't seem to *be used* much.
▶ 時間は有効に利用するようにしなさいね.
Try to *make* good *use of* your time.

りょう¹ 量 (a) quantity [クワンティティ]（対 質 quality), an amount [アマウント]
▶ 量より質. Quality before *quantity*.

りょう² 猟 hunting [ハンティング], shooting [シューティング]
猟をする hunt
▶ 森に猟に行く go *hunting* in the woods
猟犬 a hunting dog
猟師 a hunter

りょう³ 漁 fishing [フィシング] →つり¹
漁をする fish
▶ 海に漁に出る go *fishing* in the sea
漁師 a fisher [フィシァ]

りょう⁴ 寮 《米》 a dormitory [ドーミトーリィ], 《口語》 a dorm [ドーム]
▶ 兄はいま大学の寮で暮らしている.
My brother is living in a college *dorm*.
▶ 全寮制の学校 a *boarding* school

りょうおもい 両思い
▶ 彼らは両思いだ.
They *love each other*.

りょうかい¹ 了解する understand [アンダスタンド]
▶ 了解しました. I *understand*.
▶ （くだけた話し言葉で）了解！ I *got it*! (▶ さらにくだけて Got it! と言うことも多い)
▶ （無線の応答で）了解！ *Roger*! [ラヂァ]

りょうかい² 領海 territorial [テリトーリアル] waters

りょうがえ 両替する（くずす）break [ブレイク] ...《into》, change [チェインヂ] ...《into》；(他の通貨に) exchange [イクスチェインヂ] ...《into, for》, change ...《into, for》
▶ これを1000円札に両替してもらえますか.
Could you *change* this *into* 1,000-yen bills?

りょうがわ ▸

▸ 円をドルに両替する
exchange yen *for* dollars

りょうがわ 両側 both sides
▸ 道の両側にガードレールがあります．
There are guardrails on *both sides* of the street.

りょうきん 料金

charge(s) [チャーヂ(ズ)]；(入場料や会費など) a fee [フィー]；(乗り物の) a fare [フェア]；(一定の規準による) a rate [レイト]
▸ 公共料金
public utility *charges*
▸ 入場料金
an admission *fee* / an entrance *fee*
▸ 駐車料金 a parking *fee* [*rate*]
▸ シングルの部屋の料金はいくらですか．
What's the *charge* [*rate*] for a single room?
▸ 神戸までの料金はいくらですか．
How much is the *fare* to Kobe?
料金所 a tollgate
料金表 a price list

りょうくう 領空 territorial [テリトーリアル] air

りょうこう 良好な good [グッド]
▸ 良好な関係 a *good* relationship
▸ 万事良好です．
Everything is going *well*. (▸ well のかわりに OK や all right も使える)

りょうじ 領事 a consul [カンスル]
領事館 a consulate [カンスレト]
▸ 日本領事館
Japanese *Consulate*

りょうしき 良識 good sense [センス]；(常識) common sense
▸ 良識で判断しなさい．
Use your *good sense*.

りょうしゅうしょ 領収書 a receipt [リスィート] (発音注意)
▸ 領収書をもらえますか．
Can I have a *receipt*?

りょうしん¹ 両親

my parents [ペ(ア)レンツ] →おや¹
▸ 両親とも働いています．
My *parents* both work. / Both (of) my *parents* have jobs.

りょうしん² 良心 (a) conscience [カンシェンス]
良心的な conscientious [カンシエンシャス]
▸ おまえには良心というものがないのか．
Don't you have a *conscience*?
▸ ぼくは良心がとがめた．I felt guilty.

りょうど 領土 (a) territory [テリトーリィ]
▸ 北方領土 the Northern *Territories*
領土問題 a territorial issue [イシュー]

りょうほう 両方 →どちらも

1 (肯定で) both [ボウス]

🗨 スピーキング

Ⓐ ケーキとパイとどっちがほしい？
Which do you want, cake or pie?
Ⓑ 両方もらえる？
Can I have both?

💬 表現力

…の両方とも → both (of) ...

▸ そのマンガは両方とも持ってるよ．
I have *both of* the comics.

💬 表現力

〜と…の両方とも → both 〜 and ...

▸ その店は紳士服と婦人服の両方とも置いている．
The store carries *both* men's *and* women's clothes.

2 (否定) (両方とも…ない) neither [ニーザァ ‖ ナイザァ]

💬 表現力

〜は両方とも…ない
→ neither 〜 / not either 〜

▸ 答えは両方とも正解ではありません．
Neither (of the) answer(s) is correct.
▸ その映画は両方とも見たことがない．
I've *never* seen *either* of the movies.

💬 表現力

〜も…も両方とも…ない
▸ neither 〜 nor ... /
not either 〜 or ...

▸ きみの答えもぼくのも両方ともまちがっている．

◀ りょこう

Neither your answer *nor* mine is correct.
▶ 私はスキーもスケートも両方ともできない.
I can *neither* ski *nor* skate.

りょうり 料理

1 (調理) **cooking** [クキング]
料理する cook, make, prepare (▶ cook は火を使って料理する場合にいう)
▶ 料理をするのは好きですか.
Do you like *cooking*?
▶ 母は料理がうまい.
My mother is a good *cook*. / My mother *cooks* well.
▶ 毎週日曜日は父が家族のために料理をつくってくれる.
My father *cooks* for the family on Sundays.
▶ 姉は料理教室に通っている.
My sister is taking *cooking* classes.
▶ 料理の本
(米) a cookbook / (英) a cookery book
料理学校 a cooking school
料理人 a cook ; (料理長) a chef [シェフ]
料理番組 a cooking program [プロウグラム]

2 (1皿に盛った) **a dish** [ディッシ] ; (食べ物) **food** [フード]
▶ おいしい料理
a delicious *dish*
▶ 肉[魚]料理
a meat [fish] *dish*
▶ この料理, ちょっとしょっぱいね.
This *dish* is kind of salty, isn't it?
▶ 好きな料理は何？
What's your favorite *dish* [*food*]？
▶ ぼくはあっさりした料理が好きだ.
I like plain *food*. (▶「あぶらっこい料理」なら fatty food)
▶ 母の得意料理はカレーだ.
My mother's specialty is curry.
▶ この料理のつくり方, 教えて.
Can you give me the recipe for this *dish*? (▶ recipe [レスィピ] は「レシピ, 調理法」のこと)
▶ 中国料理とイタリア料理, どっちが食べたい？
Which sounds better, Chinese or Italian (*food*)？

りょうりつ 両立させる
▶ 勉強と部活を両立させるのはそんなに簡単ではない.
It's not so easy to *manage* your studies and club activities *at the same time*.

りょかく 旅客 a traveler [トゥラヴェ(ェ)ラァ] ; (乗客) a passenger [パセンヂァ]
旅客機 a passenger plane

りょかん 旅館 a Japanese-style hotel [ホウテル] ; (小さな) an inn [イン]
▶ きのうは有馬の温泉旅館に泊まった.
We stayed at a hot spring *inn* in Arima yesterday.

りょくちゃ 緑茶 green tea

りょこう 旅行

(個々の旅行) **a trip** [トゥリップ] ; **travel** [トゥラヴェル] ; (周遊) **a tour** [トゥア] ; (長期の) **a journey** [ヂャ~ニィ] ; (船旅) **a voyage** [ヴォイエヂ]
旅行する travel, take [make] a trip, go on a trip

> **ⓘ 参考** 旅行のいろいろ
> 電車の旅 train travel
> バスの旅 bus travel, (英) coach travel
> 空の旅 air travel
> 船の旅 sea travel
> 海外旅行 foreign travel, overseas travel
> 修学旅行 a school trip
> 新婚旅行 a honeymoon

▶ いつか海外旅行に行きたい.
I want to *travel* abroad some day.

煮る (boil)　焼く (grill)　あげる (deep-fry)　いためる (stir-fry)　ゆでる (boil)　蒸す (steam)

eight hundred and thirty-one　831

料理　Cooking

イラスト：大管雅晴

「グミ」を作ってみよう！
Let's cook "*gummy candy."   *gummy [gÁmi ガミィ] グミ

グミの作り方　How to cook gummy candy

材料　ingredients [ingríːdiənts イングリーディエンツ]

- ジュース　　juice　　　　　　**50cc**
- 砂糖　　　　sugar　　　　　　**10g**
- 粉ゼラチン　gelatin powder　**5g**
  [dʒélətin ヂェラティン]

1. ジュースとゼラチンを混ぜる
   Mix juice with gelatin
2. 電子レンジで40秒チンする
   Heat in the microwave for 40 sec.
3. 砂糖を加える
   Add sugar

4. 電子レンジで20秒チンする
   Heat again in the microwave for 20 sec.
5. 型に流しこむ
   Pour into a mold
6. 冷蔵庫で冷やして固める
   Place into the fridge to set up

● 「料理で使える英語」 ●

＊＊＊調理器具＊＊＊

鍋	**pot**
フライパン	**frying pan**
やかん	**kettle**
ボウル	**bowl**
包丁	**(kitchen) knife**
まな板	**cutting board**
ざる	**colander** [kάləndər カランダァ]
おたま	**ladle** [léidl レイドゥル]
泡立て器	**whisk** [(h)wisk (フ)ウィスク]

＊＊＊下ごしらえ＊＊＊

皮をむく	**peel**
薄切りにする	**slice**
きざむ	**chop**
みじん切りにする	**mince** [mins ミンス]

＊＊＊計量法＊＊＊

＊1カップの　**a cup of ...**
小さじ1杯の
　a teaspoon of ...
大さじ1杯の
　a tablespoon of ...
ひとつまみの
　a pinch of ...

＊1カップは、日本では　200cc，
アメリカでは　約240cc

◀ **りんり**

> **スピーキング**
> ❹ 楽しいご旅行を!
> Enjoy your trip!
> ❺ ありがとう.
> Thank you.
> (▶「楽しいご旅行を」は Have a nice trip! / I hope you have a nice trip. ともいえる)

▶ そろそろ旅行の予定を立てないとね.
It's about time to plan our *trip*.
▶ スペイン旅行はどうでしたか.
How was your *trip* to Spain?
▶ 祖父母は来週,北海道旅行に行く.
My grandparents are going to *take a trip* to Hokkaido next week.
▶ 来月に修学旅行でハワイに行きます.
We are going on our school *trip* to Hawaii next month.
旅行案内所 a tourist information office
旅行会社,旅行代理店 a travel agency [エイヂェンスィ]
旅行ガイド a travel guide ;(本)a travel book
旅行客 a traveler ; a tourist

> **用法**「旅行」を表すことば
> **trip** はどんな旅行にも広く使われる.
> **travel** は移動に重点があり,《英》では長めの旅行に使う. 観光などで周遊してくる旅行には **tour**, かなり長期の旅行には **journey** を使うことが多い.

りょひ 旅費 traveling expenses [トゥラヴェリング イクスペンスィズ]
リラックス リラックスする relax [リラックス]
▶ 今日は家でのんびりリラックスしたいなあ.
I'd rather just stay home and *relax*.
リリーフ《野球》(投手) a relief [リリーフ] pitcher, a reliever [リリーヴァ]
リリーフする relieve
りりく 離陸する take off (反) 着陸する land)
▶ 飛行機はまもなく離陸いたします.
We will *be taking off* (very) shortly.
リレー《競技》a relay [リーレイ] (race)
▶ 400メートルリレー
a 400-meter *relay*

▶ メドレーリレー a medley *relay*
りれき 履歴 a personal history [パ~ソナル ヒスト(ゥ)リィ]
履歴書 a résumé [レズメイ](▶フランス語から), a CV(▶ curriculum vitae [カリキュラム ヴァイティー] の略)
りろん 理論 (a) theory [スィ(ー)オリィ]
▶ 理論と実践 *theory* and practice
理論的な theoretical [スィ(ー)オレティカル]
理論的に theoretically [スィ(ー)オレティカリィ]
りんかいがっこう 臨海学校 (a) summer camp at the seaside
りんかく 輪郭 outline [アウトゥライン]
りんかんがっこう 林間学校 (a) summer camp in the woods
りんきおうへん 臨機応変に according [アコーディング] to the circumstances [サ〜カムスタンスィズ]
りんぎょう 林業 forestry [フォ(ー)レストゥリィ]
リンク¹ (スケートリンク) a (skating) rink [リンク]
リンク² 《コンピューター》a link [リンク]
リング (指輪) a ring [リング]; (ボクシングの) a (boxing) ring
▶ エンゲージリング
an engagement *ring*
リングサイド (ボクシングなどの) a ringside
リンゴ 《植物》an apple [アプル]
▶ このリンゴはどこ産ですか.
Where is this *apple* from?
▶ リンゴの木 an *apple* tree
りんじ 臨時の (一時的な) temporary [テンポレリィ]; (特別の) special [スペシャル]
▶ 臨時の仕事 a *temporary* job
臨時集会 a special meeting
臨時電車[バス] a special train [bus]
臨時ニュース breaking news, a newsflash
りんしょう 輪唱 a round [ラウンド]
輪唱曲 (カノン) a canon [キャノン]
りんじん 隣人 a neighbor [ネイバァ]
リンス (a) (hair) conditioner [コンディショナァ]
リンスする condition
▶ リンスするのを忘れちゃった.
I forgot to *condition* my hair.
りんり 倫理 ethics [エスィクス]
倫理的な ethical [エスィカル]

ルアー

る ル る ル る ル

ルアー a lure [ルア]
るい¹ 塁《野球》a base [ベイス]
▶ 本塁
home *base* / home *plate*
▶ 1 [2, 3] 塁
first [second, third] *base*
るい² 類 a sort [ソート], a kind [カインド] → しゅるい
▶ 類は友を呼ぶ.《ことわざ》
Birds of a feather flock together.
るいご 類語 a synonym [スィノニム]
るいじ 類似する →にる¹
　類似点 a similarity [スィミラリティ]
　類似品 an imitation [イミテイション]
▶ 類似品にご注意ください.
Beware of *imitations*.
ルーキー (新人) a rookie [ルキィ]
ルーズ ルーズな (あてにならない) unreliable [アンリライアブル]; (いいかげんな) sloppy [スラピィ]; (時間に) late [レイト]
▶ 彼はルーズだから,信用しないほうがいいよ.
He's *unreliable*, so you shouldn't trust him.
▶ お前はほんとに約束の時間にルーズだな.
You're always *late* for appointments.
ルーズリーフ (ノート) a loose-leaf [ルーズリーフ] notebook (▶ loose の発音に注意)

ルート¹ (道筋) a route [ルート]; (手続きなどの) channels [チャヌルズ]
▶ どのルートで行く？
Which *route* should we take?
ルート² (数学) a square root [ルート]《記号√》

▶ ルート25は5だ.
The *root* of 25 is 5.
ルーマニア Romania [ロウメイニア]
ルーム a room [ル(ー)ム]
　ルームサービス room service
ルール a rule [ルール]
▶ サッカーのルール
the *rules* of soccer
▶ ルールを守る
obey the *rules*
▶ それはルール違反だ.
It's against the *rules*.

るす 留守

absence [アブセンス]
留守である be out, be not in, be not (at) home; (遠くに出かけている) be away
▶ 琴音<small>ことね</small>はいま留守です.
Kotone *is out* now. / (家にいません)
Kotone *isn't (at) home* now.
▶ 父は出張で留守です.
My father *is away* on a business trip.
▶「留守中に電話があったよ」「だれからだった？」
"You got a phone call while you *were out*." "Who was it?"
▶ 留守番してて. すぐに帰ってくるから.
Would you look after the house? I'll be back soon.
　留守番電話, 留守電 an answering machine [マシーン]
▶ 航太<small>こうた</small>に電話したんだけど, 留守電だった.
I called Kota, but I got his *answering machine*.
ルックス (容ぼう)
▶ 私の彼, とてもルックスがいいんだ.
My boyfriend is very *handsome*. (▶ handsome は good-looking ともいう)
ルネサンス the Renaissance [レネサンス] (▶ フランス語から)
ルビー (a) ruby [ルービィ]

れ レ れ レ れ レ

レア (肉の焼き加減) rare [レア]

れい¹ 礼

1 (感謝のことば) thanks [サンクス]；(謝礼) a reward [リウォード]
礼を言う thank [サンク]
▶ あいつ，お礼も言わずに行っちゃったよ．
He left without a word of *thanks*.
▶ 心からお礼申し上げます．
I'm deeply *grateful*. (▶ grateful は「ありがたく思う」の意味)
▶ お礼のことばもありません．
I can't tell you how *grateful* I am. / I can't *thank* you enough.
▶ これはほんのお礼の気持ちなんだけど．
This is just a little something to say *thank* you.
2 (おじぎ) a bow [バウ]
礼をする bow 《to》
▶ 起立，礼，着席！
All stand, *bow*, sit down.

れい² 例

an **example** [イグザンプル]
▶ 典型的な例 a typical *example*

> 💡 プレゼン
> いくつか例をあげてみましょう．
> I'll give you some examples. / Let me give you some examples.

れい³ 零

(a) **zero** [ズィ(ア)ロウ] (複数) zero(e)s
▶ 私たちは3対0で試合に勝った．
We won the game three to *nothing*.
▶ (電話番号で) 932-1203
nine-three-two, one-two-o [オゥ]-three (▶ 0 はふつう [オゥ] と読むが，zero と読むこともある)
零下 below zero
▶ 気温は零下5度まで下がった．
The temperature dropped to five degrees *below zero*.

零点 (a) zero
▶ 小テストは0点だった．
I got a *zero* on the quiz.
れい⁴ 霊 the spirit [スピリット]，(霊魂) the soul [ソウル]
レイアウト layout [レイアウト]
れいか 冷夏 a cool [クール] summer
れいがい 例外 an exception [イクセプション]
▶ 例外のない規則はない．
There is no rule without *exceptions*.
れいかん 霊感 inspiration [インスピレイション]

れいぎ 礼儀

(礼儀作法) **manners** [マナァズ]
礼儀正しい have good manners, be polite [ポライト]
▶ あそこの子どもは礼儀正しいね．
Their children *have good manners*. / Their children *are polite*.
▶ あいつは礼儀がなってない．He has bad *manners*. / He is impolite. (▶ impolite は「礼儀知らずの」の意味)
▶ お客さまの前では礼儀正しくしなさい．
Behave *properly* in front of our guest. (▶ 子どもに対して使う表現)
れいこく 冷酷な cruel [クルーエル]
▶ 冷酷な人 a *cruel* person
れいしょう 冷笑 a sneer [スニア]
れいじょう 礼状 a thank-you letter, a letter of thanks
れいせい 礼静 calm [カーム], cool [クール]
▶ よく冷静でいられるね．
How can you be so *calm*?
▶ 冷静になって．*Calm down*.
れいぞうこ 冷蔵庫 a refrigerator [リフリヂェレイタァ]，(口語) a fridge [フリッヂ]
▶ 牛乳は冷蔵庫にもどしておいてね．
Put the milk back in the *fridge*.
れいだい 例題 an example question, an example problem
れいたん 冷淡な cold [コウルド]

れいとう

冷淡に coldly[コゥルドゥリィ], indifferently[インディフ(ァ)レントゥリィ]

れいとう 冷凍する freeze [フリーズ]
冷凍の frozen [フロウズン]
冷凍庫 a freezer
冷凍食品 frozen food

れいねん 例年の annual [アニュアル]

れいはい 礼拝 worship [ワ〜シプ]；(教会での) (a) service [サ〜ヴィス]

礼拝する worship
▶ 教会へ礼拝に行きましょう．
Let's *go to church*.
礼拝堂 a chapel [チャペル]

れいぶん 例文 an example (sentence)

れいぼう 冷房 air conditioning [エアコンディショニング]；(クーラー) an air conditioner
冷房のある air-conditioned
▶ 教室には冷房がある．
My classroom has *air conditioning*. / My classroom is *air-conditioned*.
▶ ぼくの部屋には冷房がない．
My bedroom doesn't have an *air conditioner*.

れいわ 令和 Reiwa
▶ 令和の時代は2019年5月1日に始まった．
The *Reiwa* era began on May 1, 2019.
▶ 令和7年は2025年にあたる．
Reiwa 7 corresponds to the year 2025. (▶日本の元号制度を知らない外国人には西暦で言うほうがよい)

レインコート a raincoat [レインコウト]

レインシューズ rain boots [ブーツ]

レーサー 《米》 a race car driver, 《英》 a racing driver

レーザー a laser [レイザァ]
▶ レーザー光線
a *laser* beam / *laser* beams

レーシングカー 《米》 a race car, 《英》 a racing car [レイスィング カー]

レース¹ 《スポーツ》 a race [レイス]
▶ レースに出る enter a *race* (▶ enter は run や take part in ともいう)
▶ レースに勝つ win a *race* (▶「負ける」なら win のかわりに lose を使う)

レース² (カーテンなどの) lace [レイス]
▶ レースのカーテン a *lace* curtain

レーズン a raisin [レイズン]

レーダー (a) radar [レイダァ]

レール a rail [レイル]
▶ カーテンレール a curtain *rail*

レーン a lane[レイン] (▶ボウリングの「レーン」と道路の「車線」の両方をさす)

れきし 歴史

(a) history [ヒスト(ゥ)リィ]
歴史の, 歴史上の historical[ヒスト(ー)リカル]
歴史的(に重要)な historic [ヒスト(ー)リク]
▶ 日本の歴史
Japanese *history* / the *history* of Japan
▶ 歴史上の人物 a *historical* figure
▶ 歴史的な事件 a *historic* event
▶ 歴史的な (→歴史上有名な) 建物
a *historic* building
▶ わが校は長い歴史がある．
Our school has a long *history*.
▶ ぼくは歴史の本を読むのが好きだ．
I like reading *history* books.
歴史家 a historian
歴史小説 a historical novel
歴史年表 a history chart

レギュラー 《スポーツ》(正選手) a regular [レギュラァ] (player)
レギュラーの regular
▶ ぼくは2年生でレギュラーになった．
I became a *regular player* in my second year.

レクリエーション (a) recreation [レクリエイション]

レゲエ 《音楽》 reggae [レゲイ]

レコード 1 (レコード盤) a record [レカド]
▶ レコードをかける play a *record*
レコードプレーヤー a record player
2 (記録) a record [レカド] →きろく．

レジ (場所) a checkout [チェカウト] (counter)；(人) a cashier [キャシァ]；(機械) a (cash) register [レヂスタァ]

836 eight hundred and thirty-six

歴史 History

Introduction to CLIL
イラスト：大管雅晴

「古墳」を英語で発表してみよう！
Explain "Kofun tomb" to class.

古墳は日本の**古代の**権力者の墓で、**3世紀から7世紀の間に**作られました。最も大きな古墳が大阪にある大仙陵古墳（仁徳天皇陵）で、世界でいちばん大きな墓でもあります。

Kofun are *ancient Japanese **tombs of persons in power. They were built from the third to seventh centuries. The biggest *kofun* is Daisenryo-*kofun*, or the tomb of emperor Nintoku, in Osaka.   It's also the biggest tomb in the world.

*ancient [éinʃənt エインシェント] 古代の
**tomb [tu:m トゥーム] 墓

クフ王の大ピラミッド
The Great Pyramid of Khufu [kú:fu: クーフー]

大仙陵古墳
Daisenryo-*kofun*

外国の友だちに「忍者」のことを話そう。
Tell your friends abroad about "ninja."

忍者
Ninja

15、16世紀の日本では、大名は生き残るため領地を**広げる**必要がありました。**そのため、**大名は敵国に潜入して情報を集めたり敵を暗殺したりするスパイを使いました。そのようなスパイは「忍者」**として知られています**。忍者は、手裏剣やまきびしなどの特殊な**武器**を使いました。彼らの使う技は「忍術」と呼ばれます。日本には忍術を学べる学校があります。

In 15th and 16th century Japan, *daimyo*, or *feudal lords, needed to expand their **domains in order to survive. For that reason, they used spies who went into enemy domains secretly to gather information and sometimes kill their targets. The spies are known as "ninja." Ninja used special weapons like *shuriken*, *makibishi* and so on.   The techniques they used are called "ninjutsu."   There are some schools where you can learn ninjutsu in Japan.

* feudal lord [fjú:dl lɔ́:rd フュードゥル ロード] 大名、領主   ** domain [douméin ドウメイン] 領地

| 手裏剣 *shuriken* | 敵に対して投げて使う武器
Weapons that were thrown at enemies. | まきびし *makibishi* | 追ってくる敵を傷つけるために道にまく武器
Weapons that were scattered on the path to injure *pursuing enemies.
* pursue [pərs(j)ú: パスー、パスュー] …を追いかける |

eight hundred and thirty-seven　837

レシート

レジ係 a cashier [キャシア]
レジ袋 a plastic [プラスティク] bag
レシート a receipt [リスィート] (発音注意)
レシーバー a receiver [リスィーヴァ]
レシーブ レシーブする receive [リスィーヴ]
レシピ a recipe [レスィピ] (発音注意)
レジャー (余暇に行う遊び) recreation [レクリエイション]; (余暇) leisure [リージャ]
レスキューたい レスキュー隊 a rescue [レスキュー] team [party]
レストラン a restaurant [レストラント] (発音注意)
▸ ファミリーレストラン a family *restaurant*
レスラー a wrestler [レスラァ]
▸ プロレスラー
a professional [pro] *wrestler*
レスリング wrestling [レスリング]
レスリングをする wrestle
レター a letter [レタァ]
▸ ラブレター a love *letter*
レタス (植物) (a) lettuce [レタス]
▸ レタス1個 a head of *lettuce*

れつ 列

(人・物の) a line [ライン]; (横に並んだ) a row [ロウ]; (順番を待つ人・車などの) (米) a line, (英) a queue [キュー] (発音注意)

line　　　　　row

列をつくる form a line [row], line up
列に並ぶ stand in (a) line
▸ これは何の列ですか？
Do you know what this *line* is for?
▸ 2列になって並んでください． *Make* two *lines*. / *Line up* in two *lines*.
▸ 列に割りこまないで． Don't cut in *line*.
レッカーしゃ レッカー車 (米) a tow truck [トゥトゥラク], a wrecker [レカァ], (英) a breakdown truck
れっしゃ 列車 a train [トゥレイン] →でんしゃ
▸ 夜行列車 a night *train*
列車事故 a train accident [アクスィデント]
レッスン (習いごと) a lesson [レスン]
レッスンをする give ... a lesson

レッスンを受ける take a lesson, have a lesson
▸ 金曜にピアノのレッスンを受けている．
I *take* piano *lessons* on Fridays.
レッテル a label [レイベル] (発音注意) (▸「レッテル」はオランダ語から)
レッテルをはる label
▸ 彼は問題児のレッテルをはられている．
He *is labeled* (as) a troublemaker.
れっとう 列島 an archipelago [アーキペラゴウ], (a chain of) islands [アイランヅ]
▸ 日本列島 the Japanese *Archipelago*
れっとうかん 劣等感 an inferiority complex [インフィ(ア)リオーリティ カンプレクス] (反 優越感 superiority complex)
▸ どうしたら劣等感を克服できますか．
How can I overcome my *inferiority complex*?
レッドカード (サッカー) a red card
レトリバー (動物) a retriever [リトゥリーヴァ]
レトルト レトルト食品 pouch-packed [パウチパクト] food
レトロ レトロな retro [レトゥロウ]; (昔風の) old-fashioned [オウルドゥファッションド]
▸ その喫茶店はレトロなふんい気だよ．
The coffee shop has a *retro* feel.
レバー¹ (てこ・取っ手) a lever [レヴァ]
レバー² (肝臓) (a) liver [リヴァ]
レパートリー a repertoire [レパトゥワー] (発音注意) (▸ フランス語から)
▸ そのバンドは曲のレパートリーが広い．
The band has a wide *repertoire* of tunes.
レフェリー a referee [レフェリー]
レフト (野球) left (field); (選手) a left fielder
レベル a level [レヴェル]
▸ 北高校は学力のレベルが高い．
The academic *level* of Kita High School is high.
レベルアップする improve [インプルーヴ]
レポーター a reporter [リポータァ]
▸ テレビレポーター a TV *reporter*
レポート (報告書) a report [リポート]; (学校の) a paper [ペイパァ], an essay [エセイ]
▸ レポートは今週の金曜日までに提出しなさい． Turn in your *essay* by this Friday.
レモネード lemonade [レモネイド]
レモン (植物) a lemon [レモン]

レモンティー tea with lemon

-れる, -られる

使い分け
(受け身) → be ＋過去分詞
(可能) → can, be able to ...

1 (受け身) (▶「be ＋過去分詞」で表す. ただし, 日本語の文が受け身でも英語では受け身で表さないことも多い)
▶ 英語は世界中で話されている.
English *is spoken* all over the world. / They speak English all over the world.
▶ 足を蚊にかまれた. I *was bitten* on the leg by a mosquito. (▶ ×My leg was bitten by ... とはしない)
▶ 旅行中にパスポートをぬすまれた.
My passport *was stolen* during the trip. / I had my passport stolen during the trip.
▶ 健太はみんなから好かれている.
Everyone likes Kenta. (▶ Kenta is liked by everyone. というよりも一般的)
▶ 私は山田先生からもっと勉強するように注意された.
Mr. Yamada told me to study harder. (▶ I was told to study harder by Mr. Yamada. というよりも一般的)

2 (可能) **can** [キャン], **be able to ...** →できる
▶ うちの車, いくらで売れると思う？
How much do you think we *can* get for our car?
▶ 最後までやれるかどうかわからない.
I don't know if I'll *be able to* get it done.
▶ 結衣が3時までにもどれたらいいけど.
I hope Yui will be back by three.
▶ よく眠れた？ Did you sleep well? / Did you have a good sleep? (▶ ×Could you sleep well? とはいわない)

3 (敬語)
▶ 細田先生は来週帰国されます.
Mr. Hosoda will be coming back to Japan next week.

れんあい 恋愛 love [ラヴ] →あい, こい¹
▶ あの2人は恋愛中だ. They're in *love*.
恋愛結婚 a love match, a love marriage
恋愛小説 a love story [ストーリィ]
れんが (a) brick [ブリック]
▶ れんが造りの家 a *brick* house
れんきゅう 連休 consecutive [コンセキュティヴ] holidays
▶ 来月は3連休があるね. There's a three-day *holiday* next month.
れんごう 連合 union [ユーニョン]
連合軍 the allied forces [アライド フォースィズ]
レンコン a lotus root [ロウタス ルート]
れんさい 連載の serial [スィ(ア)リアル]
▶ 連載漫画が *serial* comics
れんさはんのう 連鎖反応 a chain reaction [チェイン リ(ー)アクション]
レンジ (電子レンジ) a microwave (oven) [マイクロウェイヴ (アヴン)]; (オーブン) an oven [アヴン]
レンジで調理する[温める] microwave

れんしゅう 練習

(a) **practice** [プラクティス], an **exercise** [エクササイズ]; (反復練習) (a) **drill** [ドゥリル]
練習する practice
▶ 今日は練習がきつかった.
Practice was tough today.
▶ 放課後にバレーボールの練習がある.
I'm having volleyball *practice* after school.
▶ 自信がつくまでこの練習をくり返しなさい.
Repeat these *exercises* until you feel confident.
▶ 姉は毎日1時間ピアノを練習している.
My sister *practices* (playing) the piano for an hour every day.
▶ 英語を話す練習をしましょう.
Let's *practice* speaking English.
練習試合 a practice game
練習問題 an exercise
▶ それでは次のページの練習問題2に移りましょう. Let's go on to *Exercise* 2 on the next page.
レンズ a lens [レンズ] (複数 lenses)
▶ 凸レンズ a convex *lens* (▶「凹レンズ」なら convex のかわりに concave を使う)
▶ コンタクトレンズ a contact *lens*
▶ 望遠レンズ a telephoto *lens*
れんそう 連想する associate [アソウシエイ

れんぞく ▶

ト]《with》;(連想させる) remind [リマインド]... 《of》→おもいだす
▶ 雪といえば何を連想しますか.
What do you *associate with* when you hear the word snow?

れんぞく 連続 a series [スィ(ア)リーズ]
▶ 連続テレビ番組 a television *series*
▶ 連続殺人事件 a *series* of murders
連続の serial [スィ(ア)リアル]
▶ 連続ドラマ a *serial* drama
▶ 連続殺人犯 a *serial* killer

レンタカー a rental car, a rent-a-car
レンタカーを借りる《米》rent a car,《英》hire a car

レンタル レンタルの rental [レントゥル]
レンタルする rent [レント]
レンタルショップ a rental store [shop]
レンタルビデオ a rental video
レンタル料金 a rental fee [フィー]

レントゲン (エックス線) X-rays [エクスレイズ];(写真) an X-ray (▶「レントゲン」はX線を発見したドイツの物理学者の名前から)
▶ 胸のレントゲンをとった.
I got a chest *X-ray*. /(とってもらった) I had a chest *X-ray* taken.
レントゲン検査 an X-ray examination [イグザミネイション]

れんぱ 連覇する win consecutive [コンセキュティヴ] championships

れんぱい 連敗する lose ... straight [ストゥ

レイト] games(▶... には連敗の数を入れる)

れんぽう 連邦の federal [フェデラル]
れんめい 連盟 a league [リーグ]

れんらく 連絡

1 (知らせること) contact [カンタクト]
連絡する get in touch [タッチ]《with》, contact
▶ おじいちゃんに連絡した？ Did you *get in touch with* your grandpa?
▶ あとで連絡します.
I'll *contact* you later.
▶ ご不明の点がありましたら，お気軽にご連絡ください.
If you have any questions, please don't hesitate to *contact* us.
▶ 卒業しても連絡をとり合おうね.
Let's *keep in touch* after we graduate.(▶ keep in touch で「連絡をとり合う」の意味)

2 (交通の)(a) connection [コネクション]
連絡する connect [コネクト]《with, to》
▶ この電車は名古屋駅で博多行きの「のぞみ」に連絡している.
This train *connects* at Nagoya *with* a Nozomi bound for Hakata.
連絡先 (住所) a contact address;(電話) a contact number
連絡網 (電話の)a phone tree; network, networking

ろロ ろロ ろロ

ろう wax [ワックス]
ろうか 廊下 a corridor [コーリダァ], a hallway [ホールウェイ],《米》a hall [ホール];《英》(細い) a passage [パセジ]
▶ ろうかを走っちゃだめだよ.
Don't run in the *hallway*.
ろうがっこう 聾学校 a school for the deaf [デフ], a school for hearing-impaired [ヒ(ア)リンゲインペアド] children
ろうしゃ 聾者 a deaf [デフ] person, the deaf, a hearing-impaired [ヒ(ア)リンゲインペアド] person (▶最後の言い方がいちば

ん丁寧で，最近はこの言い方が一般的)
ろうじん 老人 an old man [woman];(総称) old people, the aged (▶ old は「老いた」という直接的なひびきがあるので，「高齢者」や「お年寄り」にあたる. a senior citizen [スィーニャ スィティズン], elderly [エルダリィ] people という言い方が好まれる.)
老人ホーム a nursing home, a home for the elderly
ろうすい 老衰で死ぬ die of old age
ろうそく a candle [キャンドゥル]

◀ ろくおん

▶ ケーキのろうそくに火をつけて.
Will you light the *candles* on the cake?
▶ さあ, ろうそくの火を吹き消しましょう.
Let's blow out the *candles*.
ろうそく立て a candlestick
ろうどう 労働 work [ワ~ク]；(主として肉体労働) labor [レイバァ]
▶ 肉体労働 physical *labor*
▶ 重労働 hard *work*
労働組合 a union [ユーニョン], 《米》a labor union, 《英》a trade union
労働時間 working hours
労働者 a worker, a laborer
労働条件 working conditions
ろうどく 朗読 (a) recitation [レスィテイション]
朗読する recite [リサイト], read aloud
▶ この詩を朗読してくれますか.
Could you *recite* this poem?
ろうにん 浪人
▶ 兄は大学受験に失敗し, いま浪人中だ.
My brother failed to get into college and is preparing for another chance. (▶英語には「浪人」にあたる語がないので, このように説明的に訳す)
ろうねん 老年 old age [オウルド エイヂ]
ろうひ 浪費 (a) waste [ウェイスト]
浪費する waste
▶ 時間を浪費する *waste* my time
ろうりょく 労力 labor [レイバァ]；(骨折り) (an) effort [エフォト]
ローカル local [ロウカル] (▶英語の local は「その地域の」という意味で, 日本語の「いなかの」という意味合いはない) → ちいき
ローカル線 a local line
ローカルニュース local news
ローション lotion [ロウション]
ロースト ローストする roast [ロウスト]
ローストビーフ roast beef [ビーフ]

ロータリー (環状交差点)《米》a rotary [ロウタリ], a traffic circle,《英》a roundabout [ラウンダバウト]
ローテーション (順番) rotation [ロウテイション]
ロードショー a (special) first-run showing, a road show
ロードレース《競技》road racing [ロウド レイスィング]
ロープ (a) rope [ロウプ] (▶太い綱をさす)
ロープウエー a cable car, a ropeway [ロウプウェイ]
ローマ (地名) Rome [ロウム]
▶ ローマは一日にして成らず. (ことわざ)
Rome was not built in a day.
ローマの Roman [ロウマン]
ローマ教皇 the Pope
ローマ字 *Romaji*, Roman letters
ローマ人 a Roman
ローマ数字 Roman numerals
ローラー a roller [ロウラァ]
ローラースケート (スポーツ) roller skating [ロウラァ スケイティング]；(くつ) roller skates (▶ふつう複数形で使う)
ローラースケートをする roller-skate
ロールキャベツ a cabbage roll [キャベヂ ロウル]
ロールパン a roll [ロウル]
ロールプレイ role-play [ロウルプレイ]
ロールプレイングゲーム a role-playing [ロウルプレイング] game
ローン a loan [ロウン]
▶ 銀行ローン
a bank *loan*
▶ 住宅ローン
a home[housing] *loan* / a mortgage [モーゲジ]
▶ ローンの支払い (a) *loan* payment

ろく 六(の) →かず(表)

six [スィックス]
第6(の) the sixth (▶6thと略す)
▶ けさは6時に起きた.
I got up at *six* this morning.
▶ 私は6着だった. I came in *sixth*.
六角形 a hexagon [ヘクサガン]
6年生 a sixth grader
ろくおん 録音 (a) recording [リコーディング]
録音する record [リコード]

eight hundred and forty-one 841

ろくが ▶

▶ 私はその音声をスマホで録音した.
I *recorded* the audio with my smartphone.
録音室 a recording room
録音テープ a (magnetic) tape;(カセット用の) a cassette tape

ろくが 録画 (a) video(tape) recording [ヴィディオウ(テイプ) リコーディング] →ビデオ
録画する record [リコード], (ビデオテープに) tape

ろくがつ 六月 →いちがつ, つき¹(表)

June [ヂューン] (▶語頭はかならず大文字; Jun.と略す)
▶ 6月の花嫁[はなよめ]
a *June* bride
▶ 日本では6月は雨が多い.
In *June* we have a lot of rain in Japan.

ろくじゅう 六十(の) →かず(表)

sixty [スィクスティ]
第60(の) the sixtieth (▶60thと略す)
61 sixty-one
62 sixty-two

ろくでなし a good-for-nothing [グドフォナスィング]

ろくな
▶ 今日はろくなことがないよ.
Nothing *good* has happened today.

ログハウス a log [ロ(ー)グ] house
ロケ(ーション) (a) location [ロウケイション]
ロケット a rocket [ラケト]
▶ ロケットを発射する
launch a *rocket*
ロケット発射台 a launch pad[ローンチ パッド]
ロゴ a logo [ロ(ー)ゴウ]
ロサンゼルス (地名) Los Angeles [ローサンヂェルス], L.A. [エルエイ]
ロシア Russia [ラシァ]
ロシア(人・語)の Russian [ラシャン]
ロシア語 Russian →ことば(表)
ロシア人 (1人) a Russian;(全体) the Russians
ロシア連邦 the Russian Federation
ろしゅつ 露出する expose [イクスポウズ]
ろせん 路線 a route [ルート]
▶ バス路線 a bus *route*

路線図 a route map
ロッカー a locker [ラカァ]
▶ コインロッカー
a coin(-operated) *locker* / (駅の) a station *locker*
ロッカールーム a locker room
ロッキー ロッキー山脈 the Rockies [ラキィズ], the Rocky Mountains
ロック 《音楽》 rock [ラック] (music), rock'n'roll [ラクンロウル]
▶ ぼくたちはロックバンドを結成した.
We formed a *rock* band.
ロック歌手 a rock singer
ロッククライミング rock climbing [ラック クライミング]
ろっこつ 肋骨 a rib [リブ]
ロッジ a lodge [ラッヂ]
ろてんぶろ 露天風呂 an open-air [オウプネア] bath
ロバ 《動物》 a donkey [ダンキィ]
ロビー a lobby [ラビィ]
ロブスター 《動物》 a lobster [ラブスタァ]
ロフト (屋根裏部屋) a loft [ロ(ー)フト], an attic [アティク]
ロボット a robot [ロウバト]
ロボット工学 robotics [ロウバティクス]
ロマンス a romance [ロ(ウ)マンス]
ロマンチック ロマンチックな romantic [ロ(ウ)マンティク]
▶ ロマンチックな映画 a *romantic* movie
ロング long [ロ(ー)ング]
ロングセラー a long seller[ロ(ー)ング セラァ]
ろんじる 論じる discuss [ディスカス];(話し合う) talk [トーク] about
▶ その問題について論じるには情報が足りない.
We don't have enough information to *discuss* the problem.
ろんそう 論争 (a) controversy [カントゥロヴァ〜スィ], (a) dispute [ディスピュート]
論争する dispute
ロンドン (地名) London [ランドン]
ろんぶん 論文 a paper [ペイパァ];(評論) an essay [エセイ];(新聞・雑誌の) an article [アーティクル]
ろんり 論理 logic [ラヂク]
論理的な logical
▶ きみの考えは論理的じゃない.
Your opinion is not *logical*.

わ ワ わ ワ わ ワ

わ¹ 輪 (円) a circle [サ～クル]；(円状のもの) a ring [リング]
▶ 手をつないで輪になってすわりましょう.
Let's hold hands and sit in a *circle*.
▶ 土星の輪
the *rings* of Saturn
わ² 和 harmony [ハーモニィ]
わあ (喜び・おどろき) Wow! [ワゥ] →**こえ**(図)
▶ わあ, こんなところで会うなんて.
Wow! I never expected to see you here.
▶ わあ, こんなにきれいな虹見たことないよ.
Wow! This is the most beautiful rainbow I've ever seen.
ワーク (仕事) work [ワ～ク]
ワークブック a workbook [ワ～クブク]
ワースト (最悪の) the worst [ワ～スト]
▶ ワースト記録
the *worst* record
ワープロ a word processor [ワ～ド プラセサァ]
ワールド the world [ワ～ルド]
ワールドカップ the World Cup
ワールドシリーズ the World Series [スィ(ア)リーズ]
ワイシャツ a shirt [シャ～ト] (▶ 「ワイシャツ」は white shirt がなまったもの)
▶ 半そでのワイシャツ
a short-sleeved *shirt*
▶ ワイシャツを着る
put on a *shirt* / (着ている) wear a *shirt*
わいせつな obscene [オブスィーン]
ワイド (幅の広い) wide [ワイド]
ワイドショー a long (TV) variety show (▶ 「ワイドショー」は和製英語)
ワイパー (米) a windshield wiper [ウィンドゥシールド ワイパァ], (英) a windscreen [ウィンドゥスクリーン] wiper
ワイファイ (コンピューター)Wi-Fi [ワイファイ]
▶ ここでは Wi-Fi は使えますか.
Do you have *Wi-Fi* here?

ワイファイ接続 a Wi-Fi connection
ワイヤ, ワイヤー (a) wire [ワイア]
わいろ a bribe [ブライブ]
ワイン (a) wine [ワイン] (▶ 種類を述べるとき以外は数えられない名詞)
▶ 赤ワイン
red *wine*
▶ ワイン１本 a bottle of *wine* (▶ a wine bottle なら「ワインのびん」のこと)
▶ ワインをもう少しいかがですか.
Would you like some more *wine*?
▶ これは高級なワインですね.
This is an expensive *wine*, isn't it?(▶ 種類を表すときは数えられる名詞)
ワイングラス a wineglass
わえいじてん 和英辞典 a Japanese-English dictionary
わか 和歌 a *waka*, a Japanese traditional poem of thirty-one syllables
わかい¹ 若い young [ヤング] (反 年とった old)

young　　　old

▶ 若い人たち *young* people
▶ 若い世代 the *younger* generation
▶ 父は年齢のわりに若く見える.
My father looks *young* for his age.
▶ 母は父より５歳若い.
My mother is five years *younger* than my father.
▶ 若いうちに勉強しておきなさい.
You should learn while you're *young*.
わかい² 和解する make a settlement [セトゥルメント]
わかさ 若さ youth [ユース]
わかす 沸かす boil [ボイル]；(温める) heat

わかば ▶

[ヒート]
▶ やかんでお湯を沸かしてくれる？
Would you *boil* some water in the kettle?
▶ ふろを沸かす *heat* the bath (▶ heat の かわりに prepare も使える)

わかば 若葉 young leaves [リーヴズ]
わがまま わがままな selfish [セルフィシ]
▶ どうしてあなたはそんなにわがままなの？
How could you be so *selfish*?
▶ わがまま言うな. Don't be so *selfish*.

わかめ soft seaweed [スィーウィード]
わかもの 若者 (男性) a young man, (女性) a young woman; (総称的に) young people, the young
わからずや 分からず屋
▶ このわからず屋！ You're so *stubborn*!
わかりきった 分かりきった obvious [アブヴィアス]
▶ そんなわかりきったことを聞くな.
Don't ask such an *obvious* question.
わかりにくい 分かりにくい difficult to understand
▶ この文はわかりにくい.
This sentence is *difficult to understand*. (▶ difficult のかわりに hard も使える)
わかりやすい 分かりやすい easy to understand
▶ この本はわかりやすい.
This book is *easy to understand*.

わかる 分かる

1 (理解する) understand [アンダスタンド], see [スィー], 《口語》get [ゲット] (▶進行形にしない)
▶ やっとわかりました.
Now I *understand*. / Now I *get* it.
▶ まだわかりません.
I still don't *understand*. / I still don't *get* it.

> 🗨スピーキング
> 🅐 わかりましたか.
> Do you understand?
> 🅑 はい、わかりました.
> Yes, I do.
> 🅡 いいえ、わかりません.
> No, I don't.

▶「言っていることわかりますか」「ええ、わかっているつもりです」
"Do you *understand* me?" "Yes, I think I do."
▶ 両親は私のことをわかってくれないことがある.
My parents sometimes don't *understand* me.
▶ すみません. 質問の意味がわかりません.
I'm sorry. I don't *understand* your question.
▶ 彼らが何を考えてるかさっぱりわからないよ.
I *have* no *idea* what they're thinking about.
▶ そのうち、きみにもわかるよ.
You'll *see* one day.
▶ どう、簡単だってわかったでしょ.
See how easy it is.
▶ この問題がわかる (→解ける)？
Can you *solve* this problem?
▶ (先生が) みんな、わかりますか？
Are you with me, class?
▶ 暗くならないうちに帰りなさいよ. わかった (→聞いてるの)？
Be back before dark, you hear?

2 (知る) know [ノウ]; (調べて) find [ファインド] out; (判断できる) can tell
▶ (言わなくても) わかってるよ.
I *know*.
▶ わかった、わかったよ.
I *know*, I *know*.
▶ お気持ち、わかります.
I *know* how you feel.
▶ おっしゃりたいことはよくわかります.
I *know* exactly what you mean.
▶ そのときはどうしていいかわからなかった.
At that time, I didn't *know* what to do.

> 💬表現力
> …のしかたがわかる
> → know how to ...

▶ ネクタイのしめ方がわからない.
I don't *know how to* wear a tie.

> 💬表現力
> …が〜だとわかる → find ... 〜

▶ 箱の中は空だとわかった.
I *found* the box (to be) empty.

◀ わくわく

▶ 何かわかったらすぐに連絡するね.
I'll get back to you as soon as I *find out* anything.
▶ 彼がだれかわからなかった.
I *couldn't tell* who he was.

わかれ 別れ

(a) parting [パーティング], (a) farewell [フェアウェル]; (さようなら)(a) goodbye [グ(ドゥ)バイ]
▶ お別れ会
a *going-away* party / a *farewell* party
▶ 別れはつらいものだ.
Parting is painful.

わかれる¹ 別れる

leave [リーヴ], part [パート] 《from》; (さようならを言う) say goodbye 《to》; (恋人などが) break up 《with》; (離婚する) divorce [ディヴォース]
▶ 私は校門で楓と別れた.
I *left* Kaede at the school gate. / I *said goodbye to* Kaede at the school gate.
▶ あなたと別れたくありません.
I don't want to *break up with* you.
▶ 森さんは先月奥さんと別れた (→離婚した).
Mr. Mori *divorced* his wife last month.

わかれる² 分かれる (区分される) be divided [ディヴァイディド]
▶ クラスは6班に分かれた.
Our class *was divided* into six groups.
▶ みんなの意見が分かれた.
Our opinions *were divided*.

わき 脇 (すぐそば) the side [サイド]
(…の)わきに, →そば
▶ 有理がぼくのわきにすわった.
Yuri sat *beside* me. / Yuri sat *by* me. / (となりに) Yuri sat *next to* me.
▶ マイクはラケットをわきにかかえていた.
Mike had a racket *under his arm*.

わきあいあい 和気あいあいの friendly [フレンドゥリィ]
わきのした 脇の下 the armpit [アームピト]
わきばら 脇腹 my side [サイド]
▶ 彼はとつぜん立ち止まっつわき腹をおさえた.

He suddenly stopped and held his *side*.
わきまえる know [ノウ]
▶ 自分の立場をわきまえなさい.
You need to *know* your position.
▶ そのくらいわきまえてるよ (→それ以上のことをわかっているよ).
I *know better* than that.

わく¹ 沸く

boil [ボイル]
▶ お湯が沸いてるよ.
The water *is boiling*.

▶ おふろが沸いてるよ (→用意ができてるよ).
The bath *is ready*.
わく² 湧く
▶ 最近, 勉強に興味がわいてきた.
I'm *getting interested in* my studies.
わく³ 枠 (窓などの) a frame [フレイム]; (制限) a limit [リミト]
わくせい 惑星 a planet [プラネト]

日本名	英語名	ローマ神話
水星	Mercury	商業の神
金星	Venus	美と愛の女神
地球	Earth	
火星	Mars	戦争の神
木星	Jupiter	神々の中の主神
土星	Saturn	農耕の神
天王星	Uranus	天の神
海王星	Neptune	海の神

ワクチン (a) vaccine [ヴァクスィーン]
▶ ワクチンを接種する
vaccinate [ヴァクスィネイト]
わくわく わくわくする be excited [イクサイティド], get excited
わくわくして excitedly
▶ わくわくしてコンサートまで待ちきれない.

eight hundred and forty-five 845

わけ ▶

I'm so *excited* I can't wait for the concert.
▶ わくわくする試合だね.
This game is so *exciting*.

わけ 訳 →なぜ, りゆう

1 (理由) (a) **reason** [リーズン]
▶ 詩織がおこるのにはわけがある.
Shiori has good *reason* to be angry. / (おこるのは当然だ) It's natural that Shiori gets angry.
▶ わけを聞かせてもらえますか.
Let me hear *why*.
▶ どういうわけで遅刻したのか話してごらん.
Tell me *why* you were late.
▶ どういうわけか部品が1つ足りないよ.
Somehow one of the parts is missing.

2 (意味) **sense** [センス]
▶ そんなわけのわからないことを言うな.
Don't talk such non*sense*.
▶ どうなってるのかまるでわけがわからないよ.
I have no idea what's going on.

-(する)わけがない can't ... →はず
-(する)わけではない
▶ 私はいつも早起きしているわけではない.
I *don't always* get up early.
-(する)わけにはいかない can't ...
▶ これはいただくわけにはいきません.
I *can't* take this.

わけまえ 分け前 a share [シェア]

わける 分ける

(分割する) **divide** [ディヴァイド]; (分配する) **share** [シェア]; (髪などを) **part** [パート]
▶ 私たちを3つのグループに分けよう.
Let's *divide* ourselves into three groups.
▶ 私は妹とケーキを分け合った.
I *shared* the cake with my sister.
▶ どのあたりで髪を分けますか.
Where do you *part* your hair?

わゴム 輪ゴム a rubber band [ラバァ バンド], 《英》an elastic [イラスティク] band
ワゴン (ワゴン車) 《米》a station wagon [ステイション ワゴン], 《英》an estate car [エステイト カ]; (料理などを運ぶ) 《米》a (tea) wagon, 《英》a (tea) trolley [トゥラリィ]
わざ 技 (技術) (a) skill [スキル] →ぎじゅつ

▶ 柔道の技 judo *techniques*
▶ 練習して技をみがきなさい.
Polish your *skills* with practice.

わざと on purpose [パ〜パス]
▶ 春樹はわざと遅刻してきた.
Haruki came late *on purpose*.
▶ わざとやったんじゃないよ.
I didn't do it *on purpose*. / I didn't *mean to* do it.
▶ 私はわざと知らないふりをした.
I *pretended* not *to* know.

わざわい 災い (a) misfortune [ミスフォーチュン], troubles [トゥラブルズ]

わざわざ

▶ わざわざ東京からおいでいただきありがとうございます.
Thank you for coming *all the way* from Tokyo.
▶ わざわざ車でむかえにきてくれなくてもいいよ.
You don't have to *go through the trouble of* picking me up.
▶ 彼はわざわざ文句を言いに来た.
He came *all the way* here to complain.

ワシ (鳥) an eagle [イーグル]
わしつ 和室 a Japanese-style room, (たたみの部屋) a tatami room
わしょく 和食 Japanese food
▶ 私は洋食より和食のほうが好きだ.
I like *Japanese food* better than Western food.

ワシントン (アメリカ合衆国の首都) Washington, D. C. [ワシングトン ディースィー] (▶州名と区別するため, D. C. (= District of Columbia コロンビア特別区) をつけることが多い); (州) Washington (▶アメリカ北西部の太平洋岸の州. WA または Wash. と略す)

ワシントン D.C. のワシントン記念塔.

わずか →すこし

(数が) **a few** [フュー]；(量が) **a little** [リトゥル] (▶ a をとると「わずかしかない」という否定的な意味合いになる)

▶ 期末テストまであとわずかだ．
Finals are only *a few* days away.
▶ お金はあとわずかしか残ってない．
We have only *a little* money left.
▶ このブラウスはわずか1000円だった．
This blouse cost *only* 1,000 yen.
▶ 参加者はほんのわずかしかいませんでした．
There were *few* participants.
▶ 夏休みはあとわずかだ．
My summer vacation is almost over.

わすれっぽい 忘れっぽい **forgetful** [フォゲトゥフル]

▶ 祖父は忘れっぽくなってきた．
My grandfather is getting *forgetful*.

わすれもの 忘れ物

▶ 忘れ物はない (→全部持った)？
Do you have everything?
▶ あっ, いけない．学校に忘れ物しちゃった．
Oh, no. I *left something* at school.
▶ (車内アナウンスで) 東京, 東京．お降りの際は忘れ物をしないようにお願いします．
Tokyo, Tokyo. Don't *forget* (*to take*) your *belongings* when you get off.

わすれる 忘れる

1 (覚えていない) **forget** [フォゲット] (反 覚えている remember)

🗨 スピーキング
Ⓐ あの手紙, 出した？
Did you mail that letter?
Ⓑ あっ, 忘れた．
Oh, I forgot.

▶ 私のこと, 忘れないでね．
Don't *forget* me.
▶ きみのことは忘れないよ．
I'll never *forget* you.
▶ 彼はその住所を忘れた．
He *forgot* the address.
▶ 宿題のことをすっかり忘れていた．
I *forgot* all about my homework.

💬 表現力
…するのを忘れる → **forget to ...**

▶ 宿題を忘れちゃった．
(持ってくるのを) I *forgot to* bring my homework. / (してくるのを) I *forgot to* do my homework.

💬 表現力
忘れずに…して
→ **Don't forget to ... . /**
　Remember to ... .

▶ ヒーターを消し忘れないでね．
Don't forget to turn off the heater. (▶ Don't forget to のかわりに Remember to を使うこともできる)
▶ 出かける前に忘れないで犬にえさをやってね．
Remember to feed the dog before you leave.

💬 表現力
(過去に) …したことを忘れる
→ **forget -ing / forget (that) ...**

▶ あいつにゲームを貸していたことを忘れてたよ．
I *forgot lending* him the game. / I *forgot* (*that*) I lent him the game.
▶ パーティーで彼に会ったのを忘れた．
I *forgot* meeting him at the party. / I *forgot that* I met him at the party.
▶ ゲームをしていると時間のたつのを忘れてしまう．
I *lose track of* the time when I'm playing video games. (▶ lose track of ... は「…がわからなくなる」の意味)

2 (置き忘れる) **leave** [リーヴ], forget

💬 表現力
…を (ある場所) に忘れる
→ **leave ... (in, at など) ~**

▶ どこにかさを忘れてきたの？
Where did you *leave* your umbrella?
▶ しまった．さいふを忘れてきちゃった．
Oh, no. I *forgot* my wallet.
▶ 英語の教科書を学校に忘れてきた．
I *left* my English textbook *at* school. (▶ 場所をいうときはふつう forget は使わない)

わすれんぼう ▶

「私は教科書を家に忘れた」
× I forgot my textbook (at) home. ← 場所を表す語といっしょにはふつう使わない．
○ I forgot my textbook.
○ I left my textbook (at) home.

forget

leave

わすれんぼう 忘れん坊 a forgetful [フォゲットゥフル] person
▶ きみは忘れん坊だね．
You're a *forgetful person*, aren't you?

わせい 和製の made in Japan

わた 綿 cotton [カトゥン]
綿あめ (米) cotton candy, (英) candy-floss

わだい 話題 a topic [タピク], a subject [サブヂェクト]
▶ ブラウン先生は話題が豊富だ．
Mr. Brown can talk on a variety of *topics*.
▶ 話題を変えない？
Why don't we change the *subject*?
▶ 学校で友だちとはどんな話題について話しますか．
What do you *talk about* with your friends at school?
▶ このカフェは話題の店だよ．
This café *is attracting* a lot of *attention* right now. (▶ attract attention は「注目を集める」の意味) / This café *is the talk of the town*. (▶ the talk of the town は「町の話題(の種)」の意味)

わだかまり hard feelings, ill feelings
▶ ぼくらの間にはわだかまりがあった．
There were some *ill feelings* between us.
▶ きみにはもう何のわだかまりもないよ．
I have no *hard feelings* against you any more.

わたくし 私 I [アイ] → わたし
わたくしりつ 私立 → しりつ²

わたし 私

(私は) I [アイ] (複数) we (▶ いつも大文字で書く．英語では男女や年齢に関係なく，自分のことはつねに I で表す．日本語のような「わたし」「ぼく」「おれ」などの区別はない)

	私	私たち
…は, …が	I	we
…の	my	our
…を, …に	me	us
…のもの	mine	ours
…自身	myself	ourselves

💬表現力
私は…です → I am ... .
(▶ 話しことばでは短縮形の I'm を使う)

▶ 私は中学生です．
I'm a junior high student. / *I'm* in junior high.
▶ 私は日本人です．
I'm Japanese.

🗣スピーキング
Ⓐ (ドアのノックに) どなたですか．
Who is it?
Ⓑ 私だよ．
It's me.
(▶ ✗Who are you? とはいわない．「お前はだれだ」という失礼な言い方になる)

▶ これは私のかさじゃない．
This isn't *my* umbrella.
▶ 私を置いていかないで．
Don't leave *me* alone.
▶ 青いほうが私のよ．
The blue one is *mine*.

💬表現力
私たちは…です → We are ... .

▶ 私たちは小学校の友だちです．
We are friends from elementary school.
▶ 私たちの部には部員が50人ほどいる．
Our club has about fifty members.

▶ それを私たちにも使わせてよ.
Please let *us* use it.
▶ このスーツケースは私たちのではありません.
This suitcase isn't *ours*.

わたしたち 私たち we
▶ 私たちは中学生です.
We are junior high school students.

わたす 渡す give [ギヴ], hand [ハンド]

💬表現力
(人) に (物) をわたす
→ give [hand] +人+物 /
  give [hand] +物+ to +人

▶ 先生に解答用紙をわたした.
I *handed* the teacher my answer sheet.
▶ 車のかぎはお父さんにわたしたよ.
I *gave* the car key *to* Dad.
▶ これをお母さんにわたしてくれる？
Could you *give* this *to* Mom? (▶ ×give Mom this とはいえない. 物が this や it などの代名詞の場合は「give +物 (代名詞) + to +人」の形を使う)

わたりどり 渡り鳥 a migratory [マイグラトーリィ] bird

わたりろうか 渡り廊下 a walkway [ウォークウェイ]

わたる 渡る

cross [クロ(ー)ス], go across
▶ 左右を確かめないで道路をわたっちゃだめだよ.
Don't *cross* the street without looking both ways.
▶ 道を走ってわたっちゃだめ.
Don't run *across* the road.
▶ 信号が青に変わったので, 横断歩道をわたった.
When the light turned green, I *walked* (*across*) the crosswalk.

ワックス wax [ワックス]
ワックスをぬる[かける] wax

ワット (電気) a watt [ワット] (▶ W または w と略す)
▶ 60ワットの電球
a 60-*watt* bulb

わっと
▶ 久美はわっと泣きだした.
Kumi *burst into* tears. / Kumi *burst out* crying.

ワッフル a waffle [ワフル]

ワッペン an emblem [エンブレム] (▶ 「ワッペン」はドイツ語から)

わな a trap [トゥラップ]
わなをしかける trap, set [lay] a trap

わなげ 輪投げ quoits [クウォイツ]
▶ 子どもたちは輪投げをして遊んでいた.
The children were playing *quoits*.

ワニ 《動物》(大型の) a crocodile [クラゲダイル] ; (小型の) an alligator [アリゲイタァ]

わび (おわび) (an) apology [アパロヂィ]
わびる apologize [アパロヂャイズ]
▶ 一言のおわびもなかった.
There was no word of *apology*.
▶ いろいろご迷惑㉑をおかけしたことをおわびいたします.
I *apologize* for causing you so much trouble. / I'm really *sorry* for causing you so much trouble.

わふく 和服 Japanese clothes

わぶん 和文 (日本語の文) a Japanese sentence [センテンス]
▶ 次の和文を英訳しなさい.
Put the following *Japanese sentence* into English.

わへい 和平 peace [ピース]

わめく shout [シャウト], yell [イェル] ; (泣きわめく) cry [クライ] out
▶ そんなにわめかなくても聞こえるよ.
Don't *shout*, please. I can hear you.

わやく 和訳する translate [トゥランスレイト] ... into Japanese
▶ このページを和訳しなさい.
Translate this page *into Japanese*.

わら (a) straw [ストゥロー]
▶ おぼれる者はわらをもつかむ.《ことわざ》
A drowning man will catch at a

わらい ▶

straw.
▶ わらぶきの屋根 a *thatched* roof

わらい 笑い

a **laugh** [ラフ]; (ほほえみ) a **smile** [スマイル]
▶ みんなぼくのジョークに大笑いした.
Everyone had a good *laugh* over my joke.
▶ 笑いごとじゃないよ.
It's no *laughing* matter.
▶ どうにも笑いが止まらなかった.
I just couldn't stop *laughing*.
笑い声 laughter [ラフタァ]
笑い話 a funny story, a joke
(笑) (メールや SNS で笑いを表す) haha; lol (▶ lol は *laughing out loud* の略. 絵文字のみで表すことも多い)
▶ 全然勉強してない(笑).
I didn't study at all, *haha*.

わらう 笑う

(声を出して) **laugh** [ラフ]; (ほほえむ) **smile** [スマイル]

laugh

smile

▶「声に出して笑う」は **laugh**,「ほほえむ, にっこり笑う」は **smile**.

▶ 私の母はよく笑う.
My mother *laughs* a lot.
▶ みんな大声で笑った.
Everyone *laughed* loudly.
▶ さあ, 笑って. はい, チーズ.
Smile. Say cheese.

> 💬表現力
> …のことを笑う → laugh at ...

▶ 私のことを笑わないでよ!
Don't *laugh at* me!
▶ 何がおかしくて笑ってるの?
What *are* you *laughing at*?
▶ その光景を見て笑わずにはいられなかった.
I couldn't help *laughing at* the sight.

わらべうた 童歌 a nursery rhyme [ナ〜サリ ライム]; a children's song

わり 割 (…割) ... percent [パセント] (記号%); (割合) a rate [レイト]
▶ その高校は生徒の7割(70%)が女子だ.
Seventy *percent* of the students in the high school are girls.
わりに (…のわりに) for; (比較的) rather, relatively
▶ おばあちゃんは年のわりに若く見える.
Grandma looks young *for* her age.
▶ 今度のテストはわりにやさしかった.
This exam was *rather* easy.

わりあい 割合 **1** (率) a rate [レイト]; (比率) a ratio [レイショウ] (複数 ratios), proportion [プロポーション]
▶ うちのクラスでは5人に1人の割合でめがねをかけている.
One *out of* five students in my class wears glasses.

> 🔶プレゼン
> 日本は世界でもっとも高齢者の割合が高い国です.
> Japan has the highest proportion of elderly citizens in the world.

2 (比較的) relatively [レラティヴリィ]
▶ 今日はわりあい暖かかった.
It was *relatively* warm today.

わりあてる 割り当てる assign [アサイン]
▶ また給食当番に割り当てられたよ.
I *was assigned* to lunch duty again.

わりかん 割り勘にする split [スプリット] the bill; (別々に払う) pay separately
▶ 割りかんにしよう.
Let's *split the bill*.

わりこむ 割り込む (列に) cut in line; (話に) cut in
▶ 列に割りこまないでください.
Don't *cut in line*, please.

わりざん 割り算 division [ディヴィジョン] (反) かけ算 multiplication) →わる
割り算をする divide [ディヴァイド]

わりばし 割り箸 (使い捨てのはし) disposable chopsticks [ディスポウザブル チャプスティクス]

わりびき 割引 (a) discount [ディスカウント]
割引する discount [ディスカウント], give ... a discount
▶ このパソコン, 3割引で買ったんだ.

◀ **われる**

I bought this computer at a 30% *discount*. / I bought this computer at 30% *off*.

割引券 a discount ticket [coupon]

洋服売り場の掲示.「セール 50％割引」とある.

わる 割る（こわす）break［ブレイク］；（分ける）divide［ディヴァイド］
▸ だれが窓ガラスを割ったの？
  Who *broke* the window?
▸ ボウルに卵を３つ割って入れてくれる？
  Can you *break* three eggs into a bowl?
▸ 72割る8は9（72÷8＝9）．
  Seventy-two *divided by* eight is nine.

わるい 悪い

使い分け
（道徳的・質的に）→ **bad**
（まちがった）→ **wrong**
（調子・ぐあいが）→ **wrong**
（体に）→ **bad**

1（道徳的・質的によくない）**bad**［バッド］（反 よい good）；（まちがった）**wrong**［ロ(ー)ング］（反 正しい right)
▸ 週末まで天気は悪いみたいだよ．
  I hear the *bad* weather will last until the weekend.
▸ いい知らせと悪い知らせ，どっちを先に聞きたい？
  Do you want the good news or the *bad* news first?
▸ 彼は悪い仲間に入ってしまった．
  He got into a *bad* group.
▸ ぼくが悪かった．
  I was *wrong*.

表現力
…するのは悪い → It is wrong to ….

▸ うそをつくのは悪い．
  It's wrong to tell a lie.
2（調子・ぐあいが）**wrong**；（体調が）**sick**［スィック］
▸ パソコンの調子が悪い．
  There's something *wrong* with my computer.

スピーキング
Ⓐ 顔色が悪いけど，どこか悪いの？
  What's wrong? You look pale.
Ⓑ ちょっと頭が痛いんだ．
  I have a slight headache.

▸ 朝から調子が悪いんだよ．
  I've been *sick* since this morning.
3（体に）**bad**（for）；（体が）**bad**
▸ 夜ふかしは体に悪いよ．
  Staying up late is *bad for* your health.
4（申しわけない）→すみません
▸ 悪いんだけど，行けないんだ．
  I'm sorry, but I can't come.

わるがしこい 悪賢い cunning［カニング］
わるぎ 悪気
▸ きみのことを笑ったけど，悪気はなかったんだ．
  I laughed at you, but meant no *harm*.
わるくち 悪口を言う say bad things about, speak ill [badly] of
▸ 人の悪口を言うのはよせよ．
  Stop *saying bad things about* others.
▸ 彼はだれの悪口も決して言わなかった．
  He never *spoke ill of* anyone.
ワルツ a waltz［ウォールツ］
▸ ワルツを踊る dance a *waltz* / waltz
わるふざけ 悪ふざけ（人を困らせるいたずら）a practical joke［プラクティカル ヂョウク］
わるもの 悪者 a bad person
▸ 悪者あつかいしないでくれ．
  Don't make me a *bad guy*.
われ 我（私は）I［アイ］→わたし
  われに返る come to *my*self
  われを忘れる（…に熱中する）be absorbed in, get carried away
われる 割れる（こわれる）break［ブレイク］
▸ その花びんは割れやすい．
  The vase *breaks* easily.

われわれ ▶

▶ コップは落ちて粉々に割れた．
The glass fell and *broke* into pieces.
▶ 頭が割れるように痛い（→ひどい頭痛だ）．
I have a *terrible* headache.

われわれ 我々 →わたしたち，わたし
ワン one [ワン] →いち¹
▶ （店で）これのワンサイズ上はありますか．
Do you have this in *one* size larger?
▶ あいつの言っていることはワンパターンだ．
He's always saying the same thing.
わん¹ 湾（小さい）a bay [ベイ]；（大きい）a gulf [ガルフ]（複数 gulfs）
▶ 東京湾 Tokyo *Bay*（▶地名が前につく湾の名称には the をつけない）
▶ メキシコ湾 the *Gulf* of Mexico
わん² 椀, 碗（食べ物をもる）a bowl [ボウル]
ワンタッチ ワンタッチの one-touch [ワンタッチ]
わんぱく わんぱくな naughty [ノーティ], mischievous [ミスチヴァス]
▶ ぼくは小さいころはわんぱくだった．
I was *naughty* when I was a little boy.
ワンパターン ワンパターンの（型にはまった）stereotyped [ステリオタイプト]
▶ 彼はいつもワンパターンだ（→同じパターンを繰り返す）．
He always *follows the same pattern*.
ワンピース a dress [ドレス]
▶ ワンピースを着る put on my *dress*
▶ ワンピースの水着 a *one-piece* swimsuit
ワンボックスカー a minivan [ミニヴァン]
（▶「ワンボックスカー」は和製英語）
ワンマン（独裁者）an autocrat [オートクラト], a dictator [ディクテイタァ]；（ショーなどが単独の）solo [ソウロウ]
わんりょく 腕力 physical strength [フィズィカル ストゥレング(ク)ス]；force [フォース]
▶ 健は腕力が強い．
Ken is *physically strong*.
ワンルームマンション a studio [ステューディオウ], 《米》a studio apartment, 《英》a studio flat（▶one-room mansion とはいわない）
ワンワン（犬の鳴き声）bowwow [バウワウ]；（犬）《小児語》a doggy, a doggie [ド(ー)ギィ]
ワンワンほえる bark [バーク]

を ヲ を ヲ を ヲ

-を

1《他動詞の目的語》（▶名詞または代名詞の目的格で表す．代名詞の場合は，以下の表のようになる）

使い分け

私を → me	私たちを → us
あなたを → you	あなたたちを → you
彼を → him	彼らを → them
彼女を → her	彼女らを → them
それを → it	それらを → them

▶ 私は彼を知っている．I know *him*.
▶ きのうはテレビゲームをしなかった．
I didn't play *video games* yesterday.
▶ 手を洗ったの？
Did you wash *your hands*?
▶ ぼくを信じて．Trust *me*.

2《前置詞の目的語》（▶自動詞の場合は名詞を直接続けることはできないので，前置詞を置いてその後に続ける）
▶ 黒板を見てください．
Look *at* the board.
▶ 姉はアパートを探している．
My big sister is looking *for* an apartment.
▶ 公園を散歩しようか．
Why don't we take a walk *in* the park?
▶ 来週，京都を旅行するんだ．
We're going on a trip *to* Kyoto next week.

参考資料1　自己表現の英語

赤い文字の部分は，右の欄の表現に言いかえられます．いろいろ言いかえて使ってみましょう．

1 自分自身について

A: **What's your name?**
あなたの名前は何ですか．

B: My name is Mikako.
Please call me Mika.
私の名前は美香子です．
ミカと呼んでください．

▶ていねいに聞く場合は，May I have your name? といいます．
▶名前は first name，姓は last name や family name といいます．
▶You can call me .... や My nickname is .... などということもできます．

A: How old are you?
何歳ですか．

B: I'm thirteen years old.
13歳です．

▶「12歳」は twelve，「14歳」は fourteen，「15歳」は fifteen といいます．

A: When is your birthday?
誕生日はいつですか．

B: My birthday is (on) October 14th.
10月14日です．

▶October 14th は October (the) fourteenth と読みます．

A: How many people are there in your family?
何人家族ですか．

B: There are four people in my family.
4人家族です．

▶「私は一人っ子です」は I am an only child. といいます．

A: What do you want to be **when you grow up**?
大きくなったら，何になりたいですか．

B: I want to be a fashion model.
ファッションモデルになりたいです．

▶in the future (将来は) も使えます．

▶警察官 a police officer / 科学者 a scientist / 電車の運転手 a train driver [operator] / 料理人 a chef [cook] / 教師 a teacher / 看護師 a nurse / 医師 a doctor / 弁護士 a lawyer / ユーチューバー a YouTuber / 俳優 an actor / 歌手 a singer / 漫画家 a cartoonist / プロ野球[サッカー]選手 a professional baseball [soccer] player / 動物園の飼育係 a zookeeper

eight hundred and fifty-three　853

自己表現の英語

A: What's your hobby?
趣味は何ですか.

B: My hobby is drawing pictures.
私の趣味は絵をかくことです.

▶英語の hobby はふつう自分で積極的に作業したり探求したりするものに使われるので, 手軽にできるものにはあまり使わない.
▶切手収集 collecting stamps / 園芸 gardening / つり fishing / 日曜大工 doing home carpentry / 写真撮影 taking pictures / プラモデルづくり building plastic models

A: What are you interested in?
何に興味がありますか.

B: I'm interested in computers.
コンピューターに興味があります.

▶コンピューターゲーム computer games / バスケットボール basketball / テニス tennis / 芸能界 show business / ペット pets / 料理 cooking

A: What kind of music do you listen to?
どんな音楽を聞きますか.

B: I listen to Japanese popular music.
日本のポップスを聞きます.

▶ポピュラー音楽 popular[pop] music / クラシック classical music / ジャズ jazz / ロック rock (music), rock'n'roll / 演歌 Japanese ballads / ラップ（ミュージック）rap (music)

●その他の表現

A: I go to bed at eleven (o'clock).
11時に寝ます.

A: I get up at seven (o'clock).
7時に起きます.

A: I take my dog out for a walk every morning.
毎朝犬を散歩させます.

A: I spend the evenings watching TV and playing video games.
夜はテレビを見たり, テレビゲームをしたりして過ごします.

▶読書 reading / 音楽鑑賞 listening to music

A: I go to *juku* three times a week.
週に3度, 塾に通っています.

A: I do volunteer work twice a month.
月に2度, ボランティア活動をしています.

▶「1度」は once, 「2度」は twice といいます.

A: I often access the Internet.
たびたびインターネットにアクセスします.

自己表現の英語

2 学校生活について

A: What grade are you in?
何年生ですか.

B: I'm in the eighth grade.
8年生(中学2年生)です.

▶「7年生(中学1年生)」は seventh,「9年生(中学3年生)」は ninth といいます.

A: What time does your school begin?
学校は何時に始まりますか.

B: My school begins at 8:30.
8時30分に始まります.

A: What subject do you like (the) best?
いちばん好きな科目は何ですか.

B: I like English (the) best.
英語がいちばん好きです.

▶国語 Japanese / 理科 science / 外国語 foreign language / 社会 social studies / 音楽 music / 美術 art / 技術・家庭 technology and home economics / 体育 P.E.

A: What club or team do you belong to?
何部に入っていますか.

B: I'm on the tennis team.
テニス部です.

▶美術部 art club / 放送部 broadcasting club / 漫画部 cartoon club / コーラス部 chorus / 演劇部 drama club / 茶道部 tea ceremony club / 華道部 flower arrangement club / 野球部 baseball team / サッカー部 soccer team / バスケットボール部 basketball team / ソフトボール部 softball team / バレーボール部 volleyball team / 陸上競技部 track-and-field team / 水泳部 swimming team / 柔道部 judo team / 剣道部 *kendo* team

●その他の表現

A: I walk to school.
歩いて学校へ行きます.

A: Some friends go to school by bus.
バスで学校へ通う友だちもいます.

A: It takes about 30 minutes from my house to school.
家から学校まで約30分かかります.

A: I usually come home from school at five o'clock.
たいてい5時に学校から家に帰ってきます.

A: I'm a class representative.
学級委員です.

A: I practice tennis after school every day.
放課後は毎日テニスの練習をします.

▶図書委員 a library helper / 美化委員 a maintenance helper / 保健委員 a student in charge of health problems / 体育委員 a student in charge of P.E. activities

参考資料2　教室での英語

赤い文字の部分は，右の欄の表現に言いかえられます．いろいろ言いかえて使ってみましょう．
Tは先生，Sは生徒です．

T: What day is it today?
今日は何曜日ですか．

S: It's Wednesday.
水曜日です．

▶日曜日 Sunday / 月曜日 Monday / 火曜日 Tuesday / 木曜日 Thursday / 金曜日 Friday / 土曜日 Saturday

T: What's the date today?
今日は何月何日ですか．

S: It's June 5th.
6月5日です．

▶1月 January / 2月 February / 3月 March / 4月 April / 5月 May / 7月 July / 8月 August / 9月 September / 10月 October / 11月 November / 12月 December

T: It's a beautiful day, isn't it?
いい天気だね．

S: Yes, it's going to be hot today.
はい，今日は暑くなりそうですね．

▶くもった cloudy / 雨の rainy / 暖かい warm / 蒸し暑い muggy / 寒い cold / すずしい cool / 風が強い windy / 嵐の stormy / 雪の snowy / じめじめする humid / うっとうしい gloomy

T: What time is it?
いま何時ですか．

S: It's ten forty-five.
10時45分です．

▶Do you have the time? ということもできます．

▶(a) quarter to eleven（11時15分前）ということもできます．
その他のいろいろな時刻の言い方：10時15分 ten fifteen, (a) quarter past ten / 10時30分 ten thirty, half past ten

S: May I ask you some questions?
質問してもいいですか．

T: Sure. Go ahead.
いいですよ．どうぞ．

T: How do you say "ringo" in English?
「リンゴ」は英語で何と言いますか．

▶What is "ringo" in English? ということもできます．

S: Let's see…. Apple.
ええと…．Apple です．

▶Let me think. / Let me see. / Uh…. / Um…. ということもできます．

T: Well done.　よくできました．

▶Good. / Excellent. ということもできます．

S: Mr. Sato, I don't understand this word.
佐藤先生，この単語の意味がわかりません．

T: Look it up in your dictionary.
辞書で調べなさい．

▶Consult ということもできます．

参考資料3　変化形のつくり方

名詞の複数形

語尾	複数形のつくり方	単数形	複数形
大部分の語	そのまま -s をつける	apple（リンゴ）	apples
		cup（カップ）	cups
-s, -x, -ch, -sh で終わる語	-es をつける	bus（バス）	buses
		box（箱）	boxes
		bench（ベンチ）	benches
		dish（皿）	dishes
「子音字＋y」で終わる語	y を i に変えて -es をつける	city（市）	cities
		country（国）	countries
-o で終わる語	-s または -es をつける	piano（ピアノ）	pianos
		tomato（トマト）	tomatoes
-f, -fe で終わる語	f, fe を v に変えて -es をつける	leaf（木の葉）	leaves
		wife（妻）	wives
		〈例外〉roof（屋根）	roofs

動詞の変化形　①3人称単数現在形のつくり方

語尾	-(e)s のつけ方	原形（もとの形）	3単現（3人称単数現在形）
大部分の語	そのまま -s をつける	play（遊ぶ）	plays
		live（住む）	lives
		speak（…を話す）	speaks
		run（走る）	runs
語尾が -o, -s, -ch, -sh の語	-es をつける	go（行く）	goes
		pass（通る）	passes
		teach（…を教える）	teaches
		wash（…を洗う）	washes
「子音字＋y」で終わる語	y を i に変えて -es をつける	study（勉強する）	studies
		cry（泣く）	cries
		fly（飛ぶ）	flies

動詞の変化形　②過去形のつくり方

語尾	過去形のつくり方	原形（もとの形）	過去形
大部分の語	そのまま -ed をつける	play（遊ぶ）	played（遊んだ）
		walk（歩く）	walked（歩いた）
発音しない -e で終わる語	そのまま -d をつける	live（住む）	lived（住んだ）
		like（…を好む）	liked（…を好んだ）
「アクセントのある1短母音字＋1子音字」で終わる語	子音字を重ねて -ed をつける	drop（…を落とす）	dropped（…を落とした）
		plan（…を計画する）	planned（…を計画した）
		stop（…をやめる）	stopped（…をやめた）
「子音字＋y」で終わる語	y を i に変えて -ed をつける	study（勉強する）	studied（勉強した）
		cry（泣く）	cried（泣いた）

変化形のつくり方

動詞の変化形　③ -ing 形のつくり方

語尾	-ing 形のつくり方	原形(もとの形)	-ing 形(現在分詞)
大部分の語	そのまま -ing をつける	go (行く) study (勉強する)	going studying
発音しない -e で終わる語	-e をとって -ing をつける	come (来る) make (…をつくる)	coming making
「アクセントのある短母音＋子音字」で終わる語	子音字を重ねて -ing をつける	run (走る) swim (泳ぐ)	running swimming
-ie で終わる語	-ie を y に変えて -ing をつける	die (死ぬ) lie (横たわる)	dying lying

形容詞・副詞の比較級・最上級

語尾	比較級・最上級のつくり方	原級	比較級	最上級
大部分の語	-er, -est をつける	tall (背が高い) long (長い)	taller longer	tallest longest
発音しない -e で終わる語	-r, -st をつける	large (大きい) nice (すてきな)	larger nicer	largest nicest
「アクセントのある短母音＋子音字1つ」で終わる語	子音字を重ねて -er, -est をつける	big (大きい) hot (暑い)	bigger hotter	biggest hottest
「子音字＋y」で終わる語	y を i に変えて -er, -est をつける	easy (やさしい) pretty (かわいい)	easier prettier	easiest prettiest
多くの2音節の語と、3音節以上の語	前に more, most を置く	useful (役に立つ) beautiful (美しい)	more useful more beautiful	most useful most beautiful

参考資料4　形容詞・副詞の不規則変化表

原級	比較級	最上級
good (よい), well (健康で)	better	best
bad (悪い), ill (病気の)	worse	worst
little (量の少ない)	less	least
many (数の多い), much (量の多い)	more	most
old (年をとった)	older ; elder	oldest ; eldest
far (距離が) 遠くに 　(時間・程度・距離が) 離れて	farther further	farthest furthest
late (時間が) おそい 　(順序が) あとの	later latter	latest (最新の) last (最後の)

参考資料5　不規則動詞変化表

現在（原形）	過去	過去分詞	-ing 形
アム ビー am (be) …である	ワズ was	ビ(ー)ン been	ビーイング being
アー ビー are (be) …である	ワ〜 were	ビーン been	ビーイング being
アライズ arise 発生する	アロウズ arose	アリズン arisen	アライズィング arising
アウェイク awake 目が覚める	アウォウク awoke, アウェイクト awaked	アウォウクン　アウォウク awoken, awoke, アウェイクト awaked	アウェイキング awaking
ビー be …である	ワズ　ワ〜 was, were	ビ(ー)ン been	ビーイング being
ベア bear …に耐える，…を産む	ボー(ア) bore	ボーン　ボーン born, borne	ベ(ア)リング bearing
ビート beat …を打つ	ビート beat	ビートゥン　ビート beaten, beat	ビーティング beating
ビカム become …になる	ビケイム became	ビカム become	ビカミング becoming
ビギン begin 始まる	ビギャン began	ビガン begun	ビギニング beginning
ベンド bend …を曲げる	ベント bent	ベント bent	ベンディング bending
ベット bet …を賭ける	ベット　ベティド bet, betted	ベット　ベティド bet, betted	ベティング betting
バインド bind …をしばる	バウンド bound	バウンド bound	バインディング binding
バイト bite …をかむ	ビット bit	ビトゥン　ビット bitten, bit	バイティング biting
ブリード bleed 出血する	ブレッド bled	ブレッド bled	ブリーディング bleeding
ブレス bless …を祝福する	ブレスト　ブレスト blessed, blest	ブレスト　ブレスト blessed, blest	ブレスィング blessing
ブロウ blow 吹く	ブルー blew	ブロウン blown	ブロウイング blowing
ブレイク break …をこわす	ブロウク broke	ブロウクン broken	ブレイキング breaking
ブリング bring …を持ってくる	ブロート brought	ブロート brought	ブリンギング bringing
ブロードゥキャスト broadcast …を放送する	ブロードゥキャスト broadcast, ブロードゥキャスティド broadcasted	ブロードゥキャスト broadcast, ブロードゥキャスティド broadcasted	ブロードゥキャスティング broadcasting
ビルド build …を建てる	ビルト built	ビルト built	ビルディング building
バーン burn …を燃やす	バーンド　バーント burned, burnt	バーンド　バーント burned, burnt	バーニング burning
バースト burst 破裂する	バースト burst	バースト burst	バースティング bursting
バイ buy …を買う	ボート bought	ボート bought	バイイング buying
キャン can …できる	クッド could	———	———
キャスト cast …を投げる	キャスト cast	キャスト cast	キャスティング casting

eight hundred and fifty-nine　859

不規則動詞変化表

現在（原形）	過去	過去分詞	-ing 形
キャッチ catch …をつかまえる	コート caught	コート caught	キャチング catching
チューズ choose …を選ぶ	チョウズ chose	チョウズン chosen	チューズィング choosing
クリング cling くっつく	クラング clung	クラング clung	クリンギング clinging
カム come 来る	ケイム came	カム come	カミング coming
コ(ー)スト cost （金）がかかる	コ(ー)スト cost	コ(ー)スト cost	コ(ー)スティング costing
クリープ creep そっと歩く，はう	クレプト crept	クレプト crept	クリーピング creeping
カット cut …を切る	カット cut	カット cut	カティング cutting
ディール deal …を配る	デルト dealt	デルト dealt	ディーリング dealing
ディグ dig …を掘る	ダグ dug	ダグ dug	ディギング digging
ドゥー ダズ do, does …をする	ディッド did	ダン done	ドゥーイング doing
ドゥー ダズ do, does（疑問文・否定文などに用いる）	ディッド did	————	————
ドゥロー draw …を引く	ドゥルー drew	ドゥローン drawn	ドゥローイング drawing
ドゥリーム dream (…な)夢を見る	ドゥリームド／ドゥレムト dreamed, ドゥレムト dreamt	ドゥリームド／ドゥレムト dreamed, ドゥレムト dreamt	ドゥリーミング dreaming
ドゥリンク drink …を飲む	ドゥランク drank	ドゥランク drunk	ドゥリンキング drinking
ドゥライヴ drive …を運転する	ドゥロウヴ drove	ドゥリヴン driven	ドゥライヴィング driving
イート eat …を食べる	エイト ate	イートゥン eaten	イーティング eating
フォール fall 落ちる	フェル fell	フォールン fallen	フォーリング falling
フィード feed …に食べ物を与える	フェッド fed	フェッド fed	フィーディング feeding
フィール feel （…と）感じる	フェルト felt	フェルト felt	フィーリング feeling
ファイト fight 戦う	フォート fought	フォート fought	ファイティング fighting
ファインド find …を見つける	ファウンド found	ファウンド found	ファインディング finding
フライ fly 飛ぶ	フルー flew	フロウン flown	フライング flying
フォビッド forbid …を禁じる	フォバッド／フォベイド forbade, フォバッド forbad	フォビドゥン forbidden	フォビディング forbidding
フォーキャスト forecast …を予測[予報]する	フォーキャスト forecast, フォーキャスティド forecasted	フォーキャスト forecast, フォーキャスティド forecasted	フォーキャスティング forecasting
フォゲット forget を忘れる	フォガット forgot	フォガトゥン　フォガット forgotten, forgot	フォゲティング forgetting
フォギヴ forgive …を許す	フォゲイヴ forgave	フォギヴン forgiven	フォギヴィング forgiving

不規則動詞変化表

現在（原形）	過去	過去分詞	-ing 形
freeze …を凍らせる	froze	frozen	freezing
get …を得る	got	got, gotten	getting
give …を与える	gave	given	giving
go 行く	went	gone	going
grind …をひいて粉にする	ground	ground	grinding
grow 大きくなる	grew	grown	growing
hang …を掛ける	hung	hung	hanging
…を絞首刑にする	hanged	hanged	hanging
have, has …を持っている	had	had	having
have, has （完了形をつくる）	had	——	
hear …が聞こえる	heard	heard	hearing
hide …をかくす	hid	hidden, hid	hiding
hit …を打つ	hit	hit	hitting
hold …を手に持つ	held	held	holding
hurt …を傷つける	hurt	hurt	hurting
is (be) …である	was	been	being
keep (ある期間)…を持っている	kept	kept	keeping
kneel ひざまずく	knelt, kneeled	knelt, kneeled	kneeling
knit …を編む	knitted, knit	knitted, knit	knitting
know …を知っている	knew	known	knowing
lay …を置く	laid	laid	laying
lead …を導く	led	led	leading
lean 寄りかかる	leaned, leant	leaned, leant	leaning
leap とぶ	leaped, leapt	leaped, leapt	leaping
learn …を習う, 覚える	learned, learnt	learned, learnt	learning
leave …を去る	left	left	leaving
lend …を貸す	lent	lent	lending
let ～に…させる	let	let	letting
lie 横になる	lay	lain	lying

不規則動詞変化表

現在（原形）	過去	過去分詞	-ing形
ライト light …に火をつける	ライティド　リット lighted, lit	ライティド　リット lighted, lit	ライティング lighting
ルーズ lose …をなくす	ロ(ー)スト lost	ロ(ー)スト lost	ルーズィング losing
メイク make …をつくる	メイド made	メイド made	メイキング making
メイ may …かもしれない	マイト might	―	―
ミーン mean …を意味する	メント meant	メント meant	ミーニング meaning
ミート meet …に会う	メット met	メット met	ミーティング meeting
ミステイク mistake …を誤解する	ミストゥック mistook	ミステイクン mistaken	ミステイキング mistaking
ミサンダスタンド misunderstand …を誤解する	ミサンダストゥッド misunderstood	ミサンダストゥッド misunderstood	ミサンダスタンディング misunderstanding
オウヴァカム overcome …に打ち勝つ	オウヴァケイム overcame	オウヴァカム overcome	オウヴァカミング overcoming
オウヴァスリープ oversleep 寝すごす	オウヴァスレプト overslept	オウヴァスレプト overslept	オウヴァスリーピング oversleeping
ペイ pay …を支払う	ペイド paid	ペイド paid	ペイイング paying
プルーヴ prove …を証明する	プルーヴド proved	プルーヴド　プルーヴン proved, proven	プルーヴィング proving
プット put …を置く	プット put	プット put	プティング putting
クウィット quit …をやめる	クウィット　クウィティド quit, quitted	クウィット　クウィティド quit, quitted	クウィティング quitting
リード read …を読む	レッド read	レッド read	リーディング reading
リッド rid 〜から(…を)取り除く	リッド　リディド rid, ridded	リッド　リディド rid, ridded	リディング ridding
ライド ride 乗る	ロウド rode	リドゥン ridden	ライディング riding
リング ring 鳴る	ラング rang	ラング rung	リンギング ringing
ライズ rise のぼる	ロウズ rose	リズン risen	ライズィング rising
ラン run 走る	ラン ran	ラン run	ラニング running
セイ say …を言う	セッド said	セッド said	セイイング saying
スィー see …が見える	ソー saw	スィーン seen	スィーイング seeing
スィーク seek …をさがす	ソート sought	ソート sought	スィーキング seeking
セル sell …を売る	ソウルド sold	ソウルド sold	セリング selling
センド send …を送る	セント sent	セント sent	センディング sending
セット set …を置く	セット set	セット set	セティング setting
ソウ sew …をぬう	ソウド sewed	ソウン　ソウド sewn, sewed	ソウイング sewing
シェイク shake …をふる	シュック shook	シェイクン shaken	シェイキング shaking
シャル shall …でしょう	シュッド should	―	―

不規則動詞変化表

現在（原形）	過去	過去分詞	-ing 形
shave （ひげを）そる	shaved	shaved, shaven	shaving
shed …を流す	shed	shed	shedding
shine かがやく	shone	shone	shining
shine …をみがく	shined	shined	shining
shoot …を撃つ	shot	shot	shooting
show …を見せる	showed	shown, showed	showing
shut …を閉める	shut	shut	shutting
sing 歌う	sang	sung	singing
sink 沈む	sank, sunk	sunk	sinking
sit すわる	sat	sat	sitting
sleep 眠る	slept	slept	sleeping
slide すべる	slid	slid	sliding
smell …のにおいがする	smelled, smelt	smelled, smelt	smelling
sow （種）をまく	sowed	sown, sowed	sowing
speak 話す	spoke	spoken	speaking
speed 急ぐ	sped, speeded	sped, speeded	speeding
spell …をつづる	spelled, spelt	spelled, spelt	spelling
spend …を使う	spent	spent	spending
spill …をこぼす	spilled, spilt	spilled, spilt	spilling
spin くるくるまわる	spun	spun	spinning
spit つばをはく	spat, spit	spat, spit	spitting
split …を割る	split	split	splitting
spoil …をだいなしにする	spoiled, spoilt	spoiled, spoilt	spoiling
spread …を広げる	spread	spread	spreading
spring とぶ	sprang, sprung	sprung	springing
stand 立つ	stood	stood	standing
steal …をぬすむ	stole	stolen	stealing
stick …をつきさす	stuck	stuck	sticking
sting …をさす	stung	stung	stinging

不規則動詞変化表

現在（原形）	過去	過去分詞	-ing形
stride 大またで歩く	strode	stridden	striding
strike …にぶつかる	struck	struck	striking
swear …を誓う	swore	sworn	swearing
sweat あせをかく	sweated, sweat	sweated, sweat	sweating
sweep …を掃く	swept	swept	sweeping
swell ふくらむ	swelled	swelled, swollen	swelling
swim 泳ぐ	swam	swum	swimming
swing …をゆり動かす	swung	swung	swinging
take …を持っていく	took	taken	taking
teach …を教える	taught	taught	teaching
tear …を引きさく	tore	torn	tearing
tell …を話す	told	told	telling
think …と思う	thought	thought	thinking
throw …を投げる	threw	thrown	throwing
thrust …を強く押す	thrust	thrust	thrusting
understand …を理解する	understood	understood	understanding
undo …をほどく	undid	undone	undoing
upset …を動揺させる	upset	upset	upsetting
wake 目が覚める	woke, waked	woken, waked	waking
wear …を着ている	wore	worn	wearing
weave …を織る	wove	woven	weaving
weep 泣く	wept	wept	weeping
wet …をぬらす	wet, wetted	wet, wetted	wetting
will …だろう	would	―	―
win …に勝つ	won	won	winning
wind …を巻く	wound	wound	winding
withdraw …を引っこめる	withdrew	withdrawn	withdrawing
write …を書く	wrote	written	writing

ジュニア・アンカー 中学 和英辞典
第8版

1987年2月　初版発行
2024年12月24日　第8版第1刷発行

監修	羽鳥博愛　永田博人
発行人	土屋徹
編集人	代田雪絵
発行所	株式会社Gakken
	〒141-8416　東京都品川区西五反田2-11-8
印刷所	TOPPAN株式会社／TOPPANクロレ株式会社
製本所	株式会社難波製本
製函所	森紙販売株式会社
表紙	大比良工業株式会社

●この本に関する各種お問い合わせ先
本の内容については、下記サイトのお問い合わせフォームよりお願いします。
https://www.corp-gakken.co.jp/contact/
在庫については　Tel 03-6431-1199（販売部）
不良品（落丁・乱丁）については　Tel 0570-000577
　学研業務センター　〒354-0045 埼玉県入間郡三芳町上富 279-1
●上記以外のお問い合わせは
　Tel 0570-056-710（学研グループ総合案内）

© Gakken
本書の無断転載、複製、複写（コピー）、翻訳を禁じます。
本書を代行業者等の第三者に依頼してスキャンやデジタル化することは、
たとえ個人や家庭内の利用であっても、著作権法上、認められておりません。

学研の書籍・雑誌についての新刊情報・詳細情報は、下記をご覧ください。
学研出版サイト　　https://hon.gakken.jp/

読者アンケートのお願い

本書に関するアンケートにご協力ください。右のコードから
アクセスし、以下のアンケート番号を入力してご回答ください。
ご協力いただいた方の中から抽選で「図書カードネットギフト」を贈呈いたします。
※アンケートやプレゼント内容は予告なく変更となる場合があります。あらかじめご了承ください。

アンケート番号：　305940

ジュニア・アンカー中学和英辞典
基本文型早見表 後編

自分がこれから作ろうと思っている英文と似た英文をさがして，参考にしましょう！

▶ 前見返しの「前編」の続き

8 「(この先)…するつもりです」「(この先)…しそうです」の文

➡ (自分がすでに心に決めている予定) **be going to** を使う．
➡ (状況から判断して起こりそうなこと) **be going to** を使う．

I'm going to go to Tokyo next month.
(私は来月東京に行くつもりです[行きます]) ▶予定
He's going to buy a new T-shirt tomorrow.
(彼はあす新しいTシャツを買うつもりです[買います]) ▶予定
It's going to rain. ((この先)雨が降りそうです) ▶起こりそうなこと

9 「(きっと)…でしょう」の文

➡ (「きっと…だと思います」) **I'm sure (that) ....** を使う．
➡ (確信のある推量) **must** を使う．
➡ (未来の予測・予想) **will** を使う．

I'm sure Kenta will call me. (きっと健太は私に電話をくれるでしょう)
It **must** be true. (それはきっと本当でしょう[本当にちがいない])
▶確信のある推量
You **must** be tired. (あなたはきっとおつかれでしょう[つかれているにちがいない]) ▶確信のある推量
He**'ll** pass the exam. (彼は(きっと)試験に合格するでしょう) ▶予測・予想
I**'ll** be free tomorrow. (私はあす，ひま(になる)でしょう) ▶予測・予想

10 「…かもしれない」の文

➡ **may** を使う．
➡ **Maybe ....** を使う．

It **may** be true. (それは本当かもしれません)
Their team **may** win the game.
(彼らのチームはその試合に勝つかもしれません)
Maybe it'll rain tomorrow. (もしかしたらあすは雨が降るかもしれません)